Sonic Resource Guide

by
Bruce Arnold

Muse Eek Publishing Company
New York, New York

ISBN 978-1-59489-722-1

Printed in the United States

This publication can be purchased from your local bookstore or by contacting:
Muse Eek Publishing Company
Fax: 212-473-4601
http://www.muse-eek.com
sales@muse-eek.com

Table Of Contents

Acknowledgments

The author would like to thank Gabe Cummins and Ron Andryshak for their help in preparing this book. I would also like to thank Michal Shapiro for her patience and help in proof reading and Newton Armstrong for computer programming.

About the Author

Born in Sioux Falls South Dakota, Bruce Arnold began his music training at the University of South Dakota. After three years of study he transferred to the Berklee College of Music to complete a Bachelor of Music degree in Composition. While doing undergraduate work there, he received the Harris Stanton award for outstanding guitarist of the year. He continued his inquiries further study into improvisational and compositional methods studying with the jazz gurus Charlie Banacos and Jerry Bergonzi, and received the outstanding teacher of the year award at Berklee in 1984. He subsequently taught at the New England Conservatory of Music, and Dartmouth College.

Upon moving to New York City, Mr. Arnold found himself preoccupied with the possibilities of applying the twelve tone theoretical constructs of Schoenberg and Berg to American improvised music. His first CD, "Blue Eleven" contained the seeds of those ideas he was to develop further in his following critically acclaimed works: "A Few Dozen" and "Give 'em Some." In this vein, his music is remarkably tonal, and the results give proof that inventive improvisation is possible within this format.

Bruce currently plays with his own band, "The Bruce Arnold Trio" and with "Spooky Actions" a jazz quartet that performs his transcriptions of Webern. In addition, he has performed with such diverse musicians as Gary Burton, Joe Pass, Joe Lovano, Randy Brecker, Peter Erskine, Stuart Hamm, Boston Symphony Orchestra, and The Absolute Ensemble under the baton of Kristjan Järvi.

At present Mr. Arnold teaches at Princeton University, New York University and the New School. Mr. Arnold is also the director of New York University's Summer Jazz Guitar Intensive program which employees some of the greatest living guitarists and offers cutting edge music education for the intermediate to advanced musician. He has also writing the books for this program which add to a list of over 50 music education books he has written in the past 10 years. These books cover many of the important aspects of mastering high performance skills for both the advanced music student with professional goals, and the dedicated beginner. To view the complete catalogue, please log on to his publisher's website at: http://www.muse-eek.com.

Foreword

The "Sonic Resource Guide" is a reference book that maps a portion of the sonic universe by exploring the 220 scales available from the 12 note western music system. Many of the lists found within are especially useful for the improvising musician in that the relationships are easy to memorize and implement in real time. A brief introduction explains the theory behind the methods used to create certain relationships as well as some of the possible applications. It is by no means a complete list of possible applications; I will be writing other method books that will show how to use the information found here in greater depth.

I'm assuming that the reader has a basic knowledge of music theory but little knowledge of pitch class set theory. Therefore the terms used in pitch class set theory are kept to a minimum or are presented alongside the common music theory vernacular with which most musicians are familiar. Creating this bridge between the set theorist on one side and the jazz theorist on the other will hopefully help the jazz musician discover the immense potentials that can be derived from looking at note relationships in a new light and applying them to improvisation and composition.

Background Information

This section of the book will contain background information so you understand how various lists were compiled and how certain information can be used to help you in developing ideas. Keep in mind that no knowledge of post tonal theory or jazz theory is assumed in this book. Some knowledge is essential though, to realize the possibilities presented by this book and to understand how various relationships were calculated. The musician with no prior contact with this approach may find it very alien, as it forces a kind of re-learning about music in order to make it workable.

Since the late 20th century improvisation has reached a point where artists are reaching toward concepts that are not based on the traditional tonal system. Although many think of these newer concepts such as intervallics and 12 tone construction as non-tonal ways of approaching music, it is my opinion that there is no such thing as non-tonal music. All music is in a key; it's up to the musician to have the ability to hear these relationships. Hearing the key center within which a particular group of notes is functioning is crucial to how you process the information and how you apply it musically.

I have written a series of ear training books which cover this subject. If you feel you need more work on "contextual" ear training --which is completely different from an "intervallic" approach to music-- I suggest you start with "Ear Training One Note Complete" and "Fanatic's Guide to Sight Reading and Ear Training." Both books will work for the complete beginner or the accomplished musician who wants to understand contextually based ear training.

Prime Form and Integer Notation

There are two post-tonal concepts that need to be understood in order to organize notes in a logical fashion. The concepts of the prime form and integer notation help a musician to organize post tonal concepts. **Prime form is taking a group of notes and finding the smallest overall ordering of the intervals contained within this group.** By using prime form you will have a smaller number of scale combinations to remember which makes organization and memorization much easier. Using integer notation and finding the proper ordering of the notes to achieve the smallest ordering of the intervals can be confusing elements of prime form, but the example on the following page should help to explain some of it.

When calculating prime form "0" is always used to indicate the first note you are starting from and numbers are used to express the distance each note is from "0." Although you will sometimes see "T" used for 10, and "E" used for eleven, I will use the actual numbers "10" and "11" in this book.

An Example of Prime Form

Here is a quick example of prime form. A "C" major scale would be:

C, D, E, F, G, A, B

if we calculate the intervals between all notes we find that we have

C, D, E, F, G, A, B (pitch names)
0, 2, 4, 5, 7, 9, 11 (intervals between pitch names)

But this is not the prime form for this scale because in prime form the notes should be listed growing from the smallest intervals to the larger intervals. The prime form for a major scale would be:

F, E, D, C, B, A, G
0, 1, 3, 5, 6, 8, 10

--which is a major scale descending, or *retrograde*, from the fourth degree (F). Therefore, all scales that contain the notes C, D, E, F, G, A, B will always be thought of as 0, 1, 3, 5, 6, 8, 10 which makes memorization much easier because there is only one set of intervals to remember for all modes of C major. A convenient "set list" can be found at the end of this book. By following the directions presented you can find the prime form for any combination of notes. This is a great resource for a novice in pitch class theory.

An Example of Integer Notation

Integer notation is the other concept to understand when dealing with post-tonal theory. Integer notation simply means referring to a group of notes by their interval combination and using numbers to express this relationship. A group of notes like C, D, and G would be referred to as 0, 2, 7 because C is the starting note "0", D is 2 half steps above C and G is 7 half steps above C. Remember that you always reduce any note grouping to it's prime form so if you have C, F and B♭ this is also a 0, 2, 7 because you first put the C, F, and B♭ in it's prime form C, B♭, F (this is retrograde: C down to B♭ down to F).

It usually takes a some time to get these two concepts of prime form and integer notation to be second nature but be patient and you will see that your ability to see relationships and memorize note combinations will be greatly enhanced. For now you just need to understand the overall concepts of each.

220 Prime Forms

One of the main components of this book is the listing of 220 prime forms which are all the possible scales that exist using the 12 pitches in western music. There are of course millions of note combinations but all of these relationships can be boiled down to various combinations of the 220 prime forms. You can see that starting to think in terms of prime forms rather than modes and melodic permutations can make the organization of musical relationships much easier to remember.

There is of course a learning curve involved in switching to this system of thought but it is well worth the effort.

Melodic and harmonic possibilities for the 220 Prime Forms

Another main component of this book is the listing of how each prime form can be used in all keys. By understanding these relationships you will be able to apply each prime form in many keys and greatly expand the possible ways to use each one.

If we took one of the 220 prime forms 0, 2, 4, 7, 9 we would first find that this is a C pentatonic scale. The notes of this prime form would be: C, D, E, G, A or pitch degrees: 1, 2, 3, 5, 6 in the key of C. You could also explore the relationships of these five notes in other keys. For example if we took our same C pentatonic scale: C, D, E, G, A. and put it in the key of D we have the degrees: ♭7, 1, 2, 4, 5. With this information and an understanding of chord/scale relationships we can expand our use of this C pentatonic scale.

Background information on Chord/Scale relationships

Each of the 220 prime forms has a unique palette of chords and melodies that can be derived from their notes. The possible chord structures for each scale can be arranged either tertially or non-tertially (built in thirds or not built in thirds). The three and four note tertial chords are of course the common chords used in western music. It is important to understand which structures I'm referring to and what the commonly accepted chord to scale relationships are in order to understand some of the lists I have provided in this book.

There are 4 common triads and 13 common 7th chords that can be found in western music. These chords are listed below:

Triads

C	(notes are 1,3,5)
C-	(notes are 1,♭3,5)
C°	(notes are 1,♭3,♭5)
C+	(notes are 1,3,♯5)

7th Chords

CΔ7	(notes are 1,3,5,7)
C-7	(notes are 1,♭3,5, ♭7)
C7	(notes are 1,3,5, ♭7)
C7sus4	(notes are 1,4,5, ♭7)
C-7♭5	(notes are 1,♭3,5, ♭7)
C°7	(notes are 1,♭3,♭5, 𝄫7)
C-Δ7	(notes are 1,♭3,5,7)
CΔ7♯5	(notes are 1,3,♯5,7)
C7♯5	(notes are 1,3,♯5,♭7)
C7♭5	(notes are 1,3,♭5,♭7)
C6	(notes are 1,3,5,6)
C-6	(notes are 1,♭3,5,6)
CΔ7♯11	(notes are 1,3,♯11,7)

Chord Tones, Tensions and Avoid Notes

Any chord has a unique number of scales that can be played over it to form melodies. In the larger picture any scale can be used over any chord but there are common relationships that musicians have used for centuries that form more harmonious relationships. These relationships are important to understand in order to apply the 220 prime forms to common musical situations. Every chord has a parent scale(s) that it could be derived from. This scale contains the notes of the chord, which we will call chord tones, along with various tensions that can be added to each chord to form more complex structures. A tension in contemporary music is a non-chord tone that doesn't have to resolve. Therefore it can be added to the chord to form more complicated and colorful chord sounds. In many cases there are other notes within the scale that are neither chord tones or tensions. These notes are avoid notes. An avoid note is a note that feels like it wants to resolve and is used with the understanding that it needs to resolve; therefore it is not used in chords the same way as chord tones and tensions are used.

Over the history of music the acceptable tensions and avoid note relationships have changed and certain styles of music also dictate what tensions and avoid notes are acceptable. This book will look at the most progressive applications of these relationships. Keep in mind that attitudes towards these progressive relationships will also inevitably change over time.

Example of Chord Tones, Tensions and Avoid Notes

A C∆7 as stated earlier has the chord tones C,E,G,B, and has the available tension of D, F♯ and A. The common scale that a C∆7 is derived from is the C major scale C,D,E,F,G,A,B which contains the chord tones C,E,G and B, two tensions D and A and the avoid note F. That accounts for all the notes in the scale. Once again, avoid notes are notes that can be played but are usually not stressed and feel like they need to resolve. If you try to apply the F avoid note to a C∆7 chord you find that it totally changes the character of the chord. (Not that the sound is bad it's just doesn't sound like a C∆7 chord.) Because of this change in character you should be very careful about interjecting an avoid note if you are accompanying a soloist in an improvisational setting. As mentioned the available tensions for a C∆7 chord are D, F♯ and A. The F♯ comes from the Lydian scale: C,D,E,F♯,G,A,B which is the other common scale that a C∆7 is found.

The following pages will present you with common chord scales for each chord type along with the available tension and the avoid note(s). These scales are not listed in their prime form and I have limited the scales to the modes of Major, Jazz Minor (Melodic Minor ascending), the 3 Symmetrical scales Diminished, Symmetrical Diminished and Whole Tone and two modes of Harmonic Minor. The scales will be grouped into chord types to make all the possibilities easy to see. These are the common scales used in improvisation and will help you understand the chord scale relationships given for each of the 220 prime forms. Keep in mind that the names for these scales are not universal and you need to be flexible when talking with other musicians because they may use other names to represent these scales.

To get a complete picture of the possible applications of the any pitch class set you have to consider both the normal form and the inversion in order to find all applications to the common chord types previously mentioned. Some scales because of their internal relationships have the same application whether they are in normal form or inversion. A Scale/Chord index is included in the back of the book to help see these relationships.

Major Chord

A Major chord has two scale possibilities: Major (Ionian mode) and the Lydian mode.

C Major Scale

C major scale or Ionian mode is used for a CΔ7 or C6 chord and has one avoid note which is F.

C Lydian Scale

C Lydian scale is used for a CΔ7♯11 or C6♯11 chord and has no avoid notes.

Chord Tones and Available Tensions

If we combine these two scales we have:
The chord tones for a C Major 7 chord are 1,3,5,7,*

The available tensions for a C Major 7 chord are 9,♯11,13. The avoid note is 4.

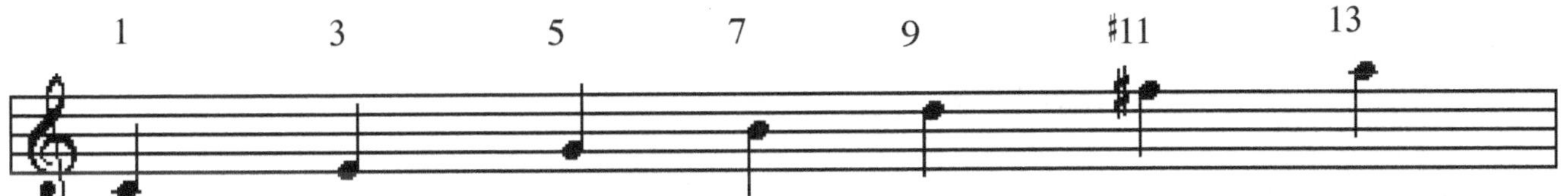

* The chord tones for a CΔ7♯11 are 1,3,♯4,7. The tensions are 9 and 13.

Minor Chord

A Minor chord has three scale possibilities: Dorian, Phrygian and Aeolian modes.

C Dorian Scale

C Dorian scale is used for a C-7 or C-6 chord* and has no avoid notes.

C Phrygian Scale

C Phrygian scale is used for a C-7 chord* and has two avoids notes which are D♭ and A♭.

C Aeolian Scale

C Aeolian scale is used for a C-7 chord* and has one avoid note which is A♭.

Chord Tones and Available Tensions

If we combine these three scales we have:

The chord tones for a C Minor chord are 1,♭3,5,♭7**

* These scales can also be used for a C7sus4 chord see the dominant 7sus4 .

** The chord tones for a C-6 chord are 1,♭3,5,6. The tensions are 9 and 11. The ♭7th can also be used as an available note to form chords.

Dominant Chord

A Dominant chord has seven scale possibilities: Mixolydian, Lydian ♭7, Mixolydian ♭6, Altered, Symmetrical Diminished, Whole Tone and Mixolydian ♭2,♭6.

C Mixolydian Scale

C Mixolydian scale is used for a C7* and has one avoid note which is F.

C Lydian ♭7 Scale

C Lydian ♭7 scale is used for a C7♯11 chord and no avoid notes.

C Mixolydian ♭6 Scale

C Mixolydian ♭6 scale is used for a C7♭13 chord* and has one avoid note which is F.

C Altered Scale

C Altered scale is used for a C7♭5 or C7♯5 chord and has no avoid notes.

* These scales can also be used for a C7sus4 chord see the dominant 7sus4.

Dominant Chord continued...

C Symmetrical Diminished Scale

C Symmetrical Diminished scale is used for a C7 or C7♭5 chord and has no avoid notes.

C Whole Tone Scale

C Whole Tone scale is used for a C7♭5 or C7♯5 chord and has no avoid notes.

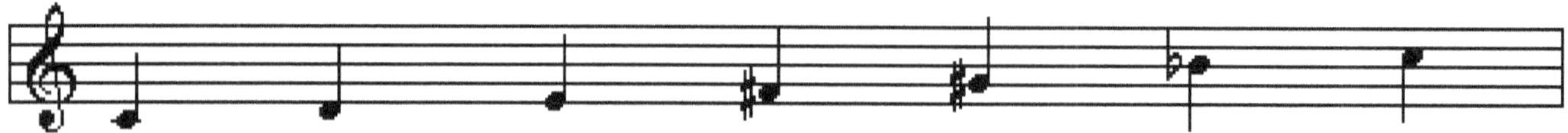

C Mixolydian ♭2,♭6 Scale

C Aeolian scale is used for a C7♭13 chord* and has one avoid note which is F.

Chord Tones and Available Tensions

If we combine these seven scales we have:

The chord tones for a C Dominant 7 chord are 1,3,5,♭7**

The six available tensions for a C Dominant 7 chord are ♭9, 9,♯9,♯11,♭13,13. The avoid note is 4.

* These scales can also be used for a C7sus4 chord. See the dominant 7sus4 list.

** The chord tones for a C7♭5 chord are 1,3,♭5,♭7. The common tensions are 9 and ♭13. The chord tones for a C7♯5 chord are 1,3,♯5,♭7. The common tensions are 9 and ♯11. Keep in mind that all six tensions can be added to the aforementioned chords. The natural 5th should not be used if you what to retain the characteristic sound of these chord.

Dominant 7sus4 Chord

A Dominant 7sus4 chord has seven scale possibilities: Dorian, Phrygian, Mixolydian, Aeolian, Dorian ♭2, Mixolydian ♭6, and Mixolydian ♭2,♭6.

C Dorian Scale

C Dorian scale is used for a C7sus4*** and has no avoid notes.

C Phrygian Scale

C Phrygian scale is used for a C7sus4 chord ***and no avoid notes**.

C Mixolydian Scale

C Mixolydian scale is used for a C7sus4 chord*** and has no avoid notes**.

C Aeolian Scale

C Aeolian scale is used for a C7sus4 chord*** and has no avoid notes**.

**With other chord types these scales do have avoid notes.

***These scales are also used in other chord types.

Dominant 7sus4 Chord continued...

C Dorian ♭2 Scale

C Dorian ♭2 scale is used for a C7sus4 chord*** and has no avoid notes.**

C Mixolydian ♭6 Scale

C Mixolydian ♭6 scale is used for a C7sus4 chord*** and has no avoid notes.**

C Mixolydian ♭2,♭6 Scale

C Aeolian scale is used for a C7sus4 chord*** and has no avoid notes.**

Chord Tones and Available Tensions

If we combine these seven scales we have:

The chord tones for a C Dominant 7sus4 chord are 1,4,5,♭7,

The available tensions for a C Dominant 7sus4 chord are ♭9, 9,♯9,10,♭13,13. There is no avoid note.

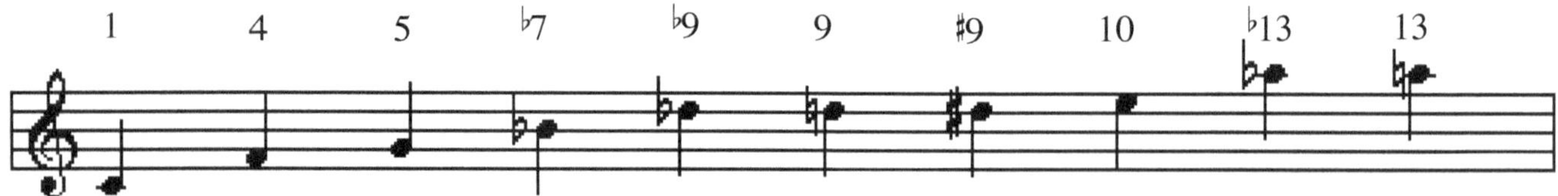

**With other chord types these scales do have avoid notes.

***These scales are also used in other chord types.

Minor 7♭5 Chord

A Minor 7♭5 chord has two scale possibilities: Locrian and Locrian natural 2.

C Locrian Scale

C Locrian scale is used for a C-7♭5 chord and has one avoid note D♭.

C Locrian natural 2 Scale

C Locrian natural scale is used for a C-7♭5 chord and no avoid notes.

Chord Tones and Available Tensions

If we combine these two scales we have:

The chord tones for a C Minor 7♭5 chord are 1,♭3,♭5,♭7,

The available tensions for a C Minor 7♭5 chord are 9,11,♭13. The avoid note is ♭9.

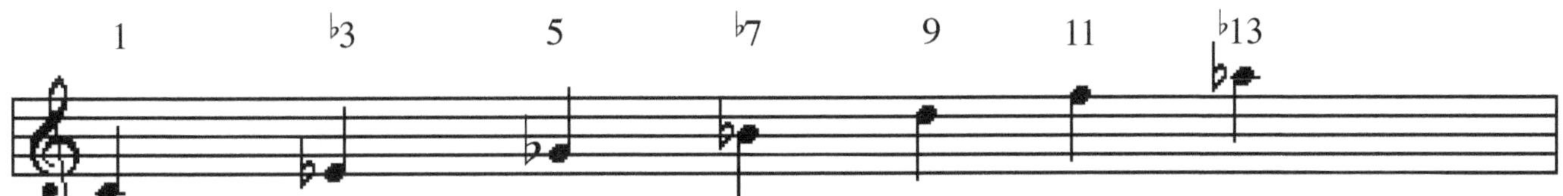

Diminished 7th Chord

A Diminished chord has one scale possibility which is Diminished.

C Diminished scale is used for a C°7 chord* and has no avoid notes

C Diminished Scale

Chord Tones and Available Tensions

The chord tones for a C Diminished 7 chord are 1,♭3,♭5,♭♭7,

The available tensions for a C Diminished 7 chord are 9,11,♭13,♭15. There is no avoid note

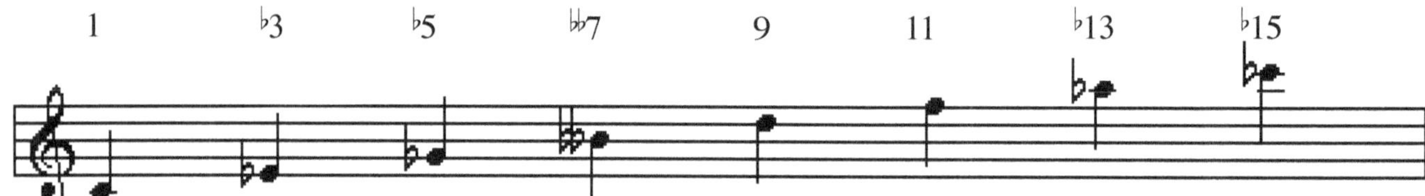

* A diminished scale is only used for a I and ♯IV diminished chords. All other diminished chords are Passing Diminished and use Passing Diminished scales. Passing diminished scales are formed by taking the chord tones of the diminished scale and combining them with the chord tones of the chord the diminished chord is resolving to. For example a C♯°7 chord resolving to D-7 would contain the chord tones from C♯°7 (C♯, E, G, B♭) and the chord tones of D-7 (D, F, A, C) so the passing diminished scale would be C♯, D, E, F, G, A, B♭, C. Below is a list of all passing diminished scales.

♯1 Diminished 1,♭2,♭3,3,♯4,♯5,6,7
♯2 Diminished 1,♭2,♭3,3,♯4,♯5,6,7
♭3 Diminished 1,2,♭3,3,♯4,♯5,6,7
3 Diminished 1,♭2,♭3,4,♯4,♯5,6,♭7
♯4 Diminished 1,2,♭3,4,♯4,♯5,6,7 same as regular diminished scale
♯5 Diminsihed 1,♭2,♭3,3,♯4,♯5,6,7
♯6 Diminished 1,♯1,2,♭3,3,♯4,5,6,7

These scales can be thought of from the root of the diminished chord or from their relationship to the key they are found in. For example:
♯1 Diminished is 1,♭2,♭3,3,♯4,♯5,6,7 from the chord but would be 1,♯1,2,3,4,5,6,♭7 in the key. Either way works I usually relate it to the key. The following is a list of the passing diminished chords and their relationship to the key they are found.
♯1 Diminished 1,♭2,2,3,4,5,6,♭7
♯2 Diminished 1,2,♭3,3,♯4,5,6,7
♭3 Diminished 1,2,♭3,4,♯4,5,6,7
3 Diminished 1,♯1,2,3,4,5,6,♭7
♯4 Diminished 1,2,♭3,4,♯4,5,6,7 same as regular diminished scale
♯5 Diminsihed 1,2,3,4,5,♯5,6,7
♯6 Diminished 1,♯1,2,3,4,5,6,♭7,7

Minor Major 7 Chord

A Minor Major 7 chord has two scale possibilities: Jazz Minor and Harmonic Minor.

C Jazz Minor Scale

C Jazz Minor scale is used for a C-Δ7 chord and has no avoid notes.

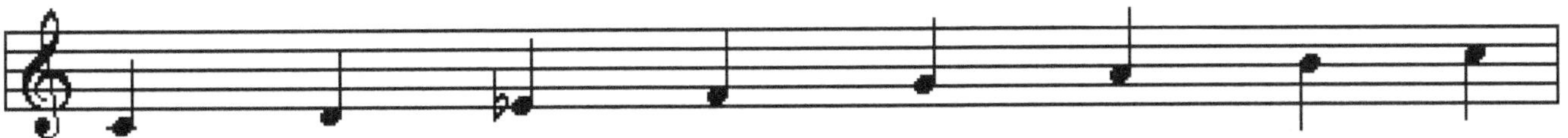

C Harmonic Minor Scale

C Harmonic Minor scale is used for a C-Δ7 chord and one avoid note A♭.

Chord Tones and Available Tensions

If we combine these two scales we have:

The chord tones for a C Minor Major 7 chord are 1,♭3,5,7,
The available tensions for a C Minor Major 7 chord are 9,11,♯11*,13. The avoid note is ♭6.

-Δ7 chord is commonly substituted for a -7 chord. This is most commonly found when the -7 is the one chord of the key.

* ♯11 is commonly added as an available tension even though it is not part of the jazz minor or the harmonic minor scale.

Major 7♯5 Chord

A Major 7♯5 chord has one scale possibility which is Lydian ♯5

C Lydian ♯5 Scale

C Lydian ♯5 scale is used for a CΔ7♯5 chord* and has one avoid note which is A.

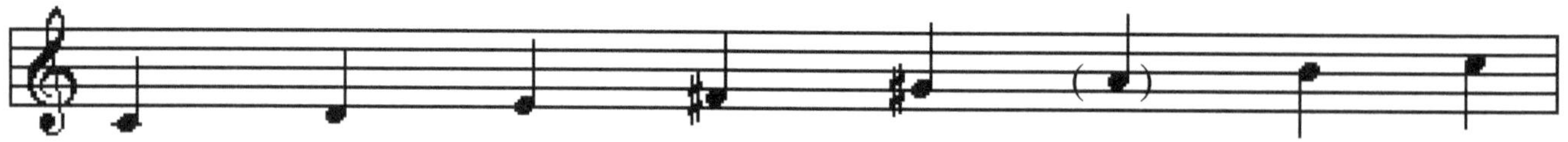

Chord Tones and Available Tensions

The available tensions for a C Major 7 chord are 9,♯11. The avoid note is 6.

Δ7♯5 is commonly substituted for a Δ7 chord. This is most commonly found where the Δ7 is the one chord of the key. Keep in mind that the Major 7♯5 chord can also be derived from the Harmonic Major Scale. The Harmonic Major scale is 1, 2, 3, 4, 5, ♭6, 7. Chord tones 1, 3, ♭6 (♯5), 7. The avoid notes are 4 and 5 and available tensions is 2.

Explanation of scale application to typical chord types in all keys

Each of the 220 prime forms listed in this book presents you with a listing of notes of each prime form in all keys and the chords that these scales could be used over based on the information presented on the previous pages.. The example below shows the prime form 0, 2, 4, 6, 7, 9 which is commonly referred to as major pentatonic scale. As previously mentioned the degrees of this scales would be 1, 2, 3, 5, 6 in the key of C major. Three things can be gained from the list below.

1. The degrees of the scale in all keys.
2. The chords that can used over each scale
3. The listing of which chords can only be used only in a melodic situation. This is indicated by the "mel" (melodic) after the chord type.

C:	1	2	3	5	6	Δ7♯5 mel, 7, Δ7, 7sus4
D♭:	7	♭2	♭3	♭5	♭6	
D:	♭7	1	2	4	5	-7, 7 mel, 7sus4
E♭:	6	7	♭2	3	♭5	
E:	♭6	♭7	1	♭3	4	-7 mel, -7♭5, 7 mel, 7sus4
F:	5	6	7	2	3	Δ7♯5 mel, Δ7
G♭:	♭5	♭6	♭7	♭2	♭3	7, -7♭5 mel
G:	4	5	6	1	2	-7, Δ7♯5 mel, -Δ7, 7 mel, Δ7 mel, 7sus4
A♭:	3	♭5	♭6	7	♭2	
A:	♭3	4	5	♭7	1	-7, 7 mel, 7sus4
B♭:	2	3	♭5	6	7	Δ7♯5 mel, Δ7, Δ7♯5
B:	♭2	♭3	4	♭6	♭7	-7 mel, 7 mel, -7♭5 mel, 7sus4

Chords without the "mel" after there names indicate that any of the notes can be combined into chords to represent each chord type. This opens up the possibilities of many chord substitutions that can derived from combining any note of a given scale to represent the chord structures that don't have "mel" listed after their name.

Symmetric Difference

Each prime form lists the symmetrical difference. Symmetrical difference is the notes not contained in the prime form. For example the 0, 2, 4, 6, 7, 9 prime form i.e. the C major pentatonic scale has seven notes that are not found in the prime form. You can see a listing of these notes below. A common application of this symmetrical difference would be to superimpose this symmetrical difference scale over a musical situation where the C pentatonic scale was appropriate. This creates an interesting and commonly used sound in contemporary improvisation. Keep in mind that the Symmetrical Difference scale always has a close intervallic relationship to it's compliment scale and therefore can be easily applied in an intervallic fashion.

Symmetric Difference as:
Pitches
E, F, G♭, G, A♭, A, B♭, B
Degrees
3, 4, ♭5, 5, ♭6, 6, ♭7, 7
Prime Form
0, 1, 2, 3, 4, 5, 6, 7

Lists and groupings

Each of the 220 prime forms have unique relationships which can be used in composition and improvisation. The following is a brief explanation of some of the common application of these lists.

Ditonic or Diad (2 note) Scales

Although a two note scale may seem like an unlikely source for improvisation it can actually yield surprising flexibility for improvisation when you consider the diad to be forming a two note representation of a chord. This style of improvisation was used extensively by McCoy Tyner where he would build superimposed chord progressions made up of two notes per chord over other chord progressions. Another use of this scale is to play intervallically where two note intervals are used consistently to form a musical line. This line is held together by the consistent use of the same interval. This is a commonly employed technique of advanced improvisation.

Tritonic or trichord (3 note) Scales

A three note scales is often referred to as either a triad or a trichords. Many times in contemporary analysis these three note groups are referred to as trichords because a triad usually refers to a 3 note grouping built in 3rds. Three note scales can be used in a large number of ways in improvisation and composition.

1. It has been common for over a century of improvisation to use the chord tones of a chord progression as the sole source for improvisation over a chord progression. Although a beginning student might think this is a bland way to improvise you will find that playing within this style is both beautiful and highly melodic.

2. Upper structure triads built of available chord tones and/or tensions is a common technique used in improvisation. These structures are commonly triadic put could be any combination of notes which are either chord tones or tensions.

3. As with diadic improvisation trichords can also be used intervallically where three notes containing two intervals are used consistently to form a musical line.

4. Trichords can be combined with other trichords to produce 6, 9 or 12 note groupings. Each of these possible groupings are a great resource for modern sounding improvisation and composition. This book contains lists of the symmetrical hexatonic groupings under the 3 note prime forms along with an index in the back of the book which lists all the possible 12 tone groupings that can be formed by each 3 note prime form.

5. You can find many examples of writing and improvising with trichords, hexatonics and 12 tone groupings of four 3 note groups by reading my book “MY MUSIC: Explorations in the Application of 12 Tone Techniques to Jazz Composition and Improvisation.”

Tetratonic or TetraChord (4 note) Scales

Four note scales are also a very common source for improvisors. Many techniques have been developed that employ a 4 note scale. Below are some possibilities:

1. Four note structures are commonly thought of as outlining chords. This technique which is similar to the triadic outlining of chords is commonly used to create melodic lines over chord progressions.

2. It is also common to form entire chord progressions out of multiple four note chords and superimpose these structures over chord progressions.

3. Four note structures can be combined to form octatonic and twelve tone lines by combining two or three four note groupings.

4. The four note prime forms listed in the book show you the unique diad pairs that can be found for each prime form. The index contains a list of all 4 note prime forms in combination with other tetrad structures with no repeated notes. These octatonic scales can be used very effectively in improvisation and composition.

Pentatonic (5 note) Scales

Five note scales are commonly used as a scale source for improvisors. Although two Pentatonics have been commonly used in all types of music there are actually many types of Pentatonics that can be used to form very interesting sounds. Two scale structures have been commonly used in music; these structures are commonly referred to as the Major and Minor Pentatonic which are actually just Diatonic modes of each other. These two scales are:

Major Pentatonic 1,2,3,5,6
Minor Pentatonic 1,♭3,4,5,♭7

1. The Major and Minor Pentatonic are commonly used over chord progressions where the entire progression is in one key center. It is also commonly combined with the Blues Scale (six note scale) when used.

2. Pentatonic scales are commonly superimposed over chords or whole chord progressions.

3. Each five note prime form found in the book lists all the 3 and 4 note subsets along with the all unique dyad pairs. A list of all the 5 note compliment scales is also listed.

Hexatonic (6 note) Scales

Six note scales are also commonly used as a scale source for improvisors. These scales are commonly used as either six note scales that contain no avoid notes or are combined into two trichords pairs to produce interesting harmonic and melodic combinations.

1. As with other scales, Hexatonic scales can be used intervallically where all notes form a unique group of intervals that are consistently applied to form a musical line.

2. Hexatonic scales are commonly superimposed over chords or whole chord progressions.

3. Three note structures can be combined to form Hexatonic and twelve tone lines by combining two or four note groupings of trichords.

4. Hexatonic scales can be divided up into groups of 2, 3 or 4 note groupings to form melodic lines.

5. Hexatonic scales are also used as a resource for forming 3 and 4 note chords. These chords are commonly applied over modal vamps. You will find a listing of all 3 and 4 note subsets that can be used for this purpose for each prime form. There is also a listing of all unique dyad triples and all unique trichord pairs found for each prime form.

Heptatonic (7 note) Scales

Seven note scales are the most commonly used as a scale source for improvisors. Each prime form presents all the unique 3 and 4 note subsets that can be used for melodic or harmonic content. There is also a listing of possible hexatonic subsets that can derived from each prime form. All three of these lists provide the musician which all 3 and 4 note combinations for each prime form which can be used as melodic or harmonic structures along with the ability to apply hexatonic techniques by exploring the 6 note subsets.

Octatonic (8 note) Scales

Each of the 29 octatonic prime forms list all possible 3 and 4 notes subsets along with an index in the back of the book containing all unique ways to combine two 4 note grouping for each octatonic scale along with an index of all groups of three 4 note grouping to form 12 tone pitch class sets.

Nonatonic (9 note) Scales

Nine note scale are less commonly used by improvisors but actually have some very interesting possibilities. One scale that comes to mind right away is what I call the Double Symmetrically Augmented scale which is formed by having three Augmented chords a half step apart.

Double Symmetrically Augmented Scale 1,♭2, ♭3, 3, 4, 5, ♭6, 6, 7 prime form 0,1,2,3,4,5,7,8,9,10

Many other intriguing combinations can be found by combining three Trichords to form 9 note scale. Each 9 note prime form contains a list of the symmetrical ways three 3 note prime forms can be combined to make up a nine note prime form.

Decatonic (10 note) Scales

Ten note scales are used extremely rarely by improvisors. I find it easier to think and remember various ten note scales by thinking of them as two groupings of Pentatonic scales. In general this technique of combining smaller groups of notes to remember larger structures is a good idea when using larger note groupings.

Each prime form contains a listing of the symmetrical 5 note pairs that can be combined to form each scale.

Hendecatonic (11 note) Scales

Eleven note scales are used extremely rarely by improvisors. Once again I find it easier to think and remember various eleven note scales by thinking of them as a group of one Pentatonic scale and one Hexatonic scale.

Dodecatonic (12 note) Scales

There are many listing throughout this book of great ways to form 12 note scales that are easy to remember because they are symmetrical grouping of either 3 or 4 notes. These combinations are a great resource for creating interesting harmonic and melodic pallettes. You will find many examples of this type of writing and improvising on the following CDs:

Bruce Arnold Trio, Blue Eleven
Bruce Arnold Trio, A Few Dozen
Bruce Arnold Trio, Give ‘em Some

2 Note Scales
C, D♭

prime form: 0, 1
degrees: 1, ♭2

Scale application to typical chord types all keys:

C:	1	♭2	-7 mel, 7, -7♭5 mel, 7sus4
D♭:	7	1	+7, °7, Δ7♯5 mel, -Δ7, Δ7, Δ7♯5
D:	♭7	7	
E♭:	6	♭7	-7, 7, 7sus4
E:	♭6	6	°7, Δ7♯5 mel, -7 mel, 7, Δ7♯5, 7sus4, -Δ7 mel
F:	5	♭6	+7, Δ7♯5 mel, -7 mel, 7, 7sus4, -Δ7 mel
G♭:	♭5	5	Δ7♯5 mel, -Δ7, 7, Δ7
G:	4	♭5	°7, Δ7♯5 mel, -Δ7, -7♭5, 7 mel
A♭:	3	4	Δ7♯5 mel, 7 mel, Δ7 mel, 7sus4
A:	♭3	3	+7, 7, 7sus4
B♭:	2	♭3	°7, -7, -Δ7, -7♭5, 7, 7sus4
B:	♭2	2	7, -7♭5 mel, 7sus4

See page 378 for more possible scale applications

Symmetric Difference as:
Pitches
D, E♭, E, F, G♭, G, A♭, A, B♭, B
Degrees
2, ♭3, 3, 4, ♭5, 5, ♭6, 6, ♭7, 7
Prime Form
0, 1, 2, 3, 4, 5, 6, 7, 8, 9

C, D

prime form: 0, 2

degrees: 1, 2

Scale application to typical chord types all keys:

C:	1	2	°7, -7, Δ7♯5 mel, -Δ7, -7♭5, 7, Δ7, Δ7♯5, 7sus4
D♭:	7	♭2	
D:	♭7	1	-7, -7♭5, 7, 7sus4
E♭:	6	7	°7, Δ7♯5 mel, -Δ7, Δ7, Δ7♯5
E:	♭6	♭7	-7 mel, -7♭5, 7, 7sus4
F:	5	6	-7, Δ7♯5 mel, -Δ7, 7, Δ7, 7sus4
G♭:	♭5	♭6	°7, Δ7♯5 mel, -7♭5, 7, Δ7♯5, -Δ7 mel
G:	4	5	-7, Δ7♯5 mel, -Δ7, 7 mel, Δ7 mel, 7sus4
A♭:	3	♭5	Δ7♯5 mel, 7, Δ7, Δ7♯5
A:	♭3	4	°7, -7, -Δ7, -7♭5, 7 mel, 7sus4
B♭:	2	3	Δ7♯5 mel, 7, Δ7, Δ7♯5, 7sus4
B:	♭2	♭3	-7 mel, 7, -7♭5 mel, 7sus4

See page 378 for more possible scale applications

Symmetric Difference as:

Pitches

D♭, E♭, E, F, G♭, G, A♭, A, B♭, B

Degrees

♭2, ♭3, 3, 4, ♭5, 5, ♭6, 6, ♭7, 7

Prime Form

0, 1, 2, 3, 4, 5, 6, 7, 8, 10

C, E♭

prime form: 0, 3
degrees: 1, ♭3

Scale application to typical
chord types all keys:

C:	1	♭3	+7, °7, -7, -Δ7, -7♭5, 7, 7sus4
D♭:	7	2	°7, Δ7♯5 mel, -Δ7, Δ7, Δ7♯5
D:	♭7	♭2	-7 mel, 7, -7♭5 mel, 7sus4
E♭:	6	1	°7, -7, Δ7♯5 mel, -Δ7, 7, Δ7, Δ7♯5, 7sus4
E:	♭6	7	+7, °7, Δ7♯5 mel, Δ7♯5, -Δ7 mel
F:	5	♭7	-7, 7, 7sus4
G♭:	♭5	6	°7, Δ7♯5 mel, -Δ7, 7, Δ7, Δ7♯5
G:	4	♭6	°7, Δ7♯5 mel, -7 mel, -7♭5, 7 mel, 7sus4, -Δ7 mel
A♭:	3	5	+7, Δ7♯5 mel, 7, Δ7, 7sus4
A:	♭3	♭5	°7, -Δ7, -7♭5, 7
B♭:	2	4	°7, -7, Δ7♯5 mel, -Δ7, -7♭5, 7 mel, Δ7 mel, 7sus4
B:	♭2	3	7, 7sus4

See page 378 for more possible scale applications

Symmetric Difference as:
Pitches
D♭, D, E, F, G♭, G, A♭, A, B♭, B
Degrees
♭2, 2, 3, 4, ♭5, 5, ♭6, 6, ♭7, 7
Prime Form
0, 1, 2, 3, 4, 5, 6, 7, 9, 10

C, E

prime form: 0, 4

degrees: 1, 3

Scale application to typical chord types all keys:

C:	1	3	+7, Δ7♯5 mel, 7, Δ7, Δ7♯5, 7sus4
D♭:	7	♭3	+7, °7, -Δ7
D:	♭7	2	-7, -7♭5, 7, 7sus4
E♭:	6	♭2	-7 mel, 7, 7sus4
E:	♭6	1	+7, °7, Δ7♯5 mel, -7 mel, -7♭5, 7, Δ7♯5, 7sus4, -Δ7 mel
F:	5	7	+7, Δ7♯5 mel, -Δ7, Δ7
G♭:	♭5	♭7	-7♭5, 7
G:	4	6	°7, -7, Δ7♯5 mel, -Δ7, 7 mel, Δ7 mel, 7sus4
A♭:	3	♭6	+7, Δ7♯5 mel, 7, Δ7♯5, 7sus4
A:	♭3	5	+7, -7, -Δ7, 7, 7sus4
B♭:	2	♭5	°7, Δ7♯5 mel, -Δ7, -7♭5, 7, Δ7, Δ7♯5
B:	♭2	4	-7 mel, 7 mel, -7♭5 mel, 7sus4

See page 379 for more possible scale applications

Symmetric Difference as:

Pitches

D♭, D, E♭, F, G♭, G, A♭, A, B♭, B

Degrees

♭2, 2, ♭3, 4, ♭5, 5, ♭6, 6, ♭7, 7

Prime Form

0, 1, 2, 3, 4, 5, 6, 8, 9, 10

C, F

prime form: 0, 5

degrees: 1, 4

Scale application to typical chord types all keys:

C:	1	4	°7, -7, Δ7♯5 mel, -Δ7, -7♭5, 7 mel, Δ7 mel, 7sus4
D♭:	7	3	+7, Δ7♯5 mel, Δ7, Δ7♯5
D:	♭7	♭3	-7, -7♭5, 7, 7sus4
E♭:	6	2	°7, -7, Δ7♯5 mel, -Δ7, 7, Δ7, Δ7♯5, 7sus4
E:	♭6	♭2	-7 mel, 7, -7♭5 mel, 7sus4
F:	5	1	+7, -7, Δ7♯5 mel, -Δ7, 7, Δ7, 7sus4
G♭:	♭5	7	°7, Δ7♯5 mel, -Δ7, Δ7, Δ7♯5
G:	4	♭7	-7, -7♭5, 7 mel, 7sus4
A♭:	3	6	Δ7♯5 mel, 7, Δ7, Δ7♯5, 7sus4
A:	♭3	♭6	+7, °7, -7 mel, -7♭5, 7, 7sus4, -Δ7 mel
B♭:	2	5	-7, Δ7♯5 mel, -Δ7, 7, Δ7, 7sus4
B:	♭2	♭5	7, -7♭5 mel

Symmetric Difference as:

Pitches

D♭, D, E♭, E, G♭, G, A♭, A, B♭, B

Degrees

♭2, 2, ♭3, 3, ♭5, 5, ♭6, 6, ♭7, 7

Prime Form

0, 1, 2, 3, 4, 5, 7, 8, 9, 10

See page 379 for more possible scale applications

C, G♭

prime form: 0, 6

degrees: 1, ♭5

Scale application to typical chord types all keys:

C:	1	♭5	°7, Δ7♯5 mel, -Δ7, -7♭5, 7, Δ7♯5, Δ7
D♭:	7	4	°7, Δ7♯5 mel, -Δ7, Δ7 mel
D:	♭7	3	7, 7sus4
E♭:	6	♭3	°7, -7, -Δ7, 7, 7sus4
E:	♭6	2	°7, Δ7♯5 mel, -7♭5, 7, Δ7♯5, 7sus4, -Δ7 mel
F:	5	♭2	-7 mel, 7, 7sus4
G♭:	♭5	1	°7, Δ7♯5 mel, -Δ7, -7♭5, 7, Δ7♯5, Δ7
G:	4	7	°7, Δ7♯5 mel, -Δ7, Δ7 mel
A♭:	3	♭7	7, 7sus4
A:	♭3	6	°7, -7, -Δ7, 7, 7sus4
B♭:	2	♭6	°7, Δ7♯5 mel, -7♭5, 7, Δ7♯5, 7sus4, -Δ7 mel
B:	♭2	5	-7 mel, 7, 7sus4

See page 379 for more possible scale applications

Symmetric Difference as:

Pitches

D♭, D, E♭, E, F, G, A♭, A, B♭, B

Degrees

♭2, 2, ♭3, 3, 4, 5, ♭6, 6, ♭7, 7

Prime Form

0, 1, 2, 3, 4, 6, 7, 8, 9, 10

3 Note Scales

C, D♭, D

12 Prime Forms

prime form: 0, 1, 2
degrees: 1, ♭2, 2

Scale application to typical chord types all keys:

C:	1	♭2	2	7, -7♭5 mel, 7sus4
D♭:	7	1	♭2	
D:	♭7	7	1	
E♭:	6	♭7	7	
E:	♭6	6	♭7	-7 mel, 7, 7sus4
F:	5	♭6	6	Δ7♯5 mel, -7 mel, 7, 7sus4, -Δ7 mel
G♭:	♭5	5	♭6	Δ7♯5 mel, 7, -Δ7 mel
G:	4	♭5	5	Δ7♯5 mel, -Δ7, 7 mel
A♭:	3	4	♭5	Δ7♯5 mel, 7 mel
A:	♭3	3	4	7 mel, 7sus4
B♭:	2	♭3	3	7, 7sus4
B:	♭2	2	♭3	7, -7♭5 mel, 7sus4

See page 380 for more possible scale applications

Symmetric Difference as:
Pitches
E♭, E, F, G♭, G, A♭, A, B♭, B
Degrees
♭3, 3, 4, ♭5, 5, ♭6, 6, ♭7, 7
Prime Form
0, 1, 2, 3, 4, 5, 6, 7, 8

See three note hexatonic pair index for list of possibilities

Unique symmetrical 12 Tone groupings using only 012

C D D♭ E E♭ F 0 1 2 0 1 2
A♭G G♭ A B B♭ 0 1 2 0 1 2

C, D♭, E♭

prime form: 0, 1, 3

degrees: 1, ♭2, ♭3

Scale application to typical chord types all keys: (see index for addition possibilities.

C:	1	♭2	♭3	-7 mel, 7, -7♭5 mel, 7sus4
D♭:	7	1	2	°7, Δ7♯5 mel, -Δ7, Δ7, Δ7♯5
D:	♭7	7	♭2	
E♭:	6	♭7	1	-7, 7, 7sus4
E:	♭6	6	7	°7, Δ7♯5 mel, Δ7♯5, -Δ7 mel
F:	5	♭6	♭7	-7 mel, 7, 7sus4
G♭:	♭5	5	6	Δ7♯5 mel, -Δ7, 7, Δ7
G:	4	♭5	♭6	°7, Δ7♯5 mel, -7♭5, 7 mel, -Δ7 mel
A♭:	3	4	5	Δ7♯5 mel, 7 mel, Δ7 mel, 7sus4
A:	♭3	3	♭5	7
B♭:	2	♭3	4	°7, -7, -Δ7, -7♭5, 7 mel, 7sus4
B:	♭2	2	3	7, 7sus4

Symmetric Difference as:
Pitches
D, E, F, G♭, G, A♭, A, B♭, B
Degrees
2, 3, 4, ♭5, 5, ♭6, 6, ♭7, 7
Prime Form
0, 1, 2, 3, 4, 5, 6, 7, 9

See page 381 for more possible scale applications

See three note hexatonic pair index for list of possibilities

Unique symmetrical 12 Tone groupings using only 013

C D♭E♭ D E F 0 1 3 0 1 3
A G G♭ A♭B B♭ 0 1 3 0 1 3

C D E♭ E F G 0 1 3 0 1 3
B B♭D♭ A A♭ G♭ 0 1 3 0 1 3

C, D♭, E

prime form: 0, 1, 4
degrees: 1, ♭2, 3

Scale application to typical chord types all keys:

C:	1	♭2	3	7, 7sus4
D♭:	7	1	♭3	+7, °7, -Δ7
D:	♭7	7	2	
E♭:	6	♭7	♭2	-7 mel, 7, 7sus4
E:	♭6	6	1	°7, Δ7♯5 mel, -7 mel, 7, Δ7♯5, 7sus4, -Δ7 mel
F:	5	♭6	7	+7, Δ7♯5 mel, -Δ7 mel
G♭:	♭5	5	♭7	7
G:	4	♭5	6	°7, Δ7♯5 mel, -Δ7, 7 mel
A♭:	3	4	♭6	Δ7♯5 mel, 7 mel, 7sus4
A:	♭3	3	5	+7, 7, 7sus4
B♭:	2	♭3	♭5	°7, -Δ7, -7♭5, 7
B:	♭2	2	4	7 mel, -7♭5 mel, 7sus4

Symmetric Difference as:
Pitches
D, E♭, F, G♭, G, A♭, A, B♭, B
Degrees
2, ♭3, 4, ♭5, 5, ♭6, 6, ♭7, 7
Prime Form
0, 1, 2, 3, 4, 5, 6, 8, 9

See page 382 for more possible scale applications

See three note hexatonic pair index for list of possibilities

Unique symmetrical 12 Tone groupings using only 014

C D♭E E♭G G♭ 0 1 4 0 1 4
B B♭D A A♭ F 0 1 4 0 1 4

C E E♭ D D♭ F 0 1 4 0 1 4
A B♭G♭ A♭B G 0 1 4 0 1 4

C D♭E D E♭ G♭ 0 1 4 0 1 4
A A♭F B B♭ G 0 1 4 0 1 4

A C D♭ D E♭ G♭ 0 1 4 0 1 4
A♭E F B B♭ G 0 1 4 0 1 4

C D♭E A A♭ F 0 1 4 0 1 4
B D E♭ B♭G G♭ 0 1 4 0 1 4

A C D♭ A♭E F 0 1 4 0 1 4
D E♭G♭ B B♭ G 0 1 4 0 1 4

A C D♭ A♭E F 0 1 4 0 1 4
B D E♭ B♭G G♭ 0 1 4 0 1 4

A C D♭ A♭E F 0 1 4 0 1 4
B B♭D E♭G G♭ 0 1 4 0 1 4

A A♭C D♭E F 0 1 4 0 1 4
D E♭G♭ B B♭ G 0 1 4 0 1 4

A A♭C D♭E F 0 1 4 0 1 4
B D E♭ B♭G G♭ 0 1 4 0 1 4

A A♭C D♭E F 0 1 4 0 1 4
B B♭D E♭G G♭ 0 1 4 0 1 4

C, D♭, F

prime form: 0, 1, 5

degrees: 1, ♭2, 4

Scale application to typical chord types all keys:

C:	1	♭2	4	-7 mel, 7 mel, -7♭5 mel, 7sus4
D♭:	7	1	3	+7, Δ7♯5 mel, Δ7, Δ7♯5
D:	♭7	7	♭3	
E♭:	6	♭7	2	-7, 7, 7sus4
E:	♭6	6	♭2	-7 mel, 7, 7sus4
F:	5	♭6	1	+7, Δ7♯5 mel, -7 mel, 7, 7sus4, -Δ7 mel
G♭:	♭5	5	7	Δ7♯5 mel, -Δ7, Δ7
G:	4	♭5	♭7	-7♭5, 7 mel
A♭:	3	4	6	Δ7♯5 mel, 7 mel, Δ7 mel, 7sus4
A:	♭3	3	♭6	+7, 7, 7sus4
B♭:	2	♭3	5	-7, -Δ7, 7, 7sus4
B:	♭2	2	♭5	7, -7♭5 mel

Symmetric Difference as:
Pitches
D, E♭, E, G♭, G, A♭, A, B♭, B
Degrees
2, ♭3, 3, ♭5, 5, ♭6, 6, ♭7, 7
Prime Form
0, 1, 2, 3, 4, 5, 7, 8, 9

See page 383 for more possible scale applications

See three note hexatonic pair index for list of possibilities

Unique symmetrical 12 Tone groupings using only 015

C E F   D E♭ G   0 1 5 0 1 5
A A♭D♭   B B♭ G♭   0 1 5 0 1 5

C D♭F   A A♭ E   0 1 5 0 1 5
D E♭G   B B♭ G♭   0 1 5 0 1 5

C D♭F   A A♭ E   0 1 5 0 1 5
B♭D E♭   B G G♭   0 1 5 0 1 5

C D♭F   A A♭ E   0 1 5 0 1 5
D G G♭   B B♭ E♭   0 1 5 0 1 5

A♭C D♭   A E F   0 1 5 0 1 5
D E♭G   B B♭ G♭   0 1 5 0 1 5

A♭C D♭   A E F   0 1 5 0 1 5
B♭D E♭   B G G♭   0 1 5 0 1 5

A♭C D♭   A E F   0 1 5 0 1 5
D G G♭   B B♭ E♭   0 1 5 0 1 5

C E F   A A♭ D♭   0 1 5 0 1 5
D E♭G   B B♭ G♭   0 1 5 0 1 5

C E F   A A♭ D♭   0 1 5 0 1 5
B♭D E♭   B G G♭   0 1 5 0 1 5

C E F   A A♭ D♭   0 1 5 0 1 5
D G G♭   B B♭ E♭   0 1 5 0 1 5

C D♭F   A♭E E♭   0 1 5 0 1 5
A B♭D   B G G♭   0 1 5 0 1 5

A♭C D♭   D G G♭   0 1 5 0 1 5
B E E♭   A B♭ F   0 1 5 0 1 5

A♭C D♭   D G G♭   0 1 5 0 1 5
B B♭E♭   A E F   0 1 5 0 1 5

A♭C G   D D♭ G♭   0 1 5 0 1 5
B E E♭   A B♭ F   0 1 5 0 1 5

A♭C G   D D♭ G♭   0 1 5 0 1 5
B B♭E♭   A E F   0 1 5 0 1 5

C D♭F   D G G♭   0 1 5 0 1 5
B B♭E♭   A A♭ E   0 1 5 0 1 5

A♭C D♭   D E♭ G   0 1 5 0 1 5
A E F   B B♭ G♭   0 1 5 0 1 5

C D♭F   D E♭ G   0 1 5 0 1 5
A A♭E   B B♭ G♭   0 1 5 0 1 5

C, D♭, G♭

prime form: 0, 1, 6
degrees: 1, ♭2, ♭5

Scale application to typical chord types all keys:

C:	1	♭2	♭5	7, -7♭5 mel
D♭:	7	1	4	°7, Δ7♯5 mel, -Δ7, Δ7 mel
D:	♭7	7	3	
E♭:	6	♭7	♭3	-7, 7, 7sus4
E:	♭6	6	2	°7, Δ7♯5 mel, 7, Δ7♯5, 7sus4, -Δ7 mel
F:	5	♭6	♭2	-7 mel, 7, 7sus4
G♭:	♭5	5	1	Δ7♯5 mel, -Δ7, 7, Δ7
G:	4	♭5	7	°7, Δ7♯5 mel, -Δ7
A♭:	3	4	♭7	7 mel, 7sus4
A:	♭3	3	6	7, 7sus4
B♭:	2	♭3	♭6	°7, -7♭5, 7, 7sus4, -Δ7 mel
B:	♭2	2	5	7, 7sus4

See page 384 for more possible scale applications

Symmetric Difference as:
Pitches
D, E♭, E, F, G, A♭, A, B♭, B
Degrees
2, ♭3, 3, 4, 5, ♭6, 6, ♭7, 7
Prime Form
0, 1, 2, 3, 4, 6, 7, 8, 9

See three note hexatonic pair index for list of possibilities

Unique symmetrical 12 Tone groupings using only 016

C G G♭ A♭ D D♭ 0 1 6 0 1 6
A E E♭ B B♭ F 0 1 6 0 1 6

C G G♭ A♭ D D♭ 0 1 6 0 1 6
A B♭ E♭ B E F 0 1 6 0 1 6

C D♭ G♭ A♭ D G 0 1 6 0 1 6
A E E♭ B B♭ F 0 1 6 0 1 6

C D♭ G♭ A♭ D G 0 1 6 0 1 6
A B♭ E♭ B E F 0 1 6 0 1 6

C D♭ G♭ A E E♭ 0 1 6 0 1 6
A♭ D G B B♭ F 0 1 6 0 1 6

C F G♭ D D♭ G 0 1 6 0 1 6
A A♭ E♭ B B♭ E 0 1 6 0 1 6

C D♭ G A♭ D E♭ 0 1 6 0 1 6
A B♭ E B F G♭ 0 1 6 0 1 6

C, D, E

prime form: 0, 2, 4
degrees: 1, 2, 3

Scale application to typical chord types all keys:

C:	1	2	3	Δ7♯5 mel, 7, Δ7, Δ7♯5, 7sus4
D♭:	7	♭2	♭3	
D:	♭7	1	2	-7, -7♭5, 7, 7sus4
E♭:	6	7	♭2	
E:	♭6	♭7	1	-7 mel, -7♭5, 7, 7sus4
F:	5	6	7	Δ7♯5 mel, -Δ7, Δ7
G♭:	♭5	♭6	♭7	-7♭5, 7
G:	4	5	6	-7, Δ7♯5 mel, -Δ7, 7 mel, Δ7 mel, 7sus4
A♭:	3	♭5	♭6	Δ7♯5 mel, 7, Δ7♯5
A:	♭3	4	5	-7, -Δ7, 7 mel, 7sus4
B♭:	2	3	♭5	Δ7♯5 mel, 7, Δ7, Δ7♯5
B:	♭2	♭3	4	-7 mel, 7 mel, -7♭5 mel, 7sus4

Symmetric Difference as:
Pitches
D♭, E♭, F, G♭, G, A♭, A, B♭, B
Degrees
♭2, ♭3, 4, ♭5, 5, ♭6, 6, ♭7, 7
Prime Form
0, 1, 2, 3, 4, 5, 6, 8, 10

See page 385 for more possible scale applications

See three note hexatonic pair index for list of possibilities

Unique symmetrical 12 Tone groupings using only 024

C D E A♭B♭ G♭ 0 2 4 0 2 4
D♭E♭ F A B G 0 2 4 0 2 4

A♭B♭C D E G♭ 0 2 4 0 2 4
D♭E♭ F A B G 0 2 4 0 2 4

C D E A♭B♭ G♭ 0 2 4 0 2 4
B D♭E♭ A F G 0 2 4 0 2 4

A♭B♭C D E G♭ 0 2 4 0 2 4
B D♭E♭ A F G 0 2 4 0 2 4

C D E A♭B♭ G♭ 0 2 4 0 2 4
A B D♭ E♭F G 0 2 4 0 2 4

A♭B♭C D E G♭ 0 2 4 0 2 4
A B D♭ E♭F G 0 2 4 0 2 4

B♭C D A♭E G♭ 0 2 4 0 2 4
D♭E♭ F A B G 0 2 4 0 2 4

C D E A F G 0 2 4 0 2 4
B D♭E♭ A♭B♭ G♭ 0 2 4 0 2 4

B♭C D A♭E G♭ 0 2 4 0 2 4
B D♭E♭ A F G 0 2 4 0 2 4

C D E E♭F G 0 2 4 0 2 4
A B D♭ A♭B♭ G♭ 0 2 4 0 2 4

B♭C D A♭E G♭ 0 2 4 0 2 4
A B D♭ E♭F G 0 2 4 0 2 4

C D E D♭E♭ F 0 2 4 0 2 4
A♭B♭G♭ A B G 0 2 4 0 2 4

C, D, F

prime form: 0, 2, 5

degrees: 1, 2, 4

Scale application to typical chord types all keys:

C:	1	2	4	°7, -7, Δ7♯5 mel, -Δ7, -7♭5, 7 mel, Δ7 mel, 7sus4
D♭:	7	♭2	3	
D:	♭7	1	♭3	-7, -7♭5, 7, 7sus4
E♭:	6	7	2	°7, Δ7♯5 mel, -Δ7, Δ7, Δ7♯5
E:	♭6	♭7	♭2	-7 mel, 7, -7♭5 mel, 7sus4
F:	5	6	1	-7, Δ7♯5 mel, -Δ7, 7, Δ7, 7sus4
G♭:	♭5	♭6	7	°7, Δ7♯5 mel, Δ7♯5, -Δ7 mel
G:	4	5	♭7	-7, 7 mel, 7sus4
A♭:	3	♭5	6	Δ7♯5 mel, 7, Δ7, Δ7♯5
A:	♭3	4	♭6	°7, -7 mel, -7♭5, 7 mel, 7sus4, -Δ7 mel
B♭:	2	3	5	Δ7♯5 mel, 7, Δ7, 7sus4
B:	♭2	♭3	♭5	7, -7♭5 mel

Symmetric Difference as:

Pitches

D♭, E♭, E, G♭, G, A♭, A, B♭, B

Degrees

♭2, ♭3, 3, ♭5, 5, ♭6, 6, ♭7, 7

Prime Form

0, 1, 2, 3, 4, 5, 7, 8, 10

See page 386 for more possible scale applications

See three note hexatonic pair index for list of possibilities

Unique symmetrical 12 Tone groupings using only 025

C D F   A E G   0 2 5 0 2 5
B♭ D♭ E♭   A♭ B G♭   0 2 5 0 2 5

C E♭ F   D E G   0 2 5 0 2 5
A♭ B♭ D♭   A B G♭   0 2 5 0 2 5

A C G   D♭ E♭ G♭   0 2 5 0 2 5
B D E   A♭ B♭ F   0 2 5 0 2 5

C, D, G♭

prime form: 0, 2, 6

degrees: 1, 2, ♭5

Scale application to typical chord types all keys:

Key				Chord types
C:	1	2	♭5	°7, Δ7♯5 mel, -Δ7, -7♭5, 7, Δ7♯5, Δ7
D♭:	7	♭2	4	
D:	♭7	1	3	7, 7sus4
E♭:	6	7	♭3	°7, -Δ7
E:	♭6	♭7	2	-7♭5, 7, 7sus4
F:	5	6	♭2	-7 mel, 7, 7sus4
G♭:	♭5	♭6	1	°7, Δ7♯5 mel, -7♭5, 7, Δ7♯5, -Δ7 mel
G:	4	5	7	Δ7♯5 mel, -Δ7, Δ7 mel
A♭:	3	♭5	♭7	7
A:	♭3	4	6	°7, -7, -Δ7, 7 mel, 7sus4
B♭:	2	3	♭6	Δ7♯5 mel, 7, Δ7♯5, 7sus4
B:	♭2	♭3	5	-7 mel, 7, 7sus4

Symmetric Difference as:

Pitches

D♭, E♭, E, F, G, A♭, A, B♭, B

Degrees

♭2, ♭3, 3, 4, 5, ♭6, 6, ♭7, 7

Prime Form

0, 1, 2, 3, 4, 6, 7, 8, 10

See page 387 for more possible scale applications

See three note hexatonic pair index for list of possibilities

Unique symmetrical 12 Tone groupings using only 026

B♭ C G♭	A♭ D E	026 026
A D♭ G	B E♭ F	026 026
B♭ C G♭	A♭ D E	026 026
B D♭ G	A E♭ F	026 026
C E G♭	A♭ B♭ D	026 026
B D♭ G	A E♭ F	026 026
B♭ C E	A♭ D G♭	026 026
D♭ E♭ G	A B F	026 026
B♭ C E	A♭ D G♭	026 026
A D♭ E♭	B F G	026 026
B♭ C E	A♭ D G♭	026 026
D♭ F G	A B E♭	026 026
B♭ C E	A♭ D G♭	026 026
B D♭ F	A E♭ G	026 026
B♭ C E	A♭ D G♭	026 026
A D♭ G	B E♭ F	026 026
B♭ C E	A♭ D G♭	026 026
B D♭ G	A E♭ F	026 026
A♭ C G♭	B♭ D E	026 026
D♭ E♭ G	A B F	026 026
A♭ C G♭	B♭ D E	026 026
A D♭ E♭	B F G	026 026
A♭ C G♭	B♭ D E	026 026
D♭ F G	A B E♭	026 026

A♭ C G♭	B♭ D E	026 026
B D♭ F	A E♭ G	026 026
A♭ C G♭	B♭ D E	026 026
A D♭ G	B E♭ F	026 026
A♭ C G♭	B♭ D E	026 026
B D♭ G	A E♭ F	026 026
B♭ C G♭	A♭ D E	026 026
D♭ E♭ G	A B F	026 026
B♭ C G♭	A♭ D E	026 026
A D♭ E♭	B F G	026 026
B♭ C G♭	A♭ D E	026 026
D♭ F G	A B E♭	026 026
B♭ C G♭	A♭ D E	026 026
B D♭ F	A E♭ G	026 026
C D G♭	A♭ B♭ E	026 026
D♭ E♭ G	A B F	026 026
C D G♭	A♭ B♭ E	026 026
A D♭ E♭	B F G	026 026
C D G♭	A♭ B♭ E	026 026
D♭ F G	A B E♭	026 026
C D G♭	A♭ B♭ E	026 026
B D♭ F	A E♭ G	026 026
C D G♭	A♭ B♭ E	026 026
A D♭ G	B E♭ F	026 026

C D G♭	A♭ B♭ E	026 026
B D♭ G	A E♭ F	026 026
C E G♭	A D♭ E♭	026 026
A♭ B♭ D	B F G	026 026
C E G♭	D♭ E♭ G	026 026
A♭ B♭ D	A B F	026 026
A♭ C D	D♭ F G	026 026
A B E♭	B♭ E G♭	026 026
C D G♭	D♭ F G	026 026
A B E♭	A♭ B♭ E	026 026
A♭ C D	D♭ E♭ G	026 026
B♭ E G♭	A B F	026 026
A♭ B♭ E	B F G	026 026
C D G♭	A D♭ E♭	026 026
C D G♭	D♭ E♭ G	026 026
A♭ B♭ E	A B F	026 026
A♭ C D	B♭ E G♭	026 026
D♭ E♭ G	A B F	026 026
A♭ C D	B♭ E G♭	026 026
A D♭ E♭	B F G	026 026
A♭ C D	B♭ E G♭	026 026
D♭ F G	A B E♭	026 026
A♭ C D	B♭ E G♭	026 026
B D♭ F	A E♭ G	026 026

A♭ C D	B♭ E G♭	026 026
A D♭ G	B E♭ F	026 026
A♭ C D	B♭ E G♭	026 026
B D♭ G	A E♭ F	026 026
C E G♭	A♭ B♭ D	026 026
D♭ E♭ G	A B F	026 026
C E G♭	A♭ B♭ D	026 026
A D♭ E♭	B F G	026 026
C E G♭	A♭ B♭ D	026 026
D♭ F G	A B E♭	026 026
C E G♭	A♭ B♭ D	026 026
B D♭ F	A E♭ G	026 026
C E G♭	A♭ B♭ D	026 026
A D♭ G	B E♭ F	026 026
C E G♭	A D♭ G	026 026
A♭ B♭ D	B E♭ F	026 026
A♭ C G♭	A D♭ E♭	026 026
B♭ D E	B F G	026 026

C, D, G

prime form: 0, 2, 7
degrees: 1, 2, 5

Scale application to typical chord types all keys:

C:	1	2	5	-7, Δ7♯5 mel, -Δ7, 7, Δ7, 7sus4
D♭:	7	♭2	♭5	
D:	♭7	1	4	-7, -7♭5, 7 mel, 7sus4
E♭:	6	7	3	Δ7♯5 mel, Δ7, Δ7♯5
E:	♭6	♭7	♭3	-7 mel, -7♭5, 7, 7sus4
F:	5	6	2	-7, Δ7♯5 mel, -Δ7, 7, Δ7, 7sus4
G♭:	♭5	♭6	♭2	7, -7♭5 mel
G:	4	5	1	-7, Δ7♯5 mel, -Δ7, 7 mel, Δ7 mel, 7sus4
A♭:	3	♭5	7	Δ7♯5 mel, Δ7, Δ7♯5
A:	♭3	4	♭7	-7, -7♭5, 7 mel, 7sus4
B♭:	2	3	6	Δ7♯5 mel, 7, Δ7, Δ7♯5, 7sus4
B:	♭2	♭3	♭6	-7 mel, 7, -7♭5 mel, 7sus4

Symmetric Difference as:
Pitches
D♭, E♭, E, F, G♭, A♭, A, B♭, B
Degrees
♭2, ♭3, 3, 4, ♭5, ♭6, 6, ♭7, 7
Prime Form
0, 1, 2, 3, 5, 6, 7, 8, 10

See page 388 for more possible scale applications

See three note hexatonic pair index for list of possibilities

Unique symmetrical 12 Tone groupings using only 027

C F G   A D E   0 2 7   0 2 7
B D♭ G♭   A♭ B♭ E♭   0 2 7   0 2 7

C D G   A♭ D♭ G♭   0 2 7   0 2 7
B♭ E♭ F   A B E   0 2 7   0 2 7

C, E♭, G♭

prime form: 0, 3, 6
degrees: 1, ♭3, ♭5

0, 3, 6
Diminished Chord
Root Position

Scale application to typical chord types all keys:

C:	1	♭3	♭5	°7, -Δ7, -7♭5, 7
D♭:	7	2	4	°7, Δ7♯5 mel, -Δ7, Δ7 mel
D:	♭7	♭2	3	7, 7sus4
E♭:	6	1	♭3	°7, -7, -Δ7, 7, 7sus4
E:	♭6	7	2	°7, Δ7♯5 mel, Δ7♯5, -Δ7 mel
F:	5	♭7	♭2	-7 mel, 7, 7sus4
G♭:	♭5	6	1	°7, Δ7♯5 mel, -Δ7, 7, Δ7♯5, Δ7
G:	4	♭6	7	°7, Δ7♯5 mel, -Δ7 mel
A♭:	3	5	♭7	7, 7sus4
A:	♭3	♭5	6	°7, -Δ7, 7
B♭:	2	4	♭6	°7, Δ7♯5 mel, -7♭5, 7 mel, 7sus4, -Δ7 mel
B:	♭2	3	5	7, 7sus4

Symmetric Difference as:
Pitches
D♭, D, E, F, G, A♭, A, B♭, B
Degrees
♭2, 2, 3, 4, 5, ♭6, 6, ♭7, 7
Prime Form
0, 1, 2, 3, 4, 6, 7, 9, 10

See page 389 for more possible scale applications

See three note hexatonic pair index for list of possibilities

Unique symmetrical 12 Tone groupings using only 036

None

C, E♭, G

prime form: 0, 3, 7
degrees: 1, ♭3, 5

0, 3, 7
Minor Chord
Root Position

Scale application to typical chord types all keys:

C:	1	♭3	5	+7, -7, -Δ7, 7, 7sus4
D♭:	7	2	♭5	°7, Δ7♯5 mel, -Δ7, Δ7, Δ7♯5
D:	♭7	♭2	4	-7 mel, 7 mel, -7♭5 mel, 7sus4
E♭:	6	1	3	Δ7♯5 mel, 7, Δ7, Δ7♯5, 7sus4
E:	♭6	7	♭3	+7, °7, -Δ7 mel
F:	5	♭7	2	-7, 7, 7sus4
G♭:	♭5	6	♭2	7
G:	4	♭6	1	°7, Δ7♯5 mel, -7 mel, -7♭5, 7 mel, 7sus4, -Δ7 mel
A♭:	3	5	7	+7, Δ7♯5 mel, Δ7
A:	♭3	♭5	♭7	-7♭5, 7
B♭:	2	4	6	°7, -7, Δ7♯5 mel, -Δ7, 7 mel, Δ7 mel, 7sus4
B:	♭2	3	♭6	7, 7sus4

See page 390 for more possible scale applications

See three note hexatonic pair index for list of possibilities

Symmetric Difference as:
Pitches
D♭, D, E, F, G♭, A♭, A, B♭, B
Degrees
♭2, 2, 3, 4, ♭5, ♭6, 6, ♭7, 7
Prime Form
0, 1, 2, 3, 5, 6, 7, 9, 10

Unique symmetrical 12 Tone groupings using only 037

C	E	G	A	D	F	0 3 7 0 3 7
B♭	D♭	G♭	A♭	B	E♭	0 3 7 0 3 7
C	E♭	G	A	D	F	0 3 7 0 3 7
B♭	D♭	G♭	A♭	B	E	0 3 7 0 3 7
C	E	G	A	D♭	G♭	0 3 7 0 3 7
B♭	D	F	A♭	B	E♭	0 3 7 0 3 7
A	C	F	A♭	D♭	E	0 3 7 0 3 7
B	D	G	B♭	E♭	G♭	0 3 7 0 3 7
A♭	C	F	A	D♭	E	0 3 7 0 3 7
B♭	D	G	B	E♭	G♭	0 3 7 0 3 7
A♭	C	F	A	D♭	E	0 3 7 0 3 7
B♭	D	G	B	E♭	G♭	0 3 7 0 3 7
A	C	E	A♭	D♭	F	0 3 7 0 3 7
B	D	G♭	B♭	E♭	G	0 3 7 0 3 7
A♭	C	E♭	A	D♭	G♭	0 3 7 0 3 7
B♭	D	F	B	E	G	0 3 7 0 3 7
C	E♭	G	A	D♭	G♭	0 3 7 0 3 7
B♭	D	F	A♭	B	E	0 3 7 0 3 7

C, E, A♭

prime form: 0, 4, 8
degrees: 1, 3, ♭6

0, 4, 8
Augmented Chord
Root Position

Scale application to typical chord types all keys:

C:	1	3	♭6	Δ7♯5 mel, 7, Δ7♯5, 7sus4, +7
D♭:	7	♭3	5	-Δ7, +7
D:	♭7	2	♭5	-7♭5, 7
E♭:	6	♭2	4	-7 mel, 7 mel, 7sus4
E:	♭6	1	3	Δ7♯5 mel, 7, Δ7♯5, 7sus4, +7
F:	5	7	♭3	-Δ7, +7
G♭:	♭5	♭7	2	-7♭5, 7
G:	4	6	♭2	-7 mel, 7 mel, 7sus4
A♭:	3	♭6	1	Δ7♯5 mel, 7, Δ7♯5, 7sus4, +7
A:	♭3	5	7	-Δ7, +7
B♭:	2	♭5	♭7	-7♭5, 7
B:	♭2	4	6	-7 mel, 7 mel, 7sus4

See page 391 for more possible scale applications

Symmetric Difference as:
Pitches
D♭, D, E♭, F, G♭, G, A, B♭, B
Degrees
♭2, 2, ♭3, 4, ♭5, 5, 6, ♭7, 7
Prime Form
0, 1, 2, 4, 5, 6, 8, 9, 10

See three note hexatonic pair index for list of possibilities

Unique symmetrical 12 Tone groupings using only 048

A♭	C	E	B♭	D	G♭	0 4 8 0 4 8
A	D♭	F	B	E♭	G	0 4 8 0 4 8

4 Note Scales

29 Prime Forms

C, D♭, D, E♭

prime form: 0, 1, 2, 3
degrees: 1, ♭2, 2, ♭3

Scale application to typical chord types all keys:

C:	1	♭2	2	♭3	7, -7♭5 mel, 7sus4
D♭:	7	1	♭2	2	
D:	♭7	7	1	♭2	
E♭:	6	♭7	7	1	
E:	♭6	6	♭7	7	
F:	5	♭6	6	♭7	-7 mel, 7, 7sus4
G♭:	♭5	5	♭6	6	Δ7♯5 mel, 7, -Δ7 mel
G:	4	♭5	5	♭6	Δ7♯5 mel, 7 mel, -Δ7 mel
A♭:	3	4	♭5	5	Δ7♯5 mel, 7 mel
A:	♭3	3	4	♭5	7 mel
B♭:	2	♭3	3	4	7 mel, 7sus4
B:	♭2	2	♭3	3	7, 7sus4

See page 392 for more possible scale applications

Symmetric Difference as:
Pitches
E, F, G♭, G, A♭, A, B♭, B
Degrees
3, 4, ♭5, 5, ♭6, 6, ♭7, 7
Prime Form
0, 1, 2, 3, 4, 5, 6, 7

Unique Diad Pairs

C D♭	D E♭	0 1	0 1
C D	D♭ E♭	0 2	0 2
C E♭	D♭ D	0 3	0 1

See indexes for other four note combinations

C, D♭, D, E

prime form: 0, 1, 2, 4

degrees: 1, ♭2, 2, 3

Scale application to typical chord types all keys:

C:	1	♭2	2	3	7, 7sus4
D♭:	7	1	♭2	♭3	
D:	♭7	7	1	2	
E♭:	6	♭7	7	♭2	
E:	♭6	6	♭7	1	-7 mel, 7, 7sus4
F:	5	♭6	6	7	Δ7♯5 mel, -Δ7 mel
G♭:	♭5	5	♭6	♭7	7
G:	4	♭5	5	6	Δ7♯5 mel, -Δ7, 7 mel
A♭:	3	4	♭5	♭6	Δ7♯5 mel, 7 mel
A:	♭3	3	4	5	7 mel, 7sus4
B♭:	2	♭3	3	♭5	7
B:	♭2	2	♭3	4	7 mel, -7♭5 mel, 7sus4

See page 393 for more possible scale applications

Symmetric Difference as:

Pitches

E♭, F, G♭, G, A♭, A, B♭, B

Degrees

♭3, 4, ♭5, 5, ♭6, 6, ♭7, 7

Prime Form

0, 1, 2, 3, 4, 5, 6, 8

Unique Diad Pairs

C D♭	D E	0 1	0 2
C D	D♭ E	0 2	0 3
C E	D♭ D	0 4	0 1

See indexes for other four note combinations

C, D♭, D, F

prime form: 0, 1, 2, 5

degrees: 1, ♭2, 2, 4

Scale application to typical chord types all keys:

C:	1	♭2	2	4	7 mel, -7♭5 mel, 7sus4
D♭:	7	1	♭2	3	
D:	♭7	7	1	♭3	
E♭:	6	♭7	7	2	
E:	♭6	6	♭7	♭2	-7 mel, 7, 7sus4
F:	5	♭6	6	1	Δ7♯5 mel, -7 mel, 7, 7sus4, -Δ7 mel
G♭:	♭5	5	♭6	7	Δ7♯5 mel, -Δ7 mel
G:	4	♭5	5	♭7	7 mel
A♭:	3	4	♭5	6	Δ7♯5 mel, 7 mel
A:	♭3	3	4	♭6	7 mel, 7sus4
B♭:	2	♭3	3	5	7, 7sus4
B:	♭2	2	♭3	♭5	7, -7♭5 mel

See page 394 for more possible scale applications

Symmetric Difference as:

Pitches

E♭, E, G♭, G, A♭, A, B♭, B

Degrees

♭3, 3, ♭5, 5, ♭6, 6, ♭7, 7

Prime Form

0, 1, 2, 3, 4, 5, 7, 8

Unique Diad Pairs

C D♭	D F	0 1	0 3
C D	D♭ F	0 2	0 4
C F	D♭ D	0 5	0 1

See indexes for other four note combinations

C, D♭, D, G♭

prime form: 0, 1, 2, 6

degrees: 1, ♭2, 2, ♭5

Scale application to typical chord types all keys:

C:	1	♭2	2	♭5	7, -7♭5 mel
D♭:	7	1	♭2	4	
D:	♭7	7	1	3	
E♭:	6	♭7	7	♭3	
E:	♭6	6	♭7	2	7, 7sus4
F:	5	♭6	6	♭2	-7 mel, 7, 7sus4
G♭:	♭5	5	♭6	1	Δ7♯5 mel, 7, -Δ7 mel
G:	4	♭5	5	7	Δ7♯5 mel, -Δ7
A♭:	3	4	♭5	♭7	7 mel
A:	♭3	3	4	6	7 mel, 7sus4
B♭:	2	♭3	3	♭6	7, 7sus4
B:	♭2	2	♭3	5	7, 7sus4

See page 395 for more possible scale applications

Symmetric Difference as:
Pitches
E♭, E, F, G, A♭, A, B♭, B
Degrees
♭3, 3, 4, 5, ♭6, 6, ♭7, 7
Prime Form
0, 1, 2, 3, 4, 6, 7, 8

Unique Diad Pairs

C D♭	D G♭	0 1	0 4
C D	D♭ G♭	0 2	0 5
C G♭	D♭ D	0 6	0 1

See indexes for other four note combinations

C, D♭, D, G

prime form: 0, 1, 2, 7

degrees: 1, ♭2, 2, 5

Scale application to typical chord types all keys:

C:	1	♭2	2	5	7, 7sus4
D♭:	7	1	♭2	♭5	
D:	♭7	7	1	4	
E♭:	6	♭7	7	3	
E:	♭6	6	♭7	♭3	-7 mel, 7, 7sus4
F:	5	♭6	6	2	Δ7♯5 mel, 7, 7sus4, -Δ7 mel
G♭:	♭5	5	♭6	♭2	7
G:	4	♭5	5	1	Δ7♯5 mel, -Δ7, 7 mel
A♭:	3	4	♭5	7	Δ7♯5 mel
A:	♭3	3	4	♭7	7 mel, 7sus4
B♭:	2	♭3	3	6	7, 7sus4
B:	♭2	2	♭3	♭6	7, -7♭5 mel, 7sus4

See page 396 for more possible scale applications

Symmetric Difference as:

Pitches

E♭, E, F, G♭, A♭, A, B♭, B

Degrees

♭3, 3, 4, ♭5, ♭6, 6, ♭7, 7

Prime Form

0, 1, 2, 3, 5, 6, 7, 8

Unique Diad Pairs

C D♭	D G	0 1	0 5
C D	D♭ G	0 2	0 6
C G	D♭ D	0 5	0 1

See indexes for other four note combinations

C, D♭, E♭, E

prime form: 0, 1, 3, 4

degrees: 1, ♭2, ♭3, 3

Scale application to typical chord types all keys:

C:	1	♭2	♭3	3	7, 7sus4
D♭:	7	1	2	♭3	°7, -Δ7
D:	♭7	7	♭2	2	
E♭:	6	♭7	1	♭2	-7 mel, 7, 7sus4
E:	♭6	6	7	1	°7, Δ7♯5 mel, Δ7♯5, -Δ7 mel
F:	5	♭6	♭7	7	
G♭:	♭5	5	6	♭7	7
G:	4	♭5	♭6	6	°7, Δ7♯5 mel, 7 mel, -Δ7 mel
A♭:	3	4	5	♭6	Δ7♯5 mel, 7 mel, 7sus4
A:	♭3	3	♭5	5	7
B♭:	2	♭3	4	♭5	°7, -Δ7, -7♭5, 7 mel
B:	♭2	2	3	4	7 mel, 7sus4

See page 397 for more possible scale applications

Symmetric Difference as:

Pitches

D, F, G♭, G, A♭, A, B♭, B

Degrees

2, 4, ♭5, 5, ♭6, 6, ♭7, 7

Prime Form

0, 1, 2, 3, 4, 5, 6, 9

Unique Diad Pairs

C D♭	E♭ E	0 1	0 1
C E♭	D♭ E	0 3	0 3
C E	D♭ E♭	0 4	0 2

See indexes for other four note combinations

C, D♭, E♭, F

prime form: 0, 1, 3, 5

degrees: 1, ♭2, ♭3, 4

Scale application to typical chord types all keys:

C:	1	♭2	♭3	4	-7 mel, 7 mel, -7♭5 mel, 7sus4
D♭:	7	1	2	3	Δ7♯5 mel, Δ7, Δ7♯5
D:	♭7	7	♭2	♭3	
E♭:	6	♭7	1	2	-7, 7, 7sus4
E:	♭6	6	7	♭2	
F:	5	♭6	♭7	1	-7 mel, 7, 7sus4
G♭:	♭5	5	6	7	Δ7♯5 mel, -Δ7, Δ7
G:	4	♭5	♭6	♭7	-7♭5, 7 mel
A♭:	3	4	5	6	Δ7♯5 mel, 7 mel, Δ7 mel, 7sus4
A:	♭3	3	♭5	♭6	7
B♭:	2	♭3	4	5	-7, -Δ7, 7 mel, 7sus4
B:	♭2	2	3	♭5	7

See page 398 for more possible scale applications

Symmetric Difference as:
Pitches
D, E, G♭, G, A♭, A, B♭, B
Degrees
2, 3, ♭5, 5, ♭6, 6, ♭7, 7
Prime Form
0, 1, 2, 3, 4, 5, 7, 9

Unique Diad Pairs

C D♭	E♭ F	0 1	0 2
C E♭	D♭ F	0 3	0 4
C F	D♭ E♭	0 5	0 2

See indexes for other four note combinations

C, D♭, E♭, G♭

prime form: 0, 1, 3, 6
degrees: 1, ♭2, ♭3, ♭5

Scale application to typical chord types all keys:

C:	1	♭2	♭3	♭5	7, -7♭5 mel
D♭:	7	1	2	4	°7, Δ7♯5 mel, -Δ7, Δ7 mel
D:	♭7	7	♭2	3	
E♭:	6	♭7	1	♭3	-7, 7, 7sus4
E:	♭6	6	7	2	°7, Δ7♯5 mel, Δ7♯5, -Δ7 mel
F:	5	♭6	♭7	♭2	-7 mel, 7, 7sus4
G♭:	♭5	5	6	1	Δ7♯5 mel, -Δ7, 7, Δ7
G:	4	♭5	♭6	7	°7, Δ7♯5 mel, -Δ7 mel
A♭:	3	4	5	♭7	7 mel, 7sus4
A:	♭3	3	♭5	6	7
B♭:	2	♭3	4	♭6	°7, -7♭5, 7 mel, 7sus4, -Δ7 mel
B:	♭2	2	3	5	7, 7sus4

See page 399 for more possible scale applications

Symmetric Difference as:
Pitches
D, E, F, G, A♭, A, B♭, B
Degrees
2, 3, 4, 5, ♭6, 6, ♭7, 7
Prime Form
0, 1, 2, 3, 4, 6, 7, 9

Unique Diad Pairs

C D♭	E♭ G♭	0 1	0 3
C E♭	D♭ G♭	0 3	0 5
C G♭	D♭ E♭	0 6	0 2

See indexes for other four note combinations

C, D♭, E♭, G

prime form: 0, 1, 3, 7
degrees: 1, ♭2, ♭3, 5

Scale application to typical chord types all keys:

C:	1	♭2	♭3	5	-7 mel, 7, 7sus4
D♭:	7	1	2	♭5	°7, Δ7♯5 mel, -Δ7, Δ7♯5, Δ7
D:	♭7	7	♭2	4	
E♭:	6	♭7	1	3	7, 7sus4
E:	♭6	6	7	♭3	°7, -Δ7 mel
F:	5	♭6	♭7	2	7, 7sus4
G♭:	♭5	5	6	♭2	7
G:	4	♭5	♭6	1	°7, Δ7♯5 mel, -7♭5 , 7 mel, -Δ7 mel
A♭:	3	4	5	7	Δ7♯5 mel, Δ7 mel
A:	♭3	3	♭5	♭7	7
B♭:	2	♭3	4	6	°7, -7, -Δ7, 7 mel, 7sus4
B:	♭2	2	3	♭6	7, 7sus4

See page 400 for more possible scale applications

Symmetric Difference as:
Pitches
D, E, F, G♭, A♭, A, B♭, B
Degrees
2, 3, 4, ♭5, ♭6, 6, ♭7, 7
Prime Form
0, 1, 2, 3, 5, 6, 7, 9

Unique Diad Pairs

C D♭	E♭ G	0 1	0 4
C E♭	D♭ G	0 3	0 6
C G	D♭ E♭	0 5	0 2

See indexes for other four note combinations

C, D♭, E, F

prime form: 0, 1, 4, 5

degrees: 1, ♭2, 3, 4

Scale application to typical chord types all keys:

C:	1	♭2	3	4	7 mel, 7sus4
D♭:	7	1	♭3	3	+7
D:	♭7	7	2	♭3	
E♭:	6	♭7	♭2	2	7, 7sus4
E:	♭6	6	1	♭2	-7 mel, 7, 7sus4
F:	5	♭6	7	1	+7, Δ7♯5 mel, -Δ7 mel
G♭:	♭5	5	♭7	7	
G:	4	♭5	6	♭7	7 mel
A♭:	3	4	♭6	6	Δ7♯5 mel, 7 mel, 7sus4
A:	♭3	3	5	♭6	+7, 7, 7sus4
B♭:	2	♭3	♭5	5	-Δ7, 7
B:	♭2	2	4	♭5	7 mel, -7♭5 mel

See page 401 for more possible scale applications

Symmetric Difference as:
Pitches
D, E♭, G♭, G, A♭, A, B♭, B
Degrees
2, ♭3, ♭5, 5, ♭6, 6, ♭7, 7
Prime Form
0, 1, 2, 3, 4, 5, 8, 9

Unique Diad Pairs

C D♭	E F	0 1	0 1
C E	D♭ F	0 4	0 4
C F	D♭ E	0 5	0 3

See indexes for other four note combinations

C, D♭, E, G♭

prime form: 0, 1, 4, 6
degrees: 1, ♭2, 3, ♭5

Scale application to typical chord types all keys:

C:	1	♭2	3	♭5	7
D♭:	7	1	♭3	4	°7, -Δ7
D:	♭7	7	2	3	
E♭:	6	♭7	♭2	♭3	-7 mel, 7, 7sus4
E:	♭6	6	1	2	°7, Δ7♯5 mel, 7, Δ7♯5, 7sus4, -Δ7 mel
F:	5	♭6	7	♭2	
G♭:	♭5	5	♭7	1	7
G:	4	♭5	6	7	°7, Δ7♯5 mel, -Δ7
A♭:	3	4	♭6	♭7	7 mel, 7sus4
A:	♭3	3	5	6	7, 7sus4
B♭:	2	♭3	♭5	♭6	°7, -7♭5, 7, -Δ7 mel
B:	♭2	2	4	5	7 mel, 7sus4

See page 402 for more possible scale applications

Symmetric Difference as:
Pitches
D, E♭, F, G, A♭, A, B♭, B
Degrees
2, ♭3, 4, 5, ♭6, 6, ♭7, 7
Prime Form
0, 1, 2, 3, 4, 6, 8, 9

Unique Diad Pairs

C D♭	E G♭	0 1	0 2
C E	D♭ G♭	0 4	0 5
C G♭	D♭ E	0 6	0 3

See indexes for other four note combinations

C, D♭, E, G

prime form: 0, 1, 4, 7
degrees: 1, ♭2, 3, 5

0, 1, 4, 7
Minor Major 7b5 Chord
2nd Inversion

Scale application to typical chord types all keys:

C:	1	♭2	3	5	7, 7sus4
D♭:	7	1	♭3	♭5	°7, -Δ7
D:	♭7	7	2	4	
E♭:	6	♭7	♭2	3	7, 7sus4
E:	♭6	6	1	♭3	°7, -7 mel, 7, 7sus4, -Δ7 mel
F:	5	♭6	7	2	Δ7♯5 mel, -Δ7 mel
G♭:	♭5	5	♭7	♭2	7
G:	4	♭5	6	1	°7, Δ7♯5 mel, -Δ7, 7 mel
A♭:	3	4	♭6	7	Δ7♯5 mel
A:	♭3	3	5	♭7	7, 7sus4
B♭:	2	♭3	♭5	6	°7, -Δ7, 7
B:	♭2	2	4	♭6	7 mel, -7♭5 mel, 7sus4

See page 403 for more possible scale applications

Symmetric Difference as:
Pitches
D, E♭, F, G♭, A♭, A, B♭, B
Degrees
2, ♭3, 4, ♭5, ♭6, 6, ♭7, 7
Prime Form
0, 1, 2, 3, 5, 6, 8, 9

Unique Diad Pairs

C D♭	E G	0 1	0 3
C E	D♭ G	0 4	0 6
C G	D♭ E	0 5	0 3

See indexes for other four note combinations

C, D♭, E, A♭

prime form: 0, 1, 4, 8
degrees: 1, ♭2, 3, ♭6

0, 1, 4, 8
Minor Major 7th Chord
3rd Inversion

Scale application to typical chord types all keys:

C:	1	♭2	3	♭6	7, 7sus4
D♭:	7	1	♭3	5	+7, -Δ7
D:	♭7	7	2	♭5	
E♭:	6	♭7	♭2	4	-7 mel, 7 mel, 7sus4
E:	♭6	6	1	3	Δ7♯5 mel, 7, Δ7♯5, 7sus4
F:	5	♭6	7	♭3	+7, -Δ7 mel
G♭:	♭5	5	♭7	2	7
G:	4	♭5	6	♭2	7 mel
A♭:	3	4	♭6	1	Δ7♯5 mel, 7 mel, 7sus4
A:	♭3	3	5	7	+7
B♭:	2	♭3	♭5	♭7	-7♭5, 7
B:	♭2	2	4	6	7 mel, 7sus4

See page 404 for more possible scale applications

Symmetric Difference as:
Pitches
D, E♭, F, G♭, G, A, B♭, B
Degrees
2, ♭3, 4, ♭5, 5, 6, ♭7, 7
Prime Form
0, 1, 2, 4, 5, 6, 8, 9

Unique Diad Pairs

C D♭	E A♭	0 1	0 4
C E	D♭ A♭	0 4	0 5
C A♭	D♭ E	0 4	0 3

See indexes for other four note combinations

C, D♭, F, G♭

prime form: 0, 1, 5, 6
degrees: 1, ♭2, 4, ♭5

Scale application to typical chord types all keys:

C:	1	♭2	4	♭5	7 mel, -7♭5 mel
D♭:	7	1	3	4	Δ7♯5 mel, Δ7 mel
D:	♭7	7	♭3	3	
E♭:	6	♭7	2	♭3	-7, 7, 7sus4
E:	♭6	6	♭2	2	7, 7sus4
F:	5	♭6	1	♭2	-7 mel, 7, 7sus4
G♭:	♭5	5	7	1	Δ7♯5 mel, -Δ7, Δ7
G:	4	♭5	♭7	7	
A♭:	3	4	6	♭7	7 mel, 7sus4
A:	♭3	3	♭6	6	7, 7sus4
B♭:	2	♭3	5	♭6	7, 7sus4, -Δ7 mel
B:	♭2	2	♭5	5	7

See page 405 for more possible scale applications

Symmetric Difference as:
Pitches
D, E♭, E, G, A♭, A, B♭, B
Degrees
2, ♭3, 3, 5, ♭6, 6, ♭7, 7
Prime Form
0, 1, 2, 3, 4, 7, 8, 9

Unique Diad Pairs

C D♭	F G♭	0 1	0 1
C F	D♭ G♭	0 5	0 5
C G♭	D♭ F	0 6	0 4

See indexes for other four note combinations

C, D♭, F, G

prime form: 0, 1, 5, 7
degrees: 1, ♭2, 4, 5

0, 1, 5, 7
Major 7#11 Chord
3rd Inversion

Scale application to typical
chord types all keys:

C:	1	♭2	4	5	-7 mel, 7 mel, 7sus4
D♭:	7	1	3	♭5	Δ7♯5 mel, Δ7, Δ7♯5
D:	♭7	7	♭3	4	
E♭:	6	♭7	2	3	7, 7sus4
E:	♭6	6	♭2	♭3	-7 mel, 7, 7sus4
F:	5	♭6	1	2	Δ7♯5 mel, 7, 7sus4, -Δ7 mel
G♭:	♭5	5	7	♭2	
G:	4	♭5	♭7	1	-7♭5, 7 mel
A♭:	3	4	6	7	Δ7♯5 mel, Δ7 mel
A:	♭3	3	♭6	♭7	7, 7sus4
B♭:	2	♭3	5	6	-7, -Δ7, 7, 7sus4
B:	♭2	2	♭5	♭6	7, -7♭5 mel

See page 406 for more
possible scale applications

Symmetric Difference as:
Pitches
D, E♭, E, G♭, A♭, A, B♭, B
Degrees
2, ♭3, 3, ♭5, ♭6, 6, ♭7, 7
Prime Form
0, 1, 2, 3, 5, 7, 8, 9

Unique Diad Pairs

C D♭	F G	0 1	0 2
C F	D♭ G	0 5	0 6
C G	D♭ F	0 5	0 4

See indexes for other four note combinations

C, D♭, F, A♭

prime form: 0, 1, 5, 8
degrees: 1, ♭2, 4, ♭6

0, 1, 5, 8
Major 7th Chord
3rd Inversion

Scale application to typical chord types all keys:

C:	1	♭2	4	♭6	-7 mel, 7 mel, -7♭5 mel, 7sus4
D♭:	7	1	3	5	+7, Δ7♯5 mel, Δ7
D:	♭7	7	♭3	♭5	
E♭:	6	♭7	2	4	-7, 7 mel, 7sus4
E:	♭6	6	♭2	3	7, 7sus4
F:	5	♭6	1	♭3	+7, -7 mel, 7, 7sus4, -Δ7 mel
G♭:	♭5	5	7	2	Δ7♯5 mel, -Δ7, Δ7
G:	4	♭5	♭7	♭2	7 mel, -7♭5 mel
A♭:	3	4	6	1	Δ7♯5 mel, 7 mel, Δ7 mel, 7sus4
A:	♭3	3	♭6	7	+7
B♭:	2	♭3	5	♭7	-7, 7, 7sus4
B:	♭2	2	♭5	6	7

See page 407 for more possible scale applications

Symmetric Difference as:
Pitches
D, E♭, E, G♭, G, A, B♭, B
Degrees
2, ♭3, 3, ♭5, 5, 6, ♭7, 7
Prime Form
0, 1, 2, 4, 5, 7, 8, 9

Unique Diad Pairs

C D♭	F A♭	0 1	0 3
C F	D♭ A♭	0 5	0 5
C A♭	D♭ F	0 4	0 4

See indexes for other four note combinations

C, D♭, G♭, G

prime form: 0, 1, 6, 7

degrees: 1, ♭2, ♭5, 5

Scale application to typical chord types all keys:

C:	1	♭2	♭5	5	7
D♭:	7	1	4	♭5	°7, Δ7♯5 mel, -Δ7
D:	♭7	7	3	4	
E♭:	6	♭7	♭3	3	7, 7sus4
E:	♭6	6	2	♭3	°7, 7, 7sus4, -Δ7 mel
F:	5	♭6	♭2	2	7, 7sus4
G♭:	♭5	5	1	♭2	7
G:	4	♭5	7	1	°7, Δ7♯5 mel, -Δ7
A♭:	3	4	♭7	7	
A:	♭3	3	6	♭7	7, 7sus4
B♭:	2	♭3	♭6	6	°7, 7, 7sus4, -Δ7 mel
B:	♭2	2	5	♭6	7, 7sus4

See page 408 for more possible scale applications

Symmetric Difference as:

Pitches

D, E♭, E, F, A♭, A, B♭, B

Degrees

2, ♭3, 3, 4, ♭6, 6, ♭7, 7

Prime Form

0, 1, 2, 3, 6, 7, 8, 9

Unique Diad Pairs

C D♭	G♭ G	0 1	0 1
C G♭	D♭ G	0 6	0 6
C G	D♭ G♭	0 5	0 5

See indexes for other four note combinations

C, D, E♭, F

prime form: 0, 2, 3, 5

degrees: 1, 2, ♭3, 4

Scale application to typical chord types all keys:

C:	1	2	♭3	4	°7, -7, -Δ7, -7♭5, 7 mel, 7sus4
D♭:	7	♭2	2	3	
D:	♭7	1	♭2	♭3	-7 mel, 7, -7♭5 mel, 7sus4
E♭:	6	7	1	2	°7, Δ7♯5 mel, -Δ7, Δ7, Δ7♯5
E:	♭6	♭7	7	♭2	
F:	5	6	♭7	1	-7, 7, 7sus4
G♭:	♭5	♭6	6	7	°7, Δ7♯5 mel, Δ7♯5, -Δ7 mel
G:	4	5	♭6	♭7	-7 mel, 7 mel, 7sus4
A♭:	3	♭5	5	6	Δ7♯5 mel, 7, Δ7
A:	♭3	4	♭5	♭6	°7, -7♭5, 7 mel, -Δ7 mel
B♭:	2	3	4	5	Δ7♯5 mel, 7 mel, Δ7 mel, 7sus4
B:	♭2	♭3	3	♭5	7

See page 409 for more possible scale applications

Symmetric Difference as:

Pitches

D♭, E, G♭, G, A♭, A, B♭, B

Degrees

♭2, 3, ♭5, 5, ♭6, 6, ♭7, 7

Prime Form

0, 2, 3, 4, 5, 6, 7, 9

Unique Diad Pairs

C D	E♭ F	0 2	0 2
C E♭	D F	0 3	0 3
C F	D E♭	0 5	0 1

See indexes for other four note combinations

C, D, E♭, G♭

prime form: 0, 2, 3, 6

degrees: 1, 2, ♭3, ♭5

Scale application to typical chord types all keys:

C:	1	2	♭3	♭5	°7, -Δ7, -7♭5, 7
D♭:	7	♭2	2	4	
D:	♭7	1	♭2	3	7, 7sus4
E♭:	6	7	1	♭3	°7, -Δ7
E:	♭6	♭7	7	2	
F:	5	6	♭7	♭2	-7 mel, 7, 7sus4
G♭:	♭5	♭6	6	1	°7, Δ7♯5 mel, 7, Δ7♯5, -Δ7 mel
G:	4	5	♭6	7	Δ7♯5 mel, -Δ7 mel
A♭:	3	♭5	5	♭7	7
A:	♭3	4	♭5	6	°7, -Δ7, 7 mel
B♭:	2	3	4	♭6	Δ7♯5 mel, 7 mel, 7sus4
B:	♭2	♭3	3	5	7, 7sus4

See page 410 for more possible scale applications

Symmetric Difference as:

Pitches

D♭, E, F, G, A♭, A, B♭, B

Degrees

♭2, 3, 4, 5, ♭6, 6, ♭7, 7

Prime Form

0, 1, 3, 4, 5, 6, 7, 9

Unique Diad Pairs

C D	E♭ G♭	0 2	0 3
C E♭	D G♭	0 3	0 4
C G♭	D E♭	0 6	0 1

See indexes for other four note combinations

C, D, E♭, G

prime form: 0, 2, 3, 7
degrees: 1, 2, ♭3, 5

Scale application to typical chord types all keys:

C:	1	2	♭3	5	-7, -Δ7, 7, 7sus4
D♭:	7	♭2	2	♭5	
D:	♭7	1	♭2	4	-7 mel, 7 mel, -7♭5 mel, 7sus4
E♭:	6	7	1	3	Δ7♯5 mel, Δ7, Δ7♯5
E:	♭6	♭7	7	♭3	
F:	5	6	♭7	2	-7, 7, 7sus4
G♭:	♭5	♭6	6	♭2	7
G:	4	5	♭6	1	Δ7♯5 mel, -7 mel, 7 mel, 7sus4, -Δ7 mel
A♭:	3	♭5	5	7	Δ7♯5 mel, Δ7
A:	♭3	4	♭5	♭7	-7♭5, 7 mel
B♭:	2	3	4	6	Δ7♯5 mel, 7 mel, Δ7 mel, 7sus4
B:	♭2	♭3	3	♭6	7, 7sus4

See page 411 for more possible scale applications

Symmetric Difference as:
Pitches
D♭, E, F, G♭, A♭, A, B♭, B
Degrees
♭2, 3, 4, ♭5, ♭6, 6, ♭7, 7
Prime Form
0, 1, 2, 4, 5, 6, 7, 9

Unique Diad Pairs

C D	E♭ G	0 2	0 4
C E♭	D G	0 3	0 5
C G	D E♭	0 5	0 1

See indexes for other four note combinations

C, D, E, G♭

prime form: 0, 2, 4, 6

degrees: 1, 2, 3, ♭5

Scale application to typical chord types all keys:

C:	1	2	3	♭5	Δ7♯5 mel, 7, Δ7♯5, Δ7
D♭:	7	♭2	♭3	4	
D:	♭7	1	2	3	7, 7sus4
E♭:	6	7	♭2	♭3	
E:	♭6	♭7	1	2	-7♭5, 7, 7sus4
F:	5	6	7	♭2	
G♭:	♭5	♭6	♭7	1	-7♭5, 7
G:	4	5	6	7	Δ7♯5 mel, -Δ7, Δ7 mel
A♭:	3	♭5	♭6	♭7	7
A:	♭3	4	5	6	-7, -Δ7, 7 mel, 7sus4
B♭:	2	3	♭5	♭6	Δ7♯5 mel, 7, Δ7♯5
B:	♭2	♭3	4	5	-7 mel, 7 mel, 7sus4

See page 412 for more possible scale applications

Symmetric Difference as:

Pitches

D♭, E♭, F, G, A♭, A, B♭, B

Degrees

♭2, ♭3, 4, 5, ♭6, 6, ♭7, 7

Prime Form

0, 1, 2, 3, 4, 6, 8, 10

Unique Diad Pairs

C D	E G♭	0 2	0 2
C E	D G♭	0 4	0 4
C G♭	D E	0 6	0 2

See indexes for other four note combinations

C, D, E, G

prime form: 0, 2, 4, 7
degrees: 1, 2, 3, 5

0, 2, 4, 7
Major Add 9th Chord
Root Position or
Minor 7b6
2nd Inversion

Scale application to typical chord types all keys:

C:	1	2	3	5	Δ7♯5 mel, 7, Δ7, 7sus4
D♭:	7	♭2	♭3	♭5	
D:	♭7	1	2	4	-7, -7♭5, 7 mel, 7sus4
E♭:	6	7	♭2	3	
E:	♭6	♭7	1	♭3	-7 mel, -7♭5, 7, 7sus4
F:	5	6	7	2	Δ7♯5 mel, -Δ7, Δ7
G♭:	♭5	♭6	♭7	♭2	7, -7♭5 mel
G:	4	5	6	1	-7, Δ7♯5 mel, -Δ7, 7 mel, Δ7 mel, 7sus4
A♭:	3	♭5	♭6	7	Δ7♯5 mel, Δ7♯5
A:	♭3	4	5	♭7	-7, 7 mel, 7sus4
B♭:	2	3	♭5	6	Δ7♯5 mel, 7, Δ7, Δ7♯5
B:	♭2	♭3	4	♭6	-7 mel, 7 mel, -7♭5 mel, 7sus4

See page 413 for more possible scale applications

Symmetric Difference as:
Pitches
D♭, E♭, F, G♭, A♭, A, B♭, B
Degrees
♭2, ♭3, 4, ♭5, ♭6, 6, ♭7, 7
Prime Form
0, 1, 2, 3, 5, 7, 9, 10

Unique Diad Pairs

C D	E G	0 2	0 3
C E	D G	0 4	0 5
C G	D E	0 5	0 2

See indexes for other four note combinations

C, D, E, A♭

prime form: 0, 2, 4, 8
degrees: 1, 2, 3, ♭6

0, 2, 4, 8
Dominant 7#5 Chord
2nd Inversion

Scale application to typical chord types all keys:

C:	1	2	3	♭6	Δ7♯5 mel, 7, Δ7♯5, 7sus4
D♭:	7	♭2	♭3	5	
D:	♭7	1	2	♭5	-7♭5, 7
E♭:	6	7	♭2	4	
E:	♭6	♭7	1	3	7, 7sus4
F:	5	6	7	♭3	-Δ7
G♭:	♭5	♭6	♭7	2	-7♭5, 7
G:	4	5	6	♭2	-7 mel, 7 mel, 7sus4
A♭:	3	♭5	♭6	1	Δ7♯5 mel, 7, Δ7♯5
A:	♭3	4	5	7	-Δ7
B♭:	2	3	♭5	♭7	7
B:	♭2	♭3	4	6	-7 mel, 7 mel, 7sus4

See page 414 for more possible scale applications

Symmetric Difference as:
Pitches
D♭, E♭, F, G♭, G, A, B♭, B
Degrees
♭2, ♭3, 4, ♭5, 5, 6, ♭7, 7
Prime Form
0, 1, 2, 4, 6, 8, 9, 10

Unique Diad Pairs

C D	E A♭	0 2	0 4
C E	D A♭	0 4	0 6
C A♭	D E	0 4	0 2

See indexes for other four note combinations

C, D, F, G

prime form: 0, 2, 5, 7
degrees: 1, 2, 4, 5

0, 2, 5, 7
Dominant 7sus4 Chord
2nd Inversion

Scale application to typical
chord types all keys:

C:	1	2	4	5	-7, Δ7♯5 mel, -Δ7, 7 mel, Δ7 mel, 7sus4
D♭:	7	♭2	3	♭5	
D:	♭7	1	♭3	4	-7, -7♭5, 7 mel, 7sus4
E♭:	6	7	2	3	Δ7♯5 mel, Δ7, Δ7♯5
E:	♭6	♭7	♭2	♭3	-7 mel, 7, -7♭5 mel, 7sus4
F:	5	6	1	2	-7, Δ7♯5 mel, -Δ7, 7, Δ7, 7sus4
G♭:	♭5	♭6	7	♭2	
G:	4	5	♭7	1	-7, 7 mel, 7sus4
A♭:	3	♭5	6	7	Δ7♯5 mel, Δ7, Δ7♯5
A:	♭3	4	♭6	♭7	-7 mel, -7♭5, 7 mel, 7sus4
B♭:	2	3	5	6	Δ7♯5 mel, 7, Δ7, 7sus4
B:	♭2	♭3	♭5	♭6	7, -7♭5 mel

See page 415 for more
possible scale applications

Symmetric Difference as:
Pitches
D♭, E♭, E, G♭, A♭, A, B♭, B
Degrees
♭2, ♭3, 3, ♭5, ♭6, 6, ♭7, 7
Prime Form
0, 1, 2, 3, 5, 7, 8, 10

Unique Diad Pairs

C D	F G	0 2	0 2
C F	D G	0 5	0 5
C G	D F	0 5	0 3

See indexes for other four note combinations

C, D, F, A♭

prime form: 0, 2, 5, 8
degrees: 1, 2, 4, ♭6

0, 2, 5, 8
Minor 6th Chord
2nd Inversion or
Minor 7b5
3rd Inversion

Symmetric Difference as:
Pitches
D♭, E♭, E, G♭, G, A, B♭, B
Degrees
♭2, ♭3, 3, ♭5, 5, 6, ♭7, 7
Prime Form
0, 1, 2, 4, 6, 7, 9, 10

Scale application to typical chord types all keys:

C:	1	2	4	♭6	°7, Δ7♯5 mel, -7♭5, 7 mel, 7sus4, -Δ7 mel
D♭:	7	♭2	3	5	
D:	♭7	1	♭3	♭5	-7♭5, 7
E♭:	6	7	2	4	°7, Δ7♯5 mel, -Δ7, Δ7 mel
E:	♭6	♭7	♭2	3	7, 7sus4
F:	5	6	1	♭3	-7, -Δ7, 7, 7sus4
G♭:	♭5	♭6	7	2	°7, Δ7♯5 mel, Δ7♯5, -Δ7 mel
G:	4	5	♭7	♭2	-7 mel, 7 mel, 7sus4
A♭:	3	♭5	6	1	Δ7♯5 mel, 7, Δ7♯5, Δ7
A:	♭3	4	♭6	7	°7, -Δ7 mel
B♭:	2	3	5	♭7	7, 7sus4
B:	♭2	♭3	♭5	6	7

See page 416 for more possible scale applications

Unique Diad Pairs

C D	F A♭	0 2	0 3
C F	D A♭	0 5	0 6
C A♭	D F	0 4	0 3

See indexes for other four note combinations

C, D, G♭, A♭

prime form: 0, 2, 6, 8
degrees: 1, 2, ♭5, ♭6

0, 2, 6, 8
Dominant 7b5 Chord
3rd Inversion

Scale application to typical chord types all keys:

C:	1	2	♭5	♭6	°7, Δ7♯5 mel, -7♭5, 7, Δ7♯5, -Δ7 mel
D♭:	7	♭2	4	5	
D:	♭7	1	3	♭5	7
E♭:	6	7	♭3	4	°7, -Δ7
E:	♭6	♭7	2	3	7, 7sus4
F:	5	6	♭2	♭3	-7 mel, 7, 7sus4
G♭:	♭5	♭6	1	2	°7, Δ7♯5 mel, -7♭5, 7, Δ7♯5, -Δ7 mel
G:	4	5	7	♭2	
A♭:	3	♭5	♭7	1	7
A:	♭3	4	6	7	°7, -Δ7
B♭:	2	3	♭6	♭7	7, 7sus4
B:	♭2	♭3	5	6	-7 mel, 7, 7sus4

See page 417 for more possible scale applications

Symmetric Difference as:
Pitches
D♭, E♭, E, F, G, A, B♭, B
Degrees
♭2, ♭3, 3, 4, 5, 6, ♭7, 7
Prime Form
0, 1, 2, 4, 6, 7, 8, 10

Unique Diad Pairs

C D	G♭ A♭	0 2	0 2
C G♭	D A♭	0 6	0 6
C A♭	D G♭	0 4	0 4

See indexes for other four note combinations

C, E♭, E, G

prime form: 0, 3, 4, 7

degrees: 1, ♭3, 3, 5

Scale application to typical chord types all keys:

C:	1	♭3	3	5	+7, 7, 7sus4
D♭:	7	2	♭3	♭5	°7, -Δ7
D:	♭7	♭2	2	4	7 mel, -7♭5 mel, 7sus4
E♭:	6	1	♭2	3	7, 7sus4
E:	♭6	7	1	♭3	+7, °7, -Δ7 mel
F:	5	♭7	7	2	
G♭:	♭5	6	♭7	♭2	7
G:	4	♭6	6	1	°7, Δ7♯5 mel, -7 mel, 7 mel, 7sus4, -Δ7 mel
A♭:	3	5	♭6	7	+7, Δ7♯5 mel
A:	♭3	♭5	5	♭7	7
B♭:	2	4	♭5	6	°7, Δ7♯5 mel, -Δ7, 7 mel
B:	♭2	3	4	♭6	7 mel, 7sus4

See page 418 for more possible scale applications

Symmetric Difference as:

Pitches

D♭, D, F, G♭, A♭, A, B♭, B

Degrees

♭2, 2, 4, ♭5, ♭6, 6, ♭7, 7

Prime Form

0, 1, 3, 4, 5, 6, 8, 9

Unique Diad Pairs

C E♭	E G	0 3	0 3
C E	E♭ G	0 4	0 4
C G	E♭ E	0 5	0 1

See indexes for other four note combinations

C, E♭, F, A♭

prime form: 0, 3, 5, 8
degrees: 1, ♭3, 4, ♭6

0, 3, 5, 8
Minor 7th Chord
2nd Inversion

Scale application to typical chord types all keys:

C:	1	♭3	4	♭6	°7, -7 mel, -7♭5, 7 mel, 7sus4, -Δ7 mel
D♭:	7	2	3	5	Δ7♯5 mel, Δ7
D:	♭7	♭2	♭3	♭5	7, -7♭5 mel
E♭:	6	1	2	4	°7, -7, Δ7♯5 mel, -Δ7, 7 mel, Δ7 mel, 7sus4
E:	♭6	7	♭2	3	
F:	5	♭7	1	♭3	-7, 7, 7sus4
G♭:	♭5	6	7	2	°7, Δ7♯5 mel, -Δ7, Δ7, Δ7♯5
G:	4	♭6	♭7	♭2	-7 mel, 7 mel, -7♭5 mel, 7sus4
A♭:	3	5	6	1	Δ7♯5 mel, 7, Δ7, 7sus4
A:	♭3	♭5	♭6	7	°7, -Δ7 mel
B♭:	2	4	5	♭7	-7, 7 mel, 7sus4
B:	♭2	3	♭5	6	7

See page 419 for more possible scale applications

Symmetric Difference as:
Pitches
D♭, D, E, G♭, G, A, B♭, B
Degrees
♭2, 2, 3, ♭5, 5, 6, ♭7, 7
Prime Form
0, 1, 2, 4, 5, 7, 9, 10

Unique Diad Pairs

C E♭	F A♭	0 3	0 3
C F	E♭ A♭	0 5	0 5
C A♭	E♭ F	0 4	0 2

See indexes for other four note combinations

C, E♭, G♭, A

prime form: 0, 3, 6, 9
degrees: 1, ♭3, ♭5, 6

0, 3, 6, 9
Diminished Chord
Root Position

Scale application to typical chord types all keys:

C:	1	♭3	♭5	6	°7, -Δ7, 7
D♭:	7	2	4	♭6	°7, Δ7♯5 mel, -Δ7 mel
D:	♭7	♭2	3	5	7, 7sus4
E♭:	6	1	♭3	♭5	°7, -Δ7, 7
E:	♭6	7	2	4	°7, Δ7♯5 mel, -Δ7 mel
F:	5	♭7	♭2	3	7, 7sus4
G♭:	♭5	6	1	♭3	°7, -Δ7, 7
G:	4	♭6	7	2	°7, Δ7♯5 mel, -Δ7 mel
A♭:	3	5	♭7	♭2	7, 7sus4
A:	♭3	♭5	6	1	°7, -Δ7, 7
B♭:	2	4	♭6	7	°7, Δ7♯5 mel, -Δ7 mel
B:	♭2	3	5	♭7	7, 7sus4

See page 420 for more possible scale applications

Symmetric Difference as:
Pitches
D♭, D, E, F, G, A♭, B♭, B
Degrees
♭2, 2, 3, 4, 5, ♭6, ♭7, 7
Prime Form
0, 1, 3, 4, 6, 7, 9, 10

Unique Diad Pairs

C E♭	G♭ A	0 3	0 3
C G♭	E♭ A	0 6	0 6
C A	E♭ G♭	0 3	0 3

See indexes for other four note combinations

5 Note Scales

38 Prime Forms

C, D♭, D, E♭, E

prime form: 0, 1, 2, 3, 4
degrees: 1, ♭2, 2, ♭3, 3

Scale application to typical chord types all keys:

C:	1	♭2	2	♭3	3	7, 7sus4
D♭:	7	1	♭2	2	♭3	
D:	♭7	7	1	♭2	2	
E♭:	6	♭7	7	1	♭2	
E:	♭6	6	♭7	7	1	
F:	5	♭6	6	♭7	7	
G♭:	♭5	5	♭6	6	♭7	7
G:	4	♭5	5	♭6	6	Δ7♯5 mel, 7 mel, -Δ7 mel
A♭:	3	4	♭5	5	♭6	Δ7♯5 mel, 7 mel
A:	♭3	3	4	♭5	5	7 mel
B♭:	2	♭3	3	4	♭5	7 mel
B:	♭2	2	♭3	3	4	7 mel, 7sus4

Symmetric Difference as:
Pitches
F, G♭, G, A♭, A, B♭, B
Degrees
4, ♭5, 5, ♭6, 6, ♭7, 7
Prime Form
0, 1, 2, 3, 4, 5, 6

See page 421 for more possible scale applications

Unique 3 Note Subsets as prime form

C	D♭	D	0 1 2
C	D♭	E♭	0 1 3
C	D♭	E	0 1 4
C	D	E♭	0 1 3
C	D	E	0 2 4
C	E♭	E	0 1 4
D♭	D	E♭	0 1 2
D♭	D	E	0 1 3
D♭	E♭	E	0 1 3
D	E♭	E	0 1 2

Unique 4 Note Subsets as prime form

C	D♭	D	E♭	0 1 2 3
C	D♭	D	E	0 1 2 4
C	D♭	E♭	E	0 1 3 4
C	D	E♭	E	0 1 2 4
D♭	D	E♭	E	0 1 2 3

Scale grouped in Unique Dyad Pairs with prime forms

C	D♭	D	E♭	0 1	0 1
C	D♭	D	E	0 1	0 2
C	D	E♭	E	0 2	0 1
C	D	D♭	E♭	0 2	0 2
C	D	D♭	E	0 2	0 3
C	E♭	D♭	D	0 3	0 1
C	E♭	D	E	0 3	0 2
C	E♭	D♭	E	0 3	0 3
C	E	D♭	D	0 4	0 1
C	E	D♭	E♭	0 4	0 2
C	E	D	E♭	0 4	0 1

0, 1, 2, 3, 4 pentatonic scale with other 5 note scale possibilities

Scale as pitch classes with compliment		Scale as degrees with compliment		Scales as Prime Form	
0 1 2 3 4	5 6 7 8 9	1, ♭2, 2, ♭3, 3	4, ♭5, 5, ♭6, 6	0, 1, 2, 3, 4	0, 1, 2, 3, 4
0 1 2 3 4	5 6 7 8 10	1, ♭2, 2, ♭3, 3	4, ♭5, 5, ♭6, ♭7	0, 1, 2, 3, 4	0, 1, 2, 3, 5
0 1 2 3 4	5 6 7 8 9	1, ♭2, 2, ♭3, 3	4, ♭5, 5, ♭6, 7	0, 1, 2, 3, 4	0, 1, 2, 3, 6
0 1 2 3 4	5 6 7 9 10	1, ♭2, 2, ♭3, 3	4, ♭5, 5, 6, ♭7	0, 1, 2, 3, 4	0, 1, 2, 4, 5
0 1 2 3 4	5 6 7 8 10	1, ♭2, 2, ♭3, 3	4, ♭5, 5, 6, 7	0, 1, 2, 3, 4	0, 1, 2, 4, 6
0 1 2 3 4	5 6 7 8 9	1, ♭2, 2, ♭3, 3	4, ♭5, 5, ♭7, 7	0, 1, 2, 3, 4	0, 1, 2, 5, 6
0 1 2 3 4	5 6 8 9 10	1, ♭2, 2, ♭3, 3	4, ♭5, ♭6, 6, ♭7	0, 1, 2, 3, 4	0, 1, 2, 4, 5
0 1 2 3 4	5 6 7 9 10	1, ♭2, 2, ♭3, 3	4, ♭5, ♭6, 6, 7	0, 1, 2, 3, 4	0, 1, 3, 4, 6
0 1 2 3 4	5 6 7 8 10	1, ♭2, 2, ♭3, 3	4, ♭5, ♭6, ♭7, 7	0, 1, 2, 3, 4	0, 1, 3, 5, 6
0 1 2 3 4	5 6 7 8 9	1, ♭2, 2, ♭3, 3	4, ♭5, 6, ♭7, 7	0, 1, 2, 3, 4	0, 1, 2, 5, 6
0 1 2 3 4	5 7 8 9 10	1, ♭2, 2, ♭3, 3	4, 5, ♭6, 6, ♭7	0, 1, 2, 3, 4	0, 1, 2, 3, 5
0 1 2 3 4	5 6 8 9 10	1, ♭2, 2, ♭3, 3	4, 5, ♭6, 6, 7	0, 1, 2, 3, 4	0, 2, 3, 4, 6
0 1 2 3 4	5 6 7 9 10	1, ♭2, 2, ♭3, 3	4, 5, ♭6, ♭7, 7	0, 1, 2, 3, 4	0, 1, 3, 4, 6
0 1 2 3 4	5 6 7 8 10	1, ♭2, 2, ♭3, 3	4, 5, 6, ♭7, 7	0, 1, 2, 3, 4	0, 1, 2, 4, 6
0 1 2 3 4	5 6 7 8 9	1, ♭2, 2, ♭3, 3	4, ♭6, 6, ♭7, 7	0, 1, 2, 3, 4	0, 1, 2, 3, 6
0 1 2 3 4	6 7 8 9 10	1, ♭2, 2, ♭3, 3	♭5, 5, ♭6, 6, ♭7	0, 1, 2, 3, 4	0, 1, 2, 3, 4
0 1 2 3 4	5 7 8 9 10	1, ♭2, 2, ♭3, 3	♭5, 5, ♭6, 6, 7	0, 1, 2, 3, 4	0, 1, 2, 3, 5
0 1 2 3 4	5 6 8 9 10	1, ♭2, 2, ♭3, 3	♭5, 5, ♭6, ♭7, 7	0, 1, 2, 3, 4	0, 1, 2, 4, 5
0 1 2 3 4	5 6 7 9 10	1, ♭2, 2, ♭3, 3	♭5, 5, 6, ♭7, 7	0, 1, 2, 3, 4	0, 1, 2, 4, 5
0 1 2 3 4	5 6 7 8 10	1, ♭2, 2, ♭3, 3	♭5, ♭6, 6, ♭7, 7	0, 1, 2, 3, 4	0, 1, 2, 3, 5
0 1 2 3 4	5 6 7 8 9	1, ♭2, 2, ♭3, 3	5, ♭6, 6, ♭7, 7	0, 1, 2, 3, 4	0, 1, 2, 3, 4

C, D♭, D, E♭, F

prime form: 0, 1, 2, 3, 5

degrees: 1, ♭2, 2, ♭3, 4

Scale application to typical chord types all keys:

C:	1	♭2	2	♭3	4	7 mel, -7♭5 mel, 7sus4
D♭:	7	1	♭2	2	3	
D:	♭7	7	1	♭2	♭3	
E♭:	6	♭7	7	1	2	
E:	♭6	6	♭7	7	♭2	
F:	5	♭6	6	♭7	1	-7 mel, 7, 7sus4
G♭:	♭5	5	♭6	6	7	Δ7♯5 mel, -Δ7 mel
G:	4	♭5	5	♭6	♭7	7 mel
A♭:	3	4	♭5	5	6	Δ7♯5 mel, 7 mel
A:	♭3	3	4	♭5	♭6	7 mel
B♭:	2	♭3	3	4	5	7 mel, 7sus4
B:	♭2	2	♭3	3	♭5	7

Symmetric Difference as:
Pitches
E, G♭, G, A♭, A, B♭, B
Degrees
3, ♭5, 5, ♭6, 6, ♭7, 7
Prime Form
0, 1, 2, 3, 4, 5, 7

See page 422 for more possible scale applications

Unique 3 Note Subsets as prime form

C	D♭	D	0 1 2
C	D♭	E♭	0 1 3
C	D♭	F	0 1 5
C	D	E♭	0 1 3
C	D	F	0 2 5
C	E♭	F	0 2 5
D♭	D	E♭	0 1 2
D♭	D	F	0 1 4
D♭	E♭	F	0 2 4
D	E♭	F	0 1 3

Unique 4 Note Subsets as prime form

C	D♭	D	E♭	0 1 2 3
C	D♭	D	F	0 1 2 5
C	D♭	E♭	F	0 1 3 5
C	D	E♭	F	0 2 3 5
D♭	D	E♭	F	0 1 2 4

Scale grouped in Unique Dyad Pairs with prime forms

C D♭	D E♭	0 1	0 1
C D♭	D F	0 1	0 3
C D	E♭ F	0 2	0 2
C D	D♭ E♭	0 2	0 2
C D	D♭ F	0 2	0 4
C E♭	D♭ D	0 3	0 1
C E♭	D F	0 3	0 3
C E♭	D♭ F	0 3	0 4
C F	D♭ D	0 5	0 1
C F	D♭ E♭	0 5	0 2
C F	D E♭	0 5	0 1

0, 1, 2, 3, 5 pentatonic scale with other 5 note scale possibilities

Scale as pitch classes with compliment	Scale as degrees with compliment	Scales as Prime Form
0 1 2 3 4 5 6 7 8 9	1, ♭2, 2, ♭3, 4 3, ♭5, 5, ♭6, 6	0, 1, 2, 3, 5 0, 1, 2, 3, 5
0 1 2 3 4 5 6 7 8 10	1, ♭2, 2, ♭3, 4 3, ♭5, 5, ♭6, ♭7	0, 1, 2, 3, 5 0, 2, 3, 4, 6
0 1 2 3 4 5 6 7 8 9	1, ♭2, 2, ♭3, 4 3, ♭5, 5, ♭6, 7	0, 1, 2, 3, 5 0, 2, 3, 4, 7
0 1 2 3 4 5 6 7 9 10	1, ♭2, 2, ♭3, 4 3, ♭5, 5, 6, ♭7	0, 1, 2, 3, 5 0, 1, 3, 4, 6
0 1 2 3 4 5 6 7 8 10	1, ♭2, 2, ♭3, 4 3, ♭5, 5, 6, 7	0, 1, 2, 3, 5 0, 2, 3, 5, 7
0 1 2 3 4 5 6 7 8 9	1, ♭2, 2, ♭3, 4 3, ♭5, 5, ♭7, 7	0, 1, 2, 3, 5 0, 1, 4, 5, 7
0 1 2 3 4 5 6 8 9 10	1, ♭2, 2, ♭3, 4 3, ♭5, ♭6, 6, ♭7	0, 1, 2, 3, 5 0, 1, 2, 4, 6
0 1 2 3 4 5 6 7 9 10	1, ♭2, 2, ♭3, 4 3, ♭5, ♭6, 6, 7	0, 1, 2, 3, 5 0, 2, 3, 5, 7
0 1 2 3 4 5 6 7 8 10	1, ♭2, 2, ♭3, 4 3, ♭5, ♭6, ♭7, 7	0, 1, 2, 3, 5 0, 1, 3, 5, 7
0 1 2 3 4 5 6 7 8 9	1, ♭2, 2, ♭3, 4 3, ♭5, 6, ♭7, 7	0, 1, 2, 3, 5 0, 1, 2, 5, 7
0 1 2 3 4 5 7 8 9 10	1, ♭2, 2, ♭3, 4 3, 5, ♭6, 6, ♭7	0, 1, 2, 3, 5 0, 1, 2, 3, 6
0 1 2 3 4 5 6 8 9 10	1, ♭2, 2, ♭3, 4 3, 5, ♭6, 6, 7	0, 1, 2, 3, 5 0, 2, 3, 4, 7
0 1 2 3 4 5 6 7 9 10	1, ♭2, 2, ♭3, 4 3, 5, ♭6, ♭7, 7	0, 1, 2, 3, 5 0, 1, 3, 4, 7
0 1 2 3 4 5 6 7 8 10	1, ♭2, 2, ♭3, 4 3, 5, 6, ♭7, 7	0, 1, 2, 3, 5 0, 1, 2, 4, 7
0 1 2 3 4 5 6 7 8 9	1, ♭2, 2, ♭3, 4 3, ♭6, 6, ♭7, 7	0, 1, 2, 3, 5 0, 1, 2, 3, 7
0 1 2 3 4 5 7 8 9 10	1, ♭2, 2, ♭3, 4 ♭5, 5, ♭6, 6, ♭7	0, 1, 2, 3, 5 0, 1, 2, 3, 4
0 1 2 3 4 6 7 8 9 10	1, ♭2, 2, ♭3, 4 ♭5, 5, ♭6, 6, 7	0, 1, 2, 3, 5 0, 1, 2, 3, 5
0 1 2 3 4 5 7 8 9 10	1, ♭2, 2, ♭3, 4 ♭5, 5, ♭6, ♭7, 7	0, 1, 2, 3, 5 0, 1, 2, 4, 5
0 1 2 3 4 5 6 8 9 10	1, ♭2, 2, ♭3, 4 ♭5, 5, 6, ♭7, 7	0, 1, 2, 3, 5 0, 1, 2, 4, 5
0 1 2 3 4 5 6 7 9 10	1, ♭2, 2, ♭3, 4 ♭5, ♭6, 6, ♭7, 7	0, 1, 2, 3, 5 0, 1, 2, 3, 5
0 1 2 3 4 5 6 7 8 10	1, ♭2, 2, ♭3, 4 5, ♭6, 6, ♭7, 7	0, 1, 2, 3, 5 0, 1, 2, 3, 4

C, D♭, E♭, E, G♭

prime form: 0, 1, 2, 3, 6

degrees: 1, ♭2, ♭3, 3, ♭5

Scale application to typical chord types all keys:

C:	1	♭2	♭3	3	♭5	7
D♭:	7	1	2	♭3	4	°7, -Δ7
D:	♭7	7	♭2	2	3	
E♭:	6	♭7	1	♭2	♭3	-7 mel, 7, 7sus4
E:	♭6	6	7	1	2	°7, Δ7♯5 mel, Δ7♯5, -Δ7 mel
F:	5	♭6	♭7	7	♭2	
G♭:	♭5	5	6	♭7	1	7
G:	4	♭5	♭6	6	7	°7, Δ7♯5 mel, -Δ7 mel
A♭:	3	4	5	♭6	♭7	7 mel, 7sus4
A:	♭3	3	♭5	5	6	7
B♭:	2	♭3	4	♭5	♭6	°7, -7♭5, 7 mel, -Δ7 mel
B:	♭2	2	3	4	5	7 mel, 7sus4

Symmetric Difference as:

Pitches

E, F, G, A♭, A, B♭, B

Degrees

3, 4, 5, ♭6, 6, ♭7, 7

Prime Form

0, 1, 2, 3, 4, 6, 7

See page 423 for more possible scale applications

Unique 3 Note Subsets as prime form

C	D♭	D	0 1 2
C	D♭	E♭	0 1 3
C	D♭	G♭	0 1 6
C	D	E♭	0 1 3
C	D	G♭	0 2 6
C	E♭	G♭	0 3 6
D♭	D	E♭	0 1 2
D♭	D	G♭	0 1 5
D♭	E♭	G♭	0 2 5
D	E♭	G♭	0 1 4

Unique 4 Note Subsets as prime form

C	D♭	D	E♭	0 1 2 3
C	D♭	D	G♭	0 1 2 6
C	D♭	E♭	G♭	0 1 3 6
C	D	E♭	G♭	0 2 3 6
D♭	D	E♭	G♭	0 1 2 5

Scale grouped in Unique Dyad Pairs with prime forms

C D♭	D E♭	0 1	0 1
C D♭	D G♭	0 1	0 4
C D	E♭ G♭	0 2	0 3
C D	D♭ E♭	0 2	0 2
C D	D♭ G♭	0 2	0 5
C E♭	D♭ D	0 3	0 1
C E♭	D G♭	0 3	0 4
C E♭	D♭ G♭	0 3	0 5
C G♭	D♭ D	0 6	0 1
C G♭	D♭ E♭	0 6	0 2
C G♭	D E♭	0 6	0 1

0, 1, 2, 3, 6 pentatonic scale with other 5 note scale possibilities

Scale as pitch classes with compliment	Scale as degrees with compliment	Scales as Prime Form
0 1 2 3 4 5 6 7 8 9	1, ♭2, 2, ♭3, ♭5 3, 4, 5, ♭6, 6	0, 1, 2, 3, 6 0, 1, 2, 4, 5
0 1 2 3 4 5 6 7 8 10	1, ♭2, 2, ♭3, ♭5 3, 4, 5, ♭6, ♭7	0, 1, 2, 3, 6 0, 1, 3, 4, 6
0 1 2 3 4 5 6 7 8 9	1, ♭2, 2, ♭3, ♭5 3, 4, 5, ♭6, 7	0, 1, 2, 3, 6 0, 1, 3, 4, 7
0 1 2 3 4 5 6 7 9 10	1, ♭2, 2, ♭3, ♭5 3, 4, 5, 6, ♭7	0, 1, 2, 3, 6 0, 1, 3, 5, 6
0 1 2 3 4 5 6 7 8 10	1, ♭2, 2, ♭3, ♭5 3, 4, 5, 6, 7	0, 1, 2, 3, 6 0, 1, 3, 5, 7
0 1 2 3 4 5 6 7 8 9	1, ♭2, 2, ♭3, ♭5 3, 4, 5, ♭7, 7	0, 1, 2, 3, 6 0, 1, 3, 6, 7
0 1 2 3 4 5 6 8 9 10	1, ♭2, 2, ♭3, ♭5 3, 4, ♭6, 6, ♭7	0, 1, 2, 3, 6 0, 1, 2, 5, 6
0 1 2 3 4 5 6 7 9 10	1, ♭2, 2, ♭3, ♭5 3, 4, ♭6, 6, 7	0, 1, 2, 3, 6 0, 1, 4, 5, 7
0 1 2 3 4 5 6 7 8 10	1, ♭2, 2, ♭3, ♭5 3, 4, ♭6, ♭7, 7	0, 1, 2, 3, 6 0, 1, 3, 6, 7
0 1 2 3 4 5 6 7 8 9	1, ♭2, 2, ♭3, ♭5 3, 4, 6, ♭7, 7	0, 1, 2, 3, 6 0, 1, 2, 6, 7
0 1 2 3 4 6 7 8 9 10	1, ♭2, 2, ♭3, ♭5 3, 5, ♭6, 6, ♭7	0, 1, 2, 3, 6 0, 1, 2, 3, 6
0 1 2 3 4 5 7 8 9 10	1, ♭2, 2, ♭3, ♭5 3, 5, ♭6, 6, 7	0, 1, 2, 3, 6 0, 2, 3, 4, 7
0 1 2 3 4 5 6 8 9 10	1, ♭2, 2, ♭3, ♭5 3, 5, ♭6, ♭7, 7	0, 1, 2, 3, 6 0, 1, 3, 4, 7
0 1 2 3 4 5 6 7 9 10	1, ♭2, 2, ♭3, ♭5 3, 5, 6, ♭7, 7	0, 1, 2, 3, 6 0, 1, 2, 4, 7
0 1 2 3 4 5 6 7 8 10	1, ♭2, 2, ♭3, ♭5 3, ♭6, 6, ♭7, 7	0, 1, 2, 3, 6 0, 1, 2, 3, 7
0 1 2 3 4 5 7 8 9 10	1, ♭2, 2, ♭3, ♭5 4, 5, ♭6, 6, ♭7	0, 1, 2, 3, 6 0, 1, 2, 3, 5
0 1 2 3 4 6 7 8 9 10	1, ♭2, 2, ♭3, ♭5 4, 5, ♭6, 6, 7	0, 1, 2, 3, 6 0, 2, 3, 4, 6
0 1 2 3 4 5 7 8 9 10	1, ♭2, 2, ♭3, ♭5 4, 5, ♭6, ♭7, 7	0, 1, 2, 3, 6 0, 1, 3, 4, 6
0 1 2 3 4 5 6 8 9 10	1, ♭2, 2, ♭3, ♭5 4, 5, 6, ♭7, 7	0, 1, 2, 3, 6 0, 1, 2, 4, 6
0 1 2 3 4 5 6 7 9 10	1, ♭2, 2, ♭3, ♭5 4, ♭6, 6, ♭7, 7	0, 1, 2, 3, 6 0, 1, 2, 3, 6
0 1 2 3 4 5 6 7 8 9	1, ♭2, 2, ♭3, ♭5 5, ♭6, 6, ♭7, 7	0, 1, 2, 3, 6 0, 1, 2, 3, 4

C, D♭, D, E♭, G

prime form: 0, 1, 2, 3, 7

degrees: 1, ♭2, 2, ♭3, 5

Scale application to typical chord types all keys:

C:	1	♭2	2	♭3	5	7, 7sus4
D♭:	7	1	♭2	2	♭5	
D:	♭7	7	1	♭2	4	
E♭:	6	♭7	7	1	3	
E:	♭6	6	♭7	7	♭3	
F:	5	♭6	6	♭7	2	7, 7sus4
G♭:	♭5	5	♭6	6	♭2	7
G:	4	♭5	5	♭6	1	Δ7♯5 mel, 7 mel, -Δ7 mel
A♭:	3	4	♭5	5	7	Δ7♯5 mel
A:	♭3	3	4	♭5	♭7	7 mel
B♭:	2	♭3	3	4	6	7 mel, 7sus4
B:	♭2	2	♭3	3	♭6	7, 7sus4

Symmetric Difference as:
Pitches
E, F, G♭, A♭, A, B♭, B
Degrees
3, 4, ♭5, ♭6, 6, ♭7, 7
Prime Form
0, 1, 2, 3, 5, 6, 7

See page 424 for more possible scale applications

Unique 3 Note Subsets as prime form

C	D♭	D	0 1 2
C	D♭	E♭	0 1 3
C	D♭	G	0 1 6
C	D	E♭	0 1 3
C	D	G	0 2 7
C	E♭	G	0 3 7
D♭	D	E♭	0 1 2
D♭	D	G	0 1 6
D♭	E♭	G	0 2 6
D	E♭	G	0 1 5

Unique 4 Note Subsets as prime form

C	D♭	D	E♭	0 1 2 3
C	D♭	D	G	0 1 2 7
C	D♭	E♭	G	0 1 3 7
C	D	E♭	G	0 2 3 7
D♭	D	E♭	G	0 1 2 6

Scale grouped in Unique Dyad Pairs with prime forms

C	D♭	D	E♭	0 1 0 1
C	D♭	D	G	0 1 0 5
C	D	E♭	G	0 2 0 4
C	D	D♭	E♭	0 2 0 2
C	D	D♭	G	0 2 0 6
C	E♭	D♭	D	0 3 0 1
C	E♭	D	G	0 3 0 5
C	E♭	D♭	G	0 3 0 6
C	G	D♭	D	0 5 0 1
C	G	D♭	E♭	0 5 0 2
C	G	D	E♭	0 5 0 1

0, 1, 2, 3, 7 pentatonic scale with other 5 note scale possibilities

Scale as pitch classes with compliment	Scale as degrees with compliment	Scales as Prime Form
0 1 2 3 4 5 6 7 8 9	1, ♭2, 2, ♭3, 5 3, 4, ♭5, ♭6, 6	0, 1, 2, 3, 7 0, 1, 2, 4, 5
0 1 2 3 4 5 6 7 8 10	1, ♭2, 2, ♭3, 5 3, 4, ♭5, ♭6, ♭7	0, 1, 2, 3, 7 0, 1, 2, 4, 6
0 1 2 3 4 5 6 7 8 9	1, ♭2, 2, ♭3, 5 3, 4, ♭5, ♭6, 7	0, 1, 2, 3, 7 0, 1, 2, 4, 7
0 1 2 3 4 5 6 7 9 10	1, ♭2, 2, ♭3, 5 3, 4, ♭5, 6, ♭7	0, 1, 2, 3, 7 0, 1, 2, 5, 6
0 1 2 3 4 5 6 7 8 10	1, ♭2, 2, ♭3, 5 3, 4, ♭5, 6, 7	0, 1, 2, 3, 7 0, 1, 2, 5, 7
0 1 2 3 4 5 6 7 8 9	1, ♭2, 2, ♭3, 5 3, 4, ♭5, ♭7, 7	0, 1, 2, 3, 7 0, 1, 2, 6, 7
0 1 2 3 4 5 7 8 9 10	1, ♭2, 2, ♭3, 5 3, 4, ♭6, 6, ♭7	0, 1, 2, 3, 7 0, 1, 2, 5, 6
0 1 2 3 4 5 6 8 9 10	1, ♭2, 2, ♭3, 5 3, 4, ♭6, 6, 7	0, 1, 2, 3, 7 0, 1, 4, 5, 7
0 1 2 3 4 5 6 7 9 10	1, ♭2, 2, ♭3, 5 3, 4, ♭6, ♭7, 7	0, 1, 2, 3, 7 0, 1, 3, 6, 7
0 1 2 3 4 5 6 7 8 10	1, ♭2, 2, ♭3, 5 3, 4, 6, ♭7, 7	0, 1, 2, 3, 7 0, 1, 2, 6, 7
0 1 2 3 4 6 7 8 9 10	1, ♭2, 2, ♭3, 5 3, ♭5, ♭6, 6, ♭7	0, 1, 2, 3, 7 0, 1, 2, 4, 6
0 1 2 3 4 5 7 8 9 10	1, ♭2, 2, ♭3, 5 3, ♭5, ♭6, 6, 7	0, 1, 2, 3, 7 0, 2, 3, 5, 7
0 1 2 3 4 5 6 8 9 10	1, ♭2, 2, ♭3, 5 3, ♭5, ♭6, ♭7, 7	0, 1, 2, 3, 7 0, 1, 3, 5, 7
0 1 2 3 4 5 6 7 9 10	1, ♭2, 2, ♭3, 5 3, ♭5, 6, ♭7, 7	0, 1, 2, 3, 7 0, 1, 2, 5, 7
0 1 2 3 4 5 6 7 8 9	1, ♭2, 2, ♭3, 5 3, ♭6, 6, ♭7, 7	0, 1, 2, 3, 7 0, 1, 2, 3, 7
0 1 2 3 4 5 7 8 9 10	1, ♭2, 2, ♭3, 5 4, ♭5, ♭6, 6, ♭7	0, 1, 2, 3, 7 0, 1, 2, 4, 5
0 1 2 3 4 6 7 8 9 10	1, ♭2, 2, ♭3, 5 4, ♭5, ♭6, 6, 7	0, 1, 2, 3, 7 0, 1, 3, 4, 6
0 1 2 3 4 5 7 8 9 10	1, ♭2, 2, ♭3, 5 4, ♭5, ♭6, ♭7, 7	0, 1, 2, 3, 7 0, 1, 3, 5, 6
0 1 2 3 4 5 6 8 9 10	1, ♭2, 2, ♭3, 5 4, ♭5, 6, ♭7, 7	0, 1, 2, 3, 7 0, 1, 2, 5, 6
0 1 2 3 4 5 6 7 8 10	1, ♭2, 2, ♭3, 5 4, ♭6, 6, ♭7, 7	0, 1, 2, 3, 7 0, 1, 2, 3, 6
0 1 2 3 4 5 6 7 8 9	1, ♭2, 2, ♭3, 5 ♭5, ♭6, 6, ♭7, 7	0, 1, 2, 3, 7 0, 1, 2, 3, 5

C, D♭, D, E, F

prime form: 0, 1, 2, 4, 5

degrees: 1, ♭2, 2, 3, 4

Scale application to typical chord types all keys:

C:	1	♭2	2	3	4	7 mel, 7sus4
D♭:	7	1	♭2	♭3	3	
D:	♭7	7	1	2	♭3	
E♭:	6	♭7	7	♭2	2	
E:	♭6	6	♭7	1	♭2	-7 mel, 7, 7sus4
F:	5	♭6	6	7	1	Δ7♯5 mel, -Δ7 mel
G♭:	♭5	5	♭6	♭7	7	
G:	4	♭5	5	6	♭7	7 mel
A♭:	3	4	♭5	♭6	6	Δ7♯5 mel, 7 mel
A:	♭3	3	4	5	♭6	7 mel, 7sus4
B♭:	2	♭3	3	♭5	5	7
B:	♭2	2	♭3	4	♭5	7 mel, -7♭5 mel

Symmetric Difference as:
Pitches
E♭, G♭, G, A♭, A, B♭, B
Degrees
♭3, ♭5, 5, ♭6, 6, ♭7, 7
Prime Form
0, 1, 2, 3, 4, 5, 8

See page 425 for more possible scale applications

Unique 3 Note Subsets as prime form

C	D♭	D	0 1 2
C	D♭	E	0 1 4
C	D♭	F	0 1 5
C	D	E	0 2 4
C	D	F	0 2 5
C	E	F	0 1 5
D♭	D	E	0 1 3
D♭	D	F	0 1 4
D♭	E	F	0 1 4
D	E	F	0 1 3

Unique 4 Note Subsets as prime form

C	D♭	D	E	0 1 2 4
C	D♭	D	F	0 1 2 5
C	D♭	E	F	0 1 4 5
C	D	E	F	0 1 3 5
D♭	D	E	F	0 1 3 4

Scale grouped in Unique Dyad Pairs with prime forms

C	D♭	D	E	0 1	0 2
C	D♭	D	F	0 1	0 3
C	D	E	F	0 2	0 1
C	D	D♭	E	0 2	0 3
C	D	D♭	F	0 2	0 4
C	E	D♭	D	0 4	0 1
C	E	D	F	0 4	0 3
C	E	D♭	F	0 4	0 4
C	F	D♭	D	0 5	0 1
C	F	D♭	E	0 5	0 3
C	F	D	E	0 5	0 2

0, 1, 2, 4, 5 pentatonic scale with other 5 note scale possibilities

Scale as pitch classes with compliment		Scale as degrees with compliment		Scales as Prime Form	
0 1 2 3 4	5 6 7 8 9	1, ♭2, 2, 3, 4	♭3, ♭5, 5, ♭6, 6	0, 1, 2, 4, 5	0, 1, 2, 3, 6
0 1 2 3 4	5 6 7 8 10	1, ♭2, 2, 3, 4	♭3, ♭5, 5, ♭6, ♭7	0, 1, 2, 4, 5	0, 2, 3, 4, 7
0 1 2 3 4	5 6 7 8 9	1, ♭2, 2, 3, 4	♭3, ♭5, 5, ♭6, 7	0, 1, 2, 4, 5	0, 3, 4, 5, 8
0 1 2 3 4	5 6 7 9 10	1, ♭2, 2, 3, 4	♭3, ♭5, 5, 6, ♭7	0, 1, 2, 4, 5	0, 1, 3, 4, 7
0 1 2 3 4	5 6 7 8 10	1, ♭2, 2, 3, 4	♭3, ♭5, 5, 6, 7	0, 1, 2, 4, 5	0, 2, 4, 5, 8
0 1 2 3 4	5 6 7 8 9	1, ♭2, 2, 3, 4	♭3, ♭5, 5, ♭7, 7	0, 1, 2, 4, 5	0, 1, 4, 5, 8
0 1 2 3 4	5 6 8 9 10	1, ♭2, 2, 3, 4	♭3, ♭5, ♭6, 6, ♭7	0, 1, 2, 4, 5	0, 1, 2, 4, 7
0 1 2 3 4	5 6 7 9 10	1, ♭2, 2, 3, 4	♭3, ♭5, ♭6, 6, 7	0, 1, 2, 4, 5	0, 2, 3, 5, 8
0 1 2 3 4	5 6 7 8 10	1, ♭2, 2, 3, 4	♭3, ♭5, ♭6, ♭7, 7	0, 1, 2, 4, 5	0, 1, 3, 5, 8
0 1 2 3 4	5 6 7 8 9	1, ♭2, 2, 3, 4	♭3, ♭5, 6, ♭7, 7	0, 1, 2, 4, 5	0, 1, 2, 5, 8
0 1 2 3 4	5 7 8 9 10	1, ♭2, 2, 3, 4	♭3, 5, ♭6, 6, ♭7	0, 1, 2, 4, 5	0, 1, 2, 3, 7
0 1 2 3 4	5 6 8 9 10	1, ♭2, 2, 3, 4	♭3, 5, ♭6, 6, 7	0, 1, 2, 4, 5	0, 1, 2, 4, 8
0 1 2 3 4	5 6 7 9 10	1, ♭2, 2, 3, 4	♭3, 5, ♭6, ♭7, 7	0, 1, 2, 4, 5	0, 1, 3, 4, 8
0 1 2 3 4	5 6 7 8 10	1, ♭2, 2, 3, 4	♭3, 5, 6, ♭7, 7	0, 1, 2, 4, 5	0, 2, 3, 4, 8
0 1 2 3 4	5 6 7 8 9	1, ♭2, 2, 3, 4	♭3, ♭6, 6, ♭7, 7	0, 1, 2, 4, 5	0, 1, 2, 3, 7
0 1 2 3 4	5 6 8 9 10	1, ♭2, 2, 3, 4	♭5, 5, ♭6, 6, ♭7	0, 1, 2, 4, 5	0, 1, 2, 3, 4
0 1 2 3 4	5 7 8 9 10	1, ♭2, 2, 3, 4	♭5, 5, ♭6, 6, 7	0, 1, 2, 4, 5	0, 1, 2, 3, 5
0 1 2 3 4	6 7 8 9 10	1, ♭2, 2, 3, 4	♭5, 5, ♭6, ♭7, 7	0, 1, 2, 4, 5	0, 1, 2, 4, 5
0 1 2 3 4	5 7 8 9 10	1, ♭2, 2, 3, 4	♭5, 5, 6, ♭7, 7	0, 1, 2, 4, 5	0, 1, 2, 4, 5
0 1 2 3 4	5 6 8 9 10	1, ♭2, 2, 3, 4	♭5, ♭6, 6, ♭7, 7	0, 1, 2, 4, 5	0, 1, 2, 3, 5
0 1 2 3 4	5 6 7 9 10	1, ♭2, 2, 3, 4	5, ♭6, 6, ♭7, 7	0, 1, 2, 4, 5	0, 1, 2, 3, 4

C, D♭, D, E, G♭

prime form: 0, 1, 2, 4, 6

degrees: 1, ♭2, 2, 3, ♭5

Scale application to typical chord types all keys:

C:	1	♭2	2	3	♭5	7
D♭:	7	1	♭2	♭3	4	
D:	♭7	7	1	2	3	
E♭:	6	♭7	7	♭2	♭3	
E:	♭6	6	♭7	1	2	7, 7sus4
F:	5	♭6	6	7	♭2	
G♭:	♭5	5	♭6	♭7	1	7
G:	4	♭5	5	6	7	Δ7♯5 mel, -Δ7
A♭:	3	4	♭5	♭6	♭7	7 mel
A:	♭3	3	4	5	6	7 mel, 7sus4
B♭:	2	♭3	3	♭5	♭6	7
B:	♭2	2	♭3	4	5	7 mel, 7sus4

Symmetric Difference as:
Pitches
E♭, F, G, A♭, A, B♭, B
Degrees
♭3, 4, 5, ♭6, 6, ♭7, 7
Prime Form
0, 1, 2, 3, 4, 6, 8

See page 426 for more possible scale applications

Unique 3 Note Subsets as prime form

C	D♭	D	0 1 2
C	D♭	E	0 1 4
C	D♭	G♭	0 1 6
C	D	E	0 2 4
C	D	G♭	0 2 6
C	E	G♭	0 2 6
D♭	D	E	0 1 3
D♭	D	G♭	0 1 5
D♭	E	G♭	0 2 5
D	E	G♭	0 2 4

Unique 4 Note Subsets as prime form

C	D♭	D	E	0 1 2 4
C	D♭	D	G♭	0 1 2 6
C	D♭	E	G♭	0 1 4 6
C	D	E	G♭	0 2 4 6
D♭	D	E	G♭	0 1 3 5

Scale grouped in Unique Dyad Pairs with prime forms

C	D♭	D	E	0 1	0 2
C	D♭	D	G♭	0 1	0 4
C	D	E	G♭	0 2	0 2
C	D	D♭	E	0 2	0 3
C	D	D♭	G♭	0 2	0 5
C	E	D♭	D	0 4	0 1
C	E	D	G♭	0 4	0 4
C	E	D♭	G♭	0 4	0 5
C	G♭	D♭	D	0 6	0 1
C	G♭	D♭	E	0 6	0 3
C	G♭	D	E	0 6	0 2

0, 1, 2, 4, 6 pentatonic scale with other 5 note scale possibilities

Scale as pitch classes with compliment	Scale as degrees with compliment	Scales as Prime Form
0 1 2 3 4 5 6 7 8 9	1, ♭2, 2, 3, ♭5 ♭3, 4, 5, ♭6, 6	0, 1, 2, 4, 6 0, 1, 2, 4, 6
0 1 2 3 4 5 6 7 8 10	1, ♭2, 2, 3, ♭5 ♭3, 4, 5, ♭6, ♭7	0, 1, 2, 4, 6 0, 2, 3, 5, 7
0 1 2 3 4 5 6 7 8 9	1, ♭2, 2, 3, ♭5 ♭3, 4, 5, ♭6, 7	0, 1, 2, 4, 6 0, 2, 4, 5, 8
0 1 2 3 4 5 6 7 9 10	1, ♭2, 2, 3, ♭5 ♭3, 4, 5, 6, ♭7	0, 1, 2, 4, 6 0, 1, 3, 5, 7
0 1 2 3 4 5 6 7 8 10	1, ♭2, 2, 3, ♭5 ♭3, 4, 5, 6, 7	0, 1, 2, 4, 6 0, 2, 4, 6, 8
0 1 2 3 4 5 6 7 8 9	1, ♭2, 2, 3, ♭5 ♭3, 4, 5, ♭7, 7	0, 1, 2, 4, 6 0, 1, 4, 6, 8
0 1 2 3 4 5 6 8 9 10	1, ♭2, 2, 3, ♭5 ♭3, 4, ♭6, 6, ♭7	0, 1, 2, 4, 6 0, 1, 2, 5, 7
0 1 2 3 4 5 6 7 9 10	1, ♭2, 2, 3, ♭5 ♭3, 4, ♭6, 6, 7	0, 1, 2, 4, 6 0, 2, 3, 6, 8
0 1 2 3 4 5 6 7 8 10	1, ♭2, 2, 3, ♭5 ♭3, 4, ♭6, ♭7, 7	0, 1, 2, 4, 6 0, 1, 3, 6, 8
0 1 2 3 4 5 6 7 8 9	1, ♭2, 2, 3, ♭5 ♭3, 4, 6, ♭7, 7	0, 1, 2, 4, 6 0, 1, 2, 6, 8
0 1 2 3 4 6 7 8 9 10	1, ♭2, 2, 3, ♭5 ♭3, 5, ♭6, 6, ♭7	0, 1, 2, 4, 6 0, 1, 2, 3, 7
0 1 2 3 4 5 7 8 9 10	1, ♭2, 2, 3, ♭5 ♭3, 5, ♭6, 6, 7	0, 1, 2, 4, 6 0, 1, 2, 4, 8
0 1 2 3 4 5 6 8 9 10	1, ♭2, 2, 3, ♭5 ♭3, 5, ♭6, ♭7, 7	0, 1, 2, 4, 6 0, 1, 3, 4, 8
0 1 2 3 4 5 6 7 9 10	1, ♭2, 2, 3, ♭5 ♭3, 5, 6, ♭7, 7	0, 1, 2, 4, 6 0, 2, 3, 4, 8
0 1 2 3 4 5 6 7 8 10	1, ♭2, 2, 3, ♭5 ♭3, ♭6, 6, ♭7, 7	0, 1, 2, 4, 6 0, 1, 2, 3, 7
0 1 2 3 4 5 6 8 9 10	1, ♭2, 2, 3, ♭5 4, 5, ♭6, 6, ♭7	0, 1, 2, 4, 6 0, 1, 2, 3, 5
0 1 2 3 4 5 7 8 9 10	1, ♭2, 2, 3, ♭5 4, 5, ♭6, 6, 7	0, 1, 2, 4, 6 0, 2, 3, 4, 6
0 1 2 3 4 6 7 8 9 10	1, ♭2, 2, 3, ♭5 4, 5, ♭6, ♭7, 7	0, 1, 2, 4, 6 0, 1, 3, 4, 6
0 1 2 3 4 5 7 8 9 10	1, ♭2, 2, 3, ♭5 4, 5, 6, ♭7, 7	0, 1, 2, 4, 6 0, 1, 2, 4, 6
0 1 2 3 4 5 6 8 9 10	1, ♭2, 2, 3, ♭5 4, ♭6, 6, ♭7, 7	0, 1, 2, 4, 6 0, 1, 2, 3, 6
0 1 2 3 4 5 6 7 8 10	1, ♭2, 2, 3, ♭5 5, ♭6, 6, ♭7, 7	0, 1, 2, 4, 6 0, 1, 2, 3, 4

C, D♭, D, E, G

prime form: 0, 1, 2, 4, 7

degrees: 1, ♭2, 2, 3, 5

Scale application to typical chord types all keys:

C:	1	♭2	2	3	5	7, 7sus4
D♭:	7	1	♭2	♭3	♭5	
D:	♭7	7	1	2	4	
E♭:	6	♭7	7	♭2	3	
E:	♭6	6	♭7	1	♭3	-7 mel, 7, 7sus4
F:	5	♭6	6	7	2	Δ7♯5 mel, -Δ7 mel
G♭:	♭5	5	♭6	♭7	♭2	7
G:	4	♭5	5	6	1	Δ7♯5 mel, -Δ7, 7 mel
A♭:	3	4	♭5	♭6	7	Δ7♯5 mel
A:	♭3	3	4	5	♭7	7 mel, 7sus4
B♭:	2	♭3	3	♭5	6	7
B:	♭2	2	♭3	4	♭6	7 mel, -7♭5 mel, 7sus4

Symmetric Difference as:

Pitches

E♭, F, G♭, A♭, A, B♭, B

Degrees

♭3, 4, ♭5, ♭6, 6, ♭7, 7

Prime Form

0, 1, 2, 3, 5, 6, 8

See page 427 for more possible scale applications

Unique 3 Note Subsets as prime form

C	D♭	D	0 1 2
C	D♭	E	0 1 4
C	D♭	G	0 1 6
C	D	E	0 2 4
C	D	G	0 2 7
C	E	G	0 3 7
D♭	D	E	0 1 3
D♭	D	G	0 1 6
D♭	E	G	0 3 6
D	E	G	0 2 5

Unique 4 Note Subsets as prime form

C	D♭	D	E	0 1 2 4
C	D♭	D	G	0 1 2 7
C	D♭	E	G	0 1 4 7
C	D	E	G	0 2 4 7
D♭	D	E	G	0 1 3 6

Scale grouped in Unique Dyad Pairs with prime forms

C	D♭	D	E	0 1	0 2
C	D♭	D	G	0 1	0 5
C	D	E	G	0 2	0 3
C	D	D♭	E	0 2	0 3
C	D	D♭	G	0 2	0 6
C	E	D♭	D	0 4	0 1
C	E	D	G	0 4	0 5
C	E	D♭	G	0 4	0 6
C	G	D♭	D	0 5	0 1
C	G	D♭	E	0 5	0 3
C	G	D	E	0 5	0 2

0, 1, 2, 4, 7 pentatonic scale with other 5 note scale possibilities

Scale as pitch classes with compliment		Scale as degrees with compliment		Scales as Prime Form	
0 1 2 3 4	5 6 7 8 9	1, ♭2, 2, 3, 5	♭3, 4, ♭5, ♭6, 6	0, 1, 2, 4, 7	0, 1, 3, 4, 6
0 1 2 3 4	5 6 7 8 10	1, ♭2, 2, 3, 5	♭3, 4, ♭5, ♭6, ♭7	0, 1, 2, 4, 7	0, 2, 3, 5, 7
0 1 2 3 4	5 6 7 8 9	1, ♭2, 2, 3, 5	♭3, 4, ♭5, ♭6, 7	0, 1, 2, 4, 7	0, 2, 3, 5, 8
0 1 2 3 4	5 6 7 9 10	1, ♭2, 2, 3, 5	♭3, 4, ♭5, 6, ♭7	0, 1, 2, 4, 7	0, 1, 4, 5, 7
0 1 2 3 4	5 6 7 8 10	1, ♭2, 2, 3, 5	♭3, 4, ♭5, 6, 7	0, 1, 2, 4, 7	0, 2, 3, 6, 8
0 1 2 3 4	5 6 7 8 9	1, ♭2, 2, 3, 5	♭3, 4, ♭5, ♭7, 7	0, 1, 2, 4, 7	0, 1, 3, 7, 8
0 1 2 3 4	5 7 8 9 10	1, ♭2, 2, 3, 5	♭3, 4, ♭6, 6, ♭7	0, 1, 2, 4, 7	0, 1, 2, 5, 7
0 1 2 3 4	5 6 8 9 10	1, ♭2, 2, 3, 5	♭3, 4, ♭6, 6, 7	0, 1, 2, 4, 7	0, 2, 3, 6, 8
0 1 2 3 4	5 6 7 9 10	1, ♭2, 2, 3, 5	♭3, 4, ♭6, ♭7, 7	0, 1, 2, 4, 7	0, 1, 3, 6, 8
0 1 2 3 4	5 6 7 8 10	1, ♭2, 2, 3, 5	♭3, 4, 6, ♭7, 7	0, 1, 2, 4, 7	0, 1, 2, 6, 8
0 1 2 3 4	6 7 8 9 10	1, ♭2, 2, 3, 5	♭3, ♭5, ♭6, 6, ♭7	0, 1, 2, 4, 7	0, 1, 2, 4, 7
0 1 2 3 4	5 7 8 9 10	1, ♭2, 2, 3, 5	♭3, ♭5, ♭6, 6, 7	0, 1, 2, 4, 7	0, 2, 3, 5, 8
0 1 2 3 4	5 6 8 9 10	1, ♭2, 2, 3, 5	♭3, ♭5, ♭6, ♭7, 7	0, 1, 2, 4, 7	0, 1, 3, 5, 8
0 1 2 3 4	5 6 7 9 10	1, ♭2, 2, 3, 5	♭3, ♭5, 6, ♭7, 7	0, 1, 2, 4, 7	0, 1, 2, 5, 8
0 1 2 3 4	5 6 7 8 9	1, ♭2, 2, 3, 5	♭3, ♭6, 6, ♭7, 7	0, 1, 2, 4, 7	0, 1, 2, 3, 7
0 1 2 3 4	5 6 8 9 10	1, ♭2, 2, 3, 5	4, ♭5, ♭6, 6, ♭7	0, 1, 2, 4, 7	0, 1, 2, 4, 5
0 1 2 3 4	5 7 8 9 10	1, ♭2, 2, 3, 5	4, ♭5, ♭6, 6, 7	0, 1, 2, 4, 7	0, 1, 3, 4, 6
0 1 2 3 4	6 7 8 9 10	1, ♭2, 2, 3, 5	4, ♭5, ♭6, ♭7, 7	0, 1, 2, 4, 7	0, 1, 3, 5, 6
0 1 2 3 4	5 7 8 9 10	1, ♭2, 2, 3, 5	4, ♭5, 6, ♭7, 7	0, 1, 2, 4, 7	0, 1, 2, 5, 6
0 1 2 3 4	5 6 7 9 10	1, ♭2, 2, 3, 5	4, ♭6, 6, ♭7, 7	0, 1, 2, 4, 7	0, 1, 2, 3, 6
0 1 2 3 4	5 6 7 8 10	1, ♭2, 2, 3, 5	♭5, ♭6, 6, ♭7, 7	0, 1, 2, 4, 7	0, 1, 2, 3, 5

C, D♭, D, E, A♭

prime form: 0, 1, 2, 4, 8
degrees: 1, ♭2, 2, 3, ♭6

Scale application to typical chord types all keys:

C:	1	♭2	2	3	♭6	7, 7sus4
D♭:	7	1	♭2	♭3	5	
D:	♭7	7	1	2	♭5	
E♭:	6	♭7	7	♭2	4	
E:	♭6	6	♭7	1	3	7, 7sus4
F:	5	♭6	6	7	♭3	-Δ7 mel
G♭:	♭5	5	♭6	♭7	2	7
G:	4	♭5	5	6	♭2	7 mel
A♭:	3	4	♭5	♭6	1	Δ7♯5 mel, 7 mel
A:	♭3	3	4	5	7	
B♭:	2	♭3	3	♭5	♭7	7
B:	♭2	2	♭3	4	6	7 mel, 7sus4

See page 428 for more possible scale applications

Symmetric Difference as:
Pitches
E♭, F, G♭, G, A, B♭, B
Degrees
♭3, 4, ♭5, 5, 6, ♭7, 7
Prime Form
0, 1, 2, 4, 5, 6, 8

Unique 3 Note Subsets as prime form

C	D♭	D	0 1 2
C	D♭	E	0 1 4
C	D♭	A♭	0 1 5
C	D	E	0 2 4
C	D	A♭	0 2 6
C	E	A♭	0 4 8
D♭	D	E	0 1 3
D♭	D	A♭	0 1 6
D♭	E	A♭	0 3 7
D	E	A♭	0 2 6

Unique 4 Note Subsets as prime form

C	D♭	D	E	0 1 2 4
C	D♭	D	A♭	0 1 2 6
C	D♭	E	A♭	0 3 4 8
C	D	E	A♭	0 2 4 8
D♭	D	E	A♭	0 1 3 7

Scale grouped in Unique Dyad Pairs with prime forms

C	D♭	D	E	0 1 0 2
C	D♭	D	A♭	0 1 0 6
C	D	E	A♭	0 2 0 4
C	D	D♭	E	0 2 0 3
C	D	D♭	A♭	0 2 0 5
C	E	D♭	D	0 4 0 1
C	E	D	A♭	0 4 0 6
C	E	D♭	A♭	0 4 0 5
C	A♭	D♭	D	0 4 0 1
C	A♭	D♭	E	0 4 0 3
C	A♭	D	E	0 4 0 2

0, 1, 2, 4, 8 pentatonic scale with other 5 note scale possibilities

Scale as pitch classes with compliment		Scale as degrees with compliment		Scales as Prime Form	
0 1 2 3 4	5 6 7 8 9	1, ♭2, 2, 3, ♭6	♭3, 4, ♭5, 5, 6	0, 1, 2, 4, 8	0, 2, 3, 4, 6
0 1 2 3 4	5 6 7 8 10	1, ♭2, 2, 3, ♭6	♭3, 4, ♭5, 5, ♭7	0, 1, 2, 4, 8	0, 2, 3, 4, 7
0 1 2 3 4	5 6 7 8 9	1, ♭2, 2, 3, ♭6	♭3, 4, ♭5, 5, 7	0, 1, 2, 4, 8	0, 1, 2, 4, 8
0 1 2 3 4	5 6 8 9 10	1, ♭2, 2, 3, ♭6	♭3, 4, ♭5, 6, ♭7	0, 1, 2, 4, 8	0, 1, 4, 5, 7
0 1 2 3 4	5 6 7 9 10	1, ♭2, 2, 3, ♭6	♭3, 4, ♭5, 6, 7	0, 1, 2, 4, 8	0, 2, 3, 6, 8
0 1 2 3 4	5 6 7 8 10	1, ♭2, 2, 3, ♭6	♭3, 4, ♭5, ♭7, 7	0, 1, 2, 4, 8	0, 1, 3, 7, 8
0 1 2 3 4	5 7 8 9 10	1, ♭2, 2, 3, ♭6	♭3, 4, 5, 6, ♭7	0, 1, 2, 4, 8	0, 1, 3, 5, 7
0 1 2 3 4	5 6 8 9 10	1, ♭2, 2, 3, ♭6	♭3, 4, 5, 6, 7	0, 1, 2, 4, 8	0, 2, 4, 6, 8
0 1 2 3 4	5 6 7 9 10	1, ♭2, 2, 3, ♭6	♭3, 4, 5, ♭7, 7	0, 1, 2, 4, 8	0, 1, 4, 6, 8
0 1 2 3 4	5 6 7 8 9	1, ♭2, 2, 3, ♭6	♭3, 4, 6, ♭7, 7	0, 1, 2, 4, 8	0, 1, 2, 6, 8
0 1 2 3 4	6 7 8 9 10	1, ♭2, 2, 3, ♭6	♭3, ♭5, 5, 6, ♭7	0, 1, 2, 4, 8	0, 1, 3, 4, 7
0 1 2 3 4	5 7 8 9 10	1, ♭2, 2, 3, ♭6	♭3, ♭5, 5, 6, 7	0, 1, 2, 4, 8	0, 2, 4, 5, 8
0 1 2 3 4	5 6 8 9 10	1, ♭2, 2, 3, ♭6	♭3, ♭5, 5, ♭7, 7	0, 1, 2, 4, 8	0, 1, 4, 5, 8
0 1 2 3 4	5 6 7 8 10	1, ♭2, 2, 3, ♭6	♭3, ♭5, 6, ♭7, 7	0, 1, 2, 4, 8	0, 1, 2, 5, 8
0 1 2 3 4	5 6 7 8 9	1, ♭2, 2, 3, ♭6	♭3, 5, 6, ♭7, 7	0, 1, 2, 4, 8	0, 2, 3, 4, 8
0 1 2 3 4	5 6 8 9 10	1, ♭2, 2, 3, ♭6	4, ♭5, 5, 6, ♭7	0, 1, 2, 4, 8	0, 1, 2, 4, 5
0 1 2 3 4	5 7 8 9 10	1, ♭2, 2, 3, ♭6	4, ♭5, 5, 6, 7	0, 1, 2, 4, 8	0, 1, 2, 4, 6
0 1 2 3 4	6 7 8 9 10	1, ♭2, 2, 3, ♭6	4, ♭5, 5, ♭7, 7	0, 1, 2, 4, 8	0, 1, 2, 5, 6
0 1 2 3 4	5 6 8 9 10	1, ♭2, 2, 3, ♭6	4, ♭5, 6, ♭7, 7	0, 1, 2, 4, 8	0, 1, 2, 5, 6
0 1 2 3 4	5 6 7 9 10	1, ♭2, 2, 3, ♭6	4, 5, 6, ♭7, 7	0, 1, 2, 4, 8	0, 1, 2, 4, 6
0 1 2 3 4	5 6 7 8 10	1, ♭2, 2, 3, ♭6	♭5, 5, 6, ♭7, 7	0, 1, 2, 4, 8	0, 1, 2, 4, 5

C, D♭, D, F, G♭

prime form: 0, 1, 2, 5, 6

degrees: 1, ♭2, 2, 4, ♭5

Scale application to typical chord types all keys:

C:	1	♭2	2	4	♭5	7 mel, -7♭5 mel
D♭:	7	1	♭2	3	4	
D:	♭7	7	1	♭3	3	
E♭:	6	♭7	7	2	♭3	
E:	♭6	6	♭7	♭2	2	7, 7sus4
F:	5	♭6	6	1	♭2	-7 mel, 7, 7sus4
G♭:	♭5	5	♭6	7	1	Δ7♯5 mel, -Δ7 mel
G:	4	♭5	5	♭7	7	
A♭:	3	4	♭5	6	♭7	7 mel
A:	♭3	3	4	♭6	6	7 mel, 7sus4
B♭:	2	♭3	3	5	♭6	7, 7sus4
B:	♭2	2	♭3	♭5	5	7

Symmetric Difference as:
Pitches
E♭, E, G, A♭, A, B♭, B
Degrees
♭3, 3, 5, ♭6, 6, ♭7, 7
Prime Form
0, 1, 2, 3, 4, 7, 8

See page 429 for more possible scale applications

Unique 3 Note Subsets as prime form

C	D♭	D	0 1 2
C	D♭	F	0 1 5
C	D♭	G♭	0 1 6
C	D	F	0 2 5
C	D	G♭	0 2 6
C	F	G♭	0 1 6
D♭	D	F	0 1 4
D♭	D	G♭	0 1 5
D♭	F	G♭	0 1 5
D	F	G♭	0 1 4

Unique 4 Note Subsets as prime form

C	D♭	D	F	0 1 2 5
C	D♭	D	G♭	0 1 2 6
C	D♭	F	G♭	0 1 5 6
C	D	F	G♭	0 1 4 6
D♭	D	F	G♭	0 1 4 5

Scale grouped in Unique Dyad Pairs with prime forms

C D♭	D F	0 1	0 3
C D♭	D G♭	0 1	0 4
C D	F G♭	0 2	0 1
C D	D♭ F	0 2	0 4
C D	D♭ G♭	0 2	0 5
C F	D♭ D	0 5	0 1
C F	D G♭	0 5	0 4
C F	D♭ G♭	0 5	0 5
C G♭	D♭ D	0 6	0 1
C G♭	D♭ F	0 6	0 4
C G♭	D F	0 6	0 3

0, 1, 2, 5, 6 pentatonic scale with other 5 note scale possibilities

Scale as pitch classes with compliment		Scale as degrees with compliment		Scales as Prime Form	
0 1 2 3 4	5 6 7 8 9	1, ♭2, 2, 4, ♭5	♭3, 3, 5, ♭6, 6	0, 1, 2, 5, 6	0, 1, 2, 5, 6
0 1 2 3 4	5 6 7 8 10	1, ♭2, 2, 4, ♭5	♭3, 3, 5, ♭6, ♭7	0, 1, 2, 5, 6	0, 1, 4, 5, 7
0 1 2 3 4	5 6 7 8 9	1, ♭2, 2, 4, ♭5	♭3, 3, 5, ♭6, 7	0, 1, 2, 5, 6	0, 1, 4, 5, 8
0 1 2 3 4	5 6 7 9 10	1, ♭2, 2, 4, ♭5	♭3, 3, 5, 6, ♭7	0, 1, 2, 5, 6	0, 1, 3, 6, 7
0 1 2 3 4	5 6 7 8 10	1, ♭2, 2, 4, ♭5	♭3, 3, 5, 6, 7	0, 1, 2, 5, 6	0, 1, 4, 6, 8
0 1 2 3 4	5 6 7 8 9	1, ♭2, 2, 4, ♭5	♭3, 3, 5, ♭7, 7	0, 1, 2, 5, 6	0, 1, 4, 7, 8
0 1 2 3 4	5 6 8 9 10	1, ♭2, 2, 4, ♭5	♭3, 3, ♭6, 6, ♭7	0, 1, 2, 5, 6	0, 1, 2, 6, 7
0 1 2 3 4	5 6 7 9 10	1, ♭2, 2, 4, ♭5	♭3, 3, ♭6, 6, 7	0, 1, 2, 5, 6	0, 1, 3, 7, 8
0 1 2 3 4	5 6 7 8 10	1, ♭2, 2, 4, ♭5	♭3, 3, ♭6, ♭7, 7	0, 1, 2, 5, 6	0, 1, 5, 6, 8
0 1 2 3 4	5 6 7 8 9	1, ♭2, 2, 4, ♭5	♭3, 3, 6, ♭7, 7	0, 1, 2, 5, 6	0, 1, 2, 6, 7
0 1 2 3 4	5 7 8 9 10	1, ♭2, 2, 4, ♭5	♭3, 5, ♭6, 6, ♭7	0, 1, 2, 5, 6	0, 1, 2, 3, 7
0 1 2 3 4	6 7 8 9 10	1, ♭2, 2, 4, ♭5	♭3, 5, ♭6, 6, 7	0, 1, 2, 5, 6	0, 1, 2, 4, 8
0 1 2 3 4	5 7 8 9 10	1, ♭2, 2, 4, ♭5	♭3, 5, ♭6, ♭7, 7	0, 1, 2, 5, 6	0, 1, 3, 4, 8
0 1 2 3 4	5 6 8 9 10	1, ♭2, 2, 4, ♭5	♭3, 5, 6, ♭7, 7	0, 1, 2, 5, 6	0, 2, 3, 4, 8
0 1 2 3 4	5 6 7 9 10	1, ♭2, 2, 4, ♭5	♭3, ♭6, 6, ♭7, 7	0, 1, 2, 5, 6	0, 1, 2, 3, 7
0 1 2 3 4	5 6 8 9 10	1, ♭2, 2, 4, ♭5	3, 5, ♭6, 6, ♭7	0, 1, 2, 5, 6	0, 1, 2, 3, 6
0 1 2 3 4	5 7 8 9 10	1, ♭2, 2, 4, ♭5	3, 5, ♭6, 6, 7	0, 1, 2, 5, 6	0, 2, 3, 4, 7
0 1 2 3 4	6 7 8 9 10	1, ♭2, 2, 4, ♭5	3, 5, ♭6, ♭7, 7	0, 1, 2, 5, 6	0, 1, 3, 4, 7
0 1 2 3 4	5 7 8 9 10	1, ♭2, 2, 4, ♭5	3, 5, 6, ♭7, 7	0, 1, 2, 5, 6	0, 1, 2, 4, 7
0 1 2 3 4	5 6 8 9 10	1, ♭2, 2, 4, ♭5	3, ♭6, 6, ♭7, 7	0, 1, 2, 5, 6	0, 1, 2, 3, 7
0 1 2 3 4	5 6 7 8 9	1, ♭2, 2, 4, ♭5	5, ♭6, 6, ♭7, 7	0, 1, 2, 5, 6	0, 1, 2, 3, 4

C, D♭, D, F, G

prime form: 0, 1, 2, 5, 7

degrees: 1, ♭2, 2, 4, 5

Scale application to typical chord types all keys:

C:	1	♭2	2	4	5	7 mel, 7sus4
D♭:	7	1	♭2	3	♭5	
D:	♭7	7	1	♭3	4	
E♭:	6	♭7	7	2	3	
E:	♭6	6	♭7	♭2	♭3	-7 mel, 7, 7sus4
F:	5	♭6	6	1	2	Δ7♯5 mel, 7, 7sus4, -Δ7 mel
G♭:	♭5	5	♭6	7	♭2	
G:	4	♭5	5	♭7	1	7 mel
A♭:	3	4	♭5	6	7	Δ7♯5 mel
A:	♭3	3	4	♭6	♭7	7 mel, 7sus4
B♭:	2	♭3	3	5	6	7, 7sus4
B:	♭2	2	♭3	♭5	♭6	7, -7♭5 mel

Symmetric Difference as:
Pitches
E♭, E, G♭, A♭, A, B♭, B
Degrees
♭3, 3, ♭5, ♭6, 6, ♭7, 7
Prime Form
0, 1, 2, 3, 5, 7, 8

See page 430 for more possible scale applications

Unique 3 Note Subsets as prime form

C	D♭	D	0 1 2
C	D♭	F	0 1 5
C	D♭	G	0 1 6
C	D	F	0 2 5
C	D	G	0 2 7
C	F	G	0 2 7
D♭	D	F	0 1 4
D♭	D	G	0 1 6
D♭	F	G	0 2 6
D	F	G	0 2 5

Unique 4 Note Subsets as prime form

C	D♭	D	F	0 1 2 5
C	D♭	D	G	0 1 2 7
C	D♭	F	G	0 1 5 7
C	D	F	G	0 2 5 7
D♭	D	F	G	0 1 4 6

Scale grouped in Unique Dyad Pairs with prime forms

C	D♭	D	F	0 1	0 3
C	D♭	D	G	0 1	0 5
C	D	F	G	0 2	0 2
C	D	D♭	F	0 2	0 4
C	D	D♭	G	0 2	0 6
C	F	D♭	D	0 5	0 1
C	F	D	G	0 5	0 5
C	F	D♭	G	0 5	0 6
C	G	D♭	D	0 5	0 1
C	G	D♭	F	0 5	0 4
C	G	D	F	0 5	0 3

0, 1, 2, 5, 7 pentatonic scale with other 5 note scale possibilities

Scale as pitch classes with compliment		Scale as degrees with compliment		Scales as Prime Form	
0 1 2 3 4	5 6 7 8 9	1, ♭2, 2, 4, 5	♭3, 3, ♭5, ♭6, 6	0, 1, 2, 5, 7	0, 1, 3, 5, 6
0 1 2 3 4	5 6 7 8 10	1, ♭2, 2, 4, 5	♭3, 3, ♭5, ♭6, ♭7	0, 1, 2, 5, 7	0, 1, 3, 5, 7
0 1 2 3 4	5 6 7 8 9	1, ♭2, 2, 4, 5	♭3, 3, ♭5, ♭6, 7	0, 1, 2, 5, 7	0, 1, 3, 5, 8
0 1 2 3 4	5 6 7 9 10	1, ♭2, 2, 4, 5	♭3, 3, ♭5, 6, ♭7	0, 1, 2, 5, 7	0, 1, 3, 6, 7
0 1 2 3 4	5 6 7 8 10	1, ♭2, 2, 4, 5	♭3, 3, ♭5, 6, 7	0, 1, 2, 5, 7	0, 1, 3, 6, 8
0 1 2 3 4	5 6 7 8 9	1, ♭2, 2, 4, 5	♭3, 3, ♭5, ♭7, 7	0, 1, 2, 5, 7	0, 1, 5, 6, 8
0 1 2 3 4	5 7 8 9 10	1, ♭2, 2, 4, 5	♭3, 3, ♭6, 6, ♭7	0, 1, 2, 5, 7	0, 1, 2, 6, 7
0 1 2 3 4	5 6 8 9 10	1, ♭2, 2, 4, 5	♭3, 3, ♭6, 6, 7	0, 1, 2, 5, 7	0, 1, 3, 7, 8
0 1 2 3 4	5 6 7 9 10	1, ♭2, 2, 4, 5	♭3, 3, ♭6, ♭7, 7	0, 1, 2, 5, 7	0, 1, 5, 6, 8
0 1 2 3 4	5 6 7 8 10	1, ♭2, 2, 4, 5	♭3, 3, 6, ♭7, 7	0, 1, 2, 5, 7	0, 1, 2, 6, 7
0 1 2 3 4	5 7 8 9 10	1, ♭2, 2, 4, 5	♭3, ♭5, ♭6, 6, ♭7	0, 1, 2, 5, 7	0, 1, 2, 4, 7
0 1 2 3 4	6 7 8 9 10	1, ♭2, 2, 4, 5	♭3, ♭5, ♭6, 6, 7	0, 1, 2, 5, 7	0, 2, 3, 5, 8
0 1 2 3 4	5 7 8 9 10	1, ♭2, 2, 4, 5	♭3, ♭5, ♭6, ♭7, 7	0, 1, 2, 5, 7	0, 1, 3, 5, 8
0 1 2 3 4	5 6 8 9 10	1, ♭2, 2, 4, 5	♭3, ♭5, 6, ♭7, 7	0, 1, 2, 5, 7	0, 1, 2, 5, 8
0 1 2 3 4	5 6 7 8 10	1, ♭2, 2, 4, 5	♭3, ♭6, 6, ♭7, 7	0, 1, 2, 5, 7	0, 1, 2, 3, 7
0 1 2 3 4	5 6 8 9 10	1, ♭2, 2, 4, 5	3, ♭5, ♭6, 6, ♭7	0, 1, 2, 5, 7	0, 1, 2, 4, 6
0 1 2 3 4	5 7 8 9 10	1, ♭2, 2, 4, 5	3, ♭5, ♭6, 6, 7	0, 1, 2, 5, 7	0, 2, 3, 5, 7
0 1 2 3 4	6 7 8 9 10	1, ♭2, 2, 4, 5	3, ♭5, ♭6, ♭7, 7	0, 1, 2, 5, 7	0, 1, 3, 5, 7
0 1 2 3 4	5 7 8 9 10	1, ♭2, 2, 4, 5	3, ♭5, 6, ♭7, 7	0, 1, 2, 5, 7	0, 1, 2, 5, 7
0 1 2 3 4	5 6 7 9 10	1, ♭2, 2, 4, 5	3, ♭6, 6, ♭7, 7	0, 1, 2, 5, 7	0, 1, 2, 3, 7
0 1 2 3 4	5 6 7 8 9	1, ♭2, 2, 4, 5	♭5, ♭6, 6, ♭7, 7	0, 1, 2, 5, 7	0, 1, 2, 3, 5

C, D♭, D, F, A♭

prime form: 0, 1, 2, 5, 8
degrees: 1, ♭2, 2, 4, ♭6

Scale application to typical chord types all keys:

C:	1	♭2	2	4	♭6	7 mel, -7♭5 mel, 7sus4
D♭:	7	1	♭2	3	5	
D:	♭7	7	1	♭3	♭5	
E♭:	6	♭7	7	2	4	
E:	♭6	6	♭7	♭2	3	7, 7sus4
F:	5	♭6	6	1	♭3	-7 mel, 7, 7sus4, -Δ7 mel
G♭:	♭5	5	♭6	7	2	Δ7♯5 mel, -Δ7 mel
G:	4	♭5	5	♭7	♭2	7 mel
A♭:	3	4	♭5	6	1	Δ7♯5 mel, 7 mel
A:	♭3	3	4	♭6	7	
B♭:	2	♭3	3	5	♭7	7, 7sus4
B:	♭2	2	♭3	♭5	6	7

Symmetric Difference as:
Pitches
E♭, E, G♭, G, A, B♭, B
Degrees
♭3, 3, ♭5, 5, 6, ♭7, 7
Prime Form
0, 1, 2, 4, 5, 7, 8

See page 431 for more possible scale applications

Unique 3 Note Subsets as prime form

C	D♭	D	0 1 2
C	D♭	F	0 1 5
C	D♭	A♭	0 1 5
C	D	F	0 2 5
C	D	A♭	0 2 6
C	F	A♭	0 3 7
D♭	D	F	0 1 4
D♭	D	A♭	0 1 6
D♭	F	A♭	0 3 7
D	F	A♭	0 3 6

Unique 4 Note Subsets as prime form

C	D♭	D	F	0 1 2 5
C	D♭	D	A♭	0 1 2 6
C	D♭	F	A♭	0 1 5 8
C	D	F	A♭	0 2 5 8
D♭	D	F	A♭	0 1 4 7

Scale grouped in Unique Dyad Pairs with prime forms

C	D♭	D	F	0 1 0 3
C	D♭	D	A♭	0 1 0 6
C	D	F	A♭	0 2 0 3
C	D	D♭	F	0 2 0 4
C	D	D♭	A♭	0 2 0 5
C	F	D♭	D	0 5 0 1
C	F	D	A♭	0 5 0 6
C	F	D♭	A♭	0 5 0 5
C	A♭	D♭	D	0 4 0 1
C	A♭	D♭	F	0 4 0 4
C	A♭	D	F	0 4 0 3

0, 1, 2, 5, 8 pentatonic scale with other 5 note scale possibilities

Scale as pitch classes with compliment	Scale as degrees with compliment		Scales as Prime Form	
0 1 2 3 4 5 6 7 8 9	1, ♭2, 2, 4, ♭6	♭3, 3, ♭5, 5, 6	0, 1, 2, 5, 8	0, 1, 3, 4, 6
0 1 2 3 4 5 6 7 8 10	1, ♭2, 2, 4, ♭6	♭3, 3, ♭5, 5, ♭7	0, 1, 2, 5, 8	0, 1, 3, 4, 7
0 1 2 3 4 5 6 7 8 9	1, ♭2, 2, 4, ♭6	♭3, 3, ♭5, 5, 7	0, 1, 2, 5, 8	0, 1, 3, 4, 8
0 1 2 3 4 5 6 8 9 10	1, ♭2, 2, 4, ♭6	♭3, 3, ♭5, 6, ♭7	0, 1, 2, 5, 8	0, 1, 3, 6, 7
0 1 2 3 4 5 6 7 9 10	1, ♭2, 2, 4, ♭6	♭3, 3, ♭5, 6, 7	0, 1, 2, 5, 8	0, 1, 3, 6, 8
0 1 2 3 4 5 6 7 8 10	1, ♭2, 2, 4, ♭6	♭3, 3, ♭5, ♭7, 7	0, 1, 2, 5, 8	0, 1, 5, 6, 8
0 1 2 3 4 5 7 8 9 10	1, ♭2, 2, 4, ♭6	♭3, 3, 5, 6, ♭7	0, 1, 2, 5, 8	0, 1, 3, 6, 7
0 1 2 3 4 5 6 8 9 10	1, ♭2, 2, 4, ♭6	♭3, 3, 5, 6, 7	0, 1, 2, 5, 8	0, 1, 4, 6, 8
0 1 2 3 4 5 6 7 9 10	1, ♭2, 2, 4, ♭6	♭3, 3, 5, ♭7, 7	0, 1, 2, 5, 8	0, 1, 4, 7, 8
0 1 2 3 4 5 6 7 8 9	1, ♭2, 2, 4, ♭6	♭3, 3, 6, ♭7, 7	0, 1, 2, 5, 8	0, 1, 2, 6, 7
0 1 2 3 4 5 7 8 9 10	1, ♭2, 2, 4, ♭6	♭3, ♭5, 5, 6, ♭7	0, 1, 2, 5, 8	0, 1, 3, 4, 7
0 1 2 3 4 6 7 8 9 10	1, ♭2, 2, 4, ♭6	♭3, ♭5, 5, 6, 7	0, 1, 2, 5, 8	0, 2, 4, 5, 8
0 1 2 3 4 5 7 8 9 10	1, ♭2, 2, 4, ♭6	♭3, ♭5, 5, ♭7, 7	0, 1, 2, 5, 8	0, 1, 4, 5, 8
0 1 2 3 4 5 6 7 9 10	1, ♭2, 2, 4, ♭6	♭3, ♭5, 6, ♭7, 7	0, 1, 2, 5, 8	0, 1, 2, 5, 8
0 1 2 3 4 5 6 7 8 10	1, ♭2, 2, 4, ♭6	♭3, 5, 6, ♭7, 7	0, 1, 2, 5, 8	0, 2, 3, 4, 8
0 1 2 3 4 5 6 8 9 10	1, ♭2, 2, 4, ♭6	3, ♭5, 5, 6, ♭7	0, 1, 2, 5, 8	0, 1, 3, 4, 6
0 1 2 3 4 5 7 8 9 10	1, ♭2, 2, 4, ♭6	3, ♭5, 5, 6, 7	0, 1, 2, 5, 8	0, 2, 3, 5, 7
0 1 2 3 4 6 7 8 9 10	1, ♭2, 2, 4, ♭6	3, ♭5, 5, ♭7, 7	0, 1, 2, 5, 8	0, 1, 4, 5, 7
0 1 2 3 4 5 6 8 9 10	1, ♭2, 2, 4, ♭6	3, ♭5, 6, ♭7, 7	0, 1, 2, 5, 8	0, 1, 2, 5, 7
0 1 2 3 4 5 6 7 9 10	1, ♭2, 2, 4, ♭6	3, 5, 6, ♭7, 7	0, 1, 2, 5, 8	0, 1, 2, 4, 7
0 1 2 3 4 5 6 7 8 9	1, ♭2, 2, 4, ♭6	♭5, 5, 6, ♭7, 7	0, 1, 2, 5, 8	0, 1, 2, 4, 5

C, D♭, D, G♭, G

prime form: 0, 1, 2, 6, 7

degrees: 1, ♭2, 2, ♭5, 5

Scale application to typical chord types all keys:

C:	1	♭2	2	♭5	5	7
D♭:	7	1	♭2	4	♭5	
D:	♭7	7	1	3	4	
E♭:	6	♭7	7	♭3	3	
E:	♭6	6	♭7	2	♭3	7, 7sus4
F:	5	♭6	6	♭2	2	7, 7sus4
G♭:	♭5	5	♭6	1	♭2	7
G:	4	♭5	5	7	1	Δ7♯5 mel, -Δ7
A♭:	3	4	♭5	♭7	7	
A:	♭3	3	4	6	♭7	7 mel, 7sus4
B♭:	2	♭3	3	♭6	6	7, 7sus4
B:	♭2	2	♭3	5	♭6	7, 7sus4

Symmetric Difference as:
Pitches
E♭, E, F, A♭, A, B♭, B
Degrees
♭3, 3, 4, ♭6, 6, ♭7, 7
Prime Form
0, 1, 2, 3, 6, 7, 8

See page 432 for more possible scale applications

Unique 3 Note Subsets as prime form

C	D♭	D	0 1 2
C	D♭	G♭	0 1 6
C	D♭	G	0 1 6
C	D	G♭	0 2 6
C	D	G	0 2 7
C	G♭	G	0 1 6
D♭	D	G♭	0 1 5
D♭	D	G	0 1 6
D♭	G♭	G	0 1 6
D	G♭	G	0 1 5

Unique 4 Note Subsets as prime form

C	D♭	D	G♭	0 1 2 6
C	D♭	D	G	0 1 2 7
C	D♭	G♭	G	0 1 6 7
C	D	G♭	G	0 1 5 7
D♭	D	G♭	G	0 1 5 6

Scale grouped in Unique Dyad Pairs with prime forms

C	D♭	D	G♭	0 1	0 4
C	D♭	D	G	0 1	0 5
C	D	G♭	G	0 2	0 1
C	D	D♭	G♭	0 2	0 5
C	D	D♭	G	0 2	0 6
C	G♭	D♭	D	0 6	0 1
C	G♭	D	G	0 6	0 5
C	G♭	D♭	G	0 6	0 6
C	G	D♭	D	0 5	0 1
C	G	D♭	G♭	0 5	0 5
C	G	D	G♭	0 5	0 4

0, 1, 2, 6, 7 pentatonic scale with other 5 note scale possibilities

Scale as pitch classes with compliment	Scale as degrees with compliment		Scales as Prime Form	
0 1 2 3 4 5 6 7 8 9	1, ♭2, 2, ♭5, 5	♭3, 3, 4, ♭6, 6	0, 1, 2, 6, 7	0, 1, 2, 5, 6
0 1 2 3 4 5 6 7 8 10	1, ♭2, 2, ♭5, 5	♭3, 3, 4, ♭6, ♭7	0, 1, 2, 6, 7	0, 1, 2, 5, 7
0 1 2 3 4 5 6 7 8 9	1, ♭2, 2, ♭5, 5	♭3, 3, 4, ♭6, 7	0, 1, 2, 6, 7	0, 1, 2, 5, 8
0 1 2 3 4 5 6 7 9 10	1, ♭2, 2, ♭5, 5	♭3, 3, 4, 6, ♭7	0, 1, 2, 6, 7	0, 1, 2, 6, 7
0 1 2 3 4 5 6 7 8 10	1, ♭2, 2, ♭5, 5	♭3, 3, 4, 6, 7	0, 1, 2, 6, 7	0, 1, 2, 6, 8
0 1 2 3 4 5 6 7 8 9	1, ♭2, 2, ♭5, 5	♭3, 3, 4, ♭7, 7	0, 1, 2, 6, 7	0, 1, 2, 6, 7
0 1 2 3 4 6 7 8 9 10	1, ♭2, 2, ♭5, 5	♭3, 3, ♭6, 6, ♭7	0, 1, 2, 6, 7	0, 1, 2, 6, 7
0 1 2 3 4 5 7 8 9 10	1, ♭2, 2, ♭5, 5	♭3, 3, ♭6, 6, 7	0, 1, 2, 6, 7	0, 1, 3, 7, 8
0 1 2 3 4 5 6 8 9 10	1, ♭2, 2, ♭5, 5	♭3, 3, ♭6, ♭7, 7	0, 1, 2, 6, 7	0, 1, 5, 6, 8
0 1 2 3 4 5 6 7 9 10	1, ♭2, 2, ♭5, 5	♭3, 3, 6, ♭7, 7	0, 1, 2, 6, 7	0, 1, 2, 6, 7
0 1 2 3 4 5 7 8 9 10	1, ♭2, 2, ♭5, 5	♭3, 4, ♭6, 6, ♭7	0, 1, 2, 6, 7	0, 1, 2, 5, 7
0 1 2 3 4 6 7 8 9 10	1, ♭2, 2, ♭5, 5	♭3, 4, ♭6, 6, 7	0, 1, 2, 6, 7	0, 2, 3, 6, 8
0 1 2 3 4 5 7 8 9 10	1, ♭2, 2, ♭5, 5	♭3, 4, ♭6, ♭7, 7	0, 1, 2, 6, 7	0, 1, 3, 6, 8
0 1 2 3 4 5 6 8 9 10	1, ♭2, 2, ♭5, 5	♭3, 4, 6, ♭7, 7	0, 1, 2, 6, 7	0, 1, 2, 6, 8
0 1 2 3 4 5 6 7 8 9	1, ♭2, 2, ♭5, 5	♭3, ♭6, 6, ♭7, 7	0, 1, 2, 6, 7	0, 1, 2, 3, 7
0 1 2 3 4 5 6 8 9 10	1, ♭2, 2, ♭5, 5	3, 4, ♭6, 6, ♭7	0, 1, 2, 6, 7	0, 1, 2, 5, 6
0 1 2 3 4 5 7 8 9 10	1, ♭2, 2, ♭5, 5	3, 4, ♭6, 6, 7	0, 1, 2, 6, 7	0, 1, 4, 5, 7
0 1 2 3 4 6 7 8 9 10	1, ♭2, 2, ♭5, 5	3, 4, ♭6, ♭7, 7	0, 1, 2, 6, 7	0, 1, 3, 6, 7
0 1 2 3 4 5 7 8 9 10	1, ♭2, 2, ♭5, 5	3, 4, 6, ♭7, 7	0, 1, 2, 6, 7	0, 1, 2, 6, 7
0 1 2 3 4 5 6 7 8 10	1, ♭2, 2, ♭5, 5	3, ♭6, 6, ♭7, 7	0, 1, 2, 6, 7	0, 1, 2, 3, 7
0 1 2 3 4 5 6 7 8 9	1, ♭2, 2, ♭5, 5	4, ♭6, 6, ♭7, 7	0, 1, 2, 6, 7	0, 1, 2, 3, 6

C, D♭, D, G♭, A♭

prime form: 0, 1, 2, 6, 8
degrees: 1, ♭2, 2, ♭5, ♭6

Scale application to typical chord types all keys:

C:	1	♭2	2	♭5	♭6	7, -7♭5 mel
D♭:	7	1	♭2	4	5	
D:	♭7	7	1	3	♭5	
E♭:	6	♭7	7	♭3	4	
E:	♭6	6	♭7	2	3	7, 7sus4
F:	5	♭6	6	♭2	♭3	-7 mel, 7, 7sus4
G♭:	♭5	5	♭6	1	2	Δ7♯5 mel, 7, -Δ7 mel
G:	4	♭5	5	7	♭2	
A♭:	3	4	♭5	♭7	1	7 mel
A:	♭3	3	4	6	7	
B♭:	2	♭3	3	♭6	♭7	7, 7sus4
B:	♭2	2	♭3	5	6	7, 7sus4

Symmetric Difference as:
Pitches
E♭, E, F, G, A, B♭, B
Degrees
♭3, 3, 4, 5, 6, ♭7, 7
Prime Form
0, 1, 2, 4, 6, 7, 8

See page 433 for more possible scale applications

Unique 3 Note Subsets as prime form

C	D♭	D	0 1 2
C	D♭	G♭	0 1 6
C	D♭	A♭	0 1 5
C	D	G♭	0 2 6
C	D	A♭	0 2 6
C	G♭	A♭	0 2 6
D♭	D	G♭	0 1 5
D♭	D	A♭	0 1 6
D♭	G♭	A♭	0 2 7
D	G♭	A♭	0 2 6

Unique 4 Note Subsets as prime form

C	D♭	D	G♭	0 1 2 6
C	D♭	D	A♭	0 1 2 6
C	D♭	G♭	A♭	0 1 5 7
C	D	G♭	A♭	0 2 6 8
D♭	D	G♭	A♭	0 1 5 7

Scale grouped in Unique Dyad Pairs with prime forms

C D♭	D G♭	0 1	0 4
C D♭	D A♭	0 1	0 6
C D	G♭ A♭	0 2	0 2
C D	D♭ G♭	0 2	0 5
C D	D♭ A♭	0 2	0 5
C G♭	D♭ D	0 6	0 1
C G♭	D A♭	0 6	0 6
C G♭	D♭ A♭	0 6	0 5
C A♭	D♭ D	0 4	0 1
C A♭	D♭ G♭	0 4	0 5
C A♭	D G♭	0 4	0 4

0, 1, 2, 6, 8 pentatonic scale with other 5 note scale possibilities

Scale as pitch classes with compliment		Scale as degrees with compliment		Scales as Prime Form	
0 1 2 3 4	5 6 7 8 9	1, ♭2, 2, ♭5, ♭6	♭3, 3, 4, 5, 6	0, 1, 2, 6, 8	0, 1, 2, 4, 6
0 1 2 3 4	5 6 7 8 10	1, ♭2, 2, ♭5, ♭6	♭3, 3, 4, 5, ♭7	0, 1, 2, 6, 8	0, 1, 2, 4, 7
0 1 2 3 4	5 6 7 8 9	1, ♭2, 2, ♭5, ♭6	♭3, 3, 4, 5, 7	0, 1, 2, 6, 8	0, 2, 3, 4, 8
0 1 2 3 4	5 6 8 9 10	1, ♭2, 2, ♭5, ♭6	♭3, 3, 4, 6, ♭7	0, 1, 2, 6, 8	0, 1, 2, 6, 7
0 1 2 3 4	5 6 7 9 10	1, ♭2, 2, ♭5, ♭6	♭3, 3, 4, 6, 7	0, 1, 2, 6, 8	0, 1, 2, 6, 8
0 1 2 3 4	5 6 7 8 10	1, ♭2, 2, ♭5, ♭6	♭3, 3, 4, ♭7, 7	0, 1, 2, 6, 8	0, 1, 2, 6, 7
0 1 2 3 4	6 7 8 9 10	1, ♭2, 2, ♭5, ♭6	♭3, 3, 5, 6, ♭7	0, 1, 2, 6, 8	0, 1, 3, 6, 7
0 1 2 3 4	5 7 8 9 10	1, ♭2, 2, ♭5, ♭6	♭3, 3, 5, 6, 7	0, 1, 2, 6, 8	0, 1, 4, 6, 8
0 1 2 3 4	5 6 8 9 10	1, ♭2, 2, ♭5, ♭6	♭3, 3, 5, ♭7, 7	0, 1, 2, 6, 8	0, 1, 4, 7, 8
0 1 2 3 4	5 6 7 8 10	1, ♭2, 2, ♭5, ♭6	♭3, 3, 6, ♭7, 7	0, 1, 2, 6, 8	0, 1, 2, 6, 7
0 1 2 3 4	5 7 8 9 10	1, ♭2, 2, ♭5, ♭6	♭3, 4, 5, 6, ♭7	0, 1, 2, 6, 8	0, 1, 3, 5, 7
0 1 2 3 4	6 7 8 9 10	1, ♭2, 2, ♭5, ♭6	♭3, 4, 5, 6, 7	0, 1, 2, 6, 8	0, 2, 4, 6, 8
0 1 2 3 4	5 7 8 9 10	1, ♭2, 2, ♭5, ♭6	♭3, 4, 5, ♭7, 7	0, 1, 2, 6, 8	0, 1, 4, 6, 8
0 1 2 3 4	5 6 7 9 10	1, ♭2, 2, ♭5, ♭6	♭3, 4, 6, ♭7, 7	0, 1, 2, 6, 8	0, 1, 2, 6, 8
0 1 2 3 4	5 6 7 8 9	1, ♭2, 2, ♭5, ♭6	♭3, 5, 6, ♭7, 7	0, 1, 2, 6, 8	0, 2, 3, 4, 8
0 1 2 3 4	5 6 8 9 10	1, ♭2, 2, ♭5, ♭6	3, 4, 5, 6, ♭7	0, 1, 2, 6, 8	0, 1, 3, 5, 6
0 1 2 3 4	5 7 8 9 10	1, ♭2, 2, ♭5, ♭6	3, 4, 5, 6, 7	0, 1, 2, 6, 8	0, 1, 3, 5, 7
0 1 2 3 4	6 7 8 9 10	1, ♭2, 2, ♭5, ♭6	3, 4, 5, ♭7, 7	0, 1, 2, 6, 8	0, 1, 3, 6, 7
0 1 2 3 4	5 6 8 9 10	1, ♭2, 2, ♭5, ♭6	3, 4, 6, ♭7, 7	0, 1, 2, 6, 8	0, 1, 2, 6, 7
0 1 2 3 4	5 6 7 8 10	1, ♭2, 2, ♭5, ♭6	3, 5, 6, ♭7, 7	0, 1, 2, 6, 8	0, 1, 2, 4, 7
0 1 2 3 4	5 6 7 8 9	1, ♭2, 2, ♭5, ♭6	4, 5, 6, ♭7, 7	0, 1, 2, 6, 8	0, 1, 2, 4, 6

C, D♭, E♭, E, G♭

prime form: 0, 1, 3, 4, 6
degrees: 1, ♭2, ♭3, 3, ♭5

Scale application to typical chord types all keys:

C:	1	♭2	♭3	3	♭5	7
D♭:	7	1	2	♭3	4	°7, -Δ7
D:	♭7	7	♭2	2	3	
E♭:	6	♭7	1	♭2	♭3	-7 mel, 7, 7sus4
E:	♭6	6	7	1	2	°7, Δ7♯5 mel, Δ7♯5, -Δ7 mel
F:	5	♭6	♭7	7	♭2	
G♭:	♭5	5	6	♭7	1	7
G:	4	♭5	♭6	6	7	°7, Δ7♯5 mel, -Δ7 mel
A♭:	3	4	5	♭6	♭7	7 mel, 7sus4
A:	♭3	3	♭5	5	6	7
B♭:	2	♭3	4	♭5	♭6	°7, -7♭5, 7 mel, -Δ7 mel
B:	♭2	2	3	4	5	7 mel, 7sus4

Symmetric Difference as:
Pitches
D, F, G, A♭, A, B♭, B
Degrees
2, 4, 5, ♭6, 6, ♭7, 7
Prime Form
0, 2, 3, 4, 5, 6, 9

See page 434 for more possible scale applications

Unique 3 Note Subsets as prime form

C	D♭	E♭	0 1 3
C	D♭	E	0 1 4
C	D♭	G♭	0 1 6
C	E♭	E	0 1 4
C	E♭	G♭	0 3 6
C	E	G♭	0 2 6
D♭	E♭	E	0 1 3
D♭	E♭	G♭	0 2 5
D♭	E	G♭	0 2 5
E♭	E	G♭	0 1 3

Unique 4 Note Subsets as prime form

C	D♭	E♭	E	0 1 3 4
C	D♭	E♭	G♭	0 1 3 6
C	D♭	E	G♭	0 1 4 6
C	E♭	E	G♭	0 2 3 6
D♭	E♭	E	G♭	0 2 3 5

Scale grouped in Unique Dyad Pairs with prime forms

C	D♭	E♭	E	0 1 0 1
C	D♭	E♭	G♭	0 1 0 3
C	E♭	E	G♭	0 3 0 2
C	E♭	D♭	E	0 3 0 3
C	E♭	D♭	G♭	0 3 0 5
C	E	D♭	E♭	0 4 0 2
C	E	E♭	G♭	0 4 0 3
C	E	D♭	G♭	0 4 0 5
C	G♭	D♭	E♭	0 6 0 2
C	G♭	D♭	E	0 6 0 3
C	G♭	E♭	E	0 6 0 1

0, 1, 3, 4, 6 pentatonic scale with other 5 note scale possibilities

Scale as pitch classes with compliment	Scale as degrees with compliment		Scales as Prime Form	
0 1 2 3 4 5 6 7 8 9	1, ♭2, ♭3, 3, ♭5	2, 4, 5, ♭6, 6	0, 1, 3, 4, 6	0, 1, 2, 4, 7
0 1 2 3 4 5 6 7 8 10	1, ♭2, ♭3, 3, ♭5	2, 4, 5, ♭6, ♭7	0, 1, 3, 4, 6	0, 2, 3, 5, 8
0 1 2 3 4 5 6 7 8 9	1, ♭2, ♭3, 3, ♭5	2, 4, 5, ♭6, 7	0, 1, 3, 4, 6	0, 2, 3, 6, 9
0 1 2 3 4 5 6 7 9 10	1, ♭2, ♭3, 3, ♭5	2, 4, 5, 6, ♭7	0, 1, 3, 4, 6	0, 1, 3, 5, 8
0 1 2 3 4 5 6 7 8 10	1, ♭2, ♭3, 3, ♭5	2, 4, 5, 6, 7	0, 1, 3, 4, 6	0, 2, 4, 6, 9
0 1 2 3 4 5 6 7 8 9	1, ♭2, ♭3, 3, ♭5	2, 4, 5, ♭7, 7	0, 1, 3, 4, 6	0, 1, 4, 6, 9
0 1 2 3 4 5 6 8 9 10	1, ♭2, ♭3, 3, ♭5	2, 4, ♭6, 6, ♭7	0, 1, 3, 4, 6	0, 1, 2, 5, 8
0 1 2 3 4 5 6 7 9 10	1, ♭2, ♭3, 3, ♭5	2, 4, ♭6, 6, 7	0, 1, 3, 4, 6	0, 2, 3, 6, 9
0 1 2 3 4 5 6 7 8 10	1, ♭2, ♭3, 3, ♭5	2, 4, ♭6, ♭7, 7	0, 1, 3, 4, 6	0, 2, 3, 6, 9
0 1 2 3 4 5 6 7 8 9	1, ♭2, ♭3, 3, ♭5	2, 4, 6, ♭7, 7	0, 1, 3, 4, 6	0, 1, 2, 5, 8
0 1 2 3 4 6 7 8 9 10	1, ♭2, ♭3, 3, ♭5	2, 5, ♭6, 6, ♭7	0, 1, 3, 4, 6	0, 1, 2, 3, 7
0 1 2 3 4 5 7 8 9 10	1, ♭2, ♭3, 3, ♭5	2, 5, ♭6, 6, 7	0, 1, 3, 4, 6	0, 1, 2, 4, 7
0 1 2 3 4 5 6 8 9 10	1, ♭2, ♭3, 3, ♭5	2, 5, ♭6, ♭7, 7	0, 1, 3, 4, 6	0, 1, 3, 4, 7
0 1 2 3 4 5 6 7 9 10	1, ♭2, ♭3, 3, ♭5	2, 5, 6, ♭7, 7	0, 1, 3, 4, 6	0, 2, 3, 4, 7
0 1 2 3 4 5 6 7 8 10	1, ♭2, ♭3, 3, ♭5	2, ♭6, 6, ♭7, 7	0, 1, 3, 4, 6	0, 1, 2, 3, 6
0 1 2 3 4 5 6 7 9 10	1, ♭2, ♭3, 3, ♭5	4, 5, ♭6, 6, ♭7	0, 1, 3, 4, 6	0, 1, 2, 3, 5
0 1 2 3 4 5 6 8 9 10	1, ♭2, ♭3, 3, ♭5	4, 5, ♭6, 6, 7	0, 1, 3, 4, 6	0, 2, 3, 4, 6
0 1 2 3 4 5 7 8 9 10	1, ♭2, ♭3, 3, ♭5	4, 5, ♭6, ♭7, 7	0, 1, 3, 4, 6	0, 1, 3, 4, 6
0 1 2 3 4 6 7 8 9 10	1, ♭2, ♭3, 3, ♭5	4, 5, 6, ♭7, 7	0, 1, 3, 4, 6	0, 1, 2, 4, 6
0 1 2 3 4 5 7 8 9 10	1, ♭2, ♭3, 3, ♭5	4, ♭6, 6, ♭7, 7	0, 1, 3, 4, 6	0, 1, 2, 3, 6
0 1 2 3 4 5 6 7 9 10	1, ♭2, ♭3, 3, ♭5	5, ♭6, 6, ♭7, 7	0, 1, 3, 4, 6	0, 1, 2, 3, 4

C, D♭, E♭, E, G

prime form: 0, 1, 3, 4, 7

degrees: 1, ♭2, ♭3, 3, 5

Scale application to typical chord types all keys:

C:	1	♭2	♭3	3	5	7, 7sus4
D♭:	7	1	2	♭3	♭5	°7, -Δ7
D:	♭7	7	♭2	2	4	
E♭:	6	♭7	1	♭2	3	7, 7sus4
E:	♭6	6	7	1	♭3	°7, -Δ7 mel
F:	5	♭6	♭7	7	2	
G♭:	♭5	5	6	♭7	♭2	7
G:	4	♭5	♭6	6	1	°7, Δ7♯5 mel, 7 mel, -Δ7 mel
A♭:	3	4	5	♭6	7	Δ7♯5 mel
A:	♭3	3	♭5	5	♭7	7
B♭:	2	♭3	4	♭5	6	°7, -Δ7, 7 mel
B:	♭2	2	3	4	♭6	7 mel, 7sus4

Symmetric Difference as:
Pitches
D, F, G♭, A♭, A, B♭, B
Degrees
2, 4, ♭5, ♭6, 6, ♭7, 7
Prime Form
0, 1, 3, 4, 5, 6, 9

See page 435 for more possible scale applications

Unique 3 Note Subsets as prime form

C	D♭	E♭	0 1 3
C	D♭	E	0 1 4
C	D♭	G	0 1 6
C	E♭	E	0 1 4
C	E♭	G	0 3 7
C	E	G	0 3 7
D♭	E♭	E	0 1 3
D♭	E♭	G	0 2 6
D♭	E	G	0 3 6
E♭	E	G	0 1 4

Unique 4 Note Subsets as prime form

C	D♭	E♭	E	0 1 3 4
C	D♭	E♭	G	0 1 3 7
C	D♭	E	G	0 1 4 7
C	E♭	E	G	0 3 4 7
D♭	E♭	E	G	0 2 3 6

Scale grouped in Unique Dyad Pairs with prime forms

C D♭	E♭ E	0 1	0 1
C D♭	E♭ G	0 1	0 4
C E♭	E G	0 3	0 3
C E♭	D♭ E	0 3	0 3
C E♭	D♭ G	0 3	0 6
C E	D♭ E♭	0 4	0 2
C E	E♭ G	0 4	0 4
C E	D♭ G	0 4	0 6
C G	D♭ E♭	0 5	0 2
C G	D♭ E	0 5	0 3
C G	E♭ E	0 5	0 1

0, 1, 3, 4, 7 pentatonic scale with other 5 note scale possibilities

Scale as pitch classes	with compliment	Scale as degrees	with compliment	Scales as	Prime Form
0 1 2 3 4	5 6 7 8 9	1, ♭2, ♭3, 3, 5	2, 4, ♭5, ♭6, 6	0, 1, 3, 4, 7	0, 1, 3, 4, 7
0 1 2 3 4	5 6 7 8 10	1, ♭2, ♭3, 3, 5	2, 4, ♭5, ♭6, ♭7	0, 1, 3, 4, 7	0, 2, 4, 5, 8
0 1 2 3 4	5 6 7 8 9	1, ♭2, ♭3, 3, 5	2, 4, ♭5, ♭6, 7	0, 1, 3, 4, 7	0, 1, 3, 6, 9
0 1 2 3 4	5 6 7 9 10	1, ♭2, ♭3, 3, 5	2, 4, ♭5, 6, ♭7	0, 1, 3, 4, 7	0, 1, 4, 5, 8
0 1 2 3 4	5 6 7 8 10	1, ♭2, ♭3, 3, 5	2, 4, ♭5, 6, 7	0, 1, 3, 4, 7	0, 1, 4, 6, 9
0 1 2 3 4	5 6 7 8 9	1, ♭2, ♭3, 3, 5	2, 4, ♭5, ♭7, 7	0, 1, 3, 4, 7	0, 1, 4, 7, 8
0 1 2 3 4	5 7 8 9 10	1, ♭2, ♭3, 3, 5	2, 4, ♭6, 6, ♭7	0, 1, 3, 4, 7	0, 1, 2, 5, 8
0 1 2 3 4	5 6 8 9 10	1, ♭2, ♭3, 3, 5	2, 4, ♭6, 6, 7	0, 1, 3, 4, 7	0, 2, 3, 6, 9
0 1 2 3 4	5 6 7 9 10	1, ♭2, ♭3, 3, 5	2, 4, ♭6, ♭7, 7	0, 1, 3, 4, 7	0, 2, 3, 6, 9
0 1 2 3 4	5 6 7 8 10	1, ♭2, ♭3, 3, 5	2, 4, 6, ♭7, 7	0, 1, 3, 4, 7	0, 1, 2, 5, 8
0 1 2 3 4	6 7 8 9 10	1, ♭2, ♭3, 3, 5	2, ♭5, ♭6, 6, ♭7	0, 1, 3, 4, 7	0, 2, 3, 4, 8
0 1 2 3 4	5 7 8 9 10	1, ♭2, ♭3, 3, 5	2, ♭5, ♭6, 6, 7	0, 1, 3, 4, 7	0, 2, 3, 5, 8
0 1 2 3 4	5 6 8 9 10	1, ♭2, ♭3, 3, 5	2, ♭5, ♭6, ♭7, 7	0, 1, 3, 4, 7	0, 2, 4, 5, 8
0 1 2 3 4	5 6 7 9 10	1, ♭2, ♭3, 3, 5	2, ♭5, 6, ♭7, 7	0, 1, 3, 4, 7	0, 3, 4, 5, 8
0 1 2 3 4	5 6 7 8 9	1, ♭2, ♭3, 3, 5	2, ♭6, 6, ♭7, 7	0, 1, 3, 4, 7	0, 1, 2, 3, 6
0 1 2 3 4	5 6 7 9 10	1, ♭2, ♭3, 3, 5	4, ♭5, ♭6, 6, ♭7	0, 1, 3, 4, 7	0, 1, 2, 4, 5
0 1 2 3 4	5 6 8 9 10	1, ♭2, ♭3, 3, 5	4, ♭5, ♭6, 6, 7	0, 1, 3, 4, 7	0, 1, 3, 4, 6
0 1 2 3 4	5 7 8 9 10	1, ♭2, ♭3, 3, 5	4, ♭5, ♭6, ♭7, 7	0, 1, 3, 4, 7	0, 1, 3, 5, 6
0 1 2 3 4	6 7 8 9 10	1, ♭2, ♭3, 3, 5	4, ♭5, 6, ♭7, 7	0, 1, 3, 4, 7	0, 1, 2, 5, 6
0 1 2 3 4	5 6 8 9 10	1, ♭2, ♭3, 3, 5	4, ♭6, 6, ♭7, 7	0, 1, 3, 4, 7	0, 1, 2, 3, 6
0 1 2 3 4	5 6 7 9 10	1, ♭2, ♭3, 3, 5	♭5, ♭6, 6, ♭7, 7	0, 1, 3, 4, 7	0, 1, 2, 3, 5

C, D♭, E♭, E, A♭

prime form: 0, 1, 3, 4, 8
degrees: 1, ♭2, ♭3, 3, ♭6

Scale application to typical chord types all keys:

C:	1	♭2	♭3	3	♭6	7, 7sus4
D♭:	7	1	2	♭3	5	-Δ7
D:	♭7	7	♭2	2	♭5	
E♭:	6	♭7	1	♭2	4	-7 mel, 7 mel, 7sus4
E:	♭6	6	7	1	3	Δ7♯5 mel, Δ7♯5
F:	5	♭6	♭7	7	♭3	
G♭:	♭5	5	6	♭7	2	7
G:	4	♭5	♭6	6	♭2	7 mel
A♭:	3	4	5	♭6	1	Δ7♯5 mel, 7 mel, 7sus4
A:	♭3	3	♭5	5	7	
B♭:	2	♭3	4	♭5	♭7	-7♭5, 7 mel
B:	♭2	2	3	4	6	7 mel, 7sus4

Symmetric Difference as:
Pitches
D, F, G♭, G, A, B♭, B
Degrees
2, 4, ♭5, 5, 6, ♭7, 7
Prime Form
0, 1, 2, 4, 5, 6, 9

See page 436 for more possible scale applications

Unique 3 Note Subsets as prime form

C	D♭	E♭	0 1 3
C	D♭	E	0 1 4
C	D♭	A♭	0 1 5
C	E♭	E	0 1 4
C	E♭	A♭	0 3 7
C	E	A♭	0 4 8
D♭	E♭	E	0 1 3
D♭	E♭	A♭	0 2 7
D♭	E	A♭	0 3 7
E♭	E	A♭	0 1 5

Unique 4 Note Subsets as prime form

C	D♭	E♭	E	0 1 3 4
C	D♭	E♭	A♭	0 2 3 7
C	D♭	E	A♭	0 3 4 8
C	E♭	E	A♭	0 1 4 8
D♭	E♭	E	A♭	0 2 3 7

Scale grouped in Unique Dyad Pairs with prime forms

C	D♭	E♭	E	0 1	0 1
C	D♭	E♭	A♭	0 1	0 5
C	E♭	E	A♭	0 3	0 4
C	E♭	D♭	E	0 3	0 3
C	E♭	D♭	A♭	0 3	0 5
C	E	D♭	E♭	0 4	0 2
C	E	E♭	A♭	0 4	0 5
C	E	D♭	A♭	0 4	0 5
C	A♭	D♭	E♭	0 4	0 2
C	A♭	D♭	E	0 4	0 3
C	A♭	E♭	E	0 4	0 1

0, 1, 3, 4, 8 pentatonic scale with other 5 note scale possibilities

Scale as pitch classes with compliment	Scale as degrees with compliment	Scales as Prime Form
0 1 2 3 4 5 6 7 8 9	1, ♭2, ♭3, 3, ♭6 2, 4, ♭5, 5, 6	0, 1, 3, 4, 8 0, 2, 3, 4, 7
0 1 2 3 4 5 6 7 8 10	1, ♭2, ♭3, 3, ♭6 2, 4, ♭5, 5, ♭7	0, 1, 3, 4, 8 0, 3, 4, 5, 8
0 1 2 3 4 5 6 7 8 9	1, ♭2, ♭3, 3, ♭6 2, 4, ♭5, 5, 7	0, 1, 3, 4, 8 0, 1, 2, 5, 8
0 1 2 3 4 5 6 8 9 10	1, ♭2, ♭3, 3, ♭6 2, 4, ♭5, 6, ♭7	0, 1, 3, 4, 8 0, 1, 4, 5, 8
0 1 2 3 4 5 6 7 9 10	1, ♭2, ♭3, 3, ♭6 2, 4, ♭5, 6, 7	0, 1, 3, 4, 8 0, 1, 4, 6, 9
0 1 2 3 4 5 6 7 8 10	1, ♭2, ♭3, 3, ♭6 2, 4, ♭5, ♭7, 7	0, 1, 3, 4, 8 0, 1, 4, 7, 8
0 1 2 3 4 5 7 8 9 10	1, ♭2, ♭3, 3, ♭6 2, 4, 5, 6, ♭7	0, 1, 3, 4, 8 0, 1, 3, 5, 8
0 1 2 3 4 5 6 8 9 10	1, ♭2, ♭3, 3, ♭6 2, 4, 5, 6, 7	0, 1, 3, 4, 8 0, 2, 4, 6, 9
0 1 2 3 4 5 6 7 9 10	1, ♭2, ♭3, 3, ♭6 2, 4, 5, ♭7, 7	0, 1, 3, 4, 8 0, 1, 4, 6, 9
0 1 2 3 4 5 6 7 8 9	1, ♭2, ♭3, 3, ♭6 2, 4, 6, ♭7, 7	0, 1, 3, 4, 8 0, 1, 2, 5, 8
0 1 2 3 4 6 7 8 9 10	1, ♭2, ♭3, 3, ♭6 2, ♭5, 5, 6, ♭7	0, 1, 3, 4, 8 0, 1, 3, 4, 8
0 1 2 3 4 5 7 8 9 10	1, ♭2, ♭3, 3, ♭6 2, ♭5, 5, 6, 7	0, 1, 3, 4, 8 0, 1, 3, 5, 8
0 1 2 3 4 5 6 8 9 10	1, ♭2, ♭3, 3, ♭6 2, ♭5, 5, ♭7, 7	0, 1, 3, 4, 8 0, 1, 4, 5, 8
0 1 2 3 4 5 6 7 8 10	1, ♭2, ♭3, 3, ♭6 2, ♭5, 6, ♭7, 7	0, 1, 3, 4, 8 0, 3, 4, 5, 8
0 1 2 3 4 5 6 7 8 9	1, ♭2, ♭3, 3, ♭6 2, 5, 6, ♭7, 7	0, 1, 3, 4, 8 0, 2, 3, 4, 7
0 1 2 3 4 5 6 7 9 10	1, ♭2, ♭3, 3, ♭6 4, ♭5, 5, 6, ♭7	0, 1, 3, 4, 8 0, 1, 2, 4, 5
0 1 2 3 4 5 6 8 9 10	1, ♭2, ♭3, 3, ♭6 4, ♭5, 5, 6, 7	0, 1, 3, 4, 8 0, 1, 2, 4, 6
0 1 2 3 4 5 7 8 9 10	1, ♭2, ♭3, 3, ♭6 4, ♭5, 5, ♭7, 7	0, 1, 3, 4, 8 0, 1, 2, 5, 6
0 1 2 3 4 5 7 8 9 10	1, ♭2, ♭3, 3, ♭6 4, ♭5, 6, ♭7, 7	0, 1, 3, 4, 8 0, 1, 2, 5, 6
0 1 2 3 4 5 6 8 9 10	1, ♭2, ♭3, 3, ♭6 4, 5, 6, ♭7, 7	0, 1, 3, 4, 8 0, 1, 2, 4, 6
0 1 2 3 4 5 6 7 9 10	1, ♭2, ♭3, 3, ♭6 ♭5, 5, 6, ♭7, 7	0, 1, 3, 4, 8 0, 1, 2, 4, 5

C, D♭, E♭, F, G♭

prime form: 0, 1, 3, 5, 6
degrees: 1, ♭2, ♭3, 4, ♭5

Scale application to typical chord types all keys:

C:	1	♭2	♭3	4	♭5	7 mel, -7♭5 mel
D♭:	7	1	2	3	4	Δ7♯5 mel, Δ7 mel
D:	♭7	7	♭2	♭3	3	
E♭:	6	♭7	1	2	♭3	-7, 7, 7sus4
E:	♭6	6	7	♭2	2	
F:	5	♭6	♭7	1	♭2	-7 mel, 7, 7sus4
G♭:	♭5	5	6	7	1	Δ7♯5 mel, -Δ7, Δ7
G:	4	♭5	♭6	♭7	7	
A♭:	3	4	5	6	♭7	7 mel, 7sus4
A:	♭3	3	♭5	♭6	6	7
B♭:	2	♭3	4	5	♭6	7 mel, 7sus4, -Δ7 mel
B:	♭2	2	3	♭5	5	7

Symmetric Difference as:
Pitches
D, E, G, A♭, A, B♭, B
Degrees
2, 3, 5, ♭6, 6, ♭7, 7
Prime Form
0, 1, 2, 3, 4, 7, 9

See page 437 for more possible scale applications

Unique 3 Note Subsets as prime form

C	D♭	E♭	0 1 3
C	D♭	F	0 1 5
C	D♭	G♭	0 1 6
C	E♭	F	0 2 5
C	E♭	G♭	0 3 6
C	F	G♭	0 1 6
D♭	E♭	F	0 2 4
D♭	E♭	G♭	0 2 5
D♭	F	G♭	0 1 5
E♭	F	G♭	0 1 3

Unique 4 Note Subsets as prime form

C	D♭	E♭	F	0 1 3 5
C	D♭	E♭	G♭	0 1 3 6
C	D♭	F	G♭	0 1 5 6
C	E♭	F	G♭	0 1 3 6
D♭	E♭	F	G♭	0 1 3 5

Scale grouped in Unique Dyad Pairs with prime forms

C D♭	E♭ F	0 1	0 2
C D♭	E♭ G♭	0 1	0 3
C E♭	F G♭	0 3	0 1
C E♭	D♭ F	0 3	0 4
C E♭	D♭ G♭	0 3	0 5
C F	D♭ E♭	0 5	0 2
C F	E♭ G♭	0 5	0 3
C F	D♭ G♭	0 5	0 5
C G♭	D♭ E♭	0 6	0 2
C G♭	D♭ F	0 6	0 4
C G♭	E♭ F	0 6	0 2

0, 1, 3, 5, 6 pentatonic scale with other 5 note scale possibilities

Scale as pitch classes with compliment		Scale as degrees with compliment		Scales as Prime Form	
0 1 2 3 4	5 6 7 8 9	1, ♭2, ♭3, 4, ♭5	2, 3, 5, ♭6, 6	0, 1, 3, 5, 6	0, 1, 2, 5, 7
0 1 2 3 4	5 6 7 8 10	1, ♭2, ♭3, 4, ♭5	2, 3, 5, ♭6, ♭7	0, 1, 3, 5, 6	0, 2, 3, 6, 8
0 1 2 3 4	5 6 7 8 9	1, ♭2, ♭3, 4, ♭5	2, 3, 5, ♭6, 7	0, 1, 3, 5, 6	0, 1, 4, 7, 9
0 1 2 3 4	5 6 7 9 10	1, ♭2, ♭3, 4, ♭5	2, 3, 5, 6, ♭7	0, 1, 3, 5, 6	0, 1, 3, 6, 8
0 1 2 3 4	5 6 7 8 10	1, ♭2, ♭3, 4, ♭5	2, 3, 5, 6, 7	0, 1, 3, 5, 6	0, 2, 4, 7, 9
0 1 2 3 4	5 6 7 8 9	1, ♭2, ♭3, 4, ♭5	2, 3, 5, ♭7, 7	0, 1, 3, 5, 6	0, 1, 4, 6, 9
0 1 2 3 4	5 6 8 9 10	1, ♭2, ♭3, 4, ♭5	2, 3, ♭6, 6, ♭7	0, 1, 3, 5, 6	0, 1, 2, 6, 8
0 1 2 3 4	5 6 7 9 10	1, ♭2, ♭3, 4, ♭5	2, 3, ♭6, 6, 7	0, 1, 3, 5, 6	0, 1, 3, 6, 8
0 1 2 3 4	5 6 7 8 10	1, ♭2, ♭3, 4, ♭5	2, 3, ♭6, ♭7, 7	0, 1, 3, 5, 6	0, 2, 3, 6, 8
0 1 2 3 4	5 6 7 8 9	1, ♭2, ♭3, 4, ♭5	2, 3, 6, ♭7, 7	0, 1, 3, 5, 6	0, 1, 2, 5, 7
0 1 2 3 4	5 7 8 9 10	1, ♭2, ♭3, 4, ♭5	2, 5, ♭6, 6, ♭7	0, 1, 3, 5, 6	0, 1, 2, 3, 7
0 1 2 3 4	6 7 8 9 10	1, ♭2, ♭3, 4, ♭5	2, 5, ♭6, 6, 7	0, 1, 3, 5, 6	0, 1, 2, 4, 7
0 1 2 3 4	5 7 8 9 10	1, ♭2, ♭3, 4, ♭5	2, 5, ♭6, ♭7, 7	0, 1, 3, 5, 6	0, 1, 3, 4, 7
0 1 2 3 4	5 6 8 9 10	1, ♭2, ♭3, 4, ♭5	2, 5, 6, ♭7, 7	0, 1, 3, 5, 6	0, 2, 3, 4, 7
0 1 2 3 4	5 6 7 9 10	1, ♭2, ♭3, 4, ♭5	2, ♭6, 6, ♭7, 7	0, 1, 3, 5, 6	0, 1, 2, 3, 6
0 1 2 3 4	5 6 7 9 10	1, ♭2, ♭3, 4, ♭5	3, 5, ♭6, 6, ♭7	0, 1, 3, 5, 6	0, 1, 2, 3, 6
0 1 2 3 4	5 6 8 9 10	1, ♭2, ♭3, 4, ♭5	3, 5, ♭6, 6, 7	0, 1, 3, 5, 6	0, 2, 3, 4, 7
0 1 2 3 4	5 7 8 9 10	1, ♭2, ♭3, 4, ♭5	3, 5, ♭6, ♭7, 7	0, 1, 3, 5, 6	0, 1, 3, 4, 7
0 1 2 3 4	6 7 8 9 10	1, ♭2, ♭3, 4, ♭5	3, 5, 6, ♭7, 7	0, 1, 3, 5, 6	0, 1, 2, 4, 7
0 1 2 3 4	5 7 8 9 10	1, ♭2, ♭3, 4, ♭5	3, ♭6, 6, ♭7, 7	0, 1, 3, 5, 6	0, 1, 2, 3, 7
0 1 2 3 4	5 6 7 8 10	1, ♭2, ♭3, 4, ♭5	5, ♭6, 6, ♭7, 7	0, 1, 3, 5, 6	0, 1, 2, 3, 4

C, D♭, E♭, F, G

prime form: 0, 1, 3, 5, 7

degrees: 1, ♭2, ♭3, 4, 5

Scale application to typical chord types all keys:

C:	1	♭2	♭3	4	5	-7 mel, 7 mel, 7sus4
D♭:	7	1	2	3	♭5	Δ7♯5 mel, Δ7♯5, Δ7
D:	♭7	7	♭2	♭3	4	
E♭:	6	♭7	1	2	3	7, 7sus4
E:	♭6	6	7	♭2	♭3	
F:	5	♭6	♭7	1	2	7, 7sus4
G♭:	♭5	5	6	7	♭2	
G:	4	♭5	♭6	♭7	1	-7♭5, 7 mel
A♭:	3	4	5	6	7	Δ7♯5 mel, Δ7 mel
A:	♭3	3	♭5	♭6	♭7	7
B♭:	2	♭3	4	5	6	-7, -Δ7, 7 mel, 7sus4
B:	♭2	2	3	♭5	♭6	

Symmetric Difference as:
Pitches
D, E, G♭, A♭, A, B♭, B
Degrees
2, 3, ♭5, ♭6, 6, ♭7, 7
Prime Form
0, 1, 2, 3, 5, 7, 9

See page 438 for more possible scale applications

Unique 3 Note Subsets as prime form

C	D♭	E♭	0 1 3
C	D♭	F	0 1 5
C	D♭	G	0 1 6
C	E♭	F	0 2 5
C	E♭	G	0 3 7
C	F	G	0 2 7
D♭	E♭	F	0 2 4
D♭	E♭	G	0 2 6
D♭	F	G	0 2 6
E♭	F	G	0 2 4

Unique 4 Note Subsets as prime form

C	D♭	E♭	F	0 1 3 5
C	D♭	E♭	G	0 1 3 7
C	D♭	F	G	0 1 5 7
C	E♭	F	G	0 2 4 7
D♭	E♭	F	G	0 2 4 6

Scale grouped in Unique Dyad Pairs with prime forms

C	D♭	E♭	F	0 1	0 2
C	D♭	E♭	G	0 1	0 4
C	E♭	F	G	0 3	0 2
C	E♭	D♭	F	0 3	0 4
C	E♭	D♭	G	0 3	0 6
C	F	D♭	E♭	0 5	0 2
C	F	E♭	G	0 5	0 4
C	F	D♭	G	0 5	0 6
C	G	D♭	E♭	0 5	0 2
C	G	D♭	F	0 5	0 4
C	G	E♭	F	0 5	0 2

0, 1, 3, 5, 7 pentatonic scale with other 5 note scale possibilities

Scale as pitch classes with compliment		Scale as degrees with compliment		Scales as Prime Form	
0 1 2 3 4	5 6 7 8 9	1, ♭2, ♭3, 4, 5	2, 3, ♭5, ♭6, 6	0, 1, 3, 5, 7	0, 1, 3, 5, 7
0 1 2 3 4	5 6 7 8 10	1, ♭2, ♭3, 4, 5	2, 3, ♭5, ♭6, ♭7	0, 1, 3, 5, 7	0, 2, 4, 6, 8
0 1 2 3 4	5 6 7 8 9	1, ♭2, ♭3, 4, 5	2, 3, ♭5, ♭6, 7	0, 1, 3, 5, 7	0, 2, 4, 6, 9
0 1 2 3 4	5 6 7 9 10	1, ♭2, ♭3, 4, 5	2, 3, ♭5, 6, ♭7	0, 1, 3, 5, 7	0, 1, 4, 6, 8
0 1 2 3 4	5 6 7 8 10	1, ♭2, ♭3, 4, 5	2, 3, ♭5, 6, 7	0, 1, 3, 5, 7	0, 2, 4, 7, 9
0 1 2 3 4	5 6 7 8 9	1, ♭2, ♭3, 4, 5	2, 3, ♭5, ♭7, 7	0, 1, 3, 5, 7	0, 1, 4, 6, 8
0 1 2 3 4	5 7 8 9 10	1, ♭2, ♭3, 4, 5	2, 3, ♭6, 6, ♭7	0, 1, 3, 5, 7	0, 1, 2, 6, 8
0 1 2 3 4	5 6 8 9 10	1, ♭2, ♭3, 4, 5	2, 3, ♭6, 6, 7	0, 1, 3, 5, 7	0, 1, 3, 6, 8
0 1 2 3 4	5 6 7 9 10	1, ♭2, ♭3, 4, 5	2, 3, ♭6, ♭7, 7	0, 1, 3, 5, 7	0, 2, 3, 6, 8
0 1 2 3 4	5 6 7 8 10	1, ♭2, ♭3, 4, 5	2, 3, 6, ♭7, 7	0, 1, 3, 5, 7	0, 1, 2, 5, 7
0 1 2 3 4	5 7 8 9 10	1, ♭2, ♭3, 4, 5	2, ♭5, ♭6, 6, ♭7	0, 1, 3, 5, 7	0, 2, 3, 4, 8
0 1 2 3 4	6 7 8 9 10	1, ♭2, ♭3, 4, 5	2, ♭5, ♭6, 6, 7	0, 1, 3, 5, 7	0, 2, 3, 5, 8
0 1 2 3 4	5 7 8 9 10	1, ♭2, ♭3, 4, 5	2, ♭5, ♭6, ♭7, 7	0, 1, 3, 5, 7	0, 2, 4, 5, 8
0 1 2 3 4	5 6 8 9 10	1, ♭2, ♭3, 4, 5	2, ♭5, 6, ♭7, 7	0, 1, 3, 5, 7	0, 3, 4, 5, 8
0 1 2 3 4	5 6 7 8 10	1, ♭2, ♭3, 4, 5	2, ♭6, 6, ♭7, 7	0, 1, 3, 5, 7	0, 1, 2, 3, 6
0 1 2 3 4	5 6 7 9 10	1, ♭2, ♭3, 4, 5	3, ♭5, ♭6, 6, ♭7	0, 1, 3, 5, 7	0, 1, 2, 4, 6
0 1 2 3 4	5 6 8 9 10	1, ♭2, ♭3, 4, 5	3, ♭5, ♭6, 6, 7	0, 1, 3, 5, 7	0, 2, 3, 5, 7
0 1 2 3 4	5 7 8 9 10	1, ♭2, ♭3, 4, 5	3, ♭5, ♭6, ♭7, 7	0, 1, 3, 5, 7	0, 1, 3, 5, 7
0 1 2 3 4	6 7 8 9 10	1, ♭2, ♭3, 4, 5	3, ♭5, 6, ♭7, 7	0, 1, 3, 5, 7	0, 1, 2, 5, 7
0 1 2 3 4	5 6 8 9 10	1, ♭2, ♭3, 4, 5	3, ♭6, 6, ♭7, 7	0, 1, 3, 5, 7	0, 1, 2, 3, 7
0 1 2 3 4	5 6 7 8 10	1, ♭2, ♭3, 4, 5	♭5, ♭6, 6, ♭7, 7	0, 1, 3, 5, 7	0, 1, 2, 3, 5

C, D♭, E♭, F, A♭

prime form: 0, 1, 3, 5, 8

degrees: 1, ♭2, ♭3, 4, ♭6

Scale application to typical chord types all keys:

C:	1	♭2	♭3	4	♭6	-7 mel, 7 mel, -7♭5 mel, 7sus4
D♭:	7	1	2	3	5	Δ7♯5 mel, Δ7
D:	♭7	7	♭2	♭3	♭5	
E♭:	6	♭7	1	2	4	-7, 7 mel, 7sus4
E:	♭6	6	7	♭2	3	
F:	5	♭6	♭7	1	♭3	-7 mel, 7, 7sus4
G♭:	♭5	5	6	7	2	Δ7♯5 mel, -Δ7, Δ7
G:	4	♭5	♭6	♭7	♭2	7 mel, -7♭5 mel
A♭:	3	4	5	6	1	Δ7♯5 mel, 7 mel, Δ7 mel, 7sus4
A:	♭3	3	♭5	♭6	7	
B♭:	2	♭3	4	5	♭7	-7, 7 mel, 7sus4
B:	♭2	2	3	♭5	6	7

Symmetric Difference as:

Pitches

D, E, G♭, G, A, B♭, B

Degrees

2, 3, ♭5, 5, 6, ♭7, 7

Prime Form

0, 1, 2, 4, 5, 7, 9

See page 439 for more possible scale applications

Unique 3 Note Subsets as prime form

C	D♭	E♭	0 1 3
C	D♭	F	0 1 5
C	D♭	A♭	0 1 5
C	E♭	F	0 2 5
C	E♭	A♭	0 3 7
C	F	A♭	0 3 7
D♭	E♭	F	0 2 4
D♭	E♭	A♭	0 2 7
D♭	F	A♭	0 3 7
E♭	F	A♭	0 2 5

Unique 4 Note Subsets as prime form

C	D♭	E♭	F	0 1 3 5
C	D♭	E♭	A♭	0 2 3 7
C	D♭	F	A♭	0 1 5 8
C	E♭	F	A♭	0 3 5 8
D♭	E♭	F	A♭	0 2 4 7

Scale grouped in Unique Dyad Pairs with prime forms

C	D♭	E♭	F	0 1	0 2
C	D♭	E♭	A♭	0 1	0 5
C	E♭	F	A♭	0 3	0 3
C	E♭	D♭	F	0 3	0 4
C	E♭	D♭	A♭	0 3	0 5
C	F	D♭	E♭	0 5	0 2
C	F	E♭	A♭	0 5	0 5
C	F	D♭	A♭	0 5	0 5
C	A♭	D♭	E♭	0 4	0 2
C	A♭	D♭	F	0 4	0 4
C	A♭	E♭	F	0 4	0 2

0, 1, 3, 5, 8 pentatonic scale with other 5 note scale possibilities

Scale as pitch classes with compliment		Scale as degrees with compliment		Scales as Prime Form	
0 1 2 3 4	5 6 7 8 9	1, ♭2, ♭3, 4, ♭6	2, 3, ♭5, 5, 6	0, 1, 3, 5, 8	0, 2, 3, 5, 7
0 1 2 3 4	5 6 7 8 10	1, ♭2, ♭3, 4, ♭6	2, 3, ♭5, 5, ♭7	0, 1, 3, 5, 8	0, 2, 4, 5, 8
0 1 2 3 4	5 6 7 8 9	1, ♭2, ♭3, 4, ♭6	2, 3, ♭5, 5, 7	0, 1, 3, 5, 8	0, 1, 3, 5, 8
0 1 2 3 4	5 6 8 9 10	1, ♭2, ♭3, 4, ♭6	2, 3, ♭5, 6, ♭7	0, 1, 3, 5, 8	0, 1, 4, 6, 8
0 1 2 3 4	5 6 7 9 10	1, ♭2, ♭3, 4, ♭6	2, 3, ♭5, 6, 7	0, 1, 3, 5, 8	0, 2, 4, 7, 9
0 1 2 3 4	5 6 7 8 10	1, ♭2, ♭3, 4, ♭6	2, 3, ♭5, ♭7, 7	0, 1, 3, 5, 8	0, 1, 4, 6, 8
0 1 2 3 4	5 7 8 9 10	1, ♭2, ♭3, 4, ♭6	2, 3, 5, 6, ♭7	0, 1, 3, 5, 8	0, 1, 3, 6, 8
0 1 2 3 4	5 6 8 9 10	1, ♭2, ♭3, 4, ♭6	2, 3, 5, 6, 7	0, 1, 3, 5, 8	0, 2, 4, 7, 9
0 1 2 3 4	5 6 7 9 10	1, ♭2, ♭3, 4, ♭6	2, 3, 5, ♭7, 7	0, 1, 3, 5, 8	0, 1, 4, 6, 9
0 1 2 3 4	5 6 7 8 9	1, ♭2, ♭3, 4, ♭6	2, 3, 6, ♭7, 7	0, 1, 3, 5, 8	0, 1, 2, 5, 7
0 1 2 3 4	5 7 8 9 10	1, ♭2, ♭3, 4, ♭6	2, ♭5, 5, 6, ♭7	0, 1, 3, 5, 8	0, 1, 3, 4, 8
0 1 2 3 4	6 7 8 9 10	1, ♭2, ♭3, 4, ♭6	2, ♭5, 5, 6, 7	0, 1, 3, 5, 8	0, 1, 3, 5, 8
0 1 2 3 4	5 7 8 9 10	1, ♭2, ♭3, 4, ♭6	2, ♭5, 5, ♭7, 7	0, 1, 3, 5, 8	0, 1, 4, 5, 8
0 1 2 3 4	5 6 7 9 10	1, ♭2, ♭3, 4, ♭6	2, ♭5, 6, ♭7, 7	0, 1, 3, 5, 8	0, 3, 4, 5, 8
0 1 2 3 4	5 6 7 8 10	1, ♭2, ♭3, 4, ♭6	2, 5, 6, ♭7, 7	0, 1, 3, 5, 8	0, 2, 3, 4, 7
0 1 2 3 4	5 6 7 9 10	1, ♭2, ♭3, 4, ♭6	3, ♭5, 5, 6, ♭7	0, 1, 3, 5, 8	0, 1, 3, 4, 6
0 1 2 3 4	5 6 8 9 10	1, ♭2, ♭3, 4, ♭6	3, ♭5, 5, 6, 7	0, 1, 3, 5, 8	0, 2, 3, 5, 7
0 1 2 3 4	5 7 8 9 10	1, ♭2, ♭3, 4, ♭6	3, ♭5, 5, ♭7, 7	0, 1, 3, 5, 8	0, 1, 4, 5, 7
0 1 2 3 4	5 7 8 9 10	1, ♭2, ♭3, 4, ♭6	3, ♭5, 6, ♭7, 7	0, 1, 3, 5, 8	0, 1, 2, 5, 7
0 1 2 3 4	5 6 8 9 10	1, ♭2, ♭3, 4, ♭6	3, 5, 6, ♭7, 7	0, 1, 3, 5, 8	0, 1, 2, 4, 7
0 1 2 3 4	5 6 7 8 10	1, ♭2, ♭3, 4, ♭6	♭5, 5, 6, ♭7, 7	0, 1, 3, 5, 8	0, 1, 2, 4, 5

C, D♭, E♭, G♭, G

prime form: 0, 1, 3, 6, 7

degrees: 1, ♭2, ♭3, ♭5, 5

Scale application to typical chord types all keys:

C:	1	♭2	♭3	♭5	5	7
D♭:	7	1	2	4	♭5	°7, Δ7♯5 mel, -Δ7
D:	♭7	7	♭2	3	4	
E♭:	6	♭7	1	♭3	3	7, 7sus4
E:	♭6	6	7	2	♭3	°7, -Δ7 mel
F:	5	♭6	♭7	♭2	2	7, 7sus4
G♭:	♭5	5	6	1	♭2	7
G:	4	♭5	♭6	7	1	°7, Δ7♯5 mel, -Δ7 mel
A♭:	3	4	5	♭7	7	
A:	♭3	3	♭5	6	♭7	7
B♭:	2	♭3	4	♭6	6	°7, 7 mel, 7sus4, -Δ7 mel
B:	♭2	2	3	5	♭6	7, 7sus4

Symmetric Difference as:
Pitches
D, E, F, A♭, A, B♭, B
Degrees
2, 3, 4, ♭6, 6, ♭7, 7
Prime Form
0, 1, 2, 3, 6, 8, 9

See page 440 for more possible scale applications

Unique 3 Note Subsets as prime form

C	D♭	E♭	0 1 3
C	D♭	G♭	0 1 6
C	D♭	G	0 1 6
C	E♭	G♭	0 3 6
C	E♭	G	0 3 7
C	G♭	G	0 1 6
D♭	E♭	G♭	0 2 5
D♭	E♭	G	0 2 6
D♭	G♭	G	0 1 6
E♭	G♭	G	0 1 4

Unique 4 Note Subsets as prime form

C	D♭	E♭	G♭	0 1 3 6
C	D♭	E♭	G	0 1 3 7
C	D♭	G♭	G	0 1 6 7
C	E♭	G♭	G	0 1 4 7
D♭	E♭	G♭	G	0 1 4 6

Scale grouped in Unique Dyad Pairs with prime forms

C	D♭	E♭	G♭	0 1	0 3
C	D♭	E♭	G	0 1	0 4
C	E♭	G♭	G	0 3	0 1
C	E♭	D♭	G♭	0 3	0 5
C	E♭	D♭	G	0 3	0 6
C	G♭	D♭	E♭	0 6	0 2
C	G♭	E♭	G	0 6	0 4
C	G♭	D♭	G	0 6	0 6
C	G	D♭	E♭	0 5	0 2
C	G	D♭	G♭	0 5	0 5
C	G	E♭	G♭	0 5	0 3

0, 1, 3, 6, 7 pentatonic scale with other 5 note scale possibilities

Scale as pitch classes with compliment	Scale as degrees with compliment	Scales as Prime Form
0 1 2 3 4 5 6 7 8 9	1, ♭2, ♭3, ♭5, 5 2, 3, 4, ♭6, 6	0, 1, 3, 6, 7 0, 1, 4, 5, 7
0 1 2 3 4 5 6 7 8 10	1, ♭2, ♭3, ♭5, 5 2, 3, 4, ♭6, ♭7	0, 1, 3, 6, 7 0, 2, 3, 6, 8
0 1 2 3 4 5 6 7 8 9	1, ♭2, ♭3, ♭5, 5 2, 3, 4, ♭6, 7	0, 1, 3, 6, 7 0, 1, 3, 6, 9
0 1 2 3 4 5 6 7 9 10	1, ♭2, ♭3, ♭5, 5 2, 3, 4, 6, ♭7	0, 1, 3, 6, 7 0, 1, 3, 7, 8
0 1 2 3 4 5 6 7 8 10	1, ♭2, ♭3, ♭5, 5 2, 3, 4, 6, 7	0, 1, 3, 6, 7 0, 1, 3, 6, 8
0 1 2 3 4 5 6 7 8 9	1, ♭2, ♭3, ♭5, 5 2, 3, 4, ♭7, 7	0, 1, 3, 6, 7 0, 1, 3, 6, 7
0 1 2 3 4 6 7 8 9 10	1, ♭2, ♭3, ♭5, 5 2, 3, ♭6, 6, ♭7	0, 1, 3, 6, 7 0, 1, 2, 6, 8
0 1 2 3 4 5 7 8 9 10	1, ♭2, ♭3, ♭5, 5 2, 3, ♭6, 6, 7	0, 1, 3, 6, 7 0, 1, 3, 6, 8
0 1 2 3 4 5 6 8 9 10	1, ♭2, ♭3, ♭5, 5 2, 3, ♭6, ♭7, 7	0, 1, 3, 6, 7 0, 2, 3, 6, 8
0 1 2 3 4 5 6 7 9 10	1, ♭2, ♭3, ♭5, 5 2, 3, 6, ♭7, 7	0, 1, 3, 6, 7 0, 1, 2, 5, 7
0 1 2 3 4 5 7 8 9 10	1, ♭2, ♭3, ♭5, 5 2, 4, ♭6, 6, ♭7	0, 1, 3, 6, 7 0, 1, 2, 5, 8
0 1 2 3 4 6 7 8 9 10	1, ♭2, ♭3, ♭5, 5 2, 4, ♭6, 6, 7	0, 1, 3, 6, 7 0, 2, 3, 6, 9
0 1 2 3 4 5 7 8 9 10	1, ♭2, ♭3, ♭5, 5 2, 4, ♭6, ♭7, 7	0, 1, 3, 6, 7 0, 2, 3, 6, 9
0 1 2 3 4 5 6 8 9 10	1, ♭2, ♭3, ♭5, 5 2, 4, 6, ♭7, 7	0, 1, 3, 6, 7 0, 1, 2, 5, 8
0 1 2 3 4 5 6 7 8 9	1, ♭2, ♭3, ♭5, 5 2, ♭6, 6, ♭7, 7	0, 1, 3, 6, 7 0, 1, 2, 3, 6
0 1 2 3 4 5 6 7 9 10	1, ♭2, ♭3, ♭5, 5 3, 4, ♭6, 6, ♭7	0, 1, 3, 6, 7 0, 1, 2, 5, 6
0 1 2 3 4 5 6 8 9 10	1, ♭2, ♭3, ♭5, 5 3, 4, ♭6, 6, 7	0, 1, 3, 6, 7 0, 1, 4, 5, 7
0 1 2 3 4 5 7 8 9 10	1, ♭2, ♭3, ♭5, 5 3, 4, ♭6, ♭7, 7	0, 1, 3, 6, 7 0, 1, 3, 6, 7
0 1 2 3 4 6 7 8 9 10	1, ♭2, ♭3, ♭5, 5 3, 4, 6, ♭7, 7	0, 1, 3, 6, 7 0, 1, 2, 6, 7
0 1 2 3 4 5 6 7 9 10	1, ♭2, ♭3, ♭5, 5 3, ♭6, 6, ♭7, 7	0, 1, 3, 6, 7 0, 1, 2, 3, 7
0 1 2 3 4 5 6 7 8 10	1, ♭2, ♭3, ♭5, 5 4, ♭6, 6, ♭7, 7	0, 1, 3, 6, 7 0, 1, 2, 3, 6

C, D♭, E♭, G♭, A♭

prime form: 0, 1, 3, 6, 8

degrees: 1, ♭2, ♭3, ♭5, ♭6

Scale application to typical chord types all keys:

C:	1	♭2	♭3	♭5	♭6	7, -7♭5 mel
D♭:	7	1	2	4	5	Δ7♯5 mel, -Δ7, Δ7 mel
D:	♭7	7	♭2	3	♭5	
E♭:	6	♭7	1	♭3	4	-7, 7 mel, 7sus4
E:	♭6	6	7	2	3	Δ7♯5 mel, Δ7♯5
F:	5	♭6	♭7	♭2	♭3	-7 mel, 7, 7sus4
G♭:	♭5	5	6	1	2	Δ7♯5 mel, -Δ7, 7, Δ7
G:	4	♭5	♭6	7	♭2	
A♭:	3	4	5	♭7	1	7 mel, 7sus4
A:	♭3	3	♭5	6	7	
B♭:	2	♭3	4	♭6	♭7	-7♭5, 7 mel, 7sus4
B:	♭2	2	3	5	6	7, 7sus4

Symmetric Difference as:

Pitches

D, E, F, G, A, B♭, B

Degrees

2, 3, 4, 5, 6, ♭7, 7

Prime Form

0, 1, 2, 4, 6, 7, 9

See page 441 for more possible scale applications

Unique 3 Note Subsets as prime form

C	D♭	E♭	0 1 3
C	D♭	G♭	0 1 6
C	D♭	A♭	0 1 5
C	E♭	G♭	0 3 6
C	E♭	A♭	0 3 7
C	G♭	A♭	0 2 6
D♭	E♭	G♭	0 2 5
D♭	E♭	A♭	0 2 7
D♭	G♭	A♭	0 2 7
E♭	G♭	A♭	0 2 5

Unique 4 Note Subsets as prime form

C	D♭	E♭	G♭	0 1 3 6
C	D♭	E♭	A♭	0 2 3 7
C	D♭	G♭	A♭	0 1 5 7
C	E♭	G♭	A♭	0 2 5 8
D♭	E♭	G♭	A♭	0 2 5 7

Scale grouped in Unique Dyad Pairs with prime forms

C	D♭	E♭	G♭	0 1	0 3
C	D♭	E♭	A♭	0 1	0 5
C	E♭	G♭	A♭	0 3	0 2
C	E♭	D♭	G♭	0 3	0 5
C	E♭	D♭	A♭	0 3	0 5
C	G♭	D♭	E♭	0 6	0 2
C	G♭	E♭	A♭	0 6	0 5
C	G♭	D♭	A♭	0 6	0 5
C	A♭	D♭	E♭	0 4	0 2
C	A♭	D♭	G♭	0 4	0 5
C	A♭	E♭	G♭	0 4	0 3

0, 1, 3, 6, 8 pentatonic scale with other 5 note scale possibilities

Scale as pitch classes with compliment		Scale as degrees with compliment		Scales as Prime Form	
0 1 2 3 4	5 6 7 8 9	1, ♭2, ♭3, ♭5, ♭6	2, 3, 4, 5, 6	0, 1, 3, 6, 8	0, 2, 3, 5, 7
0 1 2 3 4	5 6 7 8 10	1, ♭2, ♭3, ♭5, ♭6	2, 3, 4, 5, ♭7	0, 1, 3, 6, 8	0, 2, 3, 5, 8
0 1 2 3 4	5 6 7 8 9	1, ♭2, ♭3, ♭5, ♭6	2, 3, 4, 5, 7	0, 1, 3, 6, 8	0, 2, 3, 5, 8
0 1 2 3 4	5 6 8 9 10	1, ♭2, ♭3, ♭5, ♭6	2, 3, 4, 6, ♭7	0, 1, 3, 6, 8	0, 1, 3, 7, 8
0 1 2 3 4	5 6 7 9 10	1, ♭2, ♭3, ♭5, ♭6	2, 3, 4, 6, 7	0, 1, 3, 6, 8	0, 1, 3, 6, 8
0 1 2 3 4	5 6 7 8 10	1, ♭2, ♭3, ♭5, ♭6	2, 3, 4, ♭7, 7	0, 1, 3, 6, 8	0, 1, 3, 6, 7
0 1 2 3 4	6 7 8 9 10	1, ♭2, ♭3, ♭5, ♭6	2, 3, 5, 6, ♭7	0, 1, 3, 6, 8	0, 1, 3, 6, 8
0 1 2 3 4	5 7 8 9 10	1, ♭2, ♭3, ♭5, ♭6	2, 3, 5, 6, 7	0, 1, 3, 6, 8	0, 2, 4, 7, 9
0 1 2 3 4	5 6 8 9 10	1, ♭2, ♭3, ♭5, ♭6	2, 3, 5, ♭7, 7	0, 1, 3, 6, 8	0, 1, 4, 6, 9
0 1 2 3 4	5 6 7 8 10	1, ♭2, ♭3, ♭5, ♭6	2, 3, 6, ♭7, 7	0, 1, 3, 6, 8	0, 1, 2, 5, 7
0 1 2 3 4	5 7 8 9 10	1, ♭2, ♭3, ♭5, ♭6	2, 4, 5, 6, ♭7	0, 1, 3, 6, 8	0, 1, 3, 5, 8
0 1 2 3 4	6 7 8 9 10	1, ♭2, ♭3, ♭5, ♭6	2, 4, 5, 6, 7	0, 1, 3, 6, 8	0, 2, 4, 6, 9
0 1 2 3 4	5 7 8 9 10	1, ♭2, ♭3, ♭5, ♭6	2, 4, 5, ♭7, 7	0, 1, 3, 6, 8	0, 1, 4, 6, 9
0 1 2 3 4	5 6 7 9 10	1, ♭2, ♭3, ♭5, ♭6	2, 4, 6, ♭7, 7	0, 1, 3, 6, 8	0, 1, 2, 5, 8
0 1 2 3 4	5 6 7 8 9	1, ♭2, ♭3, ♭5, ♭6	2, 5, 6, ♭7, 7	0, 1, 3, 6, 8	0, 2, 3, 4, 7
0 1 2 3 4	5 6 7 9 10	1, ♭2, ♭3, ♭5, ♭6	3, 4, 5, 6, ♭7	0, 1, 3, 6, 8	0, 1, 3, 5, 6
0 1 2 3 4	5 6 8 9 10	1, ♭2, ♭3, ♭5, ♭6	3, 4, 5, 6, 7	0, 1, 3, 6, 8	0, 1, 3, 5, 7
0 1 2 3 4	5 7 8 9 10	1, ♭2, ♭3, ♭5, ♭6	3, 4, 5, ♭7, 7	0, 1, 3, 6, 8	0, 1, 3, 6, 7
0 1 2 3 4	5 7 8 9 10	1, ♭2, ♭3, ♭5, ♭6	3, 4, 6, ♭7, 7	0, 1, 3, 6, 8	0, 1, 2, 6, 7
0 1 2 3 4	5 6 7 9 10	1, ♭2, ♭3, ♭5, ♭6	3, 5, 6, ♭7, 7	0, 1, 3, 6, 8	0, 1, 2, 4, 7
0 1 2 3 4	5 6 7 8 10	1, ♭2, ♭3, ♭5, ♭6	4, 5, 6, ♭7, 7	0, 1, 3, 6, 8	0, 1, 2, 4, 6

C, D♭, E♭, G, A♭

prime form: 0, 1, 3, 7, 8

degrees: 1, ♭2, ♭3, 5, ♭6

Scale application to typical chord types all keys:

C:	1	♭2	♭3	5	♭6	-7 mel, 7, 7sus4
D♭:	7	1	2	♭5	5	Δ7♯5 mel, -Δ7, Δ7
D:	♭7	7	♭2	4	♭5	
E♭:	6	♭7	1	3	4	7 mel, 7sus4
E:	♭6	6	7	♭3	3	
F:	5	♭6	♭7	2	♭3	7, 7sus4
G♭:	♭5	5	6	♭2	2	7
G:	4	♭5	♭6	1	♭2	7 mel, -7♭5 mel
A♭:	3	4	5	7	1	Δ7♯5 mel, Δ7 mel
A:	♭3	3	♭5	♭7	7	
B♭:	2	♭3	4	6	♭7	-7, 7 mel, 7sus4
B:	♭2	2	3	♭6	6	7, 7sus4

See page 442 for more possible scale applications

Symmetric Difference as:
Pitches
D, E, F, G♭, A, B♭, B
Degrees
2, 3, 4, ♭5, 6, ♭7, 7
Prime Form
0, 1, 2, 4, 7, 8, 9

Unique 3 Note Subsets as prime form

C	D♭	E♭	0 1 3
C	D♭	G	0 1 6
C	D♭	A♭	0 1 5
C	E♭	G	0 3 7
C	E♭	A♭	0 3 7
C	G	A♭	0 1 5
D♭	E♭	G	0 2 6
D♭	E♭	A♭	0 2 7
D♭	G	A♭	0 1 6
E♭	G	A♭	0 1 5

Unique 4 Note Subsets as prime form

C	D♭	E♭	G	0 1 3 7
C	D♭	E♭	A♭	0 2 3 7
C	D♭	G	A♭	0 1 5 6
C	E♭	G	A♭	0 1 5 8
D♭	E♭	G	A♭	0 1 5 7

Scale grouped in Unique Dyad Pairs with prime forms

C	D♭	E♭	G	0 1	0 4
C	D♭	E♭	A♭	0 1	0 5
C	E♭	G	A♭	0 3	0 1
C	E♭	D♭	G	0 3	0 6
C	E♭	D♭	A♭	0 3	0 5
C	G	D♭	E♭	0 5	0 2
C	G	E♭	A♭	0 5	0 5
C	G	D♭	A♭	0 5	0 5
C	A♭	D♭	E♭	0 4	0 2
C	A♭	D♭	G	0 4	0 6
C	A♭	E♭	G	0 4	0 4

0, 1, 3, 7, 8 pentatonic scale with other 5 note scale possibilities

Scale as pitch classes with compliment	Scale as degrees with compliment	Scales as Prime Form
0 1 2 3 4 5 6 7 8 9	1, ♭2, ♭3, 5, ♭6 2, 3, 4, ♭5, 6	0, 1, 3, 7, 8 0, 2, 3, 4, 7
0 1 2 3 4 5 6 7 8 10	1, ♭2, ♭3, 5, ♭6 2, 3, 4, ♭5, ♭7	0, 1, 3, 7, 8 0, 1, 2, 4, 8
0 1 2 3 4 5 6 7 8 9	1, ♭2, ♭3, 5, ♭6 2, 3, 4, ♭5, 7	0, 1, 3, 7, 8 0, 1, 2, 4, 7
0 1 2 3 4 5 7 8 9 10	1, ♭2, ♭3, 5, ♭6 2, 3, 4, 6, ♭7	0, 1, 3, 7, 8 0, 1, 3, 7, 8
0 1 2 3 4 5 6 8 9 10	1, ♭2, ♭3, 5, ♭6 2, 3, 4, 6, 7	0, 1, 3, 7, 8 0, 1, 3, 6, 8
0 1 2 3 4 5 6 7 9 10	1, ♭2, ♭3, 5, ♭6 2, 3, 4, ♭7, 7	0, 1, 3, 7, 8 0, 1, 3, 6, 7
0 1 2 3 4 6 7 8 9 10	1, ♭2, ♭3, 5, ♭6 2, 3, ♭5, 6, ♭7	0, 1, 3, 7, 8 0, 1, 4, 6, 8
0 1 2 3 4 5 7 8 9 10	1, ♭2, ♭3, 5, ♭6 2, 3, ♭5, 6, 7	0, 1, 3, 7, 8 0, 2, 4, 7, 9
0 1 2 3 4 5 6 8 9 10	1, ♭2, ♭3, 5, ♭6 2, 3, ♭5, ♭7, 7	0, 1, 3, 7, 8 0, 1, 4, 6, 8
0 1 2 3 4 5 6 7 8 9	1, ♭2, ♭3, 5, ♭6 2, 3, 6, ♭7, 7	0, 1, 3, 7, 8 0, 1, 2, 5, 7
0 1 2 3 4 5 7 8 9 10	1, ♭2, ♭3, 5, ♭6 2, 4, ♭5, 6, ♭7	0, 1, 3, 7, 8 0, 1, 4, 5, 8
0 1 2 3 4 6 7 8 9 10	1, ♭2, ♭3, 5, ♭6 2, 4, ♭5, 6, 7	0, 1, 3, 7, 8 0, 1, 4, 6, 9
0 1 2 3 4 5 7 8 9 10	1, ♭2, ♭3, 5, ♭6 2, 4, ♭5, ♭7, 7	0, 1, 3, 7, 8 0, 1, 4, 7, 8
0 1 2 3 4 5 6 7 8 10	1, ♭2, ♭3, 5, ♭6 2, 4, 6, ♭7, 7	0, 1, 3, 7, 8 0, 1, 2, 5, 8
0 1 2 3 4 5 6 7 8 9	1, ♭2, ♭3, 5, ♭6 2, ♭5, 6, ♭7, 7	0, 1, 3, 7, 8 0, 3, 4, 5, 8
0 1 2 3 4 5 6 7 9 10	1, ♭2, ♭3, 5, ♭6 3, 4, ♭5, 6, ♭7	0, 1, 3, 7, 8 0, 1, 2, 5, 6
0 1 2 3 4 5 6 8 9 10	1, ♭2, ♭3, 5, ♭6 3, 4, ♭5, 6, 7	0, 1, 3, 7, 8 0, 1, 2, 5, 7
0 1 2 3 4 5 7 8 9 10	1, ♭2, ♭3, 5, ♭6 3, 4, ♭5, ♭7, 7	0, 1, 3, 7, 8 0, 1, 2, 6, 7
0 1 2 3 4 5 6 8 9 10	1, ♭2, ♭3, 5, ♭6 3, 4, 6, ♭7, 7	0, 1, 3, 7, 8 0, 1, 2, 6, 7
0 1 2 3 4 5 6 7 9 10	1, ♭2, ♭3, 5, ♭6 3, ♭5, 6, ♭7, 7	0, 1, 3, 7, 8 0, 1, 2, 5, 7
0 1 2 3 4 5 6 7 8 10	1, ♭2, ♭3, 5, ♭6 4, ♭5, 6, ♭7, 7	0, 1, 3, 7, 8 0, 1, 2, 5, 6

C, D♭, E♭, G♭, A

prime form: 0, 1, 3, 6, 9
degrees: 1, ♭2, ♭3, ♭5, 6

Scale application to typical chord types all keys:

C:	1	♭2	♭3	♭5	6	7
D♭:	7	1	2	4	♭6	°7, Δ7♯5 mel, -Δ7 mel
D:	♭7	7	♭2	3	5	
E♭:	6	♭7	1	♭3	♭5	7
E:	♭6	6	7	2	4	°7, Δ7♯5 mel, -Δ7 mel
F:	5	♭6	♭7	♭2	3	7, 7sus4
G♭:	♭5	5	6	1	♭3	-Δ7, 7
G:	4	♭5	♭6	7	2	°7, Δ7♯5 mel, -Δ7 mel
A♭:	3	4	5	♭7	♭2	7 mel, 7sus4
A:	♭3	3	♭5	6	1	7
B♭:	2	♭3	4	♭6	7	°7, -Δ7 mel
B:	♭2	2	3	5	♭7	7, 7sus4

Symmetric Difference as:
Pitches
D, E, F, G, A♭, B♭, B
Degrees
2, 3, 4, 5, ♭6, ♭7, 7
Prime Form
0, 1, 3, 4, 6, 7, 9

See page 443 for more possible scale applications

Unique 3 Note Subsets as prime form

C	D♭	E♭	0 1 3
C	D♭	G♭	0 1 6
C	D♭	A	0 1 4
C	E♭	G♭	0 3 6
C	E♭	A	0 3 6
C	G♭	A	0 3 6
D♭	E♭	G♭	0 2 5
D♭	E♭	A	0 2 6
D♭	G♭	A	0 3 7
E♭	G♭	A	0 3 6

Unique 4 Note Subsets as prime form

C	D♭	E♭	G♭	0 1 3 6
C	D♭	E♭	A	0 2 3 6
C	D♭	G♭	A	0 1 4 7
C	E♭	G♭	A	0 3 6 9
D♭	E♭	G♭	A	0 2 5 8

Scale grouped in Unique Dyad Pairs with prime forms

C	D♭	E♭	G♭	0 1	0 3
C	D♭	E♭	A	0 1	0 6
C	E♭	G♭	A	0 3	0 3
C	E♭	D♭	G♭	0 3	0 5
C	E♭	D♭	A	0 3	0 4
C	G♭	D♭	E♭	0 6	0 2
C	G♭	E♭	A	0 6	0 6
C	G♭	D♭	A	0 6	0 4
C	A	D♭	E♭	0 3	0 2
C	A	D♭	G♭	0 3	0 5
C	A	E♭	G♭	0 3	0 3

0, 1, 3, 6, 9 pentatonic scale with other 5 note scale possibilities

Scale as pitch classes with compliment	Scale as degrees with compliment	Scales as Prime Form
0 1 2 3 4 5 6 7 8 9	1, ♭2, ♭3, ♭5, 6 2, 3, 4, 5, ♭6	0, 1, 3, 6, 9 0, 1, 3, 4, 6
0 1 2 3 4 5 6 7 9 10	1, ♭2, ♭3, ♭5, 6 2, 3, 4, 5, ♭7	0, 1, 3, 6, 9 0, 2, 3, 5, 8
0 1 2 3 4 5 6 7 8 10	1, ♭2, ♭3, ♭5, 6 2, 3, 4, 5, 7	0, 1, 3, 6, 9 0, 2, 3, 5, 8
0 1 2 3 4 5 6 8 9 10	1, ♭2, ♭3, ♭5, 6 2, 3, 4, ♭6, ♭7	0, 1, 3, 6, 9 0, 2, 3, 6, 8
0 1 2 3 4 5 6 7 9 10	1, ♭2, ♭3, ♭5, 6 2, 3, 4, ♭6, 7	0, 1, 3, 6, 9 0, 1, 3, 6, 9
0 1 2 3 4 5 6 7 8 9	1, ♭2, ♭3, ♭5, 6 2, 3, 4, ♭7, 7	0, 1, 3, 6, 9 0, 1, 3, 6, 7
0 1 2 3 4 6 7 8 9 10	1, ♭2, ♭3, ♭5, 6 2, 3, 5, ♭6, ♭7	0, 1, 3, 6, 9 0, 2, 3, 6, 8
0 1 2 3 4 5 7 8 9 10	1, ♭2, ♭3, ♭5, 6 2, 3, 5, ♭6, 7	0, 1, 3, 6, 9 0, 1, 4, 7, 9
0 1 2 3 4 5 6 7 9 10	1, ♭2, ♭3, ♭5, 6 2, 3, 5, ♭7, 7	0, 1, 3, 6, 9 0, 1, 4, 6, 9
0 1 2 3 4 5 6 7 8 10	1, ♭2, ♭3, ♭5, 6 2, 3, ♭6, ♭7, 7	0, 1, 3, 6, 9 0, 2, 3, 6, 8
0 1 2 3 4 5 7 8 9 10	1, ♭2, ♭3, ♭5, 6 2, 4, 5, ♭6, ♭7	0, 1, 3, 6, 9 0, 2, 3, 5, 8
0 1 2 3 4 6 7 8 9 10	1, ♭2, ♭3, ♭5, 6 2, 4, 5, ♭6, 7	0, 1, 3, 6, 9 0, 2, 3, 6, 9
0 1 2 3 4 5 6 8 9 10	1, ♭2, ♭3, ♭5, 6 2, 4, 5, ♭7, 7	0, 1, 3, 6, 9 0, 1, 4, 6, 9
0 1 2 3 4 5 6 7 9 10	1, ♭2, ♭3, ♭5, 6 2, 4, ♭6, ♭7, 7	0, 1, 3, 6, 9 0, 2, 3, 6, 9
0 1 2 3 4 5 6 7 8 9	1, ♭2, ♭3, ♭5, 6 2, 5, ♭6, ♭7, 7	0, 1, 3, 6, 9 0, 1, 3, 4, 7
0 1 2 3 4 5 6 7 9 10	1, ♭2, ♭3, ♭5, 6 3, 4, 5, ♭6, ♭7	0, 1, 3, 6, 9 0, 1, 3, 4, 6
0 1 2 3 4 5 6 8 9 10	1, ♭2, ♭3, ♭5, 6 3, 4, 5, ♭6, 7	0, 1, 3, 6, 9 0, 1, 3, 4, 7
0 1 2 3 4 6 7 8 9 10	1, ♭2, ♭3, ♭5, 6 3, 4, 5, ♭7, 7	0, 1, 3, 6, 9 0, 1, 3, 6, 7
0 1 2 3 4 5 7 8 9 10	1, ♭2, ♭3, ♭5, 6 3, 4, ♭6, ♭7, 7	0, 1, 3, 6, 9 0, 1, 3, 6, 7
0 1 2 3 4 5 6 7 9 10	1, ♭2, ♭3, ♭5, 6 3, 5, ♭6, ♭7, 7	0, 1, 3, 6, 9 0, 1, 3, 4, 7
0 1 2 3 4 5 6 7 8 10	1, ♭2, ♭3, ♭5, 6 4, 5, ♭6, ♭7, 7	0, 1, 3, 6, 9 0, 1, 3, 4, 6

C, D♭, E, F, G

prime form: 0, 1, 4, 5, 7

degrees: 1, ♭2, 3, 4, 5

Scale application to typical chord types all keys:

C:	1	♭2	3	4	5	7 mel, 7sus4
D♭:	7	1	♭3	3	♭5	
D:	♭7	7	2	♭3	4	
E♭:	6	♭7	♭2	2	3	7, 7sus4
E:	♭6	6	1	♭2	♭3	-7 mel, 7, 7sus4
F:	5	♭6	7	1	2	Δ7♯5 mel, -Δ7 mel
G♭:	♭5	5	♭7	7	♭2	
G:	4	♭5	6	♭7	1	7 mel
A♭:	3	4	♭6	6	7	Δ7♯5 mel
A:	♭3	3	5	♭6	♭7	7, 7sus4
B♭:	2	♭3	♭5	5	6	-Δ7, 7
B:	♭2	2	4	♭5	♭6	7 mel, -7♭5 mel

Symmetric Difference as:
Pitches
D, E♭, G♭, A♭, A, B♭, B
Degrees
2, ♭3, ♭5, ♭6, 6, ♭7, 7
Prime Form
0, 1, 4, 5, 6, 7, 9

See page 444 for more possible scale applications

Unique 3 Note Subsets as prime form

C	D♭	E	0 1 4
C	D♭	F	0 1 5
C	D♭	G	0 1 6
C	E	F	0 1 5
C	E	G	0 3 7
C	F	G	0 2 7
D♭	E	F	0 1 4
D♭	E	G	0 3 6
D♭	F	G	0 2 6
E	F	G	0 1 3

Unique 4 Note Subsets as prime form

C	D♭	E	F	0 1 4 5
C	D♭	E	G	0 1 4 7
C	D♭	F	G	0 1 5 7
C	E	F	G	0 2 3 7
D♭	E	F	G	0 2 3 6

Scale grouped in Unique Dyad Pairs with prime forms

C D♭	E F	0 1	0 1
C D♭	E G	0 1	0 3
C E	F G	0 4	0 2
C E	D♭ F	0 4	0 4
C E	D♭ G	0 4	0 6
C F	D♭ E	0 5	0 3
C F	E G	0 5	0 3
C F	D♭ G	0 5	0 6
C G	D♭ E	0 5	0 3
C G	D♭ F	0 5	0 4
C G	E F	0 5	0 1

0, 1, 4, 5, 7 pentatonic Scale with other 5 note Scale possibilities

Scale as pitch classes with compliment	Scale as degrees with compliment	Scales as Prime Form
0 1 2 3 4 5 6 7 8 9	1, ♭2, 3, 4, 5 2, ♭3, ♭5, ♭6, 6	0, 1, 4, 5, 7 0, 1, 3, 6, 7
0 1 2 3 4 5 6 7 8 10	1, ♭2, 3, 4, 5 2, ♭3, ♭5, ♭6, ♭7	0, 1, 4, 5, 7 0, 1, 4, 6, 8
0 1 2 3 4 5 6 7 8 9	1, ♭2, 3, 4, 5 2, ♭3, ♭5, ♭6, 7	0, 1, 4, 5, 7 0, 1, 4, 7, 9
0 1 2 3 4 5 6 7 9 10	1, ♭2, 3, 4, 5 2, ♭3, ♭5, 6, ♭7	0, 1, 4, 5, 7 0, 1, 4, 7, 8
0 1 2 3 4 5 6 7 8 10	1, ♭2, 3, 4, 5 2, ♭3, ♭5, 6, 7	0, 1, 4, 5, 7 0, 1, 4, 6, 9
0 1 2 3 4 5 6 7 8 9	1, ♭2, 3, 4, 5 2, ♭3, ♭5, ♭7, 7	0, 1, 4, 5, 7 0, 1, 4, 5, 8
0 1 2 3 4 5 7 8 9 10	1, ♭2, 3, 4, 5 2, ♭3, ♭6, 6, ♭7	0, 1, 4, 5, 7 0, 1, 2, 6, 7
0 1 2 3 4 5 6 8 9 10	1, ♭2, 3, 4, 5 2, ♭3, ♭6, 6, 7	0, 1, 4, 5, 7 0, 1, 3, 6, 7
0 1 2 3 4 5 6 7 9 10	1, ♭2, 3, 4, 5 2, ♭3, ♭6, ♭7, 7	0, 1, 4, 5, 7 0, 1, 4, 5, 7
0 1 2 3 4 5 6 7 8 10	1, ♭2, 3, 4, 5 2, ♭3, 6, ♭7, 7	0, 1, 4, 5, 7 0, 1, 2, 5, 6
0 1 2 3 4 5 6 8 9 10	1, ♭2, 3, 4, 5 2, ♭5, ♭6, 6, ♭7	0, 1, 4, 5, 7 0, 2, 3, 4, 8
0 1 2 3 4 5 7 8 9 10	1, ♭2, 3, 4, 5 2, ♭5, ♭6, 6, 7	0, 1, 4, 5, 7 0, 2, 3, 5, 8
0 1 2 3 4 6 7 8 9 10	1, ♭2, 3, 4, 5 2, ♭5, ♭6, ♭7, 7	0, 1, 4, 5, 7 0, 2, 4, 5, 8
0 1 2 3 4 5 7 8 9 10	1, ♭2, 3, 4, 5 2, ♭5, 6, ♭7, 7	0, 1, 4, 5, 7 0, 3, 4, 5, 8
0 1 2 3 4 5 6 7 9 10	1, ♭2, 3, 4, 5 2, ♭6, 6, ♭7, 7	0, 1, 4, 5, 7 0, 1, 2, 3, 6
0 1 2 3 4 5 6 7 9 10	1, ♭2, 3, 4, 5 ♭3, ♭5, ♭6, 6, ♭7	0, 1, 4, 5, 7 0, 1, 2, 4, 7
0 1 2 3 4 5 6 8 9 10	1, ♭2, 3, 4, 5 ♭3, ♭5, ♭6, 6, 7	0, 1, 4, 5, 7 0, 2, 3, 5, 8
0 1 2 3 4 5 7 8 9 10	1, ♭2, 3, 4, 5 ♭3, ♭5, ♭6, ♭7, 7	0, 1, 4, 5, 7 0, 1, 3, 5, 8
0 1 2 3 4 6 7 8 9 10	1, ♭2, 3, 4, 5 ♭3, ♭5, 6, ♭7, 7	0, 1, 4, 5, 7 0, 1, 2, 5, 8
0 1 2 3 4 5 6 8 9 10	1, ♭2, 3, 4, 5 ♭3, ♭6, 6, ♭7, 7	0, 1, 4, 5, 7 0, 1, 2, 3, 7
0 1 2 3 4 5 6 7 8 9	1, ♭2, 3, 4, 5 ♭5, ♭6, 6, ♭7, 7	0, 1, 4, 5, 7 0, 1, 2, 3, 5

C, D♭, E, F, A♭

prime form: 0, 1, 4, 5, 8

degrees: 1, ♭2, 3, 4, ♭6

Scale application to typical chord types all keys:

C:	1	♭2	3	4	♭6	7 mel, 7sus4
D♭:	7	1	♭3	3	5	+7
D:	♭7	7	2	♭3	♭5	
E♭:	6	♭7	♭2	2	4	7 mel, 7sus4
E:	♭6	6	1	♭2	3	7, 7sus4
F:	5	♭6	7	1	♭3	+7, -Δ7 mel
G♭:	♭5	5	♭7	7	2	
G:	4	♭5	6	♭7	♭2	7 mel
A♭:	3	4	♭6	6	1	Δ7♯5 mel, 7 mel, 7sus4
A:	♭3	3	5	♭6	7	+7
B♭:	2	♭3	♭5	5	♭7	7
B:	♭2	2	4	♭5	6	7 mel

Symmetric Difference as:

Pitches

D, E♭, G♭, G, A, B♭, B

Degrees

2, ♭3, ♭5, 5, 6, ♭7, 7

Prime Form

0, 1, 3, 4, 5, 8, 9

See page 445 for more possible scale applications

Unique 3 Note Subsets as prime form

C	D♭	E	0 1 4
C	D♭	F	0 1 5
C	D♭	A♭	0 1 5
C	E	F	0 1 5
C	E	A♭	0 4 8
C	F	A♭	0 3 7
D♭	E	F	0 1 4
D♭	E	A♭	0 3 7
D♭	F	A♭	0 3 7
E	F	A♭	0 1 4

Unique 4 Note Subsets as prime form

C	D♭	E	F	0 1 4 5
C	D♭	E	A♭	0 3 4 8
C	D♭	F	A♭	0 1 5 8
C	E	F	A♭	0 1 4 8
D♭	E	F	A♭	0 3 4 7

Scale grouped in Unique Dyad Pairs with prime forms

C	D♭	E	F	0 1	0 1
C	D♭	E	A♭	0 1	0 4
C	E	F	A♭	0 4	0 3
C	E	D♭	F	0 4	0 4
C	E	D♭	A♭	0 4	0 5
C	F	D♭	E	0 5	0 3
C	F	E	A♭	0 5	0 4
C	F	D♭	A♭	0 5	0 5
C	A♭	D♭	E	0 4	0 3
C	A♭	D♭	F	0 4	0 4
C	A♭	E	F	0 4	0 1

0, 1, 4, 5, 8 pentatonic scale with other 5 note scale possibilities

Scale as pitch classes with compliment		Scale as degrees with compliment		Scales as Prime Form	
0 1 2 3 4	5 6 7 8 9	1, ♭2, 3, 4, ♭6	2, ♭3, ♭5, 5, 6	0, 1, 4, 5, 8	0, 1, 4, 5, 7
0 1 2 3 4	5 6 7 8 10	1, ♭2, 3, 4, ♭6	2, ♭3, ♭5, 5, ♭7	0, 1, 4, 5, 8	0, 1, 4, 5, 8
0 1 2 3 4	5 6 7 8 9	1, ♭2, 3, 4, ♭6	2, ♭3, ♭5, 5, 7	0, 1, 4, 5, 8	0, 1, 4, 5, 8
0 1 2 3 4	5 6 8 9 10	1, ♭2, 3, 4, ♭6	2, ♭3, ♭5, 6, ♭7	0, 1, 4, 5, 8	0, 1, 4, 7, 8
0 1 2 3 4	5 6 7 9 10	1, ♭2, 3, 4, ♭6	2, ♭3, ♭5, 6, 7	0, 1, 4, 5, 8	0, 1, 4, 6, 9
0 1 2 3 4	5 6 7 8 10	1, ♭2, 3, 4, ♭6	2, ♭3, ♭5, ♭7, 7	0, 1, 4, 5, 8	0, 1, 4, 5, 8
0 1 2 3 4	5 7 8 9 10	1, ♭2, 3, 4, ♭6	2, ♭3, 5, 6, ♭7	0, 1, 4, 5, 8	0, 1, 5, 6, 8
0 1 2 3 4	5 6 8 9 10	1, ♭2, 3, 4, ♭6	2, ♭3, 5, 6, 7	0, 1, 4, 5, 8	0, 1, 4, 6, 8
0 1 2 3 4	5 6 7 9 10	1, ♭2, 3, 4, ♭6	2, ♭3, 5, ♭7, 7	0, 1, 4, 5, 8	0, 1, 4, 5, 8
0 1 2 3 4	5 6 7 8 9	1, ♭2, 3, 4, ♭6	2, ♭3, 6, ♭7, 7	0, 1, 4, 5, 8	0, 1, 2, 5, 6
0 1 2 3 4	5 6 8 9 10	1, ♭2, 3, 4, ♭6	2, ♭5, 5, 6, ♭7	0, 1, 4, 5, 8	0, 1, 3, 4, 8
0 1 2 3 4	5 7 8 9 10	1, ♭2, 3, 4, ♭6	2, ♭5, 5, 6, 7	0, 1, 4, 5, 8	0, 1, 3, 5, 8
0 1 2 3 4	6 7 8 9 10	1, ♭2, 3, 4, ♭6	2, ♭5, 5, ♭7, 7	0, 1, 4, 5, 8	0, 1, 4, 5, 8
0 1 2 3 4	5 6 8 9 10	1, ♭2, 3, 4, ♭6	2, ♭5, 6, ♭7, 7	0, 1, 4, 5, 8	0, 3, 4, 5, 8
0 1 2 3 4	5 6 7 9 10	1, ♭2, 3, 4, ♭6	2, 5, 6, ♭7, 7	0, 1, 4, 5, 8	0, 2, 3, 4, 7
0 1 2 3 4	5 6 7 9 10	1, ♭2, 3, 4, ♭6	♭3, ♭5, 5, 6, ♭7	0, 1, 4, 5, 8	0, 1, 3, 4, 7
0 1 2 3 4	5 6 8 9 10	1, ♭2, 3, 4, ♭6	♭3, ♭5, 5, 6, 7	0, 1, 4, 5, 8	0, 2, 4, 5, 8
0 1 2 3 4	5 7 8 9 10	1, ♭2, 3, 4, ♭6	♭3, ♭5, 5, ♭7, 7	0, 1, 4, 5, 8	0, 1, 4, 5, 8
0 1 2 3 4	5 7 8 9 10	1, ♭2, 3, 4, ♭6	♭3, ♭5, 6, ♭7, 7	0, 1, 4, 5, 8	0, 1, 2, 5, 8
0 1 2 3 4	5 6 8 9 10	1, ♭2, 3, 4, ♭6	♭3, 5, 6, ♭7, 7	0, 1, 4, 5, 8	0, 2, 3, 4, 8
0 1 2 3 4	5 6 7 8 9	1, ♭2, 3, 4, ♭6	♭5, 5, 6, ♭7, 7	0, 1, 4, 5, 8	0, 1, 2, 4, 5

C, D♭, E, G♭, A♭

prime form: 0, 1, 4, 6, 8
degrees: 1, ♭2, 3, ♭5, ♭6

Scale application to typical chord types all keys:

C:	1	♭2	3	♭5	♭6	7
D♭:	7	1	♭3	4	5	-Δ7
D:	♭7	7	2	3	♭5	
E♭:	6	♭7	♭2	♭3	4	-7 mel, 7 mel, 7sus4
E:	♭6	6	1	2	3	Δ7♯5 mel, 7, Δ7♯5, 7sus4
F:	5	♭6	7	♭2	♭3	
G♭:	♭5	5	♭7	1	2	7
G:	4	♭5	6	7	♭2	
A♭:	3	4	♭6	♭7	1	7 mel, 7sus4
A:	♭3	3	5	6	7	
B♭:	2	♭3	♭5	♭6	♭7	-7♭5, 7
B:	♭2	2	4	5	6	7 mel, 7sus4

Symmetric Difference as:
Pitches
D, E♭, F, G, A, B♭, B
Degrees
2, ♭3, 4, 5, 6, ♭7, 7
Prime Form
0, 1, 2, 4, 6, 8, 9

See page 446 for more possible scale applications

Unique 3 Note Subsets as prime form

C	D♭	E	0 1 4
C	D♭	G♭	0 1 6
C	D♭	A♭	0 1 5
C	E	G♭	0 2 6
C	E	A♭	0 4 8
C	G♭	A♭	0 2 6
D♭	E	G♭	0 2 5
D♭	E	A♭	0 3 7
D♭	G♭	A♭	0 2 7
E	G♭	A♭	0 2 4

Unique 4 Note Subsets as prime form

C	D♭	E	G♭	0 1 4 6
C	D♭	E	A♭	0 3 4 8
C	D♭	G♭	A♭	0 1 5 7
C	E	G♭	A♭	0 2 4 8
D♭	E	G♭	A♭	0 2 4 7

Scale grouped in Unique Dyad Pairs with prime forms

C	D♭	E	G♭	0 1	0 2
C	D♭	E	A♭	0 1	0 4
C	E	G♭	A♭	0 4	0 2
C	E	D♭	G♭	0 4	0 5
C	E	D♭	A♭	0 4	0 5
C	G♭	D♭	E	0 6	0 3
C	G♭	E	A♭	0 6	0 4
C	G♭	D♭	A♭	0 6	0 5
C	A♭	D♭	E	0 4	0 3
C	A♭	D♭	G♭	0 4	0 5
C	A♭	E	G♭	0 4	0 2

0, 1, 4, 6, 8 pentatonic Scale with other 5 note Scale possibilities

Scale as pitch classes with compliment		Scale as degrees with compliment		Scales as Prime Form	
0 1 2 3 4	5 6 7 8 9	1, ♭2, 3, ♭5, ♭6	2, ♭3, 4, 5, 6	0, 1, 4, 6, 8	0, 1, 3, 5, 7
0 1 2 3 4	5 6 7 8 10	1, ♭2, 3, ♭5, ♭6	2, ♭3, 4, 5, ♭7	0, 1, 4, 6, 8	0, 1, 3, 5, 8
0 1 2 3 4	5 6 7 8 9	1, ♭2, 3, ♭5, ♭6	2, ♭3, 4, 5, 7	0, 1, 4, 6, 8	0, 2, 4, 5, 8
0 1 2 3 4	5 6 8 9 10	1, ♭2, 3, ♭5, ♭6	2, ♭3, 4, 6, ♭7	0, 1, 4, 6, 8	0, 1, 5, 6, 8
0 1 2 3 4	5 6 7 9 10	1, ♭2, 3, ♭5, ♭6	2, ♭3, 4, 6, 7	0, 1, 4, 6, 8	0, 2, 3, 6, 8
0 1 2 3 4	5 6 7 8 10	1, ♭2, 3, ♭5, ♭6	2, ♭3, 4, ♭7, 7	0, 1, 4, 6, 8	0, 1, 4, 5, 7
0 1 2 3 4	6 7 8 9 10	1, ♭2, 3, ♭5, ♭6	2, ♭3, 5, 6, ♭7	0, 1, 4, 6, 8	0, 1, 5, 6, 8
0 1 2 3 4	5 7 8 9 10	1, ♭2, 3, ♭5, ♭6	2, ♭3, 5, 6, 7	0, 1, 4, 6, 8	0, 1, 4, 6, 8
0 1 2 3 4	5 6 8 9 10	1, ♭2, 3, ♭5, ♭6	2, ♭3, 5, ♭7, 7	0, 1, 4, 6, 8	0, 1, 4, 5, 8
0 1 2 3 4	5 6 7 8 10	1, ♭2, 3, ♭5, ♭6	2, ♭3, 6, ♭7, 7	0, 1, 4, 6, 8	0, 1, 2, 5, 6
0 1 2 3 4	5 6 8 9 10	1, ♭2, 3, ♭5, ♭6	2, 4, 5, 6, ♭7	0, 1, 4, 6, 8	0, 1, 3, 5, 8
0 1 2 3 4	5 7 8 9 10	1, ♭2, 3, ♭5, ♭6	2, 4, 5, 6, 7	0, 1, 4, 6, 8	0, 2, 4, 6, 9
0 1 2 3 4	6 7 8 9 10	1, ♭2, 3, ♭5, ♭6	2, 4, 5, ♭7, 7	0, 1, 4, 6, 8	0, 1, 4, 6, 9
0 1 2 3 4	5 6 8 9 10	1, ♭2, 3, ♭5, ♭6	2, 4, 6, ♭7, 7	0, 1, 4, 6, 8	0, 1, 2, 5, 8
0 1 2 3 4	5 6 7 8 10	1, ♭2, 3, ♭5, ♭6	2, 5, 6, ♭7, 7	0, 1, 4, 6, 8	0, 2, 3, 4, 7
0 1 2 3 4	5 6 7 9 10	1, ♭2, 3, ♭5, ♭6	♭3, 4, 5, 6, ♭7	0, 1, 4, 6, 8	0, 1, 3, 5, 7
0 1 2 3 4	5 6 8 9 10	1, ♭2, 3, ♭5, ♭6	♭3, 4, 5, 6, 7	0, 1, 4, 6, 8	0, 2, 4, 6, 8
0 1 2 3 4	5 7 8 9 10	1, ♭2, 3, ♭5, ♭6	♭3, 4, 5, ♭7, 7	0, 1, 4, 6, 8	0, 1, 4, 6, 8
0 1 2 3 4	5 7 8 9 10	1, ♭2, 3, ♭5, ♭6	♭3, 4, 6, ♭7, 7	0, 1, 4, 6, 8	0, 1, 2, 6, 8
0 1 2 3 4	5 6 7 9 10	1, ♭2, 3, ♭5, ♭6	♭3, 5, 6, ♭7, 7	0, 1, 4, 6, 8	0, 2, 3, 4, 8
0 1 2 3 4	5 6 7 8 9	1, ♭2, 3, ♭5, ♭6	4, 5, 6, ♭7, 7	0, 1, 4, 6, 8	0, 1, 2, 4, 6

C, D♭, E, G♭, A

prime form: 0, 1, 4, 6, 9

degrees: 1, ♭2, 3, ♭5, 6

Scale application to typical chord types all keys:

C:	1	♭2	3	♭5	6	7
D♭:	7	1	♭3	4	♭6	°7, -Δ7 mel
D:	♭7	7	2	3	5	
E♭:	6	♭7	♭2	♭3	♭5	7
E:	♭6	6	1	2	4	°7, Δ7♯5 mel, 7 mel, 7sus4, -Δ7 mel
F:	5	♭6	7	♭2	3	
G♭:	♭5	5	♭7	1	♭3	7
G:	4	♭5	6	7	2	°7, Δ7♯5 mel, -Δ7
A♭:	3	4	♭6	♭7	♭2	7 mel, 7sus4
A:	♭3	3	5	6	1	7, 7sus4
B♭:	2	♭3	♭5	♭6	7	°7, -Δ7 mel
B:	♭2	2	4	5	♭7	7 mel, 7sus4

Symmetric Difference as:

Pitches

D, E♭, F, G, A♭, B♭, B

Degrees

2, ♭3, 4, 5, ♭6, ♭7, 7

Prime Form

0, 1, 3, 4, 6, 8, 9

See page 447 for more possible scale applications

Unique 3 Note Subsets as prime form

C	D♭	E	0 1 4
C	D♭	G♭	0 1 6
C	D♭	A	0 1 4
C	E	G♭	0 2 6
C	E	A	0 3 7
C	G♭	A	0 3 6
D♭	E	G♭	0 2 5
D♭	E	A	0 3 7
D♭	G♭	A	0 3 7
E	G♭	A	0 2 5

Unique 4 Note Subsets as prime form

C	D♭	E	G♭	0 1 4 6
C	D♭	E	A	0 3 4 7
C	D♭	G♭	A	0 1 4 7
C	E	G♭	A	0 2 5 8
D♭	E	G♭	A	0 3 5 8

Scale grouped in Unique Dyad Pairs with prime forms

C	D♭	E	G♭	0 1	0 2
C	D♭	E	A	0 1	0 5
C	E	G♭	A	0 4	0 3
C	E	D♭	G♭	0 4	0 5
C	E	D♭	A	0 4	0 4
C	G♭	D♭	E	0 6	0 3
C	G♭	E	A	0 6	0 5
C	G♭	D♭	A	0 6	0 4
C	A	D♭	E	0 3	0 3
C	A	D♭	G♭	0 3	0 5
C	A	E	G♭	0 3	0 2

0, 1, 4, 6, 9 pentatonic scale with other 5 note scale possibilities

Scale as pitch classes with compliment		Scale as degrees with compliment		Scales as Prime Form	
0 1 2 3 4	5 6 7 8 9	1, ♭2, 3, ♭5, 6	2, ♭3, 4, 5, ♭6	0, 1, 4, 6, 9	0, 1, 3, 5, 6
0 1 2 3 4	5 6 7 9 10	1, ♭2, 3, ♭5, 6	2, ♭3, 4, 5, ♭7	0, 1, 4, 6, 9	0, 1, 3, 5, 8
0 1 2 3 4	5 6 7 8 10	1, ♭2, 3, ♭5, 6	2, ♭3, 4, 5, 7	0, 1, 4, 6, 9	0, 2, 4, 5, 8
0 1 2 3 4	5 6 8 9 10	1, ♭2, 3, ♭5, 6	2, ♭3, 4, ♭6, ♭7	0, 1, 4, 6, 9	0, 1, 3, 6, 8
0 1 2 3 4	5 6 7 9 10	1, ♭2, 3, ♭5, 6	2, ♭3, 4, ♭6, 7	0, 1, 4, 6, 9	0, 2, 3, 6, 9
0 1 2 3 4	5 6 7 8 9	1, ♭2, 3, ♭5, 6	2, ♭3, 4, ♭7, 7	0, 1, 4, 6, 9	0, 1, 4, 5, 7
0 1 2 3 4	6 7 8 9 10	1, ♭2, 3, ♭5, 6	2, ♭3, 5, ♭6, ♭7	0, 1, 4, 6, 9	0, 1, 3, 7, 8
0 1 2 3 4	5 7 8 9 10	1, ♭2, 3, ♭5, 6	2, ♭3, 5, ♭6, 7	0, 1, 4, 6, 9	0, 1, 4, 7, 8
0 1 2 3 4	5 6 7 9 10	1, ♭2, 3, ♭5, 6	2, ♭3, 5, ♭7, 7	0, 1, 4, 6, 9	0, 1, 4, 5, 8
0 1 2 3 4	5 6 7 8 10	1, ♭2, 3, ♭5, 6	2, ♭3, ♭6, ♭7, 7	0, 1, 4, 6, 9	0, 1, 4, 5, 7
0 1 2 3 4	5 6 8 9 10	1, ♭2, 3, ♭5, 6	2, 4, 5, ♭6, ♭7	0, 1, 4, 6, 9	0, 2, 3, 5, 8
0 1 2 3 4	5 7 8 9 10	1, ♭2, 3, ♭5, 6	2, 4, 5, ♭6, 7	0, 1, 4, 6, 9	0, 2, 3, 6, 9
0 1 2 3 4	5 7 8 9 10	1, ♭2, 3, ♭5, 6	2, 4, 5, ♭7, 7	0, 1, 4, 6, 9	0, 1, 4, 6, 9
0 1 2 3 4	5 6 8 9 10	1, ♭2, 3, ♭5, 6	2, 4, ♭6, ♭7, 7	0, 1, 4, 6, 9	0, 2, 3, 6, 9
0 1 2 3 4	5 6 7 8 10	1, ♭2, 3, ♭5, 6	2, 5, ♭6, ♭7, 7	0, 1, 4, 6, 9	0, 1, 3, 4, 7
0 1 2 3 4	5 6 7 9 10	1, ♭2, 3, ♭5, 6	♭3, 4, 5, ♭6, ♭7	0, 1, 4, 6, 9	0, 2, 3, 5, 7
0 1 2 3 4	5 6 8 9 10	1, ♭2, 3, ♭5, 6	♭3, 4, 5, ♭6, 7	0, 1, 4, 6, 9	0, 2, 4, 5, 8
0 1 2 3 4	6 7 8 9 10	1, ♭2, 3, ♭5, 6	♭3, 4, 5, ♭7, 7	0, 1, 4, 6, 9	0, 1, 4, 6, 8
0 1 2 3 4	5 7 8 9 10	1, ♭2, 3, ♭5, 6	♭3, 4, ♭6, ♭7, 7	0, 1, 4, 6, 9	0, 1, 3, 6, 8
0 1 2 3 4	5 6 7 9 10	1, ♭2, 3, ♭5, 6	♭3, 5, ♭6, ♭7, 7	0, 1, 4, 6, 9	0, 1, 3, 4, 8
0 1 2 3 4	5 6 7 8 9	1, ♭2, 3, ♭5, 6	4, 5, ♭6, ♭7, 7	0, 1, 4, 6, 9	0, 1, 3, 4, 6

C, D♭, E, G, A♭

prime form: 0, 1, 4, 7, 8

degrees: 1, ♭2, 3, 5, ♭6

Scale application to typical chord types all keys:

C:	1	♭2	3	5	♭6	7, 7sus4
D♭:	7	1	♭3	♭5	5	-Δ7
D:	♭7	7	2	4	♭5	
E♭:	6	♭7	♭2	3	4	7 mel, 7sus4
E:	♭6	6	1	♭3	3	7, 7sus4
F:	5	♭6	7	2	♭3	-Δ7 mel
G♭:	♭5	5	♭7	♭2	2	7
G:	4	♭5	6	1	♭2	7 mel
A♭:	3	4	♭6	7	1	Δ7♯5 mel
A:	♭3	3	5	♭7	7	
B♭:	2	♭3	♭5	6	♭7	7
B:	♭2	2	4	♭6	6	7 mel, 7sus4

Symmetric Difference as:
Pitches
D, E♭, F, G♭, A, B♭, B
Degrees
2, ♭3, 4, ♭5, 6, ♭7, 7
Prime Form
0, 1, 2, 5, 6, 8, 9

See page 448 for more possible scale applications

Unique 3 Note Subsets as prime form

C	D♭	E	0 1 4
C	D♭	G	0 1 6
C	D♭	A♭	0 1 5
C	E	G	0 3 7
C	E	A♭	0 4 8
C	G	A♭	0 1 5
D♭	E	G	0 3 6
D♭	E	A♭	0 3 7
D♭	G	A♭	0 1 6
E	G	A♭	0 1 4

Unique 4 Note Subsets as prime form

C	D♭	E	G	0 1 4 7
C	D♭	E	A♭	0 3 4 8
C	D♭	G	A♭	0 1 5 6
C	E	G	A♭	0 3 4 8
D♭	E	G	A♭	0 1 4 7

Scale grouped in Unique Dyad Pairs with prime forms

C	D♭	E	G	0 1 0 3
C	D♭	E	A♭	0 1 0 4
C	E	G	A♭	0 4 0 1
C	E	D♭	G	0 4 0 6
C	E	D♭	A♭	0 4 0 5
C	G	D♭	E	0 5 0 3
C	G	E	A♭	0 5 0 4
C	G	D♭	A♭	0 5 0 5
C	A♭	D♭	E	0 4 0 3
C	A♭	D♭	G	0 4 0 6
C	A♭	E	G	0 4 0 3

0, 1, 4, 7, 8 pentatonic scale with other 5 note scale possibilities

Scale as pitch classes with compliment		Scale as degrees with compliment		Scales as Prime Form	
0 1 2 3 4	5 6 7 8 9	1, ♭2, 3, 5, ♭6	2, ♭3, 4, ♭5, 6	0, 1, 4, 7, 8	0, 1, 3, 4, 7
0 1 2 3 4	5 6 7 8 10	1, ♭2, 3, 5, ♭6	2, ♭3, 4, ♭5, ♭7	0, 1, 4, 7, 8	0, 1, 3, 4, 8
0 1 2 3 4	5 6 7 8 9	1, ♭2, 3, 5, ♭6	2, ♭3, 4, ♭5, 7	0, 1, 4, 7, 8	0, 1, 3, 4, 7
0 1 2 3 4	5 7 8 9 10	1, ♭2, 3, 5, ♭6	2, ♭3, 4, 6, ♭7	0, 1, 4, 7, 8	0, 1, 5, 6, 8
0 1 2 3 4	5 6 8 9 10	1, ♭2, 3, 5, ♭6	2, ♭3, 4, 6, 7	0, 1, 4, 7, 8	0, 2, 3, 6, 8
0 1 2 3 4	5 6 7 9 10	1, ♭2, 3, 5, ♭6	2, ♭3, 4, ♭7, 7	0, 1, 4, 7, 8	0, 1, 4, 5, 7
0 1 2 3 4	6 7 8 9 10	1, ♭2, 3, 5, ♭6	2, ♭3, ♭5, 6, ♭7	0, 1, 4, 7, 8	0, 1, 4, 7, 8
0 1 2 3 4	5 7 8 9 10	1, ♭2, 3, 5, ♭6	2, ♭3, ♭5, 6, 7	0, 1, 4, 7, 8	0, 1, 4, 6, 9
0 1 2 3 4	5 6 8 9 10	1, ♭2, 3, 5, ♭6	2, ♭3, ♭5, ♭7, 7	0, 1, 4, 7, 8	0, 1, 4, 5, 8
0 1 2 3 4	5 6 7 8 9	1, ♭2, 3, 5, ♭6	2, ♭3, 6, ♭7, 7	0, 1, 4, 7, 8	0, 1, 2, 5, 6
0 1 2 3 4	5 6 8 9 10	1, ♭2, 3, 5, ♭6	2, 4, ♭5, 6, ♭7	0, 1, 4, 7, 8	0, 1, 4, 5, 8
0 1 2 3 4	5 7 8 9 10	1, ♭2, 3, 5, ♭6	2, 4, ♭5, 6, 7	0, 1, 4, 7, 8	0, 1, 4, 6, 9
0 1 2 3 4	6 7 8 9 10	1, ♭2, 3, 5, ♭6	2, 4, ♭5, ♭7, 7	0, 1, 4, 7, 8	0, 1, 4, 7, 8
0 1 2 3 4	5 6 7 9 10	1, ♭2, 3, 5, ♭6	2, 4, 6, ♭7, 7	0, 1, 4, 7, 8	0, 1, 2, 5, 8
0 1 2 3 4	5 6 7 8 10	1, ♭2, 3, 5, ♭6	2, ♭5, 6, ♭7, 7	0, 1, 4, 7, 8	0, 3, 4, 5, 8
0 1 2 3 4	5 6 7 9 10	1, ♭2, 3, 5, ♭6	♭3, 4, ♭5, 6, ♭7	0, 1, 4, 7, 8	0, 1, 4, 5, 7
0 1 2 3 4	5 6 8 9 10	1, ♭2, 3, 5, ♭6	♭3, 4, ♭5, 6, 7	0, 1, 4, 7, 8	0, 2, 3, 6, 8
0 1 2 3 4	5 7 8 9 10	1, ♭2, 3, 5, ♭6	♭3, 4, ♭5, ♭7, 7	0, 1, 4, 7, 8	0, 1, 3, 7, 8
0 1 2 3 4	5 6 8 9 10	1, ♭2, 3, 5, ♭6	♭3, 4, 6, ♭7, 7	0, 1, 4, 7, 8	0, 1, 2, 6, 8
0 1 2 3 4	5 6 7 9 10	1, ♭2, 3, 5, ♭6	♭3, ♭5, 6, ♭7, 7	0, 1, 4, 7, 8	0, 1, 2, 5, 8
0 1 2 3 4	5 6 7 8 9	1, ♭2, 3, 5, ♭6	4, ♭5, 6, ♭7, 7	0, 1, 4, 7, 8	0, 1, 2, 5, 6

C, D, E♭, E, G♭

prime form: 0, 2, 3, 4, 6

degrees: 1, 2, ♭3, 3, ♭5

Scale application to typical chord types all keys:

C:	1	2	♭3	3	♭5	7
D♭:	7	♭2	2	♭3	4	
D:	♭7	1	♭2	2	3	7, 7sus4
E♭:	6	7	1	♭2	♭3	
E:	♭6	♭7	7	1	2	
F:	5	6	♭7	7	♭2	
G♭:	♭5	♭6	6	♭7	1	7
G:	4	5	♭6	6	7	Δ7♯5 mel, -Δ7 mel
A♭:	3	♭5	5	♭6	♭7	7
A:	♭3	4	♭5	5	6	-Δ7, 7 mel
B♭:	2	3	4	♭5	♭6	Δ7♯5 mel, 7 mel
B:	♭2	♭3	3	4	5	7 mel, 7sus4

Symmetric Difference as:
Pitches
D♭, F, G, A♭, A, B♭, B
Degrees
♭2, 4, 5, ♭6, 6, ♭7, 7
Prime Form
0, 2, 3, 4, 5, 6, 8

See page 449 for more possible scale applications

Unique 3 Note Subsets as prime form

C	D	E♭	0 1 3
C	D	E	0 2 4
C	D	G♭	0 2 6
C	E♭	E	0 1 4
C	E♭	G♭	0 3 6
C	E	G♭	0 2 6
D	E♭	E	0 1 2
D	E♭	G♭	0 1 4
D	E	G♭	0 2 4
E♭	E	G♭	0 1 3

Unique 4 Note Subsets as prime form

C	D	E♭	E	0 1 2 4
C	D	E♭	G♭	0 2 3 6
C	D	E	G♭	0 2 4 6
C	E♭	E	G♭	0 2 3 6
D	E♭	E	G♭	0 1 2 4

Scale grouped in Unique Dyad Pairs with prime forms

C	D	E♭	E	0 2	0 1
C	D	E♭	G♭	0 2	0 3
C	E♭	E	G♭	0 3	0 2
C	E♭	D	E	0 3	0 2
C	E♭	D	G♭	0 3	0 4
C	E	D	E♭	0 4	0 1
C	E	E♭	G♭	0 4	0 3
C	E	D	G♭	0 4	0 4
C	G♭	D	E♭	0 6	0 1
C	G♭	D	E	0 6	0 2
C	G♭	E♭	E	0 6	0 1

0, 2, 3, 4, 6 pentatonic scale with other 5 note scale possibilities

Scale as pitch classes with compliment	Scale as degrees with compliment	Scales as Prime Form
0 1 2 3 4 5 6 7 8 9	1, 2, ♭3, 3, ♭5 ♭2, 4, 5, ♭6, 6	0, 2, 3, 4, 6 0, 2, 3, 4, 8
0 1 2 3 4 5 6 7 8 10	1, 2, ♭3, 3, ♭5 ♭2, 4, 5, ♭6, ♭7	0, 2, 3, 4, 6 0, 2, 3, 5, 8
0 1 2 3 4 5 6 7 8 9	1, 2, ♭3, 3, ♭5 ♭2, 4, 5, ♭6, 7	0, 2, 3, 4, 6 0, 2, 3, 6, 8
0 1 2 3 4 5 6 7 9 10	1, 2, ♭3, 3, ♭5 ♭2, 4, 5, 6, ♭7	0, 2, 3, 4, 6 0, 2, 4, 5, 8
0 1 2 3 4 5 6 7 8 10	1, 2, ♭3, 3, ♭5 ♭2, 4, 5, 6, 7	0, 2, 3, 4, 6 0, 2, 4, 6, 8
0 1 2 3 4 5 6 7 8 9	1, 2, ♭3, 3, ♭5 ♭2, 4, 5, ♭7, 7	0, 2, 3, 4, 6 0, 2, 3, 6, 8
0 1 2 3 4 5 6 8 9 10	1, 2, ♭3, 3, ♭5 ♭2, 4, ♭6, 6, ♭7	0, 2, 3, 4, 6 0, 3, 4, 5, 8
0 1 2 3 4 5 6 7 9 10	1, 2, ♭3, 3, ♭5 ♭2, 4, ♭6, 6, 7	0, 2, 3, 4, 6 0, 2, 4, 5, 8
0 1 2 3 4 5 6 7 8 10	1, 2, ♭3, 3, ♭5 ♭2, 4, ♭6, ♭7, 7	0, 2, 3, 4, 6 0, 2, 3, 5, 8
0 1 2 3 4 5 6 7 8 9	1, 2, ♭3, 3, ♭5 ♭2, 4, 6, ♭7, 7	0, 2, 3, 4, 6 0, 2, 3, 4, 8
0 1 2 3 4 6 7 8 9 10	1, 2, ♭3, 3, ♭5 ♭2, 5, ♭6, 6, ♭7	0, 2, 3, 4, 6 0, 1, 2, 3, 6
0 1 2 3 4 5 7 8 9 10	1, 2, ♭3, 3, ♭5 ♭2, 5, ♭6, 6, 7	0, 2, 3, 4, 6 0, 1, 2, 4, 6
0 1 2 3 4 5 6 8 9 10	1, 2, ♭3, 3, ♭5 ♭2, 5, ♭6, ♭7, 7	0, 2, 3, 4, 6 0, 1, 3, 4, 6
0 1 2 3 4 5 6 7 9 10	1, 2, ♭3, 3, ♭5 ♭2, 5, 6, ♭7, 7	0, 2, 3, 4, 6 0, 2, 3, 4, 6
0 1 2 3 4 5 6 7 8 10	1, 2, ♭3, 3, ♭5 ♭2, ♭6, 6, ♭7, 7	0, 2, 3, 4, 6 0, 1, 2, 3, 5
0 1 2 3 4 5 6 7 8 10	1, 2, ♭3, 3, ♭5 4, 5, ♭6, 6, ♭7	0, 2, 3, 4, 6 0, 1, 2, 3, 5
0 1 2 3 4 5 6 7 9 10	1, 2, ♭3, 3, ♭5 4, 5, ♭6, 6, 7	0, 2, 3, 4, 6 0, 2, 3, 4, 6
0 1 2 3 4 5 6 8 9 10	1, 2, ♭3, 3, ♭5 4, 5, ♭6, ♭7, 7	0, 2, 3, 4, 6 0, 1, 3, 4, 6
0 1 2 3 4 5 7 8 9 10	1, 2, ♭3, 3, ♭5 4, 5, 6, ♭7, 7	0, 2, 3, 4, 6 0, 1, 2, 4, 6
0 1 2 3 4 6 7 8 9 10	1, 2, ♭3, 3, ♭5 4, ♭6, 6, ♭7, 7	0, 2, 3, 4, 6 0, 1, 2, 3, 6
0 1 2 3 4 5 6 8 9 10	1, 2, ♭3, 3, ♭5 5, ♭6, 6, ♭7, 7	0, 2, 3, 4, 6 0, 1, 2, 3, 4

C, D, E♭, E, G

prime form: 0, 2, 3, 4, 7

degrees: 1, 2, ♭3, 3, 5

Scale application to typical chord types all keys:

C:	1	2	♭3	3	5	7, 7sus4
D♭:	7	♭2	2	♭3	♭5	
D:	♭7	1	♭2	2	4	7 mel, -7♭5 mel, 7sus4
E♭:	6	7	1	♭2	3	
E:	♭6	♭7	7	1	♭3	
F:	5	6	♭7	7	2	
G♭:	♭5	♭6	6	♭7	♭2	7
G:	4	5	♭6	6	1	Δ7♯5 mel, -7 mel, 7 mel, 7sus4, -Δ7 mel
A♭:	3	♭5	5	♭6	7	Δ7♯5 mel
A:	♭3	4	♭5	5	♭7	7 mel
B♭:	2	3	4	♭5	6	Δ7♯5 mel, 7 mel
B:	♭2	♭3	3	4	♭6	7 mel, 7sus4

Symmetric Difference as:
Pitches
D♭, F, G♭, A♭, A, B♭, B
Degrees
♭2, 4, ♭5, ♭6, 6, ♭7, 7
Prime Form
0, 1, 3, 4, 5, 6, 8

See page 450 for more possible scale applications

Unique 3 Note Subsets as prime form

C	D	E♭	0 1 3
C	D	E	0 2 4
C	D	G	0 2 7
C	E♭	E	0 1 4
C	E♭	G	0 3 7
C	E	G	0 3 7
D	E♭	E	0 1 2
D	E♭	G	0 1 5
D	E	G	0 2 5
E♭	E	G	0 1 4

Unique 4 Note Subsets as prime form

C	D	E♭	E	0 1 2 4
C	D	E♭	G	0 2 3 7
C	D	E	G	0 2 4 7
C	E♭	E	G	0 3 4 7
D	E♭	E	G	0 1 2 5

Scale grouped in Unique Dyad Pairs with prime forms

C	D	E♭	E	0 2	0 1
C	D	E♭	G	0 2	0 4
C	E♭	E	G	0 3	0 3
C	E♭	D	E	0 3	0 2
C	E♭	D	G	0 3	0 5
C	E	D	E♭	0 4	0 1
C	E	E♭	G	0 4	0 4
C	E	D	G	0 4	0 5
C	G	D	E♭	0 5	0 1
C	G	D	E	0 5	0 2
C	G	E♭	E	0 5	0 1

0, 2, 3, 4, 7 pentatonic scale with other 5 note scale possibilities

Scale as pitch classes with compliment		Scale as degrees with compliment		Scales as Prime Form	
0 1 2 3 4	5 6 7 8 9	1, 2, ♭3, 3, 5	♭2, 4, ♭5, ♭6, 6	0, 2, 3, 4, 7	0, 1, 3, 4, 8
0 1 2 3 4	5 6 7 8 10	1, 2, ♭3, 3, 5	♭2, 4, ♭5, ♭6, ♭7	0, 2, 3, 4, 7	0, 1, 3, 5, 8
0 1 2 3 4	5 6 7 8 9	1, 2, ♭3, 3, 5	♭2, 4, ♭5, ♭6, 7	0, 2, 3, 4, 7	0, 1, 3, 6, 8
0 1 2 3 4	5 6 7 9 10	1, 2, ♭3, 3, 5	♭2, 4, ♭5, 6, ♭7	0, 2, 3, 4, 7	0, 1, 4, 5, 8
0 1 2 3 4	5 6 7 8 10	1, 2, ♭3, 3, 5	♭2, 4, ♭5, 6, 7	0, 2, 3, 4, 7	0, 1, 4, 6, 8
0 1 2 3 4	5 6 7 8 9	1, 2, ♭3, 3, 5	♭2, 4, ♭5, ♭7, 7	0, 2, 3, 4, 7	0, 1, 5, 6, 8
0 1 2 3 4	5 7 8 9 10	1, 2, ♭3, 3, 5	♭2, 4, ♭6, 6, ♭7	0, 2, 3, 4, 7	0, 3, 4, 5, 8
0 1 2 3 4	5 6 8 9 10	1, 2, ♭3, 3, 5	♭2, 4, ♭6, 6, 7	0, 2, 3, 4, 7	0, 2, 4, 5, 8
0 1 2 3 4	5 6 7 9 10	1, 2, ♭3, 3, 5	♭2, 4, ♭6, ♭7, 7	0, 2, 3, 4, 7	0, 2, 3, 5, 8
0 1 2 3 4	5 6 7 8 10	1, 2, ♭3, 3, 5	♭2, 4, 6, ♭7, 7	0, 2, 3, 4, 7	0, 2, 3, 4, 8
0 1 2 3 4	6 7 8 9 10	1, 2, ♭3, 3, 5	♭2, ♭5, ♭6, 6, ♭7	0, 2, 3, 4, 7	0, 2, 3, 4, 7
0 1 2 3 4	5 7 8 9 10	1, 2, ♭3, 3, 5	♭2, ♭5, ♭6, 6, 7	0, 2, 3, 4, 7	0, 2, 3, 5, 7
0 1 2 3 4	5 6 8 9 10	1, 2, ♭3, 3, 5	♭2, ♭5, ♭6, ♭7, 7	0, 2, 3, 4, 7	0, 2, 3, 5, 7
0 1 2 3 4	5 6 7 9 10	1, 2, ♭3, 3, 5	♭2, ♭5, 6, ♭7, 7	0, 2, 3, 4, 7	0, 2, 3, 4, 7
0 1 2 3 4	5 6 7 8 9	1, 2, ♭3, 3, 5	♭2, ♭6, 6, ♭7, 7	0, 2, 3, 4, 7	0, 1, 2, 3, 5
0 1 2 3 4	5 6 7 8 10	1, 2, ♭3, 3, 5	4, ♭5, ♭6, 6, ♭7	0, 2, 3, 4, 7	0, 1, 2, 4, 5
0 1 2 3 4	5 6 7 9 10	1, 2, ♭3, 3, 5	4, ♭5, ♭6, 6, 7	0, 2, 3, 4, 7	0, 1, 3, 4, 6
0 1 2 3 4	5 6 8 9 10	1, 2, ♭3, 3, 5	4, ♭5, ♭6, ♭7, 7	0, 2, 3, 4, 7	0, 1, 3, 5, 6
0 1 2 3 4	5 7 8 9 10	1, 2, ♭3, 3, 5	4, ♭5, 6, ♭7, 7	0, 2, 3, 4, 7	0, 1, 2, 5, 6
0 1 2 3 4	5 7 8 9 10	1, 2, ♭3, 3, 5	4, ♭6, 6, ♭7, 7	0, 2, 3, 4, 7	0, 1, 2, 3, 6
0 1 2 3 4	5 6 8 9 10	1, 2, ♭3, 3, 5	♭5, ♭6, 6, ♭7, 7	0, 2, 3, 4, 7	0, 1, 2, 3, 5

C, D, E♭, F, G

prime form: 0, 2, 3, 5, 7
degrees: 1, 2, ♭3, 4, 5

Scale application to typical chord types all keys:

C:	1	2	♭3	4	5	-7, -Δ7, 7 mel, 7sus4
D♭:	7	♭2	2	3	♭5	
D:	♭7	1	♭2	♭3	4	-7 mel, 7 mel, -7♭5 mel, 7sus4
E♭:	6	7	1	2	3	Δ7♯5 mel, Δ7, Δ7♯5
E:	♭6	♭7	7	♭2	♭3	
F:	5	6	♭7	1	2	-7, 7, 7sus4
G♭:	♭5	♭6	6	7	♭2	
G:	4	5	♭6	♭7	1	-7 mel, 7 mel, 7sus4
A♭:	3	♭5	5	6	7	Δ7♯5 mel, Δ7
A:	♭3	4	♭5	♭6	♭7	-7♭5, 7 mel
B♭:	2	3	4	5	6	Δ7♯5 mel, 7 mel, Δ7 mel, 7sus4
B:	♭2	♭3	3	♭5	♭6	7

Symmetric Difference as:
Pitches
D♭, E, G♭, A♭, A, B♭, B
Degrees
♭2, 3, ♭5, ♭6, 6, ♭7, 7
Prime Form
0, 2, 3, 4, 5, 7, 9

See page 451 for more possible scale applications

Unique 3 Note Subsets as prime form

C	D	E♭	0 1 3
C	D	F	0 2 5
C	D	G	0 2 7
C	E♭	F	0 2 5
C	E♭	G	0 3 7
C	F	G	0 2 7
D	E♭	F	0 1 3
D	E♭	G	0 1 5
D	F	G	0 2 5
E♭	F	G	0 2 4

Unique 4 Note Subsets as prime form

C	D	E♭	F	0 2 3 5
C	D	E♭	G	0 2 3 7
C	D	F	G	0 2 5 7
C	E♭	F	G	0 2 4 7
D	E♭	F	G	0 1 3 5

Scale grouped in Unique Dyad Pairs with prime forms

C	D	E♭	F	0 2	0 2
C	D	E♭	G	0 2	0 4
C	E♭	F	G	0 3	0 2
C	E♭	D	F	0 3	0 3
C	E♭	D	G	0 3	0 5
C	F	D	E♭	0 5	0 1
C	F	E♭	G	0 5	0 4
C	F	D	G	0 5	0 5
C	G	D	E♭	0 5	0 1
C	G	D	F	0 5	0 3
C	G	E♭	F	0 5	0 2

0, 2, 3, 5, 7 pentatonic scale with other 5 note scale possibilities

Scale as pitch classes with compliment		Scale as degrees with compliment		Scales as Prime Form	
0 1 2 3 4	5 6 7 8 9	1, 2, ♭3, 4, 5	♭2, 3, ♭5, ♭6, 6	0, 2, 3, 5, 7	0, 1, 3, 5, 8
0 1 2 3 4	5 6 7 8 10	1, 2, ♭3, 4, 5	♭2, 3, ♭5, ♭6, ♭7	0, 2, 3, 5, 7	0, 2, 4, 6, 9
0 1 2 3 4	5 6 7 8 9	1, 2, ♭3, 4, 5	♭2, 3, ♭5, ♭6, 7	0, 2, 3, 5, 7	0, 2, 4, 7, 9
0 1 2 3 4	5 6 7 9 10	1, 2, ♭3, 4, 5	♭2, 3, ♭5, 6, ♭7	0, 2, 3, 5, 7	0, 1, 4, 6, 9
0 1 2 3 4	5 6 7 8 10	1, 2, ♭3, 4, 5	♭2, 3, ♭5, 6, 7	0, 2, 3, 5, 7	0, 2, 4, 7, 9
0 1 2 3 4	5 6 7 8 9	1, 2, ♭3, 4, 5	♭2, 3, ♭5, ♭7, 7	0, 2, 3, 5, 7	0, 1, 3, 6, 8
0 1 2 3 4	5 7 8 9 10	1, 2, ♭3, 4, 5	♭2, 3, ♭6, 6, ♭7	0, 2, 3, 5, 7	0, 1, 2, 5, 8
0 1 2 3 4	5 6 8 9 10	1, 2, ♭3, 4, 5	♭2, 3, ♭6, 6, 7	0, 2, 3, 5, 7	0, 1, 3, 5, 8
0 1 2 3 4	5 6 7 9 10	1, 2, ♭3, 4, 5	♭2, 3, ♭6, ♭7, 7	0, 2, 3, 5, 7	0, 2, 3, 5, 8
0 1 2 3 4	5 6 7 8 10	1, 2, ♭3, 4, 5	♭2, 3, 6, ♭7, 7	0, 2, 3, 5, 7	0, 1, 2, 4, 7
0 1 2 3 4	5 7 8 9 10	1, 2, ♭3, 4, 5	♭2, ♭5, ♭6, 6, ♭7	0, 2, 3, 5, 7	0, 2, 3, 4, 7
0 1 2 3 4	6 7 8 9 10	1, 2, ♭3, 4, 5	♭2, ♭5, ♭6, 6, 7	0, 2, 3, 5, 7	0, 2, 3, 5, 7
0 1 2 3 4	5 7 8 9 10	1, 2, ♭3, 4, 5	♭2, ♭5, ♭6, ♭7, 7	0, 2, 3, 5, 7	0, 2, 3, 5, 7
0 1 2 3 4	5 6 8 9 10	1, 2, ♭3, 4, 5	♭2, ♭5, 6, ♭7, 7	0, 2, 3, 5, 7	0, 2, 3, 4, 7
0 1 2 3 4	5 6 7 8 10	1, 2, ♭3, 4, 5	♭2, ♭6, 6, ♭7, 7	0, 2, 3, 5, 7	0, 1, 2, 3, 5
0 1 2 3 4	5 6 7 8 10	1, 2, ♭3, 4, 5	3, ♭5, ♭6, 6, ♭7	0, 2, 3, 5, 7	0, 1, 2, 4, 6
0 1 2 3 4	5 6 7 9 10	1, 2, ♭3, 4, 5	3, ♭5, ♭6, 6, 7	0, 2, 3, 5, 7	0, 2, 3, 5, 7
0 1 2 3 4	5 6 8 9 10	1, 2, ♭3, 4, 5	3, ♭5, ♭6, ♭7, 7	0, 2, 3, 5, 7	0, 1, 3, 5, 7
0 1 2 3 4	5 7 8 9 10	1, 2, ♭3, 4, 5	3, ♭5, 6, ♭7, 7	0, 2, 3, 5, 7	0, 1, 2, 5, 7
0 1 2 3 4	5 7 8 9 10	1, 2, ♭3, 4, 5	3, ♭6, 6, ♭7, 7	0, 2, 3, 5, 7	0, 1, 2, 3, 7
0 1 2 3 4	5 6 7 9 10	1, 2, ♭3, 4, 5	♭5, ♭6, 6, ♭7, 7	0, 2, 3, 5, 7	0, 1, 2, 3, 5

C, D, E♭, F, A♭

prime form: 0, 2, 3, 5, 8

degrees: 1, 2, ♭3, 4, ♭6

Scale application to typical chord types all keys:

C:	1	2	♭3	4	♭6	°7, -7♭5, 7 mel, 7sus4, -Δ7 mel
D♭:	7	♭2	2	3	5	
D:	♭7	1	♭2	♭3	♭5	7, -7♭5 mel
E♭:	6	7	1	2	4	°7, Δ7♯5 mel, -Δ7, Δ7 mel
E:	♭6	♭7	7	♭2	3	
F:	5	6	♭7	1	♭3	-7, 7, 7sus4
G♭:	♭5	♭6	6	7	2	°7, Δ7♯5 mel, Δ7♯5, -Δ7 mel
G:	4	5	♭6	♭7	♭2	-7 mel, 7 mel, 7sus4
A♭:	3	♭5	5	6	1	Δ7♯5 mel, 7, Δ7
A:	♭3	4	♭5	♭6	7	°7, -Δ7 mel
B♭:	2	3	4	5	♭7	7 mel, 7sus4
B:	♭2	♭3	3	♭5	6	7

Symmetric Difference as:

Pitches

D♭, E, G♭, G, A, B♭, B

Degrees

♭2, 3, ♭5, 5, 6, ♭7, 7

Prime Form

0, 2, 3, 4, 6, 7, 9

See page 452 for more possible scale applications

Unique 3 Note Subsets as prime form

C	D	E♭	0 1 3
C	D	F	0 2 5
C	D	A♭	0 2 6
C	E♭	F	0 2 5
C	E♭	A♭	0 3 7
C	F	A♭	0 3 7
D	E♭	F	0 1 3
D	E♭	A♭	0 1 6
D	F	A♭	0 3 6
E♭	F	A♭	0 2 5

Unique 4 Note Subsets as prime form

C	D	E♭	F	0 2 3 5
C	D	E♭	A♭	0 1 3 7
C	D	F	A♭	0 2 5 8
C	E♭	F	A♭	0 3 5 8
D	E♭	F	A♭	0 1 3 6

Scale grouped in Unique Dyad Pairs with prime forms

C	D	E♭	F	0 2	0 2
C	D	E♭	A♭	0 2	0 5
C	E♭	F	A♭	0 3	0 3
C	E♭	D	F	0 3	0 3
C	E♭	D	A♭	0 3	0 6
C	F	D	E♭	0 5	0 1
C	F	E♭	A♭	0 5	0 5
C	F	D	A♭	0 5	0 6
C	A♭	D	E♭	0 4	0 1
C	A♭	D	F	0 4	0 3
C	A♭	E♭	F	0 4	0 2

0, 2, 3, 5, 8 pentatonic scale with other 5 note scale possibilities

Scale as pitch classes with compliment		Scale as degrees with compliment		Scales as Prime Form	
0 1 2 3 4	5 6 7 8 9	1, 2, ♭3, 4, ♭6	♭2, 3, ♭5, 5, 6	0, 2, 3, 5, 8	0, 2, 3, 5, 8
0 1 2 3 4	5 6 7 8 10	1, 2, ♭3, 4, ♭6	♭2, 3, ♭5, 5, ♭7	0, 2, 3, 5, 8	0, 2, 3, 6, 9
0 1 2 3 4	5 6 7 8 9	1, 2, ♭3, 4, ♭6	♭2, 3, ♭5, 5, 7	0, 2, 3, 5, 8	0, 1, 3, 6, 8
0 1 2 3 4	5 6 8 9 10	1, 2, ♭3, 4, ♭6	♭2, 3, ♭5, 6, ♭7	0, 2, 3, 5, 8	0, 1, 4, 6, 9
0 1 2 3 4	5 6 7 9 10	1, 2, ♭3, 4, ♭6	♭2, 3, ♭5, 6, 7	0, 2, 3, 5, 8	0, 2, 4, 7, 9
0 1 2 3 4	5 6 7 8 10	1, 2, ♭3, 4, ♭6	♭2, 3, ♭5, ♭7, 7	0, 2, 3, 5, 8	0, 1, 3, 6, 8
0 1 2 3 4	5 7 8 9 10	1, 2, ♭3, 4, ♭6	♭2, 3, 5, 6, ♭7	0, 2, 3, 5, 8	0, 2, 3, 6, 9
0 1 2 3 4	5 6 8 9 10	1, 2, ♭3, 4, ♭6	♭2, 3, 5, 6, 7	0, 2, 3, 5, 8	0, 2, 4, 6, 9
0 1 2 3 4	5 6 7 9 10	1, 2, ♭3, 4, ♭6	♭2, 3, 5, ♭7, 7	0, 2, 3, 5, 8	0, 2, 3, 6, 9
0 1 2 3 4	5 6 7 8 9	1, 2, ♭3, 4, ♭6	♭2, 3, 6, ♭7, 7	0, 2, 3, 5, 8	0, 1, 2, 4, 7
0 1 2 3 4	5 7 8 9 10	1, 2, ♭3, 4, ♭6	♭2, ♭5, 5, 6, ♭7	0, 2, 3, 5, 8	0, 1, 3, 4, 7
0 1 2 3 4	6 7 8 9 10	1, 2, ♭3, 4, ♭6	♭2, ♭5, 5, 6, 7	0, 2, 3, 5, 8	0, 1, 3, 5, 7
0 1 2 3 4	5 7 8 9 10	1, 2, ♭3, 4, ♭6	♭2, ♭5, 5, ♭7, 7	0, 2, 3, 5, 8	0, 1, 4, 5, 7
0 1 2 3 4	5 6 7 9 10	1, 2, ♭3, 4, ♭6	♭2, ♭5, 6, ♭7, 7	0, 2, 3, 5, 8	0, 2, 3, 4, 7
0 1 2 3 4	5 6 7 8 10	1, 2, ♭3, 4, ♭6	♭2, 5, 6, ♭7, 7	0, 2, 3, 5, 8	0, 2, 3, 4, 6
0 1 2 3 4	5 6 7 8 10	1, 2, ♭3, 4, ♭6	3, ♭5, 5, 6, ♭7	0, 2, 3, 5, 8	0, 1, 3, 4, 6
0 1 2 3 4	5 6 7 9 10	1, 2, ♭3, 4, ♭6	3, ♭5, 5, 6, 7	0, 2, 3, 5, 8	0, 2, 3, 5, 7
0 1 2 3 4	5 6 8 9 10	1, 2, ♭3, 4, ♭6	3, ♭5, 5, ♭7, 7	0, 2, 3, 5, 8	0, 1, 4, 5, 7
0 1 2 3 4	6 7 8 9 10	1, 2, ♭3, 4, ♭6	3, ♭5, 6, ♭7, 7	0, 2, 3, 5, 8	0, 1, 2, 5, 7
0 1 2 3 4	5 7 8 9 10	1, 2, ♭3, 4, ♭6	3, 5, 6, ♭7, 7	0, 2, 3, 5, 8	0, 1, 2, 4, 7
0 1 2 3 4	5 6 7 9 10	1, 2, ♭3, 4, ♭6	♭5, 5, 6, ♭7, 7	0, 2, 3, 5, 8	0, 1, 2, 4, 5

C, D, E♭, G♭, A♭

prime form: 0, 2, 3, 6, 8

degrees: 1, 2, ♭3, ♭5, ♭6

Scale application to typical chord types all keys:

C:	1	2	♭3	♭5	♭6	°7, -7♭5, 7, -Δ7 mel
D♭:	7	♭2	2	4	5	
D:	♭7	1	♭2	3	♭5	7
E♭:	6	7	1	♭3	4	°7, -Δ7
E:	♭6	♭7	7	2	3	
F:	5	6	♭7	♭2	♭3	-7 mel, 7, 7sus4
G♭:	♭5	♭6	6	1	2	°7, Δ7♯5 mel, 7, Δ7♯5, -Δ7 mel
G:	4	5	♭6	7	♭2	
A♭:	3	♭5	5	♭7	1	7
A:	♭3	4	♭5	6	7	°7, -Δ7
B♭:	2	3	4	♭6	♭7	7 mel, 7sus4
B:	♭2	♭3	3	5	6	7, 7sus4

Symmetric Difference as:
Pitches
D♭, E, F, G, A, B♭, B
Degrees
♭2, 3, 4, 5, 6, ♭7, 7
Prime Form
0, 1, 3, 5, 6, 7, 9

See page 453 for more possible scale applications

Unique 3 Note Subsets as prime form

C	D	E♭	0 1 3
C	D	G♭	0 2 6
C	D	A♭	0 2 6
C	E♭	G♭	0 3 6
C	E♭	A♭	0 3 7
C	G♭	A♭	0 2 6
D	E♭	G♭	0 1 4
D	E♭	A♭	0 1 6
D	G♭	A♭	0 2 6
E♭	G♭	A♭	0 2 5

Unique 4 Note Subsets as prime form

C	D	E♭	G♭	0 2 3 6
C	D	E♭	A♭	0 1 3 7
C	D	G♭	A♭	0 2 6 8
C	E♭	G♭	A♭	0 2 5 8
D	E♭	G♭	A♭	0 1 4 6

Scale grouped in Unique Dyad Pairs with prime forms

C	D	E♭	G♭	0 2 0 3
C	D	E♭	A♭	0 2 0 5
C	E♭	G♭	A♭	0 3 0 2
C	E♭	D	G♭	0 3 0 4
C	E♭	D	A♭	0 3 0 6
C	G♭	D	E♭	0 6 0 1
C	G♭	E♭	A♭	0 6 0 5
C	G♭	D	A♭	0 6 0 6
C	A♭	D	E♭	0 4 0 1
C	A♭	D	G♭	0 4 0 4
C	A♭	E♭	G♭	0 4 0 3

0, 2, 3, 6, 8 pentatonic scale with other 5 note scale possibilities

Scale as pitch classes with compliment	Scale as degrees with compliment		Scales as Prime Form	
0 1 2 3 4 5 6 7 8 9	1, 2, ♭3, ♭5, ♭6	♭2, 3, 4, 5, 6	0, 2, 3, 6, 8	0, 2, 4, 5, 8
0 1 2 3 4 5 6 7 8 10	1, 2, ♭3, ♭5, ♭6	♭2, 3, 4, 5, ♭7	0, 2, 3, 6, 8	0, 1, 3, 6, 9
0 1 2 3 4 5 6 7 8 9	1, 2, ♭3, ♭5, ♭6	♭2, 3, 4, 5, 7	0, 2, 3, 6, 8	0, 2, 3, 6, 8
0 1 2 3 4 5 6 8 9 10	1, 2, ♭3, ♭5, ♭6	♭2, 3, 4, 6, ♭7	0, 2, 3, 6, 8	0, 1, 4, 7, 8
0 1 2 3 4 5 6 7 9 10	1, 2, ♭3, ♭5, ♭6	♭2, 3, 4, 6, 7	0, 2, 3, 6, 8	0, 1, 4, 6, 8
0 1 2 3 4 5 6 7 8 10	1, 2, ♭3, ♭5, ♭6	♭2, 3, 4, ♭7, 7	0, 2, 3, 6, 8	0, 1, 3, 6, 7
0 1 2 3 4 6 7 8 9 10	1, 2, ♭3, ♭5, ♭6	♭2, 3, 5, 6, ♭7	0, 2, 3, 6, 8	0, 2, 3, 6, 9
0 1 2 3 4 5 7 8 9 10	1, 2, ♭3, ♭5, ♭6	♭2, 3, 5, 6, 7	0, 2, 3, 6, 8	0, 2, 4, 6, 9
0 1 2 3 4 5 6 8 9 10	1, 2, ♭3, ♭5, ♭6	♭2, 3, 5, ♭7, 7	0, 2, 3, 6, 8	0, 2, 3, 6, 9
0 1 2 3 4 5 6 7 8 10	1, 2, ♭3, ♭5, ♭6	♭2, 3, 6, ♭7, 7	0, 2, 3, 6, 8	0, 1, 2, 4, 7
0 1 2 3 4 5 7 8 9 10	1, 2, ♭3, ♭5, ♭6	♭2, 4, 5, 6, ♭7	0, 2, 3, 6, 8	0, 2, 4, 5, 8
0 1 2 3 4 6 7 8 9 10	1, 2, ♭3, ♭5, ♭6	♭2, 4, 5, 6, 7	0, 2, 3, 6, 8	0, 2, 4, 6, 8
0 1 2 3 4 5 7 8 9 10	1, 2, ♭3, ♭5, ♭6	♭2, 4, 5, ♭7, 7	0, 2, 3, 6, 8	0, 2, 3, 6, 8
0 1 2 3 4 5 6 7 9 10	1, 2, ♭3, ♭5, ♭6	♭2, 4, 6, ♭7, 7	0, 2, 3, 6, 8	0, 2, 3, 4, 8
0 1 2 3 4 5 6 7 8 9	1, 2, ♭3, ♭5, ♭6	♭2, 5, 6, ♭7, 7	0, 2, 3, 6, 8	0, 2, 3, 4, 6
0 1 2 3 4 5 6 7 8 10	1, 2, ♭3, ♭5, ♭6	3, 4, 5, 6, ♭7	0, 2, 3, 6, 8	0, 1, 3, 5, 6
0 1 2 3 4 5 6 7 9 10	1, 2, ♭3, ♭5, ♭6	3, 4, 5, 6, 7	0, 2, 3, 6, 8	0, 1, 3, 5, 7
0 1 2 3 4 5 6 8 9 10	1, 2, ♭3, ♭5, ♭6	3, 4, 5, ♭7, 7	0, 2, 3, 6, 8	0, 1, 3, 6, 7
0 1 2 3 4 6 7 8 9 10	1, 2, ♭3, ♭5, ♭6	3, 4, 6, ♭7, 7	0, 2, 3, 6, 8	0, 1, 2, 6, 7
0 1 2 3 4 5 6 8 9 10	1, 2, ♭3, ♭5, ♭6	3, 5, 6, ♭7, 7	0, 2, 3, 6, 8	0, 1, 2, 4, 7
0 1 2 3 4 5 6 7 9 10	1, 2, ♭3, ♭5, ♭6	4, 5, 6, ♭7, 7	0, 2, 3, 6, 8	0, 1, 2, 4, 6

C, D, E, F, A♭

prime form: 0, 2, 4, 5, 8

degrees: 1, 2, 3, 4, ♭6

Scale application to typical chord types all keys:

C:	1	2	3	4	♭6	Δ7♯5 mel, 7 mel, 7sus4
D♭:	7	♭2	♭3	3	5	
D:	♭7	1	2	♭3	♭5	-7♭5, 7
E♭:	6	7	♭2	2	4	
E:	♭6	♭7	1	♭2	3	7, 7sus4
F:	5	6	7	1	♭3	-Δ7
G♭:	♭5	♭6	♭7	7	2	
G:	4	5	6	♭7	♭2	-7 mel, 7 mel, 7sus4
A♭:	3	♭5	♭6	6	1	Δ7♯5 mel, 7, Δ7♯5
A:	♭3	4	5	♭6	7	-Δ7 mel
B♭:	2	3	♭5	5	♭7	7
B:	♭2	♭3	4	♭5	6	7 mel

Symmetric Difference as:
Pitches
D♭, E♭, G♭, G, A, B♭, B
Degrees
♭2, ♭3, ♭5, 5, 6, ♭7, 7
Prime Form
0, 1, 3, 4, 5, 7, 9

See page 454 for more possible scale applications

Unique 3 Note Subsets as prime form

C	D	E	0 2 4
C	D	F	0 2 5
C	D	A♭	0 2 6
C	E	F	0 1 5
C	E	A♭	0 4 8
C	F	A♭	0 3 7
D	E	F	0 1 3
D	E	A♭	0 2 6
D	F	A♭	0 3 6
E	F	A♭	0 1 4

Unique 4 Note Subsets as prime form

C	D	E	F	0 1 3 5
C	D	E	A♭	0 2 4 8
C	D	F	A♭	0 2 5 8
C	E	F	A♭	0 1 4 8
D	E	F	A♭	0 2 3 6

Scale grouped in Unique Dyad Pairs with prime forms

C D	E F	0 2	0 1
C D	E A♭	0 2	0 4
C E	F A♭	0 4	0 3
C E	D F	0 4	0 3
C E	D A♭	0 4	0 6
C F	D E	0 5	0 2
C F	E A♭	0 5	0 4
C F	D A♭	0 5	0 6
C A♭	D E	0 4	0 2
C A♭	D F	0 4	0 3
C A♭	E F	0 4	0 1

0, 2, 4, 5, 8 pentatonic scale with other 5 note scale possibilities

Scale as pitch classes with compliment		Scale as degrees with compliment		Scales as Prime Form	
0 1 2 3 4	5 6 7 8 9	1, 2, 3, 4, ♭6	♭2, ♭3, ♭5, 5, 6	0, 2, 4, 5, 8	0, 2, 3, 6, 8
0 1 2 3 4	5 6 7 8 10	1, 2, 3, 4, ♭6	♭2, ♭3, ♭5, 5, ♭7	0, 2, 4, 5, 8	0, 1, 4, 7, 9
0 1 2 3 4	5 6 7 8 9	1, 2, 3, 4, ♭6	♭2, ♭3, ♭5, 5, 7	0, 2, 4, 5, 8	0, 1, 4, 6, 8
0 1 2 3 4	5 6 8 9 10	1, 2, 3, 4, ♭6	♭2, ♭3, ♭5, 6, ♭7	0, 2, 4, 5, 8	0, 1, 4, 6, 9
0 1 2 3 4	5 6 7 9 10	1, 2, 3, 4, ♭6	♭2, ♭3, ♭5, 6, 7	0, 2, 4, 5, 8	0, 2, 4, 6, 9
0 1 2 3 4	5 6 7 8 10	1, 2, 3, 4, ♭6	♭2, ♭3, ♭5, ♭7, 7	0, 2, 4, 5, 8	0, 1, 3, 5, 8
0 1 2 3 4	5 7 8 9 10	1, 2, 3, 4, ♭6	♭2, ♭3, 5, 6, ♭7	0, 2, 4, 5, 8	0, 2, 3, 6, 8
0 1 2 3 4	5 6 8 9 10	1, 2, 3, 4, ♭6	♭2, ♭3, 5, 6, 7	0, 2, 4, 5, 8	0, 2, 4, 6, 8
0 1 2 3 4	5 6 7 9 10	1, 2, 3, 4, ♭6	♭2, ♭3, 5, ♭7, 7	0, 2, 4, 5, 8	0, 2, 4, 5, 8
0 1 2 3 4	5 6 7 8 9	1, 2, 3, 4, ♭6	♭2, ♭3, 6, ♭7, 7	0, 2, 4, 5, 8	0, 1, 2, 4, 6
0 1 2 3 4	5 6 8 9 10	1, 2, 3, 4, ♭6	♭2, ♭5, 5, 6, ♭7	0, 2, 4, 5, 8	0, 1, 3, 4, 7
0 1 2 3 4	5 7 8 9 10	1, 2, 3, 4, ♭6	♭2, ♭5, 5, 6, 7	0, 2, 4, 5, 8	0, 1, 3, 5, 7
0 1 2 3 4	6 7 8 9 10	1, 2, 3, 4, ♭6	♭2, ♭5, 5, ♭7, 7	0, 2, 4, 5, 8	0, 1, 4, 5, 7
0 1 2 3 4	5 6 8 9 10	1, 2, 3, 4, ♭6	♭2, ♭5, 6, ♭7, 7	0, 2, 4, 5, 8	0, 2, 3, 4, 7
0 1 2 3 4	5 6 7 9 10	1, 2, 3, 4, ♭6	♭2, 5, 6, ♭7, 7	0, 2, 4, 5, 8	0, 2, 3, 4, 6
0 1 2 3 4	5 6 7 8 10	1, 2, 3, 4, ♭6	♭3, ♭5, 5, 6, ♭7	0, 2, 4, 5, 8	0, 1, 3, 4, 7
0 1 2 3 4	5 6 7 9 10	1, 2, 3, 4, ♭6	♭3, ♭5, 5, 6, 7	0, 2, 4, 5, 8	0, 2, 4, 5, 8
0 1 2 3 4	5 6 8 9 10	1, 2, 3, 4, ♭6	♭3, ♭5, 5, ♭7, 7	0, 2, 4, 5, 8	0, 1, 4, 5, 8
0 1 2 3 4	6 7 8 9 10	1, 2, 3, 4, ♭6	♭3, ♭5, 6, ♭7, 7	0, 2, 4, 5, 8	0, 1, 2, 5, 8
0 1 2 3 4	5 7 8 9 10	1, 2, 3, 4, ♭6	♭3, 5, 6, ♭7, 7	0, 2, 4, 5, 8	0, 2, 3, 4, 8
0 1 2 3 4	5 6 7 8 10	1, 2, 3, 4, ♭6	♭5, 5, 6, ♭7, 7	0, 2, 4, 5, 8	0, 1, 2, 4, 5

C, D, E, G♭, A♭

prime form: 0, 2, 4, 6, 8

degrees: 1, 2, 3, ♭5, ♭6

Scale application to typical chord types all keys:

C:	1	2	3	♭5	♭6	Δ7♯5 mel, 7, Δ7♯5
D♭:	7	♭2	♭3	4	5	
D:	♭7	1	2	3	♭5	7
E♭:	6	7	♭2	♭3	4	
E:	♭6	♭7	1	2	3	7, 7sus4
F:	5	6	7	♭2	♭3	
G♭:	♭5	♭6	♭7	1	2	-7♭5, 7
G:	4	5	6	7	♭2	
A♭:	3	♭5	♭6	♭7	1	7
A:	♭3	4	5	6	7	-Δ7
B♭:	2	3	♭5	♭6	♭7	7
B:	♭2	♭3	4	5	6	-7 mel, 7 mel, 7sus4

Symmetric Difference as:

Pitches

D♭, E♭, F, G, A, B♭, B

Degrees

♭2, ♭3, 4, 5, 6, ♭7, 7

Prime Form

0, 1, 2, 4, 6, 8, 10

See page 455 for more possible scale applications

Unique 3 Note Subsets as prime form

C	D	E	0 2 4
C	D	G♭	0 2 6
C	D	A♭	0 2 6
C	E	G♭	0 2 6
C	E	A♭	0 4 8
C	G♭	A♭	0 2 6
D	E	G♭	0 2 4
D	E	A♭	0 2 6
D	G♭	A♭	0 2 6
E	G♭	A♭	0 2 4

Unique 4 Note Subsets as prime form

C	D	E	G♭	0 2 4 6
C	D	E	A♭	0 2 4 8
C	D	G♭	A♭	0 2 6 8
C	E	G♭	A♭	0 2 4 8
D	E	G♭	A♭	0 2 4 6

Scale grouped in Unique Dyad Pairs with prime forms

C D	E G♭	0 2	0 2
C D	E A♭	0 2	0 4
C E	G♭ A♭	0 4	0 2
C E	D G♭	0 4	0 4
C E	D A♭	0 4	0 6
C G♭	D E	0 6	0 2
C G♭	E A♭	0 6	0 4
C G♭	D A♭	0 6	0 6
C A♭	D E	0 4	0 2
C A♭	D G♭	0 4	0 4
C A♭	E G♭	0 4	0 2

0, 2, 4, 6, 8 pentatonic scale with other 5 note scale possibilities

Scale as pitch classes with compliment	Scale as degrees with compliment	Scales as Prime Form
0 1 2 3 4 5 6 7 8 9	1, 2, 3, ♭5, ♭6 ♭2, ♭3, 4, 5, 6	0, 2, 4, 6, 8 0, 2, 4, 6, 8
0 1 2 3 4 5 6 7 8 10	1, 2, 3, ♭5, ♭6 ♭2, ♭3, 4, 5, ♭7	0, 2, 4, 6, 8 0, 2, 4, 6, 9
0 1 2 3 4 5 6 7 8 9	1, 2, 3, ♭5, ♭6 ♭2, ♭3, 4, 5, 7	0, 2, 4, 6, 8 0, 2, 4, 6, 8
0 1 2 3 4 5 6 8 9 10	1, 2, 3, ♭5, ♭6 ♭2, ♭3, 4, 6, ♭7	0, 2, 4, 6, 8 0, 1, 4, 6, 8
0 1 2 3 4 5 6 7 9 10	1, 2, 3, ♭5, ♭6 ♭2, ♭3, 4, 6, 7	0, 2, 4, 6, 8 0, 2, 4, 6, 8
0 1 2 3 4 5 6 7 8 10	1, 2, 3, ♭5, ♭6 ♭2, ♭3, 4, ♭7, 7	0, 2, 4, 6, 8 0, 1, 3, 5, 7
0 1 2 3 4 6 7 8 9 10	1, 2, 3, ♭5, ♭6 ♭2, ♭3, 5, 6, ♭7	0, 2, 4, 6, 8 0, 2, 3, 6, 8
0 1 2 3 4 5 7 8 9 10	1, 2, 3, ♭5, ♭6 ♭2, ♭3, 5, 6, 7	0, 2, 4, 6, 8 0, 2, 4, 6, 8
0 1 2 3 4 5 6 8 9 10	1, 2, 3, ♭5, ♭6 ♭2, ♭3, 5, ♭7, 7	0, 2, 4, 6, 8 0, 2, 4, 5, 8
0 1 2 3 4 5 6 7 8 10	1, 2, 3, ♭5, ♭6 ♭2, ♭3, 6, ♭7, 7	0, 2, 4, 6, 8 0, 1, 2, 4, 6
0 1 2 3 4 5 6 8 9 10	1, 2, 3, ♭5, ♭6 ♭2, 4, 5, 6, ♭7	0, 2, 4, 6, 8 0, 2, 4, 5, 8
0 1 2 3 4 5 7 8 9 10	1, 2, 3, ♭5, ♭6 ♭2, 4, 5, 6, 7	0, 2, 4, 6, 8 0, 2, 4, 6, 8
0 1 2 3 4 6 7 8 9 10	1, 2, 3, ♭5, ♭6 ♭2, 4, 5, ♭7, 7	0, 2, 4, 6, 8 0, 2, 3, 6, 8
0 1 2 3 4 5 6 8 9 10	1, 2, 3, ♭5, ♭6 ♭2, 4, 6, ♭7, 7	0, 2, 4, 6, 8 0, 2, 3, 4, 8
0 1 2 3 4 5 6 7 8 10	1, 2, 3, ♭5, ♭6 ♭2, 5, 6, ♭7, 7	0, 2, 4, 6, 8 0, 2, 3, 4, 6
0 1 2 3 4 5 6 7 8 10	1, 2, 3, ♭5, ♭6 ♭3, 4, 5, 6, ♭7	0, 2, 4, 6, 8 0, 1, 3, 5, 7
0 1 2 3 4 5 6 7 9 10	1, 2, 3, ♭5, ♭6 ♭3, 4, 5, 6, 7	0, 2, 4, 6, 8 0, 2, 4, 6, 8
0 1 2 3 4 5 6 8 9 10	1, 2, 3, ♭5, ♭6 ♭3, 4, 5, ♭7, 7	0, 2, 4, 6, 8 0, 1, 4, 6, 8
0 1 2 3 4 6 7 8 9 10	1, 2, 3, ♭5, ♭6 ♭3, 4, 6, ♭7, 7	0, 2, 4, 6, 8 0, 1, 2, 6, 8
0 1 2 3 4 5 6 8 9 10	1, 2, 3, ♭5, ♭6 ♭3, 5, 6, ♭7, 7	0, 2, 4, 6, 8 0, 2, 3, 4, 8
0 1 2 3 4 5 6 7 8 10	1, 2, 3, ♭5, ♭6 4, 5, 6, ♭7, 7	0, 2, 4, 6, 8 0, 1, 2, 4, 6

C, D, E, G♭, A

prime form: 0, 2, 4, 6, 9

degrees: 1, 2, 3, ♭5, 6

Scale application to typical chord types all keys:

C:	1	2	3	♭5	6	Δ7♯5 mel, 7, Δ7♯5, Δ7
D♭:	7	♭2	♭3	4	♭6	
D:	♭7	1	2	3	5	7, 7sus4
E♭:	6	7	♭2	♭3	♭5	
E:	♭6	♭7	1	2	4	-7♭5, 7 mel, 7sus4
F:	5	6	7	♭2	3	
G♭:	♭5	♭6	♭7	1	♭3	-7♭5, 7
G:	4	5	6	7	2	Δ7♯5 mel, -Δ7, Δ7 mel
A♭:	3	♭5	♭6	♭7	♭2	7
A:	♭3	4	5	6	1	-7, -Δ7, 7 mel, 7sus4
B♭:	2	3	♭5	♭6	7	Δ7♯5 mel, Δ7♯5
B:	♭2	♭3	4	5	♭7	-7 mel, 7 mel, 7sus4

Symmetric Difference as:
Pitches
D♭, E♭, F, G, A♭, B♭, B
Degrees
♭2, ♭3, 4, 5, ♭6, ♭7, 7
Prime Form
0, 1, 3, 5, 7, 9, 10

See page 456 for more possible scale applications

Unique 3 Note Subsets as prime form

C	D	E	0 2 4
C	D	G♭	0 2 6
C	D	A	0 2 5
C	E	G♭	0 2 6
C	E	A	0 3 7
C	G♭	A	0 3 6
D	E	G♭	0 2 4
D	E	A	0 2 7
D	G♭	A	0 3 7
E	G♭	A	0 2 5

Unique 4 Note Subsets as prime form

C	D	E	G♭	0 2 4 6
C	D	E	A	0 2 4 7
C	D	G♭	A	0 2 5 8
C	E	G♭	A	0 2 5 8
D	E	G♭	A	0 2 4 7

Scale grouped in Unique Dyad Pairs with prime forms

C	D	E	G♭	0 2 0 2
C	D	E	A	0 2 0 5
C	E	G♭	A	0 4 0 3
C	E	D	G♭	0 4 0 4
C	E	D	A	0 4 0 5
C	G♭	D	E	0 6 0 2
C	G♭	E	A	0 6 0 5
C	G♭	D	A	0 6 0 5
C	A	D	E	0 3 0 2
C	A	D	G♭	0 3 0 4
C	A	E	G♭	0 3 0 2

0, 2, 4, 6, 9 pentatonic scale with other 5 note scale possibilities

Scale as pitch classes with compliment		Scale as degrees with compliment		Scales as Prime Form	
0 1 2 3 4	5 6 7 8 9	1, 2, 3, ♭5, 6	♭2, ♭3, 4, 5, ♭6	0, 2, 4, 6, 9	0, 1, 3, 5, 7
0 1 2 3 4	5 6 7 9 10	1, 2, 3, ♭5, 6	♭2, ♭3, 4, 5, ♭7	0, 2, 4, 6, 9	0, 2, 4, 6, 9
0 1 2 3 4	5 6 7 8 10	1, 2, 3, ♭5, 6	♭2, ♭3, 4, 5, 7	0, 2, 4, 6, 9	0, 2, 4, 6, 8
0 1 2 3 4	5 6 8 9 10	1, 2, 3, ♭5, 6	♭2, ♭3, 4, ♭6, ♭7	0, 2, 4, 6, 9	0, 2, 4, 7, 9
0 1 2 3 4	5 6 7 9 10	1, 2, 3, ♭5, 6	♭2, ♭3, 4, ♭6, 7	0, 2, 4, 6, 9	0, 2, 4, 6, 9
0 1 2 3 4	5 6 7 8 9	1, 2, 3, ♭5, 6	♭2, ♭3, 4, ♭7, 7	0, 2, 4, 6, 9	0, 1, 3, 5, 7
0 1 2 3 4	6 7 8 9 10	1, 2, 3, ♭5, 6	♭2, ♭3, 5, ♭6, ♭7	0, 2, 4, 6, 9	0, 1, 3, 6, 8
0 1 2 3 4	5 7 8 9 10	1, 2, 3, ♭5, 6	♭2, ♭3, 5, ♭6, 7	0, 2, 4, 6, 9	0, 1, 4, 6, 8
0 1 2 3 4	5 6 7 9 10	1, 2, 3, ♭5, 6	♭2, ♭3, 5, ♭7, 7	0, 2, 4, 6, 9	0, 2, 4, 5, 8
0 1 2 3 4	5 6 7 8 10	1, 2, 3, ♭5, 6	♭2, ♭3, ♭6, ♭7, 7	0, 2, 4, 6, 9	0, 2, 3, 5, 7
0 1 2 3 4	5 6 8 9 10	1, 2, 3, ♭5, 6	♭2, 4, 5, ♭6, ♭7	0, 2, 4, 6, 9	0, 2, 3, 5, 8
0 1 2 3 4	5 7 8 9 10	1, 2, 3, ♭5, 6	♭2, 4, 5, ♭6, 7	0, 2, 4, 6, 9	0, 2, 3, 6, 8
0 1 2 3 4	5 7 8 9 10	1, 2, 3, ♭5, 6	♭2, 4, 5, ♭7, 7	0, 2, 4, 6, 9	0, 2, 3, 6, 8
0 1 2 3 4	5 6 8 9 10	1, 2, 3, ♭5, 6	♭2, 4, ♭6, ♭7, 7	0, 2, 4, 6, 9	0, 2, 3, 5, 8
0 1 2 3 4	5 6 7 8 10	1, 2, 3, ♭5, 6	♭2, 5, ♭6, ♭7, 7	0, 2, 4, 6, 9	0, 1, 3, 4, 6
0 1 2 3 4	5 6 7 8 10	1, 2, 3, ♭5, 6	♭3, 4, 5, ♭6, ♭7	0, 2, 4, 6, 9	0, 2, 3, 5, 7
0 1 2 3 4	5 6 7 9 10	1, 2, 3, ♭5, 6	♭3, 4, 5, ♭6, 7	0, 2, 4, 6, 9	0, 2, 4, 5, 8
0 1 2 3 4	5 7 8 9 10	1, 2, 3, ♭5, 6	♭3, 4, 5, ♭7, 7	0, 2, 4, 6, 9	0, 1, 4, 6, 8
0 1 2 3 4	6 7 8 9 10	1, 2, 3, ♭5, 6	♭3, 4, ♭6, ♭7, 7	0, 2, 4, 6, 9	0, 1, 3, 6, 8
0 1 2 3 4	5 6 8 9 10	1, 2, 3, ♭5, 6	♭3, 5, ♭6, ♭7, 7	0, 2, 4, 6, 9	0, 1, 3, 4, 8
0 1 2 3 4	5 6 7 8 10	1, 2, 3, ♭5, 6	4, 5, ♭6, ♭7, 7	0, 2, 4, 6, 9	0, 1, 3, 4, 6

C, D, E, G, A

prime form: 0, 2, 4, 7, 9
degrees: 1, 2, 3, 5, 6

0, 2, 4, 7, 9
C Major or
A Minor Pentatonic
Scale.

Scale application to typical chord types all keys:

C:	1	2	3	5	6	Δ7♯5 mel, 7, Δ7, 7sus4
D♭:	7	♭2	♭3	♭5	♭6	
D:	♭7	1	2	4	5	-7, 7 mel, 7sus4
E♭:	6	7	♭2	3	♭5	
E:	♭6	♭7	1	♭3	4	-7 mel, -7♭5, 7 mel, 7sus4
F:	5	6	7	2	3	Δ7♯5 mel, Δ7
G♭:	♭5	♭6	♭7	♭2	♭3	7, -7♭5 mel
G:	4	5	6	1	2	-7, Δ7♯5 mel, -Δ7, 7 mel, Δ7 mel, 7sus4
A♭:	3	♭5	♭6	7	♭2	
A:	♭3	4	5	♭7	1	-7, 7 mel, 7sus4
B♭:	2	3	♭5	6	7	Δ7♯5 mel, Δ7, Δ7♯5
B:	♭2	♭3	4	♭6	♭7	-7 mel, 7 mel, -7♭5 mel, 7sus4

Symmetric Difference as:
Pitches
D♭, E♭, F, G♭, A♭, B♭, B
Degrees
♭2, ♭3, 4, ♭5, ♭6, ♭7, 7
Prime Form
0, 1, 3, 5, 7, 8, 10

See page 457 for more possible scale applications

Unique 3 Note Subsets as prime form

C	D	E	0 2 4
C	D	G	0 2 7
C	D	A	0 2 5
C	E	G	0 3 7
C	E	A	0 3 7
C	G	A	0 2 5
D	E	G	0 2 5
D	E	A	0 2 7
D	G	A	0 2 7
E	G	A	0 2 5

Unique 4 Note Subsets as prime form

C	D	E	G	0 2 4 7
C	D	E	A	0 2 4 7
C	D	G	A	0 2 5 7
C	E	G	A	0 3 5 8
D	E	G	A	0 2 5 7

Scale grouped in Unique Dyad Pairs with prime forms

C D	E G	0 2 0 3
C D	E A	0 2 0 5
C E	G A	0 4 0 2
C E	D G	0 4 0 5
C E	D A	0 4 0 5
C G	D E	0 5 0 2
C G	E A	0 5 0 5
C G	D A	0 5 0 5
C A	D E	0 3 0 2
C A	D G	0 3 0 5
C A	E G	0 3 0 3

0, 2, 4, 7, 9 pentatonic scale with other 5 note scale possibilities

Scale as pitch classes with compliment		Scale as degrees with compliment		Scales as Prime Form	
0 1 2 3 4	5 6 7 8 9	1, 2, 3, 5, 6	♭2, ♭3, 4, ♭5, ♭6	0, 2, 4, 7, 9	0, 2, 3, 5, 7
0 1 2 3 4	5 6 7 9 10	1, 2, 3, 5, 6	♭2, ♭3, 4, ♭5, ♭7	0, 2, 4, 7, 9	0, 1, 3, 5, 8
0 1 2 3 4	5 6 7 8 10	1, 2, 3, 5, 6	♭2, ♭3, 4, ♭5, 7	0, 2, 4, 7, 9	0, 1, 3, 5, 7
0 1 2 3 4	5 7 8 9 10	1, 2, 3, 5, 6	♭2, ♭3, 4, ♭6, ♭7	0, 2, 4, 7, 9	0, 2, 4, 7, 9
0 1 2 3 4	5 6 8 9 10	1, 2, 3, 5, 6	♭2, ♭3, 4, ♭6, 7	0, 2, 4, 7, 9	0, 2, 4, 6, 9
0 1 2 3 4	5 6 7 8 10	1, 2, 3, 5, 6	♭2, ♭3, 4, ♭7, 7	0, 2, 4, 7, 9	0, 1, 3, 5, 7
0 1 2 3 4	6 7 8 9 10	1, 2, 3, 5, 6	♭2, ♭3, ♭5, ♭6, ♭7	0, 2, 4, 7, 9	0, 2, 4, 7, 9
0 1 2 3 4	5 7 8 9 10	1, 2, 3, 5, 6	♭2, ♭3, ♭5, ♭6, 7	0, 2, 4, 7, 9	0, 2, 4, 7, 9
0 1 2 3 4	5 6 7 9 10	1, 2, 3, 5, 6	♭2, ♭3, ♭5, ♭7, 7	0, 2, 4, 7, 9	0, 1, 3, 5, 8
0 1 2 3 4	5 6 7 8 9	1, 2, 3, 5, 6	♭2, ♭3, ♭6, ♭7, 7	0, 2, 4, 7, 9	0, 2, 3, 5, 7
0 1 2 3 4	5 6 8 9 10	1, 2, 3, 5, 6	♭2, 4, ♭5, ♭6, ♭7	0, 2, 4, 7, 9	0, 1, 3, 5, 8
0 1 2 3 4	5 7 8 9 10	1, 2, 3, 5, 6	♭2, 4, ♭5, ♭6, 7	0, 2, 4, 7, 9	0, 1, 3, 6, 8
0 1 2 3 4	5 7 8 9 10	1, 2, 3, 5, 6	♭2, 4, ♭5, ♭7, 7	0, 2, 4, 7, 9	0, 1, 5, 6, 8
0 1 2 3 4	5 6 7 9 10	1, 2, 3, 5, 6	♭2, 4, ♭6, ♭7, 7	0, 2, 4, 7, 9	0, 2, 3, 5, 8
0 1 2 3 4	5 6 7 8 10	1, 2, 3, 5, 6	♭2, ♭5, ♭6, ♭7, 7	0, 2, 4, 7, 9	0, 2, 3, 5, 7
0 1 2 3 4	5 6 7 8 10	1, 2, 3, 5, 6	♭3, 4, ♭5, ♭6, ♭7	0, 2, 4, 7, 9	0, 2, 3, 5, 7
0 1 2 3 4	5 6 7 9 10	1, 2, 3, 5, 6	♭3, 4, ♭5, ♭6, 7	0, 2, 4, 7, 9	0, 2, 3, 5, 8
0 1 2 3 4	5 7 8 9 10	1, 2, 3, 5, 6	♭3, 4, ♭5, ♭7, 7	0, 2, 4, 7, 9	0, 1, 3, 7, 8
0 1 2 3 4	5 7 8 9 10	1, 2, 3, 5, 6	♭3, 4, ♭6, ♭7, 7	0, 2, 4, 7, 9	0, 1, 3, 6, 8
0 1 2 3 4	5 6 8 9 10	1, 2, 3, 5, 6	♭3, ♭5, ♭6, ♭7, 7	0, 2, 4, 7, 9	0, 1, 3, 5, 8
0 1 2 3 4	5 6 7 8 10	1, 2, 3, 5, 6	4, ♭5, ♭6, ♭7, 7	0, 2, 4, 7, 9	0, 1, 3, 5, 6

C, E♭, E, F, A♭

prime form: 0, 3, 4, 5, 8

degrees: 1, ♭3, 3, 4, ♭6

Scale application to typical chord types all keys:

C:	1	♭3	3	4	♭6	7 mel, 7sus4
D♭:	7	2	♭3	3	5	
D:	♭7	♭2	2	♭3	♭5	7, -7♭5 mel
E♭:	6	1	♭2	2	4	7 mel, 7sus4
E:	♭6	7	1	♭2	3	
F:	5	♭7	7	1	♭3	
G♭:	♭5	6	♭7	7	2	
G:	4	♭6	6	♭7	♭2	-7 mel, 7 mel, 7sus4
A♭:	3	5	♭6	6	1	Δ7♯5 mel, 7, 7sus4
A:	♭3	♭5	5	♭6	7	-Δ7 mel
B♭:	2	4	♭5	5	♭7	7 mel
B:	♭2	3	4	♭5	6	7 mel

Symmetric Difference as:
Pitches
D♭, D, G♭, G, A, B♭, B
Degrees
♭2, 2, ♭5, 5, 6, ♭7, 7
Prime Form
0, 1, 3, 4, 5, 7, 8

See page 458 for more possible scale applications

Unique 3 Note Subsets as prime form

C	E♭	E	0 1 4
C	E♭	F	0 2 5
C	E♭	A♭	0 3 7
C	E	F	0 1 5
C	E	A♭	0 4 8
C	F	A♭	0 3 7
E♭	E	F	0 1 2
E♭	E	A♭	0 1 5
E♭	F	A♭	0 2 5
E	F	A♭	0 1 4

Unique 4 Note Subsets as prime form

C	E♭	E	F	0 1 2 5
C	E♭	E	A♭	0 1 4 8
C	E♭	F	A♭	0 3 5 8
C	E	F	A♭	0 1 4 8
E♭	E	F	A♭	0 1 2 5

Scale grouped in Unique Dyad Pairs with prime forms

C	E♭	E	F	0 3	0 1
C	E♭	E	A♭	0 3	0 4
C	E	F	A♭	0 4	0 3
C	E	E♭	F	0 4	0 2
C	E	E♭	A♭	0 4	0 5
C	F	E♭	E	0 5	0 1
C	F	E	A♭	0 5	0 4
C	F	E♭	A♭	0 5	0 5
C	A♭	E♭	E	0 4	0 1
C	A♭	E♭	F	0 4	0 2
C	A♭	E	F	0 4	0 1

0, 3, 4, 5, 8 pentatonic scale with other 5 note scale possibilities

Scale as pitch classes with compliment		Scale as degrees with compliment		Scales as Prime Form	
0 1 2 3 4	5 6 7 8 9	1, ♭3, 3, 4, ♭6	♭2, 2, ♭5, 5, 6	0, 3, 4, 5, 8	0, 1, 3, 7, 8
0 1 2 3 4	5 6 7 8 10	1, ♭3, 3, 4, ♭6	♭2, 2, ♭5, 5, ♭7	0, 3, 4, 5, 8	0, 1, 4, 7, 8
0 1 2 3 4	5 6 7 8 9	1, ♭3, 3, 4, ♭6	♭2, 2, ♭5, 5, 7	0, 3, 4, 5, 8	0, 1, 3, 7, 8
0 1 2 3 4	5 6 8 9 10	1, ♭3, 3, 4, ♭6	♭2, 2, ♭5, 6, ♭7	0, 3, 4, 5, 8	0, 1, 4, 5, 8
0 1 2 3 4	5 6 7 9 10	1, ♭3, 3, 4, ♭6	♭2, 2, ♭5, 6, 7	0, 3, 4, 5, 8	0, 1, 3, 5, 8
0 1 2 3 4	5 6 7 8 10	1, ♭3, 3, 4, ♭6	♭2, 2, ♭5, ♭7, 7	0, 3, 4, 5, 8	0, 1, 3, 4, 8
0 1 2 3 4	5 7 8 9 10	1, ♭3, 3, 4, ♭6	♭2, 2, 5, 6, ♭7	0, 3, 4, 5, 8	0, 1, 4, 5, 7
0 1 2 3 4	5 6 8 9 10	1, ♭3, 3, 4, ♭6	♭2, 2, 5, 6, 7	0, 3, 4, 5, 8	0, 1, 3, 5, 7
0 1 2 3 4	5 6 7 9 10	1, ♭3, 3, 4, ♭6	♭2, 2, 5, ♭7, 7	0, 3, 4, 5, 8	0, 1, 3, 4, 7
0 1 2 3 4	5 6 7 8 9	1, ♭3, 3, 4, ♭6	♭2, 2, 6, ♭7, 7	0, 3, 4, 5, 8	0, 1, 2, 4, 5
0 1 2 3 4	5 6 7 9 10	1, ♭3, 3, 4, ♭6	♭2, ♭5, 5, 6, ♭7	0, 3, 4, 5, 8	0, 1, 3, 4, 7
0 1 2 3 4	5 6 8 9 10	1, ♭3, 3, 4, ♭6	♭2, ♭5, 5, 6, 7	0, 3, 4, 5, 8	0, 1, 3, 5, 7
0 1 2 3 4	5 7 8 9 10	1, ♭3, 3, 4, ♭6	♭2, ♭5, 5, ♭7, 7	0, 3, 4, 5, 8	0, 1, 4, 5, 7
0 1 2 3 4	5 7 8 9 10	1, ♭3, 3, 4, ♭6	♭2, ♭5, 6, ♭7, 7	0, 3, 4, 5, 8	0, 2, 3, 4, 7
0 1 2 3 4	5 6 8 9 10	1, ♭3, 3, 4, ♭6	♭2, 5, 6, ♭7, 7	0, 3, 4, 5, 8	0, 2, 3, 4, 6
0 1 2 3 4	5 6 7 8 10	1, ♭3, 3, 4, ♭6	2, ♭5, 5, 6, ♭7	0, 3, 4, 5, 8	0, 1, 3, 4, 8
0 1 2 3 4	5 6 7 9 10	1, ♭3, 3, 4, ♭6	2, ♭5, 5, 6, 7	0, 3, 4, 5, 8	0, 1, 3, 5, 8
0 1 2 3 4	5 6 8 9 10	1, ♭3, 3, 4, ♭6	2, ♭5, 5, ♭7, 7	0, 3, 4, 5, 8	0, 1, 4, 5, 8
0 1 2 3 4	6 7 8 9 10	1, ♭3, 3, 4, ♭6	2, ♭5, 6, ♭7, 7	0, 3, 4, 5, 8	0, 3, 4, 5, 8
0 1 2 3 4	5 7 8 9 10	1, ♭3, 3, 4, ♭6	2, 5, 6, ♭7, 7	0, 3, 4, 5, 8	0, 2, 3, 4, 7
0 1 2 3 4	5 6 7 8 9	1, ♭3, 3, 4, ♭6	♭5, 5, 6, ♭7, 7	0, 3, 4, 5, 8	0, 1, 2, 4, 5

6 Note Scales

50 Prime Forms

C, D♭, D, E♭, E, F

prime form: 0, 1, 2, 3, 4, 5

Scale application to typical chord types all keys:

C:	1	♭2	2	♭3	3	4	7 mel, 7sus4
D♭:	7	1	♭2	2	♭3	3	
D:	♭7	7	1	♭2	2	♭3	
E♭:	6	♭7	7	1	♭2	2	
E:	♭6	6	♭7	7	1	♭2	
F:	5	♭6	6	♭7	7	1	
G♭:	♭5	5	♭6	6	♭7	7	
G:	4	♭5	5	♭6	6	♭7	7 mel
A♭:	3	4	♭5	5	♭6	6	Δ7♯5 mel, 7 mel
A:	♭3	3	4	♭5	5	♭6	7 mel
B♭:	2	♭3	3	4	♭5	5	7 mel
B:	♭2	2	♭3	3	4	♭5	7 mel

Symmetric Difference as:
Pitches
G♭, G, A♭, A, B♭, B
Degrees
♭5, 5, ♭6, 6, ♭7, 7
Prime Form
0, 1, 2, 3, 4, 5

Unique 3 Note Subsets as prime form

C	D♭	D	0 1 2
C	D♭	E♭	0 1 3
C	D♭	E	0 1 4
C	D♭	F	0 1 5
C	D	E♭	0 1 3
C	D	E	0 2 4
C	D	F	0 2 5
C	E♭	E	0 1 4
C	E♭	F	0 2 5
C	E	F	0 1 5
D♭	D	E♭	0 1 2
D♭	D	E	0 1 3
D♭	D	F	0 1 4
D♭	E♭	E	0 1 3
D♭	E♭	F	0 2 4
D♭	E	F	0 1 4
D	E♭	E	0 1 2
D	E♭	F	0 1 3
D	E	F	0 1 3
E♭	E	F	0 1 2

Unique 4 Note Subsets as prime form

C	D♭	D	E♭	0 1 2 3
C	D♭	D	E	0 1 2 4
C	D♭	D	F	0 1 2 5
C	D♭	E♭	E	0 1 3 4
C	D♭	E♭	F	0 1 3 5
C	D♭	E	F	0 1 4 5
C	D	E♭	E	0 1 2 4
C	D	E♭	F	0 2 3 5
C	D	E	F	0 1 3 5
C	E♭	E	F	0 1 2 5
D♭	D	E♭	E	0 1 2 3
D♭	D	E♭	F	0 1 2 4
D♭	D	E	F	0 1 3 4
D♭	E♭	E	F	0 1 2 4
D	E♭	E	F	0 1 2 3

Scale grouped in Unique Dyad Triples as prime form

C D♭	D E♭	E F	0 1	0 1	0 1
C D♭	D E	E♭ F	0 1	0 2	0 2
C D♭	D F	E♭ E	0 1	0 3	0 1
C D	D♭ E♭	E F	0 2	0 2	0 1
C D	D♭ E	E♭ F	0 2	0 3	0 2
C D	D♭ F	E♭ E	0 2	0 4	0 1
C E♭	D♭ D	E F	0 3	0 1	0 1
C E♭	D♭ E	D F	0 3	0 3	0 3
C E♭	D♭ F	D E	0 3	0 4	0 2
C E	D♭ D	E♭ F	0 4	0 1	0 2
C E	D♭ E♭	D F	0 4	0 2	0 3
C E	D♭ F	D E♭	0 4	0 4	0 1
C F	D♭ D	E♭ E	0 5	0 1	0 1
C F	D♭ E♭	D E	0 5	0 2	0 2
C F	D♭ E	D E♭	0 5	0 3	0 1

Scale grouped in Unique Trichord Pairs as prime form

C	D	D♭	E	E♭	F	0 1 2	0 1 2
C	D♭	E♭	D	E	F	0 1 3	0 1 3
C	D	E♭	D♭	E	F	0 1 3	0 1 4
C	D♭	E	D	E♭	F	0 1 4	0 1 3
C	E	E♭	D	D♭	F	0 1 4	0 1 4
C	D♭	F	D	E	E♭	0 1 5	0 1 2
C	E	F	D	D♭	E♭	0 1 5	0 1 2
C	D	E	D♭	E♭	F	0 2 4	0 2 4
C	D	F	D♭	E	E♭	0 2 5	0 1 3
C	E♭	F	D	D♭	E	0 2 5	0 1 3

C, D♭, D, E♭, E, G♭

prime form: 0, 1, 2, 3, 4, 6
degrees: 1, ♭2, 2, ♭3, 3, ♭5

Scale application to typical chord types all keys:

C:	1	♭2	2	♭3	3	♭5	7
D♭:	7	1	♭2	2	♭3	4	
D:	♭7	7	1	♭2	2	3	
E♭:	6	♭7	7	1	♭2	♭3	
E:	♭6	6	♭7	7	1	2	
F:	5	♭6	6	♭7	7	♭2	
G♭:	♭5	5	♭6	6	♭7	1	7
G:	4	♭5	5	♭6	6	7	Δ7♯5 mel, -Δ7 mel
A♭:	3	4	♭5	5	♭6	♭7	7 mel
A:	♭3	3	4	♭5	5	6	7 mel
B♭:	2	♭3	3	4	♭5	♭6	7 mel
B:	♭2	2	♭3	3	4	5	7 mel, 7sus4

Symmetric Difference as:
Pitches
F, G, A♭, A, B♭, B
Degrees
4, 5, ♭6, 6, ♭7, 7
Prime Form
0, 1, 2, 3, 4, 6

See page 460 for more possible scale applications

Unique 3 Note Subsets as prime form

C	D♭	D	0 1 2
C	D♭	E♭	0 1 3
C	D♭	E	0 1 4
C	D♭	G♭	0 1 6
C	D	E♭	0 1 3
C	D	E	0 2 4
C	D	G♭	0 2 6
C	E♭	E	0 1 4
C	E♭	G♭	0 3 6
C	E	G♭	0 2 6
D♭	D	E♭	0 1 2
D♭	D	E	0 1 3
D♭	D	G♭	0 1 5
D♭	E♭	E	0 1 3
D♭	E♭	G♭	0 2 5
D♭	E	G♭	0 2 5
D	E♭	E	0 1 2
D	E♭	G♭	0 1 4
D	E	G♭	0 2 4
E♭	E	G♭	0 1 3

Unique 4 Note Subsets as prime form

C	D♭	D	E♭	0 1 2 3
C	D♭	D	E	0 1 2 4
C	D♭	D	G♭	0 1 2 6
C	D♭	E♭	E	0 1 3 4
C	D♭	E♭	G♭	0 1 3 6
C	D♭	E	G♭	0 1 4 6
C	D	E♭	E	0 1 2 4
C	D	E♭	G♭	0 2 3 6
C	D	E	G♭	0 2 4 6
C	E♭	E	G♭	0 2 3 6
D♭	D	E♭	E	0 1 2 3
D♭	D	E♭	G♭	0 1 2 5
D♭	D	E	G♭	0 1 3 5
D♭	E♭	E	G♭	0 2 3 5
D	E♭	E	G♭	0 1 2 4

Scale grouped in Unique Dyad Triples as prime form

C D♭	D E♭	E G♭	0 1	0 1	0 2
C D♭	D E	E♭ G♭	0 1	0 2	0 3
C D♭	D G♭	E♭ E	0 1	0 4	0 1
C D	D♭ E♭	E G♭	0 2	0 2	0 2
C D	D♭ E	E♭ G♭	0 2	0 3	0 3
C D	D♭ G♭	E♭ E	0 2	0 5	0 1
C E♭	D♭ D	E G♭	0 3	0 1	0 2
C E♭	D♭ E	D G♭	0 3	0 3	0 4
C E♭	D♭ G♭	D E	0 3	0 5	0 2
C E	D♭ D	E♭ G♭	0 4	0 1	0 3
C E	D♭ E♭	D G♭	0 4	0 2	0 4
C E	D♭ G♭	D E♭	0 4	0 5	0 1
C G♭	D♭ D	E♭ E	0 6	0 1	0 1
C G♭	D♭ E♭	D E	0 6	0 2	0 2
C G♭	D♭ E	D E♭	0 6	0 3	0 1

Scale grouped in Unique Trichord Pairs as prime form. See page 596 for additional lists.

C	D	D♭	E	E♭	G♭	0 1 2	0 1 3
C	D♭	E♭	D	E	G♭	0 1 3	0 2 4
C	D	E♭	D♭	E	G♭	0 1 3	0 2 5
C	D♭	E	D	E♭	G♭	0 1 4	0 1 4
C	E	E♭	D	D♭	G♭	0 1 4	0 1 5
C	D♭	G♭	D	E	E♭	0 1 6	0 1 2
C	D	E	D♭	E♭	G♭	0 2 4	0 2 5
C	E	G♭	D	D♭	E♭	0 2 6	0 1 2
C	D	G♭	D♭	E	E♭	0 2 6	0 1 3
C	E♭	G♭	D	D♭	E	0 3 6	0 1 3

C, D♭, D, E♭, F, G

prime form: 0, 1, 2, 3, 4, 7

degrees: 1, ♭2, 2, ♭3, 3, 5

Scale application to typical chord types all keys:

C:	1	♭2	2	♭3	3	5	7, 7sus4
D♭:	7	1	♭2	2	♭3	♭5	
D:	♭7	7	1	♭2	2	4	
E♭:	6	♭7	7	1	♭2	3	
E:	♭6	6	♭7	7	1	♭3	
F:	5	♭6	6	♭7	7	2	
G♭:	♭5	5	♭6	6	♭7	♭2	7
G:	4	♭5	5	♭6	6	1	Δ7♯5 mel, 7 mel, -Δ7 mel
A♭:	3	4	♭5	5	♭6	7	Δ7♯5 mel
A:	♭3	3	4	♭5	5	♭7	7 mel
B♭:	2	♭3	3	4	♭5	6	7 mel
B:	♭2	2	♭3	3	4	♭6	7 mel, 7sus4

Symmetric Difference as:
Pitches
F, Gb, Ab, A, Bb, B
Degrees
4, ♭5, ♭6, 6, ♭7, 7
Prime Form
0, 1, 2, 3, 5, 6

Unique 3 Note Subsets as prime form

C	D	D♭	0 1 2	C	D	D♭	0 1 2
C	D♭	E♭	0 1 3	C	D♭	E♭	0 1 3
C	D♭	E	0 1 4	C	D♭	E	0 1 4
C	D♭	G	0 1 6	C	D♭	G	0 1 6
C	D	E♭	0 1 3	C	D	E♭	0 1 3
C	D	E	0 2 4	C	D	E	0 2 4
C	D	G	0 2 7	C	D	G	0 2 7
C	E	E♭	0 1 4	C	E	E♭	0 1 4
C	E♭	G	0 3 7	C	E♭	G	0 3 7
C	E	G	0 3 7	C	E	G	0 3 7

Scale grouped in Unique Dyad Triples as prime form

C D♭	D E♭	E G	0 1	0 1	0 3
C D♭	D E	E♭ G	0 1	0 2	0 4
C D♭	D G	E♭ E	0 1	0 5	0 1
C D	D♭ E♭	E G	0 2	0 2	0 3
C D	D♭ E	E♭ G	0 2	0 3	0 4
C D	D♭ G	E♭ E	0 2	0 6	0 1
C E♭	D♭ D	E G	0 3	0 1	0 3
C E♭	D♭ E	D G	0 3	0 3	0 5
C E♭	D♭ G	D E	0 3	0 6	0 2
C E	D♭ D	E♭ G	0 4	0 1	0 4
C E	D♭ E♭	D G	0 4	0 2	0 5
C E	D♭ G	D E♭	0 4	0 6	0 1
C G	D♭ D	E♭ E	0 5	0 1	0 1
C G	D♭ E♭	D E	0 5	0 2	0 2
C G	D♭ E	D E♭	0 5	0 3	0 1

Unique 4 Note Subsets as prime form

C	D♭	D	0 1 2
C	D♭	E♭	0 1 3
C	D♭	E	0 1 4
C	D♭	G	0 1 6
C	D	E♭	0 1 3
C	D	E	0 2 4
C	D	G	0 2 7
C	E♭	E	0 1 4
C	E♭	G	0 3 7
C	E	G	0 3 7
D♭	D	E♭	0 1 2
D♭	D	E	0 1 3
D♭	D	G	0 1 6
D♭	E♭	E	0 1 3
D♭	E♭	G	0 2 6
D♭	E	G	0 3 6
D	E♭	E	0 1 2
D	E♭	G	0 1 5
D	E	G	0 2 5
E♭	E	G	0 1 4

Scale grouped in Unique Trichord Pairs as prime form. See page 597 for additional lists.

C	D	D♭	E	E♭	G	0 1 2 0 1 4
C	D♭	E♭	D	E	G	0 1 3 0 2 5
C	D	E♭	D♭	E	G	0 1 3 0 3 6
C	D♭	E	D	E♭	G	0 1 4 0 1 5
C	E	E♭	D	D♭	G	0 1 4 0 1 6
C	D♭	G	D	E	E♭	0 1 6 0 1 2
C	D	E	D♭	E♭	G	0 2 4 0 2 6
C	D	G	D♭	E	E♭	0 2 7 0 1 3
C	E	G	D	D♭	E♭	0 3 7 0 1 2
C	E♭	G	D	D♭	E	0 3 7 0 1 3

C, D♭, D, E♭, E, A♭

prime form: 0, 1, 2, 3, 4, 8

degrees: 1, ♭2, 2, ♭3, 3, ♭6

Scale application to typical chord types all keys:

C:	1	♭2	2	♭3	3	♭6	7, 7sus4
D♭:	7	1	♭2	2	♭3	5	
D:	♭7	7	1	♭2	2	♭5	
E♭:	6	♭7	7	1	♭2	4	
E:	♭6	6	♭7	7	1	3	
F:	5	♭6	6	♭7	7	♭3	
G♭:	♭5	5	♭6	6	♭7	2	7
G:	4	♭5	5	♭6	6	♭2	7 mel
A♭:	3	4	♭5	5	♭6	1	Δ7♯5 mel, 7 mel
A:	♭3	3	4	♭5	5	7	
B♭:	2	♭3	3	4	♭5	♭7	7 mel
B:	♭2	2	♭3	3	4	6	7 mel, 7sus4

Symmetric Difference as:
Pitches
F, G♭, G, A, B♭, B
Degrees
4, ♭5, 5, 6, ♭7, 7
Prime Form
0, 1, 2, 4, 5, 6

See page 461 for more possible scale applications

Unique 3 Note Subsets as prime form

C	D♭	D	0 1 2
C	D♭	E♭	0 1 3
C	D♭	E	0 1 4
C	D♭	A♭	0 1 5
C	D	E♭	0 1 3
C	D	E	0 2 4
C	D	A♭	0 2 6
C	E♭	E	0 1 4
C	E♭	A♭	0 3 7
C	E	A♭	0 4 8
D♭	D	E♭	0 1 2
D♭	D	E	0 1 3
D♭	D	A♭	0 1 6
D♭	E♭	E	0 1 3
D♭	E♭	A♭	0 2 7
D♭	E	A♭	0 3 7
D	E♭	E	0 1 2
D	E♭	A♭	0 1 6
D	E	A♭	0 2 6
E♭	E	A♭	0 1 5

Unique 4 Note Subsets as prime form

C	D♭	D	E♭	0 1 2 3
C	D♭	D	E	0 1 2 4
C	D♭	D	A♭	0 1 2 6
C	D♭	E♭	E	0 1 3 4
C	D♭	E♭	A♭	0 2 3 7
C	D♭	E	A♭	0 3 4 8
C	D	E♭	E	0 1 2 4
C	D	E♭	A♭	0 1 3 7
C	D	E	A♭	0 2 4 8
C	E♭	E	A♭	0 1 4 8
D♭	D	E♭	E	0 1 2 3
D♭	D	E♭	A♭	0 1 2 7
D♭	D	E	A♭	0 1 3 7
D♭	E♭	E	A♭	0 2 3 7
D	E♭	E	A♭	0 1 2 6

Scale grouped in Unique Dyad Triples as prime form

C D♭	D E♭	E A♭	0 1	0 1	0 4
C D♭	D E	E♭ A♭	0 1	0 2	0 5
C D♭	D A♭	E♭ E	0 1	0 6	0 1
C D	D♭ E♭	E A♭	0 2	0 2	0 4
C D	D♭ E	E♭ A♭	0 2	0 3	0 5
C D	D♭ A♭	E♭ E	0 2	0 5	0 1
C E♭	D♭ D	E A♭	0 3	0 1	0 4
C E♭	D♭ E	D A♭	0 3	0 3	0 6
C E♭	D♭ A♭	D E	0 3	0 5	0 2
C E	D♭ D	E♭ A♭	0 4	0 1	0 5
C E	D♭ E♭	D A♭	0 4	0 2	0 6
C E	D♭ A♭	D E♭	0 4	0 5	0 1
C A♭	D♭ D	E♭ E	0 4	0 1	0 1
C A♭	D♭ E♭	D E	0 4	0 2	0 2
C A♭	D♭ E	D E♭	0 4	0 3	0 1

Scale grouped in Unique Trichord Pairs as prime form

C	D	D♭	A♭	E	E♭	0 1 2 0 1 5
C	D♭	E♭	A♭	D	E	0 1 3 0 2 6
C	D	E♭	A♭	D♭	E	0 1 3 0 3 7
C	D♭	E	A♭	D	E♭	0 1 4 0 1 6
C	E	E♭	A♭	D	D♭	0 1 4 0 1 6
A♭	C	D♭	D	E	E♭	0 1 5 0 1 2
C	D	E	A♭	D♭	E♭	0 2 4 0 2 7
A♭	C	D	D♭	E	E♭	0 2 6 0 1 3
A♭	C	E♭	D	D♭	E	0 3 7 0 1 3
A♭	C	E	D	D♭	E♭	0 4 8 0 1 2

C, D♭, D, E♭, F, G♭

prime form: 0, 1, 2, 3, 5, 6

degrees: 1, ♭2, 2, ♭3, 4, ♭5

Scale application to typical chord types all keys:

C:	1	♭2	2	♭3	4	♭5	7 mel, -7♭5 mel
D♭:	7	1	♭2	2	3	4	
D:	♭7	7	1	♭2	♭3	3	
E♭:	6	♭7	7	1	2	♭3	
E:	♭6	6	♭7	7	♭2	2	
F:	5	♭6	6	♭7	1	♭2	-7 mel, 7, 7sus4
G♭:	♭5	5	♭6	6	7	1	Δ7♯5 mel, -Δ7 mel
G:	4	♭5	5	♭6	♭7	7	
A♭:	3	4	♭5	5	6	♭7	7 mel
A:	♭3	3	4	♭5	♭6	6	7 mel
B♭:	2	♭3	3	4	5	♭6	7 mel, 7sus4
B:	♭2	2	♭3	3	♭5	5	7

Symmetric Difference as:
Pitches
F, G♭, G, A, B♭, B
Degrees
4, ♭5, 5, 6, ♭7, 7
Prime Form
0, 1, 2, 4, 5, 6

See page 463 for more possible scale applications

Unique 3 Note Subsets as prime form

C	D♭	D	0 1 2
C	D♭	E♭	0 1 3
C	D♭	F	0 1 5
C	D♭	G♭	0 1 6
C	D	E♭	0 1 3
C	D	F	0 2 5
C	D	G♭	0 2 6
C	E♭	F	0 2 5
C	E♭	G♭	0 3 6
C	F	G♭	0 1 6
D♭	D	E♭	0 1 2
D♭	D	F	0 1 4
D♭	D	G♭	0 1 5
D♭	E♭	F	0 2 4
D♭	E♭	G♭	0 2 5
D♭	F	G♭	0 1 5
D	E♭	F	0 1 3
D	E♭	G♭	0 1 4
D	F	G♭	0 1 4
E♭	F	G♭	0 1 3

Unique 4 Note Subsets as prime form

C	D♭	D	E♭	0 1 2 3
C	D♭	D	F	0 1 2 5
C	D♭	D	G♭	0 1 2 6
C	D♭	E♭	F	0 1 3 5
C	D♭	E♭	G♭	0 1 3 6
C	D♭	F	G♭	0 1 5 6
C	D	E♭	F	0 2 3 5
C	D	E♭	G♭	0 2 3 6
C	D	F	G♭	0 1 4 6
C	E♭	F	G♭	0 1 3 6
D♭	D	E♭	F	0 1 2 4
D♭	D	E♭	G♭	0 1 2 5
D♭	D	F	G♭	0 1 4 5
D♭	E♭	F	G♭	0 1 3 5
D	E♭	F	G♭	0 1 3 4

Scale grouped in Unique Dyad Triples as prime form

C D♭	D E♭	F G♭	0 1	0 1	0 1
C D♭	D F	E♭ G♭	0 1	0 3	0 3
C D♭	D G♭	E♭ F	0 1	0 4	0 2
C D	D♭ E♭	F G♭	0 2	0 2	0 1
C D	D♭ F	E♭ G♭	0 2	0 4	0 3
C D	D♭ G♭	E♭ F	0 2	0 5	0 2
C E♭	D♭ D	F G♭	0 3	0 1	0 1
C E♭	D♭ F	D G♭	0 3	0 4	0 4
C E♭	D♭ G♭	D F	0 3	0 5	0 3
C F	D♭ D	E♭ G♭	0 5	0 1	0 3
C F	D♭ E♭	D G♭	0 5	0 2	0 4
C F	D♭ G♭	D E♭	0 5	0 5	0 1
C G♭	D♭ D	E♭ F	0 6	0 1	0 2
C G♭	D♭ E♭	D F	0 6	0 2	0 3
C G♭	D♭ F	D E♭	0 6	0 4	0 1

Scale grouped in Unique Trichord Pairs as prime form. See page 598 for additional lists.

C	D	D♭	E♭	F	G♭	0 1 2 0 1 3
C	D♭	E♭	D	F	G♭	0 1 3 0 1 4
C	D	E♭	D♭	F	G♭	0 1 3 0 1 5
C	D♭	F	D	E♭	G♭	0 1 5 0 1 4
C	F	G♭	D	D♭	E♭	0 1 6 0 1 2
C	D♭	G♭	D	E♭	F	0 1 6 0 1 3
C	E♭	F	D	D♭	G♭	0 2 5 0 1 5
C	D	F	D♭	E♭	G♭	0 2 5 0 2 5
C	D	G♭	D♭	E♭	F	0 2 6 0 2 4
C	E♭	G♭	D	D♭	F	0 3 6 0 1 4

C, D♭, D, E♭, F, G

prime form: 0, 1, 2, 3, 5, 7

degrees: 1, ♭2, 2, ♭3, 4, 5

Scale application to typical chord types all keys:

C:	1	♭2	2	♭3	4	5	7 mel, 7sus4
D♭:	7	1	♭2	2	3	♭5	
D:	♭7	7	1	♭2	♭3	4	
E♭:	6	♭7	7	1	2	3	
E:	♭6	6	♭7	7	♭2	♭3	
F:	5	♭6	6	♭7	1	2	7, 7sus4
G♭:	♭5	5	♭6	6	7	♭2	
G:	4	♭5	5	♭6	♭7	1	7 mel
A♭:	3	4	♭5	5	6	7	Δ7♯5 mel
A:	♭3	3	4	♭5	♭6	♭7	7 mel
B♭:	2	♭3	3	4	5	6	7 mel, 7sus4
B:	♭2	2	♭3	3	♭5	♭6	7

Symmetric Difference as:
Pitches
E, G♭, A♭, A, B♭, B
Degrees
3, ♭5, ♭6, 6, ♭7, 7
Prime Form
0, 1, 2, 3, 5, 7

See page 464 for more possible scale applications

Unique 3 Note Subsets as prime form

C	D♭	D	0 1 2
C	D♭	E♭	0 1 3
C	D♭	F	0 1 5
C	D♭	G	0 1 6
C	D	E♭	0 1 3
C	D	F	0 2 5
C	D	G	0 2 7
C	E♭	F	0 2 5
C	E♭	G	0 3 7
C	F	G	0 2 7
D♭	D	E♭	0 1 2
D♭	D	F	0 1 4
D♭	D	G	0 1 6
D♭	E♭	F	0 2 4
D♭	E♭	G	0 2 6
D♭	F	G	0 2 6
D	E♭	F	0 1 3
D	E♭	G	0 1 5
D	F	G	0 2 5
E♭	F	G	0 2 4

Unique 4 Note Subsets as prime form

C	D♭	D	E♭	0 1 2 3
C	D♭	D	F	0 1 2 5
C	D♭	D	G	0 1 2 7
C	D♭	E♭	F	0 1 3 5
C	D♭	E♭	G	0 1 3 7
C	D♭	F	G	0 1 5 7
C	D	E♭	F	0 2 3 5
C	D	E♭	G	0 2 3 7
C	D	F	G	0 2 5 7
C	E♭	F	G	0 2 4 7
D♭	D	E♭	F	0 1 2 4
D♭	D	E♭	G	0 1 2 6
D♭	D	F	G	0 1 4 6
D♭	E♭	F	G	0 2 4 6
D	E♭	F	G	0 1 3 5

Scale grouped in Unique Dyad Triples as prime form

C D♭	D E♭	F G	0 1	0 1	0 2
C D♭	D F	E♭ G	0 1	0 3	0 4
C D♭	D G	E♭ F	0 1	0 5	0 2
C D	D♭ E♭	F G	0 2	0 2	0 2
C D	D♭ F	E♭ G	0 2	0 4	0 4
C D	D♭ G	E♭ F	0 2	0 6	0 2
C E♭	D♭ D	F G	0 3	0 1	0 2
C E♭	D♭ F	D G	0 3	0 4	0 5
C E♭	D♭ G	D F	0 3	0 6	0 3
C F	D♭ D	E♭ G	0 5	0 1	0 4
C F	D♭ E♭	D G	0 5	0 2	0 5
C F	D♭ G	D E♭	0 5	0 6	0 1
C G	D♭ D	E♭ F	0 5	0 1	0 2
C G	D♭ E♭	D F	0 5	0 2	0 3
C G	D♭ F	D E♭	0 5	0 4	0 1

Scale grouped in Unique Trichord Pairs as prime form. See page 599 for additional lists.

C	D	D♭	E♭	F	G	0 1 2 0 2 4
C	D♭	E♭	D	F	G	0 1 3 0 2 5
C	D	E♭	D♭	F	G	0 1 3 0 2 6
C	D♭	F	D	E♭	G	0 1 5 0 1 5
C	D♭	G	D	E♭	F	0 1 6 0 1 3
C	E♭	F	D	D♭	G	0 2 5 0 1 6
C	D	F	D♭	E♭	G	0 2 5 0 2 6
C	F	G	D	D♭	E♭	0 2 7 0 1 2
C	D	G	D♭	E♭	F	0 2 7 0 2 4
C	E♭	G	D	D♭	F	0 3 7 0 1 4

C, D♭, D, E♭, F, A♭

prime form: 0, 1, 2, 3, 5, 8

degrees: 1, ♭2, 2, ♭3, 4, ♭6

Scale application to typical chord types all keys:

C:	1	♭2	2	♭3	4	♭6	7 mel, -7♭5 mel, 7sus4
D♭:	7	1	♭2	2	3	5	
D:	♭7	7	1	♭2	♭3	♭5	
E♭:	6	♭7	7	1	2	4	
E:	♭6	6	♭7	7	♭2	3	
F:	5	♭6	6	♭7	1	♭3	-7 mel, 7, 7sus4
G♭:	♭5	5	♭6	6	7	2	Δ7♯5 mel, -Δ7 mel
G:	4	♭5	5	♭6	♭7	♭2	7 mel
A♭:	3	4	♭5	5	6	1	Δ7♯5 mel, 7 mel
A:	♭3	3	4	♭5	♭6	7	
B♭:	2	♭3	3	4	5	♭7	7 mel, 7sus4
B:	♭2	2	♭3	3	♭5	6	7

Symmetric Difference as:
Pitches
E, G♭, G, A, B♭, B
Degrees
3, ♭5, 5, 6, ♭7, 7
Prime Form
0, 1, 2, 4, 5, 7

See page 465 for more possible scale applications

Unique 3 Note Subsets as prime form

C	D♭	D	0 1 2
C	D♭	E♭	0 1 3
C	D♭	F	0 1 5
C	D♭	A♭	0 1 5
C	D	E♭	0 1 3
C	D	F	0 2 5
C	D	A♭	0 2 6
C	E♭	F	0 2 5
C	E♭	A♭	0 3 7
C	F	A♭	0 3 7
D♭	D	E♭	0 1 2
D♭	D	F	0 1 4
D♭	D	A♭	0 1 6
D♭	E♭	F	0 2 4
D♭	E♭	A♭	0 2 7
D♭	F	A♭	0 3 7
D	E♭	F	0 1 3
D	E♭	A♭	0 1 6
D	F	A♭	0 3 6
E♭	F	A♭	0 2 5

Unique 4 Note Subsets as prime form

C	D♭	D	E♭	0 1 2 3
C	D♭	D	F	0 1 2 5
C	D♭	D	A♭	0 1 2 6
C	D♭	E♭	F	0 1 3 5
C	D♭	E♭	A♭	0 2 3 7
C	D♭	F	A♭	0 1 5 8
C	D	E♭	F	0 2 3 5
C	D	E♭	A♭	0 1 3 7
C	D	F	A♭	0 2 5 8
C	E♭	F	A♭	0 3 5 8
D♭	D	E♭	F	0 1 2 4
D♭	D	E♭	A♭	0 1 2 7
D♭	D	F	A♭	0 1 4 7
D♭	E♭	F	A♭	0 2 4 7
D	E♭	F	A♭	0 1 3 6

Scale grouped in Unique Dyad Triples as prime form

C D♭	D E♭	F A♭	0 1	0 1	0 3
C D♭	D F	E♭ A♭	0 1	0 3	0 5
C D♭	D A♭	E♭ F	0 1	0 6	0 2
C D	D♭ E♭	F A♭	0 2	0 2	0 3
C D	D♭ F	E♭ A♭	0 2	0 4	0 5
C D	D♭ A♭	E♭ F	0 2	0 5	0 2
C E♭	D♭ D	F A♭	0 3	0 1	0 3
C E♭	D♭ F	D A♭	0 3	0 4	0 6
C E♭	D♭ A♭	D F	0 3	0 5	0 3
C F	D♭ D	E♭ A♭	0 5	0 1	0 5
C F	D♭ E♭	D A♭	0 5	0 2	0 6
C F	D♭ A♭	D E♭	0 5	0 5	0 1
C A♭	D♭ D	E♭ F	0 4	0 1	0 2
C A♭	D♭ E♭	D F	0 4	0 2	0 3
C A♭	D♭ F	D E♭	0 4	0 4	0 1

Scale grouped in Unique Trichord Pairs as prime form. See page 600 for additional lists.

C	D	D♭	A♭	E♭	F	0 1 2	0 2 5
C	D♭	E♭	A♭	D	F	0 1 3	0 3 6
C	D	E♭	A♭	D♭	F	0 1 3	0 3 7
A♭	C	D♭	D	E♭	F	0 1 5	0 1 3
C	D♭	F	A♭	D	E♭	0 1 5	0 1 6
C	E♭	F	A♭	D	D♭	0 2 5	0 1 6
C	D	F	A♭	D♭	E♭	0 2 5	0 2 7
A♭	C	D	D♭	E♭	F	0 2 6	0 2 4
A♭	C	F	D	D♭	E♭	0 3 7	0 1 2
A♭	C	E♭	D	D♭	F	0 3 7	0 1 4

C, D♭, D, E♭, G♭, G

prime form: 0, 1, 2, 3, 6, 7

degrees: 1, ♭2, 2, ♭3, ♭5, 5

Scale application to typical chord types all keys:

C:	1	♭2	2	♭3	♭5	5	7
D♭:	7	1	♭2	2	4	♭5	
D:	♭7	7	1	♭2	3	4	
E♭:	6	♭7	7	1	♭3	3	
E:	♭6	6	♭7	7	2	♭3	
F:	5	♭6	6	♭7	♭2	2	7, 7sus4
G♭:	♭5	5	♭6	6	1	♭2	7
G:	4	♭5	5	♭6	7	1	Δ7♯5 mel, -Δ7 mel
A♭:	3	4	♭5	5	♭7	7	
A:	♭3	3	4	♭5	6	♭7	7 mel
B♭:	2	♭3	3	4	♭6	6	7 mel, 7sus4
B:	♭2	2	♭3	3	5	♭6	7, 7sus4

Symmetric Difference as:
Pitches
E, F, A♭, A, B♭, B
Degrees
3, 4, ♭6, 6, ♭7, 7
Prime Form
0, 1, 2, 3, 6, 7

See page 466 for more possible scale applications

Unique 3 Note Subsets as prime form

C	D♭	D	0 1 2
C	D♭	E♭	0 1 3
C	D♭	G♭	0 1 6
C	D♭	G	0 1 6
C	D	E♭	0 1 3
C	D	G♭	0 2 6
C	D	G	0 2 7
C	E♭	G♭	0 3 6
C	E♭	G	0 3 7
C	G♭	G	0 1 6
D♭	D	E♭	0 1 2
D♭	D	G♭	0 1 5
D♭	D	G	0 1 6
D♭	E♭	G♭	0 2 5
D♭	E♭	G	0 2 6
D♭	G♭	G	0 1 6
D	E♭	G♭	0 1 4
D	E♭	G	0 1 5
D	G♭	G	0 1 5
E♭	G♭	G	0 1 4

Unique 4 Note Subsets as prime form

C	D♭	D	E♭	0 1 2 3
C	D♭	D	G♭	0 1 2 6
C	D♭	D	G	0 1 2 7
C	D♭	E♭	G♭	0 1 3 6
C	D♭	E♭	G	0 1 3 7
C	D♭	G♭	G	0 1 6 7
C	D	E♭	G♭	0 2 3 6
C	D	E♭	G	0 2 3 7
C	D	G♭	G	0 1 5 7
C	E♭	G♭	G	0 1 4 7
D♭	D	E♭	G♭	0 1 2 5
D♭	D	E♭	G	0 1 2 6
D♭	D	G♭	G	0 1 5 6
D♭	E♭	G♭	G	0 1 4 6
D	E♭	G♭	G	0 1 4 5

Scale grouped in Unique Dyad Triples as prime form

C D♭	D E♭	G♭ G	0 1	0 1	0 1
C D♭	D G♭	E♭ G	0 1	0 4	0 4
C D♭	D G	E♭ G♭	0 1	0 5	0 3
C D	D♭ E♭	G♭ G	0 2	0 2	0 1
C D	D♭ G♭	E♭ G	0 2	0 5	0 4
C D	D♭ G	E♭ G♭	0 2	0 6	0 3
C E♭	D♭ D	G♭ G	0 3	0 1	0 1
C E♭	D♭ G♭	D G	0 3	0 5	0 5
C E♭	D♭ G	D G♭	0 3	0 6	0 4
C G♭	D♭ D	E♭ G	0 6	0 1	0 4
C G♭	D♭ E♭	D G	0 6	0 2	0 5
C G♭	D♭ G	D E♭	0 6	0 6	0 1
C G	D♭ D	E♭ G♭	0 5	0 1	0 3
C G	D♭ E♭	D G♭	0 5	0 2	0 4
C G	D♭ G♭	D E♭	0 5	0 5	0 1

Scale grouped in Unique Trichord Pairs as prime form. See page 601 for additional lists.

C	D	D♭	E♭	G	G♭	0 1 2	0 1 4
C	D♭	E♭	D	G	G♭	0 1 3	0 1 5
C	D	E♭	D♭	G	G♭	0 1 3	0 1 6
C	G	G♭	D	D♭	E♭	0 1 6	0 1 2
C	D♭	G	D	E♭	G♭	0 1 6	0 1 4
C	D♭	G♭	D	E♭	G	0 1 6	0 1 5
C	D	G♭	D♭	E♭	G	0 2 6	0 2 6
C	D	G	D♭	E♭	G♭	0 2 7	0 2 5
C	E♭	G♭	D	D♭	G	0 3 6	0 1 6
C	E♭	G	D	D♭	G♭	0 3 7	0 1 5

C, D♭, D, E♭, G♭, A♭

prime form: 0, 1, 2, 3, 6, 8

degrees: 1, ♭2, 2, ♭3, ♭5, ♭6

Scale application to typical chord types all keys:

C:	1	♭2	2	♭3	♭5	♭6	7, -7♭5 mel
D♭:	7	1	♭2	2	4	5	
D:	♭7	7	1	♭2	3	♭5	
E♭:	6	♭7	7	1	♭3	4	
E:	♭6	6	♭7	7	2	3	
F:	5	♭6	6	♭7	♭2	♭3	-7 mel, 7, 7sus4
G♭:	♭5	5	♭6	6	1	2	Δ7♯5 mel, 7, -Δ7 mel
G:	4	♭5	5	♭6	7	♭2	
A♭:	3	4	♭5	5	♭7	1	7 mel
A:	♭3	3	4	♭5	6	7	
B♭:	2	♭3	3	4	♭6	♭7	7 mel, 7sus4
B:	♭2	2	♭3	3	5	6	7, 7sus4

Symmetric Difference as:
Pitches
E, F, G, A, B♭, B
Degrees
3, 4, 5, 6, ♭7, 7
Prime Form
0, 1, 2, 4, 6, 7

See page 467 for more possible scale applications

Unique 3 Note Subsets as prime form

C	D♭	D	0 1 2
C	D♭	E♭	0 1 3
C	D♭	G♭	0 1 6
C	D♭	A♭	0 1 5
C	D	E♭	0 1 3
C	D	G♭	0 2 6
C	D	A♭	0 2 6
C	E♭	G♭	0 3 6
C	E♭	A♭	0 3 7
C	G♭	A♭	0 2 6
D♭	D	E♭	0 1 2
D♭	D	G♭	0 1 5
D♭	D	A♭	0 1 6
D♭	E♭	G♭	0 2 5
D♭	E♭	A♭	0 2 7
D♭	G♭	A♭	0 2 7
D	E♭	G♭	0 1 4
D	E♭	A♭	0 1 6
D	G♭	A♭	0 2 6
E♭	G♭	A♭	0 2 5

Unique 4 Note Subsets as prime form

C	D♭	D	E♭	0 1 2 3
C	D♭	D	G♭	0 1 2 6
C	D♭	D	A♭	0 1 2 6
C	D♭	E♭	G♭	0 1 3 6
C	D♭	E♭	A♭	0 2 3 7
C	D♭	G♭	A♭	0 1 5 7
C	D	E♭	G♭	0 2 3 6
C	D	E♭	A♭	0 1 3 7
C	D	G♭	A♭	0 2 6 8
C	E♭	G♭	A♭	0 2 5 8
D♭	D	E♭	G♭	0 1 2 5
D♭	D	E♭	A♭	0 1 2 7
D♭	D	G♭	A♭	0 1 5 7
D♭	E♭	G♭	A♭	0 2 5 7
D	E♭	G♭	A♭	0 1 4 6

Scale grouped in Unique Dyad Triples as prime form

C D♭	D E♭	G♭ A♭	0 1	0 1	0 2
C D♭	D G♭	E♭ A♭	0 1	0 4	0 5
C D♭	D A♭	E♭ G♭	0 1	0 6	0 3
C D	D♭ E♭	G♭ A♭	0 2	0 2	0 2
C D	D♭ G♭	E♭ A♭	0 2	0 5	0 5
C D	D♭ A♭	E♭ G♭	0 2	0 5	0 3
C E♭	D♭ D	G♭ A♭	0 3	0 1	0 2
C E♭	D♭ G♭	D A♭	0 3	0 5	0 6
C E♭	D♭ A♭	D G♭	0 3	0 5	0 4
C G♭	D♭ D	E♭ A♭	0 6	0 1	0 5
C G♭	D♭ E♭	D A♭	0 6	0 2	0 6
C G♭	D♭ A♭	D E♭	0 6	0 5	0 1
C A♭	D♭ D	E♭ G♭	0 4	0 1	0 3
C A♭	D♭ E♭	D G♭	0 4	0 2	0 4
C A♭	D♭ G♭	D E♭	0 4	0 5	0 1

Scale grouped in Unique Trichord Pairs as prime form. See page 602 for additional lists.

C	D	D♭	A♭	E♭	G♭	0 1 2 0 2 5
C	D♭	E♭	A♭	D	G♭	0 1 3 0 2 6
C	D	E♭	A♭	D♭	G♭	0 1 3 0 2 7
A♭	C	D♭	D	E♭	G♭	0 1 5 0 1 4
C	D♭	G♭	A♭	D	E♭	0 1 6 0 1 6
A♭	C	G♭	D	D♭	E♭	0 2 6 0 1 2
A♭	C	D	D♭	E♭	G♭	0 2 6 0 2 5
C	D	G♭	A♭	D♭	E♭	0 2 6 0 2 7
C	E♭	G♭	A♭	D	D♭	0 3 6 0 1 6
A♭	C	E♭	D	D♭	G♭	0 3 7 0 1 5

C, D♭, D, E♭, G♭, A

prime form: 0, 1, 2, 3, 6, 9
degrees: 1, ♭2, 2, ♭3, ♭5, 6

Scale application to typical chord types all keys:

C:	1	♭2	2	♭3	♭5	6	7
D♭:	7	1	♭2	2	4	♭6	
D:	♭7	7	1	♭2	3	5	
E♭:	6	♭7	7	1	♭3	♭5	
E:	♭6	6	♭7	7	2	4	
F:	5	♭6	6	♭7	♭2	3	7, 7sus4
G♭:	♭5	5	♭6	6	1	♭3	7, -Δ7 mel
G:	4	♭5	5	♭6	7	2	Δ7♯5 mel, -Δ7 mel
A♭:	3	4	♭5	5	♭7	♭2	7 mel
A:	♭3	3	4	♭5	6	1	7 mel
B♭:	2	♭3	3	4	♭6	7	
B:	♭2	2	♭3	3	5	♭7	7, 7sus4

Symmetric Difference as:
Pitches
E, F, G, A♭, B♭, B
Degrees
3, 4, 5, ♭6, ♭7, 7
Prime Form
0, 1, 3, 4, 6, 7

Unique 3 Note Subsets as prime form

C	D♭	D	0 1 2
C	D♭	E♭	0 1 3
C	D♭	G♭	0 1 6
C	D♭	A	0 1 4
C	D	E♭	0 1 3
C	D	G♭	0 2 6
C	D	A	0 2 5
C	E♭	G♭	0 3 6
C	E♭	A	0 3 6
C	G♭	A	0 3 6
D♭	D	E♭	0 1 2
D♭	D	G♭	0 1 5
D♭	D	A	0 1 5
D♭	E♭	G♭	0 2 5
D♭	E♭	A	0 2 6
D♭	G♭	A	0 3 7
D	E♭	G♭	0 1 4
D	E♭	A	0 1 6
D	G♭	A	0 3 7
E♭	G♭	A	0 3 6

Unique 4 Note Subsets as prime form

C	D♭	D	E♭	0 1 2 3
C	D♭	D	G♭	0 1 2 6
C	D♭	D	A	0 1 2 5
C	D♭	E♭	G♭	0 1 3 6
C	D♭	E♭	A	0 2 3 6
C	D♭	G♭	A	0 1 4 7
C	D	E♭	G♭	0 2 3 6
C	D	E♭	A	0 1 3 6
C	D	G♭	A	0 2 5 8
C	E♭	G♭	A	0 3 6 9
D♭	D	E♭	G♭	0 1 2 5
D♭	D	E♭	A	0 1 2 6
D♭	D	G♭	A	0 1 5 8
D♭	E♭	G♭	A	0 2 5 8
D	E♭	G♭	A	0 1 4 7

Scale grouped in Unique Dyad Triples as prime form

C D♭	D E♭	G♭ A	0 1	0 1	0 3
C D♭	D G♭	E♭ A	0 1	0 4	0 6
C D♭	D A	E♭ G♭	0 1	0 5	0 3
C D	D♭ E♭	G♭ A	0 2	0 2	0 3
C D	D♭ G♭	E♭ A	0 2	0 5	0 6
C D	D♭ A	E♭ G♭	0 2	0 4	0 3
C E♭	D♭ D	G♭ A	0 3	0 1	0 3
C E♭	D♭ G♭	D A	0 3	0 5	0 5
C E♭	D♭ A	D G♭	0 3	0 4	0 4
C G♭	D♭ D	E♭ A	0 6	0 1	0 6
C G♭	D♭ E♭	D A	0 6	0 2	0 5
C G♭	D♭ A	D E♭	0 6	0 4	0 1
C A	D♭ D	E♭ G♭	0 3	0 1	0 3
C A	D♭ E♭	D G♭	0 3	0 2	0 4
C A	D♭ G♭	D E♭	0 3	0 5	0 1

Scale grouped in Unique Trichord Pairs as prime form

C	D	D♭	A	E♭	G♭	0 1 2 0 3 6
C	D♭	E♭	A	D	G♭	0 1 3 0 3 7
C	D	E♭	A	D♭	G♭	0 1 3 0 3 7
A	C	D♭	D	E♭	G♭	0 1 4 0 1 4
C	D♭	G♭	A	D	E♭	0 1 6 0 1 6
A	C	D	D♭	E♭	G♭	0 2 5 0 2 5
C	D	G♭	A	D♭	E♭	0 2 6 0 2 6
A	C	G♭	D	D♭	E♭	0 3 6 0 1 2
C	E♭	G♭	A	D	D♭	0 3 6 0 1 5
A	C	E♭	D	D♭	G♭	0 3 6 0 1 5

C, D♭, D, E♭, G, A♭

prime form: 0, 1, 2, 3, 7, 8
degrees: 1, ♭2, 2, ♭3, 5, ♭6

Scale application to typical chord types all keys:

C:	1	♭2	2	♭3	5	♭6	7, 7sus4
D♭:	7	1	♭2	2	♭5	5	
D:	♭7	7	1	♭2	4	♭5	
E♭:	6	♭7	7	1	3	4	
E:	♭6	6	♭7	7	♭3	3	
F:	5	♭6	6	♭7	2	♭3	7, 7sus4
G♭:	♭5	5	♭6	6	♭2	2	7
G:	4	♭5	5	♭6	1	♭2	7 mel
A♭:	3	4	♭5	5	7	1	Δ7♯5 mel
A:	♭3	3	4	♭5	♭7	7	
B♭:	2	♭3	3	4	6	♭7	7 mel, 7sus4
B:	♭2	2	♭3	3	♭6	6	7, 7sus4

Symmetric Difference as:
Pitches
E, F, G♭, A, B♭, B
Degrees
3, 4, ♭5, 6, ♭7, 7
Prime Form
0, 1, 2, 5, 6, 7

Unique 3 Note Subsets as prime form

C	D♭	D	0 1 2
C	D♭	E♭	0 1 3
C	D♭	G	0 1 6
C	D♭	A♭	0 1 5
C	D	E♭	0 1 3
C	D	G	0 2 7
C	D	A♭	0 2 6
C	E♭	G	0 3 7
C	E♭	A♭	0 3 7
C	G	A♭	0 1 5
D♭	D	E♭	0 1 2
D♭	D	G	0 1 6
D♭	D	A♭	0 1 6
D♭	E♭	G	0 2 6
D♭	E♭	A♭	0 2 7
D♭	G	A♭	0 1 6
D	E♭	G	0 1 5
D	E♭	A♭	0 1 6
D	G	A♭	0 1 6
E♭	G	A♭	0 1 5

Unique 4 Note Subsets as prime form

C	D♭	D	E♭	0 1 2 3
C	D♭	D	G	0 1 2 7
C	D♭	D	A♭	0 1 2 6
C	D♭	E♭	G	0 1 3 7
C	D♭	E♭	A♭	0 2 3 7
C	D♭	G	A♭	0 1 5 6
C	D	E♭	G	0 2 3 7
C	D	E♭	A♭	0 1 3 7
C	D	G	A♭	0 1 5 7
C	E♭	G	A♭	0 1 5 8
D♭	D	E♭	G	0 1 2 6
D♭	D	E♭	A♭	0 1 2 7
D♭	D	G	A♭	0 1 6 7
D♭	E♭	G	A♭	0 1 5 7
D	E♭	G	A♭	0 1 5 6

Scale grouped in Unique Dyad Triples as prime form

C D♭	D E♭	G A♭	0 1	0 1	0 1
C D♭	D G	E♭ A♭	0 1	0 5	0 5
C D♭	D A♭	E♭ G	0 1	0 6	0 4
C D	D♭ E♭	G A♭	0 2	0 2	0 1
C D	D♭ G	E♭ A♭	0 2	0 6	0 5
C D	D♭ A♭	E♭ G	0 2	0 5	0 4
C E♭	D♭ D	G A♭	0 3	0 1	0 1
C E♭	D♭ G	D A♭	0 3	0 6	0 6
C E♭	D♭ A♭	D G	0 3	0 5	0 5
C G	D♭ D	E♭ A♭	0 5	0 1	0 5
C G	D♭ E♭	D A♭	0 5	0 2	0 6
C G	D♭ A♭	D E♭	0 5	0 5	0 1
C A♭	D♭ D	E♭ G	0 4	0 1	0 4
C A♭	D♭ E♭	D G	0 4	0 2	0 5
C A♭	D♭ G	D E♭	0 4	0 6	0 1

Scale grouped in Unique Trichord Pairs as prime form

C	D	D♭	A♭	E♭	G	0 1 2 0 1 5
C	D♭	E♭	A♭	D	G	0 1 3 0 1 6
C	D	E♭	A♭	D♭	G	0 1 3 0 1 6
A♭	C	G	D	D♭	E♭	0 1 5 0 1 2
A♭	C	D♭	D	E♭	G	0 1 5 0 1 5
C	D♭	G	A♭	D	E♭	0 1 6 0 1 6
A♭	C	D	D♭	E♭	G	0 2 6 0 2 6
C	D	G	A♭	D♭	E♭	0 2 7 0 2 7
C	E♭	G	A♭	D	D♭	0 3 7 0 1 6
A♭	C	E♭	D	D♭	G	0 3 7 0 1 6

C, D♭, D, E, F, G♭

prime form: 0, 1, 2, 4, 5, 6

degrees: 1, ♭2, 2, 3, 4, ♭5

Scale application to typical chord types all keys:

C:	1	♭2	2	3	4	♭5	7 mel
D♭:	7	1	♭2	♭3	3	4	
D:	♭7	7	1	2	♭3	3	
E♭:	6	♭7	7	♭2	2	♭3	
E:	♭6	6	♭7	1	♭2	2	7, 7sus4
F:	5	♭6	6	7	1	♭2	
G♭:	♭5	5	♭6	♭7	7	1	
G:	4	♭5	5	6	♭7	7	
A♭:	3	4	♭5	♭6	6	♭7	7 mel
A:	♭3	3	4	5	♭6	6	7 mel, 7sus4
B♭:	2	♭3	3	♭5	5	♭6	7
B:	♭2	2	♭3	4	♭5	5	7 mel

Symmetric Difference as:
Pitches
E♭, G, A♭, A, B♭, B
Degrees
♭3, 5, ♭6, 6, ♭7, 7
Prime Form
0, 1, 2, 3, 4, 8

Unique 3 Note Subsets as prime form

C	D♭	D	0 1 2
C	D♭	E	0 1 4
C	D♭	F	0 1 5
C	D♭	G♭	0 1 6
C	D	E	0 2 4
C	D	F	0 2 5
C	D	G♭	0 2 6
C	E	F	0 1 5
C	E	G♭	0 2 6
C	F	G♭	0 1 6
D♭	D	E	0 1 3
D♭	D	F	0 1 4
D♭	D	G♭	0 1 5
D♭	E	F	0 1 4
D♭	E	G♭	0 2 5
D♭	F	G♭	0 1 5
D	E	F	0 1 3
D	E	G♭	0 2 4
D	F	G♭	0 1 4
E	F	G♭	0 1 2

Unique 4 Note Subsets as prime form

C	D♭	D	E	0 1 2 4
C	D♭	D	F	0 1 2 5
C	D♭	D	G♭	0 1 2 6
C	D♭	E	F	0 1 4 5
C	D♭	E	G♭	0 1 4 6
C	D♭	F	G♭	0 1 5 6
C	D	E	F	0 1 3 5
C	D	E	G♭	0 2 4 6
C	D	F	G♭	0 1 4 6
C	E	F	G♭	0 1 2 6
D♭	D	E	F	0 1 3 4
D♭	D	E	G♭	0 1 3 5
D♭	D	F	G♭	0 1 4 5
D♭	E	F	G♭	0 1 2 5
D	E	F	G♭	0 1 2 4

Scale grouped in Unique Dyad Triples as prime form

C D♭	D E	F G♭	0 1	0 2	0 1
C D♭	D F	E G♭	0 1	0 3	0 2
C D♭	D G♭	E F	0 1	0 4	0 1
C D	D♭ E	F G♭	0 2	0 3	0 1
C D	D♭ F	E G♭	0 2	0 4	0 2
C D	D♭ G♭	E F	0 2	0 5	0 1
C E	D♭ D	F G♭	0 4	0 1	0 1
C E	D♭ F	D G♭	0 4	0 4	0 4
C E	D♭ G♭	D F	0 4	0 5	0 3
C F	D♭ D	E G♭	0 5	0 1	0 2
C F	D♭ E	D G♭	0 5	0 3	0 4
C F	D♭ G♭	D E	0 5	0 5	0 2
C G♭	D♭ D	E F	0 6	0 1	0 1
C G♭	D♭ E	D F	0 6	0 3	0 3
C G♭	D♭ F	D E	0 6	0 4	0 2

Scale grouped in Unique Trichord Pairs as prime form

C	D	D♭	E	F	G♭	0 1 2 0 1 2
C	D♭	E	D	F	G♭	0 1 4 0 1 4
C	E	F	D	D♭	G♭	0 1 5 0 1 5
C	D♭	F	D	E	G♭	0 1 5 0 2 4
C	D♭	G♭	D	E	F	0 1 6 0 1 3
C	F	G♭	D	D♭	E	0 1 6 0 1 3
C	D	E	D♭	F	G♭	0 2 4 0 1 5
C	D	F	D♭	E	G♭	0 2 5 0 2 5
C	D	G♭	D♭	E	F	0 2 6 0 1 4
C	E	G♭	D	D♭	F	0 2 6 0 1 4

C, D♭, D, E, F, G

prime form: 0, 1, 2, 4, 5, 7

degrees: 1, ♭2, 2, 3, 4, 5

Scale application to typical chord types all keys:

C:	1	♭2	2	3	4	5	7 mel, 7sus4
D♭:	7	1	♭2	♭3	3	♭5	
D:	♭7	7	1	2	♭3	4	
E♭:	6	♭7	7	♭2	2	3	
E:	♭6	6	♭7	1	♭2	♭3	-7 mel, 7, 7sus4
F:	5	♭6	6	7	1	2	Δ7♯5 mel, -Δ7 mel
G♭:	♭5	5	♭6	♭7	7	♭2	
G:	4	♭5	5	6	♭7	1	7 mel
A♭:	3	4	♭5	♭6	6	7	Δ7♯5 mel
A:	♭3	3	4	5	♭6	♭7	7 mel, 7sus4
B♭:	2	♭3	3	♭5	5	6	7
B:	♭2	2	♭3	4	♭5	♭6	7 mel, -7♭5 mel

Symmetric Difference as:
Pitches
E♭, G♭, A♭, A, B♭, B
Degrees
♭3, ♭5, ♭6, 6, ♭7, 7
Prime Form
0, 1, 2, 3, 5, 8

See page 471 for more possible scale applications

Unique 3 Note Subsets as prime form

C	D♭	D	0 1 2
C	D♭	E	0 1 4
C	D♭	F	0 1 5
C	D♭	G	0 1 6
C	D	E	0 2 4
C	D	F	0 2 5
C	D	G	0 2 7
C	E	F	0 1 5
C	E	G	0 3 7
C	F	G	0 2 7
D♭	D	E	0 1 3
D♭	D	F	0 1 4
D♭	D	G	0 1 6
D♭	E	F	0 1 4
D♭	E	G	0 3 6
D♭	F	G	0 2 6
D	E	F	0 1 3
D	E	G	0 2 5
D	F	G	0 2 5
E	F	G	0 1 3

Unique 4 Note Subsets as prime form

C	D♭	D	E	0 1 2 4
C	D♭	D	F	0 1 2 5
C	D♭	D	G	0 1 2 7
C	D♭	E	F	0 1 4 5
C	D♭	E	G	0 1 4 7
C	D♭	F	G	0 1 5 7
C	D	E	F	0 1 3 5
C	D	E	G	0 2 4 7
C	D	F	G	0 2 5 7
C	E	F	G	0 2 3 7
D♭	D	E	F	0 1 3 4
D♭	D	E	G	0 1 3 6
D♭	D	F	G	0 1 4 6
D♭	E	F	G	0 2 3 6
D	E	F	G	0 2 3 5

Scale grouped in Unique Dyad Triples as prime form

C D♭	D E	F G	0 1	0 2	0 2
C D♭	D F	E G	0 1	0 3	0 3
C D♭	D G	E F	0 1	0 5	0 1
C D	D♭ E	F G	0 2	0 3	0 2
C D	D♭ F	E G	0 2	0 4	0 3
C D	D♭ G	E F	0 2	0 6	0 1
C E	D♭ D	F G	0 4	0 1	0 2
C E	D♭ F	D G	0 4	0 4	0 5
C E	D♭ G	D F	0 4	0 6	0 3
C F	D♭ D	E G	0 5	0 1	0 3
C F	D♭ E	D G	0 5	0 3	0 5
C F	D♭ G	D E	0 5	0 6	0 2
C G	D♭ D	E F	0 5	0 1	0 1
C G	D♭ E	D F	0 5	0 3	0 3
C G	D♭ F	D E	0 5	0 4	0 2

Scale grouped in Unique Trichord Pairs as prime form. See page 603 for additional lists.

C	D	D♭	E	F	G	0 1 2	0 1 3
C	D♭	E	D	F	G	0 1 4	0 2 5
C	E	F	D	D♭	G	0 1 5	0 1 6
C	D♭	F	D	E	G	0 1 5	0 2 5
C	D♭	G	D	E	F	0 1 6	0 1 3
C	D	E	D♭	F	G	0 2 4	0 2 6
C	D	F	D♭	E	G	0 2 5	0 3 6
C	F	G	D	D♭	E	0 2 7	0 1 3
C	D	G	D♭	E	F	0 2 7	0 1 4
C	E	G	D	D♭	F	0 3 7	0 1 4

C, D♭, D, E, F, A♭

prime form: 0, 1, 2, 4, 5, 8

degrees: 1, ♭2, 2, 3, 4, ♭6

Scale application to typical chord types all keys:

C:	1	♭2	2	3	4	♭6	7 mel, 7sus4
D♭:	7	1	♭2	♭3	3	5	
D:	♭7	7	1	2	♭3	♭5	
E♭:	6	♭7	7	♭2	2	4	
E:	♭6	6	♭7	1	♭2	3	7, 7sus4
F:	5	♭6	6	7	1	♭3	-Δ7 mel
G♭:	♭5	5	♭6	♭7	7	2	
G:	4	♭5	5	6	♭7	♭2	7 mel
A♭:	3	4	♭5	♭6	6	1	Δ7♯5 mel, 7 mel
A:	♭3	3	4	5	♭6	7	
B♭:	2	♭3	3	♭5	5	♭7	7
B:	♭2	2	♭3	4	♭5	6	7 mel

Symmetric Difference as:
Pitches
E♭, G♭, G, A, B♭, B
Degrees
♭3, ♭5, 5, 6, ♭7, 7
Prime Form
0, 1, 2, 4, 5, 8

See page 472 for more possible scale applications

Unique 3 Note Subsets as prime form

C	D♭	D	0 1 2
C	D♭	E	0 1 4
C	D♭	F	0 1 5
C	D♭	A♭	0 1 5
C	D	E	0 2 4
C	D	F	0 2 5
C	D	A♭	0 2 6
C	E	F	0 1 5
C	E	A♭	0 4 8
C	F	A♭	0 3 7
D♭	D	E	0 1 3
D♭	D	F	0 1 4
D♭	D	A♭	0 1 6
D♭	E	F	0 1 4
D♭	E	A♭	0 3 7
D♭	F	A♭	0 3 7
D	E	F	0 1 3
D	E	A♭	0 2 6
D	F	A♭	0 3 6
E	F	A♭	0 1 4

Unique 4 Note Subsets as prime form

C	D♭	D	E	0 1 2 4
C	D♭	D	F	0 1 2 5
C	D♭	D	A♭	0 1 2 6
C	D♭	E	F	0 1 4 5
C	D♭	E	A♭	0 3 4 8
C	D♭	F	A♭	0 1 5 8
C	D	E	F	0 1 3 5
C	D	E	A♭	0 2 4 8
C	D	F	A♭	0 2 5 8
C	E	F	A♭	0 1 4 8
D♭	D	E	F	0 1 3 4
D♭	D	E	A♭	0 1 3 7
D♭	D	F	A♭	0 1 4 7
D♭	E	F	A♭	0 3 4 7
D	E	F	A♭	0 2 3 6

Scale grouped in Unique Dyad Triples as prime form

C D♭	D E	F A♭	0 1	0 2	0 3
C D♭	D F	E A♭	0 1	0 3	0 4
C D♭	D A♭	E F	0 1	0 6	0 1
C D	D♭ E	F A♭	0 2	0 3	0 3
C D	D♭ F	E A♭	0 2	0 4	0 4
C D	D♭ A♭	E F	0 2	0 5	0 1
C E	D♭ D	F A♭	0 4	0 1	0 3
C E	D♭ F	D A♭	0 4	0 4	0 6
C E	D♭ A♭	D F	0 4	0 5	0 3
C F	D♭ D	E A♭	0 5	0 1	0 4
C F	D♭ E	D A♭	0 5	0 3	0 6
C F	D♭ A♭	D E	0 5	0 5	0 2
C A♭	D♭ D	E F	0 4	0 1	0 1
C A♭	D♭ E	D F	0 4	0 3	0 3
C A♭	D♭ F	D E	0 4	0 4	0 2

Scale grouped in Unique Trichord Pairs as prime form. See page 604 for additional lists.

C	D	D♭	A♭	E	F	0 1 2 0 1 4
C	D♭	E	A♭	D	F	0 1 4 0 3 6
A♭	C	D♭	D	E	F	0 1 5 0 1 3
C	E	F	A♭	D	D♭	0 1 5 0 1 6
C	D♭	F	A♭	D	E	0 1 5 0 2 6
C	D	E	A♭	D♭	F	0 2 4 0 3 7
C	D	F	A♭	D♭	E	0 2 5 0 3 7
A♭	C	D	D♭	E	F	0 2 6 0 1 4
A♭	C	F	D	D♭	E	0 3 7 0 1 3
A♭	C	E	D	D♭	F	0 4 8 0 1 4

C, D♭, D, E, G♭, G

prime form: 0, 1, 2, 4, 6, 7

degrees: 1, ♭2, 2, 3, ♭5, 5

Scale application to typical chord types all keys:

C:	1	♭2	2	3	♭5	5	7
D♭:	7	1	♭2	♭3	4	♭5	
D:	♭7	7	1	2	3	4	
E♭:	6	♭7	7	♭2	♭3	3	
E:	♭6	6	♭7	1	2	♭3	7, 7sus4
F:	5	♭6	6	7	♭2	2	
G♭:	♭5	5	♭6	♭7	1	♭2	7
G:	4	♭5	5	6	7	1	Δ7♯5 mel, -Δ7
A♭:	3	4	♭5	♭6	♭7	7	
A:	♭3	3	4	5	6	♭7	7 mel, 7sus4
B♭:	2	♭3	3	♭5	♭6	6	7
B:	♭2	2	♭3	4	5	♭6	7 mel, 7sus4

Symmetric Difference as:
Pitches
E♭, F, A♭, A, B♭, B
Degrees
♭3, 4, ♭6, 6, ♭7, 7
Prime Form
0, 1, 2, 3, 6, 8

See page 473 for more possible scale applications

Unique 3 Note Subsets as prime form

C	D♭	D	0 1 2
C	D♭	E	0 1 4
C	D♭	G♭	0 1 6
C	D♭	G	0 1 6
C	D	E	0 2 4
C	D	G♭	0 2 6
C	D	G	0 2 7
C	E	G♭	0 2 6
C	E	G	0 3 7
C	G♭	G	0 1 6
D♭	D	E	0 1 3
D♭	D	G♭	0 1 5
D♭	D	G	0 1 6
D♭	E	G♭	0 2 5
D♭	E	G	0 3 6
D♭	G♭	G	0 1 6
D	E	G♭	0 2 4
D	E	G	0 2 5
D	G♭	G	0 1 5
E	G♭	G	0 1 3

Unique 4 Note Subsets as prime form

C	D♭	D	E	0 1 2 4
C	D♭	D	G♭	0 1 2 6
C	D♭	D	G	0 1 2 7
C	D♭	E	G♭	0 1 4 6
C	D♭	E	G	0 1 4 7
C	D♭	G♭	G	0 1 6 7
C	D	E	G♭	0 2 4 6
C	D	E	G	0 2 4 7
C	D	G♭	G	0 1 5 7
C	E	G♭	G	0 1 3 7
D♭	D	E	G♭	0 1 3 5
D♭	D	E	G	0 1 3 6
D♭	D	G♭	G	0 1 5 6
D♭	E	G♭	G	0 1 3 6
D	E	G♭	G	0 1 3 5

Scale grouped in Unique Dyad Triples as prime form

C D♭	D E	G♭ G	0 1	0 2	0 1
C D♭	D G♭	E G	0 1	0 4	0 3
C D♭	D G	E G♭	0 1	0 5	0 2
C D	D♭ E	G♭ G	0 2	0 3	0 1
C D	D♭ G♭	E G	0 2	0 5	0 3
C D	D♭ G	E G♭	0 2	0 6	0 2
C E	D♭ D	G♭ G	0 4	0 1	0 1
C E	D♭ G♭	D G	0 4	0 5	0 5
C E	D♭ G	D G♭	0 4	0 6	0 4
C G♭	D♭ D	E G	0 6	0 1	0 3
C G♭	D♭ E	D G	0 6	0 3	0 5
C G♭	D♭ G	D E	0 6	0 6	0 2
C G	D♭ D	E G♭	0 5	0 1	0 2
C G	D♭ E	D G♭	0 5	0 3	0 4
C G	D♭ G♭	D E	0 5	0 5	0 2

Scale grouped in Unique Trichord Pairs as prime form. See page 605 for additional lists.

C	D	D♭	E	G	G♭	0 1 2	0 1 3
C	D♭	E	D	G	G♭	0 1 4	0 1 5
C	G	G♭	D	D♭	E	0 1 6	0 1 3
C	D♭	G	D	E	G♭	0 1 6	0 2 4
C	D♭	G♭	D	E	G	0 1 6	0 2 5
C	D	E	D♭	G	G♭	0 2 4	0 1 6
C	E	G♭	D	D♭	G	0 2 6	0 1 6
C	D	G♭	D♭	E	G	0 2 6	0 3 6
C	D	G	D♭	E	G♭	0 2 7	0 2 5
C	E	G	D	D♭	G♭	0 3 7	0 1 5

C, D♭, D, E, G♭, A♭

prime form: 0, 1, 2, 4, 6, 8

degrees: 1, ♭2, 2, 3, ♭5, ♭6

Scale application to typical chord types all keys:

C:	1	♭2	2	3	♭5	♭6	7
D♭:	7	1	♭2	♭3	4	5	
D:	♭7	7	1	2	3	♭5	
E♭:	6	♭7	7	♭2	♭3	4	
E:	♭6	6	♭7	1	2	3	7, 7sus4
F:	5	♭6	6	7	♭2	♭3	
G♭:	♭5	5	♭6	♭7	1	2	7
G:	4	♭5	5	6	7	♭2	
A♭:	3	4	♭5	♭6	♭7	1	7 mel
A:	♭3	3	4	5	6	7	
B♭:	2	♭3	3	♭5	♭6	♭7	7
B:	♭2	2	♭3	4	5	6	7 mel, 7sus4

Symmetric Difference as:
Pitches
E♭, F, G, A, B♭, B
Degrees
♭3, 4, 5, 6, ♭7, 7
Prime Form
0, 1, 2, 4, 6, 8

See page 474 for more possible scale applications

Unique 3 Note Subsets as prime form

C	D♭	D	0 1 2
C	D♭	E	0 1 4
C	D♭	G♭	0 1 6
C	D♭	A♭	0 1 5
C	D	E	0 2 4
C	D	G♭	0 2 6
C	D	A♭	0 2 6
C	E	G♭	0 2 6
C	E	A♭	0 4 8
C	G♭	A♭	0 2 6
D♭	D	E	0 1 3
D♭	D	G♭	0 1 5
D♭	D	A♭	0 1 6
D♭	E	G♭	0 2 5
D♭	E	A♭	0 3 7
D♭	G♭	A♭	0 2 7
D	E	G♭	0 2 4
D	E	A♭	0 2 6
D	G♭	A♭	0 2 6
E	G♭	A♭	0 2 4

Unique 4 Note Subsets as prime form

C	D♭	D	E	0 1 2 4
C	D♭	D	G♭	0 1 2 6
C	D♭	D	A♭	0 1 2 6
C	D♭	E	G♭	0 1 4 6
C	D♭	E	A♭	0 3 4 8
C	D♭	G♭	A♭	0 1 5 7
C	D	E	G♭	0 2 4 6
C	D	E	A♭	0 2 4 8
C	D	G♭	A♭	0 2 6 8
C	E	G♭	A♭	0 2 4 8
D♭	D	E	G♭	0 1 3 5
D♭	D	E	A♭	0 1 3 7
D♭	D	G♭	A♭	0 1 5 7
D♭	E	G♭	A♭	0 2 4 7
D	E	G♭	A♭	0 2 4 6

Scale grouped in Unique Dyad Triples as prime form

C D♭	D E	G♭ A♭	0 1	0 2	0 2
C D♭	D G♭	E A♭	0 1	0 4	0 4
C D♭	D A♭	E G♭	0 1	0 6	0 2
C D	D♭ E	G♭ A♭	0 2	0 3	0 2
C D	D♭ G♭	E A♭	0 2	0 5	0 4
C D	D♭ A♭	E G♭	0 2	0 5	0 2
C E	D♭ D	G♭ A♭	0 4	0 1	0 2
C E	D♭ G♭	D A♭	0 4	0 5	0 6
C E	D♭ A♭	D G♭	0 4	0 5	0 4
C G♭	D♭ D	E A♭	0 6	0 1	0 4
C G♭	D♭ E	D A♭	0 6	0 3	0 6
C G♭	D♭ A♭	D E	0 6	0 5	0 2
C A♭	D♭ D	E G♭	0 4	0 1	0 2
C A♭	D♭ E	D G♭	0 4	0 3	0 4
C A♭	D♭ G♭	D E	0 4	0 5	0 2

Scale grouped in Unique Trichord Pairs as prime form. See page 606 for additional lists.

C	D	D♭	A♭	E	G♭	0 1 2 0 2 4
C	D♭	E	A♭	D	G♭	0 1 4 0 2 6
A♭	C	D♭	D	E	G♭	0 1 5 0 2 4
C	D♭	G♭	A♭	D	E	0 1 6 0 2 6
C	D	E	A♭	D♭	G♭	0 2 4 0 2 7
A♭	C	G♭	D	D♭	E	0 2 6 0 1 3
C	E	G♭	A♭	D	D♭	0 2 6 0 1 6
A♭	C	D	D♭	E	G♭	0 2 6 0 2 5
C	D	G♭	A♭	D♭	E	0 2 6 0 3 7
A♭	C	E	D	D♭	G♭	0 4 8 0 1 5

C, D♭, D, E, G♭, A

prime form: 0, 1, 2, 4, 6, 9

degrees: 1, ♭2, 2, 3, ♭5, 6

Scale application to typical chord types all keys:

C:	1	♭2	2	3	♭5	6	7
D♭:	7	1	♭2	♭3	4	♭6	
D:	♭7	7	1	2	3	5	
E♭:	6	♭7	7	♭2	♭3	♭5	
E:	♭6	6	♭7	1	2	4	7 mel, 7sus4
F:	5	♭6	6	7	♭2	3	
G♭:	♭5	5	♭6	♭7	1	♭3	7
G:	4	♭5	5	6	7	2	Δ7♯5 mel, -Δ7
A♭:	3	4	♭5	♭6	♭7	♭2	7 mel
A:	♭3	3	4	5	6	1	7 mel, 7sus4
B♭:	2	♭3	3	♭5	♭6	7	
B:	♭2	2	♭3	4	5	♭7	7 mel, 7sus4

Symmetric Difference as:
Pitches
E♭, F, G, A♭, B♭, B
Degrees
♭3, 4, 5, ♭6, ♭7, 7
Prime Form
0, 1, 3, 4, 6, 8

See page 475 for more possible scale applications

Unique 3 Note Subsets as prime form

C	D♭	D	0 1 2
C	D♭	E	0 1 4
C	D♭	G♭	0 1 6
C	D♭	A	0 1 4
C	D	E	0 2 4
C	D	G♭	0 2 6
C	D	A	0 2 5
C	E	G♭	0 2 6
C	E	A	0 3 7
C	G♭	A	0 3 6
D♭	D	E	0 1 3
D♭	D	G♭	0 1 5
D♭	D	A	0 1 5
D♭	E	G♭	0 2 5
D♭	E	A	0 3 7
D♭	G♭	A	0 3 7
D	E	G♭	0 2 4
D	E	A	0 2 7
D	G♭	A	0 3 7
E	G♭	A	0 2 5

Unique 4 Note Subsets as prime form

C	D♭	D	E	0 1 2 4
C	D♭	D	G♭	0 1 2 6
C	D♭	D	A	0 1 2 5
C	D♭	E	G♭	0 1 4 6
C	D♭	E	A	0 3 4 7
C	D♭	G♭	A	0 1 4 7
C	D	E	G♭	0 2 4 6
C	D	E	A	0 2 4 7
C	D	G♭	A	0 2 5 8
C	E	G♭	A	0 2 5 8
D♭	D	E	G♭	0 1 3 5
D♭	D	E	A	0 2 3 7
D♭	D	G♭	A	0 1 5 8
D♭	E	G♭	A	0 3 5 8
D	E	G♭	A	0 2 4 7

Scale grouped in Unique Dyad Triples as prime form

C D♭	D E	G♭ A	0 1	0 2	0 3
C D♭	D G♭	E A	0 1	0 4	0 5
C D♭	D A	E G♭	0 1	0 5	0 2
C D	D♭ E	G♭ A	0 2	0 3	0 3
C D	D♭ G♭	E A	0 2	0 5	0 5
C D	D♭ A	E G♭	0 2	0 4	0 2
C E	D♭ D	G♭ A	0 4	0 1	0 3
C E	D♭ G♭	D A	0 4	0 5	0 5
C E	D♭ A	D G♭	0 4	0 4	0 4
C G♭	D♭ D	E A	0 6	0 1	0 5
C G♭	D♭ E	D A	0 6	0 3	0 5
C G♭	D♭ A	D E	0 6	0 4	0 2
C A	D♭ D	E G♭	0 3	0 1	0 2
C A	D♭ E	D G♭	0 3	0 3	0 4
C A	D♭ G♭	D E	0 3	0 5	0 2

Scale grouped in Unique Trichord Pairs as prime form. See page 607 for additional lists.

C	D	D♭	A	E	G♭	0 1 2 0 2 5
A	C	D♭	D	E	G♭	0 1 4 0 2 4
C	D♭	E	A	D	G♭	0 1 4 0 3 7
C	D♭	G♭	A	D	E	0 1 6 0 2 7
C	D	E	A	D♭	G♭	0 2 4 0 3 7
A	C	D	D♭	E	G♭	0 2 5 0 2 5
C	E	G♭	A	D	D♭	0 2 6 0 1 5
C	D	G♭	A	D♭	E	0 2 6 0 3 7
A	C	G♭	D	D♭	E	0 3 6 0 1 3
A	C	E	D	D♭	G♭	0 3 7 0 1 5

C, D♭, D, E, G, A♭

prime form: 0, 1, 2, 4, 7, 8

degrees: 1, ♭2, 2, 3, 5, ♭6

Scale application to typical chord types all keys:

C:	1	♭2	2	3	5	♭6	7, 7sus4
D♭:	7	1	♭2	♭3	♭5	5	
D:	♭7	7	1	2	4	♭5	
E♭:	6	♭7	7	♭2	3	4	
E:	♭6	6	♭7	1	♭3	3	7, 7sus4
F:	5	♭6	6	7	2	♭3	-Δ7 mel
G♭:	♭5	5	♭6	♭7	♭2	2	7
G:	4	♭5	5	6	1	♭2	7 mel
A♭:	3	4	♭5	♭6	7	1	Δ7♯5 mel
A:	♭3	3	4	5	♭7	7	
B♭:	2	♭3	3	♭5	6	♭7	7
B:	♭2	2	♭3	4	♭6	6	7 mel, 7sus4

Symmetric Difference as:
Pitches
E♭, F, G♭, A, B♭, B
Degrees
♭3, 4, ♭5, 6, ♭7, 7
Prime Form
0, 1, 2, 5, 6, 8

See page 476 for more possible scale applications

Unique 3 Note Subsets as prime form

C	D♭	D	0 1 2
C	D♭	E	0 1 4
C	D♭	G	0 1 6
C	D♭	A♭	0 1 5
C	D	E	0 2 4
C	D	G	0 2 7
C	D	A♭	0 2 6
C	E	G	0 3 7
C	E	A♭	0 4 8
C	G	A♭	0 1 5
D♭	D	E	0 1 3
D♭	D	G	0 1 6
D♭	D	A♭	0 1 6
D♭	E	G	0 3 6
D♭	E	A♭	0 3 7
D♭	G	A♭	0 1 6
D	E	G	0 2 5
D	E	A♭	0 2 6
D	G	A♭	0 1 6
E	G	A♭	0 1 4

Unique 4 Note Subsets as prime form

C	D♭	D	E	0 1 2 4
C	D♭	D	G	0 1 2 7
C	D♭	D	A♭	0 1 2 6
C	D♭	E	G	0 1 4 7
C	D♭	E	A♭	0 3 4 8
C	D♭	G	A♭	0 1 5 6
C	D	E	G	0 2 4 7
C	D	E	A♭	0 2 4 8
C	D	G	A♭	0 1 5 7
C	E	G	A♭	0 3 4 8
D♭	D	E	G	0 1 3 6
D♭	D	E	A♭	0 1 3 7
D♭	D	G	A♭	0 1 6 7
D♭	E	G	A♭	0 1 4 7
D	E	G	A♭	0 1 4 6

Scale grouped in Unique Dyad Triples as prime form

C D♭	D E	G A♭	0 1	0 2	0 1
C D♭	D G	E A♭	0 1	0 5	0 4
C D♭	D A♭	E G	0 1	0 6	0 3
C D	D♭ E	G A♭	0 2	0 3	0 1
C D	D♭ G	E A♭	0 2	0 6	0 4
C D	D♭ A♭	E G	0 2	0 5	0 3
C E	D♭ D	G A♭	0 4	0 1	0 1
C E	D♭ G	D A♭	0 4	0 6	0 6
C E	D♭ A♭	D G	0 4	0 5	0 5
C G	D♭ D	E A♭	0 5	0 1	0 4
C G	D♭ E	D A♭	0 5	0 3	0 6
C G	D♭ A♭	D E	0 5	0 5	0 2
C A♭	D♭ D	E G	0 4	0 1	0 3
C A♭	D♭ E	D G	0 4	0 3	0 5
C A♭	D♭ G	D E	0 4	0 6	0 2

Scale grouped in Unique Trichord Pairs as prime form. See page 608 for additional lists.

C	D	D♭	A♭	E	G	0 1 2 0 1 4
C	D♭	E	A♭	D	G	0 1 4 0 1 6
A♭	C	G	D	D♭	E	0 1 5 0 1 3
A♭	C	D♭	D	E	G	0 1 5 0 2 5
C	D♭	G	A♭	D	E	0 1 6 0 2 6
C	D	E	A♭	D♭	G	0 2 4 0 1 6
A♭	C	D	D♭	E	G	0 2 6 0 3 6
C	D	G	A♭	D♭	E	0 2 7 0 3 7
C	E	G	A♭	D	D♭	0 3 7 0 1 6
A♭	C	E	D	D♭	G	0 4 8 0 1 6

C, D♭, D, E, G, A

prime form: 0, 1, 2, 4, 7, 9

degrees: 1, ♭2, 2, 3, 5, 6

Blues Scale

Scale application to typical chord types all keys:

C:	1	♭2	2	3	5	6	7, 7sus4
D♭:	7	1	♭2	♭3	♭5	♭6	
D:	♭7	7	1	2	4	5	
E♭:	6	♭7	7	♭2	3	♭5	
E:	♭6	6	♭7	1	♭3	4	-7 mel, 7 mel, 7sus4
F:	5	♭6	6	7	2	3	Δ7♯5 mel
G♭:	♭5	5	♭6	♭7	♭2	♭3	7
G:	4	♭5	5	6	1	2	Δ7♯5 mel, -Δ7, 7 mel
A♭:	3	4	♭5	♭6	7	♭2	
A:	♭3	3	4	5	♭7	1	7 mel, 7sus4
B♭:	2	♭3	3	♭5	6	7	
B:	♭2	2	♭3	4	♭6	♭7	7 mel, -7♭5 mel, 7sus4

Symmetric Difference as:
Pitches
E♭, F, G♭, A♭, B♭, B
Degrees
♭3, 4, ♭5, ♭6, ♭7, 7
Prime Form
0, 1, 3, 5, 6, 8

See page 477 for more possible scale applications

Unique 3 Note Subsets as prime form

C	D♭	D	0 1 2
C	D♭	E	0 1 4
C	D♭	G	0 1 6
C	D♭	A	0 1 4
C	D	E	0 2 4
C	D	G	0 2 7
C	D	A	0 2 5
C	E	G	0 3 7
C	E	A	0 3 7
C	G	A	0 2 5
D♭	D	E	0 1 3
D♭	D	G	0 1 6
D♭	D	A	0 1 5
D♭	E	G	0 3 6
D♭	E	A	0 3 7
D♭	G	A	0 2 6
D	E	G	0 2 5
D	E	A	0 2 7
D	G	A	0 2 7
E	G	A	0 2 5

Unique 4 Note Subsets as prime form

C	D♭	D	E	0 1 2 4
C	D♭	D	G	0 1 2 7
C	D♭	D	A	0 1 2 5
C	D♭	E	G	0 1 4 7
C	D♭	E	A	0 3 4 7
C	D♭	G	A	0 1 4 6
C	D	E	G	0 2 4 7
C	D	E	A	0 2 4 7
C	D	G	A	0 2 5 7
C	E	G	A	0 3 5 8
D♭	D	E	G	0 1 3 6
D♭	D	E	A	0 2 3 7
D♭	D	G	A	0 1 5 7
D♭	E	G	A	0 2 5 8
D	E	G	A	0 2 5 7

Scale grouped in Unique Dyad Triples as prime form

C D♭	D E	G A	0 1	0 2	0 2
C D♭	D G	E A	0 1	0 5	0 5
C D♭	D A	E G	0 1	0 5	0 3
C D	D♭ E	G A	0 2	0 3	0 2
C D	D♭ G	E A	0 2	0 6	0 5
C D	D♭ A	E G	0 2	0 4	0 3
C E	D♭ D	G A	0 4	0 1	0 2
C E	D♭ G	D A	0 4	0 6	0 5
C E	D♭ A	D G	0 4	0 4	0 5
C G	D♭ D	E A	0 5	0 1	0 5
C G	D♭ E	D A	0 5	0 3	0 5
C G	D♭ A	D E	0 5	0 4	0 2
C A	D♭ D	E G	0 3	0 1	0 3
C A	D♭ E	D G	0 3	0 3	0 5
C A	D♭ G	D E	0 3	0 6	0 2

Scale grouped in Unique Trichord Pairs as prime form. See page 609 for additional lists.

C	D	D♭	A	E	G	0 1 2 0 2 5
A	C	D♭	D	E	G	0 1 4 0 2 5
C	D♭	E	A	D	G	0 1 4 0 2 7
C	D♭	G	A	D	E	0 1 6 0 2 7
C	D	E	A	D♭	G	0 2 4 0 2 6
A	C	G	D	D♭	E	0 2 5 0 1 3
A	C	D	D♭	E	G	0 2 5 0 3 6
C	D	G	A	D♭	E	0 2 7 0 3 7
C	E	G	A	D	D♭	0 3 7 0 1 5
A	C	E	D	D♭	G	0 3 7 0 1 6

C, D♭, D, F, G♭, G

prime form: 0, 1, 2, 5, 6, 7

degrees: 1, ♭2, 2, 4, ♭5, 5

Scale application to typical chord types all keys:

C:	1	♭2	2	4	♭5	5	7 mel
D♭:	7	1	♭2	3	4	♭5	
D:	♭7	7	1	♭3	3	4	
E♭:	6	♭7	7	2	♭3	3	
E:	♭6	6	♭7	♭2	2	♭3	7, 7sus4
F:	5	♭6	6	1	♭2	2	7, 7sus4
G♭:	♭5	5	♭6	7	1	♭2	
G:	4	♭5	5	♭7	7	1	
A♭:	3	4	♭5	6	♭7	7	
A:	♭3	3	4	♭6	6	♭7	7 mel, 7sus4
B♭:	2	♭3	3	5	♭6	6	7, 7sus4
B:	♭2	2	♭3	♭5	5	♭6	7

Symmetric Difference as:
Pitches
E♭, E, A♭, A, B♭, B
Degrees
♭3, 3, ♭6, 6, ♭7, 7
Prime Form
0, 1, 2, 3, 7, 8

Unique 3 Note Subsets as prime form

C	D♭	D	0 1 2
C	D♭	F	0 1 5
C	D♭	G♭	0 1 6
C	D♭	G	0 1 6
C	D	F	0 2 5
C	D	G♭	0 2 6
C	D	G	0 2 7
C	F	G♭	0 1 6
C	F	G	0 2 7
C	G♭	G	0 1 6
D♭	D	F	0 1 4
D♭	D	G♭	0 1 5
D♭	D	G	0 1 6
D♭	F	G♭	0 1 5
D♭	F	G	0 2 6
D♭	G♭	G	0 1 6
D	F	G♭	0 1 4
D	F	G	0 2 5
D	G♭	G	0 1 5
F	G♭	G	0 1 2

Unique 4 Note Subsets as prime form

C	D♭	D	F	0 1 2 5
C	D♭	D	G♭	0 1 2 6
C	D♭	D	G	0 1 2 7
C	D♭	F	G♭	0 1 5 6
C	D♭	F	G	0 1 5 7
C	D♭	G♭	G	0 1 6 7
C	D	F	G♭	0 1 4 6
C	D	F	G	0 2 5 7
C	D	G♭	G	0 1 5 7
C	F	G♭	G	0 1 2 7
D♭	D	F	G♭	0 1 4 5
D♭	D	F	G	0 1 4 6
D♭	D	G♭	G	0 1 5 6
D♭	F	G♭	G	0 1 2 6
D	F	G♭	G	0 1 2 5

Scale grouped in Unique Dyad Triples as prime form

C D♭	D F	G♭ G	0 1	0 3	0 1
C D♭	D G♭	F G	0 1	0 4	0 2
C D♭	D G	F G♭	0 1	0 5	0 1
C D	D♭ F	G♭ G	0 2	0 4	0 1
C D	D♭ G♭	F G	0 2	0 5	0 2
C D	D♭ G	F G♭	0 2	0 6	0 1
C F	D♭ D	G♭ G	0 5	0 1	0 1
C F	D♭ G♭	D G	0 5	0 5	0 5
C F	D♭ G	D G♭	0 5	0 6	0 4
C G♭	D♭ D	F G	0 6	0 1	0 2
C G♭	D♭ F	D G	0 6	0 4	0 5
C G♭	D♭ G	D F	0 6	0 6	0 3
C G	D♭ D	F G♭	0 5	0 1	0 1
C G	D♭ F	D G♭	0 5	0 4	0 4
C G	D♭ G♭	D F	0 5	0 5	0 3

Scale grouped in Unique Trichord Pairs as prime form

C	D	D♭	F	G	G♭	0 1 2 0 1 2
C	D♭	F	D	G	G♭	0 1 5 0 1 5
C	D♭	G	D	F	G♭	0 1 6 0 1 4
C	G	G♭	D	D♭	F	0 1 6 0 1 4
C	F	G♭	D	D♭	G	0 1 6 0 1 6
C	D♭	G♭	D	F	G	0 1 6 0 2 5
C	D	F	D♭	G	G♭	0 2 5 0 1 6
C	D	G♭	D♭	F	G	0 2 6 0 2 6
C	D	G	D♭	F	G♭	0 2 7 0 1 5
C	F	G	D	D♭	G♭	0 2 7 0 1 5

C, D♭, D, F, G♭, A♭

prime form: 0, 1, 2, 5, 6, 8

degrees: 1, ♭2, 2, 4, ♭5, ♭6

Scale application to typical chord types all keys:

C:	1	♭2	2	4	♭5	♭6	7 mel, -7♭5 mel
D♭:	7	1	♭2	3	4	5	
D:	♭7	7	1	♭3	3	♭5	
E♭:	6	♭7	7	2	♭3	4	
E:	♭6	6	♭7	♭2	2	3	7, 7sus4
F:	5	♭6	6	1	♭2	♭3	-7 mel, 7, 7sus4
G♭:	♭5	5	♭6	7	1	2	Δ7♯5 mel, -Δ7 mel
G:	4	♭5	5	♭7	7	♭2	
A♭:	3	4	♭5	6	♭7	1	7 mel
A:	♭3	3	4	♭6	6	7	
B♭:	2	♭3	3	5	♭6	♭7	7, 7sus4
B:	♭2	2	♭3	♭5	5	6	7

Symmetric Difference as:
Pitches
E♭, E, G, A, B♭, B
Degrees
♭3, 3, 5, 6, ♭7, 7
Prime Form
0, 1, 2, 4, 7, 8

See page 479 for more possible scale applications

Unique 3 Note Subsets as prime form

C	D♭	D	0 1 2
C	D♭	F	0 1 5
C	D♭	G♭	0 1 6
C	D♭	A♭	0 1 5
C	D	F	0 2 5
C	D	G♭	0 2 6
C	D	A♭	0 2 6
C	F	G♭	0 1 6
C	F	A♭	0 3 7
C	G♭	A♭	0 2 6
D♭	D	F	0 1 4
D♭	D	G♭	0 1 5
D♭	D	A♭	0 1 6
D♭	F	G♭	0 1 5
D♭	F	A♭	0 3 7
D♭	G♭	A♭	0 2 7
D	F	G♭	0 1 4
D	F	A♭	0 3 6
D	G♭	A♭	0 2 6
F	G♭	A♭	0 1 3

Unique 4 Note Subsets as prime form

C	D♭	D	F	0 1 2 5
C	D♭	D	G♭	0 1 2 6
C	D♭	D	A♭	0 1 2 6
C	D♭	F	G♭	0 1 5 6
C	D♭	F	A♭	0 1 5 8
C	D♭	G♭	A♭	0 1 5 7
C	D	F	G♭	0 1 4 6
C	D	F	A♭	0 2 5 8
C	D	G♭	A♭	0 2 6 8
C	F	G♭	A♭	0 1 3 7
D♭	D	F	G♭	0 1 4 5
D♭	D	F	A♭	0 1 4 7
D♭	D	G♭	A♭	0 1 5 7
D♭	F	G♭	A♭	0 2 3 7
D	F	G♭	A♭	0 2 3 6

Scale grouped in Unique Dyad Triples as prime form

C D♭	D F	G♭ A♭	0 1	0 3	0 2
C D♭	D G♭	F A♭	0 1	0 4	0 3
C D♭	D A♭	F G♭	0 1	0 6	0 1
C D	D♭ F	G♭ A♭	0 2	0 4	0 2
C D	D♭ G♭	F A♭	0 2	0 5	0 3
C D	D♭ A♭	F G♭	0 2	0 5	0 1
C F	D♭ D	G♭ A♭	0 5	0 1	0 2
C F	D♭ G♭	D A♭	0 5	0 5	0 6
C F	D♭ A♭	D G♭	0 5	0 5	0 4
C G♭	D♭ D	F A♭	0 6	0 1	0 3
C G♭	D♭ F	D A♭	0 6	0 4	0 6
C G♭	D♭ A♭	D F	0 6	0 5	0 3
C A♭	D♭ D	F G♭	0 4	0 1	0 1
C A♭	D♭ F	D G♭	0 4	0 4	0 4
C A♭	D♭ G♭	D F	0 4	0 5	0 3

Scale grouped in Unique Trichord Pairs as prime form. See page 610 for additional lists.

C	D	D♭	A♭	F	G♭	0 1 2	0 1 3
A♭	C	D♭	D	F	G♭	0 1 5	0 1 4
C	D♭	F	A♭	D	G♭	0 1 5	0 2 6
C	F	G♭	A♭	D	D♭	0 1 6	0 1 6
C	D♭	G♭	A♭	D	F	0 1 6	0 3 6
C	D	F	A♭	D♭	G♭	0 2 5	0 2 7
A♭	C	G♭	D	D♭	F	0 2 6	0 1 4
A♭	C	D	D♭	F	G♭	0 2 6	0 1 5
C	D	G♭	A♭	D♭	F	0 2 6	0 3 7
A♭	C	F	D	D♭	G♭	0 3 7	0 1 5

C, D♭, D, F, G♭, A

prime form: 0, 1, 2, 5, 6, 9

degrees: 1, ♭2, 2, 4, ♭5, 6

Scale application to typical chord types all keys:

C:	1	♭2	2	4	♭5	6	7 mel
D♭:	7	1	♭2	3	4	♭6	
D:	♭7	7	1	♭3	3	5	
E♭:	6	♭7	7	2	♭3	♭5	
E:	♭6	6	♭7	♭2	2	4	7 mel, 7sus4
F:	5	♭6	6	1	♭2	3	7, 7sus4
G♭:	♭5	5	♭6	7	1	♭3	-Δ7 mel
G:	4	♭5	5	♭7	7	2	
A♭:	3	4	♭5	6	♭7	♭2	7 mel
A:	♭3	3	4	♭6	6	1	7 mel, 7sus4
B♭:	2	♭3	3	5	♭6	7	
B:	♭2	2	♭3	♭5	5	♭7	7

Symmetric Difference as:
Pitches
E♭, E, G, A♭, B♭, B
Degrees
♭3, 3, 5, ♭6, ♭7, 7
Prime Form
0, 1, 3, 4, 7, 8

See page 480 for more possible scale applications

Unique 3 Note Subsets as prime form

C	D♭	D	0 1 2
C	D♭	F	0 1 5
C	D♭	G♭	0 1 6
C	D♭	A	0 1 4
C	D	F	0 2 5
C	D	G♭	0 2 6
C	D	A	0 2 5
C	F	G♭	0 1 6
C	F	A	0 3 7
C	G♭	A	0 3 6
D♭	D	F	0 1 4
D♭	D	G♭	0 1 5
D♭	D	A	0 1 5
D♭	F	G♭	0 1 5
D♭	F	A	0 4 8
D♭	G♭	A	0 3 7
D	F	G♭	0 1 4
D	F	A	0 3 7
D	G♭	A	0 3 7
F	G♭	A	0 1 4

Unique 4 Note Subsets as prime form

C	D♭	D	F	0 1 2 5
C	D♭	D	G♭	0 1 2 6
C	D♭	D	A	0 1 2 5
C	D♭	F	G♭	0 1 5 6
C	D♭	F	A	0 1 4 8
C	D♭	G♭	A	0 1 4 7
C	D	F	G♭	0 1 4 6
C	D	F	A	0 3 5 8
C	D	G♭	A	0 2 5 8
C	F	G♭	A	0 1 4 7
D♭	D	F	G♭	0 1 4 5
D♭	D	F	A	0 3 4 8
D♭	D	G♭	A	0 1 5 8
D♭	F	G♭	A	0 1 4 8
D	F	G♭	A	0 3 4 7

Scale grouped in Unique Dyad Triples as prime form

C D♭	D F	G♭ A	0 1	0 3	0 3
C D♭	D G♭	F A	0 1	0 4	0 4
C D♭	D A	F G♭	0 1	0 5	0 1
C D	D♭ F	G♭ A	0 2	0 4	0 3
C D	D♭ G♭	F A	0 2	0 5	0 4
C D	D♭ A	F G♭	0 2	0 4	0 1
C F	D♭ D	G♭ A	0 5	0 1	0 3
C F	D♭ G♭	D A	0 5	0 5	0 5
C F	D♭ A	D G♭	0 5	0 4	0 4
C G♭	D♭ D	F A	0 6	0 1	0 4
C G♭	D♭ F	D A	0 6	0 4	0 5
C G♭	D♭ A	D F	0 6	0 4	0 3
C A	D♭ D	F G♭	0 3	0 1	0 1
C A	D♭ F	D G♭	0 3	0 4	0 4
C A	D♭ G♭	D F	0 3	0 5	0 3

Scale grouped in Unique Trichord Pairs as prime form. See page 611 for additional lists.

C	D	D♭	A	F	G♭	0 1 2 0 1 4
A	C	D♭	D	F	G♭	0 1 4 0 1 4
C	D♭	F	A	D	G♭	0 1 5 0 3 7
C	F	G♭	A	D	D♭	0 1 6 0 1 5
C	D♭	G♭	A	D	F	0 1 6 0 3 7
A	C	D	D♭	F	G♭	0 2 5 0 1 5
C	D	F	A	D♭	G♭	0 2 5 0 3 7
C	D	G♭	A	D♭	F	0 2 6 0 4 8
A	C	G♭	D	D♭	F	0 3 6 0 1 4
A	C	F	D	D♭	G♭	0 3 7 0 1 5

C, D♭, D, F, G, A♭

prime form: 0, 1, 2, 5, 7, 8

degrees: 1, ♭2, 2, 4, 5, ♭6

Scale application to typical chord types all keys:

C:	1	♭2	2	4	5	♭6	7 mel, 7sus4
D♭:	7	1	♭2	3	♭5	5	
D:	♭7	7	1	♭3	4	♭5	
E♭:	6	♭7	7	2	3	4	
E:	♭6	6	♭7	♭2	♭3	3	7, 7sus4
F:	5	♭6	6	1	2	♭3	7, 7sus4, -Δ7 mel
G♭:	♭5	5	♭6	7	♭2	2	
G:	4	♭5	5	♭7	1	♭2	7 mel
A♭:	3	4	♭5	6	7	1	Δ7♯5 mel
A:	♭3	3	4	♭6	♭7	7	
B♭:	2	♭3	3	5	6	♭7	7, 7sus4
B:	♭2	2	♭3	♭5	♭6	6	7

Symmetric Difference as:
Pitches
E♭, E, G♭, A, B♭, B
Degrees
♭3, 3, ♭5, 6, ♭7, 7
Prime Form
0, 1, 2, 5, 7, 8

See page 481 for more possible scale applications

Unique 3 Note Subsets as prime form

C	D♭	D	0 1 2
C	D♭	F	0 1 5
C	D♭	G	0 1 6
C	D♭	A♭	0 1 5
C	D	F	0 2 5
C	D	G	0 2 7
C	D	A♭	0 2 6
C	F	G	0 2 7
C	F	A♭	0 3 7
C	G	A♭	0 1 5
D♭	D	F	0 1 4
D♭	D	G	0 1 6
D♭	D	A♭	0 1 6
D♭	F	G	0 2 6
D♭	F	A♭	0 3 7
D♭	G	A♭	0 1 6
D	F	G	0 2 5
D	F	A♭	0 3 6
D	G	A♭	0 1 6
F	G	A♭	0 1 3

Unique 4 Note Subsets as prime form

C	D♭	D	F	0 1 2 5
C	D♭	D	G	0 1 2 7
C	D♭	D	A♭	0 1 2 6
C	D♭	F	G	0 1 5 7
C	D♭	F	A♭	0 1 5 8
C	D♭	G	A♭	0 1 5 6
C	D	F	G	0 2 5 7
C	D	F	A♭	0 2 5 8
C	D	G	A♭	0 1 5 7
C	F	G	A♭	0 2 3 7
D♭	D	F	G	0 1 4 6
D♭	D	F	A♭	0 1 4 7
D♭	D	G	A♭	0 1 6 7
D♭	F	G	A♭	0 1 3 7
D	F	G	A♭	0 1 3 6

Scale grouped in Unique Dyad Triples as prime form

C D♭	D F	G A♭	0 1	0 3	0 1
C D♭	D G	F A♭	0 1	0 5	0 3
C D♭	D A♭	F G	0 1	0 6	0 2
C D	D♭ F	G A♭	0 2	0 4	0 1
C D	D♭ G	F A♭	0 2	0 6	0 3
C D	D♭ A♭	F G	0 2	0 5	0 2
C F	D♭ D	G A♭	0 5	0 1	0 1
C F	D♭ G	D A♭	0 5	0 6	0 6
C F	D♭ A♭	D G	0 5	0 5	0 5
C G	D♭ D	F A♭	0 5	0 1	0 3
C G	D♭ F	D A♭	0 5	0 4	0 6
C G	D♭ A♭	D F	0 5	0 5	0 3
C A♭	D♭ D	F G	0 4	0 1	0 2
C A♭	D♭ F	D G	0 4	0 4	0 5
C A♭	D♭ G	D F	0 4	0 6	0 3

Scale grouped in Unique Trichord Pairs as prime form. See page 612 for additional lists.

C	D	D♭	A♭	F	G	0 1 2 0 1 3
A♭	C	G	D	D♭	F	0 1 5 0 1 4
C	D♭	F	A♭	D	G	0 1 5 0 1 6
A♭	C	D♭	D	F	G	0 1 5 0 2 5
C	D♭	G	A♭	D	F	0 1 6 0 3 6
C	D	F	A♭	D♭	G	0 2 5 0 1 6
A♭	C	D	D♭	F	G	0 2 6 0 2 6
C	F	G	A♭	D	D♭	0 2 7 0 1 6
C	D	G	A♭	D♭	F	0 2 7 0 3 7
A♭	C	F	D	D♭	G	0 3 7 0 1 6

C, D♭, D, F, G, A

prime form: 0, 1, 2, 5, 7, 9

degrees: 1, ♭2, 2, 4, 5, 6

Scale application to typical chord types all keys:

C:	1	♭2	2	4	5	6	7 mel, 7sus4
D♭:	7	1	♭2	3	♭5	♭6	
D:	♭7	7	1	♭3	4	5	
E♭:	6	♭7	7	2	3	♭5	
E:	♭6	6	♭7	♭2	♭3	4	-7 mel, 7 mel, 7sus4
F:	5	♭6	6	1	2	3	Δ7♯5 mel, 7, 7sus4
G♭:	♭5	5	♭6	7	♭2	♭3	
G:	4	♭5	5	♭7	1	2	7 mel
A♭:	3	4	♭5	6	7	♭2	
A:	♭3	3	4	♭6	♭7	1	7 mel, 7sus4
B♭:	2	♭3	3	5	6	7	
B:	♭2	2	♭3	♭5	♭6	♭7	7, -7♭5 mel

Symmetric Difference as:
Pitches
E♭, E, G♭, A♭, B♭, B
Degrees
♭3, 3, ♭5, ♭6, ♭7, 7
Prime Form
0, 1, 3, 5, 7, 8

Unique 3 Note Subsets as prime form

C	D♭	D	0 1 2
C	D♭	F	0 1 5
C	D♭	G	0 1 6
C	D♭	A	0 1 4
C	D	F	0 2 5
C	D	G	0 2 7
C	D	A	0 2 5
C	F	G	0 2 7
C	F	A	0 3 7
C	G	A	0 2 5
D♭	D	F	0 1 4
D♭	D	G	0 1 6
D♭	D	A	0 1 5
D♭	F	G	0 2 6
D♭	F	A	0 4 8
D♭	G	A	0 2 6
D	F	G	0 2 5
D	F	A	0 3 7
D	G	A	0 2 7
F	G	A	0 2 4

Unique 4 Note Subsets as prime form

C	D♭	D	F	0 1 2 5
C	D♭	D	G	0 1 2 7
C	D♭	D	A	0 1 2 5
C	D♭	F	G	0 1 5 7
C	D♭	F	A	0 1 4 8
C	D♭	G	A	0 1 4 6
C	D	F	G	0 2 5 7
C	D	F	A	0 3 5 8
C	D	G	A	0 2 5 7
C	F	G	A	0 2 4 7
D♭	D	F	G	0 1 4 6
D♭	D	F	A	0 3 4 8
D♭	D	G	A	0 1 5 7
D♭	F	G	A	0 2 4 8
D	F	G	A	0 2 4 7

Scale grouped in Unique Dyad Triples as prime form

C D♭	D F	G A	0 1	0 3	0 2
C D♭	D G	F A	0 1	0 5	0 4
C D♭	D A	F G	0 1	0 5	0 2
C D	D♭ F	G A	0 2	0 4	0 2
C D	D♭ G	F A	0 2	0 6	0 4
C D	D♭ A	F G	0 2	0 4	0 2
C F	D♭ D	G A	0 5	0 1	0 2
C F	D♭ G	D A	0 5	0 6	0 5
C F	D♭ A	D G	0 5	0 4	0 5
C G	D♭ D	F A	0 5	0 1	0 4
C G	D♭ F	D A	0 5	0 4	0 5
C G	D♭ A	D F	0 5	0 4	0 3
C A	D♭ D	F G	0 3	0 1	0 2
C A	D♭ F	D G	0 3	0 4	0 5
C A	D♭ G	D F	0 3	0 6	0 3

Scale grouped in Unique Trichord Pairs as prime form

C	D	D♭	A	F	G	0 1 2 0 2 4
A	C	D♭	D	F	G	0 1 4 0 2 5
C	D♭	F	A	D	G	0 1 5 0 2 7
C	D♭	G	A	D	F	0 1 6 0 3 7
A	C	G	D	D♭	F	0 2 5 0 1 4
C	D	F	A	D♭	G	0 2 5 0 2 6
A	C	D	D♭	F	G	0 2 5 0 2 6
C	F	G	A	D	D♭	0 2 7 0 1 5
C	D	G	A	D♭	F	0 2 7 0 4 8
A	C	F	D	D♭	G	0 3 7 0 1 6

C, D♭, D, G♭, G, A♭

prime form: 0, 1, 2, 6, 7, 8

degrees: 1, ♭2, 2, ♭5, 5, ♭6

Scale application to typical chord types all keys:

C:	1	♭2	2	♭5	5	♭6	7
D♭:	7	1	♭2	4	♭5	5	
D:	♭7	7	1	3	4	♭5	
E♭:	6	♭7	7	♭3	3	4	
E:	♭6	6	♭7	2	♭3	3	7, 7sus4
F:	5	♭6	6	♭2	2	♭3	7, 7sus4
G♭:	♭5	5	♭6	1	♭2	2	7
G:	4	♭5	5	7	1	♭2	
A♭:	3	4	♭5	♭7	7	1	
A:	♭3	3	4	6	♭7	7	
B♭:	2	♭3	3	♭6	6	♭7	7, 7sus4
B:	♭2	2	♭3	5	♭6	6	7, 7sus4

Symmetric Difference as:

Pitches

E♭, E, F, A, B♭, B

Degrees

♭3, 3, 4, 6, ♭7, 7

Prime Form

0, 1, 2, 6, 7, 8

Unique 3 Note Subsets as prime form

C	D♭	D	0 1 2
C	D♭	G♭	0 1 6
C	D♭	G	0 1 6
C	D♭	A♭	0 1 5
C	D	G♭	0 2 6
C	D	G	0 2 7
C	D	A♭	0 2 6
C	G♭	G	0 1 6
C	G♭	A♭	0 2 6
C	G	A♭	0 1 5
D♭	D	G♭	0 1 5
D♭	D	G	0 1 6
D♭	D	A♭	0 1 6
D♭	G♭	G	0 1 6
D♭	G♭	A♭	0 2 7
D♭	G	A♭	0 1 6
D	G♭	G	0 1 5
D	G♭	A♭	0 2 6
D	G	A♭	0 1 6
G♭	G	A♭	0 1 2

Unique 4 Note Subsets as prime form

C	D♭	D	G♭	0 1 2 6
C	D♭	D	G	0 1 2 7
C	D♭	D	A♭	0 1 2 6
C	D♭	G♭	G	0 1 6 7
C	D♭	G♭	A♭	0 1 5 7
C	D♭	G	A♭	0 1 5 6
C	D	G♭	G	0 1 5 7
C	D	G♭	A♭	0 2 6 8
C	D	G	A♭	0 1 5 7
C	G♭	G	A♭	0 1 2 6
D♭	D	G♭	G	0 1 5 6
D♭	D	G♭	A♭	0 1 5 7
D♭	D	G	A♭	0 1 6 7
D♭	G♭	G	A♭	0 1 2 7
D	G♭	G	A♭	0 1 2 6

Scale grouped in Unique Dyad Triples as prime form

C D♭	D G♭	G A♭	0 1	0 4	0 1
C D♭	D G	G♭ A♭	0 1	0 5	0 2
C D♭	D A♭	G♭ G	0 1	0 6	0 1
C D	D♭ G♭	G A♭	0 2	0 5	0 1
C D	D♭ G	G♭ A♭	0 2	0 6	0 2
C D	D♭ A♭	G♭ G	0 2	0 5	0 1
C G♭	D♭ D	G A♭	0 6	0 1	0 1
C G♭	D♭ G	D A♭	0 6	0 6	0 6
C G♭	D♭ A♭	D G	0 6	0 5	0 5
C G	D♭ D	G♭ A♭	0 5	0 1	0 2
C G	D♭ G♭	D A♭	0 5	0 5	0 6
C G	D♭ A♭	D G♭	0 5	0 5	0 4
C A♭	D♭ D	G♭ G	0 4	0 1	0 1
C A♭	D♭ G♭	D G	0 4	0 5	0 5
C A♭	D♭ G	D G♭	0 4	0 6	0 4

Scale grouped in Unique Trichord Pairs as prime form

C	D	D♭	A♭	G	G♭	0 1 2 0 1 2
A♭	C	D♭	D	G	G♭	0 1 5 0 1 5
A♭	C	G	D	D♭	G♭	0 1 5 0 1 5
C	D♭	G♭	A♭	D	G	0 1 6 0 1 6
C	G	G♭	A♭	D	D♭	0 1 6 0 1 6
C	D♭	G	A♭	D	G♭	0 1 6 0 2 6
C	D	G♭	A♭	D♭	G	0 2 6 0 1 6
A♭	C	D	D♭	G	G♭	0 2 6 0 1 6
A♭	C	G♭	D	D♭	G	0 2 6 0 1 6
C	D	G	A♭	D♭	G♭	0 2 7 0 2 7

C, D♭, E♭, E, F, G

prime form: 0, 1, 3, 4, 5, 7
degrees: 1, ♭2, ♭3, 3, 4, 5

Scale application to typical chord types all keys:

C:	1	♭2	♭3	3	4	5	7 mel, 7sus4
D♭:	7	1	2	♭3	3	♭5	
D:	♭7	7	♭2	2	♭3	4	
E♭:	6	♭7	1	♭2	2	3	7, 7sus4
E:	♭6	6	7	1	♭2	♭3	
F:	5	♭6	♭7	7	1	2	
G♭:	♭5	5	6	♭7	7	♭2	
G:	4	♭5	♭6	6	♭7	1	7 mel
A♭:	3	4	5	♭6	6	7	Δ7♯5 mel
A:	♭3	3	♭5	5	♭6	♭7	7
B♭:	2	♭3	4	♭5	5	6	-Δ7, 7 mel
B:	♭2	2	3	4	♭5	♭6	7 mel

Symmetric Difference as:
Pitches
D, G♭, A♭, A, B♭, B
Degrees
2, ♭5, ♭6, 6, ♭7, 7
Prime Form
0, 2, 3, 4, 5, 8

See page 484 for more possible scale applications

Unique 3 Note Subsets as prime form

C	D♭	E♭	0 1 3
C	D♭	E	0 1 4
C	D♭	F	0 1 5
C	D♭	G	0 1 6
C	E♭	E	0 1 4
C	E♭	F	0 2 5
C	E♭	G	0 3 7
C	E	F	0 1 5
C	E	G	0 3 7
C	F	G	0 2 7
D♭	E♭	E	0 1 3
D♭	E♭	F	0 2 4
D♭	E♭	G	0 2 6
D♭	E	F	0 1 4
D♭	E	G	0 3 6
D♭	F	G	0 2 6
E♭	E	F	0 1 2
E♭	E	G	0 1 4
E♭	F	G	0 2 4
E	F	G	0 1 3

Unique 4 Note Subsets as prime form

C	D♭	E♭	E	0 1 3 4
C	D♭	E♭	F	0 1 3 5
C	D♭	E♭	G	0 1 3 7
C	D♭	E	F	0 1 4 5
C	D♭	E	G	0 1 4 7
C	D♭	F	G	0 1 5 7
C	E♭	E	F	0 1 2 5
C	E♭	E	G	0 3 4 7
C	E♭	F	G	0 2 4 7
C	E	F	G	0 2 3 7
D♭	E♭	E	F	0 1 2 4
D♭	E♭	E	G	0 2 3 6
D♭	E♭	F	G	0 2 4 6
D♭	E	F	G	0 2 3 6
E♭	E	F	G	0 1 2 4

Scale grouped in Unique Dyad Triples as prime form

C D♭	E♭ E	F G	0 1	0 1	0 2
C D♭	E♭ F	E G	0 1	0 2	0 3
C D♭	E♭ G	E F	0 1	0 4	0 1
C E♭	D♭ E	F G	0 3	0 3	0 2
C E♭	D♭ F	E G	0 3	0 4	0 3
C E♭	D♭ G	E F	0 3	0 6	0 1
C E	D♭ E♭	F G	0 4	0 2	0 2
C E	D♭ F	E♭ G	0 4	0 4	0 4
C E	D♭ G	E♭ F	0 4	0 6	0 2
C F	D♭ E♭	E G	0 5	0 2	0 3
C F	D♭ E	E♭ G	0 5	0 3	0 4
C F	D♭ G	E♭ E	0 5	0 6	0 1
C G	D♭ E♭	E F	0 5	0 2	0 1
C G	D♭ E	E♭ F	0 5	0 3	0 2
C G	D♭ F	E♭ E	0 5	0 4	0 1

Scale grouped in Unique Trichord Pairs as prime form. See page 613 for additional lists.

C	D♭	E♭	E	F	G	0 1 3	0 1 3
C	D♭	E	E♭	F	G	0 1 4	0 2 4
C	E	E♭	D♭	F	G	0 1 4	0 2 6
C	D♭	F	E	E♭	G	0 1 5	0 1 4
C	E	F	D♭	E♭	G	0 1 5	0 2 6
C	D♭	G	E	E♭	F	0 1 6	0 1 2
C	E♭	F	D♭	E	G	0 2 5	0 3 6
C	F	G	D♭	E	E♭	0 2 7	0 1 3
C	E♭	G	D♭	E	F	0 3 7	0 1 4
C	E	G	D♭	E♭	F	0 3 7	0 2 4

C, D♭, E♭, E, F, A♭

prime form: 0, 1, 3, 4, 5, 8

degrees: 1, ♭2, ♭3, 3, 4, ♭6

Scale application to typical chord types all keys:

C:	1	♭2	♭3	3	4	♭6	7 mel, 7sus4
D♭:	7	1	2	♭3	3	5	
D:	♭7	7	♭2	2	♭3	♭5	
E♭:	6	♭7	1	♭2	2	4	7 mel, 7sus4
E:	♭6	6	7	1	♭2	3	
F:	5	♭6	♭7	7	1	♭3	
G♭:	♭5	5	6	♭7	7	2	
G:	4	♭5	♭6	6	♭7	♭2	7 mel
A♭:	3	4	5	♭6	6	1	Δ7♯5 mel, 7 mel, 7sus4
A:	♭3	3	♭5	5	♭6	7	
B♭:	2	♭3	4	♭5	5	♭7	7 mel
B:	♭2	2	3	4	♭5	6	7 mel

Symmetric Difference as:
Pitches
D, G♭, G, A, B♭, B
Degrees
2, ♭5, 5, 6, ♭7, 7
Prime Form
0, 1, 3, 4, 5, 8

See page 485 for more possible scale applications

Unique 3 Note Subsets as prime form

C	D♭	E♭	0 1 3
C	D♭	E	0 1 4
C	D♭	F	0 1 5
C	D♭	A♭	0 1 5
C	E♭	E	0 1 4
C	E♭	F	0 2 5
C	E♭	A♭	0 3 7
C	E	F	0 1 5
C	E	A♭	0 4 8
C	F	A♭	0 3 7
D♭	E♭	E	0 1 3
D♭	E♭	F	0 2 4
D♭	E♭	A♭	0 2 7
D♭	E	F	0 1 4
D♭	E	A♭	0 3 7
D♭	F	A♭	0 3 7
E♭	E	F	0 1 2
E♭	E	A♭	0 1 5
E♭	F	A♭	0 2 5
E	F	A♭	0 1 4

Unique 4 Note Subsets as prime form

C	D♭	E♭	E	0 1 3 4
C	D♭	E♭	F	0 1 3 5
C	D♭	E♭	A♭	0 2 3 7
C	D♭	E	F	0 1 4 5
C	D♭	E	A♭	0 3 4 8
C	D♭	F	A♭	0 1 5 8
C	E♭	E	F	0 1 2 5
C	E♭	E	A♭	0 1 4 8
C	E♭	F	A♭	0 3 5 8
C	E	F	A♭	0 1 4 8
D♭	E♭	E	F	0 1 2 4
D♭	E♭	E	A♭	0 2 3 7
D♭	E♭	F	A♭	0 2 4 7
D♭	E	F	A♭	0 3 4 7
E♭	E	F	A♭	0 1 2 5

Scale grouped in Unique Dyad Triples as prime form

C D♭	E♭ E	F A♭	0 1	0 1	0 3
C D♭	E♭ F	E A♭	0 1	0 2	0 4
C D♭	E♭ A♭	E F	0 1	0 5	0 1
C E♭	D♭ E	F A♭	0 3	0 3	0 3
C E♭	D♭ F	E A♭	0 3	0 4	0 4
C E♭	D♭ A♭	E F	0 3	0 5	0 1
C E	D♭ E♭	F A♭	0 4	0 2	0 3
C E	D♭ F	E♭ A♭	0 4	0 4	0 5
C E	D♭ A♭	E♭ F	0 4	0 5	0 2
C F	D♭ E♭	E A♭	0 5	0 2	0 4
C F	D♭ E	E♭ A♭	0 5	0 3	0 5
C F	D♭ A♭	E♭ E	0 5	0 5	0 1
C A♭	D♭ E♭	E F	0 4	0 2	0 1
C A♭	D♭ E	E♭ F	0 4	0 3	0 2
C A♭	D♭ F	E♭ E	0 4	0 4	0 1

Scale grouped in Unique Trichord Pairs as prime form. See page 614 for additional lists.

C	D♭	E♭	A♭	E	F	0 1 3	0 1 4
C	D♭	E	A♭	E♭	F	0 1 4	0 2 5
C	E	E♭	A♭	D♭	F	0 1 4	0 3 7
A♭	C	D♭	E	E♭	F	0 1 5	0 1 2
C	D♭	F	A♭	E	E♭	0 1 5	0 1 5
C	E	F	A♭	D♭	E♭	0 1 5	0 2 7
C	E♭	F	A♭	D♭	E	0 2 5	0 3 7
A♭	C	F	D♭	E	E♭	0 3 7	0 1 3
A♭	C	E♭	D♭	E	F	0 3 7	0 1 4
A♭	C	E	D♭	E♭	F	0 4 8	0 2 4

C, D♭, E♭, E, G♭, G

prime form: 0, 1, 3, 4, 6, 7

degrees: 1, ♭2, ♭3, 3, ♭5, 5

Scale application to typical chord types all keys:

C:	1	♭2	♭3	3	♭5	5	7
D♭:	7	1	2	♭3	4	♭5	°7, -Δ7
D:	♭7	7	♭2	2	3	4	
E♭:	6	♭7	1	♭2	♭3	3	7, 7sus4
E:	♭6	6	7	1	2	♭3	°7, -Δ7 mel
F:	5	♭6	♭7	7	♭2	2	
G♭:	♭5	5	6	♭7	1	♭2	7
G:	4	♭5	♭6	6	7	1	°7, Δ7♯5 mel, -Δ7 mel
A♭:	3	4	5	♭6	♭7	7	
A:	♭3	3	♭5	5	6	♭7	7
B♭:	2	♭3	4	♭5	♭6	6	°7, 7 mel, -Δ7 mel
B:	♭2	2	3	4	5	♭6	7 mel, 7sus4

Symmetric Difference as:
Pitches
D, F, A♭, A, B♭, B
Degrees
2, 4, ♭6, 6, ♭7, 7
Prime Form
0, 1, 2, 3, 6, 9

Unique 3 Note Subsets as prime form

C	D♭	E♭	0 1 3
C	D♭	E	0 1 4
C	D♭	G♭	0 1 6
C	D♭	G	0 1 6
C	E♭	E	0 1 4
C	E♭	G♭	0 3 6
C	E♭	G	0 3 7
C	E	G♭	0 2 6
C	E	G	0 3 7
C	G♭	G	0 1 6
D♭	E♭	E	0 1 3
D♭	E♭	G♭	0 2 5
D♭	E♭	G	0 2 6
D♭	E	G♭	0 2 5
D♭	E	G	0 3 6
D♭	G♭	G	0 1 6
E♭	E	G♭	0 1 3
E♭	E	G	0 1 4
E♭	G♭	G	0 1 4
E	G♭	G	0 1 3

Unique 4 Note Subsets as prime form

C	D♭	E♭	E	0 1 3 4
C	D♭	E♭	G♭	0 1 3 6
C	D♭	E♭	G	0 1 3 7
C	D♭	E	G♭	0 1 4 6
C	D♭	E	G	0 1 4 7
C	D♭	G♭	G	0 1 6 7
C	E♭	E	G♭	0 2 3 6
C	E♭	E	G	0 3 4 7
C	E♭	G♭	G	0 1 4 7
C	E	G♭	G	0 1 3 7
D♭	E♭	E	G♭	0 2 3 5
D♭	E♭	E	G	0 2 3 6
D♭	E♭	G♭	G	0 1 4 6
D♭	E	G♭	G	0 1 3 6
E♭	E	G♭	G	0 1 3 4

Scale grouped in Unique Dyad Triples as prime form

C D♭	E♭ E	G♭ G	0 1	0 1	0 1
C D♭	E♭ G♭	E G	0 1	0 3	0 3
C D♭	E♭ G	E G♭	0 1	0 4	0 2
C E♭	D♭ E	G♭ G	0 3	0 3	0 1
C E♭	D♭ G♭	E G	0 3	0 5	0 3
C E♭	D♭ G	E G♭	0 3	0 6	0 2
C E	D♭ E♭	G♭ G	0 4	0 2	0 1
C E	D♭ G♭	E♭ G	0 4	0 5	0 4
C E	D♭ G	E♭ G♭	0 4	0 6	0 3
C G♭	D♭ E♭	E G	0 6	0 2	0 3
C G♭	D♭ E	E♭ G	0 6	0 3	0 4
C G♭	D♭ G	E♭ E	0 6	0 6	0 1
C G	D♭ E♭	E G♭	0 5	0 2	0 2
C G	D♭ E	E♭ G♭	0 5	0 3	0 3
C G	D♭ G♭	E♭ E	0 5	0 5	0 1

Scale grouped in Unique Trichord Pairs as prime form

C	D♭	E♭	E	G	G♭	0 1 3	0 1 3
C	D♭	E	E♭	G	G♭	0 1 4	0 1 4
C	E	E♭	D♭	G	G♭	0 1 4	0 1 6
C	D♭	G	E	E♭	G♭	0 1 6	0 1 3
C	G	G♭	D♭	E	E♭	0 1 6	0 1 3
C	D♭	G♭	E	E♭	G	0 1 6	0 1 4
C	E	G♭	D♭	E♭	G	0 2 6	0 2 6
C	E♭	G♭	D♭	E	G	0 3 6	0 3 6
C	E♭	G	D♭	E	G♭	0 3 7	0 2 5
C	E	G	D♭	E♭	G♭	0 3 7	0 2 5

C, D♭, E♭, E, G♭, A♭

prime form: 0, 1, 3, 4, 6, 8
degrees: 1, ♭2, ♭3, 3, ♭5, ♭6

Scale application to typical chord types all keys:

C:	1	♭2	♭3	3	♭5	♭6	7
D♭:	7	1	2	♭3	4	5	-Δ7
D:	♭7	7	♭2	2	3	♭5	
E♭:	6	♭7	1	♭2	♭3	4	-7 mel, 7 mel, 7sus4
E:	♭6	6	7	1	2	3	Δ7♯5 mel, Δ7♯5
F:	5	♭6	♭7	7	♭2	♭3	
G♭:	♭5	5	6	♭7	1	2	7
G:	4	♭5	♭6	6	7	♭2	
A♭:	3	4	5	♭6	♭7	1	7 mel, 7sus4
A:	♭3	3	♭5	5	6	7	
B♭:	2	♭3	4	♭5	♭6	♭7	-7♭5, 7 mel
B:	♭2	2	3	4	5	6	7 mel, 7sus4

Symmetric Difference as:
Pitches
D, F, G, A, B♭, B
Degrees
2, 4, 5, 6, ♭7, 7
Prime Form
0, 2, 4, 5, 6, 9

See page 487 for more possible scale applications

Unique 3 Note Subsets as prime form

C	D♭	E♭	0 1 3
C	D♭	E	0 1 4
C	D♭	G♭	0 1 6
C	D♭	A♭	0 1 5
C	E♭	E	0 1 4
C	E♭	G♭	0 3 6
C	E♭	A♭	0 3 7
C	E	G♭	0 2 6
C	E	A♭	0 4 8
C	G♭	A♭	0 2 6
D♭	E♭	E	0 1 3
D♭	E♭	G♭	0 2 5
D♭	E♭	A♭	0 2 7
D♭	E	G♭	0 2 5
D♭	E	A♭	0 3 7
D♭	G♭	A♭	0 2 7
E♭	E	G♭	0 1 3
E♭	E	A♭	0 1 5
E♭	G♭	A♭	0 2 5
E	G♭	A♭	0 2 4

Unique 4 Note Subsets as prime form

C	D♭	E♭	E	0 1 3 4
C	D♭	E♭	G♭	0 1 3 6
C	D♭	E♭	A♭	0 2 3 7
C	D♭	E	G♭	0 1 4 6
C	D♭	E	A♭	0 3 4 8
C	D♭	G♭	A♭	0 1 5 7
C	E♭	E	G♭	0 2 3 6
C	E♭	E	A♭	0 1 4 8
C	E♭	G♭	A♭	0 2 5 8
C	E	G♭	A♭	0 2 4 8
D♭	E♭	E	G♭	0 2 3 5
D♭	E♭	E	A♭	0 2 3 7
D♭	E♭	G♭	A♭	0 2 5 7
D♭	E	G♭	A♭	0 2 4 7
E♭	E	G♭	A♭	0 1 3 5

Scale grouped in Unique Dyad Triples as prime form

C D♭	E♭ E	G♭ A♭	0 1	0 1	0 2
C D♭	E♭ G♭	E A♭	0 1	0 3	0 4
C D♭	E♭ A♭	E G♭	0 1	0 5	0 2
C E♭	D♭ E	G♭ A♭	0 3	0 3	0 2
C E♭	D♭ G♭	E A♭	0 3	0 5	0 4
C E♭	D♭ A♭	E G♭	0 3	0 5	0 2
C E	D♭ E♭	G♭ A♭	0 4	0 2	0 2
C E	D♭ G♭	E♭ A♭	0 4	0 5	0 5
C E	D♭ A♭	E♭ G♭	0 4	0 5	0 3
C G♭	D♭ E♭	E A♭	0 6	0 2	0 4
C G♭	D♭ E	E♭ A♭	0 6	0 3	0 5
C G♭	D♭ A♭	E♭ E	0 6	0 5	0 1
C A♭	D♭ E♭	E G♭	0 4	0 2	0 2
C A♭	D♭ E	E♭ G♭	0 4	0 3	0 3
C A♭	D♭ G♭	E♭ E	0 4	0 5	0 1

Scale grouped in Unique Trichord Pairs as prime form. See page 615 for additional lists.

C	D♭	E♭	A♭	E	G♭	0 1 3	0 2 4
C	D♭	E	A♭	E♭	G♭	0 1 4	0 2 5
C	E	E♭	A♭	D♭	G♭	0 1 4	0 2 7
A♭	C	D♭	E	E♭	G♭	0 1 5	0 1 3
C	D♭	G♭	A♭	E	E♭	0 1 6	0 1 5
A♭	C	G♭	D♭	E	E♭	0 2 6	0 1 3
C	E	G♭	A♭	D♭	E♭	0 2 6	0 2 7
C	E♭	G♭	A♭	D♭	E	0 3 6	0 3 7
A♭	C	E♭	D♭	E	G♭	0 3 7	0 2 5
A♭	C	E	D♭	E♭	G♭	0 4 8	0 2 5

C, D♭, E♭, E, G♭, A

prime form: 0, 1, 3, 4, 6, 9

degrees: 1, ♭2, ♭3, 3, ♭5, 6

Scale application to typical chord types all keys:

C:	1	♭2	♭3	3	♭5	6	7
D♭:	7	1	2	♭3	4	♭6	°7, -Δ7 mel
D:	♭7	7	♭2	2	3	5	
E♭:	6	♭7	1	♭2	♭3	♭5	7
E:	♭6	6	7	1	2	4	°7, Δ7♯5 mel, -Δ7 mel
F:	5	♭6	♭7	7	♭2	3	
G♭:	♭5	5	6	♭7	1	♭3	7
G:	4	♭5	♭6	6	7	2	°7, Δ7♯5 mel, -Δ7 mel
A♭:	3	4	5	♭6	♭7	♭2	7 mel, 7sus4
A:	♭3	3	♭5	5	6	1	7
B♭:	2	♭3	4	♭5	♭6	7	°7, -Δ7 mel
B:	♭2	2	3	4	5	♭7	7 mel, 7sus4

Symmetric Difference as:
Pitches
D, F, G, A♭, B♭, B
Degrees
2, 4, 5, ♭6, ♭7, 7
Prime Form
0, 2, 3, 5, 6, 9

See page 488 for more possible scale applications

Unique 3 Note Subsets as prime form

C	D♭	E♭	0 1 3
C	D♭	E	0 1 4
C	D♭	G♭	0 1 6
C	D♭	A	0 1 4
C	E♭	E	0 1 4
C	E♭	G♭	0 3 6
C	E♭	A	0 3 6
C	E	G♭	0 2 6
C	E	A	0 3 7
C	G♭	A	0 3 6
D♭	E♭	E	0 1 3
D♭	E♭	G♭	0 2 5
D♭	E♭	A	0 2 6
D♭	E	G♭	0 2 5
D♭	E	A	0 3 7
D♭	G♭	A	0 3 7
E♭	E	G♭	0 1 3
E♭	E	A	0 1 6
E♭	G♭	A	0 3 6
E	G♭	A	0 2 5

Unique 4 Note Subsets as prime form

C	D♭	E♭	E	0 1 3 4
C	D♭	E♭	G♭	0 1 3 6
C	D♭	E♭	A	0 2 3 6
C	D♭	E	G♭	0 1 4 6
C	D♭	E	A	0 3 4 7
C	D♭	G♭	A	0 1 4 7
C	E♭	E	G♭	0 2 3 6
C	E♭	E	A	0 1 4 7
C	E♭	G♭	A	0 3 6 9
C	E	G♭	A	0 2 5 8
D♭	E♭	E	G♭	0 2 3 5
D♭	E♭	E	A	0 1 3 7
D♭	E♭	G♭	A	0 2 5 8
D♭	E	G♭	A	0 3 5 8
E♭	E	G♭	A	0 1 3 6

Scale grouped in Unique Dyad Triples as prime form

C D♭	E♭ E	G♭ A	0 1	0 1	0 3
C D♭	E♭ G♭	E A	0 1	0 3	0 5
C D♭	E♭ A	E G♭	0 1	0 6	0 2
C E♭	D♭ E	G♭ A	0 3	0 3	0 3
C E♭	D♭ G♭	E A	0 3	0 5	0 5
C E♭	D♭ A	E G♭	0 3	0 4	0 2
C E	D♭ E♭	G♭ A	0 4	0 2	0 3
C E	D♭ G♭	E♭ A	0 4	0 5	0 6
C E	D♭ A	E♭ G♭	0 4	0 4	0 3
C G♭	D♭ E♭	E A	0 6	0 2	0 5
C G♭	D♭ E	E♭ A	0 6	0 3	0 6
C G♭	D♭ A	E♭ E	0 6	0 4	0 1
C A	D♭ E♭	E G♭	0 3	0 2	0 2
C A	D♭ E	E♭ G♭	0 3	0 3	0 3
C A	D♭ G♭	E♭ E	0 3	0 5	0 1

Scale grouped in Unique Trichord Pairs as prime form. See page 616 for additional lists.

C	D♭	E♭	A	E	G♭	0 1 3	0 2 5
A	C	D♭	E	E♭	G♭	0 1 4	0 1 3
C	D♭	E	A	E♭	G♭	0 1 4	0 3 6
C	E	E♭	A	D♭	G♭	0 1 4	0 3 7
C	D♭	G♭	A	E	E♭	0 1 6	0 1 6
C	E	G♭	A	D♭	E♭	0 2 6	0 2 6
A	C	G♭	D♭	E	E♭	0 3 6	0 1 3
A	C	E♭	D♭	E	G♭	0 3 6	0 2 5
C	E♭	G♭	A	D♭	E	0 3 6	0 3 7
A	C	E	D♭	E♭	G♭	0 3 7	0 2 5

C, D♭, E♭, E, G, A♭

prime form: 0, 1, 3, 4, 7, 8

degrees: 1, ♭2, ♭3, 3, 5, ♭6

Scale application to typical chord types all keys:

C:	1	♭2	♭3	3	5	♭6	7, 7sus4
D♭:	7	1	2	♭3	♭5	5	-Δ7
D:	♭7	7	♭2	2	4	♭5	
E♭:	6	♭7	1	♭2	3	4	7 mel, 7sus4
E:	♭6	6	7	1	♭3	3	
F:	5	♭6	♭7	7	2	♭3	
G♭:	♭5	5	6	♭7	♭2	2	7
G:	4	♭5	♭6	6	1	♭2	7 mel
A♭:	3	4	5	♭6	7	1	Δ7♯5 mel
A:	♭3	3	♭5	5	♭7	7	
B♭:	2	♭3	4	♭5	6	♭7	7 mel
B:	♭2	2	3	4	♭6	6	7 mel, 7sus4

Symmetric Difference as:
Pitches
D, F, G♭, A, B♭, B
Degrees
2, 4, ♭5, 6, ♭7, 7
Prime Form
0, 1, 2, 5, 6, 9

See page 489 for more possible scale applications

Unique 3 Note Subsets as prime form

C	D♭	E♭	0 1 3
C	D♭	E	0 1 4
C	D♭	G	0 1 6
C	D♭	A♭	0 1 5
C	E♭	E	0 1 4
C	E♭	G	0 3 7
C	E♭	A♭	0 3 7
C	E	G	0 3 7
C	E	A♭	0 4 8
C	G	A♭	0 1 5
D♭	E♭	E	0 1 3
D♭	E♭	G	0 2 6
D♭	E♭	A♭	0 2 7
D♭	E	G	0 3 6
D♭	E	A♭	0 3 7
D♭	G	A♭	0 1 6
E♭	E	G	0 1 4
E♭	E	A♭	0 1 5
E♭	G	A♭	0 1 5
E	G	A♭	0 1 4

Unique 4 Note Subsets as prime form

C	D♭	E♭	E	0 1 3 4
C	D♭	E♭	G	0 1 3 7
C	D♭	E♭	A♭	0 2 3 7
C	D♭	E	G	0 1 4 7
C	D♭	E	A♭	0 3 4 8
C	D♭	G	A♭	0 1 5 6
C	E♭	E	G	0 3 4 7
C	E♭	E	A♭	0 1 4 8
C	E♭	G	A♭	0 1 5 8
C	E	G	A♭	0 3 4 8
D♭	E♭	E	G	0 2 3 6
D♭	E♭	E	A♭	0 2 3 7
D♭	E♭	G	A♭	0 1 5 7
D♭	E	G	A♭	0 1 4 7
E♭	E	G	A♭	0 1 4 5

Scale grouped in Unique Dyad Triples as prime form

C D♭	E♭ E	G A♭	0 1	0 1	0 1
C D♭	E♭ G	E A♭	0 1	0 4	0 4
C D♭	E♭ A♭	E G	0 1	0 5	0 3
C E♭	D♭ E	G A♭	0 3	0 3	0 1
C E♭	D♭ G	E A♭	0 3	0 6	0 4
C E♭	D♭ A♭	E G	0 3	0 5	0 3
C E	D♭ E♭	G A♭	0 4	0 2	0 1
C E	D♭ G	E♭ A♭	0 4	0 6	0 5
C E	D♭ A♭	E♭ G	0 4	0 5	0 4
C G	D♭ E♭	E A♭	0 5	0 2	0 4
C G	D♭ E	E♭ A♭	0 5	0 3	0 5
C G	D♭ A♭	E♭ E	0 5	0 5	0 1
C A♭	D♭ E♭	E G	0 4	0 2	0 3
C A♭	D♭ E	E♭ G	0 4	0 3	0 4
C A♭	D♭ G	E♭ E	0 4	0 6	0 1

Scale grouped in Unique Trichord Pairs as prime form. See page 617 for additional lists.

C	D♭	E♭	A♭	E	G	0 1 3 0 1 4
C	D♭	E	A♭	E♭	G	0 1 4 0 1 5
C	E	E♭	A♭	D♭	G	0 1 4 0 1 6
A♭	C	G	D♭	E	E♭	0 1 5 0 1 3
A♭	C	D♭	E	E♭	G	0 1 5 0 1 4
C	D♭	G	A♭	E	E♭	0 1 6 0 1 5
C	E	G	A♭	D♭	E♭	0 3 7 0 2 7
A♭	C	E♭	D♭	E	G	0 3 7 0 3 6
C	E♭	G	A♭	D♭	E	0 3 7 0 3 7
A♭	C	E	D♭	E♭	G	0 4 8 0 2 6

C, D♭, E♭, E, G, A

prime form: 0, 1, 3, 4, 7, 9

degrees: 1, ♭2, ♭3, 3, 5, 6

Scale application to typical chord types all keys:

C:	1	♭2	♭3	3	5	6	7, 7sus4
D♭:	7	1	2	♭3	♭5	♭6	°7, -Δ7 mel
D:	♭7	7	♭2	2	4	5	
E♭:	6	♭7	1	♭2	3	♭5	7
E:	♭6	6	7	1	♭3	4	°7, -Δ7 mel
F:	5	♭6	♭7	7	2	3	
G♭:	♭5	5	6	♭7	♭2	♭3	7
G:	4	♭5	♭6	6	1	2	°7, Δ7♯5 mel, 7 mel, -Δ7 mel
A♭:	3	4	5	♭6	7	♭2	
A:	♭3	3	♭5	5	♭7	1	7
B♭:	2	♭3	4	♭5	6	7	°7, -Δ7
B:	♭2	2	3	4	♭6	♭7	7 mel, 7sus4

Symmetric Difference as:
Pitches
D, F, G♭, A♭, B♭, B
Degrees
2, 4, ♭5, ♭6, ♭7, 7
Prime Form
0, 1, 3, 5, 6, 9

Unique 3 Note Subsets as prime form

C	D♭	E♭	0 1 3
C	D♭	E	0 1 4
C	D♭	G	0 1 6
C	D♭	A	0 1 4
C	E♭	E	0 1 4
C	E♭	G	0 3 7
C	E♭	A	0 3 6
C	E	G	0 3 7
C	E	A	0 3 7
C	G	A	0 2 5
D♭	E♭	E	0 1 3
D♭	E♭	G	0 2 6
D♭	E♭	A	0 2 6
D♭	E	G	0 3 6
D♭	E	A	0 3 7
D♭	G	A	0 2 6
E♭	E	G	0 1 4
E♭	E	A	0 1 6
E♭	G	A	0 2 6
E	G	A	0 2 5

Unique 4 Note Subsets as prime form

C	D♭	E♭	E	0 1 3 4
C	D♭	E♭	G	0 1 3 7
C	D♭	E♭	A	0 2 3 6
C	D♭	E	G	0 1 4 7
C	D♭	E	A	0 3 4 7
C	D♭	G	A	0 1 4 6
C	E♭	E	G	0 3 4 7
C	E♭	E	A	0 1 4 7
C	E♭	G	A	0 2 5 8
C	E	G	A	0 3 5 8
D♭	E♭	E	G	0 2 3 6
D♭	E♭	E	A	0 1 3 7
D♭	E♭	G	A	0 2 6 8
D♭	E	G	A	0 2 5 8
E♭	E	G	A	0 1 4 6

Scale grouped in Unique Dyad Triples as prime form

C D♭	E♭ E	G A	0 1	0 1	0 2
C D♭	E♭ G	E A	0 1	0 4	0 5
C D♭	E♭ A	E G	0 1	0 6	0 3
C E♭	D♭ E	G A	0 3	0 3	0 2
C E♭	D♭ G	E A	0 3	0 6	0 5
C E♭	D♭ A	E G	0 3	0 4	0 3
C E	D♭ E♭	G A	0 4	0 2	0 2
C E	D♭ G	E♭ A	0 4	0 6	0 6
C E	D♭ A	E♭ G	0 4	0 4	0 4
C G	D♭ E♭	E A	0 5	0 2	0 5
C G	D♭ E	E♭ A	0 5	0 3	0 6
C G	D♭ A	E♭ E	0 5	0 4	0 1
C A	D♭ E♭	E G	0 3	0 2	0 3
C A	D♭ E	E♭ G	0 3	0 3	0 4
C A	D♭ G	E♭ E	0 3	0 6	0 1

Scale grouped in Unique Trichord Pairs as prime form

C	D♭	E♭	A	E	G	0 1 3 0 2 5
A	C	D♭	E	E♭	G	0 1 4 0 1 4
C	D♭	E	A	E♭	G	0 1 4 0 2 6
C	E	E♭	A	D♭	G	0 1 4 0 2 6
C	D♭	G	A	E	E♭	0 1 6 0 1 6
A	C	G	D♭	E	E♭	0 2 5 0 1 3
A	C	E♭	D♭	E	G	0 3 6 0 3 6
C	E	G	A	D♭	E♭	0 3 7 0 2 6
A	C	E	D♭	E♭	G	0 3 7 0 2 6
C	E♭	G	A	D♭	E	0 3 7 0 3 7

C, D♭, E♭, F, G♭, A♭

prime form: 0, 1, 3, 5, 6, 8
degrees: 1, ♭2, ♭3, 4, ♭5, ♭6

Scale application to typical chord types all keys:

C:	1	♭2	♭3	4	♭5	♭6	7 mel, -7♭5 mel
D♭:	7	1	2	3	4	5	Δ7♯5 mel, Δ7 mel
D:	♭7	7	♭2	♭3	3	♭5	
E♭:	6	♭7	1	2	♭3	4	-7, 7 mel, 7sus4
E:	♭6	6	7	♭2	2	3	
F:	5	♭6	♭7	1	♭2	♭3	-7 mel, 7, 7sus4
G♭:	♭5	5	6	7	1	2	Δ7♯5 mel, -Δ7, Δ7
G:	4	♭5	♭6	♭7	7	♭2	
A♭:	3	4	5	6	♭7	1	7 mel, 7sus4
A:	♭3	3	♭5	♭6	6	7	
B♭:	2	♭3	4	5	♭6	♭7	7 mel, 7sus4
B:	♭2	2	3	♭5	5	6	7

Symmetric Difference as:
Pitches
D, E, G, A, B♭, B
Degrees
2, 3, 5, 6, ♭7, 7
Prime Form
0, 2, 3, 4, 7, 9

See page 491 for more possible scale applications

Unique 3 Note Subsets as prime form

C	D♭	E♭	0 1 3
C	D♭	F	0 1 5
C	D♭	G♭	0 1 6
C	D♭	A♭	0 1 5
C	E♭	F	0 2 5
C	E♭	G♭	0 3 6
C	E♭	A♭	0 3 7
C	F	G♭	0 1 6
C	F	A♭	0 3 7
C	G♭	A♭	0 2 6
D♭	E♭	F	0 2 4
D♭	E♭	G♭	0 2 5
D♭	E♭	A♭	0 2 7
D♭	F	G♭	0 1 5
D♭	F	A♭	0 3 7
D♭	G♭	A♭	0 2 7
E♭	F	G♭	0 1 3
E♭	F	A♭	0 2 5
E♭	G♭	A♭	0 2 5
F	G♭	A♭	0 1 3

Unique 4 Note Subsets as prime form

C	D♭	E♭	F	0 1 3 5
C	D♭	E♭	G♭	0 1 3 6
C	D♭	E♭	A♭	0 2 3 7
C	D♭	F	G♭	0 1 5 6
C	D♭	F	A♭	0 1 5 8
C	D♭	G♭	A♭	0 1 5 7
C	E♭	F	G♭	0 1 3 6
C	E♭	F	A♭	0 3 5 8
C	E♭	G♭	A♭	0 2 5 8
C	F	G♭	A♭	0 1 3 7
D♭	E♭	F	G♭	0 1 3 5
D♭	E♭	F	A♭	0 2 4 7
D♭	E♭	G♭	A♭	0 2 5 7
D♭	F	G♭	A♭	0 2 3 7
E♭	F	G♭	A♭	0 2 3 5

Scale grouped in Unique Dyad Triples as prime form

C D♭	E♭ F	G♭ A♭	0 1	0 2	0 2
C D♭	E♭ G♭	F A♭	0 1	0 3	0 3
C D♭	E♭ A♭	F G♭	0 1	0 5	0 1
C E♭	D♭ F	G♭ A♭	0 3	0 4	0 2
C E♭	D♭ G♭	F A♭	0 3	0 5	0 3
C E♭	D♭ A♭	F G♭	0 3	0 5	0 1
C F	D♭ E♭	G♭ A♭	0 5	0 2	0 2
C F	D♭ G♭	E♭ A♭	0 5	0 5	0 5
C F	D♭ A♭	E♭ G♭	0 5	0 5	0 3
C G♭	D♭ E♭	F A♭	0 6	0 2	0 3
C G♭	D♭ F	E♭ A♭	0 6	0 4	0 5
C G♭	D♭ A♭	E♭ F	0 6	0 5	0 2
C A♭	D♭ E♭	F G♭	0 4	0 2	0 1
C A♭	D♭ F	E♭ G♭	0 4	0 4	0 3
C A♭	D♭ G♭	E♭ F	0 4	0 5	0 2

Scale grouped in Unique Trichord Pairs as prime form. See page 618 for additional lists.

C	D♭	E♭	A♭	F	G♭	0 1 3	0 1 3
A♭	C	D♭	E♭	F	G♭	0 1 5	0 1 3
C	D♭	F	A♭	E♭	G♭	0 1 5	0 2 5
C	D♭	G♭	A♭	E♭	F	0 1 6	0 2 5
C	F	G♭	A♭	D♭	E♭	0 1 6	0 2 7
C	E♭	F	A♭	D♭	G♭	0 2 5	0 2 7
A♭	C	G♭	D♭	E♭	F	0 2 6	0 2 4
C	E♭	G♭	A♭	D♭	F	0 3 6	0 3 7
A♭	C	E♭	D♭	F	G♭	0 3 7	0 1 5
A♭	C	F	D♭	E♭	G♭	0 3 7	0 2 5

C, D♭, E♭, F, G♭, A

prime form: 0, 1, 3, 5, 6, 9
degrees: 1, ♭2, ♭3, 4, ♭5, 6

Scale application to typical chord types all keys:

C:	1	♭2	♭3	4	♭5	6	7 mel
D♭:	7	1	2	3	4	♭6	Δ7♯5 mel
D:	♭7	7	♭2	♭3	3	5	
E♭:	6	♭7	1	2	♭3	♭5	7
E:	♭6	6	7	♭2	2	4	
F:	5	♭6	♭7	1	♭2	3	7, 7sus4
G♭:	♭5	5	6	7	1	♭3	-Δ7
G:	4	♭5	♭6	♭7	7	2	
A♭:	3	4	5	6	♭7	♭2	7 mel, 7sus4
A:	♭3	3	♭5	♭6	6	1	7
B♭:	2	♭3	4	5	♭6	7	-Δ7 mel
B:	♭2	2	3	♭5	5	♭7	7

Symmetric Difference as:
Pitches
D, E, G, A♭, B♭, B
Degrees
2, 3, 5, ♭6, ♭7, 7
Prime Form
0, 1, 3, 4, 7, 9

Unique 3 Note Subsets as prime form

C	D♭	E♭	0 1 3
C	D♭	F	0 1 5
C	D♭	G♭	0 1 6
C	D♭	A	0 1 4
C	E♭	F	0 2 5
C	E♭	G♭	0 3 6
C	E♭	A	0 3 6
C	F	G♭	0 1 6
C	F	A	0 3 7
C	G♭	A	0 3 6
D♭	E♭	F	0 2 4
D♭	E♭	G♭	0 2 5
D♭	E♭	A	0 2 6
D♭	F	G♭	0 1 5
D♭	F	A	0 4 8
D♭	G♭	A	0 3 7
E♭	F	G♭	0 1 3
E♭	F	A	0 2 6
E♭	G♭	A	0 3 6
F	G♭	A	0 1 4

Unique 4 Note Subsets as prime form

C	D♭	E♭	F	0 1 3 5
C	D♭	E♭	G♭	0 1 3 6
C	D♭	E♭	A	0 2 3 6
C	D♭	F	G♭	0 1 5 6
C	D♭	F	A	0 1 4 8
C	D♭	G♭	A	0 1 4 7
C	E♭	F	G♭	0 1 3 6
C	E♭	F	A	0 2 5 8
C	E♭	G♭	A	0 3 6 9
C	F	G♭	A	0 1 4 7
D♭	E♭	F	G♭	0 1 3 5
D♭	E♭	F	A	0 2 4 8
D♭	E♭	G♭	A	0 2 5 8
D♭	F	G♭	A	0 1 4 8
E♭	F	G♭	A	0 2 3 6

Scale grouped in Unique Dyad Triples as prime form

C D♭	E♭ F	G♭ A	0 1	0 2	0 3
C D♭	E♭ G♭	F A	0 1	0 3	0 4
C D♭	E♭ A	F G♭	0 1	0 6	0 1
C E♭	D♭ F	G♭ A	0 3	0 4	0 3
C E♭	D♭ G♭	F A	0 3	0 5	0 4
C E♭	D♭ A	F G♭	0 3	0 4	0 1
C F	D♭ E♭	G♭ A	0 5	0 2	0 3
C F	D♭ G♭	E♭ A	0 5	0 5	0 6
C F	D♭ A	E♭ G♭	0 5	0 4	0 3
C G♭	D♭ E♭	F A	0 6	0 2	0 4
C G♭	D♭ F	E♭ A	0 6	0 4	0 6
C G♭	D♭ A	E♭ F	0 6	0 4	0 2
C A	D♭ E♭	F G♭	0 3	0 2	0 1
C A	D♭ F	E♭ G♭	0 3	0 4	0 3
C A	D♭ G♭	E♭ F	0 3	0 5	0 2

Scale grouped in Unique Trichord Pairs as prime form

C	D♭	E♭	A	F	G♭	0 1 3 0 1 4
A	C	D♭	E♭	F	G♭	0 1 4 0 1 3
C	D♭	F	A	E♭	G♭	0 1 5 0 3 6
C	D♭	G♭	A	E♭	F	0 1 6 0 2 6
C	F	G♭	A	D♭	E♭	0 1 6 0 2 6
C	E♭	F	A	D♭	G♭	0 2 5 0 3 7
A	C	E♭	D♭	F	G♭	0 3 6 0 1 5
A	C	G♭	D♭	E♭	F	0 3 6 0 2 4
C	E♭	G♭	A	D♭	F	0 3 6 0 4 8
A	C	F	D♭	E♭	G♭	0 3 7 0 2 5

C, D♭, E♭, F, G, A♭

prime form: 0, 1, 3, 5, 7, 8

degrees: 1, ♭2, ♭3, 4, 5, ♭6

Scale application to typical chord types all keys:

C:	1	♭2	♭3	4	5	♭6	-7 mel, 7 mel, 7sus4
D♭:	7	1	2	3	♭5	5	Δ7♯5 mel, Δ7
D:	♭7	7	♭2	♭3	4	♭5	
E♭:	6	♭7	1	2	3	4	7 mel, 7sus4
E:	♭6	6	7	♭2	♭3	3	
F:	5	♭6	♭7	1	2	♭3	7, 7sus4
G♭:	♭5	5	6	7	♭2	2	
G:	4	♭5	♭6	♭7	1	♭2	7 mel, -7♭5 mel
A♭:	3	4	5	6	7	1	Δ7♯5 mel, Δ7 mel
A:	♭3	3	♭5	♭6	♭7	7	
B♭:	2	♭3	4	5	6	♭7	-7, 7 mel, 7sus4
B:	♭2	2	3	♭5	♭6	6	7

Symmetric Difference as:
Pitches
D, E, G♭, A, B♭, B
Degrees
2, 3, ♭5, 6, ♭7, 7
Prime Form
0, 1, 2, 5, 7, 9

Unique 3 Note Subsets as prime form

C	D♭	E♭	0 1 3
C	D♭	F	0 1 5
C	D♭	G	0 1 6
C	D♭	A♭	0 1 5
C	E♭	F	0 2 5
C	E♭	G	0 3 7
C	E♭	A♭	0 3 7
C	F	G	0 2 7
C	F	A♭	0 3 7
C	G	A♭	0 1 5
D♭	E♭	F	0 2 4
D♭	E♭	G	0 2 6
D♭	E♭	A♭	0 2 7
D♭	F	G	0 2 6
D♭	F	A♭	0 3 7
D♭	G	A♭	0 1 6
E♭	F	G	0 2 4
E♭	F	A♭	0 2 5
E♭	G	A♭	0 1 5
F	G	A♭	0 1 3

Unique 4 Note Subsets as prime form

C	D♭	E♭	F	0 1 3 5
C	D♭	E♭	G	0 1 3 7
C	D♭	E♭	A♭	0 2 3 7
C	D♭	F	G	0 1 5 7
C	D♭	F	A♭	0 1 5 8
C	D♭	G	A♭	0 1 5 6
C	E♭	F	G	0 2 4 7
C	E♭	F	A♭	0 3 5 8
C	E♭	G	A♭	0 1 5 8
C	F	G	A♭	0 2 3 7
D♭	E♭	F	G	0 2 4 6
D♭	E♭	F	A♭	0 2 4 7
D♭	E♭	G	A♭	0 1 5 7
D♭	F	G	A♭	0 1 3 7
E♭	F	G	A♭	0 1 3 5

Scale grouped in Unique Dyad Triples as prime form

C D♭	E♭ F	G A♭	0 1	0 2	0 1
C D♭	E♭ G	F A♭	0 1	0 4	0 3
C D♭	E♭ A♭	F G	0 1	0 5	0 2
C E♭	D♭ F	G A♭	0 3	0 4	0 1
C E♭	D♭ G	F A♭	0 3	0 6	0 3
C E♭	D♭ A♭	F G	0 3	0 5	0 2
C F	D♭ E♭	G A♭	0 5	0 2	0 1
C F	D♭ G	E♭ A♭	0 5	0 6	0 5
C F	D♭ A♭	E♭ G	0 5	0 5	0 4
C G	D♭ E♭	F A♭	0 5	0 2	0 3
C G	D♭ F	E♭ A♭	0 5	0 4	0 5
C G	D♭ A♭	E♭ F	0 5	0 5	0 2
C A♭	D♭ E♭	F G	0 4	0 2	0 2
C A♭	D♭ F	E♭ G	0 4	0 4	0 4
C A♭	D♭ G	E♭ F	0 4	0 6	0 2

Scale grouped in Unique Trichord Pairs as prime form

C	D♭	E♭	A♭	F	G	0 1 3 0 1 3
C	D♭	F	A♭	E♭	G	0 1 5 0 1 5
A♭	C	D♭	E♭	F	G	0 1 5 0 2 4
A♭	C	G	D♭	E♭	F	0 1 5 0 2 4
C	D♭	G	A♭	E♭	F	0 1 6 0 2 5
C	E♭	F	A♭	D♭	G	0 2 5 0 1 6
C	F	G	A♭	D♭	E♭	0 2 7 0 2 7
A♭	C	E♭	D♭	F	G	0 3 7 0 2 6
A♭	C	F	D♭	E♭	G	0 3 7 0 2 6
C	E♭	G	A♭	D♭	F	0 3 7 0 3 7

C, D♭, E♭, F, G, A

prime form: 0, 1, 3, 5, 7, 9

degrees: 1, ♭2, ♭3, 4, 5, 6

Scale application to typical chord types all keys:

C:	1	♭2	♭3	4	5	6	-7 mel, 7 mel, 7sus4
D♭:	7	1	2	3	♭5	♭6	Δ7♯5 mel, Δ7♯5
D:	♭7	7	♭2	♭3	4	5	
E♭:	6	♭7	1	2	3	♭5	7
E:	♭6	6	7	♭2	♭3	4	
F:	5	♭6	♭7	1	2	3	7, 7sus4
G♭:	♭5	5	6	7	♭2	♭3	
G:	4	♭5	♭6	♭7	1	2	-7♭5, 7 mel
A♭:	3	4	5	6	7	♭2	
A:	♭3	3	♭5	♭6	♭7	1	7
B♭:	2	♭3	4	5	6	7	-Δ7
B:	♭2	2	3	♭5	♭6	♭7	7

Symmetric Difference as:
Pitches
D, E, G♭, A♭, B♭, B
Degrees
2, 3, ♭5, ♭6, ♭7, 7
Prime Form
0, 1, 3, 5, 7, 9

See page 494 for more possible scale applications

Unique 3 Note Subsets as prime form

C	D♭	E♭	0 1 3
C	D♭	F	0 1 5
C	D♭	G	0 1 6
C	D♭	A	0 1 4
C	E♭	F	0 2 5
C	E♭	G	0 3 7
C	E♭	A	0 3 6
C	F	G	0 2 7
C	F	A	0 3 7
C	G	A	0 2 5
D♭	E♭	F	0 2 4
D♭	E♭	G	0 2 6
D♭	E♭	A	0 2 6
D♭	F	G	0 2 6
D♭	F	A	0 4 8
D♭	G	A	0 2 6
E♭	F	G	0 2 4
E♭	F	A	0 2 6
E♭	G	A	0 2 6
F	G	A	0 2 4

Unique 4 Note Subsets as prime form

C	D♭	E♭	F	0 1 3 5
C	D♭	E♭	G	0 1 3 7
C	D♭	E♭	A	0 2 3 6
C	D♭	F	G	0 1 5 7
C	D♭	F	A	0 1 4 8
C	D♭	G	A	0 1 4 6
C	E♭	F	G	0 2 4 7
C	E♭	F	A	0 2 5 8
C	E♭	G	A	0 2 5 8
C	F	G	A	0 2 4 7
D♭	E♭	F	G	0 2 4 6
D♭	E♭	F	A	0 2 4 8
D♭	E♭	G	A	0 2 6 8
D♭	F	G	A	0 2 4 8
E♭	F	G	A	0 2 4 6

Scale grouped in Unique Dyad Triples as prime form

C D♭	E♭ F	G A	0 1	0 2	0 2
C D♭	E♭ G	F A	0 1	0 4	0 4
C D♭	E♭ A	F G	0 1	0 6	0 2
C E♭	D♭ F	G A	0 3	0 4	0 2
C E♭	D♭ G	F A	0 3	0 6	0 4
C E♭	D♭ A	F G	0 3	0 4	0 2
C F	D♭ E♭	G A	0 5	0 2	0 2
C F	D♭ G	E♭ A	0 5	0 6	0 6
C F	D♭ A	E♭ G	0 5	0 4	0 4
C G	D♭ E♭	F A	0 5	0 2	0 4
C G	D♭ F	E♭ A	0 5	0 4	0 6
C G	D♭ A	E♭ F	0 5	0 4	0 2
C A	D♭ E♭	F G	0 3	0 2	0 2
C A	D♭ F	E♭ G	0 3	0 4	0 4
C A	D♭ G	E♭ F	0 3	0 6	0 2

Scale grouped in Unique Trichord Pairs as prime form. See page 619 for additional lists.

C	D♭	E♭	A	F	G	0 1 3 0 2 4
A	C	D♭	E♭	F	G	0 1 4 0 2 4
C	D♭	F	A	E♭	G	0 1 5 0 2 6
C	D♭	G	A	E♭	F	0 1 6 0 2 6
A	C	G	D♭	E♭	F	0 2 5 0 2 4
C	E♭	F	A	D♭	G	0 2 5 0 2 6
C	F	G	A	D♭	E♭	0 2 7 0 2 6
A	C	E♭	D♭	F	G	0 3 6 0 2 6
A	C	F	D♭	E♭	G	0 3 7 0 2 6
C	E♭	G	A	D♭	F	0 3 7 0 4 8

C, D♭, E♭, F, A♭, A

prime form: 0, 1, 3, 5, 8, 9
degrees: 1, ♭2, ♭3, 4, ♭6, 6

Scale application to typical chord types all keys:

C:	1	♭2	♭3	4	♭6	6	-7 mel, 7 mel, 7sus4
D♭:	7	1	2	3	5	♭6	Δ7♯5 mel
D:	♭7	7	♭2	♭3	♭5	5	
E♭:	6	♭7	1	2	4	♭5	7 mel
E:	♭6	6	7	♭2	3	4	
F:	5	♭6	♭7	1	♭3	3	7, 7sus4
G♭:	♭5	5	6	7	2	♭3	-Δ7
G:	4	♭5	♭6	♭7	♭2	2	7 mel, -7♭5 mel
A♭:	3	4	5	6	1	♭2	7 mel, 7sus4
A:	♭3	3	♭5	♭6	7	1	
B♭:	2	♭3	4	5	♭7	7	
B:	♭2	2	3	♭5	6	♭7	7

Symmetric Difference as:
Pitches
D, E, G♭, G, B♭, B
Degrees
2, 3, ♭5, 5, ♭7, 7
Prime Form
0, 1, 3, 5, 8, 9

See page 495 for more possible scale applications

Unique 3 Note Subsets as prime form

C	D♭	E♭	0 1 3
C	D♭	F	0 1 5
C	D♭	A♭	0 1 5
C	D♭	A	0 1 4
C	E♭	F	0 2 5
C	E♭	A♭	0 3 7
C	E♭	A	0 3 6
C	F	A♭	0 3 7
C	F	A	0 3 7
C	A♭	A	0 1 4
D♭	E♭	F	0 2 4
D♭	E♭	A♭	0 2 7
D♭	E♭	A	0 2 6
D♭	F	A♭	0 3 7
D♭	F	A	0 4 8
D♭	A♭	A	0 1 5
E♭	F	A♭	0 2 5
E♭	F	A	0 2 6
E♭	A♭	A	0 1 6
F	A♭	A	0 1 4

Unique 4 Note Subsets as prime form

C	D♭	E♭	F	0 1 3 5
C	D♭	E♭	A♭	0 2 3 7
C	D♭	E♭	A	0 2 3 6
C	D♭	F	A♭	0 1 5 8
C	D♭	F	A	0 1 4 8
C	D♭	A♭	A	0 1 4 5
C	E♭	F	A♭	0 3 5 8
C	E♭	F	A	0 2 5 8
C	E♭	A♭	A	0 1 4 7
C	F	A♭	A	0 3 4 7
D♭	E♭	F	A♭	0 2 4 7
D♭	E♭	F	A	0 2 4 8
D♭	E♭	A♭	A	0 1 5 7
D♭	F	A♭	A	0 3 4 8
E♭	F	A♭	A	0 1 4 6

Scale grouped in Unique Dyad Triples as prime form

C D♭	E♭ F	A♭ A	0 1	0 2	0 1
C D♭	E♭ A♭	F A	0 1	0 5	0 4
C D♭	E♭ A	F A♭	0 1	0 6	0 3
C E♭	D♭ F	A♭ A	0 3	0 4	0 1
C E♭	D♭ A♭	F A	0 3	0 5	0 4
C E♭	D♭ A	F A♭	0 3	0 4	0 3
C F	D♭ E♭	A♭ A	0 5	0 2	0 1
C F	D♭ A♭	E♭ A	0 5	0 5	0 6
C F	D♭ A	E♭ A♭	0 5	0 4	0 5
C A♭	D♭ E♭	F A	0 4	0 2	0 4
C A♭	D♭ F	E♭ A	0 4	0 4	0 6
C A♭	D♭ A	E♭ F	0 4	0 4	0 2
C A	D♭ E♭	F A♭	0 3	0 2	0 3
C A	D♭ F	E♭ A♭	0 3	0 4	0 5
C A	D♭ A♭	E♭ F	0 3	0 5	0 2

Scale grouped in Unique Trichord Pairs as prime form. See page 620 for additional lists.

C	D♭	E♭	A	A♭	F	0 1 3	0 1 4
A	A♭	C	D♭	E♭	F	0 1 4	0 2 4
A	C	D♭	A♭	E♭	F	0 1 4	0 2 5
C	D♭	F	A	A♭	E♭	0 1 5	0 1 6
A♭	C	D♭	A	E♭	F	0 1 5	0 2 6
C	E♭	F	A	A♭	D♭	0 2 5	0 1 5
A	C	E♭	A♭	D♭	F	0 3 6	0 3 7
A♭	C	F	A	D♭	E♭	0 3 7	0 2 6
A	C	F	A♭	D♭	E♭	0 3 7	0 2 7
A♭	C	E♭	A	D♭	F	0 3 7	0 4 8

C, D♭, E♭, G♭, G, A

prime form: 0, 1, 3, 6, 7, 9

degrees: 1, ♭2, ♭3, ♭5, 5, 6

Scale application to typical chord types all keys:

C:	1	♭2	♭3	♭5	5	6	7
D♭:	7	1	2	4	♭5	♭6	°7, Δ7♯5 mel, -Δ7 mel
D:	♭7	7	♭2	3	4	5	
E♭:	6	♭7	1	♭3	3	♭5	7
E:	♭6	6	7	2	♭3	4	°7, -Δ7 mel
F:	5	♭6	♭7	♭2	2	3	7, 7sus4
G♭:	♭5	5	6	1	♭2	♭3	7
G:	4	♭5	♭6	7	1	2	°7, Δ7♯5 mel, -Δ7 mel
A♭:	3	4	5	♭7	7	♭2	
A:	♭3	3	♭5	6	♭7	1	7
B♭:	2	♭3	4	♭6	6	7	°7, -Δ7 mel
B:	♭2	2	3	5	♭6	♭7	7, 7sus4

Symmetric Difference as:
Pitches
D, E, F, A♭, B♭, B
Degrees
2, 3, 4, ♭6, ♭7, 7
Prime Form
0, 1, 3, 6, 7, 9

See page 496 for more possible scale applications

Unique 3 Note Subsets as prime form

C	D♭	E♭	0 1 3
C	D♭	G♭	0 1 6
C	D♭	G	0 1 6
C	D♭	A	0 1 4
C	E♭	G♭	0 3 6
C	E♭	G	0 3 7
C	E♭	A	0 3 6
C	G♭	G	0 1 6
C	G♭	A	0 3 6
C	G	A	0 2 5
D♭	E♭	G♭	0 2 5
D♭	E♭	G	0 2 6
D♭	E♭	A	0 2 6
D♭	G♭	G	0 1 6
D♭	G♭	A	0 3 7
D♭	G	A	0 2 6
E♭	G♭	G	0 1 4
E♭	G♭	A	0 3 6
E♭	G	A	0 2 6
G♭	G	A	0 1 3

Unique 4 Note Subsets as prime form

C	D♭	E♭	G♭	0 1 3 6
C	D♭	E♭	G	0 1 3 7
C	D♭	E♭	A	0 2 3 6
C	D♭	G♭	G	0 1 6 7
C	D♭	G♭	A	0 1 4 7
C	D♭	G	A	0 1 4 6
C	E♭	G♭	G	0 1 4 7
C	E♭	G♭	A	0 3 6 9
C	E♭	G	A	0 2 5 8
C	G♭	G	A	0 1 3 6
D♭	E♭	G♭	G	0 1 4 6
D♭	E♭	G♭	A	0 2 5 8
D♭	E♭	G	A	0 2 6 8
D♭	G♭	G	A	0 1 3 7
E♭	G♭	G	A	0 2 3 6

Scale grouped in Unique Dyad Triples as prime form

C D♭	E♭ G♭	G A	0 1	0 3	0 2
C D♭	E♭ G	G♭ A	0 1	0 4	0 3
C D♭	E♭ A	G♭ G	0 1	0 6	0 1
C E♭	D♭ G♭	G A	0 3	0 5	0 2
C E♭	D♭ G	G♭ A	0 3	0 6	0 3
C E♭	D♭ A	G♭ G	0 3	0 4	0 1
C G♭	D♭ E♭	G A	0 6	0 2	0 2
C G♭	D♭ G	E♭ A	0 6	0 6	0 6
C G♭	D♭ A	E♭ G	0 6	0 4	0 4
C G	D♭ E♭	G♭ A	0 5	0 2	0 3
C G	D♭ G♭	E♭ A	0 5	0 5	0 6
C G	D♭ A	E♭ G♭	0 5	0 4	0 3
C A	D♭ E♭	G♭ G	0 3	0 2	0 1
C A	D♭ G♭	E♭ G	0 3	0 5	0 4
C A	D♭ G	E♭ G♭	0 3	0 6	0 3

Scale grouped in Unique Trichord Pairs as prime form. See page 621 for additional lists.

C	D♭	E♭	A	G	G♭	0 1 3 0 1 3
A	C	D♭	E♭	G	G♭	0 1 4 0 1 4
C	D♭	G♭	A	E♭	G	0 1 6 0 2 6
C	G	G♭	A	D♭	E♭	0 1 6 0 2 6
C	D♭	G	A	E♭	G♭	0 1 6 0 3 6
A	C	G	D♭	E♭	G♭	0 2 5 0 2 5
A	C	E♭	D♭	G	G♭	0 3 6 0 1 6
C	E♭	G♭	A	D♭	G	0 3 6 0 2 6
A	C	G♭	D♭	E♭	G	0 3 6 0 2 6
C	E♭	G	A	D♭	G♭	0 3 7 0 3 7

C, D♭, E♭, G♭, A♭, A

prime form: 0, 1, 3, 6, 8, 9

degrees: 1, ♭2, ♭3, ♭5, ♭6, 6

Scale application to typical chord types all keys:

C:	1	♭2	♭3	♭5	♭6	6	7
D♭:	7	1	2	4	5	♭6	Δ7♯5 mel, -Δ7 mel
D:	♭7	7	♭2	3	♭5	5	
E♭:	6	♭7	1	♭3	4	♭5	7 mel
E:	♭6	6	7	2	3	4	Δ7♯5 mel
F:	5	♭6	♭7	♭2	♭3	3	7, 7sus4
G♭:	♭5	5	6	1	2	♭3	-Δ7, 7
G:	4	♭5	♭6	7	♭2	2	
A♭:	3	4	5	♭7	1	♭2	7 mel, 7sus4
A:	♭3	3	♭5	6	7	1	
B♭:	2	♭3	4	♭6	♭7	7	
B:	♭2	2	3	5	6	♭7	7, 7sus4

Symmetric Difference as:
Pitches
D, E, F, G, B♭, B
Degrees
2, 3, 4, 5, ♭7, 7
Prime Form
0, 1, 4, 6, 7, 9

See page 497 for more possible scale applications

Unique 3 Note Subsets as prime form

C	D♭	E♭	0 1 3
C	D♭	G♭	0 1 6
C	D♭	A♭	0 1 5
C	D♭	A	0 1 4
C	E♭	G♭	0 3 6
C	E♭	A♭	0 3 7
C	E♭	A	0 3 6
C	G♭	A♭	0 2 6
C	G♭	A	0 3 6
C	A♭	A	0 1 4
D♭	E♭	G♭	0 2 5
D♭	E♭	A♭	0 2 7
D♭	E♭	A	0 2 6
D♭	G♭	A♭	0 2 7
D♭	G♭	A	0 3 7
D♭	A♭	A	0 1 5
E♭	G♭	A♭	0 2 5
E♭	G♭	A	0 3 6
E♭	A♭	A	0 1 6
G♭	A♭	A	0 1 3

Unique 4 Note Subsets as prime form

C	D♭	E♭	G♭	0 1 3 6
C	D♭	E♭	A♭	0 2 3 7
C	D♭	E♭	A	0 2 3 6
C	D♭	G♭	A♭	0 1 5 7
C	D♭	G♭	A	0 1 4 7
C	D♭	A♭	A	0 1 4 5
C	E♭	G♭	A♭	0 2 5 8
C	E♭	G♭	A	0 3 6 9
C	E♭	A♭	A	0 1 4 7
C	G♭	A♭	A	0 2 3 6
D♭	E♭	G♭	A♭	0 2 5 7
D♭	E♭	G♭	A	0 2 5 8
D♭	E♭	A♭	A	0 1 5 7
D♭	G♭	A♭	A	0 2 3 7
E♭	G♭	A♭	A	0 1 3 6

Scale grouped in Unique Dyad Triples as prime form

C D♭	E♭ G♭	A♭ A	0 1	0 3	0 1
C D♭	E♭ A♭	G♭ A	0 1	0 5	0 3
C D♭	E♭ A	G♭ A♭	0 1	0 6	0 2
C E♭	D♭ G♭	A♭ A	0 3	0 5	0 1
C E♭	D♭ A♭	G♭ A	0 3	0 5	0 3
C E♭	D♭ A	G♭ A♭	0 3	0 4	0 2
C G♭	D♭ E♭	A♭ A	0 6	0 2	0 1
C G♭	D♭ A♭	E♭ A	0 6	0 5	0 6
C G♭	D♭ A	E♭ A♭	0 6	0 4	0 5
C A♭	D♭ E♭	G♭ A	0 4	0 2	0 3
C A♭	D♭ G♭	E♭ A	0 4	0 5	0 6
C A♭	D♭ A	E♭ G♭	0 4	0 4	0 3
C A	D♭ E♭	G♭ A♭	0 3	0 2	0 2
C A	D♭ G♭	E♭ A♭	0 3	0 5	0 5
C A	D♭ A♭	E♭ G♭	0 3	0 5	0 3

Scale grouped in Unique Trichord Pairs as prime form. See page 622 for additional lists.

C	D♭	E♭	A	A♭	G♭	0 1 3 0 1 3
A	C	D♭	A♭	E♭	G♭	0 1 4 0 2 5
A	A♭	C	D♭	E♭	G♭	0 1 4 0 2 5
A♭	C	D♭	A	E♭	G♭	0 1 5 0 3 6
C	D♭	G♭	A	A♭	E♭	0 1 6 0 1 6
A♭	C	G♭	A	D♭	E♭	0 2 6 0 2 6
C	E♭	G♭	A	A♭	D♭	0 3 6 0 1 5
A	C	E♭	A♭	D♭	G♭	0 3 6 0 2 7
A	C	G♭	A♭	D♭	E♭	0 3 6 0 2 7
A♭	C	E♭	A	D♭	G♭	0 3 7 0 3 7

C, D♭, E, F, G♭, A♭

prime form: 0, 1, 4, 5, 6, 8

degrees: 1, ♭2, 3, 4, ♭5, ♭6

Scale application to typical chord types all keys:

C:	1	♭2	3	4	♭5	♭6	7 mel
D♭:	7	1	♭3	3	4	5	
D:	♭7	7	2	♭3	3	♭5	
E♭:	6	♭7	♭2	2	♭3	4	7 mel, 7sus4
E:	♭6	6	1	♭2	2	3	7, 7sus4
F:	5	♭6	7	1	♭2	♭3	
G♭:	♭5	5	♭7	7	1	2	
G:	4	♭5	6	♭7	7	♭2	
A♭:	3	4	♭6	6	♭7	1	7 mel, 7sus4
A:	♭3	3	5	♭6	6	7	
B♭:	2	♭3	♭5	5	♭6	♭7	7
B:	♭2	2	4	♭5	5	6	7 mel

Symmetric Difference as:
Pitches
D, E♭, G, A, B♭, B
Degrees
2, ♭3, 5, 6, ♭7, 7
Prime Form
0, 2, 3, 4, 7, 8

See page 498 for more possible scale applications

Unique 3 Note Subsets as prime form

C	D♭	E	0 1 4
C	D♭	F	0 1 5
C	D♭	G♭	0 1 6
C	D♭	A♭	0 1 5
C	E	F	0 1 5
C	E	G♭	0 2 6
C	E	A♭	0 4 8
C	F	G♭	0 1 6
C	F	A♭	0 3 7
C	G♭	A♭	0 2 6
D♭	E	F	0 1 4
D♭	E	G♭	0 2 5
D♭	E	A♭	0 3 7
D♭	F	G♭	0 1 5
D♭	F	A♭	0 3 7
D♭	G♭	A♭	0 2 7
E	F	G♭	0 1 2
E	F	A♭	0 1 4
E	G♭	A♭	0 2 4
F	G♭	A♭	0 1 3

Unique 4 Note Subsets as prime form

C	D♭	E	F	0 1 4 5
C	D♭	E	G♭	0 1 4 6
C	D♭	E	A♭	0 3 4 8
C	D♭	F	G♭	0 1 5 6
C	D♭	F	A♭	0 1 5 8
C	D♭	G♭	A♭	0 1 5 7
C	E	F	G♭	0 1 2 6
C	E	F	A♭	0 1 4 8
C	E	G♭	A♭	0 2 4 8
C	F	G♭	A♭	0 1 3 7
D♭	E	F	G♭	0 1 2 5
D♭	E	F	A♭	0 3 4 7
D♭	E	G♭	A♭	0 2 4 7
D♭	F	G♭	A♭	0 2 3 7
E	F	G♭	A♭	0 1 2 4

Scale grouped in Unique Dyad Triples as prime form

C D♭	E F	G♭ A♭	0 1	0 1	0 2
C D♭	E G♭	F A♭	0 1	0 2	0 3
C D♭	E A♭	F G♭	0 1	0 4	0 1
C E	D♭ F	G♭ A♭	0 4	0 4	0 2
C E	D♭ G♭	F A♭	0 4	0 5	0 3
C E	D♭ A♭	F G♭	0 4	0 5	0 1
C F	D♭ E	G♭ A♭	0 5	0 3	0 2
C F	D♭ G♭	E A♭	0 5	0 5	0 4
C F	D♭ A♭	E G♭	0 5	0 5	0 2
C G♭	D♭ E	F A♭	0 6	0 3	0 3
C G♭	D♭ F	E A♭	0 6	0 4	0 4
C G♭	D♭ A♭	E F	0 6	0 5	0 1
C A♭	D♭ E	F G♭	0 4	0 3	0 1
C A♭	D♭ F	E G♭	0 4	0 4	0 2
C A♭	D♭ G♭	E F	0 4	0 5	0 1

Scale grouped in Unique Trichord Pairs as prime form. See page 623 for additional lists.

C	D♭	E	A♭	F	G♭	0 1 4 0 1 3
A♭	C	D♭	E	F	G♭	0 1 5 0 1 2
C	D♭	F	A♭	E	G♭	0 1 5 0 2 4
C	E	F	A♭	D♭	G♭	0 1 5 0 2 7
C	D♭	G♭	A♭	E	F	0 1 6 0 1 4
C	F	G♭	A♭	D♭	E	0 1 6 0 3 7
A♭	C	G♭	D♭	E	F	0 2 6 0 1 4
C	E	G♭	A♭	D♭	F	0 2 6 0 3 7
A♭	C	F	D♭	E	G♭	0 3 7 0 2 5
A♭	C	E	D♭	F	G♭	0 4 8 0 1 5

C, D♭, E, F, A♭, A

prime form: 0, 1, 4, 5, 8, 9
degrees: 1, ♭2, 3, 4, ♭6, 6

Scale application to typical chord types all keys:

C:	1	♭2	3	4	♭6	6	7 mel, 7sus4
D♭:	7	1	♭3	3	5	♭6	+7
D:	♭7	7	2	♭3	♭5	5	
E♭:	6	♭7	♭2	2	4	♭5	7 mel
E:	♭6	6	1	♭2	3	4	7 mel, 7sus4
F:	5	♭6	7	1	♭3	3	+7
G♭:	♭5	5	♭7	7	2	♭3	
G:	4	♭5	6	♭7	♭2	2	7 mel
A♭:	3	4	♭6	6	1	♭2	7 mel, 7sus4
A:	♭3	3	5	♭6	7	1	+7
B♭:	2	♭3	♭5	5	♭7	7	
B:	♭2	2	4	♭5	6	♭7	7 mel

Symmetric Difference as:
Pitches
D, E♭, G♭, G, B♭, B
Degrees
2, ♭3, ♭5, 5, ♭7, 7
Prime Form
0, 1, 4, 5, 8, 9

Unique 3 Note Subsets as prime form

C	D♭	E	0 1 4
C	D♭	F	0 1 5
C	D♭	A♭	0 1 5
C	D♭	A	0 1 4
C	E	F	0 1 5
C	E	A♭	0 4 8
C	E	A	0 3 7
C	F	A♭	0 3 7
C	F	A	0 3 7
C	A♭	A	0 1 4
D♭	E	F	0 1 4
D♭	E	A♭	0 3 7
D♭	E	A	0 3 7
D♭	F	A♭	0 3 7
D♭	F	A	0 4 8
D♭	A♭	A	0 1 5
E	F	A♭	0 1 4
E	F	A	0 1 5
E	A♭	A	0 1 5
F	A♭	A	0 1 4

Scale grouped in Unique Dyad Triples as prime form

C D♭	E F	A♭ A	0 1	0 1	0 1
C D♭	E A♭	F A	0 1	0 4	0 4
C D♭	E A	F A♭	0 1	0 5	0 3
C E	D♭ F	A♭ A	0 4	0 4	0 1
C E	D♭ A♭	F A	0 4	0 5	0 4
C E	D♭ A	F A♭	0 4	0 4	0 3
C F	D♭ E	A♭ A	0 5	0 3	0 1
C F	D♭ A♭	E A	0 5	0 5	0 5
C F	D♭ A	E A♭	0 5	0 4	0 4
C A♭	D♭ E	F A	0 4	0 3	0 4
C A♭	D♭ F	E A	0 4	0 4	0 5
C A♭	D♭ A	E F	0 4	0 4	0 1
C A	D♭ E	F A♭	0 3	0 3	0 3
C A	D♭ F	E A♭	0 3	0 4	0 4
C A	D♭ A♭	E F	0 3	0 5	0 1

Unique 4 Note Subsets as prime form

C	D♭	E	F	0 1 4 5
C	D♭	E	A♭	0 3 4 8
C	D♭	E	A	0 3 4 7
C	D♭	F	A♭	0 1 5 8
C	D♭	F	A	0 1 4 8
C	D♭	A♭	A	0 1 4 5
C	E	F	A♭	0 1 4 8
C	E	F	A	0 1 5 8
C	E	A♭	A	0 3 4 8
C	F	A♭	A	0 3 4 7
D♭	E	F	A♭	0 3 4 7
D♭	E	F	A	0 1 4 8
D♭	E	A♭	A	0 1 5 8
D♭	F	A♭	A	0 3 4 8
E	F	A♭	A	0 1 4 5

Scale grouped in Unique Trichord Pairs as prime form

C	D♭	E	A	A♭	F	0 1 4	0 1 4
A	C	D♭	A♭	E	F	0 1 4	0 1 4
A	A♭	C	D♭	E	F	0 1 4	0 1 4
C	D♭	F	A	A♭	E	0 1 5	0 1 5
A♭	C	D♭	A	E	F	0 1 5	0 1 5
C	E	F	A	A♭	D♭	0 1 5	0 1 5
A	C	E	A♭	D♭	F	0 3 7	0 3 7
A♭	C	F	A	D♭	E	0 3 7	0 3 7
A	C	F	A♭	D♭	E	0 3 7	0 3 7
A♭	C	E	A	D♭	F	0 4 8	0 4 8

C, D♭, E, G♭, G, A

prime form: 0, 1, 4, 6, 7, 9

degrees: 1, ♭2, 3, ♭5, 5, 6

Scale application to typical chord types all keys:

C:	1	♭2	3	♭5	5	6	7
D♭:	7	1	♭3	4	♭5	♭6	°7, -Δ7 mel
D:	♭7	7	2	3	4	5	
E♭:	6	♭7	♭2	♭3	3	♭5	7
E:	♭6	6	1	2	♭3	4	°7, 7 mel, 7sus4, -Δ7 mel
F:	5	♭6	7	♭2	2	3	
G♭:	♭5	5	♭7	1	♭2	♭3	7
G:	4	♭5	6	7	1	2	°7, Δ7♯5 mel, -Δ7
A♭:	3	4	♭6	♭7	7	♭2	
A:	♭3	3	5	6	♭7	1	7, 7sus4
B♭:	2	♭3	♭5	♭6	6	7	°7, -Δ7 mel
B:	♭2	2	4	5	♭6	♭7	7 mel, 7sus4

Symmetric Difference as:

Pitches

D, E♭, F, A♭, B♭, B

Degrees

2, ♭3, 4, ♭6, ♭7, 7

Prime Form

0, 2, 3, 6, 7, 9

Unique 3 Note Subsets as prime form

C	D♭	E	0 1 4
C	D♭	G♭	0 1 6
C	D♭	G	0 1 6
C	D♭	A	0 1 4
C	E	G♭	0 2 6
C	E	G	0 3 7
C	E	A	0 3 7
C	G♭	G	0 1 6
C	G♭	A	0 3 6
C	G	A	0 2 5
D♭	E	G♭	0 2 5
D♭	E	G	0 3 6
D♭	E	A	0 3 7
D♭	G♭	G	0 1 6
D♭	G♭	A	0 3 7
D♭	G	A	0 2 6
E	G♭	G	0 1 3
E	G♭	A	0 2 5
E	G	A	0 2 5
G♭	G	A	0 1 3

Unique 4 Note Subsets as prime form

C	D♭	E	G♭	0 1 4 6
C	D♭	E	G	0 1 4 7
C	D♭	E	A	0 3 4 7
C	D♭	G♭	G	0 1 6 7
C	D♭	G♭	A	0 1 4 7
C	D♭	G	A	0 1 4 6
C	E	G♭	G	0 1 3 7
C	E	G♭	A	0 2 5 8
C	E	G	A	0 3 5 8
C	G♭	G	A	0 1 3 6
D♭	E	G♭	G	0 1 3 6
D♭	E	G♭	A	0 3 5 8
D♭	E	G	A	0 2 5 8
D♭	G♭	G	A	0 1 3 7
E	G♭	G	A	0 2 3 5

Scale grouped in Unique Dyad Triples as prime form

C D♭	E G♭	G A	0 1	0 2	0 2
C D♭	E G	G♭ A	0 1	0 3	0 3
C D♭	E A	G♭ G	0 1	0 5	0 1
C E	D♭ G♭	G A	0 4	0 5	0 2
C E	D♭ G	G♭ A	0 4	0 6	0 3
C E	D♭ A	G♭ G	0 4	0 4	0 1
C G♭	D♭ E	G A	0 6	0 3	0 2
C G♭	D♭ G	E A	0 6	0 6	0 5
C G♭	D♭ A	E G	0 6	0 4	0 3
C G	D♭ E	G♭ A	0 5	0 3	0 3
C G	D♭ G♭	E A	0 5	0 5	0 5
C G	D♭ A	E G♭	0 5	0 4	0 2
C A	D♭ E	G♭ G	0 3	0 3	0 1
C A	D♭ G♭	E G	0 3	0 5	0 3
C A	D♭ G	E G♭	0 3	0 6	0 2

Scale grouped in Unique Trichord Pairs as prime form

C	D♭	E	A	G	G♭	0 1 4 0 1 3
A	C	D♭	E	G	G♭	0 1 4 0 1 3
C	D♭	G♭	A	E	G	0 1 6 0 2 5
C	D♭	G	A	E	G♭	0 1 6 0 2 5
C	G	G♭	A	D♭	E	0 1 6 0 3 7
A	C	G	D♭	E	G♭	0 2 5 0 2 5
C	E	G♭	A	D♭	G	0 2 6 0 2 6
A	C	G♭	D♭	E	G	0 3 6 0 3 6
A	C	E	D♭	G	G♭	0 3 7 0 1 6
C	E	G	A	D♭	G♭	0 3 7 0 3 7

C, D, E♭, E, F, G

prime form: 0, 2, 3, 4, 5, 7

degrees: 1, 2, ♭3, 3, 4, 5

Scale application to typical chord types all keys:

C:	1	2	♭3	3	4	5	7 mel, 7sus4
D♭:	7	♭2	2	♭3	3	♭5	
D:	♭7	1	♭2	2	♭3	4	7 mel, -7♭5 mel, 7sus4
E♭:	6	7	1	♭2	2	3	
E:	♭6	♭7	7	1	♭2	♭3	
F:	5	6	♭7	7	1	2	
G♭:	♭5	♭6	6	♭7	7	♭2	
G:	4	5	♭6	6	♭7	1	-7 mel, 7 mel, 7sus4
A♭:	3	♭5	5	♭6	6	7	Δ7♯5 mel
A:	♭3	4	♭5	5	♭6	♭7	7 mel
B♭:	2	3	4	♭5	5	6	Δ7♯5 mel, 7 mel
B:	♭2	♭3	3	4	♭5	♭6	7 me

Symmetric Difference as:
Pitches
D♭, G♭, A♭, A, B♭, B
Degrees
♭2, ♭5, ♭6, 6, ♭7, 7
Prime Form
0, 2, 3, 4, 5, 7

Unique 3 Note Subsets as prime form

C	D	E♭	0 1 3
C	D	E	0 2 4
C	D	F	0 2 5
C	D	G	0 2 7
C	E♭	E	0 1 4
C	E♭	F	0 2 5
C	E♭	G	0 3 7
C	E	F	0 1 5
C	E	G	0 3 7
C	F	G	0 2 7
D	E♭	E	0 1 2
D	E♭	F	0 1 3
D	E♭	G	0 1 5
D	E	F	0 1 3
D	E	G	0 2 5
D	F	G	0 2 5
E♭	E	F	0 1 2
E♭	E	G	0 1 4
E♭	F	G	0 2 4
E	F	G	0 1 3

Unique 4 Note Subsets as prime form

C	D	E♭	E	0 1 2 4
C	D	E♭	F	0 2 3 5
C	D	E♭	G	0 2 3 7
C	D	E	F	0 1 3 5
C	D	E	G	0 2 4 7
C	D	F	G	0 2 5 7
C	E♭	E	F	0 1 2 5
C	E♭	E	G	0 3 4 7
C	E♭	F	G	0 2 4 7
C	E	F	G	0 2 3 7
D	E♭	E	F	0 1 2 3
D	E♭	E	G	0 1 2 5
D	E♭	F	G	0 1 3 5
D	E	F	G	0 2 3 5
E♭	E	F	G	0 1 2 4

Scale grouped in Unique Dyad Triples as prime form

C D	E♭ E	F G	0 2	0 1	0 2
C D	E♭ F	E G	0 2	0 2	0 3
C D	E♭ G	E F	0 2	0 4	0 1
C E♭	D E	F G	0 3	0 2	0 2
C E♭	D F	E G	0 3	0 3	0 3
C E♭	D G	E F	0 3	0 5	0 1
C E	D E♭	F G	0 4	0 1	0 2
C E	D F	E♭ G	0 4	0 3	0 4
C E	D G	E♭ F	0 4	0 5	0 2
C F	D E♭	E G	0 5	0 1	0 3
C F	D E	E♭ G	0 5	0 2	0 4
C F	D G	E♭ E	0 5	0 5	0 1
C G	D E♭	E F	0 5	0 1	0 1
C G	D E	E♭ F	0 5	0 2	0 2
C G	D F	E♭ E	0 5	0 3	0 1

Scale grouped in Unique Trichord Pairs as prime form

C	D	E♭	E	F	G	0 1 3	0 1 3
C	E	E♭	D	F	G	0 1 4	0 2 5
C	E	F	D	E♭	G	0 1 5	0 1 5
C	D	E	E♭	F	G	0 2 4	0 2 4
C	D	F	E	E♭	G	0 2 5	0 1 4
C	E♭	F	D	E	G	0 2 5	0 2 5
C	D	G	E	E♭	F	0 2 7	0 1 2
C	F	G	D	E	E♭	0 2 7	0 1 2
C	E♭	G	D	E	F	0 3 7	0 1 3
C	E	G	D	E♭	F	0 3 7	0 1 3

C, D, E♭, E, F, A♭

prime form: 0, 2, 3, 4, 5, 8

degrees: 1, 2, ♭3, 3, 4, ♭6

Scale application to typical chord types all keys:

C:	1	2	♭3	3	4	♭6	7 mel, 7sus4
D♭:	7	♭2	2	♭3	3	5	
D:	♭7	1	♭2	2	♭3	♭5	7, -7♭5 mel
E♭:	6	7	1	♭2	2	4	
E:	♭6	♭7	7	1	♭2	3	
F:	5	6	♭7	7	1	♭3	
G♭:	♭5	♭6	6	♭7	7	2	
G:	4	5	♭6	6	♭7	♭2	-7 mel, 7 mel, 7sus4
A♭:	3	♭5	5	♭6	6	1	Δ7♯5 mel, 7
A:	♭3	4	♭5	5	♭6	7	-Δ7 mel
B♭:	2	3	4	♭5	5	♭7	7 mel
B:	♭2	♭3	3	4	♭5	6	7 me

Symmetric Difference as:
Pitches
D♭, G♭, G, A, B♭, B
Degrees
♭2, ♭5, 5, 6, ♭7, 7
Prime Form
0, 1, 3, 4, 5, 7

See page 502 for more possible scale applications

Unique 3 Note Subsets as prime form

C	D	E♭	0 1 3
C	D	E	0 2 4
C	D	F	0 2 5
C	D	A♭	0 2 6
C	E♭	E	0 1 4
C	E♭	F	0 2 5
C	E♭	A♭	0 3 7
C	E	F	0 1 5
C	E	A♭	0 4 8
C	F	A♭	0 3 7
D	E♭	E	0 1 2
D	E♭	F	0 1 3
D	E♭	A♭	0 1 6
D	E	F	0 1 3
D	E	A♭	0 2 6
D	F	A♭	0 3 6
E♭	E	F	0 1 2
E♭	E	A♭	0 1 5
E♭	F	A♭	0 2 5
E	F	A♭	0 1 4

Unique 4 Note Subsets as prime form

C	D	E♭	E	0 1 2 4
C	D	E♭	F	0 2 3 5
C	D	E♭	A♭	0 1 3 7
C	D	E	F	0 1 3 5
C	D	E	A♭	0 2 4 8
C	D	F	A♭	0 2 5 8
C	E♭	E	F	0 1 2 5
C	E♭	E	A♭	0 1 4 8
C	E♭	F	A♭	0 3 5 8
C	E	F	A♭	0 1 4 8
D	E♭	E	F	0 1 2 3
D	E♭	E	A♭	0 1 2 6
D	E♭	F	A♭	0 1 3 6
D	E	F	A♭	0 2 3 6
E♭	E	F	A♭	0 1 2 5

Scale grouped in Unique Dyad Triples as prime form

C D	E♭ E	F A♭	0 2	0 1	0 3
C D	E♭ F	E A♭	0 2	0 2	0 4
C D	E♭ A♭	E F	0 2	0 5	0 1
C E♭	D E	F A♭	0 3	0 2	0 3
C E♭	D F	E A♭	0 3	0 3	0 4
C E♭	D A♭	E F	0 3	0 6	0 1
C E	D E♭	F A♭	0 4	0 1	0 3
C E	D F	E♭ A♭	0 4	0 3	0 5
C E	D A♭	E♭ F	0 4	0 6	0 2
C F	D E♭	E A♭	0 5	0 1	0 4
C F	D E	E♭ A♭	0 5	0 2	0 5
C F	D A♭	E♭ E	0 5	0 6	0 1
C A♭	D E♭	E F	0 4	0 1	0 1
C A♭	D E	E♭ F	0 4	0 2	0 2
C A♭	D F	E♭ E	0 4	0 3	0 1

Scale grouped in Unique Trichord Pairs as prime form. See page 624 for additional lists.

C	D	E♭	A♭	E	F	0 1 3	0 1 4
C	E	E♭	A♭	D	F	0 1 4	0 3 6
C	E	F	A♭	D	E♭	0 1 5	0 1 6
C	D	E	A♭	E♭	F	0 2 4	0 2 5
C	D	F	A♭	E	E♭	0 2 5	0 1 5
C	E♭	F	A♭	D	E	0 2 5	0 2 6
A♭	C	D	E	E♭	F	0 2 6	0 1 2
A♭	C	F	D	E	E♭	0 3 7	0 1 2
A♭	C	E♭	D	E	F	0 3 7	0 1 3
A♭	C	E	D	E♭	F	0 4 8	0 1 3

C, D, E♭, E, G♭, A♭

prime form: 0, 2, 3, 4, 6, 8
degrees: 1, 2, ♭3, 3, ♭5, ♭6

Scale application to typical chord types all keys:

C:	1	2	♭3	3	♭5	♭6	7
D♭:	7	♭2	2	♭3	4	5	
D:	♭7	1	♭2	2	3	♭5	7
E♭:	6	7	1	♭2	♭3	4	
E:	♭6	♭7	7	1	2	3	
F:	5	6	♭7	7	♭2	♭3	
G♭:	♭5	♭6	6	♭7	1	2	7
G:	4	5	♭6	6	7	♭2	
A♭:	3	♭5	5	♭6	♭7	1	7
A:	♭3	4	♭5	5	6	7	-Δ7
B♭:	2	3	4	♭5	♭6	♭7	7 mel
B:	♭2	♭3	3	4	5	6	7 mel, 7sus4

Symmetric Difference as:
Pitches
D♭, F, G, A, B♭, B
Degrees
♭2, 4, 5, 6, ♭7, 7
Prime Form
0, 2, 3, 4, 6, 8

See page 503 for more possible scale applications

Unique 3 Note Subsets as prime form

C	D	E♭	0 1 3
C	D	E	0 2 4
C	D	G♭	0 2 6
C	D	A♭	0 2 6
C	E♭	E	0 1 4
C	E♭	G♭	0 3 6
C	E♭	A♭	0 3 7
C	E	G♭	0 2 6
C	E	A♭	0 4 8
C	G♭	A♭	0 2 6
D	E♭	E	0 1 2
D	E♭	G♭	0 1 4
D	E♭	A♭	0 1 6
D	E	G♭	0 2 4
D	E	A♭	0 2 6
D	G♭	A♭	0 2 6
E♭	E	G♭	0 1 3
E♭	E	A♭	0 1 5
E♭	G♭	A♭	0 2 5
E	G♭	A♭	0 2 4

Unique 4 Note Subsets as prime form

C	D	E♭	E	0 1 2 4
C	D	E♭	G♭	0 2 3 6
C	D	E♭	A♭	0 1 3 7
C	D	E	G♭	0 2 4 6
C	D	E	A♭	0 2 4 8
C	D	G♭	A♭	0 2 6 8
C	E♭	E	G♭	0 2 3 6
C	E♭	E	A♭	0 1 4 8
C	E♭	G♭	A♭	0 2 5 8
C	E	G♭	A♭	0 2 4 8
D	E♭	E	G♭	0 1 2 4
D	E♭	E	A♭	0 1 2 6
D	E♭	G♭	A♭	0 1 4 6
D	E	G♭	A♭	0 2 4 6
E♭	E	G♭	A♭	0 1 3 5

Scale grouped in Unique Dyad Triples as prime form

C D	E♭ E	G♭ A♭	0 2	0 1	0 2
C D	E♭ G♭	E A♭	0 2	0 3	0 4
C D	E♭ A♭	E G♭	0 2	0 5	0 2
C E♭	D E	G♭ A♭	0 3	0 2	0 2
C E♭	D G♭	E A♭	0 3	0 4	0 4
C E♭	D A♭	E G♭	0 3	0 6	0 2
C E	D E♭	G♭ A♭	0 4	0 1	0 2
C E	D G♭	E♭ A♭	0 4	0 4	0 5
C E	D A♭	E♭ G♭	0 4	0 6	0 3
C G♭	D E♭	E A♭	0 6	0 1	0 4
C G♭	D E	E♭ A♭	0 6	0 2	0 5
C G♭	D A♭	E♭ E	0 6	0 6	0 1
C A♭	D E♭	E G♭	0 4	0 1	0 2
C A♭	D E	E♭ G♭	0 4	0 2	0 3
C A♭	D G♭	E♭ E	0 4	0 4	0 1

Scale grouped in Unique Trichord Pairs as prime form. See page 625 for additional lists.

C	D	E♭	A♭	E	G♭	0 1 3 0 2 4
C	E	E♭	A♭	D	G♭	0 1 4 0 2 6
C	D	E	A♭	E♭	G♭	0 2 4 0 2 5
A♭	C	G♭	D	E	E♭	0 2 6 0 1 2
A♭	C	D	E	E♭	G♭	0 2 6 0 1 3
C	D	G♭	A♭	E	E♭	0 2 6 0 1 5
C	E	G♭	A♭	D	E♭	0 2 6 0 1 6
C	E♭	G♭	A♭	D	E	0 3 6 0 2 6
A♭	C	E♭	D	E	G♭	0 3 7 0 2 4
A♭	C	E	D	E♭	G♭	0 4 8 0 1 4

C, D, E♭, E, G♭, A

prime form: 0, 2, 3, 4, 6, 9
degrees: 1, 2, ♭3, 3, ♭5, 6

Scale application to typical chord types all keys:

C:	1	2	♭3	3	♭5	6	7
D♭:	7	♭2	2	♭3	4	♭6	
D:	♭7	1	♭2	2	3	5	7, 7sus4
E♭:	6	7	1	♭2	♭3	♭5	
E:	♭6	♭7	7	1	2	4	
F:	5	6	♭7	7	♭2	3	
G♭:	♭5	♭6	6	♭7	1	♭3	7
G:	4	5	♭6	6	7	2	Δ7♯5 mel, -Δ7 mel
A♭:	3	♭5	5	♭6	♭7	♭2	7
A:	♭3	4	♭5	5	6	1	-Δ7, 7 mel
B♭:	2	3	4	♭5	♭6	7	Δ7♯5 mel
B:	♭2	♭3	3	4	5	♭7	7 mel, 7sus4

Symmetric Difference as:
Pitches
D♭, F, G, A♭, B♭, B
Degrees
♭2, 4, 5, ♭6, ♭7, 7
Prime Form
0, 2, 3, 5, 6, 8

Unique 3 Note Subsets as prime form

C	D	E♭	0 1 3
C	D	E	0 2 4
C	D	G♭	0 2 6
C	D	A	0 2 5
C	E♭	E	0 1 4
C	E♭	G♭	0 3 6
C	E♭	A	0 3 6
C	E	G♭	0 2 6
C	E	A	0 3 7
C	G♭	A	0 3 6
D	E♭	E	0 1 2
D	E♭	G♭	0 1 4
D	E♭	A	0 1 6
D	E	G♭	0 2 4
D	E	A	0 2 7
D	G♭	A	0 3 7
E♭	E	G♭	0 1 3
E♭	E	A	0 1 6
E♭	G♭	A	0 3 6
E	G♭	A	0 2 5

Unique 4 Note Subsets as prime form

C	D	E♭	E	0 1 2 4
C	D	E♭	G♭	0 2 3 6
C	D	E♭	A	0 1 3 6
C	D	E	G♭	0 2 4 6
C	D	E	A	0 2 4 7
C	D	G♭	A	0 2 5 8
C	E♭	E	G♭	0 2 3 6
C	E♭	E	A	0 1 4 7
C	E♭	G♭	A	0 3 6 9
C	E	G♭	A	0 2 5 8
D	E♭	E	G♭	0 1 2 4
D	E♭	E	A	0 1 2 7
D	E♭	G♭	A	0 1 4 7
D	E	G♭	A	0 2 4 7
E♭	E	G♭	A	0 1 3 6

Scale grouped in Unique Dyad Triples as prime form

C D	E♭ E	G♭ A	0 2	0 1	0 3
C D	E♭ G♭	E A	0 2	0 3	0 5
C D	E♭ A	E G♭	0 2	0 6	0 2
C E♭	D E	G♭ A	0 3	0 2	0 3
C E♭	D G♭	E A	0 3	0 4	0 5
C E♭	D A	E G♭	0 3	0 5	0 2
C E	D E♭	G♭ A	0 4	0 1	0 3
C E	D G♭	E♭ A	0 4	0 4	0 6
C E	D A	E♭ G♭	0 4	0 5	0 3
C G♭	D E♭	E A	0 6	0 1	0 5
C G♭	D E	E♭ A	0 6	0 2	0 6
C G♭	D A	E♭ E	0 6	0 5	0 1
C A	D E♭	E G♭	0 3	0 1	0 2
C A	D E	E♭ G♭	0 3	0 2	0 3
C A	D G♭	E♭ E	0 3	0 4	0 1

Scale grouped in Unique Trichord Pairs as prime form

C	D	E♭	A	E	G♭	0 1 3	0 2 5
C	E	E♭	A	D	G♭	0 1 4	0 3 7
C	D	E	A	E♭	G♭	0 2 4	0 3 6
A	C	D	E	E♭	G♭	0 2 5	0 1 3
C	D	G♭	A	E	E♭	0 2 6	0 1 6
C	E	G♭	A	D	E♭	0 2 6	0 1 6
A	C	G♭	D	E	E♭	0 3 6	0 1 2
A	C	E♭	D	E	G♭	0 3 6	0 2 4
C	E♭	G♭	A	D	E	0 3 6	0 2 7
A	C	E	D	E♭	G♭	0 3 7	0 1 4

C, D, E♭, F, G♭, A♭

prime form: 0, 2, 3, 5, 6, 8
degrees: 1, 2, ♭3, 4, ♭5, ♭6

Scale application to typical chord types all keys:

C:	1	2	♭3	4	♭5	♭6	°7, -7♭5, 7 mel, -Δ7 mel
D♭:	7	♭2	2	3	4	5	
D:	♭7	1	♭2	♭3	3	♭5	7
E♭:	6	7	1	2	♭3	4	°7, -Δ7
E:	♭6	♭7	7	♭2	2	3	
F:	5	6	♭7	1	♭2	♭3	-7 mel, 7, 7sus4
G♭:	♭5	♭6	6	7	1	2	°7, Δ7♯5 mel, Δ7♯5, -Δ7 mel
G:	4	5	♭6	♭7	7	♭2	
A♭:	3	♭5	5	6	♭7	1	7
A:	♭3	4	♭5	♭6	6	7	°7, -Δ7 mel
B♭:	2	3	4	5	♭6	♭7	7 mel, 7sus4
B:	♭2	♭3	3	♭5	5	6	7

Symmetric Difference as:
Pitches
D♭, E, G, A, B♭, B
Degrees
♭2, 3, 5, 6, ♭7, 7
Prime Form
0, 2, 3, 4, 6, 9

Unique 3 Note Subsets as prime form

C	D	E♭	0 1 3
C	D	F	0 2 5
C	D	G♭	0 2 6
C	D	A♭	0 2 6
C	E♭	F	0 2 5
C	E♭	G♭	0 3 6
C	E♭	A♭	0 3 7
C	F	G♭	0 1 6
C	F	A♭	0 3 7
C	G♭	A♭	0 2 6
D	E♭	F	0 1 3
D	E♭	G♭	0 1 4
D	E♭	A♭	0 1 6
D	F	G♭	0 1 4
D	F	A♭	0 3 6
D	G♭	A♭	0 2 6
E♭	F	G♭	0 1 3
E♭	F	A♭	0 2 5
E♭	G♭	A♭	0 2 5
F	G♭	A♭	0 1 3

Unique 4 Note Subsets as prime form

C	D	E♭	F	0 2 3 5
C	D	E♭	G♭	0 2 3 6
C	D	E♭	A♭	0 1 3 7
C	D	F	G♭	0 1 4 6
C	D	F	A♭	0 2 5 8
C	D	G♭	A♭	0 2 6 8
C	E♭	F	G♭	0 1 3 6
C	E♭	F	A♭	0 3 5 8
C	E♭	G♭	A♭	0 2 5 8
C	F	G♭	A♭	0 1 3 7
D	E♭	F	G♭	0 1 3 4
D	E♭	F	A♭	0 1 3 6
D	E♭	G♭	A♭	0 1 4 6
D	F	G♭	A♭	0 2 3 6
E♭	F	G♭	A♭	0 2 3 5

Scale grouped in Unique Dyad Triples as prime form

C D	E♭ F	G♭ A♭	0 2	0 2	0 2
C D	E♭ G♭	F A♭	0 2	0 3	0 3
C D	E♭ A♭	F G♭	0 2	0 5	0 1
C E♭	D F	G♭ A♭	0 3	0 3	0 2
C E♭	D G♭	F A♭	0 3	0 4	0 3
C E♭	D A♭	F G♭	0 3	0 6	0 1
C F	D E♭	G♭ A♭	0 5	0 1	0 2
C F	D G♭	E♭ A♭	0 5	0 4	0 5
C F	D A♭	E♭ G♭	0 5	0 6	0 3
C G♭	D E♭	F A♭	0 6	0 1	0 3
C G♭	D F	E♭ A♭	0 6	0 3	0 5
C G♭	D A♭	E♭ F	0 6	0 6	0 2
C A♭	D E♭	F G♭	0 4	0 1	0 1
C A♭	D F	E♭ G♭	0 4	0 3	0 3
C A♭	D G♭	E♭ F	0 4	0 4	0 2

Scale grouped in Unique Trichord Pairs as prime form

C	D	E♭	A♭	F	G♭	0 1 3 0 1 3
C	F	G♭	A♭	D	E♭	0 1 6 0 1 6
C	D	F	A♭	E♭	G♭	0 2 5 0 2 5
C	E♭	F	A♭	D	G♭	0 2 5 0 2 6
A♭	C	D	E♭	F	G♭	0 2 6 0 1 3
A♭	C	G♭	D	E♭	F	0 2 6 0 1 3
C	D	G♭	A♭	E♭	F	0 2 6 0 2 5
C	E♭	G♭	A♭	D	F	0 3 6 0 3 6
A♭	C	E♭	D	F	G♭	0 3 7 0 1 4
A♭	C	F	D	E♭	G♭	0 3 7 0 1 4

C, D, E♭, F, G, A

prime form: 0, 2, 3, 5, 7, 9
degrees: 1, 2, ♭3, 4, 5, 6

Scale application to typical chord types all keys:

C:	1	2	♭3	4	5	6	-7, -Δ7, 7 mel, 7sus4
D♭:	7	♭2	2	3	♭5	♭6	
D:	♭7	1	♭2	♭3	4	5	-7 mel, 7 mel, 7sus4
E♭:	6	7	1	2	3	♭5	Δ7♯5 mel, Δ7♯5, Δ7
E:	♭6	♭7	7	♭2	♭3	4	
F:	5	6	♭7	1	2	3	7, 7sus4
G♭:	♭5	♭6	6	7	♭2	♭3	
G:	4	5	♭6	♭7	1	2	7 mel, 7sus4
A♭:	3	♭5	5	6	7	♭2	
A:	♭3	4	♭5	♭6	♭7	1	-7♭5, 7 mel
B♭:	2	3	4	5	6	7	Δ7♯5 mel, Δ7 mel
B:	♭2	♭3	3	♭5	♭6	♭7	7

Symmetric Difference as:
Pitches
D♭, E, G♭, A♭, B♭, B
Degrees
♭2, 3, ♭5, ♭6, ♭7, 7
Prime Form
0, 2, 3, 5, 7, 9

See page 506 for more possible scale applications

Unique 3 Note Subsets as prime form

C	D	E♭	0 1 3
C	D	F	0 2 5
C	D	G	0 2 7
C	D	A	0 2 5
C	E♭	F	0 2 5
C	E♭	G	0 3 7
C	E♭	A	0 3 6
C	F	G	0 2 7
C	F	A	0 3 7
C	G	A	0 2 5
D	E♭	F	0 1 3
D	E♭	G	0 1 5
D	E♭	A	0 1 6
D	F	G	0 2 5
D	F	A	0 3 7
D	G	A	0 2 7
E♭	F	G	0 2 4
E♭	F	A	0 2 6
E♭	G	A	0 2 6
F	G	A	0 2 4

Unique 4 Note Subsets as prime form

C	D	E♭	F	0 2 3 5
C	D	E♭	G	0 2 3 7
C	D	E♭	A	0 1 3 6
C	D	F	G	0 2 5 7
C	D	F	A	0 3 5 8
C	D	G	A	0 2 5 7
C	E♭	F	G	0 2 4 7
C	E♭	F	A	0 2 5 8
C	E♭	G	A	0 2 5 8
C	F	G	A	0 2 4 7
D	E♭	F	G	0 1 3 5
D	E♭	F	A	0 1 3 7
D	E♭	G	A	0 1 5 7
D	F	G	A	0 2 4 7
E♭	F	G	A	0 2 4 6

Scale grouped in Unique Dyad Triples as prime form

C D	E♭ F	G A	0 2	0 2	0 2
C D	E♭ G	F A	0 2	0 4	0 4
C D	E♭ A	F G	0 2	0 6	0 2
C E♭	D F	G A	0 3	0 3	0 2
C E♭	D G	F A	0 3	0 5	0 4
C E♭	D A	F G	0 3	0 5	0 2
C F	D E♭	G A	0 5	0 1	0 2
C F	D G	E♭ A	0 5	0 5	0 6
C F	D A	E♭ G	0 5	0 5	0 4
C G	D E♭	F A	0 5	0 1	0 4
C G	D F	E♭ A	0 5	0 3	0 6
C G	D A	E♭ F	0 5	0 5	0 2
C A	D E♭	F G	0 3	0 1	0 2
C A	D F	E♭ G	0 3	0 3	0 4
C A	D G	E♭ F	0 3	0 5	0 2

Scale grouped in Unique Trichord Pairs as prime form. See page 626 for additional lists.

C	D	E♭	A	F	G	0 1 3	0 2 4
A	C	G	D	E♭	F	0 2 5	0 1 3
A	C	D	E♭	F	G	0 2 5	0 2 4
C	D	F	A	E♭	G	0 2 5	0 2 6
C	E♭	F	A	D	G	0 2 5	0 2 7
C	F	G	A	D	E♭	0 2 7	0 1 6
C	D	G	A	E♭	F	0 2 7	0 2 6
A	C	E♭	D	F	G	0 3 6	0 2 5
A	C	F	D	E♭	G	0 3 7	0 1 5
C	E♭	G	A	D	F	0 3 7	0 3 7

C, D, E, F, G, A

prime form: 0, 2, 4, 5, 7, 9

degrees: 1, 2, 3, 4, 5, 6

Scale application to typical chord types all keys:

C:	1	2	3	4	5	6	Δ7♯5 mel, 7 mel, Δ7 mel, 7sus4
D♭:	7	♭2	♭3	3	♭5	♭6	
D:	♭7	1	2	♭3	4	5	-7, 7 mel, 7sus4
E♭:	6	7	♭2	2	3	♭5	
E:	♭6	♭7	1	♭2	♭3	4	-7 mel, 7 mel, -7♭5 mel, 7sus4
F:	5	6	7	1	2	3	Δ7♯5 mel, Δ7
G♭:	♭5	♭6	♭7	7	♭2	♭3	
G:	4	5	6	♭7	1	2	-7, 7 mel, 7sus4
A♭:	3	♭5	♭6	6	7	♭2	
A:	♭3	4	5	♭6	♭7	1	-7 mel, 7 mel, 7sus4
B♭:	2	3	♭5	5	6	7	Δ7♯5 mel, Δ7
B:	♭2	♭3	4	♭5	♭6	♭7	7 mel, -7♭5 mel

Symmetric Difference as:
Pitches
D♭, E♭, G♭, A♭, B♭, B
Degrees
♭2, ♭3, ♭5, ♭6, ♭7, 7
Prime Form
0, 2, 4, 5, 7, 9

Unique 3 Note Subsets as prime form

C	D	E	0 2 4
C	D	F	0 2 5
C	D	G	0 2 7
C	D	A	0 2 5
C	E	F	0 1 5
C	E	G	0 3 7
C	E	A	0 3 7
C	F	G	0 2 7
C	F	A	0 3 7
C	G	A	0 2 5
D	E	F	0 1 3
D	E	G	0 2 5
D	E	A	0 2 7
D	F	G	0 2 5
D	F	A	0 3 7
D	G	A	0 2 7
E	F	G	0 1 3
E	F	A	0 1 5
E	G	A	0 2 5
F	G	A	0 2 4

Unique 4 Note Subsets as prime form

C	D	E	F	0 1 3 5
C	D	E	G	0 2 4 7
C	D	E	A	0 2 4 7
C	D	F	G	0 2 5 7
C	D	F	A	0 3 5 8
C	D	G	A	0 2 5 7
C	E	F	G	0 2 3 7
C	E	F	A	0 1 5 8
C	E	G	A	0 3 5 8
C	F	G	A	0 2 4 7
D	E	F	G	0 2 3 5
D	E	F	A	0 2 3 7
D	E	G	A	0 2 5 7
D	F	G	A	0 2 4 7
E	F	G	A	0 1 3 5

Scale grouped in Unique Dyad Triples as prime form

C D	E F	G A	0 2	0 1	0 2
C D	E G	F A	0 2	0 3	0 4
C D	E A	F G	0 2	0 5	0 2
C E	D F	G A	0 4	0 3	0 2
C E	D G	F A	0 4	0 5	0 4
C E	D A	F G	0 4	0 5	0 2
C F	D E	G A	0 5	0 2	0 2
C F	D G	E A	0 5	0 5	0 5
C F	D A	E G	0 5	0 5	0 3
C G	D E	F A	0 5	0 2	0 4
C G	D F	E A	0 5	0 3	0 5
C G	D A	E F	0 5	0 5	0 1
C A	D E	F G	0 3	0 2	0 2
C A	D F	E G	0 3	0 3	0 3
C A	D G	E F	0 3	0 5	0 1

Scale grouped in Unique Trichord Pairs as prime form

C	E	F	A	D	G	0 1 5 0 2 7
C	D	E	A	F	G	0 2 4 0 2 4
A	C	D	E	F	G	0 2 5 0 1 3
A	C	G	D	E	F	0 2 5 0 1 3
C	D	F	A	E	G	0 2 5 0 2 5
C	D	G	A	E	F	0 2 7 0 1 5
C	F	G	A	D	E	0 2 7 0 2 7
A	C	E	D	F	G	0 3 7 0 2 5
A	C	F	D	E	G	0 3 7 0 2 5
C	E	G	A	D	F	0 3 7 0 3 7

C, D, E, G♭, A♭, B♭

prime form: 0, 2, 4, 6, 8, 10
degrees: 1, 2, 3, ♭5, ♭6, ♭7

Scale application to typical chord types all keys:

C:	1	2	3	♭5	♭6	♭7	7
D♭:	7	♭2	♭3	4	5	6	
D:	♭7	1	2	3	♭5	♭6	7
E♭:	6	7	♭2	♭3	4	5	
E:	♭6	♭7	1	2	3	♭5	7
F:	5	6	7	♭2	♭3	4	
G♭:	♭5	♭6	♭7	1	2	3	7
G:	4	5	6	7	♭2	♭3	
A♭:	3	♭5	♭6	♭7	1	2	7
A:	♭3	4	5	6	7	♭2	
B♭:	2	3	♭5	♭6	♭7	1	7
B:	♭2	♭3	4	5	6	7	

Symmetric Difference as:
Pitches
D♭, E♭, F, G, A, B
Degrees
♭2, ♭3, 4, 5, 6, 7
Prime Form
0, 2, 4, 6, 8, 10

Unique 3 Note Subsets as prime form

C	D	E	0 2 4
C	D	G♭	0 2 6
C	D	A♭	0 2 6
C	D	B♭	0 2 4
C	E	G♭	0 2 6
C	E	A♭	0 4 8
C	E	B♭	0 2 6
C	G♭	A♭	0 2 6
C	G♭	B♭	0 2 6
C	A♭	B♭	0 2 4
D	E	G♭	0 2 4
D	E	A♭	0 2 6
D	E	B♭	0 2 6
D	G♭	A♭	0 2 6
D	G♭	B♭	0 4 8
D	A♭	B♭	0 2 6
E	G♭	A♭	0 2 4
E	G♭	B♭	0 2 6
E	A♭	B♭	0 2 6
G♭	A♭	B♭	0 2 4

Scale grouped in Unique Dyad Triples as prime form

C D	E G♭	A♭ B♭	0 2	0 2	0 2
C D	E A♭	G♭ B♭	0 2	0 4	0 4
C D	E B♭	G♭ A♭	0 2	0 6	0 2
C E	D G♭	A♭ B♭	0 4	0 4	0 2
C E	D A♭	G♭ B♭	0 4	0 6	0 4
C E	D B♭	G♭ A♭	0 4	0 4	0 2
C G♭	D E	A♭ B♭	0 6	0 2	0 2
C G♭	D A♭	E B♭	0 6	0 6	0 6
C G♭	D B♭	E A♭	0 6	0 4	0 4
C A♭	D E	G♭ B♭	0 4	0 2	0 4
C A♭	D G♭	E B♭	0 4	0 4	0 6
C A♭	D B♭	E G♭	0 4	0 4	0 2
C B♭	D E	G♭ A♭	0 2	0 2	0 2
C B♭	D G♭	E A♭	0 2	0 4	0 4
C B♭	D A♭	E G♭	0 2	0 6	0 2

Unique 4 Note Subsets as prime form

C	D	E	G♭	0 2 4 6
C	D	E	A♭	0 2 4 8
C	D	E	B♭	0 2 4 6
C	D	G♭	A♭	0 2 6 8
C	D	G♭	B♭	0 2 4 8
C	D	A♭	B♭	0 2 4 6
C	E	G♭	A♭	0 2 4 8
C	E	G♭	B♭	0 2 6 8
C	E	A♭	B♭	0 2 4 8
C	G♭	A♭	B♭	0 2 4 6
D	E	G♭	A♭	0 2 4 6
D	E	G♭	B♭	0 2 4 8
D	E	A♭	B♭	0 2 6 8
D	G♭	A♭	B♭	0 2 4 8
E	G♭	A♭	B♭	0 2 4 6

Scale grouped in Unique Trichord Pairs as prime form

C	D	E	A♭	B♭	G♭	0 2 4	0 2 4
B♭	C	D	A♭	E	G♭	0 2 4	0 2 4
A♭	B♭	C	D	E	G♭	0 2 4	0 2 4
C	D	G♭	A♭	B♭	E	0 2 6	0 2 6
A♭	C	D	B♭	E	G♭	0 2 6	0 2 6
C	E	G♭	A♭	B♭	D	0 2 6	0 2 6
B♭	C	E	A♭	D	G♭	0 2 6	0 2 6
A♭	C	G♭	B♭	D	E	0 2 6	0 2 6
B♭	C	G♭	A♭	D	E	0 2 6	0 2 6
A♭	C	E	B♭	D	G♭	0 4 8	0 4 8

7 Note Scales

38 Prime Forms

C, D♭, D, E♭, E, F, G♭

prime form: 0, 1, 2, 3, 4, 5, 6

degrees: 1, ♭2, 2, ♭3, 3, 4, ♭5

Scale application to typical chord types all keys:

C:	1	♭2	2	♭3	3	4	♭5	7 mel
D♭:	7	1	♭2	2	♭3	3	4	
D:	♭7	7	1	♭2	2	♭3	3	
E♭:	6	♭7	7	1	♭2	2	♭3	
E:	♭6	6	♭7	7	1	♭2	2	
F:	5	♭6	6	♭7	7	1	♭2	
G♭:	♭5	5	♭6	6	♭7	7	1	
G:	4	♭5	5	♭6	6	♭7	7	
A♭:	3	4	♭5	5	♭6	6	♭7	7 mel
A:	♭3	3	4	♭5	5	♭6	6	7 mel
B♭:	2	♭3	3	4	♭5	5	♭6	7 mel
B:	♭2	2	♭3	3	4	♭5	5	7 mel

Symmetric Difference as:
Pitches
G, A♭, A, B♭, B
Degrees
5, ♭6, 6, ♭7, 7
Prime Form
0, 1, 2, 3, 4

See page 509 for more possible scale applications

Unique 3 Note Subsets as prime form

C D♭ D	012
C D♭ E♭	013
C D♭ E	014
C D♭ F	015
C D♭ G♭	016
C D E♭	013
C D E	024
C D F	025
C D G♭	026
C E♭ E	014
C E♭ F	025
C E♭ G♭	036
C E F	015
C E G♭	026
C F G♭	016
D♭ D E♭	012
D♭ D E	013
D♭ D F	014
D♭ D G♭	015
D♭ E♭ E	013
D♭ E♭ F	024
D♭ E♭ G♭	025
D♭ E F	014
D♭ E G♭	025
D♭ F G♭	015
D E♭ E	012
D E♭ F	013
D E♭ G♭	014
D E F	013
D E G♭	024
D F G♭	014
E♭ E F	012
E♭ E G♭	013
E♭ F G♭	013
E F G♭	012

Unique 4 Note Subsets as prime form

C D♭ D E♭	0123
C D♭ D E	0124
C D♭ D F	0125
C D♭ D G♭	0126
C D♭ E♭ E	0134
C D♭ E♭ F	0135
C D♭ E♭ G♭	0136
C D♭ E F	0145
C D♭ E G♭	0146
C D♭ F G♭	0156
C D E♭ E	0124
C D E♭ F	0235
C D E♭ G♭	0236
C D E F	0135
C D E G♭	0246
C D F G♭	0146
C E♭ E F	0125
C E♭ E G♭	0236
C E♭ F G♭	0136
C E F G♭	0126
D♭ D E♭ E	0123
D♭ D E♭ F	0124
D♭ D E♭ G♭	0125
D♭ D E F	0134
D♭ D E G♭	0135
D♭ D F G♭	0145
D♭ E♭ E F	0124
D♭ E♭ E G♭	0235
D♭ E♭ F G♭	0135
D♭ E F G♭	0125
D E♭ E F	0123
D E♭ E G♭	0124
D E♭ F G♭	0134
D E F G♭	0124
E♭ E F G♭	0123

Hexatonic Subsets divided into 2 trichords as prime form

C D D♭	E E♭ F	012 012
C D D♭	E E♭ G♭	012 013
C D D♭	E♭ F G♭	012 013
C D D♭	E F G♭	012 012
C D♭ E♭	D E F	013 013
C D♭ E♭	D E G♭	013 024
C D♭ E♭	D F G♭	013 014
C D♭ E♭	E F G♭	013 012
C D♭ E	D E♭ F	014 013
C D♭ E	D E♭ G♭	014 014
C D♭ E	D F G♭	014 014
C D♭ E	E♭ F G♭	014 013
C D♭ F	D E E♭	015 012
C D♭ F	D E♭ G♭	015 014
C D♭ F	D E G♭	015 024
C D♭ F	E E♭ G♭	015 013
C D♭ G♭	D E E♭	016 012
C D♭ G♭	D E♭ F	016 013
C D♭ G♭	D E F	016 013
C D♭ G♭	E E♭ F	016 012
C D E♭	D♭ E F	013 014
C D E♭	D♭ E G♭	013 025
C D E♭	D♭ F G♭	013 015
C D E♭	E F G♭	013 012
C D E	D♭ E♭ F	024 024
C D E	D♭ E♭ G♭	024 025
C D E	D♭ F G♭	024 015
C D E	E♭ F G♭	024 013
C D F	D♭ E E♭	025 013
C D F	D♭ E♭ G♭	025 025
C D F	D♭ E G♭	025 025
C D F	E E♭ G♭	025 013
C D G♭	D♭ E E♭	026 013
C D G♭	D♭ E♭ F	026 024
C D G♭	D♭ E F	026 014

Hexatonic Subsets continued see page 627 for additional lists.

C D G♭	E E♭ F	026 012
C E E♭	D D♭ F	014 014
C E E♭	D D♭ G♭	014 015
C E E♭	D♭ F G♭	014 015
C E E♭	D F G♭	014 014
C E♭ F	D D♭ E	025 013
C E♭ F	D D♭ G♭	025 015
C E♭ F	D♭ E G♭	025 025
C E♭ F	D E G♭	025 024
C E♭ G♭	D D♭ E	036 013
C E♭ G♭	D D♭ F	036 014
C E♭ G♭	D♭ E F	036 014
C E♭ G♭	D E F	036 013
C E F	D D♭ E♭	015 012
C E F	D D♭ G♭	015 015
C E F	D♭ E♭ G♭	015 025
C E F	D E♭ G♭	015 014
C E G♭	D D♭ E♭	026 012
C E G♭	D D♭ F	026 014
C E G♭	D♭ E♭ F	026 024
C E G♭	D E♭ F	026 013
C F G♭	D D♭ E♭	016 012
C F G♭	D D♭ E	016 013
C F G♭	D♭ E E♭	016 013
C F G♭	D E E♭	016 012
D D♭ E♭	C E F	012 015
D D♭ E♭	C E G♭	012 026
D D♭ E♭	C F G♭	012 016
D D♭ E♭	E F G♭	012 012
D D♭ E	C E♭ F	013 025
D D♭ E	C E♭ G♭	013 036
D D♭ E	C F G♭	013 016
D D♭ E	E♭ F G♭	013 013
D D♭ F	C E E♭	014 014
D D♭ F	C E♭ G♭	014 036

C, D♭, D, E♭, E, F, G

prime form: 0, 1, 2, 3, 4, 5, 7

degrees: 1, ♭2, 2, ♭3, 3, 4, 5

Scale application to typical chord types all keys:

C:	1	♭2	2	♭3	3	4	5	7 mel, 7sus4
D♭:	7	1	♭2	2	♭3	3	♭5	
D:	♭7	7	1	♭2	2	♭3	4	
E♭:	6	♭7	7	1	♭2	2	3	
E:	♭6	6	♭7	7	1	♭2	♭3	
F:	5	♭6	6	♭7	7	1	2	
G♭:	♭5	5	♭6	6	♭7	7	♭2	
G:	4	♭5	5	♭6	6	♭7	1	7 mel
A♭:	3	4	♭5	5	♭6	6	7	Δ7♯5 mel
A:	♭3	3	4	♭5	5	♭6	♭7	7 mel
B♭:	2	♭3	3	4	♭5	5	6	7 mel
B:	♭2	2	♭3	3	4	♭5	♭6	7 mel

Symmetric Difference as:
Pitches
G♭, A♭, A, B♭, B
Degrees
♭5, ♭6, 6, ♭7, 7
Prime Form
0, 1, 2, 3, 5

See page 510 for more possible scale applications

Unique 3 Note Subsets as prime form

C D♭ D	012
C D♭ E♭	013
C D♭ E	014
C D♭ F	015
C D♭ G	016
C D E♭	013
C D E	024
C D F	025
C D G	027
C E♭ E	014
C E♭ F	025
C E♭ G	037
C E F	015
C E G	037
C F G	027
D♭ D E♭	012
D♭ D E	013
D♭ D F	014
D♭ D G	016
D♭ E♭ E	013
D♭ E♭ F	024
D♭ E♭ G	026
D♭ E F	014
D♭ E G	036
D♭ F G	026
D E♭ E	012
D E♭ F	013
D E♭ G	015
D E F	013
D E G	025
D F G	025
E♭ E F	012
E♭ E G	014
E♭ F G	024
E F G	013

Unique 4 Note Subsets as prime form

C D♭ D E♭	0123
C D♭ D E	0124
C D♭ D F	0125
C D♭ D G	0127
C D♭ E♭ E	0134
C D♭ E♭ F	0135
C D♭ E♭ G	0137
C D♭ E F	0145
C D♭ E G	0147
C D♭ F G	0157
C D E♭ E	0124
C D E♭ F	0235
C D E♭ G	0237
C D E F	0135
C D E G	0247
C D F G	0257
C E♭ E F	0125
C E♭ E G	0347
C E♭ F G	0247
C E F G	0237
D♭ D E♭ E	0123
D♭ D E♭ F	0124
D♭ D E♭ G	0126
D♭ D E F	0134
D♭ D E G	0136
D♭ D F G	0146
D♭ E♭ E F	0124
D♭ E♭ E G	0236
D♭ E♭ F G	0246
D♭ E F G	0236
D E♭ E F	0123
D E♭ E G	0125
D E♭ F G	0135
D E F G	0235
E♭ E F G	0124

Hexatonic Subsets divided into 2 trichords as prime form

C D D♭	E E♭ F	012	012
C D D♭	E E♭ G	012	014
C D D♭	E♭ F G	012	024
C D D♭	E F G	012	013
C D♭ E♭	D E F	013	013
C D♭ E♭	D E G	013	025
C D♭ E♭	D F G	013	025
C D♭ E♭	E F G	013	013
C D♭ E	D E♭ F	014	013
C D♭ E	D E♭ G	014	015
C D♭ E	D F G	014	025
C D♭ E	E♭ F G	014	024
C D♭ F	D E E♭	015	012
C D♭ F	D E♭ G	015	015
C D♭ F	D E G	015	025
C D♭ F	E E♭ G	015	014
C D♭ G	D E E♭	016	012
C D♭ G	D E♭ F	016	013
C D♭ G	D E F	016	013
C D♭ G	E E♭ F	016	012
C D E♭	D♭ E F	013	014
C D E♭	D♭ E G	013	036
C D E♭	D♭ F G	013	026
C D E♭	E F G	013	013
C D E	D♭ E♭ F	024	024
C D E	D♭ E♭ G	024	026
C D E	D♭ F G	024	026
C D E	E♭ F G	024	024
C D F	D♭ E E♭	025	013
C D F	D♭ E♭ G	025	026
C D F	D♭ E G	025	036
C D F	E E♭ G	025	014
C D G	D♭ E E♭	027	013
C D G	D♭ E♭ F	027	024
C D G	D♭ E F	027	014

Hexatonic Subsets continued see page 629 for additional lists.

C D G	E E♭ F	027	012
C E E♭	D D♭ F	014	014
C E E♭	D D♭ G	014	016
C E E♭	D♭ F G	014	026
C E E♭	D F G	014	025
C E♭ F	D D♭ E	025	013
C E♭ F	D D♭ G	025	016
C E♭ F	D♭ E G	025	036
C E♭ F	D E G	025	025
C E♭ G	D D♭ E	037	013
C E♭ G	D D♭ F	037	014
C E♭ G	D♭ E F	037	014
C E♭ G	D E F	037	013
C E F	D D♭ E♭	015	012
C E F	D D♭ G	015	016
C E F	D♭ E♭ G	015	026
C E F	D E♭ G	015	015
C E G	D D♭ E♭	037	012
C E G	D D♭ F	037	014
C E G	D♭ E♭ F	037	024
C E G	D E♭ F	037	013
C F G	D D♭ E♭	027	012
C F G	D D♭ E	027	013
C F G	D♭ E E♭	027	013
C F G	D E E♭	027	012
D D♭ E♭	C E F	012	015
D D♭ E♭	C E G	012	037
D D♭ E♭	C F G	012	027
D D♭ E♭	E F G	012	013
D D♭ E	C E♭ F	013	025
D D♭ E	C E♭ G	013	037
D D♭ E	C F G	013	027
D D♭ E	E♭ F G	013	024
D D♭ F	C E E♭	014	014
D D♭ F	C E♭ G	014	037

C, D♭, D, E♭, E, F, A♭

prime form: 0, 1, 2, 3, 4, 5, 8

degrees: 1, ♭2, 2, ♭3, 3, 4, ♭6

Scale application to typical chord types all keys:

C:	1	♭2	2	♭3	3	4	♭6	7 mel, 7sus4
D♭:	7	1	♭2	2	♭3	3	5	
D:	♭7	7	1	♭2	2	♭3	♭5	
E♭:	6	♭7	7	1	♭2	2	4	
E:	♭6	6	♭7	7	1	♭2	3	
F:	5	♭6	6	♭7	7	1	♭3	
G♭:	♭5	5	♭6	6	♭7	7	2	
G:	4	♭5	5	♭6	6	♭7	♭2	7 mel
A♭:	3	4	♭5	5	♭6	6	1	Δ7♯5 mel, 7 mel
A:	♭3	3	4	♭5	5	♭6	7	
B♭:	2	♭3	3	4	♭5	5	♭7	7 mel
B:	♭2	2	♭3	3	4	♭5	6	7 mel

Symmetric Difference as:
Pitches
G♭, G, A, B♭, B
Degrees
♭5, 5, 6, ♭7, 7
Prime Form
0, 1, 2, 4, 5

See page 511 for more possible scale applications

Unique 3 Note Subsets as prime form

C D♭ D	012
C D♭ E♭	013
C D♭ E	014
C D♭ F	015
C D♭ A♭	015
C D E♭	013
C D E	024
C D F	025
C D A♭	026
C E♭ E	014
C E♭ F	025
C E♭ A♭	037
C E F	015
C E A♭	048
C F A♭	037
D♭ D E♭	012
D♭ D E	013
D♭ D F	014
D♭ D A♭	016
D♭ E♭ E	013
D♭ E♭ F	024
D♭ E♭ A♭	027
D♭ E F	014
D♭ E A♭	037
D♭ F A♭	037
D E♭ E	012
D E♭ F	013
D E♭ A♭	016
D E F	013
D E A♭	026
D F A♭	036
E♭ E F	012
E♭ E A♭	015
E♭ F A♭	025
E F A♭	014

Unique 4 Note Subsets as prime form

C D♭ D E♭	0123
C D♭ D E	0124
C D♭ D F	0125
C D♭ D A♭	0126
C D♭ E♭ E	0134
C D♭ E♭ F	0135
C D♭ E♭ A♭	0237
C D♭ E F	0145
C D♭ E A♭	0348
C D♭ F A♭	0158
C D E♭ E	0124
C D E♭ F	0235
C D E♭ A♭	0137
C D E F	0135
C D E A♭	0248
C D F A♭	0258
C E♭ E F	0125
C E♭ E A♭	0148
C E♭ F A♭	0358
C E F A♭	0148
D♭ D E♭ E	0123
D♭ D E♭ F	0124
D♭ D E♭ A♭	0127
D♭ D E F	0134
D♭ D E A♭	0137
D♭ D F A♭	0147
D♭ E♭ E F	0124
D♭ E♭ E A♭	0237
D♭ E♭ F A♭	0247
D♭ E F A♭	0347
D E♭ E F	0123
D E♭ E A♭	0126
D E♭ F A♭	0136
D E F A♭	0236
E♭ E F A♭	0125

Hexatonic Subsets divided into 2 trichords as prime form

C D D♭	E E♭ F	012	012
C D D♭	A♭ E E♭	012	015
C D D♭	A♭ E♭ F	012	025
C D D♭	A♭ E F	012	014
C D♭ E♭	D E F	013	013
C D♭ E♭	A♭ D E	013	026
C D♭ E♭	A♭ D F	013	036
C D♭ E♭	A♭ E F	013	014
C D♭ E	D E♭ F	014	013
C D♭ E	A♭ D E♭	014	016
C D♭ E	A♭ D F	014	036
C D♭ E	A♭ E♭ F	014	025
C D♭ F	D E E♭	015	012
C D♭ F	A♭ D E♭	015	016
C D♭ F	A♭ D E	015	026
C D♭ F	A♭ E E♭	015	015
A♭C D♭	D E E♭	015	012
A♭C D♭	D E♭ F	015	013
A♭C D♭	D E F	015	013
A♭C D♭	E E♭ F	015	012
C D E♭	D♭ E F	013	014
C D E♭	A♭ D♭ E	013	037
C D E♭	A♭ D♭ F	013	037
C D E♭	A♭ E F	013	014
C D E	D♭ E♭ F	024	024
C D E	A♭ D♭ E♭	024	027
C D E	A♭ D♭ F	024	037
C D E	A♭ E♭ F	024	025
C D F	D♭ E E♭	025	013
C D F	A♭ D♭ E♭	025	027
C D F	A♭ D♭ E	025	037
C D F	A♭ E E♭	025	015
A♭C D	D♭ E E♭	026	013
A♭C D	D♭ E♭ F	026	024
A♭C D	D♭ E F	026	014

Hexatonic Subsets continued see page 631 for additional lists.

A♭C D	E E♭ F	026	012
C E E♭	D D♭ F	014	014
C E E♭	A♭ D D♭	014	016
C E E♭	A♭ D♭ F	014	037
C E E♭	A♭ D F	014	036
C E♭ F	D D♭ E	025	013
C E♭ F	A♭ D D♭	025	016
C E♭ F	A♭ D♭ E	025	037
C E♭ F	A♭ D E	025	026
A♭C E♭	D D♭ E	037	013
A♭C E♭	D D♭ F	037	014
A♭C E♭	D♭ E F	037	014
A♭C E♭	D E F	037	013
C E F	D D♭ E♭	015	012
C E F	A♭ D D♭	015	016
C E F	A♭ D♭ E♭	015	027
C E F	A♭ D E♭	015	016
A♭C E	D D♭ E♭	048	012
A♭C E	D D♭ F	048	014
A♭C E	D♭ E♭ F	048	024
A♭C E	D E♭ F	048	013
A♭C F	D D♭ E♭	037	012
A♭C F	D D♭ E	037	013
A♭C F	D♭ E E♭	037	013
A♭C F	D E E♭	037	012
D D♭ E♭	C E F	012	015
D D♭ E♭	A♭ C E	012	048
D D♭ E♭	A♭ C F	012	037
D D♭ E♭	A♭ E F	012	014
D D♭ E	C E♭ F	013	025
D D♭ E	A♭ C E♭	013	037
D D♭ E	A♭ C F	013	037
D D♭ E	A♭ E♭ F	013	025
D D♭ F	C E E♭	014	014
D D♭ F	A♭ C E♭	014	037

C, D♭, D, E♭, E, G♭, G

prime form: 0, 1, 2, 3, 4, 6, 7

degrees: 1, ♭2, 2, ♭3, 3, ♭5, 5

Scale application to typical chord types all keys:

C:	1	♭2	2	♭3	3	♭5	5	7
D♭:	7	1	♭2	2	♭3	4	♭5	
D:	♭7	7	1	♭2	2	3	4	
E♭:	6	♭7	7	1	♭2	♭3	3	
E:	♭6	6	♭7	7	1	2	♭3	
F:	5	♭6	6	♭7	7	♭2	2	
G♭:	♭5	5	♭6	6	♭7	1	♭2	7
G:	4	♭5	5	♭6	6	7	1	Δ7♯5 mel, -Δ7 mel
A♭:	3	4	♭5	5	♭6	♭7	7	
A:	♭3	3	4	♭5	5	6	♭7	7 mel
B♭:	2	♭3	3	4	♭5	♭6	6	7 mel
B:	♭2	2	♭3	3	4	5	♭6	7 mel, 7sus4

Symmetric Difference as:
Pitches
F, A♭, A, B♭, B
Degrees
4, ♭6, 6, ♭7, 7
Prime Form
0, 1, 2, 3, 6

See page 512 for more possible scale applications

Unique 3 Note Subsets as prime form

C	D♭	D	012
C	D♭	E♭	013
C	D♭	E	014
C	D♭	G♭	016
C	D♭	G	016
C	D	E♭	013
C	D	E	024
C	D	G♭	026
C	D	G	027
C	E♭	E	014
C	E♭	G♭	036
C	E♭	G	037
C	E	G♭	026
C	E	G	037
C	G♭	G	016
D♭	D	E♭	012
D♭	D	E	013
D♭	D	G♭	015
D♭	D	G	016
D♭	E♭	E	013
D♭	E♭	G♭	025
D♭	E♭	G	026
D♭	E	G♭	025
D♭	E	G	036
D♭	G♭	G	016
D	E♭	E	012
D	E♭	G♭	014
D	E♭	G	015
D	E	G♭	024
D	E	G	025
D	G♭	G	015
E♭	E	G♭	013
E♭	E	G	014
E♭	G♭	G	014
E	G♭	G	013

Unique 4 Note Subsets as prime form

C	D♭	D	E♭	0123
C	D♭	D	E	0124
C	D♭	D	G♭	0126
C	D♭	D	G	0127
C	D♭	E♭	E	0134
C	D♭	E♭	G♭	0136
C	D♭	E♭	G	0137
C	D♭	E	G♭	0146
C	D♭	E	G	0147
C	D♭	G♭	G	0167
C	D	E♭	E	0124
C	D	E♭	G♭	0236
C	D	E♭	G	0237
C	D	E	G♭	0246
C	D	E	G	0247
C	D	G♭	G	0157
C	E♭	E	G♭	0236
C	E♭	E	G	0347
C	E♭	G♭	G	0147
C	E	G♭	G	0137
D♭	D	E♭	E	0123
D♭	D	E♭	G♭	0125
D♭	D	E♭	G	0126
D♭	D	E	G♭	0135
D♭	D	E	G	0136
D♭	D	G♭	G	0156
D♭	E♭	E	G♭	0235
D♭	E♭	E	G	0236
D♭	E♭	G♭	G	0146
D♭	E	G♭	G	0136
D	E♭	E	G♭	0124
D	E♭	E	G	0125
D	E♭	G♭	G	0145
D	E	G♭	G	0135
E♭	E	G♭	G	0134

Hexatonic Subsets divided into 2 trichords as prime form

C D D♭	E E♭ G♭	012	013
C D D♭	E E♭ G	012	014
C D D♭	E♭ G G♭	012	014
C D D♭	E G G♭	012	013
C D♭ E♭	D E G♭	013	024
C D♭ E♭	D E G	013	025
C D♭ E♭	D G G♭	013	015
C D♭ E♭	E G G♭	013	013
C D♭ E	D E♭ G♭	014	014
C D♭ E	D E♭ G	014	015
C D♭ E	D G G♭	014	015
C D♭ E	E♭ G G♭	014	014
C D♭ G♭	D E E♭	016	012
C D♭ G♭	D E♭ G	016	015
C D♭ G♭	D E G	016	025
C D♭ G♭	E E♭ G	016	014
C D♭ G	D E E♭	016	012
C D♭ G	D E♭ G♭	016	014
C D♭ G	D E G♭	016	024
C D♭ G	E E♭ G♭	016	013
C D E♭	D♭ E G♭	013	025
C D E♭	D♭ E G	013	036
C D E♭	D♭ G G♭	013	016
C D E♭	E G G♭	013	013
C D E	D♭ E♭ G♭	024	025
C D E	D♭ E♭ G	024	026
C D E	D♭ G G♭	024	016
C D E	E♭ G G♭	024	014
C D G♭	D♭ E E♭	026	013
C D G♭	D♭ E♭ G	026	026
C D G♭	D♭ E G	026	036
C D G♭	E E♭ G	026	014
C D G	D♭ E E♭	027	013
C D G	D♭ E♭ G♭	027	025
C D G	D♭ E G♭	027	025

Hexatonic Subsets continued see page 633 for additional lists.

C D G	E E♭ G♭	027	013
C E E♭	D D♭ G♭	014	015
C E E♭	D D♭ G	014	016
C E E♭	D♭ G G♭	014	016
C E E♭	D G G♭	014	015
C E♭ G♭	D D♭ E	036	013
C E♭ G♭	D D♭ G	036	016
C E♭ G♭	D♭ E G	036	036
C E♭ G♭	D E G	036	025
C E♭ G	D D♭ E	037	013
C E♭ G	D D♭ G♭	037	015
C E♭ G	D♭ E G♭	037	025
C E♭ G	D E G♭	037	024
C E G♭	D D♭ E♭	026	012
C E G♭	D D♭ G	026	016
C E G♭	D♭ E♭ G	026	026
C E G♭	D E♭ G	026	015
C E G	D D♭ E♭	037	012
C E G	D D♭ G♭	037	015
C E G	D♭ E♭ G♭	037	025
C E G	D E♭ G♭	037	014
C G G♭	D D♭ E♭	016	012
C G G♭	D D♭ E	016	013
C G G♭	D♭ E E♭	016	013
C G G♭	D E E♭	016	012
D D♭ E♭	C E G♭	012	026
D D♭ E♭	C E G	012	037
D D♭ E♭	C G G♭	012	016
D D♭ E♭	E G G♭	012	013
D D♭ E	C E♭ G♭	013	036
D D♭ E	C E♭ G	013	037
D D♭ E	C G G♭	013	016
D D♭ E	E♭ G G♭	013	014
D D♭ G♭	C E E♭	015	014
D D♭ G♭	C E♭ G	015	037

C, D♭, D, E♭, E, G♭, A♭

prime form: 0, 1, 2, 3, 4, 6, 8

degrees: 1, ♭2, 2, ♭3, 3, ♭5, ♭6

Scale application to typical chord types all keys:

C:	1	♭2	2	♭3	3	♭5	♭6	7
D♭:	7	1	♭2	2	♭3	4	5	
D:	♭7	7	1	♭2	2	3	♭5	
E♭:	6	♭7	7	1	♭2	♭3	4	
E:	♭6	6	♭7	7	1	2	3	
F:	5	♭6	6	♭7	7	♭2	♭3	
G♭:	♭5	5	♭6	6	♭7	1	2	7
G:	4	♭5	5	♭6	6	7	♭2	
A♭:	3	4	♭5	5	♭6	♭7	1	7 mel
A:	♭3	3	4	♭5	5	6	7	
B♭:	2	♭3	3	4	♭5	♭6	♭7	7 mel
B:	♭2	2	♭3	3	4	5	6	7 mel, 7sus4

Symmetric Difference as:
Pitches
F, G, A, B♭, B
Degrees
4, 5, 6, ♭7, 7
Prime Form
0, 1, 2, 4, 6

See page 513 for more possible scale applications

Unique 3 Note Subsets	as prime form
C D♭ D	0 1 2
C D♭ E♭	0 1 3
C D♭ E	0 1 4
C D♭ G♭	0 1 6
C D♭ A♭	0 1 5
C D E♭	0 1 3
C D E	0 2 4
C D G♭	0 2 6
C D A♭	0 2 6
C E♭ E	0 1 4
C E♭ G♭	0 3 6
C E♭ A♭	0 3 7
C E G♭	0 2 6
C E A♭	0 4 8
C G♭ A♭	0 2 6
D♭ D E♭	0 1 2
D♭ D E	0 1 3
D♭ D G♭	0 1 5
D♭ D A♭	0 1 6
D♭ E♭ E	0 1 3
D♭ E♭ G♭	0 2 5
D♭ E♭ A♭	0 2 7
D♭ E G♭	0 2 5
D♭ E A♭	0 3 7
D♭ G♭ A♭	0 2 7
D E♭ E	0 1 2
D E♭ G♭	0 1 4
D E♭ A♭	0 1 6
D E G♭	0 2 4
D E A♭	0 2 6
D G♭ A♭	0 2 6
E♭ E G♭	0 1 3
E♭ E A♭	0 1 5
E♭ G♭ A♭	0 2 5
E G♭ A♭	0 2 4

Unique 4 Note Subsets	as prime form
C D♭ D E♭	0 1 2 3
C D♭ D E	0 1 2 4
C D♭ D G♭	0 1 2 6
C D♭ D A♭	0 1 2 6
C D♭ E♭ E	0 1 3 4
C D♭ E♭ G♭	0 1 3 6
C D♭ E♭ A♭	0 2 3 7
C D♭ E G♭	0 1 4 6
C D♭ E A♭	0 3 4 8
C D♭ G♭ A♭	0 1 5 7
C D E♭ E	0 1 2 4
C D E♭ G♭	0 2 3 6
C D E♭ A♭	0 1 3 7
C D E G♭	0 2 4 6
C D E A♭	0 2 4 8
C D G♭ A♭	0 2 6 8
C E♭ E G♭	0 2 3 6
C E♭ E A♭	0 1 4 8
C E♭ G♭ A♭	0 2 5 8
C E G♭ A♭	0 2 4 8
D♭ D E♭ E	0 1 2 3
D♭ D E♭ G♭	0 1 2 5
D♭ D E♭ A♭	0 1 2 7
D♭ D E G♭	0 1 3 5
D♭ D E A♭	0 1 3 7
D♭ D G♭ A♭	0 1 5 7
D♭ E♭ E G♭	0 2 3 5
D♭ E♭ E A♭	0 2 3 7
D♭ E♭ G♭ A♭	0 2 5 7
D♭ E G♭ A♭	0 2 4 7
D E♭ E G♭	0 1 2 4
D E♭ E A♭	0 1 2 6
D E♭ G♭ A♭	0 1 4 6
D E G♭ A♭	0 2 4 6
E♭ E G♭ A♭	0 1 3 5

Hexatonic Subsets divided into 2 trichords as prime form			
C D D♭	E E♭ G♭	012	013
C D D♭	A♭ E E♭	012	015
C D D♭	A♭ E♭ G♭	012	025
C D D♭	A♭ E G♭	012	024
C D♭ E♭	D E G♭	013	024
C D♭ E♭	A♭ D E	013	026
C D♭ E♭	A♭ D G♭	013	026
C D♭ E♭	A♭ E G♭	013	024
C D♭ E	D E♭ G♭	014	014
C D♭ E	A♭ D E♭	014	016
C D♭ E	A♭ D G♭	014	026
C D♭ E	A♭ E♭ G♭	014	025
C D♭ G♭	D E E♭	016	012
C D♭ G♭	A♭ D E♭	016	016
C D♭ G♭	A♭ D E	016	026
C D♭ G♭	A♭ E E♭	016	015
A♭ C D♭	D E E♭	015	012
A♭ C D♭	D E♭ G♭	015	014
A♭ C D♭	D E G♭	015	024
A♭ C D♭	E E♭ G♭	015	013
C D E♭	D♭ E G♭	013	025
C D E♭	A♭ D♭ E	013	037
C D E♭	A♭ D♭ G♭	013	027
C D E♭	A♭ E G♭	013	024
C D E	D♭ E♭ G♭	024	025
C D E	A♭ D♭ E♭	024	027
C D E	A♭ D♭ G♭	024	027
C D E	A♭ E♭ G♭	024	025
C D G♭	D♭ E E♭	026	013
C D G♭	A♭ D♭ E♭	026	027
C D G♭	A♭ D♭ E	026	037
C D G♭	A♭ E E♭	026	015
A♭ C D	D♭ E E♭	026	013
A♭ C D	D♭ E♭ G♭	026	025
A♭ C D	D♭ E G♭	026	025

Hexatonic Subsets continued see page 635 for additional lists.

A♭ C D	E E♭ G♭	026	013
C E E♭	D D♭ G♭	014	015
C E E♭	A♭ D D♭	014	016
C E E♭	A♭ D♭ G♭	014	027
C E E♭	A♭ D G♭	014	026
C E♭ G♭	D D♭ E	036	013
C E♭ G♭	A♭ D D♭	036	016
C E♭ G♭	A♭ D♭ E	036	037
C E♭ G♭	A♭ D E	036	026
A♭ C E♭	D D♭ E	037	013
A♭ C E♭	D D♭ G♭	037	015
A♭ C E♭	D♭ E G♭	037	025
A♭ C E♭	D E G♭	037	024
C E G♭	D D♭ E♭	026	012
C E G♭	A♭ D D♭	026	016
C E G♭	A♭ D♭ E♭	026	027
C E G♭	A♭ D E♭	026	016
A♭ C E	D D♭ E♭	048	012
A♭ C E	D D♭ G♭	048	015
A♭ C E	D♭ E♭ G♭	048	025
A♭ C E	D E♭ G♭	048	014
A♭ C G♭	D D♭ E♭	026	012
A♭ C G♭	D D♭ E	026	013
A♭ C G♭	D♭ E E♭	026	013
A♭ C G♭	D E E♭	026	012
D D♭ E♭	C E G♭	012	026
D D♭ E♭	A♭ C E	012	048
D D♭ E♭	A♭ C G♭	012	026
D D♭ E♭	A♭ E G♭	012	024
D D♭ E	C E♭ G♭	013	036
D D♭ E	A♭ C E♭	013	037
D D♭ E	A♭ C G♭	013	026
D D♭ E	A♭ E♭ G♭	013	025
D D♭ G♭	C E E♭	015	014
D D♭ G♭	A♭ C E♭	015	037

C, D♭, D, E♭, E, G♭, A

prime form: 0, 1, 2, 3, 4, 6, 9

degrees: 1, ♭2, 2, ♭3, 3, ♭5, 6

Scale application to typical chord types all keys:

C:	1	♭2	2	♭3	3	♭5	6	7
D♭:	7	1	♭2	2	♭3	4	♭6	
D:	♭7	7	1	♭2	2	3	5	
E♭:	6	♭7	7	1	♭2	♭3	♭5	
E:	♭6	6	♭7	7	1	2	4	
F:	5	♭6	6	♭7	7	♭2	3	
G♭:	♭5	5	♭6	6	♭7	1	♭3	7
G:	4	♭5	5	♭6	6	7	2	Δ7♯5 mel, -Δ7 mel
A♭:	3	4	♭5	5	♭6	♭7	♭2	7 mel
A:	♭3	3	4	♭5	5	6	1	7 mel
B♭:	2	♭3	3	4	♭5	♭6	7	
B:	♭2	2	♭3	3	4	5	♭7	7 mel, 7sus4

Symmetric Difference as:
Pitches
F, G, A♭, B♭, B
Degrees
4, 5, ♭6, ♭7, 7
Prime Form
0, 1, 3, 4, 6

See page 514 for more possible scale applications

Unique 3 Note Subsets as prime form

C D♭ D	012
C D♭ E♭	013
C D♭ E	014
C D♭ G♭	016
C D♭ A	014
C D E♭	013
C D E	024
C D G♭	026
C D A	025
C E♭ E	014
C E♭ G♭	036
C E♭ A	036
C E G♭	026
C E A	037
C G♭ A	036
D♭ D E♭	012
D♭ D E	013
D♭ D G♭	015
D♭ D A	015
D♭ E♭ E	013
D♭ E♭ G♭	025
D♭ E♭ A	026
D♭ E G♭	025
D♭ E A	037
D♭ G♭ A	037
D E♭ E	012
D E♭ G♭	014
D E♭ A	016
D E G♭	024
D E A	027
D G♭ A	037
E♭ E G♭	013
E♭ E A	016
E♭ G♭ A	036
E G♭ A	025

Unique 4 Note Subsets as prime form

C D♭ D E♭	0123
C D♭ D E	0124
C D♭ D G♭	0126
C D♭ D A	0125
C D♭ E♭ E	0134
C D♭ E♭ G♭	0136
C D♭ E♭ A	0236
C D♭ E G♭	0146
C D♭ E A	0347
C D♭ G♭ A	0147
C D E♭ E	0124
C D E♭ G♭	0236
C D E♭ A	0136
C D E G♭	0246
C D E A	0247
C D G♭ A	0258
C E♭ E G♭	0236
C E♭ E A	0147
C E♭ G♭ A	0369
C E G♭ A	0258
D♭ D E♭ E	0123
D♭ D E♭ G♭	0125
D♭ D E♭ A	0126
D♭ D E G♭	0135
D♭ D E A	0237
D♭ D G♭ A	0158
D♭ E♭ E G♭	0235
D♭ E♭ E A	0137
D♭ E♭ G♭ A	0258
D♭ E G♭ A	0358
D E♭ E G♭	0124
D E♭ E A	0127
D E♭ G♭ A	0147
D E G♭ A	0247
E♭ E G♭ A	0136

Hexatonic Subsets divided into 2 trichords as prime form

C D D♭	E E♭ G♭	012	013
C D D♭	A E E♭	012	016
C D D♭	A E♭ G♭	012	036
C D D♭	A E G♭	012	025
C D♭ E♭	D E G♭	013	024
C D♭ E♭	A D E	013	027
C D♭ E♭	A D G♭	013	037
C D♭ E♭	A E G♭	013	025
C D♭ E	D E♭ G♭	014	014
C D♭ E	A D E♭	014	016
C D♭ E	A D G♭	014	037
C D♭ E	A E♭ G♭	014	036
C D♭ G♭	D E E♭	016	012
C D♭ G♭	A D E♭	016	016
C D♭ G♭	A D E	016	027
C D♭ G♭	A E E♭	016	016
A C D♭	D E E♭	014	012
A C D♭	D E♭ G♭	014	014
A C D♭	D E G♭	014	024
A C D♭	E E♭ G♭	014	013
C D E♭	D♭ E G♭	013	025
C D E♭	A D♭ E	013	037
C D E♭	A D♭ G♭	013	037
C D E♭	A E G♭	013	025
C D E	D♭ E♭ G♭	024	025
C D E	A D♭ E♭	024	026
C D E	A D♭ G♭	024	037
C D E	A E♭ G♭	024	036
C D G♭	D♭ E E♭	026	013
C D G♭	A D♭ E♭	026	026
C D G♭	A D♭ E	026	037
C D G♭	A E E♭	026	016
A C D	D♭ E E♭	025	013
A C D	D♭ E♭ G♭	025	025
A C D	D♭ E G♭	025	025

Hexatonic Subsets continued see page 637 for additional lists.

A C D	E E♭ G♭	025	013
C E E♭	D D♭ G♭	014	015
C E E♭	A D D♭	014	015
C E E♭	A D♭ G♭	014	037
C E E♭	A D G♭	014	037
C E♭ G♭	D D♭ E	036	013
C E♭ G♭	A D D♭	036	015
C E♭ G♭	A D♭ E	036	037
C E♭ G♭	A D E	036	027
A C E♭	D D♭ E	036	013
A C E♭	D D♭ G♭	036	015
A C E♭	D♭ E G♭	036	025
A C E♭	D E G♭	036	024
C E G♭	D D♭ E♭	026	012
C E G♭	A D D♭	026	015
C E G♭	A D♭ E♭	026	026
C E G♭	A D E♭	026	016
A C E	D D♭ E♭	037	012
A C E	D D♭ G♭	037	015
A C E	D♭ E♭ G♭	037	025
A C E	D E♭ G♭	037	014
A C G♭	D D♭ E♭	036	012
A C G♭	D D♭ E	036	013
A C G♭	D♭ E E♭	036	013
A C G♭	D E E♭	036	012
D D♭ E♭	C E G♭	012	026
D D♭ E♭	A C E	012	037
D D♭ E♭	A C G♭	012	036
D D♭ E♭	A E G♭	012	025
D D♭ E	C E♭ G♭	013	036
D D♭ E	A C E♭	013	036
D D♭ E	A C G♭	013	036
D D♭ E	A E♭ G♭	013	036
D D♭ G♭	C E E♭	015	014
D D♭ G♭	A C E♭	015	036

C, D♭, D, E♭, E, G, A♭

prime form: 0, 1, 2, 3, 4, 7, 8

degrees: 1, ♭2, 2, ♭3, 3, 5, ♭6

Scale application to typical chord types all keys:

C:	1	♭2	2	♭3	3	5	♭6	7, 7sus4
D♭:	7	1	♭2	2	♭3	♭5	5	
D:	♭7	7	1	♭2	2	4	♭5	
E♭:	6	♭7	7	1	♭2	3	4	
E:	♭6	6	♭7	7	1	♭3	3	
F:	5	♭6	6	♭7	7	2	♭3	
G♭:	♭5	5	♭6	6	♭7	♭2	2	7
G:	4	♭5	5	♭6	6	1	♭2	7 mel
A♭:	3	4	♭5	5	♭6	7	1	Δ7♯5 mel
A:	♭3	3	4	♭5	5	♭7	7	
B♭:	2	♭3	3	4	♭5	6	♭7	7 mel
B:	♭2	2	♭3	3	4	♭6	6	7 mel, 7sus4

Symmetric Difference as:
Pitches
F, G♭, A, B♭, B
Degrees
4, ♭5, 6, ♭7, 7
Prime Form
0, 1, 2, 5, 6

See page 515 for more possible scale applications

Unique 3 Note Subsets as prime form

C D♭ D	0 1 2
C D♭ E♭	0 1 3
C D♭ E	0 1 4
C D♭ G	0 1 6
C D♭ A♭	0 1 5
C D E♭	0 1 3
C D E	0 2 4
C D G	0 2 7
C D A♭	0 2 6
C E♭ E	0 1 4
C E♭ G	0 3 7
C E♭ A♭	0 3 7
C E G	0 3 7
C E A♭	0 4 8
C G A♭	0 1 5
D♭ D E♭	0 1 2
D♭ D E	0 1 3
D♭ D G	0 1 6
D♭ D A♭	0 1 6
D♭ E♭ E	0 1 3
D♭ E♭ G	0 2 6
D♭ E♭ A♭	0 2 7
D♭ E G	0 3 6
D♭ E A♭	0 3 7
D♭ G A♭	0 1 6
D E♭ E	0 1 2
D E♭ G	0 1 5
D E♭ A♭	0 1 6
D E G	0 2 5
D E A♭	0 2 6
D G A♭	0 1 6
E♭ E G	0 1 4
E♭ E A♭	0 1 5
E♭ G A♭	0 1 5
E G A♭	0 1 4

Unique 4 Note Subsets as prime form

C D♭ D E♭	0 1 2 3
C D♭ D E	0 1 2 4
C D♭ D G	0 1 2 7
C D♭ D A♭	0 1 2 6
C D♭ E♭ E	0 1 3 4
C D♭ E♭ G	0 1 3 7
C D♭ E♭ A♭	0 2 3 7
C D♭ E G	0 1 4 7
C D♭ E A♭	0 3 4 8
C D♭ G A♭	0 1 5 6
C D E♭ E	0 1 2 4
C D E♭ G	0 2 3 7
C D E♭ A♭	0 1 3 7
C D E G	0 2 4 7
C D E A♭	0 2 4 8
C D G A♭	0 1 5 7
C E♭ E G	0 3 4 7
C E♭ E A♭	0 1 4 8
C E♭ G A♭	0 1 5 8
C E G A♭	0 3 4 8
D♭ D E♭ E	0 1 2 3
D♭ D E♭ G	0 1 2 6
D♭ D E♭ A♭	0 1 2 7
D♭ D E G	0 1 3 6
D♭ D E A♭	0 1 3 7
D♭ D G A♭	0 1 6 7
D♭ E♭ E G	0 2 3 6
D♭ E♭ E A♭	0 2 3 7
D♭ E♭ G A♭	0 1 5 7
D♭ E G A♭	0 1 4 7
D E♭ E G	0 1 2 5
D E♭ E A♭	0 1 2 6
D E♭ G A♭	0 1 5 6
D E G A♭	0 1 4 6
E♭ E G A♭	0 1 4 5

Hexatonic Subsets divided into 2 trichords as prime form

C D D♭	E E♭ G	012	014
C D D♭	A♭ E E♭	012	015
C D D♭	A♭ E♭ G	012	015
C D D♭	A♭ E G	012	014
C D♭ E♭	D E G	013	025
C D♭ E♭	A♭ D E	013	026
C D♭ E♭	A♭ D G	013	016
C D♭ E♭	A♭ E G	013	014
C D♭ E	D E♭ G	014	015
C D♭ E	A♭ D E♭	014	016
C D♭ E	A♭ D G	014	016
C D♭ E	A♭ E♭ G	014	015
C D♭ G	D E E♭	016	012
C D♭ G	A♭ D E♭	016	016
C D♭ G	A♭ D E	016	026
C D♭ G	A♭ E E♭	016	015
A♭C D♭	D E E♭	015	012
A♭C D♭	D E♭ G	015	015
A♭C D♭	D E G	015	025
A♭C D♭	E E♭ G	015	014
C D E♭	D♭ E G	013	036
C D E♭	A♭ D♭ E	013	037
C D E♭	A♭ D♭ G	013	016
C D E♭	A♭ E G	013	014
C D E	D♭ E♭ G	024	026
C D E	A♭ D♭ E♭	024	027
C D E	A♭ D♭ G	024	016
C D E	A♭ E♭ G	024	015
C D G	D♭ E E♭	027	013
C D G	A♭ D♭ E♭	027	027
C D G	A♭ D♭ E	027	037
C D G	A♭ E E♭	027	015
A♭C D	D♭ E E♭	026	013
A♭C D	D♭ E♭ G	026	026
A♭C D	D♭ E G	026	036

Hexatonic Subsets continued see page 639 for additional lists.

A♭C D	E E♭ G	026	014
C E E♭	D D♭ G	014	016
C E E♭	A♭ D D♭	014	016
C E E♭	A♭ D♭ G	014	016
C E E♭	A♭ D G	014	016
C E♭ G	D D♭ E	037	013
C E♭ G	A♭ D D♭	037	016
C E♭ G	A♭ D♭ E	037	037
C E♭ G	A♭ D E	037	026
A♭C E♭	D D♭ E	037	013
A♭C E♭	D D♭ G	037	016
A♭C E♭	D♭ E G	037	036
A♭C E♭	D E G	037	025
C E G	D D♭ E♭	037	012
C E G	A♭ D D♭	037	016
C E G	A♭ D♭ E♭	037	027
C E G	A♭ D E♭	037	016
A♭C E	D D♭ E♭	048	012
A♭C E	D D♭ G	048	016
A♭C E	D♭ E♭ G	048	026
A♭C E	D E♭ G	048	015
A♭C G	D D♭ E♭	015	012
A♭C G	D D♭ E	015	013
A♭C G	D♭ E E♭	015	013
A♭C G	D E E♭	015	012
D D♭ E♭	C E G	012	037
D D♭ E♭	A♭ C E	012	048
D D♭ E♭	A♭ C G	012	015
D D♭ E♭	A♭ E G	012	014
D D♭ E	C E♭ G	013	037
D D♭ E	A♭ C E♭	013	037
D D♭ E	A♭ C G	013	015
D D♭ E	A♭ E♭ G	013	015
D D♭ G	C E E♭	016	014
D D♭ G	A♭ C E♭	016	037

C, D♭, D, E♭, E, G, A

prime form: 0, 1, 2, 3, 4, 7, 9
degrees: 1, ♭2, 2, ♭3, 3, 5, 6

Scale application to typical chord types all keys:

C:	1	♭2	2	♭3	3	5	6	7, 7sus4
D♭:	7	1	♭2	2	♭3	♭5	♭6	
D:	♭7	7	1	♭2	2	4	5	
E♭:	6	♭7	7	1	♭2	3	♭5	
E:	♭6	6	♭7	7	1	♭3	4	
F:	5	♭6	6	♭7	7	2	3	
G♭:	♭5	5	♭6	6	♭7	♭2	♭3	7
G:	4	♭5	5	♭6	6	1	2	Δ7♯5 mel, 7 mel, -Δ7 mel
A♭:	3	4	♭5	5	♭6	7	♭2	
A:	♭3	3	4	♭5	5	♭7	1	7 mel
B♭:	2	♭3	3	4	♭5	6	7	
B:	♭2	2	♭3	3	4	♭6	♭7	7 mel, 7sus4

Symmetric Difference as:
Pitches
F, G♭, A♭, B♭, B
Degrees
4, ♭5, ♭6, ♭7, 7
Prime Form
0, 1, 3, 5, 6

Unique 3 Note Subsets as prime form		Unique 4 Note Subsets as prime form		Hexatonic Subsets divided into 2 trichords as prime form				Hexatonic Subsets divided into 2 trichords as prime form			
C D♭ D	012	C D♭ D E♭	0123	C D D♭	E E♭ G	012	014	A C D	E E♭ G	025	014
C D♭ E♭	013	C D♭ D E	0124	C D D♭	A E E♭	012	016	C E E♭	D D♭ G	014	016
C D♭ E	014	C D♭ D G	0127	C D D♭	A E♭ G	012	026	C E E♭	A D D♭	014	015
C D♭ G	016	C D♭ D A	0125	C D D♭	A E G	012	025	C E E♭	A D♭ G	014	026
C D♭ A	014	C D♭ E♭ E	0134	C D♭ E♭	D E G	013	025	C E E♭	A D G	014	027
C D E♭	013	C D♭ E♭ G	0137	C D♭ E♭	A D E	013	027	C E♭ G	D D♭ E	037	013
C D E	024	C D♭ E♭ A	0236	C D♭ E♭	A D G	013	027	C E♭ G	A D D♭	037	015
C D G	027	C D♭ E G	0147	C D♭ E♭	A E G	013	025	C E♭ G	A D♭ E	037	037
C D A	025	C D♭ E A	0347	C D♭ E	D E♭ G	014	015	C E♭ G	A D E	037	027
C E♭ E	014	C D♭ G A	0146	C D♭ E	A D E♭	014	016	A C E♭	D D♭ E	036	013
C E♭ G	037	C D E♭ E	0124	C D♭ E	A D G	014	027	A C E♭	D D♭ G	036	016
C E♭ A	036	C D E♭ G	0237	C D♭ E	A E♭ G	014	026	A C E♭	D♭ E G	036	036
C E G	037	C D E♭ A	0136	C D♭ G	D E E♭	016	012	A C E♭	D E G	036	025
C E A	037	C D E G	0247	C D♭ G	A D E♭	016	016	C E G	D D♭ E♭	037	012
C G A	025	C D E A	0247	C D♭ G	A D E	016	027	C E G	A D D♭	037	015
D♭ D E♭	012	C D G A	0257	C D♭ G	A E E♭	016	016	C E G	A D♭ E♭	037	026
D♭ D E	013	C E♭ E G	0347	A C D♭	D E E♭	014	012	C E G	A D E♭	037	016
D♭ D G	016	C E♭ E A	0147	A C D♭	D E♭ G	014	015	A C E	D D♭ E♭	037	012
D♭ D A	015	C E♭ G A	0258	A C D♭	D E G	014	025	A C E	D D♭ G	037	016
D♭ E♭ E	013	C E G A	0358	A C D♭	E E♭ G	014	014	A C E	D♭ E♭ G	037	026
D♭ E♭ G	026	D♭ D E♭ E	0123	C D E♭	D♭ E G	013	036	A C E	D E♭ G	037	015
D♭ E♭ A	026	D♭ D E♭ G	0126	C D E♭	A D♭ E	013	037	A C G	D D♭ E♭	025	012
D♭ E G	036	D♭ D E♭ A	0126	C D E♭	A D♭ G	013	026	A C G	D D♭ E	025	013
D♭ E A	037	D♭ D E G	0136	C D E♭	A E G	013	025	A C G	D♭ E E♭	025	013
D♭ G A	026	D♭ D E A	0237	C D E	D♭ E♭ G	024	026	A C G	D E E♭	025	012
D E♭ E	012	D♭ D G A	0157	C D E	A D♭ E♭	024	026	D D♭ E♭	C E G	012	037
D E♭ G	015	D♭ E♭ E G	0236	C D E	A D♭ G	024	026	D D♭ E♭	A C E	012	037
D E♭ A	016	D♭ E♭ E A	0137	C D E	A E♭ G	024	026	D D♭ E♭	A C G	012	025
D E G	025	D♭ E♭ G A	0268	C D G	D♭ E E♭	027	013	D D♭ E♭	A E G	012	025
D E A	027	D♭ E G A	0258	C D G	A D♭ E♭	027	026	D D♭ E	C E♭ G	013	037
D G A	027	D E♭ E G	0125	C D G	A D♭ E	027	037	D D♭ E	A C E♭	013	036
E♭ E G	014	D E♭ E A	0127	C D G	A E E♭	027	016	D D♭ E	A C G	013	025
E♭ E A	016	D E♭ G A	0157	A C D	D♭ E E♭	025	013	D D♭ E	A E♭ G	013	026
E♭ G A	026	D E G A	0257	A C D	D♭ E♭ G	025	026	D D♭ G	C E E♭	016	014
E G A	025	E♭ E G A	0146	A C D	D♭ E G	025	036	D D♭ G	A C E♭	016	036

C, D♭, D, E♭, F, G♭, G

prime form: 0, 1, 2, 3, 5, 6, 7

degrees: 1, ♭2, 2, ♭3, 4, ♭5, 5

Scale application to typical chord types all keys:

C:	1	♭2	2	♭3	4	♭5	5	7 mel
D♭:	7	1	♭2	2	3	4	♭5	
D:	♭7	7	1	♭2	♭3	3	4	
E♭:	6	♭7	7	1	2	♭3	3	
E:	♭6	6	♭7	7	♭2	2	♭3	
F:	5	♭6	6	♭7	1	♭2	2	7, 7sus4
G♭:	♭5	5	♭6	6	7	1	♭2	
G:	4	♭5	5	♭6	♭7	7	1	
A♭:	3	4	♭5	5	6	♭7	7	
A:	♭3	3	4	♭5	♭6	6	♭7	7 mel
B♭:	2	♭3	3	4	5	♭6	6	7 mel, 7sus4
B:	♭2	2	♭3	3	♭5	5	♭6	7

Symmetric Difference as:
Pitches
E, A♭, A, B♭, B
Degrees
3, ♭6, 6, ♭7, 7
Prime Form
0, 1, 2, 3, 7

See page 517 for more possible scale applications

Unique 3 Note Subsets as prime form

C D♭ D	0 1 2
C D♭ E♭	0 1 3
C D♭ F	0 1 5
C D♭ G♭	0 1 6
C D♭ G	0 1 6
C D E♭	0 1 3
C D F	0 2 5
C D G♭	0 2 6
C D G	0 2 7
C E♭ F	0 2 5
C E♭ G♭	0 3 6
C E♭ G	0 3 7
C F G♭	0 1 6
C F G	0 2 7
C G♭ G	0 1 6
D♭ D E♭	0 1 2
D♭ D F	0 1 4
D♭ D G♭	0 1 5
D♭ D G	0 1 6
D♭ E♭ F	0 2 4
D♭ E♭ G♭	0 2 5
D♭ E♭ G	0 2 6
D♭ F G♭	0 1 5
D♭ F G	0 2 6
D♭ G♭ G	0 1 6
D E♭ F	0 1 3
D E♭ G♭	0 1 4
D E♭ G	0 1 5
D F G♭	0 1 4
D F G	0 2 5
D G♭ G	0 1 5
E♭ F G♭	0 1 3
E♭ F G	0 2 4
E♭ G♭ G	0 1 4
F G♭ G	0 1 2

Unique 4 Note Subsets as prime form

C D♭ D E♭	0 1 2 3
C D♭ D F	0 1 2 5
C D♭ D G♭	0 1 2 6
C D♭ D G	0 1 2 7
C D♭ E♭ F	0 1 3 5
C D♭ E♭ G♭	0 1 3 6
C D♭ E♭ G	0 1 3 7
C D♭ F G♭	0 1 5 6
C D♭ F G	0 1 5 7
C D♭ G♭ G	0 1 6 7
C D E♭ F	0 2 3 5
C D E♭ G♭	0 2 3 6
C D E♭ G	0 2 3 7
C D F G♭	0 1 4 6
C D F G	0 2 5 7
C D G♭ G	0 1 5 7
C E♭ F G♭	0 1 3 6
C E♭ F G	0 2 4 7
C E♭ G♭ G	0 1 4 7
C F G♭ G	0 1 2 7
D♭ D E♭ F	0 1 2 4
D♭ D E♭ G♭	0 1 2 5
D♭ D E♭ G	0 1 2 6
D♭ D F G♭	0 1 4 5
D♭ D F G	0 1 4 6
D♭ D G♭ G	0 1 5 6
D♭ E♭ F G♭	0 1 3 5
D♭ E♭ F G	0 2 4 6
D♭ E♭ G♭ G	0 1 4 6
D♭ F G♭ G	0 1 2 6
D E♭ F G♭	0 1 3 4
D E♭ F G	0 1 3 5
D E♭ G♭ G	0 1 4 5
D F G♭ G	0 1 2 5
E♭ F G♭ G	0 1 2 4

Hexatonic Subsets divided into 2 trichords as prime form

C D D♭	E♭ F G♭	012	013
C D D♭	E♭ F G	012	024
C D D♭	E♭ G G♭	012	014
C D D♭	F G G♭	012	012
C D♭ E♭	D F G♭	013	014
C D♭ E♭	D F G	013	025
C D♭ E♭	D G G♭	013	015
C D♭ E♭	F G G♭	013	012
C D♭ F	D E♭ G♭	015	014
C D♭ F	D E♭ G	015	015
C D♭ F	D G G♭	015	015
C D♭ F	E♭ G G♭	015	014
C D♭ G♭	D E♭ F	016	013
C D♭ G♭	D E♭ G	016	015
C D♭ G♭	D F G	016	025
C D♭ G♭	E♭ F G	016	024
C D♭ G	D E♭ F	016	013
C D♭ G	D E♭ G♭	016	014
C D♭ G	D F G♭	016	014
C D♭ G	E♭ F G♭	016	013
C D E♭	D♭ F G♭	013	015
C D E♭	D♭ F G	013	026
C D E♭	D♭ G G♭	013	016
C D E♭	F G G♭	013	012
C D F	D♭ E♭ G♭	025	025
C D F	D♭ E♭ G	025	026
C D F	D♭ G G♭	025	016
C D F	E♭ G G♭	025	014
C D G♭	D♭ E♭ F	026	024
C D G♭	D♭ E♭ G	026	026
C D G♭	D♭ F G	026	026
C D G♭	E♭ F G	026	024
C D G	D♭ E♭ F	027	024
C D G	D♭ E♭ G♭	027	025
C D G	D♭ F G♭	027	015

Hexatonic Subsets continued see page 641 for additional lists.

C D G	E♭ F G♭	027	013
C E♭ F	D D♭ G♭	025	015
C E♭ F	D D♭ G	025	016
C E♭ F	D♭ G G♭	025	016
C E♭ F	D G G♭	025	015
C E♭ G♭	D D♭ F	036	014
C E♭ G♭	D D♭ G	036	016
C E♭ G♭	D♭ F G	036	026
C E♭ G♭	D F G	036	025
C E♭ G	D D♭ F	037	014
C E♭ G	D D♭ G♭	037	015
C E♭ G	D♭ F G♭	037	015
C E♭ G	D F G♭	037	014
C F G♭	D D♭ E♭	016	012
C F G♭	D D♭ G	016	016
C F G♭	D♭ E♭ G	016	026
C F G♭	D E♭ G	016	015
C F G	D D♭ E♭	027	012
C F G	D D♭ G♭	027	015
C F G	D♭ E♭ G♭	027	025
C F G	D E♭ G♭	027	014
C G G♭	D D♭ E♭	016	012
C G G♭	D D♭ F	016	014
C G G♭	D♭ E♭ F	016	024
C G G♭	D E♭ F	016	013
D D♭ E♭	C F G♭	012	016
D D♭ E♭	C F G	012	027
D D♭ E♭	C G G♭	012	016
D D♭ E♭	F G G♭	012	012
D D♭ F	C E♭ G♭	014	036
D D♭ F	C E♭ G	014	037
D D♭ F	C G G♭	014	016
D D♭ F	E♭ G G♭	014	014
D D♭ G♭	C E♭ F	015	025
D D♭ G♭	C E♭ G	015	037

C, D♭, D, E♭, F, G♭, A♭

prime form: 0, 1, 2, 3, 5, 6, 8

degrees: 1, ♭2, 2, ♭3, 4, ♭5, ♭6

Scale application to typical chord types all keys:

C:	1	♭2	2	♭3	4	♭5	♭6	7 mel, -7♭5 mel
D♭:	7	1	♭2	2	3	4	5	
D:	♭7	7	1	♭2	♭3	3	♭5	
E♭:	6	♭7	7	1	2	♭3	4	
E:	♭6	6	♭7	7	♭2	2	3	
F:	5	♭6	6	♭7	1	♭2	♭3	-7 mel, 7, 7sus4
G♭:	♭5	5	♭6	6	7	1	2	Δ7♯5 mel, -Δ7 mel
G:	4	♭5	5	♭6	♭7	7	♭2	
A♭:	3	4	♭5	5	6	♭7	1	7 mel
A:	♭3	3	4	♭5	♭6	6	7	
B♭:	2	♭3	3	4	5	♭6	♭7	7 mel, 7sus4
B:	♭2	2	♭3	3	♭5	5	6	7

Symmetric Difference as:
Pitches
E, G, A, B♭, B
Degrees
3, 5, 6, ♭7, 7
Prime Form
0, 1, 2, 4, 7

See page 518 for more possible scale applications

Unique 3 Note Subsets as prime form

C D♭ D	0 1 2
C D♭ E♭	0 1 3
C D♭ F	0 1 5
C D♭ G♭	0 1 6
C D♭ G	0 1 6
C D E♭	0 1 3
C D F	0 2 5
C D G♭	0 2 6
C D G	0 2 7
C E♭ F	0 2 5
C E♭ G♭	0 3 6
C E♭ G	0 3 7
C F G♭	0 1 6
C F G	0 2 7
C G♭ G	0 1 6
D♭ D E♭	0 1 2
D♭ D F	0 1 4
D♭ D G♭	0 1 5
D♭ D G	0 1 6
D♭ E♭ F	0 2 4
D♭ E♭ G♭	0 2 5
D♭ E♭ G	0 2 6
D♭ F G♭	0 1 5
D♭ F G	0 2 6
D♭ G♭ G	0 1 6
D E♭ F	0 1 3
D E♭ G♭	0 1 4
D E♭ G	0 1 5
D F G♭	0 1 4
D F G	0 2 5
D G♭ G	0 1 5
E♭ F G♭	0 1 3
E♭ F G	0 2 4
E♭ G♭ G	0 1 4
F G♭ G	0 1 2

Unique 4 Note Subsets as prime form

C D♭ D E♭	0 1 2 3
C D♭ D F	0 1 2 5
C D♭ D G♭	0 1 2 6
C D♭ D A♭	0 1 2 6
C D♭ E♭ F	0 1 3 5
C D♭ E♭ G♭	0 1 3 6
C D♭ E♭ A♭	0 2 3 7
C D♭ F G♭	0 1 5 6
C D♭ F A♭	0 1 5 8
C D♭ G♭ A♭	0 1 5 7
C D E♭ F	0 2 3 5
C D E♭ G♭	0 2 3 6
C D E♭ A♭	0 1 3 7
C D F G♭	0 1 4 6
C D F A♭	0 2 5 8
C D G♭ A♭	0 2 6 8
C E♭ F G♭	0 1 3 6
C E♭ F A♭	0 3 5 8
C E♭ G♭ A♭	0 2 5 8
C F G♭ A♭	0 1 3 7
D♭ D E♭ F	0 1 2 4
D♭ D E♭ G♭	0 1 2 5
D♭ D E♭ A♭	0 1 2 7
D♭ D F G♭	0 1 4 5
D♭ D F A♭	0 1 4 7
D♭ D G♭ A♭	0 1 5 7
D♭ E♭ F G♭	0 1 3 5
D♭ E♭ F A♭	0 2 4 7
D♭ E♭ G♭ A♭	0 2 5 7
D♭ F G♭ A♭	0 2 3 7
D E♭ F G♭	0 1 3 4
D E♭ F A♭	0 1 3 6
D E♭ G♭ A♭	0 1 4 6
D F G♭ A♭	0 2 3 6
E♭ F G♭ A♭	0 2 3 5

Hexatonic Subsets divided into 2 trichords as prime form

C D D♭	E♭ F G♭	012	013
C D D♭	A♭ E♭ F	012	025
C D D♭	A♭ E♭ G♭	012	025
C D D♭	A♭ F G♭	012	013
C D♭ E♭	D F G♭	013	014
C D♭ E♭	A♭ D F	013	036
C D♭ E♭	A♭ D G♭	013	026
C D♭ E♭	A♭ F G♭	013	013
C D♭ F	D E♭ G♭	015	014
C D♭ F	A♭ D E♭	015	016
C D♭ F	A♭ D G♭	015	026
C D♭ F	A♭ E♭ G♭	015	025
C D♭ G♭	D E♭ F	016	013
C D♭ G♭	A♭ D E♭	016	016
C D♭ G♭	A♭ D F	016	036
C D♭ G♭	A♭ E♭ F	016	025
A♭ C D♭	D E♭ F	015	013
A♭ C D♭	D E♭ G♭	015	014
A♭ C D♭	D F G♭	015	014
A♭ C D♭	E♭ F G♭	015	013
C D E♭	D♭ F G♭	013	015
C D E♭	A♭ D♭ F	013	037
C D E♭	A♭ D♭ G♭	013	027
C D E♭	A♭ F G♭	013	013
C D F	D♭ E♭ G♭	025	025
C D F	A♭ D♭ E♭	025	027
C D F	A♭ D♭ G♭	025	027
C D F	A♭ E♭ G♭	025	025
C D G♭	D♭ E♭ F	026	024
C D G♭	A♭ D♭ E♭	026	027
C D G♭	A♭ D♭ F	026	037
C D G♭	A♭ E♭ F	026	025
A♭ C D	D♭ E♭ F	026	024
A♭ C D	D♭ E♭ G♭	026	025
A♭ C D	D♭ F G♭	026	015

Hexatonic Subsets continued see page 643 for additional lists.

A♭ C D	E♭ F G♭	026	013
C E♭ F	D D♭ G♭	025	015
C E♭ F	A♭ D D♭	025	016
C E♭ F	A♭ D♭ G♭	025	027
C E♭ F	A♭ D G♭	025	026
C E♭ G♭	D D♭ F	036	014
C E♭ G♭	A♭ D D♭	036	016
C E♭ G♭	A♭ D♭ F	036	037
C E♭ G♭	A♭ D F	036	036
A♭ C E♭	D D♭ F	037	014
A♭ C E♭	D D♭ G♭	037	015
A♭ C E♭	D♭ F G♭	037	015
A♭ C E♭	D F G♭	037	014
C F G♭	D D♭ E♭	016	012
C F G♭	A♭ D D♭	016	016
C F G♭	A♭ D♭ E♭	016	027
C F G♭	A♭ D E♭	016	016
A♭ C F	D D♭ E♭	037	012
A♭ C F	D D♭ G♭	037	015
A♭ C F	D♭ E♭ G♭	037	025
A♭ C F	D E♭ G♭	037	014
A♭ C G♭	D D♭ E♭	026	012
A♭ C G♭	D D♭ F	026	014
A♭ C G♭	D♭ E♭ F	026	024
A♭ C G♭	D E♭ F	026	013
D D♭ E♭	C F G♭	012	016
D D♭ E♭	A♭ C F	012	037
D D♭ E♭	A♭ C G♭	012	026
D D♭ E♭	A♭ F G♭	012	013
D D♭ F	C E♭ G♭	014	036
D D♭ F	A♭ C E♭	014	037
D D♭ F	A♭ C G♭	014	026
D D♭ F	A♭ E♭ G♭	014	025
D D♭ G♭	C E♭ F	015	025
D D♭ G♭	A♭ C E♭	015	037

C, D♭, D, E♭, F, G♭, A

prime form: 0, 1, 2, 3, 5, 6, 9

degrees: 1, ♭2, 2, ♭3, 4, ♭5, 6

Scale application to typical chord types all keys:

C:	1	♭2	2	♭3	4	♭5	6	7 mel
D♭:	7	1	♭2	2	3	4	♭6	
D:	♭7	7	1	♭2	♭3	3	5	
E♭:	6	♭7	7	1	2	♭3	♭5	
E:	♭6	6	♭7	7	♭2	2	4	
F:	5	♭6	6	♭7	1	♭2	3	7, 7sus4
G♭:	♭5	5	♭6	6	7	1	♭3	-Δ7 mel
G:	4	♭5	5	♭6	♭7	7	2	
A♭:	3	4	♭5	5	6	♭7	♭2	7 mel
A:	♭3	3	4	♭5	♭6	6	1	7 mel
B♭:	2	♭3	3	4	5	♭6	7	
B:	♭2	2	♭3	3	♭5	5	♭7	7

Symmetric Difference as:
Pitches
E, G, A♭, B♭, B
Degrees
3, 5, ♭6, ♭7, 7
Prime Form
0, 1, 3, 4, 7

See page 519 for more possible scale applications

Unique 3 Note Subsets as prime form		Unique 4 Note Subsets as prime form		Hexatonic Subsets divided into 2 trichords as prime form			Hexatonic Subsets continued (see page 645 for additional lists.)		
C D♭ D	012	C D♭ D E♭	0123	C D D♭	E♭ F G♭	012 013	A C D	E♭ F G♭	025 013
C D♭ E♭	013	C D♭ D F	0125	C D D♭	A E♭ F	012 026	C E♭ F	D D♭ G♭	025 015
C D♭ F	015	C D♭ D G♭	0126	C D D♭	A E♭ G♭	012 036	C E♭ F	A D D♭	025 015
C D♭ G♭	016	C D♭ D A	0125	C D D♭	A F G♭	012 014	C E♭ F	A D♭ G♭	025 037
C D♭ A	014	C D♭ E♭ F	0135	C D♭ E♭	D F G♭	013 014	C E♭ F	A D G♭	025 037
C D E♭	013	C D♭ E♭ G♭	0136	C D♭ E♭	A D F	013 037	C E♭ G♭	D D♭ F	036 014
C D F	025	C D♭ E♭ A	0236	C D♭ E♭	A D G♭	013 037	C E♭ G♭	A D D♭	036 015
C D G♭	026	C D♭ F G♭	0156	C D♭ E♭	A F G♭	013 014	C E♭ G♭	A D♭ F	036 048
C D A	025	C D♭ F A	0148	C D♭ F	D E♭ G♭	015 014	C E♭ G♭	A D F	036 037
C E♭ F	025	C D♭ G♭ A	0147	C D♭ F	A D E♭	015 016	A C E♭	D D♭ F	036 014
C E♭ G♭	036	C D E♭ F	0235	C D♭ F	A D G♭	015 037	A C E♭	D D♭ G♭	036 015
C E♭ A	036	C D E♭ G♭	0236	C D♭ F	A E♭ G♭	015 036	A C E♭	D♭ F G♭	036 015
C F G♭	016	C D E♭ A	0136	C D♭ G♭	D E♭ F	016 013	A C E♭	D F G♭	036 014
C F A	037	C D F G♭	0146	C D♭ G♭	A D E♭	016 016	C F G♭	D D♭ E♭	016 012
C G♭ A	036	C D F A	0358	C D♭ G♭	A D F	016 037	C F G♭	A D D♭	016 015
D♭ D E♭	012	C D G♭ A	0258	C D♭ G♭	A E♭ F	016 026	C F G♭	A D♭ E♭	016 026
D♭ D F	014	C E♭ F G♭	0136	A C D♭	D E♭ F	014 013	C F G♭	A D E♭	016 016
D♭ D G♭	015	C E♭ F A	0258	A C D♭	D E♭ G♭	014 014	A C F	D D♭ E♭	037 012
D♭ D A	015	C E♭ G♭ A	0369	A C D♭	D F G♭	014 014	A C F	D D♭ G♭	037 015
D♭ E♭ F	024	C F G♭ A	0147	A C D♭	E♭ F G♭	014 013	A C F	D♭ E♭ G♭	037 025
D♭ E♭ G♭	025	D♭ D E♭ F	0124	C D E♭	D♭ F G♭	013 015	A C F	D E♭ G♭	037 014
D♭ E♭ A	026	D♭ D E♭ G♭	0125	C D E♭	A D♭ F	013 048	A C G♭	D D♭ E♭	036 012
D♭ F G♭	015	D♭ D E♭ A	0126	C D E♭	A D♭ G♭	013 037	A C G♭	D D♭ F	036 014
D♭ F A	048	D♭ D F G♭	0145	C D E♭	A F G♭	013 014	A C G♭	D♭ E♭ F	036 024
D♭ G♭ A	037	D♭ D F A	0348	C D F	D♭ E♭ G♭	025 025	A C G♭	D E♭ F	036 013
D E♭ F	013	D♭ D G♭ A	0158	C D F	A D♭ E♭	025 026	D D♭ E♭	C F G♭	012 016
D E♭ G♭	014	D♭ E♭ F G♭	0135	C D F	A D♭ G♭	025 037	D D♭ E♭	A C F	012 037
D E♭ A	016	D♭ E♭ F A	0248	C D F	A E♭ G♭	025 036	D D♭ E♭	A C G♭	012 036
D F G♭	014	D♭ E♭ G♭ A	0258	C D G♭	D♭ E♭ F	026 024	D D♭ E♭	A F G♭	012 014
D F A	037	D♭ F G♭ A	0148	C D G♭	A D♭ E♭	026 026	D D♭ F	C E♭ G♭	014 036
D G♭ A	037	D E♭ F G♭	0134	C D G♭	A D♭ F	026 048	D D♭ F	A C E♭	014 036
E♭ F G♭	013	D E♭ F A	0137	C D G♭	A E♭ F	026 026	D D♭ F	A C G♭	014 036
E♭ F A	026	D E♭ G♭ A	0147	A C D	D♭ E♭ F	025 024	D D♭ F	A E♭ G♭	014 036
E♭ G♭ A	036	D F G♭ A	0347	A C D	D♭ E♭ G♭	025 025	D D♭ G♭	C E♭ F	015 025
F G♭ A	014	E♭ F G♭ A	0236	A C D	D♭ F G♭	025 015	D D♭ G♭	A C E♭	015 036

C, D♭, D, E♭, F, G, A♭

prime form: 0, 1, 2, 3, 5, 7, 8
degrees: 1, ♭2, 2, ♭3, 4, 5, ♭6

Scale application to typical chord types all keys:

C:	1	♭2	2	♭3	4	5	♭6	7 mel, 7sus4
D♭:	7	1	♭2	2	3	♭5	5	
D:	♭7	7	1	♭2	♭3	4	♭5	
E♭:	6	♭7	7	1	2	3	4	
E:	♭6	6	♭7	7	♭2	♭3	3	
F:	5	♭6	6	♭7	1	2	♭3	7, 7sus4
G♭:	♭5	5	♭6	6	7	♭2	2	
G:	4	♭5	5	♭6	♭7	1	♭2	7 mel
A♭:	3	4	♭5	5	6	7	1	Δ7♯5 mel
A:	♭3	3	4	♭5	♭6	♭7	7	
B♭:	2	♭3	3	4	5	6	♭7	7 mel, 7sus4
B:	♭2	2	♭3	3	♭5	♭6	6	7

Symmetric Difference as:
Pitches
E, G♭, A, B♭, B
Degrees
3, ♭5, 6, ♭7, 7
Prime Form
0, 1, 2, 5, 7

See page 520 for more possible scale applications

Unique 3 Note Subsets as prime form		Unique 4 Note Subsets as prime form	
C D♭ D	0 1 2	C D♭ D E♭	0 1 2 3
C D♭ E♭	0 1 3	C D♭ D F	0 1 2 5
C D♭ F	0 1 5	C D♭ D G	0 1 2 7
C D♭ G	0 1 6	C D♭ D A♭	0 1 2 6
C D♭ A♭	0 1 5	C D♭ E♭ F	0 1 3 5
C D E♭	0 1 3	C D♭ E♭ G	0 1 3 7
C D F	0 2 5	C D♭ E♭ A♭	0 2 3 7
C D G	0 2 7	C D♭ F G	0 1 5 7
C D A♭	0 2 6	C D♭ F A♭	0 1 5 8
C E♭ F	0 2 5	C D♭ G A♭	0 1 5 6
C E♭ G	0 3 7	C D E♭ F	0 2 3 5
C E♭ A♭	0 3 7	C D E♭ G	0 2 3 7
C F G	0 2 7	C D E♭ A♭	0 1 3 7
C F A♭	0 3 7	C D F G	0 2 5 7
C G A♭	0 1 5	C D F A♭	0 2 5 8
D♭ D E♭	0 1 2	C D G A♭	0 1 5 7
D♭ D F	0 1 4	C E♭ F G	0 2 4 7
D♭ D G	0 1 6	C E♭ F A♭	0 3 5 8
D♭ D A♭	0 1 6	C E♭ G A♭	0 1 5 8
D♭ E♭ F	0 2 4	C F G A♭	0 2 3 7
D♭ E♭ G	0 2 6	D♭ D E♭ F	0 1 2 4
D♭ E♭ A♭	0 2 7	D♭ D E♭ G	0 1 2 6
D♭ F G	0 2 6	D♭ D E♭ A♭	0 1 2 7
D♭ F A♭	0 3 7	D♭ D F G	0 1 4 6
D♭ G A♭	0 1 6	D♭ D F A♭	0 1 4 7
D E♭ F	0 1 3	D♭ D G A♭	0 1 6 7
D E♭ G	0 1 5	D♭ E♭ F G	0 2 4 6
D E♭ A♭	0 1 6	D♭ E♭ F A♭	0 2 4 7
D F G	0 2 5	D♭ E♭ G A♭	0 1 5 7
D F A♭	0 3 6	D♭ F G A♭	0 1 3 7
D G A♭	0 1 6	D E♭ F G	0 1 3 5
E♭ F G	0 2 4	D E♭ F A♭	0 1 3 6
E♭ F A♭	0 2 5	D E♭ G A♭	0 1 5 6
E♭ G A♭	0 1 5	D F G A♭	0 1 3 6
F G A♭	0 1 3	E♭ F G A♭	0 1 3 5

Hexatonic Subsets divided into 2 trichords as prime form				Hexatonic Subsets continued see page 647 for additional lists.			
C D D♭	E♭ F G	012	024	A♭C D	E♭ F G	026	024
C D D♭	A♭ E♭ F	012	025	C E♭ F	D D♭ G	025	016
C D D♭	A♭ E♭ G	012	015	C E♭ F	A♭ D D♭	025	016
C D D♭	A♭ F G	012	013	C E♭ F	A♭ D♭ G	025	016
C D♭ E♭	D F G	013	025	C E♭ F	A♭ D G	025	016
C D♭ E♭	A♭ D F	013	036	C E♭ G	D D♭ F	037	014
C D♭ E♭	A♭ D G	013	016	C E♭ G	A♭ D D♭	037	016
C D♭ E♭	A♭ F G	013	013	C E♭ G	A♭ D♭ F	037	037
C D♭ F	D E♭ G	015	015	C E♭ G	A♭ D F	037	036
C D♭ F	A♭ D E♭	015	016	A♭C E♭	D D♭ F	037	014
C D♭ F	A♭ D G	015	016	A♭C E♭	D D♭ G	037	016
C D♭ F	A♭ E♭ G	015	015	A♭C E♭	D♭ F G	037	026
C D♭ G	D E♭ F	016	013	A♭C E♭	D F G	037	025
C D♭ G	A♭ D E♭	016	016	C F G	D D♭ E♭	027	012
C D♭ G	A♭ D F	016	036	C F G	A♭ D D♭	027	016
C D♭ G	A♭ E♭ F	016	025	C F G	A♭ D♭ E♭	027	027
A♭C D♭	D E♭ F	015	013	C F G	A♭ D E♭	027	016
A♭C D♭	D E♭ G	015	015	A♭C F	D D♭ E♭	037	012
A♭C D♭	D F G	015	025	A♭C F	D D♭ G	037	016
A♭C D♭	E♭ F G	015	024	A♭C F	D♭ E♭ G	037	026
C D E♭	D♭ F G	013	026	A♭C F	D E♭ G	037	015
C D E♭	A♭ D♭ F	013	037	A♭C G	D D♭ E♭	015	012
C D E♭	A♭ D♭ G	013	016	A♭C G	D D♭ F	015	014
C D E♭	A♭ F G	013	013	A♭C G	D♭ E♭ F	015	024
C D F	D♭ E♭ G	025	026	A♭C G	D E♭ F	015	013
C D F	A♭ D♭ E♭	025	027	D D♭ E♭	C F G	012	027
C D F	A♭ D♭ G	025	016	D D♭ E♭	A♭ C F	012	037
C D F	A♭ E♭ G	025	015	D D♭ E♭	A♭ C G	012	015
C D G	D♭ E♭ F	027	024	D D♭ E♭	A♭ F G	012	013
C D G	A♭ D♭ E♭	027	027	D D♭ F	C E♭ G	014	037
C D G	A♭ D♭ F	027	037	D D♭ F	A♭ C E♭	014	037
C D G	A♭ E♭ F	027	025	D D♭ F	A♭ C G	014	015
A♭C D	D♭ E♭ F	026	024	D D♭ F	A♭ E♭ G	014	015
A♭C D	D♭ E♭ G	026	026	D D♭ G	C E♭ F	016	025
A♭C D	D♭ F G	026	026	D D♭ G	A♭ C E♭	016	037

C, D♭, D, E♭, F, G, A

prime form: 0, 1, 2, 3, 5, 7, 9

degrees: 1, ♭2, 2, ♭3, 4, 5, 6

Scale application to typical chord types all keys:

C:	1	♭2	2	♭3	4	5	6	7 mel, 7sus4
D♭:	7	1	♭2	2	3	♭5	♭6	
D:	♭7	7	1	♭2	♭3	4	5	
E♭:	6	♭7	7	1	2	3	♭5	
E:	♭6	6	♭7	7	♭2	♭3	4	
F:	5	♭6	6	♭7	1	2	3	7, 7sus4
G♭:	♭5	5	♭6	6	7	♭2	♭3	
G:	4	♭5	5	♭6	♭7	1	2	7 mel
A♭:	3	4	♭5	5	6	7	♭2	
A:	♭3	3	4	♭5	♭6	♭7	1	7 mel
B♭:	2	♭3	3	4	5	6	7	
B:	♭2	2	♭3	3	♭5	♭6	♭7	7

Symmetric Difference as:
Pitches
E, G♭, A♭, B♭, B
Degrees
3, ♭5, ♭6, ♭7, 7
Prime Form
0, 1, 3, 5, 7

See page 521 for more possible scale applications

Unique 3 Note Subsets as prime form	
C D♭ D	012
C D♭ E♭	013
C D♭ F	015
C D♭ G	016
C D♭ A	014
C D E♭	013
C D F	025
C D G	027
C D A	025
C E♭ F	025
C E♭ G	037
C E♭ A	036
C F G	027
C F A	037
C G A	025
D♭ D E♭	012
D♭ D F	014
D♭ D G	016
D♭ D A	015
D♭ E♭ F	024
D♭ E♭ G	026
D♭ E♭ A	026
D♭ F G	026
D♭ F A	048
D♭ G A	026
D E♭ F	013
D E♭ G	015
D E♭ A	016
D F G	025
D F A	037
D G A	027
E♭ F G	024
E♭ F A	026
E♭ G A	026
F G A	024

Unique 4 Note Subsets as prime form	
C D♭ D E♭	0123
C D♭ D F	0125
C D♭ D G	0127
C D♭ D A	0125
C D♭ E♭ F	0135
C D♭ E♭ G	0137
C D♭ E♭ A	0236
C D♭ F G	0157
C D♭ F A	0148
C D♭ G A	0146
C D E♭ F	0235
C D E♭ G	0237
C D E♭ A	0136
C D F G	0257
C D F A	0358
C D G A	0257
C E♭ F G	0247
C E♭ F A	0258
C E♭ G A	0258
C F G A	0247
D♭ D E♭ F	0124
D♭ D E♭ G	0126
D♭ D E♭ A	0126
D♭ D F G	0146
D♭ D F A	0348
D♭ D G A	0157
D♭ E♭ F G	0246
D♭ E♭ F A	0248
D♭ E♭ G A	0268
D♭ F G A	0248
D E♭ F G	0135
D E♭ F A	0137
D E♭ G A	0157
D F G A	0247
E♭ F G A	0246

Hexatonic Subsets divided into 2 trichords as prime form			
C D D♭	E♭ F G	012	024
C D D♭	A E♭ F	012	026
C D D♭	A E♭ G	012	026
C D D♭	A F G	012	024
C D♭ E♭	D F G	013	025
C D♭ E♭	A D F	013	037
C D♭ E♭	A D G	013	027
C D♭ E♭	A F G	013	024
C D♭ F	D E♭ G	015	015
C D♭ F	A D E♭	015	016
C D♭ F	A D G	015	027
C D♭ F	A E♭ G	015	026
C D♭ G	D E♭ F	016	013
C D♭ G	A D E♭	016	016
C D♭ G	A D F	016	037
C D♭ G	A E♭ F	016	026
A C D♭	D E♭ F	014	013
A C D♭	D E♭ G	014	015
A C D♭	D F G	014	025
A C D♭	E♭ F G	014	024
C D E♭	D♭ F G	013	026
C D E♭	A D♭ F	013	048
C D E♭	A D♭ G	013	026
C D E♭	A F G	013	024
C D F	D♭ E♭ G	025	026
C D F	A D♭ E♭	025	026
C D F	A D♭ G	025	026
C D F	A E♭ G	025	026
C D G	D♭ E♭ F	027	024
C D G	A D♭ E♭	027	026
C D G	A D♭ F	027	048
C D G	A E♭ F	027	026
A C D	D♭ E♭ F	025	024
A C D	D♭ E♭ G	025	026
A C D	D♭ F G	025	026

Hexatonic Subsets continued see page 649 for additional lists.			
A C D	E♭ F G	025	024
C E♭ F	D D♭ G	025	016
C E♭ F	A D D♭	025	015
C E♭ F	A D♭ G	025	026
C E♭ F	A D G	025	027
C E♭ G	D D♭ F	037	014
C E♭ G	A D D♭	037	015
C E♭ G	A D♭ F	037	048
C E♭ G	A D F	037	037
A C E♭	D D♭ F	036	014
A C E♭	D D♭ G	036	016
A C E♭	D♭ F G	036	026
A C E♭	D F G	036	025
C F G	D D♭ E♭	027	012
C F G	A D D♭	027	015
C F G	A D♭ E♭	027	026
C F G	A D E♭	027	016
A C F	D D♭ E♭	037	012
A C F	D D♭ G	037	016
A C F	D♭ E♭ G	037	026
A C F	D E♭ G	037	015
A C G	D D♭ E♭	025	012
A C G	D D♭ F	025	014
A C G	D♭ E♭ F	025	024
A C G	D E♭ F	025	013
D D♭ E♭	C F G	012	027
D D♭ E♭	A C F	012	037
D D♭ E♭	A C G	012	025
D D♭ E♭	A F G	012	024
D D♭ F	C E♭ G	014	037
D D♭ F	A C E♭	014	036
D D♭ F	A C G	014	025
D D♭ F	A E♭ G	014	026
D D♭ G	C E♭ F	016	025
D D♭ G	A C E♭	016	036

C, D♭, D, E♭, G♭, G, A♭

prime form: 0, 1, 2, 3, 6, 7, 8

degrees: 1, ♭2, 2, ♭3, ♭5, 5, ♭6

Scale application to typical chord types all keys:

C:	1	♭2	2	♭3	♭5	5	♭6	7
D♭:	7	1	♭2	2	4	♭5	5	
D:	♭7	7	1	♭2	3	4	♭5	
E♭:	6	♭7	7	1	♭3	3	4	
E:	♭6	6	♭7	7	2	♭3	3	
F:	5	♭6	6	♭7	♭2	2	♭3	7, 7sus4
G♭:	♭5	5	♭6	6	1	♭2	2	7
G:	4	♭5	5	♭6	7	1	♭2	
A♭:	3	4	♭5	5	♭7	7	1	
A:	♭3	3	4	♭5	6	♭7	7	
B♭:	2	♭3	3	4	♭6	6	♭7	7 mel, 7sus4
B:	♭2	2	♭3	3	5	♭6	6	7, 7sus4

Symmetric Difference as:
Pitches
E, F, A, B♭, B
Degrees
3, 4, 6, ♭7, 7
Prime Form
0, 1, 2, 6, 7

See page 522 for more possible scale applications

Unique 3 Note Subsets as prime form

C D♭ D	012
C D♭ E♭	013
C D♭ G♭	016
C D♭ G	016
C D♭ A♭	015
C D E♭	013
C D G♭	026
C D G	027
C D A♭	026
C E♭ G♭	036
C E♭ G	037
C E♭ A♭	037
C G♭ G	016
C G♭ A♭	026
C G A♭	015
D♭ D E♭	012
D♭ D G♭	015
D♭ D G	016
D♭ D A♭	016
D♭ E♭ G♭	025
D♭ E♭ G	026
D♭ E♭ A♭	027
D♭ G♭ G	016
D♭ G♭ A♭	027
D♭ G A♭	016
D E♭ G♭	014
D E♭ G	015
D E♭ A♭	016
D G♭ G	015
D G♭ A♭	026
D G A♭	016
E♭ G♭ G	014
E♭ G♭ A♭	025
E♭ G A♭	015
G♭ G A♭	012

Unique 4 Note Subsets as prime form

C D♭ D E♭	0123
C D♭ D G♭	0126
C D♭ D G	0127
C D♭ D A♭	0126
C D♭ E♭ G♭	0136
C D♭ E♭ G	0137
C D♭ E♭ A♭	0237
C D♭ G♭ G	0167
C D♭ G♭ A♭	0157
C D♭ G A♭	0156
C D E♭ G♭	0236
C D E♭ G	0237
C D E♭ A♭	0137
C D G♭ G	0157
C D G♭ A♭	0268
C D G A♭	0157
C E♭ G♭ G	0147
C E♭ G♭ A♭	0258
C E♭ G A♭	0158
C G♭ G A♭	0126
D♭ D E♭ G♭	0125
D♭ D E♭ G	0126
D♭ D E♭ A♭	0127
D♭ D G♭ G	0156
D♭ D G♭ A♭	0157
D♭ D G A♭	0167
D♭ E♭ G♭ G	0146
D♭ E♭ G♭ A♭	0257
D♭ E♭ G A♭	0157
D♭ G♭ G A♭	0127
D E♭ G♭ G	0145
D E♭ G♭ A♭	0146
D E♭ G A♭	0156
D G♭ G A♭	0126
E♭ G♭ G A♭	0125

Hexatonic Subsets divided into 2 trichords as prime form

C D D♭	E♭ G G♭	012	014
C D D♭	A♭ E♭ G♭	012	025
C D D♭	A♭ E♭ G	012	015
C D D♭	A♭ G G♭	012	012
C D♭ E♭	D G G♭	013	015
C D♭ E♭	A♭ D G♭	013	026
C D♭ E♭	A♭ D G	013	016
C D♭ E♭	A♭ G G♭	013	012
C D♭ G♭	D E♭ G	016	015
C D♭ G♭	A♭ D E♭	016	016
C D♭ G♭	A♭ D G	016	016
C D♭ G♭	A♭ E♭ G	016	015
C D♭ G	D E♭ G♭	016	014
C D♭ G	A♭ D E♭	016	016
C D♭ G	A♭ D G♭	016	026
C D♭ G	A♭ E♭ G♭	016	025
A♭ C D♭	D E♭ G♭	015	014
A♭ C D♭	D E♭ G	015	015
A♭ C D♭	D G G♭	015	015
A♭ C D♭	E♭ G G♭	015	014
C D E♭	D♭ G G♭	013	016
C D E♭	A♭ D♭ G♭	013	027
C D E♭	A♭ D♭ G	013	016
C D E♭	A♭ G G♭	013	012
C D G♭	D♭ E♭ G	026	026
C D G♭	A♭ D♭ E♭	026	027
C D G♭	A♭ D♭ G	026	016
C D G♭	A♭ E♭ G	026	015
C D G	D♭ E♭ G♭	027	025
C D G	A♭ D♭ E♭	027	027
C D G	A♭ D♭ G♭	027	027
C D G	A♭ E♭ G♭	027	025
A♭ C D	D♭ E♭ G♭	026	025
A♭ C D	D♭ E♭ G	026	026
A♭ C D	D♭ G G♭	026	016

Hexatonic Subsets continued see page 651 for additional lists.

A♭ C D	E♭ G G♭	026	014
C E♭ G♭	D D♭ G	036	016
C E♭ G♭	A♭ D D♭	036	016
C E♭ G♭	A♭ D♭ G	036	016
C E♭ G♭	A♭ D G	036	016
C E♭ G	D D♭ G♭	037	015
C E♭ G	A♭ D D♭	037	016
C E♭ G	A♭ D♭ G♭	037	027
C E♭ G	A♭ D G♭	037	026
A♭ C E♭	D D♭ G♭	037	015
A♭ C E♭	D D♭ G	037	016
A♭ C E♭	D♭ G G♭	037	016
A♭ C E♭	D G G♭	037	015
C G G♭	D D♭ E♭	016	012
C G G♭	A♭ D D♭	016	016
C G G♭	A♭ D♭ E♭	016	027
C G G♭	A♭ D E♭	016	016
A♭ C G♭	D D♭ E♭	026	012
A♭ C G♭	D D♭ G	026	016
A♭ C G♭	D♭ E♭ G	026	026
A♭ C G♭	D E♭ G	026	015
A♭ C G	D D♭ E♭	015	012
A♭ C G	D D♭ G♭	015	015
A♭ C G	D♭ E♭ G♭	015	025
A♭ C G	D E♭ G♭	015	014
D D♭ E♭	C G G♭	012	016
D D♭ E♭	A♭ C G♭	012	026
D D♭ E♭	A♭ C G	012	015
D D♭ E♭	A♭ G G♭	012	012
D D♭ G♭	C E♭ G	015	037
D D♭ G♭	A♭ C E♭	015	037
D D♭ G♭	A♭ C G	015	015
D D♭ G♭	A♭ E♭ G	015	015
D D♭ G	C E♭ G♭	016	036
D D♭ G	A♭ C E♭	016	037

C, D♭, D, E♭, G♭, G, A

prime form: 0, 1, 2, 3, 6, 7, 9

degrees: 1, ♭2, 2, ♭3, ♭5, 5, 6

Scale application to typical chord types all keys:

C:	1	♭2	2	♭3	♭5	5	6	7
D♭:	7	1	♭2	2	4	♭5	♭6	
D:	♭7	7	1	♭2	3	4	5	
E♭:	6	♭7	7	1	♭3	3	♭5	
E:	♭6	6	♭7	7	2	♭3	4	
F:	5	♭6	6	♭7	♭2	2	3	7, 7sus4
G♭:	♭5	5	♭6	6	1	♭2	♭3	7
G:	4	♭5	5	♭6	7	1	2	Δ7♯5 mel, -Δ7 mel
A♭:	3	4	♭5	5	♭7	7	♭2	
A:	♭3	3	4	♭5	6	♭7	1	7 mel
B♭:	2	♭3	3	4	♭6	6	7	
B:	♭2	2	♭3	3	5	♭6	♭7	7, 7sus4

Symmetric Difference as:
Pitches
E, F, A♭, B♭, B
Degrees
3, 4, ♭6, ♭7, 7
Prime Form
0, 1, 3, 6, 7

See page 523 for more possible scale applications

Unique 3 Note Subsets	as prime form	Unique 4 Note Subsets	as prime form
C D♭ D	012	C D♭ D E♭	0123
C D♭ E♭	013	C D♭ D G♭	0126
C D♭ G♭	016	C D♭ D G	0127
C D♭ G	016	C D♭ D A	0125
C D♭ A	014	C D♭ E♭ G♭	0136
C D E♭	013	C D♭ E♭ G	0137
C D G♭	026	C D♭ E♭ A	0236
C D G	027	C D♭ G♭ G	0167
C D A	025	C D♭ G♭ A	0147
C E♭ G♭	036	C D♭ G A	0146
C E♭ G	037	C D E♭ G♭	0236
C E♭ A	036	C D E♭ G	0237
C G♭ G	016	C D E♭ A	0136
C G♭ A	036	C D G♭ G	0157
C G A	025	C D G♭ A	0258
D♭ D E♭	012	C D G A	0257
D♭ D G♭	015	C E♭ G♭ G	0147
D♭ D G	016	C E♭ G♭ A	0369
D♭ D A	015	C E♭ G A	0258
D♭ E♭ G♭	025	C G♭ G A	0136
D♭ E♭ G	026	D♭ D E♭ G♭	0125
D♭ E♭ A	026	D♭ D E♭ G	0126
D♭ G♭ G	016	D♭ D E♭ A	0126
D♭ G♭ A	037	D♭ D G♭ G	0156
D♭ G A	026	D♭ D G♭ A	0158
D E♭ G♭	014	D♭ D G A	0157
D E♭ G	015	D♭ E♭ G♭ G	0146
D E♭ A	016	D♭ E♭ G♭ A	0258
D G♭ G	015	D♭ E♭ G A	0268
D G♭ A	037	D♭ G♭ G A	0137
D G A	027	D E♭ G♭ G	0145
E♭ G♭ G	014	D E♭ G♭ A	0147
E♭ G♭ A	036	D E♭ G A	0157
E♭ G A	026	D G♭ G A	0237
G♭ G A	013	E♭ G♭ G A	0236

Hexatonic Subsets divided into 2 trichords as prime form

Trichord 1	Trichord 2	Prime forms
C D D♭	E♭ G G♭	012 014
C D D♭	A E♭ G♭	012 036
C D D♭	A E♭ G	012 026
C D D♭	A G G♭	012 013
C D♭ E♭	D G G♭	013 015
C D♭ E♭	A D G♭	013 037
C D♭ E♭	A D G	013 027
C D♭ E♭	A G G♭	013 013
C D♭ G♭	D E♭ G	016 015
C D♭ G♭	A D E♭	016 016
C D♭ G♭	A D G	016 027
C D♭ G♭	A E♭ G	016 026
C D♭ G	D E♭ G♭	016 014
C D♭ G	A D E♭	016 016
C D♭ G	A D G♭	016 037
C D♭ G	A E♭ G♭	016 036
A C D♭	D E♭ G♭	014 014
A C D♭	D E♭ G	014 015
A C D♭	D G G♭	014 015
A C D♭	E♭ G G♭	014 014
C D E♭	D♭ G G♭	013 016
C D E♭	A D♭ G♭	013 037
C D E♭	A D♭ G	013 026
C D E♭	A G G♭	013 013
C D G♭	D♭ E♭ G	026 026
C D G♭	A D♭ E♭	026 026
C D G♭	A D♭ G	026 026
C D G♭	A E♭ G	026 026
C D G	D♭ E♭ G♭	027 025
C D G	A D♭ E♭	027 026
C D G	A D♭ G♭	027 037
C D G	A E♭ G♭	027 036
A C D	D♭ E♭ G♭	025 025
A C D	D♭ E♭ G	025 026
A C D	D♭ G G♭	025 016

Hexatonic Subsets continued see page 653 for additional lists.

Trichord 1	Trichord 2	Prime forms
A C D	E♭ G G♭	025 014
C E♭ G♭	D D♭ G	036 016
C E♭ G♭	A D D♭	036 015
C E♭ G♭	A D♭ G	036 026
C E♭ G♭	A D G	036 027
C E♭ G	D D♭ G♭	037 015
C E♭ G	A D D♭	037 015
C E♭ G	A D♭ G♭	037 037
C E♭ G	A D G♭	037 037
A C E♭	D D♭ G♭	036 015
A C E♭	D D♭ G	036 016
A C E♭	D♭ G G♭	036 016
A C E♭	D G G♭	036 015
C G G♭	D D♭ E♭	016 012
C G G♭	A D D♭	016 015
C G G♭	A D♭ E♭	016 026
C G G♭	A D E♭	016 016
A C G♭	D D♭ E♭	036 012
A C G♭	D D♭ G	036 016
A C G♭	D♭ E♭ G	036 026
A C G♭	D E♭ G	036 015
A C G	D D♭ E♭	025 012
A C G	D D♭ G♭	025 015
A C G	D♭ E♭ G♭	025 025
A C G	D E♭ G♭	025 014
D D♭ E♭	C G G♭	012 016
D D♭ E♭	A C G♭	012 036
D D♭ E♭	A C G	012 025
D D♭ E♭	A G G♭	012 013
D D♭ G♭	C E♭ G	015 037
D D♭ G♭	A C E♭	015 036
D D♭ G♭	A C G	015 025
D D♭ G♭	A E♭ G	015 026
D D♭ G	C E♭ G♭	016 036
D D♭ G	A C E♭	016 036

C, D♭, D, E, F, G♭, A♭

prime form: 0, 1, 2, 4, 5, 6, 8
degrees: 1, ♭2, 2, 3, 4, ♭5, ♭6

Scale application to typical chord types all keys:

C:	1	♭2	2	3	4	♭5	♭6	7 mel
D♭:	7	1	♭2	♭3	3	4	5	
D:	♭7	7	1	2	♭3	3	♭5	
E♭:	6	♭7	7	♭2	2	♭3	4	
E:	♭6	6	♭7	1	♭2	2	3	7, 7sus4
F:	5	♭6	6	7	1	♭2	♭3	
G♭:	♭5	5	♭6	♭7	7	1	2	
G:	4	♭5	5	6	♭7	7	♭2	
A♭:	3	4	♭5	♭6	6	♭7	1	7 mel
A:	♭3	3	4	5	♭6	6	7	
B♭:	2	♭3	3	♭5	5	♭6	♭7	7
B:	♭2	2	♭3	4	♭5	5	6	7 mel

Symmetric Difference as:
Pitches
E♭, G, A, B♭, B
Degrees
♭3, 5, 6, ♭7, 7
Prime Form
0, 2, 3, 4, 8

See page 524 for more possible scale applications

Unique 3 Note Subsets as prime form		Unique 4 Note Subsets as prime form	
C D♭ D	012	C D♭ D E	0124
C D♭ E	014	C D♭ D F	0125
C D♭ F	015	C D♭ D G♭	0126
C D♭ G♭	016	C D♭ D A♭	0126
C D♭ A♭	015	C D♭ E F	0145
C D E	024	C D♭ E G♭	0146
C D F	025	C D♭ E A♭	0348
C D G♭	026	C D♭ F G♭	0156
C D A♭	026	C D♭ F A♭	0158
C E F	015	C D♭ G♭ A♭	0157
C E G♭	026	C D E F	0135
C E A♭	048	C D E G♭	0246
C F G♭	016	C D E A♭	0248
C F A♭	037	C D F G♭	0146
C G♭ A♭	026	C D F A♭	0258
D♭ D E	013	C D G♭ A♭	0268
D♭ D F	014	C E F G♭	0126
D♭ D G♭	015	C E F A♭	0148
D♭ D A♭	016	C E G♭ A♭	0248
D♭ E F	014	C F G♭ A♭	0137
D♭ E G♭	025	D♭ D E F	0134
D♭ E A♭	037	D♭ D E G♭	0135
D♭ F G♭	015	D♭ D E A♭	0137
D♭ F A♭	037	D♭ D F G♭	0145
D♭ G♭ A♭	027	D♭ D F A♭	0147
D E F	013	D♭ D G♭ A♭	0157
D E G♭	024	D♭ E F G♭	0125
D E A♭	026	D♭ E F A♭	0347
D F G♭	014	D♭ E G♭ A♭	0247
D F A♭	036	D♭ F G♭ A♭	0237
D G♭ A♭	026	D E F G♭	0124
E F G♭	012	D E F A♭	0236
E F A♭	014	D E G♭ A♭	0246
E G♭ A♭	024	D F G♭ A♭	0236
F G♭ A♭	013	E F G♭ A♭	0124

Hexatonic Subsets divided into 2 trichords as prime form			
C D D♭	E F G♭	012	012
C D D♭	A♭ E F	012	014
C D D♭	A♭ E G♭	012	024
C D D♭	A♭ F G♭	012	013
C D♭ E	D F G♭	014	014
C D♭ E	A♭ D F	014	036
C D♭ E	A♭ D G♭	014	026
C D♭ E	A♭ F G♭	014	013
C D♭ F	D E G♭	015	024
C D♭ F	A♭ D E	015	026
C D♭ F	A♭ D G♭	015	026
C D♭ F	A♭ E G♭	015	024
C D♭ G♭	D E F	016	013
C D♭ G♭	A♭ D E	016	026
C D♭ G♭	A♭ D F	016	036
C D♭ G♭	A♭ E F	016	014
A♭ C D♭	D E F	015	013
A♭ C D♭	D E G♭	015	024
A♭ C D♭	D F G♭	015	014
A♭ C D♭	E F G♭	015	012
C D E	D♭ F G♭	024	015
C D E	A♭ D♭ F	024	037
C D E	A♭ D♭ G♭	024	027
C D E	A♭ F G♭	024	013
C D F	D♭ E G♭	025	025
C D F	A♭ D♭ E	025	037
C D F	A♭ D♭ G♭	025	027
C D F	A♭ E G♭	025	024
C D G♭	D♭ E F	026	014
C D G♭	A♭ D♭ E	026	037
C D G♭	A♭ D♭ F	026	037
C D G♭	A♭ E F	026	014
A♭ C D	D♭ E F	026	014
A♭ C D	D♭ E G♭	026	025
A♭ C D	D♭ F G♭	026	015

Hexatonic Subsets continued see page 655 for additional lists.			
A♭ C D	E F G♭	026	012
C E F	D D♭ G♭	015	015
C E F	A♭ D D♭	015	016
C E F	A♭ D♭ G♭	015	027
C E F	A♭ D G♭	015	026
C E G♭	D D♭ F	026	014
C E G♭	A♭ D D♭	026	016
C E G♭	A♭ D♭ F	026	037
C E G♭	A♭ D F	026	036
A♭ C E	D D♭ F	048	014
A♭ C E	D D♭ G♭	048	015
A♭ C E	D♭ F G♭	048	015
A♭ C E	D F G♭	048	014
C F G♭	D D♭ E	016	013
C F G♭	A♭ D D♭	016	016
C F G♭	A♭ D♭ E	016	037
C F G♭	A♭ D E	016	026
A♭ C F	D D♭ E	037	013
A♭ C F	D D♭ G♭	037	015
A♭ C F	D♭ E G♭	037	025
A♭ C F	D E G♭	037	024
A♭ C G♭	D D♭ E	026	013
A♭ C G♭	D D♭ F	026	014
A♭ C G♭	D♭ E F	026	014
A♭ C G♭	D E F	026	013
D D♭ E	C F G♭	013	016
D D♭ E	A♭ C F	013	037
D D♭ E	A♭ C G♭	013	026
D D♭ E	A♭ F G♭	013	013
D D♭ F	C E G♭	014	026
D D♭ F	A♭ C E	014	048
D D♭ F	A♭ C G♭	014	026
D D♭ F	A♭ E G♭	014	024
D D♭ G♭	C E F	015	015
D D♭ G♭	A♭ C E	015	048

C, D♭, D, E, F, G♭, A

prime form: 0, 1, 2, 4, 5, 6, 9

degrees: 1, ♭2, 2, 3, 4, ♭5, 6

Scale application to typical chord types all keys:

C:	1	♭2	2	3	4	♭5	6	7 mel
D♭:	7	1	♭2	♭3	3	4	♭6	
D:	♭7	7	1	2	♭3	3	5	
E♭:	6	♭7	7	♭2	2	♭3	♭5	
E:	♭6	6	♭7	1	♭2	2	4	7 mel, 7sus4
F:	5	♭6	6	7	1	♭2	3	
G♭:	♭5	5	♭6	♭7	7	1	♭3	
G:	4	♭5	5	6	♭7	7	2	
A♭:	3	4	♭5	♭6	6	♭7	♭2	7 mel
A:	♭3	3	4	5	♭6	6	1	7 mel, 7sus4
B♭:	2	♭3	3	♭5	5	♭6	7	
B:	♭2	2	♭3	4	♭5	5	♭7	7 mel

Symmetric Difference as:
Pitches
E♭, G, A♭, B♭, B
Degrees
♭3, 5, ♭6, ♭7, 7
Prime Form
0, 1, 3, 4, 8

Unique 3 Note Subsets as prime form

C D♭ D	012
C D♭ E	014
C D♭ F	015
C D♭ G♭	016
C D♭ A	014
C D E	024
C D F	025
C D G♭	026
C D A	025
C E F	015
C E G♭	026
C E A	037
C F G♭	016
C F A	037
C G♭ A	036
D♭ D E	013
D♭ D F	014
D♭ D G♭	015
D♭ D A	015
D♭ E F	014
D♭ E G♭	025
D♭ E A	037
D♭ F G♭	015
D♭ F A	048
D♭ G♭ A	037
D E F	013
D E G♭	024
D E A	027
D F G♭	014
D F A	037
D G♭ A	037
E F G♭	012
E F A	015
E G♭ A	025
F G♭ A	014

Unique 4 Note Subsets as prime form

C D♭ D E	0124
C D♭ D F	0125
C D♭ D G♭	0126
C D♭ D A	0125
C D♭ E F	0145
C D♭ E G♭	0146
C D♭ E A	0347
C D♭ F G♭	0156
C D♭ F A	0148
C D♭ G♭ A	0147
C D E F	0135
C D E G♭	0246
C D E A	0247
C D F G♭	0146
C D F A	0358
C D G♭ A	0258
C E F G♭	0126
C E F A	0158
C E G♭ A	0258
C F G♭ A	0147
D♭ D E F	0134
D♭ D E G♭	0135
D♭ D E A	0237
D♭ D F G♭	0145
D♭ D F A	0348
D♭ D G♭ A	0158
D♭ E F G♭	0125
D♭ E F A	0148
D♭ E G♭ A	0358
D♭ F G♭ A	0148
D E F G♭	0124
D E F A	0237
D E G♭ A	0247
D F G♭ A	0347
E F G♭ A	0125

Hexatonic Subsets divided into 2 trichords as prime form

C D D♭	E F G♭	012 012
C D D♭	A E F	012 015
C D D♭	A E G♭	012 025
C D D♭	A F G♭	012 014
C D♭ E	D F G♭	014 014
C D♭ E	A D F	014 037
C D♭ E	A D G♭	014 037
C D♭ E	A F G♭	014 014
C D♭ F	D E G♭	015 024
C D♭ F	A D E	015 027
C D♭ F	A D G♭	015 037
C D♭ F	A E G♭	015 025
C D♭ G♭	D E F	016 013
C D♭ G♭	A D E	016 027
C D♭ G♭	A D F	016 037
C D♭ G♭	A E F	016 015
A C D♭	D E F	014 013
A C D♭	D E G♭	014 024
A C D♭	D F G♭	014 014
A C D♭	E F G♭	014 012
C D E	D♭ F G♭	024 015
C D E	A D♭ F	024 048
C D E	A D♭ G♭	024 037
C D E	A F G♭	024 014
C D F	D♭ E G♭	025 025
C D F	A D♭ E	025 037
C D F	A D♭ G♭	025 037
C D F	A E G♭	025 025
C D G♭	D♭ E F	026 014
C D G♭	A D♭ E	026 037
C D G♭	A D♭ F	026 048
C D G♭	A E F	026 015
A C D	D♭ E F	025 014
A C D	D♭ E G♭	025 025
A C D	D♭ F G♭	025 015

Hexatonic Subsets divided into 2 trichords as prime form

A C D	E F G♭	025 012
C E F	D D♭ G♭	015 015
C E F	A D D♭	015 015
C E F	A D♭ G♭	015 037
C E F	A D G♭	015 037
C E G♭	D D♭ F	026 014
C E G♭	A D D♭	026 015
C E G♭	A D♭ F	026 048
C E G♭	A D F	026 037
A C E	D D♭ F	037 014
A C E	D D♭ G♭	037 015
A C E	D♭ F G♭	037 015
A C E	D F G♭	037 014
C F G♭	D D♭ E	016 013
C F G♭	A D D♭	016 015
C F G♭	A D♭ E	016 037
C F G♭	A D E	016 027
A C F	D D♭ E	037 013
A C F	D D♭ G♭	037 015
A C F	D♭ E G♭	037 025
A C F	D E G♭	037 024
A C G♭	D D♭ E	036 013
A C G♭	D D♭ F	036 014
A C G♭	D♭ E F	036 014
A C G♭	D E F	036 013
D D♭ E	C F G♭	013 016
D D♭ E	A C F	013 037
D D♭ E	A C G♭	013 036
D D♭ E	A F G♭	013 014
D D♭ F	C E G♭	014 026
D D♭ F	A C E	014 037
D D♭ F	A C G♭	014 036
D D♭ F	A E G♭	014 025
D D♭ G♭	C E F	015 015
D D♭ G♭	A C E	015 037

C, D♭, D, E, F, G, A♭

prime form: 0, 1, 2, 4, 5, 7, 8

degrees: 1, ♭2, 2, 3, 4, 5, ♭6

Scale application to typical chord types all keys:

C:	1	♭2	2	3	4	5	♭6	7 mel, 7sus4
D♭:	7	1	♭2	♭3	3	♭5	5	
D:	♭7	7	1	2	♭3	4	♭5	
E♭:	6	♭7	7	♭2	2	3	4	
E:	♭6	6	♭7	1	♭2	♭3	3	7, 7sus4
F:	5	♭6	6	7	1	2	♭3	-Δ7 mel
G♭:	♭5	5	♭6	♭7	7	♭2	2	
G:	4	♭5	5	6	♭7	1	♭2	7 mel
A♭:	3	4	♭5	♭6	6	7	1	Δ7♯5 mel
A:	♭3	3	4	5	♭6	♭7	7	
B♭:	2	♭3	3	♭5	5	6	♭7	7
B:	♭2	2	♭3	4	♭5	♭6	6	7 mel

Symmetric Difference as:
Pitches
E♭, G♭, A, B♭, B
Degrees
♭3, ♭5, 6, ♭7, 7
Prime Form
0, 1, 2, 5, 8

See page 526 for more possible scale applications

Unique 3 Note Subsets as prime form

C D♭ D	012
C D♭ E	014
C D♭ F	015
C D♭ G	016
C D♭ A♭	015
C D E	024
C D F	025
C D G	027
C D A♭	026
C E F	015
C E G	037
C E A♭	048
C F G	027
C F A♭	037
C G A♭	015
D♭ D E	013
D♭ D F	014
D♭ D G	016
D♭ D A♭	016
D♭ E F	014
D♭ E G	036
D♭ E A♭	037
D♭ F G	026
D♭ F A♭	037
D♭ G A♭	016
D E F	013
D E G	025
D E A♭	026
D F G	025
D F A♭	036
D G A♭	016
E F G	013
E F A♭	014
E G A♭	014
F G A♭	013

Unique 4 Note Subsets as prime form

C D♭ D E	0124
C D♭ D F	0125
C D♭ D G	0127
C D♭ D A♭	0126
C D♭ E F	0145
C D♭ E G	0147
C D♭ E A♭	0348
C D♭ F G	0157
C D♭ F A♭	0158
C D♭ G A♭	0156
C D E F	0135
C D E G	0247
C D E A♭	0248
C D F G	0257
C D F A♭	0258
C D G A♭	0157
C E F G	0237
C E F A♭	0148
C E G A♭	0348
C F G A♭	0237
D♭ D E F	0134
D♭ D E G	0136
D♭ D E A♭	0137
D♭ D F G	0146
D♭ D F A♭	0147
D♭ D G A♭	0167
D♭ E F G	0236
D♭ E F A♭	0347
D♭ E G A♭	0147
D♭ F G A♭	0137
D E F G	0235
D E F A♭	0236
D E G A♭	0146
D F G A♭	0136
E F G A♭	0134

Hexatonic Subsets divided into 2 trichords as prime form

C D D♭	E F G	012	013
C D D♭	A♭ E F	012	014
C D D♭	A♭ E G	012	014
C D D♭	A♭ F G	012	013
C D♭ E	D F G	014	025
C D♭ E	A♭ D F	014	036
C D♭ E	A♭ D G	014	016
C D♭ E	A♭ F G	014	013
C D♭ F	D E G	015	025
C D♭ F	A♭ D E	015	026
C D♭ F	A♭ D G	015	016
C D♭ F	A♭ E G	015	014
C D♭ G	D E F	016	013
C D♭ G	A♭ D E	016	026
C D♭ G	A♭ D F	016	036
C D♭ G	A♭ E F	016	014
A♭ C D♭	D E F	015	013
A♭ C D♭	D E G	015	025
A♭ C D♭	D F G	015	025
A♭ C D♭	E F G	015	013
C D E	D♭ F G	024	026
C D E	A♭ D♭ F	024	037
C D E	A♭ D♭ G	024	016
C D E	A♭ F G	024	013
C D F	D♭ E G	025	036
C D F	A♭ D♭ E	025	037
C D F	A♭ D♭ G	025	016
C D F	A♭ E G	025	014
C D G	D♭ E F	027	014
C D G	A♭ D♭ E	027	037
C D G	A♭ D♭ F	027	037
C D G	A♭ E F	027	014
A♭ C D	D♭ E F	026	014
A♭ C D	D♭ E G	026	036
A♭ C D	D♭ F G	026	026

Hexatonic Subsets continued see page 657 for additional lists.

A♭ C D	E F G	026	013
C E F	D D♭ G	015	016
C E F	A♭ D D♭	015	016
C E F	A♭ D♭ G	015	016
C E F	A♭ D G	015	016
C E G	D D♭ F	037	014
C E G	A♭ D D♭	037	016
C E G	A♭ D♭ F	037	037
C E G	A♭ D F	037	036
A♭ C E	D D♭ F	048	014
A♭ C E	D D♭ G	048	016
A♭ C E	D♭ F G	048	026
A♭ C E	D F G	048	025
C F G	D D♭ E	027	013
C F G	A♭ D D♭	027	016
C F G	A♭ D♭ E	027	037
C F G	A♭ D E	027	026
A♭ C F	D D♭ E	037	013
A♭ C F	D D♭ G	037	016
A♭ C F	D♭ E G	037	036
A♭ C F	D E G	037	025
A♭ C G	D D♭ E	015	013
A♭ C G	D D♭ F	015	014
A♭ C G	D♭ E F	015	014
A♭ C G	D E F	015	013
D D♭ E	C F G	013	027
D D♭ E	A♭ C F	013	037
D D♭ E	A♭ C G	013	015
D D♭ E	A♭ F G	013	013
D D♭ F	C E G	014	037
D D♭ F	A♭ C E	014	048
D D♭ F	A♭ C G	014	015
D D♭ F	A♭ E G	014	014
D D♭ G	C E F	016	015
D D♭ G	A♭ C E	016	048

C, D♭, D, E, F, G, A

prime form: 0, 1, 2, 4, 5, 7, 9

degrees: 1, ♭2, 2, 3, 4, 5, 6

Scale application to typical chord types all keys:

C:	1	♭2	2	3	4	5	6	7 mel, 7sus4
D♭:	7	1	♭2	♭3	3	♭5	♭6	
D:	♭7	7	1	2	♭3	4	5	
E♭:	6	♭7	7	♭2	2	3	♭5	
E:	♭6	6	♭7	1	♭2	♭3	4	-7 mel, 7 mel, 7sus4
F:	5	♭6	6	7	1	2	3	Δ7♯5 mel
G♭:	♭5	5	♭6	♭7	7	♭2	♭3	
G:	4	♭5	5	6	♭7	1	2	7 mel
A♭:	3	4	♭5	♭6	6	7	♭2	
A:	♭3	3	4	5	♭6	♭7	1	7 mel, 7sus4
B♭:	2	♭3	3	♭5	5	6	7	
B:	♭2	2	♭3	4	♭5	♭6	♭7	7 mel, -7♭5 mel

Symmetric Difference as:
Pitches
E♭, G♭, A♭, B♭, B
Degrees
♭3, ♭5, ♭6, ♭7, 7
Prime Form
0, 1, 3, 5, 8

See page 527 for more possible scale applications

Unique 3 Note Subsets as prime form

C D♭ D	0 1 2
C D♭ E	0 1 4
C D♭ F	0 1 5
C D♭ G	0 1 6
C D♭ A	0 1 4
C D E	0 2 4
C D F	0 2 5
C D G	0 2 7
C D A	0 2 5
C E F	0 1 5
C E G	0 3 7
C E A	0 3 7
C F G	0 2 7
C F A	0 3 7
C G A	0 2 5
D♭ D E	0 1 3
D♭ D F	0 1 4
D♭ D G	0 1 6
D♭ D A	0 1 5
D♭ E F	0 1 4
D♭ E G	0 3 6
D♭ E A	0 3 7
D♭ F G	0 2 6
D♭ F A	0 4 8
D♭ G A	0 2 6
D E F	0 1 3
D E G	0 2 5
D E A	0 2 7
D F G	0 2 5
D F A	0 3 7
D G A	0 2 7
E F G	0 1 3
E F A	0 1 5
E G A	0 2 5
F G A	0 2 4

Unique 4 Note Subsets as prime form

C D♭ D E	0 1 2 4
C D♭ D F	0 1 2 5
C D♭ D G	0 1 2 7
C D♭ D A	0 1 2 5
C D♭ E F	0 1 4 5
C D♭ E G	0 1 4 7
C D♭ E A	0 3 4 7
C D♭ F G	0 1 5 7
C D♭ F A	0 1 4 8
C D♭ G A	0 1 4 6
C D E F	0 1 3 5
C D E G	0 2 4 7
C D E A	0 2 4 7
C D F G	0 2 5 7
C D F A	0 3 5 8
C D G A	0 2 5 7
C E F G	0 2 3 7
C E F A	0 1 5 8
C E G A	0 3 5 8
C F G A	0 2 4 7
D♭ D E F	0 1 3 4
D♭ D E G	0 1 3 6
D♭ D E A	0 2 3 7
D♭ D F G	0 1 4 6
D♭ D F A	0 3 4 8
D♭ D G A	0 1 5 7
D♭ E F G	0 2 3 6
D♭ E F A	0 1 4 8
D♭ E G A	0 2 5 8
D♭ F G A	0 2 4 8
D E F G	0 2 3 5
D E F A	0 2 3 7
D E G A	0 2 5 7
D F G A	0 2 4 7
E F G A	0 1 3 5

Hexatonic Subsets divided into 2 trichords as prime form

C D D♭	E F G	012	013
C D D♭	A E F	012	015
C D D♭	A E G	012	025
C D D♭	A F G	012	024
C D♭ E	D F G	014	025
C D♭ E	A D F	014	037
C D♭ E	A D G	014	027
C D♭ E	A F G	014	024
C D♭ F	D E G	015	025
C D♭ F	A D E	015	027
C D♭ F	A D G	015	027
C D♭ F	A E G	015	025
C D♭ G	D E F	016	013
C D♭ G	A D E	016	027
C D♭ G	A D F	016	037
C D♭ G	A E F	016	015
A C D♭	D E F	014	013
A C D♭	D E G	014	025
A C D♭	D F G	014	025
A C D♭	E F G	014	013
C D E	D♭ F G	024	026
C D E	A D♭ F	024	048
C D E	A D♭ G	024	026
C D E	A F G	024	024
C D F	D♭ E G	025	036
C D F	A D♭ E	025	037
C D F	A D♭ G	025	026
C D F	A E G	025	025
C D G	D♭ E F	027	014
C D G	A D♭ E	027	037
C D G	A D♭ F	027	048
C D G	A E F	027	015
A C D	D♭ E F	025	014
A C D	D♭ E G	025	036
A C D	D♭ F G	025	026

Hexatonic Subsets continued see page 659 for additional lists.

A C D	E F G	025	013
C E F	D D♭ G	015	016
C E F	A D D♭	015	015
C E F	A D♭ G	015	026
C E F	A D G	015	027
C E G	D D♭ F	037	014
C E G	A D D♭	037	015
C E G	A D♭ F	037	048
C E G	A D F	037	037
A C E	D D♭ F	037	014
A C E	D D♭ G	037	016
A C E	D♭ F G	037	026
A C E	D F G	037	025
C F G	D D♭ E	027	013
C F G	A D D♭	027	015
C F G	A D♭ E	027	037
C F G	A D E	027	027
A C F	D D♭ E	037	013
A C F	D D♭ G	037	016
A C F	D♭ E G	037	036
A C F	D E G	037	025
A C G	D D♭ E	025	013
A C G	D D♭ F	025	014
A C G	D♭ E F	025	014
A C G	D E F	025	013
D D♭ E	C F G	013	027
D D♭ E	A C F	013	037
D D♭ E	A C G	013	025
D D♭ E	A F G	013	024
D D♭ F	C E G	014	037
D D♭ F	A C E	014	037
D D♭ F	A C G	014	025
D D♭ F	A E G	014	025
D D♭ G	C E F	016	015
D D♭ G	A C E	016	037

C, D♭, D, E, F, A♭, A

prime form: 0, 1, 2, 4, 5, 8, 9

degrees: 1, ♭2, 2, 3, 4, ♭6, 6

Scale application to typical chord types all keys:

C:	1	♭2	2	3	4	♭6	6	7 mel, 7sus4
D♭:	7	1	♭2	♭3	3	5	♭6	
D:	♭7	7	1	2	♭3	♭5	5	
E♭:	6	♭7	7	♭2	2	4	♭5	
E:	♭6	6	♭7	1	♭2	3	4	7 mel, 7sus4
F:	5	♭6	6	7	1	♭3	3	
G♭:	♭5	5	♭6	♭7	7	2	♭3	
G:	4	♭5	5	6	♭7	♭2	2	7 mel
A♭:	3	4	♭5	♭6	6	1	♭2	7 mel
A:	♭3	3	4	5	♭6	7	1	
B♭:	2	♭3	3	♭5	5	♭7	7	
B:	♭2	2	♭3	4	♭5	6	♭7	7 mel

Symmetric Difference as:
Pitches
E♭, G♭, G, B♭, B
Degrees
♭3, ♭5, 5, ♭7, 7
Prime Form
0, 1, 4, 5, 8

See page 528 for more possible scale applications

Unique 3 Note Subsets as prime form

C D♭ D	0 1 2
C D♭ E	0 1 4
C D♭ F	0 1 5
C D♭ A♭	0 1 5
C D♭ A	0 1 4
C D E	0 2 4
C D F	0 2 5
C D A♭	0 2 6
C D A	0 2 5
C E F	0 1 5
C E A♭	0 4 8
C E A	0 3 7
C F A♭	0 3 7
C F A	0 3 7
C A♭ A	0 1 4
D♭ D E	0 1 3
D♭ D F	0 1 4
D♭ D A♭	0 1 6
D♭ D A	0 1 5
D♭ E F	0 1 4
D♭ E A♭	0 3 7
D♭ E A	0 3 7
D♭ F A♭	0 3 7
D♭ F A	0 4 8
D♭ A♭ A	0 1 5
D E F	0 1 3
D E A♭	0 2 6
D E A	0 2 7
D F A♭	0 3 6
D F A	0 3 7
D A♭ A	0 1 6
E F A♭	0 1 4
E F A	0 1 5
E A♭ A	0 1 5
F A♭ A	0 1 4

Unique 4 Note Subsets as prime form

C D♭ D E	0 1 2 4
C D♭ D F	0 1 2 5
C D♭ D A♭	0 1 2 6
C D♭ D A	0 1 2 5
C D♭ E F	0 1 4 5
C D♭ E A♭	0 3 4 8
C D♭ E A	0 3 4 7
C D♭ F A♭	0 1 5 8
C D♭ F A	0 1 4 8
C D♭ A♭ A	0 1 4 5
C D E F	0 1 3 5
C D E A♭	0 2 4 8
C D E A	0 2 4 7
C D F A♭	0 2 5 8
C D F A	0 3 5 8
C D A♭ A	0 1 4 6
C E F A♭	0 1 4 8
C E F A	0 1 5 8
C E A♭ A	0 3 4 8
C F A♭ A	0 3 4 7
D♭ D E F	0 1 3 4
D♭ D E A♭	0 1 3 7
D♭ D E A	0 2 3 7
D♭ D F A♭	0 1 4 7
D♭ D F A	0 3 4 8
D♭ D A♭ A	0 1 5 6
D♭ E F A♭	0 3 4 7
D♭ E F A	0 1 4 8
D♭ E A♭ A	0 1 5 8
D♭ F A♭ A	0 3 4 8
D E F A♭	0 2 3 6
D E F A	0 2 3 7
D E A♭ A	0 1 5 7
D F A♭ A	0 1 4 7
E F A♭ A	0 1 4 5

Hexatonic Subsets divided into 2 trichords as prime form

C D D♭	A♭ E F	012	014
C D D♭	A E F	012	015
C D D♭	A A♭ E	012	015
C D D♭	A A♭ F	012	014
C D♭ E	A♭ D F	014	036
C D♭ E	A D F	014	037
C D♭ E	A A♭ D	014	016
C D♭ E	A A♭ F	014	014
C D♭ F	A♭ D E	015	026
C D♭ F	A D E	015	027
C D♭ F	A A♭ D	015	016
C D♭ F	A A♭ E	015	015
A♭ C D♭	D E F	015	013
A♭ C D♭	A D E	015	027
A♭ C D♭	A D F	015	037
A♭ C D♭	A E F	015	015
A C D♭	D E F	014	013
A C D♭	A♭ D E	014	026
A C D♭	A♭ D F	014	036
A C D♭	A♭ E F	014	014
C D E	A♭ D♭ F	024	037
C D E	A D♭ F	024	048
C D E	A A♭ D♭	024	015
C D E	A A♭ F	024	014
C D F	A♭ D♭ E	025	037
C D F	A D♭ E	025	037
C D F	A A♭ D♭	025	015
C D F	A A♭ E	025	015
A♭ C D	D♭ E F	026	014
A♭ C D	A D♭ E	026	037
A♭ C D	A D♭ F	026	048
A♭ C D	A E F	026	015
A C D	D♭ E F	025	014
A C D	A♭ D♭ E	025	037
A C D	A♭ D♭ F	025	037

Hexatonic Subsets continued see page 661 for additional lists.

A C D	A♭ E F	025	014
C E F	A♭ D D♭	015	016
C E F	A D D♭	015	015
C E F	A A♭ D♭	015	015
C E F	A A♭ D	015	016
A♭ C E	D D♭ F	048	014
A♭ C E	A D D♭	048	015
A♭ C E	A D♭ F	048	048
A♭ C E	A D F	048	037
A C E	D D♭ F	037	014
A C E	A♭ D D♭	037	016
A C E	A♭ D♭ F	037	037
A C E	A♭ D F	037	036
A♭ C F	D D♭ E	037	013
A♭ C F	A D D♭	037	015
A♭ C F	A D♭ E	037	037
A♭ C F	A D E	037	027
A C F	D D♭ E	037	013
A C F	A♭ D D♭	037	016
A C F	A♭ D♭ E	037	037
A C F	A♭ D E	037	026
A A♭ C	D D♭ E	014	013
A A♭ C	D D♭ F	014	014
A A♭ C	D♭ E F	014	014
A A♭ C	D E F	014	013
D D♭ E	A♭ C F	013	037
D D♭ E	A C F	013	037
D D♭ E	A A♭ C	013	014
D D♭ E	A A♭ F	013	014
D D♭ F	A♭ C E	014	048
D D♭ F	A C E	014	037
D D♭ F	A A♭ C	014	014
D D♭ F	A A♭ E	014	015
A♭ D D♭	C E F	016	015
A♭ D D♭	A C E	016	037

C, D♭, D, E, G♭, G, A♭

prime form: 0, 1, 2, 4, 6, 7, 8

degrees: 1, ♭2, 2, 3, ♭5, 5, ♭6

Scale application to typical chord types all keys:

C:	1	♭2	2	3	♭5	5	♭6	7
D♭:	7	1	♭2	♭3	4	♭5	5	
D:	♭7	7	1	2	3	4	♭5	
E♭:	6	♭7	7	♭2	♭3	3	4	
E:	♭6	6	♭7	1	2	♭3	3	7, 7sus4
F:	5	♭6	6	7	♭2	2	♭3	
G♭:	♭5	5	♭6	♭7	1	♭2	2	7
G:	4	♭5	5	6	7	1	♭2	
A♭:	3	4	♭5	♭6	♭7	7	1	
A:	♭3	3	4	5	6	♭7	7	
B♭:	2	♭3	3	♭5	♭6	6	♭7	7
B:	♭2	2	♭3	4	5	♭6	6	7 mel, 7sus4

Symmetric Difference as:

Pitches

E♭, F, A, B♭, B

Degrees

♭3, 4, 6, ♭7, 7

Prime Form

0, 1, 2, 6, 8

Unique 3 Note Subsets as prime form

C D♭ D	012
C D♭ E	014
C D♭ G♭	016
C D♭ G	016
C D♭ A♭	015
C D E	024
C D G♭	026
C D G	027
C D A♭	026
C E G♭	026
C E G	037
C E A♭	048
C G♭ G	016
C G♭ A♭	026
C G A♭	015
D♭ D E	013
D♭ D G♭	015
D♭ D G	016
D♭ D A♭	016
D♭ E G♭	025
D♭ E G	036
D♭ E A♭	037
D♭ G♭ G	016
D♭ G♭ A♭	027
D♭ G A♭	016
D E G♭	024
D E G	025
D E A♭	026
D G♭ G	015
D G♭ A♭	026
D G A♭	016
E G♭ G	013
E G♭ A♭	024
E G A♭	014
G♭ G A♭	012

Unique 4 Note Subsets as prime form

C D♭ D E	0124
C D♭ D G♭	0126
C D♭ D G	0127
C D♭ D A♭	0126
C D♭ E G♭	0146
C D♭ E G	0147
C D♭ E A♭	0348
C D♭ G♭ G	0167
C D♭ G♭ A♭	0157
C D♭ G A♭	0156
C D E G♭	0246
C D E G	0247
C D E A♭	0248
C D G♭ G	0157
C D G♭ A♭	0268
C D G A♭	0157
C E G♭ G	0137
C E G♭ A♭	0248
C E G A♭	0348
C G♭ G A♭	0126
D♭ D E G♭	0135
D♭ D E G	0136
D♭ D E A♭	0137
D♭ D G♭ G	0156
D♭ D G♭ A♭	0157
D♭ D G A♭	0167
D♭ E G♭ G	0136
D♭ E G♭ A♭	0247
D♭ E G A♭	0147
D♭ G♭ G A♭	0127
D E G♭ G	0135
D E G♭ A♭	0246
D E G A♭	0146
D G♭ G A♭	0126
E G♭ G A♭	0124

Hexatonic Subsets divided into 2 trichords as prime form

C D D♭	E G G♭	012	013
C D D♭	A♭ E G♭	012	024
C D D♭	A♭ E G	012	014
C D D♭	A♭ G G♭	012	012
C D♭ E	D G G♭	014	015
C D♭ E	A♭ D G♭	014	026
C D♭ E	A♭ D G	014	016
C D♭ E	A♭ G G♭	014	012
C D♭ G♭	D E G	016	025
C D♭ G♭	A♭ D E	016	026
C D♭ G♭	A♭ D G	016	016
C D♭ G♭	A♭ E G	016	014
C D♭ G	D E G♭	016	024
C D♭ G	A♭ D E	016	026
C D♭ G	A♭ D G♭	016	026
C D♭ G	A♭ E G♭	016	024
A♭C D♭	D E G♭	015	024
A♭C D♭	D E G	015	025
A♭C D♭	D G G♭	015	015
A♭C D♭	E G G♭	015	013
C D E	D♭ G G♭	024	016
C D E	A♭ D♭ G♭	024	027
C D E	A♭ D♭ G	024	016
C D E	A♭ G G♭	024	012
C D G♭	D♭ E G	026	036
C D G♭	A♭ D♭ E	026	037
C D G♭	A♭ D♭ G	026	016
C D G♭	A♭ E G	026	014
C D G	D♭ E G♭	027	025
C D G	A♭ D♭ E	027	037
C D G	A♭ D♭ G♭	027	027
C D G	A♭ E G♭	027	024
A♭C D	D♭ E G♭	026	025
A♭C D	D♭ E G	026	036
A♭C D	D♭ G G♭	026	016

Hexatonic Subsets divided into 2 trichords as prime form

A♭C D	E G G♭	026	013
C E G♭	D D♭ G	026	016
C E G♭	A♭ D D♭	026	016
C E G♭	A♭ D♭ G	026	016
C E G♭	A♭ D G	026	016
C E G	D D♭ G♭	037	015
C E G	A♭ D D♭	037	016
C E G	A♭ D♭ G♭	037	027
C E G	A♭ D G♭	037	026
A♭C E	D D♭ G♭	048	015
A♭C E	D D♭ G	048	016
A♭C E	D♭ G G♭	048	016
A♭C E	D G G♭	048	015
C G G♭	D D♭ E	016	013
C G G♭	A♭ D D♭	016	016
C G G♭	A♭ D♭ E	016	037
C G G♭	A♭ D E	016	026
A♭C G♭	D D♭ E	026	013
A♭C G♭	D D♭ G	026	016
A♭C G♭	D♭ E G	026	036
A♭C G♭	D E G	026	025
A♭C G	D D♭ E	015	013
A♭C G	D D♭ G♭	015	015
A♭C G	D♭ E G♭	015	025
A♭C G	D E G♭	015	024
D D♭ E	C G G♭	013	016
D D♭ E	A♭ C G♭	013	026
D D♭ E	A♭ C G	013	015
D D♭ E	A♭ G G♭	013	012
D D♭ G♭	C E G	015	037
D D♭ G♭	A♭ C E	015	048
D D♭ G♭	A♭ C G	015	015
D D♭ G♭	A♭ E G	015	014
D D♭ G	C E G♭	016	026
D D♭ G	A♭ C E	016	048

C, D♭, D, E, G♭, G, A

prime form: 0, 1, 2, 4, 6, 7, 9

degrees: 1, ♭2, 2, 3, ♭5, 5, 6

Scale application to typical chord types all keys:

C:	1	♭2	2	3	♭5	5	6	7
D♭:	7	1	♭2	♭3	4	♭5	♭6	
D:	♭7	7	1	2	3	4	5	
E♭:	6	♭7	7	♭2	♭3	3	♭5	
E:	♭6	6	♭7	1	2	♭3	4	7 mel, 7sus4
F:	5	♭6	6	7	♭2	2	3	
G♭:	♭5	5	♭6	♭7	1	♭2	♭3	7
G:	4	♭5	5	6	7	1	2	Δ7♯5 mel, -Δ7
A♭:	3	4	♭5	♭6	♭7	7	♭2	
A:	♭3	3	4	5	6	♭7	1	7 mel, 7sus4
B♭:	2	♭3	3	♭5	♭6	6	7	
B:	♭2	2	♭3	4	5	♭6	♭7	7 mel, 7sus4

Symmetric Difference as:
Pitches
E♭, F, A♭, B♭, B
Degrees
♭3, 4, ♭6, ♭7, 7
Prime Form
0, 1, 3, 6, 8

See page 530 for more possible scale applications

Unique 3 Note Subsets as prime form

C D♭ D	012
C D♭ E	014
C D♭ G♭	016
C D♭ G	016
C D♭ A	014
C D E	024
C D G♭	026
C D G	027
C D A	025
C E G♭	026
C E G	037
C E A	037
C G♭ G	016
C G♭ A	036
C G A	025
D♭ D E	013
D♭ D G♭	015
D♭ D G	016
D♭ D A	015
D♭ E G♭	025
D♭ E G	036
D♭ E A	037
D♭ G♭ G	016
D♭ G♭ A	037
D♭ G A	026
D E G♭	024
D E G	025
D E A	027
D G♭ G	015
D G♭ A	037
D G A	027
E G♭ G	013
E G♭ A	025
E G A	025
G♭ G A	013

Unique 4 Note Subsets as prime form

C D♭ D E	0124
C D♭ D G♭	0126
C D♭ D G	0127
C D♭ D A	0125
C D♭ E G♭	0146
C D♭ E G	0147
C D♭ E A	0347
C D♭ G♭ G	0167
C D♭ G♭ A	0147
C D♭ G A	0146
C D E G♭	0246
C D E G	0247
C D E A	0247
C D G♭ G	0157
C D G♭ A	0258
C D G A	0257
C E G♭ G	0137
C E G♭ A	0258
C E G A	0358
C G♭ G A	0136
D♭ D E G♭	0135
D♭ D E G	0136
D♭ D E A	0237
D♭ D G♭ G	0156
D♭ D G♭ A	0158
D♭ D G A	0157
D♭ E G♭ G	0136
D♭ E G♭ A	0358
D♭ E G A	0258
D♭ G♭ G A	0137
D E G♭ G	0135
D E G♭ A	0247
D E G A	0257
D G♭ G A	0237
E G♭ G A	0235

Hexatonic Subsets divided into 2 trichords as prime form

C D D♭	E G G♭	012	013
C D D♭	A E G♭	012	025
C D D♭	A E G	012	025
C D D♭	A G G♭	012	013
C D♭ E	D G G♭	014	015
C D♭ E	A D G♭	014	037
C D♭ E	A D G	014	027
C D♭ E	A G G♭	014	013
C D♭ G♭	D E G	016	025
C D♭ G♭	A D E	016	027
C D♭ G♭	A D G	016	027
C D♭ G♭	A E G	016	025
C D♭ G	D E G♭	016	024
C D♭ G	A D E	016	027
C D♭ G	A D G♭	016	037
C D♭ G	A E G♭	016	025
A C D♭	D E G♭	014	024
A C D♭	D E G	014	025
A C D♭	D G G♭	014	015
A C D♭	E G G♭	014	013
C D E	D♭ G G♭	024	016
C D E	A D♭ G♭	024	037
C D E	A D♭ G	024	026
C D E	A G G♭	024	013
C D G♭	D♭ E G	026	036
C D G♭	A D♭ E	026	037
C D G♭	A D♭ G	026	026
C D G♭	A E G	026	025
C D G	D♭ E G♭	027	025
C D G	A D♭ E	027	037
C D G	A D♭ G♭	027	037
C D G	A E G♭	027	025
A C D	D♭ E G♭	025	025
A C D	D♭ E G	025	036
A C D	D♭ G G♭	025	016

Hexatonic Subsets continued see page 663 for additional lists.

A C D	E G G♭	025	013
C E G♭	D D♭ G	026	016
C E G♭	A D D♭	026	015
C E G♭	A D♭ G	026	026
C E G♭	A D G	026	027
C E G	D D♭ G♭	037	015
C E G	A D D♭	037	015
C E G	A D♭ G♭	037	037
C E G	A D G♭	037	037
A C E	D D♭ G♭	037	015
A C E	D D♭ G	037	016
A C E	D♭ G G♭	037	016
A C E	D G G♭	037	015
C G G♭	D D♭ E	016	013
C G G♭	A D D♭	016	015
C G G♭	A D♭ E	016	037
C G G♭	A D E	016	027
A C G♭	D D♭ E	036	013
A C G♭	D D♭ G	036	016
A C G♭	D♭ E G	036	036
A C G♭	D E G	036	025
A C G	D D♭ E	025	013
A C G	D D♭ G♭	025	015
A C G	D♭ E G♭	025	025
A C G	D E G♭	025	024
D D♭ E	C G G♭	013	016
D D♭ E	A C G♭	013	036
D D♭ E	A C G	013	025
D D♭ E	A G G♭	013	013
D D♭ G♭	C E G	015	037
D D♭ G♭	A C E	015	037
D D♭ G♭	A C G	015	025
D D♭ G♭	A E G	015	025
D D♭ G	C E G♭	016	026
D D♭ G	A C E	016	037

C, D♭, D, E, G♭, A♭, A

prime form: 0, 1, 2, 4, 6, 8, 9

degrees: 1, ♭2, 2, 3, ♭5, ♭6, 6

Scale application to typical chord types all keys:

C:	1	♭2	2	3	♭5	♭6	6	7
D♭:	7	1	♭2	♭3	4	5	♭6	
D:	♭7	7	1	2	3	♭5	5	
E♭:	6	♭7	7	♭2	♭3	4	♭5	
E:	♭6	6	♭7	1	2	3	4	7 mel, 7sus4
F:	5	♭6	6	7	♭2	♭3	3	
G♭:	♭5	5	♭6	♭7	1	2	♭3	7
G:	4	♭5	5	6	7	♭2	2	
A♭:	3	4	♭5	♭6	♭7	1	♭2	7 mel
A:	♭3	3	4	5	6	7	1	
B♭:	2	♭3	3	♭5	♭6	♭7	7	
B:	♭2	2	♭3	4	5	6	♭7	7 mel, 7sus4

Symmetric Difference as:
Pitches
E♭, F, G, B♭, B
Degrees
♭3, 4, 5, ♭7, 7
Prime Form
0, 1, 4, 6, 8

See page 531 for more possible scale applications

Unique 3 Note Subsets as prime form

C D♭ D	012
C D♭ E	014
C D♭ G♭	016
C D♭ A♭	015
C D♭ A	014
C D E	024
C D G♭	026
C D A♭	026
C D A	025
C E G♭	026
C E A♭	048
C E A	037
C G♭ A♭	026
C G♭ A	036
C A♭ A	014
D♭ D E	013
D♭ D G♭	015
D♭ D A♭	016
D♭ D A	015
D♭ E G♭	025
D♭ E A♭	037
D♭ E A	037
D♭ G♭ A♭	027
D♭ G♭ A	037
D♭ A♭ A	015
D E G♭	024
D E A♭	026
D E A	027
D G♭ A♭	026
D G♭ A	037
D A♭ A	016
E G♭ A♭	024
E G♭ A	025
E A♭ A	015
G♭ A♭ A	013

Unique 4 Note Subsets as prime form

C D♭ D E	0124
C D♭ D G♭	0126
C D♭ D A♭	0126
C D♭ D A	0125
C D♭ E G♭	0146
C D♭ E A♭	0348
C D♭ E A	0347
C D♭ G♭ A♭	0157
C D♭ G♭ A	0147
C D♭ A♭ A	0145
C D E G♭	0246
C D E A♭	0248
C D E A	0247
C D G♭ A♭	0268
C D G♭ A	0258
C D A♭ A	0146
C E G♭ A♭	0248
C E G♭ A	0258
C E A♭ A	0348
C G♭ A♭ A	0236
D♭ D E G♭	0135
D♭ D E A♭	0137
D♭ D E A	0237
D♭ D G♭ A♭	0157
D♭ D G♭ A	0158
D♭ D A♭ A	0156
D♭ E G♭ A♭	0247
D♭ E G♭ A	0358
D♭ E A♭ A	0158
D♭ G♭ A♭ A	0237
D E G♭ A♭	0246
D E G♭ A	0247
D E A♭ A	0157
D G♭ A♭ A	0137
E G♭ A♭ A	0135

Hexatonic Subsets divided into 2 trichords as prime form

C D D♭	A♭ E G♭	012	024
C D D♭	A E G♭	012	025
C D D♭	A A♭ E	012	015
C D D♭	A A♭ G♭	012	013
C D♭ E	A♭ D G♭	014	026
C D♭ E	A D G♭	014	037
C D♭ E	A A♭ D	014	016
C D♭ E	A A♭ G♭	014	013
C D♭ G♭	A♭ D E	016	026
C D♭ G♭	A D E	016	027
C D♭ G♭	A A♭ D	016	016
C D♭ G♭	A A♭ E	016	015
A♭ C D♭	D E G♭	015	024
A♭ C D♭	A D E	015	027
A♭ C D♭	A D G♭	015	037
A♭ C D♭	A E G♭	015	025
A C D♭	D E G♭	014	024
A C D♭	A♭ D E	014	026
A C D♭	A♭ D G♭	014	026
A C D♭	A♭ E G♭	014	024
C D E	A♭ D♭ G♭	024	027
C D E	A D♭ G♭	024	037
C D E	A A♭ D♭	024	015
C D E	A A♭ G♭	024	013
C D G♭	A♭ D♭ E	026	037
C D G♭	A D♭ E	026	037
C D G♭	A A♭ D♭	026	015
C D G♭	A A♭ E	026	015
A♭ C D	D♭ E G♭	026	025
A♭ C D	A D♭ E	026	037
A♭ C D	A D♭ G♭	026	037
A♭ C D	A E G♭	026	025
A C D	D♭ E G♭	025	025
A C D	A♭ D♭ E	025	037
A C D	A♭ D♭ G♭	025	027

Hexatonic Subsets continued see page 665 for additional lists.

A C D	A♭ E G♭	025	024
C E G♭	A♭ D D♭	026	016
C E G♭	A D D♭	026	015
C E G♭	A A♭ D♭	026	015
C E G♭	A A♭ D	026	016
A♭ C E	D D♭ G♭	048	015
A♭ C E	A D D♭	048	015
A♭ C E	A D♭ G♭	048	037
A♭ C E	A D G♭	048	037
A C E	D D♭ G♭	037	015
A C E	A♭ D D♭	037	016
A C E	A♭ D♭ G♭	037	027
A C E	A♭ D G♭	037	026
A♭ C G♭	D D♭ E	026	013
A♭ C G♭	A D D♭	026	015
A♭ C G♭	A D♭ E	026	037
A♭ C G♭	A D E	026	027
A C G♭	D D♭ E	036	013
A C G♭	A♭ D D♭	036	016
A C G♭	A♭ D♭ E	036	037
A C G♭	A♭ D E	036	026
A A♭ C	D D♭ E	014	013
A A♭ C	D D♭ G♭	014	015
A A♭ C	D♭ E G♭	014	025
A A♭ C	D E G♭	014	024
D D♭ E	A♭ C G♭	013	026
D D♭ E	A C G♭	013	036
D D♭ E	A A♭ C	013	014
D D♭ E	A A♭ G♭	013	013
D D♭ G♭	A♭ C E	015	048
D D♭ G♭	A C E	015	037
D D♭ G♭	A A♭ C	015	014
D D♭ G♭	A A♭ E	015	015
A♭ D D♭	C E G♭	016	026
A♭ D D♭	A C E	016	037

C, D♭, D, E, G♭, A♭, B♭

prime form: 0, 1, 2, 4, 6, 8, 10

degrees: 1, ♭2, 2, 3, ♭5, ♭6, ♭7

Scale application to typical chord types all keys:

C:	1	♭2	2	3	♭5	♭6	♭7	7
D♭:	7	1	♭2	♭3	4	5	6	
D:	♭7	7	1	2	3	♭5	♭6	
E♭:	6	♭7	7	♭2	♭3	4	5	
E:	♭6	6	♭7	1	2	3	♭5	7
F:	5	♭6	6	7	♭2	♭3	4	
G♭:	♭5	5	♭6	♭7	1	2	3	7
G:	4	♭5	5	6	7	♭2	♭3	
A♭:	3	4	♭5	♭6	♭7	1	2	7 mel
A:	♭3	3	4	5	6	7	♭2	
B♭:	2	♭3	3	♭5	♭6	♭7	1	7
B:	♭2	2	♭3	4	5	6	7	

Symmetric Difference as:
Pitches
E♭, F, G, A, B
Degrees
♭3, 4, 5, 6, 7
Prime Form
0, 2, 4, 6, 8

Unique 3 Note Subsets as prime form

C D♭ D	0 1 2
C D♭ E	0 1 4
C D♭ G♭	0 1 6
C D♭ A♭	0 1 5
C D♭ B♭	0 1 3
C D E	0 2 4
C D G♭	0 2 6
C D A♭	0 2 6
C D B♭	0 2 4
C E G♭	0 2 6
C E A♭	0 4 8
C E B♭	0 2 6
C G♭ A♭	0 2 6
C G♭ B♭	0 2 6
C A♭ B♭	0 2 4
D♭ D E	0 1 3
D♭ D G♭	0 1 5
D♭ D A♭	0 1 6
D♭ D B♭	0 1 4
D♭ E G♭	0 2 5
D♭ E A♭	0 3 7
D♭ E B♭	0 3 6
D♭ G♭ A♭	0 2 7
D♭ G♭ B♭	0 3 7
D♭ A♭ B♭	0 2 5
D E G♭	0 2 4
D E A♭	0 2 6
D E B♭	0 2 6
D G♭ A♭	0 2 6
D G♭ B♭	0 4 8
D A♭ B♭	0 2 6
E G♭ A♭	0 2 4
E G♭ B♭	0 2 6
E A♭ B♭	0 2 6
G♭ A♭ B♭	0 2 4

Unique 4 Note Subsets as prime form

C D♭ D E	0 1 2 4
C D♭ D G♭	0 1 2 6
C D♭ D A♭	0 1 2 6
C D♭ D B♭	0 1 2 4
C D♭ E G♭	0 1 4 6
C D♭ E A♭	0 3 4 8
C D♭ E B♭	0 2 3 6
C D♭ G♭ A♭	0 1 5 7
C D♭ G♭ B♭	0 1 3 7
C D♭ A♭ B♭	0 1 3 5
C D E G♭	0 2 4 6
C D E A♭	0 2 4 8
C D E B♭	0 2 4 6
C D G♭ A♭	0 2 6 8
C D G♭ B♭	0 2 4 8
C D A♭ B♭	0 2 4 6
C E G♭ A♭	0 2 4 8
C E G♭ B♭	0 2 6 8
C E A♭ B♭	0 2 4 8
C G♭ A♭ B♭	0 2 4 6
D♭ D E G♭	0 1 3 5
D♭ D E A♭	0 1 3 7
D♭ D E B♭	0 2 3 6
D♭ D G♭ A♭	0 1 5 7
D♭ D G♭ B♭	0 1 4 8
D♭ D A♭ B♭	0 1 4 6
D♭ E G♭ A♭	0 2 4 7
D♭ E G♭ B♭	0 2 5 8
D♭ E A♭ B♭	0 2 5 8
D♭ G♭ A♭ B♭	0 2 4 7
D E G♭ A♭	0 2 4 6
D E G♭ B♭	0 2 4 8
D E A♭ B♭	0 2 6 8
D G♭ A♭ B♭	0 2 4 8
E G♭ A♭ B♭	0 2 4 6

Hexatonic Subsets divided into 2 trichords as prime form

C D D♭	A♭ E G♭	012	024
C D D♭	B♭ E G♭	012	026
C D D♭	A♭ B♭ E	012	026
C D D♭	A♭ B♭ G♭	012	024
C D♭ E	A♭ D G♭	014	026
C D♭ E	B♭ D G♭	014	048
C D♭ E	A♭ B♭ D	014	026
C D♭ E	A♭ B♭ G♭	014	024
C D♭ G♭	A♭ D E	016	026
C D♭ G♭	B♭ D E	016	026
C D♭ G♭	A♭ B♭ D	016	026
C D♭ G♭	A♭ B♭ E	016	026
A♭ C D♭	D E G♭	015	024
A♭ C D♭	B♭ D E	015	026
A♭ C D♭	B♭ D G♭	015	048
A♭ C D♭	B♭ E G♭	015	026
B♭ C D♭	D E G♭	013	024
B♭ C D♭	A♭ D E	013	026
B♭ C D♭	A♭ D G♭	013	026
B♭ C D♭	A♭ E G♭	013	024
C D E	A♭ D♭ G♭	024	027
C D E	B♭ D♭ G♭	024	037
C D E	A♭ B♭ D♭	024	025
C D E	A♭ B♭ G♭	024	024
C D G♭	A♭ D♭ E	026	037
C D G♭	B♭ D♭ E	026	036
C D G♭	A♭ B♭ D♭	026	025
C D G♭	A♭ B♭ E	026	026
A♭ C D	D♭ E G♭	026	025
A♭ C D	B♭ D♭ E	026	036
A♭ C D	B♭ D♭ G♭	026	037
A♭ C D	B♭ E G♭	026	026
B♭ C D	D♭ E G♭	024	025
B♭ C D	A♭ D♭ E	024	037
B♭ C D	A♭ D♭ G♭	024	027

Hexatonic Subsets divided into 2 trichords as prime form

B♭ C D	A♭ E G♭	024	024
C E G♭	A♭ D D♭	026	016
C E G♭	B♭ D D♭	026	014
C E G♭	A♭ B♭ D♭	026	025
C E G♭	A♭ B♭ D	026	026
A♭ C E	D D♭ G♭	048	015
A♭ C E	B♭ D D♭	048	014
A♭ C E	B♭ D♭ G♭	048	037
A♭ C E	B♭ D G♭	048	048
B♭ C E	D D♭ G♭	026	015
B♭ C E	A♭ D D♭	026	016
B♭ C E	A♭ D♭ G♭	026	027
B♭ C E	A♭ D G♭	026	026
A♭ C G♭	D D♭ E	026	013
A♭ C G♭	B♭ D D♭	026	014
A♭ C G♭	B♭ D♭ E	026	036
A♭ C G♭	B♭ D E	026	026
B♭ C G♭	D D♭ E	026	013
B♭ C G♭	A♭ D D♭	026	016
B♭ C G♭	A♭ D♭ E	026	037
B♭ C G♭	A♭ D E	026	026
A♭ B♭ C	D D♭ E	024	013
A♭ B♭ C	D D♭ G♭	024	015
A♭ B♭ C	D♭ E G♭	024	025
A♭ B♭ C	D E G♭	024	024
D D♭ E	A♭ C G♭	013	026
D D♭ E	B♭ C G♭	013	026
D D♭ E	A♭ B♭ C	013	024
D D♭ E	A♭ B♭ G♭	013	024
D D♭ G♭	A♭ C E	015	048
D D♭ G♭	B♭ C E	015	026
D D♭ G♭	A♭ B♭ C	015	024
D D♭ G♭	A♭ B♭ E	015	026
A♭ D D♭	C E G♭	016	026
A♭ D D♭	B♭ C E	016	026

C, D♭, D, E, G, A♭, A

prime form: 0, 1, 2, 4, 7, 8, 9

degrees: 1, ♭2, 2, 3, 5, ♭6, 6

Scale application to typical chord types all keys:

C:	1	♭2	2	3	5	♭6	6	7, 7sus4
D♭:	7	1	♭2	♭3	♭5	5	♭6	
D:	♭7	7	1	2	4	♭5	5	
E♭:	6	♭7	7	♭2	3	4	♭5	
E:	♭6	6	♭7	1	♭3	3	4	7 mel, 7sus4
F:	5	♭6	6	7	2	♭3	3	
G♭:	♭5	5	♭6	♭7	♭2	2	♭3	7
G:	4	♭5	5	6	1	♭2	2	7 mel
A♭:	3	4	♭5	♭6	7	1	♭2	
A:	♭3	3	4	5	♭7	7	1	
B♭:	2	♭3	3	♭5	6	♭7	7	
B:	♭2	2	♭3	4	♭6	6	♭7	7 mel, 7sus4

Symmetric Difference as:
Pitches
E♭, F, G♭, B♭, B
Degrees
♭3, 4, ♭5, ♭7, 7
Prime Form
0, 1, 3, 7, 8

See page 533 for more possible scale applications

Unique 3 Note Subsets as prime form

C D♭ D	012
C D♭ E	014
C D♭ G	016
C D♭ A♭	015
C D♭ A	014
C D E	024
C D G	027
C D A♭	026
C D A	025
C E G	037
C E A♭	048
C E A	037
C G A♭	015
C G A	025
C A♭ A	014
D♭ D E	013
D♭ D G	016
D♭ D A♭	016
D♭ D A	015
D♭ E G	036
D♭ E A♭	037
D♭ E A	037
D♭ G A♭	016
D♭ G A	026
D♭ A♭ A	015
D E G	025
D E A♭	026
D E A	027
D G A♭	016
D G A	027
D A♭ A	016
E G A♭	014
E G A	025
E A♭ A	015
G A♭ A	012

Unique 4 Note Subsets as prime form

C D♭ D E	0124
C D♭ D G	0127
C D♭ D A♭	0126
C D♭ D A	0125
C D♭ E G	0147
C D♭ E A♭	0348
C D♭ E A	0347
C D♭ G A♭	0156
C D♭ G A	0146
C D♭ A♭ A	0145
C D E G	0247
C D E A♭	0248
C D E A	0247
C D G A♭	0157
C D G A	0257
C D A♭ A	0146
C E G A♭	0348
C E G A	0358
C E A♭ A	0348
C G A♭ A	0125
D♭ D E G	0136
D♭ D E A♭	0137
D♭ D E A	0237
D♭ D G A♭	0167
D♭ D G A	0157
D♭ D A♭ A	0156
D♭ E G A♭	0147
D♭ E G A	0258
D♭ E A♭ A	0158
D♭ G A♭ A	0126
D E G A♭	0146
D E G A	0257
D E A♭ A	0157
D G A♭ A	0127
E G A♭ A	0125

Hexatonic Subsets divided into 2 trichords as prime form

C D D♭	A♭ E G	012	014
C D D♭	A E G	012	025
C D D♭	A A♭ E	012	015
C D D♭	A A♭ G	012	012
C D♭ E	A♭ D G	014	016
C D♭ E	A D G	014	027
C D♭ E	A A♭ D	014	016
C D♭ E	A A♭ G	014	012
C D♭ G	A♭ D E	016	026
C D♭ G	A D E	016	027
C D♭ G	A A♭ D	016	016
C D♭ G	A A♭ E	016	015
A♭ C D♭	D E G	015	025
A♭ C D♭	A D E	015	027
A♭ C D♭	A D G	015	027
A♭ C D♭	A E G	015	025
A C D♭	D E G	014	025
A C D♭	A♭ D E	014	026
A C D♭	A♭ D G	014	016
A C D♭	A♭ E G	014	014
C D E	A♭ D♭ G	024	016
C D E	A D♭ G	024	026
C D E	A A♭ D♭	024	015
C D E	A A♭ G	024	012
C D G	A♭ D♭ E	027	037
C D G	A D♭ E	027	037
C D G	A A♭ D♭	027	015
C D G	A A♭ E	027	015
A♭ C D	D♭ E G	026	036
A♭ C D	A D♭ E	026	037
A♭ C D	A D♭ G	026	026
A♭ C D	A E G	026	025
A C D	D♭ E G	025	036
A C D	A♭ D♭ E	025	037
A C D	A♭ D♭ G	025	016

Hexatonic Subsets continued see page 667 for additional lists.

A C D	A♭ E G	025	014
C E G	A♭ D D♭	037	016
C E G	A D D♭	037	015
C E G	A A♭ D♭	037	015
C E G	A A♭ D	037	016
A♭ C E	D D♭ G	048	016
A♭ C E	A D D♭	048	015
A♭ C E	A D♭ G	048	026
A♭ C E	A D G	048	027
A C E	D D♭ G	037	016
A C E	A♭ D D♭	037	016
A C E	A♭ D♭ G	037	016
A C E	A♭ D G	037	016
A♭ C G	D D♭ E	015	013
A♭ C G	A D D♭	015	015
A♭ C G	A D♭ E	015	037
A♭ C G	A D E	015	027
A C G	D D♭ E	025	013
A C G	A♭ D D♭	025	016
A C G	A♭ D♭ E	025	037
A C G	A♭ D E	025	026
A A♭ C	D D♭ E	014	013
A A♭ C	D D♭ G	014	016
A A♭ C	D♭ E G	014	036
A A♭ C	D E G	014	025
D D♭ E	A♭ C G	013	015
D D♭ E	A C G	013	025
D D♭ E	A A♭ C	013	014
D D♭ E	A A♭ G	013	012
D D♭ G	A♭ C E	016	048
D D♭ G	A C E	016	037
D D♭ G	A A♭ C	016	014
D D♭ G	A A♭ E	016	015
A♭ D D♭	C E G	016	037
A♭ D D♭	A C E	016	037

C, D♭, D, F, G♭, A♭, A

prime form: 0, 1, 2, 5, 6, 8, 9

degrees: 1, ♭2, 2, 4, ♭5, ♭6, 6

Scale application to typical chord types all keys:

C:	1	♭2	2	4	♭5	♭6	6	7 mel
D♭:	7	1	♭2	3	4	5	♭6	
D:	♭7	7	1	♭3	3	♭5	5	
E♭:	6	♭7	7	2	♭3	4	♭5	
E:	♭6	6	♭7	♭2	2	3	4	7 mel, 7sus4
F:	5	♭6	6	1	♭2	♭3	3	7, 7sus4
G♭:	♭5	5	♭6	7	1	2	♭3	-Δ7 mel
G:	4	♭5	5	♭7	7	♭2	2	
A♭:	3	4	♭5	6	♭7	1	♭2	7 mel
A:	♭3	3	4	♭6	6	7	1	
B♭:	2	♭3	3	5	♭6	♭7	7	
B:	♭2	2	♭3	♭5	5	6	♭7	7

Symmetric Difference as:
Pitches
E♭, E, G, B♭, B
Degrees
♭3, 3, 5, ♭7, 7
Prime Form
0, 1, 4, 7, 8

Unique 3 Note Subsets as prime form

C D♭ D	0 1 2
C D♭ F	0 1 5
C D♭ G♭	0 1 6
C D♭ A♭	0 1 5
C D♭ A	0 1 4
C D F	0 2 5
C D G♭	0 2 6
C D A♭	0 2 6
C D A	0 2 5
C F G♭	0 1 6
C F A♭	0 3 7
C F A	0 3 7
C G♭ A♭	0 2 6
C G♭ A	0 3 6
C A♭ A	0 1 4
D♭ D F	0 1 4
D♭ D G♭	0 1 5
D♭ D A♭	0 1 6
D♭ D A	0 1 5
D♭ F G♭	0 1 5
D♭ F A♭	0 3 7
D♭ F A	0 4 8
D♭ G♭ A♭	0 2 7
D♭ G♭ A	0 3 7
D♭ A♭ A	0 1 5
D F G♭	0 1 4
D F A♭	0 3 6
D F A	0 3 7
D G♭ A♭	0 2 6
D G♭ A	0 3 7
D A♭ A	0 1 6
F G♭ A♭	0 1 3
F G♭ A	0 1 4
F A♭ A	0 1 4
G♭ A♭ A	0 1 3

Unique 4 Note Subsets as prime form

C D♭ D F	0 1 2 5
C D♭ D G♭	0 1 2 6
C D♭ D A♭	0 1 2 6
C D♭ D A	0 1 2 5
C D♭ F G♭	0 1 5 6
C D♭ F A♭	0 1 5 8
C D♭ F A	0 1 4 8
C D♭ G♭ A♭	0 1 5 7
C D♭ G♭ A	0 1 4 7
C D♭ A♭ A	0 1 4 5
C D F G♭	0 1 4 6
C D F A♭	0 2 5 8
C D F A	0 3 5 8
C D G♭ A♭	0 2 6 8
C D G♭ A	0 2 5 8
C D A♭ A	0 1 4 6
C F G♭ A♭	0 1 3 7
C F G♭ A	0 1 4 7
C F A♭ A	0 3 4 7
C G♭ A♭ A	0 2 3 6
D♭ D F G♭	0 1 4 5
D♭ D F A♭	0 1 4 7
D♭ D F A	0 3 4 8
D♭ D G♭ A♭	0 1 5 7
D♭ D G♭ A	0 1 5 8
D♭ D A♭ A	0 1 5 6
D♭ F G♭ A♭	0 2 3 7
D♭ F G♭ A	0 1 4 8
D♭ F A♭ A	0 3 4 8
D♭ G♭ A♭ A	0 2 3 7
D F G♭ A♭	0 2 3 6
D F G♭ A	0 3 4 7
D F A♭ A	0 1 4 7
D G♭ A♭ A	0 1 3 7
F G♭ A♭ A	0 1 3 4

Hexatonic Subsets divided into 2 trichords as prime form

C D D♭	A♭ F G♭	012 013
C D D♭	A F G♭	012 014
C D D♭	A A♭ F	012 014
C D D♭	A A♭ G♭	012 013
C D♭ F	A♭ D G♭	015 026
C D♭ F	A D G♭	015 037
C D♭ F	A A♭ D	015 016
C D♭ F	A A♭ G♭	015 013
C D♭ G♭	A♭ D F	016 036
C D♭ G♭	A D F	016 037
C D♭ G♭	A A♭ D	016 016
C D♭ G♭	A A♭ F	016 014
A♭ C D♭	D F G♭	015 014
A♭ C D♭	A D F	015 037
A♭ C D♭	A D G♭	015 037
A♭ C D♭	A F G♭	015 014
A C D♭	D F G♭	014 014
A C D♭	A♭ D F	014 036
A C D♭	A♭ D G♭	014 026
A C D♭	A♭ F G♭	014 013
C D F	A♭ D♭ G♭	025 027
C D F	A D♭ G♭	025 037
C D F	A A♭ D♭	025 015
C D F	A A♭ G♭	025 013
C D G♭	A♭ D♭ F	026 037
C D G♭	A D♭ F	026 048
C D G♭	A A♭ D♭	026 015
C D G♭	A A♭ F	026 014
A♭ C D	D♭ F G♭	026 015
A♭ C D	A D♭ F	026 048
A♭ C D	A D♭ G♭	026 037
A♭ C D	A F G♭	026 014
A C D	D♭ F G♭	025 015
A C D	A♭ D♭ F	025 037
A C D	A♭ D♭ G♭	025 027

Hexatonic Subsets divided into 2 trichords as prime form

A C D	A♭ F G♭	025 013
C F G♭	A♭ D D♭	016 016
C F G♭	A D D♭	016 015
C F G♭	A A♭ D♭	016 015
C F G♭	A A♭ D	016 016
A♭ C F	D D♭ G♭	037 015
A♭ C F	A D D♭	037 015
A♭ C F	A D♭ G♭	037 037
A♭ C F	A D G♭	037 037
A C F	D D♭ G♭	037 015
A C F	A♭ D D♭	037 016
A C F	A♭ D♭ G♭	037 027
A C F	A♭ D G♭	037 026
A♭ C G♭	D D♭ F	026 014
A♭ C G♭	A D D♭	026 015
A♭ C G♭	A D♭ F	026 048
A♭ C G♭	A D F	026 037
A C G♭	D D♭ F	036 014
A C G♭	A♭ D D♭	036 016
A C G♭	A♭ D♭ F	036 037
A C G♭	A♭ D F	036 036
A A♭ C	D D♭ F	014 014
A A♭ C	D D♭ G♭	014 015
A A♭ C	D♭ F G♭	014 015
A A♭ C	D F G♭	014 014
D D♭ F	A♭ C G♭	014 026
D D♭ F	A C G♭	014 036
D D♭ F	A A♭ C	014 014
D D♭ F	A A♭ G♭	014 013
D D♭ G♭	A♭ C F	015 037
D D♭ G♭	A C F	015 037
D D♭ G♭	A A♭ C	015 014
D D♭ G♭	A A♭ F	015 014
A♭ D D♭	C F G♭	016 016
A♭ D D♭	A C F	016 037

C, D♭, E♭, E, F, G♭, A♭

prime form: 0, 1, 3, 4, 5, 6, 8

degrees: 1, ♭2, ♭3, 3, 4, ♭5, ♭6

Scale application to typical chord types all keys:

C:	1	♭2	♭3	3	4	♭5	♭6	7 mel
D♭:	7	1	2	♭3	3	4	5	
D:	♭7	7	♭2	2	♭3	3	♭5	
E♭:	6	♭7	1	♭2	2	♭3	4	7 mel, 7sus4
E:	♭6	6	7	1	♭2	2	3	
F:	5	♭6	♭7	7	1	♭2	♭3	
G♭:	♭5	5	6	♭7	7	1	2	
G:	4	♭5	♭6	6	♭7	7	♭2	
A♭:	3	4	5	♭6	6	♭7	1	7 mel, 7sus4
A:	♭3	3	♭5	5	♭6	6	7	
B♭:	2	♭3	4	♭5	5	♭6	♭7	7 mel
B:	♭2	2	3	4	♭5	5	6	7 mel

Symmetric Difference as:

Pitches

D, G, A, B♭, B

Degrees

2, 5, 6, ♭7, 7

Prime Form

0, 2, 3, 4, 7

See page 535 for more possible scale applications

Unique 3 Note Subsets as prime form

C D♭ E♭	0 1 3
C D♭ E	0 1 4
C D♭ F	0 1 5
C D♭ G♭	0 1 6
C D♭ A♭	0 1 5
C E♭ E	0 1 4
C E♭ F	0 2 5
C E♭ G♭	0 3 6
C E♭ A♭	0 3 7
C E F	0 1 5
C E G♭	0 2 6
C E A♭	0 4 8
C F G♭	0 1 6
C F A♭	0 3 7
C G♭ A♭	0 2 6
D♭ E♭ E	0 1 3
D♭ E♭ F	0 2 4
D♭ E♭ G♭	0 2 5
D♭ E♭ A♭	0 2 7
D♭ E F	0 1 4
D♭ E G♭	0 2 5
D♭ E A♭	0 3 7
D♭ F G♭	0 1 5
D♭ F A♭	0 3 7
D♭ G♭ A♭	0 2 7
E♭ E F	0 1 2
E♭ E G♭	0 1 3
E♭ E A♭	0 1 5
E♭ F G♭	0 1 3
E♭ F A♭	0 2 5
E♭ G♭ A♭	0 2 5
E F G♭	0 1 2
E F A♭	0 1 4
E G♭ A♭	0 2 4
F G♭ A♭	0 1 3

Unique 4 Note Subsets as prime form

C D♭ E♭ E	0 1 3 4
C D♭ E♭ F	0 1 3 5
C D♭ E♭ G♭	0 1 3 6
C D♭ E♭ A♭	0 2 3 7
C D♭ E F	0 1 4 5
C D♭ E G♭	0 1 4 6
C D♭ E A♭	0 3 4 8
C D♭ F G♭	0 1 5 6
C D♭ F A♭	0 1 5 8
C D♭ G♭ A♭	0 1 5 7
C E♭ E F	0 1 2 5
C E♭ E G♭	0 2 3 6
C E♭ E A♭	0 1 4 8
C E♭ F G♭	0 1 3 6
C E♭ F A♭	0 3 5 8
C E♭ G♭ A♭	0 2 5 8
C E F G♭	0 1 2 6
C E F A♭	0 1 4 8
C E G♭ A♭	0 2 4 8
C F G♭ A♭	0 1 3 7
D♭ E♭ E F	0 1 2 4
D♭ E♭ E G♭	0 2 3 5
D♭ E♭ E A♭	0 2 3 7
D♭ E♭ F G♭	0 1 3 5
D♭ E♭ F A♭	0 2 4 7
D♭ E♭ G♭ A♭	0 2 5 7
D♭ E F G♭	0 1 2 5
D♭ E F A♭	0 3 4 7
D♭ E G♭ A♭	0 2 4 7
D♭ F G♭ A♭	0 2 3 7
E♭ E F G♭	0 1 2 3
E♭ E F A♭	0 1 2 5
E♭ E G♭ A♭	0 1 3 5
E♭ F G♭ A♭	0 2 3 5
E F G♭ A♭	0 1 2 4

Hexatonic Subsets divided into 2 trichords as prime form

C D♭ E♭	E F G♭	013	012
C D♭ E♭	A♭ E F	013	014
C D♭ E♭	A♭ E G♭	013	024
C D♭ E♭	A♭ F G♭	013	013
C D♭ E	E♭ F G♭	014	013
C D♭ E	A♭ E♭ F	014	025
C D♭ E	A♭ E♭ G♭	014	025
C D♭ E	A♭ F G♭	014	013
C D♭ F	E E♭ G♭	015	013
C D♭ F	A♭ E E♭	015	015
C D♭ F	A♭ E♭ G♭	015	025
C D♭ F	A♭ E G♭	015	024
C D♭ G♭	E E♭ F	016	012
C D♭ G♭	A♭ E E♭	016	015
C D♭ G♭	A♭ E♭ F	016	025
C D♭ G♭	A♭ E F	016	014
A♭ C D♭	E E♭ F	015	012
A♭ C D♭	E E♭ G♭	015	013
A♭ C D♭	E♭ F G♭	015	013
A♭ C D♭	E F G♭	015	012
C E E♭	D♭ F G♭	014	015
C E E♭	A♭ D♭ F	014	037
C E E♭	A♭ D♭ G♭	014	027
C E E♭	A♭ F G♭	014	013
C E♭ F	D♭ E G♭	025	025
C E♭ F	A♭ D♭ E	025	037
C E♭ F	A♭ D♭ G♭	025	027
C E♭ F	A♭ E G♭	025	024
C E♭ G♭	D♭ E F	036	014
C E♭ G♭	A♭ D♭ E	036	037
C E♭ G♭	A♭ D♭ F	036	037
C E♭ G♭	A♭ E F	036	014
A♭ C E♭	D♭ E F	037	014
A♭ C E♭	D♭ E G♭	037	025
A♭ C E♭	D♭ F G♭	037	015

Hexatonic Subsets continued see page 669 for additional lists.

A♭ C E♭	E F G♭	037	012
C E F	D♭ E♭ G♭	015	025
C E F	A♭ D♭ E♭	015	027
C E F	A♭ D♭ G♭	015	027
C E F	A♭ E♭ G♭	015	025
C E G♭	D♭ E♭ F	026	024
C E G♭	A♭ D♭ E♭	026	027
C E G♭	A♭ D♭ F	026	037
C E G♭	A♭ E♭ F	026	025
A♭ C E	D♭ E♭ F	048	024
A♭ C E	D♭ E♭ G♭	048	025
A♭ C E	D♭ F G♭	048	015
A♭ C E	E♭ F G♭	048	013
C F G♭	D♭ E E♭	016	013
C F G♭	A♭ D♭ E♭	016	027
C F G♭	A♭ D♭ E	016	037
C F G♭	A♭ E E♭	016	015
A♭ C F	D♭ E E♭	037	013
A♭ C F	D♭ E♭ G♭	037	025
A♭ C F	D♭ E G♭	037	025
A♭ C F	E E♭ G♭	037	013
A♭ C G♭	D♭ E E♭	026	013
A♭ C G♭	D♭ E♭ F	026	024
A♭ C G♭	D♭ E F	026	014
A♭ C G♭	E E♭ F	026	012
D♭ E E♭	C F G♭	013	016
D♭ E E♭	A♭ C F	013	037
D♭ E E♭	A♭ C G♭	013	026
D♭ E E♭	A♭ F G♭	013	013
D♭ E♭ F	C E G♭	024	026
D♭ E♭ F	A♭ C E	024	048
D♭ E♭ F	A♭ C G♭	024	026
D♭ E♭ F	A♭ E G♭	024	024
D♭ E♭ G♭	C E F	025	015
D♭ E♭ G♭	A♭ C E	025	048

C, D♭, E♭, E, F, G, A♭

prime form: 0, 1, 3, 4, 5, 7, 8
degrees: 1, ♭2, ♭3, 3, 4, 5, ♭6

Scale application to typical chord types all keys:

C:	1	♭2	♭3	3	4	5	♭6	7 mel, 7sus4
D♭:	7	1	2	♭3	3	♭5	5	
D:	♭7	7	♭2	2	♭3	4	♭5	
E♭:	6	♭7	1	♭2	2	3	4	7 mel, 7sus4
E:	♭6	6	7	1	♭2	♭3	3	
F:	5	♭6	♭7	7	1	2	♭3	
G♭:	♭5	5	6	♭7	7	♭2	2	
G:	4	♭5	♭6	6	♭7	1	♭2	7 mel
A♭:	3	4	5	♭6	6	7	1	Δ7♯5 mel
A:	♭3	3	♭5	5	♭6	♭7	7	
B♭:	2	♭3	4	♭5	5	6	♭7	7 mel
B:	♭2	2	3	4	♭5	♭6	6	7 mel

Symmetric Difference as:
Pitches
D, G♭, A, B♭, B
Degrees
2, ♭5, 6, ♭7, 7
Prime Form
0, 3, 4, 5, 8

Unique 3 Note Subsets as prime form	
C D♭ E♭	0 1 3
C D♭ E	0 1 4
C D♭ F	0 1 5
C D♭ G	0 1 6
C D♭ A♭	0 1 5
C E♭ E	0 1 4
C E♭ F	0 2 5
C E♭ G	0 3 7
C E♭ A♭	0 3 7
C E F	0 1 5
C E G	0 3 7
C E A♭	0 4 8
C F G	0 2 7
C F A♭	0 3 7
C G A♭	0 1 5
D♭ E♭ E	0 1 3
D♭ E♭ F	0 2 4
D♭ E♭ G	0 2 6
D♭ E♭ A♭	0 2 7
D♭ E F	0 1 4
D♭ E G	0 3 6
D♭ E A♭	0 3 7
D♭ F G	0 2 6
D♭ F A♭	0 3 7
D♭ G A♭	0 1 6
E♭ E F	0 1 2
E♭ E G	0 1 4
E♭ E A♭	0 1 5
E♭ F G	0 2 4
E♭ F A♭	0 2 5
E♭ G A♭	0 1 5
E F G	0 1 3
E F A♭	0 1 4
E G A♭	0 1 4
F G A♭	0 1 3

Unique 4 Note Subsets as prime form	
C D♭ E♭ E	0 1 3 4
C D♭ E♭ F	0 1 3 5
C D♭ E♭ G	0 1 3 7
C D♭ E♭ A♭	0 2 3 7
C D♭ E F	0 1 4 5
C D♭ E G	0 1 4 7
C D♭ E A♭	0 3 4 8
C D♭ F G	0 1 5 7
C D♭ F A♭	0 1 5 8
C D♭ G A♭	0 1 5 6
C E♭ E F	0 1 2 5
C E♭ E G	0 3 4 7
C E♭ E A♭	0 1 4 8
C E♭ F G	0 2 4 7
C E♭ F A♭	0 3 5 8
C E♭ G A♭	0 1 5 8
C E F G	0 2 3 7
C E F A♭	0 1 4 8
C E G A♭	0 3 4 8
C F G A♭	0 2 3 7
D♭ E♭ E F	0 1 2 4
D♭ E♭ E G	0 2 3 6
D♭ E♭ E A♭	0 2 3 7
D♭ E♭ F G	0 2 4 6
D♭ E♭ F A♭	0 2 4 7
D♭ E♭ G A♭	0 1 5 7
D♭ E F G	0 2 3 6
D♭ E F A♭	0 3 4 7
D♭ E G A♭	0 1 4 7
D♭ F G A♭	0 1 3 7
E♭ E F G	0 1 2 4
E♭ E F A♭	0 1 2 5
E♭ E G A♭	0 1 4 5
E♭ F G A♭	0 1 3 5
E F G A♭	0 1 3 4

Hexatonic Subsets divided into 2 trichords as prime form			
C D♭ E♭	E F G	013	013
C D♭ E♭	A♭ E F	013	014
C D♭ E♭	A♭ E G	013	014
C D♭ E♭	A♭ F G	013	013
C D♭ E	E♭ F G	014	024
C D♭ E	A♭ E♭ F	014	025
C D♭ E	A♭ E♭ G	014	015
C D♭ E	A♭ F G	014	013
C D♭ F	E E♭ G	015	014
C D♭ F	A♭ E E♭	015	015
C D♭ F	A♭ E♭ G	015	015
C D♭ F	A♭ E G	015	014
C D♭ G	E E♭ F	016	012
C D♭ G	A♭ E E♭	016	015
C D♭ G	A♭ E♭ F	016	025
C D♭ G	A♭ E F	016	014
A♭C D♭	E E♭ F	015	012
A♭C D♭	E E♭ G	015	014
A♭C D♭	E♭ F G	015	024
A♭C D♭	E F G	015	013
C E E♭	D♭ F G	014	026
C E E♭	A♭ D♭ F	014	037
C E E♭	A♭ D♭ G	014	016
C E E♭	A♭ F G	014	013
C E♭ F	D♭ E G	025	036
C E♭ F	A♭ D♭ E	025	037
C E♭ F	A♭ D♭ G	025	016
C E♭ F	A♭ E G	025	014
C E♭ G	D♭ E F	037	014
C E♭ G	A♭ D♭ E	037	037
C E♭ G	A♭ D♭ F	037	037
C E♭ G	A♭ E F	037	014
A♭C E♭	D♭ E F	037	014
A♭C E♭	D♭ E G	037	036
A♭C E♭	D♭ F G	037	026

Hexatonic Subsets divided into 2 trichords as prime form			
A♭C E♭	E F G	037	013
C E F	D♭ E♭ G	015	026
C E F	A♭ D♭ E♭	015	027
C E F	A♭ D♭ G	015	016
C E F	A♭ E♭ G	015	015
C E G	D♭ E♭ F	037	024
C E G	A♭ D♭ E♭	037	027
C E G	A♭ D♭ F	037	037
C E G	A♭ E♭ F	037	025
A♭C E	D♭ E♭ F	048	024
A♭C E	D♭ E♭ G	048	026
A♭C E	D♭ F G	048	026
A♭C E	E♭ F G	048	024
C F G	D♭ E E♭	027	013
C F G	A♭ D♭ E♭	027	027
C F G	A♭ D♭ E	027	037
C F G	A♭ E E♭	027	015
A♭C F	D♭ E E♭	037	013
A♭C F	D♭ E♭ G	037	026
A♭C F	D♭ E G	037	036
A♭C F	E E♭ G	037	014
A♭C G	D♭ E E♭	015	013
A♭C G	D♭ E♭ F	015	024
A♭C G	D♭ E F	015	014
A♭C G	E E♭ F	015	012
D♭E E♭	C F G	013	027
D♭E E♭	A♭ C F	.013	037
D♭E E♭	A♭ C G	013	015
D♭E E♭	A♭ F G	013	013
D♭E♭ F	C E G	024	037
D♭E♭ F	A♭ C E	024	048
D♭E♭ F	A♭ C G	024	015
D♭E♭ F	A♭ E G	024	014
D♭E♭ G	C E F	026	015
D♭E♭ G	A♭ C E	026	048

C, D♭, E♭, E, F, G, A

prime form: 0, 1, 3, 4, 5, 7, 9
degrees: 1, ♭2, ♭3, 3, 4, 5, 6

Scale application to typical chord types all keys:

C:	1	♭2	♭3	3	4	5	6	7 mel, 7sus4
D♭:	7	1	2	♭3	3	♭5	♭6	
D:	♭7	7	♭2	2	♭3	4	5	
E♭:	6	♭7	1	♭2	2	3	♭5	7
E:	♭6	6	7	1	♭2	♭3	4	
F:	5	♭6	♭7	7	1	2	3	
G♭:	♭5	5	6	♭7	7	♭2	♭3	
G:	4	♭5	♭6	6	♭7	1	2	7 mel
A♭:	3	4	5	♭6	6	7	♭2	
A:	♭3	3	♭5	5	♭6	♭7	1	7
B♭:	2	♭3	4	♭5	5	6	7	-Δ7
B:	♭2	2	3	4	♭5	♭6	♭7	7 mel

Symmetric Difference as:
Pitches
D, G♭, A♭, B♭, B
Degrees
2, ♭5, ♭6, ♭7, 7
Prime Form
0, 2, 4, 5, 8

See page 537 for more possible scale applications

Unique 3 Note Subsets as prime form		Unique 4 Note Subsets as prime form		Hexatonic Subsets divided into 2 trichords as prime form				Hexatonic Subsets continued see page 671 for additional lists.			
C D♭ E♭	013	C D♭ E♭ E	0134	C D♭ E♭	E F G	013	013	A C E♭	E F G	036	013
C D♭ E	014	C D♭ E♭ F	0135	C D♭ E♭	A E F	013	015	C E F	D♭ E♭ G	015	026
C D♭ F	015	C D♭ E♭ G	0137	C D♭ E♭	A E G	013	025	C E F	A D♭ E♭	015	026
C D♭ G	016	C D♭ E♭ A	0236	C D♭ E♭	A F G	013	024	C E F	A D♭ G	015	026
C D♭ A	014	C D♭ E F	0145	C D♭ E	E♭ F G	014	024	C E F	A E♭ G	015	026
C E♭ E	014	C D♭ E G	0147	C D♭ E	A E♭ F	014	026	C E G	D♭ E♭ F	037	024
C E♭ F	025	C D♭ E A	0347	C D♭ E	A E♭ G	014	026	C E G	A D♭ E♭	037	026
C E♭ G	037	C D♭ F G	0157	C D♭ E	A F G	014	024	C E G	A D♭ F	037	048
C E♭ A	036	C D♭ F A	0148	C D♭ F	E E♭ G	015	014	C E G	A E♭ F	037	026
C E F	015	C D♭ G A	0146	C D♭ F	A E E♭	015	016	A C E	D♭ E♭ F	037	024
C E G	037	C E♭ E F	0125	C D♭ F	A E♭ G	015	026	A C E	D♭ E♭ G	037	026
C E A	037	C E♭ E G	0347	C D♭ F	A E G	015	025	A C E	D♭ F G	037	026
C F G	027	C E♭ E A	0147	C D♭ G	E E♭ F	016	012	A C E	E♭ F G	037	024
C F A	037	C E♭ F G	0247	C D♭ G	A E E♭	016	016	C F G	D♭ E E♭	027	013
C G A	025	C E♭ F A	0258	C D♭ G	A E♭ F	016	026	C F G	A D♭ E♭	027	026
D♭ E♭ E	013	C E♭ G A	0258	C D♭ G	A E F	016	015	C F G	A D♭ E	027	037
D♭ E♭ F	024	C E F G	0237	A C D♭	E E♭ F	014	012	C F G	A E E♭	027	016
D♭ E♭ G	026	C E F A	0158	A C D♭	E E♭ G	014	014	A C F	D♭ E E♭	037	013
D♭ E♭ A	026	C E G A	0358	A C D♭	E♭ F G	014	024	A C F	D♭ E♭ G	037	026
D♭ E F	014	C F G A	0247	A C D♭	E F G	014	013	A C F	D♭ E G	037	036
D♭ E G	036	D♭ E♭ E F	0124	C E E♭	D♭ F G	014	026	A C F	E E♭ G	037	014
D♭ E A	037	D♭ E♭ E G	0236	C E E♭	A D♭ F	014	048	A C G	D♭ E E♭	025	013
D♭ F G	026	D♭ E♭ E A	0137	C E E♭	A D♭ G	014	026	A C G	D♭ E♭ F	025	024
D♭ F A	048	D♭ E♭ F G	0246	C E E♭	A F G	014	024	A C G	D♭ E F	025	014
D♭ G A	026	D♭ E♭ F A	0248	C E♭ F	D♭ E G	025	036	A C G	E E♭ F	025	012
E♭ E F	012	D♭ E♭ G A	0268	C E♭ F	A D♭ E	025	037	D♭ E E♭	C F G	013	027
E♭ E G	014	D♭ E F G	0236	C E♭ F	A D♭ G	025	026	D♭ E E♭	A C F	013	037
E♭ E A	016	D♭ E F A	0148	C E♭ F	A E G	025	025	D♭ E E♭	A C G	013	025
E♭ F G	024	D♭ E G A	0258	C E♭ G	D♭ E F	037	014	D♭ E E♭	A F G	013	024
E♭ F A	026	D♭ F G A	0248	C E♭ G	A D♭ E	037	037	D♭ E♭ F	C E G	024	037
E♭ G A	026	E♭ E F G	0124	C E♭ G	A D♭ F	037	048	D♭ E♭ F	A C E	024	037
E F G	013	E♭ E F A	0126	C E♭ G	A E F	037	015	D♭ E♭ F	A C G	024	025
E F A	015	E♭ E G A	0146	A C E♭	D♭ E F	036	014	D♭ E♭ F	A E G	024	025
E G A	025	E♭ F G A	0246	A C E♭	D♭ E G	036	036	D♭ E♭ G	C E F	026	015
F G A	024	E F G A	0135	A C E♭	D♭ F G	036	026	D♭ E♭ G	A C E	026	037

C, D♭, E♭, E, G♭, G, A

prime form: 0, 1, 3, 4, 6, 7, 9

degrees: 1, ♭2, ♭3, 3, ♭5, 5, 6

Scale application to typical chord types all keys:

C:	1	♭2	♭3	3	♭5	5	6	7
D♭:	7	1	2	♭3	4	♭5	♭6	°7, -Δ7 mel
D:	♭7	7	♭2	2	3	4	5	
E♭:	6	♭7	1	♭2	♭3	3	♭5	7
E:	♭6	6	7	1	2	♭3	4	°7, -Δ7 mel
F:	5	♭6	♭7	7	♭2	2	3	
G♭:	♭5	5	6	♭7	1	♭2	♭3	7
G:	4	♭5	♭6	6	7	1	2	°7, Δ7♯5 mel, -Δ7 mel
A♭:	3	4	5	♭6	♭7	7	♭2	
A:	♭3	3	♭5	5	6	♭7	1	7
B♭:	2	♭3	4	♭5	♭6	6	7	°7, -Δ7 mel
B:	♭2	2	3	4	5	♭6	♭7	7 mel, 7sus4

Symmetric Difference as:
Pitches
D, F, A♭, B♭, B
Degrees
2, 4, ♭6, ♭7, 7
Prime Form
0, 2, 3, 6, 9

See page 538 for more possible scale applications

Unique 3 Note Subsets as prime form

C	D♭	E♭	0 1 3
C	D♭	E	0 1 4
C	D♭	G♭	0 1 6
C	D♭	G	0 1 6
C	D♭	A	0 1 4
C	E♭	E	0 1 4
C	E♭	G♭	0 3 6
C	E♭	G	0 3 7
C	E♭	A	0 3 6
C	E	G♭	0 2 6
C	E	G	0 3 7
C	E	A	0 3 7
C	G♭	G	0 1 6
C	G♭	A	0 3 6
C	G	A	0 2 5
D♭	E♭	E	0 1 3
D♭	E♭	G♭	0 2 5
D♭	E♭	G	0 2 6
D♭	E♭	A	0 2 6
D♭	E	G♭	0 2 5
D♭	E	G	0 3 6
D♭	E	A	0 3 7
D♭	G♭	G	0 1 6
D♭	G♭	A	0 3 7
D♭	G	A	0 2 6
E♭	E	G♭	0 1 3
E♭	E	G	0 1 4
E♭	E	A	0 1 6
E♭	G♭	G	0 1 4
E♭	G♭	A	0 3 6
E♭	G	A	0 2 6
E	G♭	G	0 1 3
E	G♭	A	0 2 5
E	G	A	0 2 5
G♭	G	A	0 1 3

Unique 4 Note Subsets as prime form

C	D♭	E♭	E	0 1 3 4
C	D♭	E♭	G♭	0 1 3 6
C	D♭	E♭	G	0 1 3 7
C	D♭	E♭	A	0 2 3 6
C	D♭	E	G♭	0 1 4 6
C	D♭	E	G	0 1 4 7
C	D♭	E	A	0 3 4 7
C	D♭	G♭	G	0 1 6 7
C	D♭	G♭	A	0 1 4 7
C	D♭	G	A	0 1 4 6
C	E♭	E	G♭	0 2 3 6
C	E♭	E	G	0 3 4 7
C	E♭	E	A	0 1 4 7
C	E♭	G♭	G	0 1 4 7
C	E♭	G♭	A	0 3 6 9
C	E♭	G	A	0 2 5 8
C	E	G♭	G	0 1 3 7
C	E	G♭	A	0 2 5 8
C	E	G	A	0 3 5 8
C	G♭	G	A	0 1 3 6
D♭	E♭	E	G♭	0 2 3 5
D♭	E♭	E	G	0 2 3 6
D♭	E♭	E	A	0 1 3 7
D♭	E♭	G♭	G	0 1 4 6
D♭	E♭	G♭	A	0 2 5 8
D♭	E♭	G	A	0 2 6 8
D♭	E	G♭	G	0 1 3 6
D♭	E	G♭	A	0 3 5 8
D♭	E	G	A	0 2 5 8
D♭	G♭	G	A	0 1 3 7
E♭	E	G♭	G	0 1 3 4
E♭	E	G♭	A	0 1 3 6
E♭	E	G	A	0 1 4 6
E♭	G♭	G	A	0 2 3 6
E	G♭	G	A	0 2 3 5

Hexatonic Subsets divided into 2 trichords as prime form

C D♭ E♭	E G G♭	013	013
C D♭ E♭	A E G♭	013	025
C D♭ E♭	A E G	013	025
C D♭ E♭	A G G♭	013	013
C D♭ E	E♭ G G♭	014	014
C D♭ E	A E♭ G♭	014	036
C D♭ E	A E♭ G	014	026
C D♭ E	A G G♭	014	013
C D♭ G♭	E E♭ G	016	014
C D♭ G♭	A E E♭	016	016
C D♭ G♭	A E♭ G	016	026
C D♭ G♭	A E G	016	025
C D♭ G	E E♭ G♭	016	013
C D♭ G	A E E♭	016	016
C D♭ G	A E♭ G♭	016	036
C D♭ G	A E G♭	016	025
A C D♭	E E♭ G♭	014	013
A C D♭	E E♭ G	014	014
A C D♭	E♭ G G♭	014	014
A C D♭	E G G♭	014	013
C E E♭	D♭ G G♭	014	016
C E E♭	A D♭ G♭	014	037
C E E♭	A D♭ G	014	026
C E E♭	A G G♭	014	013
C E♭ G♭	D♭ E G	036	036
C E♭ G♭	A D♭ E	036	037
C E♭ G♭	A D♭ G	036	026
C E♭ G♭	A E G	036	025
C E♭ G	D♭ E G♭	037	025
C E♭ G	A D♭ E	037	037
C E♭ G	A D♭ G♭	037	037
C E♭ G	A E G♭	037	025
A C E♭	D♭ E G♭	036	025
A C E♭	D♭ E G	036	036
A C E♭	D♭ G G♭	036	016

Hexatonic Subsets continued see page 673 for additional lists.

A C E♭	E G G♭	036	013
C E G♭	D♭ E♭ G	026	026
C E G♭	A D♭ E♭	026	026
C E G♭	A D♭ G	026	026
C E G♭	A E♭ G	026	026
C E G	D♭ E♭ G♭	037	025
C E G	A D♭ E♭	037	026
C E G	A D♭ G♭	037	037
C E G	A E♭ G♭	037	036
A C E	D♭ E♭ G♭	037	025
A C E	D♭ E♭ G	037	026
A C E	D♭ G G♭	037	016
A C E	E♭ G G♭	037	014
C G G♭	D♭ E E♭	016	013
C G G♭	A D♭ E♭	016	026
C G G♭	A D♭ E	016	037
C G G♭	A E E♭	016	016
A C G♭	D♭ E E♭	036	013
A C G♭	D♭ E♭ G	036	026
A C G♭	D♭ E G	036	036
A C G♭	E E♭ G	036	014
A C G	D♭ E E♭	025	013
A C G	D♭ E♭ G♭	025	025
A C G	D♭ E G♭	025	025
A C G	E E♭ G♭	025	013
D♭ E E♭	C G G♭	013	016
D♭ E E♭	A C G♭	013	036
D♭ E E♭	A C G	013	025
D♭ E E♭	A G G♭	013	013
D♭ E♭ G♭	C E G	025	037
D♭ E♭ G♭	A C E	025	037
D♭ E♭ G♭	A C G	025	025
D♭ E♭ G♭	A E G	025	025
D♭ E♭ G	C E G♭	026	026
D♭ E♭ G	A C E	026	037

C, D♭, E♭, E, G♭, A♭, A

prime form: 0, 1, 3, 4, 6, 8, 9

degrees: 1, ♭2, ♭3, 3, ♭5, ♭6, 6

Scale application to typical chord types all keys:

C:	1	♭2	♭3	3	♭5	♭6	6	7
D♭:	7	1	2	♭3	4	5	♭6	-Δ7 mel
D:	♭7	7	♭2	2	3	♭5	5	
E♭:	6	♭7	1	♭2	♭3	4	♭5	7 mel
E:	♭6	6	7	1	2	3	4	Δ7♯5 mel
F:	5	♭6	♭7	7	♭2	♭3	3	
G♭:	♭5	5	6	♭7	1	2	♭3	7
G:	4	♭5	♭6	6	7	♭2	2	
A♭:	3	4	5	♭6	♭7	1	♭2	7 mel, 7sus4
A:	♭3	3	♭5	5	6	7	1	
B♭:	2	♭3	4	♭5	♭6	♭7	7	
B:	♭2	2	3	4	5	6	♭7	7 mel, 7sus4

Symmetric Difference as:
Pitches
D, F, G, B♭, B
Degrees
2, 4, 5, ♭7, 7
Prime Form
0, 1, 4, 6, 9

See page 539 for more possible scale applications

Unique 3 Note Subsets as prime form		Unique 4 Note Subsets as prime form	
C D♭ E♭	013	C D♭ E♭ E	0134
C D♭ E	014	C D♭ E♭ G♭	0136
C D♭ G♭	016	C D♭ E♭ A♭	0237
C D♭ A♭	015	C D♭ E♭ A	0236
C D♭ A	014	C D♭ E G♭	0146
C E♭ E	014	C D♭ E A♭	0348
C E♭ G♭	036	C D♭ E A	0347
C E♭ A♭	037	C D♭ G♭ A♭	0157
C E♭ A	036	C D♭ G♭ A	0147
C E G♭	026	C D♭ A♭ A	0145
C E A♭	048	C E♭ E G♭	0236
C E A	037	C E♭ E A♭	0148
C G♭ A♭	026	C E♭ E A	0147
C G♭ A	036	C E♭ G♭ A♭	0258
C A♭ A	014	C E♭ G♭ A	0369
D♭ E♭ E	013	C E♭ A♭ A	0147
D♭ E♭ G♭	025	C E G♭ A♭	0248
D♭ E♭ A♭	027	C E G♭ A	0258
D♭ E♭ A	026	C E A♭ A	0348
D♭ E G♭	025	C G♭ A♭ A	0236
D♭ E A♭	037	D♭ E♭ E G♭	0235
D♭ E A	037	D♭ E♭ E A♭	0237
D♭ G♭ A♭	027	D♭ E♭ E A	0137
D♭ G♭ A	037	D♭ E♭ G♭ A♭	0257
D♭ A♭ A	015	D♭ E♭ G♭ A	0258
E♭ E G♭	013	D♭ E♭ A♭ A	0157
E♭ E A♭	015	D♭ E G♭ A♭	0247
E♭ E A	016	D♭ E G♭ A	0358
E♭ G♭ A♭	025	D♭ E A♭ A	0158
E♭ G♭ A	036	D♭ G♭ A♭ A	0237
E♭ A♭ A	016	E♭ E G♭ A♭	0135
E G♭ A♭	024	E♭ E G♭ A	0136
E G♭ A	025	E♭ E A♭ A	0156
E A♭ A	015	E♭ G♭ A♭ A	0136
G♭ A♭ A	013	E G♭ A♭ A	0135

Hexatonic Subsets divided into 2 trichords as prime form

C D♭ E♭	A♭ E G♭	013	024
C D♭ E♭	A E G♭	013	025
C D♭ E♭	A A♭ E	013	015
C D♭ E♭	A A♭ G♭	013	013
C D♭ E	A♭ E♭ G♭	014	025
C D♭ E	A E♭ G♭	014	036
C D♭ E	A A♭ E♭	014	016
C D♭ E	A A♭ G♭	014	013
C D♭ G♭	A♭ E E♭	016	015
C D♭ G♭	A E E♭	016	016
C D♭ G♭	A A♭ E♭	016	016
C D♭ G♭	A A♭ E	016	015
A♭ C D♭	E E♭ G♭	015	013
A♭ C D♭	A E E♭	015	016
A♭ C D♭	A E♭ G♭	015	036
A♭ C D♭	A E G♭	015	025
A C D♭	E E♭ G♭	014	013
A C D♭	A♭ E E♭	014	015
A C D♭	A♭ E♭ G♭	014	025
A C D♭	A♭ E G♭	014	024
C E E♭	A♭ D♭ G♭	014	027
C E E♭	A D♭ G♭	014	037
C E E♭	A A♭ D♭	014	015
C E E♭	A A♭ G♭	014	013
C E♭ G♭	A♭ D♭ E	036	037
C E♭ G♭	A D♭ E	036	037
C E♭ G♭	A A♭ D♭	036	015
C E♭ G♭	A A♭ E	036	015
A♭ C E♭	D♭ E G♭	037	025
A♭ C E♭	A D♭ E	037	037
A♭ C E♭	A D♭ G♭	037	037
A♭ C E♭	A E G♭	037	025
A C E♭	D♭ E G♭	036	025
A C E♭	A♭ D♭ E	036	037
A C E♭	A♭ D♭ G♭	036	027

Hexatonic Subsets continued see page 675 for additional lists.

A C E♭	A♭ E G♭	036	024
C E G♭	A♭ D♭ E♭	026	027
C E G♭	A D♭ E♭	026	026
C E G♭	A A♭ D♭	026	015
C E G♭	A A♭ E♭	026	016
A♭ C E	D♭ E♭ G♭	048	025
A♭ C E	A D♭ E♭	048	026
A♭ C E	A D♭ G♭	048	037
A♭ C E	A E♭ G♭	048	036
A C E	D♭ E♭ G♭	037	025
A C E	A♭ D♭ E♭	037	027
A C E	A♭ D♭ G♭	037	027
A C E	A♭ E♭ G♭	037	025
A♭ C G♭	D♭ E E♭	026	013
A♭ C G♭	A D♭ E♭	026	026
A♭ C G♭	A D♭ E	026	037
A♭ C G♭	A E E♭	026	016
A C G♭	D♭ E E♭	036	013
A C G♭	A♭ D♭ E♭	036	027
A C G♭	A♭ D♭ E	036	037
A C G♭	A♭ E E♭	036	015
A A♭ C	D♭ E E♭	014	013
A A♭ C	D♭ E♭ G♭	014	025
A A♭ C	D♭ E G♭	014	025
A A♭ C	E E♭ G♭	014	013
D♭ E E♭	A♭ C G♭	013	026
D♭ E E♭	A C G♭	013	036
D♭ E E♭	A A♭ C	013	014
D♭ E E♭	A A♭ G♭	013	013
D♭ E♭ G♭	A♭ C E	025	048
D♭ E♭ G♭	A C E	025	037
D♭ E♭ G♭	A A♭ C	025	014
D♭ E♭ G♭	A A♭ E	025	015
A♭ D♭ E♭	C E G♭	027	026
A♭ D♭ E♭	A C E	027	037

C, D♭, E♭, E, G♭, A♭, B♭

prime form: 0, 1, 3, 4, 6, 8, 10
degrees: 1, ♭2, ♭3, 3, ♭5, 6, ♭7

Melodic Minor
Ascending Scale

Scale application to typical chord types all keys:

Key								Chord types
C:	1	♭2	♭3	3	♭5	♭6	♭7	7
D♭:	7	1	2	♭3	4	5	6	-Δ7
D:	♭7	7	♭2	2	3	♭5	♭6	
E♭:	6	♭7	1	♭2	♭3	4	5	-7 mel, 7 mel
E:	♭6	6	7	1	2	3	♭5	Δ7♯5 mel
F:	5	♭6	♭7	7	♭2	♭3	4	
G♭:	♭5	5	6	♭7	1	2	3	7
G:	4	♭5	♭6	6	7	♭2	♭3	
A♭:	3	4	5	♭6	♭7	1	2	7 mel, 7sus4 harm
A:	♭3	3	♭5	5	6	7	♭2	
B♭:	2	♭3	4	♭5	♭6	♭7	1	-7♭5, 7 mel
B:	♭2	2	3	4	5	6	7	

Symmetric Difference as:
Pitches
D, F, G, A, B
Degrees
2, 4, 5, 6, 7
Prime Form
0, 2, 4, 6, 9

Unique 3 Note Subsets	as prime form	Unique 4 Note Subsets	as prime form
C D♭ E♭	0 1 3	C D♭ E♭ E	0 1 3 4
C D♭ E	0 1 4	C D♭ E♭ G♭	0 1 3 6
C D♭ G♭	0 1 6	C D♭ E♭ A♭	0 2 3 7
C D♭ A♭	0 1 5	C D♭ E♭ B♭	0 2 3 5
C D♭ B♭	0 1 3	C D♭ E G♭	0 1 4 6
C E♭ E	0 1 4	C D♭ E A♭	0 3 4 8
C E♭ G♭	0 3 6	C D♭ E B♭	0 2 3 6
C E♭ A♭	0 3 7	C D♭ G♭ A♭	0 1 5 7
C E♭ B♭	0 2 5	C D♭ G♭ B♭	0 1 3 7
C E G♭	0 2 6	C D♭ A♭ B♭	0 1 3 5
C E A♭	0 4 8	C E♭ E G♭	0 2 3 6
C E B♭	0 2 6	C E♭ E A♭	0 1 4 8
C G♭ A♭	0 2 6	C E♭ E B♭	0 1 4 6
C G♭ B♭	0 2 6	C E♭ G♭ A♭	0 2 5 8
C A♭ B♭	0 2 4	C E♭ G♭ B♭	0 2 5 8
D♭ E♭ E	0 1 3	C E♭ A♭ B♭	0 2 4 7
D♭ E♭ G♭	0 2 5	C E G♭ A♭	0 2 4 8
D♭ E♭ A♭	0 2 7	C E G♭ B♭	0 2 6 8
D♭ E♭ B♭	0 2 5	C E A♭ B♭	0 2 4 8
D♭ E G♭	0 2 5	C G♭ A♭ B♭	0 2 4 6
D♭ E A♭	0 3 7	D♭ E♭ E G♭	0 2 3 5
D♭ E B♭	0 3 6	D♭ E♭ E A♭	0 2 3 7
D♭ G♭ A♭	0 2 7	D♭ E♭ E B♭	0 1 3 6
D♭ G♭ B♭	0 3 7	D♭ E♭ G♭ A♭	0 2 5 7
D♭ A♭ B♭	0 2 5	D♭ E♭ G♭ B♭	0 3 5 8
E♭ E G♭	0 1 3	D♭ E♭ A♭ B♭	0 2 5 7
E♭ E A♭	0 1 5	D♭ E G♭ A♭	0 2 4 7
E♭ E B♭	0 1 6	D♭ E G♭ B♭	0 2 5 8
E♭ G♭ A♭	0 2 5	D♭ E A♭ B♭	0 2 5 8
E♭ G♭ B♭	0 3 7	D♭ G♭ A♭ B♭	0 2 4 7
E♭ A♭ B♭	0 2 7	E♭ E G♭ A♭	0 1 3 5
E G♭ A♭	0 2 4	E♭ E G♭ B♭	0 1 3 7
E G♭ B♭	0 2 6	E♭ E A♭ B♭	0 1 5 7
E A♭ B♭	0 2 6	E♭ G♭ A♭ B♭	0 2 4 7
G♭ A♭ B♭	0 2 4	E G♭ A♭ B♭	0 2 4 6

Hexatonic Subsets divided into 2 trichords as prime form			Hexatonic Subsets divided into 2 trichords as prime form		
B♭ C D♭	E E♭ G♭	0 1 3 0 1 3	D♭ E♭ G♭	B♭ C E	0 2 5 0 2 6
B♭ C D♭	A♭ E E♭	0 1 3 0 1 5	D♭ E♭ G♭	A♭ B♭ E	0 2 5 0 2 6
C D♭ E♭	A♭ E G♭	0 1 3 0 2 4	B♭ C E♭	A♭ D♭ G♭	0 2 5 0 2 7
C D♭ E♭	A♭ B♭ G♭	0 1 3 0 2 4	B♭ C E♭	A♭ D♭ E	0 2 5 0 3 7
B♭ C D♭	A♭ E G♭	0 1 3 0 2 4	D♭ E♭ G♭	A♭ C E	0 2 5 0 4 8
D♭ E E♭	A♭ B♭ C	0 1 3 0 2 4	A♭ C G♭	D♭ E E♭	0 2 6 0 1 3
D♭ E E♭	A♭ B♭ G♭	0 1 3 0 2 4	B♭ C G♭	D♭ E E♭	0 2 6 0 1 3
B♭ C D♭	A♭ E♭ G♭	0 1 3 0 2 5	B♭ C G♭	A♭ E E♭	0 2 6 0 1 5
C D♭ E♭	B♭ E G♭	0 1 3 0 2 6	A♭ C G♭	B♭ E E♭	0 2 6 0 1 6
C D♭ E♭	A♭ B♭ E	0 1 3 0 2 6	C E G♭	B♭ D♭ E♭	0 2 6 0 2 5
D♭ E E♭	A♭ C G♭	0 1 3 0 2 6	C E G♭	A♭ B♭ D♭	0 2 6 0 2 5
D♭ E E♭	B♭ C G♭	0 1 3 0 2 6	B♭ C E	D♭ E♭ G♭	0 2 6 0 2 5
C D♭ E	A♭ B♭ G♭	0 1 4 0 2 4	B♭ C E	A♭ E♭ G♭	0 2 6 0 2 5
C E E♭	A♭ B♭ G♭	0 1 4 0 2 4	A♭ C G♭	B♭ D♭ E♭	0 2 6 0 2 5
C D♭ E	A♭ E♭ G♭	0 1 4 0 2 5	C E G♭	A♭ D♭ E♭	0 2 6 0 2 7
C E E♭	A♭ B♭ D♭	0 1 4 0 2 5	C E G♭	A♭ B♭ E♭	0 2 6 0 2 7
C D♭ E	A♭ B♭ E♭	0 1 4 0 2 7	B♭ C E	A♭ D♭ E♭	0 2 6 0 2 7
C E E♭	A♭ D♭ G♭	0 1 4 0 2 7	B♭ C E	A♭ D♭ G♭	0 2 6 0 2 7
C D♭ E	B♭ E♭ G♭	0 1 4 0 3 7	B♭ C G♭	A♭ D♭ E♭	0 2 6 0 2 7
C E E♭	B♭ D♭ G♭	0 1 4 0 3 7	A♭ C G♭	B♭ D♭ E	0 2 6 0 3 6
A♭ C D♭	E E♭ G♭	0 1 5 0 1 3	B♭ C G♭	A♭ D♭ E	0 2 6 0 3 7
A♭ C D♭	B♭ E E♭	0 1 5 0 1 6	A♭ D♭ E♭	C E G♭	0 2 7 0 2 6
A♭ C D♭	B♭ E G♭	0 1 5 0 2 6	A♭ D♭ E♭	B♭ C E	0 2 7 0 2 6
A♭ C D♭	B♭ E♭ G♭	0 1 5 0 3 7	C E♭ G♭	A♭ B♭ D♭	0 3 6 0 2 5
C D♭ G♭	A♭ E E♭	0 1 6 0 1 5	C E♭ G♭	A♭ B♭ E	0 3 6 0 2 6
C D♭ G♭	B♭ E E♭	0 1 6 0 1 6	C E♭ G♭	B♭ D♭ E	0 3 6 0 3 6
C D♭ G♭	A♭ B♭ E	0 1 6 0 2 6	C E♭ G♭	A♭ D♭ E	0 3 6 0 3 7
C D♭ G♭	A♭ B♭ E♭	0 1 6 0 2 7	A♭ C E♭	D♭ E G♭	0 3 7 0 2 5
A♭ B♭ C	D♭ E E♭	0 2 4 0 1 3	A♭ C E♭	B♭ E G♭	0 3 7 0 2 6
A♭ B♭ C	E E♭ G♭	0 2 4 0 1 3	A♭ C E♭	B♭ D♭ E	0 3 7 0 3 6
A♭ B♭ C	D♭ E♭ G♭	0 2 4 0 2 5	A♭ C E♭	B♭ D♭ G♭	0 3 7 0 3 7
A♭ B♭ C	D♭ E G♭	0 2 4 0 2 5	A♭ C E	D♭ E♭ G♭	0 4 8 0 2 5
B♭ C E♭	A♭ E G♭	0 2 5 0 2 4	A♭ C E	B♭ D♭ E♭	0 4 8 0 2 5
D♭ E♭ G♭	A♭ B♭ C	0 2 5 0 2 4	A♭ C E	B♭ D♭ G♭	0 4 8 0 3 7
B♭ C E♭	D♭ E G♭	0 2 5 0 2 5	A♭ C E	B♭ E♭ G♭	0 4 8 0 3 7

C, D♭, E♭, F, G♭, G, A

prime form: 0, 1, 3, 5, 6, 7, 9

degrees: 1, ♭2, ♭3, 4, ♭5, 5, 6

Scale application to typical chord types all keys:

C:	1	♭2	♭3	4	♭5	5	6	7 mel
D♭:	7	1	2	3	4	♭5	♭6	Δ7♯5 mel
D:	♭7	7	♭2	♭3	3	4	5	
E♭:	6	♭7	1	2	♭3	3	♭5	7
E:	♭6	6	7	♭2	2	♭3	4	
F:	5	♭6	♭7	1	♭2	2	3	7, 7sus4
G♭:	♭5	5	6	7	1	♭2	♭3	
G:	4	♭5	♭6	♭7	7	1	2	
A♭:	3	4	5	6	♭7	7	♭2	
A:	♭3	3	♭5	♭6	6	♭7	1	7
B♭:	2	♭3	4	5	♭6	6	7	-Δ7 mel
B:	♭2	2	3	♭5	5	♭6	♭7	7

Symmetric Difference as:
Pitches
D, E, A♭, B♭, B
Degrees
2, 3, ♭6, ♭7, 7
Prime Form
0, 2, 3, 6, 8

See page 541 for more possible scale applications

Unique 3 Note Subsets as prime form

C D♭ E♭	013
C D♭ F	015
C D♭ G♭	016
C D♭ G	016
C D♭ A	014
C E♭ F	025
C E♭ G♭	036
C E♭ G	037
C E♭ A	036
C F G♭	016
C F G	027
C F A	037
C G♭ G	016
C G♭ A	036
C G A	025
D♭ E♭ F	024
D♭ E♭ G♭	025
D♭ E♭ G	026
D♭ E♭ A	026
D♭ F G♭	015
D♭ F G	026
D♭ F A	048
D♭ G♭ G	016
D♭ G♭ A	037
D♭ G A	026
E♭ F G♭	013
E♭ F G	024
E♭ F A	026
E♭ G♭ G	014
E♭ G♭ A	036
E♭ G A	026
F G♭ G	012
F G♭ A	014
F G A	024
G♭ G A	013

Unique 4 Note Subsets as prime form

C D♭ E♭ F	0135
C D♭ E♭ G♭	0136
C D♭ E♭ G	0137
C D♭ E♭ A	0236
C D♭ F G♭	0156
C D♭ F G	0157
C D♭ F A	0148
C D♭ G♭ G	0167
C D♭ G♭ A	0147
C D♭ G A	0146
C E♭ F G♭	0136
C E♭ F G	0247
C E♭ F A	0258
C E♭ G♭ G	0147
C E♭ G♭ A	0369
C E♭ G A	0258
C F G♭ G	0127
C F G♭ A	0147
C F G A	0247
C G♭ G A	0136
D♭ E♭ F G♭	0135
D♭ E♭ F G	0246
D♭ E♭ F A	0248
D♭ E♭ G♭ G	0146
D♭ E♭ G♭ A	0258
D♭ E♭ G A	0268
D♭ F G♭ G	0126
D♭ F G♭ A	0148
D♭ F G A	0248
D♭ G♭ G A	0137
E♭ F G♭ G	0124
E♭ F G♭ A	0236
E♭ F G A	0246
E♭ G♭ G A	0236
F G♭ G A	0124

Hexatonic Subsets divided into 2 trichords as prime form

C D♭ E♭	F G G♭	013	012
C D♭ E♭	A F G♭	013	014
C D♭ E♭	A F G	013	024
C D♭ E♭	A G G♭	013	013
C D♭ F	E♭ G G♭	015	014
C D♭ F	A E♭ G♭	015	036
C D♭ F	A E♭ G	015	026
C D♭ F	A G G♭	015	013
C D♭ G♭	E♭ F G	016	024
C D♭ G♭	A E♭ F	016	026
C D♭ G♭	A E♭ G	016	026
C D♭ G♭	A F G	016	024
C D♭ G	E♭ F G♭	016	013
C D♭ G	A E♭ F	016	026
C D♭ G	A E♭ G♭	016	036
C D♭ G	A F G♭	016	014
A C D♭	E♭ F G♭	014	013
A C D♭	E♭ F G	014	024
A C D♭	E♭ G G♭	014	014
A C D♭	F G G♭	014	012
C E♭ F	D♭ G G♭	025	016
C E♭ F	A D♭ G♭	025	037
C E♭ F	A D♭ G	025	026
C E♭ F	A G G♭	025	013
C E♭ G♭	D♭ F G	036	026
C E♭ G♭	A D♭ F	036	048
C E♭ G♭	A D♭ G	036	026
C E♭ G♭	A F G	036	024
C E♭ G	D♭ F G♭	037	015
C E♭ G	A D♭ F	037	048
C E♭ G	A D♭ G♭	037	037
C E♭ G	A F G♭	037	014
A C E♭	D♭ F G♭	036	015
A C E♭	D♭ F G	036	026
A C E♭	D♭ G G♭	036	016

Hexatonic Subsets continued see page 677 for additional lists.

A C E♭	F G G♭	036	012
C F G♭	D♭ E♭ G	016	026
C F G♭	A D♭ E♭	016	026
C F G♭	A D♭ G	016	026
C F G♭	A E♭ G	016	026
C F G	D♭ E♭ G♭	027	025
C F G	A D♭ E♭	027	026
C F G	A D♭ G♭	027	037
C F G	A E♭ G♭	027	036
A C F	D♭ E♭ G♭	037	025
A C F	D♭ E♭ G	037	026
A C F	D♭ G G♭	037	016
A C F	E♭ G G♭	037	014
C G G♭	D♭ E♭ F	016	024
C G G♭	A D♭ E♭	016	026
C G G♭	A D♭ F	016	048
C G G♭	A E♭ F	016	026
A C G♭	D♭ E♭ F	036	024
A C G♭	D♭ E♭ G	036	026
A C G♭	D♭ F G	036	026
A C G♭	E♭ F G	036	024
A C G	D♭ E♭ F	025	024
A C G	D♭ E♭ G♭	025	025
A C G	D♭ F G♭	025	015
A C G	E♭ F G♭	025	013
D♭ E♭ F	C G G♭	024	016
D♭ E♭ F	A C G♭	024	036
D♭ E♭ F	A C G	024	025
D♭ E♭ F	A G G♭	024	013
D♭ E♭ G♭	C F G	025	027
D♭ E♭ G♭	A C F	025	037
D♭ E♭ G♭	A C G	025	025
D♭ E♭ G♭	A F G	025	024
D♭ E♭ G	C F G♭	026	016
D♭ E♭ G	A C F	026	037

C, D♭, E♭, F, G♭, A♭, B♭

prime form: 0, 1, 3, 5, 6, 8, 10

degrees: 1, ♭2, ♭3, 4, ♭5, ♭6, ♭7

Major Scale

Scale application to typical chord types all keys:

C:	1	♭2	♭3	4	♭5	♭6	♭7	7 mel, -7♭5 mel
D♭:	7	1	2	3	4	5	6	Δ7♯5 mel, Δ7 mel
D:	♭7	7	♭2	♭3	3	♭5	♭6	
E♭:	6	♭7	1	2	♭3	4	5	-7, 7 mel, 7sus4
E:	♭6	6	7	♭2	2	3	♭5	
F:	5	♭6	♭7	1	♭2	♭3	4	-7 mel, 7 mel, 7sus4
G♭:	♭5	5	6	7	1	2	3	Δ7♯5 mel, Δ7
G:	4	♭5	♭6	♭7	7	♭2	♭3	
A♭:	3	4	5	6	♭7	1	2	7 mel, 7sus4
A:	♭3	3	♭5	♭6	6	7	♭2	
B♭:	2	♭3	4	5	♭6	♭7	1	7 mel, 7sus4
B:	♭2	2	3	♭5	5	6	7	

Symmetric Difference as:
Pitches
D, E, G, A, B
Degrees
2, 3, 5, 6, 7
Prime Form
0, 2, 4, 7, 9

Unique 3 Note Subsets as prime form		Unique 4 Note Subsets as prime form	
C D♭ E♭	0 1 3	C D♭ E♭ F	0 1 3 5
C D♭ F	0 1 5	C D♭ E♭ G♭	0 1 3 6
C D♭ G♭	0 1 6	C D♭ E♭ A♭	0 2 3 7
C D♭ A♭	0 1 5	C D♭ E♭ B♭	0 2 3 5
C D♭ B♭	0 1 3	C D♭ F G♭	0 1 5 6
C E♭ F	0 2 5	C D♭ F A♭	0 1 5 8
C E♭ G♭	0 3 6	C D♭ F B♭	0 2 3 7
C E♭ A♭	0 3 7	C D♭ G♭ A♭	0 1 5 7
C E♭ B♭	0 2 5	C D♭ G♭ B♭	0 1 3 7
C F G♭	0 1 6	C D♭ A♭ B♭	0 1 3 5
C F A♭	0 3 7	C E♭ F G♭	0 1 3 6
C F B♭	0 2 7	C E♭ F A♭	0 3 5 8
C G♭ A♭	0 2 6	C E♭ F B♭	0 2 5 7
C G♭ B♭	0 2 6	C E♭ G♭ A♭	0 2 5 8
C A♭ B♭	0 2 4	C E♭ G♭ B♭	0 2 5 8
D♭ E♭ F	0 2 4	C E♭ A♭ B♭	0 2 4 7
D♭ E♭ G♭	0 2 5	C F G♭ A♭	0 1 3 7
D♭ E♭ A♭	0 2 7	C F G♭ B♭	0 1 5 7
D♭ E♭ B♭	0 2 5	C F A♭ B♭	0 2 4 7
D♭ F G♭	0 1 5	C G♭ A♭ B♭	0 2 4 6
D♭ F A♭	0 3 7	D♭ E♭ F G♭	0 1 3 5
D♭ F B♭	0 3 7	D♭ E♭ F A♭	0 2 4 7
D♭ G♭ A♭	0 2 7	D♭ E♭ F B♭	0 2 4 7
D♭ G♭ B♭	0 3 7	D♭ E♭ G♭ A♭	0 2 5 7
D♭ A♭ B♭	0 2 5	D♭ E♭ G♭ B♭	0 3 5 8
E♭ F G♭	0 1 3	D♭ E♭ A♭ B♭	0 2 5 7
E♭ F A♭	0 2 5	D♭ F G♭ A♭	0 2 3 7
E♭ F B♭	0 2 7	D♭ F G♭ B♭	0 1 5 8
E♭ G♭ A♭	0 2 5	D♭ F A♭ B♭	0 3 5 8
E♭ G♭ B♭	0 3 7	D♭ G♭ A♭ B♭	0 2 4 7
E♭ A♭ B♭	0 2 7	E♭ F G♭ A♭	0 2 3 5
F G♭ A♭	0 1 3	E♭ F G♭ B♭	0 2 3 7
F G♭ B♭	0 1 5	E♭ F A♭ B♭	0 2 5 7
F A♭ B♭	0 2 5	E♭ G♭ A♭ B♭	0 2 4 7
G♭ A♭ B♭	0 2 4	F G♭ A♭ B♭	0 1 3 5

Hexatonic Subsets divided into 2 trichords as prime form				Hexatonic Subsets divided into 2 trichords as prime form			
C D♭ E♭	A♭ F G♭	013	013	B♭ C E♭	A♭ F G♭	025	013
C D♭ E♭	B♭ F G♭	013	015	C F G♭	A♭ D♭ E♭	016	027
C D♭ E♭	A♭ B♭ F	013	025	C F G♭	B♭ D♭ E♭	016	025
C D♭ E♭	A♭ B♭ G♭	013	024	C F G♭	A♭ B♭ D♭	016	025
C D♭ F	A♭ E♭ G♭	015	025	C F G♭	A♭ B♭ E♭	016	027
C D♭ F	B♭ E♭ G♭	015	037	A♭ C F	D♭ E♭ G♭	037	025
C D♭ F	A♭ B♭ E♭	015	027	A♭ C F	B♭ D♭ E♭	037	025
C D♭ F	A♭ B♭ G♭	015	024	A♭ C F	B♭ D♭ G♭	037	037
C D♭ G♭	A♭ E♭ F	016	025	A♭ C F	B♭ E♭ G♭	037	037
C D♭ G♭	B♭ E♭ F	016	027	B♭ C F	D♭ E♭ G♭	027	025
C D♭ G♭	A♭ B♭ E♭	016	027	B♭ C F	A♭ D♭ E♭	027	027
C D♭ G♭	A♭ B♭ F	016	025	B♭ C F	A♭ D♭ G♭	027	027
A♭ C D♭	E♭ F G♭	015	013	B♭ C F	A♭ E♭ G♭	027	025
A♭ C D♭	B♭ E♭ F	015	027	A♭ C G♭	D♭ E♭ F	026	024
A♭ C D♭	B♭ E♭ G♭	015	037	A♭ C G♭	B♭ D♭ E♭	026	025
A♭ C D♭	B♭ F G♭	015	015	A♭ C G♭	B♭ D♭ F	026	037
B♭ C D♭	E♭ F G♭	013	013	A♭ C G♭	B♭ E♭ F	026	027
B♭ C D♭	A♭ E♭ F	013	025	B♭ C G♭	D♭ E♭ F	026	024
B♭ C D♭	A♭ E♭ G♭	013	025	B♭ C G♭	A♭ D♭ E♭	026	027
B♭ C D♭	A♭ F G♭	013	013	B♭ C G♭	A♭ D♭ F	026	037
C E♭ F	A♭ D♭ G♭	025	027	B♭ C G♭	A♭ E♭ F	026	025
C E♭ F	B♭ D♭ G♭	025	037	A♭ B♭ C	D♭ E♭ F	024	024
C E♭ F	A♭ B♭ D♭	025	025	A♭ B♭ C	D♭ E♭ G♭	024	025
C E♭ F	A♭ B♭ G♭	025	024	A♭ B♭ C	D♭ F G♭	024	015
C E♭ G♭	A♭ D♭ F	036	037	A♭ B♭ C	E♭ F G♭	024	013
C E♭ G♭	B♭ D♭ F	036	037	D♭ E♭ F	A♭ C G♭	024	026
C E♭ G♭	A♭ B♭ D♭	036	025	D♭ E♭ F	B♭ C G♭	024	026
C E♭ G♭	A♭ B♭ F	036	025	D♭ E♭ F	A♭ B♭ C	024	024
A♭ C E♭	D♭ F G♭	037	015	D♭ E♭ F	A♭ B♭ G♭	024	024
A♭ C E♭	B♭ D♭ F	037	037	D♭ E♭ G♭	A♭ C F	025	037
A♭ C E♭	B♭ D♭ G♭	037	037	D♭ E♭ G♭	B♭ C F	025	027
A♭ C E♭	B♭ F G♭	037	015	D♭ E♭ G♭	A♭ B♭ C	025	024
B♭ C E♭	D♭ F G♭	025	015	D♭ E♭ G♭	A♭ B♭ F	025	025
B♭ C E♭	A♭ D♭ F	025	037	A♭ D♭ E♭	C F G♭	027	016
B♭ C E♭	A♭ D♭ G♭	025	027	A♭ D♭ E♭	B♭ C F	027	027

C, D♭, E, F, G♭, G, A

prime form: 0, 1, 4, 5, 6, 7, 9

degrees: 1, ♭2, 3, 4, ♭5, 5, 6

Scale application to typical chord types all keys:

C:	1	♭2	3	4	♭5	5	6	7 mel
D♭:	7	1	♭3	3	4	♭5	♭6	
D:	♭7	7	2	♭3	3	4	5	
E♭:	6	♭7	♭2	2	♭3	3	♭5	7
E:	♭6	6	1	♭2	2	♭3	4	7 mel, 7sus4
F:	5	♭6	7	1	♭2	2	3	
G♭:	♭5	5	♭7	7	1	♭2	♭3	
G:	4	♭5	6	♭7	7	1	2	
A♭:	3	4	♭6	6	♭7	7	♭2	
A:	♭3	3	5	♭6	6	♭7	1	7, 7sus4
B♭:	2	♭3	♭5	5	♭6	6	7	-Δ7 mel
B:	♭2	2	4	♭5	5	♭6	♭7	7 mel

Symmetric Difference as:

Pitches

D, E♭, A♭, B♭, B

Degrees

2, ♭3, ♭6, ♭7, 7

Prime Form

0, 1, 4, 5, 7

See page 543 for more possible scale applications

Unique 3 Note Subsets as prime form

C D♭ E	014
C D♭ F	015
C D♭ G♭	016
C D♭ G	016
C D♭ A	014
C E F	015
C E G♭	026
C E G	037
C E A	037
C F G♭	016
C F G	027
C F A	037
C G♭ G	016
C G♭ A	036
C G A	025
D♭ E F	014
D♭ E G♭	025
D♭ E G	036
D♭ E A	037
D♭ F G♭	015
D♭ F G	026
D♭ F A	048
D♭ G♭ G	016
D♭ G♭ A	037
D♭ G A	026
E F G♭	012
E F G	013
E F A	015
E G♭ G	013
E G♭ A	025
E G A	025
F G♭ G	012
F G♭ A	014
F G A	024
G♭ G A	013

Unique 4 Note Subsets as prime form

C D♭ E F	0145
C D♭ E G♭	0146
C D♭ E G	0147
C D♭ E A	0347
C D♭ F G♭	0156
C D♭ F G	0157
C D♭ F A	0148
C D♭ G♭ G	0167
C D♭ G♭ A	0147
C D♭ G A	0146
C E F G♭	0126
C E F G	0237
C E F A	0158
C E G♭ G	0137
C E G♭ A	0258
C E G A	0358
C F G♭ G	0127
C F G♭ A	0147
C F G A	0247
C G♭ G A	0136
D♭ E F G♭	0125
D♭ E F G	0236
D♭ E F A	0148
D♭ E G♭ G	0136
D♭ E G♭ A	0358
D♭ E G A	0258
D♭ F G♭ G	0126
D♭ F G♭ A	0148
D♭ F G A	0248
D♭ G♭ G A	0137
E F G♭ G	0123
E F G♭ A	0125
E F G A	0135
E G♭ G A	0235
F G♭ G A	0124

Hexatonic Subsets divided into 2 trichords as prime form

C D♭ E	F G G♭	014	012
C D♭ E	A F G♭	014	014
C D♭ E	A F G	014	024
C D♭ E	A G G♭	014	013
C D♭ F	E G G♭	015	013
C D♭ F	A E G♭	015	025
C D♭ F	A E G	015	025
C D♭ F	A G G♭	015	013
C D♭ G♭	E F G	016	013
C D♭ G♭	A E F	016	015
C D♭ G♭	A E G	016	025
C D♭ G♭	A F G	016	024
C D♭ G	E F G♭	016	012
C D♭ G	A E F	016	015
C D♭ G	A E G♭	016	025
C D♭ G	A F G♭	016	014
A C D♭	E F G♭	014	012
A C D♭	E F G	014	013
A C D♭	E G G♭	014	013
A C D♭	F G G♭	014	012
C E F	D♭ G G♭	015	016
C E F	A D♭ G♭	015	037
C E F	A D♭ G	015	026
C E F	A G G♭	015	013
C E G♭	D♭ F G	026	026
C E G♭	A D♭ F	026	048
C E G♭	A D♭ G	026	026
C E G♭	A F G	026	024
C E G	D♭ F G♭	037	015
C E G	A D♭ F	037	048
C E G	A D♭ G♭	037	037
C E G	A F G♭	037	014
A C E	D♭ F G♭	037	015
A C E	D♭ F G	037	026
A C E	D♭ G G♭	037	016

Hexatonic Subsets continued see page 679 for additional lists.

A C E	F G G♭	037	012
C F G♭	D♭ E G	016	036
C F G♭	A D♭ E	016	037
C F G♭	A D♭ G	016	026
C F G♭	A E G	016	025
C F G	D♭ E G♭	027	025
C F G	A D♭ E	027	037
C F G	A D♭ G♭	027	037
C F G	A E G♭	027	025
A C F	D♭ E G♭	037	025
A C F	D♭ E G	037	036
A C F	D♭ G G♭	037	016
A C F	E G G♭	037	013
C G G♭	D♭ E F	016	014
C G G♭	A D♭ E	016	037
C G G♭	A D♭ F	016	048
C G G♭	A E F	016	015
A C G♭	D♭ E F	036	014
A C G♭	D♭ E G	036	036
A C G♭	D♭ F G	036	026
A C G♭	E F G	036	013
A C G	D♭ E F	025	014
A C G	D♭ E G♭	025	025
A C G	D♭ F G♭	025	015
A C G	E F G♭	025	012
D♭ E F	C G G♭	014	016
D♭ E F	A C G♭	014	036
D♭ E F	A C G	014	025
D♭ E F	A G G♭	014	013
D♭ E G♭	C F G	025	027
D♭ E G♭	A C F	025	037
D♭ E G♭	A C G	025	025
D♭ E G♭	A F G	025	024
D♭ E G	C F G♭	036	016
D♭ E G	A C F	036	037

C, D, E♭, E, F, G♭, A♭

prime form: 0, 2, 3, 4, 5, 6, 8

degrees: 1, 2, ♭3, 3, 4, ♭5, ♭6

Scale application to typical chord types all keys:

C:	1	2	♭3	3	4	♭5	♭6	7 mel
D♭:	7	♭2	2	♭3	3	4	5	
D:	♭7	1	♭2	2	♭3	3	♭5	7
E♭:	6	7	1	♭2	2	♭3	4	
E:	♭6	♭7	7	1	♭2	2	3	
F:	5	6	♭7	7	1	♭2	♭3	
G♭:	♭5	♭6	6	♭7	7	1	2	
G:	4	5	♭6	6	♭7	7	♭2	
A♭:	3	♭5	5	♭6	6	♭7	1	7
A:	♭3	4	♭5	5	♭6	6	7	-Δ7 mel
B♭:	2	3	4	♭5	5	♭6	♭7	7 mel
B:	♭2	♭3	3	4	♭5	5	6	7 mel

Symmetric Difference as:
Pitches
D♭, G, A, B♭, B
Degrees
♭2, 5, 6, ♭7, 7
Prime Form
0, 2, 3, 4, 6

Unique 3 Note Subsets as prime form		Unique 4 Note Subsets as prime form		Hexatonic Subsets divided into 2 trichords as prime form			Hexatonic Subsets divided into 2 trichords as prime form		
C D E♭	0 1 3	C D E♭ E	0 1 2 4	C D E♭	E F G♭	013 012	A♭ C E♭	E F G♭	037 012
C D E	0 2 4	C D E♭ F	0 2 3 5	C D E♭	A♭ E F	013 014	C E F	D E♭ G♭	015 014
C D F	0 2 5	C D E♭ G♭	0 2 3 6	C D E♭	A♭ E G♭	013 024	C E F	A♭ D E♭	015 016
C D G♭	0 2 6	C D E♭ A♭	0 1 3 7	C D E♭	A♭ F G♭	013 013	C E F	A♭ D G♭	015 026
C D A♭	0 2 6	C D E F	0 1 3 5	C D E	E♭ F G♭	024 013	C E F	A♭ E♭ G♭	015 025
C E♭ E	0 1 4	C D E G♭	0 2 4 6	C D E	A♭ E♭ F	024 025	C E G♭	D E♭ F	026 013
C E♭ F	0 2 5	C D E A♭	0 2 4 8	C D E	A♭ E♭ G♭	024 025	C E G♭	A♭ D E♭	026 016
C E♭ G♭	0 3 6	C D F G♭	0 1 4 6	C D E	A♭ F G♭	024 013	C E G♭	A♭ D F	026 036
C E♭ A♭	0 3 7	C D F A♭	0 2 5 8	C D F	E E♭ G♭	025 013	C E G♭	A♭ E♭ F	026 025
C E F	0 1 5	C D G♭ A♭	0 2 6 8	C D F	A♭ E E♭	025 015	A♭ C E	D E♭ F	048 013
C E G♭	0 2 6	C E♭ E F	0 1 2 5	C D F	A♭ E♭ G♭	025 025	A♭ C E	D E♭ G♭	048 014
C E A♭	0 4 8	C E♭ E G♭	0 2 3 6	C D F	A♭ E G♭	025 024	A♭ C E	D F G♭	048 014
C F G♭	0 1 6	C E♭ E A♭	0 1 4 8	C D G♭	E E♭ F	026 012	A♭ C E	E♭ F G♭	048 013
C F A♭	0 3 7	C E♭ F G♭	0 1 3 6	C D G♭	A♭ E E♭	026 015	C F G♭	D E E♭	016 012
C G♭ A♭	0 2 6	C E♭ F A♭	0 3 5 8	C D G♭	A♭ E♭ F	026 025	C F G♭	A♭ D E♭	016 016
D E♭ E	0 1 2	C E♭ G♭ A♭	0 2 5 8	C D G♭	A♭ E F	026 014	C F G♭	A♭ D E	016 026
D E♭ F	0 1 3	C E F G♭	0 1 2 6	A♭ C D	E E♭ F	026 012	C F G♭	A♭ E E♭	016 015
D E♭ G♭	0 1 4	C E F A♭	0 1 4 8	A♭ C D	E E♭ G♭	026 013	A♭ C F	D E E♭	037 012
D E♭ A♭	0 1 6	C E G♭ A♭	0 2 4 8	A♭ C D	E♭ F G♭	026 013	A♭ C F	D E♭ G♭	037 014
D E F	0 1 3	C F G♭ A♭	0 1 3 7	A♭ C D	E F G♭	026 012	A♭ C F	D E G♭	037 024
D E G♭	0 2 4	D E♭ E F	0 1 2 3	C E E♭	D F G♭	014 014	A♭ C F	E E♭ G♭	037 013
D E A♭	0 2 6	D E♭ E G♭	0 1 2 4	C E E♭	A♭ D F	014 036	A♭ C G♭	D E E♭	026 012
D F G♭	0 1 4	D E♭ E A♭	0 1 2 6	C E E♭	A♭ D G♭	014 026	A♭ C G♭	D E♭ F	026 013
D F A♭	0 3 6	D E♭ F G♭	0 1 3 4	C E E♭	A♭ F G♭	014 013	A♭ C G♭	D E F	026 013
D G♭ A♭	0 2 6	D E♭ F A♭	0 1 3 6	C E♭ F	D E G♭	025 024	A♭ C G♭	E E♭ F	026 012
E♭ E F	0 1 2	D E♭ G♭ A♭	0 1 4 6	C E♭ F	A♭ D E	025 026	D E E♭	C F G♭	012 016
E♭ E G♭	0 1 3	D E F G♭	0 1 2 4	C E♭ F	A♭ D G♭	025 026	D E E♭	A♭ C F	012 037
E♭ E A♭	0 1 5	D E F A♭	0 2 3 6	C E♭ F	A♭ E G♭	025 024	D E E♭	A♭ C G♭	012 026
E♭ F G♭	0 1 3	D E G♭ A♭	0 2 4 6	C E♭ G♭	D E F	036 013	D E E♭	A♭ F G♭	012 013
E♭ F A♭	0 2 5	D F G♭ A♭	0 2 3 6	C E♭ G♭	A♭ D E	036 026	D E♭ F	C E G♭	013 026
E♭ G♭ A♭	0 2 5	E♭ E F G♭	0 1 2 3	C E♭ G♭	A♭ D F	036 036	D E♭ F	A♭ C E	013 048
E F G♭	0 1 2	E♭ E F A♭	0 1 2 5	C E♭ G♭	A♭ E F	036 014	D E♭ F	A♭ C G♭	013 026
E F A♭	0 1 4	E♭ E G♭ A♭	0 1 3 5	A♭ C E♭	D E F	037 013	D E♭ F	A♭ E G♭	013 024
E G♭ A♭	0 2 4	E♭ F G♭ A♭	0 2 3 5	A♭ C E♭	D E G♭	037 024	D E♭ G♭	C E F	014 015
F G♭ A♭	0 1 3	E F G♭ A♭	0 1 2 4	A♭ C E♭	D F G♭	037 014	D E♭ G♭	A♭ C E	014 048

C, D, E♭, E, F, G, A

prime form: 0, 2, 3, 4, 5, 7, 9

degrees: 1, 2, ♭3, 3, 4, 5, 6

Scale application to typical chord types all keys:

C:	1	2	♭3	3	4	5	6	7 mel, 7sus4
D♭:	7	♭2	2	♭3	3	♭5	♭6	
D:	♭7	1	♭2	2	♭3	4	5	7 mel, 7sus4
E♭:	6	7	1	♭2	2	3	♭5	
E:	♭6	♭7	7	1	♭2	♭3	4	
F:	5	6	♭7	7	1	2	3	
G♭:	♭5	♭6	6	♭7	7	♭2	♭3	
G:	4	5	♭6	6	♭7	1	2	7 mel, 7sus4
A♭:	3	♭5	5	♭6	6	7	♭2	
A:	♭3	4	♭5	5	♭6	♭7	1	7 mel
B♭:	2	3	4	♭5	5	6	7	Δ7♯5 mel
B:	♭2	♭3	3	4	♭5	♭6	♭7	7 mel

Symmetric Difference as:
Pitches
D♭, G♭, A♭, B♭, B
Degrees
♭2, ♭5, ♭6, ♭7, 7
Prime Form
0, 2, 3, 5, 7

See page 545 for more possible scale applications

Unique 3 Note Subsets as prime form

C	D	E♭	013
C	D	E	024
C	D	F	025
C	D	G	027
C	D	A	025
C	E♭	E	014
C	E♭	F	025
C	E♭	G	037
C	E♭	A	036
C	E	F	015
C	E	G	037
C	E	A	037
C	F	G	027
C	F	A	037
C	G	A	025
D	E♭	E	012
D	E♭	F	013
D	E♭	G	015
D	E♭	A	016
D	E	F	013
D	E	G	025
D	E	A	027
D	F	G	025
D	F	A	037
D	G	A	027
E♭	E	F	012
E♭	E	G	014
E♭	E	A	016
E♭	F	G	024
E♭	F	A	026
E♭	G	A	026
E	F	G	013
E	F	A	015
E	G	A	025
F	G	A	024

Unique 4 Note Subsets as prime form

C	D	E♭	E	0124
C	D	E♭	F	0235
C	D	E♭	G	0237
C	D	E♭	A	0136
C	D	E	F	0135
C	D	E	G	0247
C	D	E	A	0247
C	D	F	G	0257
C	D	F	A	0358
C	D	G	A	0257
C	E♭	E	F	0125
C	E♭	E	G	0347
C	E♭	E	A	0147
C	E♭	F	G	0247
C	E♭	F	A	0258
C	E♭	G	A	0258
C	E	F	G	0237
C	E	F	A	0158
C	E	G	A	0358
C	F	G	A	0247
D	E♭	E	F	0123
D	E♭	E	G	0125
D	E♭	E	A	0127
D	E♭	F	G	0135
D	E♭	F	A	0137
D	E♭	G	A	0157
D	E	F	G	0235
D	E	F	A	0237
D	E	G	A	0257
D	F	G	A	0247
E♭	E	F	G	0124
E♭	E	F	A	0126
E♭	E	G	A	0146
E♭	F	G	A	0246
E	F	G	A	0135

Hexatonic Subsets divided into 2 trichords as prime form

C D E♭	E F G	013	013
C D E♭	A E F	013	015
C D E♭	A E G	013	025
C D E♭	A F G	013	024
C D E	E♭ F G	024	024
C D E	A E♭ F	024	026
C D E	A E♭ G	024	026
C D E	A F G	024	024
C D F	E E♭ G	025	014
C D F	A E E♭	025	016
C D F	A E♭ G	025	026
C D F	A E G	025	025
C D G	E E♭ F	027	012
C D G	A E E♭	027	016
C D G	A E♭ F	027	026
C D G	A E F	027	015
A C D	E E♭ F	025	012
A C D	E E♭ G	025	014
A C D	E♭ F G	025	024
A C D	E F G	025	013
C E E♭	D F G	014	025
C E E♭	A D F	014	037
C E E♭	A D G	014	027
C E E♭	A F G	014	024
C E♭ F	D E G	025	025
C E♭ F	A D E	025	027
C E♭ F	A D G	025	027
C E♭ F	A E G	025	025
C E♭ G	D E F	037	013
C E♭ G	A D E	037	027
C E♭ G	A D F	037	037
C E♭ G	A E F	037	015
A C E♭	D E F	036	013
A C E♭	D E G	036	025
A C E♭	D F G	036	025

Hexatonic Subsets continued see page 681 for additional lists.

A C E♭	E F G	036	013
C E F	D E♭ G	015	015
C E F	A D E♭	015	016
C E F	A D G	015	027
C E F	A E♭ G	015	026
C E G	D E♭ F	037	013
C E G	A D E♭	037	016
C E G	A D F	037	037
C E G	A E♭ F	037	026
A C E	D E♭ F	037	013
A C E	D E♭ G	037	015
A C E	D F G	037	025
A C E	E♭ F G	037	024
C F G	D E E♭	027	012
C F G	A D E♭	027	016
C F G	A D E	027	027
C F G	A E E♭	027	016
A C F	D E E♭	037	012
A C F	D E♭ G	037	015
A C F	D E G	037	025
A C F	E E♭ G	037	014
A C G	D E E♭	025	012
A C G	D E♭ F	025	013
A C G	D E F	025	013
A C G	E E♭ F	025	012
D E E♭	C F G	012	027
D E E♭	A C F	012	037
D E E♭	A C G	012	025
D E E♭	A F G	012	024
D E♭ F	C E G	013	037
D E♭ F	A C E	013	037
D E♭ F	A C G	013	025
D E♭ F	A E G	013	025
D E♭ G	C E F	015	015
D E♭ G	A C E	015	037

C, D, E♭, E, G♭, G, A

prime form: 0, 2, 3, 4, 6, 7, 9

degrees: 1, 2, ♭3, 3, ♭5, 5, 6

Scale application to typical chord types all keys:

C:	1	2	♭3	3	♭5	5	6	7
D♭:	7	♭2	2	♭3	4	♭5	♭6	
D:	♭7	1	♭2	2	3	4	5	7 mel, 7sus4
E♭:	6	7	1	♭2	♭3	3	♭5	
E:	♭6	♭7	7	1	2	♭3	4	
F:	5	6	♭7	7	♭2	2	3	
G♭:	♭5	♭6	6	♭7	1	♭2	♭3	7
G:	4	5	♭6	6	7	1	2	Δ7♯5 mel, -Δ7 mel
A♭:	3	♭5	5	♭6	♭7	7	♭2	
A:	♭3	4	♭5	5	6	♭7	1	7 mel
B♭:	2	3	4	♭5	♭6	6	7	Δ7♯5 mel
B:	♭2	♭3	3	4	5	♭6	♭7	7 mel, 7sus4

Symmetric Difference as:

Pitches

D♭, F, A♭, B♭, B

Degrees

♭2, 4, ♭6, ♭7, 7

Prime Form

0, 2, 3, 5, 8

See page 546 for more possible scale applications

Unique 3 Note Subsets as prime form

C D E♭	013
C D E	024
C D G♭	026
C D G	027
C D A	025
C E♭ E	014
C E♭ G♭	036
C E♭ G	037
C E♭ A	036
C E G♭	026
C E G	037
C E A	037
C G♭ G	016
C G♭ A	036
C G A	025
D E♭ E	012
D E♭ G♭	014
D E♭ G	015
D E♭ A	016
D E G♭	024
D E G	025
D E A	027
D G♭ G	015
D G♭ A	037
D G A	027
E♭ E G♭	013
E♭ E G	014
E♭ E A	016
E♭ G♭ G	014
E♭ G♭ A	036
E♭ G A	026
E G♭ G	013
E G♭ A	025
E G A	025
G♭ G A	013

Unique 4 Note Subsets as prime form

C D E♭ E	0124
C D E♭ G♭	0236
C D E♭ G	0237
C D E♭ A	0136
C D E G♭	0246
C D E G	0247
C D E A	0247
C D G♭ G	0157
C D G♭ A	0258
C D G A	0257
C E♭ E G♭	0236
C E♭ E G	0347
C E♭ E A	0147
C E♭ G♭ G	0147
C E♭ G♭ A	0369
C E♭ G A	0258
C E G♭ G	0137
C E G♭ A	0258
C E G A	0358
C G♭ G A	0136
D E♭ E G♭	0124
D E♭ E G	0125
D E♭ E A	0127
D E♭ G♭ G	0145
D E♭ G♭ A	0147
D E♭ G A	0157
D E G♭ G	0135
D E G♭ A	0247
D E G A	0257
D G♭ G A	0237
E♭ E G♭ G	0134
E♭ E G♭ A	0136
E♭ E G A	0146
E♭ G♭ G A	0236
E G♭ G A	0235

Hexatonic Subsets divided into 2 trichords as prime form

C D E♭	E G G♭	013	013
C D E♭	A E G♭	013	025
C D E♭	A E G	013	025
C D E♭	A G G♭	013	013
C D E	E♭ G G♭	024	014
C D E	A E♭ G♭	024	036
C D E	A E♭ G	024	026
C D E	A G G♭	024	013
C D G♭	E E♭ G	026	014
C D G♭	A E E♭	026	016
C D G♭	A E♭ G	026	026
C D G♭	A E G	026	025
C D G	E E♭ G♭	027	013
C D G	A E E♭	027	016
C D G	A E♭ G♭	027	036
C D G	A E G♭	027	025
A C D	E E♭ G♭	025	013
A C D	E E♭ G	025	014
A C D	E♭ G G♭	025	014
A C D	E G G♭	025	013
C E E♭	D G G♭	014	015
C E E♭	A D G♭	014	037
C E E♭	A D G	014	027
C E E♭	A G G♭	014	013
C E♭ G♭	D E G	036	025
C E♭ G♭	A D E	036	027
C E♭ G♭	A D G	036	027
C E♭ G♭	A E G	036	025
C E♭ G	D E G♭	037	024
C E♭ G	A D E	037	027
C E♭ G	A D G♭	037	037
C E♭ G	A E G♭	037	025
A C E♭	D E G♭	036	024
A C E♭	D E G	036	025
A C E♭	D G G♭	036	015

Hexatonic Subsets continued see page 683 for additional lists.

A C E♭	E G G♭	036	013
C E G♭	D E♭ G	026	015
C E G♭	A D E♭	026	016
C E G♭	A D G	026	027
C E G♭	A E♭ G	026	026
C E G	D E♭ G♭	037	014
C E G	A D E♭	037	016
C E G	A D G♭	037	037
C E G	A E♭ G♭	037	036
A C E	D E♭ G♭	037	014
A C E	D E♭ G	037	015
A C E	D G G♭	037	015
A C E	E♭ G G♭	037	014
C G G♭	D E E♭	016	012
C G G♭	A D E♭	016	016
C G G♭	A D E	016	027
C G G♭	A E E♭	016	016
A C G♭	D E E♭	036	012
A C G♭	D E♭ G	036	015
A C G♭	D E G	036	025
A C G♭	E E♭ G	036	014
A C G	D E E♭	025	012
A C G	D E♭ G♭	025	014
A C G	D E G♭	025	024
A C G	E E♭ G♭	025	013
D E E♭	C G G♭	012	016
D E E♭	A C G♭	012	036
D E E♭	A C G	012	025
D E E♭	A G G♭	012	013
D E♭ G♭	C E G	014	037
D E♭ G♭	A C E	014	037
D E♭ G♭	A C G	014	025
D E♭ G♭	A E G	014	025
D E♭ G	C E G♭	015	026
D E♭ G	A C E	015	037

8 Note Scales

29 Prime Forms

C, D♭, D, E♭, E, F, G♭, G

prime form: 0, 1, 2, 3, 4, 5, 6, 7
degrees: 1, ♭2, 2, ♭3, 3, 4, ♭5, 5

Scale application to typical chord types all keys:

C:	1	♭2	2	♭3	3	4	♭5	5	7 mel
D♭:	7	1	♭2	2	♭3	3	4	♭5	
D:	♭7	7	1	♭2	2	♭3	3	4	
E♭:	6	♭7	7	1	♭2	2	♭3	3	
E:	♭6	6	♭7	7	1	♭2	2	♭3	
F:	5	♭6	6	♭7	7	1	♭2	2	
G♭:	♭5	5	♭6	6	♭7	7	1	♭2	
G:	4	♭5	5	♭6	6	♭7	7	1	
A♭:	3	4	♭5	5	♭6	6	♭7	7	
A:	♭3	3	4	♭5	5	♭6	6	♭7	7 mel
B♭:	2	♭3	3	4	♭5	5	♭6	6	7 mel
B:	♭2	2	♭3	3	4	♭5	5	♭6	7 mel

Symmetric Difference as:
Pitches
A♭, A, B♭, B
Degrees
♭6, 6, ♭7, 7
Prime Form
0, 1, 2, 3

Unique 3 Note Subsets as prime form

C	D♭	D	0 1 2
C	D♭	E♭	0 1 3
C	D♭	E	0 1 4
C	D♭	F	0 1 5
C	D♭	G♭	0 1 6
C	D♭	G	0 1 6
C	D	E♭	0 1 3
C	D	E	0 2 4
C	D	F	0 2 5
C	D	G♭	0 2 6
C	D	G	0 2 7
C	E♭	E	0 1 4
C	E♭	F	0 2 5
C	E♭	G♭	0 3 6
C	E♭	G	0 3 7
C	E	F	0 1 5
C	E	G♭	0 2 6
C	E	G	0 3 7
C	F	G♭	0 1 6
C	F	G	0 2 7
C	G♭	G	0 1 6
D♭	D	E♭	0 1 2
D♭	D	E	0 1 3
D♭	D	F	0 1 4
D♭	D	G♭	0 1 5
D♭	D	G	0 1 6
D♭	E♭	E	0 1 3
D♭	E♭	F	0 2 4
D♭	E♭	G♭	0 2 5
D♭	E♭	G	0 2 6
D♭	E	F	0 1 4
D♭	E	G♭	0 2 5
D♭	E	G	0 3 6

Unique 3 Note Subsets as prime form

D♭	F	G♭	0 1 5
D♭	F	G	0 2 6
D♭	G♭	G	0 1 6
D	E♭	E	0 1 2
D	E♭	F	0 1 3
D	E♭	G♭	0 1 4
D	E♭	G	0 1 5
D	E	F	0 1 3
D	E	G♭	0 2 4
D	E	G	0 2 5
D	F	G♭	0 1 4
D	F	G	0 2 5
D	G♭	G	0 1 5
E♭	E	F	0 1 2
E♭	E	G♭	0 1 3
E♭	E	G	0 1 4
E♭	F	G♭	0 1 3
E♭	F	G	0 2 4
E♭	G♭	G	0 1 4
E	F	G♭	0 1 2
E	F	G	0 1 3
E	G♭	G	0 1 3
F	G♭	G	0 1 2

Unique 4 Note Subsets as prime form

C	D♭	D	E♭	0 1 2 3
C	D♭	D	E	0 1 2 4
C	D♭	D	F	0 1 2 5
C	D♭	D	G♭	0 1 2 6
C	D♭	D	G	0 1 2 7
C	D♭	E♭	E	0 1 3 4
C	D♭	E♭	F	0 1 3 5
C	D♭	E♭	G♭	0 1 3 6
C	D♭	E♭	G	0 1 3 7
C	D♭	E	F	0 1 4 5
C	D♭	E	G♭	0 1 4 6
C	D♭	E	G	0 1 4 7
C	D♭	F	G♭	0 1 5 6
C	D♭	F	G	0 1 5 7
C	D♭	G♭	G	0 1 6 7
C	D	E♭	E	0 1 2 4
C	D	E♭	F	0 2 3 5
C	D	E♭	G♭	0 2 3 6
C	D	E♭	G	0 2 3 7
C	D	E	F	0 1 3 5
C	D	E	G♭	0 2 4 6
C	D	E	G	0 2 4 7
C	D	F	G♭	0 1 4 6
C	D	F	G	0 2 5 7
C	D	G♭	G	0 1 5 7
C	E♭	E	F	0 1 2 5
C	E♭	E	G♭	0 2 3 6
C	E♭	E	G	0 3 4 7
C	E♭	F	G♭	0 1 3 6
C	E♭	F	G	0 2 4 7
C	E♭	G♭	G	0 1 4 7
C	E	F	G♭	0 1 2 6
C	E	F	G	0 2 3 7
C	E	G♭	G	0 1 3 7
C	F	G♭	G	0 1 2 7

Unique 4 Note Subsets as prime form

D♭	D	E♭	E	0 1 2 3
D♭	D	E♭	F	0 1 2 4
D♭	D	E♭	G♭	0 1 2 5
D♭	D	E♭	G	0 1 2 6
D♭	D	E	F	0 1 3 4
D♭	D	E	G♭	0 1 3 5
D♭	D	E	G	0 1 3 6
D♭	D	F	G♭	0 1 4 5
D♭	D	F	G	0 1 4 6
D♭	D	G♭	G	0 1 5 6
D♭	E♭	E	F	0 1 2 4
D♭	E♭	E	G♭	0 2 3 5
D♭	E♭	E	G	0 2 3 6
D♭	E♭	F	G♭	0 1 3 5
D♭	E♭	F	G	0 2 4 6
D♭	E♭	G♭	G	0 1 4 6
D♭	E	F	G♭	0 1 2 5
D♭	E	F	G	0 2 3 6
D♭	E	G♭	G	0 1 3 6
D♭	F	G♭	G	0 1 2 6
D	E♭	E	F	0 1 2 3
D	E♭	E	G♭	0 1 2 4
D	E♭	E	G	0 1 2 5
D	E♭	F	G♭	0 1 3 4
D	E♭	F	G	0 1 3 5
D	E♭	G♭	G	0 1 4 5
D	E	F	G♭	0 1 2 4
D	E	F	G	0 2 3 5
D	E	G♭	G	0 1 3 5
D	F	G♭	G	0 1 2 5
E♭	E	F	G♭	0 1 2 3
E♭	E	F	G	0 1 2 4
E♭	E	G♭	G	0 1 3 4
E♭	F	G♭	G	0 1 2 4
E	F	G♭	G	0 1 2 3

C, D♭, D, E♭, E, F, G♭, A♭

prime form: 0, 1, 2, 3, 4, 5, 6, 8

degrees: 1, ♭2, 2, ♭3, 3, 4, ♭5, ♭6

Scale application to typical chord types all keys:

C:	1	♭2	2	♭3	3	4	♭5	♭6	7 mel
D♭:	7	1	♭2	2	♭3	3	4	5	
D:	♭7	7	1	♭2	2	♭3	3	♭5	
E♭:	6	♭7	7	1	♭2	2	♭3	4	
E:	♭6	6	♭7	7	1	♭2	2	3	
F:	5	♭6	6	♭7	7	1	♭2	♭3	
G♭:	♭5	5	♭6	6	♭7	7	1	2	
G:	4	♭5	5	♭6	6	♭7	7	♭2	
A♭:	3	4	♭5	5	♭6	6	♭7	1	7 mel
A:	♭3	3	4	♭5	5	♭6	6	7	
B♭:	2	♭3	3	4	♭5	5	♭6	♭7	7 mel
B:	♭2	2	♭3	3	4	♭5	5	6	7 mel

Symmetric Difference as:
Pitches
G, A, B♭, B
Degrees
5, 6, ♭7, 7
Prime Form
0, 1, 2, 4

See page 548 for more possible scale applications

Unique 3 Note Subsets as prime form

C	D♭	D	0 1 2
C	D♭	E♭	0 1 3
C	D♭	E	0 1 4
C	D♭	F	0 1 5
C	D♭	G♭	0 1 6
C	D♭	A♭	0 1 5
C	D	E♭	0 1 3
C	D	E	0 2 4
C	D	F	0 2 5
C	D	G♭	0 2 6
C	D	A♭	0 2 6
C	E♭	E	0 1 4
C	E♭	F	0 2 5
C	E♭	G♭	0 3 6
C	E♭	A♭	0 3 7
C	E	F	0 1 5
C	E	G♭	0 2 6
C	E	A♭	0 4 8
C	F	G♭	0 1 6
C	F	A♭	0 3 7
C	G♭	A♭	0 2 6
D♭	D	E♭	0 1 2
D♭	D	E	0 1 3
D♭	D	F	0 1 4
D♭	D	G♭	0 1 5
D♭	D	A♭	0 1 6
D♭	E♭	E	0 1 3
D♭	E♭	F	0 2 4
D♭	E♭	G♭	0 2 5
D♭	E♭	A♭	0 2 7
D♭	E	F	0 1 4
D♭	E	G♭	0 2 5
D♭	E	A♭	0 3 7
D♭	F	G♭	0 1 5

Unique 3 Note Subsets as prime form

D♭	G♭	A♭	0 2 7
D	E♭	E	0 1 2
D	E♭	F	0 1 3
D	E♭	G♭	0 1 4
D	E♭	A♭	0 1 6
D	E	F	0 1 3
D	E	G♭	0 2 4
D	E	A♭	0 2 6
D	F	G♭	0 1 4
D	F	A♭	0 3 6
D	G♭	A♭	0 2 6
E♭	E	F	0 1 2
E♭	E	G♭	0 1 3
E♭	E	A♭	0 1 5
E♭	F	G♭	0 1 3
E♭	F	A♭	0 2 5
E♭	G♭	A♭	0 2 5
E	F	G♭	0 1 2
E	F	A♭	0 1 4
E	G♭	A♭	0 2 4
F	G♭	A♭	0 1 3

Unique 4 Note Subsets as prime form

C	D♭	D	E♭	0 1 2 3
C	D♭	D	E	0 1 2 4
C	D♭	D	F	0 1 2 5
C	D♭	D	G♭	0 1 2 6
C	D♭	D	A♭	0 1 2 6
C	D♭	E♭	E	0 1 3 4
C	D♭	E♭	F	0 1 3 5
C	D♭	E♭	G♭	0 1 3 6
C	D♭	E♭	A♭	0 2 3 7
C	D♭	E	F	0 1 4 5
C	D♭	E	G♭	0 1 4 6
C	D♭	E	A♭	0 3 4 8
C	D♭	F	G♭	0 1 5 6
C	D♭	F	A♭	0 1 5 8
C	D♭	G♭	A♭	0 1 5 7
C	D	E♭	E	0 1 2 4
C	D	E♭	F	0 2 3 5
C	D	E♭	G♭	0 2 3 6
C	D	E♭	A♭	0 1 3 7
C	D	E	F	0 1 3 5
C	D	E	G♭	0 2 4 6
C	D	E	A♭	0 2 4 8
C	D	F	G♭	0 1 4 6
C	D	F	A♭	0 2 5 8
C	D	G♭	A♭	0 2 6 8
C	E♭	E	F	0 1 2 5
C	E♭	E	G♭	0 2 3 6
C	E♭	E	A♭	0 1 4 8
C	E♭	F	G♭	0 1 3 6
C	E♭	F	A♭	0 3 5 8
C	E♭	G♭	A♭	0 2 5 8
C	E	F	G♭	0 1 2 6
C	E	F	A♭	0 1 4 8
C	E	G♭	A♭	0 2 4 8
C	F	G♭	A♭	0 1 3 7

Unique 4 Note Subsets as prime form

D♭	D	E♭	E	0 1 2 3
D♭	D	E♭	F	0 1 2 4
D♭	D	E♭	G♭	0 1 2 5
D♭	D	E♭	A♭	0 1 2 7
D♭	D	E	F	0 1 3 4
D♭	D	E	G♭	0 1 3 5
D♭	D	E	A♭	0 1 3 7
D♭	D	F	G♭	0 1 4 5
D♭	D	F	A♭	0 1 4 7
D♭	D	G♭	A♭	0 1 5 7
D♭	E♭	E	F	0 1 2 4
D♭	E♭	E	G♭	0 2 3 5
D♭	E♭	E	A♭	0 2 3 7
D♭	E♭	F	G♭	0 1 3 5
D♭	E♭	F	A♭	0 2 4 7
D♭	E♭	G♭	A♭	0 2 5 7
D♭	E	F	G♭	0 1 2 5
D♭	E	F	A♭	0 3 4 7
D♭	E	G♭	A♭	0 2 4 7
D♭	F	G♭	A♭	0 2 3 7
D	E♭	E	F	0 1 2 3
D	E♭	E	G♭	0 1 2 4
D	E♭	E	A♭	0 1 2 6
D	E♭	F	G♭	0 1 3 4
D	E♭	F	A♭	0 1 3 6
D	E♭	G♭	A♭	0 1 4 6
D	E	F	G♭	0 1 2 4
D	E	F	A♭	0 2 3 6
D	E	G♭	A♭	0 2 4 6
D	F	G♭	A♭	0 2 3 6
E♭	E	F	G♭	0 1 2 3
E♭	E	F	A♭	0 1 2 5
E♭	E	G♭	A♭	0 1 3 5
E♭	F	G♭	A♭	0 2 3 5
E	F	G♭	A♭	0 1 2 4

C, D♭, D, E♭, E, F, G♭, A

prime form: 0, 1, 2, 3, 4, 5, 6, 9

degrees: 1, ♭2, 2, ♭3, 3, 4, ♭5, 6

Scale application to typical chord types all keys:

C:	1	♭2	2	♭3	3	4	♭5	6	7 mel
D♭:	7	1	♭2	2	♭3	3	4	♭6	
D:	♭7	7	1	♭2	2	♭3	3	5	
E♭:	6	♭7	7	1	♭2	2	♭3	♭5	
E:	♭6	6	♭7	7	1	♭2	2	4	
F:	5	♭6	6	♭7	7	1	♭2	3	
G♭:	♭5	5	♭6	6	♭7	7	1	♭3	
G:	4	♭5	5	♭6	6	♭7	7	2	
A♭:	3	4	♭5	5	♭6	6	♭7	♭2	7 mel
A:	♭3	3	4	♭5	5	♭6	6	1	7 mel
B♭:	2	♭3	3	4	♭5	5	♭6	7	
B:	♭2	2	♭3	3	4	♭5	5	♭7	7 mel

Symmetric Difference as:
Pitches
G, A♭, B♭, B
Degrees
5, ♭6, ♭7, 7
Prime Form
0, 1, 3, 4

Unique 3 Note Subsets as prime form

C	D♭	D	0 1 2
C	D♭	E♭	0 1 3
C	D♭	E	0 1 4
C	D♭	F	0 1 5
C	D♭	G♭	0 1 6
C	D♭	A	0 1 4
C	D	E♭	0 1 3
C	D	E	0 2 4
C	D	F	0 2 5
C	D	G♭	0 2 6
C	D	A	0 2 5
C	E♭	E	0 1 4
C	E♭	F	0 2 5
C	E♭	G♭	0 3 6
C	E♭	A	0 3 6
C	E	F	0 1 5
C	E	G♭	0 2 6
C	E	A	0 3 7
C	F	G♭	0 1 6
C	F	A	0 3 7
C	G♭	A	0 3 6
D♭	D	E♭	0 1 2
D♭	D	E	0 1 3
D♭	D	F	0 1 4
D♭	D	G♭	0 1 5
D♭	D	A	0 1 5
D♭	E♭	E	0 1 3
D♭	E♭	F	0 2 4
D♭	E♭	G♭	0 2 5
D♭	E♭	A	0 2 6
D♭	E	F	0 1 4
D♭	E	G♭	0 2 5
D♭	E	A	0 3 7
D♭	F	G♭	0 1 5

Unique 3 Note Subsets as prime form

D♭	G♭	A	0 3 7
D	E♭	E	0 1 2
D	E♭	F	0 1 3
D	E♭	G♭	0 1 4
D	E♭	A	0 1 6
D	E	F	0 1 3
D	E	G♭	0 2 4
D	E	A	0 2 7
D	F	G♭	0 1 4
D	F	A	0 3 7
D	G♭	A	0 3 7
E♭	E	F	0 1 2
E♭	E	G♭	0 1 3
E♭	E	A	0 1 6
E♭	F	G♭	0 1 3
E♭	F	A	0 2 6
E♭	G♭	A	0 3 6
E	F	G♭	0 1 2
E	F	A	0 1 5
E	G♭	A	0 2 5
F	G♭	A	0 1 4

Unique 4 Note Subsets as prime form

C	D♭	D	E♭	0 1 2 3
C	D♭	D	E	0 1 2 4
C	D♭	D	F	0 1 2 5
C	D♭	D	G♭	0 1 2 6
C	D♭	D	A	0 1 2 5
C	D♭	E♭	E	0 1 3 4
C	D♭	E♭	F	0 1 3 5
C	D♭	E♭	G♭	0 1 3 6
C	D♭	E♭	A	0 2 3 6
C	D♭	E	F	0 1 4 5
C	D♭	E	G♭	0 1 4 6
C	D♭	E	A	0 3 4 7
C	D♭	F	G♭	0 1 5 6
C	D♭	F	A	0 1 4 8
C	D♭	G♭	A	0 1 4 7
C	D	E♭	E	0 1 2 4
C	D	E♭	F	0 2 3 5
C	D	E♭	G♭	0 2 3 6
C	D	E♭	A	0 1 3 6
C	D	E	F	0 1 3 5
C	D	E	G♭	0 2 4 6
C	D	E	A	0 2 4 7
C	D	F	G♭	0 1 4 6
C	D	F	A	0 3 5 8
C	D	G♭	A	0 2 5 8
C	E♭	E	F	0 1 2 5
C	E♭	E	G♭	0 2 3 6
C	E♭	E	A	0 1 4 7
C	E♭	F	G♭	0 1 3 6
C	E♭	F	A	0 2 5 8
C	E♭	G♭	A	0 3 6 9
C	E	F	G♭	0 1 2 6
C	E	F	A	0 1 5 8
C	E	G♭	A	0 2 5 8
C	F	G♭	A	0 1 4 7

Unique 4 Note Subsets as prime form

D♭	D	E♭	E	0 1 2 3
D♭	D	E♭	F	0 1 2 4
D♭	D	E♭	G♭	0 1 2 5
D♭	D	E♭	A	0 1 2 6
D♭	D	E	F	0 1 3 4
D♭	D	E	G♭	0 1 3 5
D♭	D	E	A	0 2 3 7
D♭	D	F	G♭	0 1 4 5
D♭	D	F	A	0 3 4 8
D♭	D	G♭	A	0 1 5 8
D♭	E♭	E	F	0 1 2 4
D♭	E♭	E	G♭	0 2 3 5
D♭	E♭	E	A	0 1 3 7
D♭	E♭	F	G♭	0 1 3 5
D♭	E♭	F	A	0 2 4 8
D♭	E♭	G♭	A	0 2 5 8
D♭	E	F	G♭	0 1 2 5
D♭	E	F	A	0 1 4 8
D♭	E	G♭	A	0 3 5 8
D♭	F	G♭	A	0 1 4 8
D	E♭	E	F	0 1 2 3
D	E♭	E	G♭	0 1 2 4
D	E♭	E	A	0 1 2 7
D	E♭	F	G♭	0 1 3 4
D	E♭	F	A	0 1 3 7
D	E♭	G♭	A	0 1 4 7
D	E	F	G♭	0 1 2 4
D	E	F	A	0 2 3 7
D	E	G♭	A	0 2 4 7
D	F	G♭	A	0 3 4 7
E♭	E	F	G♭	0 1 2 3
E♭	E	F	A	0 1 2 6
E♭	E	G♭	A	0 1 3 6
E♭	F	G♭	A	0 2 3 6
E	F	G♭	A	0 1 2 5

C, D♭, D, E♭, E, F, G, A♭

prime form: 0, 1, 2, 3, 4, 5, 7, 8
degrees: 1, ♭2, 2, ♭3, 3, 4, 5, ♭6

Scale application to typical chord types all keys:

C:	1	♭2	2	♭3	3	4	5	♭6	7 mel, 7sus4
D♭:	7	1	♭2	2	♭3	3	♭5	5	
D:	♭7	7	1	♭2	2	♭3	4	♭5	
E♭:	6	♭7	7	1	♭2	2	3	4	
E:	♭6	6	♭7	7	1	♭2	♭3	3	
F:	5	♭6	6	♭7	7	1	2	♭3	
G♭:	♭5	5	♭6	6	♭7	7	♭2	2	
G:	4	♭5	5	♭6	6	♭7	1	♭2	7 mel
A♭:	3	4	♭5	5	♭6	6	7	1	Δ7♯5 mel
A:	♭3	3	4	♭5	5	♭6	♭7	7	
B♭:	2	♭3	3	4	♭5	5	6	♭7	7 mel
B:	♭2	2	♭3	3	4	♭5	♭6	6	7 mel

Symmetric Difference as:
Pitches
G♭, A, B♭, B
Degrees
♭5, 6, ♭7, 7
Prime Form
0, 1, 2, 5

See page 550 for more possible scale applications

Unique 3 Note Subsets as prime form

C	D♭	D	0 1 2
C	D♭	E♭	0 1 3
C	D♭	E	0 1 4
C	D♭	F	0 1 5
C	D♭	G	0 1 6
C	D♭	A♭	0 1 5
C	D	E♭	0 1 3
C	D	E	0 2 4
C	D	F	0 2 5
C	D	G	0 2 7
C	D	A♭	0 2 6
C	E♭	E	0 1 4
C	E♭	F	0 2 5
C	E♭	G	0 3 7
C	E♭	A♭	0 3 7
C	E	F	0 1 5
C	E	G	0 3 7
C	E	A♭	0 4 8
C	F	G	0 2 7
C	F	A♭	0 3 7
C	G	A♭	0 1 5
D♭	D	E♭	0 1 2
D♭	D	E	0 1 3
D♭	D	F	0 1 4
D♭	D	G	0 1 6
D♭	D	A♭	0 1 6
D♭	E♭	E	0 1 3
D♭	E♭	F	0 2 4
D♭	E♭	G	0 2 6
D♭	E♭	A♭	0 2 7
D♭	E	F	0 1 4
D♭	E	G	0 3 6
D♭	E	A♭	0 3 7
D♭	F	G	0 2 6
D♭	F	A♭	0 3 7

Unique 3 Note Subsets as prime form

D♭	G	A♭	0 1 6
D	E♭	E	0 1 2
D	E♭	F	0 1 3
D	E♭	G	0 1 5
D	E♭	A♭	0 1 6
D	E	F	0 1 3
D	E	G	0 2 5
D	E	A♭	0 2 6
D	F	G	0 2 5
D	F	A♭	0 3 6
D	G	A♭	0 1 6
E♭	E	F	0 1 2
E♭	E	G	0 1 4
E♭	E	A♭	0 1 5
E♭	F	G	0 2 4
E♭	F	A♭	0 2 5
E♭	G	A♭	0 1 5
E	F	G	0 1 3
E	F	A♭	0 1 4
E	G	A♭	0 1 4
F	G	A♭	0 1 3

Unique 4 Note Subsets as prime form

C	D♭	D	E♭	0 1 2 3
C	D♭	D	E	0 1 2 4
C	D♭	D	F	0 1 2 5
C	D♭	D	G	0 1 2 7
C	D♭	D	A♭	0 1 2 6
C	D♭	E♭	E	0 1 3 4
C	D♭	E♭	F	0 1 3 5
C	D♭	E♭	G	0 1 3 7
C	D♭	E♭	A♭	0 2 3 7
C	D♭	E	F	0 1 4 5
C	D♭	E	G	0 1 4 7
C	D♭	E	A♭	0 3 4 8
C	D♭	F	G	0 1 5 7
C	D♭	F	A♭	0 1 5 8
C	D♭	G	A♭	0 1 5 6
C	D	E♭	E	0 1 2 4
C	D	E♭	F	0 2 3 5
C	D	E♭	G	0 2 3 7
C	D	E♭	A♭	0 1 3 7
C	D	E	F	0 1 3 5
C	D	E	G	0 2 4 7
C	D	E	A♭	0 2 4 8
C	D	F	G	0 2 5 7
C	D	F	A♭	0 2 5 8
C	D	G	A♭	0 1 5 7
C	E♭	E	F	0 1 2 5
C	E♭	E	G	0 3 4 7
C	E♭	E	A♭	0 1 4 8
C	E♭	F	G	0 2 4 7
C	E♭	F	A♭	0 3 5 8
C	E♭	G	A♭	0 1 5 8
C	E	F	G	0 2 3 7
C	E	F	A♭	0 1 4 8
C	E	G	A♭	0 3 4 8
C	F	G	A♭	0 2 3 7

Unique 4 Note Subsets as prime form

D♭	D	E♭	E	0 1 2 3
D♭	D	E♭	F	0 1 2 4
D♭	D	E♭	G	0 1 2 6
D♭	D	E♭	A♭	0 1 2 7
D♭	D	E	F	0 1 3 4
D♭	D	E	G	0 1 3 6
D♭	D	E	A♭	0 1 3 7
D♭	D	F	G	0 1 4 6
D♭	D	F	A♭	0 1 4 7
D♭	D	G	A♭	0 1 6 7
D♭	E♭	E	F	0 1 2 4
D♭	E♭	E	G	0 2 3 6
D♭	E♭	E	A♭	0 2 3 7
D♭	E♭	F	G	0 2 4 6
D♭	E♭	F	A♭	0 2 4 7
D♭	E♭	G	A♭	0 1 5 7
D♭	E	F	G	0 2 3 6
D♭	E	F	A♭	0 3 4 7
D♭	E	G	A♭	0 1 4 7
D♭	F	G	A♭	0 1 3 7
D	E♭	E	F	0 1 2 3
D	E♭	E	G	0 1 2 5
D	E♭	E	A♭	0 1 2 6
D	E♭	F	G	0 1 3 5
D	E♭	F	A♭	0 1 3 6
D	E♭	G	A♭	0 1 5 6
D	E	F	G	0 2 3 5
D	E	F	A♭	0 2 3 6
D	E	G	A♭	0 1 4 6
D	F	G	A♭	0 1 3 6
E♭	E	F	G	0 1 2 4
E♭	E	F	A♭	0 1 2 5
E♭	E	G	A♭	0 1 4 5
E♭	F	G	A♭	0 1 3 5
E	F	G	A♭	0 1 3 4

C, D♭, D, E♭, E, F, G, A

prime form: 0, 1, 2, 3, 4, 5, 7, 9

degrees: 1, ♭2, 2, ♭3, 3, 4, 5, 6

Scale application to typical chord types all keys:

C:	1	♭2	2	♭3	3	4	5	6	7 mel, 7sus4
D♭:	7	1	♭2	2	♭3	3	♭5	♭6	
D:	♭7	7	1	♭2	2	♭3	4	5	
E♭:	6	♭7	7	1	♭2	2	3	♭5	
E:	♭6	6	♭7	7	1	♭2	♭3	4	
F:	5	♭6	6	♭7	7	1	2	3	
G♭:	♭5	5	♭6	6	♭7	7	♭2	♭3	
G:	4	♭5	5	♭6	6	♭7	1	2	7 mel
A♭:	3	4	♭5	5	♭6	6	7	♭2	
A:	♭3	3	4	♭5	5	♭6	♭7	1	7 mel
B♭:	2	♭3	3	4	♭5	5	6	7	
B:	♭2	2	♭3	3	4	♭5	♭6	♭7	7 mel

Symmetric Difference as:
Pitches
G♭, A♭, B♭, B
Degrees
♭5, ♭6, ♭7, 7
Prime Form
0, 1, 3, 5

See page 551 for more possible scale applications

Unique 3 Note Subsets as prime form

C	D♭	D	0 1 2
C	D♭	E♭	0 1 3
C	D♭	E	0 1 4
C	D♭	F	0 1 5
C	D♭	G	0 1 6
C	D♭	A	0 1 4
C	D	E♭	0 1 3
C	D	E	0 2 4
C	D	F	0 2 5
C	D	G	0 2 7
C	D	A	0 2 5
C	E♭	E	0 1 4
C	E♭	F	0 2 5
C	E♭	G	0 3 7
C	E♭	A	0 3 6
C	E	F	0 1 5
C	E	G	0 3 7
C	E	A	0 3 7
C	F	G	0 2 7
C	F	A	0 3 7
C	G	A	0 2 5
D♭	D	E♭	0 1 2
D♭	D	E	0 1 3
D♭	D	F	0 1 4
D♭	D	G	0 1 6
D♭	D	A	0 1 5
D♭	E♭	E	0 1 3
D♭	E♭	F	0 2 4
D♭	E♭	G	0 2 6
D♭	E♭	A	0 2 6
D♭	E	F	0 1 4
D♭	E	G	0 3 6
D♭	E	A	0 3 7
D♭	F	G	0 2 6
D♭	F	A	0 4 8

Unique 3 Note Subsets as prime form

D♭	G	A	0 2 6
D	E♭	E	0 1 2
D	E♭	F	0 1 3
D	E♭	G	0 1 5
D	E♭	A	0 1 6
D	E	F	0 1 3
D	E	G	0 2 5
D	E	A	0 2 7
D	F	G	0 2 5
D	F	A	0 3 7
D	G	A	0 2 7
E♭	E	F	0 1 2
E♭	E	G	0 1 4
E♭	E	A	0 1 6
E♭	F	G	0 2 4
E♭	F	A	0 2 6
E♭	G	A	0 2 6
E	F	G	0 1 3
E	F	A	0 1 5
E	G	A	0 2 5
F	G	A	0 2 4

Unique 4 Note Subsets as prime form

C	D♭	D	E♭	0 1 2 3
C	D♭	D	E	0 1 2 4
C	D♭	D	F	0 1 2 5
C	D♭	D	G	0 1 2 7
C	D♭	D	A	0 1 2 5
C	D♭	E♭	E	0 1 3 4
C	D♭	E♭	F	0 1 3 5
C	D♭	E♭	G	0 1 3 7
C	D♭	E♭	A	0 2 3 6
C	D♭	E	F	0 1 4 5
C	D♭	E	G	0 1 4 7
C	D♭	E	A	0 3 4 7
C	D♭	F	G	0 1 5 7
C	D♭	F	A	0 1 4 8
C	D♭	G	A	0 1 4 6
C	D	E♭	E	0 1 2 4
C	D	E♭	F	0 2 3 5
C	D	E♭	G	0 2 3 7
C	D	E♭	A	0 1 3 6
C	D	E	F	0 1 3 5
C	D	E	G	0 2 4 7
C	D	E	A	0 2 4 7
C	D	F	G	0 2 5 7
C	D	F	A	0 3 5 8
C	D	G	A	0 2 5 7
C	E♭	E	F	0 1 2 5
C	E♭	E	G	0 3 4 7
C	E♭	E	A	0 1 4 7
C	E♭	F	G	0 2 4 7
C	E♭	F	A	0 2 5 8
C	E♭	G	A	0 2 5 8
C	E	F	G	0 2 3 7
C	E	F	A	0 1 5 8
C	E	G	A	0 3 5 8
C	F	G	A	0 2 4 7

Unique 4 Note Subsets as prime form

D♭	D	E♭	E	0 1 2 3
D♭	D	E♭	F	0 1 2 4
D♭	D	E♭	G	0 1 2 6
D♭	D	E♭	A	0 1 2 6
D♭	D	E	F	0 1 3 4
D♭	D	E	G	0 1 3 6
D♭	D	E	A	0 2 3 7
D♭	D	F	G	0 1 4 6
D♭	D	F	A	0 3 4 8
D♭	D	G	A	0 1 5 7
D♭	E♭	E	F	0 1 2 4
D♭	E♭	E	G	0 2 3 6
D♭	E♭	E	A	0 1 3 7
D♭	E♭	F	G	0 2 4 6
D♭	E♭	F	A	0 2 4 8
D♭	E♭	G	A	0 2 6 8
D♭	E	F	G	0 2 3 6
D♭	E	F	A	0 1 4 8
D♭	E	G	A	0 2 5 8
D♭	F	G	A	0 2 4 8
D	E♭	E	F	0 1 2 3
D	E♭	E	G	0 1 2 5
D	E♭	E	A	0 1 2 7
D	E♭	F	G	0 1 3 5
D	E♭	F	A	0 1 3 7
D	E♭	G	A	0 1 5 7
D	E	F	G	0 2 3 5
D	E	F	A	0 2 3 7
D	E	G	A	0 2 5 7
D	F	G	A	0 2 4 7
E♭	E	F	G	0 1 2 4
E♭	E	F	A	0 1 2 6
E♭	E	G	A	0 1 4 6
E♭	F	G	A	0 2 4 6
E	F	G	A	0 1 3 5

C, D♭, D, E♭, E, F, A♭, A

prime form: 0, 1, 2, 3, 4, 5, 8, 9

degrees: 1, ♭2, 2, ♭3, 3, 4, ♭6, 6

Scale application to typical chord types all keys:

C:	1	♭2	2	♭3	3	4	♭6	6	7 mel, 7sus4
D♭:	7	1	♭2	2	♭3	3	5	♭6	
D:	♭7	7	1	♭2	2	♭3	♭5	5	
E♭:	6	♭7	7	1	♭2	2	4	♭5	
E:	♭6	6	♭7	7	1	♭2	3	4	
F:	5	♭6	6	♭7	7	1	♭3	3	
G♭:	♭5	5	♭6	6	♭7	7	2	♭3	
G:	4	♭5	5	♭6	6	♭7	♭2	2	7 mel
A♭:	3	4	♭5	5	♭6	6	1	♭2	7 mel
A:	♭3	3	4	♭5	5	♭6	7	1	
B♭:	2	♭3	3	4	♭5	5	♭7	7	
B:	♭2	2	♭3	3	4	♭5	6	♭7	7 mel

Symmetric Difference as:
Pitches
G♭, G, B♭, B
Degrees
♭5, 5, ♭7, 7
Prime Form
0, 1, 4, 5

Unique 3 Note Subsets as prime form

C	D♭	D	0 1 2
C	D♭	E♭	0 1 3
C	D♭	E	0 1 4
C	D♭	F	0 1 5
C	D♭	A♭	0 1 5
C	D♭	A	0 1 4
C	D	E♭	0 1 3
C	D	E	0 2 4
C	D	F	0 2 5
C	D	A♭	0 2 6
C	D	A	0 2 5
C	E♭	E	0 1 4
C	E♭	F	0 2 5
C	E♭	A♭	0 3 7
C	E♭	A	0 3 6
C	E	F	0 1 5
C	E	A♭	0 4 8
C	E	A	0 3 7
C	F	A♭	0 3 7
C	F	A	0 3 7
C	A♭	A	0 1 4
D♭	D	E♭	0 1 2
D♭	D	E	0 1 3
D♭	D	F	0 1 4
D♭	D	A♭	0 1 6
D♭	D	A	0 1 5
D♭	E♭	E	0 1 3
D♭	E♭	F	0 2 4
D♭	E♭	A♭	0 2 7
D♭	E♭	A	0 2 6
D♭	E	F	0 1 4
D♭	E	A♭	0 3 7
D♭	E	A	0 3 7
D♭	F	A♭	0 3 7
D♭	F	A	0 4 8

Unique 3 Note Subsets as prime form

D♭	A♭	A	0 1 5
D	E♭	E	0 1 2
D	E♭	F	0 1 3
D	E♭	A♭	0 1 6
D	E♭	A	0 1 6
D	E	F	0 1 3
D	E	A♭	0 2 6
D	E	A	0 2 7
D	F	A♭	0 3 6
D	F	A	0 3 7
D	A♭	A	0 1 6
E♭	E	F	0 1 2
E♭	E	A♭	0 1 5
E♭	E	A	0 1 6
E♭	F	A♭	0 2 5
E♭	F	A	0 2 6
E♭	A♭	A	0 1 6
E	F	A♭	0 1 4
E	F	A	0 1 5
E	A♭	A	0 1 5
F	A♭	A	0 1 4

Unique 4 Note Subsets as prime form

C	D♭	D	E♭	0 1 2 3
C	D♭	D	E	0 1 2 4
C	D♭	D	F	0 1 2 5
C	D♭	D	A♭	0 1 2 6
C	D♭	D	A	0 1 2 5
C	D♭	E♭	E	0 1 3 4
C	D♭	E♭	F	0 1 3 5
C	D♭	E♭	A♭	0 2 3 7
C	D♭	E♭	A	0 2 3 6
C	D♭	E	F	0 1 4 5
C	D♭	E	A♭	0 3 4 8
C	D♭	E	A	0 3 4 7
C	D♭	F	A♭	0 1 5 8
C	D♭	F	A	0 1 4 8
C	D♭	A♭	A	0 1 4 5
C	D	E♭	E	0 1 2 4
C	D	E♭	F	0 2 3 5
C	D	E♭	A♭	0 1 3 7
C	D	E♭	A	0 1 3 6
C	D	E	F	0 1 3 5
C	D	E	A♭	0 2 4 8
C	D	E	A	0 2 4 7
C	D	F	A♭	0 2 5 8
C	D	F	A	0 3 5 8
C	D	A♭	A	0 1 4 6
C	E♭	E	F	0 1 2 5
C	E♭	E	A♭	0 1 4 8
C	E♭	E	A	0 1 4 7
C	E♭	F	A♭	0 3 5 8
C	E♭	F	A	0 2 5 8
C	E♭	A♭	A	0 1 4 7
C	E	F	A♭	0 1 4 8
C	E	F	A	0 1 5 8
C	E	A♭	A	0 3 4 8
C	F	A♭	A	0 3 4 7

Unique 4 Note Subsets as prime form

D♭	D	E♭	E	0 1 2 3
D♭	D	E♭	F	0 1 2 4
D♭	D	E♭	A♭	0 1 2 7
D♭	D	E♭	A	0 1 2 6
D♭	D	E	F	0 1 3 4
D♭	D	E	A♭	0 1 3 7
D♭	D	E	A	0 2 3 7
D♭	D	F	A♭	0 1 4 7
D♭	D	F	A	0 3 4 8
D♭	D	A♭	A	0 1 5 6
D♭	E♭	E	F	0 1 2 4
D♭	E♭	E	A♭	0 2 3 7
D♭	E♭	E	A	0 1 3 7
D♭	E♭	F	A♭	0 2 4 7
D♭	E♭	F	A	0 2 4 8
D♭	E♭	A♭	A	0 1 5 7
D♭	E	F	A♭	0 3 4 7
D♭	E	F	A	0 1 4 8
D♭	E	A♭	A	0 1 5 8
D♭	F	A♭	A	0 3 4 8
D	E♭	E	F	0 1 2 3
D	E♭	E	A♭	0 1 2 6
D	E♭	E	A	0 1 2 7
D	E♭	F	A♭	0 1 3 6
D	E♭	F	A	0 1 3 7
D	E♭	A♭	A	0 1 6 7
D	E	F	A♭	0 2 3 6
D	E	F	A	0 2 3 7
D	E	A♭	A	0 1 5 7
D	F	A♭	A	0 1 4 7
E♭	E	F	A♭	0 1 2 5
E♭	E	F	A	0 1 2 6
E♭	E	A♭	A	0 1 5 6
E♭	F	A♭	A	0 1 4 6
E	F	A♭	A	0 1 4 5

C, D♭, D, E♭, E, G♭, G, A♭

prime form: 0, 1, 2, 3, 4, 6, 7, 8

degrees: 1, ♭2, 2, ♭3, 3, ♭5, 5, ♭6

Scale application to typical chord types all keys:

C:	1	♭2	2	♭3	3	♭5	5	♭6	7
D♭:	7	1	♭2	2	♭3	4	♭5	5	
D:	♭7	7	1	♭2	2	3	4	♭5	
E♭:	6	♭7	7	1	♭2	♭3	3	4	
E:	♭6	6	♭7	7	1	2	♭3	3	
F:	5	♭6	6	♭7	7	♭2	2	♭3	
G♭:	♭5	5	♭6	6	♭7	1	♭2	2	7
G:	4	♭5	5	♭6	6	7	1	♭2	
A♭:	3	4	♭5	5	♭6	♭7	7	1	
A:	♭3	3	4	♭5	5	6	♭7	7	
B♭:	2	♭3	3	4	♭5	♭6	6	♭7	7 mel
B:	♭2	2	♭3	3	4	5	♭6	6	7 mel, 7sus4

Symmetric Difference as:
Pitches
F, A, B♭, B
Degrees
4, 6, ♭7, 7
Prime Form
0, 1, 2, 6

See page 553 for more possible scale applications

Unique 3 Note Subsets as prime form

C	D♭	D	0 1 2
C	D♭	E♭	0 1 3
C	D♭	E	0 1 4
C	D♭	G♭	0 1 6
C	D♭	G	0 1 6
C	D♭	A♭	0 1 5
C	D	E♭	0 1 3
C	D	E	0 2 4
C	D	G♭	0 2 6
C	D	G	0 2 7
C	D	A♭	0 2 6
C	E♭	E	0 1 4
C	E♭	G♭	0 3 6
C	E♭	G	0 3 7
C	E♭	A♭	0 3 7
C	E	G♭	0 2 6
C	E	G	0 3 7
C	E	A♭	0 4 8
C	G♭	G	0 1 6
C	G♭	A♭	0 2 6
C	G	A♭	0 1 5
D♭	D	E♭	0 1 2
D♭	D	E	0 1 3
D♭	D	G♭	0 1 5
D♭	D	G	0 1 6
D♭	D	A♭	0 1 6
D♭	E♭	E	0 1 3
D♭	E♭	G♭	0 2 5
D♭	E♭	G	0 2 6
D♭	E♭	A♭	0 2 7
D♭	E	G♭	0 2 5
D♭	E	G	0 3 6
D♭	E	A♭	0 3 7
D♭	G♭	G	0 1 6
D♭	G♭	A♭	0 2 7

Unique 3 Note Subsets as prime form

D♭	G	A♭	0 1 6
D	E♭	E	0 1 2
D	E♭	G♭	0 1 4
D	E♭	G	0 1 5
D	E♭	A♭	0 1 6
D	E	G♭	0 2 4
D	E	G	0 2 5
D	E	A♭	0 2 6
D	G♭	G	0 1 5
D	G♭	A♭	0 2 6
D	G	A♭	0 1 6
E♭	E	G♭	0 1 3
E♭	E	G	0 1 4
E♭	E	A♭	0 1 5
E♭	G♭	G	0 1 4
E♭	G♭	A♭	0 2 5
E♭	G	A♭	0 1 5
E	G♭	G	0 1 3
E	G♭	A♭	0 2 4
E	G	A♭	0 1 4
G♭	G	A♭	0 1 2

Unique 4 Note Subsets as prime form

C	D♭	D	E♭	0 1 2 3
C	D♭	D	E	0 1 2 4
C	D♭	D	G♭	0 1 2 6
C	D♭	D	G	0 1 2 7
C	D♭	D	A♭	0 1 2 6
C	D♭	E♭	E	0 1 3 4
C	D♭	E♭	G♭	0 1 3 6
C	D♭	E♭	G	0 1 3 7
C	D♭	E♭	A♭	0 2 3 7
C	D♭	E	G♭	0 1 4 6
C	D♭	E	G	0 1 4 7
C	D♭	E	A♭	0 3 4 8
C	D♭	G♭	G	0 1 6 7
C	D♭	G♭	A♭	0 1 5 7
C	D♭	G	A♭	0 1 5 6
C	D	E♭	E	0 1 2 4
C	D	E♭	G♭	0 2 3 6
C	D	E♭	G	0 2 3 7
C	D	E♭	A♭	0 1 3 7
C	D	E	G♭	0 2 4 6
C	D	E	G	0 2 4 7
C	D	E	A♭	0 2 4 8
C	D	G♭	G	0 1 5 7
C	D	G♭	A♭	0 2 6 8
C	D	G	A♭	0 1 5 7
C	E♭	E	G♭	0 2 3 6
C	E♭	E	G	0 3 4 7
C	E♭	E	A♭	0 1 4 8
C	E♭	G♭	G	0 1 4 7
C	E♭	G♭	A♭	0 2 5 8
C	E♭	G	A♭	0 1 5 8
C	E	G♭	G	0 1 3 7
C	E	G♭	A♭	0 2 4 8
C	E	G	A♭	0 3 4 8
C	G♭	G	A♭	0 1 2 6

Unique 4 Note Subsets as prime form

D♭	D	E♭	E	0 1 2 3
D♭	D	E♭	G♭	0 1 2 5
D♭	D	E♭	G	0 1 2 6
D♭	D	E♭	A♭	0 1 2 7
D♭	D	E	G♭	0 1 3 5
D♭	D	E	G	0 1 3 6
D♭	D	E	A♭	0 1 3 7
D♭	D	G♭	G	0 1 5 6
D♭	D	G♭	A♭	0 1 5 7
D♭	D	G	A♭	0 1 6 7
D♭	E♭	E	G♭	0 2 3 5
D♭	E♭	E	G	0 2 3 6
D♭	E♭	E	A♭	0 2 3 7
D♭	E♭	G♭	G	0 1 4 6
D♭	E♭	G♭	A♭	0 2 5 7
D♭	E♭	G	A♭	0 1 5 7
D♭	E	G♭	G	0 1 3 6
D♭	E	G♭	A♭	0 2 4 7
D♭	E	G	A♭	0 1 4 7
D♭	G♭	G	A♭	0 1 2 7
D	E♭	E	G♭	0 1 2 4
D	E♭	E	G	0 1 2 5
D	E♭	E	A♭	0 1 2 6
D	E♭	G♭	G	0 1 4 5
D	E♭	G♭	A♭	0 1 4 6
D	E♭	G	A♭	0 1 5 6
D	E	G♭	G	0 1 3 5
D	E	G♭	A♭	0 2 4 6
D	E	G	A♭	0 1 4 6
D	G♭	G	A♭	0 1 2 6
E♭	E	G♭	G	0 1 3 4
E♭	E	G♭	A♭	0 1 3 5
E♭	E	G	A♭	0 1 4 5
E♭	G♭	G	A♭	0 1 2 5
E	G♭	G	A♭	0 1 2 4

C, D♭, D, E♭, E, G♭, G, A

prime form: 0, 1, 2, 3, 4, 6, 7, 9

degrees: 1, ♭2, 2, ♭3, 3, ♭5, 5, 6

Scale application to typical chord types all keys:

C:	1	♭2	2	♭3	3	♭5	5	6	7
D♭:	7	1	♭2	2	♭3	4	♭5	♭6	
D:	♭7	7	1	♭2	2	3	4	5	
E♭:	6	♭7	7	1	♭2	♭3	3	♭5	
E:	♭6	6	♭7	7	1	2	♭3	4	
F:	5	♭6	6	♭7	7	♭2	2	3	
G♭:	♭5	5	♭6	6	♭7	1	♭2	♭3	7
G:	4	♭5	5	♭6	6	7	1	2	Δ7♯5 mel, -Δ7 mel
A♭:	3	4	♭5	5	♭6	♭7	7	♭2	
A:	♭3	3	4	♭5	5	6	♭7	1	7 mel
B♭:	2	♭3	3	4	♭5	♭6	6	7	
B:	♭2	2	♭3	3	4	5	♭6	♭7	7 mel, 7sus4

Symmetric Difference as:
Pitches
F, A♭, B♭, B
Degrees
4, ♭6, ♭7, 7
Prime Form
0, 1, 3, 6

See page 554 for more possible scale applications

Unique 3 Note Subsets as prime form

C	D♭	D	0 1 2
C	D♭	E♭	0 1 3
C	D♭	E	0 1 4
C	D♭	G♭	0 1 6
C	D♭	G	0 1 6
C	D♭	A	0 1 4
C	D	E♭	0 1 3
C	D	E	0 2 4
C	D	G♭	0 2 6
C	D	G	0 2 7
C	D	A	0 2 5
C	E♭	E	0 1 4
C	E♭	G♭	0 3 6
C	E♭	G	0 3 7
C	E♭	A	0 3 6
C	E	G♭	0 2 6
C	E	G	0 3 7
C	E	A	0 3 7
C	G♭	G	0 1 6
C	G♭	A	0 3 6
C	G	A	0 2 5
D♭	D	E♭	0 1 2
D♭	D	E	0 1 3
D♭	D	G♭	0 1 5
D♭	D	G	0 1 6
D♭	D	A	0 1 5
D♭	E♭	E	0 1 3
D♭	E♭	G♭	0 2 5
D♭	E♭	G	0 2 6
D♭	E♭	A	0 2 6
D♭	E	G♭	0 2 5
D♭	E	G	0 3 6
D♭	E	A	0 3 7
D♭	G♭	G	0 1 6
D♭	G♭	A	0 3 7

Unique 3 Note Subsets as prime form

D♭	G	A	0 2 6
D	E♭	E	0 1 2
D	E♭	G♭	0 1 4
D	E♭	G	0 1 5
D	E♭	A	0 1 6
D	E	G♭	0 2 4
D	E	G	0 2 5
D	E	A	0 2 7
D	G♭	G	0 1 5
D	G♭	A	0 3 7
D	G	A	0 2 7
E♭	E	G♭	0 1 3
E♭	E	G	0 1 4
E♭	E	A	0 1 6
E♭	G♭	G	0 1 4
E♭	G♭	A	0 3 6
E♭	G	A	0 2 6
E	G♭	G	0 1 3
E	G♭	A	0 2 5
E	G	A	0 2 5
G♭	G	A	0 1 3

Unique 4 Note Subsets as prime form

C	D♭	D	E♭	0 1 2 3
C	D♭	D	E	0 1 2 4
C	D♭	D	G♭	0 1 2 6
C	D♭	D	G	0 1 2 7
C	D♭	D	A	0 1 2 5
C	D♭	E♭	E	0 1 3 4
C	D♭	E♭	G♭	0 1 3 6
C	D♭	E♭	G	0 1 3 7
C	D♭	E♭	A	0 2 3 6
C	D♭	E	G♭	0 1 4 6
C	D♭	E	G	0 1 4 7
C	D♭	E	A	0 3 4 7
C	D♭	G♭	G	0 1 6 7
C	D♭	G♭	A	0 1 4 7
C	D♭	G	A	0 1 4 6
C	D	E♭	E	0 1 2 4
C	D	E♭	G♭	0 2 3 6
C	D	E♭	G	0 2 3 7
C	D	E♭	A	0 1 3 6
C	D	E	G♭	0 2 4 6
C	D	E	G	0 2 4 7
C	D	E	A	0 2 4 7
C	D	G♭	G	0 1 5 7
C	D	G♭	A	0 2 5 8
C	D	G	A	0 2 5 7
C	E♭	E	G♭	0 2 3 6
C	E♭	E	G	0 3 4 7
C	E♭	E	A	0 1 4 7
C	E♭	G♭	G	0 1 4 7
C	E♭	G♭	A	0 3 6 9
C	E♭	G	A	0 2 5 8
C	E	G♭	G	0 1 3 7
C	E	G♭	A	0 2 5 8
C	E	G	A	0 3 5 8
C	G♭	G	A	0 1 3 6

Unique 4 Note Subsets as prime form

D♭	D	E♭	E	0 1 2 3
D♭	D	E♭	G♭	0 1 2 5
D♭	D	E♭	G	0 1 2 6
D♭	D	E♭	A	0 1 2 6
D♭	D	E	G♭	0 1 3 5
D♭	D	E	G	0 1 3 6
D♭	D	E	A	0 2 3 7
D♭	D	G♭	G	0 1 5 6
D♭	D	G♭	A	0 1 5 8
D♭	D	G	A	0 1 5 7
D♭	E♭	E	G♭	0 2 3 5
D♭	E♭	E	G	0 2 3 6
D♭	E♭	E	A	0 1 3 7
D♭	E♭	G♭	G	0 1 4 6
D♭	E♭	G♭	A	0 2 5 8
D♭	E♭	G	A	0 2 6 8
D♭	E	G♭	G	0 1 3 6
D♭	E	G♭	A	0 3 5 8
D♭	E	G	A	0 2 5 8
D♭	G♭	G	A	0 1 3 7
D	E♭	E	G♭	0 1 2 4
D	E♭	E	G	0 1 2 5
D	E♭	E	A	0 1 2 7
D	E♭	G♭	G	0 1 4 5
D	E♭	G♭	A	0 1 4 7
D	E♭	G	A	0 1 5 7
D	E	G♭	G	0 1 3 5
D	E	G♭	A	0 2 4 7
D	E	G	A	0 2 5 7
D	G♭	G	A	0 2 3 7
E♭	E	G♭	G	0 1 3 4
E♭	E	G♭	A	0 1 3 6
E♭	E	G	A	0 1 4 6
E♭	G♭	G	A	0 2 3 6
E	G♭	G	A	0 2 3 5

C, D♭, D, E♭, E, G♭, A♭, A

prime form: 0, 1, 2, 3, 4, 6, 8, 9

degrees: 1, ♭2, 2, ♭3, 3, ♭5, ♭6, 6

Scale application to typical chord types all keys:

C:	1	♭2	2	♭3	3	♭5	♭6	6	7
D♭:	7	1	♭2	2	♭3	4	5	♭6	
D:	♭7	7	1	♭2	2	3	♭5	5	
E♭:	6	♭7	7	1	♭2	♭3	4	♭5	
E:	♭6	6	♭7	7	1	2	3	4	
F:	5	♭6	6	♭7	7	♭2	♭3	3	
G♭:	♭5	5	♭6	6	♭7	1	2	♭3	7
G:	4	♭5	5	♭6	6	7	♭2	2	
A♭:	3	4	♭5	5	♭6	♭7	1	♭2	7 mel
A:	♭3	3	4	♭5	5	6	7	1	
B♭:	2	♭3	3	4	♭5	♭6	♭7	7	
B:	♭2	2	♭3	3	4	5	6	♭7	7 mel, 7sus4

Symmetric Difference as:
Pitches
F, G, B♭, B
Degrees
4, 5, ♭7, 7
Prime Form
0, 1, 4, 6

See page 555 for more possible scale applications

Unique 3 Note Subsets as prime form

C	D♭	D	0 1 2
C	D♭	E♭	0 1 3
C	D♭	E	0 1 4
C	D♭	G♭	0 1 6
C	D♭	A♭	0 1 5
C	D♭	A	0 1 4
C	D	E♭	0 1 3
C	D	E	0 2 4
C	D	G♭	0 2 6
C	D	A♭	0 2 6
C	D	A	0 2 5
C	E♭	E	0 1 4
C	E♭	G♭	0 3 6
C	E♭	A♭	0 3 7
C	E♭	A	0 3 6
C	E	G♭	0 2 6
C	E	A♭	0 4 8
C	E	A	0 3 7
C	G♭	A♭	0 2 6
C	G♭	A	0 3 6
C	A♭	A	0 1 4
D♭	D	E♭	0 1 2
D♭	D	E	0 1 3
D♭	D	G♭	0 1 5
D♭	D	A♭	0 1 6
D♭	D	A	0 1 5
D♭	E♭	E	0 1 3
D♭	E♭	G♭	0 2 5
D♭	E♭	A♭	0 2 7
D♭	E♭	A	0 2 6
D♭	E	G♭	0 2 5
D♭	E	A♭	0 3 7
D♭	E	A	0 3 7
D♭	G♭	A♭	0 2 7
D♭	G♭	A	0 3 7

Unique 3 Note Subsets as prime form

D♭	A♭	A	0 1 5
D	E♭	E	0 1 2
D	E♭	G♭	0 1 4
D	E♭	A♭	0 1 6
D	E♭	A	0 1 6
D	E	G♭	0 2 4
D	E	A♭	0 2 6
D	E	A	0 2 7
D	G♭	A♭	0 2 6
D	G♭	A	0 3 7
D	A♭	A	0 1 6
E♭	E	G♭	0 1 3
E♭	E	A♭	0 1 5
E♭	E	A	0 1 6
E♭	G♭	A♭	0 2 5
E♭	G♭	A	0 3 6
E♭	A♭	A	0 1 6
E	G♭	A♭	0 2 4
E	G♭	A	0 2 5
E	A♭	A	0 1 5
G♭	A♭	A	0 1 3

Unique 4 Note Subsets as prime form

C	D♭	D	E♭	0 1 2 3
C	D♭	D	E	0 1 2 4
C	D♭	D	G♭	0 1 2 6
C	D♭	D	A♭	0 1 2 6
C	D♭	D	A	0 1 2 5
C	D♭	E♭	E	0 1 3 4
C	D♭	E♭	G♭	0 1 3 6
C	D♭	E♭	A♭	0 2 3 7
C	D♭	E♭	A	0 2 3 6
C	D♭	E	G♭	0 1 4 6
C	D♭	E	A♭	0 3 4 8
C	D♭	E	A	0 3 4 7
C	D♭	G♭	A♭	0 1 5 7
C	D♭	G♭	A	0 1 4 7
C	D♭	A♭	A	0 1 4 5
C	D	E♭	E	0 1 2 4
C	D	E♭	G♭	0 2 3 6
C	D	E♭	A♭	0 1 3 7
C	D	E♭	A	0 1 3 6
C	D	E	G♭	0 2 4 6
C	D	E	A♭	0 2 4 8
C	D	E	A	0 2 4 7
C	D	G♭	A♭	0 2 6 8
C	D	G♭	A	0 2 5 8
C	D	A♭	A	0 1 4 6
C	E♭	E	G♭	0 2 3 6
C	E♭	E	A♭	0 1 4 8
C	E♭	E	A	0 1 4 7
C	E♭	G♭	A♭	0 2 5 8
C	E♭	G♭	A	0 3 6 9
C	E♭	A♭	A	0 1 4 7
C	E	G♭	A♭	0 2 4 8
C	E	G♭	A	0 2 5 8
C	E	A♭	A	0 3 4 8
C	G♭	A♭	A	0 2 3 6

Unique 4 Note Subsets as prime form

D♭	D	E♭	E	0 1 2 3
D♭	D	E♭	G♭	0 1 2 5
D♭	D	E♭	A♭	0 1 2 7
D♭	D	E♭	A	0 1 2 6
D♭	D	E	G♭	0 1 3 5
D♭	D	E	A♭	0 1 3 7
D♭	D	E	A	0 2 3 7
D♭	D	G♭	A♭	0 1 5 7
D♭	D	G♭	A	0 1 5 8
D♭	D	A♭	A	0 1 5 6
D♭	E♭	E	G♭	0 2 3 5
D♭	E♭	E	A♭	0 2 3 7
D♭	E♭	E	A	0 1 3 7
D♭	E♭	G♭	A♭	0 2 5 7
D♭	E♭	G♭	A	0 2 5 8
D♭	E♭	A♭	A	0 1 5 7
D♭	E	G♭	A♭	0 2 4 7
D♭	E	G♭	A	0 3 5 8
D♭	E	A♭	A	0 1 5 8
D♭	G♭	A♭	A	0 2 3 7
D	E♭	E	G♭	0 1 2 4
D	E♭	E	A♭	0 1 2 6
D	E♭	E	A	0 1 2 7
D	E♭	G♭	A♭	0 1 4 6
D	E♭	G♭	A	0 1 4 7
D	E♭	A♭	A	0 1 6 7
D	E	G♭	A♭	0 2 4 6
D	E	G♭	A	0 2 4 7
D	E	A♭	A	0 1 5 7
D	G♭	A♭	A	0 1 3 7
E♭	E	G♭	A♭	0 1 3 5
E♭	E	G♭	A	0 1 3 6
E♭	E	A♭	A	0 1 5 6
E♭	G♭	A♭	A	0 1 3 6
E	G♭	A♭	A	0 1 3 5

C, D♭, D, E♭, E, G♭, A♭, B♭

prime form: 0, 1, 2, 3, 4, 6, 8, 10
degrees: 1, ♭2, 2, ♭3, 3, ♭5, ♭6, ♭7

Scale application to typical chord types all keys:

C:	1	♭2	2	♭3	3	♭5	♭6	♭7	7
D♭:	7	1	♭2	2	♭3	4	5	6	
D:	♭7	7	1	♭2	2	3	♭5	♭6	
E♭:	6	♭7	7	1	♭2	♭3	4	5	
E:	♭6	6	♭7	7	1	2	3	♭5	
F:	5	♭6	6	♭7	7	♭2	♭3	4	
G♭:	♭5	5	♭6	6	♭7	1	2	3	7
G:	4	♭5	5	♭6	6	7	♭2	♭3	
A♭:	3	4	♭5	5	♭6	♭7	1	2	7 mel
A:	♭3	3	4	♭5	5	6	7	♭2	
B♭:	2	♭3	3	4	♭5	♭6	♭7	1	7 mel
B:	♭2	2	♭3	3	4	5	6	7	

Symmetric Difference as:
Pitches
F, G, A, B
Degrees
4, 5, 6, 7
Prime Form
0, 2, 4, 6

Unique 3 Note Subsets as prime form

C	D♭	D	0 1 2
C	D♭	E♭	0 1 3
C	D♭	E	0 1 4
C	D♭	G♭	0 1 6
C	D♭	A♭	0 1 5
C	D♭	B♭	0 1 3
C	D	E♭	0 1 3
C	D	E	0 2 4
C	D	G♭	0 2 6
C	D	A♭	0 2 6
C	D	B♭	0 2 4
C	E♭	E	0 1 4
C	E♭	G♭	0 3 6
C	E♭	A♭	0 3 7
C	E♭	B♭	0 2 5
C	E	G♭	0 2 6
C	E	A♭	0 4 8
C	E	B♭	0 2 6
C	G♭	A♭	0 2 6
C	G♭	B♭	0 2 6
C	A♭	B♭	0 2 4
D♭	D	E♭	0 1 2
D♭	D	E	0 1 3
D♭	D	G♭	0 1 5
D♭	D	A♭	0 1 6
D♭	D	B♭	0 1 4
D♭	E♭	E	0 1 3
D♭	E♭	G♭	0 2 5
D♭	E♭	A♭	0 2 7
D♭	E♭	B♭	0 2 5
D♭	E	G♭	0 2 5
D♭	E	A♭	0 3 7
D♭	E	B♭	0 3 6
D♭	G♭	A♭	0 2 7
D♭	G♭	B♭	0 3 7

Unique 3 Note Subsets as prime form

D♭	A♭	B♭	0 2 5
D	E♭	E	0 1 2
D	E♭	G♭	0 1 4
D	E♭	A♭	0 1 6
D	E♭	B♭	0 1 5
D	E	G♭	0 2 4
D	E	A♭	0 2 6
D	E	B♭	0 2 6
D	G♭	A♭	0 2 6
D	G♭	B♭	0 4 8
D	A♭	B♭	0 2 6
E♭	E	G♭	0 1 3
E♭	E	A♭	0 1 5
E♭	E	B♭	0 1 6
E♭	G♭	A♭	0 2 5
E♭	G♭	B♭	0 3 7
E♭	A♭	B♭	0 2 7
E	G♭	A♭	0 2 4
E	G♭	B♭	0 2 6
E	A♭	B♭	0 2 6
G♭	A♭	B♭	0 2 4

Unique 4 Note Subsets as prime form

C	D♭	D	E♭	0 1 2 3
C	D♭	D	E	0 1 2 4
C	D♭	D	G♭	0 1 2 6
C	D♭	D	A♭	0 1 2 6
C	D♭	D	B♭	0 1 2 4
C	D♭	E♭	E	0 1 3 4
C	D♭	E♭	G♭	0 1 3 6
C	D♭	E♭	A♭	0 2 3 7
C	D♭	E♭	B♭	0 2 3 5
C	D♭	E	G♭	0 1 4 6
C	D♭	E	A♭	0 3 4 8
C	D♭	E	B♭	0 2 3 6
C	D♭	G♭	A♭	0 1 5 7
C	D♭	G♭	B♭	0 1 3 7
C	D♭	A♭	B♭	0 1 3 5
C	D	E♭	E	0 1 2 4
C	D	E♭	G♭	0 2 3 6
C	D	E♭	A♭	0 1 3 7
C	D	E♭	B♭	0 1 3 5
C	D	E	G♭	0 2 4 6
C	D	E	A♭	0 2 4 8
C	D	E	B♭	0 2 4 6
C	D	G♭	A♭	0 2 6 8
C	D	G♭	B♭	0 2 4 8
C	D	A♭	B♭	0 2 4 6
C	E♭	E	G♭	0 2 3 6
C	E♭	E	A♭	0 1 4 8
C	E♭	E	B♭	0 1 4 6
C	E♭	G♭	A♭	0 2 5 8
C	E♭	G♭	B♭	0 2 5 8
C	E♭	A♭	B♭	0 2 4 7
C	E	G♭	A♭	0 2 4 8
C	E	G♭	B♭	0 2 6 8
C	E	A♭	B♭	0 2 4 8
C	G♭	A♭	B♭	0 2 4 6

Unique 4 Note Subsets as prime form

D♭	D	E♭	E	0 1 2 3
D♭	D	E♭	G♭	0 1 2 5
D♭	D	E♭	A♭	0 1 2 7
D♭	D	E♭	B♭	0 1 2 5
D♭	D	E	G♭	0 1 3 5
D♭	D	E	A♭	0 1 3 7
D♭	D	E	B♭	0 2 3 6
D♭	D	G♭	A♭	0 1 5 7
D♭	D	G♭	B♭	0 1 4 8
D♭	D	A♭	B♭	0 1 4 6
D♭	E♭	E	G♭	0 2 3 5
D♭	E♭	E	A♭	0 2 3 7
D♭	E♭	E	B♭	0 1 3 6
D♭	E♭	G♭	A♭	0 2 5 7
D♭	E♭	G♭	B♭	0 3 5 8
D♭	E♭	A♭	B♭	0 2 5 7
D♭	E	G♭	A♭	0 2 4 7
D♭	E	G♭	B♭	0 2 5 8
D♭	E	A♭	B♭	0 2 5 8
D♭	G♭	A♭	B♭	0 2 4 7
D	E♭	E	G♭	0 1 2 4
D	E♭	E	A♭	0 1 2 6
D	E♭	E	B♭	0 1 2 6
D	E♭	G♭	A♭	0 1 4 6
D	E♭	G♭	B♭	0 3 4 8
D	E♭	A♭	B♭	0 1 5 7
D	E	G♭	A♭	0 2 4 6
D	E	G♭	B♭	0 2 4 8
D	E	A♭	B♭	0 2 6 8
D	G♭	A♭	B♭	0 2 4 8
E♭	E	G♭	A♭	0 1 3 5
E♭	E	G♭	B♭	0 1 3 7
E♭	E	A♭	B♭	0 1 5 7
E♭	G♭	A♭	B♭	0 2 4 7
E	G♭	A♭	B♭	0 2 4 6

C, D♭, D, E♭, E, G, A♭, A

prime form: 0, 1, 2, 3, 4, 7, 8, 9

degrees: 1, ♭2, 2, ♭3, 3, 5, ♭6, 6

Scale application to typical chord types all keys:

C:	1	♭2	2	♭3	3	5	♭6	6	7, 7sus4
D♭:	7	1	♭2	2	♭3	♭5	5	♭6	
D:	♭7	7	1	♭2	2	4	♭5	5	
E♭:	6	♭7	7	1	♭2	3	4	♭5	
E:	♭6	6	♭7	7	1	♭3	3	4	
F:	5	♭6	6	♭7	7	2	♭3	3	
G♭:	♭5	5	♭6	6	♭7	♭2	2	♭3	7
G:	4	♭5	5	♭6	6	1	♭2	2	7 mel
A♭:	3	4	♭5	5	♭6	7	1	♭2	
A:	♭3	3	4	♭5	5	♭7	7	1	
B♭:	2	♭3	3	4	♭5	6	♭7	7	
B:	♭2	2	♭3	3	4	♭6	6	♭7	7 mel, 7sus4

Symmetric Difference as:
Pitches
F, G♭, B♭, B
Degrees
4, ♭5, ♭7, 7
Prime Form
0, 1, 5, 6

Unique 3 Note Subsets as prime form

C	D♭	D	0 1 2
C	D♭	E♭	0 1 3
C	D♭	E	0 1 4
C	D♭	G	0 1 6
C	D♭	A♭	0 1 5
C	D♭	A	0 1 4
C	D	E♭	0 1 3
C	D	E	0 2 4
C	D	G	0 2 7
C	D	A♭	0 2 6
C	D	A	0 2 5
C	E♭	E	0 1 4
C	E♭	G	0 3 7
C	E♭	A♭	0 3 7
C	E♭	A	0 3 6
C	E	G	0 3 7
C	E	A♭	0 4 8
C	E	A	0 3 7
C	G	A♭	0 1 5
C	G	A	0 2 5
C	A♭	A	0 1 4
D♭	D	E♭	0 1 2
D♭	D	E	0 1 3
D♭	D	G	0 1 6
D♭	D	A♭	0 1 6
D♭	D	A	0 1 5
D♭	E♭	E	0 1 3
D♭	E♭	G	0 2 6
D♭	E♭	A♭	0 2 7
D♭	E♭	A	0 2 6
D♭	E	G	0 3 6
D♭	E	A♭	0 3 7
D♭	E	A	0 3 7
D♭	G	A♭	0 1 6
D♭	G	A	0 2 6

Unique 3 Note Subsets as prime form

D♭	A♭	A	0 1 5
D	E♭	E	0 1 2
D	E♭	G	0 1 5
D	E♭	A♭	0 1 6
D	E♭	A	0 1 6
D	E	G	0 2 5
D	E	A♭	0 2 6
D	E	A	0 2 7
D	G	A♭	0 1 6
D	G	A	0 2 7
D	A♭	A	0 1 6
E♭	E	G	0 1 4
E♭	E	A♭	0 1 5
E♭	E	A	0 1 6
E♭	G	A♭	0 1 5
E♭	G	A	0 2 6
E♭	A♭	A	0 1 6
E	G	A♭	0 1 4
E	G	A	0 2 5
E	A♭	A	0 1 5
G	A♭	A	0 1 2

Unique 4 Note Subsets as prime form

C	D♭	D	E♭	0 1 2 3
C	D♭	D	E	0 1 2 4
C	D♭	D	G	0 1 2 7
C	D♭	D	A♭	0 1 2 6
C	D♭	D	A	0 1 2 5
C	D♭	E♭	E	0 1 3 4
C	D♭	E♭	G	0 1 3 7
C	D♭	E♭	A♭	0 2 3 7
C	D♭	E♭	A	0 2 3 6
C	D♭	E	G	0 1 4 7
C	D♭	E	A♭	0 3 4 8
C	D♭	E	A	0 3 4 7
C	D♭	G	A♭	0 1 5 6
C	D♭	G	A	0 1 4 6
C	D♭	A♭	A	0 1 4 5
C	D	E♭	E	0 1 2 4
C	D	E♭	G	0 2 3 7
C	D	E♭	A♭	0 1 3 7
C	D	E♭	A	0 1 3 6
C	D	E	G	0 2 4 7
C	D	E	A♭	0 2 4 8
C	D	E	A	0 2 4 7
C	D	G	A♭	0 1 5 7
C	D	G	A	0 2 5 7
C	D	A♭	A	0 1 4 6
C	E♭	E	G	0 3 4 7
C	E♭	E	A♭	0 1 4 8
C	E♭	E	A	0 1 4 7
C	E♭	G	A♭	0 1 5 8
C	E♭	G	A	0 2 5 8
C	E♭	A♭	A	0 1 4 7
C	E	G	A♭	0 3 4 8
C	E	G	A	0 3 5 8
C	E	A♭	A	0 3 4 8
C	G	A♭	A	0 1 2 5

Unique 4 Note Subsets as prime form

D♭	D	E♭	E	0 1 2 3
D♭	D	E♭	G	0 1 2 6
D♭	D	E♭	A♭	0 1 2 7
D♭	D	E♭	A	0 1 2 6
D♭	D	E	G	0 1 3 6
D♭	D	E	A♭	0 1 3 7
D♭	D	E	A	0 2 3 7
D♭	D	G	A♭	0 1 6 7
D♭	D	G	A	0 1 5 7
D♭	D	A♭	A	0 1 5 6
D♭	E♭	E	G	0 2 3 6
D♭	E♭	E	A♭	0 2 3 7
D♭	E♭	E	A	0 1 3 7
D♭	E♭	G	A♭	0 1 5 7
D♭	E♭	G	A	0 2 6 8
D♭	E♭	A♭	A	0 1 5 7
D♭	E	G	A♭	0 1 4 7
D♭	E	G	A	0 2 5 8
D♭	E	A♭	A	0 1 5 8
D♭	G	A♭	A	0 1 2 6
D	E♭	E	G	0 1 2 5
D	E♭	E	A♭	0 1 2 6
D	E♭	E	A	0 1 2 7
D	E♭	G	A♭	0 1 5 6
D	E♭	G	A	0 1 5 7
D	E♭	A♭	A	0 1 6 7
D	E	G	A♭	0 1 4 6
D	E	G	A	0 2 5 7
D	E	A♭	A	0 1 5 7
D	G	A♭	A	0 1 2 7
E♭	E	G	A♭	0 1 4 5
E♭	E	G	A	0 1 4 6
E♭	E	A♭	A	0 1 5 6
E♭	G	A♭	A	0 1 2 6
E	G	A♭	A	0 1 2 5

C, D♭, D, E♭, F, G♭, G, A♭

prime form: 0, 1, 2, 3, 5, 6, 7, 8

degrees: 1, ♭2, 2, ♭3, 4, ♭5, 5, ♭6

Scale application to typical chord types all keys:

C:	1	♭2	2	♭3	4	♭5	5	♭6	7 mel
D♭:	7	1	♭2	2	3	4	♭5	5	
D:	♭7	7	1	♭2	♭3	3	4	♭5	
E♭:	6	♭7	7	1	2	♭3	3	4	
E:	♭6	6	♭7	7	♭2	2	♭3	3	
F:	5	♭6	6	♭7	1	♭2	2	♭3	7, 7sus4
G♭:	♭5	5	♭6	6	7	1	♭2	2	
G:	4	♭5	5	♭6	♭7	7	1	♭2	
A♭:	3	4	♭5	5	6	♭7	7	1	
A:	♭3	3	4	♭5	♭6	6	♭7	7	
B♭:	2	♭3	3	4	5	♭6	6	♭7	7 mel, 7sus4
B:	♭2	2	♭3	3	♭5	5	♭6	6	7

Symmetric Difference as:
Pitches
E, A, B♭, B
Degrees
3, 6, ♭7, 7
Prime Form
0, 1, 2, 7

Unique 3 Note Subsets as prime form

C	D♭	D	0 1 2
C	D♭	E♭	0 1 3
C	D♭	F	0 1 5
C	D♭	G♭	0 1 6
C	D♭	G	0 1 6
C	D♭	A♭	0 1 5
C	D	E♭	0 1 3
C	D	F	0 2 5
C	D	G♭	0 2 6
C	D	G	0 2 7
C	D	A♭	0 2 6
C	E♭	F	0 2 5
C	E♭	G♭	0 3 6
C	E♭	G	0 3 7
C	E♭	A♭	0 3 7
C	F	G♭	0 1 6
C	F	G	0 2 7
C	F	A♭	0 3 7
C	G♭	G	0 1 6
C	G♭	A♭	0 2 6
C	G	A♭	0 1 5
D♭	D	E♭	0 1 2
D♭	D	F	0 1 4
D♭	D	G♭	0 1 5
D♭	D	G	0 1 6
D♭	D	A♭	0 1 6
D♭	E♭	F	0 2 4
D♭	E♭	G♭	0 2 5
D♭	E♭	G	0 2 6
D♭	E♭	A♭	0 2 7
D♭	F	G♭	0 1 5
D♭	F	G	0 2 6
D♭	F	A♭	0 3 7
D♭	G♭	G	0 1 6
D♭	G♭	A♭	0 2 7

Unique 3 Note Subsets as prime form

D♭	G	A♭	0 1 6
D	E♭	F	0 1 3
D	E♭	G♭	0 1 4
D	E♭	G	0 1 5
D	E♭	A♭	0 1 6
D	F	G♭	0 1 4
D	F	G	0 2 5
D	F	A♭	0 3 6
D	G♭	G	0 1 5
D	G♭	A♭	0 2 6
D	G	A♭	0 1 6
E♭	F	G♭	0 1 3
E♭	F	G	0 2 4
E♭	F	A♭	0 2 5
E♭	G♭	G	0 1 4
E♭	G♭	A♭	0 2 5
E♭	G	A♭	0 1 5
F	G♭	G	0 1 2
F	G♭	A♭	0 1 3
F	G	A♭	0 1 3
G♭	G	A♭	0 1 2

Unique 4 Note Subsets as prime form

C	D♭	D	E♭	0 1 2 3
C	D♭	D	F	0 1 2 5
C	D♭	D	G♭	0 1 2 6
C	D♭	D	G	0 1 2 7
C	D♭	D	A♭	0 1 2 6
C	D♭	E♭	F	0 1 3 5
C	D♭	E♭	G♭	0 1 3 6
C	D♭	E♭	G	0 1 3 7
C	D♭	E♭	A♭	0 2 3 7
C	D♭	F	G♭	0 1 5 6
C	D♭	F	G	0 1 5 7
C	D♭	F	A♭	0 1 5 8
C	D♭	G♭	G	0 1 6 7
C	D♭	G♭	A♭	0 1 5 7
C	D♭	G	A♭	0 1 5 6
C	D	E♭	F	0 2 3 5
C	D	E♭	G♭	0 2 3 6
C	D	E♭	G	0 2 3 7
C	D	E♭	A♭	0 1 3 7
C	D	F	G♭	0 1 4 6
C	D	F	G	0 2 5 7
C	D	F	A♭	0 2 5 8
C	D	G♭	G	0 1 5 7
C	D	G♭	A♭	0 2 6 8
C	D	G	A♭	0 1 5 7
C	E♭	F	G♭	0 1 3 6
C	E♭	F	G	0 2 4 7
C	E♭	F	A♭	0 3 5 8
C	E♭	G♭	G	0 1 4 7
C	E♭	G♭	A♭	0 2 5 8
C	E♭	G	A♭	0 1 5 8
C	F	G♭	G	0 1 2 7
C	F	G♭	A♭	0 1 3 7
C	F	G	A♭	0 2 3 7
C	G♭	G	A♭	0 1 2 6

Unique 4 Note Subsets as prime form

D♭	D	E♭	F	0 1 2 4
D♭	D	E♭	G♭	0 1 2 5
D♭	D	E♭	G	0 1 2 6
D♭	D	E♭	A♭	0 1 2 7
D♭	D	F	G♭	0 1 4 5
D♭	D	F	G	0 1 4 6
D♭	D	F	A♭	0 1 4 7
D♭	D	G♭	G	0 1 5 6
D♭	D	G♭	A♭	0 1 5 7
D♭	D	G	A♭	0 1 6 7
D♭	E♭	F	G♭	0 1 3 5
D♭	E♭	F	G	0 2 4 6
D♭	E♭	F	A♭	0 2 4 7
D♭	E♭	G♭	G	0 1 4 6
D♭	E♭	G♭	A♭	0 2 5 7
D♭	E♭	G	A♭	0 1 5 7
D♭	F	G♭	G	0 1 2 6
D♭	F	G♭	A♭	0 2 3 7
D♭	F	G	A♭	0 1 3 7
D♭	G♭	G	A♭	0 1 2 7
D	E♭	F	G♭	0 1 3 4
D	E♭	F	G	0 1 3 5
D	E♭	F	A♭	0 1 3 6
D	E♭	G♭	G	0 1 4 5
D	E♭	G♭	A♭	0 1 4 6
D	E♭	G	A♭	0 1 5 6
D	F	G♭	G	0 1 2 5
D	F	G♭	A♭	0 2 3 6
D	F	G	A♭	0 1 3 6
D	G♭	G	A♭	0 1 2 6
E♭	F	G♭	G	0 1 2 4
E♭	F	G♭	A♭	0 2 3 5
E♭	F	G	A♭	0 1 3 5
E♭	G♭	G	A♭	0 1 2 5
F	G♭	G	A♭	0 1 2 3

C, D♭, D, E♭, F, G♭, G, A

prime form: 0, 1, 2, 3, 5, 6, 7, 9

degrees: 1, ♭2, 2, ♭3, 4, ♭5, 5, 6

Scale application to typical chord types all keys:

C:	1	♭2	2	♭3	4	♭5	5	6	7 mel
D♭:	7	1	♭2	2	3	4	♭5	♭6	
D:	♭7	7	1	♭2	♭3	3	4	5	
E♭:	6	♭7	7	1	2	♭3	3	♭5	
E:	♭6	6	♭7	7	♭2	2	♭3	4	
F:	5	♭6	6	♭7	1	♭2	2	3	7, 7sus4
G♭:	♭5	5	♭6	6	7	1	♭2	♭3	
G:	4	♭5	5	♭6	♭7	7	1	2	
A♭:	3	4	♭5	5	6	♭7	7	♭2	
A:	♭3	3	4	♭5	♭6	6	♭7	1	7 mel
B♭:	2	♭3	3	4	5	♭6	6	7	
B:	♭2	2	♭3	3	♭5	5	♭6	♭7	7

Symmetric Difference as:
Pitches
E, A♭, B♭, B
Degrees
3, ♭6, ♭7, 7
Prime Form
0, 1, 3, 7

See page 559 for more possible scale applications

Unique 3 Note Subsets as prime form

C	D♭	D	0 1 2
C	D♭	E♭	0 1 3
C	D♭	F	0 1 5
C	D♭	G♭	0 1 6
C	D♭	G	0 1 6
C	D♭	A	0 1 4
C	D	E♭	0 1 3
C	D	F	0 2 5
C	D	G♭	0 2 6
C	D	G	0 2 7
C	D	A	0 2 5
C	E♭	F	0 2 5
C	E♭	G♭	0 3 6
C	E♭	G	0 3 7
C	E♭	A	0 3 6
C	F	G♭	0 1 6
C	F	G	0 2 7
C	F	A	0 3 7
C	G♭	G	0 1 6
C	G♭	A	0 3 6
C	G	A	0 2 5
D♭	D	E♭	0 1 2
D♭	D	F	0 1 4
D♭	D	G♭	0 1 5
D♭	D	G	0 1 6
D♭	D	A	0 1 5
D♭	E♭	F	0 2 4
D♭	E♭	G♭	0 2 5
D♭	E♭	G	0 2 6
D♭	E♭	A	0 2 6
D♭	F	G♭	0 1 5
D♭	F	G	0 2 6
D♭	F	A	0 4 8
D♭	G♭	G	0 1 6
D♭	G♭	A	0 3 7

Unique 3 Note Subsets as prime form

D♭	G	A	0 2 6
D	E♭	F	0 1 3
D	E♭	G♭	0 1 4
D	E♭	G	0 1 5
D	E♭	A	0 1 6
D	F	G♭	0 1 4
D	F	G	0 2 5
D	F	A	0 3 7
D	G♭	G	0 1 5
D	G♭	A	0 3 7
D	G	A	0 2 7
E♭	F	G♭	0 1 3
E♭	F	G	0 2 4
E♭	F	A	0 2 6
E♭	G♭	G	0 1 4
E♭	G♭	A	0 3 6
E♭	G	A	0 2 6
F	G♭	G	0 1 2
F	G♭	A	0 1 4
F	G	A	0 2 4
G♭	G	A	0 1 3

Unique 4 Note Subsets as prime form

C	D♭	D	E♭	0 1 2 3
C	D♭	D	F	0 1 2 5
C	D♭	D	G♭	0 1 2 6
C	D♭	D	G	0 1 2 7
C	D♭	D	A	0 1 2 5
C	D♭	E♭	F	0 1 3 5
C	D♭	E♭	G♭	0 1 3 6
C	D♭	E♭	G	0 1 3 7
C	D♭	E♭	A	0 2 3 6
C	D♭	F	G♭	0 1 5 6
C	D♭	F	G	0 1 5 7
C	D♭	F	A	0 1 4 8
C	D♭	G♭	G	0 1 6 7
C	D♭	G♭	A	0 1 4 7
C	D♭	G	A	0 1 4 6
C	D	E♭	F	0 2 3 5
C	D	E♭	G♭	0 2 3 6
C	D	E♭	G	0 2 3 7
C	D	E♭	A	0 1 3 6
C	D	F	G♭	0 1 4 6
C	D	F	G	0 2 5 7
C	D	F	A	0 3 5 8
C	D	G♭	G	0 1 5 7
C	D	G♭	A	0 2 5 8
C	D	G	A	0 2 5 7
C	E♭	F	G♭	0 1 3 6
C	E♭	F	G	0 2 4 7
C	E♭	F	A	0 2 5 8
C	E♭	G♭	G	0 1 4 7
C	E♭	G♭	A	0 3 6 9
C	E♭	G	A	0 2 5 8
C	F	G♭	G	0 1 2 7
C	F	G♭	A	0 1 4 7
C	F	G	A	0 2 4 7
C	G♭	G	A	0 1 3 6

Unique 4 Note Subsets as prime form

D♭	D	E♭	F	0 1 2 4
D♭	D	E♭	G♭	0 1 2 5
D♭	D	E♭	G	0 1 2 6
D♭	D	E♭	A	0 1 2 6
D♭	D	F	G♭	0 1 4 5
D♭	D	F	G	0 1 4 6
D♭	D	F	A	0 3 4 8
D♭	D	G♭	G	0 1 5 6
D♭	D	G♭	A	0 1 5 8
D♭	D	G	A	0 1 5 7
D♭	E♭	F	G♭	0 1 3 5
D♭	E♭	F	G	0 2 4 6
D♭	E♭	F	A	0 2 4 8
D♭	E♭	G♭	G	0 1 4 6
D♭	E♭	G♭	A	0 2 5 8
D♭	E♭	G	A	0 2 6 8
D♭	F	G♭	G	0 1 2 6
D♭	F	G♭	A	0 1 4 8
D♭	F	G	A	0 2 4 8
D♭	G♭	G	A	0 1 3 7
D	E♭	F	G♭	0 1 3 4
D	E♭	F	G	0 1 3 5
D	E♭	F	A	0 1 3 7
D	E♭	G♭	G	0 1 4 5
D	E♭	G♭	A	0 1 4 7
D	E♭	G	A	0 1 5 7
D	F	G♭	G	0 1 2 5
D	F	G♭	A	0 3 4 7
D	F	G	A	0 2 4 7
D	G♭	G	A	0 2 3 7
E♭	F	G♭	G	0 1 2 4
E♭	F	G♭	A	0 2 3 6
E♭	F	G	A	0 2 4 6
E♭	G♭	G	A	0 2 3 6
F	G♭	G	A	0 1 2 4

C, D♭, D, E♭, F, G♭, A♭, A

prime form: 0, 1, 2, 3, 5, 6, 8, 9

degrees: 1, ♭2, 2, ♭3, 4, ♭5, ♭6, 6

Scale application to typical chord types all keys:

C:	1	♭2	2	♭3	4	♭5	♭6	6	7 mel
D♭:	7	1	♭2	2	3	4	5	♭6	
D:	♭7	7	1	♭2	♭3	3	♭5	5	
E♭:	6	♭7	7	1	2	♭3	4	♭5	
E:	♭6	6	♭7	7	♭2	2	3	4	
F:	5	♭6	6	♭7	1	♭2	♭3	3	7, 7sus4
G♭:	♭5	5	♭6	6	7	1	2	♭3	-Δ7 mel
G:	4	♭5	5	♭6	♭7	7	♭2	2	
A♭:	3	4	♭5	5	6	♭7	1	♭2	7 mel
A:	♭3	3	4	♭5	♭6	6	7	1	
B♭:	2	♭3	3	4	5	♭6	♭7	7	
B:	♭2	2	♭3	3	♭5	5	6	♭7	7

Symmetric Difference as:

Pitches

E, G, B♭, B

Degrees

3, 5, ♭7, 7

Prime Form

0, 1, 4, 7

See page 560 for more possible scale applications

Unique 3 Note Subsets as prime form

C	D♭	D	0 1 2
C	D♭	E♭	0 1 3
C	D♭	F	0 1 5
C	D♭	G♭	0 1 6
C	D♭	A♭	0 1 5
C	D♭	A	0 1 4
C	D	E♭	0 1 3
C	D	F	0 2 5
C	D	G♭	0 2 6
C	D	A♭	0 2 6
C	D	A	0 2 5
C	E♭	F	0 2 5
C	E♭	G♭	0 3 6
C	E♭	A♭	0 3 7
C	E♭	A	0 3 6
C	F	G♭	0 1 6
C	F	A♭	0 3 7
C	F	A	0 3 7
C	G♭	A♭	0 2 6
C	G♭	A	0 3 6
C	A♭	A	0 1 4
D♭	D	E♭	0 1 2
D♭	D	F	0 1 4
D♭	D	G♭	0 1 5
D♭	D	A♭	0 1 6
D♭	D	A	0 1 5
D♭	E♭	F	0 2 4
D♭	E♭	G♭	0 2 5
D♭	E♭	A♭	0 2 7
D♭	E♭	A	0 2 6
D♭	F	G♭	0 1 5
D♭	F	A♭	0 3 7
D♭	F	A	0 4 8
D♭	G♭	A♭	0 2 7
D♭	G♭	A	0 3 7

Unique 3 Note Subsets as prime form

D♭	A♭	A	0 1 5
D	E♭	F	0 1 3
D	E♭	G♭	0 1 4
D	E♭	A♭	0 1 6
D	E♭	A	0 1 6
D	F	G♭	0 1 4
D	F	A♭	0 3 6
D	F	A	0 3 7
D	G♭	A♭	0 2 6
D	G♭	A	0 3 7
D	A♭	A	0 1 6
E♭	F	G♭	0 1 3
E♭	F	A♭	0 2 5
E♭	F	A	0 2 6
E♭	G♭	A♭	0 2 5
E♭	G♭	A	0 3 6
E♭	A♭	A	0 1 6
F	G♭	A♭	0 1 3
F	G♭	A	0 1 4
F	A♭	A	0 1 4
G♭	A♭	A	0 1 3

Unique 4 Note Subsets as prime form

C	D♭	D	E♭	0 1 2 3
C	D♭	D	F	0 1 2 5
C	D♭	D	G♭	0 1 2 6
C	D♭	D	A♭	0 1 2 6
C	D♭	D	A	0 1 2 5
C	D♭	E♭	F	0 1 3 5
C	D♭	E♭	G♭	0 1 3 6
C	D♭	E♭	A♭	0 2 3 7
C	D♭	E♭	A	0 2 3 6
C	D♭	F	G♭	0 1 5 6
C	D♭	F	A♭	0 1 5 8
C	D♭	F	A	0 1 4 8
C	D♭	G♭	A♭	0 1 5 7
C	D♭	G♭	A	0 1 4 7
C	D♭	A♭	A	0 1 4 5
C	D	E♭	F	0 2 3 5
C	D	E♭	G♭	0 2 3 6
C	D	E♭	A♭	0 1 3 7
C	D	E♭	A	0 1 3 6
C	D	F	G♭	0 1 4 6
C	D	F	A♭	0 2 5 8
C	D	F	A	0 3 5 8
C	D	G♭	A♭	0 2 6 8
C	D	G♭	A	0 2 5 8
C	D	A♭	A	0 1 4 6
C	E♭	F	G♭	0 1 3 6
C	E♭	F	A♭	0 3 5 8
C	E♭	F	A	0 2 5 8
C	E♭	G♭	A♭	0 2 5 8
C	E♭	G♭	A	0 3 6 9
C	E♭	A♭	A	0 1 4 7
C	F	G♭	A♭	0 1 3 7
C	F	G♭	A	0 1 4 7
C	F	A♭	A	0 3 4 7
C	G♭	A♭	A	0 2 3 6

Unique 4 Note Subsets as prime form

D♭	D	E♭	F	0 1 2 4
D♭	D	E♭	G♭	0 1 2 5
D♭	D	E♭	A♭	0 1 2 7
D♭	D	E♭	A	0 1 2 6
D♭	D	F	G♭	0 1 4 5
D♭	D	F	A♭	0 1 4 7
D♭	D	F	A	0 3 4 8
D♭	D	G♭	A♭	0 1 5 7
D♭	D	G♭	A	0 1 5 8
D♭	D	A♭	A	0 1 5 6
D♭	E♭	F	G♭	0 1 3 5
D♭	E♭	F	A♭	0 2 4 7
D♭	E♭	F	A	0 2 4 8
D♭	E♭	G♭	A♭	0 2 5 7
D♭	E♭	G♭	A	0 2 5 8
D♭	E♭	A♭	A	0 1 5 7
D♭	F	G♭	A♭	0 2 3 7
D♭	F	G♭	A	0 1 4 8
D♭	F	A♭	A	0 3 4 8
D♭	G♭	A♭	A	0 2 3 7
D	E♭	F	G♭	0 1 3 4
D	E♭	F	A♭	0 1 3 6
D	E♭	F	A	0 1 3 7
D	E♭	G♭	A♭	0 1 4 6
D	E♭	G♭	A	0 1 4 7
D	E♭	A♭	A	0 1 6 7
D	F	G♭	A♭	0 2 3 6
D	F	G♭	A	0 3 4 7
D	F	A♭	A	0 1 4 7
D	G♭	A♭	A	0 1 3 7
E♭	F	G♭	A♭	0 2 3 5
E♭	F	G♭	A	0 2 3 6
E♭	F	A♭	A	0 1 4 6
E♭	G♭	A♭	A	0 1 3 6
F	G♭	A♭	A	0 1 3 4

C, D♭, D, E♭, F, G♭, A♭, B♭

prime form: 0, 1, 2, 3, 5, 6, 8, 10

degrees: 1, ♭2, 2, ♭3, 4, ♭5, ♭6, ♭7

Scale application to typical chord types all keys:

C:	1	♭2	2	♭3	4	♭5	♭6	♭7	7 mel, -7♭5 mel
D♭:	7	1	♭2	2	3	4	5	6	
D:	♭7	7	1	♭2	♭3	3	♭5	♭6	
E♭:	6	♭7	7	1	2	♭3	4	5	
E:	♭6	6	♭7	7	♭2	2	3	♭5	
F:	5	♭6	6	♭7	1	♭2	♭3	4	-7 mel, 7 mel, 7sus4
G♭:	♭5	5	♭6	6	7	1	2	3	Δ7♯5 mel
G:	4	♭5	5	♭6	♭7	7	♭2	♭3	
A♭:	3	4	♭5	5	6	♭7	1	2	7 mel
A:	♭3	3	4	♭5	♭6	6	7	♭2	
B♭:	2	♭3	3	4	5	♭6	♭7	1	7 mel, 7sus4
B:	♭2	2	♭3	3	♭5	5	6	7	

Symmetric Difference as:
Pitches
E, G, A, B
Degrees
3, 5, 6, 7
Prime Form
0, 2, 4, 7

See page 561 for more possible scale applications

Unique 3 Note Subsets as prime form

C	D♭	D	0 1 2
C	D♭	E♭	0 1 3
C	D♭	F	0 1 5
C	D♭	G♭	0 1 6
C	D♭	A♭	0 1 5
C	D♭	B♭	0 1 3
C	D	E♭	0 1 3
C	D	F	0 2 5
C	D	G♭	0 2 6
C	D	A♭	0 2 6
C	D	B♭	0 2 4
C	E♭	F	0 2 5
C	E♭	G♭	0 3 6
C	E♭	A♭	0 3 7
C	E♭	B♭	0 2 5
C	F	G♭	0 1 6
C	F	A♭	0 3 7
C	F	B♭	0 2 7
C	G♭	A♭	0 2 6
C	G♭	B♭	0 2 6
C	A♭	B♭	0 2 4
D♭	D	E♭	0 1 2
D♭	D	F	0 1 4
D♭	D	G♭	0 1 5
D♭	D	A♭	0 1 6
D♭	D	B♭	0 1 4
D♭	E♭	F	0 2 4
D♭	E♭	G♭	0 2 5
D♭	E♭	A♭	0 2 7
D♭	E♭	B♭	0 2 5
D♭	F	G♭	0 1 5
D♭	F	A♭	0 3 7
D♭	F	B♭	0 3 7
D♭	G♭	A♭	0 2 7
D♭	G♭	B♭	0 3 7

Unique 3 Note Subsets as prime form

D♭	A♭	B♭	0 2 5
D	E♭	F	0 1 3
D	E♭	G♭	0 1 4
D	E♭	A♭	0 1 6
D	E♭	B♭	0 1 5
D	F	G♭	0 1 4
D	F	A♭	0 3 6
D	F	B♭	0 3 7
D	G♭	A♭	0 2 6
D	G♭	B♭	0 4 8
D	A♭	B♭	0 2 6
E♭	F	G♭	0 1 3
E♭	F	A♭	0 2 5
E♭	F	B♭	0 2 7
E♭	G♭	A♭	0 2 5
E♭	G♭	B♭	0 3 7
E♭	A♭	B♭	0 2 7
F	G♭	A♭	0 1 3
F	G♭	B♭	0 1 5
F	A♭	B♭	0 2 5
G♭	A♭	B♭	0 2 4

Unique 4 Note Subsets as prime form

C	D♭	D	E♭	0 1 2 3
C	D♭	D	F	0 1 2 5
C	D♭	D	G♭	0 1 2 6
C	D♭	D	A♭	0 1 2 6
C	D♭	D	B♭	0 1 2 4
C	D♭	E♭	F	0 1 3 5
C	D♭	E♭	G♭	0 1 3 6
C	D♭	E♭	A♭	0 2 3 7
C	D♭	E♭	B♭	0 2 3 5
C	D♭	F	G♭	0 1 5 6
C	D♭	F	A♭	0 1 5 8
C	D♭	F	B♭	0 2 3 7
C	D♭	G♭	A♭	0 1 5 7
C	D♭	G♭	B♭	0 1 3 7
C	D♭	A♭	B♭	0 1 3 5
C	D	E♭	F	0 2 3 5
C	D	E♭	G♭	0 2 3 6
C	D	E♭	A♭	0 1 3 7
C	D	E♭	B♭	0 1 3 5
C	D	F	G♭	0 1 4 6
C	D	F	A♭	0 2 5 8
C	D	F	B♭	0 2 4 7
C	D	G♭	A♭	0 2 6 8
C	D	G♭	B♭	0 2 4 8
C	D	A♭	B♭	0 2 4 6
C	E♭	F	G♭	0 1 3 6
C	E♭	F	A♭	0 3 5 8
C	E♭	F	B♭	0 2 5 7
C	E♭	G♭	A♭	0 2 5 8
C	E♭	G♭	B♭	0 2 5 8
C	E♭	A♭	B♭	0 2 4 7
C	F	G♭	A♭	0 1 3 7
C	F	G♭	B♭	0 1 5 7
C	F	A♭	B♭	0 2 4 7
C	G♭	A♭	B♭	0 2 4 6

Unique 4 Note Subsets as prime form

D♭	D	E♭	F	0 1 2 4
D♭	D	E♭	G♭	0 1 2 5
D♭	D	E♭	A♭	0 1 2 7
D♭	D	E♭	B♭	0 1 2 5
D♭	D	F	G♭	0 1 4 5
D♭	D	F	A♭	0 1 4 7
D♭	D	F	B♭	0 3 4 7
D♭	D	G♭	A♭	0 1 5 7
D♭	D	G♭	B♭	0 1 4 8
D♭	D	A♭	B♭	0 1 4 6
D♭	E♭	F	G♭	0 1 3 5
D♭	E♭	F	A♭	0 2 4 7
D♭	E♭	F	B♭	0 2 4 7
D♭	E♭	G♭	A♭	0 2 5 7
D♭	E♭	G♭	B♭	0 3 5 8
D♭	E♭	A♭	B♭	0 2 5 7
D♭	F	G♭	A♭	0 2 3 7
D♭	F	G♭	B♭	0 1 5 8
D♭	F	A♭	B♭	0 3 5 8
D♭	G♭	A♭	B♭	0 2 4 7
D	E♭	F	G♭	0 1 3 4
D	E♭	F	A♭	0 1 3 6
D	E♭	F	B♭	0 2 3 7
D	E♭	G♭	A♭	0 1 4 6
D	E♭	G♭	B♭	0 3 4 8
D	E♭	A♭	B♭	0 1 5 7
D	F	G♭	A♭	0 2 3 6
D	F	G♭	B♭	0 1 4 8
D	F	A♭	B♭	0 2 5 8
D	G♭	A♭	B♭	0 2 4 8
E♭	F	G♭	A♭	0 2 3 5
E♭	F	G♭	B♭	0 2 3 7
E♭	F	A♭	B♭	0 2 5 7
E♭	G♭	A♭	B♭	0 2 4 7
F	G♭	A♭	B♭	0 1 3 5

C, D♭, D, E♭, F, G, A♭, A

prime form: 0, 1, 2, 3, 5, 7, 8, 9

degrees: 1, ♭2, 2, ♭3, 4, 5, ♭6, 6

Scale application to typical chord types all keys:

C:	1	♭2	2	♭3	4	5	♭6	6	7 mel, 7sus4
D♭:	7	1	♭2	2	3	♭5	5	♭6	
D:	♭7	7	1	♭2	♭3	4	♭5	5	
E♭:	6	♭7	7	1	2	3	4	♭5	
E:	♭6	6	♭7	7	♭2	♭3	3	4	
F:	5	♭6	6	♭7	1	2	♭3	3	7, 7sus4
G♭:	♭5	5	♭6	6	7	♭2	2	♭3	
G:	4	♭5	5	♭6	♭7	1	♭2	2	7 mel
A♭:	3	4	♭5	5	6	7	1	♭2	
A:	♭3	3	4	♭5	♭6	♭7	7	1	
B♭:	2	♭3	3	4	5	6	♭7	7	
B:	♭2	2	♭3	3	♭5	♭6	6	♭7	7

Symmetric Difference as:
Pitches
E, G♭, B♭, B
Degrees
3, ♭5, ♭7, 7
Prime Form
0, 1, 5, 7

See page 562 for more possible scale applications

Unique 3 Note Subsets as prime form

C	D♭	D	0 1 2
C	D♭	E♭	0 1 3
C	D♭	F	0 1 5
C	D♭	G	0 1 6
C	D♭	A♭	0 1 5
C	D♭	A	0 1 4
C	D	E♭	0 1 3
C	D	F	0 2 5
C	D	G	0 2 7
C	D	A♭	0 2 6
C	D	A	0 2 5
C	E♭	F	0 2 5
C	E♭	G	0 3 7
C	E♭	A♭	0 3 7
C	E♭	A	0 3 6
C	F	G	0 2 7
C	F	A♭	0 3 7
C	F	A	0 3 7
C	G	A♭	0 1 5
C	G	A	0 2 5
C	A♭	A	0 1 4
D♭	D	E♭	0 1 2
D♭	D	F	0 1 4
D♭	D	G	0 1 6
D♭	D	A♭	0 1 6
D♭	D	A	0 1 5
D♭	E♭	F	0 2 4
D♭	E♭	G	0 2 6
D♭	E♭	A♭	0 2 7
D♭	E♭	A	0 2 6
D♭	F	G	0 2 6
D♭	F	A♭	0 3 7
D♭	F	A	0 4 8
D♭	G	A♭	0 1 6
D♭	G	A	0 2 6

Unique 3 Note Subsets as prime form

D♭	A♭	A	0 1 5
D	E♭	F	0 1 3
D	E♭	G	0 1 5
D	E♭	A♭	0 1 6
D	E♭	A	0 1 6
D	F	G	0 2 5
D	F	A♭	0 3 6
D	F	A	0 3 7
D	G	A♭	0 1 6
D	G	A	0 2 7
D	A♭	A	0 1 6
E♭	F	G	0 2 4
E♭	F	A♭	0 2 5
E♭	F	A	0 2 6
E♭	G	A♭	0 1 5
E♭	G	A	0 2 6
E♭	A♭	A	0 1 6
F	G	A♭	0 1 3
F	G	A	0 2 4
F	A♭	A	0 1 4
G	A♭	A	0 1 2

Unique 4 Note Subsets as prime form

C	D♭	D	E♭	0 1 2 3
C	D♭	D	F	0 1 2 5
C	D♭	D	G	0 1 2 7
C	D♭	D	A♭	0 1 2 6
C	D♭	D	A	0 1 2 5
C	D♭	E♭	F	0 1 3 5
C	D♭	E♭	G	0 1 3 7
C	D♭	E♭	A♭	0 2 3 7
C	D♭	E♭	A	0 2 3 6
C	D♭	F	G	0 1 5 7
C	D♭	F	A♭	0 1 5 8
C	D♭	F	A	0 1 4 8
C	D♭	G	A♭	0 1 5 6
C	D♭	G	A	0 1 4 6
C	D♭	A♭	A	0 1 4 5
C	D	E♭	F	0 2 3 5
C	D	E♭	G	0 2 3 7
C	D	E♭	A♭	0 1 3 7
C	D	E♭	A	0 1 3 6
C	D	F	G	0 2 5 7
C	D	F	A♭	0 2 5 8
C	D	F	A	0 3 5 8
C	D	G	A♭	0 1 5 7
C	D	G	A	0 2 5 7
C	D	A♭	A	0 1 4 6
C	E♭	F	G	0 2 4 7
C	E♭	F	A♭	0 3 5 8
C	E♭	F	A	0 2 5 8
C	E♭	G	A♭	0 1 5 8
C	E♭	G	A	0 2 5 8
C	E♭	A♭	A	0 1 4 7
C	F	G	A♭	0 2 3 7
C	F	G	A	0 2 4 7
C	F	A♭	A	0 3 4 7
C	G	A♭	A	0 1 2 5

Unique 4 Note Subsets as prime form

D♭	D	E♭	F	0 1 2 4
D♭	D	E♭	G	0 1 2 6
D♭	D	E♭	A♭	0 1 2 7
D♭	D	E♭	A	0 1 2 6
D♭	D	F	G	0 1 4 6
D♭	D	F	A♭	0 1 4 7
D♭	D	F	A	0 3 4 8
D♭	D	G	A♭	0 1 6 7
D♭	D	G	A	0 1 5 7
D♭	D	A♭	A	0 1 5 6
D♭	E♭	F	G	0 2 4 6
D♭	E♭	F	A♭	0 2 4 7
D♭	E♭	F	A	0 2 4 8
D♭	E♭	G	A♭	0 1 5 7
D♭	E♭	G	A	0 2 6 8
D♭	E♭	A♭	A	0 1 5 7
D♭	F	G	A♭	0 1 3 7
D♭	F	G	A	0 2 4 8
D♭	F	A♭	A	0 3 4 8
D♭	G	A♭	A	0 1 2 6
D	E♭	F	G	0 1 3 5
D	E♭	F	A♭	0 1 3 6
D	E♭	F	A	0 1 3 7
D	E♭	G	A♭	0 1 5 6
D	E♭	G	A	0 1 5 7
D	E♭	A♭	A	0 1 6 7
D	F	G	A♭	0 1 3 6
D	F	G	A	0 2 4 7
D	F	A♭	A	0 1 4 7
D	G	A♭	A	0 1 2 7
E♭	F	G	A♭	0 1 3 5
E♭	F	G	A	0 2 4 6
E♭	F	A♭	A	0 1 4 6
E♭	G	A♭	A	0 1 2 6
F	G	A♭	A	0 1 2 4

C, D♭, D, E♭, F, G, A♭, B♭

prime form: 0, 1, 2, 3, 5, 7, 8, 10

degrees: 1, ♭2, 2, ♭3, 4, 5, ♭6, ♭7

Scale application to typical chord types all keys:

C:	1	♭2	2	♭3	4	5	♭6	♭7	7 mel, 7sus4
D♭:	7	1	♭2	2	3	♭5	5	6	
D:	♭7	7	1	♭2	♭3	4	♭5	♭6	
E♭:	6	♭7	7	1	2	3	4	5	
E:	♭6	6	♭7	7	♭2	♭3	3	♭5	
F:	5	♭6	6	♭7	1	2	♭3	4	7 mel, 7sus4
G♭:	♭5	5	♭6	6	7	♭2	2	3	
G:	4	♭5	5	♭6	♭7	1	♭2	♭3	7 mel
A♭:	3	4	♭5	5	6	7	1	2	Δ7♯5 mel
A:	♭3	3	4	♭5	♭6	♭7	7	♭2	
B♭:	2	♭3	3	4	5	6	♭7	1	7 mel, 7sus4
B:	♭2	2	♭3	3	♭5	♭6	6	7	

Symmetric Difference as:
Pitches
E, G♭, A, B
Degrees
3, ♭5, 6, 7
Prime Form
0, 2, 5, 7

Unique 3 Note Subsets as prime form

C	D♭	D	0 1 2
C	D♭	E♭	0 1 3
C	D♭	F	0 1 5
C	D♭	G	0 1 6
C	D♭	A♭	0 1 5
C	D♭	B♭	0 1 3
C	D	E♭	0 1 3
C	D	F	0 2 5
C	D	G	0 2 7
C	D	A♭	0 2 6
C	D	B♭	0 2 4
C	E♭	F	0 2 5
C	E♭	G	0 3 7
C	E♭	A♭	0 3 7
C	E♭	B♭	0 2 5
C	F	G	0 2 7
C	F	A♭	0 3 7
C	F	B♭	0 2 7
C	G	A♭	0 1 5
C	G	B♭	0 2 5
C	A♭	B♭	0 2 4
D♭	D	E♭	0 1 2
D♭	D	F	0 1 4
D♭	D	G	0 1 6
D♭	D	A♭	0 1 6
D♭	D	B♭	0 1 4
D♭	E♭	F	0 2 4
D♭	E♭	G	0 2 6
D♭	E♭	A♭	0 2 7
D♭	E♭	B♭	0 2 5
D♭	F	G	0 2 6
D♭	F	A♭	0 3 7
D♭	F	B♭	0 3 7
D♭	G	A♭	0 1 6
D♭	G	B♭	0 3 6

Unique 3 Note Subsets as prime form

D♭	A♭	B♭	0 2 5
D	E♭	F	0 1 3
D	E♭	G	0 1 5
D	E♭	A♭	0 1 6
D	E♭	B♭	0 1 5
D	F	G	0 2 5
D	F	A♭	0 3 6
D	F	B♭	0 3 7
D	G	A♭	0 1 6
D	G	B♭	0 3 7
D	A♭	B♭	0 2 6
E♭	F	G	0 2 4
E♭	F	A♭	0 2 5
E♭	F	B♭	0 2 7
E♭	G	A♭	0 1 5
E♭	G	B♭	0 3 7
E♭	A♭	B♭	0 2 7
F	G	A♭	0 1 3
F	G	B♭	0 2 5
F	A♭	B♭	0 2 5
G	A♭	B♭	0 1 3

Unique 4 Note Subsets as prime form

C	D♭	D	E♭	0 1 2 3
C	D♭	D	F	0 1 2 5
C	D♭	D	G	0 1 2 7
C	D♭	D	A♭	0 1 2 6
C	D♭	D	B♭	0 1 2 4
C	D♭	E♭	F	0 1 3 5
C	D♭	E♭	G	0 1 3 7
C	D♭	E♭	A♭	0 2 3 7
C	D♭	E♭	B♭	0 2 3 5
C	D♭	F	G	0 1 5 7
C	D♭	F	A♭	0 1 5 8
C	D♭	F	B♭	0 2 3 7
C	D♭	G	A♭	0 1 5 6
C	D♭	G	B♭	0 1 3 6
C	D♭	A♭	B♭	0 1 3 5
C	D	E♭	F	0 2 3 5
C	D	E♭	G	0 2 3 7
C	D	E♭	A♭	0 1 3 7
C	D	E♭	B♭	0 1 3 5
C	D	F	G	0 2 5 7
C	D	F	A♭	0 2 5 8
C	D	F	B♭	0 2 4 7
C	D	G	A♭	0 1 5 7
C	D	G	B♭	0 2 4 7
C	D	A♭	B♭	0 2 4 6
C	E♭	F	G	0 2 4 7
C	E♭	F	A♭	0 3 5 8
C	E♭	F	B♭	0 2 5 7
C	E♭	G	A♭	0 1 5 8
C	E♭	G	B♭	0 3 5 8
C	E♭	A♭	B♭	0 2 4 7
C	F	G	A♭	0 2 3 7
C	F	G	B♭	0 2 5 7
C	F	A♭	B♭	0 2 4 7
C	G	A♭	B♭	0 1 3 5

Unique 4 Note Subsets as prime form

D♭	D	E♭	F	0 1 2 4
D♭	D	E♭	G	0 1 2 6
D♭	D	E♭	A♭	0 1 2 7
D♭	D	E♭	B♭	0 1 2 5
D♭	D	F	G	0 1 4 6
D♭	D	F	A♭	0 1 4 7
D♭	D	F	B♭	0 3 4 7
D♭	D	G	A♭	0 1 6 7
D♭	D	G	B♭	0 1 4 7
D♭	D	A♭	B♭	0 1 4 6
D♭	E♭	F	G	0 2 4 6
D♭	E♭	F	A♭	0 2 4 7
D♭	E♭	F	B♭	0 2 4 7
D♭	E♭	G	A♭	0 1 5 7
D♭	E♭	G	B♭	0 2 5 8
D♭	E♭	A♭	B♭	0 2 5 7
D♭	F	G	A♭	0 1 3 7
D♭	F	G	B♭	0 2 5 8
D♭	F	A♭	B♭	0 3 5 8
D♭	G	A♭	B♭	0 1 3 6
D	E♭	F	G	0 1 3 5
D	E♭	F	A♭	0 1 3 6
D	E♭	F	B♭	0 2 3 7
D	E♭	G	A♭	0 1 5 6
D	E♭	G	B♭	0 1 5 8
D	E♭	A♭	B♭	0 1 5 7
D	F	G	A♭	0 1 3 6
D	F	G	B♭	0 3 5 8
D	F	A♭	B♭	0 2 5 8
D	G	A♭	B♭	0 1 3 7
E♭	F	G	A♭	0 1 3 5
E♭	F	G	B♭	0 2 4 7
E♭	F	A♭	B♭	0 2 5 7
E♭	G	A♭	B♭	0 2 3 7
F	G	A♭	B♭	0 2 3 5

C, D♭, D, E♭, G♭, G, A♭, A

prime form: 0, 1, 2, 3, 6, 7, 8, 9
degrees: 1, ♭2, 2, ♭3, ♭5, 5, ♭6, 6

Scale application to typical chord types all keys:

C:	1	♭2	2	♭3	♭5	5	♭6	6	7
D♭:	7	1	♭2	2	4	♭5	5	♭6	
D:	♭7	7	1	♭2	3	4	♭5	5	
E♭:	6	♭7	7	1	♭3	3	4	♭5	
E:	♭6	6	♭7	7	2	♭3	3	4	
F:	5	♭6	6	♭7	♭2	2	♭3	3	7, 7sus4
G♭:	♭5	5	♭6	6	1	♭2	2	♭3	7
G:	4	♭5	5	♭6	7	1	♭2	2	
A♭:	3	4	♭5	5	♭7	7	1	♭2	
A:	♭3	3	4	♭5	6	♭7	7	1	
B♭:	2	♭3	3	4	♭6	6	♭7	7	
B:	♭2	2	♭3	3	5	♭6	6	♭7	7, 7sus4

Symmetric Difference as:
Pitches
E, F, B♭, B
Degrees
3, 4, ♭7, 7
Prime Form
0, 1, 6, 7

Unique 3 Note Subsets as prime form

C	D♭	D	0 1 2
C	D♭	E♭	0 1 3
C	D♭	G♭	0 1 6
C	D♭	G	0 1 6
C	D♭	A♭	0 1 5
C	D♭	A	0 1 4
C	D	E♭	0 1 3
C	D	G♭	0 2 6
C	D	G	0 2 7
C	D	A♭	0 2 6
C	D	A	0 2 5
C	E♭	G♭	0 3 6
C	E♭	G	0 3 7
C	E♭	A♭	0 3 7
C	E♭	A	0 3 6
C	G♭	G	0 1 6
C	G♭	A♭	0 2 6
C	G♭	A	0 3 6
C	G	A♭	0 1 5
C	G	A	0 2 5
C	A♭	A	0 1 4
D♭	D	E♭	0 1 2
D♭	D	G♭	0 1 5
D♭	D	G	0 1 6
D♭	D	A♭	0 1 6
D♭	D	A	0 1 5
D♭	E♭	G♭	0 2 5
D♭	E♭	G	0 2 6
D♭	E♭	A♭	0 2 7
D♭	E♭	A	0 2 6
D♭	G♭	G	0 1 6
D♭	G♭	A♭	0 2 7
D♭	G♭	A	0 3 7
D♭	G	A♭	0 1 6
D♭	G	A	0 2 6

Unique 3 Note Subsets as prime form

D♭	A♭	A	0 1 5
D	E♭	G♭	0 1 4
D	E♭	G	0 1 5
D	E♭	A♭	0 1 6
D	E♭	A	0 1 6
D	G♭	G	0 1 5
D	G♭	A♭	0 2 6
D	G♭	A	0 3 7
D	G	A♭	0 1 6
D	G	A	0 2 7
D	A♭	A	0 1 6
E♭	G♭	G	0 1 4
E♭	G♭	A♭	0 2 5
E♭	G♭	A	0 3 6
E♭	G	A♭	0 1 5
E♭	G	A	0 2 6
E♭	A♭	A	0 1 6
G♭	G	A♭	0 1 2
G♭	G	A	0 1 3
G♭	A♭	A	0 1 3
G	A♭	A	0 1 2

Unique 4 Note Subsets as prime form

C	D♭	D	E♭	0 1 2 3
C	D♭	D	G♭	0 1 2 6
C	D♭	D	G	0 1 2 7
C	D♭	D	A♭	0 1 2 6
C	D♭	D	A	0 1 2 5
C	D♭	E♭	G♭	0 1 3 6
C	D♭	E♭	G	0 1 3 7
C	D♭	E♭	A♭	0 2 3 7
C	D♭	E♭	A	0 2 3 6
C	D♭	G♭	G	0 1 6 7
C	D♭	G♭	A♭	0 1 5 7
C	D♭	G♭	A	0 1 4 7
C	D♭	G	A♭	0 1 5 6
C	D♭	G	A	0 1 4 6
C	D♭	A♭	A	0 1 4 5
C	D	E♭	G♭	0 2 3 6
C	D	E♭	G	0 2 3 7
C	D	E♭	A♭	0 1 3 7
C	D	E♭	A	0 1 3 6
C	D	G♭	G	0 1 5 7
C	D	G♭	A♭	0 2 6 8
C	D	G♭	A	0 2 5 8
C	D	G	A♭	0 1 5 7
C	D	G	A	0 2 5 7
C	D	A♭	A	0 1 4 6
C	E♭	G♭	G	0 1 4 7
C	E♭	G♭	A♭	0 2 5 8
C	E♭	G♭	A	0 3 6 9
C	E♭	G	A♭	0 1 5 8
C	E♭	G	A	0 2 5 8
C	E♭	A♭	A	0 1 4 7
C	G♭	G	A♭	0 1 2 6
C	G♭	G	A	0 1 3 6
C	G♭	A♭	A	0 2 3 6
C	G	A♭	A	0 1 2 5

Unique 4 Note Subsets as prime form

D♭	D	E♭	G♭	0 1 2 5
D♭	D	E♭	G	0 1 2 6
D♭	D	E♭	A♭	0 1 2 7
D♭	D	E♭	A	0 1 2 6
D♭	D	G♭	G	0 1 5 6
D♭	D	G♭	A♭	0 1 5 7
D♭	D	G♭	A	0 1 5 8
D♭	D	G	A♭	0 1 6 7
D♭	D	G	A	0 1 5 7
D♭	D	A♭	A	0 1 5 6
D♭	E♭	G♭	G	0 1 4 6
D♭	E♭	G♭	A♭	0 2 5 7
D♭	E♭	G♭	A	0 2 5 8
D♭	E♭	G	A♭	0 1 5 7
D♭	E♭	G	A	0 2 6 8
D♭	E♭	A♭	A	0 1 5 7
D♭	G♭	G	A♭	0 1 2 7
D♭	G♭	G	A	0 1 3 7
D♭	G♭	A♭	A	0 2 3 7
D♭	G	A♭	A	0 1 2 6
D	E♭	G♭	G	0 1 4 5
D	E♭	G♭	A♭	0 1 4 6
D	E♭	G♭	A	0 1 4 7
D	E♭	G	A♭	0 1 5 6
D	E♭	G	A	0 1 5 7
D	E♭	A♭	A	0 1 6 7
D	G♭	G	A♭	0 1 2 6
D	G♭	G	A	0 2 3 7
D	G♭	A♭	A	0 1 3 7
D	G	A♭	A	0 1 2 7
E♭	G♭	G	A♭	0 1 2 5
E♭	G♭	G	A	0 2 3 6
E♭	G♭	A♭	A	0 1 3 6
E♭	G	A♭	A	0 1 2 6
G♭	G	A♭	A	0 1 2 3

C, D♭, D, E, F, G♭, G, A

prime form: 0, 1, 2, 4, 5, 6, 7, 9

degrees: 1, ♭2, 2, 3, 4, ♭5, 5, 6

Scale application to typical chord types all keys:

C:	1	♭2	2	3	4	♭5	5	6	7 mel
D♭:	7	1	♭2	♭3	3	4	♭5	♭6	
D:	♭7	7	1	2	♭3	3	4	5	
E♭:	6	♭7	7	♭2	2	♭3	3	♭5	
E:	♭6	6	♭7	1	♭2	2	♭3	4	7 mel, 7sus4
F:	5	♭6	6	7	1	♭2	2	3	
G♭:	♭5	5	♭6	♭7	7	1	♭2	♭3	
G:	4	♭5	5	6	♭7	7	1	2	
A♭:	3	4	♭5	♭6	6	♭7	7	♭2	
A:	♭3	3	4	5	♭6	6	♭7	1	7 mel, 7sus4
B♭:	2	♭3	3	♭5	5	♭6	6	7	
B:	♭2	2	♭3	4	♭5	5	♭6	♭7	7 mel

Symmetric Difference as:
Pitches
E♭, A♭, B♭, B
Degrees
♭3, ♭6, ♭7, 7
Prime Form
0, 2, 3, 7

See page 565 for more possible scale applications

Unique 3 Note Subsets as prime form			
C	D♭	D	0 1 2
C	D♭	E	0 1 4
C	D♭	F	0 1 5
C	D♭	G♭	0 1 6
C	D♭	G	0 1 6
C	D♭	A	0 1 4
C	D	E	0 2 4
C	D	F	0 2 5
C	D	G♭	0 2 6
C	D	G	0 2 7
C	D	A	0 2 5
C	E	F	0 1 5
C	E	G♭	0 2 6
C	E	G	0 3 7
C	E	A	0 3 7
C	F	G♭	0 1 6
C	F	G	0 2 7
C	F	A	0 3 7
C	G♭	G	0 1 6
C	G♭	A	0 3 6
C	G	A	0 2 5
D♭	D	E	0 1 3
D♭	D	F	0 1 4
D♭	D	G♭	0 1 5
D♭	D	G	0 1 6
D♭	D	A	0 1 5
D♭	E	F	0 1 4
D♭	E	G♭	0 2 5
D♭	E	G	0 3 6
D♭	E	A	0 3 7
D♭	F	G♭	0 1 5
D♭	F	G	0 2 6
D♭	F	A	0 4 8
D♭	G♭	G	0 1 6
D♭	G♭	A	0 3 7

Unique 3 Note Subsets as prime form			
D♭	G	A	0 2 6
D	E	F	0 1 3
D	E	G♭	0 2 4
D	E	G	0 2 5
D	E	A	0 2 7
D	F	G♭	0 1 4
D	F	G	0 2 5
D	F	A	0 3 7
D	G♭	G	0 1 5
D	G♭	A	0 3 7
D	G	A	0 2 7
E	F	G♭	0 1 2
E	F	G	0 1 3
E	F	A	0 1 5
E	G♭	G	0 1 3
E	G♭	A	0 2 5
E	G	A	0 2 5
F	G♭	G	0 1 2
F	G♭	A	0 1 4
F	G	A	0 2 4
G♭	G	A	0 1 3

Unique 4 Note Subsets as prime form				
C	D♭	D	E	0 1 2 4
C	D♭	D	F	0 1 2 5
C	D♭	D	G♭	0 1 2 6
C	D♭	D	G	0 1 2 7
C	D♭	D	A	0 1 2 5
C	D♭	E	F	0 1 4 5
C	D♭	E	G♭	0 1 4 6
C	D♭	E	G	0 1 4 7
C	D♭	E	A	0 3 4 7
C	D♭	F	G♭	0 1 5 6
C	D♭	F	G	0 1 5 7
C	D♭	F	A	0 1 4 8
C	D♭	G♭	G	0 1 6 7
C	D♭	G♭	A	0 1 4 7
C	D♭	G	A	0 1 4 6
C	D	E	F	0 1 3 5
C	D	E	G♭	0 2 4 6
C	D	E	G	0 2 4 7
C	D	E	A	0 2 4 7
C	D	F	G♭	0 1 4 6
C	D	F	G	0 2 5 7
C	D	F	A	0 3 5 8
C	D	G♭	G	0 1 5 7
C	D	G♭	A	0 2 5 8
C	D	G	A	0 2 5 7
C	E	F	G♭	0 1 2 6
C	E	F	G	0 2 3 7
C	E	F	A	0 1 5 8
C	E	G♭	G	0 1 3 7
C	E	G♭	A	0 2 5 8
C	E	G	A	0 3 5 8
C	F	G♭	G	0 1 2 7
C	F	G♭	A	0 1 4 7
C	F	G	A	0 2 4 7
C	G♭	G	A	0 1 3 6

Unique 4 Note Subsets as prime form				
D♭	D	E	F	0 1 3 4
D♭	D	E	G♭	0 1 3 5
D♭	D	E	G	0 1 3 6
D♭	D	E	A	0 2 3 7
D♭	D	F	G♭	0 1 4 5
D♭	D	F	G	0 1 4 6
D♭	D	F	A	0 3 4 8
D♭	D	G♭	G	0 1 5 6
D♭	D	G♭	A	0 1 5 8
D♭	D	G	A	0 1 5 7
D♭	E	F	G♭	0 1 2 5
D♭	E	F	G	0 2 3 6
D♭	E	F	A	0 1 4 8
D♭	E	G♭	G	0 1 3 6
D♭	E	G♭	A	0 3 5 8
D♭	E	G	A	0 2 5 8
D♭	F	G♭	G	0 1 2 6
D♭	F	G♭	A	0 1 4 8
D♭	F	G	A	0 2 4 8
D♭	G♭	G	A	0 1 3 7
D	E	F	G♭	0 1 2 4
D	E	F	G	0 2 3 5
D	E	F	A	0 2 3 7
D	E	G♭	G	0 1 3 5
D	E	G♭	A	0 2 4 7
D	E	G	A	0 2 5 7
D	F	G♭	G	0 1 2 5
D	F	G♭	A	0 3 4 7
D	F	G	A	0 2 4 7
D	G♭	G	A	0 2 3 7
E	F	G♭	G	0 1 2 3
E	F	G♭	A	0 1 2 5
E	F	G	A	0 1 3 5
E	G♭	G	A	0 2 3 5
F	G♭	G	A	0 1 2 4

C, D♭, D, E, F, G♭, A♭, A

prime form: 0, 1, 2, 4, 5, 6, 8, 9

degrees: 1, ♭2, 2, 3, 4, ♭5, ♭6, 6

Scale application to typical chord types all keys:

C:	1	♭2	2	3	4	♭5	♭6	6	7 mel
D♭:	7	1	♭2	♭3	3	4	5	♭6	
D:	♭7	7	1	2	♭3	3	♭5	5	
E♭:	6	♭7	7	♭2	2	♭3	4	♭5	
E:	♭6	6	♭7	1	♭2	2	3	4	7 mel, 7sus4
F:	5	♭6	6	7	1	♭2	♭3	3	
G♭:	♭5	5	♭6	♭7	7	1	2	♭3	
G:	4	♭5	5	6	♭7	7	♭2	2	
A♭:	3	4	♭5	♭6	6	♭7	1	♭2	7 mel
A:	♭3	3	4	5	♭6	6	7	1	
B♭:	2	♭3	3	♭5	5	♭6	♭7	7	
B:	♭2	2	♭3	4	♭5	5	6	♭7	7 mel

Symmetric Difference as:
Pitches
E♭, G, B♭, B
Degrees
♭3, 5, ♭7, 7
Prime Form
0, 3, 4, 8

See page 566 for more possible scale applications

Unique 3 Note Subsets as prime form

C	D♭	D	0 1 2
C	D♭	E	0 1 4
C	D♭	F	0 1 5
C	D♭	G♭	0 1 6
C	D♭	A♭	0 1 5
C	D♭	A	0 1 4
C	D	E	0 2 4
C	D	F	0 2 5
C	D	G♭	0 2 6
C	D	A♭	0 2 6
C	D	A	0 2 5
C	E	F	0 1 5
C	E	G♭	0 2 6
C	E	A♭	0 4 8
C	E	A	0 3 7
C	F	G♭	0 1 6
C	F	A♭	0 3 7
C	F	A	0 3 7
C	G♭	A♭	0 2 6
C	G♭	A	0 3 6
C	A♭	A	0 1 4
D♭	D	E	0 1 3
D♭	D	F	0 1 4
D♭	D	G♭	0 1 5
D♭	D	A♭	0 1 6
D♭	D	A	0 1 5
D♭	E	F	0 1 4
D♭	E	G♭	0 2 5
D♭	E	A♭	0 3 7
D♭	E	A	0 3 7
D♭	F	G♭	0 1 5
D♭	F	A♭	0 3 7
D♭	F	A	0 4 8
D♭	G♭	A♭	0 2 7
D♭	G♭	A	0 3 7

Unique 3 Note Subsets as prime form

D♭	A♭	A	0 1 5
D	E	F	0 1 3
D	E	G♭	0 2 4
D	E	A♭	0 2 6
D	E	A	0 2 7
D	F	G♭	0 1 4
D	F	A♭	0 3 6
D	F	A	0 3 7
D	G♭	A♭	0 2 6
D	G♭	A	0 3 7
D	A♭	A	0 1 6
E	F	G♭	0 1 2
E	F	A♭	0 1 4
E	F	A	0 1 5
E	G♭	A♭	0 2 4
E	G♭	A	0 2 5
E	A♭	A	0 1 5
F	G♭	A♭	0 1 3
F	G♭	A	0 1 4
F	A♭	A	0 1 4
G♭	A♭	A	0 1 3

Unique 4 Note Subsets as prime form

C	D♭	D	E	0 1 2 4
C	D♭	D	F	0 1 2 5
C	D♭	D	G♭	0 1 2 6
C	D♭	D	A♭	0 1 2 6
C	D♭	D	A	0 1 2 5
C	D♭	E	F	0 1 4 5
C	D♭	E	G♭	0 1 4 6
C	D♭	E	A♭	0 3 4 8
C	D♭	E	A	0 3 4 7
C	D♭	F	G♭	0 1 5 6
C	D♭	F	A♭	0 1 5 8
C	D♭	F	A	0 1 4 8
C	D♭	G♭	A♭	0 1 5 7
C	D♭	G♭	A	0 1 4 7
C	D♭	A♭	A	0 1 4 5
C	D	E	F	0 1 3 5
C	D	E	G♭	0 2 4 6
C	D	E	A♭	0 2 4 8
C	D	E	A	0 2 4 7
C	D	F	G♭	0 1 4 6
C	D	F	A♭	0 2 5 8
C	D	F	A	0 3 5 8
C	D	G♭	A♭	0 2 6 8
C	D	G♭	A	0 2 5 8
C	D	A♭	A	0 1 4 6
C	E	F	G♭	0 1 2 6
C	E	F	A♭	0 1 4 8
C	E	F	A	0 1 5 8
C	E	G♭	A♭	0 2 4 8
C	E	G♭	A	0 2 5 8
C	E	A♭	A	0 3 4 8
C	F	G♭	A♭	0 1 3 7
C	F	G♭	A	0 1 4 7
C	F	A♭	A	0 3 4 7
C	G♭	A♭	A	0 2 3 6

Unique 4 Note Subsets as prime form

D♭	D	E	F	0 1 3 4
D♭	D	E	G♭	0 1 3 5
D♭	D	E	A♭	0 1 3 7
D♭	D	E	A	0 2 3 7
D♭	D	F	G♭	0 1 4 5
D♭	D	F	A♭	0 1 4 7
D♭	D	F	A	0 3 4 8
D♭	D	G♭	A♭	0 1 5 7
D♭	D	G♭	A	0 1 5 8
D♭	D	A♭	A	0 1 5 6
D♭	E	F	G♭	0 1 2 5
D♭	E	F	A♭	0 3 4 7
D♭	E	F	A	0 1 4 8
D♭	E	G♭	A♭	0 2 4 7
D♭	E	G♭	A	0 3 5 8
D♭	E	A♭	A	0 1 5 8
D♭	F	G♭	A♭	0 2 3 7
D♭	F	G♭	A	0 1 4 8
D♭	F	A♭	A	0 3 4 8
D♭	G♭	A♭	A	0 2 3 7
D	E	F	G♭	0 1 2 4
D	E	F	A♭	0 2 3 6
D	E	F	A	0 2 3 7
D	E	G♭	A♭	0 2 4 6
D	E	G♭	A	0 2 4 7
D	E	A♭	A	0 1 5 7
D	F	G♭	A♭	0 2 3 6
D	F	G♭	A	0 3 4 7
D	F	A♭	A	0 1 4 7
D	G♭	A♭	A	0 1 3 7
E	F	G♭	A♭	0 1 2 4
E	F	G♭	A	0 1 2 5
E	F	A♭	A	0 1 4 5
E	G♭	A♭	A	0 1 3 5
F	G♭	A♭	A	0 1 3 4

C, D♭, D, E, F, G♭, A♭, B♭

prime form: 0, 1, 2, 4, 5, 6, 8, 10

degrees: 1, ♭2, 2, 3, 4, ♭5, ♭6, ♭7

Scale application to typical chord types all keys:

C:	1	♭2	2	3	4	♭5	♭6	♭7	7 mel
D♭:	7	1	♭2	♭3	3	4	5	6	
D:	♭7	7	1	2	♭3	3	♭5	♭6	
E♭:	6	♭7	7	♭2	2	♭3	4	5	
E:	♭6	6	♭7	1	♭2	2	3	♭5	7
F:	5	♭6	6	7	1	♭2	♭3	4	
G♭:	♭5	5	♭6	♭7	7	1	2	3	
G:	4	♭5	5	6	♭7	7	♭2	♭3	
A♭:	3	4	♭5	♭6	6	♭7	1	2	7 mel
A:	♭3	3	4	5	♭6	6	7	♭2	
B♭:	2	♭3	3	♭5	5	♭6	♭7	1	7
B:	♭2	2	♭3	4	♭5	5	6	7	

Symmetric Difference as:
Pitches
E♭, G, A, B
Degrees
♭3, 5, 6, 7
Prime Form
0, 2, 4, 8

Unique 3 Note Subsets as prime form

C	D♭	D	0 1 2
C	D♭	E	0 1 4
C	D♭	F	0 1 5
C	D♭	G♭	0 1 6
C	D♭	A♭	0 1 5
C	D♭	B♭	0 1 3
C	D	E	0 2 4
C	D	F	0 2 5
C	D	G♭	0 2 6
C	D	A♭	0 2 6
C	D	B♭	0 2 4
C	E	F	0 1 5
C	E	G♭	0 2 6
C	E	A♭	0 4 8
C	E	B♭	0 2 6
C	F	G♭	0 1 6
C	F	A♭	0 3 7
C	F	B♭	0 2 7
C	G♭	A♭	0 2 6
C	G♭	B♭	0 2 6
C	A♭	B♭	0 2 4
D♭	D	E	0 1 3
D♭	D	F	0 1 4
D♭	D	G♭	0 1 5
D♭	D	A♭	0 1 6
D♭	D	B♭	0 1 4
D♭	E	F	0 1 4
D♭	E	G♭	0 2 5
D♭	E	A♭	0 3 7
D♭	E	B♭	0 3 6
D♭	F	G♭	0 1 5
D♭	F	A♭	0 3 7
D♭	F	B♭	0 3 7
D♭	G♭	A♭	0 2 7
D♭	G♭	B♭	0 3 7

Unique 3 Note Subsets as prime form

D♭	A♭	B♭	0 2 5
D	E	F	0 1 3
D	E	G♭	0 2 4
D	E	A♭	0 2 6
D	E	B♭	0 2 6
D	F	G♭	0 1 4
D	F	A♭	0 3 6
D	F	B♭	0 3 7
D	G♭	A♭	0 2 6
D	G♭	B♭	0 4 8
D	A♭	B♭	0 2 6
E	F	G♭	0 1 2
E	F	A♭	0 1 4
E	F	B♭	0 1 6
E	G♭	A♭	0 2 4
E	G♭	B♭	0 2 6
E	A♭	B♭	0 2 6
F	G♭	A♭	0 1 3
F	G♭	B♭	0 1 5
F	A♭	B♭	0 2 5
G♭	A♭	B♭	0 2 4

Unique 4 Note Subsets as prime form

C	D♭	D	E	0 1 2 4
C	D♭	D	F	0 1 2 5
C	D♭	D	G♭	0 1 2 6
C	D♭	D	A♭	0 1 2 6
C	D♭	D	B♭	0 1 2 4
C	D♭	E	F	0 1 4 5
C	D♭	E	G♭	0 1 4 6
C	D♭	E	A♭	0 3 4 8
C	D♭	E	B♭	0 2 3 6
C	D♭	F	G♭	0 1 5 6
C	D♭	F	A♭	0 1 5 8
C	D♭	F	B♭	0 2 3 7
C	D♭	G♭	A♭	0 1 5 7
C	D♭	G♭	B♭	0 1 3 7
C	D♭	A♭	B♭	0 1 3 5
C	D	E	F	0 1 3 5
C	D	E	G♭	0 2 4 6
C	D	E	A♭	0 2 4 8
C	D	E	B♭	0 2 4 6
C	D	F	G♭	0 1 4 6
C	D	F	A♭	0 2 5 8
C	D	F	B♭	0 2 4 7
C	D	G♭	A♭	0 2 6 8
C	D	G♭	B♭	0 2 4 8
C	D	A♭	B♭	0 2 4 6
C	E	F	G♭	0 1 2 6
C	E	F	A♭	0 1 4 8
C	E	F	B♭	0 1 5 7
C	E	G♭	A♭	0 2 4 8
C	E	G♭	B♭	0 2 6 8
C	E	A♭	B♭	0 2 4 8
C	F	G♭	A♭	0 1 3 7
C	F	G♭	B♭	0 1 5 7
C	F	A♭	B♭	0 2 4 7
C	G♭	A♭	B♭	0 2 4 6

Unique 4 Note Subsets as prime form

D♭	D	E	F	0 1 3 4
D♭	D	E	G♭	0 1 3 5
D♭	D	E	A♭	0 1 3 7
D♭	D	E	B♭	0 2 3 6
D♭	D	F	G♭	0 1 4 5
D♭	D	F	A♭	0 1 4 7
D♭	D	F	B♭	0 3 4 7
D♭	D	G♭	A♭	0 1 5 7
D♭	D	G♭	B♭	0 1 4 8
D♭	D	A♭	B♭	0 1 4 6
D♭	E	F	G♭	0 1 2 5
D♭	E	F	A♭	0 3 4 7
D♭	E	F	B♭	0 1 4 7
D♭	E	G♭	A♭	0 2 4 7
D♭	E	G♭	B♭	0 2 5 8
D♭	E	A♭	B♭	0 2 5 8
D♭	F	G♭	A♭	0 2 3 7
D♭	F	G♭	B♭	0 1 5 8
D♭	F	A♭	B♭	0 3 5 8
D♭	G♭	A♭	B♭	0 2 4 7
D	E	F	G♭	0 1 2 4
D	E	F	A♭	0 2 3 6
D	E	F	B♭	0 1 3 7
D	E	G♭	A♭	0 2 4 6
D	E	G♭	B♭	0 2 4 8
D	E	A♭	B♭	0 2 6 8
D	F	G♭	A♭	0 2 3 6
D	F	G♭	B♭	0 1 4 8
D	F	A♭	B♭	0 2 5 8
D	G♭	A♭	B♭	0 2 4 8
E	F	G♭	A♭	0 1 2 4
E	F	G♭	B♭	0 1 2 6
E	F	A♭	B♭	0 1 4 6
E	G♭	A♭	B♭	0 2 4 6
F	G♭	A♭	B♭	0 1 3 5

C, D♭, D, E, F, G, A♭, A

prime form: 0, 1, 2, 4, 5, 7, 8, 9

degrees: 1, ♭2, 2, 3, 4, 5, ♭6, 6

Scale application to typical chord types all keys:

C:	1	♭2	2	3	4	5	♭6	6	7 mel, 7sus4
D♭:	7	1	♭2	♭3	3	♭5	5	♭6	
D:	♭7	7	1	2	♭3	4	♭5	5	
E♭:	6	♭7	7	♭2	2	3	4	♭5	
E:	♭6	6	♭7	1	♭2	♭3	3	4	7 mel, 7sus4
F:	5	♭6	6	7	1	2	♭3	3	
G♭:	♭5	5	♭6	♭7	7	♭2	2	♭3	
G:	4	♭5	5	6	♭7	1	♭2	2	7 mel
A♭:	3	4	♭5	♭6	6	7	1	♭2	
A:	♭3	3	4	5	♭6	♭7	7	1	
B♭:	2	♭3	3	♭5	5	6	♭7	7	
B:	♭2	2	♭3	4	♭5	♭6	6	♭7	7 mel

Symmetric Difference as:
Pitches
E♭, G♭, B♭, B
Degrees
♭3, ♭5, ♭7, 7
Prime Form
0, 1, 5, 8

Unique 3 Note Subsets as prime form

C	D♭	D	0 1 2
C	D♭	E	0 1 4
C	D♭	F	0 1 5
C	D♭	G	0 1 6
C	D♭	A♭	0 1 5
C	D♭	A	0 1 4
C	D	E	0 2 4
C	D	F	0 2 5
C	D	G	0 2 7
C	D	A♭	0 2 6
C	D	A	0 2 5
C	E	F	0 1 5
C	E	G	0 3 7
C	E	A♭	0 4 8
C	E	A	0 3 7
C	F	G	0 2 7
C	F	A♭	0 3 7
C	F	A	0 3 7
C	G	A♭	0 1 5
C	G	A	0 2 5
C	A♭	A	0 1 4
D♭	D	E	0 1 3
D♭	D	F	0 1 4
D♭	D	G	0 1 6
D♭	D	A♭	0 1 6
D♭	D	A	0 1 5
D♭	E	F	0 1 4
D♭	E	G	0 3 6
D♭	E	A♭	0 3 7
D♭	E	A	0 3 7
D♭	F	G	0 2 6
D♭	F	A♭	0 3 7
D♭	F	A	0 4 8
D♭	G	A♭	0 1 6
D♭	G	A	0 2 6

Unique 3 Note Subsets as prime form

D♭	A♭	A	0 1 5
D	E	F	0 1 3
D	E	G	0 2 5
D	E	A♭	0 2 6
D	E	A	0 2 7
D	F	G	0 2 5
D	F	A♭	0 3 6
D	F	A	0 3 7
D	G	A♭	0 1 6
D	G	A	0 2 7
D	A♭	A	0 1 6
E	F	G	0 1 3
E	F	A♭	0 1 4
E	F	A	0 1 5
E	G	A♭	0 1 4
E	G	A	0 2 5
E	A♭	A	0 1 5
F	G	A♭	0 1 3
F	G	A	0 2 4
F	A♭	A	0 1 4
G	A♭	A	0 1 2

Unique 4 Note Subsets as prime form

C	D♭	D	E	0 1 2 4
C	D♭	D	F	0 1 2 5
C	D♭	D	G	0 1 2 7
C	D♭	D	A♭	0 1 2 6
C	D♭	D	A	0 1 2 5
C	D♭	E	F	0 1 4 5
C	D♭	E	G	0 1 4 7
C	D♭	E	A♭	0 3 4 8
C	D♭	E	A	0 3 4 7
C	D♭	F	G	0 1 5 7
C	D♭	F	A♭	0 1 5 8
C	D♭	F	A	0 1 4 8
C	D♭	G	A♭	0 1 5 6
C	D♭	G	A	0 1 4 6
C	D♭	A♭	A	0 1 4 5
C	D	E	F	0 1 3 5
C	D	E	G	0 2 4 7
C	D	E	A♭	0 2 4 8
C	D	E	A	0 2 4 7
C	D	F	G	0 2 5 7
C	D	F	A♭	0 2 5 8
C	D	F	A	0 3 5 8
C	D	G	A♭	0 1 5 7
C	D	G	A	0 2 5 7
C	D	A♭	A	0 1 4 6
C	E	F	G	0 2 3 7
C	E	F	A♭	0 1 4 8
C	E	F	A	0 1 5 8
C	E	G	A♭	0 3 4 8
C	E	G	A	0 3 5 8
C	E	A♭	A	0 3 4 8
C	F	G	A♭	0 2 3 7
C	F	G	A	0 2 4 7
C	F	A♭	A	0 3 4 7
C	G	A♭	A	0 1 2 5

Unique 4 Note Subsets as prime form

D♭	D	E	F	0 1 3 4
D♭	D	E	G	0 1 3 6
D♭	D	E	A♭	0 1 3 7
D♭	D	E	A	0 2 3 7
D♭	D	F	G	0 1 4 6
D♭	D	F	A♭	0 1 4 7
D♭	D	F	A	0 3 4 8
D♭	D	G	A♭	0 1 6 7
D♭	D	G	A	0 1 5 7
D♭	D	A♭	A	0 1 5 6
D♭	E	F	G	0 2 3 6
D♭	E	F	A♭	0 3 4 7
D♭	E	F	A	0 1 4 8
D♭	E	G	A♭	0 1 4 7
D♭	E	G	A	0 2 5 8
D♭	E	A♭	A	0 1 5 8
D♭	F	G	A♭	0 1 3 7
D♭	F	G	A	0 2 4 8
D♭	F	A♭	A	0 3 4 8
D♭	G	A♭	A	0 1 2 6
D	E	F	G	0 2 3 5
D	E	F	A♭	0 2 3 6
D	E	F	A	0 2 3 7
D	E	G	A♭	0 1 4 6
D	E	G	A	0 2 5 7
D	E	A♭	A	0 1 5 7
D	F	G	A♭	0 1 3 6
D	F	G	A	0 2 4 7
D	F	A♭	A	0 1 4 7
D	G	A♭	A	0 1 2 7
E	F	G	A♭	0 1 3 4
E	F	G	A	0 1 3 5
E	F	A♭	A	0 1 4 5
E	G	A♭	A	0 1 2 5
F	G	A♭	A	0 1 2 4

C, D♭, D, E, F, G, A♭, B♭

prime form: 0, 1, 2, 4, 5, 7, 8, 10

degrees: 1, ♭2, 2, 3, 4, 5, ♭6, ♭7

Scale application to typical chord types all keys:

C:	1	♭2	2	3	4	5	♭6	♭7	7 mel, 7sus4
D♭:	7	1	♭2	♭3	3	♭5	5	6	
D:	♭7	7	1	2	♭3	4	♭5	♭6	
E♭:	6	♭7	7	♭2	2	3	4	5	
E:	♭6	6	♭7	1	♭2	♭3	3	♭5	7
F:	5	♭6	6	7	1	2	♭3	4	-Δ7 mel
G♭:	♭5	5	♭6	♭7	7	♭2	2	3	
G:	4	♭5	5	6	♭7	1	♭2	♭3	7 mel
A♭:	3	4	♭5	♭6	6	7	1	2	Δ7♯5 mel
A:	♭3	3	4	5	♭6	♭7	7	♭2	
B♭:	2	♭3	3	♭5	5	6	♭7	1	7
B:	♭2	2	♭3	4	♭5	♭6	6	7	

Symmetric Difference as:
Pitches
E♭, G♭, A, B
Degrees
♭3, ♭5, 6, 7
Prime Form
0, 2, 5, 8

See page 569 for more possible scale applications

Unique 3 Note Subsets as prime form

C	D♭	D	0 1 2
C	D♭	E	0 1 4
C	D♭	F	0 1 5
C	D♭	G	0 1 6
C	D♭	A♭	0 1 5
C	D♭	B♭	0 1 3
C	D	E	0 2 4
C	D	F	0 2 5
C	D	G	0 2 7
C	D	A♭	0 2 6
C	D	B♭	0 2 4
C	E	F	0 1 5
C	E	G	0 3 7
C	E	A♭	0 4 8
C	E	B♭	0 2 6
C	F	G	0 2 7
C	F	A♭	0 3 7
C	F	B♭	0 2 7
C	G	A♭	0 1 5
C	G	B♭	0 2 5
C	A♭	B♭	0 2 4
D♭	D	E	0 1 3
D♭	D	F	0 1 4
D♭	D	G	0 1 6
D♭	D	A♭	0 1 6
D♭	D	B♭	0 1 4
D♭	E	F	0 1 4
D♭	E	G	0 3 6
D♭	E	A♭	0 3 7
D♭	E	B♭	0 3 6
D♭	F	G	0 2 6
D♭	F	A♭	0 3 7
D♭	F	B♭	0 3 7
D♭	G	A♭	0 1 6
D♭	G	B♭	0 3 6
D♭	A♭	B♭	0 2 5
D	E	F	0 1 3
D	E	G	0 2 5
D	E	A♭	0 2 6
D	E	B♭	0 2 6
D	F	G	0 2 5
D	F	A♭	0 3 6
D	F	B♭	0 3 7
D	G	A♭	0 1 6
D	G	B♭	0 3 7
D	A♭	B♭	0 2 6
E	F	G	0 1 3
E	F	A♭	0 1 4
E	F	B♭	0 1 6
E	G	A♭	0 1 4
E	G	B♭	0 3 6
E	A♭	B♭	0 2 6
F	G	A♭	0 1 3
F	G	B♭	0 2 5
F	A♭	B♭	0 2 5
G	A♭	B♭	0 1 3

Unique 4 Note Subsets as prime form

C	D♭	D	E	0 1 2 4
C	D♭	D	F	0 1 2 5
C	D♭	D	G	0 1 2 7
C	D♭	D	A♭	0 1 2 6
C	D♭	D	B♭	0 1 2 4
C	D♭	E	F	0 1 4 5
C	D♭	E	G	0 1 4 7
C	D♭	E	A♭	0 3 4 8
C	D♭	E	B♭	0 2 3 6
C	D♭	F	G	0 1 5 7
C	D♭	F	A♭	0 1 5 8
C	D♭	F	B♭	0 2 3 7
C	D♭	G	A♭	0 1 5 6
C	D♭	G	B♭	0 1 3 6
C	D♭	A♭	B♭	0 1 3 5
C	D	E	F	0 1 3 5
C	D	E	G	0 2 4 7
C	D	E	A♭	0 2 4 8
C	D	E	B♭	0 2 4 6
C	D	F	G	0 2 5 7
C	D	F	A♭	0 2 5 8
C	D	F	B♭	0 2 4 7
C	D	G	A♭	0 1 5 7
C	D	G	B♭	0 2 4 7
C	D	A♭	B♭	0 2 4 6
C	E	F	G	0 2 3 7
C	E	F	A♭	0 1 4 8
C	E	F	B♭	0 1 5 7
C	E	G	A♭	0 3 4 8
C	E	G	B♭	0 2 5 8
C	E	A♭	B♭	0 2 4 8
C	F	G	A♭	0 2 3 7
C	F	G	B♭	0 2 5 7
C	F	A♭	B♭	0 2 4 7
C	G	A♭	B♭	0 1 3 5
D♭	D	E	F	0 1 3 4
D♭	D	E	G	0 1 3 6
D♭	D	E	A♭	0 1 3 7
D♭	D	E	B♭	0 2 3 6
D♭	D	F	G	0 1 4 6
D♭	D	F	A♭	0 1 4 7
D♭	D	F	B♭	0 3 4 7
D♭	D	G	A♭	0 1 6 7
D♭	D	G	B♭	0 1 4 7
D♭	D	A♭	B♭	0 1 4 6
D♭	E	F	G	0 2 3 6
D♭	E	F	A♭	0 3 4 7
D♭	E	F	B♭	0 1 4 7
D♭	E	G	A♭	0 1 4 7
D♭	E	G	B♭	0 3 6 9
D♭	E	A♭	B♭	0 2 5 8
D♭	F	G	A♭	0 1 3 7
D♭	F	G	B♭	0 2 5 8
D♭	F	A♭	B♭	0 3 5 8
D♭	G	A♭	B♭	0 1 3 6
D	E	F	G	0 2 3 5
D	E	F	A♭	0 2 3 6
D	E	F	B♭	0 1 3 7
D	E	G	A♭	0 1 4 6
D	E	G	B♭	0 2 5 8
D	E	A♭	B♭	0 2 6 8
D	F	G	A♭	0 1 3 6
D	F	G	B♭	0 3 5 8
D	F	A♭	B♭	0 2 5 8
D	G	A♭	B♭	0 1 3 7
E	F	G	A♭	0 1 3 4
E	F	G	B♭	0 1 3 6
E	F	A♭	B♭	0 1 4 6
E	G	A♭	B♭	0 2 3 6
F	G	A♭	B♭	0 2 3 5

C, D♭, D, E, F, G, A, B♭

prime form: 0, 1, 2, 4, 5, 7, 9, 10

degrees: 1, ♭2, 2, 3, 4, 5, 6, ♭7

Scale application to typical chord types all keys:

C:	1	♭2	2	3	4	5	6	♭7	7 mel, 7sus4
D♭:	7	1	♭2	♭3	3	♭5	♭6	6	
D:	♭7	7	1	2	♭3	4	5	♭6	
E♭:	6	♭7	7	♭2	2	3	♭5	5	
E:	♭6	6	♭7	1	♭2	♭3	4	♭5	7 mel
F:	5	♭6	6	7	1	2	3	4	Δ7♯5 mel
G♭:	♭5	5	♭6	♭7	7	♭2	♭3	3	
G:	4	♭5	5	6	♭7	1	2	♭3	7 mel
A♭:	3	4	♭5	♭6	6	7	♭2	2	
A:	♭3	3	4	5	♭6	♭7	1	♭2	7 mel, 7sus4
B♭:	2	♭3	3	♭5	5	6	7	1	
B:	♭2	2	♭3	4	♭5	♭6	♭7	7	

Symmetric Difference as:

Pitches

E♭, G♭, A♭, B

Degrees

♭3, ♭5, ♭6, 7

Prime Form

0, 3, 5, 8

Unique 3 Note Subsets as prime form

C	D♭	D	0 1 2
C	D♭	E	0 1 4
C	D♭	F	0 1 5
C	D♭	G	0 1 6
C	D♭	A	0 1 4
C	D♭	B♭	0 1 3
C	D	E	0 2 4
C	D	F	0 2 5
C	D	G	0 2 7
C	D	A	0 2 5
C	D	B♭	0 2 4
C	E	F	0 1 5
C	E	G	0 3 7
C	E	A	0 3 7
C	E	B♭	0 2 6
C	F	G	0 2 7
C	F	A	0 3 7
C	F	B♭	0 2 7
C	G	A	0 2 5
C	G	B♭	0 2 5
C	A	B♭	0 1 3
D♭	D	E	0 1 3
D♭	D	F	0 1 4
D♭	D	G	0 1 6
D♭	D	A	0 1 5
D♭	D	B♭	0 1 4
D♭	E	F	0 1 4
D♭	E	G	0 3 6
D♭	E	A	0 3 7
D♭	E	B♭	0 3 6
D♭	F	G	0 2 6
D♭	F	A	0 4 8
D♭	F	B♭	0 3 7
D♭	G	A	0 2 6
D♭	G	B♭	0 3 6

Unique 3 Note Subsets as prime form

D♭	A	B♭	0 1 4
D	E	F	0 1 3
D	E	G	0 2 5
D	E	A	0 2 7
D	E	B♭	0 2 6
D	F	G	0 2 5
D	F	A	0 3 7
D	F	B♭	0 3 7
D	G	A	0 2 7
D	G	B♭	0 3 7
D	A	B♭	0 1 5
E	F	G	0 1 3
E	F	A	0 1 5
E	F	B♭	0 1 6
E	G	A	0 2 5
E	G	B♭	0 3 6
E	A	B♭	0 1 6
F	G	A	0 2 4
F	G	B♭	0 2 5
F	A	B♭	0 1 5
G	A	B♭	0 1 3

Unique 4 Note Subsets as prime form

C	D♭	D	E	0 1 2 4
C	D♭	D	F	0 1 2 5
C	D♭	D	G	0 1 2 7
C	D♭	D	A	0 1 2 5
C	D♭	D	B♭	0 1 2 4
C	D♭	E	F	0 1 4 5
C	D♭	E	G	0 1 4 7
C	D♭	E	A	0 3 4 7
C	D♭	E	B♭	0 2 3 6
C	D♭	F	G	0 1 5 7
C	D♭	F	A	0 1 4 8
C	D♭	F	B♭	0 2 3 7
C	D♭	G	A	0 1 4 6
C	D♭	G	B♭	0 1 3 6
C	D♭	A	B♭	0 1 3 4
C	D	E	F	0 1 3 5
C	D	E	G	0 2 4 7
C	D	E	A	0 2 4 7
C	D	E	B♭	0 2 4 6
C	D	F	G	0 2 5 7
C	D	F	A	0 3 5 8
C	D	F	B♭	0 2 4 7
C	D	G	A	0 2 5 7
C	D	G	B♭	0 2 4 7
C	D	A	B♭	0 1 3 5
C	E	F	G	0 2 3 7
C	E	F	A	0 1 5 8
C	E	F	B♭	0 1 5 7
C	E	G	A	0 3 5 8
C	E	G	B♭	0 2 5 8
C	E	A	B♭	0 1 3 7
C	F	G	A	0 2 4 7
C	F	G	B♭	0 2 5 7
C	F	A	B♭	0 2 3 7
C	G	A	B♭	0 2 3 5

Unique 4 Note Subsets as prime form

D♭	D	E	F	0 1 3 4
D♭	D	E	G	0 1 3 6
D♭	D	E	A	0 2 3 7
D♭	D	E	B♭	0 2 3 6
D♭	D	F	G	0 1 4 6
D♭	D	F	A	0 3 4 8
D♭	D	F	B♭	0 3 4 7
D♭	D	G	A	0 1 5 7
D♭	D	G	B♭	0 1 4 7
D♭	D	A	B♭	0 1 4 5
D♭	E	F	G	0 2 3 6
D♭	E	F	A	0 1 4 8
D♭	E	F	B♭	0 1 4 7
D♭	E	G	A	0 2 5 8
D♭	E	G	B♭	0 3 6 9
D♭	E	A	B♭	0 1 4 7
D♭	F	G	A	0 2 4 8
D♭	F	G	B♭	0 2 5 8
D♭	F	A	B♭	0 3 4 8
D♭	G	A	B♭	0 2 3 6
D	E	F	G	0 2 3 5
D	E	F	A	0 2 3 7
D	E	F	B♭	0 1 3 7
D	E	G	A	0 2 5 7
D	E	G	B♭	0 2 5 8
D	E	A	B♭	0 1 5 7
D	F	G	A	0 2 4 7
D	F	G	B♭	0 3 5 8
D	F	A	B♭	0 1 5 8
D	G	A	B♭	0 2 3 7
E	F	G	A	0 1 3 5
E	F	G	B♭	0 1 3 6
E	F	A	B♭	0 1 5 6
E	G	A	B♭	0 1 3 6
F	G	A	B♭	0 1 3 5

C, D♭, D, E, G♭, G, A♭, B♭

prime form: 0, 1, 2, 4, 6, 7, 8, 10

degrees: 1, ♭2, 2, 3, ♭5, 5, ♭6, ♭7

Scale application to typical chord types all keys:

C:	1	♭2	2	3	♭5	5	♭6	♭7	7
D♭:	7	1	♭2	♭3	4	♭5	5	6	
D:	♭7	7	1	2	3	4	♭5	♭6	
E♭:	6	♭7	7	♭2	♭3	3	4	5	
E:	♭6	6	♭7	1	2	♭3	3	♭5	7
F:	5	♭6	6	7	♭2	2	♭3	4	
G♭:	♭5	5	♭6	♭7	1	♭2	2	3	7
G:	4	♭5	5	6	7	1	♭2	♭3	
A♭:	3	4	♭5	♭6	♭7	7	1	2	
A:	♭3	3	4	5	6	♭7	7	♭2	
B♭:	2	♭3	3	♭5	♭6	6	♭7	1	7
B:	♭2	2	♭3	4	5	♭6	6	7	

Symmetric Difference as:
Pitches
E♭, F, A, B
Degrees
♭3, 4, 6, 7
Prime Form
0, 2, 6, 8

Unique 3 Note Subsets as prime form

C	D♭	D	0 1 2
C	D♭	E	0 1 4
C	D♭	G♭	0 1 6
C	D♭	G	0 1 6
C	D♭	A♭	0 1 5
C	D♭	B♭	0 1 3
C	D	E	0 2 4
C	D	G♭	0 2 6
C	D	G	0 2 7
C	D	A♭	0 2 6
C	D	B♭	0 2 4
C	E	G♭	0 2 6
C	E	G	0 3 7
C	E	A♭	0 4 8
C	E	B♭	0 2 6
C	G♭	G	0 1 6
C	G♭	A♭	0 2 6
C	G♭	B♭	0 2 6
C	G	A♭	0 1 5
C	G	B♭	0 2 5
C	A♭	B♭	0 2 4
D♭	D	E	0 1 3
D♭	D	G♭	0 1 5
D♭	D	G	0 1 6
D♭	D	A♭	0 1 6
D♭	D	B♭	0 1 4
D♭	E	G♭	0 2 5
D♭	E	G	0 3 6
D♭	E	A♭	0 3 7
D♭	E	B♭	0 3 6
D♭	G♭	G	0 1 6
D♭	G♭	A♭	0 2 7
D♭	G♭	B♭	0 3 7
D♭	G	A♭	0 1 6
D♭	G	B♭	0 3 6

Unique 3 Note Subsets as prime form

D♭	A♭	B♭	0 2 5
D	E	G♭	0 2 4
D	E	G	0 2 5
D	E	A♭	0 2 6
D	E	B♭	0 2 6
D	G♭	G	0 1 5
D	G♭	A♭	0 2 6
D	G♭	B♭	0 4 8
D	G	A♭	0 1 6
D	G	B♭	0 3 7
D	A♭	B♭	0 2 6
E	G♭	G	0 1 3
E	G♭	A♭	0 2 4
E	G♭	B♭	0 2 6
E	G	A♭	0 1 4
E	G	B♭	0 3 6
E	A♭	B♭	0 2 6
G♭	G	A♭	0 1 2
G♭	G	B♭	0 1 4
G♭	A♭	B♭	0 2 4
G	A♭	B♭	0 1 3

Unique 4 Note Subsets as prime form

C	D♭	D	E	0 1 2 4
C	D♭	D	G♭	0 1 2 6
C	D♭	D	G	0 1 2 7
C	D♭	D	A♭	0 1 2 6
C	D♭	D	B♭	0 1 2 4
C	D♭	E	G♭	0 1 4 6
C	D♭	E	G	0 1 4 7
C	D♭	E	A♭	0 3 4 8
C	D♭	E	B♭	0 2 3 6
C	D♭	G♭	G	0 1 6 7
C	D♭	G♭	A♭	0 1 5 7
C	D♭	G♭	B♭	0 1 3 7
C	D♭	G	A♭	0 1 5 6
C	D♭	G	B♭	0 1 3 6
C	D♭	A♭	B♭	0 1 3 5
C	D	E	G♭	0 2 4 6
C	D	E	G	0 2 4 7
C	D	E	A♭	0 2 4 8
C	D	E	B♭	0 2 4 6
C	D	G♭	G	0 1 5 7
C	D	G♭	A♭	0 2 6 8
C	D	G♭	B♭	0 2 4 8
C	D	G	A♭	0 1 5 7
C	D	G	B♭	0 2 4 7
C	D	A♭	B♭	0 2 4 6
C	E	G♭	G	0 1 3 7
C	E	G♭	A♭	0 2 4 8
C	E	G♭	B♭	0 2 6 8
C	E	G	A♭	0 3 4 8
C	E	G	B♭	0 2 5 8
C	E	A♭	B♭	0 2 4 8
C	G♭	G	A♭	0 1 2 6
C	G♭	G	B♭	0 1 4 6
C	G♭	A♭	B♭	0 2 4 6
C	G	A♭	B♭	0 1 3 5

Unique 4 Note Subsets as prime form

D♭	D	E	G♭	0 1 3 5
D♭	D	E	G	0 1 3 6
D♭	D	E	A♭	0 1 3 7
D♭	D	E	B♭	0 2 3 6
D♭	D	G♭	G	0 1 5 6
D♭	D	G♭	A♭	0 1 5 7
D♭	D	G♭	B♭	0 1 4 8
D♭	D	G	A♭	0 1 6 7
D♭	D	G	B♭	0 1 4 7
D♭	D	A♭	B♭	0 1 4 6
D♭	E	G♭	G	0 1 3 6
D♭	E	G♭	A♭	0 2 4 7
D♭	E	G♭	B♭	0 2 5 8
D♭	E	G	A♭	0 1 4 7
D♭	E	G	B♭	0 3 6 9
D♭	E	A♭	B♭	0 2 5 8
D♭	G♭	G	A♭	0 1 2 7
D♭	G♭	G	B♭	0 1 4 7
D♭	G♭	A♭	B♭	0 2 4 7
D♭	G	A♭	B♭	0 1 3 6
D	E	G♭	G	0 1 3 5
D	E	G♭	A♭	0 2 4 6
D	E	G♭	B♭	0 2 4 8
D	E	G	A♭	0 1 4 6
D	E	G	B♭	0 2 5 8
D	E	A♭	B♭	0 2 6 8
D	G♭	G	A♭	0 1 2 6
D	G♭	G	B♭	0 1 4 8
D	G♭	A♭	B♭	0 2 4 8
D	G	A♭	B♭	0 1 3 7
E	G♭	G	A♭	0 1 2 4
E	G♭	G	B♭	0 2 3 6
E	G♭	A♭	B♭	0 2 4 6
E	G	A♭	B♭	0 2 3 6
G♭	G	A♭	B♭	0 1 2 4

C, D♭, E♭, E, F, G♭, G, A

prime form: 0, 1, 3, 4, 5, 6, 7, 9

degrees: 1, ♭2, ♭3, 3, 4, ♭5, 5, 6

Scale application to typical chord types all keys:

C:	1	♭2	♭3	3	4	♭5	5	6	7 mel
D♭:	7	1	2	♭3	3	4	♭5	♭6	
D:	♭7	7	♭2	2	♭3	3	4	5	
E♭:	6	♭7	1	♭2	2	♭3	3	♭5	7
E:	♭6	6	7	1	♭2	2	♭3	4	
F:	5	♭6	♭7	7	1	♭2	2	3	
G♭:	♭5	5	6	♭7	7	1	♭2	♭3	
G:	4	♭5	♭6	6	♭7	7	1	2	
A♭:	3	4	5	♭6	6	♭7	7	♭2	
A:	♭3	3	♭5	5	♭6	6	♭7	1	7
B♭:	2	♭3	4	♭5	5	♭6	6	7	-Δ7 mel
B:	♭2	2	3	4	♭5	5	♭6	♭7	7 mel

Symmetric Difference as:
Pitches
D, A♭, B♭, B
Degrees
2, ♭6, ♭7, 7
Prime Form
0, 2, 3, 6

See page 572 for more possible scale applications

Unique 3 Note Subsets as prime form

C	D♭	E♭	0 1 3
C	D♭	E	0 1 4
C	D♭	F	0 1 5
C	D♭	G♭	0 1 6
C	D♭	G	0 1 6
C	D♭	A	0 1 4
C	E♭	E	0 1 4
C	E♭	F	0 2 5
C	E♭	G♭	0 3 6
C	E♭	G	0 3 7
C	E♭	A	0 3 6
C	E	F	0 1 5
C	E	G♭	0 2 6
C	E	G	0 3 7
C	E	A	0 3 7
C	F	G♭	0 1 6
C	F	G	0 2 7
C	F	A	0 3 7
C	G♭	G	0 1 6
C	G♭	A	0 3 6
C	G	A	0 2 5
D♭	E♭	E	0 1 3
D♭	E♭	F	0 2 4
D♭	E♭	G♭	0 2 5
D♭	E♭	G	0 2 6
D♭	E♭	A	0 2 6
D♭	E	F	0 1 4
D♭	E	G♭	0 2 5
D♭	E	G	0 3 6
D♭	E	A	0 3 7
D♭	F	G♭	0 1 5
D♭	F	G	0 2 6
D♭	F	A	0 4 8
D♭	G♭	G	0 1 6
D♭	G♭	A	0 3 7

Unique 3 Note Subsets as prime form

D♭	G	A	0 2 6
E♭	E	F	0 1 2
E♭	E	G♭	0 1 3
E♭	E	G	0 1 4
E♭	E	A	0 1 6
E♭	F	G♭	0 1 3
E♭	F	G	0 2 4
E♭	F	A	0 2 6
E♭	G♭	G	0 1 4
E♭	G♭	A	0 3 6
E♭	G	A	0 2 6
E	F	G♭	0 1 2
E	F	G	0 1 3
E	F	A	0 1 5
E	G♭	G	0 1 3
E	G♭	A	0 2 5
E	G	A	0 2 5
F	G♭	G	0 1 2
F	G♭	A	0 1 4
F	G	A	0 2 4
G♭	G	A	0 1 3

Unique 4 Note Subsets as prime form

C	D♭	E♭	E	0 1 3 4
C	D♭	E♭	F	0 1 3 5
C	D♭	E♭	G♭	0 1 3 6
C	D♭	E♭	G	0 1 3 7
C	D♭	E♭	A	0 2 3 6
C	D♭	E	F	0 1 4 5
C	D♭	E	G♭	0 1 4 6
C	D♭	E	G	0 1 4 7
C	D♭	E	A	0 3 4 7
C	D♭	F	G♭	0 1 5 6
C	D♭	F	G	0 1 5 7
C	D♭	F	A	0 1 4 8
C	D♭	G♭	G	0 1 6 7
C	D♭	G♭	A	0 1 4 7
C	D♭	G	A	0 1 4 6
C	E♭	E	F	0 1 2 5
C	E♭	E	G♭	0 2 3 6
C	E♭	E	G	0 3 4 7
C	E♭	E	A	0 1 4 7
C	E♭	F	G♭	0 1 3 6
C	E♭	F	G	0 2 4 7
C	E♭	F	A	0 2 5 8
C	E♭	G♭	G	0 1 4 7
C	E♭	G♭	A	0 3 6 9
C	E♭	G	A	0 2 5 8
C	E	F	G♭	0 1 2 6
C	E	F	G	0 2 3 7
C	E	F	A	0 1 5 8
C	E	G♭	G	0 1 3 7
C	E	G♭	A	0 2 5 8
C	E	G	A	0 3 5 8
C	F	G♭	G	0 1 2 7
C	F	G♭	A	0 1 4 7
C	F	G	A	0 2 4 7
C	G♭	G	A	0 1 3 6

Unique 4 Note Subsets as prime form

D♭	E♭	E	F	0 1 2 4
D♭	E♭	E	G♭	0 2 3 5
D♭	E♭	E	G	0 2 3 6
D♭	E♭	E	A	0 1 3 7
D♭	E♭	F	G♭	0 1 3 5
D♭	E♭	F	G	0 2 4 6
D♭	E♭	F	A	0 2 4 8
D♭	E♭	G♭	G	0 1 4 6
D♭	E♭	G♭	A	0 2 5 8
D♭	E♭	G	A	0 2 6 8
D♭	E	F	G♭	0 1 2 5
D♭	E	F	G	0 2 3 6
D♭	E	F	A	0 1 4 8
D♭	E	G♭	G	0 1 3 6
D♭	E	G♭	A	0 3 5 8
D♭	E	G	A	0 2 5 8
D♭	F	G♭	G	0 1 2 6
D♭	F	G♭	A	0 1 4 8
D♭	F	G	A	0 2 4 8
D♭	G♭	G	A	0 1 3 7
E♭	E	F	G♭	0 1 2 3
E♭	E	F	G	0 1 2 4
E♭	E	F	A	0 1 2 6
E♭	E	G♭	G	0 1 3 4
E♭	E	G♭	A	0 1 3 6
E♭	E	G	A	0 1 4 6
E♭	F	G♭	G	0 1 2 4
E♭	F	G♭	A	0 2 3 6
E♭	F	G	A	0 2 4 6
E♭	G♭	G	A	0 2 3 6
E	F	G♭	G	0 1 2 3
E	F	G♭	A	0 1 2 5
E	F	G	A	0 1 3 5
E	G♭	G	A	0 2 3 5
F	G♭	G	A	0 1 2 4

C, D♭, E♭, E, F, G♭, A♭, A

prime form: 0, 1, 3, 4, 5, 6, 8, 9

degrees: 1, ♭2, ♭3, 3, 4, ♭5, ♭6, 6

Scale application to typical chord types all keys:

C:	1	♭2	♭3	3	4	♭5	♭6	6	7 mel
D♭:	7	1	2	♭3	3	4	5	♭6	
D:	♭7	7	♭2	2	♭3	3	♭5	5	
E♭:	6	♭7	1	♭2	2	♭3	4	♭5	7 mel
E:	♭6	6	7	1	♭2	2	3	4	
F:	5	♭6	♭7	7	1	♭2	♭3	3	
G♭:	♭5	5	6	♭7	7	1	2	♭3	
G:	4	♭5	♭6	6	♭7	7	♭2	2	
A♭:	3	4	5	♭6	6	♭7	1	♭2	7 mel, 7sus4
A:	♭3	3	♭5	5	♭6	6	7	1	
B♭:	2	♭3	4	♭5	5	♭6	♭7	7	
B:	♭2	2	3	4	♭5	5	6	♭7	7 mel

Symmetric Difference as:
Pitches
D, G, B♭, B
Degrees
2, 5, ♭7, 7
Prime Form
0, 3, 4, 7

Unique 3 Note Subsets as prime form

C	D♭	E♭	0 1 3
C	D♭	E	0 1 4
C	D♭	F	0 1 5
C	D♭	G♭	0 1 6
C	D♭	A♭	0 1 5
C	D♭	A	0 1 4
C	E♭	E	0 1 4
C	E♭	F	0 2 5
C	E♭	G♭	0 3 6
C	E♭	A♭	0 3 7
C	E♭	A	0 3 6
C	E	F	0 1 5
C	E	G♭	0 2 6
C	E	A♭	0 4 8
C	E	A	0 3 7
C	F	G♭	0 1 6
C	F	A♭	0 3 7
C	F	A	0 3 7
C	G♭	A♭	0 2 6
C	G♭	A	0 3 6
C	A♭	A	0 1 4
D♭	E♭	E	0 1 3
D♭	E♭	F	0 2 4
D♭	E♭	G♭	0 2 5
D♭	E♭	A♭	0 2 7
D♭	E♭	A	0 2 6
D♭	E	F	0 1 4
D♭	E	G♭	0 2 5
D♭	E	A♭	0 3 7
D♭	E	A	0 3 7
D♭	F	G♭	0 1 5
D♭	F	A♭	0 3 7
D♭	F	A	0 4 8
D♭	G♭	A♭	0 2 7
D♭	G♭	A	0 3 7

Unique 3 Note Subsets as prime form

D♭	A♭	A	0 1 5
E♭	E	F	0 1 2
E♭	E	G♭	0 1 3
E♭	E	A♭	0 1 5
E♭	E	A	0 1 6
E♭	F	G♭	0 1 3
E♭	F	A♭	0 2 5
E♭	F	A	0 2 6
E♭	G♭	A♭	0 2 5
E♭	G♭	A	0 3 6
E♭	A♭	A	0 1 6
E	F	G♭	0 1 2
E	F	A♭	0 1 4
E	F	A	0 1 5
E	G♭	A♭	0 2 4
E	G♭	A	0 2 5
E	A♭	A	0 1 5
F	G♭	A♭	0 1 3
F	G♭	A	0 1 4
F	A♭	A	0 1 4
G♭	A♭	A	0 1 3

Unique 4 Note Subsets as prime form

C	D♭	E♭	E	0 1 3 4
C	D♭	E♭	F	0 1 3 5
C	D♭	E♭	G♭	0 1 3 6
C	D♭	E♭	A♭	0 2 3 7
C	D♭	E♭	A	0 2 3 6
C	D♭	E	F	0 1 4 5
C	D♭	E	G♭	0 1 4 6
C	D♭	E	A♭	0 3 4 8
C	D♭	E	A	0 3 4 7
C	D♭	F	G♭	0 1 5 6
C	D♭	F	A♭	0 1 5 8
C	D♭	F	A	0 1 4 8
C	D♭	G♭	A♭	0 1 5 7
C	D♭	G♭	A	0 1 4 7
C	D♭	A♭	A	0 1 4 5
C	E♭	E	F	0 1 2 5
C	E♭	E	G♭	0 2 3 6
C	E♭	E	A♭	0 1 4 8
C	E♭	E	A	0 1 4 7
C	E♭	F	G♭	0 1 3 6
C	E♭	F	A♭	0 3 5 8
C	E♭	F	A	0 2 5 8
C	E♭	G♭	A♭	0 2 5 8
C	E♭	G♭	A	0 3 6 9
C	E♭	A♭	A	0 1 4 7
C	E	F	G♭	0 1 2 6
C	E	F	A♭	0 1 4 8
C	E	F	A	0 1 5 8
C	E	G♭	A♭	0 2 4 8
C	E	G♭	A	0 2 5 8
C	E	A♭	A	0 3 4 8
C	F	G♭	A♭	0 1 3 7
C	F	G♭	A	0 1 4 7
C	F	A♭	A	0 3 4 7
C	G♭	A♭	A	0 2 3 6

Unique 4 Note Subsets as prime form

D♭	E♭	E	F	0 1 2 4
D♭	E♭	E	G♭	0 2 3 5
D♭	E♭	E	A♭	0 2 3 7
D♭	E♭	E	A	0 1 3 7
D♭	E♭	F	G♭	0 1 3 5
D♭	E♭	F	A♭	0 2 4 7
D♭	E♭	F	A	0 2 4 8
D♭	E♭	G♭	A♭	0 2 5 7
D♭	E♭	G♭	A	0 2 5 8
D♭	E♭	A♭	A	0 1 5 7
D♭	E	F	G♭	0 1 2 5
D♭	E	F	A♭	0 3 4 7
D♭	E	F	A	0 1 4 8
D♭	E	G♭	A♭	0 2 4 7
D♭	E	G♭	A	0 3 5 8
D♭	E	A♭	A	0 1 5 8
D♭	F	G♭	A♭	0 2 3 7
D♭	F	G♭	A	0 1 4 8
D♭	F	A♭	A	0 3 4 8
D♭	G♭	A♭	A	0 2 3 7
E♭	E	F	G♭	0 1 2 3
E♭	E	F	A♭	0 1 2 5
E♭	E	F	A	0 1 2 6
E♭	E	G♭	A♭	0 1 3 5
E♭	E	G♭	A	0 1 3 6
E♭	E	A♭	A	0 1 5 6
E♭	F	G♭	A♭	0 2 3 5
E♭	F	G♭	A	0 2 3 6
E♭	F	A♭	A	0 1 4 6
E♭	G♭	A♭	A	0 1 3 6
E	F	G♭	A♭	0 1 2 4
E	F	G♭	A	0 1 2 5
E	F	A♭	A	0 1 4 5
E	G♭	A♭	A	0 1 3 5
F	G♭	A♭	A	0 1 3 4

C, D♭, E♭, E, G♭, G, A, B♭

prime form: 0, 1, 3, 4, 6, 7, 9, 10

degrees: 1, ♭2, ♭3, 3, ♭5, 5, 6, ♭7

Diminished Scale

Scale application to typical chord types all keys:

C:	1	♭2	♭3	3	♭5	5	6	♭7	7
D♭:	7	1	2	♭3	4	♭5	♭6	6	°7, -Δ7 mel
D:	♭7	7	♭2	2	3	4	5	♭6	
E♭:	6	♭7	1	♭2	♭3	3	♭5	5	7
E:	♭6	6	7	1	2	♭3	4	♭5	°7, -Δ7 mel
F:	5	♭6	♭7	7	♭2	2	3	4	
G♭:	♭5	5	6	♭7	1	♭2	♭3	3	7
G:	4	♭5	♭6	6	7	1	2	♭3	°7, -Δ7 mel
A♭:	3	4	5	♭6	♭7	7	♭2	2	
A:	♭3	3	♭5	5	6	♭7	1	♭2	7
B♭:	2	♭3	4	♭5	♭6	6	7	1	°7, -Δ7 mel
B:	♭2	2	3	4	5	♭6	♭7	7	

Symmetric Difference as:
Pitches
D, F, A♭, B
Degrees
2, 4, ♭6, 7
Prime Form
0, 3, 6, 9

Unique 3 Note Subsets as prime form

C	D♭	E♭	0 1 3
C	D♭	E	0 1 4
C	D♭	G♭	0 1 6
C	D♭	G	0 1 6
C	D♭	A	0 1 4
C	D♭	B♭	0 1 3
C	E♭	E	0 1 4
C	E♭	G♭	0 3 6
C	E♭	G	0 3 7
C	E♭	A	0 3 6
C	E♭	B♭	0 2 5
C	E	G♭	0 2 6
C	E	G	0 3 7
C	E	A	0 3 7
C	E	B♭	0 2 6
C	G♭	G	0 1 6
C	G♭	A	0 3 6
C	G♭	B♭	0 2 6
C	G	A	0 2 5
C	G	B♭	0 2 5
C	A	B♭	0 1 3
D♭	E♭	E	0 1 3
D♭	E♭	G♭	0 2 5
D♭	E♭	G	0 2 6
D♭	E♭	A	0 2 6
D♭	E♭	B♭	0 2 5
D♭	E	G♭	0 2 5
D♭	E	G	0 3 6
D♭	E	A	0 3 7
D♭	E	B♭	0 3 6
D♭	G♭	G	0 1 6
D♭	G♭	A	0 3 7
D♭	G♭	B♭	0 3 7
D♭	G	A	0 2 6
D♭	G	B♭	0 3 6

Unique 3 Note Subsets as prime form

D♭	A	B♭	0 1 4
E♭	E	G♭	0 1 3
E♭	E	G	0 1 4
E♭	E	A	0 1 6
E♭	E	B♭	0 1 6
E♭	G♭	G	0 1 4
E♭	G♭	A	0 3 6
E♭	G♭	B♭	0 3 7
E♭	G	A	0 2 6
E♭	G	B♭	0 3 7
E♭	A	B♭	0 1 6
E	G♭	G	0 1 3
E	G♭	A	0 2 5
E	G♭	B♭	0 2 6
E	G	A	0 2 5
E	G	B♭	0 3 6
E	A	B♭	0 1 6
G♭	G	A	0 1 3
G♭	G	B♭	0 1 4
G♭	A	B♭	0 1 4
G	A	B♭	0 1 3

Unique 4 Note Subsets as prime form

C	D♭	E♭	E	0 1 3 4
C	D♭	E♭	G♭	0 1 3 6
C	D♭	E♭	G	0 1 3 7
C	D♭	E♭	A	0 2 3 6
C	D♭	E♭	B♭	0 2 3 5
C	D♭	E	G♭	0 1 4 6
C	D♭	E	G	0 1 4 7
C	D♭	E	A	0 3 4 7
C	D♭	E	B♭	0 2 3 6
C	D♭	G♭	G	0 1 6 7
C	D♭	G♭	A	0 1 4 7
C	D♭	G♭	B♭	0 1 3 7
C	D♭	G	A	0 1 4 6
C	D♭	G	B♭	0 1 3 6
C	D♭	A	B♭	0 1 3 4
C	E♭	E	G♭	0 2 3 6
C	E♭	E	G	0 3 4 7
C	E♭	E	A	0 1 4 7
C	E♭	E	B♭	0 1 4 6
C	E♭	G♭	G	0 1 4 7
C	E♭	G♭	A	0 3 6 9
C	E♭	G♭	B♭	0 2 5 8
C	E♭	G	A	0 2 5 8
C	E♭	G	B♭	0 3 5 8
C	E♭	A	B♭	0 1 3 6
C	E	G♭	G	0 1 3 7
C	E	G♭	A	0 2 5 8
C	E	G♭	B♭	0 2 6 8
C	E	G	A	0 3 5 8
C	E	G	B♭	0 2 5 8
C	E	A	B♭	0 1 3 7
C	G♭	G	A	0 1 3 6
C	G♭	G	B♭	0 1 4 6
C	G♭	A	B♭	0 2 3 6
C	G	A	B♭	0 2 3 5

Unique 4 Note Subsets as prime form

D♭	E♭	E	G♭	0 2 3 5
D♭	E♭	E	G	0 2 3 6
D♭	E♭	E	A	0 1 3 7
D♭	E♭	E	B♭	0 1 3 6
D♭	E♭	G♭	G	0 1 4 6
D♭	E♭	G♭	A	0 2 5 8
D♭	E♭	G♭	B♭	0 3 5 8
D♭	E♭	G	A	0 2 6 8
D♭	E♭	G	B♭	0 2 5 8
D♭	E♭	A	B♭	0 1 4 6
D♭	E	G♭	G	0 1 3 6
D♭	E	G♭	A	0 3 5 8
D♭	E	G♭	B♭	0 2 5 8
D♭	E	G	A	0 2 5 8
D♭	E	G	B♭	0 3 6 9
D♭	E	A	B♭	0 1 4 7
D♭	G♭	G	A	0 1 3 7
D♭	G♭	G	B♭	0 1 4 7
D♭	G♭	A	B♭	0 3 4 7
D♭	G	A	B♭	0 2 3 6
E♭	E	G♭	G	0 1 3 4
E♭	E	G♭	A	0 1 3 6
E♭	E	G♭	B♭	0 1 3 7
E♭	E	G	A	0 1 4 6
E♭	E	G	B♭	0 1 4 7
E♭	E	A	B♭	0 1 6 7
E♭	G♭	G	A	0 2 3 6
E♭	G♭	G	B♭	0 3 4 7
E♭	G♭	A	B♭	0 1 4 7
E♭	G	A	B♭	0 1 3 7
E	G♭	G	A	0 2 3 5
E	G♭	G	B♭	0 2 3 6
E	G♭	A	B♭	0 1 4 6
E	G	A	B♭	0 1 3 6
G♭	G	A	B♭	0 1 3 4

C, D, E♭, E, F, G♭, G, A

prime form: 0, 2, 3, 4, 5, 6, 7, 9

degrees: 1, 2, ♭3, 3, 4, ♭5, 5, 6

Scale application to typical chord types all keys:

C:	1	2	♭3	3	4	♭5	5	6	7 mel
D♭:	7	♭2	2	♭3	3	4	♭5	♭6	
D:	♭7	1	♭2	2	♭3	3	4	5	7 mel, 7sus4
E♭:	6	7	1	♭2	2	♭3	3	♭5	
E:	♭6	♭7	7	1	♭2	2	♭3	4	
F:	5	6	♭7	7	1	♭2	2	3	
G♭:	♭5	♭6	6	♭7	7	1	♭2	♭3	
G:	4	5	♭6	6	♭7	7	1	2	
A♭:	3	♭5	5	♭6	6	♭7	7	♭2	
A:	♭3	4	♭5	5	♭6	6	♭7	1	7 mel
B♭:	2	3	4	♭5	5	♭6	6	7	Δ7♯5 mel
B:	♭2	♭3	3	4	♭5	5	♭6	♭7	7 mel

Symmetric Difference as:

Pitches

D♭, A♭, B♭, B

Degrees

♭2, ♭6, ♭7, 7

Prime Form

0, 2, 3, 5

Unique 3 Note Subsets as prime form

C	D	E♭	0 1 3
C	D	E	0 2 4
C	D	F	0 2 5
C	D	G♭	0 2 6
C	D	G	0 2 7
C	D	A	0 2 5
C	E♭	E	0 1 4
C	E♭	F	0 2 5
C	E♭	G♭	0 3 6
C	E♭	G	0 3 7
C	E♭	A	0 3 6
C	E	F	0 1 5
C	E	G♭	0 2 6
C	E	G	0 3 7
C	E	A	0 3 7
C	F	G♭	0 1 6
C	F	G	0 2 7
C	F	A	0 3 7
C	G♭	G	0 1 6
C	G♭	A	0 3 6
C	G	A	0 2 5
D	E♭	E	0 1 2
D	E♭	F	0 1 3
D	E♭	G♭	0 1 4
D	E♭	G	0 1 5
D	E♭	A	0 1 6
D	E	F	0 1 3
D	E	G♭	0 2 4
D	E	G	0 2 5
D	E	A	0 2 7
D	F	G♭	0 1 4
D	F	G	0 2 5
D	F	A	0 3 7
D	G♭	G	0 1 5
D	G♭	A	0 3 7

Unique 3 Note Subsets as prime form

D	G	A	0 2 7
E♭	E	F	0 1 2
E♭	E	G♭	0 1 3
E♭	E	G	0 1 4
E♭	E	A	0 1 6
E♭	F	G♭	0 1 3
E♭	F	G	0 2 4
E♭	F	A	0 2 6
E♭	G♭	G	0 1 4
E♭	G♭	A	0 3 6
E♭	G	A	0 2 6
E	F	G♭	0 1 2
E	F	G	0 1 3
E	F	A	0 1 5
E	G♭	G	0 1 3
E	G♭	A	0 2 5
E	G	A	0 2 5
F	G♭	G	0 1 2
F	G♭	A	0 1 4
F	G	A	0 2 4
G♭	G	A	0 1 3

Unique 4 Note Subsets as prime form

C	D	E♭	E	0 1 2 4
C	D	E♭	F	0 2 3 5
C	D	E♭	G♭	0 2 3 6
C	D	E♭	G	0 2 3 7
C	D	E♭	A	0 1 3 6
C	D	E	F	0 1 3 5
C	D	E	G♭	0 2 4 6
C	D	E	G	0 2 4 7
C	D	E	A	0 2 4 7
C	D	F	G♭	0 1 4 6
C	D	F	G	0 2 5 7
C	D	F	A	0 3 5 8
C	D	G♭	G	0 1 5 7
C	D	G♭	A	0 2 5 8
C	D	G	A	0 2 5 7
C	E♭	E	F	0 1 2 5
C	E♭	E	G♭	0 2 3 6
C	E♭	E	G	0 3 4 7
C	E♭	E	A	0 1 4 7
C	E♭	F	G♭	0 1 3 6
C	E♭	F	G	0 2 4 7
C	E♭	F	A	0 2 5 8
C	E♭	G♭	G	0 1 4 7
C	E♭	G♭	A	0 3 6 9
C	E♭	G	A	0 2 5 8
C	E	F	G♭	0 1 2 6
C	E	F	G	0 2 3 7
C	E	F	A	0 1 5 8
C	E	G♭	G	0 1 3 7
C	E	G♭	A	0 2 5 8
C	E	G	A	0 3 5 8
C	F	G♭	G	0 1 2 7
C	F	G♭	A	0 1 4 7
C	F	G	A	0 2 4 7
C	G♭	G	A	0 1 3 6

Unique 4 Note Subsets as prime form

D	E♭	E	F	0 1 2 3
D	E♭	E	G♭	0 1 2 4
D	E♭	E	G	0 1 2 5
D	E♭	E	A	0 1 2 7
D	E♭	F	G♭	0 1 3 4
D	E♭	F	G	0 1 3 5
D	E♭	F	A	0 1 3 7
D	E♭	G♭	G	0 1 4 5
D	E♭	G♭	A	0 1 4 7
D	E♭	G	A	0 1 5 7
D	E	F	G♭	0 1 2 4
D	E	F	G	0 2 3 5
D	E	F	A	0 2 3 7
D	E	G♭	G	0 1 3 5
D	E	G♭	A	0 2 4 7
D	E	G	A	0 2 5 7
D	F	G♭	G	0 1 2 5
D	F	G♭	A	0 3 4 7
D	F	G	A	0 2 4 7
D	G♭	G	A	0 2 3 7
E♭	E	F	G♭	0 1 2 3
E♭	E	F	G	0 1 2 4
E♭	E	F	A	0 1 2 6
E♭	E	G♭	G	0 1 3 4
E♭	E	G♭	A	0 1 3 6
E♭	E	G	A	0 1 4 6
E♭	F	G♭	G	0 1 2 4
E♭	F	G♭	A	0 2 3 6
E♭	F	G	A	0 2 4 6
E♭	G♭	G	A	0 2 3 6
E	F	G♭	G	0 1 2 3
E	F	G♭	A	0 1 2 5
E	F	G	A	0 1 3 5
E	G♭	G	A	0 2 3 5
F	G♭	G	A	0 1 2 4

9 Note Scales

12 Prime Forms

C, D♭, D, E♭, E, F, G♭, G, A♭

prime form: 0, 1, 2, 3, 4, 5, 6, 7, 8

degrees: 1, ♭2, 2, ♭3, 3, 4, ♭5, 5, ♭6

Scale application to typical chord types all keys:

C:	1	♭2	2	♭3	3	4	♭5	5	♭6	7 mel
D♭:	7	1	♭2	2	♭3	3	4	♭5	5	
D:	♭7	7	1	♭2	2	♭3	3	4	♭5	
E♭:	6	♭7	7	1	♭2	2	♭3	3	4	
E:	♭6	6	♭7	7	1	♭2	2	♭3	3	
F:	5	♭6	6	♭7	7	1	♭2	2	♭3	
G♭:	♭5	5	♭6	6	♭7	7	1	♭2	2	
G:	4	♭5	5	♭6	6	♭7	7	1	♭2	
A♭:	3	4	♭5	5	♭6	6	♭7	7	1	
A:	♭3	3	4	♭5	5	♭6	6	♭7	7	
B♭:	2	♭3	3	4	♭5	5	♭6	6	♭7	7 mel
B:	♭2	2	♭3	3	4	♭5	5	♭6	6	7 mel

Symmetric Difference as:
Pitches
A, B♭, B
Degrees
6, ♭7, 7
Prime Form
0, 1, 2

Unique 3 Note Subsets as notes	Unique 3 Note Subsets as degrees	Unique 3 Note Subsets as degrees
C D♭ F D G G♭ A♭ E E♭	1, ♭2, 4 , 2, 5, ♭5 , ♭6, 3, ♭3	0, 1, 5 , 0, 1, 5 , 0, 1, 5
C D♭ F D G G♭ B E E♭	1, ♭2, 4 , 2, 5, ♭5 , 7, 3, ♭3	0, 1, 5 , 0, 1, 5 , 0, 1, 5
A♭ C D♭ A B♭ F B G G♭	♭6, 1, ♭2 , 6, ♭7, 4 , 7, 5, ♭5	0, 1, 5 , 0, 1, 5 , 0, 1, 5
A♭ E E♭ A B♭ F B G G♭	♭6, 3, ♭3 , 6, ♭7, 4 , 7, 5, ♭5	0, 1, 5 , 0, 1, 5 , 0, 1, 5
A E F B B♭ G♭ A♭ E♭ G	6, 3, 4 , 7, ♭7, ♭5 , ♭6, ♭3, 5	0, 1, 5 , 0, 1, 5 , 0, 1, 5
A E F B B♭ G♭ A♭ C G	6, 3, 4 , 7, ♭7, ♭5 , ♭6, 1, 5	0, 1, 5 , 0, 1, 5 , 0, 1, 5
C E♭ G♭ A♭ D F D♭ E G	1, ♭3, ♭5 , ♭6, 2, 4 , ♭2, 3, 5	0, 3, 6 , 0, 3, 6 , 0, 3, 6
B♭ D♭ G A♭ B F A C G♭	♭7, ♭2, 5 , ♭6, 7, 4 , 6, 1, ♭5	0, 3, 6 , 0, 3, 6 , 0, 3, 6
B♭ E G A♭ B F A E♭ G♭	♭7, 3, 5 , ♭6, 7, 4 , 6, ♭3, ♭5	0, 3, 6 , 0, 3, 6 , 0, 3, 6
B♭ E G A♭ B F A C G♭	♭7, 3, 5 , ♭6, 7, 4 , 6, 1, ♭5	0, 3, 6 , 0, 3, 6 , 0, 3, 6

C, D♭, D, E♭, E, F, G♭, G, A

prime form: 0, 1, 2, 3, 4, 5, 6, 7, 9

degrees: 1, ♭2, 2, ♭3, 3, 4, ♭5, 5, 6

Scale application to typical chord types all keys:

C:	1	♭2	2	♭3	3	4	♭5	5	6	7 mel
D♭:	7	1	♭2	2	♭3	3	4	♭5	♭6	
D:	♭7	7	1	♭2	2	♭3	3	4	5	
E♭:	6	♭7	7	1	♭2	2	♭3	3	♭5	
E:	♭6	6	♭7	7	1	♭2	2	♭3	4	
F:	5	♭6	6	♭7	7	1	♭2	2	3	
G♭:	♭5	5	♭6	6	♭7	7	1	♭2	♭3	
G:	4	♭5	5	♭6	6	♭7	7	1	2	
A♭:	3	4	♭5	5	♭6	6	♭7	7	♭2	
A:	♭3	3	4	♭5	5	♭6	6	♭7	1	7 mel
B♭:	2	♭3	3	4	♭5	5	♭6	6	7	
B:	♭2	2	♭3	3	4	♭5	5	♭6	♭7	7 mel

Symmetric Difference as:
Pitches
A♭, B♭, B
Degrees
♭6, ♭7, 7
Prime Form
0, 1, 3

Unique 3 Note Subsets as notes	Unique 3 Note Subsets as degrees	Unique 3 Note Subsets as degrees
B B♭ D A♭ E G A F G♭	7, ♭7, 2 , ♭6, 3, 5 , 6, 4, ♭5	0, 1, 4 , 0, 1, 4 , 0, 1, 4
B B♭ D A♭ E G A C D♭	7, ♭7, 2 , ♭6, 3, 5 , 6, 1, ♭2	0, 1, 4 , 0, 1, 4 , 0, 1, 4
A C D♭ E E♭ G B B♭ D	6, 1, ♭2 , 3, ♭3, 5 , 7, ♭7, 2	0, 1, 4 , 0, 1, 4 , 0, 1, 4
A C D♭ D F G♭ E E♭ G	6, 1, ♭2 , 2, 4, ♭5 , 3, ♭3, 5	0, 1, 4 , 0, 1, 4 , 0, 1, 4
C E E♭ D D♭ F B B♭ G	1, 3, ♭3 , 2, ♭2, 4 , 7, ♭7, 5	0, 1, 4 , 0, 1, 4 , 0, 1, 4
C E E♭ D D♭ F B♭ G G♭	1, 3, ♭3 , 2, ♭2, 4 , ♭7, 5, ♭5	0, 1, 4 , 0, 1, 4 , 0, 1, 4
C D♭ E A B♭ G♭ A♭ B G	1, ♭2, 3 , 6, ♭7, ♭5 , ♭6, 7, 5	0, 1, 4 , 0, 1, 4 , 0, 1, 4
D♭ E F A B♭ G♭ A♭ B G	♭2, 3, 4 , 6, ♭7, ♭5 , ♭6, 7, 5	0, 1, 4 , 0, 1, 4 , 0, 1, 4
C F G♭ D D♭ G A E E♭	1, 4, ♭5 , 2, ♭2, 5 , 6, 3, ♭3	0, 1, 6 , 0, 1, 6 , 0, 1, 6
C F G♭ D D♭ G B♭ E E♭	1, 4, ♭5 , 2, ♭2, 5 , ♭7, 3, ♭3	0, 1, 6 , 0, 1, 6 , 0, 1, 6
A B♭ E B F G♭ A♭ D G	6, ♭7, 3 , 7, 4, ♭5 , ♭6, 2, 5	0, 1, 6 , 0, 1, 6 , 0, 1, 6
A B♭ E B F G♭ A♭ D♭ G	6, ♭7, 3 , 7, 4, ♭5 , ♭6, ♭2, 5	0, 1, 6 , 0, 1, 6 , 0, 1, 6
C D♭ G♭ A D E♭ B E F	1, ♭2, ♭5 , 6, 2, ♭3 , 7, 3, 4	0, 1, 6 , 0, 1, 6 , 0, 1, 6
C D♭ G♭ A D E♭ B B♭ E	1, ♭2, ♭5 , 6, 2, ♭3 , 7, ♭7, 3	0, 1, 6 , 0, 1, 6 , 0, 1, 6
C D♭ G♭ A♭ D E♭ B E F	1, ♭2, ♭5 , ♭6, 2, ♭3 , 7, 3, 4	0, 1, 6 , 0, 1, 6 , 0, 1, 6
B♭ D♭ E♭ A♭ B G♭ C G A	♭7, ♭2, ♭3 , ♭6, 7, ♭5 , 1, 5, 6	0, 2, 5 , 0, 2, 5 , 0, 2, 5
B♭ D♭ E♭ A♭ B G♭ C D A	♭7, ♭2, ♭3 , ♭6, 7, ♭5 , 1, 2, 6	0, 2, 5 , 0, 2, 5 , 0, 2, 5
C D F A E G D♭ E♭ G♭	1, 2, 4 , 6, 3, 5 , ♭2, ♭3, ♭5	0, 2, 5 , 0, 2, 5 , 0, 2, 5
A♭ B♭ F A E G D♭ E♭ G♭	♭6, ♭7, 4 , 6, 3, 5 , ♭2, ♭3, ♭5	0, 2, 5 , 0, 2, 5 , 0, 2, 5
C D F A♭ E♭ G♭ A E G	1, 2, 4 , ♭6, ♭3, ♭5 , 6, 3, 5	0, 2, 5 , 0, 2, 5 , 0, 2, 5
C D F A♭ E♭ G♭ B D♭ E	1, 2, 4 , ♭6, ♭3, ♭5 , 7, ♭2, 3	0, 2, 5 , 0, 2, 5 , 0, 2, 5
A♭ B♭ D♭ A B D C E♭ F	♭6, ♭7, ♭2 , 6, 7, 2 , 1, ♭3, 4	0, 2, 5 , 0, 2, 5 , 0, 2, 5
A♭ B D♭ B♭ F G A C D	♭6, 7, ♭2 , ♭7, 4, 5 , 6, 1, 2	0, 2, 5 , 0, 2, 5 , 0, 2, 5
A♭ B D♭ B♭ F G A E G♭	♭6, 7, ♭2 , ♭7, 4, 5 , 6, 3, ♭5	0, 2, 5 , 0, 2, 5 , 0, 2, 5

C, D♭, D, E♭, E, F, G♭, A♭, A

prime form: 0, 1, 2, 3, 4, 5, 6, 8, 9

degrees: 1, ♭2, 2, ♭3, 3, 4, ♭5, ♭6, 6

Scale application to typical chord types all keys:

C:	1	♭2	2	♭3	3	4	♭5	♭6	6	7 mel
D♭:	7	1	♭2	2	♭3	3	4	5	♭6	
D:	♭7	7	1	♭2	2	♭3	3	♭5	5	
E♭:	6	♭7	7	1	♭2	2	♭3	4	♭5	
E:	♭6	6	♭7	7	1	♭2	2	3	4	
F:	5	♭6	6	♭7	7	1	♭2	♭3	3	
G♭:	♭5	5	♭6	6	♭7	7	1	2	♭3	
G:	4	♭5	5	♭6	6	♭7	7	♭2	2	
A♭:	3	4	♭5	5	♭6	6	♭7	1	♭2	7 mel
A:	♭3	3	4	♭5	5	♭6	6	7	1	
B♭:	2	♭3	3	4	♭5	5	♭6	♭7	7	
B:	♭2	2	♭3	3	4	♭5	5	6	♭7	7 mel

Symmetric Difference as:
Pitches
G, B♭, B
Degrees
5, ♭7, 7
Prime Form
0, 1, 4

See page 578 for more possible scale applications

Unique 3 Note Subsets as notes	Unique 3 Note Subsets as degrees	Unique 3 Note Subsets as degrees
B B♭ D♭ A G G♭ C D E♭	7, ♭7, ♭2 , 6, 5, ♭5 , 1, 2, ♭3	0, 1, 3 , 0, 1, 3 , 0, 1, 3
C D♭ E♭ E F G A A♭ G♭	1, ♭2, ♭3 , 3, 4, 5 , 6, ♭6, ♭5	0, 1, 3 , 0, 1, 3 , 0, 1, 3
C D♭ E♭ D E F A A♭ G♭	1, ♭2, ♭3 , 2, 3, 4 , 6, ♭6, ♭5	0, 1, 3 , 0, 1, 3 , 0, 1, 3
C D♭ E♭ D E F A A♭ B	1, ♭2, ♭3 , 2, 3, 4 , 6, ♭6, 7	0, 1, 3 , 0, 1, 3 , 0, 1, 3
D E♭ F A G G♭ A♭ B B♭	2, ♭3, 4 , 6, 5, ♭5 , ♭6, 7, ♭7	0, 1, 3 , 0, 1, 3 , 0, 1, 3
C D E♭ A G G♭ A♭ B B♭	1, 2, ♭3 , 6, 5, ♭5 , ♭6, 7, ♭7	0, 1, 3 , 0, 1, 3 , 0, 1, 3
C F G♭ A♭ D D♭ A E E♭	1, 4, ♭5 , ♭6, 2, ♭2 , 6, 3, ♭3	0, 1, 6 , 0, 1, 6 , 0, 1, 6
A A♭ E♭ B B♭ E C D♭ G	6, ♭6, ♭3 , 7, ♭7, 3 , 1, ♭2, 5	0, 1, 6 , 0, 1, 6 , 0, 1, 6
A A♭ E♭ B B♭ E C G G♭	6, ♭6, ♭3 , 7, ♭7, 3 , 1, 5, ♭5	0, 1, 6 , 0, 1, 6 , 0, 1, 6
C D♭ G A♭ D E♭ B E F	1, ♭2, 5 , ♭6, 2, ♭3 , 7, 3, 4	0, 1, 6 , 0, 1, 6 , 0, 1, 6
C D♭ G A♭ D E♭ B B♭ E	1, ♭2, 5 , ♭6, 2, ♭3 , 7, ♭7, 3	0, 1, 6 , 0, 1, 6 , 0, 1, 6
C D♭ G♭ A D E♭ B B♭ F	1, ♭2, ♭5 , 6, 2, ♭3 , 7, ♭7, 4	0, 1, 6 , 0, 1, 6 , 0, 1, 6
C D♭ G♭ A D E♭ B♭ E F	1, ♭2, ♭5 , 6, 2, ♭3 , ♭7, 3, 4	0, 1, 6 , 0, 1, 6 , 0, 1, 6

C, D♭, D, E♭, E, F, G♭, A♭, B♭

prime form: 0, 1, 2, 3, 4, 5, 6, 8, 10

degrees: 1, ♭2, 2, ♭3, 3, 4, ♭5, ♭6, ♭7

Scale application to typical
chord types all keys:

C:	1	♭2	2	♭3	3	4	♭5	♭6	♭7	7 mel
D♭:	7	1	♭2	2	♭3	3	4	5	6	
D:	♭7	7	1	♭2	2	♭3	3	♭5	♭6	
E♭:	6	♭7	7	1	♭2	2	♭3	4	5	
E:	♭6	6	♭7	7	1	♭2	2	3	♭5	
F:	5	♭6	6	♭7	7	1	♭2	♭3	4	
G♭:	♭5	5	♭6	6	♭7	7	1	2	3	
G:	4	♭5	5	♭6	6	♭7	7	♭2	♭3	
A♭:	3	4	♭5	5	♭6	6	♭7	1	2	7 mel
A:	♭3	3	4	♭5	5	♭6	6	7	♭2	
B♭:	2	♭3	3	4	♭5	5	♭6	♭7	1	7 mel
B:	♭2	2	♭3	3	4	♭5	5	6	7	

Symmetric
Difference as:
Pitches
G, A, B
Degrees
5, 6, 7
Prime Form
0, 2, 4

Unique 3 Note Subsets as notes	Unique 3 Note Subsets as degrees	Unique 3 Note Subsets as degrees
C F G♭ A♭ D D♭ B♭ E E♭	1, 4, ♭5 , ♭6, 2, ♭2 , ♭7, 3, ♭3	0, 1, 6 , 0, 1, 6 , 0, 1, 6
C D♭ G♭ A♭ D E♭ B♭ E F	1, ♭2, ♭5 , ♭6, 2, ♭3 , ♭7, 3, 4	0, 1, 6 , 0, 1, 6 , 0, 1, 6
C D♭ G♭ A♭ D E♭ B B♭ E	1, ♭2, ♭5 , ♭6, 2, ♭3 , 7, ♭7, 3	0, 1, 6 , 0, 1, 6 , 0, 1, 6
C E♭ G♭ A♭ D F B♭ E G	1, ♭3, ♭5 , ♭6, 2, 4 , ♭7, 3, 5	0, 3, 6 , 0, 3, 6 , 0, 3, 6
C E♭ G♭ A♭ D F B♭ D♭ E	1, ♭3, ♭5 , ♭6, 2, 4 , ♭7, ♭2, 3	0, 3, 6 , 0, 3, 6 , 0, 3, 6
B♭ D♭ G A♭ B F A C E♭	♭7, ♭2, 5 , ♭6, 7, 4 , 6, 1, ♭3	0, 3, 6 , 0, 3, 6 , 0, 3, 6
B♭ D♭ G A♭ B F A E♭ G♭	♭7, ♭2, 5 , ♭6, 7, 4 , 6, ♭3, ♭5	0, 3, 6 , 0, 3, 6 , 0, 3, 6
A♭ B D B♭ E G A C G♭	♭6, 7, 2 , ♭7, 3, 5 , 6, 1, ♭5	0, 3, 6 , 0, 3, 6 , 0, 3, 6

C, D♭, D, E♭, E, F, G, A♭, A

prime form: 0, 1, 2, 3, 4, 5, 7, 8, 9
degrees: 1, ♭2, 2, ♭3, 3, 4, 5, ♭6, 6

Scale application to typical chord types all keys:

C:	1	♭2	2	♭3	3	4	5	♭6	6	7 mel, 7sus4
D♭:	7	1	♭2	2	♭3	3	♭5	5	♭6	
D:	♭7	7	1	♭2	2	♭3	4	♭5	5	
E♭:	6	♭7	7	1	♭2	2	3	4	♭5	
E:	♭6	6	♭7	7	1	♭2	♭3	3	4	
F:	5	♭6	6	♭7	7	1	2	♭3	3	
G♭:	♭5	5	♭6	6	♭7	7	♭2	2	♭3	
G:	4	♭5	5	♭6	6	♭7	1	♭2	2	7 mel
A♭:	3	4	♭5	5	♭6	6	7	1	♭2	
A:	♭3	3	4	♭5	5	♭6	♭7	7	1	
B♭:	2	♭3	3	4	♭5	5	6	♭7	7	
B:	♭2	2	♭3	3	4	♭5	♭6	6	♭7	7 mel

Symmetric Difference as:
Pitches
G♭, B♭, B
Degrees
♭5, ♭7, 7
Prime Form
0, 1, 5

See page 580 for more possible scale applications

Unique 3 Note Subsets as notes	Unique 3 Note Subsets as degrees	Unique 3 Note Subsets as degrees
C D D♭ F G G♭ A B B♭	1, 2, ♭2 , 4, 5, ♭5 , 6, 7, ♭7	0, 1, 2 , 0, 1, 2 , 0, 1, 2
C D D♭ F G G♭ A B B♭	1, 2, ♭2 , 4, 5, ♭5 , 6, 7, ♭7	0, 1, 2 , 0, 1, 2 , 0, 1, 2
C D D♭ F G G♭ A A♭ B♭	1, 2, ♭2 , 4, 5, ♭5 , 6, ♭6, ♭7	0, 1, 2 , 0, 1, 2 , 0, 1, 2
C D D♭ E E♭ F A A♭ B♭	1, 2, ♭2 , 3, ♭3, 4 , 6, ♭6, ♭7	0, 1, 2 , 0, 1, 2 , 0, 1, 2
C D D♭ E E♭ F A A♭ G	1, 2, ♭2 , 3, ♭3, 4 , 6, ♭6, 5	0, 1, 2 , 0, 1, 2 , 0, 1, 2
D E E♭ A♭ G G♭ A B B♭	2, 3, ♭3 , ♭6, 5, ♭5 , 6, 7, ♭7	0, 1, 2 , 0, 1, 2 , 0, 1, 2
D D♭ E♭ A♭ G G♭ A B B♭	2, ♭2, ♭3 , ♭6, 5, ♭5 , 6, 7, ♭7	0, 1, 2 , 0, 1, 2 , 0, 1, 2
D E E♭ F G G♭ A B B♭	2, 3, ♭3 , 4, 5, ♭5 , 6, 7, ♭7	0, 1, 2 , 0, 1, 2 , 0, 1, 2
A C D♭ D F G♭ B B♭ G	6, 1, ♭2 , 2, 4, ♭5 , 7, ♭7, 5	0, 1, 4 , 0, 1, 4 , 0, 1, 4
A C D♭ D F G♭ A♭ E G	6, 1, ♭2 , 2, 4, ♭5 , ♭6, 3, 5	0, 1, 4 , 0, 1, 4 , 0, 1, 4
C D♭ E D E♭ G♭ A♭ B G	1, ♭2, 3 , 2, ♭3, ♭5 , ♭6, 7, 5	0, 1, 4 , 0, 1, 4 , 0, 1, 4
C E E♭ A A♭ F B B♭ G	1, 3, ♭3 , 6, ♭6, 4 , 7, ♭7, 5	0, 1, 4 , 0, 1, 4 , 0, 1, 4
C D F A E G B♭ D♭ E♭	1, 2, 4 , 6, 3, 5 , ♭7, ♭2, ♭3	0, 2, 5 , 0, 2, 5 , 0, 2, 5
B D♭ G♭ A♭ B♭ E♭ C D G	7, ♭2, ♭5 , ♭6, ♭7, ♭3 , 1, 2, 5	0, 2, 7 , 0, 2, 7 , 0, 2, 7
B D♭ G♭ A♭ B♭ E♭ A D G	7, ♭2, ♭5 , ♭6, ♭7, ♭3 , 6, 2, 5	0, 2, 7 , 0, 2, 7 , 0, 2, 7
C F G A D E A♭ D♭ G♭	1, 4, 5 , 6, 2, 3 , ♭6, ♭2, ♭5	0, 2, 7 , 0, 2, 7 , 0, 2, 7
C F G A♭ D♭ E♭ B E G♭	1, 4, 5 , ♭6, ♭2, ♭3 , 7, 3, ♭5	0, 2, 7 , 0, 2, 7 , 0, 2, 7
C F G A♭ D♭ E♭ A D E	1, 4, 5 , ♭6, ♭2, ♭3 , 6, 2, 3	0, 2, 7 , 0, 2, 7 , 0, 2, 7
A♭ B♭ E♭ A B E C D G	♭6, ♭7, ♭3 , 6, 7, 3 , 1, 2, 5	0, 2, 7 , 0, 2, 7 , 0, 2, 7
A♭ B♭ E♭ A B E C F G	♭6, ♭7, ♭3 , 6, 7, 3 , 1, 4, 5	0, 2, 7 , 0, 2, 7 , 0, 2, 7
C D G A♭ D♭ E♭ B E G♭	1, 2, 5 , ♭6, ♭2, ♭3 , 7, 3, ♭5	0, 2, 7 , 0, 2, 7 , 0, 2, 7
C D G A♭ D♭ E♭ A B E	1, 2, 5 , ♭6, ♭2, ♭3 , 6, 7, 3	0, 2, 7 , 0, 2, 7 , 0, 2, 7
A C G♭ D♭ E G A♭ B F	6, 1, ♭5 , ♭2, 3, 5 , ♭6, 7, 4	0, 3, 6 , 0, 3, 6 , 0, 3, 6
A C G♭ D♭ E G A♭ D F	6, 1, ♭5 , ♭2, 3, 5 , ♭6, 2, 4	0, 3, 6 , 0, 3, 6 , 0, 3, 6
A♭ B D B♭ E G A C E♭	♭6, 7, 2 , ♭7, 3, 5 , 6, 1, ♭3	0, 3, 6 , 0, 3, 6 , 0, 3, 6
B♭ E G A♭ B F C E♭ G♭	♭7, 3, 5 , ♭6, 7, 4 , 1, ♭3, ♭5	0, 3, 6 , 0, 3, 6 , 0, 3, 6
B♭ E G A♭ B F A C E♭	♭7, 3, 5 , ♭6, 7, 4 , 6, 1, ♭3	0, 3, 6 , 0, 3, 6 , 0, 3, 6
B♭ D♭ G♭ A♭ B E A C F	♭7, ♭2, ♭5 , ♭6, 7, 3 , 6, 1, 4	0, 3, 7 , 0, 3, 7 , 0, 3, 7
C E♭ G A D F A♭ D♭ E	1, ♭3, 5 , 6, 2, 4 , ♭6, ♭2, 3	0, 3, 7 , 0, 3, 7 , 0, 3, 7
C E♭ G A♭ D♭ E A D F	1, ♭3, 5 , ♭6, ♭2, 3 , 6, 2, 4	0, 3, 7 , 0, 3, 7 , 0, 3, 7
C E♭ G A♭ D♭ E B D G♭	1, ♭3, 5 , ♭6, ♭2, 3 , 7, 2, ♭5	0, 3, 7 , 0, 3, 7 , 0, 3, 7

C, D♭, D, E♭, E, F, G, A♭, B♭

prime form: 0, 1, 2, 3, 4, 5, 7, 8, 10

degrees: 1, ♭2, 2, ♭3, 3, 4, 5, ♭6, ♭7

Scale application to typical chord types all keys:

C:	1	♭2	2	♭3	3	4	5	♭6	♭7	7 mel, 7sus4
D♭:	7	1	♭2	2	♭3	3	♭5	5	6	
D:	♭7	7	1	♭2	2	♭3	4	♭5	♭6	
E♭:	6	♭7	7	1	♭2	2	3	4	5	
E:	♭6	6	♭7	7	1	♭2	♭3	3	♭5	
F:	5	♭6	6	♭7	7	1	2	♭3	4	
G♭:	♭5	5	♭6	6	♭7	7	♭2	2	3	
G:	4	♭5	5	♭6	6	♭7	1	♭2	♭3	7 mel
A♭:	3	4	♭5	5	♭6	6	7	1	2	Δ7♯5 mel
A:	♭3	3	4	♭5	5	♭6	♭7	7	♭2	
B♭:	2	♭3	3	4	♭5	5	6	♭7	1	7 mel
B:	♭2	2	♭3	3	4	♭5	♭6	6	7	

Symmetric Difference as:
Pitches
G♭, A, B
Degrees
♭5, 6, 7
Prime Form
0, 2, 5

See page 581 for more possible scale applications

Unique 3 Note Subsets as notes	Unique 3 Note Subsets as degrees	Unique 3 Note Subsets as degrees
C D E♭ A♭ F G♭ B B♭ D♭	1, 2, ♭3 , ♭6, 4, ♭5 , 7, ♭7, ♭2	0, 1, 3 , 0, 1, 3 , 0, 1, 3
C D E♭ A♭ F G♭ A B♭ G	1, 2, ♭3 , ♭6, 4, ♭5 , 6, ♭7, 5	0, 1, 3 , 0, 1, 3 , 0, 1, 3
B B♭ D♭ A♭ F G C D E♭	7, ♭7, ♭2 , ♭6, 4, 5 , 1, 2, ♭3	0, 1, 3 , 0, 1, 3 , 0, 1, 3
B B♭ D♭ A♭ F G E E♭ G♭	7, ♭7, ♭2 , ♭6, 4, 5 , 3, ♭3, ♭5	0, 1, 3 , 0, 1, 3 , 0, 1, 3
C D♭ E♭ A♭ F G♭ A B♭ G	1, ♭2, ♭3 , ♭6, 4, ♭5 , 6, ♭7, 5	0, 1, 3 , 0, 1, 3 , 0, 1, 3
E♭ F G♭ A♭ B B♭ D D♭ E	♭3, 4, ♭5 , ♭6, 7, ♭7 , 2, ♭2, 3	0, 1, 3 , 0, 1, 3 , 0, 1, 3
C D♭ E♭ D E F A B♭ G	1, ♭2, ♭3 , 2, 3, 4 , 6, ♭7, 5	0, 1, 3 , 0, 1, 3 , 0, 1, 3
C D♭ E♭ D E F A♭ B♭ G	1, ♭2, ♭3 , 2, 3, 4 , ♭6, ♭7, 5	0, 1, 3 , 0, 1, 3 , 0, 1, 3
D D♭ E A G G♭ A♭ B B♭	2, ♭2, 3 , 6, 5, ♭5 , ♭6, 7, ♭7	0, 1, 3 , 0, 1, 3 , 0, 1, 3
D♭ E E♭ A G G♭ A♭ B B♭	♭2, 3, ♭3 , 6, 5, ♭5 , ♭6, 7, ♭7	0, 1, 3 , 0, 1, 3 , 0, 1, 3
C D♭ G♭ A A♭ E♭ B B♭ F	1, ♭2, ♭5 , 6, ♭6, ♭3 , 7, ♭7, 4	0, 1, 6 , 0, 1, 6 , 0, 1, 6
C D♭ G♭ A A♭ E♭ B B♭ E	1, ♭2, ♭5 , 6, ♭6, ♭3 , 7, ♭7, 3	0, 1, 6 , 0, 1, 6 , 0, 1, 6
C D♭ G A♭ D E♭ B B♭ F	1, ♭2, 5 , ♭6, 2, ♭3 , 7, ♭7, 4	0, 1, 6 , 0, 1, 6 , 0, 1, 6
C D♭ G♭ A♭ D E♭ B B♭ F	1, ♭2, ♭5 , ♭6, 2, ♭3 , 7, ♭7, 4	0, 1, 6 , 0, 1, 6 , 0, 1, 6
B♭ D♭ E♭ A♭ B G♭ C D F	♭7, ♭2, ♭3 , ♭6, 7, ♭5 , 1, 2, 4	0, 2, 5 , 0, 2, 5 , 0, 2, 5
C D F A♭ E♭ G♭ G A B♭	1, 2, 4 , ♭6, ♭3, ♭5 , 5, 6, ♭7	0, 2, 5 , 0, 2, 5 , 0, 2, 5
B♭ D♭ G♭ A♭ B E♭ A C E	♭7, ♭2, ♭5 , ♭6, 7, ♭3 , 6, 1, 3	0, 3, 7 , 0, 3, 7 , 0, 3, 7
B♭ D♭ G♭ A♭ B E♭ A C F	♭7, ♭2, ♭5 , ♭6, 7, ♭3 , 6, 1, 4	0, 3, 7 , 0, 3, 7 , 0, 3, 7
C E G A D F B E♭ G♭	1, 3, 5 , 6, 2, 4 , 7, ♭3, ♭5	0, 3, 7 , 0, 3, 7 , 0, 3, 7
C E G A D F B♭ E♭ G♭	1, 3, 5 , 6, 2, 4 , ♭7, ♭3, ♭5	0, 3, 7 , 0, 3, 7 , 0, 3, 7
B♭ D G A♭ B E A D♭ G♭	♭7, 2, 5 , ♭6, 7, 3 , 6, ♭2, ♭5	0, 3, 7 , 0, 3, 7 , 0, 3, 7
B♭ D G A♭ B E A C F	♭7, 2, 5 , ♭6, 7, 3 , 6, 1, 4	0, 3, 7 , 0, 3, 7 , 0, 3, 7
C E♭ G A D♭ E B D G♭	1, ♭3, 5 , 6, ♭2, 3 , 7, 2, ♭5	0, 3, 7 , 0, 3, 7 , 0, 3, 7
C E♭ G A♭ D♭ E B♭ D F	1, ♭3, 5 , ♭6, ♭2, 3 , ♭7, 2, 4	0, 3, 7 , 0, 3, 7 , 0, 3, 7

C, D♭, D, E♭, E, G♭, G, A♭, A

prime form: 0, 1, 2, 3, 4, 6, 7, 8, 9

degrees: 1, ♭2, 2, ♭3, 3, ♭5, 5, ♭6, 6

Scale application to typical chord types all keys:

C:	1	♭2	2	♭3	3	♭5	5	♭6	6	7
D♭:	7	1	♭2	2	♭3	4	♭5	5	♭6	
D:	♭7	7	1	♭2	2	3	4	♭5	5	
E♭:	6	♭7	7	1	♭2	♭3	3	4	♭5	
E:	♭6	6	♭7	7	1	2	♭3	3	4	
F:	5	♭6	6	♭7	7	♭2	2	♭3	3	
G♭:	♭5	5	♭6	6	♭7	1	♭2	2	♭3	7
G:	4	♭5	5	♭6	6	7	1	♭2	2	
A♭:	3	4	♭5	5	♭6	♭7	7	1	♭2	
A:	♭3	3	4	♭5	5	6	♭7	7	1	
B♭:	2	♭3	3	4	♭5	♭6	6	♭7	7	
B:	♭2	2	♭3	3	4	5	♭6	6	♭7	7 mel, 7sus4

Symmetric Difference as:
Pitches
F, B♭, B
Degrees
4, ♭7, 7
Prime Form
0, 1, 6

See page 582 for more possible scale applications

Unique 3 Note Subsets as notes	Unique 3 Note Subsets as degrees	Unique 3 Note Subsets as degrees
B B♭ D A A♭ F C E E♭	7, ♭7, 2 , 6, ♭6, 4 , 1, 3, ♭3	0, 1, 4 , 0, 1, 4 , 0, 1, 4
B B♭ D A A♭ F E E♭ G	7, ♭7, 2 , 6, ♭6, 4 , 3, ♭3, 5	0, 1, 4 , 0, 1, 4 , 0, 1, 4
A C D♭ D F G♭ A♭ B G	6, 1, ♭2 , 2, 4, ♭5 , ♭6, 7, 5	0, 1, 4 , 0, 1, 4 , 0, 1, 4
A C D♭ D E♭ G♭ A♭ E G	6, 1, ♭2 , 2, ♭3, ♭5 , ♭6, 3, 5	0, 1, 4 , 0, 1, 4 , 0, 1, 4
A C D♭ D E♭ G♭ A♭ B G	6, 1, ♭2 , 2, ♭3, ♭5 , ♭6, 7, 5	0, 1, 4 , 0, 1, 4 , 0, 1, 4
C E E♭ A F G♭ B B♭ G	1, 3, ♭3 , 6, 4, ♭5 , 7, ♭7, 5	0, 1, 4 , 0, 1, 4 , 0, 1, 4
C D♭ E A F G♭ B B♭ G	1, ♭2, 3 , 6, 4, ♭5 , 7, ♭7, 5	0, 1, 4 , 0, 1, 4 , 0, 1, 4
A♭ D♭ G B B♭ F A D E♭	♭6, ♭2, 5 , 7, ♭7, 4 , 6, 2, ♭3	0, 1, 6 , 0, 1, 6 , 0, 1, 6
C D♭ G♭ A♭ D G B B♭ E	1, ♭2, ♭5 , ♭6, 2, 5 , 7, ♭7, 3	0, 1, 6 , 0, 1, 6 , 0, 1, 6
B♭ C G♭ A♭ D E A E♭ F	♭7, 1, ♭5 , ♭6, 2, 3 , 6, ♭3, 4	0, 2, 6 , 0, 2, 6 , 0, 2, 6
B♭ D F A♭ B E♭ A D♭ E	♭7, 2, 4 , ♭6, 7, ♭3 , 6, ♭2, 3	0, 3, 7 , 0, 3, 7 , 0, 3, 7
B♭ D F A♭ B E♭ A C E	♭7, 2, 4 , ♭6, 7, ♭3 , 6, 1, 3	0, 3, 7 , 0, 3, 7 , 0, 3, 7
A♭ C E♭ A D♭ G♭ B♭ D G	♭6, 1, ♭3 , 6, ♭2, ♭5 , ♭7, 2, 5	0, 3, 7 , 0, 3, 7 , 0, 3, 7
A♭ C E♭ A D♭ G♭ B D G	♭6, 1, ♭3 , 6, ♭2, ♭5 , 7, 2, 5	0, 3, 7 , 0, 3, 7 , 0, 3, 7
C E♭ G A♭ D♭ F A D G♭	1, ♭3, 5 , ♭6, ♭2, 4 , 6, 2, ♭5	0, 3, 7 , 0, 3, 7 , 0, 3, 7
C E♭ G A♭ D♭ F B D G♭	1, ♭3, 5 , ♭6, ♭2, 4 , 7, 2, ♭5	0, 3, 7 , 0, 3, 7 , 0, 3, 7
C E♭ G A♭ D♭ E A D G♭	1, ♭3, 5 , ♭6, ♭2, 3 , 6, 2, ♭5	0, 3, 7 , 0, 3, 7 , 0, 3, 7
B♭ E♭ G♭ A♭ B E A C F	♭7, ♭3, ♭5 , ♭6, 7, 3 , 6, 1, 4	0, 3, 7 , 0, 3, 7 , 0, 3, 7

C, D♭, D, E♭, E, G♭, G, A♭, B♭

prime form: 0, 1, 2, 3, 4, 6, 7, 8, 10

degrees: 1, ♭2, 2, ♭3, 3, ♭5, 5, ♭6, ♭7

Scale application to typical chord types all keys:

C:	1	♭2	2	♭3	3	♭5	5	♭6	♭7	7
D♭:	7	1	♭2	2	♭3	4	♭5	5	6	
D:	♭7	7	1	♭2	2	3	4	♭5	♭6	
E♭:	6	♭7	7	1	♭2	♭3	3	4	5	
E:	♭6	6	♭7	7	1	2	♭3	3	♭5	
F:	5	♭6	6	♭7	7	♭2	2	♭3	4	
G♭:	♭5	5	♭6	6	♭7	1	♭2	2	3	7
G:	4	♭5	5	♭6	6	7	1	♭2	♭3	
A♭:	3	4	♭5	5	♭6	♭7	7	1	2	
A:	♭3	3	4	♭5	5	6	♭7	7	♭2	
B♭:	2	♭3	3	4	♭5	♭6	6	♭7	1	7 mel
B:	♭2	2	♭3	3	4	5	♭6	6	7	

Symmetric Difference as:
Pitches
F, A, B
Degrees
4, 6, 7
Prime Form
0, 2, 6

Unique 3 Note Subsets as notes	Unique 3 Note Subsets as degrees	Unique 3 Note Subsets as degrees
C D♭ F A♭ E♭ G A B♭ D	1, ♭2, 4 , ♭6, ♭3, 5 , 6, ♭7, 2	0, 1, 5 , 0, 1, 5 , 0, 1, 5
C D♭ F A♭ E♭ G B B♭ G♭	1, ♭2, 4 , ♭6, ♭3, 5 , 7, ♭7, ♭5	0, 1, 5 , 0, 1, 5 , 0, 1, 5
B B♭ E♭ A A♭ E D♭ F G♭	7, ♭7, ♭3 , 6, ♭6, 3 , ♭2, 4, ♭5	0, 1, 5 , 0, 1, 5 , 0, 1, 5
B B♭ E♭ A A♭ E D D♭ G♭	7, ♭7, ♭3 , 6, ♭6, 3 , 2, ♭2, ♭5	0, 1, 5, 0, 1, 5, 0, 1, 5
A♭ C D♭ D E♭ G A B♭ F	♭6, 1, ♭2 , 2, ♭3, 5 , 6, ♭7, 4	0, 1, 5 , 0, 1, 5 , 0, 1, 5
A♭ C D♭ D E♭ G B♭ F G♭	♭6, 1, ♭2 , 2, ♭3, 5 , ♭7, 4, ♭5	0, 1, 5 , 0, 1, 5 , 0, 1, 5
A♭ D♭ G B B♭ F A E E♭	♭6, ♭2, 5 , 7, ♭7, 4 , 6, 3, ♭3	0, 1, 6 , 0, 1, 6 , 0, 1, 6
C D♭ G♭ A♭ D G A B♭ E	1, ♭2, ♭5 , ♭6, 2, 5 , 6, ♭7, 3	0, 1, 6 , 0, 1, 6 , 0, 1, 6
A A♭ E♭ B B♭ E D♭ G G♭	6, ♭6, ♭3 , 7, ♭7, 3 , ♭2, 5, ♭5	0, 1, 6 , 0, 1, 6 , 0, 1, 6
C D♭ G♭ A♭ D E♭ A B♭ E	1, ♭2, ♭5 , ♭6, 2, ♭3 , 6, ♭7, 3	0, 1, 6 , 0, 1, 6 , 0, 1, 6
B♭ C G♭ A♭ D E B D♭ G	♭7, 1, ♭5 , ♭6, 2, 3 , 7, ♭2, 5	0, 2, 6 , 0, 2, 6 , 0, 2, 6
C E♭ G♭ A♭ D F B♭ D♭ G	1, ♭3, ♭5 , ♭6, 2, 4 , ♭7, ♭2, 5	0, 3, 6 , 0, 3, 6 , 0, 3, 6
B♭ D♭ G A♭ B F C E♭ G♭	♭7, ♭2, 5 , ♭6, 7, 4 , 1, ♭3, ♭5	0, 3, 6 , 0, 3, 6 , 0, 3, 6
A C G♭ D♭ E G A♭ B D	6, 1, ♭5 , ♭2, 3, 5 , ♭6, 7, 2	0, 3, 6 , 0, 3, 6 , 0, 3, 6
A C G♭ D♭ E G B D F	6, 1, ♭5 , ♭2, 3, 5 , 7, 2, 4	0, 3, 6 , 0, 3, 6 , 0, 3, 6

C, D♭, D, E♭, E, G♭, G, A, B♭

prime form: 0, 1, 2, 3, 4, 6, 7, 9, 10

degrees: 1, ♭2, 2, ♭3, 3, ♭5, 5, 6, ♭7

Scale application to typical
chord types all keys:

C:	1	♭2	2	♭3	3	♭5	5	6	♭7	7
D♭:	7	1	♭2	2	♭3	4	♭5	♭6	6	
D:	♭7	7	1	♭2	2	3	4	5	♭6	
E♭:	6	♭7	7	1	♭2	♭3	3	♭5	5	
E:	♭6	6	♭7	7	1	2	♭3	4	♭5	
F:	5	♭6	6	♭7	7	♭2	2	3	4	
G♭:	♭5	5	♭6	6	♭7	1	♭2	♭3	3	7
G:	4	♭5	5	♭6	6	7	1	2	♭3	-Δ7 mel
A♭:	3	4	♭5	5	♭6	♭7	7	♭2	2	
A:	♭3	3	4	♭5	5	6	♭7	1	♭2	7 mel
B♭:	2	♭3	3	4	♭5	♭6	6	7	1	
B:	♭2	2	♭3	3	4	5	♭6	♭7	7	

Symmetric
Difference as:
Pitches
F, A♭, B
Degrees
4, ♭6, 7
Prime Form
0, 3, 6

Unique 3 Note Subsets as notes	Unique 3 Note Subsets as degrees	Unique 3 Note Subsets as degrees
C D♭ E♭ E G G♭ A♭ B B♭	1, ♭2, ♭3 , 3, 5, ♭5 , ♭6, 7, ♭7	0, 1, 3 , 0, 1, 3 , 0, 1, 3
C D♭ E♭ E G G♭ A A♭ B	1, ♭2, ♭3 , 3, 5, ♭5 , 6, ♭6, 7	0, 1, 3 , 0, 1, 3 , 0, 1, 3
C D♭ F A♭ E E♭ B B♭ G♭	1, ♭2, 4 , ♭6, 3, ♭3 , 7, ♭7, ♭5	0, 1, 5 , 0, 1, 5 , 0, 1, 5
C F G♭ A♭ D D♭ A B♭ E♭	1, 4, ♭5 , ♭6, 2, ♭2 , 6, ♭7, ♭3	0, 1, 6 , 0, 1, 6 , 0, 1, 6
A A♭ E♭ B B♭ E C D♭ G♭	6, ♭6, ♭3 , 7, ♭7, 3 , 1, ♭2, ♭5	0, 1, 6 , 0, 1, 6 , 0, 1, 6
C D♭ G A♭ D E♭ B♭ E F	1, ♭2, 5 , ♭6, 2, ♭3 , ♭7, 3, 4	0, 1, 6 , 0, 1, 6 , 0, 1, 6
A B♭ E B F G♭ A♭ D D♭	6, ♭7, 3 , 7, 4, ♭5 , ♭6, 2, ♭2	0, 1, 6 , 0, 1, 6 , 0, 1, 6
A B♭ E B F G♭ D D♭ G	6, ♭7, 3 , 7, 4, ♭5 , 2, ♭2, 5	0, 1, 6 , 0, 1, 6 , 0, 1, 6
C D F A E G D♭ A♭ B♭	1, 2, 4 , 6, 3, 5 , ♭2, ♭6, ♭7	0, 2, 5 , 0, 2, 5 , 0, 2, 5
C D F A E G B A♭ D♭	1, 2, 4 , 6, 3, 5 , 7, ♭6, ♭2	0, 2, 5 , 0, 2, 5 , 0, 2, 5
A C D D♭ E♭ G♭ A♭ B♭ F	6, 1, 2 , ♭2, ♭3, ♭5 , ♭6, ♭7, 4	0, 2, 5 , 0, 2, 5 , 0, 2, 5

C, D♭, D, E♭, F, G♭, G, A♭, B♭

prime form: 0, 1, 2, 3, 5, 6, 7, 8, 10

degrees: 1, ♭2, 2, ♭3, 4, ♭5, 5, ♭6, ♭7

Scale application to typical chord types all keys:

C:	1	♭2	2	♭3	4	♭5	5	♭6	♭7	7 mel
D♭:	7	1	♭2	2	3	4	♭5	5	6	
D:	♭7	7	1	♭2	♭3	3	4	♭5	♭6	
E♭:	6	♭7	7	1	2	♭3	3	4	5	
E:	♭6	6	♭7	7	♭2	2	♭3	3	♭5	
F:	5	♭6	6	♭7	1	♭2	2	♭3	4	7 mel, 7sus4
G♭:	♭5	5	♭6	6	7	1	♭2	2	3	
G:	4	♭5	5	♭6	♭7	7	1	♭2	♭3	
A♭:	3	4	♭5	5	6	♭7	7	1	2	
A:	♭3	3	4	♭5	♭6	6	♭7	7	♭2	
B♭:	2	♭3	3	4	5	♭6	6	♭7	1	7 mel, 7sus4
B:	♭2	2	♭3	3	♭5	5	♭6	6	7	

Symmetric Difference as:
Pitches
E, A, B
Degrees
3, 6, 7
Prime Form
0, 2, 7

Unique 3 Note Subsets as notes	Unique 3 Note Subsets as degrees	Unique 3 Note Subsets as degrees
C F G♭ A♭ D E♭ A B♭ E	1, 4, ♭5 , ♭6, 2, ♭3 , 6, ♭7, 3	0, 1, 6 , 0, 1, 6 , 0, 1, 6
A♭ D G B B♭ E C D♭ G♭	♭6, 2, 5 , 7, ♭7, 3 , 1, ♭2, ♭5	0, 1, 6 , 0, 1, 6 , 0, 1, 6
A♭ D G B B♭ E C F G♭	♭6, 2, 5 , 7, ♭7, 3 , 1, 4, ♭5	0, 1, 6 , 0, 1, 6 , 0, 1, 6
A E E♭ B B♭ F D D♭ G	6, 3, ♭3 , 7, ♭7, 4 , 2, ♭2, 5	0, 1, 6 , 0, 1, 6 , 0, 1, 6
A E E♭ B B♭ F D♭ G G♭	6, 3, ♭3 , 7, ♭7, 4 , ♭2, 5, ♭5	0, 1, 6 , 0, 1, 6 , 0, 1, 6
A E E♭ B B♭ F A♭ D♭ G	6, 3, ♭3 , 7, ♭7, 4 , ♭6, ♭2, 5	0, 1, 6 , 0, 1, 6 , 0, 1, 6
A B♭ E♭ B E F D D♭ G	6, ♭7, ♭3 , 7, 3, 4 , 2, ♭2, 5	0, 1, 6 , 0, 1, 6 , 0, 1, 6
A B♭ E♭ B E F D♭ G G♭	6, ♭7, ♭3 , 7, 3, 4 , ♭2, 5, ♭5	0, 1, 6 , 0, 1, 6 , 0, 1, 6
A B♭ E♭ B E F A♭ D♭ G	6, ♭7, ♭3 , 7, 3, 4 , ♭6, ♭2, 5	0, 1, 6 , 0, 1, 6 , 0, 1, 6
C G G♭ A♭ D D♭ B B♭ E	1, 5, ♭5 , ♭6, 2, ♭2 , 7, ♭7, 3	0, 1, 6 , 0, 1, 6 , 0, 1, 6
C G G♭ A♭ D D♭ A B♭ E	1, 5, ♭5 , ♭6, 2, ♭2 , 6, ♭7, 3	0, 1, 6 , 0, 1, 6 , 0, 1, 6
B♭ C E A♭ D G♭ A E♭ G	♭7, 1, 3 , ♭6, 2, ♭5 , 6, ♭3, 5	0, 2, 6 , 0, 2, 6 , 0, 2, 6
A♭ C D B♭ E G♭ A D♭ E♭	♭6, 1, 2 , ♭7, 3, ♭5 , 6, ♭2, ♭3	0, 2, 6 , 0, 2, 6 , 0, 2, 6
A♭ C D B♭ E G♭ B F G	♭6, 1, 2 , ♭7, 3, ♭5 , 7, 4, 5	0, 2, 6 , 0, 2, 6 , 0, 2, 6
C D G♭ A♭ B♭ E A B F	1, 2, ♭5 , ♭6, ♭7, 3 , 6, 7, 4	0, 2, 6 , 0, 2, 6 , 0, 2, 6
C E G♭ A D♭ G A♭ B♭ D	1, 3, ♭5 , 6, ♭2, 5 , ♭6, ♭7, 2	0, 2, 6 , 0, 2, 6 , 0, 2, 6
A♭ C G♭ A D♭ E♭ B♭ D E	♭6, 1, ♭5 , 6, ♭2, ♭3 , ♭7, 2, 3	0, 2, 6 , 0, 2, 6 , 0, 2, 6
A♭ C G♭ A D♭ E♭ B F G	♭6, 1, ♭5 , 6, ♭2, ♭3 , 7, 4, 5	0, 2, 6 , 0, 2, 6 , 0, 2, 6
A♭ C D D♭ F G A B E♭	♭6, 1, 2 , ♭2, 4, 5 , 6, 7, ♭3	0, 2, 6 , 0, 2, 6 , 0, 2, 6
A♭ C D D♭ E♭ G A B F	♭6, 1, 2 , ♭2, ♭3, 5 , 6, 7, 4	0, 2, 6 , 0, 2, 6 , 0, 2, 6
C D G♭ A D♭ E♭ A♭ B♭ E	1, 2, ♭5 , 6, ♭2, ♭3 , ♭6, ♭7, 3	0, 2, 6 , 0, 2, 6 , 0, 2, 6

C, D♭, D, E♭, F, G♭, G, A, B♭

prime form: 0, 1, 2, 3, 5, 6, 7, 9, 10

degrees: 1, ♭2, 2, ♭3, 4, ♭5, 5, 6, ♭7

Scale application to typical chord types all keys:

C:	1	♭2	2	♭3	4	♭5	5	6	♭7	7 mel
D♭:	7	1	♭2	2	3	4	♭5	♭6	6	
D:	♭7	7	1	♭2	♭3	3	4	5	♭6	
E♭:	6	♭7	7	1	2	♭3	3	♭5	5	
E:	♭6	6	♭7	7	♭2	2	♭3	4	♭5	
F:	5	♭6	6	♭7	1	♭2	2	3	4	7 mel, 7sus4
G♭:	♭5	5	♭6	6	7	1	♭2	♭3	3	
G:	4	♭5	5	♭6	♭7	7	1	2	♭3	
A♭:	3	4	♭5	5	6	♭7	7	♭2	2	
A:	♭3	3	4	♭5	♭6	6	♭7	1	♭2	7 mel
B♭:	2	♭3	3	4	5	♭6	6	7	1	
B:	♭2	2	♭3	3	♭5	5	♭6	♭7	7	

Symmetric Difference as:
Pitches
E, A♭, B
Degrees
3, ♭6, 7
Prime Form
0, 3, 7

See page 586 for more possible scale applications

Unique 3 Note Subsets as notes	Unique 3 Note Subsets as degrees	Unique 3 Note Subsets as degrees
B B♭ D♭ A G G♭ D E F	7, ♭7, ♭2 , 6, 5, ♭5 , 2, 3, 4	0, 1, 3 , 0, 1, 3 , 0, 1, 3
C D E♭ E F G A A♭ B	1, 2, ♭3 , 3, 4, 5 , 6, ♭6, 7	0, 1, 3 , 0, 1, 3 , 0, 1, 3
C D♭ G♭ A A♭ E♭ B♭ E F	1, ♭2, ♭5 , 6, ♭6, ♭3 , ♭7, 3, 4	0, 1, 6 , 0, 1, 6 , 0, 1, 6

C, D♭, D, E♭, F, G♭, A♭, A, B♭

prime form: 0, 1, 2, 4, 5, 6, 8, 9, 10

degrees: 1, ♭2, 2, ♭3, 4, ♭5, ♭6, 6, ♭7

Scale application to typical chord types all keys:

C:	1	♭2	2	♭3	4	♭5	♭6	6	♭7	7 mel
D♭:	7	1	♭2	2	3	4	5	♭6	6	
D:	♭7	7	1	♭2	♭3	3	♭5	5	♭6	
E♭:	6	♭7	7	1	2	♭3	4	♭5	5	
E:	♭6	6	♭7	7	♭2	2	3	4	♭5	
F:	5	♭6	6	♭7	1	♭2	♭3	3	4	7 mel, 7sus4
G♭:	♭5	5	♭6	6	7	1	2	♭3	3	
G:	4	♭5	5	♭6	♭7	7	♭2	2	♭3	
A♭:	3	4	♭5	5	6	♭7	1	♭2	2	7 mel
A:	♭3	3	4	♭5	♭6	6	7	1	♭2	
B♭:	2	♭3	3	4	5	♭6	♭7	7	1	
B:	♭2	2	♭3	3	♭5	5	6	♭7	7	

Symmetric Difference as:
Pitches
E♭, G, B
Degrees
♭3, 5, 7
Prime Form
0, 4, 8

Unique 3 Note Subsets as notes	Unique 3 Note Subsets as degrees	Unique 3 Note Subsets as degrees
D D♭ E♭ F G G♭ A B B♭	2, ♭2, ♭3 , 4, 5, ♭5 , 6, 7, ♭7	0, 1, 2 , 0, 1, 2 , 0, 1, 2
B B♭ D♭ A G G♭ D E♭ F	7, ♭7, ♭2 , 6, 5, ♭5 , 2, ♭3, 4	0, 1, 3 , 0, 1, 3 , 0, 1, 3
C D E♭ E F G A♭ B B♭	1, 2, ♭3 , 3, 4, 5 , ♭6, 7, ♭7	0, 1, 3 , 0, 1, 3 , 0, 1, 3
C D♭ E♭ E F G A♭ B B♭	1, ♭2, ♭3 , 3, 4, 5 , ♭6, 7, ♭7	0, 1, 3 , 0, 1, 3 , 0, 1, 3
C D♭ E♭ E F G A A♭ B	1, ♭2, ♭3 , 3, 4, 5 , 6, ♭6, 7	0, 1, 3 , 0, 1, 3 , 0, 1, 3
C F G♭ A♭ D E♭ B B♭ E	1, 4, ♭5 , ♭6, 2, ♭3 , 7, ♭7, 3	0, 1, 6 , 0, 1, 6 , 0, 1, 6
C D♭ G♭ A A♭ E♭ B E F	1, ♭2, ♭5 , 6, ♭6, ♭3 , 7, 3, 4	0, 1, 6 , 0, 1, 6 , 0, 1, 6
C D♭ G A E E♭ B B♭ F	1, ♭2, 5 , 6, 3, ♭3 , 7, ♭7, 4	0, 1, 6 , 0, 1, 6 , 0, 1, 6
C D♭ G A E E♭ B F G♭	1, ♭2, 5 , 6, 3, ♭3 , 7, 4, ♭5	0, 1, 6 , 0, 1, 6 , 0, 1, 6
A E E♭ B B♭ F C D♭ G	6, 3, ♭3 , 7, ♭7, 4 , 1, ♭2, 5	0, 1, 6 , 0, 1, 6 , 0, 1, 6
A B♭ E♭ B E F C D♭ G	6, ♭7, ♭3 , 7, 3, 4 , 1, ♭2, 5	0, 1, 6 , 0, 1, 6 , 0, 1, 6
C D♭ G♭ A♭ D G B♭ E F	1, ♭2, ♭5 , ♭6, 2, 5 , ♭7, 3, 4	0, 1, 6 , 0, 1, 6 , 0, 1, 6
C G G♭ A♭ D D♭ B♭ E E♭	1, 5, ♭5 , ♭6, 2, ♭2 , ♭7, 3, ♭3	0, 1, 6 , 0, 1, 6 , 0, 1, 6
C G G♭ A♭ D D♭ B♭ E F	1, 5, ♭5 , ♭6, 2, ♭2 , ♭7, 3, 4	0, 1, 6 , 0, 1, 6 , 0, 1, 6
C F G♭ A♭ D D♭ B B♭ E	1, 4, ♭5 , ♭6, 2, ♭2 , 7, ♭7, 3	0, 1, 6 , 0, 1, 6 , 0, 1, 6
C F G♭ A♭ D D♭ A B♭ E	1, 4, ♭5 , ♭6, 2, ♭2 , 6, ♭7, 3	0, 1, 6 , 0, 1, 6 , 0, 1, 6
B♭ D♭ E♭ A♭ B G♭ D G F	♭7, ♭2, ♭3 , ♭6, 7, ♭5 , 2, 5, 4	0, 2, 5 , 0, 2, 5 , 0, 2, 5
B♭ D♭ E♭ A♭ B G♭ E D G	♭7, ♭2, ♭3 , ♭6, 7, ♭5 , 3, 2, 5	0, 2, 5 , 0, 2, 5 , 0, 2, 5
A C D D♭ E♭ G♭ B♭ G F	6, 1, 2 , ♭2, ♭3, ♭5 , ♭7, 5, 4	0, 2, 5 , 0, 2, 5 , 0, 2, 5
B♭ C E A♭ D G♭ B D♭ F	♭7, 1, 3 , ♭6, 2, ♭5 , 7, ♭2, 4	0, 2, 6 , 0, 2, 6 , 0, 2, 6
C E G♭ A♭ B♭ D D♭ F G	1, 3, ♭5 , ♭6, ♭7, 2 , ♭2, 4, 5	0, 2, 6 , 0, 2, 6 , 0, 2, 6
C E G♭ A♭ B♭ D A B E♭	1, 3, ♭5 , ♭6, ♭7, 2 , 6, 7, ♭3	0, 2, 6 , 0, 2, 6 , 0, 2, 6
C D G♭ A♭ B♭ E D♭ E♭ G	1, 2, ♭5 , ♭6, ♭7, 3 , ♭2, ♭3, 5	0, 2, 6 , 0, 2, 6 , 0, 2, 6
C E G♭ A D♭ G B E♭ F	1, 3, ♭5 , 6, ♭2, 5 , 7, ♭3, 4	0, 2, 6 , 0, 2, 6 , 0, 2, 6
C E G♭ D♭ E♭ G A♭ B♭ D	1, 3, ♭5 , ♭2, ♭3, 5 , ♭6, ♭7, 2	0, 2, 6 , 0, 2, 6 , 0, 2, 6
A♭ C D D♭ F G B♭ E G♭	♭6, 1, 2 , ♭2, 4, 5 , ♭7, 3, ♭5	0, 2, 6 , 0, 2, 6 , 0, 2, 6
C D G♭ D♭ F G A B E♭	1, 2, ♭5 , ♭2, 4, 5 , 6, 7, ♭3	0, 2, 6 , 0, 2, 6 , 0, 2, 6
C D G♭ D♭ F G A♭ B♭ E	1, 2, ♭5 , ♭2, 4, 5 , ♭6, ♭7, 3	0, 2, 6 , 0, 2, 6 , 0, 2, 6
A♭ C D D♭ E♭ G B♭ E G♭	♭6, 1, 2 , ♭2, ♭3, 5 , ♭7, 3, ♭5	0, 2, 6 , 0, 2, 6 , 0, 2, 6
C D G♭ A D♭ E♭ B F G	1, 2, ♭5 , 6, ♭2, ♭3 , 7, 4, 5	0, 2, 6 , 0, 2, 6 , 0, 2, 6
C D G♭ D♭ E♭ G A♭ B♭ E	1, 2, ♭5 , ♭2, ♭3, 5 , ♭6, ♭7, 3	0, 2, 6 , 0, 2, 6 , 0, 2, 6
C D G♭ D♭ E♭ G A B F	1, 2, ♭5 , ♭2, ♭3, 5 , 6, 7, 4	0, 2, 6 , 0, 2, 6 , 0, 2, 6
C F G A♭ D♭ E♭ A B E	1, 4, 5 , ♭6, ♭2, ♭3 , 6, 7, 3	0, 2, 7 , 0, 2, 7 , 0, 2, 7
A♭ B D B♭ E G C E♭ G♭	♭6, 7, 2 , ♭7, 3, 5 , 1, ♭3, ♭5	0, 3, 6 , 0, 3, 6 , 0, 3, 6

6 Prime Forms

10 Note Scales

C, D♭, D, E♭, E, F, G♭, G, A♭, A

prime form: 0, 1, 2, 3, 4, 5, 6, 7, 8, 9

degrees: 1, ♭2, 2, ♭3, 3, 4, ♭5, 5, ♭6, 6

Scale application to typical chord types all keys:

C:	1	♭2	2	♭3	3	4	♭5	5	♭6	6	7 mel
D♭:	7	1	♭2	2	♭3	3	4	♭5	5	♭6	
D:	♭7	7	1	♭2	2	♭3	3	4	♭5	5	
E♭:	6	♭7	7	1	♭2	2	♭3	3	4	♭5	
E:	♭6	6	♭7	7	1	♭2	2	♭3	3	4	
F:	5	♭6	6	♭7	7	1	♭2	2	♭3	3	
G♭:	♭5	5	♭6	6	♭7	7	1	♭2	2	♭3	
G:	4	♭5	5	♭6	6	♭7	7	1	♭2	2	
A♭:	3	4	♭5	5	♭6	6	♭7	7	1	♭2	
A:	♭3	3	4	♭5	5	♭6	6	♭7	7	1	
B♭:	2	♭3	3	4	♭5	5	♭6	6	♭7	7	
B:	♭2	2	♭3	3	4	♭5	5	♭6	6	♭7	7 mel

Symmetric Difference as:
Pitches
B♭, B
Degrees
♭7, 7
Prime Form
0, 1

Symmetrical pairs of five note scales which equal prime form: 0, 1, 2, 3, 4, 5, 6, 7, 8, 9

Two 5 note pitch class sets		Sets in Prime Form		Sets as Degrees	
0, 1, 2, 3, 4	5, 6, 7, 8, 9	0, 1, 2, 3, 4	0, 1, 2, 3, 4	1, ♭2, 2, ♭3, 3	4, ♭5, 5, ♭6, 6
0, 1, 2, 3, 4	7, 8, 9, 10, 11	0, 1, 2, 3, 4	0, 1, 2, 3, 4	1, ♭2, 2, ♭3, 3	5, ♭6, 6, ♭7, 7
0, 1, 2, 3, 5	4, 6, 7, 8, 9	0, 1, 2, 3, 5	0, 1, 2, 3, 5	1, ♭2, 2, ♭3, 3	4, ♭5, 5, ♭6, 6
0, 1, 2, 4, 6	3, 5, 7, 8, 9	0, 1, 2, 4, 6	0, 1, 2, 4, 6	1, ♭2, 2, ♭3, 3	4, ♭5, 5, ♭6, 6
0, 1, 2, 4, 8	3, 7, 9, 10, 11	0, 2, 3, 4, 8	0, 2, 3, 4, 8	1, ♭2, 2, ♭3, 3	5, ♭6, 6, ♭7, 7
0, 1, 2, 5, 6	3, 4, 7, 8, 9	0, 1, 2, 5, 6	0, 1, 2, 5, 6	1, ♭2, 2, ♭3, 3	4, ♭5, 5, ♭6, 6
0, 1, 2, 6, 7	3, 4, 5, 10, 11	0, 1, 2, 6, 7	0, 1, 2, 6, 7	1, ♭2, 2, ♭3, 3	4, ♭5, 5, ♭7, 7
0, 1, 3, 5, 7	2, 4, 6, 8, 9	0, 1, 3, 5, 7	0, 1, 3, 5, 7	1, ♭2, 2, ♭3, 3	4, ♭5, 5, ♭6, 6
0, 1, 3, 6, 7	2, 4, 5, 10, 11	0, 1, 3, 6, 7	0, 1, 3, 6, 7	1, ♭2, 2, ♭3, 3	4, ♭5, 5, ♭7, 7
0, 1, 3, 4, 7	2, 5, 6, 8, 9	0, 1, 3, 4, 7	0, 1, 3, 4, 7	1, ♭2, 2, ♭3, 3	4, ♭5, 5, ♭6, 6
0, 1, 4, 5, 8	2, 3, 6, 7, 11	0, 1, 4, 5, 8	0, 1, 4, 5, 8	1, ♭2, 2, ♭3, 3	4, ♭5, 5, ♭6, 7
0, 2, 3, 5, 8	1, 4, 6, 7, 9	0, 2, 3, 5, 8	0, 2, 3, 5, 8	1, ♭2, 2, ♭3, 3	4, ♭5, 5, ♭6, 6
0, 2, 3, 6, 8	1, 4, 5, 7, 11	0, 2, 3, 6, 8	0, 2, 3, 6, 8	1, ♭2, 2, ♭3, 3	4, ♭5, 5, ♭6, 7
0, 2, 4, 6, 8	1, 3, 5, 7, 9	0, 2, 4, 6, 8	0, 2, 4, 6, 8	1, ♭2, 2, ♭3, 3	4, ♭5, 5, ♭6, 6
0, 2, 4, 6, 8	1, 3, 5, 7, 11	0, 2, 4, 6, 8	0, 2, 4, 6, 8	1, ♭2, 2, ♭3, 3	4, ♭5, 5, ♭6, 7

C, D♭, D, E♭, E, F, G♭, G, A♭, B♭

prime form: 0, 1, 2, 3, 4, 5, 6, 7, 8, 10

degrees: 1, ♭2, 2, ♭3, 3, 4, ♭5, 5, ♭6, ♭7

Scale application to typical chord types all keys:

C:	1	♭2	2	♭3	3	4	♭5	5	♭6	♭7	7 mel
D♭:	7	1	♭2	2	♭3	3	4	♭5	5	6	
D:	♭7	7	1	♭2	2	♭3	3	4	♭5	♭6	
E♭:	6	♭7	7	1	♭2	2	♭3	3	4	5	
E:	♭6	6	♭7	7	1	♭2	2	♭3	3	♭5	
F:	5	♭6	6	♭7	7	1	♭2	2	♭3	4	
G♭:	♭5	5	♭6	6	♭7	7	1	♭2	2	3	
G:	4	♭5	5	♭6	6	♭7	7	1	♭2	♭3	
A♭:	3	4	♭5	5	♭6	6	♭7	7	1	2	
A:	♭3	3	4	♭5	5	♭6	6	♭7	7	♭2	
B♭:	2	♭3	3	4	♭5	5	♭6	6	♭7	1	7 mel
B:	♭2	2	♭3	3	4	♭5	5	♭6	6	7	

Symmetric Difference as:
Pitches
A, B
Degrees
6, 7
Prime Form
0, 2

Symmetrical pairs of five note scales which equal prime form: 0, 1, 2, 3, 4, 5, 6, 7, 8, 10

Two 5 note pitch class sets		Sets in Prime Form		Sets as Degrees	
0, 1, 4, 5, 8	2, 3, 6, 7, 10	0, 1, 4, 5, 8	0, 1, 4, 5, 8	1, ♭2, 2, ♭3, 3	4, ♭5, 5, ♭6, ♭7
0, 1, 4, 5, 8	2, 3, 6, 10, 11	0, 1, 4, 5, 8	0, 1, 4, 5, 8	1, ♭2, 2, ♭3, 3	4, ♭5, ♭6, ♭7, 7

C, D♭, D, E♭, E, F, G♭, G, A, B♭

prime form: 0, 1, 2, 3, 4, 5, 6, 7, 9, 10

degrees: 1, ♭2, 2, ♭3, 3, 4, ♭5, 5, 6, ♭7

Scale application to typical chord types all keys:

C:	1	♭2	2	♭3	3	4	♭5	5	6	♭7	7 mel
D♭:	7	1	♭2	2	♭3	3	4	♭5	♭6	6	
D:	♭7	7	1	♭2	2	♭3	3	4	5	♭6	
E♭:	6	♭7	7	1	♭2	2	♭3	3	♭5	5	
E:	♭6	6	♭7	7	1	♭2	2	♭3	4	♭5	
F:	5	♭6	6	♭7	7	1	♭2	2	3	4	
G♭:	♭5	5	♭6	6	♭7	7	1	♭2	♭3	3	
G:	4	♭5	5	♭6	6	♭7	7	1	2	♭3	
A♭:	3	4	♭5	5	♭6	6	♭7	7	♭2	2	
A:	♭3	3	4	♭5	5	♭6	6	♭7	1	♭2	7 mel
B♭:	2	♭3	3	4	♭5	5	♭6	6	7	1	
B:	♭2	2	♭3	3	4	♭5	5	♭6	♭7	7	

Symmetric Difference as:
Pitches
A♭, B
Degrees
♭6, 7
Prime Form
0, 3

Symmetrical pairs of five note scales which equal prime form: 0, 1, 2, 3, 4, 5, 6, 7, 9, 10

Two 5 note pitch class sets		Sets in Prime Form		Sets as Degrees	
0, 1, 2, 3, 5	6, 8, 9, 10, 11	0, 1, 2, 3, 5	0, 1, 2, 3, 5	1, ♭2, 2, ♭3, 4	♭5, ♭6, 6, ♭7, 7
0, 1, 2, 3, 6	5, 8, 9, 10, 11	0, 1, 2, 3, 6	0, 1, 2, 3, 6	1, ♭2, 2, ♭3, 4	♭5, ♭6, 6, ♭7, 7
0, 1, 2, 5, 8	3, 6, 9, 10, 11	0, 1, 2, 5, 8	0, 1, 2, 5, 8	1, ♭2, 2, ♭3, 4	♭5, ♭6, 6, ♭7, 7
0, 1, 2, 6, 7	3, 4, 5, 9, 10	0, 1, 2, 6, 7	0, 1, 2, 6, 7	1, ♭2, 2, ♭3, 3	4, ♭5, 5, 6, ♭7
0, 1, 2, 6, 7	3, 4, 9, 10, 11	0, 1, 2, 6, 7	0, 1, 2, 6, 7	1, ♭2, 2, ♭3, 3	♭5, 5, 6, ♭7, 7
0, 1, 2, 6, 8	3, 4, 5, 9, 11	0, 1, 2, 6, 8	0, 1, 2, 6, 8	1, ♭2, 2, ♭3, 3	4, ♭5, ♭6, 6, 7
0, 1, 2, 6, 8	3, 5, 9, 10, 11	0, 1, 2, 6, 8	0, 1, 2, 6, 8	1, ♭2, 2, ♭3, 4	♭5, ♭6, 6, ♭7, 7
0, 1, 3, 6, 8	2, 4, 5, 9, 11	0, 1, 3, 6, 8	0, 1, 3, 6, 8	1, ♭2, 2, ♭3, 3	4, ♭5, ♭6, 6, 7
0, 1, 3, 6, 9	2, 5, 8, 10, 11	0, 2, 3, 6, 9	0, 2, 3, 6, 9	1, ♭2, 2, ♭3, 4	♭5, ♭6, 6, ♭7, 7
0, 1, 4, 5, 7	2, 3, 8, 10, 11	0, 1, 4, 5, 7	0, 1, 4, 5, 7	1, ♭2, 2, ♭3, 3	4, 5, ♭6, ♭7, 7
0, 1, 4, 5, 8	2, 3, 7, 10, 11	0, 1, 4, 5, 8	0, 1, 4, 5, 8	1, ♭2, 2, ♭3, 3	4, 5, ♭6, ♭7, 7
0, 2, 3, 4, 6	1, 7, 9, 10, 11	0, 2, 3, 4, 6	0, 2, 3, 4, 6	1, ♭2, 2, ♭3, 3	♭5, 5, 6, ♭7, 7
0, 2, 3, 4, 6	5, 7, 8, 9, 11	0, 2, 3, 4, 6	0, 2, 3, 4, 6	1, 2, ♭3, 3, 4	♭5, 5, ♭6, 6, 7
0, 2, 3, 4, 7	1, 6, 9, 10, 11	0, 2, 3, 4, 7	0, 2, 3, 4, 7	1, ♭2, 2, ♭3, 3	♭5, 5, 6, ♭7, 7
0, 2, 4, 5, 8	3, 6, 7, 9, 11	0, 2, 4, 5, 8	0, 2, 4, 5, 8	1, 2, ♭3, 3, 4	♭5, 5, ♭6, 6, 7
0, 2, 4, 6, 8	1, 3, 5, 9, 11	0, 2, 4, 6, 8	0, 2, 4, 6, 8	1, ♭2, 2, ♭3, 3	4, ♭5, ♭6, 6, 7
0, 2, 4, 6, 8	3, 5, 7, 9, 11	0, 2, 4, 6, 8	0, 2, 4, 6, 8	1, 2, ♭3, 3, 4	♭5, 5, ♭6, 6, 7
0, 2, 4, 6, 9	1, 3, 5, 7, 10	0, 2, 4, 6, 9	0, 2, 4, 6, 9	1, ♭2, 2, ♭3, 3	4, ♭5, 5, 6, ♭7

C, D♭, D, E♭, E, F, G♭, A♭, A, B♭

prime form: 0, 1, 2, 3, 4, 5, 6, 8, 9, 10

degrees: 1, ♭2, 2, ♭3, 3, 4, ♭5, ♭6, 6, ♭7

Scale application to typical chord types all keys:

C:	1	♭2	2	♭3	3	4	♭5	♭6	6	♭7	7 mel
D♭:	7	1	♭2	2	♭3	3	4	5	♭6	6	
D:	♭7	7	1	♭2	2	♭3	3	♭5	5	♭6	
E♭:	6	♭7	7	1	♭2	2	♭3	4	♭5	5	
E:	♭6	6	♭7	7	1	♭2	2	3	4	♭5	
F:	5	♭6	6	♭7	7	1	♭2	♭3	3	4	
G♭:	♭5	5	♭6	6	♭7	7	1	2	♭3	3	
G:	4	♭5	5	♭6	6	♭7	7	♭2	2	♭3	
A♭:	3	4	♭5	5	♭6	6	♭7	1	♭2	2	7 mel
A:	♭3	3	4	♭5	5	♭6	6	7	1	♭2	
B♭:	2	♭3	3	4	♭5	5	♭6	♭7	7	1	
B:	♭2	2	♭3	3	4	♭5	5	6	♭7	7	

Symmetric Difference as:
Pitches
G, B
Degrees
5, 7
Prime Form
0, 4

Symmetrical pairs of five note scales which equal prime form: 0, 1, 2, 3, 4, 5, 6, 8, 9, 10

Two 5 note pitch class sets		Sets in Prime Form		Sets as Degrees	
0, 1, 2, 3, 7	4, 6, 8, 10, 11	0, 1, 2, 3, 7	0, 1, 3, 5, 7	1, ♭2, 2, ♭3, 3	♭5, 5, ♭6, ♭7, 7
0, 1, 3, 4, 6	5, 7, 8, 9, 11	0, 1, 3, 4, 6	0, 2, 3, 4, 6	1, ♭2, ♭3, 3, 4	♭5, 5, ♭6, 6, 7
0, 1, 3, 5, 7	4, 6, 8, 9, 11	0, 1, 3, 5, 7	0, 2, 3, 5, 7	1, ♭2, ♭3, 3, 4	♭5, 5, ♭6, 6, 7
0, 1, 4, 5, 8	2, 6, 9, 10, 11	0, 1, 4, 5, 8	0, 3, 4, 5, 8	1, ♭2, 2, 3, 4	♭5, ♭6, 6, ♭7, 7

C, D♭, D, E♭, E, F, G, A♭, A, B♭

prime form: 0, 1, 2, 3, 4, 5, 7, 8, 9, 10

degrees: 1, ♭2, 2, ♭3, 3, 4, 5, ♭6, 6, ♭7

Scale application to typical chord types all keys:

C:	1	♭2	2	♭3	3	4	5	♭6	6	♭7	7 mel, 7sus4
D♭:	7	1	♭2	2	♭3	3	♭5	5	♭6	6	
D:	♭7	7	1	♭2	2	♭3	4	♭5	5	♭6	
E♭:	6	♭7	7	1	♭2	2	3	4	♭5	5	
E:	♭6	6	♭7	7	1	♭2	♭3	3	4	♭5	
F:	5	♭6	6	♭7	7	1	2	♭3	3	4	
G♭:	♭5	5	♭6	6	♭7	7	♭2	2	♭3	3	
G:	4	♭5	5	♭6	6	♭7	1	♭2	2	♭3	7 mel
A♭:	3	4	♭5	5	♭6	6	7	1	♭2	2	
A:	♭3	3	4	♭5	5	♭6	♭7	7	1	♭2	
B♭:	2	♭3	3	4	♭5	5	6	♭7	7	1	
B:	♭2	2	♭3	3	4	♭5	♭6	6	♭7	7	

Symmetric Difference as:
Pitches
G♭, B
Degrees
♭5, 7
Prime Form
0, 5

Symmetrical pairs of five note scales which equal prime form: 0, 1, 2, 3, 4, 5, 7, 8, 9, 10

Two 5 note pitch class sets		Sets in Prime Form		Sets as Degrees	
0, 1, 2, 4, 5	6, 7, 9, 10, 11	0, 1, 2, 4, 5	0, 1, 2, 4, 5	1, ♭2, 2, 3, 4	♭5, 5, 6, ♭7, 7
0, 1, 2, 4, 6	5, 7, 9, 10, 11	0, 1, 2, 4, 6	0, 1, 2, 4, 6	1, ♭2, 2, 3, 4	♭5, 5, 6, ♭7, 7
0, 1, 2, 5, 7	4, 6, 9, 10, 11	0, 1, 2, 5, 7	0, 1, 2, 5, 7	1, ♭2, 2, 3, 4	♭5, 5, 6, ♭7, 7
0, 1, 2, 6, 7	4, 5, 9, 10, 11	0, 1, 2, 6, 7	0, 1, 2, 6, 7	1, ♭2, 2, 3, 4	♭5, 5, 6, ♭7, 7
0, 1, 3, 4, 6	5, 7, 8, 10, 11	0, 1, 3, 4, 6	0, 1, 3, 4, 6	1, ♭2, ♭3, 3, 4	♭5, 5, ♭6, ♭7, 7
0, 1, 3, 5, 7	4, 6, 8, 10, 11	0, 1, 3, 5, 7	0, 1, 3, 5, 7	1, ♭2, ♭3, 3, 4	♭5, 5, ♭6, ♭7, 7
0, 1, 3, 6, 7	4, 5, 8, 10, 11	0, 1, 3, 6, 7	0, 1, 3, 6, 7	1, ♭2, ♭3, 3, 4	♭5, 5, ♭6, ♭7, 7
0, 1, 4, 5, 8	3, 6, 7, 10, 11	0, 1, 4, 5, 8	0, 1, 4, 5, 8	1, ♭2, ♭3, 3, 4	♭5, 5, ♭6, ♭7, 7
0, 1, 4, 6, 8	2, 3, 7, 9, 11	0, 1, 4, 6, 8	0, 1, 4, 6, 8	1, ♭2, 2, ♭3, 3	♭5, 5, ♭6, 6, 7
0, 1, 4, 6, 8	3, 5, 7, 10, 11	0, 1, 4, 6, 8	0, 1, 4, 6, 8	1, ♭2, ♭3, 3, 4	♭5, 5, ♭6, ♭7, 7
0, 1, 4, 6, 9	2, 5, 7, 10, 11	0, 1, 4, 7, 9	0, 1, 4, 6, 9	1, ♭2, 2, 3, 4	♭5, 5, 6, ♭7, 7
0, 2, 3, 6, 8	1, 5, 7, 10, 11	0, 2, 3, 6, 8	0, 2, 3, 6, 8	1, ♭2, 2, ♭3, 4	♭5, 5, ♭6, ♭7, 7
0, 2, 4, 6, 8	1, 3, 7, 9, 11	0, 2, 4, 6, 8	0, 2, 4, 6, 8	1, ♭2, 2, ♭3, 3	♭5, 5, ♭6, 6, 7
0, 2, 4, 6, 8	1, 5, 7, 9, 11	0, 2, 4, 6, 8	0, 2, 4, 6, 8	1, ♭2, 2, 3, 4	♭5, 5, ♭6, 6, 7
0, 2, 4, 7, 9	1, 3, 5, 8, 10	0, 2, 4, 7, 9	0, 2, 4, 7, 9	1, ♭2, 2, ♭3, 3	4, 5, ♭6, 6, ♭7
0, 2, 4, 7, 9	1, 3, 6, 8, 11	0, 2, 4, 7, 9	0, 2, 4, 7, 9	1, ♭2, 2, ♭3, 3	♭5, 5, ♭6, 6, 7

C, D♭, D, E♭, E, G♭, G, A♭, A, B♭

prime form: 0, 1, 2, 3, 4, 6, 7, 8, 9, 10

degrees: 1, ♭2, 2, ♭3, 3, ♭5, 5, ♭6, 6, ♭7

Scale application to typical chord types all keys:

C:	1	♭2	2	♭3	3	♭5	5	♭6	6	♭7	7
D♭:	7	1	♭2	2	♭3	4	♭5	5	♭6	6	
D:	♭7	7	1	♭2	2	3	4	♭5	5	♭6	
E♭:	6	♭7	7	1	♭2	♭3	3	4	♭5	5	
E:	♭6	6	♭7	7	1	2	♭3	3	4	♭5	
F:	5	♭6	6	♭7	7	♭2	2	♭3	3	4	
G♭:	♭5	5	♭6	6	♭7	1	♭2	2	♭3	3	7
G:	4	♭5	5	♭6	6	7	1	♭2	2	♭3	
A♭:	3	4	♭5	5	♭6	♭7	7	1	♭2	2	
A:	♭3	3	4	♭5	5	6	♭7	7	1	♭2	
B♭:	2	♭3	3	4	♭5	♭6	6	♭7	7	1	
B:	♭2	2	♭3	3	4	5	♭6	6	♭7	7	

Symmetric Difference as:
Pitches
F, B
Degrees
4, 7
Prime Form
0, 6

Symmetrical pairs of five note scales which equal prime form: 0, 1, 2, 3, 4, 6, 7, 8, 9, 10

Two 5 note pitch class sets		Sets in Prime Form		Sets as Degrees	
0, 1, 2, 3, 4	6, 7, 8, 9, 10	0, 1, 2, 3, 4	0, 1, 2, 3, 4	1, ♭2, 2, ♭3, 3	♭5, 5, ♭6, 6, ♭7
0, 1, 2, 3, 5	6, 7, 8, 9, 11	0, 1, 2, 3, 5	0, 1, 2, 3, 5	1, ♭2, 2, ♭3, 4	♭5, 5, ♭6, 6, 7
0, 1, 2, 3, 6	4, 7, 8, 9, 10	0, 1, 2, 3, 6	0, 1, 2, 3, 6	1, ♭2, 2, ♭3, 3	♭5, 5, ♭6, 6, ♭7
0, 1, 2, 4, 5	6, 7, 8, 10, 11	0, 1, 2, 4, 5	0, 1, 2, 4, 5	1, ♭2, 2, 3, 4	♭5, 5, ♭6, ♭7, 7
0, 1, 2, 4, 7	3, 6, 8, 9, 10	0, 1, 2, 4, 7	0, 1, 2, 4, 7	1, ♭2, 2, ♭3, 3	♭5, 5, ♭6, 6, ♭7
0, 1, 2, 6, 7	3, 4, 8, 9, 10	0, 1, 2, 6, 7	0, 1, 2, 6, 7	1, ♭2, 2, ♭3, 3	♭5, 5, ♭6, 6, ♭7
0, 1, 3, 5, 8	2, 6, 7, 9, 11	0, 1, 3, 5, 8	0, 1, 3, 5, 8	1, ♭2, 2, ♭3, 4	♭5, 5, ♭6, 6, 7
0, 1, 3, 6, 9	2, 5, 7, 8, 11	0, 2, 3, 6, 9	0, 2, 3, 6, 9	1, ♭2, 2, ♭3, 4	♭5, 5, ♭6, 6, 7
0, 1, 3, 4, 8	2, 6, 7, 9, 10	0, 1, 3, 4, 8	0, 1, 3, 4, 8	1, ♭2, 2, ♭3, 3	♭5, 5, ♭6, 6, ♭7
0, 1, 4, 5, 8	2, 6, 7, 10, 11	0, 1, 4, 5, 8	0, 1, 4, 5, 8	1, ♭2, 2, 3, 4	♭5, 5, ♭6, ♭7, 7
0, 1, 4, 7, 8	2, 3, 6, 9, 10	0, 1, 4, 7, 8	0, 1, 4, 7, 8	1, ♭2, 2, ♭3, 3	♭5, 5, ♭6, 6, ♭7
0, 1, 4, 7, 8	2, 5, 6, 10, 11	0, 1, 4, 7, 8	0, 1, 4, 7, 8	1, ♭2, 2, 3, 4	♭5, 5, ♭6, ♭7, 7
0, 2, 3, 4, 7	1, 6, 8, 9, 10	0, 2, 3, 4, 7	0, 2, 3, 4, 7	1, ♭2, 2, ♭3, 3	♭5, 5, ♭6, 6, ♭7
0, 2, 4, 7, 9	1, 3, 6, 8, 10	0, 2, 4, 7, 9	0, 2, 4, 7, 9	1, ♭2, 2, ♭3, 3	♭5, 5, ♭6, 6, ♭7

11 Note Scales

1 Prime Form

C, D♭, D, E♭, E, F, G♭, G, A♭, A, B♭

prime form: 0, 1, 2, 3, 4, 5, 6, 7, 8, 9, 10

degrees: 1, ♭2, 2, ♭3, 3, 4, ♭5, 5, ♭6, 6, ♭7

Scale application to typical chord types all keys:

C:	1	♭2	2	♭3	3	4	♭5	5	♭6	6	♭7	7 mel
D♭:	7	1	♭2	2	♭3	3	4	♭5	5	♭6	6	
D:	♭7	7	1	♭2	2	♭3	3	4	♭5	5	♭6	
E♭:	6	♭7	7	1	♭2	2	♭3	3	4	♭5	5	
E:	♭6	6	♭7	7	1	♭2	2	♭3	3	4	♭5	
F:	5	♭6	6	♭7	7	1	♭2	2	♭3	3	4	
G♭:	♭5	5	♭6	6	♭7	7	1	♭2	2	♭3	3	
G:	4	♭5	5	♭6	6	♭7	7	1	♭2	2	♭3	
A♭:	3	4	♭5	5	♭6	6	♭7	7	1	♭2	2	
A:	♭3	3	4	♭5	5	♭6	6	♭7	7	1	♭2	
B♭:	2	♭3	3	4	♭5	5	♭6	6	♭7	7	1	
B:	♭2	2	♭3	3	4	♭5	5	♭6	6	♭7	7	

Symmetric Difference as:
Pitches
B
Degrees
7

Indexes

C D D♭ E E♭ F 012 012
A♭ G G♭ A B B♭ 012 012

C D D♭ A♭ G G♭ 012 012
E E♭ F A B B♭ 012 012

C D D♭ E E♭ G♭ 012 013
A♭ F G A B B♭ 013 012

C D D♭ A♭ F G 012 013
E E♭ G♭ A B B♭ 013 012

C D D♭ E♭ G G♭ 012 014
A♭ E F A B B♭ 014 012

C D D♭ A♭ E F 012 014
E♭ G G♭ A B B♭ 014 012

C D D♭ F G G♭ 012 012
A♭ E E♭ A B B♭ 015 012

C D D♭ F G G♭ 012 012
B E E♭ A A♭ B♭ 015 012

C D♭ F D E E♭ 015 012
B G G♭ A A♭ B♭ 015 012

C D♭ F D E E♭ 015 012
B B♭ G♭ A A♭ G 015 012

C E F D D♭ E♭ 015 012
B G G♭ A A♭ B♭ 015 012

C E F D D♭ E♭ 015 012
B B♭ G♭ A A♭ G 015 012

A♭ C D♭ E E♭ F 015 012
D G G♭ A B B♭ 015 012

C D D♭ E E♭ F 012 012
B G G♭ A A♭ B♭ 015 012

C D D♭ E E♭ F 012 012
B B♭ G♭ A A♭ G 015 012

C D♭ F D E E♭ 015 012
A♭ G G♭ A B B♭ 012 012

C E F D D♭ E♭ 015 012
A♭ G G♭ A B B♭ 012 012

C D D♭ A♭ E♭ G 012 015
A♭ C G D D♭ E♭ 015 012

C F G♭ D D♭ E♭ 016 012
B B♭ E A A♭ G 016 012

C G G♭ D D♭ E♭ 016 012
B E F A A♭ B♭ 016 012

C D♭ G♭ D E E♭ 016 012
B B♭ F A A♭ G 016 012

C G G♭ E E♭ F 016 012
A♭ D D♭ A B B♭ 016 012

C D D♭ E♭ F G 012 024
A♭ E G♭ A B B♭ 024 012

C D D♭ A♭ E G♭ 012 024
E♭ F G A B B♭ 024 012

A♭ C G♭ D E E♭ 026 012
D♭ F G A B B♭ 026 012

C E G♭ D D♭ E♭ 026 012
B F G A A♭ B♭ 026 012

C D G E E♭ F 027 012
B D♭ G♭ A A♭ B♭ 027 012

C D G E E♭ F 027 012
A♭ D♭ G♭ A B B♭ 027 012

C D G E E♭ F 027 012
A♭ D♭ G♭ A B B♭ 027 012

C F G D E E♭ 027 012
B D♭ G♭ A A♭ B♭ 027 012

C F G D D♭ E♭ 027 012
B E G♭ A A♭ B♭ 027 012

C D D♭ A♭ F G♭ 012 013
E E♭ G A B B♭ 014 012

C D D♭ A♭ E G 012 014
E♭ F G♭ A B B♭ 013 012

C D D♭ E♭ F G♭ 012 013
A♭ E G A B B♭ 014 012

C E E♭ F G G♭ 014 012
B D D♭ A A♭ B♭ 013 012

C D D♭ A♭ E♭ F 012 025
E G G♭ A B B♭ 013 012

C D D♭ E G G♭ 012 013
A♭ E♭ F A B B♭ 025 012

C D D♭ A♭ E♭ G♭ 012 025
E F G A B B♭ 013 012

C D D♭ E F G♭ 012 012
A♭ E♭ G A B B♭ 015 012

C D D♭ E F G♭ 012 012
B B♭ E♭ A A♭ G 015 012

C D D♭ A♭ E E♭ 012 015
F G G♭ A B B♭ 012 012

C D D♭ A♭ E♭ G 012 015
E F G♭ A B B♭ 012 012

C G G♭ E E♭ F 016 012
B D D♭ A A♭ B♭ 013 012

C D D♭ E E♭ G♭ 012 013
B B♭ F A A♭ G 016 012

C D♭ G♭ D E E♭ 016 012
A♭ F G A B B♭ 013 012

C D D♭ E♭ F G♭ 012 013
B B♭ E A A♭ G 016 012

C D D♭ E F G 012 013
A♭ E♭ G♭ A B B♭ 025 012

C D D♭ E G G♭ 012 013
B E♭ F A A♭ B♭ 026 012

C D D♭ E E♭ G♭ 012 013
B F G A A♭ B♭ 026 012

C E G♭ D D♭ E♭ 026 012
A♭ F G A B B♭ 013 012

C E♭ G E F G♭ 037 012
B D D♭ A A♭ B♭ 013 012

C D D♭ E F G 012 013
B E♭ G♭ A A♭ B♭ 037 012

C D D♭ E♭ F G♭ 012 013
B E G A A♭ B♭ 037 012

C D D♭ E♭ G G♭ 012 014
B E F A A♭ B♭ 016 012

C G G♭ D D♭ E♭ 016 012
A♭ E F A B B♭ 014 012

C E E♭ F G G♭ 014 012
A♭ D D♭ A B B♭ 016 012

C F G♭ D D♭ E♭ 016 012
A♭ E G A B B♭ 014 012

C D D♭ A♭ E E♭ 012 015
A♭ C E D D♭ E♭ 048 012

C D D♭ E F G♭ 012 012
B E♭ G A A♭ B♭ 048 012

C D♭ G E E♭ F 016 012
A♭ D G♭ A B B♭ 026 012

A♭ C D E E♭ F 026 012
D♭ G G♭ A B B♭ 016 012

C E G♭ D D♭ E♭ 026 012
B B♭ F A A♭ G 016 012

C D♭ G♭ D E E♭ 016 012
B F G A A♭ B♭ 026 012

C F G♭ D D♭ E♭ 016 012
B E G A A♭ B♭ 037 012

C D♭ G E E♭ F 016 012
B D G♭ A A♭ B♭ 037 012

A♭ C F D E E♭ 037 012
D♭ G G♭ A B B♭ 016 012

C E♭ G E F G♭ 037 012
A♭ D D♭ A B B♭ 016 012

C D D♭ E♭ F G 012 024
B E G♭ A A♭ B♭ 027 012

C F G D D♭ E♭ 027 012
A♭ E G♭ A B B♭ 024 012

C D D♭ A♭ E♭ G♭ 012 025
A♭ C G♭ D D♭ E♭ 026 012

C D D♭ A♭ E♭ F 012 025
A♭ C F D D♭ E♭ 037 012

C D D♭ A♭ F G 012 013
E E♭ G♭ A B B♭ 013 012

C D D♭ E E♭ G♭ 012 013
A♭ F G A B B♭ 013 012

C D♭ E♭ D E F 013 013
A G G♭ A♭ B B♭ 013 013

C D♭ E♭ A G G♭ 013 013
D E F A♭ B B♭ 013 013

C D E♭ E F G 013 013
B B♭ D♭ A A♭ G♭ 013 013

C D♭ E♭ E F G 013 013
B B♭ D A A♭ G♭ 014 013

C D♭ E♭ D E F 013 013
A A♭ G♭ B B♭ G 013 014

C D♭ E♭ D E F 013 013
B♭ G G♭ A A♭ B 014 013

C D E♭ D♭ E F 013 014
A G G♭ A♭ B B♭ 013 013

C D♭ E A G G♭ 014 013
D E♭ F A♭ B B♭ 013 013

A C D♭ E G G♭ 014 013
D E♭ F A♭ B B♭ 013 013

C D♭ E♭ A A♭ G♭ 013 013
D E F B B♭ G 013 014

C D♭ E♭ A A♭ G♭ 013 013
B B♭ D E F G 014 013

C D E♭ A♭ E F 013 014
B B♭ D♭ A G G♭ 013 013

A C D♭ E E♭ G♭ 014 013
B B♭ D A♭ F G 014 013

C D E♭ D♭ E F 013 014
A A♭ G♭ B B♭ G 013 014

C D E♭ D♭ E F 013 014
B♭ G G♭ A A♭ B 014 013

C D♭ E D E♭ F 014 013
A G G♭ A♭ B B♭ 013 013

C D♭ E D E♭ F 014 013
A A♭ G♭ B B♭ G 013 014

C D♭ E D E♭ F 014 013
B♭ G G♭ A A♭ B 014 013

C D♭ E♭ A A♭ F 013 014
B B♭ D E G G♭ 014 013

C D♭ E♭ A♭ E F 013 014
B B♭ D A G G♭ 014 013

A♭ C D♭ D E♭ F 015 013
E G G♭ A B B♭ 013 012

C D D♭ E F G 012 013
B B♭ E♭ A A♭ G♭ 015 013

A♭ C G D D♭ E 015 013
E♭ F G♭ A B B♭ 013 012

C D D♭ A♭ F G♭ 012 013
B E E♭ A B♭ G 015 013

C D♭ E♭ D G G♭ 013 015
A E F A♭ B B♭ 015 013

A♭ C D♭ D E F 015 013
B B♭ E♭ A G G♭ 015 013

A♭ C D♭ D E 015 013
B B♭ E♭ A G G♭ 015 013

C D♭ E♭ D G G♭ 013 015
B♭ E F A A♭ B 016 013

C D E♭ D♭ G G♭ 013 016
A E F A♭ B B♭ 015 013

C D♭ G D E F 016 013
B B♭ E♭ A A♭ G♭ 015 013

A♭ C D♭ D E♭ F 015 013
B B♭ E A G G♭ 016 013

C D♭ G D E♭ F 016 013
B B♭ E A A♭ G♭ 016 013

C D E♭ D♭ G G♭ 013 016
B♭ E F A A♭ B 016 013

C D D♭ E E♭ G♭ 012 013
A F G A♭ B B♭ 024 013

C D♭ E♭ D E G♭ 013 024
A♭ F G A B B♭ 013 012

C D♭ E♭ A F G 013 024
D E G♭ A♭ B B♭ 024 013

C D E♭ A F G 013 024
B B♭ D♭ A♭ E G♭ 013 024

C D E♭ D♭ F G♭ 013 015
A E G A♭ B B♭ 025 013

C D E♭ D♭ E G♭ 013 025
A F G A♭ B B♭ 024 013

A C G D E♭ F 025 013
B B♭ D♭ A♭ E G♭ 013 024

C D E♭ A F G 013 024
D♭ E G♭ A♭ B B♭ 025 013

C D♭ E♭ D E G♭ 013 024
B♭ F G A A♭ B 025 013

C D D♭ E E♭ G♭ 012 013
B♭ F G A A♭ B 025 013

C D E♭ D♭ E G♭ 013 025
A♭ F G A B B♭ 013 012

C D D♭ E♭ F G♭ 012 013
A E G A♭ B B♭ 025 013

C D E♭ A E G♭ 013 025
B B♭ D♭ A♭ F G 013 013

A C D E E♭ G♭ 025 013
B B♭ D♭ A♭ F G 013 013

C E♭ F E G G♭ 025 013
B D D♭ A A♭ B♭ 013 012

A C G D D♭ E 025 013
E♭ F G♭ A♭ B B♭ 013 013

C D♭ E♭ D E F 013 013
A♭ B G♭ A B♭ G 025 013

C D♭ E♭ D E F 013 013
A B G♭ A♭ B♭ G 025 013

C D F D♭ E E♭ 025 013
A G G♭ A♭ B B♭ 013 013

C E♭ F D D♭ E 025 013
A G G♭ A♭ B B♭ 013 013

C D E♭ A♭ F G♭ 013 013
B B♭ D♭ A E G 013 025

C D E♭ A♭ F G♭ 013 013
B D♭ E A B♭ G 025 013

C D♭ E♭ A♭ F G♭ 013 013
B D E A B♭ G 025 013

A C G D♭ E E♭ 025 013
D F G♭ A♭ B B♭ 014 013

A C G D♭ E E♭ 025 013
B B♭ D A♭ F G♭ 014 013

A C D♭ E E♭ G♭ 014 013
D F G A♭ B B♭ 025 013

C D♭ E♭ A E G 013 025
D F G♭ A♭ B B♭ 014 013

C D♭ E♭ A E G 013 025
B B♭ D A♭ F G♭ 014 013

C D♭ E♭ A E G♭ 013 025
B B♭ D A♭ F G 014 013

C D♭ E♭ A F G♭ 013 014
D E G A♭ B B♭ 025 013

C D♭ E♭ A F G♭ 013 014
B D E A♭ B♭ G 025 013

A C D♭ E♭ F G♭ 014 013
D E G A♭ B B♭ 025 013

A C D♭ E♭ F G♭ 014 013
B D E A♭ B♭ G 025 013

C D E♭ D♭ E F 013 014
A♭ B G♭ A B♭ G 025 013

C D E♭ D♭ E F 013 014
A B G♭ A♭ B♭ G 025 013

C D♭ E D E♭ F 014 013
A♭ B G♭ A B♭ G 025 013

C D♭ E D E♭ F 014 013
A B G♭ A♭ B♭ G 025 013

C D F D♭ E E♭ 025 013
A A♭ G♭ B B♭ G 013 014

C D F D♭ E E♭ 025 013
B♭ G G♭ A A♭ B 014 013

C E♭ F D D♭ E 025 013
A A♭ G♭ B B♭ G 013 014

C E♭ F D D♭ E 025 013
B♭ G G♭ A A♭ B 014 013

C D♭ E♭ D F G♭ 013 014
A E G A♭ B B♭ 025 013

C E♭ F E G G♭ 025 013
B♭ D D♭ A A♭ B 014 013

C E♭ F E G G♭ 025 013
B B♭ D♭ A A♭ D 013 016

C E♭ F E G G♭ 025 013
A D D♭ A♭ B B♭ 015 013

A C G D D♭ E 025 013
B B♭ E♭ A♭ F G♭ 015 013

C D F D♭ E E♭ 025 013
A♭ B G♭ A B♭ G 025 013

C D F D♭ E E♭ 025 013
A B G♭ A♭ B♭ G 025 013

C E♭ F D D♭ E 025 013
A♭ B G♭ A B♭ G 025 013

C E♭ F D D♭ E 025 013
A B G♭ A♭ B♭ G 025 013

C D E♭ D♭ E G♭ 013 025
B♭ F G A A♭ B 025 013

C D♭ E♭ D F G 013 025
A E G♭ A♭ B B♭ 025 013

A C D E F G 025 013
B B♭ D♭ A♭ E♭ G♭ 013 025

A C D E F G 025 013
D♭ E♭ G♭ A♭ B B♭ 025 013

A C G D E F 025 013
B B♭ D♭ A♭ E♭ G♭ 013 025

A C G D E F 025 013
D♭ E♭ G♭ A♭ B B♭ 025 013

A C G D E♭ F 025 013
D♭ E G♭ A♭ B B♭ 025 013

C D♭ E♭ A E G♭ 013 025
D F G A♭ B B♭ 025 013

C D D♭ E E♭ G♭ 012 013
A B F A♭ B♭ G 026 013

C D D♭ E G G♭ 012 013
A E♭ F A♭ B B♭ 026 013

C D♭ E♭ A♭ D G♭ 013 026
E F G A B B♭ 013 012

C D G♭ D♭ E E♭ 026 013
A♭ F G A B B♭ 013 012

C F G♭ D D♭ E 016 013
A E♭ G A♭ B B♭ 026 013

C F G♭ D D♭ E 016 013
A B E♭ A♭ B♭ G 026 013

C D♭ G♭ D E F 016 013
A B E♭ A♭ B♭ G 026 013

C D♭ G♭ D E F 016 013
A E♭ G A♭ B B♭ 026 013

C D♭ G D E♭ F 016 013
B♭ E G♭ A A♭ B 026 013

C D♭ E♭ A♭ D G♭ 013 026
B E F A B♭ G 016 013

C D♭ E♭ A♭ D E 013 026
B F G♭ A B♭ G 016 013

C D♭ E♭ A♭ D E 013 026
B B♭ F A G G♭ 016 013

C G G♭ D D♭ E 016 013
A E♭ F A♭ B B♭ 026 013

A♭ C D D♭ E E♭ 026 013
B F G♭ A B♭ G 016 013

A♭ C D D♭ E E♭ 026 013
B B♭ F A G G♭ 016 013

C D G♭ D♭ E E♭ 026 013
A F G A♭ B B♭ 024 013

C D♭ E♭ D E G♭ 013 024
A B F A♭ B♭ G 026 013

A♭ C D E E♭ G♭ 026 013
B B♭ D♭ A F G 013 024

A♭ C D E E♭ G♭ 026 013
B D♭ F A B♭ G 026 013

A♭ C D♭ E♭ F G♭ 015 013
B D E A B♭ G 025 013

C D♭ G♭ D E♭ F 016 013
A E G A♭ B B♭ 025 013

C D♭ E♭ D F G 013 025
B B♭ E A A♭ G♭ 016 013

C D♭ G D E♭ F 016 013
A E G♭ A♭ B B♭ 025 013

C D E♭ D♭ F G 013 026
B B♭ E A A♭ G♭ 016 013

C D♭ E♭ D F G 013 025
B♭ E G♭ A A♭ B 026 013

C D E♭ D♭ E G♭ 013 025
A B F A♭ B♭ G 026 013

C D G♭ D♭ E E♭ 026 013
B♭ F G A A♭ B 025 013

A♭ C D E♭ F G♭ 026 013
B D♭ E A B♭ G 025 013

A♭ C G♭ D E♭ F 026 013
B B♭ D♭ A E G 013 025

A♭ C G♭ D E♭ F 026 013
B D♭ E A B♭ G 025 013

A C D E E♭ G♭ 025 013
D♭ F G A♭ B B♭ 026 013

A C D E E♭ G♭ 025 013
B D♭ F A♭ B♭ G 026 013

C D E♭ A E G♭ 013 025
D♭ F G A♭ B B♭ 026 013

C D E♭ A E G♭ 013 025
B D♭ F A♭ B♭ G 026 013

A♭ C D E♭ F G♭ 026 013
B B♭ D♭ A E G 013 025

C D E♭ D♭ F G 013 026
A E G♭ A♭ B B♭ 025 013

C D G♭ D♭ E E♭ 026 013
A B F A♭ B♭ G 026 013

C D E♭ D♭ F G 013 026
B♭ E G♭ A A♭ B 026 013

A♭ C G♭ D D♭ E 026 013
B E♭ F A B♭ G 026 013

C F G E E♭ G♭ 027 013
B D D♭ A A♭ B♭ 013 012

C F G E E♭ G♭ 027 013
B B♭ D♭ A A♭ D 013 016

C F G E E♭ G♭ 027 013
B♭ D D♭ A A♭ B 014 013

C F G E E♭ G♭ 027 013
A D D♭ A♭ B B♭ 015 013

C D D♭ E♭ F G♭ 012 013
A B E A♭ B♭ G 027 013

C D E♭ A♭ D♭ G♭ 013 027
E F G A B B♭ 013 012

C D D♭ E G G♭ 012 013
B♭ E♭ F A A♭ B 027 013

C F G D♭ E E♭ 027 013
B B♭ D A A♭ G♭ 014 013

C D♭ E♭ D F G♭ 013 014
A B E A♭ B♭ G 027 013

C D E♭ A♭ E F 013 014
B D♭ G♭ A B♭ G 027 013

A♭ C D♭ D E♭ F 015 013
B E G♭ A B♭ G 027 013

C D E♭ D♭ F G♭ 013 015
A B E A♭ B♭ G 027 013

C F G D D♭ E 027 013
B B♭ E♭ A A♭ G♭ 015 013

C D♭ G♭ D E♭ F 016 013
A B E A♭ B♭ G 027 013

C D E♭ A♭ D♭ G♭ 013 027
B E F A B♭ G 016 013

C G G♭ D D♭ E 016 013
B♭ E♭ F A A♭ B 027 013

C D D♭ E F G 012 013
A E♭ G♭ A♭ B B♭ 036 013

C D D♭ E E♭ G♭ 012 013
A♭ B F A B♭ G 036 013

C E♭ G♭ D D♭ E 036 013
A♭ F G A B B♭ 013 012

C D D♭ E♭ F G♭ 012 013
B♭ E G A A♭ B 036 013

C D♭ E♭ A♭ D F 013 036
E G G♭ A B B♭ 013 012

C E♭ G♭ E F G 036 013
B D D♭ A A♭ B♭ 013 012

C E♭ G♭ E F G 036 013
B B♭ D♭ A A♭ D 013 016

C E♭ G♭ E F G 036 013
B♭ D D♭ A A♭ B 014 013

A C D♭ E E♭ G♭ 014 013
B D F A♭ B♭ G 036 013

A C G♭ D♭ E E♭ 036 013
B B♭ D A♭ F G 014 013

C D♭ E♭ D F G♭ 013 014
B♭ E G A A♭ B 036 013

C D E♭ D♭ F G♭ 013 015
B♭ E G A A♭ B 036 013

C E♭ G♭ E F G 036 013
A D D♭ A♭ B B♭ 015 013

A C G♭ D D♭ E 036 013
B B♭ E♭ A♭ F G 015 013

C D♭ G D E F 016 013
A E♭ G♭ A♭ B B♭ 036 013

C D♭ G♭ D E♭ F 016 013
B♭ E G A A♭ B 036 013

C D♭ E♭ A♭ D F 013 036
B B♭ E A G G♭ 016 013

C D♭ E♭ A♭ E G♭ 013 024
B D F A B♭ G 036 013

A♭ C D♭ E E♭ G♭ 015 013
B D F A B♭ G 036 013

A♭ C G♭ D♭ E E♭ 026 013
B D F A B♭ G 036 013

C E♭ G♭ D D♭ E 036 013
A F G A♭ B B♭ 024 013

A C G♭ D D♭ E 036 013
E♭ F G A♭ B B♭ 024 013

C D♭ E♭ D E G♭ 013 024
A♭ B F A B♭ G 036 013

C D E♭ D♭ E G♭ 013 025
A♭ B F A B♭ G 036 013

C E♭ G♭ D D♭ E 036 013
B♭ F G A A♭ B 025 013

C D♭ E♭ A E G♭ 013 025
B D F A♭ B♭ G 036 013

A C G♭ D♭ E E♭ 036 013
D F G A♭ B B♭ 025 013

C D G♭ D♭ E E♭ 026 013
A♭ B F A B♭ G 036 013

C E♭ G♭ D D♭ E 036 013
A B F A♭ B♭ G 026 013

A C G♭ D D♭ E 036 013
B E♭ F A♭ B♭ G 026 013

A C G♭ D♭ E E♭ 036 013
B D F A♭ B♭ G 036 013

C E♭ G♭ D D♭ E 036 013
A♭ B F A B♭ G 036 013

C D♭ E♭ A♭ D F 013 036
B E G♭ A B♭ G 027 013

C F G D D♭ E 027 013
A E♭ G♭ A♭ B B♭ 036 013

C D D♭ E F G 012 013
B♭ E♭ G♭ A A♭ B 037 013

C D D♭ E♭ F G♭ 012 013
A♭ B E A B♭ G 037 013

C D E♭ A♭ D♭ F 013 037
E G G♭ A B B♭ 013 012

C E G E♭ F G♭ 037 013
B D D♭ A A♭ B♭ 013 012

C D♭ E♭ E F G 013 013
A D G♭ A♭ B B♭ 037 013

C D♭ E♭ A D G♭ 013 037
E F G A♭ B B♭ 013 013

C D E♭ A D♭ G♭ 013 037
E F G A♭ B B♭ 013 013

A♭ C E♭ D E F 037 013
B B♭ D♭ A G G♭ 013 013

C E G E♭ F G♭ 037 013
B B♭ D♭ A A♭ D 013 016

C E G E♭ F G♭ 037 013
B♭ D D♭ A A♭ B 014 013

C D E♭ E F G 013 013
A D♭ G♭ A♭ B B♭ 037 013

C D E♭ E F G 013 013
B♭ D♭ G♭ A A♭ B 037 013

C E♭ G D E F 037 013
B B♭ D♭ A A♭ G♭ 013 013

C E♭ G D E F 037 013
A D♭ G♭ A♭ B B♭ 037 013

C E♭ G D E F 037 013
B♭ D♭ G♭ A A♭ B 037 013

C E G D E♭ F 037 013
B B♭ D♭ A A♭ G♭ 013 013

C E G D E♭ F 037 013
A D♭ G♭ A♭ B B♭ 037 013

C E G D E♭ F 037 013
B♭ D♭ G♭ A A♭ B 037 013

A♭ C F D♭ E E♭ 037 013
B D G♭ A B♭ G 037 013

C D♭ E♭ E G G♭ 013 013
B♭ D F A A♭ B 037 013

C D♭ E♭ E G G♭ 013 013
A D F A♭ B B♭ 037 013

A C E D D♭ G♭ 037 015
B B♭ E♭ A♭ F G 015 013

A♭ C D♭ D E F 015 013
B E♭ G♭ A B♭ G 037 013

C F G♭ D D♭ E 016 013
B♭ E♭ G A A♭ B 037 013

C F G♭ D D♭ E 016 013
A♭ B E♭ A B♭ G 037 013

C D♭ G♭ D E F 016 013
A♭ B E♭ A B♭ G 037 013

C D♭ G♭ D E F 016 013
B♭ E♭ G A A♭ B 037 013

C D♭ G♭ D E♭ F 016 013
A♭ B E A B♭ G 037 013

C D♭ G E E♭ G♭ 016 013
A D F A♭ B B♭ 037 013

C D♭ G E E♭ G♭ 016 013
B♭ D F A A♭ B 037 013

C G G♭ D♭ E E♭ 016 013
A D F A♭ B B♭ 037 013

C G G♭ D♭ E E♭ 016 013
B♭ D F A A♭ B 037 013

C D♭ G D E F 016 013
B♭ E♭ G♭ A A♭ B 037 013

C D E♭ A♭ D♭ E 013 037
B F G♭ A B♭ G 016 013

C D E♭ A♭ D♭ E 013 037
B B♭ F A G G♭ 016 013

A♭ C E♭ D D♭ E 037 013
B F G♭ A B♭ G 016 013

A♭ C E♭ D D♭ E 037 013
B B♭ F A G G♭ 016 013

C D E♭ A♭ D♭ F 013 037
B B♭ E A G G♭ 016 013

C D E♭ A D♭ G♭ 013 037
B E F A♭ B♭ G 016 013

C D E♭ A D♭ G♭ 013 037
B B♭ E A♭ F G 016 013

C D♭ E♭ A D G♭ 013 037
B E F A♭ B♭ G 016 013

C D♭ E♭ A D G♭ 013 037
B B♭ E A♭ F G 016 013

A C E　D D♭ G♭　0 3 7　0 1 5
E♭ F G　A♭ B B♭　0 2 4　0 1 3

A♭ C E　D E♭ F　0 4 8　0 1 3
B B♭ D♭　A G G♭　0 1 3　0 1 3

C D♭ E♭　E F G　0 1 3　0 1 3
B♭ D G♭　A A♭ B　0 4 8　0 1 3

C F G　D♭ E E♭　0 2 7　0 1 3
B♭ D G♭　A A♭ B　0 4 8　0 1 3

A♭ C E　D E♭ F　0 4 8　0 1 3
B D♭ G♭　A B♭ G　0 2 7　0 1 3

A♭ C F　D D♭ E　0 3 7　0 1 3
B E♭ G♭　A B♭ G　0 3 7　0 1 3

A C E　D D♭ G♭　0 3 7　0 1 5
B E♭ F　A♭ B♭ G　0 2 6　0 1 3

C F G　D♭ E E♭　0 2 7　0 1 3
A D G♭　A♭ B B♭　0 3 7　0 1 3

C D E♭　A♭ D♭ F　0 1 3　0 3 7
B E G♭　A B♭ G　0 2 7　0 1 3

A♭ C E♭　D E F　0 3 7　0 1 3
B D♭ G♭　A B♭ G　0 2 7　0 1 3

C F G　D D♭ E　0 2 7　0 1 3
B♭ E♭ G♭　A A♭ B　0 3 7　0 1 3

C D♭ E♭　A♭ E F　0 1 3　0 1 4
B D G♭　A B♭ G　0 3 7　0 1 3

A♭ C F　D♭ E E♭　0 3 7　0 1 3
B B♭ D　A G G♭　0 1 4　0 1 3

C D♭ E♭　D F G♭　0 1 3　0 1 4
A♭ B E　A B♭ G　0 3 7　0 1 3

C D E♭　D♭ F G♭　0 1 3　0 1 5
A♭ B E　A B♭ G　0 3 7　0 1 3

C D D♭ A F G♭ 012 014
E E♭ G A♭ B B♭ 014 013

C D♭ E♭ D F G♭ 013 014
A♭ E G A B B♭ 014 012

C D♭ E♭ A♭ E G 013 014
D F G♭ A B B♭ 014 012

C E E♭ F G G♭ 014 012
B♭ D D♭ A A♭ B 014 013

C E E♭ F G G♭ 014 012
B♭ D D♭ A A♭ B 014 013

C D D♭ E♭ G G♭ 012 014
A♭ E F A B B♭ 014 012

C D D♭ A♭ E F 012 014
E♭ G G♭ A B B♭ 014 012

A♭ C D♭ E E♭ G 015 014
D F G♭ A B B♭ 014 012

C D♭ E A♭ E♭ G 014 015
D F G♭ A B B♭ 014 012

C D D♭ A F G♭ 012 014
A♭ E E♭ B B♭ G 015 014

C D D♭ A F G♭ 012 014
B B♭ E♭ A♭ E G 015 014

A♭ C D♭ D F G♭ 015 014
E E♭ G A B B♭ 014 012

C D D♭ A♭ E G 012 014
B B♭ E♭ A F G♭ 015 014

C E E♭ F G G♭ 014 012
A A♭ D♭ B B♭ D 015 014

C D♭ F D E♭ G♭ 015 014
A♭ E G A B B♭ 014 012

C D D♭ A F G♭ 012 014
B♭ E E♭ A♭ B G 016 014

C D♭ G D E♭ G♭ 016 014
A♭ E F A B B♭ 014 012

C D D♭ E♭ G G♭ 012 014
B B♭ E A A♭ F 016 014

C E E♭ A♭ D♭ G 014 016
D F G♭ A B B♭ 014 012

A♭ C G♭ D D♭ F 026 014
E E♭ G A B B♭ 014 012

C D D♭ A♭ E G 012 014
B E♭ F A B♭ G♭ 026 014

C D D♭ A♭ E F 012 014
A B E♭ B♭ G G♭ 026 014

A♭ C D D♭ E F 026 014
E♭ G G♭ A B B♭ 014 012

C D D♭ A♭ E F 012 014
A E♭ G♭ B B♭ G 036 014

C E E♭ F G G♭ 014 012
A B♭ D♭ A♭ B D 014 036

C E♭ G♭ D D♭ F 036 014
A♭ E G A B B♭ 014 012

C D♭ E A♭ D F 014 036
E♭ G G♭ A B B♭ 014 012

C D D♭ A♭ E F 012 014
B E♭ G A B♭ G♭ 048 014

A♭ C E D D♭ F 048 014
E♭ G G♭ A B B♭ 014 012

A C D♭ E E♭ G♭ 014 013
B B♭ D A♭ F G 014 013

C D♭ E♭ A♭ E F 013 014
B B♭ D A G G♭ 014 013

C D♭ E♭ A A♭ F 013 014
B B♭ D E G G♭ 014 013

C D E♭ D♭ E F 013 014
A A♭ G♭ B B♭ G 013 014

C D E♭ D♭ E F 013 014
B♭ G G♭ A A♭ B 014 013

C D♭ E D E♭ F 014 013
A A♭ G♭ B B♭ G 013 014

C D♭ E D E♭ F 014 013
B♭ G G♭ A A♭ B 014 013

C D♭ E A♭ F G♭ 014 013
B D E♭ A B♭ G 014 013

C D♭ E♭ A F G♭ 013 014
B B♭ D A♭ E G 014 014

A C D♭ E E♭ G 014 014
D F G♭ A♭ B B♭ 014 013

A C D♭ E E♭ G 014 014
B B♭ D A♭ F G♭ 014 013

C D♭ E♭ A♭ E G 013 014
B B♭ D A F G♭ 014 014

C D♭ E D E♭ F 014 013
A B♭ G♭ A♭ B G 014 014

C D E♭ D♭ E F 013 014
A B♭ G♭ A♭ B G 014 014

C E E♭ D D♭ F 014 014
A A♭ G♭ B B♭ G 013 014

C E E♭ D D♭ F 014 014
B♭ G G♭ A A♭ B 014 013

A C D♭ E♭ F G♭ 014 013
B B♭ D A♭ E G 014 014

A C D♭ D F G♭ 014 014
E E♭ G A♭ B B♭ 014 013

C D♭ F E E♭ G 015 014
B B♭ D A A♭ G♭ 014 013

C D E♭ A♭ E F 013 014
A B♭ D♭ B G G♭ 014 015

C D♭ E♭ D F G♭ 013 014
A A♭ E B B♭ G 015 014

C E F E♭ G G♭ 015 014
B♭ D D♭ A A♭ B 014 013

C D♭ G♭ A♭ E F 016 014
B D E♭ A B♭ G 014 013

C D♭ E♭ D F G♭ 013 014
A B♭ E A♭ B G 016 014

C F G♭ E E♭ G 016 014
B♭ D D♭ A A♭ B 014 013

A A♭ C D♭ E♭ F 014 024
B B♭ D E G G♭ 014 013

C D♭ E♭ A A♭ F 013 014
D E G♭ B B♭ G 024 014

C D E♭ A♭E F 013 014
A B D♭ B♭G G♭ 024 014

C D♭E E♭F G 014 024
B B♭D A A♭ G♭ 014 013

A C D♭ A♭E♭ F 014 025
B B♭D E G G♭ 014 013

C D♭E A G G♭ 014 013
B D E♭ A♭B♭ F 014 025

C D♭E A G G♭ 014 013
B B♭D A♭E♭ F 014 025

A C D♭ E G G♭ 014 013
B D E♭ A♭B♭ F 014 025

A C D♭ E G G♭ 014 013
B B♭D A♭E♭ F 014 025

C D♭E♭ A A♭ F 013 014
B D E B♭G G♭ 025 014

A C D♭ A♭E♭ G♭ 014 025
D E F B B♭ G 013 014

A C D♭ A♭E♭ G♭ 014 025
B B♭D E F G 014 013

A A♭C D♭E♭ G♭ 014 025
D E F B B♭ G 013 014

A A♭C D♭E♭ G♭ 014 025
B B♭D E F G 014 013

C D♭E♭ A♭E F 013 014
A B D B♭G G♭ 025 014

C D♭E A♭E♭ F 014 025
B B♭D A G G♭ 014 013

C D♭E A♭F G♭ 014 013
B B♭D A E♭ G 014 026

C E E♭ D♭F G 014 026
B B♭D A A♭ G♭ 014 013

A♭C G♭ D♭E F 026 014
B D E♭ A B♭ G 014 013

C D♭E♭ A F G♭ 013 014
A♭D E B B♭ G 026 014

C D♭E♭ A F G♭ 013 014
B♭D E A♭B G 026 014

A C D♭ E♭F G♭ 014 013
A♭D E B B♭ G 026 014

A C D♭ E♭F G♭ 014 013
B♭D E A♭B G 026 014

C D E♭ A♭E F 013 014
B D♭G A B♭ G♭ 026 014

C D♭E A E♭ G 014 026
D F G♭ A♭B B♭ 014 013

C D♭E A E♭ G 014 026
B B♭D A♭F G♭ 014 013

C E E♭ A D♭ G 014 026
D F G♭ A♭B B♭ 014 013

C E E♭ A D♭ G 014 026
B B♭D A♭F G♭ 014 013

A C D♭ E E♭ G♭ 014 013
B♭D F A♭B G 037 014

C E E♭ A D♭ G♭ 014 037
B B♭D A♭F G 014 013

C D♭E♭ A♭E F 013 014
B D G A B♭ G♭ 037 014

A♭C E♭ D♭E F 037 014
B B♭D A G G♭ 014 013

C E E♭ A♭D♭ F 014 037
B B♭D A G G♭ 014 013

C D♭E♭ A♭E F 013 014
A D G♭ B B♭ G 037 014

C E♭G D♭E F 037 014
B B♭D A A♭ G♭ 014 013

C D E♭ A♭E F 013 014
A D♭G♭ B B♭ G 037 014

A C D♭ E E♭ G♭ 014 013
A♭D F B B♭ G 036 014

C D♭E A E♭ G♭ 014 036
B B♭D A♭F G 014 013

A C G♭ D D♭ F 036 014
E E♭G A♭B B♭ 014 013

C D♭E♭ A♭E G 013 014
B D F A B♭ G♭ 036 014

C D♭E E♭G G♭ 014 014
B B♭D A A♭ F 014 014

C E E♭ D D♭ F 014 014
A B♭G♭ A♭B G 014 014

C D♭E D E♭ G♭ 014 014
A A♭F B B♭ G 014 014

A C D♭ D E♭ G♭ 014 014
A♭E F B B♭ G 014 014

C D♭E A A♭ F 014 014
D E♭G♭ B B♭ G 014 014

C D♭E A A♭ F 014 014
B D E♭ B♭G G♭ 014 014

C D♭E A A♭ F 014 014
B B♭D E♭G G♭ 014 014

A C D♭ A♭E F 014 014
D E♭G♭ B B♭ G 014 014

A C D♭ A♭E F 014 014
B D E♭ B♭G G♭ 014 014

A C D♭ A♭E F 014 014
B B♭D E♭G G♭ 014 014

A A♭C D♭E F 014 014
D E♭G♭ B B♭ G 014 014

A A♭C D♭E F 014 014
B D E♭ B♭G G♭ 014 014

A A♭C D♭E F 014 014
B B♭D E♭G G♭ 014 014

A C D♭ E♭G G♭ 014 014
B B♭D A♭E F 014 014

C D♭E A♭E♭ F 014 025
A B D B♭G G♭ 025 014

C E F E♭G G♭ 015 014
A A♭D♭ B B♭ D 015 014

A♭C G D D♭ F 015 014
B E E♭ A B♭ G♭ 015 014

C E E♭ D D♭ G♭ 014 015
A B♭F A♭B G 015 014

A C D♭ D F G♭ 014 014
A♭E E♭ B B♭ G 015 014

014 Hexatonic Combinations

A C D♭ D F G♭ 014 014
B B♭ E♭ A♭ E G 015 014

C D♭ E D E♭ G♭ 014 014
A B♭ F A♭ B G 015 014

C E E♭ D D♭ G♭ 014 015
A A♭ F B B♭ G 014 014

C D♭ E D G G♭ 014 015
B B♭ E♭ A A♭ F 015 014

C D♭ E A♭ E♭ G 014 015
B B♭ D A F G♭ 014 014

A♭ C D♭ E E♭ G 015 014
B B♭ D A F G♭ 014 014

A♭ C D♭ D E♭ G♭ 015 014
A E F B B♭ G 015 014

C D♭ F D E♭ G♭ 015 014
A A♭ E B B♭ G 015 014

A C D♭ D F G♭ 014 014
B♭ E E♭ A♭ B G 016 014

C D♭ E A♭ D E♭ 014 016
A F G♭ B B♭ G 014 014

C E E♭ A♭ D D♭ 014 016
A F G♭ B B♭ G 014 014

A C D♭ D E♭ G♭ 014 014
A♭ E G B B♭ F 014 016

A C D♭ D E♭ G♭ 014 014
B♭ E F A♭ B G 016 014

C D♭ E D F G♭ 014 014
A A♭ E♭ B B♭ G 016 014

C D♭ E D F G♭ 014 014
A B♭ E♭ A♭ B G 016 014

C E E♭ A♭ D♭ G 014 016
B B♭ D A F G♭ 014 014

C E E♭ D♭ G G♭ 014 016
B B♭ D A A♭ F 014 014

C D♭ G♭ E E♭ G 016 014
B B♭ D A A♭ F 014 014

C D♭ F D E♭ G♭ 015 014
A B♭ E A♭ B G 016 014

A♭ C D♭ D F 015 014
A E E♭ B B♭ G 016 014

C F G♭ E E♭ G 016 014
A A♭ D♭ B B♭ D 015 014

C D♭ E A♭ D G 014 016
B B♭ E♭ A F G♭ 015 014

A C G♭ D D♭ F 036 014
A♭ E E♭ B B♭ G 015 014

A C G♭ D D♭ F 036 014
B B♭ E♭ A♭ E G 015 014

C E E♭ A♭ D F 014 036
A B♭ D♭ B G G♭ 014 015

C D♭ E A♭ E♭ G 014 015
B D F A B♭ G♭ 036 014

A♭ C D♭ E E♭ G 015 014
B D F A B♭ G♭ 036 014

C E F E♭ G G♭ 015 014
A B♭ D♭ A♭ B D 014 036

C E♭ G♭ D D♭ F 036 014
A A♭ E B B♭ G 015 014

C D♭ F E E♭ G 015 014
A♭ B D A B♭ G♭ 036 014

C D♭ G D E♭ G♭ 016 014
B B♭ E A A♭ F 016 014

C E E♭ A♭ D D♭ 014 016
B F G A B♭ G♭ 026 014

C E E♭ A♭ D D♭ 014 016
A B F B♭ G G♭ 026 014

C D♭ E A♭ D E♭ 014 016
B F G A B♭ G♭ 026 014

C D♭ E A♭ D E♭ 014 016
A B F B♭ G G♭ 026 014

C D♭ G♭ A♭ E F 016 014
B B♭ D A E♭ G 014 026

C D♭ E A♭ D G 014 016
B E♭ F A B♭ G♭ 026 014

A♭ C G♭ D D♭ F 026 014
A E E♭ B B♭ G 016 014

C D G♭ D♭ E F 026 014
A A♭ E♭ B B♭ G 016 014

C D G♭ D♭ E F 026 014
A B♭ E♭ A♭ B G 016 014

C E G♭ D D♭ F 026 014
A A♭ E♭ B B♭ G 016 014

C E G♭ D D♭ F 026 014
A B♭ E♭ A♭ B G 016 014

C F G♭ E E♭ G 016 014
A B♭ D♭ A♭ B D 014 036

A C G♭ D D♭ F 036 014
B♭ E E♭ A♭ B G 016 014

C E♭ G♭ D D♭ F 036 014
A B♭ E A♭ B G 016 014

C E E♭ A♭ D♭ G 014 016
B D F A B♭ G♭ 036 014

A A♭ C D♭ E♭ F 014 024
D E G♭ B B♭ G 024 014

A C D♭ E♭ F G 014 024
B B♭ D A♭ E G♭ 014 024

A A♭ C D♭ E♭ F 014 024
B D E B♭ G G♭ 025 014

A C D♭ A♭ E♭ F 014 025
D E G♭ B B♭ G 024 014

A C D♭ A♭ E♭ F 014 025
B D E B♭ G G♭ 025 014

C D♭ E A♭ E♭ G♭ 014 025
B B♭ D A F G 014 024

A C D♭ D E G♭ 014 024
A♭ E♭ F B B♭ G 025 014

C E E♭ A♭ D F 014 036
A B D♭ B♭ G G♭ 024 014

A C D♭ D E G♭ 014 024
B♭ E♭ F A♭ B G 027 014

C E E♭ A♭ D♭ G♭ 014 027
B B♭ D A F G 014 024

C D♭ E E♭ F G 014 024
A♭ B D A B♭ G♭ 036 014

C E E♭ D F G 014 025
A♭ B D♭ A B♭ G♭ 025 014

C D F E E♭ G 025 014
A♭ B D♭ A B♭ G♭ 025 014

C D♭ E A D G♭ 014 037
A♭ E♭ F B B♭ G 025 014

C D♭ E A♭ E♭ G♭ 014 025
A D F B B♭ G 037 014

C D♭ E A♭ E♭ F 014 025
A D G♭ B B♭ G 037 014

C D♭ E A♭ E♭ F 014 025
B D G A B♭ G♭ 037 014

C E E♭ A♭ D♭ F 014 037
A B D B♭ G G♭ 025 014

A♭ C E♭ D♭ E F 037 014
A B D B♭ G G♭ 025 014

C D♭ E D F G 014 025
A♭ B E♭ A B♭ G♭ 037 014

A♭ C E♭ D D♭ F 037 014
A E G♭ B B♭ G 025 014

C E E♭ A♭ D G♭ 014 026
A B♭ D♭ B F G 014 026

A♭ C G♭ D♭ E F 026 014
B B♭ D A E♭ G 014 026

C D♭ E A♭ D G♭ 014 026
A E♭ F B B♭ G 026 014

A♭ C D D♭ E F 026 014
A B E♭ B♭ G G♭ 026 014

C E E♭ A♭ D F 014 036
B D♭ G A B♭ G♭ 026 014

A♭ C D D♭ E F 026 014
A E♭ G♭ B B♭ G 036 014

C D♭ E A♭ D F 014 036
A B E♭ B♭ G G♭ 026 014

C E E♭ D♭ F G 014 026
A♭ B D A B♭ G♭ 036 014

A♭ C D D♭ E F 026 014
B E♭ G A B♭ G♭ 048 014

A♭ C E D D♭ F 048 014
A B E♭ B♭ G G♭ 026 014

C D♭ E A D G♭ 014 037
B♭ E♭ F A♭ B G 027 014

C D G D♭ E F 027 014
A♭ B E♭ A B♭ G♭ 037 014

C D♭ E A E♭ G♭ 014 036
A♭ D F B B♭ G 036 014

C D♭ E A♭ D F 014 036
B E♭ G A B♭ G♭ 048 014

A♭ C E D D♭ F 048 014
A E♭ G♭ B B♭ G 036 014

C E E♭ A D♭ G♭ 014 037
B♭ D F A♭ B G 037 014

A♭ C E♭ D D♭ F 037 014
B E G A B♭ G♭ 037 014

C E♭ G D D♭ F 037 014
A♭ B E A B♭ G♭ 037 014

C E G D D♭ F 037 014
A♭ B E♭ A B♭ G♭ 037 014

A♭ C E♭ D F G♭ 037 014
A B♭ D♭ B E G 014 037

A♭ C F D E♭ G♭ 037 014
A B♭ D♭ B E G 014 037

A♭ C E♭ D F G♭ 037 014
A D♭ E B B♭ G 037 014

A♭ C F D E♭ G♭ 037 014
A D♭ E B B♭ G 037 014

C E E♭ A D G♭ 014 037
A♭ D♭ F B B♭ G 037 014

C E E♭ A D G♭ 014 037
B♭ D♭ F A♭ B G 037 014

A C E D E♭ G♭ 037 014
A♭ D♭ F B B♭ G 037 014

A C E D E♭ G♭ 037 014
B♭ D♭ F A♭ B G 037 014

C E E♭ A♭ D♭ F 014 037
A D G♭ B B♭ G 037 014

C E E♭ A♭ D♭ F 014 037
B D G A B♭ G♭ 037 014

A♭ C E♭ D♭ E F 037 014
A D G♭ B B♭ G 037 014

A♭ C E♭ D♭ E F 037 014
B D G A B♭ G♭ 037 014

C E E♭ A♭ D G♭ 014 026
A D♭ F B B♭ G 048 014

A♭ C E D E♭ G♭ 048 014
A B♭ D♭ B F G 014 026

A♭ C E♭ D D♭ F 037 014
A B E B♭ G G♭ 027 014

C E E♭ A♭ D♭ G♭ 014 027
A D F B B♭ G 037 014

C D♭ E A♭ D F 014 036
A E♭ G♭ B B♭ G 036 014

C E♭ G D♭ E F 037 014
A♭ B D A B♭ G♭ 036 014

C D♭ E A E♭ G♭ 014 036
B♭ D F A♭ B G 037 014

C E E♭ A D♭ G♭ 014 037
A♭ D F B B♭ G 036 014

C E E♭ A♭ D F 014 036
A D♭ G♭ B B♭ G 037 014

A♭ C E D D♭ F 048 014
B E♭ G A B♭ G♭ 048 014

A♭ C E D E♭ G♭ 048 014
A D♭ F B B♭ G 048 014

A♭C D♭ E F G♭ 015 012
D E♭G A B B♭ 015 012

A♭C D♭ E E♭ F 015 012
D G G♭ A B B♭ 015 012

C D♭F D E E♭ 015 012
B G G♭ A A♭ B♭ 015 012

C D♭F D E E♭ 015 012
B B♭G♭ A A♭ G 015 012

C E F D D♭ E♭ 015 012
B G G♭ A A♭ B♭ 015 012

C E F D D♭ E♭ 015 012
B B♭G♭ A A♭ G 015 012

A♭C D♭ E E♭ F 015 012
A B♭D B G G♭ 015 015

C D♭F A♭E E♭ 015 015
D G G♭ A B B♭ 015 012

C D♭F D G G♭ 015 015
A♭E E♭ A B B♭ 015 012

C D♭F D G G♭ 015 015
B E E♭ A A♭ B♭ 015 012

C E F D D♭ G♭ 015 015
A♭E♭ G A B B♭ 015 012

C E F D D♭ G♭ 015 015
B B♭E♭ A A♭ G 015 012

C D D♭ A♭E♭ G 012 015
A E F B B♭ G♭ 015 015

A♭C G D D♭ E♭ 015 012
A E F B B♭ G♭ 015 015

C D D♭ A♭E E♭ 012 015
A B♭F B G G♭ 015 015

A♭C D♭ D E E♭ 015 012
A B♭F B G G♭ 015 015

C D♭F A♭E G♭ 015 024
D E♭G A B B♭ 015 012

A♭C D♭ E F G♭ 015 012
B♭D E♭ A B G 015 024

C D♭F D E G♭ 015 024
A♭E♭G A B B♭ 015 012

C D♭F D E G♭ 015 024
B B♭E♭ A A♭ G 015 012

C D E D♭F G♭ 024 015
A♭E♭G A B B♭ 015 012

C D E D♭F G♭ 024 015
B B♭E♭ A A♭ G 015 012

C D D♭ A♭E E♭ 012 015
B♭F G♭ A B G 015 024

C D D♭ A♭E E♭ 012 015
A F G B B♭ G♭ 024 015

A♭C D♭ D E E♭ 015 012
B♭F G♭ A B G 015 024

A♭C D♭ D E E♭ 015 012
A F G B B♭ G♭ 024 015

A♭C D♭ E F G♭ 015 012
A D G B B♭ E♭ 027 015

C E F A♭D♭ G♭ 015 027
D E♭G A B B♭ 015 012

C E F A♭D♭ E♭ 015 027
D G G♭ A B B♭ 015 012

A♭C D♭ E E♭ F 015 012
A D G B B♭ G♭ 027 015

C F G D D♭ G♭ 027 015
A♭E E♭ A B B♭ 015 012

C F G D D♭ G♭ 027 015
B E E♭ A A♭ B♭ 015 012

C D G D♭F G♭ 027 015
A♭E E♭ A B B♭ 015 012

C D G D♭F G♭ 027 015
B E E♭ A A♭ B♭ 015 012

C D D♭ A♭E♭ G 012 015
B E G♭ A B♭ F 027 015

C D D♭ A♭E♭ G 012 015
A B E B♭F G♭ 027 015

A♭C G D D♭ E♭ 015 012
B E G♭ A B♭ F 027 015

A♭C G D D♭ E♭ 015 012
A B E B♭F G♭ 027 015

A♭C D♭ E F G♭ 015 012
A B♭D B E♭ G 015 048

A♭C D♭ D E F 015 013
B B♭E♭ A G G♭ 015 013

C D♭E♭ D G G♭ 013 015
A E F A♭B B♭ 015 013

C E F E♭G G♭ 015 014
A D D♭ A♭B B♭ 015 013

A♭C D♭ D F G♭ 015 014
B E E♭ A B♭ G 015 013

A♭C G D D♭ E 015 013
B B♭E♭ A F G♭ 015 014

C D E♭ D♭F G♭ 013 015
A A♭E B B♭ G 015 014

C D♭F D E♭ G♭ 015 014
A A♭E B B♭ G 015 014

C E♭F D D♭ G♭ 025 015
A A♭E B B♭ G 015 014

C F G♭ A D D♭ 016 015
B E E♭ A♭B♭ G 015 013

A♭C G D♭E E♭ 015 013
A B D B♭F G♭ 025 015

A C D D♭F G♭ 025 015
B E E♭ A♭B♭ G 015 013

A♭C D♭ E E♭ G♭ 015 013
A B♭D B F G 015 026

C D♭F A♭D G♭ 015 026
B E E♭ A B♭ G 015 013

A♭C D D♭F G♭ 026 015
B E E♭ A B♭ G 015 013

A♭C G D D♭ E 015 013
A B E♭ B♭F G♭ 026 015

A♭C G D D♭ E 015 013
A E♭F B B♭ G♭ 026 015

C E G♭ A D D♭ 026 015
B B♭ E♭ A♭ F G 015 013

A♭ C D♭ D E F 015 013
A E♭ G B B♭ G♭ 026 015

C D♭ F A♭ D E 015 026
B B♭ E♭ A G G♭ 015 013

A♭ C D♭ E♭ F G♭ 015 013
A B♭ D B E G 015 037

A♭ C G D♭ E E♭ 015 013
A D F B B♭ G♭ 037 015

A♭ C G D♭ E E♭ 015 013
B D G♭ A B♭ F 037 015

C E♭ G D D♭ G♭ 037 015
A E F A♭ B B♭ 015 013

C D♭ E♭ D G G♭ 013 015
A♭ B E A B♭ F 037 015

A C F D D♭ G♭ 037 015
B E E♭ A♭ B♭ G 015 013

C D♭ F A D G♭ 015 037
B E E♭ A♭ B♭ G 015 013

A♭ C F D D♭ G♭ 037 015
B E E♭ A B♭ G 015 013

C E G A D D♭ 037 015
B B♭ E♭ A♭ F G♭ 015 013

A♭ C G D D♭ E 015 013
B E♭ G♭ A B♭ F 037 015

A C E D D♭ G♭ 037 015
B B♭ E♭ A♭ F G 015 013

A♭ C G D♭ E E♭ 015 013
A B♭ D B F G♭ 015 016

C E F A♭ D D♭ 015 016
B B♭ E♭ A G G♭ 015 013

A♭ C D♭ D E F 015 013
A B♭ E♭ B G G♭ 016 015

C E F D D♭ G 015 016
B B♭ E♭ A A♭ G♭ 015 013

C D♭ G♭ D E♭ G 016 015
A E F A♭ B B♭ 015 013

C D♭ E♭ D G G♭ 013 015
A A♭ E B B♭ F 015 016

A♭ C D♭ D E♭ F 015 013
A B♭ E B G G♭ 016 015

C D♭ F D E G 015 025
B B♭ E♭ A A♭ G♭ 015 013

A♭ C D♭ D E♭ F 015 013
A E G B B♭ G♭ 025 015

A♭ C D♭ E E♭ G♭ 015 013
B D G A B♭ F 037 015

C E F E♭ G G♭ 015 014
A A♭ D♭ B B♭ D 015 014

A♭ C G D D♭ F 015 014
B E E♭ A B♭ G♭ 015 014

C D♭ E D G G♭ 014 015
B B♭ E♭ A A♭ F 015 014

A♭ C D♭ D E♭ G♭ 015 014
A E F B B♭ G 015 014

C E E♭ D D♭ G♭ 014 015
A B♭ F A♭ B G 015 014

C E F A♭ D E♭ 015 016
A B♭ D♭ B G G♭ 014 015

A♭ C D♭ E E♭ G 015 014
A B♭ D B F G♭ 015 016

C D♭ E A♭ E♭ G 014 015
A B♭ D B F G♭ 015 016

C D♭ F E E♭ G 015 014
A A♭ D B B♭ G♭ 016 015

A♭ C G D D♭ F 015 014
A E E♭ B B♭ G♭ 016 015

C D♭ F A♭ D G 015 016
B E E♭ A B♭ G♭ 015 014

C F G♭ A D D♭ 016 015
A♭ E E♭ B B♭ G 015 014

C F G♭ A D D♭ 016 015
B B♭ E♭ A♭ E G 015 014

C D F A♭ E E♭ 025 015
A B♭ D♭ B G G♭ 014 015

C D♭ E A♭ E♭ G 014 015
A B D B♭ F G♭ 025 015

A♭ C D♭ E E♭ G 015 014
A B D B♭ F G♭ 025 015

C D♭ F E E♭ G 015 014
A B♭ D A♭ B G♭ 015 025

A♭ C D♭ D F G 015 025
B E E♭ A B♭ G♭ 015 014

A♭ C G D D♭ F 015 014
B B♭ E♭ A E G♭ 015 025

A C D D♭ F G♭ 025 015
A♭ E E♭ B B♭ G 015 014

A C D D♭ F G♭ 025 015
B B♭ E♭ A♭ E G 015 014

A♭ C D♭ D F G♭ 015 014
B B♭ E♭ A E G 015 025

A♭ C D♭ D E G 015 025
B B♭ E♭ A F G♭ 015 014

C D♭ E A♭ E♭ G 014 015
A D F B B♭ G♭ 037 015

C D♭ E A♭ E♭ G 014 015
B D G♭ A B♭ F 037 015

A♭ C D♭ E E♭ G 015 014
A D F B B♭ G♭ 037 015

A♭ C D♭ E E♭ G 015 014
B D G♭ A B♭ F 037 015

A♭ C D♭ D E♭ G♭ 015 014
B E G A B♭ F 037 015

A♭ C E♭ D D♭ G♭ 037 015
A E F B B♭ G 015 014

A C F D D♭ G♭ 037 015
A♭ E E♭ B B♭ G 015 014

A C F D D♭ G♭ 037 015
B B♭ E♭ A♭ E G 015 014

C D♭ F A D G♭ 015 037
A♭ E E♭ B B♭ G 015 014

C D♭ F   A D G♭   015 037
B B♭ E♭   A♭ E G   015 014

C D♭ E   D G G♭   014 015
A♭ B E♭   A B♭ F   037 015

C E G   D D♭ G♭   037 015
B B♭ E♭   A A♭ F   015 014

C E F   D E♭ G   015 015
A A♭ D♭   B B♭ G♭   015 015

C D♭ F   A A♭ E   015 015
D E♭ G   B B♭ G♭   015 015

C D♭ F   A A♭ E   015 015
B♭ D E♭   B G G♭   015 015

C D♭ F   A A♭ E   015 015
D G G♭   B B♭ E♭   015 015

A♭ C D♭   A E F   015 015
D E♭ G   B B♭ G♭   015 015

A♭ C D♭   A E F   015 015
B♭ D E♭   B G G♭   015 015

A♭ C D♭   A E F   015 015
D G G♭   B B♭ E♭   015 015

C E F   A A♭ D♭   015 015
D E♭ G   B B♭ G♭   015 015

C E F   A A♭ D♭   015 015
B♭ D E♭   B G G♭   015 015

C E F   A A♭ D♭   015 015
D G G♭   B B♭ E♭   015 015

C D♭ F   A♭ E E♭   015 015
A B♭ D   B G G♭   015 015

A♭ C D♭   D G G♭   015 015
B E E♭   A B♭ F   015 015

A♭ C D♭   D G G♭   015 015
B B♭ E♭   A E F   015 015

A♭ C G   D D♭ G♭   015 015
B E E♭   A B♭ F   015 015

A♭ C G   D D♭ G♭   015 015
B B♭ E♭   A E F   015 015

C D♭ F   D G G♭   015 015
B B♭ E♭   A A♭ E   015 015

A♭ C D♭   D E♭ G   015 015
A E F   B B♭ G♭   015 015

C D♭ F   D E♭ G   015 015
A A♭ E   B B♭ G♭   015 015

C D♭ F   A♭ E♭ G   015 015
A B♭ D   B E G♭   015 027

C D♭ F   A♭ E♭ G   015 015
A D E   B B♭ G♭   027 015

C E F   A♭ D♭ E♭   015 027
A B♭ D   B G G♭   015 015

C F G   A D D♭   027 015
A♭ E E♭   B B♭ G♭   015 015

C D♭ F   A D G   015 027
A♭ E E♭   B B♭ G♭   015 015

C D G   D♭ F G♭   027 015
B B♭ E♭   A A♭ E   015 015

C F G   D D♭ G♭   027 015
B B♭ E♭   A A♭ E   015 015

C D♭ F   A A♭ E♭   015 016
D G G♭   B B♭ E   015 016

C D♭ G   A♭ E E♭   016 015
A B♭ D   B F G♭   015 016

C D♭ F   A♭ D G   015 016
A E E♭   B B♭ G♭   016 015

C F G♭   A D D♭   016 015
A♭ E♭ G   B B♭ E   015 016

C E F   A♭ D D♭   015 016
A B♭ E♭   B G G♭   016 015

C E F   D D♭ G   015 016
A A♭ E♭   B B♭ G♭   016 015

C D♭ G♭   D E♭ G   016 015
A A♭ E   B B♭ F   015 016

C D♭ F   A♭ D E♭   015 016
A B♭ E   B G G♭   016 015

C D♭ F   A A♭ E♭   015 016
D E G   B B♭ G♭   025 015

C D♭ F   A A♭ E♭   015 016
B♭ D E   B G G♭   026 015

C E♭ F   A A♭ D♭   025 015
D G G♭   B B♭ E   015 016

C D♭ G   A♭ E E♭   016 015
A B D   B♭ F G♭   025 015

A♭ C D♭   D F G   015 025
A E E♭   B B♭ G♭   016 015

C D♭ F   A♭ D G   015 016
B B♭ E♭   A E G♭   015 025

A C D   D♭ F G♭   025 015
A♭ E♭ G   B B♭ E   015 016

C D♭ F   D E G   015 025
A A♭ E♭   B B♭ G♭   016 015

C D♭ F   A♭ D E♭   015 016
A E G   B B♭ G♭   025 015

C E F   A♭ D E♭   015 016
A D♭ G   B B♭ G♭   026 015

A♭ C D♭   A E♭ F   015 026
D G G♭   B B♭ E   015 016

C D♭ G♭   A♭ E E♭   016 015
A B♭ D   B F G   015 026

C E F   D♭ E♭ G   015 026
A A♭ D   B B♭ G♭   016 015

C E G♭   A D D♭   026 015
A♭ E♭ G   B B♭ F   015 016

C D♭ F   A♭ D E   015 026
A B♭ E♭   B G G♭   016 015

C E F   A♭ D D♭   015 016
A E♭ G   B B♭ G♭   026 015

C D♭ F   A♭ E E♭   015 015
A D G   B B♭ G♭   027 015

A♭ C D♭   D E♭ G   015 015
B E G♭   A B♭ F   027 015

A♭ C D♭   D E♭ G   015 015
A B E   B♭ F G♭   027 015

C D♭ G   A♭ E E♭   016 015
A D F   B B♭ G♭   037 015

C D♭ G   A♭ E E♭   016 015
B D G♭   A B♭ F   037 015

C D♭ G♭   A♭ E E♭   016 015
B D G   A B♭ F   037 015

C E♭ G   D D♭ G♭   037 015
A A♭ E   B B♭ F   015 016

C D♭ G♭   D E♭ G   016 015
A♭ B E   A B♭ F   037 015

A C F   D D♭ G♭   037 015
A♭ E♭ G   B B♭ E   015 016

C D♭ F   A D G♭   015 037
A♭ E♭ G   B B♭ E   015 016

A C E   D D♭ G♭   037 015
A♭ E♭ G   B B♭ F   015 016

C D♭ F   A♭ E G♭   015 024
B♭ D E♭   A B G   015 024

A♭ C D♭   D E G♭   015 024
B B♭ E♭   A F G   015 024

C D♭ F   A♭ E G♭   015 024
A D G   B B♭ E♭   027 015

C E F   A♭ D♭ G♭   015 027
B♭ D E♭   A B G   015 024

A♭ C D♭   E♭ F G   015 024
A D E   B B♭ G♭   027 015

A♭ C G   D♭ E♭ F   015 024
A D E   B B♭ G♭   027 015

A♭ C D♭   E♭ F G   015 024
A B♭ D   B E G♭   015 027

A♭ C G   D♭ E♭ F   015 024
A B♭ D   B E G♭   015 027

C F G   A D D♭   027 015
B E E♭   A♭ B♭ G♭   015 024

C F G   A D D♭   027 015
B B♭ E♭   A♭ E G♭   015 024

C D♭ F   A D G   015 027
B E E♭   A♭ B♭ G♭   015 024

C D♭ F   A D G   015 027
B B♭ E♭   A♭ E G♭   015 024

C D♭ F   A♭ E G♭   015 024
A B♭ D   B E♭ G   015 048

A♭ C E   D♭ F G♭   048 015
D E♭ G   A B B♭   015 012

A♭ C E   D♭ F G♭   048 015
B♭ D E♭   A B G   015 024

A♭ C D♭   D E G♭   015 024
B E♭ G   A B♭ F   048 015

A♭ C E   D D♭ G♭   048 015
B B♭ E♭   A F G   015 024

C E♭ F   A A♭ D♭   025 015
D E G   B B♭ G♭   025 015

A♭ C D♭   D F G   015 025
B B♭ E♭   A E G♭   015 025

C D F   A♭ E E♭   025 015
A D♭ G   B B♭ G♭   026 015

A♭ C D♭   A E♭ F   015 026
D E G   B B♭ G♭   025 015

A♭ C D♭   A E♭ F   015 026
B♭ D E   B G G♭   026 015

C D♭ F   A E♭ G   015 026
A♭ D E   B B♭ G♭   026 015

C D♭ F   A♭ D E   015 026
A E♭ G   B B♭ G♭   026 015

C E♭ F   A A♭ D♭   025 015
B♭ D E   B G G♭   026 015

C E F   D♭ E♭ G   015 026
A B♭ D   A♭ B G♭   015 025

A♭ C D   D♭ F G♭   026 015
B B♭ E♭   A E G   015 025

C D♭ F   A♭ D G♭   015 026
B B♭ E♭   A E G   015 025

A♭ C D♭   D E G   015 025
A B E♭   B♭ F G♭   026 015

A♭ C D♭   D E G   015 025
A E♭ F   B B♭ G♭   026 015

C D♭ F   A♭ E♭ G♭   015 025
A B♭ D   B E G   015 037

A♭ C F   D D♭ G♭   037 015
B B♭ E♭   A E G   015 025

C E G   A D D♭   037 015
A♭ E♭ F   B B♭ G♭   025 015

A♭ C D♭   D E G   015 025
B E♭ G♭   A B♭ F   037 015

C D G♭   A♭ E E♭   026 015
B D♭ G   A B♭ F   026 015

C E F   A D G   015 027
A♭ D♭ E♭   B B♭ G♭   027 015

C E F   A D G   015 027
A♭ D♭ G♭   B B♭ E♭   027 015

C D G   A E F   027 015
A♭ D♭ E♭   B B♭ G♭   027 015

C D G   A E F   027 015
A♭ D♭ G♭   B B♭ E♭   027 015

C E F   A♭ D♭ G♭   015 027
A D G   B B♭ E♭   027 015

C E F   A♭ D♭ E♭   015 027
A D G   B B♭ G♭   027 015

C E F   A♭ D♭ G♭   015 027
A B♭ D   B E♭ G   015 048

A♭ C E   D♭ F G♭   048 015
A D G   B B♭ E♭   027 015

A C F   D E♭ G   037 015
A♭ D♭ E   B B♭ G♭   037 015

A♭ C E♭   D♭ F G♭   037 015
A B♭ D   B E G   015 037

C E G   A D D♭   037 015
A♭ B E♭   B♭ F G♭   037 015

C E G   D D♭ G♭   037 015
A♭ B E♭   A B♭ F   037 015

A♭ C E♭   D D♭ G♭   037 015
B E G   A B♭ F   037 015

C E♭ G   D D♭ G♭   037 015
A♭ B E   A B♭ F   037 015

A♭ C E   D♭ F G♭   048 015
A B♭ D   B E♭ G   015 048

A♭ C E   D D♭ G♭   048 015
B E♭ G   A B♭ F   048 015

C G G♭ E E♭ F 016 012
A♭ D D♭ A B B♭ 016 012

C F G♭ D D♭ E♭ 016 012
B B♭ E A A♭ G 016 012

C G G♭ D D♭ E♭ 016 012
B E F A A♭ B♭ 016 012

C D♭ G♭ D E E♭ 016 012
B B♭ F A A♭ G 016 012

C G G♭ E E♭ F 016 012
B B♭ D♭ A A♭ D 013 016

C D♭ G♭ D E♭ F 016 013
B B♭ E A A♭ G 016 012

C D E♭ D♭ G G♭ 013 016
B E F A A♭ B♭ 016 012

C G G♭ D D♭ E♭ 016 012
B♭ E F A A♭ B 016 013

C F G♭ E E♭ G 016 014
A♭ D D♭ A B B♭ 016 012

C F G♭ D D♭ E♭ 016 012
A B♭ E A♭ B G 016 014

C G G♭ D D♭ E♭ 016 012
B B♭ E A A♭ F 016 014

C D♭ G D E♭ G♭ 016 014
B E F A A♭ B♭ 016 012

C D♭ G E E♭ F 016 012
A A♭ D B B♭ G♭ 016 015

C D♭ G♭ D E♭ G 016 015
B E F A A♭ B♭ 016 012

C E F A♭ D E♭ 015 016
D♭ G G♭ A B B♭ 016 012

C G G♭ D D♭ E♭ 016 012
A A♭ E B B♭ F 015 016

C E♭ G♭ D D♭ G 036 016
B E F A A♭ B♭ 016 012

C G G♭ D D♭ E♭ 016 012
A B♭ E A♭ B F 016 036

C F G♭ E E♭ G 016 014
B B♭ D♭ A A♭ D 013 016

C G G♭ D D♭ F 016 014
A E E♭ A♭ B B♭ 016 013

C G G♭ D D♭ F 016 014
B♭ E E♭ A A♭ B 016 013

C D♭ G D F G♭ 016 014
A E E♭ A♭ B B♭ 016 013

C D♭ G D F G♭ 016 014
B♭ E E♭ A A♭ B 016 013

C D♭ G♭ D E F 016 013
A A♭ E♭ B B♭ G 016 014

C D♭ G♭ D E F 016 013
A B♭ E♭ A♭ B G 016 014

C F G♭ D D♭ E 016 013
A A♭ E♭ B B♭ G 016 014

C F G♭ D D♭ E 016 013
A B♭ E♭ A♭ B G 016 014

C D E♭ A♭ D♭ G 013 016
B E F A B♭ G♭ 016 014

C D E♭ A♭ D♭ G 013 016
B B♭ E A F G♭ 016 014

C D♭ E♭ A♭ D G 013 016
B E F A B♭ G♭ 016 014

C D♭ E♭ A♭ D G 013 016
B B♭ E A F G♭ 016 014

C D♭ G♭ D E♭ F 016 013
A B♭ E A♭ B G 016 014

C D♭ E A♭ D E♭ 014 016
B B♭ F A G G♭ 016 013

C E E♭ A♭ D D♭ 014 016
B F G♭ A B♭ G 016 013

C E E♭ A♭ D D♭ 014 016
B B♭ F A G G♭ 016 013

C D♭ E A♭ D E♭ 014 016
B F G♭ A B♭ G 016 013

C D♭ G D E♭ G♭ 016 014
B♭ E F A A♭ B 016 013

C D E♭ D♭ G G♭ 013 016
B B♭ E A A♭ F 016 014

C D♭ G D E F 016 013
A A♭ E♭ B B♭ G♭ 016 015

C D♭ F A♭ D E♭ 015 016
B B♭ E A G G♭ 016 013

C D E♭ D♭ G G♭ 013 016
A A♭ E B B♭ F 015 016

C D♭ G♭ D E♭ G 016 015
B♭ E F A A♭ B 016 013

C D♭ G♭ A D E 016 027
B B♭ E♭ A♭ F G 015 013

C D♭ G♭ A D E 016 027
A♭ E♭ G B B♭ F 015 016

C D E♭ D♭ G G♭ 013 016
B♭ E F A A♭ B 016 013

C D♭ G D E♭ F 016 013
B B♭ E A A♭ G♭ 016 013

A A♭ D B B♭ F 016 016
C D♭ G E E♭ G♭ 016 013

A A♭ D B B♭ F 016 016
C G G♭ D♭ E E♭ 016 013

C F G♭ D D♭ G 016 016
A E E♭ A♭ B B♭ 016 013

C F G♭ D D♭ G 016 016
B♭ E E♭ A A♭ B 016 013

C G G♭ D D♭ E 016 013
A A♭ E♭ B B♭ F 016 016

C D♭ G♭ A D E♭ 016 016
B E F A♭ B♭ G 016 013

C D♭ G♭ A D E♭ 016 016
B B♭ E A♭ F G 016 013

C D♭ E♭ A♭ D G 013 016
A B♭ E B F G♭ 016 016

C D E♭ A♭ D♭ G 013 016
A B♭ E B F G♭ 016 016

C E♭ G♭ D D♭ G 036 016
B♭ E F A A♭ B 016 013

C G G♭ D D♭ E 016 013
A B♭ E♭ A♭ B F 016 036

C E♭ G♭ A♭ D D♭ 036 016
B E F A B♭ G 016 013

C D E♭ D♭ G G♭ 013 016
A B♭ E A♭ B F 016 036

C D♭ G♭ D F G 016 025
B♭ E E♭ A A♭ B 016 013

C D♭ G♭ D F G 016 025
A E E♭ A♭ B B♭ 016 013

C D E♭ A♭ D♭ G 013 016
B♭ E F A B G♭ 016 025

C D E♭ A♭ D♭ G 013 016
A E G♭ B B♭ F 025 016

C D♭ E♭ A♭ D G 013 016
B♭ E F A B G♭ 016 025

C D♭ E♭ A♭ D G 013 016
A E G♭ B B♭ F 025 016

C E♭ F A♭ D D♭ 025 016
B B♭ E A G G♭ 016 013

C D♭ G D E♭ F 016 013
A B♭ E A♭ B G♭ 016 025

C E♭ F D D♭ G 025 016
B B♭ E A A♭ G♭ 016 013

C D F D♭ G G♭ 025 016
A E E♭ A♭ B B♭ 016 013

C D F D♭ G G♭ 025 016
B♭ E E♭ A A♭ B 016 013

C D♭ G D E F 016 013
A B♭ E♭ A♭ B G♭ 016 025

C D♭ G♭ A♭ D E♭ 016 016
B E F A B♭ G 016 013

C D♭ G♭ A♭ E F 016 014
A D E♭ B B♭ G 016 014

C D♭ G D E♭ G♭ 016 014
B B♭ E A A♭ F 016 014

C D♭ G D E♭ G♭ 016 014
A A♭ E B B♭ F 015 016

C E E♭ A♭ D♭ G 014 016
A B♭ D B F G♭ 015 016

C F G♭ A D D♭ 016 015
B♭ E E♭ A♭ B G 016 014

C D♭ G♭ D E♭ G 016 015
B B♭ E A A♭ F 016 014

A A♭ D B B♭ F 016 016
C D♭ G♭ E E♭ G 016 014

A A♭ D B B♭ F 016 016
C E E♭ D♭ G G♭ 014 016

C F G♭ A♭ D D♭ 016 016
A E E♭ B B♭ G 016 014

C G G♭ D D♭ F 016 014
A A♭ E♭ B B♭ E 016 016

C D♭ G A♭ D E♭ 016 016
B E F A B♭ G♭ 016 014

C D♭ G A♭ D E♭ 016 016
B B♭ E A F G♭ 016 014

C D♭ G D F G♭ 016 014
A A♭ E♭ B B♭ E 016 016

C D♭ E A♭ D G 014 016
A B♭ E♭ B F G♭ 016 016

C D♭ G♭ A D E♭ 016 016
A♭ E G B B♭ F 014 016

C D♭ G♭ A D E♭ 016 016
B♭ E F A♭ B G 016 014

C D♭ G♭ A♭ D F 016 036
A E E♭ B B♭ G 016 014

C E♭ G♭ D D♭ G 036 016
B B♭ E A A♭ F 016 014

C D♭ E A♭ D G 014 016
A E♭ G♭ B B♭ F 036 016

C D♭ G D E♭ G♭ 016 014
A B♭ E A♭ B F 016 036

C D♭ G♭ A♭ E F 016 014
B D G A B♭ E♭ 037 016

C F G♭ A♭ D♭ E 016 037
A D E♭ B B♭ G 016 014

C E E♭ A♭ D♭ G 014 016
A D G♭ B B♭ F 037 016

C D♭ G♭ A D F 016 037
B♭ E E♭ A♭ B G 016 014

C D♭ G D F G♭ 016 014
A♭ B E♭ A B♭ E 037 016

C G G♭ D D♭ F 016 014
A♭ B E♭ A B♭ E 037 016

C G G♭ D D♭ F 016 014
A B♭ E♭ A♭ B E 016 037

C D♭ G D F G♭ 016 014
A B♭ E♭ A♭ B E 016 037

A♭ C E♭ D D♭ G 037 016
B E F A B♭ G♭ 016 014

A♭ C E♭ D D♭ G 037 016
B B♭ E A F G♭ 016 014

C E♭ G A♭ D D♭ 037 016
B E F A B♭ G♭ 016 014

C E♭ G A♭ D D♭ 037 016
B B♭ E A F G♭ 016 014

C D♭ F A A♭ E♭ 015 016
D G G♭ B B♭ E 015 016

C D♭ G A♭ E E♭ 016 015
A B♭ D B F G♭ 015 016

C D♭ F A♭ D G 015 016
A E E♭ B B♭ G♭ 016 015

C F G♭ A D D♭ 016 015
A♭ E♭ G B B♭ E 015 016

C E F A♭ D D♭ 015 016
A B♭ E♭ B G G♭ 016 015

C E F D D♭ G 015 016
A A♭ E♭ B B♭ G♭ 016 015

C D♭ G♭ D E♭ G 016 015
A A♭ E B B♭ F 015 016

C D♭ F A♭ D E♭ 015 016
A B♭ E B G G♭ 016 015

C D♭G A♭D F 016 036
A E E♭ B B♭ G♭ 016 015

C D♭F A♭D G 015 016
A E♭G♭ B B♭ E 036 016

C D♭G♭ D E♭ G 016 015
A B♭E A♭B F 016 036

C E♭G♭ D D♭ G 036 016
A A♭E B B♭ F 015 016

C E F D D♭ G 015 016
A B♭E♭ A♭B G♭ 016 025

C D F A♭D♭ G 025 016
A E E♭ B B♭ G♭ 016 015

C D♭F A♭D G 015 016
B♭E E♭ A B G♭ 016 025

C E♭F A♭D D♭ 025 016
A B♭E B G G♭ 016 015

C D♭G♭ A♭E E♭ 016 015
A D G B B♭ F 027 016

C F G A♭D D♭ 027 016
A E E♭ B B♭ G♭ 016 015

C D♭F A♭D G 015 016
A B♭E♭ B E G♭ 016 027

C D♭G A♭E E♭ 016 015
A D G♭ B B♭ F 037 016

A♭C F D D♭ G 037 016
A E E♭ B B♭ G♭ 016 015

C D♭F A♭D G 015 016
B E♭G♭ A B♭ E 037 016

C D♭G♭ A D F 016 037
A♭E♭G B B♭ E 015 016

C G G♭ A♭D D♭ 016 016
A E E♭ B B♭ F 016 016

C G G♭ A♭D D♭ 016 016
A B♭E♭ B E F 016 016

C D♭G♭ A♭D G 016 016
A E E♭ B B♭ F 016 016

C D♭G♭ A♭D G 016 016
A B♭E♭ B E F 016 016

C D♭G♭ A E E♭ 016 016
A♭D G B B♭ F 016 016

C F G♭ D D♭ G 016 016
A A♭E♭ B B♭ E 016 016

C D♭G A♭D E♭ 016 016
A B♭E B F G♭ 016 016

C D♭G♭ A♭D E♭ 016 016
A B♭E B F G 016 026

C E G♭ D D♭ G 026 016
A A♭E♭ B B♭ F 016 016

C D G♭ A E E♭ 026 016
A♭D♭G B B♭ F 016 016

C E G♭ A D E♭ 026 016
A♭D♭G B B♭ F 016 016

C D♭G A E E♭ 016 016
A♭D G♭ B B♭ F 026 016

C D♭G A E E♭ 016 016
A♭B♭D B F G♭ 026 016

A♭C G♭ D D♭ G 026 016
A E E♭ B B♭ F 016 016

A♭C G♭ D D♭ G 026 016
A B♭E♭ B E F 016 016

A♭C D D♭G G♭ 026 016
A E E♭ B B♭ F 016 016

A♭C D D♭G G♭ 026 016
A B♭E♭ B E F 016 016

C D G♭ A♭D♭ G 026 016
A E E♭ B B♭ F 016 016

C D G♭ A♭D♭ G 026 016
A B♭E♭ B E F 016 016

C F G♭ A♭D D♭ 016 016
B♭E E♭ A B G 016 024

C D E A♭D♭ G 024 016
A B♭E♭ B F G♭ 016 016

C D E D♭G G♭ 024 016
A A♭E♭ B B♭ F 016 016

C D♭G D E G♭ 016 024
A A♭E♭ B B♭ F 016 016

A♭D E♭ B B♭ F 016 016
C D♭G♭ A E G 016 025

A♭D E♭ B B♭ F 016 016
C D♭G A E G♭ 016 025

C D♭G♭ A A♭ E♭ 016 016
D E G B B♭ F 025 016

C D♭G♭ A A♭ E♭ 016 016
D F G B B♭ E 025 016

C D F D♭G G♭ 025 016
A A♭E♭ B B♭ E 016 016

C D♭G A♭D E♭ 016 016
B♭E F A B G♭ 016 025

C D♭G A♭D E♭ 016 016
A E G♭ B B♭ F 025 016

C D♭G♭ A♭D E♭ 016 016
B♭E F A B G 016 024

C D♭G♭ A♭D E♭ 016 016
B B♭E A F G 016 024

C D♭G♭ D F G 016 025
A A♭E♭ B B♭ E 016 016

C D♭G♭ D E G 016 025
A A♭E♭ B B♭ F 016 016

C D♭G♭ A♭D E♭ 016 016
A E G B B♭ F 025 016

C F G♭ A♭D E♭ 016 016
A D♭G B B♭ E 026 016

C F G♭ A♭D E♭ 016 016
B D♭G A B♭ E 026 016

A♭D G B B♭ E 016 016
C D♭G♭ A E♭ F 016 026

A♭D G B B♭ E 016 016
C F G♭ A D♭ E♭ 016 026

C G G♭ A♭D D♭ 016 016
B♭E E♭ A B F 016 026

C G G♭ A♭D D♭ 016 016
A E♭F B B♭ E 026 016

C G G♭ A♭ D D♭ 016 016
B E♭ F A B♭ E 026 016

C G G♭ A♭ D D♭ 016 016
A B E♭ B♭ E F 026 016

C D♭ G A♭ D G♭ 016 026
A E E♭ B B♭ F 016 016

C D♭ G A♭ D G♭ 016 026
A B♭ E♭ B E F 016 016

C D♭ G♭ A♭ D G 016 016
B♭ E E♭ A B F 016 026

C D♭ G♭ A♭ D G 016 016
A E♭ F B B♭ E 026 016

C D♭ G♭ A♭ D G 016 016
B E♭ F A B♭ E 026 016

C D♭ G♭ A♭ D G 016 016
A B E♭ B♭ E F 026 016

C D♭ G A♭ D E 016 026
A B♭ E♭ B F G♭ 016 016

C F G♭ A♭ D D♭ 016 016
A E♭ G B B♭ E 026 016

A♭ D E♭ B B♭ F 016 016
C G G♭ A D♭ E 016 037

A♭ D E♭ B B♭ F 016 016
A C E D♭ G G♭ 037 016

C D♭ G♭ A A♭ E♭ 016 016
B♭ D G B E F 037 016

C D♭ G♭ A A♭ E♭ 016 016
B D G B♭ E F 037 016

C F G♭ D D♭ G 016 016
A B♭ E♭ A♭ B E 016 037

C F G♭ D D♭ G 016 016
A♭ B E♭ A B♭ E 037 016

C F G♭ A♭ D D♭ 016 016
A B♭ E♭ B E G 016 037

A♭ C E D D♭ G 048 016
A B♭ E♭ B F G♭ 016 016

C F G♭ A♭ D D♭ 016 016
B E♭ G A B♭ E 048 016

C D♭ G♭ A♭ D F 016 036
B♭ E E♭ A B G 016 024

C D E A♭ D♭ G 024 016
A E♭ G♭ B B♭ F 036 016

C E♭ G♭ A♭ D D♭ 036 016
B♭ E F A B G 016 024

C E♭ G♭ A♭ D D♭ 036 016
B B♭ E A F G 016 024

C D E D♭ G G♭ 024 016
A B♭ E♭ A♭ B F 016 036

C D♭ G D E G♭ 016 024
A B♭ E♭ A♭ B F 016 036

C D F A♭ D♭ G 025 016
B♭ E E♭ A B G♭ 016 025

C E♭ F D D♭ G 025 016
A B♭ E A♭ B G♭ 016 025

C D F A♭ D♭ G 025 016
A E♭ G♭ B B♭ E 036 016

C D♭ G A♭ D F 016 036
B♭ E E♭ A B G♭ 016 025

C E♭ G♭ A♭ D D♭ 036 016
A E G B B♭ F 025 016

C D♭ G♭ D E G 016 025
A B♭ E♭ A♭ B F 016 036

C D♭ G♭ A♭ E♭ F 016 025
A D G B B♭ E 027 016

C F G A♭ D D♭ 027 016
B♭ E E♭ A B G♭ 016 025

C D F A♭ D♭ G 025 016
A B♭ E♭ B E G♭ 016 027

C D♭ G A D E 016 027
A♭ E♭ G♭ B B♭ F 025 016

C D♭ G A♭ E♭ F 016 025
A D G♭ B B♭ E 037 016

C D♭ G A♭ E♭ F 016 025
B D G♭ A B♭ E 037 016

C E♭ F A♭ D♭ G 025 016
A D G♭ B B♭ E 037 016

C E♭ F A♭ D♭ G 025 016
B D G♭ A B♭ E 037 016

C D♭ G♭ A♭ E♭ F 016 025
B D G A B♭ E 037 016

C D♭ G A D F 016 037
B♭ E E♭ A♭ B G♭ 016 025

C D♭ G A D F 016 037
A♭ E♭ G♭ B B♭ E 025 016

A C F D D♭ G 037 016
B♭ E E♭ A♭ B G♭ 016 025

A C F D D♭ G 037 016
A♭ E♭ G♭ B B♭ E 025 016

A♭ C F D D♭ G 037 016
B♭ E E♭ A B G♭ 016 025

C D F A♭ D♭ G 025 016
B E♭ G♭ A B♭ E 037 016

C D♭ G♭ D F G 016 025
A B♭ E♭ A♭ B E 016 037

C D♭ G♭ D F G 016 025
A♭ B E♭ A B♭ E 037 016

A C E D D♭ G 037 016
A♭ E♭ G♭ B B♭ F 025 016

C D F D♭ G G♭ 025 016
A B♭ E♭ A♭ B E 016 037

C D F D♭ G G♭ 025 016
A♭ B E♭ A B♭ E 037 016

A♭ C E♭ D D♭ G 037 016
B♭ E F A B G♭ 016 025

A♭ C E♭ D D♭ G 037 016
A E G♭ B B♭ F 025 016

C E♭ G A♭ D D♭ 037 016
B♭ E F A B G♭ 016 025

C E♭ G A♭ D D♭ 037 016
A E G♭ B B♭ F 025 016

C G G♭ A D♭ E♭ 016 026
A♭ D E B B♭ F 026 016

C G G♭ A D♭ E♭ 016 026
A♭ B♭ D B E F 026 016

C D♭ G♭ A E♭ G 016 026
A♭ D E B B♭ F 026 016

C D♭ G♭ A E♭ G 016 026
A♭ B♭ D B E F 026 016

C D♭ G A E♭ F 016 026
A♭ D G♭ B B♭ E 026 016

A♭ C G♭ D D♭ G 026 016
B♭ E E♭ A B F 016 026

A♭ C G♭ D D♭ G 026 016
A E♭ F B B♭ E 026 016

A♭ C G♭ D D♭ G 026 016
B E♭ F A B♭ E 026 016

A♭ C G♭ D D♭ G 026 016
A B E♭ B♭ E F 026 016

A♭ C D D♭ G G♭ 026 016
B♭ E E♭ A B F 016 026

A♭ C D D♭ G G♭ 026 016
A E♭ F B B♭ E 026 016

A♭ C D D♭ G G♭ 026 016
B E♭ F A B♭ E 026 016

A♭ C D D♭ G G♭ 026 016
A B E♭ B♭ E F 026 016

C D G♭ A♭ D♭ G 026 016
B♭ E E♭ A B F 016 026

C D G♭ A♭ D♭ G 026 016
A E♭ F B B♭ E 026 016

C D G♭ A♭ D♭ G 026 016
B E♭ F A B♭ E 026 016

C D G♭ A♭ D♭ G 026 016
A B E♭ B♭ E F 026 016

C D♭ G A♭ D G♭ 016 026
B♭ E E♭ A B F 016 026

C D♭ G A♭ D G♭ 016 026
A E♭ F B B♭ E 026 016

C D♭ G A♭ D G♭ 016 026
B E♭ F A B♭ E 026 016

C D♭ G A♭ D G♭ 016 026
A B E♭ B♭ E F 026 016

C D♭ G♭ A♭ D E 016 026
A B♭ E♭ B F G 016 026

C E G♭ A♭ D D♭ 026 016
A E♭ G B B♭ F 026 016

C D♭ G♭ A♭ D E 016 026
A B♭ E♭ B F G 016 026

C E G♭ A♭ D D♭ 026 016
A E♭ G B B♭ F 026 016

C F G A D E♭ 027 016
A♭ D♭ G♭ B B♭ E 027 016

C F G♭ A♭ D♭ E♭ 016 027
A D G B B♭ E 027 016

C F G A♭ D D♭ 027 016
A B♭ E♭ B E G♭ 016 027

C D♭ G A D E 016 027
A♭ B♭ E♭ B F G♭ 027 016

C D♭ G A♭ D F 016 036
A B♭ E♭ B E G♭ 016 027

C F G♭ A♭ D♭ E♭ 016 027
B D G A B♭ E 037 016

A♭ C F D D♭ G 037 016
A B♭ E♭ B E G♭ 016 027

C F G A♭ D D♭ 027 016
A E♭ G♭ B B♭ E 036 016

C F G A♭ D D♭ 027 016
B E♭ G♭ A B♭ E 037 016

A C E D D♭ G 037 016
A♭ B♭ E♭ B F G♭ 027 016

C G G♭ A D♭ E♭ 016 026
A♭ D F B B♭ E 036 016

C G G♭ A D♭ E♭ 016 026
A♭ B D B♭ E F 036 016

C D♭ G A E♭ G♭ 016 036
A♭ D E B B♭ F 026 016

C D♭ G A E♭ G♭ 016 036
A♭ B♭ D B E F 026 016

C D♭ G♭ A E♭ G 016 026
A♭ D F B B♭ E 036 016

C D♭ G♭ A E♭ G 016 026
A♭ B D B♭ E F 036 016

C D♭ G♭ A♭ D F 016 036
A E♭ G B B♭ E 026 016

C E♭ G♭ A♭ D D♭ 036 016
A B♭ E B F G 016 026

A C E♭ D♭ G G♭ 036 016
A♭ D E B B♭ F 026 016

A C E♭ D♭ G G♭ 036 016
A♭ B♭ D B E F 026 016

C D♭ G A♭ D E 016 026
A E♭ G♭ B B♭ F 036 016

C E G♭ D D♭ G 026 016
A B♭ E♭ A♭ B F 016 036

A C E♭ D♭ G G♭ 036 016
A♭ D F B B♭ E 036 016

A C E♭ D♭ G G♭ 036 016
A♭ B D B♭ E F 036 016

C D♭ G A E♭ G♭ 016 036
A♭ D F B B♭ E 036 016

C D♭ G A E♭ G♭ 016 036
A♭ B D B♭ E F 036 016

C D♭ G A♭ D F 016 036
A E♭ G♭ B B♭ E 036 016

C E♭ G♭ D D♭ G 036 016
A B♭ E A♭ B F 016 036

A♭ C F D D♭ G 037 016
A E♭ G♭ B B♭ E 036 016

C D♭ G A♭ D F 016 036
B E♭ G♭ A B♭ E 037 016

C D♭ G♭ A♭ D F 016 036
A B♭ E♭ B E G 016 037

C E G A♭ D D♭ 037 016
A E♭ G♭ B B♭ F 036 016

C E G A♭ D D♭ 037 016
A B♭ E♭ B F G♭ 016 016

A♭ C E♭ D D♭ G 037 016
A B♭ E B F G♭ 016 016

C E♭ G	A♭ D D♭	0 3 7 0 1 6
A B♭ E	B F G♭	0 1 6 0 1 6
C F G♭	A♭ D♭ E	0 1 6 0 3 7
B D G	A B♭ E♭	0 3 7 0 1 6
A♭ C F	D D♭ G	0 3 7 0 1 6
B E♭ G♭	A B♭ E	0 3 7 0 1 6
C D♭ G♭	A♭ D F	0 1 6 0 3 6
B E♭ G	A B♭ E	0 4 8 0 1 6
A♭ C E	D D♭ G	0 4 8 0 1 6
A E♭ G♭	B B♭ F	0 3 6 0 1 6

C D D♭ A♭ E G♭ 012 024
E♭ F G A B B♭ 024 012

C D D♭ E♭ F G 012 024
A♭ E G♭ A B B♭ 024 012

A♭ C D♭ E♭ F G 015 024
D E G♭ A B B♭ 024 012

A♭ C G D♭ E♭ F 015 024
D E G♭ A B B♭ 024 012

C D D♭ A F G 012 024
B E E♭ A♭ B♭ G♭ 015 024

C D D♭ A F G 012 024
B B♭ E♭ A♭ E G♭ 015 024

C D D♭ A♭ E G♭ 012 024
B B♭ E♭ A F G 015 024

C D E A♭ D♭ G♭ 024 027
E♭ F G A B B♭ 024 012

C D D♭ A♭ E G♭ 012 024
B♭ E♭ F A B G 027 024

C D D♭ E♭ F G 012 024
A B E A♭ B♭ G♭ 027 024

C D G D♭ E♭ F 027 024
A♭ E G♭ A B B♭ 024 012

C D E♭ A F G 013 024
B B♭ D♭ A♭ E G♭ 013 024

C D E♭ A♭ E G♭ 013 024
B B♭ D♭ A F G 013 024

C D♭ E♭ A F G 013 024
D E G♭ A♭ B B♭ 024 013

C D♭ E♭ D E G♭ 013 024
A F G A♭ B B♭ 024 013

A C D♭ E♭ F G 014 024
D E G♭ A♭ B B♭ 024 013

C D♭ E♭ A F G 013 024
B B♭ D A♭ E G♭ 014 024

C D♭ E♭ A♭ E G♭ 013 024
B B♭ D A F G 014 024

A C D♭ D E G♭ 014 024
E♭ F G A♭ B B♭ 024 013

C D E♭ A F G 013 024
B D♭ E A♭ B♭ G♭ 025 024

A C D E♭ F G 025 024
B B♭ D♭ A♭ E G♭ 013 024

C D E A♭ E♭ G♭ 024 025
B B♭ D♭ A F G 013 024

C D E♭ A♭ E G♭ 013 024
A B D♭ B♭ F G 024 025

A C G D♭ E♭ F 025 024
D E G♭ A♭ B B♭ 024 013

C D♭ E♭ A F G 013 024
B D E A♭ B♭ G♭ 025 024

C D♭ E♭ D E G♭ 013 024
A♭ B♭ F A B G 025 024

C D E D♭ E♭ G♭ 024 025
A F G A♭ B B♭ 024 013

C D E♭ A♭ E G♭ 013 024
B♭ D♭ F A B G 037 024

C D♭ E♭ A♭ E G♭ 013 024
B♭ D F A B G 037 024

A A♭ C D♭ E♭ F 014 024
D E G♭ B B♭ G 024 014

A C D♭ E♭ F G 014 024
B B♭ D A♭ E G♭ 014 024

C D E A♭ E♭ F 024 025
A B D♭ B♭ G G♭ 024 014

A C D♭ E♭ F G 014 024
B D E A♭ B♭ G♭ 025 024

A C G D♭ E♭ F 025 024
B B♭ D A♭ E G♭ 014 024

C D♭ E E♭ F G 014 024
A B D A♭ B♭ G♭ 025 024

C D♭ F A♭ E G♭ 015 024
B♭ D E♭ A B G 015 024

A♭ C D♭ D E G♭ 015 024
B B♭ E♭ A F G 015 024

C D E A♭ D♭ G♭ 024 027
B B♭ E♭ A F G 015 024

A♭ C D♭ D E G♭ 015 024
B♭ E♭ F A B G 027 024

C D♭ F D E G♭ 015 024
A♭ B♭ E♭ A B G 027 024

C D E D♭ F G♭ 024 015
A♭ B♭ E♭ A B G 027 024

C D E A♭ D♭ E♭ 024 027
B♭ F G♭ A B G 015 024

C D E A♭ D♭ E♭ 024 027
A F G B B♭ G♭ 024 015

A♭ C D♭ D E G♭ 015 024
E♭ F G A B B♭ 024 012

C D E A♭ B♭ G♭ 024 024
D♭ E♭ F A B G 024 024

C D E A♭ B♭ G♭ 024 024
B D♭ E♭ A F G 024 024

C D E A♭ B♭ G♭ 024 024
A B D♭ E♭ F G 024 024

B♭ C D A♭ E G♭ 024 024
D♭ E♭ F A B G 024 024

B♭ C D A♭ E G♭ 024 024
B D♭ E♭ A F G 024 024

B♭ C D A♭ E G♭ 024 024
A B D♭ E♭ F G 024 024

A♭ B♭ C D E G♭ 024 024
D♭ E♭ F A B G 024 024

A♭ B♭ C D E G♭ 024 024
B D♭ E♭ A F G 024 024

A♭ B♭ C D E G♭ 024 024
A B D♭ E♭ F G 024 024

C D E A F G 024 024
B D♭ E♭ A♭ B♭ G♭ 024 024

C D E E♭ F G 024 024
A B D♭ A♭ B♭ G♭ 024 024

C D E D♭ E♭ F 024 024
A♭ B♭ G♭ A B G 024 024

A C D   E♭ F G   025 024
B D♭ E   A♭ B♭ G♭   025 024

C D E   A♭ E♭ G♭   024 025
A B D♭   B♭ F G   024 025

A C G   D♭ E♭ F   025 024
B D E   A♭ B♭ G♭   025 024

C D E   D♭ E♭ G♭   024 025
A♭ B♭ F   A B G   025 024

C E G♭   E♭ F G   026 024
A B D♭   A♭ B♭ D   024 026

A♭ C G♭   D♭ E♭ F   026 024
B♭ D E   A B G   026 024

C D E   A D♭ G   024 026
B E♭ F   A♭ B♭ G♭   026 024

C D E   D♭ F G   024 026
A B E♭   A♭ B♭ G♭   026 024

C D G♭   D♭ E♭ F   026 024
A♭ B♭ E   A B G   026 024

A♭ C D   D♭ E♭ F   026 024
B♭ E G♭   A B G   026 024

C D E   A♭ D♭ G♭   024 027
B♭ E♭ F   A B G   027 024

C D G   D♭ E♭ F   027 024
A B E   A♭ B♭ G♭   027 024

C D E   A♭ E♭ G♭   024 025
B♭ D♭ F   A B G   037 024

C D E   A♭ E♭ F   024 025
B♭ D♭ G♭   A B G   037 024

C E G   D♭ E♭ F   037 024
A B D   A♭ B♭ G♭   025 024

C D E   A♭ D♭ F   024 037
B♭ E♭ G♭   A B G   037 024

A♭ C E   D♭ E♭ F   048 024
B♭ D G♭   A B G   048 024

C D D♭ A E G♭ 012 025
A♭E♭F B B♭ G 025 014

C D D♭ A♭E♭ F 012 025
A E G♭ B B♭ G 025 014

C D♭E D F G 014 025
A♭E♭G♭ A B B♭ 025 012

C D♭F A♭E♭G♭ 015 025
D E G A B B♭ 025 012

C D D♭ A E G 012 025
A♭E♭F B B♭ G♭ 025 015

C D D♭ A♭E♭ F 012 025
A E G B B♭ G♭ 025 015

C D♭F D E G 015 025
A♭E♭G♭ A B B♭ 025 012

C D♭G♭ A♭E♭ F 016 025
D E G A B B♭ 025 012

C D D♭ A E G 012 025
A♭E♭G♭ B B♭ F 025 016

C D♭G♭ D E G 016 025
A♭E♭F A B B♭ 025 012

C D D♭ A♭E♭G♭ 012 025
A E G B B♭ F 025 016

C E♭F A♭D♭G♭ 025 027
D E G A B B♭ 025 012

C D D♭ A E G 012 025
B♭E♭F A♭B G♭ 027 025

C D G D♭E G♭ 027 025
A♭E♭F A B B♭ 025 012

C D D♭ A♭E♭G♭ 012 025
A B E B♭F G 027 025

A♭C F D♭E♭G♭ 037 025
D E G A B B♭ 025 012

C D D♭ A E G 012 025
B E♭G♭ A♭B♭F 037 025

C D D♭ A E G♭ 012 025
A♭B E♭ B♭F G 037 025

C D D♭ A E G♭ 012 025
B E♭G A♭B♭ F 048 025

A C D E F G 025 013
B B♭D♭ A♭E♭G♭ 013 025

A C D E F G 025 013
D♭E♭G♭ A♭B B♭ 025 013

A C G D E F 025 013
B B♭D♭ A♭E♭G♭ 013 025

A C G D E F 025 013
D♭E♭G♭ A♭B B♭ 025 013

A C G D E♭F 025 013
D♭E G♭ A♭B B♭ 025 013

C D♭E♭ A E G♭ 013 025
D F G A♭B B♭ 025 013

C D♭E♭ D F G 013 025
A E G♭ A♭B B♭ 025 013

C D E♭ D♭E G♭ 013 025
B♭F G A A♭B 025 013

C E♭F E G G♭ 025 013
A♭B D♭ A B♭D 025 015

C D♭F A♭E♭G♭ 015 025
B D E A B♭G 025 013

A C G D D♭E 025 013
A♭E♭F B B♭G♭ 025 015

C E♭F D D♭G♭ 025 015
A E G A♭B B♭ 025 013

C D F D♭E♭G♭ 025 025
A E G A♭B B♭ 025 013

C D♭G♭ A♭E♭F 016 025
B D E A B♭G 025 013

A C G D D♭E 025 013
A♭E♭G♭ B B♭F 025 016

C E♭F D D♭G 025 016
A E G♭ A♭B B♭ 025 013

A C D E♭F G 025 024
D♭E G♭ A♭B B♭ 025 013

A C G D E♭F 025 013
B D♭E A♭B♭G♭ 025 024

C D E♭ D♭E G♭ 013 025
A♭B♭F A B G 025 024

C D E D♭E♭G♭ 024 025
B♭F G A A♭B 025 013

C E♭F E G G♭ 025 013
A♭B♭D♭ A B D 025 025

A C D E F G 025 013
B♭D♭E♭ A♭B G♭ 025 025

A C G D E F 025 013
B♭D♭E♭ A♭B G♭ 025 025

C D F A E G 025 025
B B♭D♭ A♭E♭G♭ 013 025

C D F A E G 025 025
D♭E♭G♭ A♭B B♭ 025 013

C D F A♭E♭G♭ 025 025
B B♭D♭ A E G 013 025

C D F A♭E♭G♭ 025 025
B D♭E A B♭G 025 013

C D E♭ A E G♭ 013 025
A♭B D♭ B♭F G 025 025

A C D E E♭G♭ 025 013
A♭B D♭ B♭F G 025 025

C D F A E♭G 025 026
D♭E G♭ A♭B B♭ 025 013

A C G D E♭F 025 013
A♭B D♭ B♭E G♭ 025 026

C E♭F A♭D G♭ 025 026
B B♭D♭ A E G 013 025

C E♭F A♭D G♭ 025 026
B D♭E A B♭G 025 013

C D G♭ A♭E♭F 026 025
B B♭D♭ A E G 013 025

C D G♭ A♭E♭F 026 025
B D♭E A B♭G 025 013

A C D E E♭G♭ 025 013
A♭B♭D♭ B F G 025 026

A C D E E♭ G♭ 025 013
B D♭ G A♭ B♭ F 026 025

C D E♭ A E G♭ 013 025
A♭ B♭ D♭ B F G 025 026

C D E♭ A E G♭ 013 025
B D♭ G A♭ B♭ F 026 025

C D♭ E♭ D F G 013 025
A♭ B♭ E A B G♭ 026 025

C D F D♭ E♭ G 025 026
A E G♭ A♭ B B♭ 025 013

C E♭ F A D G 025 027
D♭ E G♭ A♭ B B♭ 025 013

A C G D E♭ F 025 013
A♭ B♭ D♭ B E G♭ 025 027

C E♭ F A♭ D♭ G♭ 025 027
B D E A B♭ G 025 013

A C G D D♭ E 025 013
B♭ E♭ F A♭ B G♭ 027 025

A C E♭ D F G 036 025
D♭ E G♭ A♭ B B♭ 025 013

A C G D E♭ F 025 013
B♭ D♭ E A♭ B G♭ 036 025

C D♭ E♭ A E G♭ 013 025
A♭ B D B♭ F G 036 025

A C E♭ D♭ E G♭ 036 025
D F G A♭ B B♭ 025 013

A C E D F G 037 025
D♭ E♭ G♭ A♭ B B♭ 025 013

A C F D E G 037 025
B B♭ D♭ A♭ E♭ G♭ 013 025

A C F D E G 037 025
D♭ E♭ G♭ A♭ B B♭ 025 013

A C G D E F 025 013
A♭ B♭ D♭ B E♭ G♭ 025 037

A C G D E F 025 013
A♭ B D♭ B♭ E♭ G♭ 025 037

A C D E F G 025 013
A♭ B♭ D♭ B E♭ G♭ 025 037

A C D E F G 025 013
A♭ B D♭ B♭ E♭ G♭ 025 037

A C E D F G 037 025
B B♭ D♭ A♭ E♭ G♭ 013 025

A C F D♭ E♭ G♭ 037 025
D E G A♭ B B♭ 025 013

A C F D♭ E♭ G♭ 037 025
B D E A♭ B♭ G 025 013

A♭ C F D♭ E♭ G♭ 037 025
B D E A B♭ G 025 013

C D♭ E♭ A E G 013 025
B♭ D F A♭ B G♭ 037 025

C D♭ E♭ A E G 013 025
B D G♭ A♭ B♭ F 037 025

A C G D♭ E E♭ 025 013
B♭ D F A♭ B G♭ 037 025

A C G D♭ E E♭ 025 013
B D G♭ A♭ B♭ F 037 025

A C E D♭ E♭ G♭ 037 025
D F G A♭ B B♭ 025 013

C D♭ E♭ A E G♭ 013 025
B D G A♭ B♭ F 037 025

A C G D D♭ E 025 013
B E♭ G♭ A♭ B♭ F 037 025

C E E♭ D F G 014 025
A B♭ D♭ A♭ B G♭ 014 025

C E E♭ D F G 014 025
A♭ B D♭ A B♭ G♭ 025 014

C D F E E♭ G 025
014
A B♭ D♭ A♭ B G♭ 014 025

C D F E E♭ G 025 014
A♭ B D♭ A B♭ G♭ 025 014

A C D♭ A♭ E♭ F 014 025
B D E B♭ G G♭ 025 014

C D♭ E A♭ E♭ F 014 025
A B D B♭ G G♭ 025 014

A C D♭ A♭ E♭ F 014 025
D E G B B♭ G♭ 025 015

C E♭ F A A♭ D♭ 025 015
B D E B♭ G G♭ 025 014

C D♭ F A♭ E♭ G♭ 015 025
B B♭ D A E G 014 025

A C D♭ D E G 014 025
A♭ E♭ F B B♭ G♭ 025 015

C D♭ G♭ A E G 016 025
B D E♭ A♭ B♭ F 014 025

C D♭ G♭ A E G 016 025
B B♭ D A♭ E♭ F 014 025

C D♭ G A E G♭ 016 025
B D E♭ A♭ B♭ F 014 025

C D♭ G A E G♭ 016 025
B B♭ D A♭ E♭ F 014 025

A C D♭ A♭ E♭ G♭ 014 025
D E G B B♭ F 025 016

A C D♭ A♭ E♭ G♭ 014 025
D F G B B♭ E 025 016

A A♭ C D♭ E♭ G♭ 014 025
D E G B B♭ F 025 016

A A♭ C D♭ E♭ G♭ 014 025
D F G B B♭ E 025 016

C D♭ G A♭ E♭ F 016 025
B B♭ D A E G♭ 014 025

C D♭ G A♭ E♭ F 016 025
B D E A B♭ G♭ 025 014

C E♭ F A♭ D♭ G 025 016
B B♭ D A E G♭ 014 025

C E♭ F A♭ D♭ G 025 016
B D E A B♭ G♭ 025 014

C D♭ G♭ A♭ E♭ F 016 025
B B♭ D A E G 014 025

A C G D D♭ F 025 014
B♭ E E♭ A♭ B G♭ 016 025

A C G D D♭ F 025 014
A♭ E♭ G♭ B B♭ E 025 016

A C D♭ D F G 014 025
B♭ E E♭ A♭ B G♭ 016 025

A C D♭ D F G 014 025
A♭ E♭ G♭ B B♭ E 025 016

A C D♭ D E G 014 025
A♭ E♭ G♭ B B♭ F 025 016

C E♭ F A♭ D D♭ 025 016
A E G♭ B B♭ G 025 014

C D♭ E D F G 014 025
A B♭ E♭ A♭ B G♭ 016 025

C E E♭ D F G 014 025
A♭ B♭ D♭ A B G♭ 025 025

C D F E E♭ G 025 014
A♭ B♭ D♭ A B G♭ 025 025

C E♭ F D E G 025 025
A B♭ D♭ A♭ B G♭ 014 025

C E♭ F D E G 025 025
A♭ B D♭ A B♭ G♭ 025 014

A C G D♭ E G♭ 025 025
B D E♭ A♭ B♭ F 014 025

A C G D♭ E G♭ 025 025
B B♭ D A♭ E♭ F 014 025

A C D♭ A♭ E♭ G♭ 014 025
B D E B♭ F G 025 025

A A♭ C D♭ E♭ G♭ 014 025
B D E B♭ F G 025 025

C D♭ E A♭ E♭ G♭ 014 025
A B D B♭ F G 025 025

A C D D♭ E G♭ 025 025
A♭ E♭ F B B♭ G 025 014

C E♭ F A♭ D♭ G♭ 025 027
B B♭ D A E G 014 025

A C D♭ D E G 014 025
B♭ E♭ F A♭ B G♭ 027 025

C D F A♭ D♭ E♭ 025 027
A E G♭ B B♭ G 025 014

C D♭ E D F G 014 025
A♭ B♭ E♭ A B G♭ 027 025

A♭ C F D♭ E♭ G♭ 037 025
B B♭ D A E G 014 025

C D♭ E A♭ E♭ F 014 025
B♭ D G A B G♭ 037 025

C E♭ F A♭ D♭ E 025 037
A B D B♭ G G♭ 025 014

A C D♭ D E G 014 025
B E♭ G♭ A♭ B♭ F 037 025

C E♭ F A A♭ D♭ 025 015
D E G B B♭ G♭ 025 015

A♭ C D♭ D F G 015 025
B B♭ E♭ A E G♭ 015 025

A♭ C D♭ D F G 015 025
B♭ E E♭ A B G♭ 016 025

C D F A♭ D♭ G 025 016
B B♭ E♭ A E G♭ 015 025

C E♭ F A♭ D D♭ 025 016
A E G B B♭ G♭ 025 015

C D♭ F D E G 015 025
A B♭ E♭ A♭ B G♭ 016 025

C D F A♭ D♭ G♭ 025 027
B B♭ E♭ A E G 015 025

A♭ C D♭ D E G 015 025
B♭ E♭ F A B G♭ 027 025

C D F A♭ D♭ E♭ 025 027
A E G B B♭ G♭ 025 015

C D♭ F D E G 015 025
A♭ B♭ E♭ A B G♭ 027 025

C D F A♭ E E♭ 025 015
B♭ D♭ G A B G♭ 036 025

C E♭ F D♭ E G 025 036
A B♭ D A♭ B G♭ 015 025

A C D D♭ E G 025 036
A♭ E♭ F B B♭ G♭ 025 015

C D F A♭ D♭ G 025 016
B♭ E E♭ A B G♭ 016 025

C D♭ G A♭ E♭ F 016 025
A B D B♭ E G♭ 025 026

C D♭ G A♭ E♭ F 016 025
B♭ D E A B G♭ 026 025

C E♭ F A♭ D♭ G 025 016
A B D B♭ E G♭ 025 026

C E♭ F A♭ D♭ G 025 016
B♭ D E A B G♭ 026 025

C D F A D♭ G 025 026
B♭ E E♭ A♭ B G♭ 016 025

C D F A D♭ G 025 026
A♭ E♭ G♭ B B♭ E 025 016

A C D D♭ F G 025 026
B♭ E E♭ A♭ B G♭ 016 025

A C D D♭ F G 025 026
A♭ E♭ G♭ B B♭ E 025 016

C D♭ G♭ D E G 016 025
A B E♭ A♭ B♭ F 026 025

A♭ C D D♭ E♭ G♭ 026 025
A E G B B♭ F 025 016

C E♭ F D D♭ G 025 016
A♭ B♭ E A B G♭ 026 025

C D♭ F A♭ E♭ G♭ 015 025
A B D B♭ E G 025 036

C D♭ G♭ A♭ E♭ F 016 025
A B D B♭ E G 025 036

A C D D♭ E G 025 036
A♭ E♭ G♭ B B♭ F 025 016

A C D E♭ F G 025 024
B D♭ E A♭ B♭ G♭ 025 024

C D E A♭ E♭ G♭ 024 025
A B D♭ B♭ F G 024 025

A C G D♭ E♭ F 025 024
B D E A♭ B♭ G♭ 025 024

A C G D♭ E♭ F 025 024
B♭ D E A♭ B G♭ 026 025

C D E D♭ E♭ G♭ 024 025
A♭ B♭ F A B G 025 024

Set 1	Set 2	Set 1 class	Set 2 class
A C D	E♭ F G	025	024
A♭ B♭ D♭	B E G♭	025	027
C E♭ F	A D G	025	027
B D♭ E	A♭ B♭ G♭	025	024
A C E♭	D F G	036	025
B D♭ E	A♭ B♭ G♭	025	024
A C D	E♭ F G	025	024
B♭ D♭ E	A♭ B G♭	036	025
C D E	A♭ E♭ F	024	025
B♭ D♭ G	A B G♭	036	025
C E♭ F	D♭ E G	025	036
A B D	A♭ B♭ G♭	025	024
C D F	A E♭ G	025	026
B D♭ E	A♭ B♭ G♭	025	024
A C D	E♭ F G	025	024
A♭ B D♭	B♭ E G♭	025	026
C E♭ F	A D♭ G	025	026
B D E	A♭ B♭ G♭	025	024
C D F	A E G	025	025
B♭ D♭ E♭	A♭ B G♭	025	025
C E♭ F	D E G	025	025
A♭ B♭ D♭	A B G♭	025	025
A C G	D♭ E♭ G♭	025	025
B D E	A♭ B♭ F	025	025
A C E	D F G	037	025
B♭ D♭ E♭	A♭ B G♭	025	025
A C F	D E G	037	025
B♭ D♭ E♭	A♭ B G♭	025	025
C D F	A E G	025	025
A♭ B♭ D♭	B E♭ G♭	025	037
C D F	A E G	025	025
A♭ B D♭	B♭ E♭ G♭	025	037
A♭ C E♭	D♭ E G♭	037	025
A B D	B♭ F G	025	025
C E♭ G	D♭ E G♭	037	025
A B D	A♭ B♭ F	025	025
C E G	D♭ E♭ G♭	037	025
A B D	A♭ B♭ F	025	025

Set 1	Set 2	Set 1 class	Set 2 class
A C D	D♭ E G♭	025	025
A♭ B E♭	B♭ F G	037	025
A C D	D♭ E♭ G♭	025	025
B E G	A♭ B♭ F	037	025
A C D	D♭ E♭ G♭	025	025
A♭ B E	B♭ F G	037	025
A♭ C E	D♭ E♭ G♭	048	025
A B D	B♭ F G	025	025
A C D	D♭ E G♭	025	025
B E♭ G	A♭ B♭ F	048	025
C D F	A E♭ G	025	026
A♭ B D♭	B♭ E G♭	025	026
C E♭ F	A D♭ G	025	026
B♭ D E	A♭ B G♭	026	025
A♭ C D	D♭ E G♭	026	025
A B E♭	B♭ F G	026	025
C D F	D♭ E♭ G	025	026
A♭ B♭ E	A B G♭	026	025
C E♭ F	A D G	025	027
A♭ B D♭	B♭ E G♭	025	026
C D F	A E♭ G	025	026
A♭ B♭ D♭	B E G♭	025	027
C D G	D♭ E G♭	027	025
A B E♭	A♭ B♭ F	026	025
A♭ C D	D♭ E♭ G♭	026	025
A B E	B♭ F G	027	025
A C E♭	D F G	036	025
A♭ B D♭	B♭ E G♭	025	026
C D F	A E♭ G	025	026
B♭ D♭ E	A♭ B G♭	036	025
C E♭ F	A♭ D E	025	026
B♭ D♭ G	A B G♭	036	025
C E♭ F	D♭ E G	025	036
A♭ B♭ D	A B G♭	026	025
C E♭ F	A D G	025	027
A♭ B♭ D♭	B E G♭	025	027

Set 1	Set 2	Set 1 class	Set 2 class
C D G	D♭ E♭ G♭	027	025
A B E	A♭ B♭ F	027	025
A C E♭	D F G	036	025
A♭ B♭ D♭	B E G♭	025	027
C E♭ F	A D G	025	027
B♭ D♭ E	A♭ B G♭	036	025
C E♭ F	A♭ D♭ G♭	025	027
A B D	B♭ E G	025	036
A C D	D♭ E G	025	036
B♭ E♭ F	A♭ B G♭	027	025
A C E♭	D F G	036	025
B♭ D♭ E	A♭ B G♭	036	025
A C E♭	D♭ E G♭	036	025
A♭ B D	B♭ F G	036	025
A♭ C F	D♭ E♭ G♭	037	025
A B D	B♭ E G	025	036
A C E♭	D♭ E G♭	036	025
B D G	A♭ B♭ F	037	025
A C E	D♭ E♭ G♭	037	025
A♭ B D	B♭ F G	036	025
A C D	D♭ E G	025	036
B E♭ G♭	A♭ B♭ F	037	025
A C E	D F G	037	025
A♭ B♭ D♭	B E♭ G♭	025	037
A C E	D F G	037	025
A♭ B D♭	B♭ E♭ G♭	025	037
A C F	D E G	037	025
A♭ B♭ D♭	B E♭ G♭	025	037
A C F	D E G	037	025
A♭ B D♭	B♭ E♭ G♭	025	037
A♭ C F	D♭ E G♭	037	025
A B D	B♭ E♭ G	025	037
A C E	D♭ E♭ G♭	037	025
B D G	A♭ B♭ F	037	025
C E♭ F	A♭ D♭ E	025	037
B♭ D G	A B G♭	037	025
C D F	A♭ D♭ E	025	037
B♭ E♭ G	A B G♭	037	025

A♭C G♭ D E E♭ 026 012
D♭F G A B B♭ 026 012

C E G♭ D D♭ E♭ 026 012
B F G A A♭ B♭ 026 012

A♭C D E E♭ G♭ 026 013
D♭F G A B B♭ 026 012

A♭C G♭ D E E♭ 026 012
B D♭F A B♭ G 026 013

C E G♭ D D♭ E♭ 026 012
A B F A♭B♭ G 026 013

C D G♭ D♭E E♭ 026 013
B F G A A♭ B♭ 026 012

C E E♭ A♭D G♭ 014 026
D♭F G A B B♭ 026 012

A♭C G♭ D E E♭ 026 012
A B♭D♭ B F G 014 026

A♭C D E E♭ F 026 012
B D♭G A B♭ G♭ 026 014

C E E♭ D♭F G 014 026
A♭D G♭ A B B♭ 026 012

C D G♭ A♭E E♭ 026 015
D♭F G A B B♭ 026 012

A♭C G♭ D E E♭ 026 012
B D♭G A B♭ F 026 015

A♭C D E E♭ F 026 012
A D♭G B B♭ G♭ 026 015

C E F D♭E♭ G 015 026
A♭D G♭ A B B♭ 026 012

C E G♭ A♭D E♭ 026 016
D♭F G A B B♭ 026 012

A♭C G♭ D E E♭ 026 012
A D♭G B B♭ F 026 016

C E G♭ D D♭ G 026 016
B E♭ F A A♭ B♭ 026 012

A♭C G♭ D D♭ E♭ 026 012
A B♭E B F G 016 026

C E♭G♭ A♭D E 036 026
D♭F G A B B♭ 026 012

A♭C G♭ D E E♭ 026 012
B♭D♭G A B F 036 026

C D G♭ D♭E G 026 036
B E♭ F A A♭ B♭ 026 012

A♭B♭E B F G 026 026
A C G♭ D D♭ E♭ 036 012

A♭C G♭ D D♭ E♭ 026 012
B♭E G A B F 036 026

C E G♭ D D♭ G 026 016
A E♭F A♭B B♭ 026 013

C D♭E♭ A♭D G♭ 013 026
A B♭E B F G 016 026

A♭C D E E♭ G♭ 026 013
B D♭G A B♭ F 026 015

A♭C D E E♭ G♭ 026 013
B D♭F A B♭ G 026 013

A♭C G♭ D D♭ E 026 013
B E♭ F A B♭ G 026 013

C D E♭ D♭F G 013 026
B♭E G♭ A A♭ B 026 013

C D G♭ D♭E E♭ 026 013
A B F A♭B♭ G 026 013

C E E♭ A♭D G♭ 014 026
B D♭F A B♭ G 026 013

A♭C D E E♭ G♭ 026 013
A B♭D♭ B F G 014 026

A♭C G♭ D D♭ E 026 013
A E♭ F B B♭ G 026 014

C D♭E A♭D G♭ 014 026
B E♭ F A B♭ G 026 013

C D G♭ D♭E F 026 014
A E♭ G A♭B B♭ 026 013

C D G♭ D♭E F 026 014
A B E♭ A♭B♭ G 026 013

C E G♭ D D♭ F 026 014
A E♭ G A♭B B♭ 026 013

C E G♭ D D♭ F 026 014
A B E♭ A♭B♭ G 026 013

C D♭E♭ A♭D E 013 026
B F G A B♭ G♭ 026 014

C D♭E♭ A♭D E 013 026
A B F B♭G G♭ 026 014

A♭C D D♭E E♭ 026 013
B F G A B♭ G♭ 026 014

A♭C D D♭E E♭ 026 013
A B F B♭G G♭ 026 014

C D G♭ A♭E E♭ 026 015
B D♭F A B♭ G 026 013

A♭C G♭ D♭E E♭ 026 013
A B♭D B F G 015 026

C E G♭ A D D♭ 026 015
B E♭ F A♭B♭ G 026 013

A♭C D E♭F G♭ 026 013
A D♭G B B♭ E 026 016

A♭C D E♭F G♭ 026 013
B D♭G A B♭ E 026 016

A♭C G♭ D E♭ F 026 013
A D♭G B B♭ E 026 016

A♭C G♭ D E♭ F 026 013
B D♭G A B♭ E 026 016

C E G♭ A D E♭ 026 016
D♭F G A♭B B♭ 026 013

C E G♭ A D E♭ 026 016
B D♭F A♭B♭ G 026 013

C D G♭ A E E♭ 026 016
D♭F G A♭B B♭ 026 013

C D G♭ A E E♭ 026 016
B D♭F A♭B♭ G 026 013

C E G♭ A♭D E♭ 026 016
B D♭F A B♭ G 026 013

A♭C D E E♭ G♭ 026 013
A D♭G B B♭ F 026 016

C E G♭ A♭ D D♭ 026 016
B E♭ F A B♭ G 026 013

A♭ C G♭ D D♭ E 026 013
A E♭ G B B♭ F 026 016

A♭ C G♭ D D♭ E 026 013
A B♭ E♭ B F G 016 026

C D♭ G♭ A♭ D E 016 026
B E♭ F A B♭ G 026 013

A♭ C D D♭ E G♭ 026 025
B E♭ F A B♭ G 026 013

A♭ C G♭ D D♭ E 026 013
A B E♭ B♭ F G 026 025

C D E♭ D♭ F G 013 026
A♭ B♭ E A B G♭ 026 025

C D F D♭ E♭ G 025 026
B♭ E G♭ A A♭ B 026 013

C D G♭ D♭ E G 026 036
A E♭ F A♭ B B♭ 026 013

C E♭ G♭ A♭ D E 036 026
B D♭ F A B♭ G 026 013

A♭ C D E E♭ G♭ 026 013
B♭ D♭ G A B F 036 026

C D♭ E♭ A♭ D G♭ 013 026
B♭ E G A B F 036 026

A♭ C G♭ D♭ E E♭ 026 013
B♭ D G A B F 037 026

C D G♭ A D♭ E 026 037
B E♭ F A♭ B♭ G 026 013

C D G♭ A♭ D♭ E 026 037
B E♭ F A B♭ G 026 013

A♭ C G♭ D D♭ E 026 013
B♭ E♭ G A B F 037 026

C E E♭ A♭ D G♭ 014 026
A B♭ D♭ B F G 014 026

C E G♭ A♭ D E♭ 026 016
A B♭ D♭ B F G 014 026

C E E♭ A♭ D G♭ 014 026
A D♭ G B B♭ F 026 016

C F G♭ A D♭ E♭ 016 026
A♭ D E B B♭ G 026 014

C D♭ G♭ A E♭ F 016 026
A♭ D E B B♭ G 026 014

C D♭ G♭ A E♭ F 016 026
B♭ D E A♭ B G 026 014

C F G♭ A D♭ E♭ 016 026
B♭ D E A♭ B G 026 014

C D♭ E A E♭ G 014 026
A♭ D G♭ B B♭ F 026 016

C D♭ E A E♭ G 014 026
A♭ B♭ D B F G♭ 026 016

C E E♭ A D♭ G 014 026
A♭ D G♭ B B♭ F 026 016

C E E♭ A D♭ G 014 026
A♭ B♭ D B F G♭ 026 016

A♭ C G♭ D D♭ F 026 014
A E♭ G B B♭ E 026 016

C D♭ G A♭ D E 016 026
B E♭ F A B♭ G♭ 026 014

C E G♭ A♭ D D♭ 026 016
A E♭ F B B♭ G 026 014

C D♭ G♭ A♭ D E 016 026
A E♭ F B B♭ G 026 014

C D♭ E A♭ D G♭ 014 026
A E♭ G B B♭ F 026 016

C D♭ E A♭ D G♭ 014 026
A B♭ E♭ B F G 016 026

C E♭ F A♭ D E 025 026
B D♭ G A B♭ G♭ 026 014

A♭ C G♭ D♭ E F 026 014
B B♭ D A E♭ G 014 026

C D♭ E A♭ D G♭ 014 026
A E♭ F B B♭ G 026 014

A♭ C D D♭ E F 026 014
A B E♭ B♭ G G♭ 026 014

C D G♭ A♭ E E♭ 026 015
A B♭ D♭ B F G 014 026

C E E♭ A♭ D G♭ 014 026
B D♭ G A B♭ F 026 015

A♭ C D D♭ E F 026 014
A E♭ G B B♭ G♭ 026 015

C D♭ F A♭ D E 015 026
A B E♭ B♭ G G♭ 026 014

C E E♭ D♭ F G 014 026
A♭ B♭ D A B G♭ 026 025

A♭ C D D♭ E G♭ 026 025
A E♭ F B B♭ G 026 014

C D♭ E A♭ D G♭ 014 026
A B E♭ B♭ F G 026 025

C E♭ G♭ A♭ D E 036 026
A B♭ D♭ B F G 014 026

C E E♭ A♭ D G♭ 014 026
B♭ D♭ G A B F 036 026

A♭ C G♭ D D♭ F 026 014
A B E♭ B♭ E G 026 036

A♭ C D D♭ E G 026 036
B E♭ F A B♭ G♭ 026 014

A♭ C G♭ D♭ E F 026 014
B♭ D G A B E♭ 037 026

C E G♭ A♭ D♭ F 026 037
B B♭ D A E♭ G 014 026

C D G♭ A♭ D♭ E 026 037
A E♭ F B B♭ G 026 014

C D♭ E A♭ D G♭ 014 026
B♭ E♭ G A B F 037 026

A♭ C D♭ A E♭ F 015 026
B♭ D E B G G♭ 026 015

C D G♭ A♭ E E♭ 026 015
B D♭ G A B♭ F 026 015

C D♭ F A E♭ G 015 026
A♭ D E B B♭ G♭ 026 015

C D♭ F A♭ D E 015 026
A E♭ G B B♭ G♭ 026 015

C E G♭ A♭ D E♭ 026 016
B D♭ G A B♭ F 026 015

C D G♭ A♭ E E♭ 026 015
A D♭ G B B♭ F 026 016

C D♭ G A E♭ F 016 026
A♭ D E B B♭ G♭ 026 015

C D♭ F A E♭ G 015 026
A♭ D G♭ B B♭ E 026 016

A♭ C D D♭ F G♭ 026 015
A E♭ G B B♭ E 026 016

C D♭ F A♭ D G♭ 015 026
A E♭ G B B♭ E 026 016

C D♭ G A♭ D E 016 026
A E♭ F B B♭ G♭ 026 015

C D♭ G A♭ D E 016 026
A B E♭ B♭ F G♭ 026 015

C E♭ F A♭ D E 025 026
A D♭ G B B♭ G♭ 026 015

C E♭ F A D♭ G 025 026
A♭ D E B B♭ G♭ 026 015

C D♭ F A E♭ G 015 026
B♭ D E A♭ B G♭ 026 025

C E F D♭ E♭ G 015 026
A♭ B♭ D A B G♭ 026 025

C D G♭ A♭ E E♭ 026 015
B♭ D♭ G A B F 036 026

A♭ C D D♭ F G♭ 026 015
A B E♭ B♭ E G 026 036

A♭ C D D♭ E G 026 036
A E♭ F B B♭ G♭ 026 015

A♭ C D D♭ E G 026 036
A B E♭ B♭ F G♭ 026 015

C F G A D♭ E♭ 027 026
A♭ D E B B♭ G♭ 026 015

C D♭ F A E♭ G 015 026
A♭ B♭ D B E G♭ 026 027

C E G♭ A♭ D♭ E♭ 026 027
A B♭ D B F G 015 026

C E G♭ A D D♭ 026 015
A♭ B♭ E♭ B F G 027 026

A♭ C D♭ A E♭ F 015 026
B D G B♭ E G♭ 037 026

A♭ C F A D♭ E♭ 037 026
B♭ D E B G G♭ 026 015

C E♭ G♭ A♭ D E 036 026
B D♭ G A B♭ F 026 015

A C E♭ D♭ F G 036 026
A♭ D E B B♭ G♭ 026 015

C D♭ F A E♭ G 015 026
A♭ B D B♭ E G♭ 036 026

C D♭ F A♭ D G♭ 015 026
A B E♭ B♭ E G 026 036

A C F D♭ E♭ G 037 026
A♭ D E B B♭ G♭ 026 015

C D♭ F A E♭ G 015 026
B D G♭ A♭ B♭ E 037 026

C E G♭ A♭ D E♭ 026 016
A D♭ G B B♭ F 026 016

C G G♭ A D♭ E♭ 016 026
A♭ D E B B♭ F 026 016

C G G♭ A D♭ E♭ 016 026
A♭ B♭ D B E F 026 016

C D♭ G♭ A E♭ G 016 026
A♭ D E B B♭ F 026 016

C D♭ G♭ A E♭ G 016 026
A♭ B♭ D B E F 026 016

C D♭ G A E♭ F 016 026
A♭ D G♭ B B♭ E 026 016

A♭ C G♭ D D♭ G 026 016
B E♭ F A B♭ E 026 016

A♭ C G♭ D D♭ G 026 016
A B E♭ B♭ E F 026 016

A♭ C D D♭ G G♭ 026 016
A E♭ F B B♭ E 026 016

A♭ C D D♭ G G♭ 026 016
B E♭ F A B♭ E 026 016

A♭ C D D♭ G G♭ 026 016
A B E♭ B♭ E F 026 016

A♭ C G♭ D D♭ G 026 016
B♭ E E♭ A B F 016 026

A♭ C G♭ D D♭ G 026 016
A E♭ F B B♭ E 026 016

C D G♭ A♭ D♭ G 026 016
A E♭ F B B♭ E 026 016

C D G♭ A♭ D♭ G 026 016
B E♭ F A B♭ E 026 016

C D G♭ A♭ D♭ G 026 016
A B E♭ B♭ E F 026 016

A♭ C D D♭ G G♭ 026 016
B♭ E E♭ A B F 016 026

C D♭ G A♭ D G♭ 016 026
A E♭ F B B♭ E 026 016

C D♭ G A♭ D G♭ 016 026
B E♭ F A B♭ E 026 016

C D♭ G A♭ D G♭ 016 026
A B E♭ B♭ E F 026 016

C D G♭ A♭ D♭ G 026 016
B♭ E E♭ A B F 016 026

C D♭ G A♭ D G♭ 016 026
B♭ E E♭ A B F 016 026

C E G♭ A♭ D D♭ 026 016
A E♭ G B B♭ F 026 016

C E G♭ A♭ D D♭ 026 016
A B♭ E♭ B F G 016 026

C D♭ G♭ A♭ D E 016 026
A E♭ G B B♭ F 026 016

C D♭ G♭ A♭ D E 016 026
A B♭ E♭ B F G 016 026

C D G♭ A♭ E♭ F 026 025
A D♭ G B B♭ E 026 016

C D G♭ A♭ E♭ F 026 025
B D♭ G A B♭ E 026 016

C E♭ F A♭ D G♭ 025 026
A D♭ G B B♭ E 026 016

C E♭ F   A♭ D G♭   025 026
B D♭ G   A B♭ E   026 016

C E G♭   A D E♭   026 016
B D♭ G   A♭ B♭ F   026 025

C D G♭   A E E♭   026 016
B D♭ G   A♭ B♭ F   026 025

C E G♭   A D E♭   026 016
A♭ B♭ D♭   B F G   025 026

C D G♭   A E E♭   026 016
A♭ B♭ D♭   B F G   025 026

C E♭ F   A D♭ G   025 026
A♭ D G♭   B B♭ E   026 016

C D♭ G   A E♭ F   016 026
B♭ D E   A♭ B G♭   026 025

A♭ C D   D♭ E G♭   026 025
A E♭ G   B B♭ F   026 016

A♭ C D   D♭ E G♭   026 025
A B♭ E♭   B F G   016 026

C E G♭   A♭ D D♭   026 016
A B E♭   B♭ F G   026 025

C D♭ G♭   A♭ D E   016 026
A B E♭   B♭ F G   026 025

C E G♭   D D♭ G   026 016
A B E♭   A♭ B♭ F   026 025

A♭ C D   D♭ E♭ G♭   026 025
A B♭ E   B F G   016 026

C F G   A D♭ E♭   027 026
A♭ D G♭   B B♭ E   026 016

C D♭ G   A E♭ F   016 026
A♭ B♭ D   B E G♭   026 027

C D G♭   A♭ D♭ E♭   026 027
A B♭ E   B F G   016 026

C E G♭   A♭ D E♭   026 016
B♭ D♭ G   A B F   036 026

C G G♭   A D♭ E♭   016 026
B♭ D E   A♭ B F   026 036

C G G♭   A D♭ E♭   016 026
B D F   A♭ B♭ E   036 026

C E♭ G♭   A D♭ G   036 026
A♭ D E   B B♭ F   026 016

C E♭ G♭   A D♭ G   036 026
A♭ B♭ D   B E F   026 016

C D♭ G♭   A E♭ G   016 026
B♭ D E   A♭ B F   026 036

A C E♭   D♭ F G   036 026
A♭ D G♭   B B♭ E   026 016

C E♭ G♭   A♭ D E   036 026
A D♭ G   B B♭ F   026 016

A C G♭   D♭ E♭ G   036 026
A♭ D E   B B♭ F   026 016

A C G♭   D♭ E♭ G   036 026
A♭ B♭ D   B E F   026 016

C D♭ G♭   A E♭ G   016 026
B D F   A♭ B♭ E   036 026

C D♭ G   A E♭ F   016 026
A♭ B D   B♭ E G♭   036 026

A C F   D♭ E♭ G   037 026
A♭ D G♭   B B♭ E   026 016

C D♭ G   A E♭ F   016 026
B D G♭   A♭ B♭ E   037 026

C D♭ G♭   A E♭ F   016 026
A♭ B♭ D   B E G   026 037

C D♭ G♭   A E♭ F   016 026
B D G   A♭ B♭ E   037 026

C F G♭   A D♭ E♭   016 026
A♭ B♭ D   B E G   026 037

C F G♭   A D♭ E♭   016 026
B D G   A♭ B♭ E   037 026

C E G   A D♭ E♭   037 026
A♭ D G♭   B B♭ F   026 016

C E G   A D♭ E♭   037 026
A♭ B♭ D   B F G♭   026 016

A C E   D♭ E♭ G   037 026
A♭ D G♭   B B♭ F   026 016

A C E   D♭ E♭ G   037 026
A♭ B♭ D   B F G♭   026 016

C D G♭   A♭ D♭ F   026 037
A E♭ G   B B♭ E   026 016

C D G♭   A♭ D♭ E   026 037
A E♭ G   B B♭ F   026 016

C D G♭   A♭ D♭ E   026 037
A B♭ E♭   B F G   016 026

C E G♭   A♭ D D♭   026 016
B♭ E♭ G   A B F   037 026

C D♭ G♭   A♭ D E   016 026
B♭ E♭ G   A B F   037 026

C E G♭   E♭ F G   026 024
A B D♭   A♭ B♭ D   024 026

C D E   A D♭ G   024 026
B E♭ F   A♭ B♭ G♭   026 024

C D F   A E♭ G   025 026
A♭ B D♭   B♭ E G♭   025 026

A C E♭   D♭ F G   036 026
B♭ D E   A♭ B G♭   026 025

C E♭ F   A D♭ G   025 026
A♭ B D   B♭ E G♭   036 026

C D G♭   D♭ E G   026 036
A B E♭   A♭ B♭ F   026 025

A♭ C D   D♭ E♭ G♭   026 025
B♭ E G   A B F   036 026

C D F   A E♭ G   025 026
B D♭ G♭   A♭ B♭ E   027 026

C D G   A E♭ F   027 026
A♭ B D♭   B♭ E G♭   025 026

C F G   A D♭ E♭   027 026
B♭ D E   A♭ B G♭   026 025

C E♭ F   A D♭ G   025 026
A♭ B♭ D   B E G♭   026 027

C D G   A E♭ F   027 026
B D♭ G♭   A♭ B♭ E   027 026

C F G   A D♭ E♭   027 026
A♭ B♭ D   B E G♭   026 027

A C F   D♭ E♭ G   037 026
B♭ D E   A♭ B G♭   026 025

C E♭ F   A D♭ G   025 026
B D G♭   A♭ B♭ E   037 026

A♭ C E♭   D♭ F G   037 026
A B D   B♭ E G♭   025 026

A♭ C E♭   D♭ F G   037 026
B♭ D E   A B G♭   026 025

A♭ C F   D♭ E♭ G   037 026
A B D   B♭ E G♭   025 026

A♭ C F   D♭ E♭ G   037 026
B♭ D E   A B G♭   026 025

A C D   D♭ F G   025 026
B E♭ G♭   A♭ B♭ E   037 026

A C D   D♭ F G   025 026
A♭ B E♭   B♭ E G♭   037 026

C D F   A D♭ G   025 026
B E♭ G♭   A♭ B♭ E   037 026

C D F   A D♭ G   025 026
A♭ B E♭   B♭ E G♭   037 026

C D G♭   A♭ D♭ E   026 037
A B E♭   B♭ F G   026 025

A♭ C D   D♭ E G♭   026 025
B♭ E♭ G   A B F   037 026

A C E♭   D♭ F G   036 026
A♭ B♭ D   B E G♭   026 027

C F G   A D♭ E♭   027 026
A♭ B D   B♭ E G♭   036 026

C D G♭   A♭ D♭ E♭   026 027
B♭ E G   A B F   036 026

C E♭ G♭   A♭ D E   036 026
B♭ D♭ G   A B F   036 026

A C G♭   D♭ E♭ G   036 026
B♭ D E   A♭ B F   026 036

A C G♭   D♭ E♭ G   036 026
B D F   A♭ B♭ E   036 026

C E♭ G♭   A D♭ G   036 026
B♭ D E   A♭ B F   026 036

C E♭ G♭   A D♭ G   036 026
B D F   A♭ B♭ E   036 026

A C E♭   D♭ F G   036 026
A♭ B D   B♭ E G♭   036 026

A C F   D♭ E♭ G   037 026
A♭ B D   B♭ E G♭   036 026

A C E♭   D♭ F G   036 026
B D G♭   A♭ B♭ E   037 026

A♭ C F   A D♭ E♭   037 026
B D G   B♭ E G♭   037 026

C E G♭   A♭ D♭ F   026 037
B♭ D G   A B E♭   037 026

A C F   D♭ E♭ G   037 026
B D G♭   A♭ B♭ E   037 026

A C F   D♭ E♭ G   037 026
A♭ B♭ D   B E G♭   026 027

C F G   A D♭ E♭   027 026
B D G♭   A♭ B♭ E   037 026

C E G♭   A♭ D♭ E♭   026 027
B♭ D G   A B F   037 026

A♭ C G♭   D♭ E♭ F   026 024
B♭ D E   A B G   026 024

C D E   D♭ F G   024 026
A B E♭   A♭ B♭ G♭   026 024

A♭ C D   D♭ E♭ F   026 024
B♭ E G♭   A B G   026 024

C D G♭   D♭ E♭ F   026 024
A♭ B♭ E   A B G   026 024

C E♭ F   A D♭ G   025 026
B♭ D E   A♭ B G♭   026 025

A♭ C D   D♭ E G♭   026 025
A B E♭   B♭ F G   026 025

C D F   D♭ E♭ G   025 026
A♭ B♭ E   A B G♭   026 025

B♭ C G♭   A♭ D E   026 026
A D♭ G   B E♭ F   026 026

B♭ C G♭   A♭ D E   026 026
B D♭ G   A E♭ F   026 026

C E G♭   A♭ B♭ D   026 026
B D♭ G   A E♭ F   026 026

B♭ C E   A♭ D G♭   026 026
D♭ E♭ G   A B F   026 026

B♭ C E   A♭ D G♭   026 026
A D♭ E♭   B F G   026 026

B♭ C E   A♭ D G♭   026 026
D♭ F G   A B E♭   026 026

B♭ C E   A♭ D G♭   026 026
B D♭ F   A E♭ G   026 026

B♭ C E   A♭ D G♭   026 026
A D♭ G   B E♭ F   026 026

B♭ C E   A♭ D G♭   026 026
B D♭ G   A E♭ F   026 026

A♭ C G♭   B♭ D E   026 026
D♭ E♭ G   A B F   026 026

A♭ C G♭   B♭ D E   026 026
A D♭ E♭   B F G   026 026

A♭ C G♭   B♭ D E   026 026
D♭ F G   A B E♭   026 026

A♭ C G♭   B♭ D E   026 026
B D♭ F   A E♭ G   026 026

A♭ C G♭   B♭ D E   026 026
A D♭ G   B E♭ F   026 026

A♭ C G♭   B♭ D E   026 026
B D♭ G   A E♭ F   026 026

B♭ C G♭   A♭ D E   026 026
D♭ E♭ G   A B F   026 026

B♭ C G♭   A♭ D E   026 026
A D♭ E♭   B F G   026 026

B♭ C G♭   A♭ D E   026 026
D♭ F G   A B E♭   026 026

B♭ C G♭   A♭ D E   026 026
B D♭ F   A E♭ G   026 026

C D G♭   A♭ B♭ E   026 026
D♭ E♭ G   A B F   026 026

C D G♭   A♭ B♭ E   026 026
A D♭ E♭   B F G   026 026

C D G♭	A♭ B♭ E	0 2 6	0 2 6
D♭ F G	A B E♭	0 2 6	0 2 6
C D G♭	A♭ B♭ E	0 2 6	0 2 6
B D♭ F	A E♭ G	0 2 6	0 2 6
C D G♭	A♭ B♭ E	0 2 6	0 2 6
A D♭ G	B E♭ F	0 2 6	0 2 6
C D G♭	A♭ B♭ E	0 2 6	0 2 6
B D♭ G	A E♭ F	0 2 6	0 2 6
A♭ C D	B♭ E G♭	0 2 6	0 2 6
D♭ E♭ G	A B F	0 2 6	0 2 6
A♭ C D	B♭ E G♭	0 2 6	0 2 6
A D♭ E♭	B F G	0 2 6	0 2 6
A♭ C D	B♭ E G♭	0 2 6	0 2 6
D♭ F G	A B E♭	0 2 6	0 2 6
A♭ C D	B♭ E G♭	0 2 6	0 2 6
B D♭ F	A E♭ G	0 2 6	0 2 6
A♭ C D	B♭ E G♭	0 2 6	0 2 6
A D♭ G	B E♭ F	0 2 6	0 2 6
A♭ C D	B♭ E G♭	0 2 6	0 2 6
B D♭ G	A E♭ F	0 2 6	0 2 6
C E G♭	A♭ B♭ D	0 2 6	0 2 6
D♭ E♭ G	A B F	0 2 6	0 2 6
C E G♭	A♭ B♭ D	0 2 6	0 2 6
A D♭ E♭	B F G	0 2 6	0 2 6
C E G♭	A♭ B♭ D	0 2 6	0 2 6
D♭ F G	A B E♭	0 2 6	0 2 6
C E G♭	A♭ B♭ D	0 2 6	0 2 6
B D♭ F	A E♭ G	0 2 6	0 2 6
C E G♭	A♭ B♭ D	0 2 6	0 2 6
A D♭ G	B E♭ F	0 2 6	0 2 6
C E G♭	A D♭ G	0 2 6	0 2 6
A♭ B♭ D	B E♭ F	0 2 6	0 2 6
A♭ C G♭	A D♭ E♭	0 2 6	0 2 6
B♭ D E	B F G	0 2 6	0 2 6
C E G♭	A D♭ E♭	0 2 6	0 2 6
A♭ B♭ D	B F G	0 2 6	0 2 6
C E G♭	D♭ E♭ G	0 2 6	0 2 6
A♭ B♭ D	A B F	0 2 6	0 2 6
A♭ C D	D♭ F G	0 2 6	0 2 6
A B E♭	B♭ E G♭	0 2 6	0 2 6

C D G♭	D♭ F G	0 2 6	0 2 6
A B E♭	A♭ B♭ E	0 2 6	0 2 6
A♭ C D	D♭ E♭ G	0 2 6	0 2 6
B♭ E G♭	A B F	0 2 6	0 2 6
A♭ B♭ E	B F G	0 2 6	0 2 6
C D G♭	A D♭ E♭	0 2 6	0 2 6
C D G♭	D♭ E♭ G	0 2 6	0 2 6
A♭ B♭ E	A B F	0 2 6	0 2 6
C D G♭	A♭ D♭ F	0 2 6	0 3 7
A B E♭	B♭ E G	0 2 6	0 3 6
C D G♭	A D♭ E	0 2 6	0 3 7
A♭ B♭ E♭	B F G	0 2 7	0 2 6
C D G♭	A♭ D♭ E	0 2 6	0 3 7
B♭ E♭ G	A B F	0 3 7	0 2 6
A♭ C E	D♭ E♭ G	0 4 8	0 2 6
B♭ D G♭	A B F	0 4 8	0 2 6
C D G♭	A D♭ F	0 2 6	0 4 8
B E♭ G	A♭ B♭ E	0 4 8	0 2 6

C D G E E♭ F 027 012
A♭D♭G♭ A B B♭ 027 012

C D G E E♭ F 027 012
B D♭G♭ A A♭ B♭ 027 012

C F G D E E♭ 027 012
A♭D♭G♭ A B B♭ 027 012

C F G D E E♭ 027 012
B D♭G♭ A A♭ B♭ 027 012

C F G D D♭ E♭ 027 012
B E G♭ A A♭ B♭ 027 012

C F G D D♭ E♭ 027 012
A B E A♭B♭ G♭ 027 024

C D G D♭E♭ F 027 024
B E G♭ A A♭ B♭ 027 012

C D G D♭E G♭ 027 025
B♭E♭F A A♭ B 027 013

C F G D D♭ E 027 013
A♭B♭E♭ A B G♭ 027 025

C D E♭ A♭D♭G♭ 013 027
A B E B♭F G 027 025

C D F A♭D♭E♭ 025 027
B E G♭ A B♭ G 027 013

C F G♭ A♭D♭E♭ 016 027
A D E B B♭ G 027 014

C E E♭ A♭D♭G♭ 014 027
A D G B B♭ F 027 016

C D♭E A D G 014 027
A♭B♭E♭ B F G♭ 027 016

C D♭G♭ A D E 016 027
B♭E♭F A♭B G 027 014

C E♭F A♭D♭G♭ 025 027
A D E B B♭ G 027 014

C D♭E A D G 014 027
B♭E♭F A♭B G♭ 027 025

C D G D♭E F 027 014
A♭B♭E♭ A B G♭ 027 025

C D F A♭D♭E♭ 025 027
A B E B♭G G♭ 027 014

C D G A E F 027 015
A♭D♭E♭ B B♭ G♭ 027 015

C E F A D G 015 027
A♭D♭E♭ B B♭ G♭ 027 015

C E F A D G 015 027
A♭D♭G♭ B B♭ E♭ 027 015

C D G A E F 027 015
A♭D♭G♭ B B♭ E♭ 027 015

C E F A♭D♭G♭ 015 027
A D G B B♭ E♭ 027 015

C E F A♭D♭E♭ 015 027
A D G B B♭ G♭ 027 015

C E F A D G 015 027
B D♭G♭ A♭B♭ E♭ 027 027

C D G A E F 027 015
B D♭G♭ A♭B♭ E♭ 027 027

C F G A D E 027 027
A♭D♭E♭ B B♭ G♭ 027 015

C F G A D E 027 027
A♭D♭G♭ B B♭ E♭ 027 015

C F G A♭D♭E♭ 027 027
A B♭D B E G♭ 015 027

C F G A♭D♭E♭ 027 027
A D E B B♭ G♭ 027 015

C D♭F A D G 015 027
A♭B♭E♭ B E G♭ 027 027

C F G A D D♭ 027 015
A♭B♭E♭ B E G♭ 027 027

C D G D♭F G♭ 027 015
A♭B♭E♭ A B E 027 027

C F G D D♭ G♭ 027 015
A♭B♭E♭ A B E 027 027

C D G A♭D♭E♭ 027 027
B E G♭ A B♭ F 027 015

C D G A♭D♭E♭ 027 027
A B E B♭F G♭ 027 015

C F G A D E♭ 027 016
A♭D♭G♭ B B♭ E 027 016

C F G♭ A♭D♭E♭ 016 027
A D G B B♭ E 027 016

C F G A♭D D♭ 027 016
A B♭E♭ B E G♭ 016 027

C D♭G A D E 016 027
A♭B♭E♭ B F G♭ 027 016

C F G A D E♭ 027 016
A♭B♭D♭ B E G♭ 025 027

C E♭F A D G 025 027
A♭D♭G♭ B B♭ E 027 016

C E♭F A♭D♭G♭ 025 027
A D G B B♭ E 027 016

C D♭G A D E 016 027
B♭E♭F A♭B G♭ 027 025

C D G A E♭ F 027 026
A♭D♭G♭ B B♭ E 027 016

C F G A D E♭ 027 016
B D♭G♭ A♭B♭ E 027 026

C E G♭ A♭D♭E♭ 026 027
A D G B B♭ F 027 016

C D♭G♭ A D E 016 027
A♭B♭E♭ B F G 027 026

C D G A♭D♭ F 027 037
A B♭E♭ B E G♭ 016 027

C F G A♭D D♭ 027 016
B♭E♭G♭ A B E 037 027

C D E A♭D♭G♭ 024 027
B♭E♭F A B G 027 024

C D G D♭E♭ F 027 024
A B E A♭B♭ G♭ 027 024

C D G A E♭ F 027 026
A♭B♭D♭ B E G♭ 025 027

C E♭ F A D G 025 027
B D♭ G♭ A♭ B♭ E 027 026

C E♭ F A D G 025 027
A♭ B♭ D♭ B E G♭ 025 027

C D G D♭ E♭ G♭ 027 025
A B E A♭ B♭ F 027 025

C D G A E♭ F 027 026
B D♭ G♭ A♭ B♭ E 027 026

C F G A D♭ E♭ 027 026
A♭ B♭ D B E G♭ 026 027

C D G D♭ E G♭ 027 025
A♭ B♭ E♭ A B F 027 026

C D G♭ A♭ D♭ E♭ 026 027
A B E B♭ F G 027 025

C D F A♭ D♭ G♭ 025 027
B♭ E♭ G A B E 037 027

C D G A♭ D♭ E 027 037
B♭ E♭ F A B G♭ 027 025

C F G A D E 027 027
B D♭ G♭ A♭ B♭ E♭ 027 027

C D G A♭ D♭ G♭ 027 027
B♭ E♭ F A B E 027 027

C F G A♭ D♭ E♭ 027 027
B♭ D G♭ A B E 048 027

C D G A D♭ F 027 048
A♭ B♭ E♭ B E G♭ 027 027

A C F A♭ D♭ E♭ 037 027
B♭ D G B E G♭ 037 027

C D G A♭ D♭ F 027 037
B♭ E♭ G♭ A B E 037 027

C E♭ G♭ A♭ D F 036 036
D♭ E G A B B♭ 036 012

A C G♭ D E E♭ 036 012
B♭ D♭ G A♭ B F 036 036

C E♭ G♭ D♭ E G 036 036
A♭ D F A B B♭ 036 012

C E♭ G♭ D♭ E G 036 036
B D F A A♭ B♭ 036 012

C D D♭ A E♭ G♭ 012 036
B♭ E G A♭ B F 036 036

A C G♭ D D♭ E♭ 036 012
B♭ E G A♭ B F 036 036

A C G♭ D♭ E E♭ 036 013
B D F A♭ B♭ G 036 013

C E♭ G♭ D D♭ E 036 013
A♭ B F A B♭ G 036 013

C E♭ G♭ E F G 036 013
A B♭ D♭ A♭ B D 014 036

A C G♭ D♭ E E♭ 036 013
A♭ D F B B♭ G 036 014

C D♭ E A E♭ G♭ 014 036
B D F A♭ B♭ G 036 013

C E♭ G♭ D D♭ F 036 014
B♭ E G A A♭ B 036 013

A C E♭ D♭ E G♭ 036 025
B D F A♭ B♭ G 036 013

A C G♭ D♭ E E♭ 036 013
A♭ B D B♭ F G 036 025

C D F D♭ E G 025 036
A E♭ G♭ A♭ B B♭ 036 013

C D♭ E♭ A♭ D F 013 036
B♭ E G A B G♭ 036 025

A C G♭ D♭ E E♭ 036 013
B♭ D G A♭ B F 037 036

A C G♭ D D♭ E 036 013
B♭ E♭ G A♭ B F 037 036

C E♭ G♭ A♭ D♭ E 036 037
B D F A B♭ G 036 013

C E♭ G♭ A D♭ E 036 037
B D F A♭ B♭ G 036 013

C D♭ E A E♭ G♭ 014 036
A♭ D F B B♭ G 036 014

C D♭ E A♭ D F 014 036
A E♭ G♭ B B♭ G 036 014

C E E♭ A♭ D F 014 036
B♭ D♭ G A B G♭ 036 025

C E♭ F D♭ E G 025 036
A♭ B D A B♭ G♭ 036 014

A C E♭ D♭ E G♭ 036 025
A♭ D F B B♭ G 036 014

C D♭ E A E♭ G♭ 014 036
A♭ B D B♭ F G 036 025

A♭ C E♭ D♭ E G 037 036
B D F A B♭ G♭ 036 014

C E♭ G♭ A D♭ E 036 037
A♭ D F B B♭ G 036 014

C D♭ E A E♭ G♭ 014 036
B♭ D G A♭ B F 037 036

A C G♭ D D♭ F 036 014
A♭ B E♭ B♭ E G 037 036

A C G♭ D♭ E G 036 036
B♭ D E♭ A♭ B F 015 036

A C G♭ D♭ E G 036 036
A♭ D F B B♭ E♭ 036 015

C E♭ G♭ A A♭ D♭ 036 015
B D F B♭ E G 036 036

A C E♭ D♭ E G 036 036
A♭ D F B B♭ G♭ 036 015

A C E♭ D♭ E G 036 036
A♭ B D B♭ F G♭ 036 015

C E♭ G♭ D♭ E G 036 036
A♭ B D A B♭ F 036 015

C D♭ F A E♭ G♭ 015 036
A♭ B D B♭ E G 036 036

A C E♭ D♭ F G♭ 036 015
A♭ B D B♭ E G 036 036

C E♭ G♭ A D D♭ 036 015
B♭ E G A♭ B F 036 036

A C E♭ D D♭ G♭ 036 015
B♭ E G A♭ B F 036 036

A C E♭ D♭ G G♭ 036 016
A♭ D F B B♭ E 036 016

A C E♭ D♭ G G♭ 036 016
A♭ B D B♭ E F 036 016

C D♭ G A E♭ G♭ 016 036
A♭ D F B B♭ E 036 016

C D♭ G A E♭ G♭ 016 036
A♭ B D B♭ E F 036 016

C D♭ G A♭ D F 016 036
A E♭ G♭ B B♭ E 036 016

C E♭ G♭ D D♭ G 036 016
A B♭ E A♭ B F 016 036

A C G♭ D♭ E♭ G 036 026
A♭ D F B B♭ E 036 016

A C G♭ D♭ E♭ G 036 026
A♭ B D B♭ E F 036 016

C E♭ G♭ A D♭ G 036 026
A♭ D F B B♭ E 036 016

C E♭ G♭ A D♭ G 036 026
A♭ B D B♭ E F 036 016

A C E♭ D♭ G G♭ 036 016
B D F A♭ B♭ E 036 026

C D♭ G A E♭ G♭ 016 036
B♭ D E A♭ B F 026 036

C D♭ G A E♭ G♭ 016 036
B D F A♭ B♭ E 036 026

A C E♭ D♭ G G♭ 036 016
B♭ D E A♭ B F 026 036

A♭ C D D♭ E G 026 036
A E♭ G♭ B B♭ F 036 016

C D G♭ D♭ E G 026 036
A B♭ E♭ A♭ B F 016 036

C E♭ G♭ A♭ D F 036 036
B♭ D♭ E A B G 036 024

C E♭ G♭ A♭ D F 036 036
A B D♭ B♭ E G 024 036

C D E A E♭ G♭ 024 036
B♭ D♭ G A♭ B F 036 036

A C E♭ D E G♭ 036 024
B♭ D♭ G A♭ B F 036 036

A C E♭ D♭ E G 036 036
B D F A♭ B♭ G♭ 036 024

A C G♭ D♭ E♭ F 036 024
A♭ B D B♭ E G 036 036

A C E♭ D F G 036 025
B♭ D♭ E A♭ B G♭ 036 025

A C E♭ D♭ E G♭ 036 025
A♭ B D B♭ F G 036 025

C E♭ G♭ A♭ D♭ F 036 037
A B D B♭ E G 025 036

C E♭ G♭ A D♭ E 036 037
A♭ B D B♭ F G 036 025

A C E♭ D♭ E G♭ 036 025
B♭ D G A♭ B F 037 036

A C D D♭ E G 025 036
B♭ E♭ G♭ A♭ B F 037 036

C E♭ G♭ A♭ D E 036 026
B♭ D♭ G A B F 036 026

A C G♭ D♭ E♭ G 036 026
B D F A♭ B♭ E 036 026

C E♭ G♭ A D♭ G 036 026
B D F A♭ B♭ E 036 026

A C G♭ D♭ E♭ G 036 026
B♭ D E A♭ B F 026 036

C E♭ G♭ A D♭ G 036 026
B♭ D E A♭ B F 026 036

A C E♭ D♭ F G 036 026
A♭ B D B♭ E G♭ 036 026

C E♭ G♭ A♭ D F 036 036
B♭ D♭ G A B E 036 027

C E♭ G♭ A D E 036 027
B♭ D♭ G A♭ B F 036 036

A C G♭ D♭ E G 036 036
B D F A♭ B♭ E♭ 036 027

A C G♭ D♭ E G 036 036
A♭ B D B♭ E♭ F 036 027

A C E♭ A♭ D♭ G♭ 036 027
B D F B♭ E G 036 036

A C G♭ A♭ D♭ E♭ 036 027
B D F B♭ E G 036 036

A C E♭ A♭ D♭ F 036 037
B D G♭ B♭ E G 037 036

C E♭ G♭ A D♭ E 036 037
B♭ D G A♭ B F 037 036

A C E♭ D♭ E G 036 036
B♭ D G♭ A♭ B F 048 036

C E♭ G♭ A D♭ F 036 048
A♭ B D B♭ E G 036 036

A♭C F D E E♭ 037 012
A D♭G♭ B B♭ G 037 014

A♭C F D E E♭ 037 012
B♭D♭G♭ A B G 037 024

C E♭G D♭E F 037 014
B D G♭ A A♭ B♭ 037 012

C E G D D♭ F 037 014
B E♭ G♭ A A♭ B♭ 037 012

A♭C F D D♭ E♭ 037 012
B E G A B♭ G♭ 037 014

C E G D♭E♭ F 037 024
B D G♭ A A♭ B♭ 037 012

C E♭ G D E F 037 013
A D♭G♭ A♭B B♭ 037 013

C E♭ G D E F 037 013
B♭D♭G♭ A A♭ B 037 013

C E G D E♭ F 037 013
A D♭G♭ A♭B B♭ 037 013

C E G D E♭ F 037 013
B♭D♭G♭ A A♭ B 037 013

A♭C F D♭E E♭ 037 013
B D G♭ A B♭ G 037 013

A♭C F D D♭ E 037 013
B E♭ G♭ A B♭ G 037 013

A♭C E♭ D E F 037 013
A D♭G♭ B B♭ G 037 014

A♭C F D♭E E♭ 037 013
A D G♭ B B♭ G 037 014

A♭C F D♭E E♭ 037 013
B D G A B♭ G♭ 037 014

A♭C E♭ D♭E F 037 014
B D G♭ A B♭ G 037 013

C E♭ G D♭E F 037 014
A D G♭ A♭B B♭ 037 013

C E G D D♭ F 037 014
B♭E♭ G♭ A A♭ B 037 013

A♭C E♭ D E F 037 013
B♭D♭G♭ A B G 037 024

C E G D♭E♭ F 037 024
A D G♭ A♭B B♭ 037 013

C D E A♭D♭ F 024 037
B E♭G♭ A B♭ G 037 013

A♭C F D D♭ E 037 013
B♭E♭G♭ A B G 037 024

C E♭ G D♭E G♭ 037 025
A D F A♭B B♭ 037 013

C E♭ G D♭E G♭ 037 025
B♭D F A A♭ B 037 013

C E G D♭E♭ G♭ 037 025
A D F A♭B B♭ 037 013

C E G D♭E♭ G♭ 037 025
B♭D F A A♭ B 037 013

A♭C F D♭E E♭ 037 013
B♭D G A B G♭ 037 025

C E♭ F A♭D♭ E 025 037
B D G♭ A B♭ G 037 013

C D♭E♭ A D G♭ 013 037
B E G A♭B♭ F 037 025

C D♭E♭ A D G♭ 013 037
A♭B E B♭F G 037 025

C D E♭ A D♭ G♭ 013 037
B E G A♭B♭ F 037 025

C D E♭ A D♭ G♭ 013 037
A♭B E B♭F G 037 025

C D F A♭D♭ E 025 037
B E♭G♭ A B♭ G 037 013

A♭C F D D♭ E 037 013
B♭E♭ G A B G♭ 037 025

A♭C E♭ D F G♭ 037 014
A B♭D♭ B E G 014 037

A♭C E♭ D F G♭ 037 014
A D♭E B B♭ G 037 014

A♭C F D E♭ G♭ 037 014
A B♭D♭ B E G 014 037

A♭C F D E♭ G♭ 037 014
A D♭E B B♭ G 037 014

C E E♭ A D G♭ 014 037
A♭D♭F B B♭ G 037 014

C E E♭ A D G♭ 014 037
B♭D♭F A♭B G 037 014

A C E D E♭ G♭ 037 014
A♭D♭F B B♭ G 037 014

A C E D E♭ G♭ 037 014
B♭D♭F A♭B G 037 014

C E E♭ A D♭ G♭ 014 037
B♭D F A♭B G 037 014

A♭C E♭ D♭E F 037 014
A D G♭ B B♭ G 037 014

A♭C E♭ D♭E F 037 014
B D G A B♭ G♭ 037 014

C E G D D♭ F 037 014
A♭B E♭ A B♭ G♭ 037 014

A♭C E♭ D D♭ F 037 014
B E G A B♭ G♭ 037 014

C E♭ G D D♭ F 037 014
A♭B E A B♭ G♭ 037 014

C E E♭ A D♭ G♭ 014 037
B D G A♭B♭ F 037 025

A♭C E♭ D♭E G♭ 037 025
A D F B B♭ G 037 014

C E♭ F A♭D♭ E 025 037
A D G♭ B B♭ G 037 014

C E♭ F A♭D♭ E 025 037
B D G A B♭ G♭ 037 014

A C E D♭E♭ G♭ 037 025
B♭D F A♭B G 037 014

A♭C E♭ D♭E F 037 014
B♭D G A B G♭ 037 025

C D♭E A D G♭ 014 037
A♭B E♭ B♭F G 037 025

C E E♭ A D♭ G♭ 014 037
B♭D G A♭B F 037 036

C E♭ G♭   A D♭ E   036 037
B♭ D F   A♭ B G   037 014

C E♭ G♭   A♭ D♭ E   036 037
A D F   B B♭ G   037 014

C D♭ E   A D G♭   014 037
B♭ E♭ G   A♭ B F   037 036

A C F   D E♭ G   037 015
A♭ D♭ E   B B♭ G♭   037 015

A♭ C E♭   D♭ F G♭   037 015
A B♭ D   B E G   015 037

C E G   A D D♭   037 015
A♭ B E♭   B♭ F G♭   037 015

C E G   D D♭ G♭   037 015
A♭ B E♭   A B♭ F   037 015

A♭ C E♭   D D♭ G♭   037 015
B E G   A B♭ F   037 015

C E♭ G   D D♭ G♭   037 015
A♭ B E   A B♭ F   037 015

A♭ C E♭   D♭ F G♭   037 015
B D G   A B♭ E   037 016

A C E   D D♭ G   037 016
A♭ B E♭   B♭ F G♭   037 015

A♭ C F   D♭ E♭ G♭   037 025
A B♭ D   B E G   015 037

A♭ C E♭   D♭ E G♭   037 025
B D G   A B♭ F   037 015

C E G   A D D♭   037 015
B E♭ G♭   A♭ B♭ F   037 025

C E G   A♭ D♭ E♭   037 027
A D F   B B♭ G♭   037 015

C E G   A♭ D♭ E♭   037 027
B D G♭   A B♭ F   037 015

A♭ C E♭   D♭ F G♭   037 015
B♭ D G   A B E   037 027

A C F   D D♭ G♭   037 015
A♭ B♭ E♭   B E G   027 037

C D♭ F   A D G♭   015 037
A♭ B♭ E♭   B E G   027 037

C D G   A D♭ E   027 037
A♭ B E♭   B♭ F G♭   037 015

C D G   A♭ D♭ E   027 037
B E♭ G♭   A B♭ F   037 015

A♭ C E♭   D♭ E G   037 036
A D F   B B♭ G♭   037 015

A♭ C E♭   D♭ E G   037 036
B D G♭   A B♭ F   037 015

C E♭ G♭   A♭ D♭ F   036 037
A B♭ D   B E G   015 037

C E♭ G♭   A♭ D♭ E   036 037
B D G   A B♭ F   037 015

A C F   D D♭ G♭   037 015
A♭ B E♭   B♭ E G   037 036

C D♭ F   A D G♭   015 037
A♭ B E♭   B♭ E G   037 036

A C F   D E♭ G   037 015
B♭ D♭ G♭   A♭ B E   037 037

C E♭ G   A D F   037 037
A♭ D♭ E   B B♭ G♭   037 015

C E♭ G   A♭ D♭ E   037 037
A D F   B B♭ G♭   037 015

C E♭ G   A♭ D♭ E   037 037
B D G♭   A B♭ F   037 015

B♭ E♭ G   A♭ B E   037 037
C D♭ F   A D G♭   015 037

A C F   D D♭ G♭   037 015
B♭ E♭ G   A♭ B E   037 037

C F G♭   A♭ D♭ E   016 037
B D G   A B♭ E♭   037 016

A♭ C F   D D♭ G   037 016
B E♭ G♭   A B♭ E   037 016

C F G♭   A♭ D♭ E   016 037
A B D   B♭ E♭ G   025 037

A♭ C F   D♭ E♭ G♭   037 025
B D G   A B♭ E   037 016

A C E   D D♭ G   037 016
B E♭ G♭   A♭ B♭ F   037 025

A♭ C F   D♭ E G♭   037 025
B D G   A B♭ E♭   037 016

C E G♭   A♭ D♭ F   026 037
B D G   A B♭ E♭   037 016

C F G♭   A♭ D♭ E   016 037
B♭ D G   A B E♭   037 026

A♭ C E♭   D♭ F G   037 026
A D G♭   B B♭ E   037 016

A♭ C E♭   D♭ F G   037 026
B D G♭   A B♭ E   037 016

A♭ C F   D♭ E♭ G   037 026
A D G♭   B B♭ E   037 016

A♭ C F   D♭ E♭ G   037 026
B D G♭   A B♭ E   037 016

A C F   D D♭ G   037 016
B E♭ G♭   A♭ B♭ E   037 026

A C F   D D♭ G   037 016
A♭ B E♭   B♭ E G♭   037 026

C D♭ G   A D F   016 037
B E♭ G♭   A♭ B♭ E   037 026

C D♭ G   A D F   016 037
A♭ B E♭   B♭ E G♭   037 026

C E G   A♭ D♭ E♭   037 027
A D G♭   B B♭ F   037 016

A♭ C F   D D♭ G   037 016
B♭ E♭ G♭   A B E   037 027

C D G   A♭ D♭ F   027 037
B E♭ G♭   A B♭ E   037 016

C D♭ G♭   A D F   016 037
A♭ B♭ E♭   B E G   027 037

C D♭ G♭   A D F   016 037
A♭ B E♭   B♭ E G   037 036

C G G♭ A D♭ E 016 037
B♭ D F A♭ B E♭ 037 037

A C E D♭ G G♭ 037 016
B♭ D F A♭ B E♭ 037 037

A♭ C E♭ A D♭ G♭ 037 037
B♭ D G B E F 037 016

A♭ C E♭ A D♭ G♭ 037 037
B D G B♭ E F 037 016

C E♭ G A♭ D♭ F 037 037
A D G♭ B B♭ E 037 016

C E♭ G A♭ D♭ F 037 037
B D G♭ A B♭ E 037 016

C E♭ G A♭ D♭ E 037 037
A D G♭ B B♭ F 037 016

C D♭ G A D F 016 037
B♭ E♭ G♭ A♭ B E 037 037

A C F D D♭ G 037 016
B♭ E♭ G♭ A♭ B E 037 037

C D♭ G♭ A D F 016 037
B♭ E♭ G A♭ B E 037 037

C D G♭ A♭ D♭ F 026 037
A B♭ E♭ B E G 016 037

C D G♭ A♭ D♭ F 026 037
B♭ E♭ G A B E 037 027

A♭ C E♭ D♭ E G 037 036
A D G♭ B B♭ F 037 016

C E♭ G♭ A♭ D♭ F 036 037
B D G A B♭ E 037 016

A C E D D♭ G 037 016
B♭ E♭ G♭ A♭ B F 037 036

A♭ C E♭ D E G♭ 037 024
B♭ D♭ F A B G 037 024

C D E A♭ D♭ F 024 037
B♭ E♭ G♭ A B G 037 024

A♭ C E♭ D♭ E G♭ 037 025
B♭ D F A B G 037 024

C D E A D♭ G♭ 024 037
A♭ B E♭ B♭ F G 037 025

C D F A♭ D♭ E 025 037
B♭ E♭ G♭ A B G 037 024

C D E A♭ D♭ F 024 037
B♭ E♭ G A B G♭ 037 025

C E♭ G♭ A♭ D♭ E 036 037
B♭ D F A B G 037 024

C D E A D♭ G♭ 024 037
B♭ E♭ G A♭ B F 037 036

A C F D E G 037 025
A♭ B♭ D♭ B E♭ G♭ 025 037

A C F D E G 037 025
A♭ B D♭ B♭ E♭ G♭ 025 037

A C E D F G 037 025
A♭ B♭ D♭ B E♭ G♭ 025 037

A C E D F G 037 025
A♭ B D♭ B♭ E♭ G♭ 025 037

A♭ C F D♭ E G♭ 037 025
A B D B♭ E♭ G 025 037

A C E D♭ E♭ G♭ 037 025
B D G A♭ B♭ F 037 025

C E♭ F A♭ D♭ E 025 037
B♭ D G A B G♭ 037 025

C D F A♭ D♭ E 025 037
B♭ E♭ G A B G♭ 037 025

A♭ C F D♭ E G♭ 037 025
B♭ D G A B E♭ 037 026

C E G♭ A♭ D♭ F 026 037
A B D B♭ E♭ G 025 037

A C F D♭ E♭ G♭ 037 025
A♭ B♭ D B E G 026 037

A C F D♭ E♭ G♭ 037 025
B D G A♭ B♭ E 037 026

C E♭ F A D♭ G♭ 025 037
B D G A♭ B♭ E 037 026

C E♭ F A D♭ G♭ 025 037
A♭ B♭ D B E G 026 037

A C E D♭ E♭ G 037 026
B♭ D F A♭ B G♭ 037 025

A C E D♭ E♭ G 037 026
B D G♭ A♭ B♭ F 037 025

C E G A D♭ E♭ 037 026
B♭ D F A♭ B G♭ 037 025

C E G A D♭ E♭ 037 026
B D G♭ A♭ B♭ F 037 025

A♭ C E♭ D♭ E G♭ 037 025
B♭ D G A B F 037 026

C D G♭ A D♭ E 026 037
A♭ B E♭ B♭ F G 037 025

C E G A♭ D♭ E♭ 037 027
B♭ D F A B G♭ 037 025

A♭ C F D♭ E♭ G♭ 037 025
B♭ D G A B E 037 027

C D F A D♭ G♭ 025 037
A♭ B♭ E♭ B E G 027 037

C D G A D♭ E 027 037
B E♭ G♭ A♭ B♭ F 037 025

A♭ C E♭ D♭ E G 037 036
B♭ D F A B G♭ 037 025

A C E D♭ E♭ G♭ 037 025
B♭ D G A♭ B F 037 036

C E♭ G♭ A D♭ E 036 037
B D G A♭ B♭ F 037 025

C D F A D♭ G♭ 025 037
A♭ B E♭ B♭ E G 037 036

A C F D E G 037 025
B♭ D♭ G♭ A♭ B E♭ 037 037

C E G A D F 037 037
A♭ B♭ D♭ B E♭ G♭ 025 037

C E G A D F 037 037
A♭ B D♭ B♭ E♭ G♭ 025 037

A C E D F G 037 025
B♭ D♭ G♭ A♭ B E♭ 037 037

A C F D♭ E♭ G♭ 037 025
B♭ D G A♭ B E 037 037

C E♭ F   A D♭ G♭   025 037
B♭ D G   A♭ B E   037 037

C E♭ G   A♭ D♭ E   037 037
B♭ D F   A B G♭   037 025

C E♭ G   A D♭ E   037 037
B♭ D F   A♭ B G♭   037 025

C E♭ G   A D♭ E   037 037
B D G♭   A♭ B♭ F   037 025

C D F   A D♭ G♭   025 037
B♭ E♭ G   A♭ B E   037 037

C E G♭   A♭ D♭ F   026 037
B♭ D G   A B E♭   037 026

A♭ C F   A D♭ E♭   037 026
B D G   B♭ E G♭   037 026

A C F   D♭ E♭ G   037 026
B D G♭   A♭ B♭ E   037 026

C D G♭   A♭ D♭ E   026 037
B♭ E♭ G   A B F   037 026

A C F   A♭ D♭ E♭   037 027
B D G   B♭ E G♭   037 026

A♭ C F   A D♭ E♭   037 026
B♭ D G   B E G♭   037 027

C D G   A♭ D♭ E   027 037
B♭ E♭ G♭   A B F   037 026

A♭ C F   A D♭ E♭   037 026
B D G♭   B♭ E G   037 036

A C E♭   A♭ D♭ F   036 037
B D G   B♭ E G♭   037 026

A♭ C E♭   A D♭ F   037 048
B D G   B♭ E G♭   037 026

A♭ C F   A D♭ E♭   037 026
B♭ D G♭   B E G   048 037

A C F   D♭ E♭ G   037 026
B♭ D G♭   A♭ B E   048 037

C E♭ G   A D♭ F   037 048
B D G♭   A♭ B♭ E   037 026

A C E   D♭ E♭ G   037 026
B♭ D G♭   A♭ B F   048 036

C D G♭   A D♭ E   026 037
B♭ E♭ G   A♭ B F   037 036

C E♭ G♭   A♭ D♭ E   036 037
B♭ D G   A B F   037 026

C D G   A D♭ E   027 037
B♭ E♭ G♭   A♭ B F   037 036

A C F   A♭ D♭ E♭   037 027
B♭ D G   B E G♭   037 027

C D G   A♭ D♭ F   027 037
B♭ E♭ G♭   A B E   037 027

A C F   A♭ D♭ E♭   037 027
B D G♭   B♭ E G   037 036

A C E♭   A♭ D♭ F   036 037
B♭ D G   B E G♭   037 027

C E♭ G♭   A♭ D♭ F   036 037
B♭ D G   A B E   037 027

A♭ C E♭   A D♭ F   037 048
B♭ D G   B E G♭   037 027

A C F   A♭ D♭ E♭   037 027
B♭ D G♭   B E G   048 037

A C E♭   A♭ D♭ F   036 037
B D G♭   B♭ E G   037 036

C E♭ G♭   A D♭ E   036 037
B♭ D G   A♭ B F   037 036

A♭ C E♭   A D♭ F   037 048
B D G♭   B♭ E G   037 036

A C E♭   A♭ D♭ F   036 037
B♭ D G♭   B E G   048 037

C E♭ G   A D♭ E   037 037
B♭ D G♭   A♭ B F   048 036

C E G   A D F   037 037
B♭ D♭ G♭   A♭ B E♭   037 037

C E♭ G   A D F   037 037
B♭ D♭ G♭   A♭ B E   037 037

C E G   A D♭ G♭   037 037
B♭ D F   A♭ B E♭   037 037

A C E   A♭ D♭ F   037 037
B D G♭   B♭ E♭ G   037 037

A C E   A♭ D♭ F   037 037
B♭ D G   B E♭ G♭   037 037

A C E   A♭ D♭ F   037 037
B D G   B♭ E♭ G♭   037 037

A♭ C F   A D♭ E   037 037
B D G♭   B♭ E♭ G   037 037

A♭ C F   A D♭ E   037 037
B♭ D G   B E♭ G♭   037 037

A♭ C F   A D♭ E   037 037
B D G   B♭ E♭ G♭   037 037

A C F   A♭ D♭ E   037 037
B D G♭   B♭ E♭ G   037 037

A C F   A♭ D♭ E   037 037
B♭ D G   B E♭ G♭   037 037

A C F   A♭ D♭ E   037 037
B D G   B♭ E♭ G♭   037 037

A♭ C E♭   A D♭ G♭   037 037
B♭ D F   B E G   037 037

C E♭ G   A D♭ G♭   037 037
B♭ D F   A♭ B E   037 037

A♭ C E♭   A D♭ F   037 048
B♭ D G♭   B E G   048 037

C E♭ G   A D♭ F   037 048
B♭ D G♭   A♭ B E   048 037

A♭ C E   D E♭ G♭   0 4 8 0 1 4
A D♭ F   B B♭ G   0 4 8 0 1 4

A♭ C E   D D♭ F   0 4 8 0 1 4
B E♭ G   A B♭ G♭   0 4 8 0 1 4

A♭ C E   D♭ F G♭   0 4 8 0 1 5
A B♭ D   B E♭ G   0 1 5 0 4 8

A♭ C E   D D♭ G♭   0 4 8 0 1 5
B E♭ G   A B♭ F   0 4 8 0 1 5

A♭ C E   D♭ E♭ F   0 4 8 0 2 4
B♭ D G♭   A B G   0 4 8 0 2 4

A♭ C E   D♭ E♭ G   0 4 8 0 2 6
B♭ D G♭   A B F   0 4 8 0 2 6

C D G♭   A D♭ F   0 2 6 0 4 8
B E♭ G   A♭ B♭ E   0 4 8 0 2 6

A♭ C E♭   A D♭ F   0 3 7 0 4 8
B♭ D G♭   B E G   0 4 8 0 3 7

C E♭ G   A D♭ F   0 3 7 0 4 8
B♭ D G♭   A♭ B E   0 4 8 0 3 7

A♭ C E   B♭ D G♭   0 4 8 0 4 8
A D♭ F   B E♭ G   0 4 8 0 4 8

A♭ C E   A D♭ F   0 4 8 0 4 8
B♭ D G♭   B E♭ G   0 4 8 0 4 8

C, D♭, D, E♭

Prime form: 0, 1, 2, 3
Degrees: 1, ♭2, 2, ♭3

C, D♭, D, E♭ with all
Octatonic Combinations

Tetrads as notes		Tetrads as Degrees	
C D♭ D E♭	E F G♭ G	1 ♭2 2 ♭3	3 4 ♭5 5
C D♭ D E♭	E F G♭ A♭	1 ♭2 2 ♭3	3 4 ♭5 ♭6
C D♭ D E♭	E F G♭ A	1 ♭2 2 ♭3	3 4 ♭5 6
C D♭ D E♭	E F G♭ B♭	1 ♭2 2 ♭3	3 4 ♭5 ♭7
C D♭ D E♭	E F G♭ B	1 ♭2 2 ♭3	3 4 ♭5 7
C D♭ D E♭	E F G A♭	1 ♭2 2 ♭3	3 4 5 ♭6
C D♭ D E♭	E F G A	1 ♭2 2 ♭3	3 4 5 6
C D♭ D E♭	E F G B♭	1 ♭2 2 ♭3	3 4 5 ♭7
C D♭ D E♭	E F G B	1 ♭2 2 ♭3	3 4 5 7
C D♭ D E♭	E F A♭ A	1 ♭2 2 ♭3	3 4 ♭6 6
C D♭ D E♭	E F A♭ B♭	1 ♭2 2 ♭3	3 4 ♭6 ♭7
C D♭ D E♭	E F A♭ B	1 ♭2 2 ♭3	3 4 ♭6 7
C D♭ D E♭	E F A B♭	1 ♭2 2 ♭3	3 4 6 ♭7
C D♭ D E♭	E F A B	1 ♭2 2 ♭3	3 4 6 7
C D♭ D E♭	E F B♭ B	1 ♭2 2 ♭3	3 4 ♭7 7
C D♭ D E♭	E G♭ G A♭	1 ♭2 2 ♭3	3 ♭5 5 ♭6
C D♭ D E♭	E G♭ G A	1 ♭2 2 ♭3	3 ♭5 5 6
C D♭ D E♭	E G♭ G B♭	1 ♭2 2 ♭3	3 ♭5 5 ♭7
C D♭ D E♭	E G♭ G B	1 ♭2 2 ♭3	3 ♭5 5 7
C D♭ D E♭	E G♭ A♭ A	1 ♭2 2 ♭3	3 ♭5 ♭6 6
C D♭ D E♭	E G♭ A♭ B♭	1 ♭2 2 ♭3	3 ♭5 ♭6 ♭7
C D♭ D E♭	E G♭ A♭ B	1 ♭2 2 ♭3	3 ♭5 ♭6 7
C D♭ D E♭	E G♭ A B♭	1 ♭2 2 ♭3	3 ♭5 6 ♭7
C D♭ D E♭	E G♭ A B	1 ♭2 2 ♭3	3 ♭5 6 7
C D♭ D E♭	E G♭ B♭ B	1 ♭2 2 ♭3	3 ♭5 ♭7 7
C D♭ D E♭	E G A♭ A	1 ♭2 2 ♭3	3 5 ♭6 6
C D♭ D E♭	E G A♭ B♭	1 ♭2 2 ♭3	3 5 ♭6 ♭7
C D♭ D E♭	E G A♭ B	1 ♭2 2 ♭3	3 5 ♭6 7
C D♭ D E♭	E G A B♭	1 ♭2 2 ♭3	3 5 6 ♭7
C D♭ D E♭	E G A B	1 ♭2 2 ♭3	3 5 6 7
C D♭ D E♭	E G B♭ B	1 ♭2 2 ♭3	3 5 ♭7 7
C D♭ D E♭	E A♭ A B♭	1 ♭2 2 ♭3	3 ♭6 6 ♭7
C D♭ D E♭	E A♭ A B	1 ♭2 2 ♭3	3 ♭6 6 7
C D♭ D E♭	E A♭ B♭ B	1 ♭2 2 ♭3	3 ♭6 ♭7 7
C D♭ D E♭	E A B♭ B	1 ♭2 2 ♭3	3 6 ♭7 7
C D♭ D E♭	F G♭ G A♭	1 ♭2 2 ♭3	4 ♭5 5 ♭6
C D♭ D E♭	F G♭ G A	1 ♭2 2 ♭3	4 ♭5 5 6
C D♭ D E♭	F G♭ G B♭	1 ♭2 2 ♭3	4 ♭5 5 ♭7
C D♭ D E♭	F G♭ G B	1 ♭2 2 ♭3	4 ♭5 5 7
C D♭ D E♭	F G♭ A♭ A	1 ♭2 2 ♭3	4 ♭5 ♭6 6

Tetrads as notes		Tetrads as Degrees	
C D♭ D E♭	F G♭ A♭ B♭	1 ♭2 2 ♭3	4 ♭5 ♭6 ♭7
C D♭ D E♭	F G♭ A♭ B	1 ♭2 2 ♭3	4 ♭5 ♭6 7
C D♭ D E♭	F G♭ A B♭	1 ♭2 2 ♭3	4 ♭5 6 ♭7
C D♭ D E♭	F G♭ A B	1 ♭2 2 ♭3	4 ♭5 6 7
C D♭ D E♭	F G♭ B♭ B	1 ♭2 2 ♭3	4 ♭5 ♭7 7
C D♭ D E♭	F G A♭ A	1 ♭2 2 ♭3	4 5 ♭6 6
C D♭ D E♭	F G A♭ B♭	1 ♭2 2 ♭3	4 5 ♭6 ♭7
C D♭ D E♭	F G A♭ B	1 ♭2 2 ♭3	4 5 ♭6 7
C D♭ D E♭	F G A B♭	1 ♭2 2 ♭3	4 5 6 ♭7
C D♭ D E♭	F G A B	1 ♭2 2 ♭3	4 5 6 7
C D♭ D E♭	F G B♭ B	1 ♭2 2 ♭3	4 5 ♭7 7
C D♭ D E♭	F A♭ A B♭	1 ♭2 2 ♭3	4 ♭6 6 ♭7
C D♭ D E♭	F A♭ A B	1 ♭2 2 ♭3	4 ♭6 6 7
C D♭ D E♭	F A♭ B♭ B	1 ♭2 2 ♭3	4 ♭6 ♭7 7
C D♭ D E♭	F A B♭ B	1 ♭2 2 ♭3	4 6 ♭7 7
C D♭ D E♭	G♭ G A♭ A	1 ♭2 2 ♭3	♭5 5 ♭6 6
C D♭ D E♭	G♭ G A♭ B♭	1 ♭2 2 ♭3	♭5 5 ♭6 ♭7
C D♭ D E♭	G♭ G A♭ B	1 ♭2 2 ♭3	♭5 5 ♭6 7
C D♭ D E♭	G♭ G A B♭	1 ♭2 2 ♭3	♭5 5 6 ♭7
C D♭ D E♭	G♭ G A B	1 ♭2 2 ♭3	♭5 5 6 7
C D♭ D E♭	G♭ G B♭ B	1 ♭2 2 ♭3	♭5 5 ♭7 7
C D♭ D E♭	G♭ A♭ A B♭	1 ♭2 2 ♭3	♭5 ♭6 6 ♭7
C D♭ D E♭	G♭ A♭ A B	1 ♭2 2 ♭3	♭5 ♭6 6 7
C D♭ D E♭	G♭ A♭ B♭ B	1 ♭2 2 ♭3	♭5 ♭6 ♭7 7
C D♭ D E♭	G♭ A B♭ B	1 ♭2 2 ♭3	♭5 6 ♭7 7
C D♭ D E♭	G A♭ A B♭	1 ♭2 2 ♭3	5 ♭6 6 ♭7
C D♭ D E♭	G A♭ A B	1 ♭2 2 ♭3	5 ♭6 6 7
C D♭ D E♭	G A♭ B♭ B	1 ♭2 2 ♭3	5 ♭6 ♭7 7
C D♭ D E♭	G A B♭ B	1 ♭2 2 ♭3	5 6 ♭7 7
C D♭ D E♭	A♭ A B♭ B	1 ♭2 2 ♭3	♭6 6 ♭7 7

C, D♭, D, E

Prime form: 0, 1, 2, 4
Degrees: 1, ♭2, 2, 3

C, D♭, D, E with all
Octatonic Combinations

Tetrads as notes		Tetrads as Degrees	
C D♭ D E	E♭ F G♭ G	1 ♭2 2 3	♭3 4 ♭5 5
C D♭ D E	E♭ F G♭ A♭	1 ♭2 2 3	♭3 4 ♭5 ♭6
C D♭ D E	E♭ F G♭ A	1 ♭2 2 3	♭3 4 ♭5 6
C D♭ D E	E♭ F G♭ B♭	1 ♭2 2 3	♭3 4 ♭5 ♭7
C D♭ D E	E♭ F G♭ B	1 ♭2 2 3	♭3 4 ♭5 7
C D♭ D E	E♭ F G A♭	1 ♭2 2 3	♭3 4 5 ♭6
C D♭ D E	E♭ F G A	1 ♭2 2 3	♭3 4 5 6
C D♭ D E	E♭ F G B♭	1 ♭2 2 3	♭3 4 5 ♭7
C D♭ D E	E♭ F G B	1 ♭2 2 3	♭3 4 5 7
C D♭ D E	E♭ F A♭ A	1 ♭2 2 3	♭3 4 ♭6 6
C D♭ D E	E♭ F A♭ B♭	1 ♭2 2 3	♭3 4 ♭6 ♭7
C D♭ D E	E♭ F A♭ B	1 ♭2 2 3	♭3 4 ♭6 7
C D♭ D E	E♭ F A B♭	1 ♭2 2 3	♭3 4 6 ♭7
C D♭ D E	E♭ F A B	1 ♭2 2 3	♭3 4 6 7
C D♭ D E	E♭ F B♭ B	1 ♭2 2 3	♭3 4 ♭7 7
C D♭ D E	E♭ G♭ G A♭	1 ♭2 2 3	♭3 ♭5 5 ♭6
C D♭ D E	E♭ G♭ G A	1 ♭2 2 3	♭3 ♭5 5 6
C D♭ D E	E♭ G♭ G B♭	1 ♭2 2 3	♭3 ♭5 5 ♭7
C D♭ D E	E♭ G♭ G B	1 ♭2 2 3	♭3 ♭5 5 7
C D♭ D E	E♭ G♭ A♭ A	1 ♭2 2 3	♭3 ♭5 ♭6 6
C D♭ D E	E♭ G♭ A♭ B♭	1 ♭2 2 3	♭3 ♭5 ♭6 ♭7
C D♭ D E	E♭ G♭ A♭ B	1 ♭2 2 3	♭3 ♭5 ♭6 7
C D♭ D E	E♭ G♭ A B♭	1 ♭2 2 3	♭3 ♭5 6 ♭7
C D♭ D E	E♭ G♭ A B	1 ♭2 2 3	♭3 ♭5 6 7
C D♭ D E	E♭ G♭ B♭ B	1 ♭2 2 3	♭3 ♭5 ♭7 7
C D♭ D E	E♭ G A♭ A	1 ♭2 2 3	♭3 5 ♭6 6
C D♭ D E	E♭ G A♭ B♭	1 ♭2 2 3	♭3 5 ♭6 ♭7
C D♭ D E	E♭ G A♭ B	1 ♭2 2 3	♭3 5 ♭6 7
C D♭ D E	E♭ G A B♭	1 ♭2 2 3	♭3 5 6 ♭7
C D♭ D E	E♭ G A B	1 ♭2 2 3	♭3 5 6 7
C D♭ D E	E♭ G B♭ B	1 ♭2 2 3	♭3 5 ♭7 7
C D♭ D E	E♭ A♭ A B♭	1 ♭2 2 3	♭3 ♭6 6 ♭7
C D♭ D E	E♭ A♭ A B	1 ♭2 2 3	♭3 ♭6 6 7
C D♭ D E	E♭ A♭ B♭ B	1 ♭2 2 3	♭3 ♭6 ♭7 7
C D♭ D E	E♭ A B♭ B	1 ♭2 2 3	♭3 6 ♭7 7
C D♭ D E	F G♭ G A♭	1 ♭2 2 3	4 ♭5 5 ♭6
C D♭ D E	F G♭ G A	1 ♭2 2 3	4 ♭5 5 6
C D♭ D E	F G♭ G B♭	1 ♭2 2 3	4 ♭5 5 ♭7
C D♭ D E	F G♭ G B	1 ♭2 2 3	4 ♭5 5 7

Tetrads as notes		Tetrads as Degrees	
C D♭ D E	F G♭ A♭ A	1 ♭2 2 3	4 ♭5 ♭6 6
C D♭ D E	F G♭ A♭ B♭	1 ♭2 2 3	4 ♭5 ♭6 ♭7
C D♭ D E	F G♭ A♭ B	1 ♭2 2 3	4 ♭5 ♭6 7
C D♭ D E	F G♭ A B♭	1 ♭2 2 3	4 ♭5 6 ♭7
C D♭ D E	F G♭ A B	1 ♭2 2 3	4 ♭5 6 7
C D♭ D E	F G♭ B♭ B	1 ♭2 2 3	4 ♭5 ♭7 7
C D♭ D E	F G A♭ A	1 ♭2 2 3	4 5 ♭6 6
C D♭ D E	F G A♭ B♭	1 ♭2 2 3	4 5 ♭6 ♭7
C D♭ D E	F G A♭ B	1 ♭2 2 3	4 5 ♭6 7
C D♭ D E	F G A B♭	1 ♭2 2 3	4 5 6 ♭7
C D♭ D E	F G A B	1 ♭2 2 3	4 5 6 7
C D♭ D E	F G B♭ B	1 ♭2 2 3	4 5 ♭7 7
C D♭ D E	F A♭ A B♭	1 ♭2 2 3	4 ♭6 6 ♭7
C D♭ D E	F A♭ A B	1 ♭2 2 3	4 ♭6 6 7
C D♭ D E	F A♭ B♭ B	1 ♭2 2 3	4 ♭6 ♭7 7
C D♭ D E	F A B♭ B	1 ♭2 2 3	4 6 ♭7 7
C D♭ D E	G♭ G A♭ A	1 ♭2 2 3	♭5 5 ♭6 6
C D♭ D E	G♭ G A♭ B♭	1 ♭2 2 3	♭5 5 ♭6 ♭7
C D♭ D E	G♭ G A♭ B	1 ♭2 2 3	♭5 5 ♭6 7
C D♭ D E	G♭ G A B♭	1 ♭2 2 3	♭5 5 6 ♭7
C D♭ D E	G♭ G A B	1 ♭2 2 3	♭5 5 6 7
C D♭ D E	G♭ G B♭ B	1 ♭2 2 3	♭5 5 ♭7 7
C D♭ D E	G♭ A♭ A B♭	1 ♭2 2 3	♭5 ♭6 6 ♭7
C D♭ D E	G♭ A♭ A B	1 ♭2 2 3	♭5 ♭6 6 7
C D♭ D E	G♭ A♭ B♭ B	1 ♭2 2 3	♭5 ♭6 ♭7 7
C D♭ D E	G♭ A B♭ B	1 ♭2 2 3	♭5 6 ♭7 7
C D♭ D E	G A♭ A B♭	1 ♭2 2 3	5 ♭6 6 ♭7
C D♭ D E	G A♭ A B	1 ♭2 2 3	5 ♭6 6 7
C D♭ D E	G A♭ B♭ B	1 ♭2 2 3	5 ♭6 ♭7 7
C D♭ D E	G A B♭ B	1 ♭2 2 3	5 6 ♭7 7
C D♭ D E	A♭ A B♭ B	1 ♭2 2 3	♭6 6 ♭7 7

C, D♭, D, F

Prime form: 0, 1, 2, 5
Degrees: 1, ♭2, 2, 4

C, D♭, D, F with all Octatonic Combinations

Tetrads as notes		Tetrads as Degrees	
C D♭ D F	E♭ E G♭ G	1 ♭2 2 4	♭3 3 ♭5 5
C D♭ D F	E♭ E G♭ A♭	1 ♭2 2 4	♭3 3 ♭5 ♭6
C D♭ D F	E♭ E G♭ A	1 ♭2 2 4	♭3 3 ♭5 6
C D♭ D F	E♭ E G♭ B♭	1 ♭2 2 4	♭3 3 ♭5 ♭7
C D♭ D F	E♭ E G♭ B	1 ♭2 2 4	♭3 3 ♭5 7
C D♭ D F	E♭ E G A♭	1 ♭2 2 4	♭3 3 5 ♭6
C D♭ D F	E♭ E G A	1 ♭2 2 4	♭3 3 5 6
C D♭ D F	E♭ E G B♭	1 ♭2 2 4	♭3 3 5 ♭7
C D♭ D F	E♭ E G B	1 ♭2 2 4	♭3 3 5 7
C D♭ D F	E♭ E A♭ A	1 ♭2 2 4	♭3 3 ♭6 6
C D♭ D F	E♭ E A♭ B♭	1 ♭2 2 4	♭3 3 ♭6 ♭7
C D♭ D F	E♭ E A♭ B	1 ♭2 2 4	♭3 3 ♭6 7
C D♭ D F	E♭ E A B♭	1 ♭2 2 4	♭3 3 6 ♭7
C D♭ D F	E♭ E A B	1 ♭2 2 4	♭3 3 6 7
C D♭ D F	E♭ E B♭ B	1 ♭2 2 4	♭3 3 ♭7 7
C D♭ D F	E♭ G♭ G A♭	1 ♭2 2 4	♭3 ♭5 5 ♭6
C D♭ D F	E♭ G♭ G A	1 ♭2 2 4	♭3 ♭5 5 6
C D♭ D F	E♭ G♭ G B♭	1 ♭2 2 4	♭3 ♭5 5 ♭7
C D♭ D F	E♭ G♭ G B	1 ♭2 2 4	♭3 ♭5 5 7
C D♭ D F	E♭ G♭ A♭ A	1 ♭2 2 4	♭3 ♭5 ♭6 6
C D♭ D F	E♭ G♭ A♭ B♭	1 ♭2 2 4	♭3 ♭5 ♭6 ♭7
C D♭ D F	E♭ G♭ A♭ B	1 ♭2 2 4	♭3 ♭5 ♭6 7
C D♭ D F	E♭ G♭ A B♭	1 ♭2 2 4	♭3 ♭5 6 ♭7
C D♭ D F	E♭ G♭ A B	1 ♭2 2 4	♭3 ♭5 6 7
C D♭ D F	E♭ G♭ B♭ B	1 ♭2 2 4	♭3 ♭5 ♭7 7
C D♭ D F	E♭ G A♭ A	1 ♭2 2 4	♭3 5 ♭6 6
C D♭ D F	E♭ G A♭ B♭	1 ♭2 2 4	♭3 5 ♭6 ♭7
C D♭ D F	E♭ G A♭ B	1 ♭2 2 4	♭3 5 ♭6 7
C D♭ D F	E♭ G A B♭	1 ♭2 2 4	♭3 5 6 ♭7
C D♭ D F	E♭ G A B	1 ♭2 2 4	♭3 5 6 7
C D♭ D F	E♭ G B♭ B	1 ♭2 2 4	♭3 5 ♭7 7
C D♭ D F	E♭ A♭ A B♭	1 ♭2 2 4	♭3 ♭6 6 ♭7
C D♭ D F	E♭ A♭ A B	1 ♭2 2 4	♭3 ♭6 6 7
C D♭ D F	E♭ A♭ B♭ B	1 ♭2 2 4	♭3 ♭6 ♭7 7
C D♭ D F	E♭ A B♭ B	1 ♭2 2 4	♭3 6 ♭7 7
C D♭ D F	E G♭ G A♭	1 ♭2 2 4	3 ♭5 5 ♭6
C D♭ D F	E G♭ G A	1 ♭2 2 4	3 ♭5 5 6
C D♭ D F	E G♭ G B♭	1 ♭2 2 4	3 ♭5 5 ♭7
C D♭ D F	E G♭ G B	1 ♭2 2 4	3 ♭5 5 7
C D♭ D F	E G♭ A♭ A	1 ♭2 2 4	3 ♭5 ♭6 6

Tetrads as notes		Tetrads as Degrees	
C D♭ D F	E G♭ A♭ B♭	1 ♭2 2 4	3 ♭5 ♭6 ♭7
C D♭ D F	E G♭ A♭ B	1 ♭2 2 4	3 ♭5 ♭6 7
C D♭ D F	E G♭ A B♭	1 ♭2 2 4	3 ♭5 6 ♭7
C D♭ D F	E G♭ A B	1 ♭2 2 4	3 ♭5 6 7
C D♭ D F	E G♭ B♭ B	1 ♭2 2 4	3 ♭5 ♭7 7
C D♭ D F	E G A♭ A	1 ♭2 2 4	3 5 ♭6 6
C D♭ D F	E G A♭ B♭	1 ♭2 2 4	3 5 ♭6 ♭7
C D♭ D F	E G A♭ B	1 ♭2 2 4	3 5 ♭6 7
C D♭ D F	E G A B♭	1 ♭2 2 4	3 5 6 ♭7
C D♭ D F	E G A B	1 ♭2 2 4	3 5 6 7
C D♭ D F	E G B♭ B	1 ♭2 2 4	3 5 ♭7 7
C D♭ D F	E A♭ A B♭	1 ♭2 2 4	3 ♭6 6 ♭7
C D♭ D F	E A♭ A B	1 ♭2 2 4	3 ♭6 6 7
C D♭ D F	E A♭ B♭ B	1 ♭2 2 4	3 ♭6 ♭7 7
C D♭ D F	E A B♭ B	1 ♭2 2 4	3 6 ♭7 7
C D♭ D F	G♭ G A♭ A	1 ♭2 2 4	♭5 5 ♭6 6
C D♭ D F	G♭ G A♭ B♭	1 ♭2 2 4	♭5 5 ♭6 ♭7
C D♭ D F	G♭ G A♭ B	1 ♭2 2 4	♭5 5 ♭6 7
C D♭ D F	G♭ G A B♭	1 ♭2 2 4	♭5 5 6 ♭7
C D♭ D F	G♭ G A B	1 ♭2 2 4	♭5 5 6 7
C D♭ D F	G♭ G B♭ B	1 ♭2 2 4	♭5 5 ♭7 7
C D♭ D F	G♭ A♭ A B♭	1 ♭2 2 4	♭5 ♭6 6 ♭7
C D♭ D F	G♭ A♭ A B	1 ♭2 2 4	♭5 ♭6 6 7
C D♭ D F	G♭ A♭ B♭ B	1 ♭2 2 4	♭5 ♭6 ♭7 7
C D♭ D F	G♭ A B♭ B	1 ♭2 2 4	♭5 6 ♭7 7
C D♭ D F	G A♭ A B♭	1 ♭2 2 4	5 ♭6 6 ♭7
C D♭ D F	G A♭ A B	1 ♭2 2 4	5 ♭6 6 7
C D♭ D F	G A♭ B♭ B	1 ♭2 2 4	5 ♭6 ♭7 7
C D♭ D F	G A B♭ B	1 ♭2 2 4	5 6 ♭7 7
C D♭ D F	A♭ A B♭ B	1 ♭2 2 4	♭6 6 ♭7 7

C, D♭, D, G♭

Prime form: 0, 1, 2, 6
Degrees: 1, ♭2, 2, ♭5

C, D♭, D, G♭ with all
Octatonic Combinations

Tetrads as notes		Tetrads as Degrees	
C D♭ D G♭	E♭ E F G	1 ♭2 2 ♭5	♭3 3 4 5
C D♭ D G♭	E♭ E F A♭	1 ♭2 2 ♭5	♭3 3 4 ♭6
C D♭ D G♭	E♭ E F A	1 ♭2 2 ♭5	♭3 3 4 6
C D♭ D G♭	E♭ E F B♭	1 ♭2 2 ♭5	♭3 3 4 ♭7
C D♭ D G♭	E♭ E F B	1 ♭2 2 ♭5	♭3 3 4 7
C D♭ D G♭	E♭ E G A♭	1 ♭2 2 ♭5	♭3 3 5 ♭6
C D♭ D G♭	E♭ E G A	1 ♭2 2 ♭5	♭3 3 5 6
C D♭ D G♭	E♭ E G B♭	1 ♭2 2 ♭5	♭3 3 5 ♭7
C D♭ D G♭	E♭ E G B	1 ♭2 2 ♭5	♭3 3 5 7
C D♭ D G♭	E♭ E A♭ A	1 ♭2 2 ♭5	♭3 3 ♭6 6
C D♭ D G♭	E♭ E A♭ B♭	1 ♭2 2 ♭5	♭3 3 ♭6 ♭7
C D♭ D G♭	E♭ E A♭ B	1 ♭2 2 ♭5	♭3 3 ♭6 7
C D♭ D G♭	E♭ E A B♭	1 ♭2 2 ♭5	♭3 3 6 ♭7
C D♭ D G♭	E♭ E A B	1 ♭2 2 ♭5	♭3 3 6 7
C D♭ D G♭	E♭ E B♭ B	1 ♭2 2 ♭5	♭3 3 ♭7 7
C D♭ D G♭	E♭ F G A♭	1 ♭2 2 ♭5	♭3 4 5 ♭6
C D♭ D G♭	E♭ F G A	1 ♭2 2 ♭5	♭3 4 5 6
C D♭ D G♭	E♭ F G B♭	1 ♭2 2 ♭5	♭3 4 5 ♭7
C D♭ D G♭	E♭ F G B	1 ♭2 2 ♭5	♭3 4 5 7
C D♭ D G♭	E♭ F A♭ A	1 ♭2 2 ♭5	♭3 4 ♭6 6
C D♭ D G♭	E♭ F A♭ B♭	1 ♭2 2 ♭5	♭3 4 ♭6 ♭7
C D♭ D G♭	E♭ F A♭ B	1 ♭2 2 ♭5	♭3 4 ♭6 7
C D♭ D G♭	E♭ F A B♭	1 ♭2 2 ♭5	♭3 4 6 ♭7
C D♭ D G♭	E♭ F A B	1 ♭2 2 ♭5	♭3 4 6 7
C D♭ D G♭	E♭ F B♭ B	1 ♭2 2 ♭5	♭3 4 ♭7 7
C D♭ D G♭	E♭ G A♭ A	1 ♭2 2 ♭5	♭3 5 ♭6 6
C D♭ D G♭	E♭ G A♭ B♭	1 ♭2 2 ♭5	♭3 5 ♭6 ♭7
C D♭ D G♭	E♭ G A♭ B	1 ♭2 2 ♭5	♭3 5 ♭6 7
C D♭ D G♭	E♭ G A B♭	1 ♭2 2 ♭5	♭3 5 6 ♭7
C D♭ D G♭	E♭ G A B	1 ♭2 2 ♭5	♭3 5 6 7
C D♭ D G♭	E♭ G B♭ B	1 ♭2 2 ♭5	♭3 5 ♭7 7
C D♭ D G♭	E♭ A♭ A B♭	1 ♭2 2 ♭5	♭3 ♭6 6 ♭7
C D♭ D G♭	E♭ A♭ A B	1 ♭2 2 ♭5	♭3 ♭6 6 7
C D♭ D G♭	E♭ A♭ B♭ B	1 ♭2 2 ♭5	♭3 ♭6 ♭7 7
C D♭ D G♭	E♭ A B♭ B	1 ♭2 2 ♭5	♭3 6 ♭7 7
C D♭ D G♭	E F G A♭	1 ♭2 2 ♭5	3 4 5 ♭6
C D♭ D G♭	E F G A	1 ♭2 2 ♭5	3 4 5 6
C D♭ D G♭	E F G B♭	1 ♭2 2 ♭5	3 4 5 ♭7
C D♭ D G♭	E F G B	1 ♭2 2 ♭5	3 4 5 7

Tetrads as notes		Tetrads as Degrees	
C D♭ D G♭	E F A♭ A	1 ♭2 2 ♭5	3 4 ♭6 6
C D♭ D G♭	E F A♭ B♭	1 ♭2 2 ♭5	3 4 ♭6 ♭7
C D♭ D G♭	E F A♭ B	1 ♭2 2 ♭5	3 4 ♭6 7
C D♭ D G♭	E F A B♭	1 ♭2 2 ♭5	3 4 6 ♭7
C D♭ D G♭	E F A B	1 ♭2 2 ♭5	3 4 6 7
C D♭ D G♭	E F B♭ B	1 ♭2 2 ♭5	3 4 ♭7 7
C D♭ D G♭	E G A♭ A	1 ♭2 2 ♭5	3 5 ♭6 6
C D♭ D G♭	E G A♭ B♭	1 ♭2 2 ♭5	3 5 ♭6 ♭7
C D♭ D G♭	E G A♭ B	1 ♭2 2 ♭5	3 5 ♭6 7
C D♭ D G♭	E G A B♭	1 ♭2 2 ♭5	3 5 6 ♭7
C D♭ D G♭	E G A B	1 ♭2 2 ♭5	3 5 6 7
C D♭ D G♭	E G B♭ B	1 ♭2 2 ♭5	3 5 ♭7 7
C D♭ D G♭	E A♭ A B♭	1 ♭2 2 ♭5	3 ♭6 6 ♭7
C D♭ D G♭	E A♭ A B	1 ♭2 2 ♭5	3 ♭6 6 7
C D♭ D G♭	E A♭ B♭ B	1 ♭2 2 ♭5	3 ♭6 ♭7 7
C D♭ D G♭	E A B♭ B	1 ♭2 2 ♭5	3 6 ♭7 7
C D♭ D G♭	F G A♭ A	1 ♭2 2 ♭5	4 5 ♭6 6
C D♭ D G♭	F G A♭ B♭	1 ♭2 2 ♭5	4 5 ♭6 ♭7
C D♭ D G♭	F G A♭ B	1 ♭2 2 ♭5	4 5 ♭6 7
C D♭ D G♭	F G A B♭	1 ♭2 2 ♭5	4 5 6 ♭7
C D♭ D G♭	F G A B	1 ♭2 2 ♭5	4 5 6 7
C D♭ D G♭	F G B♭ B	1 ♭2 2 ♭5	4 5 ♭7 7
C D♭ D G♭	F A♭ A B♭	1 ♭2 2 ♭5	4 ♭6 6 ♭7
C D♭ D G♭	F A♭ A B	1 ♭2 2 ♭5	4 ♭6 6 7
C D♭ D G♭	F A♭ B♭ B	1 ♭2 2 ♭5	4 ♭6 ♭7 7
C D♭ D G♭	F A B♭ B	1 ♭2 2 ♭5	4 6 ♭7 7
C D♭ D G♭	G A♭ A B♭	1 ♭2 2 ♭5	5 ♭6 6 ♭7
C D♭ D G♭	G A♭ A B	1 ♭2 2 ♭5	5 ♭6 6 7
C D♭ D G♭	G A♭ B♭ B	1 ♭2 2 ♭5	5 ♭6 ♭7 7
C D♭ D G♭	G A B♭ B	1 ♭2 2 ♭5	5 6 ♭7 7
C D♭ D G♭	A♭ A B♭ B	1 ♭2 2 ♭5	♭6 6 ♭7 7

C, D♭, D, G

Prime form: 0, 1, 2, 7
Degrees: 1, ♭2, 2, 5

C, D♭, D, G with all Octatonic Combinations

Tetrads as notes		Tetrads as Degrees	
C D♭ D G	E♭ E F G♭	1 ♭2 2 5	♭3 3 4 ♭5
C D♭ D G	E♭ E F A♭	1 ♭2 2 5	♭3 3 4 ♭6
C D♭ D G	E♭ E F A	1 ♭2 2 5	♭3 3 4 6
C D♭ D G	E♭ E F B♭	1 ♭2 2 5	♭3 3 4 ♭7
C D♭ D G	E♭ E F B	1 ♭2 2 5	♭3 3 4 7
C D♭ D G	E♭ E G♭ A♭	1 ♭2 2 5	♭3 3 ♭5 ♭6
C D♭ D G	E♭ E G♭ A	1 ♭2 2 5	♭3 3 ♭5 6
C D♭ D G	E♭ E G♭ B♭	1 ♭2 2 5	♭3 3 ♭5 ♭7
C D♭ D G	E♭ E G♭ B	1 ♭2 2 5	♭3 3 ♭5 7
C D♭ D G	E♭ E A♭ A	1 ♭2 2 5	♭3 3 ♭6 6
C D♭ D G	E♭ E A♭ B♭	1 ♭2 2 5	♭3 3 ♭6 ♭7
C D♭ D G	E♭ E A♭ B	1 ♭2 2 5	♭3 3 ♭6 7
C D♭ D G	E♭ E A B♭	1 ♭2 2 5	♭3 3 6 ♭7
C D♭ D G	E♭ E A B	1 ♭2 2 5	♭3 3 6 7
C D♭ D G	E♭ E B♭ B	1 ♭2 2 5	♭3 3 ♭7 7
C D♭ D G	E♭ F G♭ A♭	1 ♭2 2 5	♭3 4 ♭5 ♭6
C D♭ D G	E♭ F G♭ A	1 ♭2 2 5	♭3 4 ♭5 6
C D♭ D G	E♭ F G♭ B♭	1 ♭2 2 5	♭3 4 ♭5 ♭7
C D♭ D G	E♭ F G♭ B	1 ♭2 2 5	♭3 4 ♭5 7
C D♭ D G	E♭ F A♭ A	1 ♭2 2 5	♭3 4 ♭6 6
C D♭ D G	E♭ F A♭ B♭	1 ♭2 2 5	♭3 4 ♭6 ♭7
C D♭ D G	E♭ F A♭ B	1 ♭2 2 5	♭3 4 ♭6 7
C D♭ D G	E♭ F A B♭	1 ♭2 2 5	♭3 4 6 ♭7
C D♭ D G	E♭ F A B	1 ♭2 2 5	♭3 4 6 7
C D♭ D G	E♭ F B♭ B	1 ♭2 2 5	♭3 4 ♭7 7
C D♭ D G	E♭ G♭ A♭ A	1 ♭2 2 5	♭3 ♭5 ♭6 6
C D♭ D G	E♭ G♭ A♭ B♭	1 ♭2 2 5	♭3 ♭5 ♭6 ♭7
C D♭ D G	E♭ G♭ A♭ B	1 ♭2 2 5	♭3 ♭5 ♭6 7
C D♭ D G	E♭ G♭ A B♭	1 ♭2 2 5	♭3 ♭5 6 ♭7
C D♭ D G	E♭ G♭ A B	1 ♭2 2 5	♭3 ♭5 6 7
C D♭ D G	E♭ G♭ B♭ B	1 ♭2 2 5	♭3 ♭5 ♭7 7
C D♭ D G	E♭ A♭ A B♭	1 ♭2 2 5	♭3 ♭6 6 ♭7
C D♭ D G	E♭ A♭ A B	1 ♭2 2 5	♭3 ♭6 6 7
C D♭ D G	E♭ A♭ B♭ B	1 ♭2 2 5	♭3 ♭6 ♭7 7
C D♭ D G	E♭ A B♭ B	1 ♭2 2 5	♭3 6 ♭7 7
C D♭ D G	E F G♭ A♭	1 ♭2 2 5	3 4 ♭5 ♭6
C D♭ D G	E F G♭ A	1 ♭2 2 5	3 4 ♭5 6
C D♭ D G	E F G♭ B♭	1 ♭2 2 5	3 4 ♭5 ♭7
C D♭ D G	E F G♭ B	1 ♭2 2 5	3 4 ♭5 7
C D♭ D G	E F A♭ A	1 ♭2 2 5	3 4 ♭6 6

Tetrads as notes		Tetrads as Degrees	
C D♭ D G	E F A♭ B♭	1 ♭2 2 5	3 4 ♭6 ♭7
C D♭ D G	E F A♭ B	1 ♭2 2 5	3 4 ♭6 7
C D♭ D G	E F A B♭	1 ♭2 2 5	3 4 6 ♭7
C D♭ D G	E F A B	1 ♭2 2 5	3 4 6 7
C D♭ D G	E F B♭ B	1 ♭2 2 5	3 4 ♭7 7
C D♭ D G	E G♭ A♭ A	1 ♭2 2 5	3 ♭5 ♭6 6
C D♭ D G	E G♭ A♭ B♭	1 ♭2 2 5	3 ♭5 ♭6 ♭7
C D♭ D G	E G♭ A♭ B	1 ♭2 2 5	3 ♭5 ♭6 7
C D♭ D G	E G♭ A B♭	1 ♭2 2 5	3 ♭5 6 ♭7
C D♭ D G	E G♭ A B	1 ♭2 2 5	3 ♭5 6 7
C D♭ D G	E G♭ B♭ B	1 ♭2 2 5	3 ♭5 ♭7 7
C D♭ D G	E A♭ A B♭	1 ♭2 2 5	3 ♭6 6 ♭7
C D♭ D G	E A♭ A B	1 ♭2 2 5	3 ♭6 6 7
C D♭ D G	E A♭ B♭ B	1 ♭2 2 5	3 ♭6 ♭7 7
C D♭ D G	E A B♭ B	1 ♭2 2 5	3 6 ♭7 7
C D♭ D G	F G♭ A♭ A	1 ♭2 2 5	4 ♭5 ♭6 6
C D♭ D G	F G♭ A♭ B♭	1 ♭2 2 5	4 ♭5 ♭6 ♭7
C D♭ D G	F G♭ A♭ B	1 ♭2 2 5	4 ♭5 ♭6 7
C D♭ D G	F G♭ A B♭	1 ♭2 2 5	4 ♭5 6 ♭7
C D♭ D G	F G♭ A B	1 ♭2 2 5	4 ♭5 6 7
C D♭ D G	F G♭ B♭ B	1 ♭2 2 5	4 ♭5 ♭7 7
C D♭ D G	F A♭ A B♭	1 ♭2 2 5	4 ♭6 6 ♭7
C D♭ D G	F A♭ A B	1 ♭2 2 5	4 ♭6 6 7
C D♭ D G	F A♭ B♭ B	1 ♭2 2 5	4 ♭6 ♭7 7
C D♭ D G	F A B♭ B	1 ♭2 2 5	4 6 ♭7 7
C D♭ D G	G♭ A♭ A B♭	1 ♭2 2 5	♭5 ♭6 6 ♭7
C D♭ D G	G♭ A♭ A B	1 ♭2 2 5	♭5 ♭6 6 7
C D♭ D G	G♭ A♭ B♭ B	1 ♭2 2 5	♭5 ♭6 ♭7 7
C D♭ D G	G♭ A B♭ B	1 ♭2 2 5	♭5 6 ♭7 7
C D♭ D G	A♭ A B♭ B	1 ♭2 2 5	♭6 6 ♭7 7

C, D♭, E♭, E

Prime form: 0, 1, 3, 4

Degrees: 1, ♭2, ♭3, 3

C, D♭, E♭, E with all Octatonic Combinations

Tetrads as notes		Tetrads as Degrees	
C D♭ E♭ E	D F G♭ G	1 ♭2 ♭3 3	2 4 ♭5 5
C D♭ E♭ E	D F G♭ A♭	1 ♭2 ♭3 3	2 4 ♭5 ♭6
C D♭ E♭ E	D F G♭ A	1 ♭2 ♭3 3	2 4 ♭5 6
C D♭ E♭ E	D F G♭ B♭	1 ♭2 ♭3 3	2 4 ♭5 ♭7
C D♭ E♭ E	D F G♭ B	1 ♭2 ♭3 3	2 4 ♭5 7
C D♭ E♭ E	D F G A♭	1 ♭2 ♭3 3	2 4 5 ♭6
C D♭ E♭ E	D F G A	1 ♭2 ♭3 3	2 4 5 6
C D♭ E♭ E	D F G B♭	1 ♭2 ♭3 3	2 4 5 ♭7
C D♭ E♭ E	D F G B	1 ♭2 ♭3 3	2 4 5 7
C D♭ E♭ E	D F A♭ A	1 ♭2 ♭3 3	2 4 ♭6 6
C D♭ E♭ E	D F A♭ B♭	1 ♭2 ♭3 3	2 4 ♭6 ♭7
C D♭ E♭ E	D F A♭ B	1 ♭2 ♭3 3	2 4 ♭6 7
C D♭ E♭ E	D F A B♭	1 ♭2 ♭3 3	2 4 6 ♭7
C D♭ E♭ E	D F A B	1 ♭2 ♭3 3	2 4 6 7
C D♭ E♭ E	D F B♭ B	1 ♭2 ♭3 3	2 4 ♭7 7
C D♭ E♭ E	D G♭ G A♭	1 ♭2 ♭3 3	2 ♭5 5 ♭6
C D♭ E♭ E	D G♭ G A	1 ♭2 ♭3 3	2 ♭5 5 6
C D♭ E♭ E	D G♭ G B♭	1 ♭2 ♭3 3	2 ♭5 5 ♭7
C D♭ E♭ E	D G♭ G B	1 ♭2 ♭3 3	2 ♭5 5 7
C D♭ E♭ E	D G♭ A♭ A	1 ♭2 ♭3 3	2 ♭5 ♭6 6
C D♭ E♭ E	D G♭ A♭ B♭	1 ♭2 ♭3 3	2 ♭5 ♭6 ♭7
C D♭ E♭ E	D G♭ A♭ B	1 ♭2 ♭3 3	2 ♭5 ♭6 7
C D♭ E♭ E	D G♭ A B♭	1 ♭2 ♭3 3	2 ♭5 6 ♭7
C D♭ E♭ E	D G♭ A B	1 ♭2 ♭3 3	2 ♭5 6 7
C D♭ E♭ E	D G♭ B♭ B	1 ♭2 ♭3 3	2 ♭5 ♭7 7
C D♭ E♭ E	D G A♭ A	1 ♭2 ♭3 3	2 5 ♭6 6
C D♭ E♭ E	D G A♭ B♭	1 ♭2 ♭3 3	2 5 ♭6 ♭7
C D♭ E♭ E	D G A♭ B	1 ♭2 ♭3 3	2 5 ♭6 7
C D♭ E♭ E	D G A B♭	1 ♭2 ♭3 3	2 5 6 ♭7
C D♭ E♭ E	D G A B	1 ♭2 ♭3 3	2 5 6 7
C D♭ E♭ E	D G B♭ B	1 ♭2 ♭3 3	2 5 ♭7 7
C D♭ E♭ E	D A♭ A B♭	1 ♭2 ♭3 3	2 ♭6 6 ♭7
C D♭ E♭ E	D A♭ A B	1 ♭2 ♭3 3	2 ♭6 6 7
C D♭ E♭ E	D A♭ B♭ B	1 ♭2 ♭3 3	2 ♭6 ♭7 7
C D♭ E♭ E	D A B♭ B	1 ♭2 ♭3 3	2 6 ♭7 7
C D♭ E♭ E	F G♭ G A♭	1 ♭2 ♭3 3	4 ♭5 5 ♭6
C D♭ E♭ E	F G♭ G A	1 ♭2 ♭3 3	4 ♭5 5 6
C D♭ E♭ E	F G♭ G B♭	1 ♭2 ♭3 3	4 ♭5 5 ♭7
C D♭ E♭ E	F G♭ G B	1 ♭2 ♭3 3	4 ♭5 5 7

Tetrads as notes		Tetrads as Degrees	
C D♭ E♭ E	F G♭ A♭ A	1 ♭2 ♭3 3	4 ♭5 ♭6 6
C D♭ E♭ E	F G♭ A♭ B♭	1 ♭2 ♭3 3	4 ♭5 ♭6 ♭7
C D♭ E♭ E	F G♭ A♭ B	1 ♭2 ♭3 3	4 ♭5 ♭6 7
C D♭ E♭ E	F G♭ A B♭	1 ♭2 ♭3 3	4 ♭5 6 ♭7
C D♭ E♭ E	F G♭ A B	1 ♭2 ♭3 3	4 ♭5 6 7
C D♭ E♭ E	F G♭ B♭ B	1 ♭2 ♭3 3	4 ♭5 ♭7 7
C D♭ E♭ E	F G A♭ A	1 ♭2 ♭3 3	4 5 ♭6 6
C D♭ E♭ E	F G A♭ B♭	1 ♭2 ♭3 3	4 5 ♭6 ♭7
C D♭ E♭ E	F G A♭ B	1 ♭2 ♭3 3	4 5 ♭6 7
C D♭ E♭ E	F G A B♭	1 ♭2 ♭3 3	4 5 6 ♭7
C D♭ E♭ E	F G A B	1 ♭2 ♭3 3	4 5 6 7
C D♭ E♭ E	F G B♭ B	1 ♭2 ♭3 3	4 5 ♭7 7
C D♭ E♭ E	F A♭ A B♭	1 ♭2 ♭3 3	4 ♭6 6 ♭7
C D♭ E♭ E	F A♭ A B	1 ♭2 ♭3 3	4 ♭6 6 7
C D♭ E♭ E	F A♭ B♭ B	1 ♭2 ♭3 3	4 ♭6 ♭7 7
C D♭ E♭ E	F A B♭ B	1 ♭2 ♭3 3	4 6 ♭7 7
C D♭ E♭ E	G♭ G A♭ A	1 ♭2 ♭3 3	♭5 5 ♭6 6
C D♭ E♭ E	G♭ G A♭ B♭	1 ♭2 ♭3 3	♭5 5 ♭6 ♭7
C D♭ E♭ E	G♭ G A♭ B	1 ♭2 ♭3 3	♭5 5 ♭6 7
C D♭ E♭ E	G♭ G A B♭	1 ♭2 ♭3 3	♭5 5 6 ♭7
C D♭ E♭ E	G♭ G A B	1 ♭2 ♭3 3	♭5 5 6 7
C D♭ E♭ E	G♭ G B♭ B	1 ♭2 ♭3 3	♭5 5 ♭7 7
C D♭ E♭ E	G♭ A♭ A B♭	1 ♭2 ♭3 3	♭5 ♭6 6 ♭7
C D♭ E♭ E	G♭ A♭ A B	1 ♭2 ♭3 3	♭5 ♭6 6 7
C D♭ E♭ E	G♭ A♭ B♭ B	1 ♭2 ♭3 3	♭5 ♭6 ♭7 7
C D♭ E♭ E	G♭ A B♭ B	1 ♭2 ♭3 3	♭5 6 ♭7 7
C D♭ E♭ E	G A♭ A B♭	1 ♭2 ♭3 3	5 ♭6 6 ♭7
C D♭ E♭ E	G A♭ A B	1 ♭2 ♭3 3	5 ♭6 6 7
C D♭ E♭ E	G A♭ B♭ B	1 ♭2 ♭3 3	5 ♭6 ♭7 7
C D♭ E♭ E	G A B♭ B	1 ♭2 ♭3 3	5 6 ♭7 7
C D♭ E♭ E	A♭ A B♭ B	1 ♭2 ♭3 3	♭6 6 ♭7 7

C, D♭, E♭, F

Prime form: 0, 1, 3, 5
Degrees: 1, ♭2, ♭3, 4

C, D♭, E♭, F with all Octatonic Combinations

Tetrads as notes		Tetrads as Degrees	
C D♭ E♭ F	D E G♭ G	1 ♭2 ♭3 4	2 3 ♭5 5
C D♭ E♭ F	D E G♭ A♭	1 ♭2 ♭3 4	2 3 ♭5 ♭6
C D♭ E♭ F	D E G♭ A	1 ♭2 ♭3 4	2 3 ♭5 6
C D♭ E♭ F	D E G♭ B♭	1 ♭2 ♭3 4	2 3 ♭5 ♭7
C D♭ E♭ F	D E G♭ B	1 ♭2 ♭3 4	2 3 ♭5 7
C D♭ E♭ F	D E G A♭	1 ♭2 ♭3 4	2 3 5 ♭6
C D♭ E♭ F	D E G A	1 ♭2 ♭3 4	2 3 5 6
C D♭ E♭ F	D E G B♭	1 ♭2 ♭3 4	2 3 5 ♭7
C D♭ E♭ F	D E G B	1 ♭2 ♭3 4	2 3 5 7
C D♭ E♭ F	D E A♭ A	1 ♭2 ♭3 4	2 3 ♭6 6
C D♭ E♭ F	D E A♭ B♭	1 ♭2 ♭3 4	2 3 ♭6 ♭7
C D♭ E♭ F	D E A♭ B	1 ♭2 ♭3 4	2 3 ♭6 7
C D♭ E♭ F	D E A B♭	1 ♭2 ♭3 4	2 3 6 ♭7
C D♭ E♭ F	D E A B	1 ♭2 ♭3 4	2 3 6 7
C D♭ E♭ F	D E B♭ B	1 ♭2 ♭3 4	2 3 ♭7 7
C D♭ E♭ F	D G♭ G A♭	1 ♭2 ♭3 4	2 ♭5 5 ♭6
C D♭ E♭ F	D G♭ G A	1 ♭2 ♭3 4	2 ♭5 5 6
C D♭ E♭ F	D G♭ G B♭	1 ♭2 ♭3 4	2 ♭5 5 ♭7
C D♭ E♭ F	D G♭ G B	1 ♭2 ♭3 4	2 ♭5 5 7
C D♭ E♭ F	D G♭ A♭ A	1 ♭2 ♭3 4	2 ♭5 ♭6 6
C D♭ E♭ F	D G♭ A♭ B♭	1 ♭2 ♭3 4	2 ♭5 ♭6 ♭7
C D♭ E♭ F	D G♭ A♭ B	1 ♭2 ♭3 4	2 ♭5 ♭6 7
C D♭ E♭ F	D G♭ A B♭	1 ♭2 ♭3 4	2 ♭5 6 ♭7
C D♭ E♭ F	D G♭ A B	1 ♭2 ♭3 4	2 ♭5 6 7
C D♭ E♭ F	D G♭ B♭ B	1 ♭2 ♭3 4	2 ♭5 ♭7 7
C D♭ E♭ F	D G A♭ A	1 ♭2 ♭3 4	2 5 ♭6 6
C D♭ E♭ F	D G A♭ B♭	1 ♭2 ♭3 4	2 5 ♭6 ♭7
C D♭ E♭ F	D G A♭ B	1 ♭2 ♭3 4	2 5 ♭6 7
C D♭ E♭ F	D G A B♭	1 ♭2 ♭3 4	2 5 6 ♭7
C D♭ E♭ F	D G A B	1 ♭2 ♭3 4	2 5 6 7
C D♭ E♭ F	D G B♭ B	1 ♭2 ♭3 4	2 5 ♭7 7
C D♭ E♭ F	D A♭ A B♭	1 ♭2 ♭3 4	2 ♭6 6 ♭7
C D♭ E♭ F	D A♭ A B	1 ♭2 ♭3 4	2 ♭6 6 7
C D♭ E♭ F	D A♭ B♭ B	1 ♭2 ♭3 4	2 ♭6 ♭7 7
C D♭ E♭ F	D A B♭ B	1 ♭2 ♭3 4	2 6 ♭7 7
C D♭ E♭ F	E G♭ G A♭	1 ♭2 ♭3 4	3 ♭5 5 ♭6
C D♭ E♭ F	E G♭ G A	1 ♭2 ♭3 4	3 ♭5 5 6
C D♭ E♭ F	E G♭ G B♭	1 ♭2 ♭3 4	3 ♭5 5 ♭7
C D♭ E♭ F	E G♭ G B	1 ♭2 ♭3 4	3 ♭5 5 7

Tetrads as notes		Tetrads as Degrees	
C D♭ E♭ F	E G♭ A♭ A	1 ♭2 ♭3 4	3 ♭5 ♭6 6
C D♭ E♭ F	E G♭ A♭ B♭	1 ♭2 ♭3 4	3 ♭5 ♭6 ♭7
C D♭ E♭ F	E G♭ A♭ B	1 ♭2 ♭3 4	3 ♭5 ♭6 7
C D♭ E♭ F	E G♭ A B♭	1 ♭2 ♭3 4	3 ♭5 6 ♭7
C D♭ E♭ F	E G♭ A B	1 ♭2 ♭3 4	3 ♭5 6 7
C D♭ E♭ F	E G♭ B♭ B	1 ♭2 ♭3 4	3 ♭5 ♭7 7
C D♭ E♭ F	E G A♭ A	1 ♭2 ♭3 4	3 5 ♭6 6
C D♭ E♭ F	E G A♭ B♭	1 ♭2 ♭3 4	3 5 ♭6 ♭7
C D♭ E♭ F	E G A♭ B	1 ♭2 ♭3 4	3 5 ♭6 7
C D♭ E♭ F	E G A B♭	1 ♭2 ♭3 4	3 5 6 ♭7
C D♭ E♭ F	E G A B	1 ♭2 ♭3 4	3 5 6 7
C D♭ E♭ F	E G B♭ B	1 ♭2 ♭3 4	3 5 ♭7 7
C D♭ E♭ F	E A♭ A B♭	1 ♭2 ♭3 4	3 ♭6 6 ♭7
C D♭ E♭ F	E A♭ A B	1 ♭2 ♭3 4	3 ♭6 6 7
C D♭ E♭ F	E A♭ B♭ B	1 ♭2 ♭3 4	3 ♭6 ♭7 7
C D♭ E♭ F	E A B♭ B	1 ♭2 ♭3 4	3 6 ♭7 7
C D♭ E♭ F	G♭ G A♭ A	1 ♭2 ♭3 4	♭5 5 ♭6 6
C D♭ E♭ F	G♭ G A♭ B♭	1 ♭2 ♭3 4	♭5 5 ♭6 ♭7
C D♭ E♭ F	G♭ G A♭ B	1 ♭2 ♭3 4	♭5 5 ♭6 7
C D♭ E♭ F	G♭ G A B♭	1 ♭2 ♭3 4	♭5 5 6 ♭7
C D♭ E♭ F	G♭ G A B	1 ♭2 ♭3 4	♭5 5 6 7
C D♭ E♭ F	G♭ G B♭ B	1 ♭2 ♭3 4	♭5 5 ♭7 7
C D♭ E♭ F	G♭ A♭ A B♭	1 ♭2 ♭3 4	♭5 ♭6 6 ♭7
C D♭ E♭ F	G♭ A♭ A B	1 ♭2 ♭3 4	♭5 ♭6 6 7
C D♭ E♭ F	G♭ A♭ B♭ B	1 ♭2 ♭3 4	♭5 ♭6 ♭7 7
C D♭ E♭ F	G♭ A B♭ B	1 ♭2 ♭3 4	♭5 6 ♭7 7
C D♭ E♭ F	G A♭ A B♭	1 ♭2 ♭3 4	5 ♭6 6 ♭7
C D♭ E♭ F	G A♭ A B	1 ♭2 ♭3 4	5 ♭6 6 7
C D♭ E♭ F	G A♭ B♭ B	1 ♭2 ♭3 4	5 ♭6 ♭7 7
C D♭ E♭ F	G A B♭ B	1 ♭2 ♭3 4	5 6 ♭7 7
C D♭ E♭ F	A♭ A B♭ B	1 ♭2 ♭3 4	♭6 6 ♭7 7

C, D♭, E♭, G♭

Prime form: 0, 1, 3, 6
Degrees: 1, ♭2, ♭3, ♭5

C, D♭, E♭, G♭ with all Octatonic Combinations

Tetrads as notes		Tetrads as Degrees	
C D♭ E♭ G♭	D E F G	1 ♭2 ♭3 ♭5	2 3 4 5
C D♭ E♭ G♭	D E F A♭	1 ♭2 ♭3 ♭5	2 3 4 ♭6
C D♭ E♭ G♭	D E F A	1 ♭2 ♭3 ♭5	2 3 4 6
C D♭ E♭ G♭	D E F B♭	1 ♭2 ♭3 ♭5	2 3 4 ♭7
C D♭ E♭ G♭	D E F B	1 ♭2 ♭3 ♭5	2 3 4 7
C D♭ E♭ G♭	D E G A♭	1 ♭2 ♭3 ♭5	2 3 5 ♭6
C D♭ E♭ G♭	D E G A	1 ♭2 ♭3 ♭5	2 3 5 6
C D♭ E♭ G♭	D E G B♭	1 ♭2 ♭3 ♭5	2 3 5 ♭7
C D♭ E♭ G♭	D E G B	1 ♭2 ♭3 ♭5	2 3 5 7
C D♭ E♭ G♭	D E A♭ A	1 ♭2 ♭3 ♭5	2 3 ♭6 6
C D♭ E♭ G♭	D E A♭ B♭	1 ♭2 ♭3 ♭5	2 3 ♭6 ♭7
C D♭ E♭ G♭	D E A♭ B	1 ♭2 ♭3 ♭5	2 3 ♭6 7
C D♭ E♭ G♭	D E A B♭	1 ♭2 ♭3 ♭5	2 3 6 ♭7
C D♭ E♭ G♭	D E A B	1 ♭2 ♭3 ♭5	2 3 6 7
C D♭ E♭ G♭	D E B♭ B	1 ♭2 ♭3 ♭5	2 3 ♭7 7
C D♭ E♭ G♭	D F G A♭	1 ♭2 ♭3 ♭5	2 4 5 ♭6
C D♭ E♭ G♭	D F G A	1 ♭2 ♭3 ♭5	2 4 5 6
C D♭ E♭ G♭	D F G B♭	1 ♭2 ♭3 ♭5	2 4 5 ♭7
C D♭ E♭ G♭	D F G B	1 ♭2 ♭3 ♭5	2 4 5 7
C D♭ E♭ G♭	D F A♭ A	1 ♭2 ♭3 ♭5	2 4 ♭6 6
C D♭ E♭ G♭	D F A♭ B♭	1 ♭2 ♭3 ♭5	2 4 ♭6 ♭7
C D♭ E♭ G♭	D F A♭ B	1 ♭2 ♭3 ♭5	2 4 ♭6 7
C D♭ E♭ G♭	D F A B♭	1 ♭2 ♭3 ♭5	2 4 6 ♭7
C D♭ E♭ G♭	D F A B	1 ♭2 ♭3 ♭5	2 4 6 7
C D♭ E♭ G♭	D F B♭ B	1 ♭2 ♭3 ♭5	2 4 ♭7 7
C D♭ E♭ G♭	D G A♭ A	1 ♭2 ♭3 ♭5	2 5 ♭6 6
C D♭ E♭ G♭	D G A♭ B♭	1 ♭2 ♭3 ♭5	2 5 ♭6 ♭7
C D♭ E♭ G♭	D G A♭ B	1 ♭2 ♭3 ♭5	2 5 ♭6 7
C D♭ E♭ G♭	D G A B♭	1 ♭2 ♭3 ♭5	2 5 6 ♭7
C D♭ E♭ G♭	D G A B	1 ♭2 ♭3 ♭5	2 5 6 7
C D♭ E♭ G♭	D G B♭ B	1 ♭2 ♭3 ♭5	2 5 ♭7 7
C D♭ E♭ G♭	D A♭ A B♭	1 ♭2 ♭3 ♭5	2 ♭6 6 ♭7
C D♭ E♭ G♭	D A♭ A B	1 ♭2 ♭3 ♭5	2 ♭6 6 7
C D♭ E♭ G♭	D A♭ B♭ B	1 ♭2 ♭3 ♭5	2 ♭6 ♭7 7
C D♭ E♭ G♭	D A B♭ B	1 ♭2 ♭3 ♭5	2 6 ♭7 7
C D♭ E♭ G♭	E F G A♭	1 ♭2 ♭3 ♭5	3 4 5 ♭6
C D♭ E♭ G♭	E F G A	1 ♭2 ♭3 ♭5	3 4 5 6
C D♭ E♭ G♭	E F G B♭	1 ♭2 ♭3 ♭5	3 4 5 ♭7
C D♭ E♭ G♭	E F G B	1 ♭2 ♭3 ♭5	3 4 5 7

Tetrads as notes		Tetrads as Degrees	
C D♭ E♭ G♭	E F A♭ A	1 ♭2 ♭3 ♭5	3 4 ♭6 6
C D♭ E♭ G♭	E F A♭ B♭	1 ♭2 ♭3 ♭5	3 4 ♭6 ♭7
C D♭ E♭ G♭	E F A♭ B	1 ♭2 ♭3 ♭5	3 4 ♭6 7
C D♭ E♭ G♭	E F A B♭	1 ♭2 ♭3 ♭5	3 4 6 ♭7
C D♭ E♭ G♭	E F A B	1 ♭2 ♭3 ♭5	3 4 6 7
C D♭ E♭ G♭	E F B♭ B	1 ♭2 ♭3 ♭5	3 4 ♭7 7
C D♭ E♭ G♭	E G A♭ A	1 ♭2 ♭3 ♭5	3 5 ♭6 6
C D♭ E♭ G♭	E G A♭ B♭	1 ♭2 ♭3 ♭5	3 5 ♭6 ♭7
C D♭ E♭ G♭	E G A♭ B	1 ♭2 ♭3 ♭5	3 5 ♭6 7
C D♭ E♭ G♭	E G A B♭	1 ♭2 ♭3 ♭5	3 5 6 ♭7
C D♭ E♭ G♭	E G A B	1 ♭2 ♭3 ♭5	3 5 6 7
C D♭ E♭ G♭	E G B♭ B	1 ♭2 ♭3 ♭5	3 5 ♭7 7
C D♭ E♭ G♭	E A♭ A B♭	1 ♭2 ♭3 ♭5	3 ♭6 6 ♭7
C D♭ E♭ G♭	E A♭ A B	1 ♭2 ♭3 ♭5	3 ♭6 6 7
C D♭ E♭ G♭	E A♭ B♭ B	1 ♭2 ♭3 ♭5	3 ♭6 ♭7 7
C D♭ E♭ G♭	E A B♭ B	1 ♭2 ♭3 ♭5	3 6 ♭7 7
C D♭ E♭ G♭	F G A♭ A	1 ♭2 ♭3 ♭5	4 5 ♭6 6
C D♭ E♭ G♭	F G A♭ B♭	1 ♭2 ♭3 ♭5	4 5 ♭6 ♭7
C D♭ E♭ G♭	F G A♭ B	1 ♭2 ♭3 ♭5	4 5 ♭6 7
C D♭ E♭ G♭	F G A B♭	1 ♭2 ♭3 ♭5	4 5 6 ♭7
C D♭ E♭ G♭	F G A B	1 ♭2 ♭3 ♭5	4 5 6 7
C D♭ E♭ G♭	F G B♭ B	1 ♭2 ♭3 ♭5	4 5 ♭7 7
C D♭ E♭ G♭	F A♭ A B♭	1 ♭2 ♭3 ♭5	4 ♭6 6 ♭7
C D♭ E♭ G♭	F A♭ A B	1 ♭2 ♭3 ♭5	4 ♭6 6 7
C D♭ E♭ G♭	F A♭ B♭ B	1 ♭2 ♭3 ♭5	4 ♭6 ♭7 7
C D♭ E♭ G♭	F A B♭ B	1 ♭2 ♭3 ♭5	4 6 ♭7 7
C D♭ E♭ G♭	G A♭ A B♭	1 ♭2 ♭3 ♭5	5 ♭6 6 ♭7
C D♭ E♭ G♭	G A♭ A B	1 ♭2 ♭3 ♭5	5 ♭6 6 7
C D♭ E♭ G♭	G A♭ B♭ B	1 ♭2 ♭3 ♭5	5 ♭6 ♭7 7
C D♭ E♭ G♭	G A B♭ B	1 ♭2 ♭3 ♭5	5 6 ♭7 7
C D♭ E♭ G♭	A♭ A B♭ B	1 ♭2 ♭3 ♭5	♭6 6 ♭7 7

C, D♭, E♭, G

Prime form: 0, 1, 3, 7
Degrees: 1, ♭2, ♭3, 5

C, D♭, E♭, G with all Octatonic Combinations

Tetrads as notes		Tetrads as Degrees	
C D♭ E♭ G	D E F G♭	1 ♭2 ♭3 5	2 3 4 ♭5
C D♭ E♭ G	D E F A♭	1 ♭2 ♭3 5	2 3 4 ♭6
C D♭ E♭ G	D E F A	1 ♭2 ♭3 5	2 3 4 6
C D♭ E♭ G	D E F B♭	1 ♭2 ♭3 5	2 3 4 ♭7
C D♭ E♭ G	D E F B	1 ♭2 ♭3 5	2 3 4 7
C D♭ E♭ G	D E G♭ A♭	1 ♭2 ♭3 5	2 3 ♭5 ♭6
C D♭ E♭ G	D E G♭ A	1 ♭2 ♭3 5	2 3 ♭5 6
C D♭ E♭ G	D E G♭ B♭	1 ♭2 ♭3 5	2 3 ♭5 ♭7
C D♭ E♭ G	D E G♭ B	1 ♭2 ♭3 5	2 3 ♭5 7
C D♭ E♭ G	D E A♭ A	1 ♭2 ♭3 5	2 3 ♭6 6
C D♭ E♭ G	D E A♭ B♭	1 ♭2 ♭3 5	2 3 ♭6 ♭7
C D♭ E♭ G	D E A♭ B	1 ♭2 ♭3 5	2 3 ♭6 7
C D♭ E♭ G	D E A B♭	1 ♭2 ♭3 5	2 3 6 ♭7
C D♭ E♭ G	D E A B	1 ♭2 ♭3 5	2 3 6 7
C D♭ E♭ G	D E B♭ B	1 ♭2 ♭3 5	2 3 ♭7 7
C D♭ E♭ G	D F G♭ A♭	1 ♭2 ♭3 5	2 4 ♭5 ♭6
C D♭ E♭ G	D F G♭ A	1 ♭2 ♭3 5	2 4 ♭5 6
C D♭ E♭ G	D F G♭ B♭	1 ♭2 ♭3 5	2 4 ♭5 ♭7
C D♭ E♭ G	D F G♭ B	1 ♭2 ♭3 5	2 4 ♭5 7
C D♭ E♭ G	D F A♭ A	1 ♭2 ♭3 5	2 4 ♭6 6
C D♭ E♭ G	D F A♭ B♭	1 ♭2 ♭3 5	2 4 ♭6 ♭7
C D♭ E♭ G	D F A♭ B	1 ♭2 ♭3 5	2 4 ♭6 7
C D♭ E♭ G	D F A B♭	1 ♭2 ♭3 5	2 4 6 ♭7
C D♭ E♭ G	D F A B	1 ♭2 ♭3 5	2 4 6 7
C D♭ E♭ G	D F B♭ B	1 ♭2 ♭3 5	2 4 ♭7 7
C D♭ E♭ G	D G♭ A♭ A	1 ♭2 ♭3 5	2 ♭5 ♭6 6
C D♭ E♭ G	D G♭ A♭ B♭	1 ♭2 ♭3 5	2 ♭5 ♭6 ♭7
C D♭ E♭ G	D G♭ A♭ B	1 ♭2 ♭3 5	2 ♭5 ♭6 7
C D♭ E♭ G	D G♭ A B♭	1 ♭2 ♭3 5	2 ♭5 6 ♭7
C D♭ E♭ G	D G♭ A B	1 ♭2 ♭3 5	2 ♭5 6 7
C D♭ E♭ G	D G♭ B♭ B	1 ♭2 ♭3 5	2 ♭5 ♭7 7
C D♭ E♭ G	D A♭ A B♭	1 ♭2 ♭3 5	2 ♭6 6 ♭7
C D♭ E♭ G	D A♭ A B	1 ♭2 ♭3 5	2 ♭6 6 7
C D♭ E♭ G	D A♭ B♭ B	1 ♭2 ♭3 5	2 ♭6 ♭7 7
C D♭ E♭ G	D A B♭ B	1 ♭2 ♭3 5	2 6 ♭7 7
C D♭ E♭ G	E F G♭ A♭	1 ♭2 ♭3 5	3 4 ♭5 ♭6
C D♭ E♭ G	E F G♭ A	1 ♭2 ♭3 5	3 4 ♭5 6
C D♭ E♭ G	E F G♭ B♭	1 ♭2 ♭3 5	3 4 ♭5 ♭7
C D♭ E♭ G	E F G♭ B	1 ♭2 ♭3 5	3 4 ♭5 7

Tetrads as notes		Tetrads as Degrees	
C D♭ E♭ G	E F A♭ A	1 ♭2 ♭3 5	3 4 ♭6 6
C D♭ E♭ G	E F A♭ B♭	1 ♭2 ♭3 5	3 4 ♭6 ♭7
C D♭ E♭ G	E F A♭ B	1 ♭2 ♭3 5	3 4 ♭6 7
C D♭ E♭ G	E F A B♭	1 ♭2 ♭3 5	3 4 6 ♭7
C D♭ E♭ G	E F A B	1 ♭2 ♭3 5	3 4 6 7
C D♭ E♭ G	E F B♭ B	1 ♭2 ♭3 5	3 4 ♭7 7
C D♭ E♭ G	E G♭ A♭ A	1 ♭2 ♭3 5	3 ♭5 ♭6 6
C D♭ E♭ G	E G♭ A♭ B♭	1 ♭2 ♭3 5	3 ♭5 ♭6 ♭7
C D♭ E♭ G	E G♭ A♭ B	1 ♭2 ♭3 5	3 ♭5 ♭6 7
C D♭ E♭ G	E G♭ A B♭	1 ♭2 ♭3 5	3 ♭5 6 ♭7
C D♭ E♭ G	E G♭ A B	1 ♭2 ♭3 5	3 ♭5 6 7
C D♭ E♭ G	E G♭ B♭ B	1 ♭2 ♭3 5	3 ♭5 ♭7 7
C D♭ E♭ G	E A♭ A B♭	1 ♭2 ♭3 5	3 ♭6 6 ♭7
C D♭ E♭ G	E A♭ A B	1 ♭2 ♭3 5	3 ♭6 6 7
C D♭ E♭ G	E A♭ B♭ B	1 ♭2 ♭3 5	3 ♭6 ♭7 7
C D♭ E♭ G	E A B♭ B	1 ♭2 ♭3 5	3 6 ♭7 7
C D♭ E♭ G	F G♭ A♭ A	1 ♭2 ♭3 5	4 ♭5 ♭6 6
C D♭ E♭ G	F G♭ A♭ B♭	1 ♭2 ♭3 5	4 ♭5 ♭6 ♭7
C D♭ E♭ G	F G♭ A♭ B	1 ♭2 ♭3 5	4 ♭5 ♭6 7
C D♭ E♭ G	F G♭ A B♭	1 ♭2 ♭3 5	4 ♭5 6 ♭7
C D♭ E♭ G	F G♭ A B	1 ♭2 ♭3 5	4 ♭5 6 7
C D♭ E♭ G	F G♭ B♭ B	1 ♭2 ♭3 5	4 ♭5 ♭7 7
C D♭ E♭ G	F A♭ A B♭	1 ♭2 ♭3 5	4 ♭6 6 ♭7
C D♭ E♭ G	F A♭ A B	1 ♭2 ♭3 5	4 ♭6 6 7
C D♭ E♭ G	F A♭ B♭ B	1 ♭2 ♭3 5	4 ♭6 ♭7 7
C D♭ E♭ G	F A B♭ B	1 ♭2 ♭3 5	4 6 ♭7 7
C D♭ E♭ G	G♭ A♭ A B♭	1 ♭2 ♭3 5	♭5 ♭6 6 ♭7
C D♭ E♭ G	G♭ A♭ A B	1 ♭2 ♭3 5	♭5 ♭6 6 7
C D♭ E♭ G	G♭ A♭ B♭ B	1 ♭2 ♭3 5	♭5 ♭6 ♭7 7
C D♭ E♭ G	G♭ A B♭ B	1 ♭2 ♭3 5	♭5 6 ♭7 7
C D♭ E♭ G	A♭ A B♭ B	1 ♭2 ♭3 5	♭6 6 ♭7 7

C, D♭, E, F

Prime form: 0, 1, 4, 5
Degrees: 1, ♭2, 3, 4

C, D♭, E, F with all Octatonic Combinations

Tetrads as notes		Tetrads as Degrees	
C D♭ E F	D E♭ G♭ G	1 ♭2 3 4	2 ♭3 ♭5 5
C D♭ E F	D E♭ G♭ A♭	1 ♭2 3 4	2 ♭3 ♭5 ♭6
C D♭ E F	D E♭ G♭ A	1 ♭2 3 4	2 ♭3 ♭5 6
C D♭ E F	D E♭ G♭ B♭	1 ♭2 3 4	2 ♭3 ♭5 ♭7
C D♭ E F	D E♭ G♭ B	1 ♭2 3 4	2 ♭3 ♭5 7
C D♭ E F	D E♭ G A♭	1 ♭2 3 4	2 ♭3 5 ♭6
C D♭ E F	D E♭ G A	1 ♭2 3 4	2 ♭3 5 6
C D♭ E F	D E♭ G B♭	1 ♭2 3 4	2 ♭3 5 ♭7
C D♭ E F	D E♭ G B	1 ♭2 3 4	2 ♭3 5 7
C D♭ E F	D E♭ A♭ A	1 ♭2 3 4	2 ♭3 ♭6 6
C D♭ E F	D E♭ A♭ B♭	1 ♭2 3 4	2 ♭3 ♭6 ♭7
C D♭ E F	D E♭ A♭ B	1 ♭2 3 4	2 ♭3 ♭6 7
C D♭ E F	D E♭ A B♭	1 ♭2 3 4	2 ♭3 6 ♭7
C D♭ E F	D E♭ A B	1 ♭2 3 4	2 ♭3 6 7
C D♭ E F	D E♭ B♭ B	1 ♭2 3 4	2 ♭3 ♭7 7
C D♭ E F	D G♭ G A♭	1 ♭2 3 4	2 ♭5 5 ♭6
C D♭ E F	D G♭ G A	1 ♭2 3 4	2 ♭5 5 6
C D♭ E F	D G♭ G B♭	1 ♭2 3 4	2 ♭5 5 ♭7
C D♭ E F	D G♭ G B	1 ♭2 3 4	2 ♭5 5 7
C D♭ E F	D G♭ A♭ A	1 ♭2 3 4	2 ♭5 ♭6 6
C D♭ E F	D G♭ A♭ B♭	1 ♭2 3 4	2 ♭5 ♭6 ♭7
C D♭ E F	D G♭ A♭ B	1 ♭2 3 4	2 ♭5 ♭6 7
C D♭ E F	D G♭ A B♭	1 ♭2 3 4	2 ♭5 6 ♭7
C D♭ E F	D G♭ A B	1 ♭2 3 4	2 ♭5 6 7
C D♭ E F	D G♭ B♭ B	1 ♭2 3 4	2 ♭5 ♭7 7
C D♭ E F	D G A♭ A	1 ♭2 3 4	2 5 ♭6 6
C D♭ E F	D G A♭ B♭	1 ♭2 3 4	2 5 ♭6 ♭7
C D♭ E F	D G A♭ B	1 ♭2 3 4	2 5 ♭6 7
C D♭ E F	D G A B♭	1 ♭2 3 4	2 5 6 ♭7
C D♭ E F	D G A B	1 ♭2 3 4	2 5 6 7
C D♭ E F	D G B♭ B	1 ♭2 3 4	2 5 ♭7 7
C D♭ E F	D A♭ A B♭	1 ♭2 3 4	2 ♭6 6 ♭7
C D♭ E F	D A♭ A B	1 ♭2 3 4	2 ♭6 6 7
C D♭ E F	D A♭ B♭ B	1 ♭2 3 4	2 ♭6 ♭7 7
C D♭ E F	D A B♭ B	1 ♭2 3 4	2 6 ♭7 7
C D♭ E F	E♭ G♭ G A♭	1 ♭2 3 4	♭3 ♭5 5 ♭6
C D♭ E F	E♭ G♭ G A	1 ♭2 3 4	♭3 ♭5 5 6
C D♭ E F	E♭ G♭ G B♭	1 ♭2 3 4	♭3 ♭5 5 ♭7
C D♭ E F	E♭ G♭ G B	1 ♭2 3 4	♭3 ♭5 5 7

Tetrads as notes		Tetrads as Degrees	
C D♭ E F	E♭ G♭ A♭ A	1 ♭2 3 4	♭3 ♭5 ♭6 6
C D♭ E F	E♭ G♭ A♭ B♭	1 ♭2 3 4	♭3 ♭5 ♭6 ♭7
C D♭ E F	E♭ G♭ A♭ B	1 ♭2 3 4	♭3 ♭5 ♭6 7
C D♭ E F	E♭ G♭ A B♭	1 ♭2 3 4	♭3 ♭5 6 ♭7
C D♭ E F	E♭ G♭ A B	1 ♭2 3 4	♭3 ♭5 6 7
C D♭ E F	E♭ G♭ B♭ B	1 ♭2 3 4	♭3 ♭5 ♭7 7
C D♭ E F	E♭ G A♭ A	1 ♭2 3 4	♭3 5 ♭6 6
C D♭ E F	E♭ G A♭ B♭	1 ♭2 3 4	♭3 5 ♭6 ♭7
C D♭ E F	E♭ G A♭ B	1 ♭2 3 4	♭3 5 ♭6 7
C D♭ E F	E♭ G A B♭	1 ♭2 3 4	♭3 5 6 ♭7
C D♭ E F	E♭ G A B	1 ♭2 3 4	♭3 5 6 7
C D♭ E F	E♭ G B♭ B	1 ♭2 3 4	♭3 5 ♭7 7
C D♭ E F	E♭ A♭ A B♭	1 ♭2 3 4	♭3 ♭6 6 ♭7
C D♭ E F	E♭ A♭ A B	1 ♭2 3 4	♭3 ♭6 6 7
C D♭ E F	E♭ A♭ B♭ B	1 ♭2 3 4	♭3 ♭6 ♭7 7
C D♭ E F	E♭ A B♭ B	1 ♭2 3 4	♭3 6 ♭7 7
C D♭ E F	G♭ G A♭ A	1 ♭2 3 4	♭5 5 ♭6 6
C D♭ E F	G♭ G A♭ B♭	1 ♭2 3 4	♭5 5 ♭6 ♭7
C D♭ E F	G♭ G A♭ B	1 ♭2 3 4	♭5 5 ♭6 7
C D♭ E F	G♭ G A B♭	1 ♭2 3 4	♭5 5 6 ♭7
C D♭ E F	G♭ G A B	1 ♭2 3 4	♭5 5 6 7
C D♭ E F	G♭ G B♭ B	1 ♭2 3 4	♭5 5 ♭7 7
C D♭ E F	G♭ A♭ A B♭	1 ♭2 3 4	♭5 ♭6 6 ♭7
C D♭ E F	G♭ A♭ A B	1 ♭2 3 4	♭5 ♭6 6 7
C D♭ E F	G♭ A♭ B♭ B	1 ♭2 3 4	♭5 ♭6 ♭7 7
C D♭ E F	G♭ A B♭ B	1 ♭2 3 4	♭5 6 ♭7 7
C D♭ E F	G A♭ A B♭	1 ♭2 3 4	5 ♭6 6 ♭7
C D♭ E F	G A♭ A B	1 ♭2 3 4	5 ♭6 6 7
C D♭ E F	G A♭ B♭ B	1 ♭2 3 4	5 ♭6 ♭7 7
C D♭ E F	G A B♭ B	1 ♭2 3 4	5 6 ♭7 7
C D♭ E F	A♭ A B♭ B	1 ♭2 3 4	♭6 6 ♭7 7

C, D♭, F, G♭

Prime form: 0, 1, 5, 6
Degrees: 1, ♭2, 4, ♭5

C, D♭, F, G♭ with all Octatonic Combinations

Tetrads as notes		Tetrads as Degrees	
C D♭ F G♭	D E♭ E G	1 ♭2 4 ♭5	2 ♭3 3 5
C D♭ F G♭	D E♭ E A♭	1 ♭2 4 ♭5	2 ♭3 3 ♭6
C D♭ F G♭	D E♭ E A	1 ♭2 4 ♭5	2 ♭3 3 6
C D♭ F G♭	D E♭ E B♭	1 ♭2 4 ♭5	2 ♭3 3 ♭7
C D♭ F G♭	D E♭ E B	1 ♭2 4 ♭5	2 ♭3 3 7
C D♭ F G♭	D E♭ G A♭	1 ♭2 4 ♭5	2 ♭3 5 ♭6
C D♭ F G♭	D E♭ G A	1 ♭2 4 ♭5	2 ♭3 5 6
C D♭ F G♭	D E♭ G B♭	1 ♭2 4 ♭5	2 ♭3 5 ♭7
C D♭ F G♭	D E♭ G B	1 ♭2 4 ♭5	2 ♭3 5 7
C D♭ F G♭	D E♭ A♭ A	1 ♭2 4 ♭5	2 ♭3 ♭6 6
C D♭ F G♭	D E♭ A♭ B♭	1 ♭2 4 ♭5	2 ♭3 ♭6 ♭7
C D♭ F G♭	D E♭ A♭ B	1 ♭2 4 ♭5	2 ♭3 ♭6 7
C D♭ F G♭	D E♭ A B♭	1 ♭2 4 ♭5	2 ♭3 6 ♭7
C D♭ F G♭	D E♭ A B	1 ♭2 4 ♭5	2 ♭3 6 7
C D♭ F G♭	D E♭ B♭ B	1 ♭2 4 ♭5	2 ♭3 ♭7 7
C D♭ F G♭	D E G A♭	1 ♭2 4 ♭5	2 3 5 ♭6
C D♭ F G♭	D E G A	1 ♭2 4 ♭5	2 3 5 6
C D♭ F G♭	D E G B♭	1 ♭2 4 ♭5	2 3 5 ♭7
C D♭ F G♭	D E G B	1 ♭2 4 ♭5	2 3 5 7
C D♭ F G♭	D E A♭ A	1 ♭2 4 ♭5	2 3 ♭6 6
C D♭ F G♭	D E A♭ B♭	1 ♭2 4 ♭5	2 3 ♭6 ♭7
C D♭ F G♭	D E A♭ B	1 ♭2 4 ♭5	2 3 ♭6 7
C D♭ F G♭	D E A B♭	1 ♭2 4 ♭5	2 3 6 ♭7
C D♭ F G♭	D E A B	1 ♭2 4 ♭5	2 3 6 7
C D♭ F G♭	D E B♭ B	1 ♭2 4 ♭5	2 3 ♭7 7
C D♭ F G♭	D G A♭ A	1 ♭2 4 ♭5	2 5 ♭6 6
C D♭ F G♭	D G A♭ B♭	1 ♭2 4 ♭5	2 5 ♭6 ♭7
C D♭ F G♭	D G A♭ B	1 ♭2 4 ♭5	2 5 ♭6 7
C D♭ F G♭	D G A B♭	1 ♭2 4 ♭5	2 5 6 ♭7
C D♭ F G♭	D G A B	1 ♭2 4 ♭5	2 5 6 7
C D♭ F G♭	D G B♭ B	1 ♭2 4 ♭5	2 5 ♭7 7
C D♭ F G♭	D A♭ A B♭	1 ♭2 4 ♭5	2 ♭6 6 ♭7
C D♭ F G♭	D A♭ A B	1 ♭2 4 ♭5	2 ♭6 6 7
C D♭ F G♭	D A♭ B♭ B	1 ♭2 4 ♭5	2 ♭6 ♭7 7
C D♭ F G♭	D A B♭ B	1 ♭2 4 ♭5	2 6 ♭7 7
C D♭ F G♭	E♭ E G A♭	1 ♭2 4 ♭5	♭3 3 5 ♭6
C D♭ F G♭	E♭ E G A	1 ♭2 4 ♭5	♭3 3 5 6
C D♭ F G♭	E♭ E G B♭	1 ♭2 4 ♭5	♭3 3 5 ♭7
C D♭ F G♭	E♭ E G B	1 ♭2 4 ♭5	♭3 3 5 7

Tetrads as notes		Tetrads as Degrees	
C D♭ F G♭	E♭ E A♭ A	1 ♭2 4 ♭5	♭3 3 ♭6 6
C D♭ F G♭	E♭ E A♭ B♭	1 ♭2 4 ♭5	♭3 3 ♭6 ♭7
C D♭ F G♭	E♭ E A♭ B	1 ♭2 4 ♭5	♭3 3 ♭6 7
C D♭ F G♭	E♭ E A B♭	1 ♭2 4 ♭5	♭3 3 6 ♭7
C D♭ F G♭	E♭ E A B	1 ♭2 4 ♭5	♭3 3 6 7
C D♭ F G♭	E♭ E B♭ B	1 ♭2 4 ♭5	♭3 3 ♭7 7
C D♭ F G♭	E♭ G A♭ A	1 ♭2 4 ♭5	♭3 5 ♭6 6
C D♭ F G♭	E♭ G A♭ B♭	1 ♭2 4 ♭5	♭3 5 ♭6 ♭7
C D♭ F G♭	E♭ G A♭ B	1 ♭2 4 ♭5	♭3 5 ♭6 7
C D♭ F G♭	E♭ G A B♭	1 ♭2 4 ♭5	♭3 5 6 ♭7
C D♭ F G♭	E♭ G A B	1 ♭2 4 ♭5	♭3 5 6 7
C D♭ F G♭	E♭ G B♭ B	1 ♭2 4 ♭5	♭3 5 ♭7 7
C D♭ F G♭	E♭ A♭ A B♭	1 ♭2 4 ♭5	♭3 ♭6 6 ♭7
C D♭ F G♭	E♭ A♭ A B	1 ♭2 4 ♭5	♭3 ♭6 6 7
C D♭ F G♭	E♭ A♭ B♭ B	1 ♭2 4 ♭5	♭3 ♭6 ♭7 7
C D♭ F G♭	E♭ A B♭ B	1 ♭2 4 ♭5	♭3 6 ♭7 7
C D♭ F G♭	E G A♭ A	1 ♭2 4 ♭5	3 5 ♭6 6
C D♭ F G♭	E G A♭ B♭	1 ♭2 4 ♭5	3 5 ♭6 ♭7
C D♭ F G♭	E G A♭ B	1 ♭2 4 ♭5	3 5 ♭6 7
C D♭ F G♭	E G A B♭	1 ♭2 4 ♭5	3 5 6 ♭7
C D♭ F G♭	E G A B	1 ♭2 4 ♭5	3 5 6 7
C D♭ F G♭	E G B♭ B	1 ♭2 4 ♭5	3 5 ♭7 7
C D♭ F G♭	E A♭ A B♭	1 ♭2 4 ♭5	3 ♭6 6 ♭7
C D♭ F G♭	E A♭ A B	1 ♭2 4 ♭5	3 ♭6 6 7
C D♭ F G♭	E A♭ B♭ B	1 ♭2 4 ♭5	3 ♭6 ♭7 7
C D♭ F G♭	E A B♭ B	1 ♭2 4 ♭5	3 6 ♭7 7
C D♭ F G♭	G A♭ A B♭	1 ♭2 4 ♭5	5 ♭6 6 ♭7
C D♭ F G♭	G A♭ A B	1 ♭2 4 ♭5	5 ♭6 6 7
C D♭ F G♭	G A♭ B♭ B	1 ♭2 4 ♭5	5 ♭6 ♭7 7
C D♭ F G♭	G A B♭ B	1 ♭2 4 ♭5	5 6 ♭7 7
C D♭ F G♭	A♭ A B♭ B	1 ♭2 4 ♭5	♭6 6 ♭7 7

C, D♭, G♭, G

Prime form: 0, 1, 6, 7
Degrees: 1, ♭2, ♭5, 5

C, D♭, G♭, G with all
Octatonic Combinations

Tetrads as notes		Tetrads as Degrees	
C D♭ G♭ G	D E♭ E F	1 ♭2 ♭5 5	2 ♭3 3 4
C D♭ G♭ G	D E♭ E A♭	1 ♭2 ♭5 5	2 ♭3 3 ♭6
C D♭ G♭ G	D E♭ E A	1 ♭2 ♭5 5	2 ♭3 3 6
C D♭ G♭ G	D E♭ E B♭	1 ♭2 ♭5 5	2 ♭3 3 ♭7
C D♭ G♭ G	D E♭ E B	1 ♭2 ♭5 5	2 ♭3 3 7
C D♭ G♭ G	D E♭ F A♭	1 ♭2 ♭5 5	2 ♭3 4 ♭6
C D♭ G♭ G	D E♭ F A	1 ♭2 ♭5 5	2 ♭3 4 6
C D♭ G♭ G	D E♭ F B♭	1 ♭2 ♭5 5	2 ♭3 4 ♭7
C D♭ G♭ G	D E♭ F B	1 ♭2 ♭5 5	2 ♭3 4 7
C D♭ G♭ G	D E♭ A♭ A	1 ♭2 ♭5 5	2 ♭3 ♭6 6
C D♭ G♭ G	D E♭ A♭ B♭	1 ♭2 ♭5 5	2 ♭3 ♭6 ♭7
C D♭ G♭ G	D E♭ A♭ B	1 ♭2 ♭5 5	2 ♭3 ♭6 7
C D♭ G♭ G	D E♭ A B♭	1 ♭2 ♭5 5	2 ♭3 6 ♭7
C D♭ G♭ G	D E♭ A B	1 ♭2 ♭5 5	2 ♭3 6 7
C D♭ G♭ G	D E♭ B♭ B	1 ♭2 ♭5 5	2 ♭3 ♭7 7
C D♭ G♭ G	D E F A♭	1 ♭2 ♭5 5	2 3 4 ♭6
C D♭ G♭ G	D E F A	1 ♭2 ♭5 5	2 3 4 6
C D♭ G♭ G	D E F B♭	1 ♭2 ♭5 5	2 3 4 ♭7
C D♭ G♭ G	D E F B	1 ♭2 ♭5 5	2 3 4 7
C D♭ G♭ G	D E A♭ A	1 ♭2 ♭5 5	2 3 ♭6 6
C D♭ G♭ G	D E A♭ B♭	1 ♭2 ♭5 5	2 3 ♭6 ♭7
C D♭ G♭ G	D E A♭ B	1 ♭2 ♭5 5	2 3 ♭6 7
C D♭ G♭ G	D E A B♭	1 ♭2 ♭5 5	2 3 6 ♭7
C D♭ G♭ G	D E A B	1 ♭2 ♭5 5	2 3 6 7
C D♭ G♭ G	D E B♭ B	1 ♭2 ♭5 5	2 3 ♭7 7
C D♭ G♭ G	D F A♭ A	1 ♭2 ♭5 5	2 4 ♭6 6
C D♭ G♭ G	D F A♭ B♭	1 ♭2 ♭5 5	2 4 ♭6 ♭7
C D♭ G♭ G	D F A♭ B	1 ♭2 ♭5 5	2 4 ♭6 7
C D♭ G♭ G	D F A B♭	1 ♭2 ♭5 5	2 4 6 ♭7
C D♭ G♭ G	D F A B	1 ♭2 ♭5 5	2 4 6 7
C D♭ G♭ G	D F B♭ B	1 ♭2 ♭5 5	2 4 ♭7 7
C D♭ G♭ G	D A♭ A B♭	1 ♭2 ♭5 5	2 ♭6 6 ♭7
C D♭ G♭ G	D A♭ A B	1 ♭2 ♭5 5	2 ♭6 6 7
C D♭ G♭ G	D A♭ B♭ B	1 ♭2 ♭5 5	2 ♭6 ♭7 7
C D♭ G♭ G	D A B♭ B	1 ♭2 ♭5 5	2 6 ♭7 7
C D♭ G♭ G	E♭ E F A♭	1 ♭2 ♭5 5	♭3 3 4 ♭6
C D♭ G♭ G	E♭ E F A	1 ♭2 ♭5 5	♭3 3 4 6

Tetrads as notes		Tetrads as Degrees	
C D♭ G♭ G	E♭ E F B♭	1 ♭2 ♭5 5	♭3 3 4 ♭7
C D♭ G♭ G	E♭ E F B	1 ♭2 ♭5 5	♭3 3 4 7
C D♭ G♭ G	E♭ E A♭ A	1 ♭2 ♭5 5	♭3 3 ♭6 6
C D♭ G♭ G	E♭ E A♭ B♭	1 ♭2 ♭5 5	♭3 3 ♭6 ♭7
C D♭ G♭ G	E♭ E A♭ B	1 ♭2 ♭5 5	♭3 3 ♭6 7
C D♭ G♭ G	E♭ E A B♭	1 ♭2 ♭5 5	♭3 3 6 ♭7
C D♭ G♭ G	E♭ E A B	1 ♭2 ♭5 5	♭3 3 6 7
C D♭ G♭ G	E♭ E B♭ B	1 ♭2 ♭5 5	♭3 3 ♭7 7
C D♭ G♭ G	E♭ F A♭ A	1 ♭2 ♭5 5	♭3 4 ♭6 6
C D♭ G♭ G	E♭ F A♭ B♭	1 ♭2 ♭5 5	♭3 4 ♭6 ♭7
C D♭ G♭ G	E♭ F A♭ B	1 ♭2 ♭5 5	♭3 4 ♭6 7
C D♭ G♭ G	E♭ F A B♭	1 ♭2 ♭5 5	♭3 4 6 ♭7
C D♭ G♭ G	E♭ F A B	1 ♭2 ♭5 5	♭3 4 6 7
C D♭ G♭ G	E♭ F B♭ B	1 ♭2 ♭5 5	♭3 4 ♭7 7
C D♭ G♭ G	E♭ A♭ A B♭	1 ♭2 ♭5 5	♭3 ♭6 6 ♭7
C D♭ G♭ G	E♭ A♭ A B	1 ♭2 ♭5 5	♭3 ♭6 6 7
C D♭ G♭ G	E♭ A♭ B♭ B	1 ♭2 ♭5 5	♭3 ♭6 ♭7 7
C D♭ G♭ G	E♭ A B♭ B	1 ♭2 ♭5 5	♭3 6 ♭7 7
C D♭ G♭ G	E F A♭ A	1 ♭2 ♭5 5	3 4 ♭6 6
C D♭ G♭ G	E F A♭ B♭	1 ♭2 ♭5 5	3 4 ♭6 ♭7
C D♭ G♭ G	E F A♭ B	1 ♭2 ♭5 5	3 4 ♭6 7
C D♭ G♭ G	E F A B♭	1 ♭2 ♭5 5	3 4 6 ♭7
C D♭ G♭ G	E F A B	1 ♭2 ♭5 5	3 4 6 7
C D♭ G♭ G	E F B♭ B	1 ♭2 ♭5 5	3 4 ♭7 7
C D♭ G♭ G	E A♭ A B♭	1 ♭2 ♭5 5	3 ♭6 6 ♭7
C D♭ G♭ G	E A♭ A B	1 ♭2 ♭5 5	3 ♭6 6 7
C D♭ G♭ G	E A♭ B♭ B	1 ♭2 ♭5 5	3 ♭6 ♭7 7
C D♭ G♭ G	E A B♭ B	1 ♭2 ♭5 5	3 6 ♭7 7
C D♭ G♭ G	F A♭ A B♭	1 ♭2 ♭5 5	4 ♭6 6 ♭7
C D♭ G♭ G	F A♭ A B	1 ♭2 ♭5 5	4 ♭6 6 7
C D♭ G♭ G	F A♭ B♭ B	1 ♭2 ♭5 5	4 ♭6 ♭7 7
C D♭ G♭ G	F A B♭ B	1 ♭2 ♭5 5	4 6 ♭7 7
C D♭ G♭ G	A♭ A B♭ B	1 ♭2 ♭5 5	♭6 6 ♭7 7

C, D♭, E, G♭

Prime form: 0, 1, 4, 6
Degrees: 1, ♭2, 3, ♭5

C, D♭, E, G♭ with all Octatonic Combinations

Tetrads as notes		Tetrads as Degrees	
C D♭ E G♭	D E♭ F G	1 ♭2 3 ♭5	2 ♭3 4 5
C D♭ E G♭	D E♭ F A♭	1 ♭2 3 ♭5	2 ♭3 4 ♭6
C D♭ E G♭	D E♭ F A	1 ♭2 3 ♭5	2 ♭3 4 6
C D♭ E G♭	D E♭ F B♭	1 ♭2 3 ♭5	2 ♭3 4 ♭7
C D♭ E G♭	D E♭ F B	1 ♭2 3 ♭5	2 ♭3 4 7
C D♭ E G♭	D E♭ G A♭	1 ♭2 3 ♭5	2 ♭3 5 ♭6
C D♭ E G♭	D E♭ G A	1 ♭2 3 ♭5	2 ♭3 5 6
C D♭ E G♭	D E♭ G B♭	1 ♭2 3 ♭5	2 ♭3 5 ♭7
C D♭ E G♭	D E♭ G B	1 ♭2 3 ♭5	2 ♭3 5 7
C D♭ E G♭	D E♭ A♭ A	1 ♭2 3 ♭5	2 ♭3 ♭6 6
C D♭ E G♭	D E♭ A♭ B♭	1 ♭2 3 ♭5	2 ♭3 ♭6 ♭7
C D♭ E G♭	D E♭ A♭ B	1 ♭2 3 ♭5	2 ♭3 ♭6 7
C D♭ E G♭	D E♭ A B♭	1 ♭2 3 ♭5	2 ♭3 6 ♭7
C D♭ E G♭	D E♭ A B	1 ♭2 3 ♭5	2 ♭3 6 7
C D♭ E G♭	D E♭ B♭ B	1 ♭2 3 ♭5	2 ♭3 ♭7 7
C D♭ E G♭	D F G A♭	1 ♭2 3 ♭5	2 4 5 ♭6
C D♭ E G♭	D F G A	1 ♭2 3 ♭5	2 4 5 6
C D♭ E G♭	D F G B♭	1 ♭2 3 ♭5	2 4 5 ♭7
C D♭ E G♭	D F G B	1 ♭2 3 ♭5	2 4 5 7
C D♭ E G♭	D F A♭ A	1 ♭2 3 ♭5	2 4 ♭6 6
C D♭ E G♭	D F A♭ B♭	1 ♭2 3 ♭5	2 4 ♭6 ♭7
C D♭ E G♭	D F A♭ B	1 ♭2 3 ♭5	2 4 ♭6 7
C D♭ E G♭	D F A B♭	1 ♭2 3 ♭5	2 4 6 ♭7
C D♭ E G♭	D F A B	1 ♭2 3 ♭5	2 4 6 7
C D♭ E G♭	D F B♭ B	1 ♭2 3 ♭5	2 4 ♭7 7
C D♭ E G♭	D G A♭ A	1 ♭2 3 ♭5	2 5 ♭6 6
C D♭ E G♭	D G A♭ B♭	1 ♭2 3 ♭5	2 5 ♭6 ♭7
C D♭ E G♭	D G A♭ B	1 ♭2 3 ♭5	2 5 ♭6 7
C D♭ E G♭	D G A B♭	1 ♭2 3 ♭5	2 5 6 ♭7
C D♭ E G♭	D G A B	1 ♭2 3 ♭5	2 5 6 7
C D♭ E G♭	D G B♭ B	1 ♭2 3 ♭5	2 5 ♭7 7
C D♭ E G♭	D A♭ A B♭	1 ♭2 3 ♭5	2 ♭6 6 ♭7
C D♭ E G♭	D A♭ A B	1 ♭2 3 ♭5	2 ♭6 6 7
C D♭ E G♭	D A♭ B♭ B	1 ♭2 3 ♭5	2 ♭6 ♭7 7
C D♭ E G♭	D A B♭ B	1 ♭2 3 ♭5	2 6 ♭7 7
C D♭ E G♭	E♭ F G A♭	1 ♭2 3 ♭5	♭3 4 5 ♭6
C D♭ E G♭	E♭ F G A	1 ♭2 3 ♭5	♭3 4 5 6

Tetrads as notes		Tetrads as Degrees	
C D♭ E G♭	E♭ F G B♭	1 ♭2 3 ♭5	♭3 4 5 ♭7
C D♭ E G♭	E♭ F G B	1 ♭2 3 ♭5	♭3 4 5 7
C D♭ E G♭	E♭ F A♭ A	1 ♭2 3 ♭5	♭3 4 ♭6 6
C D♭ E G♭	E♭ F A♭ B♭	1 ♭2 3 ♭5	♭3 4 ♭6 ♭7
C D♭ E G♭	E♭ F A♭ B	1 ♭2 3 ♭5	♭3 4 ♭6 7
C D♭ E G♭	E♭ F A B♭	1 ♭2 3 ♭5	♭3 4 6 ♭7
C D♭ E G♭	E♭ F A B	1 ♭2 3 ♭5	♭3 4 6 7
C D♭ E G♭	E♭ F B♭ B	1 ♭2 3 ♭5	♭3 4 ♭7 7
C D♭ E G♭	E♭ G A♭ A	1 ♭2 3 ♭5	♭3 5 ♭6 6
C D♭ E G♭	E♭ G A♭ B♭	1 ♭2 3 ♭5	♭3 5 ♭6 ♭7
C D♭ E G♭	E♭ G A♭ B	1 ♭2 3 ♭5	♭3 5 ♭6 7
C D♭ E G♭	E♭ G A B♭	1 ♭2 3 ♭5	♭3 5 6 ♭7
C D♭ E G♭	E♭ G A B	1 ♭2 3 ♭5	♭3 5 6 7
C D♭ E G♭	E♭ G B♭ B	1 ♭2 3 ♭5	♭3 5 ♭7 7
C D♭ E G♭	E♭ A♭ A B♭	1 ♭2 3 ♭5	♭3 ♭6 6 ♭7
C D♭ E G♭	E♭ A♭ A B	1 ♭2 3 ♭5	♭3 ♭6 6 7
C D♭ E G♭	E♭ A♭ B♭ B	1 ♭2 3 ♭5	♭3 ♭6 ♭7 7
C D♭ E G♭	E♭ A B♭ B	1 ♭2 3 ♭5	♭3 6 ♭7 7
C D♭ E G♭	F G A♭ A	1 ♭2 3 ♭5	4 5 ♭6 6
C D♭ E G♭	F G A♭ B♭	1 ♭2 3 ♭5	4 5 ♭6 ♭7
C D♭ E G♭	F G A♭ B	1 ♭2 3 ♭5	4 5 ♭6 7
C D♭ E G♭	F G A B♭	1 ♭2 3 ♭5	4 5 6 ♭7
C D♭ E G♭	F G A B	1 ♭2 3 ♭5	4 5 6 7
C D♭ E G♭	F G B♭ B	1 ♭2 3 ♭5	4 5 ♭7 7
C D♭ E G♭	F A♭ A B♭	1 ♭2 3 ♭5	4 ♭6 6 ♭7
C D♭ E G♭	F A♭ A B	1 ♭2 3 ♭5	4 ♭6 6 7
C D♭ E G♭	F A♭ B♭ B	1 ♭2 3 ♭5	4 ♭6 ♭7 7
C D♭ E G♭	F A B♭ B	1 ♭2 3 ♭5	4 6 ♭7 7
C D♭ E G♭	G A♭ A B♭	1 ♭2 3 ♭5	5 ♭6 6 ♭7
C D♭ E G♭	G A♭ A B	1 ♭2 3 ♭5	5 ♭6 6 7
C D♭ E G♭	G A♭ B♭ B	1 ♭2 3 ♭5	5 ♭6 ♭7 7
C D♭ E G♭	G A B♭ B	1 ♭2 3 ♭5	5 6 ♭7 7
C D♭ E G♭	A♭ A B♭ B	1 ♭2 3 ♭5	♭6 6 ♭7 7

C, D♭, E, G

0, 1, 4, 7
Minor Major 7b5 Chord
2nd Inversion

Prime form: 0, 1, 4, 7
Degrees: 1, ♭2, 3, 5

C, D♭, E, G with all
Octatonic Combinations

Tetrads as notes		Tetrads as Degrees	
C D♭ E G	D E♭ F G♭	1 ♭2 3 5	2 ♭3 4 ♭5
C D♭ E G	D E♭ F A♭	1 ♭2 3 5	2 ♭3 4 ♭6
C D♭ E G	D E♭ F A	1 ♭2 3 5	2 ♭3 4 6
C D♭ E G	D E♭ F B♭	1 ♭2 3 5	2 ♭3 4 ♭7
C D♭ E G	D E♭ F B	1 ♭2 3 5	2 ♭3 4 7
C D♭ E G	D E♭ G♭ A♭	1 ♭2 3 5	2 ♭3 ♭5 ♭6
C D♭ E G	D E♭ G♭ A	1 ♭2 3 5	2 ♭3 ♭5 6
C D♭ E G	D E♭ G♭ B♭	1 ♭2 3 5	2 ♭3 ♭5 ♭7
C D♭ E G	D E♭ G♭ B	1 ♭2 3 5	2 ♭3 ♭5 7
C D♭ E G	D E♭ A♭ A	1 ♭2 3 5	2 ♭3 ♭6 6
C D♭ E G	D E♭ A♭ B♭	1 ♭2 3 5	2 ♭3 ♭6 ♭7
C D♭ E G	D E♭ A♭ B	1 ♭2 3 5	2 ♭3 ♭6 7
C D♭ E G	D E♭ A B♭	1 ♭2 3 5	2 ♭3 6 ♭7
C D♭ E G	D E♭ A B	1 ♭2 3 5	2 ♭3 6 7
C D♭ E G	D E♭ B♭ B	1 ♭2 3 5	2 ♭3 ♭7 7
C D♭ E G	D F G♭ A♭	1 ♭2 3 5	2 4 ♭5 ♭6
C D♭ E G	D F G♭ A	1 ♭2 3 5	2 4 ♭5 6
C D♭ E G	D F G♭ B♭	1 ♭2 3 5	2 4 ♭5 ♭7
C D♭ E G	D F G♭ B	1 ♭2 3 5	2 4 ♭5 7
C D♭ E G	D F A♭ A	1 ♭2 3 5	2 4 ♭6 6
C D♭ E G	D F A♭ B♭	1 ♭2 3 5	2 4 ♭6 ♭7
C D♭ E G	D F A♭ B	1 ♭2 3 5	2 4 ♭6 7
C D♭ E G	D F A B♭	1 ♭2 3 5	2 4 6 ♭7
C D♭ E G	D F A B	1 ♭2 3 5	2 4 6 7
C D♭ E G	D F B♭ B	1 ♭2 3 5	2 4 ♭7 7
C D♭ E G	D G♭ A♭ A	1 ♭2 3 5	2 ♭5 ♭6 6
C D♭ E G	D G♭ A♭ B♭	1 ♭2 3 5	2 ♭5 ♭6 ♭7
C D♭ E G	D G♭ A♭ B	1 ♭2 3 5	2 ♭5 ♭6 7
C D♭ E G	D G♭ A B♭	1 ♭2 3 5	2 ♭5 6 ♭7
C D♭ E G	D G♭ A B	1 ♭2 3 5	2 ♭5 6 7
C D♭ E G	D G♭ B♭ B	1 ♭2 3 5	2 ♭5 ♭7 7
C D♭ E G	D A♭ A B♭	1 ♭2 3 5	2 ♭6 6 ♭7
C D♭ E G	D A♭ A B	1 ♭2 3 5	2 ♭6 6 7
C D♭ E G	D A♭ B♭ B	1 ♭2 3 5	2 ♭6 ♭7 7
C D♭ E G	D A B♭ B	1 ♭2 3 5	2 6 ♭7 7
C D♭ E G	E♭ F G♭ A♭	1 ♭2 3 5	♭3 4 ♭5 ♭6
C D♭ E G	E♭ F G♭ A	1 ♭2 3 5	♭3 4 ♭5 6
C D♭ E G	E♭ F G♭ B♭	1 ♭2 3 5	♭3 4 ♭5 ♭7

Tetrads as notes		Tetrads as Degrees	
C D♭ E G	E♭ F G♭ B	1 ♭2 3 5	♭3 4 ♭5 7
C D♭ E G	E♭ F A♭ A	1 ♭2 3 5	♭3 4 ♭6 6
C D♭ E G	E♭ F A♭ B♭	1 ♭2 3 5	♭3 4 ♭6 ♭7
C D♭ E G	E♭ F A♭ B	1 ♭2 3 5	♭3 4 ♭6 7
C D♭ E G	E♭ F A B♭	1 ♭2 3 5	♭3 4 6 ♭7
C D♭ E G	E♭ F A B	1 ♭2 3 5	♭3 4 6 7
C D♭ E G	E♭ F B♭ B	1 ♭2 3 5	♭3 4 ♭7 7
C D♭ E G	E♭ G♭ A♭ A	1 ♭2 3 5	♭3 ♭5 ♭6 6
C D♭ E G	E♭ G♭ A♭ B♭	1 ♭2 3 5	♭3 ♭5 ♭6 ♭7
C D♭ E G	E♭ G♭ A♭ B	1 ♭2 3 5	♭3 ♭5 ♭6 7
C D♭ E G	E♭ G♭ A B♭	1 ♭2 3 5	♭3 ♭5 6 ♭7
C D♭ E G	E♭ G♭ A B	1 ♭2 3 5	♭3 ♭5 6 7
C D♭ E G	E♭ G♭ B♭ B	1 ♭2 3 5	♭3 ♭5 ♭7 7
C D♭ E G	E♭ A♭ A B♭	1 ♭2 3 5	♭3 ♭6 6 ♭7
C D♭ E G	E♭ A♭ A B	1 ♭2 3 5	♭3 ♭6 6 7
C D♭ E G	E♭ A♭ B♭ B	1 ♭2 3 5	♭3 ♭6 ♭7 7
C D♭ E G	E♭ A B♭ B	1 ♭2 3 5	♭3 6 ♭7 7
C D♭ E G	F G♭ A♭ A	1 ♭2 3 5	4 ♭5 ♭6 6
C D♭ E G	F G♭ A♭ B♭	1 ♭2 3 5	4 ♭5 ♭6 ♭7
C D♭ E G	F G♭ A♭ B	1 ♭2 3 5	4 ♭5 ♭6 7
C D♭ E G	F G♭ A B♭	1 ♭2 3 5	4 ♭5 6 ♭7
C D♭ E G	F G♭ A B	1 ♭2 3 5	4 ♭5 6 7
C D♭ E G	F G♭ B♭ B	1 ♭2 3 5	4 ♭5 ♭7 7
C D♭ E G	F A♭ A B♭	1 ♭2 3 5	4 ♭6 6 ♭7
C D♭ E G	F A♭ A B	1 ♭2 3 5	4 ♭6 6 7
C D♭ E G	F A♭ B♭ B	1 ♭2 3 5	4 ♭6 ♭7 7
C D♭ E G	F A B♭ B	1 ♭2 3 5	4 6 ♭7 7
C D♭ E G	G♭ A♭ A B♭	1 ♭2 3 5	♭5 ♭6 6 ♭7
C D♭ E G	G♭ A♭ A B	1 ♭2 3 5	♭5 ♭6 6 7
C D♭ E G	G♭ A♭ B♭ B	1 ♭2 3 5	♭5 ♭6 ♭7 7
C D♭ E G	G♭ A B♭ B	1 ♭2 3 5	♭5 6 ♭7 7
C D♭ E G	A♭ A B♭ B	1 ♭2 3 5	♭6 6 ♭7 7

0, 1, 4, 8
Minor Major 7th Chord
3rd Inversion

C, D♭, E, A♭

Prime form: 0, 1, 4, 8
Degrees: 1, ♭2, 3, ♭6

C, D♭, E, A♭ with all
Octatonic Combinations

Tetrads as notes		Tetrads as Degrees	
C D♭ E A♭	D E♭ F G♭	1 ♭2 3 ♭6	2 ♭3 4 ♭5
C D♭ E A♭	D E♭ F G	1 ♭2 3 ♭6	2 ♭3 4 5
C D♭ E A♭	D E♭ F A	1 ♭2 3 ♭6	2 ♭3 4 6
C D♭ E A♭	D E♭ F B♭	1 ♭2 3 ♭6	2 ♭3 4 ♭7
C D♭ E A♭	D E♭ F B	1 ♭2 3 ♭6	2 ♭3 4 7
C D♭ E A♭	D E♭ G♭ G	1 ♭2 3 ♭6	2 ♭3 ♭5 5
C D♭ E A♭	D E♭ G♭ A	1 ♭2 3 ♭6	2 ♭3 ♭5 6
C D♭ E A♭	D E♭ G♭ B♭	1 ♭2 3 ♭6	2 ♭3 ♭5 ♭7
C D♭ E A♭	D E♭ G♭ B	1 ♭2 3 ♭6	2 ♭3 ♭5 7
C D♭ E A♭	D E♭ G A	1 ♭2 3 ♭6	2 ♭3 5 6
C D♭ E A♭	D E♭ G B♭	1 ♭2 3 ♭6	2 ♭3 5 ♭7
C D♭ E A♭	D E♭ G B	1 ♭2 3 ♭6	2 ♭3 5 7
C D♭ E A♭	D E♭ A B♭	1 ♭2 3 ♭6	2 ♭3 6 ♭7
C D♭ E A♭	D E♭ A B	1 ♭2 3 ♭6	2 ♭3 6 7
C D♭ E A♭	D E♭ B♭ B	1 ♭2 3 ♭6	2 ♭3 ♭7 7
C D♭ E A♭	D F G♭ G	1 ♭2 3 ♭6	2 4 ♭5 5
C D♭ E A♭	D F G♭ A	1 ♭2 3 ♭6	2 4 ♭5 6
C D♭ E A♭	D F G♭ B♭	1 ♭2 3 ♭6	2 4 ♭5 ♭7
C D♭ E A♭	D F G♭ B	1 ♭2 3 ♭6	2 4 ♭5 7
C D♭ E A♭	D F G A	1 ♭2 3 ♭6	2 4 5 6
C D♭ E A♭	D F G B♭	1 ♭2 3 ♭6	2 4 5 ♭7
C D♭ E A♭	D F G B	1 ♭2 3 ♭6	2 4 5 7
C D♭ E A♭	D F A B♭	1 ♭2 3 ♭6	2 4 6 ♭7
C D♭ E A♭	D F A B	1 ♭2 3 ♭6	2 4 6 7
C D♭ E A♭	D F B♭ B	1 ♭2 3 ♭6	2 4 ♭7 7
C D♭ E A♭	D G♭ G A	1 ♭2 3 ♭6	2 ♭5 5 6
C D♭ E A♭	D G♭ G B♭	1 ♭2 3 ♭6	2 ♭5 5 ♭7
C D♭ E A♭	D G♭ G B	1 ♭2 3 ♭6	2 ♭5 5 7
C D♭ E A♭	D G♭ A B♭	1 ♭2 3 ♭6	2 ♭5 6 ♭7
C D♭ E A♭	D G♭ A B	1 ♭2 3 ♭6	2 ♭5 6 7
C D♭ E A♭	D G♭ B♭ B	1 ♭2 3 ♭6	2 ♭5 ♭7 7
C D♭ E A♭	D G A B♭	1 ♭2 3 ♭6	2 5 6 ♭7
C D♭ E A♭	D G A B	1 ♭2 3 ♭6	2 5 6 7
C D♭ E A♭	D G B♭ B	1 ♭2 3 ♭6	2 5 ♭7 7
C D♭ E A♭	D A B♭ B	1 ♭2 3 ♭6	2 6 ♭7 7
C D♭ E A♭	E♭ F G♭ G	1 ♭2 3 ♭6	♭3 4 ♭5 5
C D♭ E A♭	E♭ F G♭ A	1 ♭2 3 ♭6	♭3 4 ♭5 6
C D♭ E A♭	E♭ F G♭ B♭	1 ♭2 3 ♭6	♭3 4 ♭5 ♭7

Tetrads as notes		Tetrads as Degrees	
C D♭ E A♭	E♭ F G♭ B	1 ♭2 3 ♭6	♭3 4 ♭5 7
C D♭ E A♭	E♭ F G A	1 ♭2 3 ♭6	♭3 4 5 6
C D♭ E A♭	E♭ F G B♭	1 ♭2 3 ♭6	♭3 4 5 ♭7
C D♭ E A♭	E♭ F G B	1 ♭2 3 ♭6	♭3 4 5 7
C D♭ E A♭	E♭ F A B♭	1 ♭2 3 ♭6	♭3 4 6 ♭7
C D♭ E A♭	E♭ F A B	1 ♭2 3 ♭6	♭3 4 6 7
C D♭ E A♭	E♭ F B♭ B	1 ♭2 3 ♭6	♭3 4 ♭7 7
C D♭ E A♭	E♭ G♭ G A	1 ♭2 3 ♭6	♭3 ♭5 5 6
C D♭ E A♭	E♭ G♭ G B♭	1 ♭2 3 ♭6	♭3 ♭5 5 ♭7
C D♭ E A♭	E♭ G♭ G B	1 ♭2 3 ♭6	♭3 ♭5 5 7
C D♭ E A♭	E♭ G♭ A B♭	1 ♭2 3 ♭6	♭3 ♭5 6 ♭7
C D♭ E A♭	E♭ G♭ A B	1 ♭2 3 ♭6	♭3 ♭5 6 7
C D♭ E A♭	E♭ G♭ B♭ B	1 ♭2 3 ♭6	♭3 ♭5 ♭7 7
C D♭ E A♭	E♭ G A B♭	1 ♭2 3 ♭6	♭3 5 6 ♭7
C D♭ E A♭	E♭ G A B	1 ♭2 3 ♭6	♭3 5 6 7
C D♭ E A♭	E♭ G B♭ B	1 ♭2 3 ♭6	♭3 5 ♭7 7
C D♭ E A♭	E♭ A B♭ B	1 ♭2 3 ♭6	♭3 6 ♭7 7
C D♭ E A♭	F G♭ G A	1 ♭2 3 ♭6	4 ♭5 5 6
C D♭ E A♭	F G♭ G B♭	1 ♭2 3 ♭6	4 ♭5 5 ♭7
C D♭ E A♭	F G♭ G B	1 ♭2 3 ♭6	4 ♭5 5 7
C D♭ E A♭	F G♭ A B♭	1 ♭2 3 ♭6	4 ♭5 6 ♭7
C D♭ E A♭	F G♭ A B	1 ♭2 3 ♭6	4 ♭5 6 7
C D♭ E A♭	F G♭ B♭ B	1 ♭2 3 ♭6	4 ♭5 ♭7 7
C D♭ E A♭	F G A B♭	1 ♭2 3 ♭6	4 5 6 ♭7
C D♭ E A♭	F G A B	1 ♭2 3 ♭6	4 5 6 7
C D♭ E A♭	F G B♭ B	1 ♭2 3 ♭6	4 5 ♭7 7
C D♭ E A♭	F A B♭ B	1 ♭2 3 ♭6	4 6 ♭7 7
C D♭ E A♭	G♭ G A B♭	1 ♭2 3 ♭6	♭5 5 6 ♭7
C D♭ E A♭	G♭ G A B	1 ♭2 3 ♭6	♭5 5 6 7
C D♭ E A♭	G♭ G B♭ B	1 ♭2 3 ♭6	♭5 5 ♭7 7
C D♭ E A♭	G♭ A B♭ B	1 ♭2 3 ♭6	♭5 6 ♭7 7
C D♭ E A♭	G A B♭ B	1 ♭2 3 ♭6	5 6 ♭7 7

C, D♭, F, G

Prime form: 0, 1, 5, 7
Degrees: 1, ♭2, 4, 5

0, 1, 5, 7
Major 7#11 Chord
3rd Inversion

C, D♭, F, G with all
Octatonic Combinations

Tetrads as notes		Tetrads as Degrees	
C D♭ F G	D E♭ E G♭	1 ♭2 4 5	2 ♭3 3 ♭5
C D♭ F G	D E♭ E A♭	1 ♭2 4 5	2 ♭3 3 ♭6
C D♭ F G	D E♭ E A	1 ♭2 4 5	2 ♭3 3 6
C D♭ F G	D E♭ E B♭	1 ♭2 4 5	2 ♭3 3 ♭7
C D♭ F G	D E♭ E B	1 ♭2 4 5	2 ♭3 3 7
C D♭ F G	D E♭ G♭ A♭	1 ♭2 4 5	2 ♭3 ♭5 ♭6
C D♭ F G	D E♭ G♭ A	1 ♭2 4 5	2 ♭3 ♭5 6
C D♭ F G	D E♭ G♭ B♭	1 ♭2 4 5	2 ♭3 ♭5 ♭7
C D♭ F G	D E♭ G♭ B	1 ♭2 4 5	2 ♭3 ♭5 7
C D♭ F G	D E♭ A♭ A	1 ♭2 4 5	2 ♭3 ♭6 6
C D♭ F G	D E♭ A♭ B♭	1 ♭2 4 5	2 ♭3 ♭6 ♭7
C D♭ F G	D E♭ A♭ B	1 ♭2 4 5	2 ♭3 ♭6 7
C D♭ F G	D E♭ A B♭	1 ♭2 4 5	2 ♭3 6 ♭7
C D♭ F G	D E♭ A B	1 ♭2 4 5	2 ♭3 6 7
C D♭ F G	D E♭ B♭ B	1 ♭2 4 5	2 ♭3 ♭7 7
C D♭ F G	D E G♭ A♭	1 ♭2 4 5	2 3 ♭5 ♭6
C D♭ F G	D E G♭ A	1 ♭2 4 5	2 3 ♭5 6
C D♭ F G	D E G♭ B♭	1 ♭2 4 5	2 3 ♭5 ♭7
C D♭ F G	D E G♭ B	1 ♭2 4 5	2 3 ♭5 7
C D♭ F G	D E A♭ A	1 ♭2 4 5	2 3 ♭6 6
C D♭ F G	D E A♭ B♭	1 ♭2 4 5	2 3 ♭6 ♭7
C D♭ F G	D E A♭ B	1 ♭2 4 5	2 3 ♭6 7
C D♭ F G	D E A B♭	1 ♭2 4 5	2 3 6 ♭7
C D♭ F G	D E A B	1 ♭2 4 5	2 3 6 7
C D♭ F G	D E B♭ B	1 ♭2 4 5	2 3 ♭7 7
C D♭ F G	D G♭ A♭ A	1 ♭2 4 5	2 ♭5 ♭6 6
C D♭ F G	D G♭ A♭ B♭	1 ♭2 4 5	2 ♭5 ♭6 ♭7
C D♭ F G	D G♭ A♭ B	1 ♭2 4 5	2 ♭5 ♭6 7
C D♭ F G	D G♭ A B♭	1 ♭2 4 5	2 ♭5 6 ♭7
C D♭ F G	D G♭ A B	1 ♭2 4 5	2 ♭5 6 7
C D♭ F G	D G♭ B♭ B	1 ♭2 4 5	2 ♭5 ♭7 7
C D♭ F G	D A♭ A B♭	1 ♭2 4 5	2 ♭6 6 ♭7
C D♭ F G	D A♭ A B	1 ♭2 4 5	2 ♭6 6 7
C D♭ F G	D A♭ B♭ B	1 ♭2 4 5	2 ♭6 ♭7 7
C D♭ F G	D A B♭ B	1 ♭2 4 5	2 6 ♭7 7
C D♭ F G	E♭ E G♭ A♭	1 ♭2 4 5	♭3 3 ♭5 ♭6
C D♭ F G	E♭ E G♭ A	1 ♭2 4 5	♭3 3 ♭5 6
C D♭ F G	E♭ E G♭ B♭	1 ♭2 4 5	♭3 3 ♭5 ♭7

Tetrads as notes		Tetrads as Degrees	
C D♭ F G	E♭ E G♭ B	1 ♭2 4 5	♭3 3 ♭5 7
C D♭ F G	E♭ E A♭ A	1 ♭2 4 5	♭3 3 ♭6 6
C D♭ F G	E♭ E A♭ B♭	1 ♭2 4 5	♭3 3 ♭6 ♭7
C D♭ F G	E♭ E A♭ B	1 ♭2 4 5	♭3 3 ♭6 7
C D♭ F G	E♭ E A B♭	1 ♭2 4 5	♭3 3 6 ♭7
C D♭ F G	E♭ E A B	1 ♭2 4 5	♭3 3 6 7
C D♭ F G	E♭ E B♭ B	1 ♭2 4 5	♭3 3 ♭7 7
C D♭ F G	E♭ G♭ A♭ A	1 ♭2 4 5	♭3 ♭5 ♭6 6
C D♭ F G	E♭ G♭ A♭ B♭	1 ♭2 4 5	♭3 ♭5 ♭6 ♭7
C D♭ F G	E♭ G♭ A♭ B	1 ♭2 4 5	♭3 ♭5 ♭6 7
C D♭ F G	E♭ G♭ A B♭	1 ♭2 4 5	♭3 ♭5 6 ♭7
C D♭ F G	E♭ G♭ A B	1 ♭2 4 5	♭3 ♭5 6 7
C D♭ F G	E♭ G♭ B♭ B	1 ♭2 4 5	♭3 ♭5 ♭7 7
C D♭ F G	E♭ A♭ A B♭	1 ♭2 4 5	♭3 ♭6 6 ♭7
C D♭ F G	E♭ A♭ A B	1 ♭2 4 5	♭3 ♭6 6 7
C D♭ F G	E♭ A♭ B♭ B	1 ♭2 4 5	♭3 ♭6 ♭7 7
C D♭ F G	E♭ A B♭ B	1 ♭2 4 5	♭3 6 ♭7 7
C D♭ F G	E G♭ A♭ A	1 ♭2 4 5	3 ♭5 ♭6 6
C D♭ F G	E G♭ A♭ B♭	1 ♭2 4 5	3 ♭5 ♭6 ♭7
C D♭ F G	E G♭ A♭ B	1 ♭2 4 5	3 ♭5 ♭6 7
C D♭ F G	E G♭ A B♭	1 ♭2 4 5	3 ♭5 6 ♭7
C D♭ F G	E G♭ A B	1 ♭2 4 5	3 ♭5 6 7
C D♭ F G	E G♭ B♭ B	1 ♭2 4 5	3 ♭5 ♭7 7
C D♭ F G	E A♭ A B♭	1 ♭2 4 5	3 ♭6 6 ♭7
C D♭ F G	E A♭ A B	1 ♭2 4 5	3 ♭6 6 7
C D♭ F G	E A♭ B♭ B	1 ♭2 4 5	3 ♭6 ♭7 7
C D♭ F G	E A B♭ B	1 ♭2 4 5	3 6 ♭7 7
C D♭ F G	G♭ A♭ A B♭	1 ♭2 4 5	♭5 ♭6 6 ♭7
C D♭ F G	G♭ A♭ A B	1 ♭2 4 5	♭5 ♭6 6 7
C D♭ F G	G♭ A♭ B♭ B	1 ♭2 4 5	♭5 ♭6 ♭7 7
C D♭ F G	G♭ A B♭ B	1 ♭2 4 5	♭5 6 ♭7 7
C D♭ F G	A♭ A B♭ B	1 ♭2 4 5	♭6 6 ♭7 7

C, D♭, F, A♭

Prime form: 0, 1, 5, 8
Degrees: 1, ♭2, 4, ♭6

0, 1, 5, 8
Major 7th Chord
3rd Inversion

C, D♭, F, A♭ with all
Octatonic Combinations

Tetrads as notes		Tetrads as Degrees	
C D♭ F A♭	D E♭ E G♭	1 ♭2 4 ♭6	2 ♭3 3 ♭5
C D♭ F A♭	D E♭ E G	1 ♭2 4 ♭6	2 ♭3 3 5
C D♭ F A♭	D E♭ E A	1 ♭2 4 ♭6	2 ♭3 3 6
C D♭ F A♭	D E♭ E B♭	1 ♭2 4 ♭6	2 ♭3 3 ♭7
C D♭ F A♭	D E♭ E B	1 ♭2 4 ♭6	2 ♭3 3 7
C D♭ F A♭	D E♭ G♭ G	1 ♭2 4 ♭6	2 ♭3 ♭5 5
C D♭ F A♭	D E♭ G♭ A	1 ♭2 4 ♭6	2 ♭3 ♭5 6
C D♭ F A♭	D E♭ G♭ B♭	1 ♭2 4 ♭6	2 ♭3 ♭5 ♭7
C D♭ F A♭	D E♭ G♭ B	1 ♭2 4 ♭6	2 ♭3 ♭5 7
C D♭ F A♭	D E♭ G A	1 ♭2 4 ♭6	2 ♭3 5 6
C D♭ F A♭	D E♭ G B♭	1 ♭2 4 ♭6	2 ♭3 5 ♭7
C D♭ F A♭	D E♭ G B	1 ♭2 4 ♭6	2 ♭3 5 7
C D♭ F A♭	D E♭ A B♭	1 ♭2 4 ♭6	2 ♭3 6 ♭7
C D♭ F A♭	D E♭ A B	1 ♭2 4 ♭6	2 ♭3 6 7
C D♭ F A♭	D E♭ B♭ B	1 ♭2 4 ♭6	2 ♭3 ♭7 7
C D♭ F A♭	D E G♭ G	1 ♭2 4 ♭6	2 3 ♭5 5
C D♭ F A♭	D E G♭ A	1 ♭2 4 ♭6	2 3 ♭5 6
C D♭ F A♭	D E G♭ B♭	1 ♭2 4 ♭6	2 3 ♭5 ♭7
C D♭ F A♭	D E G♭ B	1 ♭2 4 ♭6	2 3 ♭5 7
C D♭ F A♭	D E G A	1 ♭2 4 ♭6	2 3 5 6
C D♭ F A♭	D E G B♭	1 ♭2 4 ♭6	2 3 5 ♭7
C D♭ F A♭	D E G B	1 ♭2 4 ♭6	2 3 5 7
C D♭ F A♭	D E A B♭	1 ♭2 4 ♭6	2 3 6 ♭7
C D♭ F A♭	D E A B	1 ♭2 4 ♭6	2 3 6 7
C D♭ F A♭	D E B♭ B	1 ♭2 4 ♭6	2 3 ♭7 7
C D♭ F A♭	D G♭ G A	1 ♭2 4 ♭6	2 ♭5 5 6
C D♭ F A♭	D G♭ G B♭	1 ♭2 4 ♭6	2 ♭5 5 ♭7
C D♭ F A♭	D G♭ G B	1 ♭2 4 ♭6	2 ♭5 5 7
C D♭ F A♭	D G♭ A B♭	1 ♭2 4 ♭6	2 ♭5 6 ♭7
C D♭ F A♭	D G♭ A B	1 ♭2 4 ♭6	2 ♭5 6 7
C D♭ F A♭	D G♭ B♭ B	1 ♭2 4 ♭6	2 ♭5 ♭7 7
C D♭ F A♭	D G A B♭	1 ♭2 4 ♭6	2 5 6 ♭7
C D♭ F A♭	D G A B	1 ♭2 4 ♭6	2 5 6 7
C D♭ F A♭	D G B♭ B	1 ♭2 4 ♭6	2 5 ♭7 7
C D♭ F A♭	D A B♭ B	1 ♭2 4 ♭6	2 6 ♭7 7
C D♭ F A♭	E♭ E G♭ G	1 ♭2 4 ♭6	♭3 3 ♭5 5
C D♭ F A♭	E♭ E G♭ A	1 ♭2 4 ♭6	♭3 3 ♭5 6
C D♭ F A♭	E♭ E G♭ B♭	1 ♭2 4 ♭6	♭3 3 ♭5 ♭7

Tetrads as notes		Tetrads as Degrees	
C D♭ F A♭	E♭ E G♭ B	1 ♭2 4 ♭6	♭3 3 ♭5 7
C D♭ F A♭	E♭ E G A	1 ♭2 4 ♭6	♭3 3 5 6
C D♭ F A♭	E♭ E G B♭	1 ♭2 4 ♭6	♭3 3 5 ♭7
C D♭ F A♭	E♭ E G B	1 ♭2 4 ♭6	♭3 3 5 7
C D♭ F A♭	E♭ E A B♭	1 ♭2 4 ♭6	♭3 3 6 ♭7
C D♭ F A♭	E♭ E A B	1 ♭2 4 ♭6	♭3 3 6 7
C D♭ F A♭	E♭ E B♭ B	1 ♭2 4 ♭6	♭3 3 ♭7 7
C D♭ F A♭	E♭ G♭ G A	1 ♭2 4 ♭6	♭3 ♭5 5 6
C D♭ F A♭	E♭ G♭ G B♭	1 ♭2 4 ♭6	♭3 ♭5 5 ♭7
C D♭ F A♭	E♭ G♭ G B	1 ♭2 4 ♭6	♭3 ♭5 5 7
C D♭ F A♭	E♭ G♭ A B♭	1 ♭2 4 ♭6	♭3 ♭5 6 ♭7
C D♭ F A♭	E♭ G♭ A B	1 ♭2 4 ♭6	♭3 ♭5 6 7
C D♭ F A♭	E♭ G♭ B♭ B	1 ♭2 4 ♭6	♭3 ♭5 ♭7 7
C D♭ F A♭	E♭ G A B♭	1 ♭2 4 ♭6	♭3 5 6 ♭7
C D♭ F A♭	E♭ G A B	1 ♭2 4 ♭6	♭3 5 6 7
C D♭ F A♭	E♭ G B♭ B	1 ♭2 4 ♭6	♭3 5 ♭7 7
C D♭ F A♭	E♭ A B♭ B	1 ♭2 4 ♭6	♭3 6 ♭7 7
C D♭ F A♭	E G♭ G A	1 ♭2 4 ♭6	3 ♭5 5 6
C D♭ F A♭	E G♭ G B♭	1 ♭2 4 ♭6	3 ♭5 5 ♭7
C D♭ F A♭	E G♭ G B	1 ♭2 4 ♭6	3 ♭5 5 7
C D♭ F A♭	E G♭ A B♭	1 ♭2 4 ♭6	3 ♭5 6 ♭7
C D♭ F A♭	E G♭ A B	1 ♭2 4 ♭6	3 ♭5 6 7
C D♭ F A♭	E G♭ B♭ B	1 ♭2 4 ♭6	3 ♭5 ♭7 7
C D♭ F A♭	E G A B♭	1 ♭2 4 ♭6	3 5 6 ♭7
C D♭ F A♭	E G A B	1 ♭2 4 ♭6	3 5 6 7
C D♭ F A♭	E G B♭ B	1 ♭2 4 ♭6	3 5 ♭7 7
C D♭ F A♭	E A B♭ B	1 ♭2 4 ♭6	3 6 ♭7 7
C D♭ F A♭	G♭ G A B♭	1 ♭2 4 ♭6	♭5 5 6 ♭7
C D♭ F A♭	G♭ G A B	1 ♭2 4 ♭6	♭5 5 6 7
C D♭ F A♭	G♭ G B♭ B	1 ♭2 4 ♭6	♭5 5 ♭7 7
C D♭ F A♭	G♭ A B♭ B	1 ♭2 4 ♭6	♭5 6 ♭7 7
C D♭ F A♭	G A B♭ B	1 ♭2 4 ♭6	5 6 ♭7 7

C, D, E♭, F

Prime form: 0, 2, 3, 5
Degrees: 1, 2, ♭3, 4

C, D, E♭, F with all Octatonic Combinations

Tetrads as notes		Tetrads as Degrees	
C D E♭ F	D♭ E G♭ G	1 2 ♭3 4	♭2 3 ♭5 5
C D E♭ F	D♭ E G♭ A♭	1 2 ♭3 4	♭2 3 ♭5 ♭6
C D E♭ F	D♭ E G♭ A	1 2 ♭3 4	♭2 3 ♭5 6
C D E♭ F	D♭ E G♭ B♭	1 2 ♭3 4	♭2 3 ♭5 ♭7
C D E♭ F	D♭ E G♭ B	1 2 ♭3 4	♭2 3 ♭5 7
C D E♭ F	D♭ E G A♭	1 2 ♭3 4	♭2 3 5 ♭6
C D E♭ F	D♭ E G A	1 2 ♭3 4	♭2 3 5 6
C D E♭ F	D♭ E G B♭	1 2 ♭3 4	♭2 3 5 ♭7
C D E♭ F	D♭ E G B	1 2 ♭3 4	♭2 3 5 7
C D E♭ F	D♭ E A♭ A	1 2 ♭3 4	♭2 3 ♭6 6
C D E♭ F	D♭ E A♭ B♭	1 2 ♭3 4	♭2 3 ♭6 ♭7
C D E♭ F	D♭ E A♭ B	1 2 ♭3 4	♭2 3 ♭6 7
C D E♭ F	D♭ E A B♭	1 2 ♭3 4	♭2 3 6 ♭7
C D E♭ F	D♭ E A B	1 2 ♭3 4	♭2 3 6 7
C D E♭ F	D♭ E B♭ B	1 2 ♭3 4	♭2 3 ♭7 7
C D E♭ F	D♭ G♭ G A♭	1 2 ♭3 4	♭2 ♭5 5 ♭6
C D E♭ F	D♭ G♭ G A	1 2 ♭3 4	♭2 ♭5 5 6
C D E♭ F	D♭ G♭ G B♭	1 2 ♭3 4	♭2 ♭5 5 ♭7
C D E♭ F	D♭ G♭ G B	1 2 ♭3 4	♭2 ♭5 5 7
C D E♭ F	D♭ G♭ A♭ A	1 2 ♭3 4	♭2 ♭5 ♭6 6
C D E♭ F	D♭ G♭ A♭ B♭	1 2 ♭3 4	♭2 ♭5 ♭6 ♭7
C D E♭ F	D♭ G♭ A♭ B	1 2 ♭3 4	♭2 ♭5 ♭6 7
C D E♭ F	D♭ G♭ A B♭	1 2 ♭3 4	♭2 ♭5 6 ♭7
C D E♭ F	D♭ G♭ A B	1 2 ♭3 4	♭2 ♭5 6 7
C D E♭ F	D♭ G♭ B♭ B	1 2 ♭3 4	♭2 ♭5 ♭7 7
C D E♭ F	D♭ G A♭ A	1 2 ♭3 4	♭2 5 ♭6 6
C D E♭ F	D♭ G A♭ B♭	1 2 ♭3 4	♭2 5 ♭6 ♭7
C D E♭ F	D♭ G A♭ B	1 2 ♭3 4	♭2 5 ♭6 7
C D E♭ F	D♭ G A B♭	1 2 ♭3 4	♭2 5 6 ♭7
C D E♭ F	D♭ G A B	1 2 ♭3 4	♭2 5 6 7
C D E♭ F	D♭ G B♭ B	1 2 ♭3 4	♭2 5 ♭7 7
C D E♭ F	D♭ A♭ A B♭	1 2 ♭3 4	♭2 ♭6 6 ♭7
C D E♭ F	D♭ A♭ A B	1 2 ♭3 4	♭2 ♭6 6 7
C D E♭ F	D♭ A♭ B♭ B	1 2 ♭3 4	♭2 ♭6 ♭7 7
C D E♭ F	D♭ A B♭ B	1 2 ♭3 4	♭2 6 ♭7 7
C D E♭ F	E G♭ G A♭	1 2 ♭3 4	3 ♭5 5 ♭6
C D E♭ F	E G♭ G A	1 2 ♭3 4	3 ♭5 5 6
C D E♭ F	E G♭ G B♭	1 2 ♭3 4	3 ♭5 5 ♭7

Tetrads as notes		Tetrads as Degrees	
C D E♭ F	E G♭ G B	1 2 ♭3 4	3 ♭5 5 7
C D E♭ F	E G♭ A♭ A	1 2 ♭3 4	3 ♭5 ♭6 6
C D E♭ F	E G♭ A♭ B♭	1 2 ♭3 4	3 ♭5 ♭6 ♭7
C D E♭ F	E G♭ A♭ B	1 2 ♭3 4	3 ♭5 ♭6 7
C D E♭ F	E G♭ A B♭	1 2 ♭3 4	3 ♭5 6 ♭7
C D E♭ F	E G♭ A B	1 2 ♭3 4	3 ♭5 6 7
C D E♭ F	E G♭ B♭ B	1 2 ♭3 4	3 ♭5 ♭7 7
C D E♭ F	E G A♭ A	1 2 ♭3 4	3 5 ♭6 6
C D E♭ F	E G A♭ B♭	1 2 ♭3 4	3 5 ♭6 ♭7
C D E♭ F	E G A♭ B	1 2 ♭3 4	3 5 ♭6 7
C D E♭ F	E G A B♭	1 2 ♭3 4	3 5 6 ♭7
C D E♭ F	E G A B	1 2 ♭3 4	3 5 6 7
C D E♭ F	E G B♭ B	1 2 ♭3 4	3 5 ♭7 7
C D E♭ F	E A♭ A B♭	1 2 ♭3 4	3 ♭6 6 ♭7
C D E♭ F	E A♭ A B	1 2 ♭3 4	3 ♭6 6 7
C D E♭ F	E A♭ B♭ B	1 2 ♭3 4	3 ♭6 ♭7 7
C D E♭ F	E A B♭ B	1 2 ♭3 4	3 6 ♭7 7
C D E♭ F	G♭ G A♭ A	1 2 ♭3 4	♭5 5 ♭6 6
C D E♭ F	G♭ G A♭ B♭	1 2 ♭3 4	♭5 5 ♭6 ♭7
C D E♭ F	G♭ G A♭ B	1 2 ♭3 4	♭5 5 ♭6 7
C D E♭ F	G♭ G A B♭	1 2 ♭3 4	♭5 5 6 ♭7
C D E♭ F	G♭ G A B	1 2 ♭3 4	♭5 5 6 7
C D E♭ F	G♭ G B♭ B	1 2 ♭3 4	♭5 5 ♭7 7
C D E♭ F	G♭ A♭ A B♭	1 2 ♭3 4	♭5 ♭6 6 ♭7
C D E♭ F	G♭ A♭ A B	1 2 ♭3 4	♭5 ♭6 6 7
C D E♭ F	G♭ A♭ B♭ B	1 2 ♭3 4	♭5 ♭6 ♭7 7
C D E♭ F	G♭ A B♭ B	1 2 ♭3 4	♭5 6 ♭7 7
C D E♭ F	G A♭ A B♭	1 2 ♭3 4	5 ♭6 6 ♭7
C D E♭ F	G A♭ A B	1 2 ♭3 4	5 ♭6 6 7
C D E♭ F	G A♭ B♭ B	1 2 ♭3 4	5 ♭6 ♭7 7
C D E♭ F	G A B♭ B	1 2 ♭3 4	5 6 ♭7 7
C D E♭ F	A♭ A B♭ B	1 2 ♭3 4	♭6 6 ♭7 7

C, D, E♭, G♭

Prime form: 0, 2, 3, 6
Degrees: 1, 2, ♭3, ♭5

C, D, E♭, G♭ with all Octatonic Combinations

Tetrads as notes		Tetrads as Degrees	
C D E♭ G♭	D♭ E F G	1 2 ♭3 ♭5	♭2 3 4 5
C D E♭ G♭	D♭ E F A♭	1 2 ♭3 ♭5	♭2 3 4 ♭6
C D E♭ G♭	D♭ E F A	1 2 ♭3 ♭5	♭2 3 4 6
C D E♭ G♭	D♭ E F B♭	1 2 ♭3 ♭5	♭2 3 4 ♭7
C D E♭ G♭	D♭ E F B	1 2 ♭3 ♭5	♭2 3 4 7
C D E♭ G♭	D♭ E G A♭	1 2 ♭3 ♭5	♭2 3 5 ♭6
C D E♭ G♭	D♭ E G A	1 2 ♭3 ♭5	♭2 3 5 6
C D E♭ G♭	D♭ E G B♭	1 2 ♭3 ♭5	♭2 3 5 ♭7
C D E♭ G♭	D♭ E G B	1 2 ♭3 ♭5	♭2 3 5 7
C D E♭ G♭	D♭ E A♭ A	1 2 ♭3 ♭5	♭2 3 ♭6 6
C D E♭ G♭	D♭ E A♭ B♭	1 2 ♭3 ♭5	♭2 3 ♭6 ♭7
C D E♭ G♭	D♭ E A♭ B	1 2 ♭3 ♭5	♭2 3 ♭6 7
C D E♭ G♭	D♭ E A B♭	1 2 ♭3 ♭5	♭2 3 6 ♭7
C D E♭ G♭	D♭ E A B	1 2 ♭3 ♭5	♭2 3 6 7
C D E♭ G♭	D♭ E B♭ B	1 2 ♭3 ♭5	♭2 3 ♭7 7
C D E♭ G♭	D♭ F G A♭	1 2 ♭3 ♭5	♭2 4 5 ♭6
C D E♭ G♭	D♭ F G A	1 2 ♭3 ♭5	♭2 4 5 6
C D E♭ G♭	D♭ F G B♭	1 2 ♭3 ♭5	♭2 4 5 ♭7
C D E♭ G♭	D♭ F G B	1 2 ♭3 ♭5	♭2 4 5 7
C D E♭ G♭	D♭ F A♭ A	1 2 ♭3 ♭5	♭2 4 ♭6 6
C D E♭ G♭	D♭ F A♭ B♭	1 2 ♭3 ♭5	♭2 4 ♭6 ♭7
C D E♭ G♭	D♭ F A♭ B	1 2 ♭3 ♭5	♭2 4 ♭6 7
C D E♭ G♭	D♭ F A B♭	1 2 ♭3 ♭5	♭2 4 6 ♭7
C D E♭ G♭	D♭ F A B	1 2 ♭3 ♭5	♭2 4 6 7
C D E♭ G♭	D♭ F B♭ B	1 2 ♭3 ♭5	♭2 4 ♭7 7
C D E♭ G♭	D♭ G A♭ A	1 2 ♭3 ♭5	♭2 5 ♭6 6
C D E♭ G♭	D♭ G A♭ B♭	1 2 ♭3 ♭5	♭2 5 ♭6 ♭7
C D E♭ G♭	D♭ G A♭ B	1 2 ♭3 ♭5	♭2 5 ♭6 7
C D E♭ G♭	D♭ G A B♭	1 2 ♭3 ♭5	♭2 5 6 ♭7
C D E♭ G♭	D♭ G A B	1 2 ♭3 ♭5	♭2 5 6 7
C D E♭ G♭	D♭ G B♭ B	1 2 ♭3 ♭5	♭2 5 ♭7 7
C D E♭ G♭	D♭ A♭ A B♭	1 2 ♭3 ♭5	♭2 ♭6 6 ♭7
C D E♭ G♭	D♭ A♭ A B	1 2 ♭3 ♭5	♭2 ♭6 6 7
C D E♭ G♭	D♭ A♭ B♭ B	1 2 ♭3 ♭5	♭2 ♭6 ♭7 7
C D E♭ G♭	D♭ A B♭ B	1 2 ♭3 ♭5	♭2 6 ♭7 7
C D E♭ G♭	E F G A♭	1 2 ♭3 ♭5	3 4 5 ♭6
C D E♭ G♭	E F G A	1 2 ♭3 ♭5	3 4 5 6
C D E♭ G♭	E F G B♭	1 2 ♭3 ♭5	3 4 5 ♭7

Tetrads as notes		Tetrads as Degrees	
C D E♭ G♭	E F G B	1 2 ♭3 ♭5	3 4 5 7
C D E♭ G♭	E F A♭ A	1 2 ♭3 ♭5	3 4 ♭6 6
C D E♭ G♭	E F A♭ B♭	1 2 ♭3 ♭5	3 4 ♭6 ♭7
C D E♭ G♭	E F A♭ B	1 2 ♭3 ♭5	3 4 ♭6 7
C D E♭ G♭	E F A B♭	1 2 ♭3 ♭5	3 4 6 ♭7
C D E♭ G♭	E F A B	1 2 ♭3 ♭5	3 4 6 7
C D E♭ G♭	E F B♭ B	1 2 ♭3 ♭5	3 4 ♭7 7
C D E♭ G♭	E G A♭ A	1 2 ♭3 ♭5	3 5 ♭6 6
C D E♭ G♭	E G A♭ B♭	1 2 ♭3 ♭5	3 5 ♭6 ♭7
C D E♭ G♭	E G A♭ B	1 2 ♭3 ♭5	3 5 ♭6 7
C D E♭ G♭	E G A B♭	1 2 ♭3 ♭5	3 5 6 ♭7
C D E♭ G♭	E G A B	1 2 ♭3 ♭5	3 5 6 7
C D E♭ G♭	E G B♭ B	1 2 ♭3 ♭5	3 5 ♭7 7
C D E♭ G♭	E A♭ A B♭	1 2 ♭3 ♭5	3 ♭6 6 ♭7
C D E♭ G♭	E A♭ A B	1 2 ♭3 ♭5	3 ♭6 6 7
C D E♭ G♭	E A♭ B♭ B	1 2 ♭3 ♭5	3 ♭6 ♭7 7
C D E♭ G♭	E A B♭ B	1 2 ♭3 ♭5	3 6 ♭7 7
C D E♭ G♭	F G A♭ A	1 2 ♭3 ♭5	4 5 ♭6 6
C D E♭ G♭	F G A♭ B♭	1 2 ♭3 ♭5	4 5 ♭6 ♭7
C D E♭ G♭	F G A♭ B	1 2 ♭3 ♭5	4 5 ♭6 7
C D E♭ G♭	F G A B♭	1 2 ♭3 ♭5	4 5 6 ♭7
C D E♭ G♭	F G A B	1 2 ♭3 ♭5	4 5 6 7
C D E♭ G♭	F G B♭ B	1 2 ♭3 ♭5	4 5 ♭7 7
C D E♭ G♭	F A♭ A B♭	1 2 ♭3 ♭5	4 ♭6 6 ♭7
C D E♭ G♭	F A♭ A B	1 2 ♭3 ♭5	4 ♭6 6 7
C D E♭ G♭	F A♭ B♭ B	1 2 ♭3 ♭5	4 ♭6 ♭7 7
C D E♭ G♭	F A B♭ B	1 2 ♭3 ♭5	4 6 ♭7 7
C D E♭ G♭	G A♭ A B♭	1 2 ♭3 ♭5	5 ♭6 6 ♭7
C D E♭ G♭	G A♭ A B	1 2 ♭3 ♭5	5 ♭6 6 7
C D E♭ G♭	G A♭ B♭ B	1 2 ♭3 ♭5	5 ♭6 ♭7 7
C D E♭ G♭	G A B♭ B	1 2 ♭3 ♭5	5 6 ♭7 7
C D E♭ G♭	A♭ A B♭ B	1 2 ♭3 ♭5	♭6 6 ♭7 7

C, D, E♭, G

Prime form: 0, 2, 3, 7
Degrees: 1, 2, ♭3, 5

C, D, E♭, G with all Octatonic Combinations

Tetrads as notes		Tetrads as Degrees	
C D E♭ G	D♭ E F G♭	1 2 ♭3 5	♭2 3 4 ♭5
C D E♭ G	D♭ E F A♭	1 2 ♭3 5	♭2 3 4 ♭6
C D E♭ G	D♭ E F A	1 2 ♭3 5	♭2 3 4 6
C D E♭ G	D♭ E F B♭	1 2 ♭3 5	♭2 3 4 ♭7
C D E♭ G	D♭ E F B	1 2 ♭3 5	♭2 3 4 7
C D E♭ G	D♭ E G♭ A♭	1 2 ♭3 5	♭2 3 ♭5 ♭6
C D E♭ G	D♭ E G♭ A	1 2 ♭3 5	♭2 3 ♭5 6
C D E♭ G	D♭ E G♭ B♭	1 2 ♭3 5	♭2 3 ♭5 ♭7
C D E♭ G	D♭ E G♭ B	1 2 ♭3 5	♭2 3 ♭5 7
C D E♭ G	D♭ E A♭ A	1 2 ♭3 5	♭2 3 ♭6 6
C D E♭ G	D♭ E A♭ B♭	1 2 ♭3 5	♭2 3 ♭6 ♭7
C D E♭ G	D♭ E A♭ B	1 2 ♭3 5	♭2 3 ♭6 7
C D E♭ G	D♭ E A B♭	1 2 ♭3 5	♭2 3 6 ♭7
C D E♭ G	D♭ E A B	1 2 ♭3 5	♭2 3 6 7
C D E♭ G	D♭ E B♭ B	1 2 ♭3 5	♭2 3 ♭7 7
C D E♭ G	D♭ F G♭ A♭	1 2 ♭3 5	♭2 4 ♭5 ♭6
C D E♭ G	D♭ F G♭ A	1 2 ♭3 5	♭2 4 ♭5 6
C D E♭ G	D♭ F G♭ B♭	1 2 ♭3 5	♭2 4 ♭5 ♭7
C D E♭ G	D♭ F G♭ B	1 2 ♭3 5	♭2 4 ♭5 7
C D E♭ G	D♭ F A♭ A	1 2 ♭3 5	♭2 4 ♭6 6
C D E♭ G	D♭ F A♭ B♭	1 2 ♭3 5	♭2 4 ♭6 ♭7
C D E♭ G	D♭ F A♭ B	1 2 ♭3 5	♭2 4 ♭6 7
C D E♭ G	D♭ F A B♭	1 2 ♭3 5	♭2 4 6 ♭7
C D E♭ G	D♭ F A B	1 2 ♭3 5	♭2 4 6 7
C D E♭ G	D♭ F B♭ B	1 2 ♭3 5	♭2 4 ♭7 7
C D E♭ G	D♭ G♭ A♭ A	1 2 ♭3 5	♭2 ♭5 ♭6 6
C D E♭ G	D♭ G♭ A♭ B♭	1 2 ♭3 5	♭2 ♭5 ♭6 ♭7
C D E♭ G	D♭ G♭ A♭ B	1 2 ♭3 5	♭2 ♭5 ♭6 7
C D E♭ G	D♭ G♭ A B♭	1 2 ♭3 5	♭2 ♭5 6 ♭7
C D E♭ G	D♭ G♭ A B	1 2 ♭3 5	♭2 ♭5 6 7
C D E♭ G	D♭ G♭ B♭ B	1 2 ♭3 5	♭2 ♭5 ♭7 7
C D E♭ G	D♭ A♭ A B♭	1 2 ♭3 5	♭2 ♭6 6 ♭7
C D E♭ G	D♭ A♭ A B	1 2 ♭3 5	♭2 ♭6 6 7
C D E♭ G	D♭ A♭ B♭ B	1 2 ♭3 5	♭2 ♭6 ♭7 7
C D E♭ G	D♭ A B♭ B	1 2 ♭3 5	♭2 6 ♭7 7
C D E♭ G	E F G♭ A♭	1 2 ♭3 5	3 4 ♭5 ♭6
C D E♭ G	E F G♭ A	1 2 ♭3 5	3 4 ♭5 6
C D E♭ G	E F G♭ B♭	1 2 ♭3 5	3 4 ♭5 ♭7
C D E♭ G	E F G♭ B	1 2 ♭3 5	3 4 ♭5 7

Tetrads as notes		Tetrads as Degrees	
C D E♭ G	E F A♭ A	1 2 ♭3 5	3 4 ♭6 6
C D E♭ G	E F A♭ B♭	1 2 ♭3 5	3 4 ♭6 ♭7
C D E♭ G	E F A♭ B	1 2 ♭3 5	3 4 ♭6 7
C D E♭ G	E F A B♭	1 2 ♭3 5	3 4 6 ♭7
C D E♭ G	E F A B	1 2 ♭3 5	3 4 6 7
C D E♭ G	E F B♭ B	1 2 ♭3 5	3 4 ♭7 7
C D E♭ G	E G♭ A♭ A	1 2 ♭3 5	3 ♭5 ♭6 6
C D E♭ G	E G♭ A♭ B♭	1 2 ♭3 5	3 ♭5 ♭6 ♭7
C D E♭ G	E G♭ A♭ B	1 2 ♭3 5	3 ♭5 ♭6 7
C D E♭ G	E G♭ A B♭	1 2 ♭3 5	3 ♭5 6 ♭7
C D E♭ G	E G♭ A B	1 2 ♭3 5	3 ♭5 6 7
C D E♭ G	E G♭ B♭ B	1 2 ♭3 5	3 ♭5 ♭7 7
C D E♭ G	E A♭ A B♭	1 2 ♭3 5	3 ♭6 6 ♭7
C D E♭ G	E A♭ A B	1 2 ♭3 5	3 ♭6 6 7
C D E♭ G	E A♭ B♭ B	1 2 ♭3 5	3 ♭6 ♭7 7
C D E♭ G	E A B♭ B	1 2 ♭3 5	3 6 ♭7 7
C D E♭ G	F G♭ A♭ A	1 2 ♭3 5	4 ♭5 ♭6 6
C D E♭ G	F G♭ A♭ B♭	1 2 ♭3 5	4 ♭5 ♭6 ♭7
C D E♭ G	F G♭ A♭ B	1 2 ♭3 5	4 ♭5 ♭6 7
C D E♭ G	F G♭ A B♭	1 2 ♭3 5	4 ♭5 6 ♭7
C D E♭ G	F G♭ A B	1 2 ♭3 5	4 ♭5 6 7
C D E♭ G	F G♭ B♭ B	1 2 ♭3 5	4 ♭5 ♭7 7
C D E♭ G	F A♭ A B♭	1 2 ♭3 5	4 ♭6 6 ♭7
C D E♭ G	F A♭ A B	1 2 ♭3 5	4 ♭6 6 7
C D E♭ G	F A♭ B♭ B	1 2 ♭3 5	4 ♭6 ♭7 7
C D E♭ G	F A B♭ B	1 2 ♭3 5	4 6 ♭7 7
C D E♭ G	G♭ A♭ A B♭	1 2 ♭3 5	♭5 ♭6 6 ♭7
C D E♭ G	G♭ A♭ A B	1 2 ♭3 5	♭5 ♭6 6 7
C D E♭ G	G♭ A♭ B♭ B	1 2 ♭3 5	♭5 ♭6 ♭7 7
C D E♭ G	G♭ A B♭ B	1 2 ♭3 5	♭5 6 ♭7 7
C D E♭ G	A♭ A B♭ B	1 2 ♭3 5	♭6 6 ♭7 7

C, D, E, G♭

Prime form: 0, 2, 4, 6
Degrees: 1, 2, 3, ♭5

C, D, E, G♭ with all Octatonic Combinations

Tetrads as notes		Tetrads as Degrees	
C D E G♭	D♭ E♭ F G	1 2 3 ♭5	♭2 ♭3 4 5
C D E G♭	D♭ E♭ F A♭	1 2 3 ♭5	♭2 ♭3 4 ♭6
C D E G♭	D♭ E♭ F A	1 2 3 ♭5	♭2 ♭3 4 6
C D E G♭	D♭ E♭ F B♭	1 2 3 ♭5	♭2 ♭3 4 ♭7
C D E G♭	D♭ E♭ F B	1 2 3 ♭5	♭2 ♭3 4 7
C D E G♭	D♭ E♭ G A♭	1 2 3 ♭5	♭2 ♭3 5 ♭6
C D E G♭	D♭ E♭ G A	1 2 3 ♭5	♭2 ♭3 5 6
C D E G♭	D♭ E♭ G B♭	1 2 3 ♭5	♭2 ♭3 5 ♭7
C D E G♭	D♭ E♭ G B	1 2 3 ♭5	♭2 ♭3 5 7
C D E G♭	D♭ E♭ A♭ A	1 2 3 ♭5	♭2 ♭3 ♭6 6
C D E G♭	D♭ E♭ A♭ B♭	1 2 3 ♭5	♭2 ♭3 ♭6 ♭7
C D E G♭	D♭ E♭ A♭ B	1 2 3 ♭5	♭2 ♭3 ♭6 7
C D E G♭	D♭ E♭ A B♭	1 2 3 ♭5	♭2 ♭3 6 ♭7
C D E G♭	D♭ E♭ A B	1 2 3 ♭5	♭2 ♭3 6 7
C D E G♭	D♭ E♭ B♭ B	1 2 3 ♭5	♭2 ♭3 ♭7 7
C D E G♭	D♭ F G A♭	1 2 3 ♭5	♭2 4 5 ♭6
C D E G♭	D♭ F G A	1 2 3 ♭5	♭2 4 5 6
C D E G♭	D♭ F G B♭	1 2 3 ♭5	♭2 4 5 ♭7
C D E G♭	D♭ F G B	1 2 3 ♭5	♭2 4 5 7
C D E G♭	D♭ F A♭ A	1 2 3 ♭5	♭2 4 ♭6 6
C D E G♭	D♭ F A♭ B♭	1 2 3 ♭5	♭2 4 ♭6 ♭7
C D E G♭	D♭ F A♭ B	1 2 3 ♭5	♭2 4 ♭6 7
C D E G♭	D♭ F A B♭	1 2 3 ♭5	♭2 4 6 ♭7
C D E G♭	D♭ F A B	1 2 3 ♭5	♭2 4 6 7
C D E G♭	D♭ F B♭ B	1 2 3 ♭5	♭2 4 ♭7 7
C D E G♭	D♭ G A♭ A	1 2 3 ♭5	♭2 5 ♭6 6
C D E G♭	D♭ G A♭ B♭	1 2 3 ♭5	♭2 5 ♭6 ♭7
C D E G♭	D♭ G A♭ B	1 2 3 ♭5	♭2 5 ♭6 7
C D E G♭	D♭ G A B♭	1 2 3 ♭5	♭2 5 6 ♭7
C D E G♭	D♭ G A B	1 2 3 ♭5	♭2 5 6 7
C D E G♭	D♭ G B♭ B	1 2 3 ♭5	♭2 5 ♭7 7
C D E G♭	D♭ A♭ A B♭	1 2 3 ♭5	♭2 ♭6 6 ♭7
C D E G♭	D♭ A♭ A B	1 2 3 ♭5	♭2 ♭6 6 7
C D E G♭	D♭ A♭ B♭ B	1 2 3 ♭5	♭2 ♭6 ♭7 7
C D E G♭	D♭ A B♭ B	1 2 3 ♭5	♭2 6 ♭7 7
C D E G♭	E♭ F G A♭	1 2 3 ♭5	♭3 4 5 ♭6
C D E G♭	E♭ F G A	1 2 3 ♭5	♭3 4 5 6
C D E G♭	E♭ F G B♭	1 2 3 ♭5	♭3 4 5 ♭7
C D E G♭	E♭ F G B	1 2 3 ♭5	♭3 4 5 7
C D E G♭	E♭ F A♭ A	1 2 3 ♭5	♭3 4 ♭6 6
C D E G♭	E♭ F A♭ B♭	1 2 3 ♭5	♭3 4 ♭6 ♭7
C D E G♭	E♭ F A♭ B	1 2 3 ♭5	♭3 4 ♭6 7
C D E G♭	E♭ F A B♭	1 2 3 ♭5	♭3 4 6 ♭7
C D E G♭	E♭ F A B	1 2 3 ♭5	♭3 4 6 7
C D E G♭	E♭ F B♭ B	1 2 3 ♭5	♭3 4 ♭7 7
C D E G♭	E♭ G A♭ A	1 2 3 ♭5	♭3 5 ♭6 6
C D E G♭	E♭ G A♭ B♭	1 2 3 ♭5	♭3 5 ♭6 ♭7
C D E G♭	E♭ G A♭ B	1 2 3 ♭5	♭3 5 ♭6 7
C D E G♭	E♭ G A B♭	1 2 3 ♭5	♭3 5 6 ♭7
C D E G♭	E♭ G A B	1 2 3 ♭5	♭3 5 6 7
C D E G♭	E♭ G B♭ B	1 2 3 ♭5	♭3 5 ♭7 7
C D E G♭	E♭ A♭ A B♭	1 2 3 ♭5	♭3 ♭6 6 ♭7
C D E G♭	E♭ A♭ A B	1 2 3 ♭5	♭3 ♭6 6 7
C D E G♭	E♭ A♭ B♭ B	1 2 3 ♭5	♭3 ♭6 ♭7 7
C D E G♭	E♭ A B♭ B	1 2 3 ♭5	♭3 6 ♭7 7
C D E G♭	F G A♭ A	1 2 3 ♭5	4 5 ♭6 6
C D E G♭	F G A♭ B♭	1 2 3 ♭5	4 5 ♭6 ♭7
C D E G♭	F G A♭ B	1 2 3 ♭5	4 5 ♭6 7
C D E G♭	F G A B♭	1 2 3 ♭5	4 5 6 ♭7
C D E G♭	F G A B	1 2 3 ♭5	4 5 6 7
C D E G♭	F G B♭ B	1 2 3 ♭5	4 5 ♭7 7
C D E G♭	F A♭ A B♭	1 2 3 ♭5	4 ♭6 6 ♭7
C D E G♭	F A♭ A B	1 2 3 ♭5	4 ♭6 6 7
C D E G♭	F A♭ B♭ B	1 2 3 ♭5	4 ♭6 ♭7 7
C D E G♭	F A B♭ B	1 2 3 ♭5	4 6 ♭7 7
C D E G♭	G A♭ A B♭	1 2 3 ♭5	5 ♭6 6 ♭7
C D E G♭	G A♭ A B	1 2 3 ♭5	5 ♭6 6 7
C D E G♭	G A♭ B♭ B	1 2 3 ♭5	5 ♭6 ♭7 7
C D E G♭	G A B♭ B	1 2 3 ♭5	5 6 ♭7 7
C D E G♭	A♭ A B♭ B	1 2 3 ♭5	♭6 6 ♭7 7

C, D, E, G

0, 2, 4, 7
Major Add 9th Chord
Root Position
or
Minor 7b6
2nd Inversion

Prime form: 0, 2, 4, 7
Degrees: 1, 2, 3, 5

C, D, E, G with all
Octatonic Combinations

Tetrads as notes		Tetrads as Degrees	
C D E G	D♭ E♭ F G♭	1 2 3 5	♭2 ♭3 4 ♭5
C D E G	D♭ E♭ F A♭	1 2 3 5	♭2 ♭3 4 ♭6
C D E G	D♭ E♭ F A	1 2 3 5	♭2 ♭3 4 6
C D E G	D♭ E♭ F B♭	1 2 3 5	♭2 ♭3 4 ♭7
C D E G	D♭ E♭ F B	1 2 3 5	♭2 ♭3 4 7
C D E G	D♭ E♭ G♭ A♭	1 2 3 5	♭2 ♭3 ♭5 ♭6
C D E G	D♭ E♭ G♭ A	1 2 3 5	♭2 ♭3 ♭5 6
C D E G	D♭ E♭ G♭ B♭	1 2 3 5	♭2 ♭3 ♭5 ♭7
C D E G	D♭ E♭ G♭ B	1 2 3 5	♭2 ♭3 ♭5 7
C D E G	D♭ E♭ A♭ A	1 2 3 5	♭2 ♭3 ♭6 6
C D E G	D♭ E♭ A♭ B♭	1 2 3 5	♭2 ♭3 ♭6 ♭7
C D E G	D♭ E♭ A♭ B	1 2 3 5	♭2 ♭3 ♭6 7
C D E G	D♭ E♭ A B♭	1 2 3 5	♭2 ♭3 6 ♭7
C D E G	D♭ E♭ A B	1 2 3 5	♭2 ♭3 6 7
C D E G	D♭ E♭ B♭ B	1 2 3 5	♭2 ♭3 ♭7 7
C D E G	D♭ F G♭ A♭	1 2 3 5	♭2 4 ♭5 ♭6
C D E G	D♭ F G♭ A	1 2 3 5	♭2 4 ♭5 6
C D E G	D♭ F G♭ B♭	1 2 3 5	♭2 4 ♭5 ♭7
C D E G	D♭ F G♭ B	1 2 3 5	♭2 4 ♭5 7
C D E G	D♭ F A♭ A	1 2 3 5	♭2 4 ♭6 6
C D E G	D♭ F A♭ B♭	1 2 3 5	♭2 4 ♭6 ♭7
C D E G	D♭ F A♭ B	1 2 3 5	♭2 4 ♭6 7
C D E G	D♭ F A B♭	1 2 3 5	♭2 4 6 ♭7
C D E G	D♭ F A B	1 2 3 5	♭2 4 6 7
C D E G	D♭ F B♭ B	1 2 3 5	♭2 4 ♭7 7
C D E G	D♭ G♭ A♭ A	1 2 3 5	♭2 ♭5 ♭6 6
C D E G	D♭ G♭ A♭ B♭	1 2 3 5	♭2 ♭5 ♭6 ♭7
C D E G	D♭ G♭ A♭ B	1 2 3 5	♭2 ♭5 ♭6 7
C D E G	D♭ G♭ A B♭	1 2 3 5	♭2 ♭5 6 ♭7
C D E G	D♭ G♭ A B	1 2 3 5	♭2 ♭5 6 7
C D E G	D♭ G♭ B♭ B	1 2 3 5	♭2 ♭5 ♭7 7
C D E G	D♭ A♭ A B♭	1 2 3 5	♭2 ♭6 6 ♭7
C D E G	D♭ A♭ A B	1 2 3 5	♭2 ♭6 6 7
C D E G	D♭ A♭ B♭ B	1 2 3 5	♭2 ♭6 ♭7 7
C D E G	D♭ A B♭ B	1 2 3 5	♭2 6 ♭7 7
C D E G	E♭ F G♭ A♭	1 2 3 5	♭3 4 ♭5 ♭6
C D E G	E♭ F G♭ A	1 2 3 5	♭3 4 ♭5 6
C D E G	E♭ F G♭ B♭	1 2 3 5	♭3 4 ♭5 ♭7

Tetrads as notes		Tetrads as Degrees	
C D E G	E♭ F G♭ B	1 2 3 5	♭3 4 ♭5 7
C D E G	E♭ F A♭ A	1 2 3 5	♭3 4 ♭6 6
C D E G	E♭ F A♭ B♭	1 2 3 5	♭3 4 ♭6 ♭7
C D E G	E♭ F A♭ B	1 2 3 5	♭3 4 ♭6 7
C D E G	E♭ F A B♭	1 2 3 5	♭3 4 6 ♭7
C D E G	E♭ F A B	1 2 3 5	♭3 4 6 7
C D E G	E♭ F B♭ B	1 2 3 5	♭3 4 ♭7 7
C D E G	E♭ G♭ A♭ A	1 2 3 5	♭3 ♭5 ♭6 6
C D E G	E♭ G♭ A♭ B♭	1 2 3 5	♭3 ♭5 ♭6 ♭7
C D E G	E♭ G♭ A♭ B	1 2 3 5	♭3 ♭5 ♭6 7
C D E G	E♭ G♭ A B♭	1 2 3 5	♭3 ♭5 6 ♭7
C D E G	E♭ G♭ A B	1 2 3 5	♭3 ♭5 6 7
C D E G	E♭ G♭ B♭ B	1 2 3 5	♭3 ♭5 ♭7 7
C D E G	E♭ A♭ A B♭	1 2 3 5	♭3 ♭6 6 ♭7
C D E G	E♭ A♭ A B	1 2 3 5	♭3 ♭6 6 7
C D E G	E♭ A♭ B♭ B	1 2 3 5	♭3 ♭6 ♭7 7
C D E G	E♭ A B♭ B	1 2 3 5	♭3 6 ♭7 7
C D E G	F G♭ A♭ A	1 2 3 5	4 ♭5 ♭6 6
C D E G	F G♭ A♭ B♭	1 2 3 5	4 ♭5 ♭6 ♭7
C D E G	F G♭ A♭ B	1 2 3 5	4 ♭5 ♭6 7
C D E G	F G♭ A B♭	1 2 3 5	4 ♭5 6 ♭7
C D E G	F G♭ A B	1 2 3 5	4 ♭5 6 7
C D E G	F G♭ B♭ B	1 2 3 5	4 ♭5 ♭7 7
C D E G	F A♭ A B♭	1 2 3 5	4 ♭6 6 ♭7
C D E G	F A♭ A B	1 2 3 5	4 ♭6 6 7
C D E G	F A♭ B♭ B	1 2 3 5	4 ♭6 ♭7 7
C D E G	F A B♭ B	1 2 3 5	4 6 ♭7 7
C D E G	G♭ A♭ A B♭	1 2 3 5	♭5 ♭6 6 ♭7
C D E G	G♭ A♭ A B	1 2 3 5	♭5 ♭6 6 7
C D E G	G♭ A♭ B♭ B	1 2 3 5	♭5 ♭6 ♭7 7
C D E G	G♭ A B♭ B	1 2 3 5	♭5 6 ♭7 7
C D E G	A♭ A B♭ B	1 2 3 5	♭6 6 ♭7 7

0, 2, 4, 8
Dominant 7#5 Chord
2nd Inversion

C, D, E, A♭

Prime form: 0, 2, 4, 8
Degrees: 1, 2, 3, ♭6

C, D, E, A♭ with all
Octatonic Combinations

Tetrads as notes		Tetrads as Degrees	
C D E A♭	D♭ E♭ F G♭	1 2 3 ♭6	♭2 ♭3 4 ♭5
C D E A♭	D♭ E♭ F G	1 2 3 ♭6	♭2 ♭3 4 5
C D E A♭	D♭ E♭ F A	1 2 3 ♭6	♭2 ♭3 4 6
C D E A♭	D♭ E♭ F B♭	1 2 3 ♭6	♭2 ♭3 4 ♭7
C D E A♭	D♭ E♭ F B	1 2 3 ♭6	♭2 ♭3 4 7
C D E A♭	D♭ E♭ G♭ G	1 2 3 ♭6	♭2 ♭3 ♭5 5
C D E A♭	D♭ E♭ G♭ A	1 2 3 ♭6	♭2 ♭3 ♭5 6
C D E A♭	D♭ E♭ G♭ B♭	1 2 3 ♭6	♭2 ♭3 ♭5 ♭7
C D E A♭	D♭ E♭ G♭ B	1 2 3 ♭6	♭2 ♭3 ♭5 7
C D E A♭	D♭ E♭ G A	1 2 3 ♭6	♭2 ♭3 5 6
C D E A♭	D♭ E♭ G B♭	1 2 3 ♭6	♭2 ♭3 5 ♭7
C D E A♭	D♭ E♭ G B	1 2 3 ♭6	♭2 ♭3 5 7
C D E A♭	D♭ E♭ A B♭	1 2 3 ♭6	♭2 ♭3 6 ♭7
C D E A♭	D♭ E♭ A B	1 2 3 ♭6	♭2 ♭3 6 7
C D E A♭	D♭ E♭ B♭ B	1 2 3 ♭6	♭2 ♭3 ♭7 7
C D E A♭	D♭ F G♭ G	1 2 3 ♭6	♭2 4 ♭5 5
C D E A♭	D♭ F G♭ A	1 2 3 ♭6	♭2 4 ♭5 6
C D E A♭	D♭ F G♭ B♭	1 2 3 ♭6	♭2 4 ♭5 ♭7
C D E A♭	D♭ F G♭ B	1 2 3 ♭6	♭2 4 ♭5 7
C D E A♭	D♭ F G A	1 2 3 ♭6	♭2 4 5 6
C D E A♭	D♭ F G B♭	1 2 3 ♭6	♭2 4 5 ♭7
C D E A♭	D♭ F G B	1 2 3 ♭6	♭2 4 5 7
C D E A♭	D♭ F A B♭	1 2 3 ♭6	♭2 4 6 ♭7
C D E A♭	D♭ F A B	1 2 3 ♭6	♭2 4 6 7
C D E A♭	D♭ F B♭ B	1 2 3 ♭6	♭2 4 ♭7 7
C D E A♭	D♭ G♭ G A	1 2 3 ♭6	♭2 ♭5 5 6
C D E A♭	D♭ G♭ G B♭	1 2 3 ♭6	♭2 ♭5 5 ♭7
C D E A♭	D♭ G♭ G B	1 2 3 ♭6	♭2 ♭5 5 7
C D E A♭	D♭ G♭ A B♭	1 2 3 ♭6	♭2 ♭5 6 ♭7
C D E A♭	D♭ G♭ A B	1 2 3 ♭6	♭2 ♭5 6 7
C D E A♭	D♭ G♭ B♭ B	1 2 3 ♭6	♭2 ♭5 ♭7 7
C D E A♭	D♭ G A B♭	1 2 3 ♭6	♭2 5 6 ♭7
C D E A♭	D♭ G A B	1 2 3 ♭6	♭2 5 6 7
C D E A♭	D♭ G B♭ B	1 2 3 ♭6	♭2 5 ♭7 7
C D E A♭	D♭ A B♭ B	1 2 3 ♭6	♭2 6 ♭7 7
C D E A♭	E♭ F G♭ G	1 2 3 ♭6	♭3 4 ♭5 5
C D E A♭	E♭ F G♭ A	1 2 3 ♭6	♭3 4 ♭5 6
C D E A♭	E♭ F G♭ B♭	1 2 3 ♭6	♭3 4 ♭5 ♭7

Tetrads as notes		Tetrads as Degrees	
C D E A♭	E♭ F G♭ B	1 2 3 ♭6	♭3 4 ♭5 7
C D E A♭	E♭ F G A	1 2 3 ♭6	♭3 4 5 6
C D E A♭	E♭ F G B♭	1 2 3 ♭6	♭3 4 5 ♭7
C D E A♭	E♭ F G B	1 2 3 ♭6	♭3 4 5 7
C D E A♭	E♭ F A B♭	1 2 3 ♭6	♭3 4 6 ♭7
C D E A♭	E♭ F A B	1 2 3 ♭6	♭3 4 6 7
C D E A♭	E♭ F B♭ B	1 2 3 ♭6	♭3 4 ♭7 7
C D E A♭	E♭ G♭ G A	1 2 3 ♭6	♭3 ♭5 5 6
C D E A♭	E♭ G♭ G B♭	1 2 3 ♭6	♭3 ♭5 5 ♭7
C D E A♭	E♭ G♭ G B	1 2 3 ♭6	♭3 ♭5 5 7
C D E A♭	E♭ G♭ A B♭	1 2 3 ♭6	♭3 ♭5 6 ♭7
C D E A♭	E♭ G♭ A B	1 2 3 ♭6	♭3 ♭5 6 7
C D E A♭	E♭ G♭ B♭ B	1 2 3 ♭6	♭3 ♭5 ♭7 7
C D E A♭	E♭ G A B♭	1 2 3 ♭6	♭3 5 6 ♭7
C D E A♭	E♭ G A B	1 2 3 ♭6	♭3 5 6 7
C D E A♭	E♭ G B♭ B	1 2 3 ♭6	♭3 5 ♭7 7
C D E A♭	E♭ A B♭ B	1 2 3 ♭6	♭3 6 ♭7 7
C D E A♭	F G♭ G A	1 2 3 ♭6	4 ♭5 5 6
C D E A♭	F G♭ G B♭	1 2 3 ♭6	4 ♭5 5 ♭7
C D E A♭	F G♭ G B	1 2 3 ♭6	4 ♭5 5 7
C D E A♭	F G♭ A B♭	1 2 3 ♭6	4 ♭5 6 ♭7
C D E A♭	F G♭ A B	1 2 3 ♭6	4 ♭5 6 7
C D E A♭	F G♭ B♭ B	1 2 3 ♭6	4 ♭5 ♭7 7
C D E A♭	F G A B♭	1 2 3 ♭6	4 5 6 ♭7
C D E A♭	F G A B	1 2 3 ♭6	4 5 6 7
C D E A♭	F G B♭ B	1 2 3 ♭6	4 5 ♭7 7
C D E A♭	F A B♭ B	1 2 3 ♭6	4 6 ♭7 7
C D E A♭	G♭ G A B♭	1 2 3 ♭6	♭5 5 6 ♭7
C D E A♭	G♭ G A B	1 2 3 ♭6	♭5 5 6 7
C D E A♭	G♭ G B♭ B	1 2 3 ♭6	♭5 5 ♭7 7
C D E A♭	G♭ A B♭ B	1 2 3 ♭6	♭5 6 ♭7 7
C D E A♭	G A B♭ B	1 2 3 ♭6	5 6 ♭7 7

C, D, F, G

0, 2, 5, 7
Dominant 7sus4 Chord
2nd Inversion

Prime form: 0, 2, 5, 7
Degrees: 1, 2, 4, 5

C, D, F, G with all
Octatonic Combinations

Tetrads as notes		Tetrads as Degrees	
C D F G	D♭ E♭ E G♭	1 2 4 5	♭2 ♭3 3 ♭5
C D F G	D♭ E♭ E A♭	1 2 4 5	♭2 ♭3 3 ♭6
C D F G	D♭ E♭ E A	1 2 4 5	♭2 ♭3 3 6
C D F G	D♭ E♭ E B♭	1 2 4 5	♭2 ♭3 3 ♭7
C D F G	D♭ E♭ E B	1 2 4 5	♭2 ♭3 3 7
C D F G	D♭ E♭ G♭ A♭	1 2 4 5	♭2 ♭3 ♭5 ♭6
C D F G	D♭ E♭ G♭ A	1 2 4 5	♭2 ♭3 ♭5 6
C D F G	D♭ E♭ G♭ B♭	1 2 4 5	♭2 ♭3 ♭5 ♭7
C D F G	D♭ E♭ G♭ B	1 2 4 5	♭2 ♭3 ♭5 7
C D F G	D♭ E♭ A♭ A	1 2 4 5	♭2 ♭3 ♭6 6
C D F G	D♭ E♭ A♭ B♭	1 2 4 5	♭2 ♭3 ♭6 ♭7
C D F G	D♭ E♭ A♭ B	1 2 4 5	♭2 ♭3 ♭6 7
C D F G	D♭ E♭ A B♭	1 2 4 5	♭2 ♭3 6 ♭7
C D F G	D♭ E♭ A B	1 2 4 5	♭2 ♭3 6 7
C D F G	D♭ E♭ B♭ B	1 2 4 5	♭2 ♭3 ♭7 7
C D F G	D♭ E G♭ A♭	1 2 4 5	♭2 3 ♭5 ♭6
C D F G	D♭ E G♭ A	1 2 4 5	♭2 3 ♭5 6
C D F G	D♭ E G♭ B♭	1 2 4 5	♭2 3 ♭5 ♭7
C D F G	D♭ E G♭ B	1 2 4 5	♭2 3 ♭5 7
C D F G	D♭ E A♭ A	1 2 4 5	♭2 3 ♭6 6
C D F G	D♭ E A♭ B♭	1 2 4 5	♭2 3 ♭6 ♭7
C D F G	D♭ E A♭ B	1 2 4 5	♭2 3 ♭6 7
C D F G	D♭ E A B♭	1 2 4 5	♭2 3 6 ♭7
C D F G	D♭ E A B	1 2 4 5	♭2 3 6 7
C D F G	D♭ E B♭ B	1 2 4 5	♭2 3 ♭7 7
C D F G	D♭ G♭ A♭ A	1 2 4 5	♭2 ♭5 ♭6 6
C D F G	D♭ G♭ A♭ B♭	1 2 4 5	♭2 ♭5 ♭6 ♭7
C D F G	D♭ G♭ A♭ B	1 2 4 5	♭2 ♭5 ♭6 7
C D F G	D♭ G♭ A B♭	1 2 4 5	♭2 ♭5 6 ♭7
C D F G	D♭ G♭ A B	1 2 4 5	♭2 ♭5 6 7
C D F G	D♭ G♭ B♭ B	1 2 4 5	♭2 ♭5 ♭7 7
C D F G	D♭ A♭ A B♭	1 2 4 5	♭2 ♭6 6 ♭7
C D F G	D♭ A♭ A B	1 2 4 5	♭2 ♭6 6 7
C D F G	D♭ A♭ B♭ B	1 2 4 5	♭2 ♭6 ♭7 7
C D F G	D♭ A B♭ B	1 2 4 5	♭2 6 ♭7 7
C D F G	E♭ E G♭ A♭	1 2 4 5	♭3 3 ♭5 ♭6
C D F G	E♭ E G♭ A	1 2 4 5	♭3 3 ♭5 6
C D F G	E♭ E G♭ B♭	1 2 4 5	♭3 3 ♭5 ♭7
C D F G	E♭ E G♭ B	1 2 4 5	♭3 3 ♭5 7
C D F G	E♭ E A♭ A	1 2 4 5	♭3 3 ♭6 6
C D F G	E♭ E A♭ B♭	1 2 4 5	♭3 3 ♭6 ♭7
C D F G	E♭ E A♭ B	1 2 4 5	♭3 3 ♭6 7
C D F G	E♭ E A B♭	1 2 4 5	♭3 3 6 ♭7
C D F G	E♭ E A B	1 2 4 5	♭3 3 6 7
C D F G	E♭ E B♭ B	1 2 4 5	♭3 3 ♭7 7
C D F G	E♭ G♭ A♭ A	1 2 4 5	♭3 ♭5 ♭6 6
C D F G	E♭ G♭ A♭ B♭	1 2 4 5	♭3 ♭5 ♭6 ♭7
C D F G	E♭ G♭ A♭ B	1 2 4 5	♭3 ♭5 ♭6 7
C D F G	E♭ G♭ A B♭	1 2 4 5	♭3 ♭5 6 ♭7
C D F G	E♭ G♭ A B	1 2 4 5	♭3 ♭5 6 7
C D F G	E♭ G♭ B♭ B	1 2 4 5	♭3 ♭5 ♭7 7
C D F G	E♭ A♭ A B♭	1 2 4 5	♭3 ♭6 6 ♭7
C D F G	E♭ A♭ A B	1 2 4 5	♭3 ♭6 6 7
C D F G	E♭ A♭ B♭ B	1 2 4 5	♭3 ♭6 ♭7 7
C D F G	E♭ A B♭ B	1 2 4 5	♭3 6 ♭7 7
C D F G	E G♭ A♭ A	1 2 4 5	3 ♭5 ♭6 6
C D F G	E G♭ A♭ B♭	1 2 4 5	3 ♭5 ♭6 ♭7
C D F G	E G♭ A♭ B	1 2 4 5	3 ♭5 ♭6 7
C D F G	E G♭ A B♭	1 2 4 5	3 ♭5 6 ♭7
C D F G	E G♭ A B	1 2 4 5	3 ♭5 6 7
C D F G	E G♭ B♭ B	1 2 4 5	3 ♭5 ♭7 7
C D F G	E A♭ A B♭	1 2 4 5	3 ♭6 6 ♭7
C D F G	E A♭ A B	1 2 4 5	3 ♭6 6 7
C D F G	E A♭ B♭ B	1 2 4 5	3 ♭6 ♭7 7
C D F G	E A B♭ B	1 2 4 5	3 6 ♭7 7
C D F G	G♭ A♭ A B♭	1 2 4 5	♭5 ♭6 6 ♭7
C D F G	G♭ A♭ A B	1 2 4 5	♭5 ♭6 6 7
C D F G	G♭ A♭ B♭ B	1 2 4 5	♭5 ♭6 ♭7 7
C D F G	G♭ A B♭ B	1 2 4 5	♭5 6 ♭7 7
C D F G	A♭ A B♭ B	1 2 4 5	♭6 6 ♭7 7

C, D, F, A♭

Prime form: 0, 2, 5, 8
Degrees: 1, 2, 4, ♭6

0, 2, 5, 8
Minor 6th Chord
2nd Inversion
or
Minor 7b5
3rd Inversion

C, D, F, A♭ with all
Octatonic Combinations

Tetrads as notes		Tetrads as Degrees	
C D F A♭	D♭ E♭ E G♭	1 2 4 ♭6	♭2 ♭3 3 ♭5
C D F A♭	D♭ E♭ E G	1 2 4 ♭6	♭2 ♭3 3 5
C D F A♭	D♭ E♭ E A	1 2 4 ♭6	♭2 ♭3 3 6
C D F A♭	D♭ E♭ E B♭	1 2 4 ♭6	♭2 ♭3 3 ♭7
C D F A♭	D♭ E♭ E B	1 2 4 ♭6	♭2 ♭3 3 7
C D F A♭	D♭ E♭ G♭ G	1 2 4 ♭6	♭2 ♭3 ♭5 5
C D F A♭	D♭ E♭ G♭ A	1 2 4 ♭6	♭2 ♭3 ♭5 6
C D F A♭	D♭ E♭ G♭ B♭	1 2 4 ♭6	♭2 ♭3 ♭5 ♭7
C D F A♭	D♭ E♭ G♭ B	1 2 4 ♭6	♭2 ♭3 ♭5 7
C D F A♭	D♭ E♭ G A	1 2 4 ♭6	♭2 ♭3 5 6
C D F A♭	D♭ E♭ G B♭	1 2 4 ♭6	♭2 ♭3 5 ♭7
C D F A♭	D♭ E♭ G B	1 2 4 ♭6	♭2 ♭3 5 7
C D F A♭	D♭ E♭ A B♭	1 2 4 ♭6	♭2 ♭3 6 ♭7
C D F A♭	D♭ E♭ A B	1 2 4 ♭6	♭2 ♭3 6 7
C D F A♭	D♭ E♭ B♭ B	1 2 4 ♭6	♭2 ♭3 ♭7 7
C D F A♭	D♭ E G♭ G	1 2 4 ♭6	♭2 3 ♭5 5
C D F A♭	D♭ E G♭ A	1 2 4 ♭6	♭2 3 ♭5 6
C D F A♭	D♭ E G♭ B♭	1 2 4 ♭6	♭2 3 ♭5 ♭7
C D F A♭	D♭ E G♭ B	1 2 4 ♭6	♭2 3 ♭5 7
C D F A♭	D♭ E G A	1 2 4 ♭6	♭2 3 5 6
C D F A♭	D♭ E G B♭	1 2 4 ♭6	♭2 3 5 ♭7
C D F A♭	D♭ E G B	1 2 4 ♭6	♭2 3 5 7
C D F A♭	D♭ E A B♭	1 2 4 ♭6	♭2 3 6 ♭7
C D F A♭	D♭ E A B	1 2 4 ♭6	♭2 3 6 7
C D F A♭	D♭ E B♭ B	1 2 4 ♭6	♭2 3 ♭7 7
C D F A♭	D♭ G♭ G A	1 2 4 ♭6	♭2 ♭5 5 6
C D F A♭	D♭ G♭ G B♭	1 2 4 ♭6	♭2 ♭5 5 ♭7
C D F A♭	D♭ G♭ G B	1 2 4 ♭6	♭2 ♭5 5 7
C D F A♭	D♭ G♭ A B♭	1 2 4 ♭6	♭2 ♭5 6 ♭7
C D F A♭	D♭ G♭ A B	1 2 4 ♭6	♭2 ♭5 6 7
C D F A♭	D♭ G♭ B♭ B	1 2 4 ♭6	♭2 ♭5 ♭7 7
C D F A♭	D♭ G A B♭	1 2 4 ♭6	♭2 5 6 ♭7
C D F A♭	D♭ G A B	1 2 4 ♭6	♭2 5 6 7
C D F A♭	D♭ G B♭ B	1 2 4 ♭6	♭2 5 ♭7 7
C D F A♭	D♭ A B♭ B	1 2 4 ♭6	♭2 6 ♭7 7
C D F A♭	E♭ E G♭ G	1 2 4 ♭6	♭3 3 ♭5 5
C D F A♭	E♭ E G♭ A	1 2 4 ♭6	♭3 3 ♭5 6
C D F A♭	E♭ E G♭ B♭	1 2 4 ♭6	♭3 3 ♭5 ♭7

Tetrads as notes		Tetrads as Degrees	
C D F A♭	E♭ E G♭ B	1 2 4 ♭6	♭3 3 ♭5 7
C D F A♭	E♭ E G A	1 2 4 ♭6	♭3 3 5 6
C D F A♭	E♭ E G B♭	1 2 4 ♭6	♭3 3 5 ♭7
C D F A♭	E♭ E G B	1 2 4 ♭6	♭3 3 5 7
C D F A♭	E♭ E A B♭	1 2 4 ♭6	♭3 3 6 ♭7
C D F A♭	E♭ E A B	1 2 4 ♭6	♭3 3 6 7
C D F A♭	E♭ E B♭ B	1 2 4 ♭6	♭3 3 ♭7 7
C D F A♭	E♭ G♭ G A	1 2 4 ♭6	♭3 ♭5 5 6
C D F A♭	E♭ G♭ G B♭	1 2 4 ♭6	♭3 ♭5 5 ♭7
C D F A♭	E♭ G♭ G B	1 2 4 ♭6	♭3 ♭5 5 7
C D F A♭	E♭ G♭ A B♭	1 2 4 ♭6	♭3 ♭5 6 ♭7
C D F A♭	E♭ G♭ A B	1 2 4 ♭6	♭3 ♭5 6 7
C D F A♭	E♭ G♭ B♭ B	1 2 4 ♭6	♭3 ♭5 ♭7 7
C D F A♭	E♭ G A B♭	1 2 4 ♭6	♭3 5 6 ♭7
C D F A♭	E♭ G A B	1 2 4 ♭6	♭3 5 6 7
C D F A♭	E♭ G B♭ B	1 2 4 ♭6	♭3 5 ♭7 7
C D F A♭	E♭ A B♭ B	1 2 4 ♭6	♭3 6 ♭7 7
C D F A♭	E G♭ G A	1 2 4 ♭6	3 ♭5 5 6
C D F A♭	E G♭ G B♭	1 2 4 ♭6	3 ♭5 5 ♭7
C D F A♭	E G♭ G B	1 2 4 ♭6	3 ♭5 5 7
C D F A♭	E G♭ A B♭	1 2 4 ♭6	3 ♭5 6 ♭7
C D F A♭	E G♭ A B	1 2 4 ♭6	3 ♭5 6 7
C D F A♭	E G♭ B♭ B	1 2 4 ♭6	3 ♭5 ♭7 7
C D F A♭	E G A B♭	1 2 4 ♭6	3 5 6 ♭7
C D F A♭	E G A B	1 2 4 ♭6	3 5 6 7
C D F A♭	E G B♭ B	1 2 4 ♭6	3 5 ♭7 7
C D F A♭	E A B♭ B	1 2 4 ♭6	3 6 ♭7 7
C D F A♭	G♭ G A B♭	1 2 4 ♭6	♭5 5 6 ♭7
C D F A♭	G♭ G A B	1 2 4 ♭6	♭5 5 6 7
C D F A♭	G♭ G B♭ B	1 2 4 ♭6	♭5 5 ♭7 7
C D F A♭	G♭ A B♭ B	1 2 4 ♭6	♭5 6 ♭7 7
C D F A♭	G A B♭ B	1 2 4 ♭6	5 6 ♭7 7

0, 2, 6, 8
Dominant 7b5 Chord
3rd Inversion

C, D, G♭, A♭

Prime form: 0, 2, 6, 8
Degrees: 1, 2, ♭5, ♭6

C, D, G♭, A♭ with all
Octatonic Combinations

Tetrads as notes		Tetrads as Degrees	
C D G♭ A♭	D♭ E♭ E F	1 2 ♭5 ♭6	♭2 ♭3 3 4
C D G♭ A♭	D♭ E♭ E G	1 2 ♭5 ♭6	♭2 ♭3 3 5
C D G♭ A♭	D♭ E♭ E A	1 2 ♭5 ♭6	♭2 ♭3 3 6
C D G♭ A♭	D♭ E♭ E B♭	1 2 ♭5 ♭6	♭2 ♭3 3 ♭7
C D G♭ A♭	D♭ E♭ E B	1 2 ♭5 ♭6	♭2 ♭3 3 7
C D G♭ A♭	D♭ E♭ F G	1 2 ♭5 ♭6	♭2 ♭3 4 5
C D G♭ A♭	D♭ E♭ F A	1 2 ♭5 ♭6	♭2 ♭3 4 6
C D G♭ A♭	D♭ E♭ F B♭	1 2 ♭5 ♭6	♭2 ♭3 4 ♭7
C D G♭ A♭	D♭ E♭ F B	1 2 ♭5 ♭6	♭2 ♭3 4 7
C D G♭ A♭	D♭ E♭ G A	1 2 ♭5 ♭6	♭2 ♭3 5 6
C D G♭ A♭	D♭ E♭ G B♭	1 2 ♭5 ♭6	♭2 ♭3 5 ♭7
C D G♭ A♭	D♭ E♭ G B	1 2 ♭5 ♭6	♭2 ♭3 5 7
C D G♭ A♭	D♭ E♭ A B♭	1 2 ♭5 ♭6	♭2 ♭3 6 ♭7
C D G♭ A♭	D♭ E♭ A B	1 2 ♭5 ♭6	♭2 ♭3 6 7
C D G♭ A♭	D♭ E♭ B♭ B	1 2 ♭5 ♭6	♭2 ♭3 ♭7 7
C D G♭ A♭	D♭ E F G	1 2 ♭5 ♭6	♭2 3 4 5
C D G♭ A♭	D♭ E F A	1 2 ♭5 ♭6	♭2 3 4 6
C D G♭ A♭	D♭ E F B♭	1 2 ♭5 ♭6	♭2 3 4 ♭7
C D G♭ A♭	D♭ E F B	1 2 ♭5 ♭6	♭2 3 4 7
C D G♭ A♭	D♭ E G A	1 2 ♭5 ♭6	♭2 3 5 6
C D G♭ A♭	D♭ E G B♭	1 2 ♭5 ♭6	♭2 3 5 ♭7
C D G♭ A♭	D♭ E G B	1 2 ♭5 ♭6	♭2 3 5 7
C D G♭ A♭	D♭ E A B♭	1 2 ♭5 ♭6	♭2 3 6 ♭7
C D G♭ A♭	D♭ E A B	1 2 ♭5 ♭6	♭2 3 6 7
C D G♭ A♭	D♭ E B♭ B	1 2 ♭5 ♭6	♭2 3 ♭7 7
C D G♭ A♭	D♭ F G A	1 2 ♭5 ♭6	♭2 4 5 6
C D G♭ A♭	D♭ F G B♭	1 2 ♭5 ♭6	♭2 4 5 ♭7
C D G♭ A♭	D♭ F G B	1 2 ♭5 ♭6	♭2 4 5 7
C D G♭ A♭	D♭ F A B♭	1 2 ♭5 ♭6	♭2 4 6 ♭7
C D G♭ A♭	D♭ F A B	1 2 ♭5 ♭6	♭2 4 6 7
C D G♭ A♭	D♭ F B♭ B	1 2 ♭5 ♭6	♭2 4 ♭7 7
C D G♭ A♭	D♭ G A B♭	1 2 ♭5 ♭6	♭2 5 6 ♭7
C D G♭ A♭	D♭ G A B	1 2 ♭5 ♭6	♭2 5 6 7
C D G♭ A♭	D♭ G B♭ B	1 2 ♭5 ♭6	♭2 5 ♭7 7
C D G♭ A♭	D♭ A B♭ B	1 2 ♭5 ♭6	♭2 6 ♭7 7
C D G♭ A♭	E♭ E F G	1 2 ♭5 ♭6	♭3 3 4 5
C D G♭ A♭	E♭ E F A	1 2 ♭5 ♭6	♭3 3 4 6
C D G♭ A♭	E♭ E F B♭	1 2 ♭5 ♭6	♭3 3 4 ♭7
C D G♭ A♭	E♭ E F B	1 2 ♭5 ♭6	♭3 3 4 7
C D G♭ A♭	E♭ E G A	1 2 ♭5 ♭6	♭3 3 5 6
C D G♭ A♭	E♭ E G B♭	1 2 ♭5 ♭6	♭3 3 5 ♭7
C D G♭ A♭	E♭ E G B	1 2 ♭5 ♭6	♭3 3 5 7
C D G♭ A♭	E♭ E A B♭	1 2 ♭5 ♭6	♭3 3 6 ♭7
C D G♭ A♭	E♭ E A B	1 2 ♭5 ♭6	♭3 3 6 7
C D G♭ A♭	E♭ E B♭ B	1 2 ♭5 ♭6	♭3 3 ♭7 7
C D G♭ A♭	E♭ F G A	1 2 ♭5 ♭6	♭3 4 5 6
C D G♭ A♭	E♭ F G B♭	1 2 ♭5 ♭6	♭3 4 5 ♭7
C D G♭ A♭	E♭ F G B	1 2 ♭5 ♭6	♭3 4 5 7
C D G♭ A♭	E♭ F A B♭	1 2 ♭5 ♭6	♭3 4 6 ♭7
C D G♭ A♭	E♭ F A B	1 2 ♭5 ♭6	♭3 4 6 7
C D G♭ A♭	E♭ F B♭ B	1 2 ♭5 ♭6	♭3 4 ♭7 7
C D G♭ A♭	E♭ G A B♭	1 2 ♭5 ♭6	♭3 5 6 ♭7
C D G♭ A♭	E♭ G A B	1 2 ♭5 ♭6	♭3 5 6 7
C D G♭ A♭	E♭ G B♭ B	1 2 ♭5 ♭6	♭3 5 ♭7 7
C D G♭ A♭	E♭ A B♭ B	1 2 ♭5 ♭6	♭3 6 ♭7 7
C D G♭ A♭	E F G A	1 2 ♭5 ♭6	3 4 5 6
C D G♭ A♭	E F G B♭	1 2 ♭5 ♭6	3 4 5 ♭7
C D G♭ A♭	E F G B	1 2 ♭5 ♭6	3 4 5 7
C D G♭ A♭	E F A B♭	1 2 ♭5 ♭6	3 4 6 ♭7
C D G♭ A♭	E F A B	1 2 ♭5 ♭6	3 4 6 7
C D G♭ A♭	E F B♭ B	1 2 ♭5 ♭6	3 4 ♭7 7
C D G♭ A♭	E G A B♭	1 2 ♭5 ♭6	3 5 6 ♭7
C D G♭ A♭	E G A B	1 2 ♭5 ♭6	3 5 6 7
C D G♭ A♭	E G B♭ B	1 2 ♭5 ♭6	3 5 ♭7 7
C D G♭ A♭	E A B♭ B	1 2 ♭5 ♭6	3 6 ♭7 7
C D G♭ A♭	F G A B♭	1 2 ♭5 ♭6	4 5 6 ♭7
C D G♭ A♭	F G A B	1 2 ♭5 ♭6	4 5 6 7
C D G♭ A♭	F G B♭ B	1 2 ♭5 ♭6	4 5 ♭7 7
C D G♭ A♭	F A B♭ B	1 2 ♭5 ♭6	4 6 ♭7 7
C D G♭ A♭	G A B♭ B	1 2 ♭5 ♭6	5 6 ♭7 7

C, E♭, E, G

Prime form: 0, 3, 4, 7
Degrees: 1, ♭3, 3, 5

C, E♭, E, G with all Octatonic Combinations

Tetrads as notes		Tetrads as Degrees	
C E♭ E G	D♭ D F G♭	1 ♭3 3 5	♭2 2 4 ♭5
C E♭ E G	D♭ D F A♭	1 ♭3 3 5	♭2 2 4 ♭6
C E♭ E G	D♭ D F A	1 ♭3 3 5	♭2 2 4 6
C E♭ E G	D♭ D F B♭	1 ♭3 3 5	♭2 2 4 ♭7
C E♭ E G	D♭ D F B	1 ♭3 3 5	♭2 2 4 7
C E♭ E G	D♭ D G♭ A♭	1 ♭3 3 5	♭2 2 ♭5 ♭6
C E♭ E G	D♭ D G♭ A	1 ♭3 3 5	♭2 2 ♭5 6
C E♭ E G	D♭ D G♭ B♭	1 ♭3 3 5	♭2 2 ♭5 ♭7
C E♭ E G	D♭ D G♭ B	1 ♭3 3 5	♭2 2 ♭5 7
C E♭ E G	D♭ D A♭ A	1 ♭3 3 5	♭2 2 ♭6 6
C E♭ E G	D♭ D A♭ B♭	1 ♭3 3 5	♭2 2 ♭6 ♭7
C E♭ E G	D♭ D A♭ B	1 ♭3 3 5	♭2 2 ♭6 7
C E♭ E G	D♭ D A B♭	1 ♭3 3 5	♭2 2 6 ♭7
C E♭ E G	D♭ D A B	1 ♭3 3 5	♭2 2 6 7
C E♭ E G	D♭ D B♭ B	1 ♭3 3 5	♭2 2 ♭7 7
C E♭ E G	D♭ F G♭ A♭	1 ♭3 3 5	♭2 4 ♭5 ♭6
C E♭ E G	D♭ F G♭ A	1 ♭3 3 5	♭2 4 ♭5 6
C E♭ E G	D♭ F G♭ B♭	1 ♭3 3 5	♭2 4 ♭5 ♭7
C E♭ E G	D♭ F G♭ B	1 ♭3 3 5	♭2 4 ♭5 7
C E♭ E G	D♭ F A♭ A	1 ♭3 3 5	♭2 4 ♭6 6
C E♭ E G	D♭ F A♭ B♭	1 ♭3 3 5	♭2 4 ♭6 ♭7
C E♭ E G	D♭ F A♭ B	1 ♭3 3 5	♭2 4 ♭6 7
C E♭ E G	D♭ F A B♭	1 ♭3 3 5	♭2 4 6 ♭7
C E♭ E G	D♭ F A B	1 ♭3 3 5	♭2 4 6 7
C E♭ E G	D♭ F B♭ B	1 ♭3 3 5	♭2 4 ♭7 7
C E♭ E G	D♭ G♭ A♭ A	1 ♭3 3 5	♭2 ♭5 ♭6 6
C E♭ E G	D♭ G♭ A♭ B♭	1 ♭3 3 5	♭2 ♭5 ♭6 ♭7
C E♭ E G	D♭ G♭ A♭ B	1 ♭3 3 5	♭2 ♭5 ♭6 7
C E♭ E G	D♭ G♭ A B♭	1 ♭3 3 5	♭2 ♭5 6 ♭7
C E♭ E G	D♭ G♭ A B	1 ♭3 3 5	♭2 ♭5 6 7
C E♭ E G	D♭ G♭ B♭ B	1 ♭3 3 5	♭2 ♭5 ♭7 7
C E♭ E G	D♭ A♭ A B♭	1 ♭3 3 5	♭2 ♭6 6 ♭7
C E♭ E G	D♭ A♭ A B	1 ♭3 3 5	♭2 ♭6 6 7
C E♭ E G	D♭ A♭ B♭ B	1 ♭3 3 5	♭2 ♭6 ♭7 7
C E♭ E G	D♭ A B♭ B	1 ♭3 3 5	♭2 6 ♭7 7
C E♭ E G	D F G♭ A♭	1 ♭3 3 5	2 4 ♭5 ♭6
C E♭ E G	D F G♭ A	1 ♭3 3 5	2 4 ♭5 6

Tetrads as notes		Tetrads as Degrees	
C E♭ E G	D F G♭ B♭	1 ♭3 3 5	2 4 ♭5 ♭7
C E♭ E G	D F G♭ B	1 ♭3 3 5	2 4 ♭5 7
C E♭ E G	D F A♭ A	1 ♭3 3 5	2 4 ♭6 6
C E♭ E G	D F A♭ B♭	1 ♭3 3 5	2 4 ♭6 ♭7
C E♭ E G	D F A♭ B	1 ♭3 3 5	2 4 ♭6 7
C E♭ E G	D F A B♭	1 ♭3 3 5	2 4 6 ♭7
C E♭ E G	D F A B	1 ♭3 3 5	2 4 6 7
C E♭ E G	D F B♭ B	1 ♭3 3 5	2 4 ♭7 7
C E♭ E G	D G♭ A♭ A	1 ♭3 3 5	2 ♭5 ♭6 6
C E♭ E G	D G♭ A♭ B♭	1 ♭3 3 5	2 ♭5 ♭6 ♭7
C E♭ E G	D G♭ A♭ B	1 ♭3 3 5	2 ♭5 ♭6 7
C E♭ E G	D G♭ A B♭	1 ♭3 3 5	2 ♭5 6 ♭7
C E♭ E G	D G♭ A B	1 ♭3 3 5	2 ♭5 6 7
C E♭ E G	D G♭ B♭ B	1 ♭3 3 5	2 ♭5 ♭7 7
C E♭ E G	D A♭ A B♭	1 ♭3 3 5	2 ♭6 6 ♭7
C E♭ E G	D A♭ A B	1 ♭3 3 5	2 ♭6 6 7
C E♭ E G	D A♭ B♭ B	1 ♭3 3 5	2 ♭6 ♭7 7
C E♭ E G	D A B♭ B	1 ♭3 3 5	2 6 ♭7 7
C E♭ E G	F G♭ A♭ A	1 ♭3 3 5	4 ♭5 ♭6 6
C E♭ E G	F G♭ A♭ B♭	1 ♭3 3 5	4 ♭5 ♭6 ♭7
C E♭ E G	F G♭ A♭ B	1 ♭3 3 5	4 ♭5 ♭6 7
C E♭ E G	F G♭ A B♭	1 ♭3 3 5	4 ♭5 6 ♭7
C E♭ E G	F G♭ A B	1 ♭3 3 5	4 ♭5 6 7
C E♭ E G	F G♭ B♭ B	1 ♭3 3 5	4 ♭5 ♭7 7
C E♭ E G	F A♭ A B♭	1 ♭3 3 5	4 ♭6 6 ♭7
C E♭ E G	F A♭ A B	1 ♭3 3 5	4 ♭6 6 7
C E♭ E G	F A♭ B♭ B	1 ♭3 3 5	4 ♭6 ♭7 7
C E♭ E G	F A B♭ B	1 ♭3 3 5	4 6 ♭7 7
C E♭ E G	G♭ A♭ A B♭	1 ♭3 3 5	♭5 ♭6 6 ♭7
C E♭ E G	G♭ A♭ A B	1 ♭3 3 5	♭5 ♭6 6 7
C E♭ E G	G♭ A♭ B♭ B	1 ♭3 3 5	♭5 ♭6 ♭7 7
C E♭ E G	G♭ A B♭ B	1 ♭3 3 5	♭5 6 ♭7 7
C E♭ E G	A♭ A B♭ B	1 ♭3 3 5	♭6 6 ♭7 7

0, 3, 5, 8
Minor 7th Chord
2nd Inversion

C, E♭, F, A♭

Prime form: 0, 3, 5, 8
Degrees: 1, ♭3, 4, ♭6

C, E♭, F, A♭ with all
Octatonic Combinations

Tetrads as notes		Tetrads as Degrees	
C E♭ F A♭	D♭ D E G♭	1 ♭3 4 ♭6	♭2 2 3 ♭5
C E♭ F A♭	D♭ D E G	1 ♭3 4 ♭6	♭2 2 3 5
C E♭ F A♭	D♭ D E A	1 ♭3 4 ♭6	♭2 2 3 6
C E♭ F A♭	D♭ D E B♭	1 ♭3 4 ♭6	♭2 2 3 ♭7
C E♭ F A♭	D♭ D E B	1 ♭3 4 ♭6	♭2 2 3 7
C E♭ F A♭	D♭ D G♭ G	1 ♭3 4 ♭6	♭2 2 ♭5 5
C E♭ F A♭	D♭ D G♭ A	1 ♭3 4 ♭6	♭2 2 ♭5 6
C E♭ F A♭	D♭ D G♭ B♭	1 ♭3 4 ♭6	♭2 2 ♭5 ♭7
C E♭ F A♭	D♭ D G♭ B	1 ♭3 4 ♭6	♭2 2 ♭5 7
C E♭ F A♭	D♭ D G A	1 ♭3 4 ♭6	♭2 2 5 6
C E♭ F A♭	D♭ D G B♭	1 ♭3 4 ♭6	♭2 2 5 ♭7
C E♭ F A♭	D♭ D G B	1 ♭3 4 ♭6	♭2 2 5 7
C E♭ F A♭	D♭ D A B♭	1 ♭3 4 ♭6	♭2 2 6 ♭7
C E♭ F A♭	D♭ D A B	1 ♭3 4 ♭6	♭2 2 6 7
C E♭ F A♭	D♭ D B♭ B	1 ♭3 4 ♭6	♭2 2 ♭7 7
C E♭ F A♭	D♭ E G♭ G	1 ♭3 4 ♭6	♭2 3 ♭5 5
C E♭ F A♭	D♭ E G♭ A	1 ♭3 4 ♭6	♭2 3 ♭5 6
C E♭ F A♭	D♭ E G♭ B♭	1 ♭3 4 ♭6	♭2 3 ♭5 ♭7
C E♭ F A♭	D♭ E G♭ B	1 ♭3 4 ♭6	♭2 3 ♭5 7
C E♭ F A♭	D♭ E G A	1 ♭3 4 ♭6	♭2 3 5 6
C E♭ F A♭	D♭ E G B♭	1 ♭3 4 ♭6	♭2 3 5 ♭7
C E♭ F A♭	D♭ E G B	1 ♭3 4 ♭6	♭2 3 5 7
C E♭ F A♭	D♭ E A B♭	1 ♭3 4 ♭6	♭2 3 6 ♭7
C E♭ F A♭	D♭ E A B	1 ♭3 4 ♭6	♭2 3 6 7
C E♭ F A♭	D♭ E B♭ B	1 ♭3 4 ♭6	♭2 3 ♭7 7
C E♭ F A♭	D♭ G♭ G A	1 ♭3 4 ♭6	♭2 ♭5 5 6
C E♭ F A♭	D♭ G♭ G B♭	1 ♭3 4 ♭6	♭2 ♭5 5 ♭7
C E♭ F A♭	D♭ G♭ G B	1 ♭3 4 ♭6	♭2 ♭5 5 7
C E♭ F A♭	D♭ G♭ A B♭	1 ♭3 4 ♭6	♭2 ♭5 6 ♭7
C E♭ F A♭	D♭ G♭ A B	1 ♭3 4 ♭6	♭2 ♭5 6 7
C E♭ F A♭	D♭ G♭ B♭ B	1 ♭3 4 ♭6	♭2 ♭5 ♭7 7
C E♭ F A♭	D♭ G A B♭	1 ♭3 4 ♭6	♭2 5 6 ♭7
C E♭ F A♭	D♭ G A B	1 ♭3 4 ♭6	♭2 5 6 7
C E♭ F A♭	D♭ G B♭ B	1 ♭3 4 ♭6	♭2 5 ♭7 7
C E♭ F A♭	D♭ A B♭ B	1 ♭3 4 ♭6	♭2 6 ♭7 7
C E♭ F A♭	D E G♭ G	1 ♭3 4 ♭6	2 3 ♭5 5
C E♭ F A♭	D E G♭ A	1 ♭3 4 ♭6	2 3 ♭5 6

Tetrads as notes		Tetrads as Degrees	
C E♭ F A♭	D E G♭ B♭	1 ♭3 4 ♭6	2 3 ♭5 ♭7
C E♭ F A♭	D E G♭ B	1 ♭3 4 ♭6	2 3 ♭5 7
C E♭ F A♭	D E G A	1 ♭3 4 ♭6	2 3 5 6
C E♭ F A♭	D E G B♭	1 ♭3 4 ♭6	2 3 5 ♭7
C E♭ F A♭	D E G B	1 ♭3 4 ♭6	2 3 5 7
C E♭ F A♭	D E A B♭	1 ♭3 4 ♭6	2 3 6 ♭7
C E♭ F A♭	D E A B	1 ♭3 4 ♭6	2 3 6 7
C E♭ F A♭	D E B♭ B	1 ♭3 4 ♭6	2 3 ♭7 7
C E♭ F A♭	D G♭ G A	1 ♭3 4 ♭6	2 ♭5 5 6
C E♭ F A♭	D G♭ G B♭	1 ♭3 4 ♭6	2 ♭5 5 ♭7
C E♭ F A♭	D G♭ G B	1 ♭3 4 ♭6	2 ♭5 5 7
C E♭ F A♭	D G♭ A B♭	1 ♭3 4 ♭6	2 ♭5 6 ♭7
C E♭ F A♭	D G♭ A B	1 ♭3 4 ♭6	2 ♭5 6 7
C E♭ F A♭	D G♭ B♭ B	1 ♭3 4 ♭6	2 ♭5 ♭7 7
C E♭ F A♭	D G A B♭	1 ♭3 4 ♭6	2 5 6 ♭7
C E♭ F A♭	D G A B	1 ♭3 4 ♭6	2 5 6 7
C E♭ F A♭	D G B♭ B	1 ♭3 4 ♭6	2 5 ♭7 7
C E♭ F A♭	D A B♭ B	1 ♭3 4 ♭6	2 6 ♭7 7
C E♭ F A♭	E G♭ G A	1 ♭3 4 ♭6	3 ♭5 5 6
C E♭ F A♭	E G♭ G B♭	1 ♭3 4 ♭6	3 ♭5 5 ♭7
C E♭ F A♭	E G♭ G B	1 ♭3 4 ♭6	3 ♭5 5 7
C E♭ F A♭	E G♭ A B♭	1 ♭3 4 ♭6	3 ♭5 6 ♭7
C E♭ F A♭	E G♭ A B	1 ♭3 4 ♭6	3 ♭5 6 7
C E♭ F A♭	E G♭ B♭ B	1 ♭3 4 ♭6	3 ♭5 ♭7 7
C E♭ F A♭	E G A B♭	1 ♭3 4 ♭6	3 5 6 ♭7
C E♭ F A♭	E G A B	1 ♭3 4 ♭6	3 5 6 7
C E♭ F A♭	E G B♭ B	1 ♭3 4 ♭6	3 5 ♭7 7
C E♭ F A♭	E A B♭ B	1 ♭3 4 ♭6	3 6 ♭7 7
C E♭ F A♭	G♭ G A B♭	1 ♭3 4 ♭6	♭5 5 6 ♭7
C E♭ F A♭	G♭ G A B	1 ♭3 4 ♭6	♭5 5 6 7
C E♭ F A♭	G♭ G B♭ B	1 ♭3 4 ♭6	♭5 5 ♭7 7
C E♭ F A♭	G♭ A B♭ B	1 ♭3 4 ♭6	♭5 6 ♭7 7
C E♭ F A♭	G A B♭ B	1 ♭3 4 ♭6	5 6 ♭7 7

0, 3, 6, 9
Diminished Chord
Root Position

C, E♭, G♭, A

Prime form: 0, 3, 6, 9
Degrees: 1, ♭3, ♭5, 6

C, E♭, G♭, A with all
Octatonic Combinations

Tetrads as notes		Tetrads as Degrees	
C E♭ G♭ A	D♭ D E F	1 ♭3 ♭5 6	♭2 2 3 4
C E♭ G♭ A	D♭ D E G	1 ♭3 ♭5 6	♭2 2 3 5
C E♭ G♭ A	D♭ D E A♭	1 ♭3 ♭5 6	♭2 2 3 ♭6
C E♭ G♭ A	D♭ D E B♭	1 ♭3 ♭5 6	♭2 2 3 ♭7
C E♭ G♭ A	D♭ D E B	1 ♭3 ♭5 6	♭2 2 3 7
C E♭ G♭ A	D♭ D F G	1 ♭3 ♭5 6	♭2 2 4 5
C E♭ G♭ A	D♭ D F A♭	1 ♭3 ♭5 6	♭2 2 4 ♭6
C E♭ G♭ A	D♭ D F B♭	1 ♭3 ♭5 6	♭2 2 4 ♭7
C E♭ G♭ A	D♭ D F B	1 ♭3 ♭5 6	♭2 2 4 7
C E♭ G♭ A	D♭ D G A♭	1 ♭3 ♭5 6	♭2 2 5 ♭6
C E♭ G♭ A	D♭ D G B♭	1 ♭3 ♭5 6	♭2 2 5 ♭7
C E♭ G♭ A	D♭ D G B	1 ♭3 ♭5 6	♭2 2 5 7
C E♭ G♭ A	D♭ D A♭ B♭	1 ♭3 ♭5 6	♭2 2 ♭6 ♭7
C E♭ G♭ A	D♭ D A♭ B	1 ♭3 ♭5 6	♭2 2 ♭6 7
C E♭ G♭ A	D♭ D B♭ B	1 ♭3 ♭5 6	♭2 2 ♭7 7
C E♭ G♭ A	D♭ E F G	1 ♭3 ♭5 6	♭2 3 4 5
C E♭ G♭ A	D♭ E F A♭	1 ♭3 ♭5 6	♭2 3 4 ♭6
C E♭ G♭ A	D♭ E F B♭	1 ♭3 ♭5 6	♭2 3 4 ♭7
C E♭ G♭ A	D♭ E F B	1 ♭3 ♭5 6	♭2 3 4 7
C E♭ G♭ A	D♭ E G A♭	1 ♭3 ♭5 6	♭2 3 5 ♭6
C E♭ G♭ A	D♭ E G B♭	1 ♭3 ♭5 6	♭2 3 5 ♭7
C E♭ G♭ A	D♭ E G B	1 ♭3 ♭5 6	♭2 3 5 7
C E♭ G♭ A	D♭ E A♭ B♭	1 ♭3 ♭5 6	♭2 3 ♭6 ♭7
C E♭ G♭ A	D♭ E A♭ B	1 ♭3 ♭5 6	♭2 3 ♭6 7
C E♭ G♭ A	D♭ E B♭ B	1 ♭3 ♭5 6	♭2 3 ♭7 7
C E♭ G♭ A	D♭ F G A♭	1 ♭3 ♭5 6	♭2 4 5 ♭6
C E♭ G♭ A	D♭ F G B♭	1 ♭3 ♭5 6	♭2 4 5 ♭7
C E♭ G♭ A	D♭ F G B	1 ♭3 ♭5 6	♭2 4 5 7
C E♭ G♭ A	D♭ F A♭ B♭	1 ♭3 ♭5 6	♭2 4 ♭6 ♭7
C E♭ G♭ A	D♭ F A♭ B	1 ♭3 ♭5 6	♭2 4 ♭6 7
C E♭ G♭ A	D♭ F B♭ B	1 ♭3 ♭5 6	♭2 4 ♭7 7
C E♭ G♭ A	D♭ G A♭ B♭	1 ♭3 ♭5 6	♭2 5 ♭6 ♭7
C E♭ G♭ A	D♭ G A♭ B	1 ♭3 ♭5 6	♭2 5 ♭6 7
C E♭ G♭ A	D♭ G B♭ B	1 ♭3 ♭5 6	♭2 5 ♭7 7
C E♭ G♭ A	D♭ A♭ B♭ B	1 ♭3 ♭5 6	♭2 ♭6 ♭7 7
C E♭ G♭ A	D E F G	1 ♭3 ♭5 6	2 3 4 5
C E♭ G♭ A	D E F A♭	1 ♭3 ♭5 6	2 3 4 ♭6

Tetrads as notes		Tetrads as Degrees	
C E♭ G♭ A	D E F B♭	1 ♭3 ♭5 6	2 3 4 ♭7
C E♭ G♭ A	D E F B	1 ♭3 ♭5 6	2 3 4 7
C E♭ G♭ A	D E G A♭	1 ♭3 ♭5 6	2 3 5 ♭6
C E♭ G♭ A	D E G B♭	1 ♭3 ♭5 6	2 3 5 ♭7
C E♭ G♭ A	D E G B	1 ♭3 ♭5 6	2 3 5 7
C E♭ G♭ A	D E A♭ B♭	1 ♭3 ♭5 6	2 3 ♭6 ♭7
C E♭ G♭ A	D E A♭ B	1 ♭3 ♭5 6	2 3 ♭6 7
C E♭ G♭ A	D E B♭ B	1 ♭3 ♭5 6	2 3 ♭7 7
C E♭ G♭ A	D F G A♭	1 ♭3 ♭5 6	2 4 5 ♭6
C E♭ G♭ A	D F G B♭	1 ♭3 ♭5 6	2 4 5 ♭7
C E♭ G♭ A	D F G B	1 ♭3 ♭5 6	2 4 5 7
C E♭ G♭ A	D F A♭ B♭	1 ♭3 ♭5 6	2 4 ♭6 ♭7
C E♭ G♭ A	D F A♭ B	1 ♭3 ♭5 6	2 4 ♭6 7
C E♭ G♭ A	D F B♭ B	1 ♭3 ♭5 6	2 4 ♭7 7
C E♭ G♭ A	D G A♭ B♭	1 ♭3 ♭5 6	2 5 ♭6 ♭7
C E♭ G♭ A	D G A♭ B	1 ♭3 ♭5 6	2 5 ♭6 7
C E♭ G♭ A	D G B♭ B	1 ♭3 ♭5 6	2 5 ♭7 7
C E♭ G♭ A	D A♭ B♭ B	1 ♭3 ♭5 6	2 ♭6 ♭7 7
C E♭ G♭ A	E F G A♭	1 ♭3 ♭5 6	3 4 5 ♭6
C E♭ G♭ A	E F G B♭	1 ♭3 ♭5 6	3 4 5 ♭7
C E♭ G♭ A	E F G B	1 ♭3 ♭5 6	3 4 5 7
C E♭ G♭ A	E F A♭ B♭	1 ♭3 ♭5 6	3 4 ♭6 ♭7
C E♭ G♭ A	E F A♭ B	1 ♭3 ♭5 6	3 4 ♭6 7
C E♭ G♭ A	E F B♭ B	1 ♭3 ♭5 6	3 4 ♭7 7
C E♭ G♭ A	E G A♭ B♭	1 ♭3 ♭5 6	3 5 ♭6 ♭7
C E♭ G♭ A	E G A♭ B	1 ♭3 ♭5 6	3 5 ♭6 7
C E♭ G♭ A	E G B♭ B	1 ♭3 ♭5 6	3 5 ♭7 7
C E♭ G♭ A	E A♭ B♭ B	1 ♭3 ♭5 6	3 ♭6 ♭7 7
C E♭ G♭ A	F G A♭ B♭	1 ♭3 ♭5 6	4 5 ♭6 ♭7
C E♭ G♭ A	F G A♭ B	1 ♭3 ♭5 6	4 5 ♭6 7
C E♭ G♭ A	F G B♭ B	1 ♭3 ♭5 6	4 5 ♭7 7
C E♭ G♭ A	F A♭ B♭ B	1 ♭3 ♭5 6	4 ♭6 ♭7 7
C E♭ G♭ A	G A♭ B♭ B	1 ♭3 ♭5 6	5 ♭6 ♭7 7

Two Tetrad Combinations

C, D♭, D, E♭, E, F, G♭, G;

prime form: 0, 1, 2, 3, 4, 5, 6, 7

degrees: 1, ♭2, 2, ♭3, 3, 4, ♭5, 5

Tetrad Combinations as Prime Forms		Tetrad Combinations as Degrees	
0, 1, 2, 3	4, 5, 6, 7	1, ♭2, 2, ♭3	3, 4, ♭5, 5
0, 1, 2, 4	3, 5, 6, 7	1, ♭2, 2, 3	♭3, 4, ♭5, 5
0, 1, 2, 5	3, 4, 6, 7	1, ♭2, 2, 4	♭3, 3, ♭5, 5
0, 1, 2, 6	3, 4, 5, 7	1, ♭2, 2, ♭5	♭3, 3, 4, 5
0, 1, 2, 7	3, 4, 5, 6	1, ♭2, 2, 5	♭3, 3, 4, ♭5
0, 1, 3, 4	2, 5, 6, 7	1, ♭2, ♭3, 3	2, 4, ♭5, 5
0, 1, 3, 5	2, 4, 6, 7	1, ♭2, ♭3, 4	2, 3, ♭5, 5
0, 1, 3, 6	2, 4, 5, 7	1, ♭2, ♭3, ♭5	2, 3, 4, 5
0, 1, 3, 7	2, 4, 5, 6	1, ♭2, ♭3, 5	2, 3, 4, ♭5
0, 1, 4, 5	2, 3, 6, 7	1, ♭2, 3, 4	2, ♭3, ♭5, 5
0, 1, 4, 6	2, 3, 5, 7	1, ♭2, 3, ♭5	2, ♭3, 4, 5
0, 1, 4, 7	2, 3, 5, 6	1, ♭2, 3, 5	2, ♭3, 4, ♭5
0, 1, 5, 6	2, 3, 4, 7	1, ♭2, 4, ♭5	2, ♭3, 3, 5
0, 1, 5, 7	2, 3, 4, 6	1, ♭2, 4, 5	2, ♭3, 3, ♭5
0, 1, 6, 7	2, 3, 4, 5	1, ♭2, ♭5, 5	2, ♭3, 3, 4
0, 2, 3, 4	1, 5, 6, 7	1, 2, ♭3, 3	♭2, 4, ♭5, 5
0, 2, 3, 5	1, 4, 6, 7	1, 2, ♭3, 4	♭2, 3, ♭5, 5
0, 2, 3, 6	1, 4, 5, 7	1, 2, ♭3, ♭5	♭2, 3, 4, 5
0, 2, 3, 7	1, 4, 5, 6	1, 2, ♭3, 5	♭2, 3, 4, ♭5
0, 2, 4, 5	1, 3, 6, 7	1, 2, 3, 4	♭2, ♭3, ♭5, 5
0, 2, 4, 6	1, 3, 5, 7	1, 2, 3, ♭5	♭2, ♭3, 4, 5
0, 2, 4, 7	1, 3, 5, 6	1, 2, 3, 5	♭2, ♭3, 4, ♭5
0, 2, 5, 6	1, 3, 4, 7	1, 2, 4, ♭5	♭2, ♭3, 3, 5
0, 2, 5, 7	1, 3, 4, 6	1, 2, 4, 5	♭2, ♭3, 3, ♭5
0, 2, 6, 7	1, 3, 4, 5	1, 2, ♭5, 5	♭2, ♭3, 3, 4
0, 3, 4, 5	1, 2, 6, 7	1, ♭3, 3, 4	♭2, 2, ♭5, 5
0, 3, 4, 6	1, 2, 5, 7	1, ♭3, 3, ♭5	♭2, 2, 4, 5
0, 3, 4, 7	1, 2, 5, 6	1, ♭3, 3, 5	♭2, 2, 4, ♭5
0, 3, 5, 6	1, 2, 4, 7	1, ♭3, 4, ♭5	♭2, 2, 3, 5
0, 3, 5, 7	1, 2, 4, 6	1, ♭3, 4, 5	♭2, 2, 3, ♭5
0, 3, 6, 7	1, 2, 4, 5	1, ♭3, ♭5, 5	♭2, 2, 3, 4
0, 4, 5, 6	1, 2, 3, 7	1, 3, 4, ♭5	♭2, 2, ♭3, 5
0, 4, 5, 7	1, 2, 3, 6	1, 3, 4, 5	♭2, 2, ♭3, ♭5
0, 4, 6, 7	1, 2, 3, 5	1, 3, ♭5, 5	♭2, 2, ♭3, 4
0, 5, 6, 7	1, 2, 3, 4	1, 4, ♭5, 5	♭2, 2, ♭3, 3

C, D♭, D, E♭, E, F, G♭, A♭;

prime form: 0, 1, 2, 3, 4, 5, 6, 8
degrees: 1, ♭2, 2, ♭3, 3, 4, ♭5, ♭6

Tetrad Combinations as Prime Forms		Tetrad Combinations as Degrees	
0, 1, 2, 3	4, 5, 6, 8	1, ♭2, 2, ♭3	3, 4, ♭5, ♭6
0, 1, 2, 4	3, 5, 6, 8	1, ♭2, 2, 3	♭3, 4, ♭5, ♭6
0, 1, 2, 5	3, 4, 6, 8	1, ♭2, 2, 4	♭3, 3, ♭5, ♭6
0, 1, 2, 6	3, 4, 5, 8	1, ♭2, 2, ♭5	♭3, 3, 4, ♭6
0, 1, 2, 8	3, 4, 5, 6	1, ♭2, 2, ♭6	♭3, 3, 4, ♭5
0, 1, 3, 4	2, 5, 6, 8	1, ♭2, ♭3, 3	2, 4, ♭5, ♭6
0, 1, 3, 5	2, 4, 6, 8	1, ♭2, ♭3, 4	2, 3, ♭5, ♭6
0, 1, 3, 6	2, 4, 5, 8	1, ♭2, ♭3, ♭5	2, 3, 4, ♭6
0, 1, 3, 8	2, 4, 5, 6	1, ♭2, ♭3, ♭6	2, 3, 4, ♭5
0, 1, 4, 5	2, 3, 6, 8	1, ♭2, 3, 4	2, ♭3, ♭5, ♭6
0, 1, 4, 6	2, 3, 5, 8	1, ♭2, 3, ♭5	2, ♭3, 4, ♭6
0, 1, 4, 8	2, 3, 5, 6	1, ♭2, 3, ♭6	2, ♭3, 4, ♭5
0, 1, 5, 6	2, 3, 4, 8	1, ♭2, 4, ♭5	2, ♭3, 3, ♭6
0, 1, 5, 8	2, 3, 4, 6	1, ♭2, 4, ♭6	2, ♭3, 3, ♭5
0, 1, 6, 8	2, 3, 4, 5	1, ♭2, ♭5, ♭6	2, ♭3, 3, 4
0, 2, 3, 4	1, 5, 6, 8	1, 2, ♭3, 3	♭2, 4, ♭5, ♭6
0, 2, 3, 5	1, 4, 6, 8	1, 2, ♭3, 4	♭2, 3, ♭5, ♭6
0, 2, 3, 6	1, 4, 5, 8	1, 2, ♭3, ♭5	♭2, 3, 4, ♭6
0, 2, 3, 8	1, 4, 5, 6	1, 2, ♭3, ♭6	♭2, 3, 4, ♭5
0, 2, 4, 5	1, 3, 6, 8	1, 2, 3, 4	♭2, ♭3, ♭5, ♭6
0, 2, 4, 6	1, 3, 5, 8	1, 2, 3, ♭5	♭2, ♭3, 4, ♭6
0, 2, 4, 8	1, 3, 5, 6	1, 2, 3, ♭6	♭2, ♭3, 4, ♭5
0, 2, 5, 6	1, 3, 4, 8	1, 2, 4, ♭5	♭2, ♭3, 3, ♭6
0, 2, 5, 8	1, 3, 4, 6	1, 2, 4, ♭6	♭2, ♭3, 3, ♭5
0, 2, 6, 8	1, 3, 4, 5	1, 2, ♭5, ♭6	♭2, ♭3, 3, 4
0, 3, 4, 5	1, 2, 6, 8	1, ♭3, 3, 4	♭2, 2, ♭5, ♭6
0, 3, 4, 6	1, 2, 5, 8	1, ♭3, 3, ♭5	♭2, 2, 4, ♭6
0, 3, 4, 8	1, 2, 5, 6	1, ♭3, 3, ♭6	♭2, 2, 4, ♭5
0, 3, 5, 6	1, 2, 4, 8	1, ♭3, 4, ♭5	♭2, 2, 3, ♭6
0, 3, 5, 8	1, 2, 4, 6	1, ♭3, 4, ♭6	♭2, 2, 3, ♭5
0, 3, 6, 8	1, 2, 4, 5	1, ♭3, ♭5, ♭6	♭2, 2, 3, 4
0, 4, 5, 6	1, 2, 3, 8	1, 3, 4, ♭5	♭2, 2, ♭3, ♭6
0, 4, 5, 8	1, 2, 3, 6	1, 3, 4, ♭6	♭2, 2, ♭3, ♭5
0, 4, 6, 8	1, 2, 3, 5	1, 3, ♭5, ♭6	♭2, 2, ♭3, 4
0, 5, 6, 8	1, 2, 3, 4	1, 4, ♭5, ♭6	♭2, 2, ♭3, 3

C, D♭, D, E♭, E, F, G♭, A;

prime form: 0, 1, 2, 3, 4, 5, 6, 9
degrees: 1, ♭2, 2, ♭3, 3, 4, ♭5, 6

Tetrad Combinations as Prime Forms		Tetrad Combinations as Degrees	
0, 1, 2, 3	4, 5, 6, 9	1, ♭2, 2, ♭3	3, 4, ♭5, 6
0, 1, 2, 4	3, 5, 6, 9	1, ♭2, 2, 3	♭3, 4, ♭5, 6
0, 1, 2, 5	3, 4, 6, 9	1, ♭2, 2, 4	♭3, 3, ♭5, 6
0, 1, 2, 6	3, 4, 5, 9	1, ♭2, 2, ♭5	♭3, 3, 4, 6
0, 1, 2, 9	3, 4, 5, 6	1, ♭2, 2, 6	♭3, 3, 4, ♭5
0, 1, 3, 4	2, 5, 6, 9	1, ♭2, ♭3, 3	2, 4, ♭5, 6
0, 1, 3, 5	2, 4, 6, 9	1, ♭2, ♭3, 4	2, 3, ♭5, 6
0, 1, 3, 6	2, 4, 5, 9	1, ♭2, ♭3, ♭5	2, 3, 4, 6
0, 1, 3, 9	2, 4, 5, 6	1, ♭2, ♭3, 6	2, 3, 4, ♭5
0, 1, 4, 5	2, 3, 6, 9	1, ♭2, 3, 4	2, ♭3, ♭5, 6
0, 1, 4, 6	2, 3, 5, 9	1, ♭2, 3, ♭5	2, ♭3, 4, 6
0, 1, 4, 9	2, 3, 5, 6	1, ♭2, 3, 6	2, ♭3, 4, ♭5
0, 1, 5, 6	2, 3, 4, 9	1, ♭2, 4, ♭5	2, ♭3, 3, 6
0, 1, 5, 9	2, 3, 4, 6	1, ♭2, 4, 6	2, ♭3, 3, ♭5
0, 1, 6, 9	2, 3, 4, 5	1, ♭2, ♭5, 6	2, ♭3, 3, 4
0, 2, 3, 4	1, 5, 6, 9	1, 2, ♭3, 3	♭2, 4, ♭5, 6
0, 2, 3, 5	1, 4, 6, 9	1, 2, ♭3, 4	♭2, 3, ♭5, 6
0, 2, 3, 6	1, 4, 5, 9	1, 2, ♭3, ♭5	♭2, 3, 4, 6
0, 2, 3, 9	1, 4, 5, 6	1, 2, ♭3, 6	♭2, 3, 4, ♭5
0, 2, 4, 5	1, 3, 6, 9	1, 2, 3, 4	♭2, ♭3, ♭5, 6
0, 2, 4, 6	1, 3, 5, 9	1, 2, 3, ♭5	♭2, ♭3, 4, 6
0, 2, 4, 9	1, 3, 5, 6	1, 2, 3, 6	♭2, ♭3, 4, ♭5
0, 2, 5, 6	1, 3, 4, 9	1, 2, 4, ♭5	♭2, ♭3, 3, 6
0, 2, 5, 9	1, 3, 4, 6	1, 2, 4, 6	♭2, ♭3, 3, ♭5
0, 2, 6, 9	1, 3, 4, 5	1, 2, ♭5, 6	♭2, ♭3, 3, 4
0, 3, 4, 5	1, 2, 6, 9	1, ♭3, 3, 4	♭2, 2, ♭5, 6
0, 3, 4, 6	1, 2, 5, 9	1, ♭3, 3, ♭5	♭2, 2, 4, 6
0, 3, 4, 9	1, 2, 5, 6	1, ♭3, 3, 6	♭2, 2, 4, ♭5
0, 3, 5, 6	1, 2, 4, 9	1, ♭3, 4, ♭5	♭2, 2, 3, 6
0, 3, 5, 9	1, 2, 4, 6	1, ♭3, 4, 6	♭2, 2, 3, ♭5
0, 3, 6, 9	1, 2, 4, 5	1, ♭3, ♭5, 6	♭2, 2, 3, 4
0, 4, 5, 6	1, 2, 3, 9	1, 3, 4, ♭5	♭2, 2, ♭3, 6
0, 4, 5, 9	1, 2, 3, 6	1, 3, 4, 6	♭2, 2, ♭3, ♭5
0, 4, 6, 9	1, 2, 3, 5	1, 3, ♭5, 6	♭2, 2, ♭3, 4
0, 5, 6, 9	1, 2, 3, 4	1, 4, ♭5, 6	♭2, 2, ♭3, 3

C, D♭, D, E♭, E, F, G, A♭;

prime form: 0, 1, 2, 3, 4, 5, 7, 8
degrees: 1, ♭2, 2, ♭3, 3, 4, 5, ♭6

Tetrad Combinations as Prime Forms		Tetrad Combinations as Degrees	
0, 1, 2, 3	4, 5, 7, 8	1, ♭2, 2, ♭3	3, 4, 5, ♭6
0, 1, 2, 4	3, 5, 7, 8	1, ♭2, 2, 3	♭3, 4, 5, ♭6
0, 1, 2, 5	3, 4, 7, 8	1, ♭2, 2, 4	♭3, 3, 5, ♭6
0, 1, 2, 7	3, 4, 5, 8	1, ♭2, 2, 5	♭3, 3, 4, ♭6
0, 1, 2, 8	3, 4, 5, 7	1, ♭2, 2, ♭6	♭3, 3, 4, 5
0, 1, 3, 4	2, 5, 7, 8	1, ♭2, ♭3, 3	2, 4, 5, ♭6
0, 1, 3, 5	2, 4, 7, 8	1, ♭2, ♭3, 4	2, 3, 5, ♭6
0, 1, 3, 7	2, 4, 5, 8	1, ♭2, ♭3, 5	2, 3, 4, ♭6
0, 1, 3, 8	2, 4, 5, 7	1, ♭2, ♭3, ♭6	2, 3, 4, 5
0, 1, 4, 5	2, 3, 7, 8	1, ♭2, 3, 4	2, ♭3, 5, ♭6
0, 1, 4, 7	2, 3, 5, 8	1, ♭2, 3, 5	2, ♭3, 4, ♭6
0, 1, 4, 8	2, 3, 5, 7	1, ♭2, 3, ♭6	2, ♭3, 4, 5
0, 1, 5, 7	2, 3, 4, 8	1, ♭2, 4, 5	2, ♭3, 3, ♭6
0, 1, 5, 8	2, 3, 4, 7	1, ♭2, 4, ♭6	2, ♭3, 3, 5
0, 1, 7, 8	2, 3, 4, 5	1, ♭2, 5, ♭6	2, ♭3, 3, 4
0, 2, 3, 4	1, 5, 7, 8	1, 2, ♭3, 3	♭2, 4, 5, ♭6
0, 2, 3, 5	1, 4, 7, 8	1, 2, ♭3, 4	♭2, 3, 5, ♭6
0, 2, 3, 7	1, 4, 5, 8	1, 2, ♭3, 5	♭2, 3, 4, ♭6
0, 2, 3, 8	1, 4, 5, 7	1, 2, ♭3, ♭6	♭2, 3, 4, 5
0, 2, 4, 5	1, 3, 7, 8	1, 2, 3, 4	♭2, ♭3, 5, ♭6
0, 2, 4, 7	1, 3, 5, 8	1, 2, 3, 5	♭2, ♭3, 4, ♭6
0, 2, 4, 8	1, 3, 5, 7	1, 2, 3, ♭6	♭2, ♭3, 4, 5
0, 2, 5, 7	1, 3, 4, 8	1, 2, 4, 5	♭2, ♭3, 3, ♭6
0, 2, 5, 8	1, 3, 4, 7	1, 2, 4, ♭6	♭2, ♭3, 3, 5
0, 2, 7, 8	1, 3, 4, 5	1, 2, 5, ♭6	♭2, ♭3, 3, 4
0, 3, 4, 5	1, 2, 7, 8	1, ♭3, 3, 4	♭2, 2, 5, ♭6
0, 3, 4, 7	1, 2, 5, 8	1, ♭3, 3, 5	♭2, 2, 4, ♭6
0, 3, 4, 8	1, 2, 5, 7	1, ♭3, 3, ♭6	♭2, 2, 4, 5
0, 3, 5, 7	1, 2, 4, 8	1, ♭3, 4, 5	♭2, 2, 3, ♭6
0, 3, 5, 8	1, 2, 4, 7	1, ♭3, 4, ♭6	♭2, 2, 3, 5
0, 3, 7, 8	1, 2, 4, 5	1, ♭3, 5, ♭6	♭2, 2, 3, 4
0, 4, 5, 7	1, 2, 3, 8	1, 3, 4, 5	♭2, 2, ♭3, ♭6
0, 4, 5, 8	1, 2, 3, 7	1, 3, 4, ♭6	♭2, 2, ♭3, 5
0, 4, 7, 8	1, 2, 3, 5	1, 3, 5, ♭6	♭2, 2, ♭3, 4
0, 5, 7, 8	1, 2, 3, 4	1, 4, 5, ♭6	♭2, 2, ♭3, 3

C, D♭, D, E♭, E, F, G, A;

prime form: 0, 1, 2, 3, 4, 5, 7, 9
degrees: 1, ♭2, 2, ♭3, 3, 4, 5, 6

Tetrad Combinations as Prime Forms		Tetrad Combinations as Degrees	
0, 1, 2, 3	4, 5, 7, 9	1, ♭2, 2, ♭3	3, 4, 5, 6
0, 1, 2, 4	3, 5, 7, 9	1, ♭2, 2, 3	♭3, 4, 5, 6
0, 1, 2, 5	3, 4, 7, 9	1, ♭2, 2, 4	♭3, 3, 5, 6
0, 1, 2, 7	3, 4, 5, 9	1, ♭2, 2, 5	♭3, 3, 4, 6
0, 1, 2, 9	3, 4, 5, 7	1, ♭2, 2, 6	♭3, 3, 4, 5
0, 1, 3, 4	2, 5, 7, 9	1, ♭2, ♭3, 3	2, 4, 5, 6
0, 1, 3, 5	2, 4, 7, 9	1, ♭2, ♭3, 4	2, 3, 5, 6
0, 1, 3, 7	2, 4, 5, 9	1, ♭2, ♭3, 5	2, 3, 4, 6
0, 1, 3, 9	2, 4, 5, 7	1, ♭2, ♭3, 6	2, 3, 4, 5
0, 1, 4, 5	2, 3, 7, 9	1, ♭2, 3, 4	2, ♭3, 5, 6
0, 1, 4, 7	2, 3, 5, 9	1, ♭2, 3, 5	2, ♭3, 4, 6
0, 1, 4, 9	2, 3, 5, 7	1, ♭2, 3, 6	2, ♭3, 4, 5
0, 1, 5, 7	2, 3, 4, 9	1, ♭2, 4, 5	2, ♭3, 3, 6
0, 1, 5, 9	2, 3, 4, 7	1, ♭2, 4, 6	2, ♭3, 3, 5
0, 1, 7, 9	2, 3, 4, 5	1, ♭2, 5, 6	2, ♭3, 3, 4
0, 2, 3, 4	1, 5, 7, 9	1, 2, ♭3, 3	♭2, 4, 5, 6
0, 2, 3, 5	1, 4, 7, 9	1, 2, ♭3, 4	♭2, 3, 5, 6
0, 2, 3, 7	1, 4, 5, 9	1, 2, ♭3, 5	♭2, 3, 4, 6
0, 2, 3, 9	1, 4, 5, 7	1, 2, ♭3, 6	♭2, 3, 4, 5
0, 2, 4, 5	1, 3, 7, 9	1, 2, 3, 4	♭2, ♭3, 5, 6
0, 2, 4, 7	1, 3, 5, 9	1, 2, 3, 5	♭2, ♭3, 4, 6
0, 2, 4, 9	1, 3, 5, 7	1, 2, 3, 6	♭2, ♭3, 4, 5
0, 2, 5, 7	1, 3, 4, 9	1, 2, 4, 5	♭2, ♭3, 3, 6
0, 2, 5, 9	1, 3, 4, 7	1, 2, 4, 6	♭2, ♭3, 3, 5
0, 2, 7, 9	1, 3, 4, 5	1, 2, 5, 6	♭2, ♭3, 3, 4
0, 3, 4, 5	1, 2, 7, 9	1, ♭3, 3, 4	♭2, 2, 5, 6
0, 3, 4, 7	1, 2, 5, 9	1, ♭3, 3, 5	♭2, 2, 4, 6
0, 3, 4, 9	1, 2, 5, 7	1, ♭3, 3, 6	♭2, 2, 4, 5
0, 3, 5, 7	1, 2, 4, 9	1, ♭3, 4, 5	♭2, 2, 3, 6
0, 3, 5, 9	1, 2, 4, 7	1, ♭3, 4, 6	♭2, 2, 3, 5
0, 3, 7, 9	1, 2, 4, 5	1, ♭3, 5, 6	♭2, 2, 3, 4
0, 4, 5, 7	1, 2, 3, 9	1, 3, 4, 5	♭2, 2, ♭3, 6
0, 4, 5, 9	1, 2, 3, 7	1, 3, 4, 6	♭2, 2, ♭3, 5
0, 4, 7, 9	1, 2, 3, 5	1, 3, 5, 6	♭2, 2, ♭3, 4
0, 5, 7, 9	1, 2, 3, 4	1, 4, 5, 6	♭2, 2, ♭3, 3

C, D♭, D, E♭, E, F, A♭, A;

prime form: 0, 1, 2, 3, 4, 5, 8, 9
degrees: 1, ♭2, 2, ♭3, 3, 4, ♭6, 6

Tetrad Combinations as Prime Forms		Tetrad Combinations as Degrees	
0, 1, 2, 3	4, 5, 8, 9	1, ♭2, 2, ♭3	3, 4, ♭6, 6
0, 1, 2, 4	3, 5, 8, 9	1, ♭2, 2, 3	♭3, 4, ♭6, 6
0, 1, 2, 5	3, 4, 8, 9	1, ♭2, 2, 4	♭3, 3, ♭6, 6
0, 1, 2, 8	3, 4, 5, 9	1, ♭2, 2, ♭6	♭3, 3, 4, 6
0, 1, 2, 9	3, 4, 5, 8	1, ♭2, 2, 6	♭3, 3, 4, ♭6
0, 1, 3, 4	2, 5, 8, 9	1, ♭2, ♭3, 3	2, 4, ♭6, 6
0, 1, 3, 5	2, 4, 8, 9	1, ♭2, ♭3, 4	2, 3, ♭6, 6
0, 1, 3, 8	2, 4, 5, 9	1, ♭2, ♭3, ♭6	2, 3, 4, 6
0, 1, 3, 9	2, 4, 5, 8	1, ♭2, ♭3, 6	2, 3, 4, ♭6
0, 1, 4, 5	2, 3, 8, 9	1, ♭2, 3, 4	2, ♭3, ♭6, 6
0, 1, 4, 8	2, 3, 5, 9	1, ♭2, 3, ♭6	2, ♭3, 4, 6
0, 1, 4, 9	2, 3, 5, 8	1, ♭2, 3, 6	2, ♭3, 4, ♭6
0, 1, 5, 8	2, 3, 4, 9	1, ♭2, 4, ♭6	2, ♭3, 3, 6
0, 1, 5, 9	2, 3, 4, 8	1, ♭2, 4, 6	2, ♭3, 3, ♭6
0, 1, 8, 9	2, 3, 4, 5	1, ♭2, ♭6, 6	2, ♭3, 3, 4
0, 2, 3, 4	1, 5, 8, 9	1, 2, ♭3, 3	♭2, 4, ♭6, 6
0, 2, 3, 5	1, 4, 8, 9	1, 2, ♭3, 4	♭2, 3, ♭6, 6
0, 2, 3, 8	1, 4, 5, 9	1, 2, ♭3, ♭6	♭2, 3, 4, 6
0, 2, 3, 9	1, 4, 5, 8	1, 2, ♭3, 6	♭2, 3, 4, ♭6
0, 2, 4, 5	1, 3, 8, 9	1, 2, 3, 4	♭2, ♭3, ♭6, 6
0, 2, 4, 8	1, 3, 5, 9	1, 2, 3, ♭6	♭2, ♭3, 4, 6
0, 2, 4, 9	1, 3, 5, 8	1, 2, 3, 6	♭2, ♭3, 4, ♭6
0, 2, 5, 8	1, 3, 4, 9	1, 2, 4, ♭6	♭2, ♭3, 3, 6
0, 2, 5, 9	1, 3, 4, 8	1, 2, 4, 6	♭2, ♭3, 3, ♭6
0, 2, 8, 9	1, 3, 4, 5	1, 2, ♭6, 6	♭2, ♭3, 3, 4
0, 3, 4, 5	1, 2, 8, 9	1, ♭3, 3, 4	♭2, 2, ♭6, 6
0, 3, 4, 8	1, 2, 5, 9	1, ♭3, 3, ♭6	♭2, 2, 4, 6
0, 3, 4, 9	1, 2, 5, 8	1, ♭3, 3, 6	♭2, 2, 4, ♭6
0, 3, 5, 8	1, 2, 4, 9	1, ♭3, 4, ♭6	♭2, 2, 3, 6
0, 3, 5, 9	1, 2, 4, 8	1, ♭3, 4, 6	♭2, 2, 3, ♭6
0, 3, 8, 9	1, 2, 4, 5	1, ♭3, ♭6, 6	♭2, 2, 3, 4
0, 4, 5, 8	1, 2, 3, 9	1, 3, 4, ♭6	♭2, 2, ♭3, 6
0, 4, 5, 9	1, 2, 3, 8	1, 3, 4, 6	♭2, 2, ♭3, ♭6
0, 4, 8, 9	1, 2, 3, 5	1, 3, ♭6, 6	♭2, 2, ♭3, 4
0, 5, 8, 9	1, 2, 3, 4	1, 4, ♭6, 6	♭2, 2, ♭3, 3

C, D♭, D, E♭, E, G♭, G, A♭;

prime form: 0, 1, 2, 3, 4, 6, 7, 8

degrees: 1, ♭2, 2, ♭3, 3, ♭5, 5, ♭6

Tetrad Combinations as Prime Forms		Tetrad Combinations as Degrees	
0, 1, 2, 3	4, 6, 7, 8	1, ♭2, 2, ♭3	3, ♭5, 5, ♭6
0, 1, 2, 4	3, 6, 7, 8	1, ♭2, 2, 3	♭3, ♭5, 5, ♭6
0, 1, 2, 6	3, 4, 7, 8	1, ♭2, 2, ♭5	♭3, 3, 5, ♭6
0, 1, 2, 7	3, 4, 6, 8	1, ♭2, 2, 5	♭3, 3, ♭5, ♭6
0, 1, 2, 8	3, 4, 6, 7	1, ♭2, 2, ♭6	♭3, 3, ♭5, 5
0, 1, 3, 4	2, 6, 7, 8	1, ♭2, ♭3, 3	2, ♭5, 5, ♭6
0, 1, 3, 6	2, 4, 7, 8	1, ♭2, ♭3, ♭5	2, 3, 5, ♭6
0, 1, 3, 7	2, 4, 6, 8	1, ♭2, ♭3, 5	2, 3, ♭5, ♭6
0, 1, 3, 8	2, 4, 6, 7	1, ♭2, ♭3, ♭6	2, 3, ♭5, 5
0, 1, 4, 6	2, 3, 7, 8	1, ♭2, 3, ♭5	2, ♭3, 5, ♭6
0, 1, 4, 7	2, 3, 6, 8	1, ♭2, 3, 5	2, ♭3, ♭5, ♭6
0, 1, 4, 8	2, 3, 6, 7	1, ♭2, 3, ♭6	2, ♭3, ♭5, 5
0, 1, 6, 7	2, 3, 4, 8	1, ♭2, ♭5, 5	2, ♭3, 3, ♭6
0, 1, 6, 8	2, 3, 4, 7	1, ♭2, ♭5, ♭6	2, ♭3, 3, 5
0, 1, 7, 8	2, 3, 4, 6	1, ♭2, 5, ♭6	2, ♭3, 3, ♭5
0, 2, 3, 4	1, 6, 7, 8	1, 2, ♭3, 3	♭2, ♭5, 5, ♭6
0, 2, 3, 6	1, 4, 7, 8	1, 2, ♭3, ♭5	♭2, 3, 5, ♭6
0, 2, 3, 7	1, 4, 6, 8	1, 2, ♭3, 5	♭2, 3, ♭5, ♭6
0, 2, 3, 8	1, 4, 6, 7	1, 2, ♭3, ♭6	♭2, 3, ♭5, 5
0, 2, 4, 6	1, 3, 7, 8	1, 2, 3, ♭5	♭2, ♭3, 5, ♭6
0, 2, 4, 7	1, 3, 6, 8	1, 2, 3, 5	♭2, ♭3, ♭5, ♭6
0, 2, 4, 8	1, 3, 6, 7	1, 2, 3, ♭6	♭2, ♭3, ♭5, 5
0, 2, 6, 7	1, 3, 4, 8	1, 2, ♭5, 5	♭2, ♭3, 3, ♭6
0, 2, 6, 8	1, 3, 4, 7	1, 2, ♭5, ♭6	♭2, ♭3, 3, 5
0, 2, 7, 8	1, 3, 4, 6	1, 2, 5, ♭6	♭2, ♭3, 3, ♭5
0, 3, 4, 6	1, 2, 7, 8	1, ♭3, 3, ♭5	♭2, 2, 5, ♭6
0, 3, 4, 7	1, 2, 6, 8	1, ♭3, 3, 5	♭2, 2, ♭5, ♭6
0, 3, 4, 8	1, 2, 6, 7	1, ♭3, 3, ♭6	♭2, 2, ♭5, 5
0, 3, 6, 7	1, 2, 4, 8	1, ♭3, ♭5, 5	♭2, 2, 3, ♭6
0, 3, 6, 8	1, 2, 4, 7	1, ♭3, ♭5, ♭6	♭2, 2, 3, 5
0, 3, 7, 8	1, 2, 4, 6	1, ♭3, 5, ♭6	♭2, 2, 3, ♭5
0, 4, 6, 7	1, 2, 3, 8	1, 3, ♭5, 5	♭2, 2, ♭3, ♭6
0, 4, 6, 8	1, 2, 3, 7	1, 3, ♭5, ♭6	♭2, 2, ♭3, 5
0, 4, 7, 8	1, 2, 3, 6	1, 3, 5, ♭6	♭2, 2, ♭3, ♭5
0, 6, 7, 8	1, 2, 3, 4	1, ♭5, 5, ♭6	♭2, 2, ♭3, 3

C, D♭, D, E♭, E, G♭, G, A;
prime form: 0, 1, 2, 3, 4, 6, 7, 9
degrees: 1, ♭2, 2, ♭3, 3, ♭5, 5, 6

Tetrad Combinations as Prime Forms		Tetrad Combinations as Degrees	
0, 1, 2, 3	4, 6, 7, 9	1, ♭2, 2, ♭3	3, ♭5, 5, 6
0, 1, 2, 4	3, 6, 7, 9	1, ♭2, 2, 3	♭3, ♭5, 5, 6
0, 1, 2, 6	3, 4, 7, 9	1, ♭2, 2, ♭5	♭3, 3, 5, 6
0, 1, 2, 7	3, 4, 6, 9	1, ♭2, 2, 5	♭3, 3, ♭5, 6
0, 1, 2, 9	3, 4, 6, 7	1, ♭2, 2, 6	♭3, 3, ♭5, 5
0, 1, 3, 4	2, 6, 7, 9	1, ♭2, ♭3, 3	2, ♭5, 5, 6
0, 1, 3, 6	2, 4, 7, 9	1, ♭2, ♭3, ♭5	2, 3, 5, 6
0, 1, 3, 7	2, 4, 6, 9	1, ♭2, ♭3, 5	2, 3, ♭5, 6
0, 1, 3, 9	2, 4, 6, 7	1, ♭2, ♭3, 6	2, 3, ♭5, 5
0, 1, 4, 6	2, 3, 7, 9	1, ♭2, 3, ♭5	2, ♭3, 5, 6
0, 1, 4, 7	2, 3, 6, 9	1, ♭2, 3, 5	2, ♭3, ♭5, 6
0, 1, 4, 9	2, 3, 6, 7	1, ♭2, 3, 6	2, ♭3, ♭5, 5
0, 1, 6, 7	2, 3, 4, 9	1, ♭2, ♭5, 5	2, ♭3, 3, 6
0, 1, 6, 9	2, 3, 4, 7	1, ♭2, ♭5, 6	2, ♭3, 3, 5
0, 1, 7, 9	2, 3, 4, 6	1, ♭2, 5, 6	2, ♭3, 3, ♭5
0, 2, 3, 4	1, 6, 7, 9	1, 2, ♭3, 3	♭2, ♭5, 5, 6
0, 2, 3, 6	1, 4, 7, 9	1, 2, ♭3, ♭5	♭2, 3, 5, 6
0, 2, 3, 7	1, 4, 6, 9	1, 2, ♭3, 5	♭2, 3, ♭5, 6
0, 2, 3, 9	1, 4, 6, 7	1, 2, ♭3, 6	♭2, 3, ♭5, 5
0, 2, 4, 6	1, 3, 7, 9	1, 2, 3, ♭5	♭2, ♭3, 5, 6
0, 2, 4, 7	1, 3, 6, 9	1, 2, 3, 5	♭2, ♭3, ♭5, 6
0, 2, 4, 9	1, 3, 6, 7	1, 2, 3, 6	♭2, ♭3, ♭5, 5
0, 2, 6, 7	1, 3, 4, 9	1, 2, ♭5, 5	♭2, ♭3, 3, 6
0, 2, 6, 9	1, 3, 4, 7	1, 2, ♭5, 6	♭2, ♭3, 3, 5
0, 2, 7, 9	1, 3, 4, 6	1, 2, 5, 6	♭2, ♭3, 3, ♭5
0, 3, 4, 6	1, 2, 7, 9	1, ♭3, 3, ♭5	♭2, 2, 5, 6
0, 3, 4, 7	1, 2, 6, 9	1, ♭3, 3, 5	♭2, 2, ♭5, 6
0, 3, 4, 9	1, 2, 6, 7	1, ♭3, 3, 6	♭2, 2, ♭5, 5
0, 3, 6, 7	1, 2, 4, 9	1, ♭3, ♭5, 5	♭2, 2, 3, 6
0, 3, 6, 9	1, 2, 4, 7	1, ♭3, ♭5, 6	♭2, 2, 3, 5
0, 3, 7, 9	1, 2, 4, 6	1, ♭3, 5, 6	♭2, 2, 3, ♭5
0, 4, 6, 7	1, 2, 3, 9	1, 3, ♭5, 5	♭2, 2, ♭3, 6
0, 4, 6, 9	1, 2, 3, 7	1, 3, ♭5, 6	♭2, 2, ♭3, 5
0, 4, 7, 9	1, 2, 3, 6	1, 3, 5, 6	♭2, 2, ♭3, ♭5
0, 6, 7, 9	1, 2, 3, 4	1, ♭5, 5, 6	♭2, 2, ♭3, 3

C, D♭, D, E♭, E, G♭, A♭, A;

prime form: 0, 1, 2, 3, 4, 6, 8, 9
degrees: 1, ♭2, 2, ♭3, 3, ♭5, ♭6, 6

Tetrad Combinations as Prime Forms		Tetrad Combinations as Degrees	
0, 1, 2, 3	4, 6, 8, 9	1, ♭2, 2, ♭3	3, ♭5, ♭6, 6
0, 1, 2, 4	3, 6, 8, 9	1, ♭2, 2, 3	♭3, ♭5, ♭6, 6
0, 1, 2, 6	3, 4, 8, 9	1, ♭2, 2, ♭5	♭3, 3, ♭6, 6
0, 1, 2, 8	3, 4, 6, 9	1, ♭2, 2, ♭6	♭3, 3, ♭5, 6
0, 1, 2, 9	3, 4, 6, 8	1, ♭2, 2, 6	♭3, 3, ♭5, ♭6
0, 1, 3, 4	2, 6, 8, 9	1, ♭2, ♭3, 3	2, ♭5, ♭6, 6
0, 1, 3, 6	2, 4, 8, 9	1, ♭2, ♭3, ♭5	2, 3, ♭6, 6
0, 1, 3, 8	2, 4, 6, 9	1, ♭2, ♭3, ♭6	2, 3, ♭5, 6
0, 1, 3, 9	2, 4, 6, 8	1, ♭2, ♭3, 6	2, 3, ♭5, ♭6
0, 1, 4, 6	2, 3, 8, 9	1, ♭2, 3, ♭5	2, ♭3, ♭6, 6
0, 1, 4, 8	2, 3, 6, 9	1, ♭2, 3, ♭6	2, ♭3, ♭5, 6
0, 1, 4, 9	2, 3, 6, 8	1, ♭2, 3, 6	2, ♭3, ♭5, ♭6
0, 1, 6, 8	2, 3, 4, 9	1, ♭2, ♭5, ♭6	2, ♭3, 3, 6
0, 1, 6, 9	2, 3, 4, 8	1, ♭2, ♭5, 6	2, ♭3, 3, ♭6
0, 1, 8, 9	2, 3, 4, 6	1, ♭2, ♭6, 6	2, ♭3, 3, ♭5
0, 2, 3, 4	1, 6, 8, 9	1, 2, ♭3, 3	♭2, ♭5, ♭6, 6
0, 2, 3, 6	1, 4, 8, 9	1, 2, ♭3, ♭5	♭2, 3, ♭6, 6
0, 2, 3, 8	1, 4, 6, 9	1, 2, ♭3, ♭6	♭2, 3, ♭5, 6
0, 2, 3, 9	1, 4, 6, 8	1, 2, ♭3, 6	♭2, 3, ♭5, ♭6
0, 2, 4, 6	1, 3, 8, 9	1, 2, 3, ♭5	♭2, ♭3, ♭6, 6
0, 2, 4, 8	1, 3, 6, 9	1, 2, 3, ♭6	♭2, ♭3, ♭5, 6
0, 2, 4, 9	1, 3, 6, 8	1, 2, 3, 6	♭2, ♭3, ♭5, ♭6
0, 2, 6, 8	1, 3, 4, 9	1, 2, ♭5, ♭6	♭2, ♭3, 3, 6
0, 2, 6, 9	1, 3, 4, 8	1, 2, ♭5, 6	♭2, ♭3, 3, ♭6
0, 2, 8, 9	1, 3, 4, 6	1, 2, ♭6, 6	♭2, ♭3, 3, ♭5
0, 3, 4, 6	1, 2, 8, 9	1, ♭3, 3, ♭5	♭2, 2, ♭6, 6
0, 3, 4, 8	1, 2, 6, 9	1, ♭3, 3, ♭6	♭2, 2, ♭5, 6
0, 3, 4, 9	1, 2, 6, 8	1, ♭3, 3, 6	♭2, 2, ♭5, ♭6
0, 3, 6, 8	1, 2, 4, 9	1, ♭3, ♭5, ♭6	♭2, 2, 3, 6
0, 3, 6, 9	1, 2, 4, 8	1, ♭3, ♭5, 6	♭2, 2, 3, ♭6
0, 3, 8, 9	1, 2, 4, 6	1, ♭3, ♭6, 6	♭2, 2, 3, ♭5
0, 4, 6, 8	1, 2, 3, 9	1, 3, ♭5, ♭6	♭2, 2, ♭3, 6
0, 4, 6, 9	1, 2, 3, 8	1, 3, ♭5, 6	♭2, 2, ♭3, ♭6
0, 4, 8, 9	1, 2, 3, 6	1, 3, ♭6, 6	♭2, 2, ♭3, ♭5
0, 6, 8, 9	1, 2, 3, 4	1, ♭5, ♭6, 6	♭2, 2, ♭3, 3

C, D♭, D, E♭, E, G♭, A♭, B♭;

prime form: 0, 1, 2, 3, 4, 6, 8, 10
degrees: 1, ♭2, 2, ♭3, 3, ♭5, ♭6, ♭7

Tetrad Combinations as Prime Forms		Tetrad Combinations as Degrees	
0, 1, 2, 3	4, 6, 8, 10	1, ♭2, 2, ♭3	3, ♭5, ♭6, ♭7
0, 1, 2, 4	3, 6, 8, 10	1, ♭2, 2, 3	♭3, ♭5, ♭6, ♭7
0, 1, 2, 6	3, 4, 8, 10	1, ♭2, 2, ♭5	♭3, 3, ♭6, ♭7
0, 1, 2, 8	3, 4, 6, 10	1, ♭2, 2, ♭6	♭3, 3, ♭5, ♭7
0, 1, 2, 10	3, 4, 6, 8	1, ♭2, 2, ♭7	♭3, 3, ♭5, ♭6
0, 1, 3, 4	2, 6, 8, 10	1, ♭2, ♭3, 3	2, ♭5, ♭6, ♭7
0, 1, 3, 6	2, 4, 8, 10	1, ♭2, ♭3, ♭5	2, 3, ♭6, ♭7
0, 1, 3, 8	2, 4, 6, 10	1, ♭2, ♭3, ♭6	2, 3, ♭5, ♭7
0, 1, 3, 10	2, 4, 6, 8	1, ♭2, ♭3, ♭7	2, 3, ♭5, ♭6
0, 1, 4, 6	2, 3, 8, 10	1, ♭2, 3, ♭5	2, ♭3, ♭6, ♭7
0, 1, 4, 8	2, 3, 6, 10	1, ♭2, 3, ♭6	2, ♭3, ♭5, ♭7
0, 1, 4, 10	2, 3, 6, 8	1, ♭2, 3, ♭7	2, ♭3, ♭5, ♭6
0, 1, 6, 8	2, 3, 4, 10	1, ♭2, ♭5, ♭6	2, ♭3, 3, ♭7
0, 1, 6, 10	2, 3, 4, 8	1, ♭2, ♭5, ♭7	2, ♭3, 3, ♭6
0, 1, 8, 10	2, 3, 4, 6	1, ♭2, ♭6, ♭7	2, ♭3, 3, ♭5
0, 2, 3, 4	1, 6, 8, 10	1, 2, ♭3, 3	♭2, ♭5, ♭6, ♭7
0, 2, 3, 6	1, 4, 8, 10	1, 2, ♭3, ♭5	♭2, 3, ♭6, ♭7
0, 2, 3, 8	1, 4, 6, 10	1, 2, ♭3, ♭6	♭2, 3, ♭5, ♭7
0, 2, 3, 10	1, 4, 6, 8	1, 2, ♭3, ♭7	♭2, 3, ♭5, ♭6
0, 2, 4, 6	1, 3, 8, 10	1, 2, 3, ♭5	♭2, ♭3, ♭6, ♭7
0, 2, 4, 8	1, 3, 6, 10	1, 2, 3, ♭6	♭2, ♭3, ♭5, ♭7
0, 2, 4, 10	1, 3, 6, 8	1, 2, 3, ♭7	♭2, ♭3, ♭5, ♭6
0, 2, 6, 8	1, 3, 4, 10	1, 2, ♭5, ♭6	♭2, ♭3, 3, ♭7
0, 2, 6, 10	1, 3, 4, 8	1, 2, ♭5, ♭7	♭2, ♭3, 3, ♭6
0, 2, 8, 10	1, 3, 4, 6	1, 2, ♭6, ♭7	♭2, ♭3, 3, ♭5
0, 3, 4, 6	1, 2, 8, 10	1, ♭3, 3, ♭5	♭2, 2, ♭6, ♭7
0, 3, 4, 8	1, 2, 6, 10	1, ♭3, 3, ♭6	♭2, 2, ♭5, ♭7
0, 3, 4, 10	1, 2, 6, 8	1, ♭3, 3, ♭7	♭2, 2, ♭5, ♭6
0, 3, 6, 8	1, 2, 4, 10	1, ♭3, ♭5, ♭6	♭2, 2, 3, ♭7
0, 3, 6, 10	1, 2, 4, 8	1, ♭3, ♭5, ♭7	♭2, 2, 3, ♭6
0, 3, 8, 10	1, 2, 4, 6	1, ♭3, ♭6, ♭7	♭2, 2, 3, ♭5
0, 4, 6, 8	1, 2, 3, 10	1, 3, ♭5, ♭6	♭2, 2, ♭3, ♭7
0, 4, 6, 10	1, 2, 3, 8	1, 3, ♭5, ♭7	♭2, 2, ♭3, ♭6
0, 4, 8, 10	1, 2, 3, 6	1, 3, ♭6, ♭7	♭2, 2, ♭3, ♭5
0, 6, 8, 10	1, 2, 3, 4	1, ♭5, ♭6, ♭7	♭2, 2, ♭3, 3

C, D♭, D, E♭, E, G, A♭, A;

prime form: 0, 1, 2, 3, 4, 7, 8, 9
degrees: 1, ♭2, 2, ♭3, 3, 5, ♭6, 6

Tetrad Combinations as Prime Forms		Tetrad Combinations as Degrees	
0, 1, 2, 3	4, 7, 8, 9	1, ♭2, 2, ♭3	3, 5, ♭6, 6
0, 1, 2, 4	3, 7, 8, 9	1, ♭2, 2, 3	♭3, 5, ♭6, 6
0, 1, 2, 7	3, 4, 8, 9	1, ♭2, 2, 5	♭3, 3, ♭6, 6
0, 1, 2, 8	3, 4, 7, 9	1, ♭2, 2, ♭6	♭3, 3, 5, 6
0, 1, 2, 9	3, 4, 7, 8	1, ♭2, 2, 6	♭3, 3, 5, ♭6
0, 1, 3, 4	2, 7, 8, 9	1, ♭2, ♭3, 3	2, 5, ♭6, 6
0, 1, 3, 7	2, 4, 8, 9	1, ♭2, ♭3, 5	2, 3, ♭6, 6
0, 1, 3, 8	2, 4, 7, 9	1, ♭2, ♭3, ♭6	2, 3, 5, 6
0, 1, 3, 9	2, 4, 7, 8	1, ♭2, ♭3, 6	2, 3, 5, ♭6
0, 1, 4, 7	2, 3, 8, 9	1, ♭2, 3, 5	2, ♭3, ♭6, 6
0, 1, 4, 8	2, 3, 7, 9	1, ♭2, 3, ♭6	2, ♭3, 5, 6
0, 1, 4, 9	2, 3, 7, 8	1, ♭2, 3, 6	2, ♭3, 5, ♭6
0, 1, 7, 8	2, 3, 4, 9	1, ♭2, 5, ♭6	2, ♭3, 3, 6
0, 1, 7, 9	2, 3, 4, 8	1, ♭2, 5, 6	2, ♭3, 3, ♭6
0, 1, 8, 9	2, 3, 4, 7	1, ♭2, ♭6, 6	2, ♭3, 3, 5
0, 2, 3, 4	1, 7, 8, 9	1, 2, ♭3, 3	♭2, 5, ♭6, 6
0, 2, 3, 7	1, 4, 8, 9	1, 2, ♭3, 5	♭2, 3, ♭6, 6
0, 2, 3, 8	1, 4, 7, 9	1, 2, ♭3, ♭6	♭2, 3, 5, 6
0, 2, 3, 9	1, 4, 7, 8	1, 2, ♭3, 6	♭2, 3, 5, ♭6
0, 2, 4, 7	1, 3, 8, 9	1, 2, 3, 5	♭2, ♭3, ♭6, 6
0, 2, 4, 8	1, 3, 7, 9	1, 2, 3, ♭6	♭2, ♭3, 5, 6
0, 2, 4, 9	1, 3, 7, 8	1, 2, 3, 6	♭2, ♭3, 5, ♭6
0, 2, 7, 8	1, 3, 4, 9	1, 2, 5, ♭6	♭2, ♭3, 3, 6
0, 2, 7, 9	1, 3, 4, 8	1, 2, 5, 6	♭2, ♭3, 3, ♭6
0, 2, 8, 9	1, 3, 4, 7	1, 2, ♭6, 6	♭2, ♭3, 3, 5
0, 3, 4, 7	1, 2, 8, 9	1, ♭3, 3, 5	♭2, 2, ♭6, 6
0, 3, 4, 8	1, 2, 7, 9	1, ♭3, 3, ♭6	♭2, 2, 5, 6
0, 3, 4, 9	1, 2, 7, 8	1, ♭3, 3, 6	♭2, 2, 5, ♭6
0, 3, 7, 8	1, 2, 4, 9	1, ♭3, 5, ♭6	♭2, 2, 3, 6
0, 3, 7, 9	1, 2, 4, 8	1, ♭3, 5, 6	♭2, 2, 3, ♭6
0, 3, 8, 9	1, 2, 4, 7	1, ♭3, ♭6, 6	♭2, 2, 3, 5
0, 4, 7, 8	1, 2, 3, 9	1, 3, 5, ♭6	♭2, 2, ♭3, 6
0, 4, 7, 9	1, 2, 3, 8	1, 3, 5, 6	♭2, 2, ♭3, ♭6
0, 4, 8, 9	1, 2, 3, 7	1, 3, ♭6, 6	♭2, 2, ♭3, 5
0, 7, 8, 9	1, 2, 3, 4	1, 5, ♭6, 6	♭2, 2, ♭3, 3

C, D♭, D, E♭, F, G♭, G, A♭;

prime form: 0, 1, 2, 3, 5, 6, 7, 8

degrees: 1, ♭2, 2, ♭3, 4, ♭5, 5, ♭6

Tetrad Combinations as Prime Forms		Tetrad Combinations as Degrees	
0, 1, 2, 3	5, 6, 7, 8	1, ♭2, 2, ♭3	4, ♭5, 5, ♭6
0, 1, 2, 5	3, 6, 7, 8	1, ♭2, 2, 4	♭3, ♭5, 5, ♭6
0, 1, 2, 6	3, 5, 7, 8	1, ♭2, 2, ♭5	♭3, 4, 5, ♭6
0, 1, 2, 7	3, 5, 6, 8	1, ♭2, 2, 5	♭3, 4, ♭5, ♭6
0, 1, 2, 8	3, 5, 6, 7	1, ♭2, 2, ♭6	♭3, 4, ♭5, 5
0, 1, 3, 5	2, 6, 7, 8	1, ♭2, ♭3, 4	2, ♭5, 5, ♭6
0, 1, 3, 6	2, 5, 7, 8	1, ♭2, ♭3, ♭5	2, 4, 5, ♭6
0, 1, 3, 7	2, 5, 6, 8	1, ♭2, ♭3, 5	2, 4, ♭5, ♭6
0, 1, 3, 8	2, 5, 6, 7	1, ♭2, ♭3, ♭6	2, 4, ♭5, 5
0, 1, 5, 6	2, 3, 7, 8	1, ♭2, 4, ♭5	2, ♭3, 5, ♭6
0, 1, 5, 7	2, 3, 6, 8	1, ♭2, 4, 5	2, ♭3, ♭5, ♭6
0, 1, 5, 8	2, 3, 6, 7	1, ♭2, 4, ♭6	2, ♭3, ♭5, 5
0, 1, 6, 7	2, 3, 5, 8	1, ♭2, ♭5, 5	2, ♭3, 4, ♭6
0, 1, 6, 8	2, 3, 5, 7	1, ♭2, ♭5, ♭6	2, ♭3, 4, 5
0, 1, 7, 8	2, 3, 5, 6	1, ♭2, 5, ♭6	2, ♭3, 4, ♭5
0, 2, 3, 5	1, 6, 7, 8	1, 2, ♭3, 4	♭2, ♭5, 5, ♭6
0, 2, 3, 6	1, 5, 7, 8	1, 2, ♭3, ♭5	♭2, 4, 5, ♭6
0, 2, 3, 7	1, 5, 6, 8	1, 2, ♭3, 5	♭2, 4, ♭5, ♭6
0, 2, 3, 8	1, 5, 6, 7	1, 2, ♭3, ♭6	♭2, 4, ♭5, 5
0, 2, 5, 6	1, 3, 7, 8	1, 2, 4, ♭5	♭2, ♭3, 5, ♭6
0, 2, 5, 7	1, 3, 6, 8	1, 2, 4, 5	♭2, ♭3, ♭5, ♭6
0, 2, 5, 8	1, 3, 6, 7	1, 2, 4, ♭6	♭2, ♭3, ♭5, 5
0, 2, 6, 7	1, 3, 5, 8	1, 2, ♭5, 5	♭2, ♭3, 4, ♭6
0, 2, 6, 8	1, 3, 5, 7	1, 2, ♭5, ♭6	♭2, ♭3, 4, 5
0, 2, 7, 8	1, 3, 5, 6	1, 2, 5, ♭6	♭2, ♭3, 4, ♭5
0, 3, 5, 6	1, 2, 7, 8	1, ♭3, 4, ♭5	♭2, 2, 5, ♭6
0, 3, 5, 7	1, 2, 6, 8	1, ♭3, 4, 5	♭2, 2, ♭5, ♭6
0, 3, 5, 8	1, 2, 6, 7	1, ♭3, 4, ♭6	♭2, 2, ♭5, 5
0, 3, 6, 7	1, 2, 5, 8	1, ♭3, ♭5, 5	♭2, 2, 4, ♭6
0, 3, 6, 8	1, 2, 5, 7	1, ♭3, ♭5, ♭6	♭2, 2, 4, 5
0, 3, 7, 8	1, 2, 5, 6	1, ♭3, 5, ♭6	♭2, 2, 4, ♭5
0, 5, 6, 7	1, 2, 3, 8	1, 4, ♭5, 5	♭2, 2, ♭3, ♭6
0, 5, 6, 8	1, 2, 3, 7	1, 4, ♭5, ♭6	♭2, 2, ♭3, 5
0, 5, 7, 8	1, 2, 3, 6	1, 4, 5, ♭6	♭2, 2, ♭3, ♭5
0, 6, 7, 8	1, 2, 3, 5	1, ♭5, 5, ♭6	♭2, 2, ♭3, 4

C, D♭, D, E♭, F, G♭, G, A;

prime form: 0, 1, 2, 3, 5, 6, 7, 9
degrees: 1, ♭2, 2, ♭3, 4, ♭5, 5, 6

Tetrad Combinations as Prime Forms		Tetrad Combinations as Degrees	
0, 1, 2, 3	5, 6, 7, 9	1, ♭2, 2, ♭3	4, ♭5, 5, 6
0, 1, 2, 5	3, 6, 7, 9	1, ♭2, 2, 4	♭3, ♭5, 5, 6
0, 1, 2, 6	3, 5, 7, 9	1, ♭2, 2, ♭5	♭3, 4, 5, 6
0, 1, 2, 7	3, 5, 6, 9	1, ♭2, 2, 5	♭3, 4, ♭5, 6
0, 1, 2, 9	3, 5, 6, 7	1, ♭2, 2, 6	♭3, 4, ♭5, 5
0, 1, 3, 5	2, 6, 7, 9	1, ♭2, ♭3, 4	2, ♭5, 5, 6
0, 1, 3, 6	2, 5, 7, 9	1, ♭2, ♭3, ♭5	2, 4, 5, 6
0, 1, 3, 7	2, 5, 6, 9	1, ♭2, ♭3, 5	2, 4, ♭5, 6
0, 1, 3, 9	2, 5, 6, 7	1, ♭2, ♭3, 6	2, 4, ♭5, 5
0, 1, 5, 6	2, 3, 7, 9	1, ♭2, 4, ♭5	2, ♭3, 5, 6
0, 1, 5, 7	2, 3, 6, 9	1, ♭2, 4, 5	2, ♭3, ♭5, 6
0, 1, 5, 9	2, 3, 6, 7	1, ♭2, 4, 6	2, ♭3, ♭5, 5
0, 1, 6, 7	2, 3, 5, 9	1, ♭2, ♭5, 5	2, ♭3, 4, 6
0, 1, 6, 9	2, 3, 5, 7	1, ♭2, ♭5, 6	2, ♭3, 4, 5
0, 1, 7, 9	2, 3, 5, 6	1, ♭2, 5, 6	2, ♭3, 4, ♭5
0, 2, 3, 5	1, 6, 7, 9	1, 2, ♭3, 4	♭2, ♭5, 5, 6
0, 2, 3, 6	1, 5, 7, 9	1, 2, ♭3, ♭5	♭2, 4, 5, 6
0, 2, 3, 7	1, 5, 6, 9	1, 2, ♭3, 5	♭2, 4, ♭5, 6
0, 2, 3, 9	1, 5, 6, 7	1, 2, ♭3, 6	♭2, 4, ♭5, 5
0, 2, 5, 6	1, 3, 7, 9	1, 2, 4, ♭5	♭2, ♭3, 5, 6
0, 2, 5, 7	1, 3, 6, 9	1, 2, 4, 5	♭2, ♭3, ♭5, 6
0, 2, 5, 9	1, 3, 6, 7	1, 2, 4, 6	♭2, ♭3, ♭5, 5
0, 2, 6, 7	1, 3, 5, 9	1, 2, ♭5, 5	♭2, ♭3, 4, 6
0, 2, 6, 9	1, 3, 5, 7	1, 2, ♭5, 6	♭2, ♭3, 4, 5
0, 2, 7, 9	1, 3, 5, 6	1, 2, 5, 6	♭2, ♭3, 4, ♭5
0, 3, 5, 6	1, 2, 7, 9	1, ♭3, 4, ♭5	♭2, 2, 5, 6
0, 3, 5, 7	1, 2, 6, 9	1, ♭3, 4, 5	♭2, 2, ♭5, 6
0, 3, 5, 9	1, 2, 6, 7	1, ♭3, 4, 6	♭2, 2, ♭5, 5
0, 3, 6, 7	1, 2, 5, 9	1, ♭3, ♭5, 5	♭2, 2, 4, 6
0, 3, 6, 9	1, 2, 5, 7	1, ♭3, ♭5, 6	♭2, 2, 4, 5
0, 3, 7, 9	1, 2, 5, 6	1, ♭3, 5, 6	♭2, 2, 4, ♭5
0, 5, 6, 7	1, 2, 3, 9	1, 4, ♭5, 5	♭2, 2, ♭3, 6
0, 5, 6, 9	1, 2, 3, 7	1, 4, ♭5, 6	♭2, 2, ♭3, 5
0, 5, 7, 9	1, 2, 3, 6	1, 4, 5, 6	♭2, 2, ♭3, ♭5
0, 6, 7, 9	1, 2, 3, 5	1, ♭5, 5, 6	♭2, 2, ♭3, 4

C, D♭, D, E♭, F, G♭, A♭, A;

prime form: 0, 1, 2, 3, 5, 6, 8, 9
degrees: 1, ♭2, 2, ♭3, 4, ♭5, ♭6, 6

Tetrad Combinations as Prime Forms		Tetrad Combinations as Degrees	
0, 1, 2, 3	5, 6, 8, 9	1, ♭2, 2, ♭3	4, ♭5, ♭6, 6
0, 1, 2, 5	3, 6, 8, 9	1, ♭2, 2, 4	♭3, ♭5, ♭6, 6
0, 1, 2, 6	3, 5, 8, 9	1, ♭2, 2, ♭5	♭3, 4, ♭6, 6
0, 1, 2, 8	3, 5, 6, 9	1, ♭2, 2, ♭6	♭3, 4, ♭5, 6
0, 1, 2, 9	3, 5, 6, 8	1, ♭2, 2, 6	♭3, 4, ♭5, ♭6
0, 1, 3, 5	2, 6, 8, 9	1, ♭2, ♭3, 4	2, ♭5, ♭6, 6
0, 1, 3, 6	2, 5, 8, 9	1, ♭2, ♭3, ♭5	2, 4, ♭6, 6
0, 1, 3, 8	2, 5, 6, 9	1, ♭2, ♭3, ♭6	2, 4, ♭5, 6
0, 1, 3, 9	2, 5, 6, 8	1, ♭2, ♭3, 6	2, 4, ♭5, ♭6
0, 1, 5, 6	2, 3, 8, 9	1, ♭2, 4, ♭5	2, ♭3, ♭6, 6
0, 1, 5, 8	2, 3, 6, 9	1, ♭2, 4, ♭6	2, ♭3, ♭5, 6
0, 1, 5, 9	2, 3, 6, 8	1, ♭2, 4, 6	2, ♭3, ♭5, ♭6
0, 1, 6, 8	2, 3, 5, 9	1, ♭2, ♭5, ♭6	2, ♭3, 4, 6
0, 1, 6, 9	2, 3, 5, 8	1, ♭2, ♭5, 6	2, ♭3, 4, ♭6
0, 1, 8, 9	2, 3, 5, 6	1, ♭2, ♭6, 6	2, ♭3, 4, ♭5
0, 2, 3, 5	1, 6, 8, 9	1, 2, ♭3, 4	♭2, ♭5, ♭6, 6
0, 2, 3, 6	1, 5, 8, 9	1, 2, ♭3, ♭5	♭2, 4, ♭6, 6
0, 2, 3, 8	1, 5, 6, 9	1, 2, ♭3, ♭6	♭2, 4, ♭5, 6
0, 2, 3, 9	1, 5, 6, 8	1, 2, ♭3, 6	♭2, 4, ♭5, ♭6
0, 2, 5, 6	1, 3, 8, 9	1, 2, 4, ♭5	♭2, ♭3, ♭6, 6
0, 2, 5, 8	1, 3, 6, 9	1, 2, 4, ♭6	♭2, ♭3, ♭5, 6
0, 2, 5, 9	1, 3, 6, 8	1, 2, 4, 6	♭2, ♭3, ♭5, ♭6
0, 2, 6, 8	1, 3, 5, 9	1, 2, ♭5, ♭6	♭2, ♭3, 4, 6
0, 2, 6, 9	1, 3, 5, 8	1, 2, ♭5, 6	♭2, ♭3, 4, ♭6
0, 2, 8, 9	1, 3, 5, 6	1, 2, ♭6, 6	♭2, ♭3, 4, ♭5
0, 3, 5, 6	1, 2, 8, 9	1, ♭3, 4, ♭5	♭2, 2, ♭6, 6
0, 3, 5, 8	1, 2, 6, 9	1, ♭3, 4, ♭6	♭2, 2, ♭5, 6
0, 3, 5, 9	1, 2, 6, 8	1, ♭3, 4, 6	♭2, 2, ♭5, ♭6
0, 3, 6, 8	1, 2, 5, 9	1, ♭3, ♭5, ♭6	♭2, 2, 4, 6
0, 3, 6, 9	1, 2, 5, 8	1, ♭3, ♭5, 6	♭2, 2, 4, ♭6
0, 3, 8, 9	1, 2, 5, 6	1, ♭3, ♭6, 6	♭2, 2, 4, ♭5
0, 5, 6, 8	1, 2, 3, 9	1, 4, ♭5, ♭6	♭2, 2, ♭3, 6
0, 5, 6, 9	1, 2, 3, 8	1, 4, ♭5, 6	♭2, 2, ♭3, ♭6
0, 5, 8, 9	1, 2, 3, 6	1, 4, ♭6, 6	♭2, 2, ♭3, ♭5
0, 6, 8, 9	1, 2, 3, 5	1, ♭5, ♭6, 6	♭2, 2, ♭3, 4

C, D♭, D, E♭, F, G♭, A♭, B♭;

prime form: 0, 1, 2, 3, 5, 6, 8, 10
degrees: 1, ♭2, 2, ♭3, 4, ♭5, ♭6, ♭7

Tetrad Combinations as Prime Forms		Tetrad Combinations as Degrees	
0, 1, 2, 3	5, 6, 8, 10	1, ♭2, 2, ♭3	4, ♭5, ♭6, ♭7
0, 1, 2, 5	3, 6, 8, 10	1, ♭2, 2, 4	♭3, ♭5, ♭6, ♭7
0, 1, 2, 6	3, 5, 8, 10	1, ♭2, 2, ♭5	♭3, 4, ♭6, ♭7
0, 1, 2, 8	3, 5, 6, 10	1, ♭2, 2, ♭6	♭3, 4, ♭5, ♭7
0, 1, 2, 10	3, 5, 6, 8	1, ♭2, 2, ♭7	♭3, 4, ♭5, ♭6
0, 1, 3, 5	2, 6, 8, 10	1, ♭2, ♭3, 4	2, ♭5, ♭6, ♭7
0, 1, 3, 6	2, 5, 8, 10	1, ♭2, ♭3, ♭5	2, 4, ♭6, ♭7
0, 1, 3, 8	2, 5, 6, 10	1, ♭2, ♭3, ♭6	2, 4, ♭5, ♭7
0, 1, 3, 10	2, 5, 6, 8	1, ♭2, ♭3, ♭7	2, 4, ♭5, ♭6
0, 1, 5, 6	2, 3, 8, 10	1, ♭2, 4, ♭5	2, ♭3, ♭6, ♭7
0, 1, 5, 8	2, 3, 6, 10	1, ♭2, 4, ♭6	2, ♭3, ♭5, ♭7
0, 1, 5, 10	2, 3, 6, 8	1, ♭2, 4, ♭7	2, ♭3, ♭5, ♭6
0, 1, 6, 8	2, 3, 5, 10	1, ♭2, ♭5, ♭6	2, ♭3, 4, ♭7
0, 1, 6, 10	2, 3, 5, 8	1, ♭2, ♭5, ♭7	2, ♭3, 4, ♭6
0, 1, 8, 10	2, 3, 5, 6	1, ♭2, ♭6, ♭7	2, ♭3, 4, ♭5
0, 2, 3, 5	1, 6, 8, 10	1, 2, ♭3, 4	♭2, ♭5, ♭6, ♭7
0, 2, 3, 6	1, 5, 8, 10	1, 2, ♭3, ♭5	♭2, 4, ♭6, ♭7
0, 2, 3, 8	1, 5, 6, 10	1, 2, ♭3, ♭6	♭2, 4, ♭5, ♭7
0, 2, 3, 10	1, 5, 6, 8	1, 2, ♭3, ♭7	♭2, 4, ♭5, ♭6
0, 2, 5, 6	1, 3, 8, 10	1, 2, 4, ♭5	♭2, ♭3, ♭6, ♭7
0, 2, 5, 8	1, 3, 6, 10	1, 2, 4, ♭6	♭2, ♭3, ♭5, ♭7
0, 2, 5, 10	1, 3, 6, 8	1, 2, 4, ♭7	♭2, ♭3, ♭5, ♭6
0, 2, 6, 8	1, 3, 5, 10	1, 2, ♭5, ♭6	♭2, ♭3, 4, ♭7
0, 2, 6, 10	1, 3, 5, 8	1, 2, ♭5, ♭7	♭2, ♭3, 4, ♭6
0, 2, 8, 10	1, 3, 5, 6	1, 2, ♭6, ♭7	♭2, ♭3, 4, ♭5
0, 3, 5, 6	1, 2, 8, 10	1, ♭3, 4, ♭5	♭2, 2, ♭6, ♭7
0, 3, 5, 8	1, 2, 6, 10	1, ♭3, 4, ♭6	♭2, 2, ♭5, ♭7
0, 3, 5, 10	1, 2, 6, 8	1, ♭3, 4, ♭7	♭2, 2, ♭5, ♭6
0, 3, 6, 8	1, 2, 5, 10	1, ♭3, ♭5, ♭6	♭2, 2, 4, ♭7
0, 3, 6, 10	1, 2, 5, 8	1, ♭3, ♭5, ♭7	♭2, 2, 4, ♭6
0, 3, 8, 10	1, 2, 5, 6	1, ♭3, ♭6, ♭7	♭2, 2, 4, ♭5
0, 5, 6, 8	1, 2, 3, 10	1, 4, ♭5, ♭6	♭2, 2, ♭3, ♭7
0, 5, 6, 10	1, 2, 3, 8	1, 4, ♭5, ♭7	♭2, 2, ♭3, ♭6
0, 5, 8, 10	1, 2, 3, 6	1, 4, ♭6, ♭7	♭2, 2, ♭3, ♭5
0, 6, 8, 10	1, 2, 3, 5	1, ♭5, ♭6, ♭7	♭2, 2, ♭3, 4

C, D♭, D, E♭, F, G, A♭, A;

prime form: 0, 1, 2, 3, 5, 7, 8, 9
degrees: 1, ♭2, 2, ♭3, 4, 5, ♭6, 6

Tetrad Combinations as Prime Forms		Tetrad Combinations as Degrees	
0, 1, 2, 3	5, 7, 8, 9	1, ♭2, 2, ♭3	4, 5, ♭6, 6
0, 1, 2, 5	3, 7, 8, 9	1, ♭2, 2, 4	♭3, 5, ♭6, 6
0, 1, 2, 7	3, 5, 8, 9	1, ♭2, 2, 5	♭3, 4, ♭6, 6
0, 1, 2, 8	3, 5, 7, 9	1, ♭2, 2, ♭6	♭3, 4, 5, 6
0, 1, 2, 9	3, 5, 7, 8	1, ♭2, 2, 6	♭3, 4, 5, ♭6
0, 1, 3, 5	2, 7, 8, 9	1, ♭2, ♭3, 4	2, 5, ♭6, 6
0, 1, 3, 7	2, 5, 8, 9	1, ♭2, ♭3, 5	2, 4, ♭6, 6
0, 1, 3, 8	2, 5, 7, 9	1, ♭2, ♭3, ♭6	2, 4, 5, 6
0, 1, 3, 9	2, 5, 7, 8	1, ♭2, ♭3, 6	2, 4, 5, ♭6
0, 1, 5, 7	2, 3, 8, 9	1, ♭2, 4, 5	2, ♭3, ♭6, 6
0, 1, 5, 8	2, 3, 7, 9	1, ♭2, 4, ♭6	2, ♭3, 5, 6
0, 1, 5, 9	2, 3, 7, 8	1, ♭2, 4, 6	2, ♭3, 5, ♭6
0, 1, 7, 8	2, 3, 5, 9	1, ♭2, 5, ♭6	2, ♭3, 4, 6
0, 1, 7, 9	2, 3, 5, 8	1, ♭2, 5, 6	2, ♭3, 4, ♭6
0, 1, 8, 9	2, 3, 5, 7	1, ♭2, ♭6, 6	2, ♭3, 4, 5
0, 2, 3, 5	1, 7, 8, 9	1, 2, ♭3, 4	♭2, 5, ♭6, 6
0, 2, 3, 7	1, 5, 8, 9	1, 2, ♭3, 5	♭2, 4, ♭6, 6
0, 2, 3, 8	1, 5, 7, 9	1, 2, ♭3, ♭6	♭2, 4, 5, 6
0, 2, 3, 9	1, 5, 7, 8	1, 2, ♭3, 6	♭2, 4, 5, ♭6
0, 2, 5, 7	1, 3, 8, 9	1, 2, 4, 5	♭2, ♭3, ♭6, 6
0, 2, 5, 8	1, 3, 7, 9	1, 2, 4, ♭6	♭2, ♭3, 5, 6
0, 2, 5, 9	1, 3, 7, 8	1, 2, 4, 6	♭2, ♭3, 5, ♭6
0, 2, 7, 8	1, 3, 5, 9	1, 2, 5, ♭6	♭2, ♭3, 4, 6
0, 2, 7, 9	1, 3, 5, 8	1, 2, 5, 6	♭2, ♭3, 4, ♭6
0, 2, 8, 9	1, 3, 5, 7	1, 2, ♭6, 6	♭2, ♭3, 4, 5
0, 3, 5, 7	1, 2, 8, 9	1, ♭3, 4, 5	♭2, 2, ♭6, 6
0, 3, 5, 8	1, 2, 7, 9	1, ♭3, 4, ♭6	♭2, 2, 5, 6
0, 3, 5, 9	1, 2, 7, 8	1, ♭3, 4, 6	♭2, 2, 5, ♭6
0, 3, 7, 8	1, 2, 5, 9	1, ♭3, 5, ♭6	♭2, 2, 4, 6
0, 3, 7, 9	1, 2, 5, 8	1, ♭3, 5, 6	♭2, 2, 4, ♭6
0, 3, 8, 9	1, 2, 5, 7	1, ♭3, ♭6, 6	♭2, 2, 4, 5
0, 5, 7, 8	1, 2, 3, 9	1, 4, 5, ♭6	♭2, 2, ♭3, 6
0, 5, 7, 9	1, 2, 3, 8	1, 4, 5, 6	♭2, 2, ♭3, ♭6
0, 5, 8, 9	1, 2, 3, 7	1, 4, ♭6, 6	♭2, 2, ♭3, 5
0, 7, 8, 9	1, 2, 3, 5	1, 5, ♭6, 6	♭2, 2, ♭3, 4

C, D♭, D, E♭, F, G, A♭, B♭;

prime form: 0, 1, 2, 3, 5, 7, 8, 10
degrees: 1, ♭2, 2, ♭3, 4, 5, ♭6, ♭7

Tetrad Combinations as Prime Forms		Tetrad Combinations as Degrees	
0, 1, 2, 3	5, 7, 8, 10	1, ♭2, 2, ♭3	4, 5, ♭6, ♭7
0, 1, 2, 5	3, 7, 8, 10	1, ♭2, 2, 4	♭3, 5, ♭6, ♭7
0, 1, 2, 7	3, 5, 8, 10	1, ♭2, 2, 5	♭3, 4, ♭6, ♭7
0, 1, 2, 8	3, 5, 7, 10	1, ♭2, 2, ♭6	♭3, 4, 5, ♭7
0, 1, 2, 10	3, 5, 7, 8	1, ♭2, 2, ♭7	♭3, 4, 5, ♭6
0, 1, 3, 5	2, 7, 8, 10	1, ♭2, ♭3, 4	2, 5, ♭6, ♭7
0, 1, 3, 7	2, 5, 8, 10	1, ♭2, ♭3, 5	2, 4, ♭6, ♭7
0, 1, 3, 8	2, 5, 7, 10	1, ♭2, ♭3, ♭6	2, 4, 5, ♭7
0, 1, 3, 10	2, 5, 7, 8	1, ♭2, ♭3, ♭7	2, 4, 5, ♭6
0, 1, 5, 7	2, 3, 8, 10	1, ♭2, 4, 5	2, ♭3, ♭6, ♭7
0, 1, 5, 8	2, 3, 7, 10	1, ♭2, 4, ♭6	2, ♭3, 5, ♭7
0, 1, 5, 10	2, 3, 7, 8	1, ♭2, 4, ♭7	2, ♭3, 5, ♭6
0, 1, 7, 8	2, 3, 5, 10	1, ♭2, 5, ♭6	2, ♭3, 4, ♭7
0, 1, 7, 10	2, 3, 5, 8	1, ♭2, 5, ♭7	2, ♭3, 4, ♭6
0, 1, 8, 10	2, 3, 5, 7	1, ♭2, ♭6, ♭7	2, ♭3, 4, 5
0, 2, 3, 5	1, 7, 8, 10	1, 2, ♭3, 4	♭2, 5, ♭6, ♭7
0, 2, 3, 7	1, 5, 8, 10	1, 2, ♭3, 5	♭2, 4, ♭6, ♭7
0, 2, 3, 8	1, 5, 7, 10	1, 2, ♭3, ♭6	♭2, 4, 5, ♭7
0, 2, 3, 10	1, 5, 7, 8	1, 2, ♭3, ♭7	♭2, 4, 5, ♭6
0, 2, 5, 7	1, 3, 8, 10	1, 2, 4, 5	♭2, ♭3, ♭6, ♭7
0, 2, 5, 8	1, 3, 7, 10	1, 2, 4, ♭6	♭2, ♭3, 5, ♭7
0, 2, 5, 10	1, 3, 7, 8	1, 2, 4, ♭7	♭2, ♭3, 5, ♭6
0, 2, 7, 8	1, 3, 5, 10	1, 2, 5, ♭6	♭2, ♭3, 4, ♭7
0, 2, 7, 10	1, 3, 5, 8	1, 2, 5, ♭7	♭2, ♭3, 4, ♭6
0, 2, 8, 10	1, 3, 5, 7	1, 2, ♭6, ♭7	♭2, ♭3, 4, 5
0, 3, 5, 7	1, 2, 8, 10	1, ♭3, 4, 5	♭2, 2, ♭6, ♭7
0, 3, 5, 8	1, 2, 7, 10	1, ♭3, 4, ♭6	♭2, 2, 5, ♭7
0, 3, 5, 10	1, 2, 7, 8	1, ♭3, 4, ♭7	♭2, 2, 5, ♭6
0, 3, 7, 8	1, 2, 5, 10	1, ♭3, 5, ♭6	♭2, 2, 4, ♭7
0, 3, 7, 10	1, 2, 5, 8	1, ♭3, 5, ♭7	♭2, 2, 4, ♭6
0, 3, 8, 10	1, 2, 5, 7	1, ♭3, ♭6, ♭7	♭2, 2, 4, 5
0, 5, 7, 8	1, 2, 3, 10	1, 4, 5, ♭6	♭2, 2, ♭3, ♭7
0, 5, 7, 10	1, 2, 3, 8	1, 4, 5, ♭7	♭2, 2, ♭3, ♭6
0, 5, 8, 10	1, 2, 3, 7	1, 4, ♭6, ♭7	♭2, 2, ♭3, 5
0, 7, 8, 10	1, 2, 3, 5	1, 5, ♭6, ♭7	♭2, 2, ♭3, 4

C, D♭, D, E♭, G♭, G, A♭, A;
prime form: 0, 1, 2, 3, 6, 7, 8, 9
degrees: 1, ♭2, 2, ♭3, ♭5, 5, ♭6, 6

Tetrad Combinations as Prime Forms		Tetrad Combinations as Degrees	
0, 1, 2, 3	6, 7, 8, 9	1, ♭2, 2, ♭3	♭5, 5, ♭6, 6
0, 1, 2, 6	3, 7, 8, 9	1, ♭2, 2, ♭5	♭3, 5, ♭6, 6
0, 1, 2, 7	3, 6, 8, 9	1, ♭2, 2, 5	♭3, ♭5, ♭6, 6
0, 1, 2, 8	3, 6, 7, 9	1, ♭2, 2, ♭6	♭3, ♭5, 5, 6
0, 1, 2, 9	3, 6, 7, 8	1, ♭2, 2, 6	♭3, ♭5, 5, ♭6
0, 1, 3, 6	2, 7, 8, 9	1, ♭2, ♭3, ♭5	2, 5, ♭6, 6
0, 1, 3, 7	2, 6, 8, 9	1, ♭2, ♭3, 5	2, ♭5, ♭6, 6
0, 1, 3, 8	2, 6, 7, 9	1, ♭2, ♭3, ♭6	2, ♭5, 5, 6
0, 1, 3, 9	2, 6, 7, 8	1, ♭2, ♭3, 6	2, ♭5, 5, ♭6
0, 1, 6, 7	2, 3, 8, 9	1, ♭2, ♭5, 5	2, ♭3, ♭6, 6
0, 1, 6, 8	2, 3, 7, 9	1, ♭2, ♭5, ♭6	2, ♭3, 5, 6
0, 1, 6, 9	2, 3, 7, 8	1, ♭2, ♭5, 6	2, ♭3, 5, ♭6
0, 1, 7, 8	2, 3, 6, 9	1, ♭2, 5, ♭6	2, ♭3, ♭5, 6
0, 1, 7, 9	2, 3, 6, 8	1, ♭2, 5, 6	2, ♭3, ♭5, ♭6
0, 1, 8, 9	2, 3, 6, 7	1, ♭2, ♭6, 6	2, ♭3, ♭5, 5
0, 2, 3, 6	1, 7, 8, 9	1, 2, ♭3, ♭5	♭2, 5, ♭6, 6
0, 2, 3, 7	1, 6, 8, 9	1, 2, ♭3, 5	♭2, ♭5, ♭6, 6
0, 2, 3, 8	1, 6, 7, 9	1, 2, ♭3, ♭6	♭2, ♭5, 5, 6
0, 2, 3, 9	1, 6, 7, 8	1, 2, ♭3, 6	♭2, ♭5, 5, ♭6
0, 2, 6, 7	1, 3, 8, 9	1, 2, ♭5, 5	♭2, ♭3, ♭6, 6
0, 2, 6, 8	1, 3, 7, 9	1, 2, ♭5, ♭6	♭2, ♭3, 5, 6
0, 2, 6, 9	1, 3, 7, 8	1, 2, ♭5, 6	♭2, ♭3, 5, ♭6
0, 2, 7, 8	1, 3, 6, 9	1, 2, 5, ♭6	♭2, ♭3, ♭5, 6
0, 2, 7, 9	1, 3, 6, 8	1, 2, 5, 6	♭2, ♭3, ♭5, ♭6
0, 2, 8, 9	1, 3, 6, 7	1, 2, ♭6, 6	♭2, ♭3, ♭5, 5
0, 3, 6, 7	1, 2, 8, 9	1, ♭3, ♭5, 5	♭2, 2, ♭6, 6
0, 3, 6, 8	1, 2, 7, 9	1, ♭3, ♭5, ♭6	♭2, 2, 5, 6
0, 3, 6, 9	1, 2, 7, 8	1, ♭3, ♭5, 6	♭2, 2, 5, ♭6
0, 3, 7, 8	1, 2, 6, 9	1, ♭3, 5, ♭6	♭2, 2, ♭5, 6
0, 3, 7, 9	1, 2, 6, 8	1, ♭3, 5, 6	♭2, 2, ♭5, ♭6
0, 3, 8, 9	1, 2, 6, 7	1, ♭3, ♭6, 6	♭2, 2, ♭5, 5
0, 6, 7, 8	1, 2, 3, 9	1, ♭5, 5, ♭6	♭2, 2, ♭3, 6
0, 6, 7, 9	1, 2, 3, 8	1, ♭5, 5, 6	♭2, 2, ♭3, ♭6
0, 6, 8, 9	1, 2, 3, 7	1, ♭5, ♭6, 6	♭2, 2, ♭3, 5
0, 7, 8, 9	1, 2, 3, 6	1, 5, ♭6, 6	♭2, 2, ♭3, ♭5

C, D♭, D, E, F, G♭, G, A;

prime form: 0, 1, 2, 4, 5, 6, 7, 9
degrees: 1, ♭2, 2, 3, 4, ♭5, 5, 6

Tetrad Combinations as Prime Forms		Tetrad Combinations as Degrees	
0, 1, 2, 4	5, 6, 7, 9	1, ♭2, 2, 3	4, ♭5, 5, 6
0, 1, 2, 5	4, 6, 7, 9	1, ♭2, 2, 4	3, ♭5, 5, 6
0, 1, 2, 6	4, 5, 7, 9	1, ♭2, 2, ♭5	3, 4, 5, 6
0, 1, 2, 7	4, 5, 6, 9	1, ♭2, 2, 5	3, 4, ♭5, 6
0, 1, 2, 9	4, 5, 6, 7	1, ♭2, 2, 6	3, 4, ♭5, 5
0, 1, 4, 5	2, 6, 7, 9	1, ♭2, 3, 4	2, ♭5, 5, 6
0, 1, 4, 6	2, 5, 7, 9	1, ♭2, 3, ♭5	2, 4, 5, 6
0, 1, 4, 7	2, 5, 6, 9	1, ♭2, 3, 5	2, 4, ♭5, 6
0, 1, 4, 9	2, 5, 6, 7	1, ♭2, 3, 6	2, 4, ♭5, 5
0, 1, 5, 6	2, 4, 7, 9	1, ♭2, 4, ♭5	2, 3, 5, 6
0, 1, 5, 7	2, 4, 6, 9	1, ♭2, 4, 5	2, 3, ♭5, 6
0, 1, 5, 9	2, 4, 6, 7	1, ♭2, 4, 6	2, 3, ♭5, 5
0, 1, 6, 7	2, 4, 5, 9	1, ♭2, ♭5, 5	2, 3, 4, 6
0, 1, 6, 9	2, 4, 5, 7	1, ♭2, ♭5, 6	2, 3, 4, 5
0, 1, 7, 9	2, 4, 5, 6	1, ♭2, 5, 6	2, 3, 4, ♭5
0, 2, 4, 5	1, 6, 7, 9	1, 2, 3, 4	♭2, ♭5, 5, 6
0, 2, 4, 6	1, 5, 7, 9	1, 2, 3, ♭5	♭2, 4, 5, 6
0, 2, 4, 7	1, 5, 6, 9	1, 2, 3, 5	♭2, 4, ♭5, 6
0, 2, 4, 9	1, 5, 6, 7	1, 2, 3, 6	♭2, 4, ♭5, 5
0, 2, 5, 6	1, 4, 7, 9	1, 2, 4, ♭5	♭2, 3, 5, 6
0, 2, 5, 7	1, 4, 6, 9	1, 2, 4, 5	♭2, 3, ♭5, 6
0, 2, 5, 9	1, 4, 6, 7	1, 2, 4, 6	♭2, 3, ♭5, 5
0, 2, 6, 7	1, 4, 5, 9	1, 2, ♭5, 5	♭2, 3, 4, 6
0, 2, 6, 9	1, 4, 5, 7	1, 2, ♭5, 6	♭2, 3, 4, 5
0, 2, 7, 9	1, 4, 5, 6	1, 2, 5, 6	♭2, 3, 4, ♭5
0, 4, 5, 6	1, 2, 7, 9	1, 3, 4, ♭5	♭2, 2, 5, 6
0, 4, 5, 7	1, 2, 6, 9	1, 3, 4, 5	♭2, 2, ♭5, 6
0, 4, 5, 9	1, 2, 6, 7	1, 3, 4, 6	♭2, 2, ♭5, 5
0, 4, 6, 7	1, 2, 5, 9	1, 3, ♭5, 5	♭2, 2, 4, 6
0, 4, 6, 9	1, 2, 5, 7	1, 3, ♭5, 6	♭2, 2, 4, 5
0, 4, 7, 9	1, 2, 5, 6	1, 3, 5, 6	♭2, 2, 4, ♭5
0, 5, 6, 7	1, 2, 4, 9	1, 4, ♭5, 5	♭2, 2, 3, 6
0, 5, 6, 9	1, 2, 4, 7	1, 4, ♭5, 6	♭2, 2, 3, 5
0, 5, 7, 9	1, 2, 4, 6	1, 4, 5, 6	♭2, 2, 3, ♭5
0, 6, 7, 9	1, 2, 4, 5	1, ♭5, 5, 6	♭2, 2, 3, 4

C, D♭, D, E, F, G♭, A♭, A;

prime form: 0, 1, 2, 4, 5, 6, 8, 9
degrees: 1, ♭2, 2, 3, 4, ♭5, ♭6, 6

Tetrad Combinations as Prime Forms		Tetrad Combinations as Degrees	
0, 1, 2, 4	5, 6, 8, 9	1, ♭2, 2, 3	4, ♭5, ♭6, 6
0, 1, 2, 5	4, 6, 8, 9	1, ♭2, 2, 4	3, ♭5, ♭6, 6
0, 1, 2, 6	4, 5, 8, 9	1, ♭2, 2, ♭5	3, 4, ♭6, 6
0, 1, 2, 8	4, 5, 6, 9	1, ♭2, 2, ♭6	3, 4, ♭5, 6
0, 1, 2, 9	4, 5, 6, 8	1, ♭2, 2, 6	3, 4, ♭5, ♭6
0, 1, 4, 5	2, 6, 8, 9	1, ♭2, 3, 4	2, ♭5, ♭6, 6
0, 1, 4, 6	2, 5, 8, 9	1, ♭2, 3, ♭5	2, 4, ♭6, 6
0, 1, 4, 8	2, 5, 6, 9	1, ♭2, 3, ♭6	2, 4, ♭5, 6
0, 1, 4, 9	2, 5, 6, 8	1, ♭2, 3, 6	2, 4, ♭5, ♭6
0, 1, 5, 6	2, 4, 8, 9	1, ♭2, 4, ♭5	2, 3, ♭6, 6
0, 1, 5, 8	2, 4, 6, 9	1, ♭2, 4, ♭6	2, 3, ♭5, 6
0, 1, 5, 9	2, 4, 6, 8	1, ♭2, 4, 6	2, 3, ♭5, ♭6
0, 1, 6, 8	2, 4, 5, 9	1, ♭2, ♭5, ♭6	2, 3, 4, 6
0, 1, 6, 9	2, 4, 5, 8	1, ♭2, ♭5, 6	2, 3, 4, ♭6
0, 1, 8, 9	2, 4, 5, 6	1, ♭2, ♭6, 6	2, 3, 4, ♭5
0, 2, 4, 5	1, 6, 8, 9	1, 2, 3, 4	♭2, ♭5, ♭6, 6
0, 2, 4, 6	1, 5, 8, 9	1, 2, 3, ♭5	♭2, 4, ♭6, 6
0, 2, 4, 8	1, 5, 6, 9	1, 2, 3, ♭6	♭2, 4, ♭5, 6
0, 2, 4, 9	1, 5, 6, 8	1, 2, 3, 6	♭2, 4, ♭5, ♭6
0, 2, 5, 6	1, 4, 8, 9	1, 2, 4, ♭5	♭2, 3, ♭6, 6
0, 2, 5, 8	1, 4, 6, 9	1, 2, 4, ♭6	♭2, 3, ♭5, 6
0, 2, 5, 9	1, 4, 6, 8	1, 2, 4, 6	♭2, 3, ♭5, ♭6
0, 2, 6, 8	1, 4, 5, 9	1, 2, ♭5, ♭6	♭2, 3, 4, 6
0, 2, 6, 9	1, 4, 5, 8	1, 2, ♭5, 6	♭2, 3, 4, ♭6
0, 2, 8, 9	1, 4, 5, 6	1, 2, ♭6, 6	♭2, 3, 4, ♭5
0, 4, 5, 6	1, 2, 8, 9	1, 3, 4, ♭5	♭2, 2, ♭6, 6
0, 4, 5, 8	1, 2, 6, 9	1, 3, 4, ♭6	♭2, 2, ♭5, 6
0, 4, 5, 9	1, 2, 6, 8	1, 3, 4, 6	♭2, 2, ♭5, ♭6
0, 4, 6, 8	1, 2, 5, 9	1, 3, ♭5, ♭6	♭2, 2, 4, 6
0, 4, 6, 9	1, 2, 5, 8	1, 3, ♭5, 6	♭2, 2, 4, ♭6
0, 4, 8, 9	1, 2, 5, 6	1, 3, ♭6, 6	♭2, 2, 4, ♭5
0, 5, 6, 8	1, 2, 4, 9	1, 4, ♭5, ♭6	♭2, 2, 3, 6
0, 5, 6, 9	1, 2, 4, 8	1, 4, ♭5, 6	♭2, 2, 3, ♭6
0, 5, 8, 9	1, 2, 4, 6	1, 4, ♭6, 6	♭2, 2, 3, ♭5
0, 6, 8, 9	1, 2, 4, 5	1, ♭5, ♭6, 6	♭2, 2, 3, 4

C, D♭, D, E, F, G♭, A♭, B♭;

prime form: 0, 1, 2, 4, 5, 6, 8, 10
degrees: 1, ♭2, 2, 3, 4, ♭5, ♭6, ♭7

Tetrad Combinations as Prime Forms		Tetrad Combinations as Degrees	
0, 1, 2, 4	5, 6, 8, 10	1, ♭2, 2, 3	4, ♭5, ♭6, ♭7
0, 1, 2, 5	4, 6, 8, 10	1, ♭2, 2, 4	3, ♭5, ♭6, ♭7
0, 1, 2, 6	4, 5, 8, 10	1, ♭2, 2, ♭5	3, 4, ♭6, ♭7
0, 1, 2, 8	4, 5, 6, 10	1, ♭2, 2, ♭6	3, 4, ♭5, ♭7
0, 1, 2, 10	4, 5, 6, 8	1, ♭2, 2, ♭7	3, 4, ♭5, ♭6
0, 1, 4, 5	2, 6, 8, 10	1, ♭2, 3, 4	2, ♭5, ♭6, ♭7
0, 1, 4, 6	2, 5, 8, 10	1, ♭2, 3, ♭5	2, 4, ♭6, ♭7
0, 1, 4, 8	2, 5, 6, 10	1, ♭2, 3, ♭6	2, 4, ♭5, ♭7
0, 1, 4, 10	2, 5, 6, 8	1, ♭2, 3, ♭7	2, 4, ♭5, ♭6
0, 1, 5, 6	2, 4, 8, 10	1, ♭2, 4, ♭5	2, 3, ♭6, ♭7
0, 1, 5, 8	2, 4, 6, 10	1, ♭2, 4, ♭6	2, 3, ♭5, ♭7
0, 1, 5, 10	2, 4, 6, 8	1, ♭2, 4, ♭7	2, 3, ♭5, ♭6
0, 1, 6, 8	2, 4, 5, 10	1, ♭2, ♭5, ♭6	2, 3, 4, ♭7
0, 1, 6, 10	2, 4, 5, 8	1, ♭2, ♭5, ♭7	2, 3, 4, ♭6
0, 1, 8, 10	2, 4, 5, 6	1, ♭2, ♭6, ♭7	2, 3, 4, ♭5
0, 2, 4, 5	1, 6, 8, 10	1, 2, 3, 4	♭2, ♭5, ♭6, ♭7
0, 2, 4, 6	1, 5, 8, 10	1, 2, 3, ♭5	♭2, 4, ♭6, ♭7
0, 2, 4, 8	1, 5, 6, 10	1, 2, 3, ♭6	♭2, 4, ♭5, ♭7
0, 2, 4, 10	1, 5, 6, 8	1, 2, 3, ♭7	♭2, 4, ♭5, ♭6
0, 2, 5, 6	1, 4, 8, 10	1, 2, 4, ♭5	♭2, 3, ♭6, ♭7
0, 2, 5, 8	1, 4, 6, 10	1, 2, 4, ♭6	♭2, 3, ♭5, ♭7
0, 2, 5, 10	1, 4, 6, 8	1, 2, 4, ♭7	♭2, 3, ♭5, ♭6
0, 2, 6, 8	1, 4, 5, 10	1, 2, ♭5, ♭6	♭2, 3, 4, ♭7
0, 2, 6, 10	1, 4, 5, 8	1, 2, ♭5, ♭7	♭2, 3, 4, ♭6
0, 2, 8, 10	1, 4, 5, 6	1, 2, ♭6, ♭7	♭2, 3, 4, ♭5
0, 4, 5, 6	1, 2, 8, 10	1, 3, 4, ♭5	♭2, 2, ♭6, ♭7
0, 4, 5, 8	1, 2, 6, 10	1, 3, 4, ♭6	♭2, 2, ♭5, ♭7
0, 4, 5, 10	1, 2, 6, 8	1, 3, 4, ♭7	♭2, 2, ♭5, ♭6
0, 4, 6, 8	1, 2, 5, 10	1, 3, ♭5, ♭6	♭2, 2, 4, ♭7
0, 4, 6, 10	1, 2, 5, 8	1, 3, ♭5, ♭7	♭2, 2, 4, ♭6
0, 4, 8, 10	1, 2, 5, 6	1, 3, ♭6, ♭7	♭2, 2, 4, ♭5
0, 5, 6, 8	1, 2, 4, 10	1, 4, ♭5, ♭6	♭2, 2, 3, ♭7
0, 5, 6, 10	1, 2, 4, 8	1, 4, ♭5, ♭7	♭2, 2, 3, ♭6
0, 5, 8, 10	1, 2, 4, 6	1, 4, ♭6, ♭7	♭2, 2, 3, ♭5
0, 6, 8, 10	1, 2, 4, 5	1, ♭5, ♭6, ♭7	♭2, 2, 3, 4

C, D♭, D, E, F, G, A♭, A;

prime form: 0, 1, 2, 4, 5, 7, 8, 9
degrees: 1, ♭2, 2, 3, 4, 5, ♭6, 6

Tetrad Combinations as Prime Forms		Tetrad Combinations as Degrees	
0, 1, 2, 4	5, 7, 8, 9	1, ♭2, 2, 3	4, 5, ♭6, 6
0, 1, 2, 5	4, 7, 8, 9	1, ♭2, 2, 4	3, 5, ♭6, 6
0, 1, 2, 7	4, 5, 8, 9	1, ♭2, 2, 5	3, 4, ♭6, 6
0, 1, 2, 8	4, 5, 7, 9	1, ♭2, 2, ♭6	3, 4, 5, 6
0, 1, 2, 9	4, 5, 7, 8	1, ♭2, 2, 6	3, 4, 5, ♭6
0, 1, 4, 5	2, 7, 8, 9	1, ♭2, 3, 4	2, 5, ♭6, 6
0, 1, 4, 7	2, 5, 8, 9	1, ♭2, 3, 5	2, 4, ♭6, 6
0, 1, 4, 8	2, 5, 7, 9	1, ♭2, 3, ♭6	2, 4, 5, 6
0, 1, 4, 9	2, 5, 7, 8	1, ♭2, 3, 6	2, 4, 5, ♭6
0, 1, 5, 7	2, 4, 8, 9	1, ♭2, 4, 5	2, 3, ♭6, 6
0, 1, 5, 8	2, 4, 7, 9	1, ♭2, 4, ♭6	2, 3, 5, 6
0, 1, 5, 9	2, 4, 7, 8	1, ♭2, 4, 6	2, 3, 5, ♭6
0, 1, 7, 8	2, 4, 5, 9	1, ♭2, 5, ♭6	2, 3, 4, 6
0, 1, 7, 9	2, 4, 5, 8	1, ♭2, 5, 6	2, 3, 4, ♭6
0, 1, 8, 9	2, 4, 5, 7	1, ♭2, ♭6, 6	2, 3, 4, 5
0, 2, 4, 5	1, 7, 8, 9	1, 2, 3, 4	♭2, 5, ♭6, 6
0, 2, 4, 7	1, 5, 8, 9	1, 2, 3, 5	♭2, 4, ♭6, 6
0, 2, 4, 8	1, 5, 7, 9	1, 2, 3, ♭6	♭2, 4, 5, 6
0, 2, 4, 9	1, 5, 7, 8	1, 2, 3, 6	♭2, 4, 5, ♭6
0, 2, 5, 7	1, 4, 8, 9	1, 2, 4, 5	♭2, 3, ♭6, 6
0, 2, 5, 8	1, 4, 7, 9	1, 2, 4, ♭6	♭2, 3, 5, 6
0, 2, 5, 9	1, 4, 7, 8	1, 2, 4, 6	♭2, 3, 5, ♭6
0, 2, 7, 8	1, 4, 5, 9	1, 2, 5, ♭6	♭2, 3, 4, 6
0, 2, 7, 9	1, 4, 5, 8	1, 2, 5, 6	♭2, 3, 4, ♭6
0, 2, 8, 9	1, 4, 5, 7	1, 2, ♭6, 6	♭2, 3, 4, 5
0, 4, 5, 7	1, 2, 8, 9	1, 3, 4, 5	♭2, 2, ♭6, 6
0, 4, 5, 8	1, 2, 7, 9	1, 3, 4, ♭6	♭2, 2, 5, 6
0, 4, 5, 9	1, 2, 7, 8	1, 3, 4, 6	♭2, 2, 5, ♭6
0, 4, 7, 8	1, 2, 5, 9	1, 3, 5, ♭6	♭2, 2, 4, 6
0, 4, 7, 9	1, 2, 5, 8	1, 3, 5, 6	♭2, 2, 4, ♭6
0, 4, 8, 9	1, 2, 5, 7	1, 3, ♭6, 6	♭2, 2, 4, 5
0, 5, 7, 8	1, 2, 4, 9	1, 4, 5, ♭6	♭2, 2, 3, 6
0, 5, 7, 9	1, 2, 4, 8	1, 4, 5, 6	♭2, 2, 3, ♭6
0, 5, 8, 9	1, 2, 4, 7	1, 4, ♭6, 6	♭2, 2, 3, 5
0, 7, 8, 9	1, 2, 4, 5	1, 5, ♭6, 6	♭2, 2, 3, 4

C, D♭, D, E, F, G, A♭, B♭;

prime form: 0, 1, 2, 4, 5, 7, 8, 10
degrees: 1, ♭2, 2, 3, 4, 5, ♭6, ♭7

Tetrad Combinations as Prime Forms		Tetrad Combinations as Degrees	
0, 1, 2, 4	5, 7, 8, 10	1, ♭2, 2, 3	4, 5, ♭6, ♭7
0, 1, 2, 5	4, 7, 8, 10	1, ♭2, 2, 4	3, 5, ♭6, ♭7
0, 1, 2, 7	4, 5, 8, 10	1, ♭2, 2, 5	3, 4, ♭6, ♭7
0, 1, 2, 8	4, 5, 7, 10	1, ♭2, 2, ♭6	3, 4, 5, ♭7
0, 1, 2, 10	4, 5, 7, 8	1, ♭2, 2, ♭7	3, 4, 5, ♭6
0, 1, 4, 5	2, 7, 8, 10	1, ♭2, 3, 4	2, 5, ♭6, ♭7
0, 1, 4, 7	2, 5, 8, 10	1, ♭2, 3, 5	2, 4, ♭6, ♭7
0, 1, 4, 8	2, 5, 7, 10	1, ♭2, 3, ♭6	2, 4, 5, ♭7
0, 1, 4, 10	2, 5, 7, 8	1, ♭2, 3, ♭7	2, 4, 5, ♭6
0, 1, 5, 7	2, 4, 8, 10	1, ♭2, 4, 5	2, 3, ♭6, ♭7
0, 1, 5, 8	2, 4, 7, 10	1, ♭2, 4, ♭6	2, 3, 5, ♭7
0, 1, 5, 10	2, 4, 7, 8	1, ♭2, 4, ♭7	2, 3, 5, ♭6
0, 1, 7, 8	2, 4, 5, 10	1, ♭2, 5, ♭6	2, 3, 4, ♭7
0, 1, 7, 10	2, 4, 5, 8	1, ♭2, 5, ♭7	2, 3, 4, ♭6
0, 1, 8, 10	2, 4, 5, 7	1, ♭2, ♭6, ♭7	2, 3, 4, 5
0, 2, 4, 5	1, 7, 8, 10	1, 2, 3, 4	♭2, 5, ♭6, ♭7
0, 2, 4, 7	1, 5, 8, 10	1, 2, 3, 5	♭2, 4, ♭6, ♭7
0, 2, 4, 8	1, 5, 7, 10	1, 2, 3, ♭6	♭2, 4, 5, ♭7
0, 2, 4, 10	1, 5, 7, 8	1, 2, 3, ♭7	♭2, 4, 5, ♭6
0, 2, 5, 7	1, 4, 8, 10	1, 2, 4, 5	♭2, 3, ♭6, ♭7
0, 2, 5, 8	1, 4, 7, 10	1, 2, 4, ♭6	♭2, 3, 5, ♭7
0, 2, 5, 10	1, 4, 7, 8	1, 2, 4, ♭7	♭2, 3, 5, ♭6
0, 2, 7, 8	1, 4, 5, 10	1, 2, 5, ♭6	♭2, 3, 4, ♭7
0, 2, 7, 10	1, 4, 5, 8	1, 2, 5, ♭7	♭2, 3, 4, ♭6
0, 2, 8, 10	1, 4, 5, 7	1, 2, ♭6, ♭7	♭2, 3, 4, 5
0, 4, 5, 7	1, 2, 8, 10	1, 3, 4, 5	♭2, 2, ♭6, ♭7
0, 4, 5, 8	1, 2, 7, 10	1, 3, 4, ♭6	♭2, 2, 5, ♭7
0, 4, 5, 10	1, 2, 7, 8	1, 3, 4, ♭7	♭2, 2, 5, ♭6
0, 4, 7, 8	1, 2, 5, 10	1, 3, 5, ♭6	♭2, 2, 4, ♭7
0, 4, 7, 10	1, 2, 5, 8	1, 3, 5, ♭7	♭2, 2, 4, ♭6
0, 4, 8, 10	1, 2, 5, 7	1, 3, ♭6, ♭7	♭2, 2, 4, 5
0, 5, 7, 8	1, 2, 4, 10	1, 4, 5, ♭6	♭2, 2, 3, ♭7
0, 5, 7, 10	1, 2, 4, 8	1, 4, 5, ♭7	♭2, 2, 3, ♭6
0, 5, 8, 10	1, 2, 4, 7	1, 4, ♭6, ♭7	♭2, 2, 3, 5
0, 7, 8, 10	1, 2, 4, 5	1, 5, ♭6, ♭7	♭2, 2, 3, 4

C, D♭, D, E, F, G, A, B♭;

prime form: 0, 1, 2, 4, 5, 7, 9, 10
degrees: 1, ♭2, 2, 3, 4, 5, 6, ♭7

Tetrad Combinations as Prime Forms		Tetrad Combinations as Degrees	
0, 1, 2, 4	5, 7, 9, 10	1, ♭2, 2, 3	4, 5, 6, ♭7
0, 1, 2, 5	4, 7, 9, 10	1, ♭2, 2, 4	3, 5, 6, ♭7
0, 1, 2, 7	4, 5, 9, 10	1, ♭2, 2, 5	3, 4, 6, ♭7
0, 1, 2, 9	4, 5, 7, 10	1, ♭2, 2, 6	3, 4, 5, ♭7
0, 1, 2, 10	4, 5, 7, 9	1, ♭2, 2, ♭7	3, 4, 5, 6
0, 1, 4, 5	2, 7, 9, 10	1, ♭2, 3, 4	2, 5, 6, ♭7
0, 1, 4, 7	2, 5, 9, 10	1, ♭2, 3, 5	2, 4, 6, ♭7
0, 1, 4, 9	2, 5, 7, 10	1, ♭2, 3, 6	2, 4, 5, ♭7
0, 1, 4, 10	2, 5, 7, 9	1, ♭2, 3, ♭7	2, 4, 5, 6
0, 1, 5, 7	2, 4, 9, 10	1, ♭2, 4, 5	2, 3, 6, ♭7
0, 1, 5, 9	2, 4, 7, 10	1, ♭2, 4, 6	2, 3, 5, ♭7
0, 1, 5, 10	2, 4, 7, 9	1, ♭2, 4, ♭7	2, 3, 5, 6
0, 1, 7, 9	2, 4, 5, 10	1, ♭2, 5, 6	2, 3, 4, ♭7
0, 1, 7, 10	2, 4, 5, 9	1, ♭2, 5, ♭7	2, 3, 4, 6
0, 1, 9, 10	2, 4, 5, 7	1, ♭2, 6, ♭7	2, 3, 4, 5
0, 2, 4, 5	1, 7, 9, 10	1, 2, 3, 4	♭2, 5, 6, ♭7
0, 2, 4, 7	1, 5, 9, 10	1, 2, 3, 5	♭2, 4, 6, ♭7
0, 2, 4, 9	1, 5, 7, 10	1, 2, 3, 6	♭2, 4, 5, ♭7
0, 2, 4, 10	1, 5, 7, 9	1, 2, 3, ♭7	♭2, 4, 5, 6
0, 2, 5, 7	1, 4, 9, 10	1, 2, 4, 5	♭2, 3, 6, ♭7
0, 2, 5, 9	1, 4, 7, 10	1, 2, 4, 6	♭2, 3, 5, ♭7
0, 2, 5, 10	1, 4, 7, 9	1, 2, 4, ♭7	♭2, 3, 5, 6
0, 2, 7, 9	1, 4, 5, 10	1, 2, 5, 6	♭2, 3, 4, ♭7
0, 2, 7, 10	1, 4, 5, 9	1, 2, 5, ♭7	♭2, 3, 4, 6
0, 2, 9, 10	1, 4, 5, 7	1, 2, 6, ♭7	♭2, 3, 4, 5
0, 4, 5, 7	1, 2, 9, 10	1, 3, 4, 5	♭2, 2, 6, ♭7
0, 4, 5, 9	1, 2, 7, 10	1, 3, 4, 6	♭2, 2, 5, ♭7
0, 4, 5, 10	1, 2, 7, 9	1, 3, 4, ♭7	♭2, 2, 5, 6
0, 4, 7, 9	1, 2, 5, 10	1, 3, 5, 6	♭2, 2, 4, ♭7
0, 4, 7, 10	1, 2, 5, 9	1, 3, 5, ♭7	♭2, 2, 4, 6
0, 4, 9, 10	1, 2, 5, 7	1, 3, 6, ♭7	♭2, 2, 4, 5
0, 5, 7, 9	1, 2, 4, 10	1, 4, 5, 6	♭2, 2, 3, ♭7
0, 5, 7, 10	1, 2, 4, 9	1, 4, 5, ♭7	♭2, 2, 3, 6
0, 5, 9, 10	1, 2, 4, 7	1, 4, 6, ♭7	♭2, 2, 3, 5
0, 7, 9, 10	1, 2, 4, 5	1, 5, 6, ♭7	♭2, 2, 3, 4

C, D♭, D, E, G♭, G, A♭, B♭;

prime form: 0, 1, 2, 4, 6, 7, 8, 10
degrees: 1, ♭2, 2, 3, ♭5, 5, ♭6, ♭7

Tetrad Combinations as Prime Forms		Tetrad Combinations as Degrees	
0, 1, 2, 4	6, 7, 8, 10	1, ♭2, 2, 3	♭5, 5, ♭6, ♭7
0, 1, 2, 6	4, 7, 8, 10	1, ♭2, 2, ♭5	3, 5, ♭6, ♭7
0, 1, 2, 7	4, 6, 8, 10	1, ♭2, 2, 5	3, ♭5, ♭6, ♭7
0, 1, 2, 8	4, 6, 7, 10	1, ♭2, 2, ♭6	3, ♭5, 5, ♭7
0, 1, 2, 10	4, 6, 7, 8	1, ♭2, 2, ♭7	3, ♭5, 5, ♭6
0, 1, 4, 6	2, 7, 8, 10	1, ♭2, 3, ♭5	2, 5, ♭6, ♭7
0, 1, 4, 7	2, 6, 8, 10	1, ♭2, 3, 5	2, ♭5, ♭6, ♭7
0, 1, 4, 8	2, 6, 7, 10	1, ♭2, 3, ♭6	2, ♭5, 5, ♭7
0, 1, 4, 10	2, 6, 7, 8	1, ♭2, 3, ♭7	2, ♭5, 5, ♭6
0, 1, 6, 7	2, 4, 8, 10	1, ♭2, ♭5, 5	2, 3, ♭6, ♭7
0, 1, 6, 8	2, 4, 7, 10	1, ♭2, ♭5, ♭6	2, 3, 5, ♭7
0, 1, 6, 10	2, 4, 7, 8	1, ♭2, ♭5, ♭7	2, 3, 5, ♭6
0, 1, 7, 8	2, 4, 6, 10	1, ♭2, 5, ♭6	2, 3, ♭5, ♭7
0, 1, 7, 10	2, 4, 6, 8	1, ♭2, 5, ♭7	2, 3, ♭5, ♭6
0, 1, 8, 10	2, 4, 6, 7	1, ♭2, ♭6, ♭7	2, 3, ♭5, 5
0, 2, 4, 6	1, 7, 8, 10	1, 2, 3, ♭5	♭2, 5, ♭6, ♭7
0, 2, 4, 7	1, 6, 8, 10	1, 2, 3, 5	♭2, ♭5, ♭6, ♭7
0, 2, 4, 8	1, 6, 7, 10	1, 2, 3, ♭6	♭2, ♭5, 5, ♭7
0, 2, 4, 10	1, 6, 7, 8	1, 2, 3, ♭7	♭2, ♭5, 5, ♭6
0, 2, 6, 7	1, 4, 8, 10	1, 2, ♭5, 5	♭2, 3, ♭6, ♭7
0, 2, 6, 8	1, 4, 7, 10	1, 2, ♭5, ♭6	♭2, 3, 5, ♭7
0, 2, 6, 10	1, 4, 7, 8	1, 2, ♭5, ♭7	♭2, 3, 5, ♭6
0, 2, 7, 8	1, 4, 6, 10	1, 2, 5, ♭6	♭2, 3, ♭5, ♭7
0, 2, 7, 10	1, 4, 6, 8	1, 2, 5, ♭7	♭2, 3, ♭5, ♭6
0, 2, 8, 10	1, 4, 6, 7	1, 2, ♭6, ♭7	♭2, 3, ♭5, 5
0, 4, 6, 7	1, 2, 8, 10	1, 3, ♭5, 5	♭2, 2, ♭6, ♭7
0, 4, 6, 8	1, 2, 7, 10	1, 3, ♭5, ♭6	♭2, 2, 5, ♭7
0, 4, 6, 10	1, 2, 7, 8	1, 3, ♭5, ♭7	♭2, 2, 5, ♭6
0, 4, 7, 8	1, 2, 6, 10	1, 3, 5, ♭6	♭2, 2, ♭5, ♭7
0, 4, 7, 10	1, 2, 6, 8	1, 3, 5, ♭7	♭2, 2, ♭5, ♭6
0, 4, 8, 10	1, 2, 6, 7	1, 3, ♭6, ♭7	♭2, 2, ♭5, 5
0, 6, 7, 8	1, 2, 4, 10	1, ♭5, 5, ♭6	♭2, 2, 3, ♭7
0, 6, 7, 10	1, 2, 4, 8	1, ♭5, 5, ♭7	♭2, 2, 3, ♭6
0, 6, 8, 10	1, 2, 4, 7	1, ♭5, ♭6, ♭7	♭2, 2, 3, 5
0, 7, 8, 10	1, 2, 4, 6	1, 5, ♭6, ♭7	♭2, 2, 3, ♭5

C, D♭, E♭, E, F, G♭, G, A;
prime form: 0, 1, 3, 4, 5, 6, 7, 9
degrees: 1, ♭2, ♭3, 3, 4, ♭5, 5, 6

Tetrad Combinations as Prime Forms		Tetrad Combinations as Degrees	
0, 1, 3, 4	5, 6, 7, 9	1, ♭2, ♭3, 3	4, ♭5, 5, 6
0, 1, 3, 5	4, 6, 7, 9	1, ♭2, ♭3, 4	3, ♭5, 5, 6
0, 1, 3, 6	4, 5, 7, 9	1, ♭2, ♭3, ♭5	3, 4, 5, 6
0, 1, 3, 7	4, 5, 6, 9	1, ♭2, ♭3, 5	3, 4, ♭5, 6
0, 1, 3, 9	4, 5, 6, 7	1, ♭2, ♭3, 6	3, 4, ♭5, 5
0, 1, 4, 5	3, 6, 7, 9	1, ♭2, 3, 4	♭3, ♭5, 5, 6
0, 1, 4, 6	3, 5, 7, 9	1, ♭2, 3, ♭5	♭3, 4, 5, 6
0, 1, 4, 7	3, 5, 6, 9	1, ♭2, 3, 5	♭3, 4, ♭5, 6
0, 1, 4, 9	3, 5, 6, 7	1, ♭2, 3, 6	♭3, 4, ♭5, 5
0, 1, 5, 6	3, 4, 7, 9	1, ♭2, 4, ♭5	♭3, 3, 5, 6
0, 1, 5, 7	3, 4, 6, 9	1, ♭2, 4, 5	♭3, 3, ♭5, 6
0, 1, 5, 9	3, 4, 6, 7	1, ♭2, 4, 6	♭3, 3, ♭5, 5
0, 1, 6, 7	3, 4, 5, 9	1, ♭2, ♭5, 5	♭3, 3, 4, 6
0, 1, 6, 9	3, 4, 5, 7	1, ♭2, ♭5, 6	♭3, 3, 4, 5
0, 1, 7, 9	3, 4, 5, 6	1, ♭2, 5, 6	♭3, 3, 4, ♭5
0, 3, 4, 5	1, 6, 7, 9	1, ♭3, 3, 4	♭2, ♭5, 5, 6
0, 3, 4, 6	1, 5, 7, 9	1, ♭3, 3, ♭5	♭2, 4, 5, 6
0, 3, 4, 7	1, 5, 6, 9	1, ♭3, 3, 5	♭2, 4, ♭5, 6
0, 3, 4, 9	1, 5, 6, 7	1, ♭3, 3, 6	♭2, 4, ♭5, 5
0, 3, 5, 6	1, 4, 7, 9	1, ♭3, 4, ♭5	♭2, 3, 5, 6
0, 3, 5, 7	1, 4, 6, 9	1, ♭3, 4, 5	♭2, 3, ♭5, 6
0, 3, 5, 9	1, 4, 6, 7	1, ♭3, 4, 6	♭2, 3, ♭5, 5
0, 3, 6, 7	1, 4, 5, 9	1, ♭3, ♭5, 5	♭2, 3, 4, 6
0, 3, 6, 9	1, 4, 5, 7	1, ♭3, ♭5, 6	♭2, 3, 4, 5
0, 3, 7, 9	1, 4, 5, 6	1, ♭3, 5, 6	♭2, 3, 4, ♭5
0, 4, 5, 6	1, 3, 7, 9	1, 3, 4, ♭5	♭2, ♭3, 5, 6
0, 4, 5, 7	1, 3, 6, 9	1, 3, 4, 5	♭2, ♭3, ♭5, 6
0, 4, 5, 9	1, 3, 6, 7	1, 3, 4, 6	♭2, ♭3, ♭5, 5
0, 4, 6, 7	1, 3, 5, 9	1, 3, ♭5, 5	♭2, ♭3, 4, 6
0, 4, 6, 9	1, 3, 5, 7	1, 3, ♭5, 6	♭2, ♭3, 4, 5
0, 4, 7, 9	1, 3, 5, 6	1, 3, 5, 6	♭2, ♭3, 4, ♭5
0, 5, 6, 7	1, 3, 4, 9	1, 4, ♭5, 5	♭2, ♭3, 3, 6
0, 5, 6, 9	1, 3, 4, 7	1, 4, ♭5, 6	♭2, ♭3, 3, 5
0, 5, 7, 9	1, 3, 4, 6	1, 4, 5, 6	♭2, ♭3, 3, ♭5
0, 6, 7, 9	1, 3, 4, 5	1, ♭5, 5, 6	♭2, ♭3, 3, 4

C, D♭, E♭, E, F, G♭, A♭, A;

prime form: 0, 1, 3, 4, 5, 6, 8, 9
degrees: 1, ♭2, ♭3, 3, 4, ♭5, ♭6, 6

Tetrad Combinations as Prime Forms		Tetrad Combinations as Degrees	
0, 1, 3, 4	5, 6, 8, 9	1, ♭2, ♭3, 3	4, ♭5, ♭6, 6
0, 1, 3, 5	4, 6, 8, 9	1, ♭2, ♭3, 4	3, ♭5, ♭6, 6
0, 1, 3, 6	4, 5, 8, 9	1, ♭2, ♭3, ♭5	3, 4, ♭6, 6
0, 1, 3, 8	4, 5, 6, 9	1, ♭2, ♭3, ♭6	3, 4, ♭5, 6
0, 1, 3, 9	4, 5, 6, 8	1, ♭2, ♭3, 6	3, 4, ♭5, ♭6
0, 1, 4, 5	3, 6, 8, 9	1, ♭2, 3, 4	♭3, ♭5, ♭6, 6
0, 1, 4, 6	3, 5, 8, 9	1, ♭2, 3, ♭5	♭3, 4, ♭6, 6
0, 1, 4, 8	3, 5, 6, 9	1, ♭2, 3, ♭6	♭3, 4, ♭5, 6
0, 1, 4, 9	3, 5, 6, 8	1, ♭2, 3, 6	♭3, 4, ♭5, ♭6
0, 1, 5, 6	3, 4, 8, 9	1, ♭2, 4, ♭5	♭3, 3, ♭6, 6
0, 1, 5, 8	3, 4, 6, 9	1, ♭2, 4, ♭6	♭3, 3, ♭5, 6
0, 1, 5, 9	3, 4, 6, 8	1, ♭2, 4, 6	♭3, 3, ♭5, ♭6
0, 1, 6, 8	3, 4, 5, 9	1, ♭2, ♭5, ♭6	♭3, 3, 4, 6
0, 1, 6, 9	3, 4, 5, 8	1, ♭2, ♭5, 6	♭3, 3, 4, ♭6
0, 1, 8, 9	3, 4, 5, 6	1, ♭2, ♭6, 6	♭3, 3, 4, ♭5
0, 3, 4, 5	1, 6, 8, 9	1, ♭3, 3, 4	♭2, ♭5, ♭6, 6
0, 3, 4, 6	1, 5, 8, 9	1, ♭3, 3, ♭5	♭2, 4, ♭6, 6
0, 3, 4, 8	1, 5, 6, 9	1, ♭3, 3, ♭6	♭2, 4, ♭5, 6
0, 3, 4, 9	1, 5, 6, 8	1, ♭3, 3, 6	♭2, 4, ♭5, ♭6
0, 3, 5, 6	1, 4, 8, 9	1, ♭3, 4, ♭5	♭2, 3, ♭6, 6
0, 3, 5, 8	1, 4, 6, 9	1, ♭3, 4, ♭6	♭2, 3, ♭5, 6
0, 3, 5, 9	1, 4, 6, 8	1, ♭3, 4, 6	♭2, 3, ♭5, ♭6
0, 3, 6, 8	1, 4, 5, 9	1, ♭3, ♭5, ♭6	♭2, 3, 4, 6
0, 3, 6, 9	1, 4, 5, 8	1, ♭3, ♭5, 6	♭2, 3, 4, ♭6
0, 3, 8, 9	1, 4, 5, 6	1, ♭3, ♭6, 6	♭2, 3, 4, ♭5
0, 4, 5, 6	1, 3, 8, 9	1, 3, 4, ♭5	♭2, ♭3, ♭6, 6
0, 4, 5, 8	1, 3, 6, 9	1, 3, 4, ♭6	♭2, ♭3, ♭5, 6
0, 4, 5, 9	1, 3, 6, 8	1, 3, 4, 6	♭2, ♭3, ♭5, ♭6
0, 4, 6, 8	1, 3, 5, 9	1, 3, ♭5, ♭6	♭2, ♭3, 4, 6
0, 4, 6, 9	1, 3, 5, 8	1, 3, ♭5, 6	♭2, ♭3, 4, ♭6
0, 4, 8, 9	1, 3, 5, 6	1, 3, ♭6, 6	♭2, ♭3, 4, ♭5
0, 5, 6, 8	1, 3, 4, 9	1, 4, ♭5, ♭6	♭2, ♭3, 3, 6
0, 5, 6, 9	1, 3, 4, 8	1, 4, ♭5, 6	♭2, ♭3, 3, ♭6
0, 5, 8, 9	1, 3, 4, 6	1, 4, ♭6, 6	♭2, ♭3, 3, ♭5
0, 6, 8, 9	1, 3, 4, 5	1, ♭5, ♭6, 6	♭2, ♭3, 3, 4

C, D♭, E♭, E, G♭, G, A, B♭;

prime form: 0, 1, 3, 4, 6, 7, 9, 10
degrees: 1, ♭2, ♭3, 3, ♭5, 5, 6, ♭7

Tetrad Combinations as Prime Forms		Tetrad Combinations as Degrees	
0, 1, 3, 4	6, 7, 9, 10	1, ♭2, ♭3, 3	♭5, 5, 6, ♭7
0, 1, 3, 6	4, 7, 9, 10	1, ♭2, ♭3, ♭5	3, 5, 6, ♭7
0, 1, 3, 7	4, 6, 9, 10	1, ♭2, ♭3, 5	3, ♭5, 6, ♭7
0, 1, 3, 9	4, 6, 7, 10	1, ♭2, ♭3, 6	3, ♭5, 5, ♭7
0, 1, 3, 10	4, 6, 7, 9	1, ♭2, ♭3, ♭7	3, ♭5, 5, 6
0, 1, 4, 6	3, 7, 9, 10	1, ♭2, 3, ♭5	♭3, 5, 6, ♭7
0, 1, 4, 7	3, 6, 9, 10	1, ♭2, 3, 5	♭3, ♭5, 6, ♭7
0, 1, 4, 9	3, 6, 7, 10	1, ♭2, 3, 6	♭3, ♭5, 5, ♭7
0, 1, 4, 10	3, 6, 7, 9	1, ♭2, 3, ♭7	♭3, ♭5, 5, 6
0, 1, 6, 7	3, 4, 9, 10	1, ♭2, ♭5, 5	♭3, 3, 6, ♭7
0, 1, 6, 9	3, 4, 7, 10	1, ♭2, ♭5, 6	♭3, 3, 5, ♭7
0, 1, 6, 10	3, 4, 7, 9	1, ♭2, ♭5, ♭7	♭3, 3, 5, 6
0, 1, 7, 9	3, 4, 6, 10	1, ♭2, 5, 6	♭3, 3, ♭5, ♭7
0, 1, 7, 10	3, 4, 6, 9	1, ♭2, 5, ♭7	♭3, 3, ♭5, 6
0, 1, 9, 10	3, 4, 6, 7	1, ♭2, 6, ♭7	♭3, 3, ♭5, 5
0, 3, 4, 6	1, 7, 9, 10	1, ♭3, 3, ♭5	♭2, 5, 6, ♭7
0, 3, 4, 7	1, 6, 9, 10	1, ♭3, 3, 5	♭2, ♭5, 6, ♭7
0, 3, 4, 9	1, 6, 7, 10	1, ♭3, 3, 6	♭2, ♭5, 5, ♭7
0, 3, 4, 10	1, 6, 7, 9	1, ♭3, 3, ♭7	♭2, ♭5, 5, 6
0, 3, 6, 7	1, 4, 9, 10	1, ♭3, ♭5, 5	♭2, 3, 6, ♭7
0, 3, 6, 9	1, 4, 7, 10	1, ♭3, ♭5, 6	♭2, 3, 5, ♭7
0, 3, 6, 10	1, 4, 7, 9	1, ♭3, ♭5, ♭7	♭2, 3, 5, 6
0, 3, 7, 9	1, 4, 6, 10	1, ♭3, 5, 6	♭2, 3, ♭5, ♭7
0, 3, 7, 10	1, 4, 6, 9	1, ♭3, 5, ♭7	♭2, 3, ♭5, 6
0, 3, 9, 10	1, 4, 6, 7	1, ♭3, 6, ♭7	♭2, 3, ♭5, 5
0, 4, 6, 7	1, 3, 9, 10	1, 3, ♭5, 5	♭2, ♭3, 6, ♭7
0, 4, 6, 9	1, 3, 7, 10	1, 3, ♭5, 6	♭2, ♭3, 5, ♭7
0, 4, 6, 10	1, 3, 7, 9	1, 3, ♭5, ♭7	♭2, ♭3, 5, 6
0, 4, 7, 9	1, 3, 6, 10	1, 3, 5, 6	♭2, ♭3, ♭5, ♭7
0, 4, 7, 10	1, 3, 6, 9	1, 3, 5, ♭7	♭2, ♭3, ♭5, 6
0, 4, 9, 10	1, 3, 6, 7	1, 3, 6, ♭7	♭2, ♭3, ♭5, 5
0, 6, 7, 9	1, 3, 4, 10	1, ♭5, 5, 6	♭2, ♭3, 3, ♭7
0, 6, 7, 10	1, 3, 4, 9	1, ♭5, 5, ♭7	♭2, ♭3, 3, 6
0, 6, 9, 10	1, 3, 4, 7	1, ♭5, 6, ♭7	♭2, ♭3, 3, 5
0, 7, 9, 10	1, 3, 4, 6	1, 5, 6, ♭7	♭2, ♭3, 3, ♭5

C, D, E♭, E, F, G♭, G, A;

prime form: 0, 2, 3, 4, 5, 6, 7, 9
degrees: 1, 2, ♭3, 3, 4, ♭5, 5, 6

Tetrad Combinations as Prime Forms		Tetrad Combinations as Degrees	
0, 2, 3, 4	5, 6, 7, 9	1, 2, ♭3, 3	4, ♭5, 5, 6
0, 2, 3, 5	4, 6, 7, 9	1, 2, ♭3, 4	3, ♭5, 5, 6
0, 2, 3, 6	4, 5, 7, 9	1, 2, ♭3, ♭5	3, 4, 5, 6
0, 2, 3, 7	4, 5, 6, 9	1, 2, ♭3, 5	3, 4, ♭5, 6
0, 2, 3, 9	4, 5, 6, 7	1, 2, ♭3, 6	3, 4, ♭5, 5
0, 2, 4, 5	3, 6, 7, 9	1, 2, 3, 4	♭3, ♭5, 5, 6
0, 2, 4, 6	3, 5, 7, 9	1, 2, 3, ♭5	♭3, 4, 5, 6
0, 2, 4, 7	3, 5, 6, 9	1, 2, 3, 5	♭3, 4, ♭5, 6
0, 2, 4, 9	3, 5, 6, 7	1, 2, 3, 6	♭3, 4, ♭5, 5
0, 2, 5, 6	3, 4, 7, 9	1, 2, 4, ♭5	♭3, 3, 5, 6
0, 2, 5, 7	3, 4, 6, 9	1, 2, 4, 5	♭3, 3, ♭5, 6
0, 2, 5, 9	3, 4, 6, 7	1, 2, 4, 6	♭3, 3, ♭5, 5
0, 2, 6, 7	3, 4, 5, 9	1, 2, ♭5, 5	♭3, 3, 4, 6
0, 2, 6, 9	3, 4, 5, 7	1, 2, ♭5, 6	♭3, 3, 4, 5
0, 2, 7, 9	3, 4, 5, 6	1, 2, 5, 6	♭3, 3, 4, ♭5
0, 3, 4, 5	2, 6, 7, 9	1, ♭3, 3, 4	2, ♭5, 5, 6
0, 3, 4, 6	2, 5, 7, 9	1, ♭3, 3, ♭5	2, 4, 5, 6
0, 3, 4, 7	2, 5, 6, 9	1, ♭3, 3, 5	2, 4, ♭5, 6
0, 3, 4, 9	2, 5, 6, 7	1, ♭3, 3, 6	2, 4, ♭5, 5
0, 3, 5, 6	2, 4, 7, 9	1, ♭3, 4, ♭5	2, 3, 5, 6
0, 3, 5, 7	2, 4, 6, 9	1, ♭3, 4, 5	2, 3, ♭5, 6
0, 3, 5, 9	2, 4, 6, 7	1, ♭3, 4, 6	2, 3, ♭5, 5
0, 3, 6, 7	2, 4, 5, 9	1, ♭3, ♭5, 5	2, 3, 4, 6
0, 3, 6, 9	2, 4, 5, 7	1, ♭3, ♭5, 6	2, 3, 4, 5
0, 3, 7, 9	2, 4, 5, 6	1, ♭3, 5, 6	2, 3, 4, ♭5
0, 4, 5, 6	2, 3, 7, 9	1, 3, 4, ♭5	2, ♭3, 5, 6
0, 4, 5, 7	2, 3, 6, 9	1, 3, 4, 5	2, ♭3, ♭5, 6
0, 4, 5, 9	2, 3, 6, 7	1, 3, 4, 6	2, ♭3, ♭5, 5
0, 4, 6, 7	2, 3, 5, 9	1, 3, ♭5, 5	2, ♭3, 4, 6
0, 4, 6, 9	2, 3, 5, 7	1, 3, ♭5, 6	2, ♭3, 4, 5
0, 4, 7, 9	2, 3, 5, 6	1, 3, 5, 6	2, ♭3, 4, ♭5
0, 5, 6, 7	2, 3, 4, 9	1, 4, ♭5, 5	2, ♭3, 3, 6
0, 5, 6, 9	2, 3, 4, 7	1, 4, ♭5, 6	2, ♭3, 3, 5
0, 5, 7, 9	2, 3, 4, 6	1, 4, 5, 6	2, ♭3, 3, ♭5
0, 6, 7, 9	2, 3, 4, 5	1, ♭5, 5, 6	2, ♭3, 3, 4

Three Tetrad Combinations

C, D♭, D, E♭, E, F, G♭, G;

prime form: 0, 1, 2, 3, 4, 5, 6, 7
degrees: 1, ♭2, 2, ♭3, 3, 4, ♭5, 5

Tetrad Combinations
as Prime Forms

0, 1, 2, 3	4, 5, 6, 7	8, 9, 10, 11
0, 1, 2, 4	3, 5, 6, 7	8, 9, 10, 11
0, 1, 2, 5	3, 4, 6, 7	8, 9, 10, 11
0, 1, 2, 6	3, 4, 5, 7	8, 9, 10, 11
0, 1, 2, 7	3, 4, 5, 6	8, 9, 10, 11
0, 1, 3, 4	2, 5, 6, 7	8, 9, 10, 11
0, 1, 3, 5	2, 4, 6, 7	8, 9, 10, 11
0, 1, 3, 6	2, 4, 5, 7	8, 9, 10, 11
0, 1, 3, 7	2, 4, 5, 6	8, 9, 10, 11
0, 1, 4, 5	2, 3, 6, 7	8, 9, 10, 11
0, 1, 4, 6	2, 3, 5, 7	8, 9, 10, 11
0, 1, 4, 7	2, 3, 5, 6	8, 9, 10, 11
0, 1, 5, 6	2, 3, 4, 7	8, 9, 10, 11
0, 1, 5, 7	2, 3, 4, 6	8, 9, 10, 11
0, 1, 6, 7	2, 3, 4, 5	8, 9, 10, 11
0, 2, 3, 4	1, 5, 6, 7	8, 9, 10, 11
0, 2, 3, 5	1, 4, 6, 7	8, 9, 10, 11
0, 2, 3, 6	1, 4, 5, 7	8, 9, 10, 11
0, 2, 3, 7	1, 4, 5, 6	8, 9, 10, 11
0, 2, 4, 5	1, 3, 6, 7	8, 9, 10, 11
0, 2, 4, 6	1, 3, 5, 7	8, 9, 10, 11
0, 2, 4, 7	1, 3, 5, 6	8, 9, 10, 11
0, 2, 5, 6	1, 3, 4, 7	8, 9, 10, 11
0, 2, 5, 7	1, 3, 4, 6	8, 9, 10, 11
0, 2, 6, 7	1, 3, 4, 5	8, 9, 10, 11
0, 3, 4, 5	1, 2, 6, 7	8, 9, 10, 11
0, 3, 4, 6	1, 2, 5, 7	8, 9, 10, 11
0, 3, 4, 7	1, 2, 5, 6	8, 9, 10, 11
0, 3, 5, 6	1, 2, 4, 7	8, 9, 10, 11
0, 3, 5, 7	1, 2, 4, 6	8, 9, 10, 11
0, 3, 6, 7	1, 2, 4, 5	8, 9, 10, 11
0, 4, 5, 6	1, 2, 3, 7	8, 9, 10, 11
0, 4, 5, 7	1, 2, 3, 6	8, 9, 10, 11
0, 4, 6, 7	1, 2, 3, 5	8, 9, 10, 11
0, 5, 6, 7	1, 2, 3, 4	8, 9, 10, 11

Tetrad Combinations
as Degrees

1, ♭2, 2, ♭3	3, 4, ♭5, 5	♭6, 6, ♭7, 7
1, ♭2, 2, 3	♭3, 4, ♭5, 5	♭6, 6, ♭7, 7
1, ♭2, 2, 4	♭3, 3, ♭5, 5	♭6, 6, ♭7, 7
1, ♭2, 2, ♭5	♭3, 3, 4, 5	♭6, 6, ♭7, 7
1, ♭2, 2, 5	♭3, 3, 4, ♭5	♭6, 6, ♭7, 7
1, ♭2, ♭3, 3	2, 4, ♭5, 5	♭6, 6, ♭7, 7
1, ♭2, ♭3, 4	2, 3, ♭5, 5	♭6, 6, ♭7, 7
1, ♭2, ♭3, ♭5	2, 3, 4, 5	♭6, 6, ♭7, 7
1, ♭2, ♭3, 5	2, 3, 4, ♭5	♭6, 6, ♭7, 7
1, ♭2, 3, 4	2, ♭3, ♭5, 5	♭6, 6, ♭7, 7
1, ♭2, 3, ♭5	2, ♭3, 4, 5	♭6, 6, ♭7, 7
1, ♭2, 3, 5	2, ♭3, 4, ♭5	♭6, 6, ♭7, 7
1, ♭2, 4, ♭5	2, ♭3, 3, 5	♭6, 6, ♭7, 7
1, ♭2, 4, 5	2, ♭3, 3, ♭5	♭6, 6, ♭7, 7
1, ♭2, ♭5, 5	2, ♭3, 3, 4	♭6, 6, ♭7, 7
1, 2, ♭3, 3	♭2, 4, ♭5, 5	♭6, 6, ♭7, 7
1, 2, ♭3, 4	♭2, 3, ♭5, 5	♭6, 6, ♭7, 7
1, 2, ♭3, ♭5	♭2, 3, 4, 5	♭6, 6, ♭7, 7
1, 2, ♭3, 5	♭2, 3, 4, ♭5	♭6, 6, ♭7, 7
1, 2, 3, 4	♭2, ♭3, ♭5, 5	♭6, 6, ♭7, 7
1, 2, 3, ♭5	♭2, ♭3, 4, 5	♭6, 6, ♭7, 7
1, 2, 3, 5	♭2, ♭3, 4, ♭5	♭6, 6, ♭7, 7
1, 2, 4, ♭5	♭2, ♭3, 3, 5	♭6, 6, ♭7, 7
1, 2, 4, 5	♭2, ♭3, 3, ♭5	♭6, 6, ♭7, 7
1, 2, ♭5, 5	♭2, ♭3, 3, 4	♭6, 6, ♭7, 7
1, ♭3, 3, 4	♭2, 2, ♭5, 5	♭6, 6, ♭7, 7
1, ♭3, 3, ♭5	♭2, 2, 4, 5	♭6, 6, ♭7, 7
1, ♭3, 3, 5	♭2, 2, 4, ♭5	♭6, 6, ♭7, 7
1, ♭3, 4, ♭5	♭2, 2, 3, 5	♭6, 6, ♭7, 7
1, ♭3, 4, 5	♭2, 2, 3, ♭5	♭6, 6, ♭7, 7
1, ♭3, ♭5, 5	♭2, 2, 3, 4	♭6, 6, ♭7, 7
1, 3, 4, ♭5	♭2, 2, ♭3, 5	♭6, 6, ♭7, 7
1, 3, 4, 5	♭2, 2, ♭3, ♭5	♭6, 6, ♭7, 7
1, 3, ♭5, 5	♭2, 2, ♭3, 4	♭6, 6, ♭7, 7
1, 4, ♭5, 5	♭2, 2, ♭3, 3	♭6, 6, ♭7, 7

C, D♭, D, E♭, E, F, G♭, A♭;

prime form: 0, 1, 2, 3, 4, 5, 6, 8

degrees: 1, ♭2, 2, ♭3, 3, 4, ♭5, ♭6

Tetrad Combinations
as Prime Forms

0, 1, 2, 3	4, 5, 6, 8	7, 9, 10, 11
0, 1, 2, 4	3, 5, 6, 8	7, 9, 10, 11
0, 1, 2, 5	3, 4, 6, 8	7, 9, 10, 11
0, 1, 2, 6	3, 4, 5, 8	7, 9, 10, 11
0, 1, 2, 8	3, 4, 5, 6	7, 9, 10, 11
0, 1, 3, 4	2, 5, 6, 8	7, 9, 10, 11
0, 1, 3, 5	2, 4, 6, 8	7, 9, 10, 11
0, 1, 3, 6	2, 4, 5, 8	7, 9, 10, 11
0, 1, 3, 8	2, 4, 5, 6	7, 9, 10, 11
0, 1, 4, 5	2, 3, 6, 8	7, 9, 10, 11
0, 1, 4, 6	2, 3, 5, 8	7, 9, 10, 11
0, 1, 4, 8	2, 3, 5, 6	7, 9, 10, 11
0, 1, 5, 6	2, 3, 4, 8	7, 9, 10, 11
0, 1, 5, 8	2, 3, 4, 6	7, 9, 10, 11
0, 1, 6, 8	2, 3, 4, 5	7, 9, 10, 11
0, 2, 3, 4	1, 5, 6, 8	7, 9, 10, 11
0, 2, 3, 5	1, 4, 6, 8	7, 9, 10, 11
0, 2, 3, 6	1, 4, 5, 8	7, 9, 10, 11
0, 2, 3, 8	1, 4, 5, 6	7, 9, 10, 11
0, 2, 4, 5	1, 3, 6, 8	7, 9, 10, 11
0, 2, 4, 6	1, 3, 5, 8	7, 9, 10, 11
0, 2, 4, 8	1, 3, 5, 6	7, 9, 10, 11
0, 2, 5, 6	1, 3, 4, 8	7, 9, 10, 11
0, 2, 5, 8	1, 3, 4, 6	7, 9, 10, 11
0, 2, 6, 8	1, 3, 4, 5	7, 9, 10, 11
0, 3, 4, 5	1, 2, 6, 8	7, 9, 10, 11
0, 3, 4, 6	1, 2, 5, 8	7, 9, 10, 11
0, 3, 4, 8	1, 2, 5, 6	7, 9, 10, 11
0, 3, 5, 6	1, 2, 4, 8	7, 9, 10, 11
0, 3, 5, 8	1, 2, 4, 6	7, 9, 10, 11
0, 3, 6, 8	1, 2, 4, 5	7, 9, 10, 11
0, 4, 5, 6	1, 2, 3, 8	7, 9, 10, 11
0, 4, 5, 8	1, 2, 3, 6	7, 9, 10, 11
0, 4, 6, 8	1, 2, 3, 5	7, 9, 10, 11
0, 5, 6, 8	1, 2, 3, 4	7, 9, 10, 11

Tetrad Combinations
as Degrees

1, ♭2, 2, ♭3	3, 4, ♭5, ♭6	5, 6, ♭7, 7
1, ♭2, 2, 3	♭3, 4, ♭5, ♭6	5, 6, ♭7, 7
1, ♭2, 2, 4	♭3, 3, ♭5, ♭6	5, 6, ♭7, 7
1, ♭2, 2, ♭5	♭3, 3, 4, ♭6	5, 6, ♭7, 7
1, ♭2, 2, ♭6	♭3, 3, 4, ♭5	5, 6, ♭7, 7
1, ♭2, ♭3, 3	2, 4, ♭5, ♭6	5, 6, ♭7, 7
1, ♭2, ♭3, 4	2, 3, ♭5, ♭6	5, 6, ♭7, 7
1, ♭2, ♭3, ♭5	2, 3, 4, ♭6	5, 6, ♭7, 7
1, ♭2, ♭3, ♭6	2, 3, 4, ♭5	5, 6, ♭7, 7
1, ♭2, 3, 4	2, ♭3, ♭5, ♭6	5, 6, ♭7, 7
1, ♭2, 3, ♭5	2, ♭3, 4, ♭6	5, 6, ♭7, 7
1, ♭2, 3, ♭6	2, ♭3, 4, ♭5	5, 6, ♭7, 7
1, ♭2, 4, ♭5	2, ♭3, 3, ♭6	5, 6, ♭7, 7
1, ♭2, 4, ♭6	2, ♭3, 3, ♭5	5, 6, ♭7, 7
1, ♭2, ♭5, ♭6	2, ♭3, 3, 4	5, 6, ♭7, 7
1, 2, ♭3, 3	♭2, 4, ♭5, ♭6	5, 6, ♭7, 7
1, 2, ♭3, 4	♭2, 3, ♭5, ♭6	5, 6, ♭7, 7
1, 2, ♭3, ♭5	♭2, 3, 4, ♭6	5, 6, ♭7, 7
1, 2, ♭3, ♭6	♭2, 3, 4, ♭5	5, 6, ♭7, 7
1, 2, 3, 4	♭2, ♭3, ♭5, ♭6	5, 6, ♭7, 7
1, 2, 3, ♭5	♭2, ♭3, 4, ♭6	5, 6, ♭7, 7
1, 2, 3, ♭6	♭2, ♭3, 4, ♭5	5, 6, ♭7, 7
1, 2, 4, ♭5	♭2, ♭3, 3, ♭6	5, 6, ♭7, 7
1, 2, 4, ♭6	♭2, ♭3, 3, ♭5	5, 6, ♭7, 7
1, 2, ♭5, ♭6	♭2, ♭3, 3, 4	5, 6, ♭7, 7
1, ♭3, 3, 4	♭2, 2, ♭5, ♭6	5, 6, ♭7, 7
1, ♭3, 3, ♭5	♭2, 2, 4, ♭6	5, 6, ♭7, 7
1, ♭3, 3, ♭6	♭2, 2, 4, ♭5	5, 6, ♭7, 7
1, ♭3, 4, ♭5	♭2, 2, 3, ♭6	5, 6, ♭7, 7
1, ♭3, 4, ♭6	♭2, 2, 3, ♭5	5, 6, ♭7, 7
1, ♭3, ♭5, ♭6	♭2, 2, 3, 4	5, 6, ♭7, 7
1, 3, 4, ♭5	♭2, 2, ♭3, ♭6	5, 6, ♭7, 7
1, 3, 4, ♭6	♭2, 2, ♭3, ♭5	5, 6, ♭7, 7
1, 3, ♭5, ♭6	♭2, 2, ♭3, 4	5, 6, ♭7, 7
1, 4, ♭5, ♭6	♭2, 2, ♭3, 3	5, 6, ♭7, 7

C, D♭, D, E♭, E, F, G♭, A;

prime form: 0, 1, 2, 3, 4, 5, 6, 9

degrees: 1, ♭2, 2, ♭3, 3, 4, ♭5, 6

Tetrad Combinations
as Prime Forms

0, 1, 2, 3	4, 5, 6, 9	7, 8, 10, 11
0, 1, 2, 4	3, 5, 6, 9	7, 8, 10, 11
0, 1, 2, 5	3, 4, 6, 9	7, 8, 10, 11
0, 1, 2, 6	3, 4, 5, 9	7, 8, 10, 11
0, 1, 2, 9	3, 4, 5, 6	7, 8, 10, 11
0, 1, 3, 4	2, 5, 6, 9	7, 8, 10, 11
0, 1, 3, 5	2, 4, 6, 9	7, 8, 10, 11
0, 1, 3, 6	2, 4, 5, 9	7, 8, 10, 11
0, 1, 3, 9	2, 4, 5, 6	7, 8, 10, 11
0, 1, 4, 5	2, 3, 6, 9	7, 8, 10, 11
0, 1, 4, 6	2, 3, 5, 9	7, 8, 10, 11
0, 1, 4, 9	2, 3, 5, 6	7, 8, 10, 11
0, 1, 5, 6	2, 3, 4, 9	7, 8, 10, 11
0, 1, 5, 9	2, 3, 4, 6	7, 8, 10, 11
0, 1, 6, 9	2, 3, 4, 5	7, 8, 10, 11
0, 2, 3, 4	1, 5, 6, 9	7, 8, 10, 11
0, 2, 3, 5	1, 4, 6, 9	7, 8, 10, 11
0, 2, 3, 6	1, 4, 5, 9	7, 8, 10, 11
0, 2, 3, 9	1, 4, 5, 6	7, 8, 10, 11
0, 2, 4, 5	1, 3, 6, 9	7, 8, 10, 11
0, 2, 4, 6	1, 3, 5, 9	7, 8, 10, 11
0, 2, 4, 9	1, 3, 5, 6	7, 8, 10, 11
0, 2, 5, 6	1, 3, 4, 9	7, 8, 10, 11
0, 2, 5, 9	1, 3, 4, 6	7, 8, 10, 11
0, 2, 6, 9	1, 3, 4, 5	7, 8, 10, 11
0, 3, 4, 5	1, 2, 6, 9	7, 8, 10, 11
0, 3, 4, 6	1, 2, 5, 9	7, 8, 10, 11
0, 3, 4, 9	1, 2, 5, 6	7, 8, 10, 11
0, 3, 5, 6	1, 2, 4, 9	7, 8, 10, 11
0, 3, 5, 9	1, 2, 4, 6	7, 8, 10, 11
0, 3, 6, 9	1, 2, 4, 5	7, 8, 10, 11
0, 4, 5, 6	1, 2, 3, 9	7, 8, 10, 11
0, 4, 5, 9	1, 2, 3, 6	7, 8, 10, 11
0, 4, 6, 9	1, 2, 3, 5	7, 8, 10, 11
0, 5, 6, 9	1, 2, 3, 4	7, 8, 10, 11

Tetrad Combinations
as Degrees

1, ♭2, 2, ♭3	3, 4, ♭5, 6	5, ♭6, ♭7, 7
1, ♭2, 2, 3	♭3, 4, ♭5, 6	5, ♭6, ♭7, 7
1, ♭2, 2, 4	♭3, 3, ♭5, 6	5, ♭6, ♭7, 7
1, ♭2, 2, ♭5	♭3, 3, 4, 6	5, ♭6, ♭7, 7
1, ♭2, 2, 6	♭3, 3, 4, ♭5	5, ♭6, ♭7, 7
1, ♭2, ♭3, 3	2, 4, ♭5, 6	5, ♭6, ♭7, 7
1, ♭2, ♭3, 4	2, 3, ♭5, 6	5, ♭6, ♭7, 7
1, ♭2, ♭3, ♭5	2, 3, 4, 6	5, ♭6, ♭7, 7
1, ♭2, ♭3, 6	2, 3, 4, ♭5	5, ♭6, ♭7, 7
1, ♭2, 3, 4	2, ♭3, ♭5, 6	5, ♭6, ♭7, 7
1, ♭2, 3, ♭5	2, ♭3, 4, 6	5, ♭6, ♭7, 7
1, ♭2, 3, 6	2, ♭3, 4, ♭5	5, ♭6, ♭7, 7
1, ♭2, 4, ♭5	2, ♭3, 3, 6	5, ♭6, ♭7, 7
1, ♭2, 4, 6	2, ♭3, 3, ♭5	5, ♭6, ♭7, 7
1, ♭2, ♭5, 6	2, ♭3, 3, 4	5, ♭6, ♭7, 7
1, 2, ♭3, 3	♭2, 4, ♭5, 6	5, ♭6, ♭7, 7
1, 2, ♭3, 4	♭2, 3, ♭5, 6	5, ♭6, ♭7, 7
1, 2, ♭3, ♭5	♭2, 3, 4, 6	5, ♭6, ♭7, 7
1, 2, ♭3, 6	♭2, 3, 4, ♭5	5, ♭6, ♭7, 7
1, 2, 3, 4	♭2, ♭3, ♭5, 6	5, ♭6, ♭7, 7
1, 2, 3, ♭5	♭2, ♭3, 4, 6	5, ♭6, ♭7, 7
1, 2, 3, 6	♭2, ♭3, 4, ♭5	5, ♭6, ♭7, 7
1, 2, 4, ♭5	♭2, ♭3, 3, 6	5, ♭6, ♭7, 7
1, 2, 4, 6	♭2, ♭3, 3, ♭5	5, ♭6, ♭7, 7
1, 2, ♭5, 6	♭2, ♭3, 3, 4	5, ♭6, ♭7, 7
1, ♭3, 3, 4	♭2, 2, ♭5, 6	5, ♭6, ♭7, 7
1, ♭3, 3, ♭5	♭2, 2, 4, 6	5, ♭6, ♭7, 7
1, ♭3, 3, 6	♭2, 2, 4, ♭5	5, ♭6, ♭7, 7
1, ♭3, 4, ♭5	♭2, 2, 3, 6	5, ♭6, ♭7, 7
1, ♭3, 4, 6	♭2, 2, 3, ♭5	5, ♭6, ♭7, 7
1, ♭3, ♭5, 6	♭2, 2, 3, 4	5, ♭6, ♭7, 7
1, 3, 4, ♭5	♭2, 2, ♭3, 6	5, ♭6, ♭7, 7
1, 3, 4, 6	♭2, 2, ♭3, ♭5	5, ♭6, ♭7, 7
1, 3, ♭5, 6	♭2, 2, ♭3, 4	5, ♭6, ♭7, 7
1, 4, ♭5, 6	♭2, 2, ♭3, 3	5, ♭6, ♭7, 7

C, D♭, D, E♭, E, F, G, A♭;

prime form: 0, 1, 2, 3, 4, 5, 7, 8
degrees: 1, ♭2, 2, ♭3, 3, 4, 5, ♭6

Tetrad Combinations
as Prime Forms

0, 1, 2, 3	4, 5, 7, 8	6, 9, 10, 11
0, 1, 2, 4	3, 5, 7, 8	6, 9, 10, 11
0, 1, 2, 5	3, 4, 7, 8	6, 9, 10, 11
0, 1, 2, 7	3, 4, 5, 8	6, 9, 10, 11
0, 1, 2, 8	3, 4, 5, 7	6, 9, 10, 11
0, 1, 3, 4	2, 5, 7, 8	6, 9, 10, 11
0, 1, 3, 5	2, 4, 7, 8	6, 9, 10, 11
0, 1, 3, 7	2, 4, 5, 8	6, 9, 10, 11
0, 1, 3, 8	2, 4, 5, 7	6, 9, 10, 11
0, 1, 4, 5	2, 3, 7, 8	6, 9, 10, 11
0, 1, 4, 7	2, 3, 5, 8	6, 9, 10, 11
0, 1, 4, 8	2, 3, 5, 7	6, 9, 10, 11
0, 1, 5, 7	2, 3, 4, 8	6, 9, 10, 11
0, 1, 5, 8	2, 3, 4, 7	6, 9, 10, 11
0, 1, 7, 8	2, 3, 4, 5	6, 9, 10, 11
0, 2, 3, 4	1, 5, 7, 8	6, 9, 10, 11
0, 2, 3, 5	1, 4, 7, 8	6, 9, 10, 11
0, 2, 3, 7	1, 4, 5, 8	6, 9, 10, 11
0, 2, 3, 8	1, 4, 5, 7	6, 9, 10, 11
0, 2, 4, 5	1, 3, 7, 8	6, 9, 10, 11
0, 2, 4, 7	1, 3, 5, 8	6, 9, 10, 11
0, 2, 4, 8	1, 3, 5, 7	6, 9, 10, 11
0, 2, 5, 7	1, 3, 4, 8	6, 9, 10, 11
0, 2, 5, 8	1, 3, 4, 7	6, 9, 10, 11
0, 2, 7, 8	1, 3, 4, 5	6, 9, 10, 11
0, 3, 4, 5	1, 2, 7, 8	6, 9, 10, 11
0, 3, 4, 7	1, 2, 5, 8	6, 9, 10, 11
0, 3, 4, 8	1, 2, 5, 7	6, 9, 10, 11
0, 3, 5, 7	1, 2, 4, 8	6, 9, 10, 11
0, 3, 5, 8	1, 2, 4, 7	6, 9, 10, 11
0, 3, 7, 8	1, 2, 4, 5	6, 9, 10, 11
0, 4, 5, 7	1, 2, 3, 8	6, 9, 10, 11
0, 4, 5, 8	1, 2, 3, 7	6, 9, 10, 11
0, 4, 7, 8	1, 2, 3, 5	6, 9, 10, 11

Tetrad Combinations
as Degrees

1, ♭2, 2, ♭3	3, 4, 5, ♭6	♭5, 6, ♭7, 7
1, ♭2, 2, 3	♭3, 4, 5, ♭6	♭5, 6, ♭7, 7
1, ♭2, 2, 4	♭3, 3, 5, ♭6	♭5, 6, ♭7, 7
1, ♭2, 2, 5	♭3, 3, 4, ♭6	♭5, 6, ♭7, 7
1, ♭2, 2, ♭6	♭3, 3, 4, 5	♭5, 6, ♭7, 7
1, ♭2, ♭3, 3	2, 4, 5, ♭6	♭5, 6, ♭7, 7
1, ♭2, ♭3, 4	2, 3, 5, ♭6	♭5, 6, ♭7, 7
1, ♭2, ♭3, 5	2, 3, 4, ♭6	♭5, 6, ♭7, 7
1, ♭2, ♭3, ♭6	2, 3, 4, 5	♭5, 6, ♭7, 7
1, ♭2, 3, 4	2, ♭3, 5, ♭6	♭5, 6, ♭7, 7
1, ♭2, 3, 5	2, ♭3, 4, ♭6	♭5, 6, ♭7, 7
1, ♭2, 3, ♭6	2, ♭3, 4, 5	♭5, 6, ♭7, 7
1, ♭2, 4, 5	2, ♭3, 3, ♭6	♭5, 6, ♭7, 7
1, ♭2, 4, ♭6	2, ♭3, 3, 5	♭5, 6, ♭7, 7
1, ♭2, 5, ♭6	2, ♭3, 3, 4	♭5, 6, ♭7, 7
1, 2, ♭3, 3	♭2, 4, 5, ♭6	♭5, 6, ♭7, 7
1, 2, ♭3, 4	♭2, 3, 5, ♭6	♭5, 6, ♭7, 7
1, 2, ♭3, 5	♭2, 3, 4, ♭6	♭5, 6, ♭7, 7
1, 2, ♭3, ♭6	♭2, 3, 4, 5	♭5, 6, ♭7, 7
1, 2, 3, 4	♭2, ♭3, 5, ♭6	♭5, 6, ♭7, 7
1, 2, 3, 5	♭2, ♭3, 4, ♭6	♭5, 6, ♭7, 7
1, 2, 3, ♭6	♭2, ♭3, 4, 5	♭5, 6, ♭7, 7
1, 2, 4, 5	♭2, ♭3, 3, ♭6	♭5, 6, ♭7, 7
1, 2, 4, ♭6	♭2, ♭3, 3, 5	♭5, 6, ♭7, 7
1, 2, 5, ♭6	♭2, ♭3, 3, 4	♭5, 6, ♭7, 7
1, ♭3, 3, 4	♭2, 2, 5, ♭6	♭5, 6, ♭7, 7
1, ♭3, 3, 5	♭2, 2, 4, ♭6	♭5, 6, ♭7, 7
1, ♭3, 3, ♭6	♭2, 2, 4, 5	♭5, 6, ♭7, 7
1, ♭3, 4, 5	♭2, 2, 3, ♭6	♭5, 6, ♭7, 7
1, ♭3, 4, ♭6	♭2, 2, 3, 5	♭5, 6, ♭7, 7
1, ♭3, 5, ♭6	♭2, 2, 3, 4	♭5, 6, ♭7, 7
1, 3, 4, 5	♭2, 2, ♭3, ♭6	♭5, 6, ♭7, 7
1, 3, 4, ♭6	♭2, 2, ♭3, 5	♭5, 6, ♭7, 7
1, 3, 5, ♭6	♭2, 2, ♭3, 4	♭5, 6, ♭7, 7

C, D♭, D, E♭, E, F, G, A;

prime form: 0, 1, 2, 3, 4, 5, 7, 9
degrees: 1, ♭2, 2, ♭3, 3, 4, 5, 6

Tetrad Combinations
as Prime Forms

0, 1, 2, 3	4, 5, 7, 9	6, 8, 10, 11
0, 1, 2, 4	3, 5, 7, 9	6, 8, 10, 11
0, 1, 2, 5	3, 4, 7, 9	6, 8, 10, 11
0, 1, 2, 7	3, 4, 5, 9	6, 8, 10, 11
0, 1, 2, 9	3, 4, 5, 7	6, 8, 10, 11
0, 1, 3, 4	2, 5, 7, 9	6, 8, 10, 11
0, 1, 3, 5	2, 4, 7, 9	6, 8, 10, 11
0, 1, 3, 7	2, 4, 5, 9	6, 8, 10, 11
0, 1, 3, 9	2, 4, 5, 7	6, 8, 10, 11
0, 1, 4, 5	2, 3, 7, 9	6, 8, 10, 11
0, 1, 4, 7	2, 3, 5, 9	6, 8, 10, 11
0, 1, 4, 9	2, 3, 5, 7	6, 8, 10, 11
0, 1, 5, 7	2, 3, 4, 9	6, 8, 10, 11
0, 1, 5, 9	2, 3, 4, 7	6, 8, 10, 11
0, 1, 7, 9	2, 3, 4, 5	6, 8, 10, 11
0, 2, 3, 4	1, 5, 7, 9	6, 8, 10, 11
0, 2, 3, 5	1, 4, 7, 9	6, 8, 10, 11
0, 2, 3, 7	1, 4, 5, 9	6, 8, 10, 11
0, 2, 3, 9	1, 4, 5, 7	6, 8, 10, 11
0, 2, 4, 5	1, 3, 7, 9	6, 8, 10, 11
0, 2, 4, 7	1, 3, 5, 9	6, 8, 10, 11
0, 2, 4, 9	1, 3, 5, 7	6, 8, 10, 11
0, 2, 5, 7	1, 3, 4, 9	6, 8, 10, 11
0, 2, 5, 9	1, 3, 4, 7	6, 8, 10, 11
0, 2, 7, 9	1, 3, 4, 5	6, 8, 10, 11
0, 3, 4, 5	1, 2, 7, 9	6, 8, 10, 11
0, 3, 4, 7	1, 2, 5, 9	6, 8, 10, 11
0, 3, 4, 9	1, 2, 5, 7	6, 8, 10, 11
0, 3, 5, 7	1, 2, 4, 9	6, 8, 10, 11
0, 3, 5, 9	1, 2, 4, 7	6, 8, 10, 11
0, 3, 7, 9	1, 2, 4, 5	6, 8, 10, 11
0, 4, 5, 7	1, 2, 3, 9	6, 8, 10, 11
0, 4, 5, 9	1, 2, 3, 7	6, 8, 10, 11
0, 4, 7, 9	1, 2, 3, 5	6, 8, 10, 11
0, 5, 7, 9	1, 2, 3, 4	6, 8, 10, 11

Tetrad Combinations
as Degrees

1, ♭2, 2, ♭3	3, 4, 5, 6	♭5, ♭6, ♭7, 7
1, ♭2, 2, 3	♭3, 4, 5, 6	♭5, ♭6, ♭7, 7
1, ♭2, 2, 4	♭3, 3, 5, 6	♭5, ♭6, ♭7, 7
1, ♭2, 2, 5	♭3, 3, 4, 6	♭5, ♭6, ♭7, 7
1, ♭2, 2, 6	♭3, 3, 4, 5	♭5, ♭6, ♭7, 7
1, ♭2, ♭3, 3	2, 4, 5, 6	♭5, ♭6, ♭7, 7
1, ♭2, ♭3, 4	2, 3, 5, 6	♭5, ♭6, ♭7, 7
1, ♭2, ♭3, 5	2, 3, 4, 6	♭5, ♭6, ♭7, 7
1, ♭2, ♭3, 6	2, 3, 4, 5	♭5, ♭6, ♭7, 7
1, ♭2, 3, 4	2, ♭3, 5, 6	♭5, ♭6, ♭7, 7
1, ♭2, 3, 5	2, ♭3, 4, 6	♭5, ♭6, ♭7, 7
1, ♭2, 3, 6	2, ♭3, 4, 5	♭5, ♭6, ♭7, 7
1, ♭2, 4, 5	2, ♭3, 3, 6	♭5, ♭6, ♭7, 7
1, ♭2, 4, 6	2, ♭3, 3, 5	♭5, ♭6, ♭7, 7
1, ♭2, 5, 6	2, ♭3, 3, 4	♭5, ♭6, ♭7, 7
1, 2, ♭3, 3	♭2, 4, 5, 6	♭5, ♭6, ♭7, 7
1, 2, ♭3, 4	♭2, 3, 5, 6	♭5, ♭6, ♭7, 7
1, 2, ♭3, 5	♭2, 3, 4, 6	♭5, ♭6, ♭7, 7
1, 2, ♭3, 6	♭2, 3, 4, 5	♭5, ♭6, ♭7, 7
1, 2, 3, 4	♭2, ♭3, 5, 6	♭5, ♭6, ♭7, 7
1, 2, 3, 5	♭2, ♭3, 4, 6	♭5, ♭6, ♭7, 7
1, 2, 3, 6	♭2, ♭3, 4, 5	♭5, ♭6, ♭7, 7
1, 2, 4, 5	♭2, ♭3, 3, 6	♭5, ♭6, ♭7, 7
1, 2, 4, 6	♭2, ♭3, 3, 5	♭5, ♭6, ♭7, 7
1, 2, 5, 6	♭2, ♭3, 3, 4	♭5, ♭6, ♭7, 7
1, ♭3, 3, 4	♭2, 2, 5, 6	♭5, ♭6, ♭7, 7
1, ♭3, 3, 5	♭2, 2, 4, 6	♭5, ♭6, ♭7, 7
1, ♭3, 3, 6	♭2, 2, 4, 5	♭5, ♭6, ♭7, 7
1, ♭3, 4, 5	♭2, 2, 3, 6	♭5, ♭6, ♭7, 7
1, ♭3, 4, 6	♭2, 2, 3, 5	♭5, ♭6, ♭7, 7
1, ♭3, 5, 6	♭2, 2, 3, 4	♭5, ♭6, ♭7, 7
1, 3, 4, 5	♭2, 2, ♭3, 6	♭5, ♭6, ♭7, 7
1, 3, 4, 6	♭2, 2, ♭3, 5	♭5, ♭6, ♭7, 7
1, 3, 5, 6	♭2, 2, ♭3, 4	♭5, ♭6, ♭7, 7
1, 4, 5, 6	♭2, 2, ♭3, 3	♭5, ♭6, ♭7, 7

C, D♭, D, E♭, E, F, A♭, A;

prime form: 0, 1, 2, 3, 4, 5, 8, 9
degrees: 1, ♭2, 2, ♭3, 3, 4, ♭6, 6

Tetrad Combinations
as Prime Forms

0, 1, 2, 3	4, 5, 8, 9	6, 7, 10, 11
0, 1, 2, 4	3, 5, 8, 9	6, 7, 10, 11
0, 1, 2, 5	3, 4, 8, 9	6, 7, 10, 11
0, 1, 2, 8	3, 4, 5, 9	6, 7, 10, 11
0, 1, 2, 9	3, 4, 5, 8	6, 7, 10, 11
0, 1, 3, 4	2, 5, 8, 9	6, 7, 10, 11
0, 1, 3, 5	2, 4, 8, 9	6, 7, 10, 11
0, 1, 3, 8	2, 4, 5, 9	6, 7, 10, 11
0, 1, 3, 9	2, 4, 5, 8	6, 7, 10, 11
0, 1, 4, 5	2, 3, 8, 9	6, 7, 10, 11
0, 1, 4, 8	2, 3, 5, 9	6, 7, 10, 11
0, 1, 4, 9	2, 3, 5, 8	6, 7, 10, 11
0, 1, 5, 8	2, 3, 4, 9	6, 7, 10, 11
0, 1, 5, 9	2, 3, 4, 8	6, 7, 10, 11
0, 1, 8, 9	2, 3, 4, 5	6, 7, 10, 11
0, 2, 3, 4	1, 5, 8, 9	6, 7, 10, 11
0, 2, 3, 5	1, 4, 8, 9	6, 7, 10, 11
0, 2, 3, 8	1, 4, 5, 9	6, 7, 10, 11
0, 2, 3, 9	1, 4, 5, 8	6, 7, 10, 11
0, 2, 4, 5	1, 3, 8, 9	6, 7, 10, 11
0, 2, 4, 8	1, 3, 5, 9	6, 7, 10, 11
0, 2, 4, 9	1, 3, 5, 8	6, 7, 10, 11
0, 2, 5, 8	1, 3, 4, 9	6, 7, 10, 11
0, 2, 5, 9	1, 3, 4, 8	6, 7, 10, 11
0, 2, 8, 9	1, 3, 4, 5	6, 7, 10, 11
0, 3, 4, 5	1, 2, 8, 9	6, 7, 10, 11
0, 3, 4, 8	1, 2, 5, 9	6, 7, 10, 11
0, 3, 4, 9	1, 2, 5, 8	6, 7, 10, 11
0, 3, 5, 8	1, 2, 4, 9	6, 7, 10, 11
0, 3, 5, 9	1, 2, 4, 8	6, 7, 10, 11
0, 3, 8, 9	1, 2, 4, 5	6, 7, 10, 11
0, 4, 5, 8	1, 2, 3, 9	6, 7, 10, 11
0, 4, 5, 9	1, 2, 3, 8	6, 7, 10, 11
0, 4, 8, 9	1, 2, 3, 5	6, 7, 10, 11
0, 5, 8, 9	1, 2, 3, 4	6, 7, 10, 11

Tetrad Combinations
as Degrees

1, ♭2, 2, ♭3	3, 4, ♭6, 6	♭5, 5, ♭7, 7
1, ♭2, 2, 3	♭3, 4, ♭6, 6	♭5, 5, ♭7, 7
1, ♭2, 2, 4	♭3, 3, ♭6, 6	♭5, 5, ♭7, 7
1, ♭2, 2, ♭6	♭3, 3, 4, 6	♭5, 5, ♭7, 7
1, ♭2, 2, 6	♭3, 3, 4, ♭6	♭5, 5, ♭7, 7
1, ♭2, ♭3, 3	2, 4, ♭6, 6	♭5, 5, ♭7, 7
1, ♭2, ♭3, 4	2, 3, ♭6, 6	♭5, 5, ♭7, 7
1, ♭2, ♭3, ♭6	2, 3, 4, 6	♭5, 5, ♭7, 7
1, ♭2, ♭3, 6	2, 3, 4, ♭6	♭5, 5, ♭7, 7
1, ♭2, 3, 4	2, ♭3, ♭6, 6	♭5, 5, ♭7, 7
1, ♭2, 3, ♭6	2, ♭3, 4, 6	♭5, 5, ♭7, 7
1, ♭2, 3, 6	2, ♭3, 4, ♭6	♭5, 5, ♭7, 7
1, ♭2, 4, ♭6	2, ♭3, 3, 6	♭5, 5, ♭7, 7
1, ♭2, 4, 6	2, ♭3, 3, ♭6	♭5, 5, ♭7, 7
1, ♭2, ♭6, 6	2, ♭3, 3, 4	♭5, 5, ♭7, 7
1, 2, ♭3, 3	♭2, 4, ♭6, 6	♭5, 5, ♭7, 7
1, 2, ♭3, 4	♭2, 3, ♭6, 6	♭5, 5, ♭7, 7
1, 2, ♭3, ♭6	♭2, 3, 4, 6	♭5, 5, ♭7, 7
1, 2, ♭3, 6	♭2, 3, 4, ♭6	♭5, 5, ♭7, 7
1, 2, 3, 4	♭2, ♭3, ♭6, 6	♭5, 5, ♭7, 7
1, 2, 3, ♭6	♭2, ♭3, 4, 6	♭5, 5, ♭7, 7
1, 2, 3, 6	♭2, ♭3, 4, ♭6	♭5, 5, ♭7, 7
1, 2, 4, ♭6	♭2, ♭3, 3, 6	♭5, 5, ♭7, 7
1, 2, 4, 6	♭2, ♭3, 3, ♭6	♭5, 5, ♭7, 7
1, 2, ♭6, 6	♭2, ♭3, 3, 4	♭5, 5, ♭7, 7
1, ♭3, 3, 4	♭2, 2, ♭6, 6	♭5, 5, ♭7, 7
1, ♭3, 3, ♭6	♭2, 2, 4, 6	♭5, 5, ♭7, 7
1, ♭3, 3, 6	♭2, 2, 4, ♭6	♭5, 5, ♭7, 7
1, ♭3, 4, ♭6	♭2, 2, 3, 6	♭5, 5, ♭7, 7
1, ♭3, 4, 6	♭2, 2, 3, ♭6	♭5, 5, ♭7, 7
1, ♭3, ♭6, 6	♭2, 2, 3, 4	♭5, 5, ♭7, 7
1, 3, 4, ♭6	♭2, 2, ♭3, 6	♭5, 5, ♭7, 7
1, 3, 4, 6	♭2, 2, ♭3, ♭6	♭5, 5, ♭7, 7
1, 3, ♭6, 6	♭2, 2, ♭3, 4	♭5, 5, ♭7, 7
1, 4, ♭6, 6	♭2, 2, ♭3, 3	♭5, 5, ♭7, 7

C, D♭, D, E♭, E, G♭, G, A♭;

prime form: 0, 1, 2, 3, 4, 6, 7, 8
degrees: 1, ♭2, 2, ♭3, 3, ♭5, 5, ♭6

Tetrad Combinations
as Prime Forms

0, 1, 2, 3	4, 6, 7, 8	5, 9, 10, 11
0, 1, 2, 4	3, 6, 7, 8	5, 9, 10, 11
0, 1, 2, 6	3, 4, 7, 8	5, 9, 10, 11
0, 1, 2, 7	3, 4, 6, 8	5, 9, 10, 11
0, 1, 2, 8	3, 4, 6, 7	5, 9, 10, 11
0, 1, 3, 4	2, 6, 7, 8	5, 9, 10, 11
0, 1, 3, 6	2, 4, 7, 8	5, 9, 10, 11
0, 1, 3, 7	2, 4, 6, 8	5, 9, 10, 11
0, 1, 3, 8	2, 4, 6, 7	5, 9, 10, 11
0, 1, 4, 6	2, 3, 7, 8	5, 9, 10, 11
0, 1, 4, 7	2, 3, 6, 8	5, 9, 10, 11
0, 1, 4, 8	2, 3, 6, 7	5, 9, 10, 11
0, 1, 6, 7	2, 3, 4, 8	5, 9, 10, 11
0, 1, 6, 8	2, 3, 4, 7	5, 9, 10, 11
0, 1, 7, 8	2, 3, 4, 6	5, 9, 10, 11
0, 2, 3, 4	1, 6, 7, 8	5, 9, 10, 11
0, 2, 3, 6	1, 4, 7, 8	5, 9, 10, 11
0, 2, 3, 7	1, 4, 6, 8	5, 9, 10, 11
0, 2, 3, 8	1, 4, 6, 7	5, 9, 10, 11
0, 2, 4, 6	1, 3, 7, 8	5, 9, 10, 11
0, 2, 4, 7	1, 3, 6, 8	5, 9, 10, 11
0, 2, 4, 8	1, 3, 6, 7	5, 9, 10, 11
0, 2, 6, 7	1, 3, 4, 8	5, 9, 10, 11
0, 2, 6, 8	1, 3, 4, 7	5, 9, 10, 11
0, 2, 7, 8	1, 3, 4, 6	5, 9, 10, 11
0, 3, 4, 6	1, 2, 7, 8	5, 9, 10, 11
0, 3, 4, 7	1, 2, 6, 8	5, 9, 10, 11
0, 3, 4, 8	1, 2, 6, 7	5, 9, 10, 11
0, 3, 6, 7	1, 2, 4, 8	5, 9, 10, 11
0, 3, 6, 8	1, 2, 4, 7	5, 9, 10, 11
0, 3, 7, 8	1, 2, 4, 6	5, 9, 10, 11
0, 4, 6, 7	1, 2, 3, 8	5, 9, 10, 11
0, 4, 6, 8	1, 2, 3, 7	5, 9, 10, 11
0, 4, 7, 8	1, 2, 3, 6	5, 9, 10, 11
0, 6, 7, 8	1, 2, 3, 4	5, 9, 10, 11

Tetrad Combinations
as Degrees

1, ♭2, 2, ♭3	3, ♭5, 5, ♭6	4, 6, ♭7, 7
1, ♭2, 2, 3	♭3, ♭5, 5, ♭6	4, 6, ♭7, 7
1, ♭2, 2, ♭5	♭3, 3, 5, ♭6	4, 6, ♭7, 7
1, ♭2, 2, 5	♭3, 3, ♭5, ♭6	4, 6, ♭7, 7
1, ♭2, 2, ♭6	♭3, 3, ♭5, 5	4, 6, ♭7, 7
1, ♭2, ♭3, 3	2, ♭5, 5, ♭6	4, 6, ♭7, 7
1, ♭2, ♭3, ♭5	2, 3, 5, ♭6	4, 6, ♭7, 7
1, ♭2, ♭3, 5	2, 3, ♭5, ♭6	4, 6, ♭7, 7
1, ♭2, ♭3, ♭6	2, 3, ♭5, 5	4, 6, ♭7, 7
1, ♭2, 3, ♭5	2, ♭3, 5, ♭6	4, 6, ♭7, 7
1, ♭2, 3, 5	2, ♭3, ♭5, ♭6	4, 6, ♭7, 7
1, ♭2, 3, ♭6	2, ♭3, ♭5, 5	4, 6, ♭7, 7
1, ♭2, ♭5, 5	2, ♭3, 3, ♭6	4, 6, ♭7, 7
1, ♭2, ♭5, ♭6	2, ♭3, 3, 5	4, 6, ♭7, 7
1, ♭2, 5, ♭6	2, ♭3, 3, ♭5	4, 6, ♭7, 7
1, 2, ♭3, 3	♭2, ♭5, 5, ♭6	4, 6, ♭7, 7
1, 2, ♭3, ♭5	♭2, 3, 5, ♭6	4, 6, ♭7, 7
1, 2, ♭3, 5	♭2, 3, ♭5, ♭6	4, 6, ♭7, 7
1, 2, ♭3, ♭6	♭2, 3, ♭5, 5	4, 6, ♭7, 7
1, 2, 3, ♭5	♭2, ♭3, 5, ♭6	4, 6, ♭7, 7
1, 2, 3, 5	♭2, ♭3, ♭5, ♭6	4, 6, ♭7, 7
1, 2, 3, ♭6	♭2, ♭3, ♭5, 5	4, 6, ♭7, 7
1, 2, ♭5, 5	♭2, ♭3, 3, ♭6	4, 6, ♭7, 7
1, 2, ♭5, ♭6	♭2, ♭3, 3, 5	4, 6, ♭7, 7
1, 2, 5, ♭6	♭2, ♭3, 3, ♭5	4, 6, ♭7, 7
1, ♭3, 3, ♭5	♭2, 2, 5, ♭6	4, 6, ♭7, 7
1, ♭3, 3, 5	♭2, 2, ♭5, ♭6	4, 6, ♭7, 7
1, ♭3, 3, ♭6	♭2, 2, ♭5, 5	4, 6, ♭7, 7
1, ♭3, ♭5, 5	♭2, 2, 3, ♭6	4, 6, ♭7, 7
1, ♭3, ♭5, ♭6	♭2, 2, 3, 5	4, 6, ♭7, 7
1, ♭3, 5, ♭6	♭2, 2, 3, ♭5	4, 6, ♭7, 7
1, 3, ♭5, 5	♭2, 2, ♭3, ♭6	4, 6, ♭7, 7
1, 3, ♭5, ♭6	♭2, 2, ♭3, 5	4, 6, ♭7, 7
1, 3, 5, ♭6	♭2, 2, ♭3, ♭5	4, 6, ♭7, 7
1, ♭5, 5, ♭6	♭2, 2, ♭3, 3	4, 6, ♭7, 7

C, D♭, D, E♭, E, G♭, G, A;

prime form: 0, 1, 2, 3, 4, 6, 7, 9
degrees: 1, ♭2, 2, ♭3, 3, ♭5, 5, 6

Tetrad Combinations
as Prime Forms

0, 1, 2, 3	4, 6, 7, 9	5, 8, 10, 11
0, 1, 2, 4	3, 6, 7, 9	5, 8, 10, 11
0, 1, 2, 6	3, 4, 7, 9	5, 8, 10, 11
0, 1, 2, 7	3, 4, 6, 9	5, 8, 10, 11
0, 1, 2, 9	3, 4, 6, 7	5, 8, 10, 11
0, 1, 3, 4	2, 6, 7, 9	5, 8, 10, 11
0, 1, 3, 6	2, 4, 7, 9	5, 8, 10, 11
0, 1, 3, 7	2, 4, 6, 9	5, 8, 10, 11
0, 1, 3, 9	2, 4, 6, 7	5, 8, 10, 11
0, 1, 4, 6	2, 3, 7, 9	5, 8, 10, 11
0, 1, 4, 7	2, 3, 6, 9	5, 8, 10, 11
0, 1, 4, 9	2, 3, 6, 7	5, 8, 10, 11
0, 1, 6, 7	2, 3, 4, 9	5, 8, 10, 11
0, 1, 6, 9	2, 3, 4, 7	5, 8, 10, 11
0, 1, 7, 9	2, 3, 4, 6	5, 8, 10, 11
0, 2, 3, 4	1, 6, 7, 9	5, 8, 10, 11
0, 2, 3, 6	1, 4, 7, 9	5, 8, 10, 11
0, 2, 3, 7	1, 4, 6, 9	5, 8, 10, 11
0, 2, 3, 9	1, 4, 6, 7	5, 8, 10, 11
0, 2, 4, 6	1, 3, 7, 9	5, 8, 10, 11
0, 2, 4, 7	1, 3, 6, 9	5, 8, 10, 11
0, 2, 4, 9	1, 3, 6, 7	5, 8, 10, 11
0, 2, 6, 7	1, 3, 4, 9	5, 8, 10, 11
0, 2, 6, 9	1, 3, 4, 7	5, 8, 10, 11
0, 2, 7, 9	1, 3, 4, 6	5, 8, 10, 11
0, 3, 4, 6	1, 2, 7, 9	5, 8, 10, 11
0, 3, 4, 7	1, 2, 6, 9	5, 8, 10, 11
0, 3, 4, 9	1, 2, 6, 7	5, 8, 10, 11
0, 3, 6, 7	1, 2, 4, 9	5, 8, 10, 11
0, 3, 6, 9	1, 2, 4, 7	5, 8, 10, 11
0, 3, 7, 9	1, 2, 4, 6	5, 8, 10, 11
0, 4, 6, 7	1, 2, 3, 9	5, 8, 10, 11
0, 4, 6, 9	1, 2, 3, 7	5, 8, 10, 11
0, 4, 7, 9	1, 2, 3, 6	5, 8, 10, 11
0, 6, 7, 9	1, 2, 3, 4	5, 8, 10, 11

Tetrad Combinations
as Degrees

1, ♭2, 2, ♭3	3, ♭5, 5, 6	4, ♭6, ♭7, 7
1, ♭2, 2, 3	♭3, ♭5, 5, 6	4, ♭6, ♭7, 7
1, ♭2, 2, ♭5	♭3, 3, 5, 6	4, ♭6, ♭7, 7
1, ♭2, 2, 5	♭3, 3, ♭5, 6	4, ♭6, ♭7, 7
1, ♭2, 2, 6	♭3, 3, ♭5, 5	4, ♭6, ♭7, 7
1, ♭2, ♭3, 3	2, ♭5, 5, 6	4, ♭6, ♭7, 7
1, ♭2, ♭3, ♭5	2, 3, 5, 6	4, ♭6, ♭7, 7
1, ♭2, ♭3, 5	2, 3, ♭5, 6	4, ♭6, ♭7, 7
1, ♭2, ♭3, 6	2, 3, ♭5, 5	4, ♭6, ♭7, 7
1, ♭2, 3, ♭5	2, ♭3, 5, 6	4, ♭6, ♭7, 7
1, ♭2, 3, 5	2, ♭3, ♭5, 6	4, ♭6, ♭7, 7
1, ♭2, 3, 6	2, ♭3, ♭5, 5	4, ♭6, ♭7, 7
1, ♭2, ♭5, 5	2, ♭3, 3, 6	4, ♭6, ♭7, 7
1, ♭2, ♭5, 6	2, ♭3, 3, 5	4, ♭6, ♭7, 7
1, ♭2, 5, 6	2, ♭3, 3, ♭5	4, ♭6, ♭7, 7
1, 2, ♭3, 3	♭2, ♭5, 5, 6	4, ♭6, ♭7, 7
1, 2, ♭3, ♭5	♭2, 3, 5, 6	4, ♭6, ♭7, 7
1, 2, ♭3, 5	♭2, 3, ♭5, 6	4, ♭6, ♭7, 7
1, 2, ♭3, 6	♭2, 3, ♭5, 5	4, ♭6, ♭7, 7
1, 2, 3, ♭5	♭2, ♭3, 5, 6	4, ♭6, ♭7, 7
1, 2, 3, 5	♭2, ♭3, ♭5, 6	4, ♭6, ♭7, 7
1, 2, 3, 6	♭2, ♭3, ♭5, 5	4, ♭6, ♭7, 7
1, 2, ♭5, 5	♭2, ♭3, 3, 6	4, ♭6, ♭7, 7
1, 2, ♭5, 6	♭2, ♭3, 3, 5	4, ♭6, ♭7, 7
1, 2, 5, 6	♭2, ♭3, 3, ♭5	4, ♭6, ♭7, 7
1, ♭3, 3, ♭5	♭2, 2, 5, 6	4, ♭6, ♭7, 7
1, ♭3, 3, 5	♭2, 2, ♭5, 6	4, ♭6, ♭7, 7
1, ♭3, 3, 6	♭2, 2, ♭5, 5	4, ♭6, ♭7, 7
1, ♭3, ♭5, 5	♭2, 2, 3, 6	4, ♭6, ♭7, 7
1, ♭3, ♭5, 6	♭2, 2, 3, 5	4, ♭6, ♭7, 7
1, ♭3, 5, 6	♭2, 2, 3, ♭5	4, ♭6, ♭7, 7
1, 3, ♭5, 5	♭2, 2, ♭3, 6	4, ♭6, ♭7, 7
1, 3, ♭5, 6	♭2, 2, ♭3, 5	4, ♭6, ♭7, 7
1, 3, 5, 6	♭2, 2, ♭3, ♭5	4, ♭6, ♭7, 7
1, ♭5, 5, 6	♭2, 2, ♭3, 3	4, ♭6, ♭7, 7

C, D♭, D, E♭, E, G♭, A♭, A;

prime form: 0, 1, 2, 3, 4, 6, 8, 9
degrees: 1, ♭2, 2, ♭3, 3, ♭5, ♭6, 6

Tetrad Combinations as Prime Forms		
0, 1, 2, 3	4, 6, 8, 9	5, 7, 10, 11
0, 1, 2, 4	3, 6, 8, 9	5, 7, 10, 11
0, 1, 2, 6	3, 4, 8, 9	5, 7, 10, 11
0, 1, 2, 8	3, 4, 6, 9	5, 7, 10, 11
0, 1, 2, 9	3, 4, 6, 8	5, 7, 10, 11
0, 1, 3, 4	2, 6, 8, 9	5, 7, 10, 11
0, 1, 3, 6	2, 4, 8, 9	5, 7, 10, 11
0, 1, 3, 8	2, 4, 6, 9	5, 7, 10, 11
0, 1, 3, 9	2, 4, 6, 8	5, 7, 10, 11
0, 1, 4, 6	2, 3, 8, 9	5, 7, 10, 11
0, 1, 4, 8	2, 3, 6, 9	5, 7, 10, 11
0, 1, 4, 9	2, 3, 6, 8	5, 7, 10, 11
0, 1, 6, 8	2, 3, 4, 9	5, 7, 10, 11
0, 1, 6, 9	2, 3, 4, 8	5, 7, 10, 11
0, 1, 8, 9	2, 3, 4, 6	5, 7, 10, 11
0, 2, 3, 4	1, 6, 8, 9	5, 7, 10, 11
0, 2, 3, 6	1, 4, 8, 9	5, 7, 10, 11
0, 2, 3, 8	1, 4, 6, 9	5, 7, 10, 11
0, 2, 3, 9	1, 4, 6, 8	5, 7, 10, 11
0, 2, 4, 6	1, 3, 8, 9	5, 7, 10, 11
0, 2, 4, 8	1, 3, 6, 9	5, 7, 10, 11
0, 2, 4, 9	1, 3, 6, 8	5, 7, 10, 11
0, 2, 6, 8	1, 3, 4, 9	5, 7, 10, 11
0, 2, 6, 9	1, 3, 4, 8	5, 7, 10, 11
0, 2, 8, 9	1, 3, 4, 6	5, 7, 10, 11
0, 3, 4, 6	1, 2, 8, 9	5, 7, 10, 11
0, 3, 4, 8	1, 2, 6, 9	5, 7, 10, 11
0, 3, 4, 9	1, 2, 6, 8	5, 7, 10, 11
0, 3, 6, 8	1, 2, 4, 9	5, 7, 10, 11
0, 3, 6, 9	1, 2, 4, 8	5, 7, 10, 11
0, 3, 8, 9	1, 2, 4, 6	5, 7, 10, 11
0, 4, 6, 8	1, 2, 3, 9	5, 7, 10, 11
0, 4, 6, 9	1, 2, 3, 8	5, 7, 10, 11
0, 4, 8, 9	1, 2, 3, 6	5, 7, 10, 11
0, 6, 8, 9	1, 2, 3, 4	5, 7, 10, 11

Tetrad Combinations as Degrees		
1, ♭2, 2, ♭3	3, ♭5, ♭6, 6	4, 5, ♭7, 7
1, ♭2, 2, 3	♭3, ♭5, ♭6, 6	4, 5, ♭7, 7
1, ♭2, 2, ♭5	♭3, 3, ♭6, 6	4, 5, ♭7, 7
1, ♭2, 2, ♭6	♭3, 3, ♭5, 6	4, 5, ♭7, 7
1, ♭2, 2, 6	♭3, 3, ♭5, ♭6	4, 5, ♭7, 7
1, ♭2, ♭3, 3	2, ♭5, ♭6, 6	4, 5, ♭7, 7
1, ♭2, ♭3, ♭5	2, 3, ♭6, 6	4, 5, ♭7, 7
1, ♭2, ♭3, ♭6	2, 3, ♭5, 6	4, 5, ♭7, 7
1, ♭2, ♭3, 6	2, 3, ♭5, ♭6	4, 5, ♭7, 7
1, ♭2, 3, ♭5	2, ♭3, ♭6, 6	4, 5, ♭7, 7
1, ♭2, 3, ♭6	2, ♭3, ♭5, 6	4, 5, ♭7, 7
1, ♭2, 3, 6	2, ♭3, ♭5, ♭6	4, 5, ♭7, 7
1, ♭2, ♭5, ♭6	2, ♭3, 3, 6	4, 5, ♭7, 7
1, ♭2, ♭5, 6	2, ♭3, 3, ♭6	4, 5, ♭7, 7
1, ♭2, ♭6, 6	2, ♭3, 3, ♭5	4, 5, ♭7, 7
1, 2, ♭3, 3	♭2, ♭5, ♭6, 6	4, 5, ♭7, 7
1, 2, ♭3, ♭5	♭2, 3, ♭6, 6	4, 5, ♭7, 7
1, 2, ♭3, ♭6	♭2, 3, ♭5, 6	4, 5, ♭7, 7
1, 2, ♭3, 6	♭2, 3, ♭5, ♭6	4, 5, ♭7, 7
1, 2, 3, ♭5	♭2, ♭3, ♭6, 6	4, 5, ♭7, 7
1, 2, 3, ♭6	♭2, ♭3, ♭5, 6	4, 5, ♭7, 7
1, 2, 3, 6	♭2, ♭3, ♭5, ♭6	4, 5, ♭7, 7
1, 2, ♭5, ♭6	♭2, ♭3, 3, 6	4, 5, ♭7, 7
1, 2, ♭5, 6	♭2, ♭3, 3, ♭6	4, 5, ♭7, 7
1, 2, ♭6, 6	♭2, ♭3, 3, ♭5	4, 5, ♭7, 7
1, ♭3, 3, ♭5	♭2, 2, ♭6, 6	4, 5, ♭7, 7
1, ♭3, 3, ♭6	♭2, 2, ♭5, 6	4, 5, ♭7, 7
1, ♭3, 3, 6	♭2, 2, ♭5, ♭6	4, 5, ♭7, 7
1, ♭3, ♭5, ♭6	♭2, 2, 3, 6	4, 5, ♭7, 7
1, ♭3, ♭5, 6	♭2, 2, 3, ♭6	4, 5, ♭7, 7
1, ♭3, ♭6, 6	♭2, 2, 3, ♭5	4, 5, ♭7, 7
1, 3, ♭5, ♭6	♭2, 2, ♭3, 6	4, 5, ♭7, 7
1, 3, ♭5, 6	♭2, 2, ♭3, ♭6	4, 5, ♭7, 7
1, 3, ♭6, 6	♭2, 2, ♭3, ♭5	4, 5, ♭7, 7
1, ♭5, ♭6, 6	♭2, 2, ♭3, 3	4, 5, ♭7, 7

C, D♭, D, E♭, E, G♭, A♭, B♭;

prime form: 0, 1, 2, 3, 4, 6, 8, 10
degrees: 1, ♭2, 2, ♭3, 3, ♭5, ♭6, ♭7

Tetrad Combinations
as Prime Forms

0, 1, 2, 3	4, 6, 8, 10	5, 7, 9, 11
0, 1, 2, 4	3, 6, 8, 10	5, 7, 9, 11
0, 1, 2, 6	3, 4, 8, 10	5, 7, 9, 11
0, 1, 2, 8	3, 4, 6, 10	5, 7, 9, 11
0, 1, 2, 10	3, 4, 6, 8	5, 7, 9, 11
0, 1, 3, 4	2, 6, 8, 10	5, 7, 9, 11
0, 1, 3, 6	2, 4, 8, 10	5, 7, 9, 11
0, 1, 3, 8	2, 4, 6, 10	5, 7, 9, 11
0, 1, 3, 10	2, 4, 6, 8	5, 7, 9, 11
0, 1, 4, 6	2, 3, 8, 10	5, 7, 9, 11
0, 1, 4, 8	2, 3, 6, 10	5, 7, 9, 11
0, 1, 4, 10	2, 3, 6, 8	5, 7, 9, 11
0, 1, 6, 8	2, 3, 4, 10	5, 7, 9, 11
0, 1, 6, 10	2, 3, 4, 8	5, 7, 9, 11
0, 1, 8, 10	2, 3, 4, 6	5, 7, 9, 11
0, 2, 3, 4	1, 6, 8, 10	5, 7, 9, 11
0, 2, 3, 6	1, 4, 8, 10	5, 7, 9, 11
0, 2, 3, 8	1, 4, 6, 10	5, 7, 9, 11
0, 2, 3, 10	1, 4, 6, 8	5, 7, 9, 11
0, 2, 4, 6	1, 3, 8, 10	5, 7, 9, 11
0, 2, 4, 8	1, 3, 6, 10	5, 7, 9, 11
0, 2, 4, 10	1, 3, 6, 8	5, 7, 9, 11
0, 2, 6, 8	1, 3, 4, 10	5, 7, 9, 11
0, 2, 6, 10	1, 3, 4, 8	5, 7, 9, 11
0, 2, 8, 10	1, 3, 4, 6	5, 7, 9, 11
0, 3, 4, 6	1, 2, 8, 10	5, 7, 9, 11
0, 3, 4, 8	1, 2, 6, 10	5, 7, 9, 11
0, 3, 4, 10	1, 2, 6, 8	5, 7, 9, 11
0, 3, 6, 8	1, 2, 4, 10	5, 7, 9, 11
0, 3, 6, 10	1, 2, 4, 8	5, 7, 9, 11
0, 3, 8, 10	1, 2, 4, 6	5, 7, 9, 11
0, 4, 6, 8	1, 2, 3, 10	5, 7, 9, 11
0, 4, 6, 10	1, 2, 3, 8	5, 7, 9, 11
0, 4, 8, 10	1, 2, 3, 6	5, 7, 9, 11
0, 6, 8, 10	1, 2, 3, 4	5, 7, 9, 11

Tetrad Combinations
as Degrees

1, ♭2, 2, ♭3	3, ♭5, ♭6, ♭7	4, 5, 6, 7
1, ♭2, 2, 3	♭3, ♭5, ♭6, ♭7	4, 5, 6, 7
1, ♭2, 2, ♭5	♭3, 3, ♭6, ♭7	4, 5, 6, 7
1, ♭2, 2, ♭6	♭3, 3, ♭5, ♭7	4, 5, 6, 7
1, ♭2, 2, ♭7	♭3, 3, ♭5, ♭6	4, 5, 6, 7
1, ♭2, ♭3, 3	2, ♭5, ♭6, ♭7	4, 5, 6, 7
1, ♭2, ♭3, ♭5	2, 3, ♭6, ♭7	4, 5, 6, 7
1, ♭2, ♭3, ♭6	2, 3, ♭5, ♭7	4, 5, 6, 7
1, ♭2, ♭3, ♭7	2, 3, ♭5, ♭6	4, 5, 6, 7
1, ♭2, 3, ♭5	2, ♭3, ♭6, ♭7	4, 5, 6, 7
1, ♭2, 3, ♭6	2, ♭3, ♭5, ♭7	4, 5, 6, 7
1, ♭2, 3, ♭7	2, ♭3, ♭5, ♭6	4, 5, 6, 7
1, ♭2, ♭5, ♭6	2, ♭3, 3, ♭7	4, 5, 6, 7
1, ♭2, ♭5, ♭7	2, ♭3, 3, ♭6	4, 5, 6, 7
1, ♭2, ♭6, ♭7	2, ♭3, 3, ♭5	4, 5, 6, 7
1, 2, ♭3, 3	♭2, ♭5, ♭6, ♭7	4, 5, 6, 7
1, 2, ♭3, ♭5	♭2, 3, ♭6, ♭7	4, 5, 6, 7
1, 2, ♭3, ♭6	♭2, 3, ♭5, ♭7	4, 5, 6, 7
1, 2, ♭3, ♭7	♭2, 3, ♭5, ♭6	4, 5, 6, 7
1, 2, 3, ♭5	♭2, ♭3, ♭6, ♭7	4, 5, 6, 7
1, 2, 3, ♭6	♭2, ♭3, ♭5, ♭7	4, 5, 6, 7
1, 2, 3, ♭7	♭2, ♭3, ♭5, ♭6	4, 5, 6, 7
1, 2, ♭5, ♭6	♭2, ♭3, 3, ♭7	4, 5, 6, 7
1, 2, ♭5, ♭7	♭2, ♭3, 3, ♭6	4, 5, 6, 7
1, 2, ♭6, ♭7	♭2, ♭3, 3, ♭5	4, 5, 6, 7
1, ♭3, 3, ♭5	♭2, 2, ♭6, ♭7	4, 5, 6, 7
1, ♭3, 3, ♭6	♭2, 2, ♭5, ♭7	4, 5, 6, 7
1, ♭3, 3, ♭7	♭2, 2, ♭5, ♭6	4, 5, 6, 7
1, ♭3, ♭5, ♭6	♭2, 2, 3, ♭7	4, 5, 6, 7
1, ♭3, ♭5, ♭7	♭2, 2, 3, ♭6	4, 5, 6, 7
1, ♭3, ♭6, ♭7	♭2, 2, 3, ♭5	4, 5, 6, 7
1, 3, ♭5, ♭6	♭2, 2, ♭3, ♭7	4, 5, 6, 7
1, 3, ♭5, ♭7	♭2, 2, ♭3, ♭6	4, 5, 6, 7
1, 3, ♭6, ♭7	♭2, 2, ♭3, ♭5	4, 5, 6, 7
1, ♭5, ♭6, ♭7	♭2, 2, ♭3, 3	4, 5, 6, 7

C, D♭, D, E♭, E, G, A♭, A;

prime form: 0, 1, 2, 3, 4, 7, 8, 9

degrees: 1, ♭2, 2, ♭3, 3, 5, ♭6, 6

Tetrad Combinations
as Prime Forms

0, 1, 2, 3	4, 7, 8, 9	5, 6, 10, 11
0, 1, 2, 4	3, 7, 8, 9	5, 6, 10, 11
0, 1, 2, 7	3, 4, 8, 9	5, 6, 10, 11
0, 1, 2, 8	3, 4, 7, 9	5, 6, 10, 11
0, 1, 2, 9	3, 4, 7, 8	5, 6, 10, 11
0, 1, 3, 4	2, 7, 8, 9	5, 6, 10, 11
0, 1, 3, 7	2, 4, 8, 9	5, 6, 10, 11
0, 1, 3, 8	2, 4, 7, 9	5, 6, 10, 11
0, 1, 3, 9	2, 4, 7, 8	5, 6, 10, 11
0, 1, 4, 7	2, 3, 8, 9	5, 6, 10, 11
0, 1, 4, 8	2, 3, 7, 9	5, 6, 10, 11
0, 1, 4, 9	2, 3, 7, 8	5, 6, 10, 11
0, 1, 7, 8	2, 3, 4, 9	5, 6, 10, 11
0, 1, 7, 9	2, 3, 4, 8	5, 6, 10, 11
0, 1, 8, 9	2, 3, 4, 7	5, 6, 10, 11
0, 2, 3, 4	1, 7, 8, 9	5, 6, 10, 11
0, 2, 3, 7	1, 4, 8, 9	5, 6, 10, 11
0, 2, 3, 8	1, 4, 7, 9	5, 6, 10, 11
0, 2, 3, 9	1, 4, 7, 8	5, 6, 10, 11
0, 2, 4, 7	1, 3, 8, 9	5, 6, 10, 11
0, 2, 4, 8	1, 3, 7, 9	5, 6, 10, 11
0, 2, 4, 9	1, 3, 7, 8	5, 6, 10, 11
0, 2, 7, 8	1, 3, 4, 9	5, 6, 10, 11
0, 2, 7, 9	1, 3, 4, 8	5, 6, 10, 11
0, 2, 8, 9	1, 3, 4, 7	5, 6, 10, 11
0, 3, 4, 7	1, 2, 8, 9	5, 6, 10, 11
0, 3, 4, 8	1, 2, 7, 9	5, 6, 10, 11
0, 3, 4, 9	1, 2, 7, 8	5, 6, 10, 11
0, 3, 7, 8	1, 2, 4, 9	5, 6, 10, 11
0, 3, 7, 9	1, 2, 4, 8	5, 6, 10, 11
0, 3, 8, 9	1, 2, 4, 7	5, 6, 10, 11
0, 4, 7, 8	1, 2, 3, 9	5, 6, 10, 11
0, 4, 7, 9	1, 2, 3, 8	5, 6, 10, 11
0, 4, 8, 9	1, 2, 3, 7	5, 6, 10, 11
0, 7, 8, 9	1, 2, 3, 4	5, 6, 10, 11

Tetrad Combinations
as Degrees

1, ♭2, 2, ♭3	3, 5, ♭6, 6	4, ♭5, ♭7, 7
1, ♭2, 2, 3	♭3, 5, ♭6, 6	4, ♭5, ♭7, 7
1, ♭2, 2, 5	♭3, 3, ♭6, 6	4, ♭5, ♭7, 7
1, ♭2, 2, ♭6	♭3, 3, 5, 6	4, ♭5, ♭7, 7
1, ♭2, 2, 6	♭3, 3, 5, ♭6	4, ♭5, ♭7, 7
1, ♭2, ♭3, 3	2, 5, ♭6, 6	4, ♭5, ♭7, 7
1, ♭2, ♭3, 5	2, 3, ♭6, 6	4, ♭5, ♭7, 7
1, ♭2, ♭3, ♭6	2, 3, 5, 6	4, ♭5, ♭7, 7
1, ♭2, ♭3, 6	2, 3, 5, ♭6	4, ♭5, ♭7, 7
1, ♭2, 3, 5	2, ♭3, ♭6, 6	4, ♭5, ♭7, 7
1, ♭2, 3, ♭6	2, ♭3, 5, 6	4, ♭5, ♭7, 7
1, ♭2, 3, 6	2, ♭3, 5, ♭6	4, ♭5, ♭7, 7
1, ♭2, 5, ♭6	2, ♭3, 3, 6	4, ♭5, ♭7, 7
1, ♭2, 5, 6	2, ♭3, 3, ♭6	4, ♭5, ♭7, 7
1, ♭2, ♭6, 6	2, ♭3, 3, 5	4, ♭5, ♭7, 7
1, 2, ♭3, 3	♭2, 5, ♭6, 6	4, ♭5, ♭7, 7
1, 2, ♭3, 5	♭2, 3, ♭6, 6	4, ♭5, ♭7, 7
1, 2, ♭3, ♭6	♭2, 3, 5, 6	4, ♭5, ♭7, 7
1, 2, ♭3, 6	♭2, 3, 5, ♭6	4, ♭5, ♭7, 7
1, 2, 3, 5	♭2, ♭3, ♭6, 6	4, ♭5, ♭7, 7
1, 2, 3, ♭6	♭2, ♭3, 5, 6	4, ♭5, ♭7, 7
1, 2, 3, 6	♭2, ♭3, 5, ♭6	4, ♭5, ♭7, 7
1, 2, 5, ♭6	♭2, ♭3, 3, 6	4, ♭5, ♭7, 7
1, 2, 5, 6	♭2, ♭3, 3, ♭6	4, ♭5, ♭7, 7
1, 2, ♭6, 6	♭2, ♭3, 3, 5	4, ♭5, ♭7, 7
1, ♭3, 3, 5	♭2, 2, ♭6, 6	4, ♭5, ♭7, 7
1, ♭3, 3, ♭6	♭2, 2, 5, 6	4, ♭5, ♭7, 7
1, ♭3, 3, 6	♭2, 2, 5, ♭6	4, ♭5, ♭7, 7
1, ♭3, 5, ♭6	♭2, 2, 3, 6	4, ♭5, ♭7, 7
1, ♭3, 5, 6	♭2, 2, 3, ♭6	4, ♭5, ♭7, 7
1, ♭3, ♭6, 6	♭2, 2, 3, 5	4, ♭5, ♭7, 7
1, 3, 5, ♭6	♭2, 2, ♭3, 6	4, ♭5, ♭7, 7
1, 3, 5, 6	♭2, 2, ♭3, ♭6	4, ♭5, ♭7, 7
1, 3, ♭6, 6	♭2, 2, ♭3, 5	4, ♭5, ♭7, 7
1, 5, ♭6, 6	♭2, 2, ♭3, 3	4, ♭5, ♭7, 7

C, D♭, D, E♭, F, G♭, G, A♭;

prime form: 0, 1, 2, 3, 5, 6, 7, 8

degrees: 1, ♭2, 2, ♭3, 4, ♭5, 5, ♭6

Tetrad Combinations as Prime Forms

0, 1, 2, 3	5, 6, 7, 8	4, 9, 10, 11
0, 1, 2, 5	3, 6, 7, 8	4, 9, 10, 11
0, 1, 2, 6	3, 5, 7, 8	4, 9, 10, 11
0, 1, 2, 7	3, 5, 6, 8	4, 9, 10, 11
0, 1, 2, 8	3, 5, 6, 7	4, 9, 10, 11
0, 1, 3, 5	2, 6, 7, 8	4, 9, 10, 11
0, 1, 3, 6	2, 5, 7, 8	4, 9, 10, 11
0, 1, 3, 7	2, 5, 6, 8	4, 9, 10, 11
0, 1, 3, 8	2, 5, 6, 7	4, 9, 10, 11
0, 1, 5, 6	2, 3, 7, 8	4, 9, 10, 11
0, 1, 5, 7	2, 3, 6, 8	4, 9, 10, 11
0, 1, 5, 8	2, 3, 6, 7	4, 9, 10, 11
0, 1, 6, 7	2, 3, 5, 8	4, 9, 10, 11
0, 1, 6, 8	2, 3, 5, 7	4, 9, 10, 11
0, 1, 7, 8	2, 3, 5, 6	4, 9, 10, 11
0, 2, 3, 5	1, 6, 7, 8	4, 9, 10, 11
0, 2, 3, 6	1, 5, 7, 8	4, 9, 10, 11
0, 2, 3, 7	1, 5, 6, 8	4, 9, 10, 11
0, 2, 3, 8	1, 5, 6, 7	4, 9, 10, 11
0, 2, 5, 6	1, 3, 7, 8	4, 9, 10, 11
0, 2, 5, 7	1, 3, 6, 8	4, 9, 10, 11
0, 2, 5, 8	1, 3, 6, 7	4, 9, 10, 11
0, 2, 6, 7	1, 3, 5, 8	4, 9, 10, 11
0, 2, 6, 8	1, 3, 5, 7	4, 9, 10, 11
0, 2, 7, 8	1, 3, 5, 6	4, 9, 10, 11
0, 3, 5, 6	1, 2, 7, 8	4, 9, 10, 11
0, 3, 5, 7	1, 2, 6, 8	4, 9, 10, 11
0, 3, 5, 8	1, 2, 6, 7	4, 9, 10, 11
0, 3, 6, 7	1, 2, 5, 8	4, 9, 10, 11
0, 3, 6, 8	1, 2, 5, 7	4, 9, 10, 11
0, 3, 7, 8	1, 2, 5, 6	4, 9, 10, 11
0, 5, 6, 7	1, 2, 3, 8	4, 9, 10, 11
0, 5, 6, 8	1, 2, 3, 7	4, 9, 10, 11
0, 5, 7, 8	1, 2, 3, 6	4, 9, 10, 11
0, 6, 7, 8	1, 2, 3, 5	4, 9, 10, 11

Tetrad Combinations as Degrees

1, ♭2, 2, ♭3	4, ♭5, 5, ♭6	3, 6, ♭7, 7
1, ♭2, 2, 4	♭3, ♭5, 5, ♭6	3, 6, ♭7, 7
1, ♭2, 2, ♭5	♭3, 4, 5, ♭6	3, 6, ♭7, 7
1, ♭2, 2, 5	♭3, 4, ♭5, ♭6	3, 6, ♭7, 7
1, ♭2, 2, ♭6	♭3, 4, ♭5, 5	3, 6, ♭7, 7
1, ♭2, ♭3, 4	2, ♭5, 5, ♭6	3, 6, ♭7, 7
1, ♭2, ♭3, ♭5	2, 4, 5, ♭6	3, 6, ♭7, 7
1, ♭2, ♭3, 5	2, 4, ♭5, ♭6	3, 6, ♭7, 7
1, ♭2, ♭3, ♭6	2, 4, ♭5, 5	3, 6, ♭7, 7
1, ♭2, 4, ♭5	2, ♭3, 5, ♭6	3, 6, ♭7, 7
1, ♭2, 4, 5	2, ♭3, ♭5, ♭6	3, 6, ♭7, 7
1, ♭2, 4, ♭6	2, ♭3, ♭5, 5	3, 6, ♭7, 7
1, ♭2, ♭5, 5	2, ♭3, 4, ♭6	3, 6, ♭7, 7
1, ♭2, ♭5, ♭6	2, ♭3, 4, 5	3, 6, ♭7, 7
1, ♭2, 5, ♭6	2, ♭3, 4, ♭5	3, 6, ♭7, 7
1, 2, ♭3, 4	♭2, ♭5, 5, ♭6	3, 6, ♭7, 7
1, 2, ♭3, ♭5	♭2, 4, 5, ♭6	3, 6, ♭7, 7
1, 2, ♭3, 5	♭2, 4, ♭5, ♭6	3, 6, ♭7, 7
1, 2, ♭3, ♭6	♭2, 4, ♭5, 5	3, 6, ♭7, 7
1, 2, 4, ♭5	♭2, ♭3, 5, ♭6	3, 6, ♭7, 7
1, 2, 4, 5	♭2, ♭3, ♭5, ♭6	3, 6, ♭7, 7
1, 2, 4, ♭6	♭2, ♭3, ♭5, 5	3, 6, ♭7, 7
1, 2, ♭5, 5	♭2, ♭3, 4, ♭6	3, 6, ♭7, 7
1, 2, ♭5, ♭6	♭2, ♭3, 4, 5	3, 6, ♭7, 7
1, 2, 5, ♭6	♭2, ♭3, 4, ♭5	3, 6, ♭7, 7
1, ♭3, 4, ♭5	♭2, 2, 5, ♭6	3, 6, ♭7, 7
1, ♭3, 4, 5	♭2, 2, ♭5, ♭6	3, 6, ♭7, 7
1, ♭3, 4, ♭6	♭2, 2, ♭5, 5	3, 6, ♭7, 7
1, ♭3, ♭5, 5	♭2, 2, 4, ♭6	3, 6, ♭7, 7
1, ♭3, ♭5, ♭6	♭2, 2, 4, 5	3, 6, ♭7, 7
1, ♭3, 5, ♭6	♭2, 2, 4, ♭5	3, 6, ♭7, 7
1, 4, ♭5, 5	♭2, 2, ♭3, ♭6	3, 6, ♭7, 7
1, 4, ♭5, ♭6	♭2, 2, ♭3, 5	3, 6, ♭7, 7
1, 4, 5, ♭6	♭2, 2, ♭3, ♭5	3, 6, ♭7, 7
1, ♭5, 5, ♭6	♭2, 2, ♭3, 4	3, 6, ♭7, 7

C, D♭, D, E♭, F, G♭, G, A;

prime form: 0, 1, 2, 3, 5, 6, 7, 9
degrees: 1, ♭2, 2, ♭3, 4, ♭5, 5, 6

Tetrad Combinations
as Prime Forms

0, 1, 2, 3	5, 6, 7, 9	4, 8, 10, 11
0, 1, 2, 5	3, 6, 7, 9	4, 8, 10, 11
0, 1, 2, 6	3, 5, 7, 9	4, 8, 10, 11
0, 1, 2, 7	3, 5, 6, 9	4, 8, 10, 11
0, 1, 2, 9	3, 5, 6, 7	4, 8, 10, 11
0, 1, 3, 5	2, 6, 7, 9	4, 8, 10, 11
0, 1, 3, 6	2, 5, 7, 9	4, 8, 10, 11
0, 1, 3, 7	2, 5, 6, 9	4, 8, 10, 11
0, 1, 3, 9	2, 5, 6, 7	4, 8, 10, 11
0, 1, 5, 6	2, 3, 7, 9	4, 8, 10, 11
0, 1, 5, 7	2, 3, 6, 9	4, 8, 10, 11
0, 1, 5, 9	2, 3, 6, 7	4, 8, 10, 11
0, 1, 6, 7	2, 3, 5, 9	4, 8, 10, 11
0, 1, 6, 9	2, 3, 5, 7	4, 8, 10, 11
0, 1, 7, 9	2, 3, 5, 6	4, 8, 10, 11
0, 2, 3, 5	1, 6, 7, 9	4, 8, 10, 11
0, 2, 3, 6	1, 5, 7, 9	4, 8, 10, 11
0, 2, 3, 7	1, 5, 6, 9	4, 8, 10, 11
0, 2, 3, 9	1, 5, 6, 7	4, 8, 10, 11
0, 2, 5, 6	1, 3, 7, 9	4, 8, 10, 11
0, 2, 5, 7	1, 3, 6, 9	4, 8, 10, 11
0, 2, 5, 9	1, 3, 6, 7	4, 8, 10, 11
0, 2, 6, 7	1, 3, 5, 9	4, 8, 10, 11
0, 2, 6, 9	1, 3, 5, 7	4, 8, 10, 11
0, 2, 7, 9	1, 3, 5, 6	4, 8, 10, 11
0, 3, 5, 6	1, 2, 7, 9	4, 8, 10, 11
0, 3, 5, 7	1, 2, 6, 9	4, 8, 10, 11
0, 3, 5, 9	1, 2, 6, 7	4, 8, 10, 11
0, 3, 6, 7	1, 2, 5, 9	4, 8, 10, 11
0, 3, 6, 9	1, 2, 5, 7	4, 8, 10, 11
0, 3, 7, 9	1, 2, 5, 6	4, 8, 10, 11
0, 5, 6, 7	1, 2, 3, 9	4, 8, 10, 11
0, 5, 6, 9	1, 2, 3, 7	4, 8, 10, 11
0, 5, 7, 9	1, 2, 3, 6	4, 8, 10, 11
0, 6, 7, 9	1, 2, 3, 5	4, 8, 10, 11

Tetrad Combinations
as Degrees

1, ♭2, 2, ♭3	4, ♭5, 5, 6	3, ♭6, ♭7, 7
1, ♭2, 2, 4	♭3, ♭5, 5, 6	3, ♭6, ♭7, 7
1, ♭2, 2, ♭5	♭3, 4, 5, 6	3, ♭6, ♭7, 7
1, ♭2, 2, 5	♭3, 4, ♭5, 6	3, ♭6, ♭7, 7
1, ♭2, 2, 6	♭3, 4, ♭5, 5	3, ♭6, ♭7, 7
1, ♭2, ♭3, 4	2, ♭5, 5, 6	3, ♭6, ♭7, 7
1, ♭2, ♭3, ♭5	2, 4, 5, 6	3, ♭6, ♭7, 7
1, ♭2, ♭3, 5	2, 4, ♭5, 6	3, ♭6, ♭7, 7
1, ♭2, ♭3, 6	2, 4, ♭5, 5	3, ♭6, ♭7, 7
1, ♭2, 4, ♭5	2, ♭3, 5, 6	3, ♭6, ♭7, 7
1, ♭2, 4, 5	2, ♭3, ♭5, 6	3, ♭6, ♭7, 7
1, ♭2, 4, 6	2, ♭3, ♭5, 5	3, ♭6, ♭7, 7
1, ♭2, ♭5, 5	2, ♭3, 4, 6	3, ♭6, ♭7, 7
1, ♭2, ♭5, 6	2, ♭3, 4, 5	3, ♭6, ♭7, 7
1, ♭2, 5, 6	2, ♭3, 4, ♭5	3, ♭6, ♭7, 7
1, 2, ♭3, 4	♭2, ♭5, 5, 6	3, ♭6, ♭7, 7
1, 2, ♭3, ♭5	♭2, 4, 5, 6	3, ♭6, ♭7, 7
1, 2, ♭3, 5	♭2, 4, ♭5, 6	3, ♭6, ♭7, 7
1, 2, ♭3, 6	♭2, 4, ♭5, 5	3, ♭6, ♭7, 7
1, 2, 4, ♭5	♭2, ♭3, 5, 6	3, ♭6, ♭7, 7
1, 2, 4, 5	♭2, ♭3, ♭5, 6	3, ♭6, ♭7, 7
1, 2, 4, 6	♭2, ♭3, ♭5, 5	3, ♭6, ♭7, 7
1, 2, ♭5, 5	♭2, ♭3, 4, 6	3, ♭6, ♭7, 7
1, 2, ♭5, 6	♭2, ♭3, 4, 5	3, ♭6, ♭7, 7
1, 2, 5, 6	♭2, ♭3, 4, ♭5	3, ♭6, ♭7, 7
1, ♭3, 4, ♭5	♭2, 2, 5, 6	3, ♭6, ♭7, 7
1, ♭3, 4, 5	♭2, 2, ♭5, 6	3, ♭6, ♭7, 7
1, ♭3, 4, 6	♭2, 2, ♭5, 5	3, ♭6, ♭7, 7
1, ♭3, ♭5, 5	♭2, 2, 4, 6	3, ♭6, ♭7, 7
1, ♭3, ♭5, 6	♭2, 2, 4, 5	3, ♭6, ♭7, 7
1, ♭3, 5, 6	♭2, 2, 4, ♭5	3, ♭6, ♭7, 7
1, 4, ♭5, 5	♭2, 2, ♭3, 6	3, ♭6, ♭7, 7
1, 4, ♭5, 6	♭2, 2, ♭3, 5	3, ♭6, ♭7, 7
1, 4, 5, 6	♭2, 2, ♭3, ♭5	3, ♭6, ♭7, 7
1, ♭5, 5, 6	♭2, 2, ♭3, 4	3, ♭6, ♭7, 7

C, D♭, D, E♭, F, G♭, A♭, A;

prime form: 0, 1, 2, 3, 5, 6, 8, 9
degrees: 1, ♭2, 2, ♭3, 4, ♭5, ♭6, 6

Tetrad Combinations
as Prime Forms

0, 1, 2, 3	5, 6, 8, 9	4, 7, 10, 11
0, 1, 2, 5	3, 6, 8, 9	4, 7, 10, 11
0, 1, 2, 6	3, 5, 8, 9	4, 7, 10, 11
0, 1, 2, 8	3, 5, 6, 9	4, 7, 10, 11
0, 1, 2, 9	3, 5, 6, 8	4, 7, 10, 11
0, 1, 3, 5	2, 6, 8, 9	4, 7, 10, 11
0, 1, 3, 6	2, 5, 8, 9	4, 7, 10, 11
0, 1, 3, 8	2, 5, 6, 9	4, 7, 10, 11
0, 1, 3, 9	2, 5, 6, 8	4, 7, 10, 11
0, 1, 5, 6	2, 3, 8, 9	4, 7, 10, 11
0, 1, 5, 8	2, 3, 6, 9	4, 7, 10, 11
0, 1, 5, 9	2, 3, 6, 8	4, 7, 10, 11
0, 1, 6, 8	2, 3, 5, 9	4, 7, 10, 11
0, 1, 6, 9	2, 3, 5, 8	4, 7, 10, 11
0, 1, 8, 9	2, 3, 5, 6	4, 7, 10, 11
0, 2, 3, 5	1, 6, 8, 9	4, 7, 10, 11
0, 2, 3, 6	1, 5, 8, 9	4, 7, 10, 11
0, 2, 3, 8	1, 5, 6, 9	4, 7, 10, 11
0, 2, 3, 9	1, 5, 6, 8	4, 7, 10, 11
0, 2, 5, 6	1, 3, 8, 9	4, 7, 10, 11
0, 2, 5, 8	1, 3, 6, 9	4, 7, 10, 11
0, 2, 5, 9	1, 3, 6, 8	4, 7, 10, 11
0, 2, 6, 8	1, 3, 5, 9	4, 7, 10, 11
0, 2, 6, 9	1, 3, 5, 8	4, 7, 10, 11
0, 2, 8, 9	1, 3, 5, 6	4, 7, 10, 11
0, 3, 5, 6	1, 2, 8, 9	4, 7, 10, 11
0, 3, 5, 8	1, 2, 6, 9	4, 7, 10, 11
0, 3, 5, 9	1, 2, 6, 8	4, 7, 10, 11
0, 3, 6, 8	1, 2, 5, 9	4, 7, 10, 11
0, 3, 6, 9	1, 2, 5, 8	4, 7, 10, 11
0, 3, 8, 9	1, 2, 5, 6	4, 7, 10, 11
0, 5, 6, 8	1, 2, 3, 9	4, 7, 10, 11
0, 5, 6, 9	1, 2, 3, 8	4, 7, 10, 11
0, 5, 8, 9	1, 2, 3, 6	4, 7, 10, 11
0, 6, 8, 9	1, 2, 3, 5	4, 7, 10, 11

Tetrad Combinations
as Degrees

1, ♭2, 2, ♭3	4, ♭5, ♭6, 6	3, 5, ♭7, 7
1, ♭2, 2, 4	♭3, ♭5, ♭6, 6	3, 5, ♭7, 7
1, ♭2, 2, ♭5	♭3, 4, ♭6, 6	3, 5, ♭7, 7
1, ♭2, 2, ♭6	♭3, 4, ♭5, 6	3, 5, ♭7, 7
1, ♭2, 2, 6	♭3, 4, ♭5, ♭6	3, 5, ♭7, 7
1, ♭2, ♭3, 4	2, ♭5, ♭6, 6	3, 5, ♭7, 7
1, ♭2, ♭3, ♭5	2, 4, ♭6, 6	3, 5, ♭7, 7
1, ♭2, ♭3, ♭6	2, 4, ♭5, 6	3, 5, ♭7, 7
1, ♭2, ♭3, 6	2, 4, ♭5, ♭6	3, 5, ♭7, 7
1, ♭2, 4, ♭5	2, ♭3, ♭6, 6	3, 5, ♭7, 7
1, ♭2, 4, ♭6	2, ♭3, ♭5, 6	3, 5, ♭7, 7
1, ♭2, 4, 6	2, ♭3, ♭5, ♭6	3, 5, ♭7, 7
1, ♭2, ♭5, ♭6	2, ♭3, 4, 6	3, 5, ♭7, 7
1, ♭2, ♭5, 6	2, ♭3, 4, ♭6	3, 5, ♭7, 7
1, ♭2, ♭6, 6	2, ♭3, 4, ♭5	3, 5, ♭7, 7
1, 2, ♭3, 4	♭2, ♭5, ♭6, 6	3, 5, ♭7, 7
1, 2, ♭3, ♭5	♭2, 4, ♭6, 6	3, 5, ♭7, 7
1, 2, ♭3, ♭6	♭2, 4, ♭5, 6	3, 5, ♭7, 7
1, 2, ♭3, 6	♭2, 4, ♭5, ♭6	3, 5, ♭7, 7
1, 2, 4, ♭5	♭2, ♭3, ♭6, 6	3, 5, ♭7, 7
1, 2, 4, ♭6	♭2, ♭3, ♭5, 6	3, 5, ♭7, 7
1, 2, 4, 6	♭2, ♭3, ♭5, ♭6	3, 5, ♭7, 7
1, 2, ♭5, ♭6	♭2, ♭3, 4, 6	3, 5, ♭7, 7
1, 2, ♭5, 6	♭2, ♭3, 4, ♭6	3, 5, ♭7, 7
1, 2, ♭6, 6	♭2, ♭3, 4, ♭5	3, 5, ♭7, 7
1, ♭3, 4, ♭5	♭2, 2, ♭6, 6	3, 5, ♭7, 7
1, ♭3, 4, ♭6	♭2, 2, ♭5, 6	3, 5, ♭7, 7
1, ♭3, 4, 6	♭2, 2, ♭5, ♭6	3, 5, ♭7, 7
1, ♭3, ♭5, ♭6	♭2, 2, 4, 6	3, 5, ♭7, 7
1, ♭3, ♭5, 6	♭2, 2, 4, ♭6	3, 5, ♭7, 7
1, ♭3, ♭6, 6	♭2, 2, 4, ♭5	3, 5, ♭7, 7
1, 4, ♭5, ♭6	♭2, 2, ♭3, 6	3, 5, ♭7, 7
1, 4, ♭5, 6	♭2, 2, ♭3, ♭6	3, 5, ♭7, 7
1, 4, ♭6, 6	♭2, 2, ♭3, ♭5	3, 5, ♭7, 7
1, ♭5, ♭6, 6	♭2, 2, ♭3, 4	3, 5, ♭7, 7

C, D♭, D, E♭, F, G♭, A♭, B♭;

prime form: 0, 1, 2, 3, 5, 6, 8, 10

degrees: 1, ♭2, 2, ♭3, 4, ♭5, ♭6, ♭7

Tetrad Combinations as Prime Forms

0, 1, 2, 3	5, 6, 8, 10	4, 7, 9, 11
0, 1, 2, 5	3, 6, 8, 10	4, 7, 9, 11
0, 1, 2, 6	3, 5, 8, 10	4, 7, 9, 11
0, 1, 2, 8	3, 5, 6, 10	4, 7, 9, 11
0, 1, 2, 10	3, 5, 6, 8	4, 7, 9, 11
0, 1, 3, 5	2, 6, 8, 10	4, 7, 9, 11
0, 1, 3, 6	2, 5, 8, 10	4, 7, 9, 11
0, 1, 3, 8	2, 5, 6, 10	4, 7, 9, 11
0, 1, 3, 10	2, 5, 6, 8	4, 7, 9, 11
0, 1, 5, 6	2, 3, 8, 10	4, 7, 9, 11
0, 1, 5, 8	2, 3, 6, 10	4, 7, 9, 11
0, 1, 5, 10	2, 3, 6, 8	4, 7, 9, 11
0, 1, 6, 8	2, 3, 5, 10	4, 7, 9, 11
0, 1, 6, 10	2, 3, 5, 8	4, 7, 9, 11
0, 1, 8, 10	2, 3, 5, 6	4, 7, 9, 11
0, 2, 3, 5	1, 6, 8, 10	4, 7, 9, 11
0, 2, 3, 6	1, 5, 8, 10	4, 7, 9, 11
0, 2, 3, 8	1, 5, 6, 10	4, 7, 9, 11
0, 2, 3, 10	1, 5, 6, 8	4, 7, 9, 11
0, 2, 5, 6	1, 3, 8, 10	4, 7, 9, 11
0, 2, 5, 8	1, 3, 6, 10	4, 7, 9, 11
0, 2, 5, 10	1, 3, 6, 8	4, 7, 9, 11
0, 2, 6, 8	1, 3, 5, 10	4, 7, 9, 11
0, 2, 6, 10	1, 3, 5, 8	4, 7, 9, 11
0, 2, 8, 10	1, 3, 5, 6	4, 7, 9, 11
0, 3, 5, 6	1, 2, 8, 10	4, 7, 9, 11
0, 3, 5, 8	1, 2, 6, 10	4, 7, 9, 11
0, 3, 5, 10	1, 2, 6, 8	4, 7, 9, 11
0, 3, 6, 8	1, 2, 5, 10	4, 7, 9, 11
0, 3, 6, 10	1, 2, 5, 8	4, 7, 9, 11
0, 3, 8, 10	1, 2, 5, 6	4, 7, 9, 11
0, 5, 6, 8	1, 2, 3, 10	4, 7, 9, 11
0, 5, 6, 10	1, 2, 3, 8	4, 7, 9, 11
0, 5, 8, 10	1, 2, 3, 6	4, 7, 9, 11
0, 6, 8, 10	1, 2, 3, 5	4, 7, 9, 11

Tetrad Combinations as Degrees

1, ♭2, 2, ♭3	4, ♭5, ♭6, ♭7	3, 5, 6, 7
1, ♭2, 2, 4	♭3, ♭5, ♭6, ♭7	3, 5, 6, 7
1, ♭2, 2, ♭5	♭3, 4, ♭6, ♭7	3, 5, 6, 7
1, ♭2, 2, ♭6	♭3, 4, ♭5, ♭7	3, 5, 6, 7
1, ♭2, 2, ♭7	♭3, 4, ♭5, ♭6	3, 5, 6, 7
1, ♭2, ♭3, 4	2, ♭5, ♭6, ♭7	3, 5, 6, 7
1, ♭2, ♭3, ♭5	2, 4, ♭6, ♭7	3, 5, 6, 7
1, ♭2, ♭3, ♭6	2, 4, ♭5, ♭7	3, 5, 6, 7
1, ♭2, ♭3, ♭7	2, 4, ♭5, ♭6	3, 5, 6, 7
1, ♭2, 4, ♭5	2, ♭3, ♭6, ♭7	3, 5, 6, 7
1, ♭2, 4, ♭6	2, ♭3, ♭5, ♭7	3, 5, 6, 7
1, ♭2, 4, ♭7	2, ♭3, ♭5, ♭6	3, 5, 6, 7
1, ♭2, ♭5, ♭6	2, ♭3, 4, ♭7	3, 5, 6, 7
1, ♭2, ♭5, ♭7	2, ♭3, 4, ♭6	3, 5, 6, 7
1, ♭2, ♭6, ♭7	2, ♭3, 4, ♭5	3, 5, 6, 7
1, 2, ♭3, 4	♭2, ♭5, ♭6, ♭7	3, 5, 6, 7
1, 2, ♭3, ♭5	♭2, 4, ♭6, ♭7	3, 5, 6, 7
1, 2, ♭3, ♭6	♭2, 4, ♭5, ♭7	3, 5, 6, 7
1, 2, ♭3, ♭7	♭2, 4, ♭5, ♭6	3, 5, 6, 7
1, 2, 4, ♭5	♭2, ♭3, ♭6, ♭7	3, 5, 6, 7
1, 2, 4, ♭6	♭2, ♭3, ♭5, ♭7	3, 5, 6, 7
1, 2, 4, ♭7	♭2, ♭3, ♭5, ♭6	3, 5, 6, 7
1, 2, ♭5, ♭6	♭2, ♭3, 4, ♭7	3, 5, 6, 7
1, 2, ♭5, ♭7	♭2, ♭3, 4, ♭6	3, 5, 6, 7
1, 2, ♭6, ♭7	♭2, ♭3, 4, ♭5	3, 5, 6, 7
1, ♭3, 4, ♭5	♭2, 2, ♭6, ♭7	3, 5, 6, 7
1, ♭3, 4, ♭6	♭2, 2, ♭5, ♭7	3, 5, 6, 7
1, ♭3, 4, ♭7	♭2, 2, ♭5, ♭6	3, 5, 6, 7
1, ♭3, ♭5, ♭6	♭2, 2, 4, ♭7	3, 5, 6, 7
1, ♭3, ♭5, ♭7	♭2, 2, 4, ♭6	3, 5, 6, 7
1, ♭3, ♭6, ♭7	♭2, 2, 4, ♭5	3, 5, 6, 7
1, 4, ♭5, ♭6	♭2, 2, ♭3, ♭7	3, 5, 6, 7
1, 4, ♭5, ♭7	♭2, 2, ♭3, ♭6	3, 5, 6, 7
1, 4, ♭6, ♭7	♭2, 2, ♭3, ♭5	3, 5, 6, 7
1, ♭5, ♭6, ♭7	♭2, 2, ♭3, 4	3, 5, 6, 7

C, D♭, D, E♭, F, G, A♭, A;

prime form: 0, 1, 2, 3, 5, 7, 8, 9
degrees: 1, ♭2, 2, ♭3, 4, 5, ♭6, 6

Tetrad Combinations
as Prime Forms

0, 1, 2, 3	5, 7, 8, 9	4, 6, 10, 11
0, 1, 2, 5	3, 7, 8, 9	4, 6, 10, 11
0, 1, 2, 7	3, 5, 8, 9	4, 6, 10, 11
0, 1, 2, 8	3, 5, 7, 9	4, 6, 10, 11
0, 1, 2, 9	3, 5, 7, 8	4, 6, 10, 11
0, 1, 3, 5	2, 7, 8, 9	4, 6, 10, 11
0, 1, 3, 7	2, 5, 8, 9	4, 6, 10, 11
0, 1, 3, 8	2, 5, 7, 9	4, 6, 10, 11
0, 1, 3, 9	2, 5, 7, 8	4, 6, 10, 11
0, 1, 5, 7	2, 3, 8, 9	4, 6, 10, 11
0, 1, 5, 8	2, 3, 7, 9	4, 6, 10, 11
0, 1, 5, 9	2, 3, 7, 8	4, 6, 10, 11
0, 1, 7, 8	2, 3, 5, 9	4, 6, 10, 11
0, 1, 7, 9	2, 3, 5, 8	4, 6, 10, 11
0, 1, 8, 9	2, 3, 5, 7	4, 6, 10, 11
0, 2, 3, 5	1, 7, 8, 9	4, 6, 10, 11
0, 2, 3, 7	1, 5, 8, 9	4, 6, 10, 11
0, 2, 3, 8	1, 5, 7, 9	4, 6, 10, 11
0, 2, 3, 9	1, 5, 7, 8	4, 6, 10, 11
0, 2, 5, 7	1, 3, 8, 9	4, 6, 10, 11
0, 2, 5, 8	1, 3, 7, 9	4, 6, 10, 11
0, 2, 5, 9	1, 3, 7, 8	4, 6, 10, 11
0, 2, 7, 8	1, 3, 5, 9	4, 6, 10, 11
0, 2, 7, 9	1, 3, 5, 8	4, 6, 10, 11
0, 2, 8, 9	1, 3, 5, 7	4, 6, 10, 11
0, 3, 5, 7	1, 2, 8, 9	4, 6, 10, 11
0, 3, 5, 8	1, 2, 7, 9	4, 6, 10, 11
0, 3, 5, 9	1, 2, 7, 8	4, 6, 10, 11
0, 3, 7, 8	1, 2, 5, 9	4, 6, 10, 11
0, 3, 7, 9	1, 2, 5, 8	4, 6, 10, 11
0, 3, 8, 9	1, 2, 5, 7	4, 6, 10, 11
0, 5, 7, 8	1, 2, 3, 9	4, 6, 10, 11
0, 5, 7, 9	1, 2, 3, 8	4, 6, 10, 11
0, 5, 8, 9	1, 2, 3, 7	4, 6, 10, 11
0, 7, 8, 9	1, 2, 3, 5	4, 6, 10, 11

Tetrad Combinations
as Degrees

1, ♭2, 2, ♭3	4, 5, ♭6, 6	3, ♭5, ♭7, 7
1, ♭2, 2, 4	♭3, 5, ♭6, 6	3, ♭5, ♭7, 7
1, ♭2, 2, 5	♭3, 4, ♭6, 6	3, ♭5, ♭7, 7
1, ♭2, 2, ♭6	♭3, 4, 5, 6	3, ♭5, ♭7, 7
1, ♭2, 2, 6	♭3, 4, 5, ♭6	3, ♭5, ♭7, 7
1, ♭2, ♭3, 4	2, 5, ♭6, 6	3, ♭5, ♭7, 7
1, ♭2, ♭3, 5	2, 4, ♭6, 6	3, ♭5, ♭7, 7
1, ♭2, ♭3, ♭6	2, 4, 5, 6	3, ♭5, ♭7, 7
1, ♭2, ♭3, 6	2, 4, 5, ♭6	3, ♭5, ♭7, 7
1, ♭2, 4, 5	2, ♭3, ♭6, 6	3, ♭5, ♭7, 7
1, ♭2, 4, ♭6	2, ♭3, 5, 6	3, ♭5, ♭7, 7
1, ♭2, 4, 6	2, ♭3, 5, ♭6	3, ♭5, ♭7, 7
1, ♭2, 5, ♭6	2, ♭3, 4, 6	3, ♭5, ♭7, 7
1, ♭2, 5, 6	2, ♭3, 4, ♭6	3, ♭5, ♭7, 7
1, ♭2, ♭6, 6	2, ♭3, 4, 5	3, ♭5, ♭7, 7
1, 2, ♭3, 4	♭2, 5, ♭6, 6	3, ♭5, ♭7, 7
1, 2, ♭3, 5	♭2, 4, ♭6, 6	3, ♭5, ♭7, 7
1, 2, ♭3, ♭6	♭2, 4, 5, 6	3, ♭5, ♭7, 7
1, 2, ♭3, 6	♭2, 4, 5, ♭6	3, ♭5, ♭7, 7
1, 2, 4, 5	♭2, ♭3, ♭6, 6	3, ♭5, ♭7, 7
1, 2, 4, ♭6	♭2, ♭3, 5, 6	3, ♭5, ♭7, 7
1, 2, 4, 6	♭2, ♭3, 5, ♭6	3, ♭5, ♭7, 7
1, 2, 5, ♭6	♭2, ♭3, 4, 6	3, ♭5, ♭7, 7
1, 2, 5, 6	♭2, ♭3, 4, ♭6	3, ♭5, ♭7, 7
1, 2, ♭6, 6	♭2, ♭3, 4, 5	3, ♭5, ♭7, 7
1, ♭3, 4, 5	♭2, 2, ♭6, 6	3, ♭5, ♭7, 7
1, ♭3, 4, ♭6	♭2, 2, 5, 6	3, ♭5, ♭7, 7
1, ♭3, 4, 6	♭2, 2, 5, ♭6	3, ♭5, ♭7, 7
1, ♭3, 5, ♭6	♭2, 2, 4, 6	3, ♭5, ♭7, 7
1, ♭3, 5, 6	♭2, 2, 4, ♭6	3, ♭5, ♭7, 7
1, ♭3, ♭6, 6	♭2, 2, 4, 5	3, ♭5, ♭7, 7
1, 4, 5, ♭6	♭2, 2, ♭3, 6	3, ♭5, ♭7, 7
1, 4, 5, 6	♭2, 2, ♭3, ♭6	3, ♭5, ♭7, 7
1, 4, ♭6, 6	♭2, 2, ♭3, 5	3, ♭5, ♭7, 7
1, 5, ♭6, 6	♭2, 2, ♭3, 4	3, ♭5, ♭7, 7

C, D♭, D, E♭, F, G, A♭, B♭;

prime form: 0, 1, 2, 3, 5, 7, 8, 10
degrees: 1, ♭2, 2, ♭3, 4, 5, ♭6, ♭7

Tetrad Combinations
as Prime Forms

0, 1, 2, 3	5, 7, 8, 10	4, 6, 9, 11
0, 1, 2, 5	3, 7, 8, 10	4, 6, 9, 11
0, 1, 2, 7	3, 5, 8, 10	4, 6, 9, 11
0, 1, 2, 8	3, 5, 7, 10	4, 6, 9, 11
0, 1, 2, 10	3, 5, 7, 8	4, 6, 9, 11
0, 1, 3, 5	2, 7, 8, 10	4, 6, 9, 11
0, 1, 3, 7	2, 5, 8, 10	4, 6, 9, 11
0, 1, 3, 8	2, 5, 7, 10	4, 6, 9, 11
0, 1, 3, 10	2, 5, 7, 8	4, 6, 9, 11
0, 1, 5, 7	2, 3, 8, 10	4, 6, 9, 11
0, 1, 5, 8	2, 3, 7, 10	4, 6, 9, 11
0, 1, 5, 10	2, 3, 7, 8	4, 6, 9, 11
0, 1, 7, 8	2, 3, 5, 10	4, 6, 9, 11
0, 1, 7, 10	2, 3, 5, 8	4, 6, 9, 11
0, 1, 8, 10	2, 3, 5, 7	4, 6, 9, 11
0, 2, 3, 5	1, 7, 8, 10	4, 6, 9, 11
0, 2, 3, 7	1, 5, 8, 10	4, 6, 9, 11
0, 2, 3, 8	1, 5, 7, 10	4, 6, 9, 11
0, 2, 3, 10	1, 5, 7, 8	4, 6, 9, 11
0, 2, 5, 7	1, 3, 8, 10	4, 6, 9, 11
0, 2, 5, 8	1, 3, 7, 10	4, 6, 9, 11
0, 2, 5, 10	1, 3, 7, 8	4, 6, 9, 11
0, 2, 7, 8	1, 3, 5, 10	4, 6, 9, 11
0, 2, 7, 10	1, 3, 5, 8	4, 6, 9, 11
0, 2, 8, 10	1, 3, 5, 7	4, 6, 9, 11
0, 3, 5, 7	1, 2, 8, 10	4, 6, 9, 11
0, 3, 5, 8	1, 2, 7, 10	4, 6, 9, 11
0, 3, 5, 10	1, 2, 7, 8	4, 6, 9, 11
0, 3, 7, 8	1, 2, 5, 10	4, 6, 9, 11
0, 3, 7, 10	1, 2, 5, 8	4, 6, 9, 11
0, 3, 8, 10	1, 2, 5, 7	4, 6, 9, 11
0, 5, 7, 8	1, 2, 3, 10	4, 6, 9, 11
0, 5, 7, 10	1, 2, 3, 8	4, 6, 9, 11
0, 5, 8, 10	1, 2, 3, 7	4, 6, 9, 11
0, 7, 8, 10	1, 2, 3, 5	4, 6, 9, 11

Tetrad Combinations
as Degrees

1, ♭2, 2, ♭3	4, 5, ♭6, ♭7	3, ♭5, 6, 7
1, ♭2, 2, 4	♭3, 5, ♭6, ♭7	3, ♭5, 6, 7
1, ♭2, 2, 5	♭3, 4, ♭6, ♭7	3, ♭5, 6, 7
1, ♭2, 2, ♭6	♭3, 4, 5, ♭7	3, ♭5, 6, 7
1, ♭2, 2, ♭7	♭3, 4, 5, ♭6	3, ♭5, 6, 7
1, ♭2, ♭3, 4	2, 5, ♭6, ♭7	3, ♭5, 6, 7
1, ♭2, ♭3, 5	2, 4, ♭6, ♭7	3, ♭5, 6, 7
1, ♭2, ♭3, ♭6	2, 4, 5, ♭7	3, ♭5, 6, 7
1, ♭2, ♭3, ♭7	2, 4, 5, ♭6	3, ♭5, 6, 7
1, ♭2, 4, 5	2, ♭3, ♭6, ♭7	3, ♭5, 6, 7
1, ♭2, 4, ♭6	2, ♭3, 5, ♭7	3, ♭5, 6, 7
1, ♭2, 4, ♭7	2, ♭3, 5, ♭6	3, ♭5, 6, 7
1, ♭2, 5, ♭6	2, ♭3, 4, ♭7	3, ♭5, 6, 7
1, ♭2, 5, ♭7	2, ♭3, 4, ♭6	3, ♭5, 6, 7
1, ♭2, ♭6, ♭7	2, ♭3, 4, 5	3, ♭5, 6, 7
1, 2, ♭3, 4	♭2, 5, ♭6, ♭7	3, ♭5, 6, 7
1, 2, ♭3, 5	♭2, 4, ♭6, ♭7	3, ♭5, 6, 7
1, 2, ♭3, ♭6	♭2, 4, 5, ♭7	3, ♭5, 6, 7
1, 2, ♭3, ♭7	♭2, 4, 5, ♭6	3, ♭5, 6, 7
1, 2, 4, 5	♭2, ♭3, ♭6, ♭7	3, ♭5, 6, 7
1, 2, 4, ♭6	♭2, ♭3, 5, ♭7	3, ♭5, 6, 7
1, 2, 4, ♭7	♭2, ♭3, 5, ♭6	3, ♭5, 6, 7
1, 2, 5, ♭6	♭2, ♭3, 4, ♭7	3, ♭5, 6, 7
1, 2, 5, ♭7	♭2, ♭3, 4, ♭6	3, ♭5, 6, 7
1, 2, ♭6, ♭7	♭2, ♭3, 4, 5	3, ♭5, 6, 7
1, ♭3, 4, 5	♭2, 2, ♭6, ♭7	3, ♭5, 6, 7
1, ♭3, 4, ♭6	♭2, 2, 5, ♭7	3, ♭5, 6, 7
1, ♭3, 4, ♭7	♭2, 2, 5, ♭6	3, ♭5, 6, 7
1, ♭3, 5, ♭6	♭2, 2, 4, ♭7	3, ♭5, 6, 7
1, ♭3, 5, ♭7	♭2, 2, 4, ♭6	3, ♭5, 6, 7
1, ♭3, ♭6, ♭7	♭2, 2, 4, 5	3, ♭5, 6, 7
1, 4, 5, ♭6	♭2, 2, ♭3, ♭7	3, ♭5, 6, 7
1, 4, 5, ♭7	♭2, 2, ♭3, ♭6	3, ♭5, 6, 7
1, 4, ♭6, ♭7	♭2, 2, ♭3, 5	3, ♭5, 6, 7
1, 5, ♭6, ♭7	♭2, 2, ♭3, 4	3, ♭5, 6, 7

C, D♭, D, E♭, G♭, G, A♭, A;

prime form: 0, 1, 2, 3, 6, 7, 8, 9

degrees: 1, ♭2, 2, ♭3, ♭5, 5, ♭6, 6

Tetrad Combinations as Prime Forms

0, 1, 2, 3	6, 7, 8, 9	4, 5, 10, 11
0, 1, 2, 6	3, 7, 8, 9	4, 5, 10, 11
0, 1, 2, 7	3, 6, 8, 9	4, 5, 10, 11
0, 1, 2, 8	3, 6, 7, 9	4, 5, 10, 11
0, 1, 2, 9	3, 6, 7, 8	4, 5, 10, 11
0, 1, 3, 6	2, 7, 8, 9	4, 5, 10, 11
0, 1, 3, 7	2, 6, 8, 9	4, 5, 10, 11
0, 1, 3, 8	2, 6, 7, 9	4, 5, 10, 11
0, 1, 3, 9	2, 6, 7, 8	4, 5, 10, 11
0, 1, 6, 7	2, 3, 8, 9	4, 5, 10, 11
0, 1, 6, 8	2, 3, 7, 9	4, 5, 10, 11
0, 1, 6, 9	2, 3, 7, 8	4, 5, 10, 11
0, 1, 7, 8	2, 3, 6, 9	4, 5, 10, 11
0, 1, 7, 9	2, 3, 6, 8	4, 5, 10, 11
0, 1, 8, 9	2, 3, 6, 7	4, 5, 10, 11
0, 2, 3, 6	1, 7, 8, 9	4, 5, 10, 11
0, 2, 3, 7	1, 6, 8, 9	4, 5, 10, 11
0, 2, 3, 8	1, 6, 7, 9	4, 5, 10, 11
0, 2, 3, 9	1, 6, 7, 8	4, 5, 10, 11
0, 2, 6, 7	1, 3, 8, 9	4, 5, 10, 11
0, 2, 6, 8	1, 3, 7, 9	4, 5, 10, 11
0, 2, 6, 9	1, 3, 7, 8	4, 5, 10, 11
0, 2, 7, 8	1, 3, 6, 9	4, 5, 10, 11
0, 2, 7, 9	1, 3, 6, 8	4, 5, 10, 11
0, 2, 8, 9	1, 3, 6, 7	4, 5, 10, 11
0, 3, 6, 7	1, 2, 8, 9	4, 5, 10, 11
0, 3, 6, 8	1, 2, 7, 9	4, 5, 10, 11
0, 3, 6, 9	1, 2, 7, 8	4, 5, 10, 11
0, 3, 7, 8	1, 2, 6, 9	4, 5, 10, 11
0, 3, 7, 9	1, 2, 6, 8	4, 5, 10, 11
0, 3, 8, 9	1, 2, 6, 7	4, 5, 10, 11
0, 6, 7, 8	1, 2, 3, 9	4, 5, 10, 11
0, 6, 7, 9	1, 2, 3, 8	4, 5, 10, 11
0, 6, 8, 9	1, 2, 3, 7	4, 5, 10, 11
0, 7, 8, 9	1, 2, 3, 6	4, 5, 10, 11

Tetrad Combinations as Degrees

1, ♭2, 2, ♭3	♭5, 5, ♭6, 6	3, 4, ♭7, 7
1, ♭2, 2, ♭5	♭3, 5, ♭6, 6	3, 4, ♭7, 7
1, ♭2, 2, 5	♭3, ♭5, ♭6, 6	3, 4, ♭7, 7
1, ♭2, 2, ♭6	♭3, ♭5, 5, 6	3, 4, ♭7, 7
1, ♭2, 2, 6	♭3, ♭5, 5, ♭6	3, 4, ♭7, 7
1, ♭2, ♭3, ♭5	2, 5, ♭6, 6	3, 4, ♭7, 7
1, ♭2, ♭3, 5	2, ♭5, ♭6, 6	3, 4, ♭7, 7
1, ♭2, ♭3, ♭6	2, ♭5, 5, 6	3, 4, ♭7, 7
1, ♭2, ♭3, 6	2, ♭5, 5, ♭6	3, 4, ♭7, 7
1, ♭2, ♭5, 5	2, ♭3, ♭6, 6	3, 4, ♭7, 7
1, ♭2, ♭5, ♭6	2, ♭3, 5, 6	3, 4, ♭7, 7
1, ♭2, ♭5, 6	2, ♭3, 5, ♭6	3, 4, ♭7, 7
1, ♭2, 5, ♭6	2, ♭3, ♭5, 6	3, 4, ♭7, 7
1, ♭2, 5, 6	2, ♭3, ♭5, ♭6	3, 4, ♭7, 7
1, ♭2, ♭6, 6	2, ♭3, ♭5, 5	3, 4, ♭7, 7
1, 2, ♭3, ♭5	♭2, 5, ♭6, 6	3, 4, ♭7, 7
1, 2, ♭3, 5	♭2, ♭5, ♭6, 6	3, 4, ♭7, 7
1, 2, ♭3, ♭6	♭2, ♭5, 5, 6	3, 4, ♭7, 7
1, 2, ♭3, 6	♭2, ♭5, 5, ♭6	3, 4, ♭7, 7
1, 2, ♭5, 5	♭2, ♭3, ♭6, 6	3, 4, ♭7, 7
1, 2, ♭5, ♭6	♭2, ♭3, 5, 6	3, 4, ♭7, 7
1, 2, ♭5, 6	♭2, ♭3, 5, ♭6	3, 4, ♭7, 7
1, 2, 5, ♭6	♭2, ♭3, ♭5, 6	3, 4, ♭7, 7
1, 2, 5, 6	♭2, ♭3, ♭5, ♭6	3, 4, ♭7, 7
1, 2, ♭6, 6	♭2, ♭3, ♭5, 5	3, 4, ♭7, 7
1, ♭3, ♭5, 5	♭2, 2, ♭6, 6	3, 4, ♭7, 7
1, ♭3, ♭5, ♭6	♭2, 2, 5, 6	3, 4, ♭7, 7
1, ♭3, ♭5, 6	♭2, 2, 5, ♭6	3, 4, ♭7, 7
1, ♭3, 5, ♭6	♭2, 2, ♭5, 6	3, 4, ♭7, 7
1, ♭3, 5, 6	♭2, 2, ♭5, ♭6	3, 4, ♭7, 7
1, ♭3, ♭6, 6	♭2, 2, ♭5, 5	3, 4, ♭7, 7
1, ♭5, 5, ♭6	♭2, 2, ♭3, 6	3, 4, ♭7, 7
1, ♭5, 5, 6	♭2, 2, ♭3, ♭6	3, 4, ♭7, 7
1, ♭5, ♭6, 6	♭2, 2, ♭3, 5	3, 4, ♭7, 7
1, 5, ♭6, 6	♭2, 2, ♭3, ♭5	3, 4, ♭7, 7

C, D♭, D, E, F, G♭, G, A;

prime form: 0, 1, 2, 4, 5, 6, 7, 9
degrees: 1, ♭2, 2, 3, 4, ♭5, 5, 6

Tetrad Combinations as Prime Forms

0, 1, 2, 4	5, 6, 7, 9	3, 8, 10, 11
0, 1, 2, 5	4, 6, 7, 9	3, 8, 10, 11
0, 1, 2, 6	4, 5, 7, 9	3, 8, 10, 11
0, 1, 2, 7	4, 5, 6, 9	3, 8, 10, 11
0, 1, 2, 9	4, 5, 6, 7	3, 8, 10, 11
0, 1, 4, 5	2, 6, 7, 9	3, 8, 10, 11
0, 1, 4, 6	2, 5, 7, 9	3, 8, 10, 11
0, 1, 4, 7	2, 5, 6, 9	3, 8, 10, 11
0, 1, 4, 9	2, 5, 6, 7	3, 8, 10, 11
0, 1, 5, 6	2, 4, 7, 9	3, 8, 10, 11
0, 1, 5, 7	2, 4, 6, 9	3, 8, 10, 11
0, 1, 5, 9	2, 4, 6, 7	3, 8, 10, 11
0, 1, 6, 7	2, 4, 5, 9	3, 8, 10, 11
0, 1, 6, 9	2, 4, 5, 7	3, 8, 10, 11
0, 1, 7, 9	2, 4, 5, 6	3, 8, 10, 11
0, 2, 4, 5	1, 6, 7, 9	3, 8, 10, 11
0, 2, 4, 6	1, 5, 7, 9	3, 8, 10, 11
0, 2, 4, 7	1, 5, 6, 9	3, 8, 10, 11
0, 2, 4, 9	1, 5, 6, 7	3, 8, 10, 11
0, 2, 5, 6	1, 4, 7, 9	3, 8, 10, 11
0, 2, 5, 7	1, 4, 6, 9	3, 8, 10, 11
0, 2, 5, 9	1, 4, 6, 7	3, 8, 10, 11
0, 2, 6, 7	1, 4, 5, 9	3, 8, 10, 11
0, 2, 6, 9	1, 4, 5, 7	3, 8, 10, 11
0, 2, 7, 9	1, 4, 5, 6	3, 8, 10, 11
0, 4, 5, 6	1, 2, 7, 9	3, 8, 10, 11
0, 4, 5, 7	1, 2, 6, 9	3, 8, 10, 11
0, 4, 5, 9	1, 2, 6, 7	3, 8, 10, 11
0, 4, 6, 7	1, 2, 5, 9	3, 8, 10, 11
0, 4, 6, 9	1, 2, 5, 7	3, 8, 10, 11
0, 4, 7, 9	1, 2, 5, 6	3, 8, 10, 11
0, 5, 6, 7	1, 2, 4, 9	3, 8, 10, 11
0, 5, 6, 9	1, 2, 4, 7	3, 8, 10, 11
0, 5, 7, 9	1, 2, 4, 6	3, 8, 10, 11
0, 6, 7, 9	1, 2, 4, 5	3, 8, 10, 11

Tetrad Combinations as Degrees

1, ♭2, 2, 3	4, ♭5, 5, 6	♭3, ♭6, ♭7, 7
1, ♭2, 2, 4	3, ♭5, 5, 6	♭3, ♭6, ♭7, 7
1, ♭2, 2, ♭5	3, 4, 5, 6	♭3, ♭6, ♭7, 7
1, ♭2, 2, 5	3, 4, ♭5, 6	♭3, ♭6, ♭7, 7
1, ♭2, 2, 6	3, 4, ♭5, 5	♭3, ♭6, ♭7, 7
1, ♭2, 3, 4	2, ♭5, 5, 6	♭3, ♭6, ♭7, 7
1, ♭2, 3, ♭5	2, 4, 5, 6	♭3, ♭6, ♭7, 7
1, ♭2, 3, 5	2, 4, ♭5, 6	♭3, ♭6, ♭7, 7
1, ♭2, 3, 6	2, 4, ♭5, 5	♭3, ♭6, ♭7, 7
1, ♭2, 4, ♭5	2, 3, 5, 6	♭3, ♭6, ♭7, 7
1, ♭2, 4, 5	2, 3, ♭5, 6	♭3, ♭6, ♭7, 7
1, ♭2, 4, 6	2, 3, ♭5, 5	♭3, ♭6, ♭7, 7
1, ♭2, ♭5, 5	2, 3, 4, 6	♭3, ♭6, ♭7, 7
1, ♭2, ♭5, 6	2, 3, 4, 5	♭3, ♭6, ♭7, 7
1, ♭2, 5, 6	2, 3, 4, ♭5	♭3, ♭6, ♭7, 7
1, 2, 3, 4	♭2, ♭5, 5, 6	♭3, ♭6, ♭7, 7
1, 2, 3, ♭5	♭2, 4, 5, 6	♭3, ♭6, ♭7, 7
1, 2, 3, 5	♭2, 4, ♭5, 6	♭3, ♭6, ♭7, 7
1, 2, 3, 6	♭2, 4, ♭5, 5	♭3, ♭6, ♭7, 7
1, 2, 4, ♭5	♭2, 3, 5, 6	♭3, ♭6, ♭7, 7
1, 2, 4, 5	♭2, 3, ♭5, 6	♭3, ♭6, ♭7, 7
1, 2, 4, 6	♭2, 3, ♭5, 5	♭3, ♭6, ♭7, 7
1, 2, ♭5, 5	♭2, 3, 4, 6	♭3, ♭6, ♭7, 7
1, 2, ♭5, 6	♭2, 3, 4, 5	♭3, ♭6, ♭7, 7
1, 2, 5, 6	♭2, 3, 4, ♭5	♭3, ♭6, ♭7, 7
1, 3, 4, ♭5	♭2, 2, 5, 6	♭3, ♭6, ♭7, 7
1, 3, 4, 5	♭2, 2, ♭5, 6	♭3, ♭6, ♭7, 7
1, 3, 4, 6	♭2, 2, ♭5, 5	♭3, ♭6, ♭7, 7
1, 3, ♭5, 5	♭2, 2, 4, 6	♭3, ♭6, ♭7, 7
1, 3, ♭5, 6	♭2, 2, 4, 5	♭3, ♭6, ♭7, 7
1, 3, 5, 6	♭2, 2, 4, ♭5	♭3, ♭6, ♭7, 7
1, 4, ♭5, 5	♭2, 2, 3, 6	♭3, ♭6, ♭7, 7
1, 4, ♭5, 6	♭2, 2, 3, 5	♭3, ♭6, ♭7, 7
1, 4, 5, 6	♭2, 2, 3, ♭5	♭3, ♭6, ♭7, 7
1, ♭5, 5, 6	♭2, 2, 3, 4	♭3, ♭6, ♭7, 7

C, D♭, D, E, F, G♭, A♭, A;

prime form: 0, 1, 2, 4, 5, 6, 8, 9
degrees: 1, ♭2, 2, 3, 4, ♭5, ♭6, 6

Tetrad Combinations
as Prime Forms

0, 1, 2, 4	5, 6, 8, 9	3, 7, 10, 11
0, 1, 2, 5	4, 6, 8, 9	3, 7, 10, 11
0, 1, 2, 6	4, 5, 8, 9	3, 7, 10, 11
0, 1, 2, 8	4, 5, 6, 9	3, 7, 10, 11
0, 1, 2, 9	4, 5, 6, 8	3, 7, 10, 11
0, 1, 4, 5	2, 6, 8, 9	3, 7, 10, 11
0, 1, 4, 6	2, 5, 8, 9	3, 7, 10, 11
0, 1, 4, 8	2, 5, 6, 9	3, 7, 10, 11
0, 1, 4, 9	2, 5, 6, 8	3, 7, 10, 11
0, 1, 5, 6	2, 4, 8, 9	3, 7, 10, 11
0, 1, 5, 8	2, 4, 6, 9	3, 7, 10, 11
0, 1, 5, 9	2, 4, 6, 8	3, 7, 10, 11
0, 1, 6, 8	2, 4, 5, 9	3, 7, 10, 11
0, 1, 6, 9	2, 4, 5, 8	3, 7, 10, 11
0, 1, 8, 9	2, 4, 5, 6	3, 7, 10, 11
0, 2, 4, 5	1, 6, 8, 9	3, 7, 10, 11
0, 2, 4, 6	1, 5, 8, 9	3, 7, 10, 11
0, 2, 4, 8	1, 5, 6, 9	3, 7, 10, 11
0, 2, 4, 9	1, 5, 6, 8	3, 7, 10, 11
0, 2, 5, 6	1, 4, 8, 9	3, 7, 10, 11
0, 2, 5, 8	1, 4, 6, 9	3, 7, 10, 11
0, 2, 5, 9	1, 4, 6, 8	3, 7, 10, 11
0, 2, 6, 8	1, 4, 5, 9	3, 7, 10, 11
0, 2, 6, 9	1, 4, 5, 8	3, 7, 10, 11
0, 2, 8, 9	1, 4, 5, 6	3, 7, 10, 11
0, 4, 5, 6	1, 2, 8, 9	3, 7, 10, 11
0, 4, 5, 8	1, 2, 6, 9	3, 7, 10, 11
0, 4, 5, 9	1, 2, 6, 8	3, 7, 10, 11
0, 4, 6, 8	1, 2, 5, 9	3, 7, 10, 11
0, 4, 6, 9	1, 2, 5, 8	3, 7, 10, 11
0, 4, 8, 9	1, 2, 5, 6	3, 7, 10, 11
0, 5, 6, 8	1, 2, 4, 9	3, 7, 10, 11
0, 5, 6, 9	1, 2, 4, 8	3, 7, 10, 11
0, 5, 8, 9	1, 2, 4, 6	3, 7, 10, 11
0, 6, 8, 9	1, 2, 4, 5	3, 7, 10, 11

Tetrad Combinations
as Degrees

1, ♭2, 2, 3	4, ♭5, ♭6, 6	♭3, 5, ♭7, 7
1, ♭2, 2, 4	3, ♭5, ♭6, 6	♭3, 5, ♭7, 7
1, ♭2, 2, ♭5	3, 4, ♭6, 6	♭3, 5, ♭7, 7
1, ♭2, 2, ♭6	3, 4, ♭5, 6	♭3, 5, ♭7, 7
1, ♭2, 2, 6	3, 4, ♭5, ♭6	♭3, 5, ♭7, 7
1, ♭2, 3, 4	2, ♭5, ♭6, 6	♭3, 5, ♭7, 7
1, ♭2, 3, ♭5	2, 4, ♭6, 6	♭3, 5, ♭7, 7
1, ♭2, 3, ♭6	2, 4, ♭5, 6	♭3, 5, ♭7, 7
1, ♭2, 3, 6	2, 4, ♭5, ♭6	♭3, 5, ♭7, 7
1, ♭2, 4, ♭5	2, 3, ♭6, 6	♭3, 5, ♭7, 7
1, ♭2, 4, ♭6	2, 3, ♭5, 6	♭3, 5, ♭7, 7
1, ♭2, 4, 6	2, 3, ♭5, ♭6	♭3, 5, ♭7, 7
1, ♭2, ♭5, ♭6	2, 3, 4, 6	♭3, 5, ♭7, 7
1, ♭2, ♭5, 6	2, 3, 4, ♭6	♭3, 5, ♭7, 7
1, ♭2, ♭6, 6	2, 3, 4, ♭5	♭3, 5, ♭7, 7
1, 2, 3, 4	♭2, ♭5, ♭6, 6	♭3, 5, ♭7, 7
1, 2, 3, ♭5	♭2, 4, ♭6, 6	♭3, 5, ♭7, 7
1, 2, 3, ♭6	♭2, 4, ♭5, 6	♭3, 5, ♭7, 7
1, 2, 3, 6	♭2, 4, ♭5, ♭6	♭3, 5, ♭7, 7
1, 2, 4, ♭5	♭2, 3, ♭6, 6	♭3, 5, ♭7, 7
1, 2, 4, ♭6	♭2, 3, ♭5, 6	♭3, 5, ♭7, 7
1, 2, 4, 6	♭2, 3, ♭5, ♭6	♭3, 5, ♭7, 7
1, 2, ♭5, ♭6	♭2, 3, 4, 6	♭3, 5, ♭7, 7
1, 2, ♭5, 6	♭2, 3, 4, ♭6	♭3, 5, ♭7, 7
1, 2, ♭6, 6	♭2, 3, 4, ♭5	♭3, 5, ♭7, 7
1, 3, 4, ♭5	♭2, 2, ♭6, 6	♭3, 5, ♭7, 7
1, 3, 4, ♭6	♭2, 2, ♭5, 6	♭3, 5, ♭7, 7
1, 3, 4, 6	♭2, 2, ♭5, ♭6	♭3, 5, ♭7, 7
1, 3, ♭5, ♭6	♭2, 2, 4, 6	♭3, 5, ♭7, 7
1, 3, ♭5, 6	♭2, 2, 4, ♭6	♭3, 5, ♭7, 7
1, 3, ♭6, 6	♭2, 2, 4, ♭5	♭3, 5, ♭7, 7
1, 4, ♭5, ♭6	♭2, 2, 3, 6	♭3, 5, ♭7, 7
1, 4, ♭5, 6	♭2, 2, 3, ♭6	♭3, 5, ♭7, 7
1, 4, ♭6, 6	♭2, 2, 3, ♭5	♭3, 5, ♭7, 7
1, ♭5, ♭6, 6	♭2, 2, 3, 4	♭3, 5, ♭7, 7

C, D♭, D, E, F, G♭, A♭, B♭;

prime form: 0, 1, 2, 4, 5, 6, 8, 10

degrees: 1, ♭2, 2, 3, 4, ♭5, ♭6, ♭7

Tetrad Combinations as Prime Forms

0, 1, 2, 4	5, 6, 8, 10	3, 7, 9, 11
0, 1, 2, 5	4, 6, 8, 10	3, 7, 9, 11
0, 1, 2, 6	4, 5, 8, 10	3, 7, 9, 11
0, 1, 2, 8	4, 5, 6, 10	3, 7, 9, 11
0, 1, 2, 10	4, 5, 6, 8	3, 7, 9, 11
0, 1, 4, 5	2, 6, 8, 10	3, 7, 9, 11
0, 1, 4, 6	2, 5, 8, 10	3, 7, 9, 11
0, 1, 4, 8	2, 5, 6, 10	3, 7, 9, 11
0, 1, 4, 10	2, 5, 6, 8	3, 7, 9, 11
0, 1, 5, 6	2, 4, 8, 10	3, 7, 9, 11
0, 1, 5, 8	2, 4, 6, 10	3, 7, 9, 11
0, 1, 5, 10	2, 4, 6, 8	3, 7, 9, 11
0, 1, 6, 8	2, 4, 5, 10	3, 7, 9, 11
0, 1, 6, 10	2, 4, 5, 8	3, 7, 9, 11
0, 1, 8, 10	2, 4, 5, 6	3, 7, 9, 11
0, 2, 4, 5	1, 6, 8, 10	3, 7, 9, 11
0, 2, 4, 6	1, 5, 8, 10	3, 7, 9, 11
0, 2, 4, 8	1, 5, 6, 10	3, 7, 9, 11
0, 2, 4, 10	1, 5, 6, 8	3, 7, 9, 11
0, 2, 5, 6	1, 4, 8, 10	3, 7, 9, 11
0, 2, 5, 8	1, 4, 6, 10	3, 7, 9, 11
0, 2, 5, 10	1, 4, 6, 8	3, 7, 9, 11
0, 2, 6, 8	1, 4, 5, 10	3, 7, 9, 11
0, 2, 6, 10	1, 4, 5, 8	3, 7, 9, 11
0, 2, 8, 10	1, 4, 5, 6	3, 7, 9, 11
0, 4, 5, 6	1, 2, 8, 10	3, 7, 9, 11
0, 4, 5, 8	1, 2, 6, 10	3, 7, 9, 11
0, 4, 5, 10	1, 2, 6, 8	3, 7, 9, 11
0, 4, 6, 8	1, 2, 5, 10	3, 7, 9, 11
0, 4, 6, 10	1, 2, 5, 8	3, 7, 9, 11
0, 4, 8, 10	1, 2, 5, 6	3, 7, 9, 11
0, 5, 6, 8	1, 2, 4, 10	3, 7, 9, 11
0, 5, 6, 10	1, 2, 4, 8	3, 7, 9, 11
0, 5, 8, 10	1, 2, 4, 6	3, 7, 9, 11
0, 6, 8, 10	1, 2, 4, 5	3, 7, 9, 11

Tetrad Combinations as Degrees

1, ♭2, 2, 3	4, ♭5, ♭6, ♭7	♭3, 5, 6, 7
1, ♭2, 2, 4	3, ♭5, ♭6, ♭7	♭3, 5, 6, 7
1, ♭2, 2, ♭5	3, 4, ♭6, ♭7	♭3, 5, 6, 7
1, ♭2, 2, ♭6	3, 4, ♭5, ♭7	♭3, 5, 6, 7
1, ♭2, 2, ♭7	3, 4, ♭5, ♭6	♭3, 5, 6, 7
1, ♭2, 3, 4	2, ♭5, ♭6, ♭7	♭3, 5, 6, 7
1, ♭2, 3, ♭5	2, 4, ♭6, ♭7	♭3, 5, 6, 7
1, ♭2, 3, ♭6	2, 4, ♭5, ♭7	♭3, 5, 6, 7
1, ♭2, 3, ♭7	2, 4, ♭5, ♭6	♭3, 5, 6, 7
1, ♭2, 4, ♭5	2, 3, ♭6, ♭7	♭3, 5, 6, 7
1, ♭2, 4, ♭6	2, 3, ♭5, ♭7	♭3, 5, 6, 7
1, ♭2, 4, ♭7	2, 3, ♭5, ♭6	♭3, 5, 6, 7
1, ♭2, ♭5, ♭6	2, 3, 4, ♭7	♭3, 5, 6, 7
1, ♭2, ♭5, ♭7	2, 3, 4, ♭6	♭3, 5, 6, 7
1, ♭2, ♭6, ♭7	2, 3, 4, ♭5	♭3, 5, 6, 7
1, 2, 3, 4	♭2, ♭5, ♭6, ♭7	♭3, 5, 6, 7
1, 2, 3, ♭5	♭2, 4, ♭6, ♭7	♭3, 5, 6, 7
1, 2, 3, ♭6	♭2, 4, ♭5, ♭7	♭3, 5, 6, 7
1, 2, 3, ♭7	♭2, 4, ♭5, ♭6	♭3, 5, 6, 7
1, 2, 4, ♭5	♭2, 3, ♭6, ♭7	♭3, 5, 6, 7
1, 2, 4, ♭6	♭2, 3, ♭5, ♭7	♭3, 5, 6, 7
1, 2, 4, ♭7	♭2, 3, ♭5, ♭6	♭3, 5, 6, 7
1, 2, ♭5, ♭6	♭2, 3, 4, ♭7	♭3, 5, 6, 7
1, 2, ♭5, ♭7	♭2, 3, 4, ♭6	♭3, 5, 6, 7
1, 2, ♭6, ♭7	♭2, 3, 4, ♭5	♭3, 5, 6, 7
1, 3, 4, ♭5	♭2, 2, ♭6, ♭7	♭3, 5, 6, 7
1, 3, 4, ♭6	♭2, 2, ♭5, ♭7	♭3, 5, 6, 7
1, 3, 4, ♭7	♭2, 2, ♭5, ♭6	♭3, 5, 6, 7
1, 3, ♭5, ♭6	♭2, 2, 4, ♭7	♭3, 5, 6, 7
1, 3, ♭5, ♭7	♭2, 2, 4, ♭6	♭3, 5, 6, 7
1, 3, ♭6, ♭7	♭2, 2, 4, ♭5	♭3, 5, 6, 7
1, 4, ♭5, ♭6	♭2, 2, 3, ♭7	♭3, 5, 6, 7
1, 4, ♭5, ♭7	♭2, 2, 3, ♭6	♭3, 5, 6, 7
1, 4, ♭6, ♭7	♭2, 2, 3, ♭5	♭3, 5, 6, 7
1, ♭5, ♭6, ♭7	♭2, 2, 3, 4	♭3, 5, 6, 7

C, D♭, D, E, F, G, A♭, A;

prime form: 0, 1, 2, 4, 5, 7, 8, 9
degrees: 1, ♭2, 2, 3, 4, 5, ♭6, 6

Tetrad Combinations
as Prime Forms

0, 1, 2, 4	5, 7, 8, 9	3, 6, 10, 11
0, 1, 2, 5	4, 7, 8, 9	3, 6, 10, 11
0, 1, 2, 7	4, 5, 8, 9	3, 6, 10, 11
0, 1, 2, 8	4, 5, 7, 9	3, 6, 10, 11
0, 1, 2, 9	4, 5, 7, 8	3, 6, 10, 11
0, 1, 4, 5	2, 7, 8, 9	3, 6, 10, 11
0, 1, 4, 7	2, 5, 8, 9	3, 6, 10, 11
0, 1, 4, 8	2, 5, 7, 9	3, 6, 10, 11
0, 1, 4, 9	2, 5, 7, 8	3, 6, 10, 11
0, 1, 5, 7	2, 4, 8, 9	3, 6, 10, 11
0, 1, 5, 8	2, 4, 7, 9	3, 6, 10, 11
0, 1, 5, 9	2, 4, 7, 8	3, 6, 10, 11
0, 1, 7, 8	2, 4, 5, 9	3, 6, 10, 11
0, 1, 7, 9	2, 4, 5, 8	3, 6, 10, 11
0, 1, 8, 9	2, 4, 5, 7	3, 6, 10, 11
0, 2, 4, 5	1, 7, 8, 9	3, 6, 10, 11
0, 2, 4, 7	1, 5, 8, 9	3, 6, 10, 11
0, 2, 4, 8	1, 5, 7, 9	3, 6, 10, 11
0, 2, 4, 9	1, 5, 7, 8	3, 6, 10, 11
0, 2, 5, 7	1, 4, 8, 9	3, 6, 10, 11
0, 2, 5, 8	1, 4, 7, 9	3, 6, 10, 11
0, 2, 5, 9	1, 4, 7, 8	3, 6, 10, 11
0, 2, 7, 8	1, 4, 5, 9	3, 6, 10, 11
0, 2, 7, 9	1, 4, 5, 8	3, 6, 10, 11
0, 2, 8, 9	1, 4, 5, 7	3, 6, 10, 11
0, 4, 5, 7	1, 2, 8, 9	3, 6, 10, 11
0, 4, 5, 8	1, 2, 7, 9	3, 6, 10, 11
0, 4, 5, 9	1, 2, 7, 8	3, 6, 10, 11
0, 4, 7, 8	1, 2, 5, 9	3, 6, 10, 11
0, 4, 7, 9	1, 2, 5, 8	3, 6, 10, 11
0, 4, 8, 9	1, 2, 5, 7	3, 6, 10, 11
0, 5, 7, 8	1, 2, 4, 9	3, 6, 10, 11
0, 5, 7, 9	1, 2, 4, 8	3, 6, 10, 11
0, 5, 8, 9	1, 2, 4, 7	3, 6, 10, 11
0, 7, 8, 9	1, 2, 4, 5	3, 6, 10, 11

Tetrad Combinations
as Degrees

1, ♭2, 2, 3	4, 5, ♭6, 6	♭3, ♭5, ♭7, 7
1, ♭2, 2, 4	3, 5, ♭6, 6	♭3, ♭5, ♭7, 7
1, ♭2, 2, 5	3, 4, ♭6, 6	♭3, ♭5, ♭7, 7
1, ♭2, 2, ♭6	3, 4, 5, 6	♭3, ♭5, ♭7, 7
1, ♭2, 2, 6	3, 4, 5, ♭6	♭3, ♭5, ♭7, 7
1, ♭2, 3, 4	2, 5, ♭6, 6	♭3, ♭5, ♭7, 7
1, ♭2, 3, 5	2, 4, ♭6, 6	♭3, ♭5, ♭7, 7
1, ♭2, 3, ♭6	2, 4, 5, 6	♭3, ♭5, ♭7, 7
1, ♭2, 3, 6	2, 4, 5, ♭6	♭3, ♭5, ♭7, 7
1, ♭2, 4, 5	2, 3, ♭6, 6	♭3, ♭5, ♭7, 7
1, ♭2, 4, ♭6	2, 3, 5, 6	♭3, ♭5, ♭7, 7
1, ♭2, 4, 6	2, 3, 5, ♭6	♭3, ♭5, ♭7, 7
1, ♭2, 5, ♭6	2, 3, 4, 6	♭3, ♭5, ♭7, 7
1, ♭2, 5, 6	2, 3, 4, ♭6	♭3, ♭5, ♭7, 7
1, ♭2, ♭6, 6	2, 3, 4, 5	♭3, ♭5, ♭7, 7
1, 2, 3, 4	♭2, 5, ♭6, 6	♭3, ♭5, ♭7, 7
1, 2, 3, 5	♭2, 4, ♭6, 6	♭3, ♭5, ♭7, 7
1, 2, 3, ♭6	♭2, 4, 5, 6	♭3, ♭5, ♭7, 7
1, 2, 3, 6	♭2, 4, 5, ♭6	♭3, ♭5, ♭7, 7
1, 2, 4, 5	♭2, 3, ♭6, 6	♭3, ♭5, ♭7, 7
1, 2, 4, ♭6	♭2, 3, 5, 6	♭3, ♭5, ♭7, 7
1, 2, 4, 6	♭2, 3, 5, ♭6	♭3, ♭5, ♭7, 7
1, 2, 5, ♭6	♭2, 3, 4, 6	♭3, ♭5, ♭7, 7
1, 2, 5, 6	♭2, 3, 4, ♭6	♭3, ♭5, ♭7, 7
1, 2, ♭6, 6	♭2, 3, 4, 5	♭3, ♭5, ♭7, 7
1, 3, 4, 5	♭2, 2, ♭6, 6	♭3, ♭5, ♭7, 7
1, 3, 4, ♭6	♭2, 2, 5, 6	♭3, ♭5, ♭7, 7
1, 3, 4, 6	♭2, 2, 5, ♭6	♭3, ♭5, ♭7, 7
1, 3, 5, ♭6	♭2, 2, 4, 6	♭3, ♭5, ♭7, 7
1, 3, 5, 6	♭2, 2, 4, ♭6	♭3, ♭5, ♭7, 7
1, 3, ♭6, 6	♭2, 2, 4, 5	♭3, ♭5, ♭7, 7
1, 4, 5, ♭6	♭2, 2, 3, 6	♭3, ♭5, ♭7, 7
1, 4, 5, 6	♭2, 2, 3, ♭6	♭3, ♭5, ♭7, 7
1, 4, ♭6, 6	♭2, 2, 3, 5	♭3, ♭5, ♭7, 7
1, 5, ♭6, 6	♭2, 2, 3, 4	♭3, ♭5, ♭7, 7

C, D♭, D, E, F, G, A♭, B♭;

prime form: 0, 1, 2, 4, 5, 7, 8, 10
degrees: 1, ♭2, 2, 3, 4, 5, ♭6, ♭7

Tetrad Combinations
as Prime Forms

0, 1, 2, 4	5, 7, 8, 10	3, 6, 9, 11
0, 1, 2, 5	4, 7, 8, 10	3, 6, 9, 11
0, 1, 2, 7	4, 5, 8, 10	3, 6, 9, 11
0, 1, 2, 8	4, 5, 7, 10	3, 6, 9, 11
0, 1, 2, 10	4, 5, 7, 8	3, 6, 9, 11
0, 1, 4, 5	2, 7, 8, 10	3, 6, 9, 11
0, 1, 4, 7	2, 5, 8, 10	3, 6, 9, 11
0, 1, 4, 8	2, 5, 7, 10	3, 6, 9, 11
0, 1, 4, 10	2, 5, 7, 8	3, 6, 9, 11
0, 1, 5, 7	2, 4, 8, 10	3, 6, 9, 11
0, 1, 5, 8	2, 4, 7, 10	3, 6, 9, 11
0, 1, 5, 10	2, 4, 7, 8	3, 6, 9, 11
0, 1, 7, 8	2, 4, 5, 10	3, 6, 9, 11
0, 1, 7, 10	2, 4, 5, 8	3, 6, 9, 11
0, 1, 8, 10	2, 4, 5, 7	3, 6, 9, 11
0, 2, 4, 5	1, 7, 8, 10	3, 6, 9, 11
0, 2, 4, 7	1, 5, 8, 10	3, 6, 9, 11
0, 2, 4, 8	1, 5, 7, 10	3, 6, 9, 11
0, 2, 4, 10	1, 5, 7, 8	3, 6, 9, 11
0, 2, 5, 7	1, 4, 8, 10	3, 6, 9, 11
0, 2, 5, 8	1, 4, 7, 10	3, 6, 9, 11
0, 2, 5, 10	1, 4, 7, 8	3, 6, 9, 11
0, 2, 7, 8	1, 4, 5, 10	3, 6, 9, 11
0, 2, 7, 10	1, 4, 5, 8	3, 6, 9, 11
0, 2, 8, 10	1, 4, 5, 7	3, 6, 9, 11
0, 4, 5, 7	1, 2, 8, 10	3, 6, 9, 11
0, 4, 5, 8	1, 2, 7, 10	3, 6, 9, 11
0, 4, 5, 10	1, 2, 7, 8	3, 6, 9, 11
0, 4, 7, 8	1, 2, 5, 10	3, 6, 9, 11
0, 4, 7, 10	1, 2, 5, 8	3, 6, 9, 11
0, 4, 8, 10	1, 2, 5, 7	3, 6, 9, 11
0, 5, 7, 8	1, 2, 4, 10	3, 6, 9, 11
0, 5, 7, 10	1, 2, 4, 8	3, 6, 9, 11
0, 5, 8, 10	1, 2, 4, 7	3, 6, 9, 11
0, 7, 8, 10	1, 2, 4, 5	3, 6, 9, 11

Tetrad Combinations
as Degrees

1, ♭2, 2, 3	4, 5, ♭6, ♭7	♭3, ♭5, 6, 7
1, ♭2, 2, 4	3, 5, ♭6, ♭7	♭3, ♭5, 6, 7
1, ♭2, 2, 5	3, 4, ♭6, ♭7	♭3, ♭5, 6, 7
1, ♭2, 2, ♭6	3, 4, 5, ♭7	♭3, ♭5, 6, 7
1, ♭2, 2, ♭7	3, 4, 5, ♭6	♭3, ♭5, 6, 7
1, ♭2, 3, 4	2, 5, ♭6, ♭7	♭3, ♭5, 6, 7
1, ♭2, 3, 5	2, 4, ♭6, ♭7	♭3, ♭5, 6, 7
1, ♭2, 3, ♭6	2, 4, 5, ♭7	♭3, ♭5, 6, 7
1, ♭2, 3, ♭7	2, 4, 5, ♭6	♭3, ♭5, 6, 7
1, ♭2, 4, 5	2, 3, ♭6, ♭7	♭3, ♭5, 6, 7
1, ♭2, 4, ♭6	2, 3, 5, ♭7	♭3, ♭5, 6, 7
1, ♭2, 4, ♭7	2, 3, 5, ♭6	♭3, ♭5, 6, 7
1, ♭2, 5, ♭6	2, 3, 4, ♭7	♭3, ♭5, 6, 7
1, ♭2, 5, ♭7	2, 3, 4, ♭6	♭3, ♭5, 6, 7
1, ♭2, ♭6, ♭7	2, 3, 4, 5	♭3, ♭5, 6, 7
1, 2, 3, 4	♭2, 5, ♭6, ♭7	♭3, ♭5, 6, 7
1, 2, 3, 5	♭2, 4, ♭6, ♭7	♭3, ♭5, 6, 7
1, 2, 3, ♭6	♭2, 4, 5, ♭7	♭3, ♭5, 6, 7
1, 2, 3, ♭7	♭2, 4, 5, ♭6	♭3, ♭5, 6, 7
1, 2, 4, 5	♭2, 3, ♭6, ♭7	♭3, ♭5, 6, 7
1, 2, 4, ♭6	♭2, 3, 5, ♭7	♭3, ♭5, 6, 7
1, 2, 4, ♭7	♭2, 3, 5, ♭6	♭3, ♭5, 6, 7
1, 2, 5, ♭6	♭2, 3, 4, ♭7	♭3, ♭5, 6, 7
1, 2, 5, ♭7	♭2, 3, 4, ♭6	♭3, ♭5, 6, 7
1, 2, ♭6, ♭7	♭2, 3, 4, 5	♭3, ♭5, 6, 7
1, 3, 4, 5	♭2, 2, ♭6, ♭7	♭3, ♭5, 6, 7
1, 3, 4, ♭6	♭2, 2, 5, ♭7	♭3, ♭5, 6, 7
1, 3, 4, ♭7	♭2, 2, 5, ♭6	♭3, ♭5, 6, 7
1, 3, 5, ♭6	♭2, 2, 4, ♭7	♭3, ♭5, 6, 7
1, 3, 5, ♭7	♭2, 2, 4, ♭6	♭3, ♭5, 6, 7
1, 3, ♭6, ♭7	♭2, 2, 4, 5	♭3, ♭5, 6, 7
1, 4, 5, ♭6	♭2, 2, 3, ♭7	♭3, ♭5, 6, 7
1, 4, 5, ♭7	♭2, 2, 3, ♭6	♭3, ♭5, 6, 7
1, 4, ♭6, ♭7	♭2, 2, 3, 5	♭3, ♭5, 6, 7
1, 5, ♭6, ♭7	♭2, 2, 3, 4	♭3, ♭5, 6, 7

C, D♭, D, E, F, G, A, B♭;

prime form: 0, 1, 2, 4, 5, 7, 9, 10

degrees: 1, ♭2, 2, 3, 4, 5, 6, ♭7

Tetrad Combinations as Prime Forms

0, 1, 2, 4	5, 7, 9, 10	3, 6, 8, 11
0, 1, 2, 5	4, 7, 9, 10	3, 6, 8, 11
0, 1, 2, 7	4, 5, 9, 10	3, 6, 8, 11
0, 1, 2, 9	4, 5, 7, 10	3, 6, 8, 11
0, 1, 2, 10	4, 5, 7, 9	3, 6, 8, 11
0, 1, 4, 5	2, 7, 9, 10	3, 6, 8, 11
0, 1, 4, 7	2, 5, 9, 10	3, 6, 8, 11
0, 1, 4, 9	2, 5, 7, 10	3, 6, 8, 11
0, 1, 4, 10	2, 5, 7, 9	3, 6, 8, 11
0, 1, 5, 7	2, 4, 9, 10	3, 6, 8, 11
0, 1, 5, 9	2, 4, 7, 10	3, 6, 8, 11
0, 1, 5, 10	2, 4, 7, 9	3, 6, 8, 11
0, 1, 7, 9	2, 4, 5, 10	3, 6, 8, 11
0, 1, 7, 10	2, 4, 5, 9	3, 6, 8, 11
0, 1, 9, 10	2, 4, 5, 7	3, 6, 8, 11
0, 2, 4, 5	1, 7, 9, 10	3, 6, 8, 11
0, 2, 4, 7	1, 5, 9, 10	3, 6, 8, 11
0, 2, 4, 9	1, 5, 7, 10	3, 6, 8, 11
0, 2, 4, 10	1, 5, 7, 9	3, 6, 8, 11
0, 2, 5, 7	1, 4, 9, 10	3, 6, 8, 11
0, 2, 5, 9	1, 4, 7, 10	3, 6, 8, 11
0, 2, 5, 10	1, 4, 7, 9	3, 6, 8, 11
0, 2, 7, 9	1, 4, 5, 10	3, 6, 8, 11
0, 2, 7, 10	1, 4, 5, 9	3, 6, 8, 11
0, 2, 9, 10	1, 4, 5, 7	3, 6, 8, 11
0, 4, 5, 7	1, 2, 9, 10	3, 6, 8, 11
0, 4, 5, 9	1, 2, 7, 10	3, 6, 8, 11
0, 4, 5, 10	1, 2, 7, 9	3, 6, 8, 11
0, 4, 7, 9	1, 2, 5, 10	3, 6, 8, 11
0, 4, 7, 10	1, 2, 5, 9	3, 6, 8, 11
0, 4, 9, 10	1, 2, 5, 7	3, 6, 8, 11
0, 5, 7, 9	1, 2, 4, 10	3, 6, 8, 11
0, 5, 7, 10	1, 2, 4, 9	3, 6, 8, 11
0, 5, 9, 10	1, 2, 4, 7	3, 6, 8, 11
0, 7, 9, 10	1, 2, 4, 5	3, 6, 8, 11

Tetrad Combinations as Degrees

1, ♭2, 2, 3	4, 5, 6, ♭7	♭3, ♭5, ♭6, 7
1, ♭2, 2, 4	3, 5, 6, ♭7	♭3, ♭5, ♭6, 7
1, ♭2, 2, 5	3, 4, 6, ♭7	♭3, ♭5, ♭6, 7
1, ♭2, 2, 6	3, 4, 5, ♭7	♭3, ♭5, ♭6, 7
1, ♭2, 2, ♭7	3, 4, 5, 6	♭3, ♭5, ♭6, 7
1, ♭2, 3, 4	2, 5, 6, ♭7	♭3, ♭5, ♭6, 7
1, ♭2, 3, 5	2, 4, 6, ♭7	♭3, ♭5, ♭6, 7
1, ♭2, 3, 6	2, 4, 5, ♭7	♭3, ♭5, ♭6, 7
1, ♭2, 3, ♭7	2, 4, 5, 6	♭3, ♭5, ♭6, 7
1, ♭2, 4, 5	2, 3, 6, ♭7	♭3, ♭5, ♭6, 7
1, ♭2, 4, 6	2, 3, 5, ♭7	♭3, ♭5, ♭6, 7
1, ♭2, 4, ♭7	2, 3, 5, 6	♭3, ♭5, ♭6, 7
1, ♭2, 5, 6	2, 3, 4, ♭7	♭3, ♭5, ♭6, 7
1, ♭2, 5, ♭7	2, 3, 4, 6	♭3, ♭5, ♭6, 7
1, ♭2, 6, ♭7	2, 3, 4, 5	♭3, ♭5, ♭6, 7
1, 2, 3, 4	♭2, 5, 6, ♭7	♭3, ♭5, ♭6, 7
1, 2, 3, 5	♭2, 4, 6, ♭7	♭3, ♭5, ♭6, 7
1, 2, 3, 6	♭2, 4, 5, ♭7	♭3, ♭5, ♭6, 7
1, 2, 3, ♭7	♭2, 4, 5, 6	♭3, ♭5, ♭6, 7
1, 2, 4, 5	♭2, 3, 6, ♭7	♭3, ♭5, ♭6, 7
1, 2, 4, 6	♭2, 3, 5, ♭7	♭3, ♭5, ♭6, 7
1, 2, 4, ♭7	♭2, 3, 5, 6	♭3, ♭5, ♭6, 7
1, 2, 5, 6	♭2, 3, 4, ♭7	♭3, ♭5, ♭6, 7
1, 2, 5, ♭7	♭2, 3, 4, 6	♭3, ♭5, ♭6, 7
1, 2, 6, ♭7	♭2, 3, 4, 5	♭3, ♭5, ♭6, 7
1, 3, 4, 5	♭2, 2, 6, ♭7	♭3, ♭5, ♭6, 7
1, 3, 4, 6	♭2, 2, 5, ♭7	♭3, ♭5, ♭6, 7
1, 3, 4, ♭7	♭2, 2, 5, 6	♭3, ♭5, ♭6, 7
1, 3, 5, 6	♭2, 2, 4, ♭7	♭3, ♭5, ♭6, 7
1, 3, 5, ♭7	♭2, 2, 4, 6	♭3, ♭5, ♭6, 7
1, 3, 6, ♭7	♭2, 2, 4, 5	♭3, ♭5, ♭6, 7
1, 4, 5, 6	♭2, 2, 3, ♭7	♭3, ♭5, ♭6, 7
1, 4, 5, ♭7	♭2, 2, 3, 6	♭3, ♭5, ♭6, 7
1, 4, 6, ♭7	♭2, 2, 3, 5	♭3, ♭5, ♭6, 7
1, 5, 6, ♭7	♭2, 2, 3, 4	♭3, ♭5, ♭6, 7

C, D♭, D, E, G♭, G, A♭, B♭;
prime form: 0, 1, 2, 4, 6, 7, 8, 10
degrees: 1, ♭2, 2, 3, ♭5, 5, ♭6, ♭7

Tetrad Combinations as Prime Forms

0, 1, 2, 4	6, 7, 8, 10	3, 5, 9, 11
0, 1, 2, 6	4, 7, 8, 10	3, 5, 9, 11
0, 1, 2, 7	4, 6, 8, 10	3, 5, 9, 11
0, 1, 2, 8	4, 6, 7, 10	3, 5, 9, 11
0, 1, 2, 10	4, 6, 7, 8	3, 5, 9, 11
0, 1, 4, 6	2, 7, 8, 10	3, 5, 9, 11
0, 1, 4, 7	2, 6, 8, 10	3, 5, 9, 11
0, 1, 4, 8	2, 6, 7, 10	3, 5, 9, 11
0, 1, 4, 10	2, 6, 7, 8	3, 5, 9, 11
0, 1, 6, 7	2, 4, 8, 10	3, 5, 9, 11
0, 1, 6, 8	2, 4, 7, 10	3, 5, 9, 11
0, 1, 6, 10	2, 4, 7, 8	3, 5, 9, 11
0, 1, 7, 8	2, 4, 6, 10	3, 5, 9, 11
0, 1, 7, 10	2, 4, 6, 8	3, 5, 9, 11
0, 1, 8, 10	2, 4, 6, 7	3, 5, 9, 11
0, 2, 4, 6	1, 7, 8, 10	3, 5, 9, 11
0, 2, 4, 7	1, 6, 8, 10	3, 5, 9, 11
0, 2, 4, 8	1, 6, 7, 10	3, 5, 9, 11
0, 2, 4, 10	1, 6, 7, 8	3, 5, 9, 11
0, 2, 6, 7	1, 4, 8, 10	3, 5, 9, 11
0, 2, 6, 8	1, 4, 7, 10	3, 5, 9, 11
0, 2, 6, 10	1, 4, 7, 8	3, 5, 9, 11
0, 2, 7, 8	1, 4, 6, 10	3, 5, 9, 11
0, 2, 7, 10	1, 4, 6, 8	3, 5, 9, 11
0, 2, 8, 10	1, 4, 6, 7	3, 5, 9, 11
0, 4, 6, 7	1, 2, 8, 10	3, 5, 9, 11
0, 4, 6, 8	1, 2, 7, 10	3, 5, 9, 11
0, 4, 6, 10	1, 2, 7, 8	3, 5, 9, 11
0, 4, 7, 8	1, 2, 6, 10	3, 5, 9, 11
0, 4, 7, 10	1, 2, 6, 8	3, 5, 9, 11
0, 4, 8, 10	1, 2, 6, 7	3, 5, 9, 11
0, 6, 7, 8	1, 2, 4, 10	3, 5, 9, 11
0, 6, 7, 10	1, 2, 4, 8	3, 5, 9, 11
0, 6, 8, 10	1, 2, 4, 7	3, 5, 9, 11
0, 7, 8, 10	1, 2, 4, 6	3, 5, 9, 11

Tetrad Combinations as Degrees

1, ♭2, 2, 3	♭5, 5, ♭6, ♭7	♭3, 4, 6, 7
1, ♭2, 2, ♭5	3, 5, ♭6, ♭7	♭3, 4, 6, 7
1, ♭2, 2, 5	3, ♭5, ♭6, ♭7	♭3, 4, 6, 7
1, ♭2, 2, ♭6	3, ♭5, 5, ♭7	♭3, 4, 6, 7
1, ♭2, 2, ♭7	3, ♭5, 5, ♭6	♭3, 4, 6, 7
1, ♭2, 3, ♭5	2, 5, ♭6, ♭7	♭3, 4, 6, 7
1, ♭2, 3, 5	2, ♭5, ♭6, ♭7	♭3, 4, 6, 7
1, ♭2, 3, ♭6	2, ♭5, 5, ♭7	♭3, 4, 6, 7
1, ♭2, 3, ♭7	2, ♭5, 5, ♭6	♭3, 4, 6, 7
1, ♭2, ♭5, 5	2, 3, ♭6, ♭7	♭3, 4, 6, 7
1, ♭2, ♭5, ♭6	2, 3, 5, ♭7	♭3, 4, 6, 7
1, ♭2, ♭5, ♭7	2, 3, 5, ♭6	♭3, 4, 6, 7
1, ♭2, 5, ♭6	2, 3, ♭5, ♭7	♭3, 4, 6, 7
1, ♭2, 5, ♭7	2, 3, ♭5, ♭6	♭3, 4, 6, 7
1, ♭2, ♭6, ♭7	2, 3, ♭5, 5	♭3, 4, 6, 7
1, 2, 3, ♭5	♭2, 5, ♭6, ♭7	♭3, 4, 6, 7
1, 2, 3, 5	♭2, ♭5, ♭6, ♭7	♭3, 4, 6, 7
1, 2, 3, ♭6	♭2, ♭5, 5, ♭7	♭3, 4, 6, 7
1, 2, 3, ♭7	♭2, ♭5, 5, ♭6	♭3, 4, 6, 7
1, 2, ♭5, 5	♭2, 3, ♭6, ♭7	♭3, 4, 6, 7
1, 2, ♭5, ♭6	♭2, 3, 5, ♭7	♭3, 4, 6, 7
1, 2, ♭5, ♭7	♭2, 3, 5, ♭6	♭3, 4, 6, 7
1, 2, 5, ♭6	♭2, 3, ♭5, ♭7	♭3, 4, 6, 7
1, 2, 5, ♭7	♭2, 3, ♭5, ♭6	♭3, 4, 6, 7
1, 2, ♭6, ♭7	♭2, 3, ♭5, 5	♭3, 4, 6, 7
1, 3, ♭5, 5	♭2, 2, ♭6, ♭7	♭3, 4, 6, 7
1, 3, ♭5, ♭6	♭2, 2, 5, ♭7	♭3, 4, 6, 7
1, 3, ♭5, ♭7	♭2, 2, 5, ♭6	♭3, 4, 6, 7
1, 3, 5, ♭6	♭2, 2, ♭5, ♭7	♭3, 4, 6, 7
1, 3, 5, ♭7	♭2, 2, ♭5, ♭6	♭3, 4, 6, 7
1, 3, ♭6, ♭7	♭2, 2, ♭5, 5	♭3, 4, 6, 7
1, ♭5, 5, ♭6	♭2, 2, 3, ♭7	♭3, 4, 6, 7
1, ♭5, 5, ♭7	♭2, 2, 3, ♭6	♭3, 4, 6, 7
1, ♭5, ♭6, ♭7	♭2, 2, 3, 5	♭3, 4, 6, 7
1, 5, ♭6, ♭7	♭2, 2, 3, ♭5	♭3, 4, 6, 7

C, D♭, E♭, E, F, G♭, G, A;

prime form: 0, 1, 3, 4, 5, 6, 7, 9

degrees: 1, ♭2, ♭3, 3, 4, ♭5, 5, 6

Tetrad Combinations as Prime Forms

0, 1, 3, 4	5, 6, 7, 9	2, 8, 10, 11
0, 1, 3, 5	4, 6, 7, 9	2, 8, 10, 11
0, 1, 3, 6	4, 5, 7, 9	2, 8, 10, 11
0, 1, 3, 7	4, 5, 6, 9	2, 8, 10, 11
0, 1, 3, 9	4, 5, 6, 7	2, 8, 10, 11
0, 1, 4, 5	3, 6, 7, 9	2, 8, 10, 11
0, 1, 4, 6	3, 5, 7, 9	2, 8, 10, 11
0, 1, 4, 7	3, 5, 6, 9	2, 8, 10, 11
0, 1, 4, 9	3, 5, 6, 7	2, 8, 10, 11
0, 1, 5, 6	3, 4, 7, 9	2, 8, 10, 11
0, 1, 5, 7	3, 4, 6, 9	2, 8, 10, 11
0, 1, 5, 9	3, 4, 6, 7	2, 8, 10, 11
0, 1, 6, 7	3, 4, 5, 9	2, 8, 10, 11
0, 1, 6, 9	3, 4, 5, 7	2, 8, 10, 11
0, 1, 7, 9	3, 4, 5, 6	2, 8, 10, 11
0, 3, 4, 5	1, 6, 7, 9	2, 8, 10, 11
0, 3, 4, 6	1, 5, 7, 9	2, 8, 10, 11
0, 3, 4, 7	1, 5, 6, 9	2, 8, 10, 11
0, 3, 4, 9	1, 5, 6, 7	2, 8, 10, 11
0, 3, 5, 6	1, 4, 7, 9	2, 8, 10, 11
0, 3, 5, 7	1, 4, 6, 9	2, 8, 10, 11
0, 3, 5, 9	1, 4, 6, 7	2, 8, 10, 11
0, 3, 6, 7	1, 4, 5, 9	2, 8, 10, 11
0, 3, 6, 9	1, 4, 5, 7	2, 8, 10, 11
0, 3, 7, 9	1, 4, 5, 6	2, 8, 10, 11
0, 4, 5, 6	1, 3, 7, 9	2, 8, 10, 11
0, 4, 5, 7	1, 3, 6, 9	2, 8, 10, 11
0, 4, 5, 9	1, 3, 6, 7	2, 8, 10, 11
0, 4, 6, 7	1, 3, 5, 9	2, 8, 10, 11
0, 4, 6, 9	1, 3, 5, 7	2, 8, 10, 11
0, 4, 7, 9	1, 3, 5, 6	2, 8, 10, 11
0, 5, 6, 7	1, 3, 4, 9	2, 8, 10, 11
0, 5, 6, 9	1, 3, 4, 7	2, 8, 10, 11
0, 5, 7, 9	1, 3, 4, 6	2, 8, 10, 11
0, 6, 7, 9	1, 3, 4, 5	2, 8, 10, 11

Tetrad Combinations as Degrees

1, ♭2, ♭3, 3	4, ♭5, 5, 6	2, ♭6, ♭7, 7
1, ♭2, ♭3, 4	3, ♭5, 5, 6	2, ♭6, ♭7, 7
1, ♭2, ♭3, ♭5	3, 4, 5, 6	2, ♭6, ♭7, 7
1, ♭2, ♭3, 5	3, 4, ♭5, 6	2, ♭6, ♭7, 7
1, ♭2, ♭3, 6	3, 4, ♭5, 5	2, ♭6, ♭7, 7
1, ♭2, 3, 4	♭3, ♭5, 5, 6	2, ♭6, ♭7, 7
1, ♭2, 3, ♭5	♭3, 4, 5, 6	2, ♭6, ♭7, 7
1, ♭2, 3, 5	♭3, 4, ♭5, 6	2, ♭6, ♭7, 7
1, ♭2, 3, 6	♭3, 4, ♭5, 5	2, ♭6, ♭7, 7
1, ♭2, 4, ♭5	♭3, 3, 5, 6	2, ♭6, ♭7, 7
1, ♭2, 4, 5	♭3, 3, ♭5, 6	2, ♭6, ♭7, 7
1, ♭2, 4, 6	♭3, 3, ♭5, 5	2, ♭6, ♭7, 7
1, ♭2, ♭5, 5	♭3, 3, 4, 6	2, ♭6, ♭7, 7
1, ♭2, ♭5, 6	♭3, 3, 4, 5	2, ♭6, ♭7, 7
1, ♭2, 5, 6	♭3, 3, 4, ♭5	2, ♭6, ♭7, 7
1, ♭3, 3, 4	♭2, ♭5, 5, 6	2, ♭6, ♭7, 7
1, ♭3, 3, ♭5	♭2, 4, 5, 6	2, ♭6, ♭7, 7
1, ♭3, 3, 5	♭2, 4, ♭5, 6	2, ♭6, ♭7, 7
1, ♭3, 3, 6	♭2, 4, ♭5, 5	2, ♭6, ♭7, 7
1, ♭3, 4, ♭5	♭2, 3, 5, 6	2, ♭6, ♭7, 7
1, ♭3, 4, 5	♭2, 3, ♭5, 6	2, ♭6, ♭7, 7
1, ♭3, 4, 6	♭2, 3, ♭5, 5	2, ♭6, ♭7, 7
1, ♭3, ♭5, 5	♭2, 3, 4, 6	2, ♭6, ♭7, 7
1, ♭3, ♭5, 6	♭2, 3, 4, 5	2, ♭6, ♭7, 7
1, ♭3, 5, 6	♭2, 3, 4, ♭5	2, ♭6, ♭7, 7
1, 3, 4, ♭5	♭2, ♭3, 5, 6	2, ♭6, ♭7, 7
1, 3, 4, 5	♭2, ♭3, ♭5, 6	2, ♭6, ♭7, 7
1, 3, 4, 6	♭2, ♭3, ♭5, 5	2, ♭6, ♭7, 7
1, 3, ♭5, 5	♭2, ♭3, 4, 6	2, ♭6, ♭7, 7
1, 3, ♭5, 6	♭2, ♭3, 4, 5	2, ♭6, ♭7, 7
1, 3, 5, 6	♭2, ♭3, 4, ♭5	2, ♭6, ♭7, 7
1, 4, ♭5, 5	♭2, ♭3, 3, 6	2, ♭6, ♭7, 7
1, 4, ♭5, 6	♭2, ♭3, 3, 5	2, ♭6, ♭7, 7
1, 4, 5, 6	♭2, ♭3, 3, ♭5	2, ♭6, ♭7, 7
1, ♭5, 5, 6	♭2, ♭3, 3, 4	2, ♭6, ♭7, 7

C, D♭, E♭, E, F, G♭, A♭, A;

prime form: 0, 1, 3, 4, 5, 6, 8, 9
degrees: 1, ♭2, ♭3, 3, 4, ♭5, ♭6, 6

Tetrad Combinations as Prime Forms

0, 1, 3, 4	5, 6, 8, 9	2, 7, 10, 11
0, 1, 3, 5	4, 6, 8, 9	2, 7, 10, 11
0, 1, 3, 6	4, 5, 8, 9	2, 7, 10, 11
0, 1, 3, 8	4, 5, 6, 9	2, 7, 10, 11
0, 1, 3, 9	4, 5, 6, 8	2, 7, 10, 11
0, 1, 4, 5	3, 6, 8, 9	2, 7, 10, 11
0, 1, 4, 6	3, 5, 8, 9	2, 7, 10, 11
0, 1, 4, 8	3, 5, 6, 9	2, 7, 10, 11
0, 1, 4, 9	3, 5, 6, 8	2, 7, 10, 11
0, 1, 5, 6	3, 4, 8, 9	2, 7, 10, 11
0, 1, 5, 8	3, 4, 6, 9	2, 7, 10, 11
0, 1, 5, 9	3, 4, 6, 8	2, 7, 10, 11
0, 1, 6, 8	3, 4, 5, 9	2, 7, 10, 11
0, 1, 6, 9	3, 4, 5, 8	2, 7, 10, 11
0, 1, 8, 9	3, 4, 5, 6	2, 7, 10, 11
0, 3, 4, 5	1, 6, 8, 9	2, 7, 10, 11
0, 3, 4, 6	1, 5, 8, 9	2, 7, 10, 11
0, 3, 4, 8	1, 5, 6, 9	2, 7, 10, 11
0, 3, 4, 9	1, 5, 6, 8	2, 7, 10, 11
0, 3, 5, 6	1, 4, 8, 9	2, 7, 10, 11
0, 3, 5, 8	1, 4, 6, 9	2, 7, 10, 11
0, 3, 5, 9	1, 4, 6, 8	2, 7, 10, 11
0, 3, 6, 8	1, 4, 5, 9	2, 7, 10, 11
0, 3, 6, 9	1, 4, 5, 8	2, 7, 10, 11
0, 3, 8, 9	1, 4, 5, 6	2, 7, 10, 11
0, 4, 5, 6	1, 3, 8, 9	2, 7, 10, 11
0, 4, 5, 8	1, 3, 6, 9	2, 7, 10, 11
0, 4, 5, 9	1, 3, 6, 8	2, 7, 10, 11
0, 4, 6, 8	1, 3, 5, 9	2, 7, 10, 11
0, 4, 6, 9	1, 3, 5, 8	2, 7, 10, 11
0, 4, 8, 9	1, 3, 5, 6	2, 7, 10, 11
0, 5, 6, 8	1, 3, 4, 9	2, 7, 10, 11
0, 5, 6, 9	1, 3, 4, 8	2, 7, 10, 11
0, 5, 8, 9	1, 3, 4, 6	2, 7, 10, 11
0, 6, 8, 9	1, 3, 4, 5	2, 7, 10, 11

Tetrad Combinations as Degrees

1, ♭2, ♭3, 3	4, ♭5, ♭6, 6	2, 5, ♭7, 7
1, ♭2, ♭3, 4	3, ♭5, ♭6, 6	2, 5, ♭7, 7
1, ♭2, ♭3, ♭5	3, 4, ♭6, 6	2, 5, ♭7, 7
1, ♭2, ♭3, ♭6	3, 4, ♭5, 6	2, 5, ♭7, 7
1, ♭2, ♭3, 6	3, 4, ♭5, ♭6	2, 5, ♭7, 7
1, ♭2, 3, 4	♭3, ♭5, ♭6, 6	2, 5, ♭7, 7
1, ♭2, 3, ♭5	♭3, 4, ♭6, 6	2, 5, ♭7, 7
1, ♭2, 3, ♭6	♭3, 4, ♭5, 6	2, 5, ♭7, 7
1, ♭2, 3, 6	♭3, 4, ♭5, ♭6	2, 5, ♭7, 7
1, ♭2, 4, ♭5	♭3, 3, ♭6, 6	2, 5, ♭7, 7
1, ♭2, 4, ♭6	♭3, 3, ♭5, 6	2, 5, ♭7, 7
1, ♭2, 4, 6	♭3, 3, ♭5, ♭6	2, 5, ♭7, 7
1, ♭2, ♭5, ♭6	♭3, 3, 4, 6	2, 5, ♭7, 7
1, ♭2, ♭5, 6	♭3, 3, 4, ♭6	2, 5, ♭7, 7
1, ♭2, ♭6, 6	♭3, 3, 4, ♭5	2, 5, ♭7, 7
1, ♭3, 3, 4	♭2, ♭5, ♭6, 6	2, 5, ♭7, 7
1, ♭3, 3, ♭5	♭2, 4, ♭6, 6	2, 5, ♭7, 7
1, ♭3, 3, ♭6	♭2, 4, ♭5, 6	2, 5, ♭7, 7
1, ♭3, 3, 6	♭2, 4, ♭5, ♭6	2, 5, ♭7, 7
1, ♭3, 4, ♭5	♭2, 3, ♭6, 6	2, 5, ♭7, 7
1, ♭3, 4, ♭6	♭2, 3, ♭5, 6	2, 5, ♭7, 7
1, ♭3, 4, 6	♭2, 3, ♭5, ♭6	2, 5, ♭7, 7
1, ♭3, ♭5, ♭6	♭2, 3, 4, 6	2, 5, ♭7, 7
1, ♭3, ♭5, 6	♭2, 3, 4, ♭6	2, 5, ♭7, 7
1, ♭3, ♭6, 6	♭2, 3, 4, ♭5	2, 5, ♭7, 7
1, 3, 4, ♭5	♭2, ♭3, ♭6, 6	2, 5, ♭7, 7
1, 3, 4, ♭6	♭2, ♭3, ♭5, 6	2, 5, ♭7, 7
1, 3, 4, 6	♭2, ♭3, ♭5, ♭6	2, 5, ♭7, 7
1, 3, ♭5, ♭6	♭2, ♭3, 4, 6	2, 5, ♭7, 7
1, 3, ♭5, 6	♭2, ♭3, 4, ♭6	2, 5, ♭7, 7
1, 3, ♭6, 6	♭2, ♭3, 4, ♭5	2, 5, ♭7, 7
1, 4, ♭5, ♭6	♭2, ♭3, 3, 6	2, 5, ♭7, 7
1, 4, ♭5, 6	♭2, ♭3, 3, ♭6	2, 5, ♭7, 7
1, 4, ♭6, 6	♭2, ♭3, 3, ♭5	2, 5, ♭7, 7
1, ♭5, ♭6, 6	♭2, ♭3, 3, 4	2, 5, ♭7, 7

C, D♭, E♭, E, G♭, G, A, B♭;

prime form: 0, 1, 3, 4, 6, 7, 9, 10
degrees: 1, ♭2, ♭3, 3, ♭5, 5, 6, ♭7

Tetrad Combinations as Prime Forms

0, 1, 3, 4	6, 7, 9, 10	2, 5, 8, 11
0, 1, 3, 6	4, 7, 9, 10	2, 5, 8, 11
0, 1, 3, 7	4, 6, 9, 10	2, 5, 8, 11
0, 1, 3, 9	4, 6, 7, 10	2, 5, 8, 11
0, 1, 3, 10	4, 6, 7, 9	2, 5, 8, 11
0, 1, 4, 6	3, 7, 9, 10	2, 5, 8, 11
0, 1, 4, 7	3, 6, 9, 10	2, 5, 8, 11
0, 1, 4, 9	3, 6, 7, 10	2, 5, 8, 11
0, 1, 4, 10	3, 6, 7, 9	2, 5, 8, 11
0, 1, 6, 7	3, 4, 9, 10	2, 5, 8, 11
0, 1, 6, 9	3, 4, 7, 10	2, 5, 8, 11
0, 1, 6, 10	3, 4, 7, 9	2, 5, 8, 11
0, 1, 7, 9	3, 4, 6, 10	2, 5, 8, 11
0, 1, 7, 10	3, 4, 6, 9	2, 5, 8, 11
0, 1, 9, 10	3, 4, 6, 7	2, 5, 8, 11
0, 3, 4, 6	1, 7, 9, 10	2, 5, 8, 11
0, 3, 4, 7	1, 6, 9, 10	2, 5, 8, 11
0, 3, 4, 9	1, 6, 7, 10	2, 5, 8, 11
0, 3, 4, 10	1, 6, 7, 9	2, 5, 8, 11
0, 3, 6, 7	1, 4, 9, 10	2, 5, 8, 11
0, 3, 6, 9	1, 4, 7, 10	2, 5, 8, 11
0, 3, 6, 10	1, 4, 7, 9	2, 5, 8, 11
0, 3, 7, 9	1, 4, 6, 10	2, 5, 8, 11
0, 3, 7, 10	1, 4, 6, 9	2, 5, 8, 11
0, 3, 9, 10	1, 4, 6, 7	2, 5, 8, 11
0, 4, 6, 7	1, 3, 9, 10	2, 5, 8, 11
0, 4, 6, 9	1, 3, 7, 10	2, 5, 8, 11
0, 4, 6, 10	1, 3, 7, 9	2, 5, 8, 11
0, 4, 7, 9	1, 3, 6, 10	2, 5, 8, 11
0, 4, 7, 10	1, 3, 6, 9	2, 5, 8, 11
0, 4, 9, 10	1, 3, 6, 7	2, 5, 8, 11
0, 6, 7, 9	1, 3, 4, 10	2, 5, 8, 11
0, 6, 7, 10	1, 3, 4, 9	2, 5, 8, 11
0, 6, 9, 10	1, 3, 4, 7	2, 5, 8, 11
0, 7, 9, 10	1, 3, 4, 6	2, 5, 8, 11

Tetrad Combinations as Degrees

1, ♭2, ♭3, 3	♭5, 5, 6, ♭7	2, 4, ♭6, 7
1, ♭2, ♭3, ♭5	3, 5, 6, ♭7	2, 4, ♭6, 7
1, ♭2, ♭3, 5	3, ♭5, 6, ♭7	2, 4, ♭6, 7
1, ♭2, ♭3, 6	3, ♭5, 5, ♭7	2, 4, ♭6, 7
1, ♭2, ♭3, ♭7	3, ♭5, 5, 6	2, 4, ♭6, 7
1, ♭2, 3, ♭5	♭3, 5, 6, ♭7	2, 4, ♭6, 7
1, ♭2, 3, 5	♭3, ♭5, 6, ♭7	2, 4, ♭6, 7
1, ♭2, 3, 6	♭3, ♭5, 5, ♭7	2, 4, ♭6, 7
1, ♭2, 3, ♭7	♭3, ♭5, 5, 6	2, 4, ♭6, 7
1, ♭2, ♭5, 5	♭3, 3, 6, ♭7	2, 4, ♭6, 7
1, ♭2, ♭5, 6	♭3, 3, 5, ♭7	2, 4, ♭6, 7
1, ♭2, ♭5, ♭7	♭3, 3, 5, 6	2, 4, ♭6, 7
1, ♭2, 5, 6	♭3, 3, ♭5, ♭7	2, 4, ♭6, 7
1, ♭2, 5, ♭7	♭3, 3, ♭5, 6	2, 4, ♭6, 7
1, ♭2, 6, ♭7	♭3, 3, ♭5, 5	2, 4, ♭6, 7
1, ♭3, 3, ♭5	♭2, 5, 6, ♭7	2, 4, ♭6, 7
1, ♭3, 3, 5	♭2, ♭5, 6, ♭7	2, 4, ♭6, 7
1, ♭3, 3, 6	♭2, ♭5, 5, ♭7	2, 4, ♭6, 7
1, ♭3, 3, ♭7	♭2, ♭5, 5, 6	2, 4, ♭6, 7
1, ♭3, ♭5, 5	♭2, 3, 6, ♭7	2, 4, ♭6, 7
1, ♭3, ♭5, 6	♭2, 3, 5, ♭7	2, 4, ♭6, 7
1, ♭3, ♭5, ♭7	♭2, 3, 5, 6	2, 4, ♭6, 7
1, ♭3, 5, 6	♭2, 3, ♭5, ♭7	2, 4, ♭6, 7
1, ♭3, 5, ♭7	♭2, 3, ♭5, 6	2, 4, ♭6, 7
1, ♭3, 6, ♭7	♭2, 3, ♭5, 5	2, 4, ♭6, 7
1, 3, ♭5, 5	♭2, ♭3, 6, ♭7	2, 4, ♭6, 7
1, 3, ♭5, 6	♭2, ♭3, 5, ♭7	2, 4, ♭6, 7
1, 3, ♭5, ♭7	♭2, ♭3, 5, 6	2, 4, ♭6, 7
1, 3, 5, 6	♭2, ♭3, ♭5, ♭7	2, 4, ♭6, 7
1, 3, 5, ♭7	♭2, ♭3, ♭5, 6	2, 4, ♭6, 7
1, 3, 6, ♭7	♭2, ♭3, ♭5, 5	2, 4, ♭6, 7
1, ♭5, 5, 6	♭2, ♭3, 3, ♭7	2, 4, ♭6, 7
1, ♭5, 5, ♭7	♭2, ♭3, 3, 6	2, 4, ♭6, 7
1, ♭5, 6, ♭7	♭2, ♭3, 3, 5	2, 4, ♭6, 7
1, 5, 6, ♭7	♭2, ♭3, 3, ♭5	2, 4, ♭6, 7

C, D, E♭, E, F, G♭, G, A;

prime form: 0, 2, 3, 4, 5, 6, 7, 9
degrees: 1, 2, ♭3, 3, 4, ♭5, 5, 6

Tetrad Combinations as Prime Forms			Tetrad Combinations as Degrees		
0, 2, 3, 4	5, 6, 7, 9	1, 8, 10, 11	1, 2, ♭3, 3	4, ♭5, 5, 6	♭2, ♭6, ♭7, 7
0, 2, 3, 5	4, 6, 7, 9	1, 8, 10, 11	1, 2, ♭3, 4	3, ♭5, 5, 6	♭2, ♭6, ♭7, 7
0, 2, 3, 6	4, 5, 7, 9	1, 8, 10, 11	1, 2, ♭3, ♭5	3, 4, 5, 6	♭2, ♭6, ♭7, 7
0, 2, 3, 7	4, 5, 6, 9	1, 8, 10, 11	1, 2, ♭3, 5	3, 4, ♭5, 6	♭2, ♭6, ♭7, 7
0, 2, 3, 9	4, 5, 6, 7	1, 8, 10, 11	1, 2, ♭3, 6	3, 4, ♭5, 5	♭2, ♭6, ♭7, 7
0, 2, 4, 5	3, 6, 7, 9	1, 8, 10, 11	1, 2, 3, 4	♭3, ♭5, 5, 6	♭2, ♭6, ♭7, 7
0, 2, 4, 6	3, 5, 7, 9	1, 8, 10, 11	1, 2, 3, ♭5	♭3, 4, 5, 6	♭2, ♭6, ♭7, 7
0, 2, 4, 7	3, 5, 6, 9	1, 8, 10, 11	1, 2, 3, 5	♭3, 4, ♭5, 6	♭2, ♭6, ♭7, 7
0, 2, 4, 9	3, 5, 6, 7	1, 8, 10, 11	1, 2, 3, 6	♭3, 4, ♭5, 5	♭2, ♭6, ♭7, 7
0, 2, 5, 6	3, 4, 7, 9	1, 8, 10, 11	1, 2, 4, ♭5	♭3, 3, 5, 6	♭2, ♭6, ♭7, 7
0, 2, 5, 7	3, 4, 6, 9	1, 8, 10, 11	1, 2, 4, 5	♭3, 3, ♭5, 6	♭2, ♭6, ♭7, 7
0, 2, 5, 9	3, 4, 6, 7	1, 8, 10, 11	1, 2, 4, 6	♭3, 3, ♭5, 5	♭2, ♭6, ♭7, 7
0, 2, 6, 7	3, 4, 5, 9	1, 8, 10, 11	1, 2, ♭5, 5	♭3, 3, 4, 6	♭2, ♭6, ♭7, 7
0, 2, 6, 9	3, 4, 5, 7	1, 8, 10, 11	1, 2, ♭5, 6	♭3, 3, 4, 5	♭2, ♭6, ♭7, 7
0, 2, 7, 9	3, 4, 5, 6	1, 8, 10, 11	1, 2, 5, 6	♭3, 3, 4, ♭5	♭2, ♭6, ♭7, 7
0, 3, 4, 5	2, 6, 7, 9	1, 8, 10, 11	1, ♭3, 3, 4	2, ♭5, 5, 6	♭2, ♭6, ♭7, 7
0, 3, 4, 6	2, 5, 7, 9	1, 8, 10, 11	1, ♭3, 3, ♭5	2, 4, 5, 6	♭2, ♭6, ♭7, 7
0, 3, 4, 7	2, 5, 6, 9	1, 8, 10, 11	1, ♭3, 3, 5	2, 4, ♭5, 6	♭2, ♭6, ♭7, 7
0, 3, 4, 9	2, 5, 6, 7	1, 8, 10, 11	1, ♭3, 3, 6	2, 4, ♭5, 5	♭2, ♭6, ♭7, 7
0, 3, 5, 6	2, 4, 7, 9	1, 8, 10, 11	1, ♭3, 4, ♭5	2, 3, 5, 6	♭2, ♭6, ♭7, 7
0, 3, 5, 7	2, 4, 6, 9	1, 8, 10, 11	1, ♭3, 4, 5	2, 3, ♭5, 6	♭2, ♭6, ♭7, 7
0, 3, 5, 9	2, 4, 6, 7	1, 8, 10, 11	1, ♭3, 4, 6	2, 3, ♭5, 5	♭2, ♭6, ♭7, 7
0, 3, 6, 7	2, 4, 5, 9	1, 8, 10, 11	1, ♭3, ♭5, 5	2, 3, 4, 6	♭2, ♭6, ♭7, 7
0, 3, 6, 9	2, 4, 5, 7	1, 8, 10, 11	1, ♭3, ♭5, 6	2, 3, 4, 5	♭2, ♭6, ♭7, 7
0, 3, 7, 9	2, 4, 5, 6	1, 8, 10, 11	1, ♭3, 5, 6	2, 3, 4, ♭5	♭2, ♭6, ♭7, 7
0, 4, 5, 6	2, 3, 7, 9	1, 8, 10, 11	1, 3, 4, ♭5	2, ♭3, 5, 6	♭2, ♭6, ♭7, 7
0, 4, 5, 7	2, 3, 6, 9	1, 8, 10, 11	1, 3, 4, 5	2, ♭3, ♭5, 6	♭2, ♭6, ♭7, 7
0, 4, 5, 9	2, 3, 6, 7	1, 8, 10, 11	1, 3, 4, 6	2, ♭3, ♭5, 5	♭2, ♭6, ♭7, 7
0, 4, 6, 7	2, 3, 5, 9	1, 8, 10, 11	1, 3, ♭5, 5	2, ♭3, 4, 6	♭2, ♭6, ♭7, 7
0, 4, 6, 9	2, 3, 5, 7	1, 8, 10, 11	1, 3, ♭5, 6	2, ♭3, 4, 5	♭2, ♭6, ♭7, 7
0, 4, 7, 9	2, 3, 5, 6	1, 8, 10, 11	1, 3, 5, 6	2, ♭3, 4, ♭5	♭2, ♭6, ♭7, 7
0, 5, 6, 7	2, 3, 4, 9	1, 8, 10, 11	1, 4, ♭5, 5	2, ♭3, 3, 6	♭2, ♭6, ♭7, 7
0, 5, 6, 9	2, 3, 4, 7	1, 8, 10, 11	1, 4, ♭5, 6	2, ♭3, 3, 5	♭2, ♭6, ♭7, 7
0, 5, 7, 9	2, 3, 4, 6	1, 8, 10, 11	1, 4, 5, 6	2, ♭3, 3, ♭5	♭2, ♭6, ♭7, 7
0, 6, 7, 9	2, 3, 4, 5	1, 8, 10, 11	1, ♭5, 5, 6	2, ♭3, 3, 4	♭2, ♭6, ♭7, 7

Chord Scale Index

As mentioned previously to get a complete picture of the possible applications of the any pitch class set to traditional chord types you have to consider both the normal form and it's inversion in order to find all applications possiblities. Some scales because of their internal relationships have the same application whether they are in normal form or inversion. The following index gives you a list of the possible applications of each scale to chord types in all keys. To review, these chord types and their inherent structures are listed below:

7th Chords

CΔ7 (notes are 1,3,5,7)
C-7 (notes are 1,♭3,5,♭7)
C7 (notes are 1,3,5,♭7)
C7sus4 (notes are 1,4,5,♭7)
C-7♭5 (notes are 1,♭3,5,♭7)
C°7 (notes are 1,♭3,♭5,♭♭7)
C-Δ7 (notes are 1,♭3,5,7)
CΔ7♯5 (notes are 1,3,♯5,7)
C7♯5 (notes are 1,3,♯5,♭7)
C7♭5 (notes are 1,3,♭5,♭7)
C6 (notes are 1,3,5,6)
C-6 (notes are 1,♭3,5,6)
CΔ7♯11 (notes are 1,3,♯11,7)

To review, the modes used to calculate chord/scale possibilites are as follows:

Major:

1. Ionian
2. Dorian
3. Phrygian
4. Lydian
5. Mixolydian
6. Aeolian
7. Locrain

Jazz Minor (Melodic Minor ascending):

1. Jazz Minor
2. Dorian b2
3. Lydian #5
4. Lydian b7
5. Mixolydian b6
6. Locrian Natural 2
7. Altered

3 Symmetrical scales:

1. Diminished: whole-1/2 step
2. Symmetrical Diminished: 1/2-whole step
3. Whole Tone: whole steps

Two modes of Harmonic Minor.

1. Harmonic Minor
2. Mixolydian b2b6 (5th mode)

Please see pages 11-20 for specifics on each scale included above.

See page 26 for other 0,1 information

C, D♭

prime form: 0, 1
degrees: 1, ♭2

Scale application to typical chord types all keys:

C:	1	♭2	-7 mel, 7, -7♭5 mel, 7sus4
D♭:	7	1	+7, °7, Δ7♯5 mel, -Δ7, Δ7, Δ7♯5
D:	♭7	7	
E♭:	6	♭7	-7, 7, 7sus4
E:	♭6	6	°7, Δ7♯5 mel, -7 mel, 7, Δ7♯5, 7sus4, -Δ7 mel
F:	5	♭6	+7, Δ7♯5 mel, -7 mel, 7, 7sus4, -Δ7 mel
G♭:	♭5	5	Δ7♯5 mel, -Δ7, 7, Δ7
G:	4	♭5	°7, Δ7♯5 mel, -Δ7, -7♭5, 7 mel
A♭:	3	4	Δ7♯5 mel, 7 mel, Δ7 mel, 7sus4
A:	♭3	3	+7, 7, 7sus4
B♭:	2	♭3	°7, -7, -Δ7, -7♭5, 7, 7sus4
B:	♭2	2	7, -7♭5 mel, 7sus4

Symmetric Difference as:
Pitches
D, E♭, E, F, G♭, G, A♭, A, B♭, B
Degrees
2, ♭3, 3, 4, ♭5, 5, ♭6, 6, ♭7, 7
Prime Form
0, 1, 2, 3, 4, 5, 6, 7, 8, 9

C, D

prime form: 0, 2
degrees: 1, 2

See page 27 for other 0,2 information

Scale application to typical chord types all keys:

C:	1	2	°7, -7, Δ7♯5 mel, -Δ7, -7♭5, 7, Δ7, Δ7♯5, 7sus4
D♭:	7	♭2	
D:	♭7	1	-7, -7♭5, 7, 7sus4
E♭:	6	7	°7, Δ7♯5 mel, -Δ7, Δ7, Δ7♯5
E:	♭6	♭7	-7 mel, -7♭5, 7, 7sus4
F:	5	6	-7, Δ7♯5 mel, -Δ7, 7, Δ7, 7sus4
G♭:	♭5	♭6	°7, Δ7♯5 mel, -7♭5, 7, Δ7♯5, -Δ7 mel
G:	4	5	-7, Δ7♯5 mel, -Δ7, 7 mel, Δ7 mel, 7sus4
A♭:	3	♭5	Δ7♯5 mel, 7, Δ7, Δ7♯5
A:	♭3	4	°7, -7, -Δ7, -7♭5, 7 mel, 7sus4
B♭:	2	3	Δ7♯5 mel, 7, Δ7, Δ7♯5, 7sus4
B:	♭2	♭3	-7 mel, 7, -7♭5 mel, 7sus4

Symmetric Difference as:
Pitches
D♭, E♭, E, F, G♭, G, A♭, A, B♭, B
Degrees
♭2, ♭3, 3, 4, ♭5, 5, ♭6, 6, ♭7, 7
Prime Form
0, 1, 2, 3, 4, 5, 6, 7, 8, 10

C, E♭

See page 28 for other 0,3 information

prime form: 0, 3
degrees: 1, ♭3

Scale application to typical chord types all keys:

C:	1	♭3	+7, °7, -7, -Δ7, -7♭5, 7, 7sus4
D♭:	7	2	°7, Δ7♯5 mel, -Δ7, Δ7, Δ7♯5
D:	♭7	♭2	-7 mel, 7, -7♭5 mel, 7sus4
E♭:	6	1	°7, -7, Δ7♯5 mel, -Δ7, 7, Δ7, Δ7♯5, 7sus4
E:	♭6	7	+7, °7, Δ7♯5 mel, Δ7♯5, -Δ7 mel
F:	5	♭7	-7, 7, 7sus4
G♭:	♭5	6	°7, Δ7♯5 mel, -Δ7, 7, Δ7, Δ7♯5
G:	4	♭6	°7, Δ7♯5 mel, -7 mel, -7♭5, 7 mel, 7sus4, -Δ7 mel
A♭:	3	5	+7, Δ7♯5 mel, 7, Δ7, 7sus4
A:	♭3	♭5	°7, -Δ7, -7♭5, 7
B♭:	2	4	°7, -7, Δ7♯5 mel, -Δ7, -7♭5, 7 mel, Δ7 mel, 7sus4
B:	♭2	3	7, 7sus4

Symmetric Difference as:
Pitches
D♭, D, E, F, G♭, G, A♭, A, B♭, B
Degrees
♭2, 2, 3, 4, ♭5, 5, ♭6, 6, ♭7, 7
Prime Form
0, 1, 2, 3, 4, 5, 6, 7, 9, 10

C, E

See page 29 for other 0,4 information

prime form: 0, 4
degrees: 1, 3

Scale application to typical chord types all keys:

C:	1	3	+7, Δ7♯5 mel, 7, Δ7, Δ7♯5, 7sus4
D♭:	7	♭3	+7, °7, -Δ7
D:	♭7	2	-7, -7♭5, 7, 7sus4
E♭:	6	♭2	-7 mel, 7, 7sus4
E:	♭6	1	+7, °7, Δ7♯5 mel, -7 mel, -7♭5, 7, Δ7♯5, 7sus4, -Δ7 mel
F:	5	7	+7, Δ7♯5 mel, -Δ7, Δ7
G♭:	♭5	♭7	-7♭5, 7
G:	4	6	°7, -7, Δ7♯5 mel, -Δ7, 7 mel, Δ7 mel, 7sus4
A♭:	3	♭6	+7, Δ7♯5 mel, 7, Δ7♯5, 7sus4
A:	♭3	5	+7, -7, -Δ7, 7, 7sus4
B♭:	2	♭5	°7, Δ7♯5 mel, -Δ7, -7♭5, 7, Δ7, Δ7♯5
B:	♭2	4	-7 mel, 7 mel, -7♭5 mel, 7sus4

Symmetric Difference as:
Pitches
D♭, D, E♭, F, G♭, G, A♭, A, B♭, B
Degrees
♭2, 2, ♭3, 4, ♭5, 5, ♭6, 6, ♭7, 7
Prime Form
0, 1, 2, 3, 4, 5, 6, 8, 9, 10

C, F

See page 30 for other 0,5 information

prime form: 0, 5
degrees: 1, 4

Scale application to typical chord types all keys:

C:	1	4	°7, -7, Δ7♯5 mel, -Δ7, -7♭5, 7 mel, Δ7 mel, 7sus4
D♭:	7	3	+7, Δ7♯5 mel, Δ7, Δ7♯5
D:	♭7	♭3	-7, -7♭5, 7, 7sus4
E♭:	6	2	°7, -7, Δ7♯5 mel, -Δ7, 7, Δ7, Δ7♯5, 7sus4
E:	♭6	♭2	-7 mel, 7, -7♭5 mel, 7sus4
F:	5	1	+7, -7, Δ7♯5 mel, -Δ7, 7, Δ7, 7sus4
G♭:	♭5	7	°7, Δ7♯5 mel, -Δ7, Δ7, Δ7♯5
G:	4	♭7	-7, -7♭5, 7 mel, 7sus4
A♭:	3	6	Δ7♯5 mel, 7, Δ7, Δ7♯5, 7sus4
A:	♭3	♭6	+7, °7, -7 mel, -7♭5, 7, 7sus4, -Δ7 mel
B♭:	2	5	-7, Δ7♯5 mel, -Δ7, 7, Δ7, 7sus4
B:	♭2	♭5	7, -7♭5 mel

Symmetric Difference as:
Pitches
D♭, D, E♭, E, G♭, G, A♭, A, B♭, B
Degrees
♭2, 2, ♭3, 3, ♭5, 5, ♭6, 6, ♭7, 7
Prime Form
0, 1, 2, 3, 4, 5, 7, 8, 9, 10

C, G♭

See page 31 for other 0,6 information

prime form: 0, 6
degrees: 1, ♭5

Scale application to typical chord types all keys:

C:	1	♭5	°7, Δ7♯5 mel, -Δ7, -7♭5, 7, Δ7♯5, Δ7
D♭:	7	4	°7, Δ7♯5 mel, -Δ7, Δ7 mel
D:	♭7	3	7, 7sus4
E♭:	6	♭3	°7, -7, -Δ7, 7, 7sus4
E:	♭6	2	°7, Δ7♯5 mel, -7♭5, 7, Δ7♯5, 7sus4, -Δ7 mel
F:	5	♭2	-7 mel, 7, 7sus4
G♭:	♭5	1	°7, Δ7♯5 mel, -Δ7, -7♭5, 7, Δ7♯5, Δ7
G:	4	7	°7, Δ7♯5 mel, -Δ7, Δ7 mel
A♭:	3	♭7	7, 7sus4
A:	♭3	6	°7, -7, -Δ7, 7, 7sus4
B♭:	2	♭6	°7, Δ7♯5 mel, -7♭5, 7, Δ7♯5, 7sus4, -Δ7 mel
B:	♭2	5	-7 mel, 7, 7sus4

Symmetric Difference as:
Pitches
D♭, D, E♭, E, F, G, A♭, A, B♭, B
Degrees
♭2, 2, ♭3, 3, 4, 5, ♭6, 6, ♭7, 7
Prime Form
0, 1, 2, 3, 4, 6, 7, 8, 9, 10

See page 32 for other 0,1,2 information

C, D♭, D

prime form: 0, 1, 2
degrees: 1, ♭2, 2

Scale application to typical chord types all keys:

C:	1	♭2	2	7, -7♭5 mel, 7sus4
D♭:	7	1	♭2	
D:	♭7	7	1	
E♭:	6	♭7	7	
E:	♭6	6	♭7	-7 mel, 7, 7sus4
F:	5	♭6	6	Δ7♯5 mel, -7 mel, 7, 7sus4, -Δ7 mel
G♭:	♭5	5	♭6	Δ7♯5 mel, 7, -Δ7 mel
G:	4	♭5	5	Δ7♯5 mel, -Δ7, 7 mel
A♭:	3	4	♭5	Δ7♯5 mel, 7 mel
A:	♭3	3	4	7 mel, 7sus4
B♭:	2	♭3	3	7, 7sus4
B:	♭2	2	♭3	7, -7♭5 mel, 7sus4

Symmetric Difference as:
Pitches
E♭, E, F, G♭, G, A♭, A, B♭, B
Degrees
♭3, 3, 4, ♭5, 5, ♭6, 6, ♭7, 7
Prime Form
0, 1, 2, 3, 4, 5, 6, 7, 8

See page 33 for other 0,1,3 information

C, D♭, E♭

prime form: 0, 1, 3
degrees: 1, ♭2, ♭3

Scale application to typical chord types all keys: (see index for addition possi♭ilities.

C:	1	♭2	♭3	-7 mel, 7, -7♭5 mel, 7sus4
D♭:	7	1	2	°7, Δ7♯5 mel, -Δ7, Δ7, Δ7♯5
D:	♭7	7	♭2	
E♭:	6	♭7	1	-7, 7, 7sus4
E:	♭6	6	7	°7, Δ7♯5 mel, Δ7♯5, -Δ7 mel
F:	5	♭6	♭7	-7 mel, 7, 7sus4
G♭:	♭5	5	6	Δ7♯5 mel, -Δ7, 7, Δ7
G:	4	♭5	♭6	°7, Δ7♯5 mel, -7♭5, 7 mel, -Δ7 mel
A♭:	3	4	5	Δ7♯5 mel, 7 mel, Δ7 mel, 7sus4
A:	♭3	3	♭5	7
B♭:	2	♭3	4	°7, -7, -Δ7, -7♭5, 7 mel, 7sus4
B:	♭2	2	3	7, 7sus4

Symmetric Difference as:
Pitches
D, E, F, G♭, G, A♭, A, B♭, B
Degrees
2, 3, 4, ♭5, 5, ♭6, 6, ♭7, 7
Prime Form
0, 1, 2, 3, 4, 5, 6, 7, 9

C, A, B

prime form: 0, 1, 3
degrees: 1, 6, 7

Inversion of:
013 pitch class set: C, D♭, E♭

Scale application to typical chord types all keys:

C:	1	6	7	°7, Δ7♯5 mel, -Δ7, Δ7, Δ7♯5
D♭:	7	♭6	♭7	
D:	♭7	5	6	-7, 7, 7sus4
E♭:	6	♭5	♭6	°7, Δ7♯5 mel, 7, Δ7♯5, -Δ7 mel
E:	♭6	4	5	Δ7♯5 mel, -7 mel, 7 mel, 7sus4, -Δ7 mel
F:	5	3	♭5	Δ7♯5 mel, 7, Δ7
G♭:	♭5	♭3	4	°7, -Δ7, -7♭5, 7 mel
G:	4	2	3	Δ7♯5 mel, 7 mel, Δ7 mel, 7sus4
A♭:	3	♭2	♭3	7, 7sus4
A:	♭3	1	2	°7, -7, -Δ7, -7♭5, 7, 7sus4
B♭:	2	7	♭2	
B:	♭2	♭7	1	-7 mel, 7, -7♭5 mel, 7sus4

Symmetric Difference as:
Pitches
D♭, D, E♭, E, F, G♭, G, A♭, B♭
Degrees
♭2, 2, ♭3, 3, 4, ♭5, 5, ♭6, ♭7
Prime Form
0, 1, 2, 3, 4, 5, 6, 7, 9

See page 34 for other 0,1,4 information

C, D♭, E

prime form: 0, 1, 4
degrees: 1, ♭2, 3

Scale application to typical chord types all keys:

C:	1	♭2	3	7, 7sus4
D♭:	7	1	♭3	+7, °7, -Δ7
D:	♭7	7	2	
E♭:	6	♭7	♭2	-7 mel, 7, 7sus4
E:	♭6	6	1	°7, Δ7♯5 mel, -7 mel, 7, Δ7♯5, 7sus4, -Δ7 mel
F:	5	♭6	7	+7, Δ7♯5 mel, -Δ7 mel
G♭:	♭5	5	♭7	7
G:	4	♭5	6	°7, Δ7♯5 mel, -Δ7, 7 mel
A♭:	3	4	♭6	Δ7♯5 mel, 7 mel, 7sus4
A:	♭3	3	5	+7, 7, 7sus4
B♭:	2	♭3	♭5	°7, -Δ7, -7♭5, 7
B:	♭2	2	4	7 mel, -7♭5 mel, 7sus4

Symmetric Difference as:
Pitches
D, E♭, F, G♭, G, A♭, A, B♭, B
Degrees
2, ♭3, 4, ♭5, 5, ♭6, 6, ♭7, 7
Prime Form
0, 1, 2, 3, 4, 5, 6, 8, 9

C, A♭, B

prime form: 0, 1, 3
degrees: 1, ♭6, 7

Inversion of:
014 pitch class set: C, D♭, E

Scale application to typical chord types all keys:

C:	1	♭6	7	+7, °7, Δ7#5 mel, maj7+7, -Δ7 mel
D♭:	7	5	♭7	
D:	♭7	♭5	6	7
E♭:	6	4	♭6	°7, Δ7#5 mel, -7 mel, 7 mel, 7sus4, -Δ7 mel
E:	♭6	3	5	+7, Δ7#5 mel, 7, 7sus4
F:	5	♭3	♭5	-Δ7, 7
G♭:	♭5	2	4	°7, Δ7#5 mel, -Δ7, -7b5 , 7 mel
G:	4	♭2	3	7 mel, 7sus4
A♭:	3	1	♭3	+7, 7, 7sus4
A:	♭3	7	2	°7, -Δ7
B♭:	2	♭7	♭2	7, -7b5 mel, 7sus4
B:	♭2	6	1	-7 mel, 7, 7sus4

See page 35 for other 0,1,5 information

C, D♭, F

prime form: 0, 1, 5
degrees: 1, ♭2, 4

Scale application to typical chord types all keys:

C:	1	♭2	4	-7 mel, 7 mel, -7♭5 mel, 7sus4
D♭:	7	1	3	+7, Δ7♯5 mel, Δ7, Δ7♯5
D:	♭7	7	♭3	
E♭:	6	♭7	2	-7, 7, 7sus4
E:	♭6	6	♭2	-7 mel, 7, 7sus4
F:	5	♭6	1	+7, Δ7♯5 mel, -7 mel, 7, 7sus4, -Δ7 mel
G♭:	♭5	5	7	Δ7♯5 mel, -Δ7, Δ7
G:	4	♭5	♭7	-7♭5, 7 mel
A♭:	3	4	6	Δ7♯5 mel, 7 mel, Δ7 mel, 7sus4
A:	♭3	3	♭6	+7, 7, 7sus4
B♭:	2	♭3	5	-7, -Δ7, 7, 7sus4
B:	♭2	2	♭5	7, -7♭5 mel

Symmetric Difference as:
Pitches
D, E♭, E, G♭, G, A♭, A, B♭, B
Degrees
2, ♭3, 3, ♭5, 5, ♭6, 6, ♭7, 7
Prime Form
0, 1, 2, 3, 4, 5, 7, 8, 9

Inversion of:
015 pitch class set: C, D♭, F

C, G, B

prime form: 0, 1, 5
degrees: 1, 5, 7

Scale application to typical chord types all keys:

C:	1	5	7	+7, Δ7#5 mel, -Δ7, Δ7
D♭:	7	♭5	♭7	
D:	♭7	4	6	-7, 7 mel, 7sus4
E♭:	6	3	♭6	Δ7#5 mel, 7, maj7+7, 7sus4
E:	♭6	♭3	5	+7, -7 mel, 7, 7sus4, -Δ7 mel
F:	5	2	♭5	Δ7#5 mel, -Δ7, 7, Δ7
G♭:	♭5	♭2	4	7 mel, -7b5 mel
G:	4	1	3	Δ7#5 mel, 7 mel, Δ7 mel, 7sus4
A♭:	3	7	♭3	+7
A:	♭3	♭7	2	-7, -7b5 , 7, 7sus4
B♭:	2	6	♭2	7, 7sus4
B:	♭2	♭6	1	-7 mel, 7, -7b5 mel, 7sus4

See page 36 for other 0,1,6 information

C, D♭, G♭

prime form: 0, 1, 6
degrees: 1, ♭2, ♭5

Scale application to typical chord types all keys:

C:	1	♭2	♭5	7, -7♭5 mel
D♭:	7	1	4	°7, Δ7♯5 mel, -Δ7, Δ7 mel
D:	♭7	7	3	
E♭:	6	♭7	♭3	-7, 7, 7sus4
E:	♭6	6	2	°7, Δ7♯5 mel, 7, Δ7♯5, 7sus4, -Δ7 mel
F:	5	♭6	♭2	-7 mel, 7, 7sus4
G♭:	♭5	5	1	Δ7♯5 mel, -Δ7, 7, Δ7
G:	4	♭5	7	°7, Δ7♯5 mel, -Δ7
A♭:	3	4	♭7	7 mel, 7sus4
A:	♭3	3	6	7, 7sus4
B♭:	2	♭3	♭6	°7, -7♭5, 7, 7sus4, -Δ7 mel
B:	♭2	2	5	7, 7sus4

Symmetric Difference as:
Pitches
D, E♭, E, F, G, A♭, A, B♭, B
Degrees
2, ♭3, 3, 4, 5, ♭6, 6, ♭7, 7
Prime Form
0, 1, 2, 3, 4, 6, 7, 8, 9

Inversion of:
016 pitch class set: C, D♭, F

C, G♭, B

prime form: 0, 1, 6
degrees: 1, ♭5, 7

Scale application to typical chord types all keys:

C:	1	♭5	7	°7, Δ7#5 mel, -Δ7, Δ7, maj7+7
D♭:	7	4	♭7	
D:	♭7	3	6	7, 7sus4
E♭:	6	♭3	♭6	°7, -7 mel, 7, 7sus4, -Δ7 mel
E:	♭6	2	5	Δ7#5 mel, 7, 7sus4, -Δ7 mel
F:	5	♭2	♭5	7
G♭:	♭5	1	4	°7, Δ7#5 mel, -Δ7, -7b5 , 7 mel
G:	4	7	3	Δ7#5 mel, Δ7 mel
A♭:	3	♭7	♭3	7, 7sus4
A:	♭3	6	2	°7, -7, -Δ7, 7, 7sus4
B♭:	2	♭6	♭2	7, -7b5 mel, 7sus4
B:	♭2	5	1	-7 mel, 7, 7sus4

See page 37 for other 0,2,4 information

C, D, E

prime form: 0, 2, 4
degrees: 1, 2, 3

Scale application to typical chord types all keys:

C:	1	2	3	Δ7♯5 mel, 7, Δ7, Δ7♯5, 7sus4
D♭:	7	♭2	♭3	
D:	♭7	1	2	-7, -7♭5, 7, 7sus4
E♭:	6	7	♭2	
E:	♭6	♭7	1	-7 mel, -7♭5, 7, 7sus4
F:	5	6	7	Δ7♯5 mel, -Δ7, Δ7
G♭:	♭5	♭6	♭7	-7♭5, 7
G:	4	5	6	-7, Δ7♯5 mel, -Δ7, 7 mel, Δ7 mel, 7sus4
A♭:	3	♭5	♭6	Δ7♯5 mel, 7, Δ7♯5
A:	♭3	4	5	-7, -Δ7, 7 mel, 7sus4
B♭:	2	3	♭5	Δ7♯5 mel, 7, Δ7, Δ7♯5
B:	♭2	♭3	4	-7 mel, 7 mel, -7♭5 mel, 7sus4

Symmetric Difference as:
Pitches
D♭, E♭, F, G♭, G, A♭, A, B♭, B
Degrees
♭2, ♭3, 4, ♭5, 5, ♭6, 6, ♭7, 7
Prime Form
0, 1, 2, 3, 4, 5, 6, 8, 10

Inversion of:
024 pitch class set: C, D♭, F

C, A♭, B♭

prime form: 0, 2, 4
degrees: 1, ♭6, ♭7

Scale application to typical chord types all keys:

C:	1	♭6	♭7	-7 mel, -7b5 , 7, 7sus4
D♭:	7	5	6	Δ7#5 mel, -Δ7, Δ7
D:	♭7	♭5	♭6	-7b5 , 7
E♭:	6	4	5	-7, Δ7#5 mel, -Δ7, 7 mel, Δ7 mel, 7sus4
E:	♭6	3	♭5	Δ7#5 mel, 7, maj7+7
F:	5	♭3	4	-7, -Δ7, 7 mel, 7sus4
G♭:	♭5	2	3	Δ7#5 mel, 7, Δ7, maj7+7
G:	4	♭2	♭3	-7 mel, 7 mel, -7b5 mel, 7sus4
A♭:	3	1	2	Δ7#5 mel, 7, Δ7, maj7+7, 7sus4
A:	♭3	7	♭2	
B♭:	2	♭7	1	-7, -7b5 , 7, 7sus4
B:	♭2	6	7	

See page 38 for other 0,2,5 information

C, D, F

prime form: 0, 2, 5

degrees: 1, 2, 4

Scale application to typical chord types all keys:

C:	1	2	4	°7, -7, Δ7♯5 mel, -Δ7, -7♭5, 7 mel, Δ7 mel, 7sus4
D♭:	7	♭2	3	
D:	♭7	1	♭3	-7, -7♭5, 7, 7sus4
E♭:	6	7	2	°7, Δ7♯5 mel, -Δ7, Δ7, Δ7♯5
E:	♭6	♭7	♭2	-7 mel, 7, -7♭5 mel, 7sus4
F:	5	6	1	-7, Δ7♯5 mel, -Δ7, 7, Δ7, 7sus4
G♭:	♭5	♭6	7	°7, Δ7♯5 mel, Δ7♯5, -Δ7 mel
G:	4	5	♭7	-7, 7 mel, 7sus4
A♭:	3	♭5	6	Δ7♯5 mel, 7, Δ7, Δ7♯5
A:	♭3	4	♭6	°7, -7 mel, -7♭5, 7 mel, 7sus4, -Δ7 mel
B♭:	2	3	5	Δ7♯5 mel, 7, Δ7, 7sus4
B:	♭2	♭3	♭5	7, -7♭5 mel

Symmetric Difference as:

Pitches

D♭, E♭, E, G♭, G, A♭, A, B♭, B

Degrees

♭2, ♭3, 3, ♭5, 5, ♭6, 6, ♭7, 7

Prime Form

0, 1, 2, 3, 4, 5, 7, 8, 10

Inversion of:
025 pitch class set: C, D, F

C, G, B♭

prime form: 0, 2, 5

degrees: 1, 5, ♭7

Scale application to typical chord types all keys:

C:	1	5	♭7	-7, 7, 7sus4
D♭:	7	♭5	6	°7, Δ7#5 mel, -Δ7, Δ7, maj7+7
D:	♭7	4	♭6	-7 mel, -7b5 , 7 mel, 7sus4
E♭:	6	3	5	Δ7#5 mel, 7, Δ7, 7sus4
E:	♭6	♭3	♭5	°7, -7b5 , 7, -Δ7 mel
F:	5	2	4	-7, Δ7#5 mel, -Δ7, 7 mel, Δ7 mel, 7sus4
G♭:	♭5	♭2	3	7
G:	4	1	♭3	°7, -7, -Δ7, -7b5 , 7 mel, 7sus4
A♭:	3	7	2	Δ7#5 mel, Δ7, maj7+7
A:	♭3	♭7	♭2	-7 mel, 7, -7b5 mel, 7sus4
B♭:	2	6	1	°7, -7, Δ7#5 mel, -Δ7, 7, Δ7, maj7+7, 7sus4
B:	♭2	♭6	7	

See page 39 for other 0,2,6 information

C, D, G♭

prime form: 0, 2, 6
degrees: 1, 2, ♭5

Scale application to typical chord types all keys:

C:	1	2	♭5	°7, Δ7♯5 mel, -Δ7, -7♭5, 7, Δ7♯5, Δ7
D♭:	7	♭2	4	
D:	♭7	1	3	7, 7sus4
E♭:	6	7	♭3	°7, -Δ7
E:	♭6	♭7	2	-7♭5, 7, 7sus4
F:	5	6	♭2	-7 mel, 7, 7sus4
G♭:	♭5	♭6	1	°7, Δ7♯5 mel, -7♭5, 7, Δ7♯5, -Δ7 mel
G:	4	5	7	Δ7♯5 mel, -Δ7, Δ7 mel
A♭:	3	♭5	♭7	7
A:	♭3	4	6	°7, -7, -Δ7, 7 mel, 7sus4
B♭:	2	3	♭6	Δ7♯5 mel, 7, Δ7♯5, 7sus4
B:	♭2	♭3	5	-7 mel, 7, 7sus4

Symmetric Difference as:
Pitches
D♭, E♭, E, F, G, A♭, A, B♭, B
Degrees
♭2, ♭3, 3, 4, 5, ♭6, 6, ♭7, 7
Prime Form
0, 1, 2, 3, 4, 6, 7, 8, 10

Inversion of:
026 pitch class set: C, D, G♭

C, G♭, B♭

prime form: 0, 2, 6
degrees: 1, ♭5, ♭7

Scale application to typical chord types all keys:

C:	1	♭5	♭7	-7b5 , 7
D♭:	7	4	6	°7, Δ7#5 mel, -Δ7, Δ7 mel
D:	♭7	3	♭6	7, 7sus4
E♭:	6	♭3	5	-7, -Δ7, 7, 7sus4
E:	♭6	2	♭5	°7, Δ7#5 mel, -7b5 , 7, maj7+7, -Δ7 mel
F:	5	♭2	4	-7 mel, 7 mel, 7sus4
G♭:	♭5	1	3	Δ7#5 mel, 7, maj7+7, Δ7
G:	4	7	♭3	°7, -Δ7
A♭:	3	♭7	2	7, 7sus4
A:	♭3	6	♭2	-7 mel, 7, 7sus4
B♭:	2	♭6	1	°7, Δ7#5 mel, -7b5 , 7, maj7+7, 7sus4, -Δ7 mel
B:	♭2	5	7	

See page 40 for other 0,2,7 information

C, D, G

prime form: 0, 2, 7
degrees: 1, 2, 5

Scale application to typical chord types all keys:

C:	1	2	5	-7, Δ7♯5 mel, -Δ7, 7, Δ7, 7sus4
D♭:	7	♭2	♭5	
D:	♭7	1	4	-7, -7♭5, 7 mel, 7sus4
E♭:	6	7	3	Δ7♯5 mel, Δ7, Δ7♯5
E:	♭6	♭7	♭3	-7 mel, -7♭5, 7, 7sus4
F:	5	6	2	-7, Δ7♯5 mel, -Δ7, 7, Δ7, 7sus4
G♭:	♭5	♭6	♭2	7, -7♭5 mel
G:	4	5	1	-7, Δ7♯5 mel, -Δ7, 7 mel, Δ7 mel, 7sus4
A♭:	3	♭5	7	Δ7♯5 mel, Δ7, Δ7♯5
A:	♭3	4	♭7	-7, -7♭5, 7 mel, 7sus4
B♭:	2	3	6	Δ7♯5 mel, 7, Δ7, Δ7♯5, 7sus4
B:	♭2	♭3	♭6	-7 mel, 7, -7♭5 mel, 7sus4

Symmetric Difference as:
Pitches
D♭, E♭, E, F, G♭, A♭, A, B♭, B
Degrees
♭2, ♭3, 3, 4, ♭5, ♭6, 6, ♭7, 7
Prime Form
0, 1, 2, 3, 5, 6, 7, 8, 10

Inversion of:
027 pitch class set: C, D, G

C, F, B♭

prime form: 0, 2, 7
degrees: 1, 4, ♭7

Scale application to typical chord types all keys:

C:	1	4	♭7	-7, -7b5 , 7 mel, 7sus4
D♭:	7	3	6	Δ7#5 mel, Δ7, maj7+7
D:	♭7	♭3	♭6	-7 mel, -7b5 , 7, 7sus4
E♭:	6	2	5	-7, Δ7#5 mel, -Δ7, 7, Δ7, 7sus4
E:	♭6	♭2	♭5	7, -7b5 mel
F:	5	1	4	-7, Δ7#5 mel, -Δ7, 7 mel, Δ7 mel, 7sus4
G♭:	♭5	7	3	Δ7#5 mel, Δ7, maj7+7
G:	4	♭7	♭3	-7, -7b5 , 7 mel, 7sus4
A♭:	3	6	2	Δ7#5 mel, 7, Δ7, maj7+7, 7sus4
A:	♭3	♭6	♭2	-7 mel, 7, -7b5 mel, 7sus4
B♭:	2	5	1	-7, Δ7#5 mel, -Δ7, 7, Δ7, 7sus4
B:	♭2	♭5	7	

See page 41 for other 0,3,6 information

C, E♭, G♭

prime form: 0, 3, 6
degrees: 1, ♭3, ♭5

0, 3, 6
Diminished Chord
Root Position

Scale application to typical chord types all keys:

C:	1	♭3	♭5	°7, -Δ7, -7♭5, 7
D♭:	7	2	4	°7, Δ7♯5 mel, -Δ7, Δ7 mel
D:	♭7	♭2	3	7, 7sus4
E♭:	6	1	♭3	°7, -7, -Δ7, 7, 7sus4
E:	♭6	7	2	°7, Δ7♯5 mel, Δ7♯5, -Δ7 mel
F:	5	♭7	♭2	-7 mel, 7, 7sus4
G♭:	♭5	6	1	°7, Δ7♯5 mel, -Δ7, 7, Δ7♯5, Δ7
G:	4	♭6	7	°7, Δ7♯5 mel, -Δ7 mel
A♭:	3	5	♭7	7, 7sus4
A:	♭3	♭5	6	°7, -Δ7, 7
B♭:	2	4	♭6	°7, Δ7♯5 mel, -7♭5, 7 mel, 7sus4, -Δ7 mel
B:	♭2	3	5	7, 7sus4

Symmetric Difference as:
Pitches
D♭, D, E, F, G, A♭, A, B♭, B
Degrees
♭2, 2, 3, 4, 5, ♭6, 6, ♭7, 7
Prime Form
0, 1, 2, 3, 4, 6, 7, 9, 10

See page 42 for other 0,3,7 information

C, E♭, G

prime form: 0, 3, 7
degrees: 1, ♭3, 5

0, 3, 7
Minor Chord
Root Position

Scale application to typical chord types all keys:

C:	1	♭3	5	+7, -7, -Δ7, 7, 7sus4
D♭:	7	2	♭5	°7, Δ7♯5 mel, -Δ7, Δ7, Δ7♯5
D:	♭7	♭2	4	-7 mel, 7 mel, -7♭5 mel, 7sus4
E♭:	6	1	3	Δ7♯5 mel, 7, Δ7, Δ7♯5, 7sus4
E:	♭6	7	♭3	+7, °7, -Δ7 mel
F:	5	♭7	2	-7, 7, 7sus4
G♭:	♭5	6	♭2	7
G:	4	♭6	1	°7, Δ7♯5 mel, -7 mel, -7♭5, 7 mel, 7sus4, -Δ7 mel
A♭:	3	5	7	+7, Δ7♯5 mel, Δ7
A:	♭3	♭5	♭7	-7♭5, 7
B♭:	2	4	6	°7, -7, Δ7♯5 mel, -Δ7, 7 mel, Δ7 mel, 7sus4
B:	♭2	3	♭6	7, 7sus4

Symmetric Difference as:
Pitches
D♭, D, E, F, G♭, A♭, A, B♭, B
Degrees
♭2, 2, 3, 4, ♭5, ♭6, 6, ♭7, 7
Prime Form
0, 1, 2, 3, 5, 6, 7, 9, 10

Inversion of:
037 pitch class set: C, E♭, G

C, F, A

prime form: 0, 3, 7
degrees: 1, 4, 6

Scale application to typical chord types all keys:

C:	1	4	6	°7, -7, Δ7#5 mel, -Δ7, 7 mel, Δ7 mel, 7sus4
D♭:	7	3	♭6	+7, Δ7#5 mel, maj7+7
D:	♭7	♭3	5	-7, 7, 7sus4
E♭:	6	2	♭5	°7, Δ7#5 mel, -Δ7, 7, Δ7, maj7+7
E:	♭6	♭2	4	-7 mel, 7 mel, -7b5 mel, 7sus4
F:	5	1	3	+7, Δ7#5 mel, 7, Δ7, 7sus4
G♭:	♭5	7	♭3	°7, -Δ7
G:	4	♭7	2	-7, -7b5 , 7 mel, 7sus4
A♭:	3	6	♭2	7, 7sus4
A:	♭3	♭6	1	+7, °7, -7 mel, -7b5 , 7, 7sus4, -Δ7 mel
B♭:	2	5	7	Δ7#5 mel, -Δ7, Δ7
B:	♭2	♭5	♭7	7, -7b5 mel

See page 43 for other 0,4,8 information

C, E, A♭

prime form: 0, 4, 8
degrees: 1, 3, ♭6

0, 4, 8
Augmented Chord
Root Position

Scale application to typical chord types all keys:

C:	1	3	♭6	Δ7♯5 mel, 7, Δ7♯5, 7sus4, +7
D♭:	7	♭3	5	-Δ7, +7
D:	♭7	2	♭5	-7♭5, 7
E♭:	6	♭2	4	-7 mel, 7 mel, 7sus4
E:	♭6	1	3	Δ7♯5 mel, 7, Δ7♯5, 7sus4, +7
F:	5	7	♭3	-Δ7, +7
G♭:	♭5	♭7	2	-7♭5, 7
G:	4	6	♭2	-7 mel, 7 mel, 7sus4
A♭:	3	♭6	1	Δ7♯5 mel, 7, Δ7♯5, 7sus4, +7
A:	♭3	5	7	-Δ7, +7
B♭:	2	♭5	♭7	-7♭5, 7
B:	♭2	4	6	-7 mel, 7 mel, 7sus4

Symmetric Difference as:
Pitches
D♭, D, E♭, F, G♭, G, A, B♭, B
Degrees
♭2, 2, ♭3, 4, ♭5, 5, 6, ♭7, 7
Prime Form
0, 1, 2, 4, 5, 6, 8, 9, 10

See page 44 for other 0,1,2,3 information

4 Note Scales

C, D♭, D, E♭

prime form: 0, 1, 2, 3
degrees: 1, ♭2, 2, ♭3

Scale application to typical chord types all keys:

C:	1	♭2	2	♭3	7, -7♭5 mel, 7sus4
D♭:	7	1	♭2	2	
D:	♭7	7	1	♭2	
E♭:	6	♭7	7	1	
E:	♭6	6	♭7	7	
F:	5	♭6	6	♭7	-7 mel, 7, 7sus4
G♭:	♭5	5	♭6	6	Δ7♯5 mel, 7, -Δ7 mel
G:	4	♭5	5	♭6	Δ7♯5 mel, 7 mel, -Δ7 mel
A♭:	3	4	♭5	5	Δ7♯5 mel, 7 mel
A:	♭3	3	4	♭5	7 mel
B♭:	2	♭3	3	4	7 mel, 7sus4
B:	♭2	2	♭3	3	7, 7sus4

Symmetric Difference as:
Pitches
E, F, G♭, G, A♭, A, B♭, B
Degrees
3, 4, ♭5, 5, ♭6, 6, ♭7, 7
Prime Form
0, 1, 2, 3, 4, 5, 6, 7

See page 45 for other 0,1,2,4 information

C, D♭, D, E

prime form: 0, 1, 2, 4
degrees: 1, ♭2, 2, 3

Scale application to typical chord types all keys:

C:	1	♭2	2	3	7, 7sus4
D♭:	7	1	♭2	♭3	
D:	♭7	7	1	2	
E♭:	6	♭7	7	♭2	
E:	♭6	6	♭7	1	-7 mel, 7, 7sus4
F:	5	♭6	6	7	Δ7♯5 mel, -Δ7 mel
G♭:	♭5	5	♭6	♭7	7
G:	4	♭5	5	6	Δ7♯5 mel, -Δ7, 7 mel
A♭:	3	4	♭5	♭6	Δ7♯5 mel, 7 mel
A:	♭3	3	4	5	7 mel, 7sus4
B♭:	2	♭3	3	♭5	7
B:	♭2	2	♭3	4	7 mel, -7♭5 mel, 7sus4

Symmetric Difference as:
Pitches
E♭, F, G♭, G, A♭, A, B♭, B
Degrees
♭3, 4, ♭5, 5, ♭6, 6, ♭7, 7
Prime Form
0, 1, 2, 3, 4, 5, 6, 8

Inversion of:
0124 pitch class set: C, D♭, D, E

C, A♭, B♭, B

prime form: 0, 1, 2, 4
degrees: 1, ♭6, ♭7, 7

Scale application to typical chord types all keys:

C:	1	♭6	♭7	7	
D♭:	7	5	6	♭7	
D:	♭7	♭5	♭6	6	7
E♭:	6	4	5	♭6	Δ7#5 mel, -7 mel, 7 mel, 7sus4, -Δ7 mel
E:	♭6	3	♭5	5	Δ7#5 mel, 7
F:	5	♭3	4	♭5	-Δ7, 7 mel
G♭:	♭5	2	3	4	Δ7#5 mel, 7 mel
G:	4	♭2	♭3	3	7 mel, 7sus4
A♭:	3	1	2	♭3	7, 7sus4
A:	♭3	7	♭2	2	
B♭:	2	♭7	1	♭2	7, -7b5 mel, 7sus4
B:	♭2	6	7	1	

See page 46 for other 0,1,2,5 information

C, D♭, D, F

prime form: 0, 1, 2, 5
degrees: 1, ♭2, 2, 4

Scale application to typical chord types all keys:

C:	1	♭2	2	4	7 mel, -7♭5 mel, 7sus4
D♭:	7	1	♭2	3	
D:	♭7	7	1	♭3	
E♭:	6	♭7	7	2	
E:	♭6	6	♭7	♭2	-7 mel, 7, 7sus4
F:	5	♭6	6	1	Δ7♯5 mel, -7 mel, 7, 7sus4, -Δ7 mel
G♭:	♭5	5	♭6	7	Δ7♯5 mel, -Δ7 mel
G:	4	♭5	5	♭7	7 mel
A♭:	3	4	♭5	6	Δ7♯5 mel, 7 mel
A:	♭3	3	4	♭6	7 mel, 7sus4
B♭:	2	♭3	3	5	7, 7sus4
B:	♭2	2	♭3	♭5	7, -7♭5 mel

Symmetric Difference as:
Pitches
E♭, E, G♭, G, A♭, A, B♭, B
Degrees
♭3, 3, ♭5, 5, ♭6, 6, ♭7, 7
Prime Form
0, 1, 2, 3, 4, 5, 7, 8

Inversion of:
0125 pitch class set: C, D♭, D, F

C, G, B♭, B

prime form: 0, 1, 2, 5
degrees: 1, ♭2, 2, 4

Scale application to typical chord types all keys:

C:	1	5	♭7	7	
D♭:	7	♭5	6	♭7	
D:	♭7	4	♭6	6	-7 mel, 7 mel, 7sus4
E♭:	6	3	5	♭6	Δ7#5 mel, 7, 7sus4
E:	♭6	♭3	♭5	5	7, -Δ7 mel
F:	5	2	4	♭5	Δ7#5 mel, -Δ7, 7 mel
G♭:	♭5	♭2	3	4	7 mel
G:	4	1	♭3	3	7 mel, 7sus4
A♭:	3	7	2	♭3	
A:	♭3	♭7	♭2	2	7, -7b5 mel, 7sus4
B♭:	2	6	1	♭2	7, 7sus4
B:	♭2	♭6	7	1	

See page 47 for other 0,1,2,6 information

C, D♭, D, G♭

prime form: 0, 1, 2, 6
degrees: 1, ♭2, 2, ♭5

Scale application to typical chord types all keys:

C:	1	♭2	2	♭5	7, -7♭5 mel
D♭:	7	1	♭2	4	
D:	♭7	7	1	3	
E♭:	6	♭7	7	♭3	
E:	♭6	6	♭7	2	7, 7sus4
F:	5	♭6	6	♭2	-7 mel, 7, 7sus4
G♭:	♭5	5	♭6	1	Δ7♯5 mel, 7, -Δ7 mel
G:	4	♭5	5	7	Δ7♯5 mel, -Δ7
A♭:	3	4	♭5	♭7	7 mel
A:	♭3	3	4	6	7 mel, 7sus4
B♭:	2	♭3	3	♭6	7, 7sus4
B:	♭2	2	♭3	5	7, 7sus4

Symmetric Difference as:
Pitches
E♭, E, F, G, A♭, A, B♭, B
Degrees
♭3, 3, 4, 5, ♭6, 6, ♭7, 7
Prime Form
0, 1, 2, 3, 4, 6, 7, 8

Inversion of:
0126 pitch class set: C, D♭, D, G♭

C, G♭, B♭, B

prime form: 0, 1, 2, 6
degrees: 1, ♭2, 2, ♭5

Scale application to typical chord types all keys:

C:	1	♭5	♭7	7	
D♭:	7	4	6	♭7	
D:	♭7	3	♭6	6	7, 7sus4
E♭:	6	♭3	5	♭6	-7 mel, 7, 7sus4, -Δ7 mel
E:	♭6	2	♭5	5	Δ7#5 mel, 7, -Δ7 mel
F:	5	♭2	4	♭5	7 mel
G♭:	♭5	1	3	4	Δ7#5 mel, 7 mel
G:	4	7	♭3	3	
A♭:	3	♭7	2	♭3	7, 7sus4
A:	♭3	6	♭2	2	7, 7sus4
B♭:	2	♭6	1	♭2	7, -7b5 mel, 7sus4
B:	♭2	5	7	1	

See page 48 for other 0,1,2,7 information

C, D♭, D, G

prime form: 0, 1, 2, 7

degrees: 1, ♭2, 2, 5

Scale application to typical chord types all keys:

C:	1	♭2	2	5	7, 7sus4
D♭:	7	1	♭2	♭5	
D:	♭7	7	1	4	
E♭:	6	♭7	7	3	
E:	♭6	6	♭7	♭3	-7 mel, 7, 7sus4
F:	5	♭6	6	2	Δ7♯5 mel, 7, 7sus4, -Δ7 mel
G♭:	♭5	5	♭6	♭2	7
G:	4	♭5	5	1	Δ7♯5 mel, -Δ7, 7 mel
A♭:	3	4	♭5	7	Δ7♯5 mel
A:	♭3	3	4	♭7	7 mel, 7sus4
B♭:	2	♭3	3	6	7, 7sus4
B:	♭2	2	♭3	♭6	7, -7♭5 mel, 7sus4

Symmetric Difference as:

Pitches

E♭, E, F, G♭, A♭, A, B♭, B

Degrees

♭3, 3, 4, ♭5, ♭6, 6, ♭7, 7

Prime Form

0, 1, 2, 3, 5, 6, 7, 8

See page 49 for other 0,1,3,4 information

C, D♭, E♭, E

prime form: 0, 1, 3, 4

degrees: 1, ♭2, ♭3, 3

Scale application to typical chord types all keys:

C:	1	♭2	♭3	3	7, 7sus4
D♭:	7	1	2	♭3	°7, -Δ7
D:	♭7	7	♭2	2	
E♭:	6	♭7	1	♭2	-7 mel, 7, 7sus4
E:	♭6	6	7	1	°7, Δ7♯5 mel, Δ7♯5, -Δ7 mel
F:	5	♭6	♭7	7	
G♭:	♭5	5	6	♭7	7
G:	4	♭5	♭6	6	°7, Δ7♯5 mel, 7 mel, -Δ7 mel
A♭:	3	4	5	♭6	Δ7♯5 mel, 7 mel, 7sus4
A:	♭3	3	♭5	5	7
B♭:	2	♭3	4	♭5	°7, -Δ7, -7♭5, 7 mel
B:	♭2	2	3	4	7 mel, 7sus4

Symmetric Difference as:

Pitches

D, F, G♭, G, A♭, A, B♭, B

Degrees

2, 4, ♭5, 5, ♭6, 6, ♭7, 7

Prime Form

0, 1, 2, 3, 4, 5, 6, 9

See page 50 for other 0,1,3,5 information

C, D♭, E♭, F

prime form: 0, 1, 3, 5
degrees: 1, ♭2, ♭3, 4

Scale application to typical
chord types all keys:

C:	1	♭2	♭3	4	-7 mel, 7 mel, -7♭5 mel, 7sus4
D♭:	7	1	2	3	Δ7♯5 mel, Δ7, Δ7♯5
D:	♭7	7	♭2	♭3	
E♭:	6	♭7	1	2	-7, 7, 7sus4
E:	♭6	6	7	♭2	
F:	5	♭6	♭7	1	-7 mel, 7, 7sus4
G♭:	♭5	5	6	7	Δ7♯5 mel, -Δ7, Δ7
G:	4	♭5	♭6	♭7	-7♭5, 7 mel
A♭:	3	4	5	6	Δ7♯5 mel, 7 mel, Δ7 mel, 7sus4
A:	♭3	3	♭5	♭6	7
B♭:	2	♭3	4	5	-7, -Δ7, 7 mel, 7sus4
B:	♭2	2	3	♭5	7

Symmetric Difference as:
Pitches
D, E, G♭, G, A♭, A, B♭, B
Degrees
2, 3, ♭5, 5, ♭6, 6, ♭7, 7
Prime Form
0, 1, 2, 3, 4, 5, 7, 9

Inversion of:
0135 pitch class set: C, D♭, E♭, F

C, G, A, B

prime form: 0, 1, 3, 5
degrees: 1, 5, 6, 7

Scale application to typical
chord types all keys:

C:	1	5	6	7	Δ7#5 mel, -Δ7, Δ7
D♭:	7	♭5	♭6	♭7	
D:	♭7	4	5	6	-7, 7 mel, 7sus4
E♭:	6	3	♭5	♭6	Δ7#5 mel, 7, maj7+7
E:	♭6	♭3	4	5	-7 mel, 7 mel, 7sus4, -Δ7 mel
F:	5	2	3	♭5	Δ7#5 mel, 7, Δ7
G♭:	♭5	♭2	♭3	4	7 mel, -7b5 mel
G:	4	1	2	3	Δ7#5 mel, 7 mel, Δ7 mel, 7sus4
A♭:	3	7	♭2	♭3	
A:	♭3	♭7	1	2	-7, -7b5 , 7, 7sus4
B♭:	2	6	7	♭2	
B:	♭2	♭6	♭7	1	-7 mel, 7, -7b5 mel, 7sus4

See page 51 for other 0,1,3,6 information

C, D♭, E♭, G♭

prime form: 0, 1, 3, 6
degrees: 1, ♭2, ♭3, ♭5

Scale application to typical chord types all keys:

C:	1	♭2	♭3	♭5	7, -7♭5 mel
D♭:	7	1	2	4	°7, Δ7♯5 mel, -Δ7, Δ7 mel
D:	♭7	7	♭2	3	
E♭:	6	♭7	1	♭3	-7, 7, 7sus4
E:	♭6	6	7	2	°7, Δ7♯5 mel, Δ7♯5, -Δ7 mel
F:	5	♭6	♭7	♭2	-7 mel, 7, 7sus4
G♭:	♭5	5	6	1	Δ7♯5 mel, -Δ7, 7, Δ7
G:	4	♭5	♭6	7	°7, Δ7♯5 mel, -Δ7 mel
A♭:	3	4	5	♭7	7 mel, 7sus4
A:	♭3	3	♭5	6	7
B♭:	2	♭3	4	♭6	°7, -7♭5, 7 mel, 7sus4, -Δ7 mel
B:	♭2	2	3	5	7, 7sus4

Symmetric Difference as:
Pitches
D, E, F, G, A♭, A, B♭, B
Degrees
2, 3, 4, 5, ♭6, 6, ♭7, 7
Prime Form
0, 1, 2, 3, 4, 6, 7, 9

Inversion of:
0136 pitch class set: C, D♭, E♭, G♭

C, G♭, A, B

prime form: 0, 1, 3, 6
degrees: 1, ♭5, 6, 7

Scale application to typical chord types all keys:

C:	1	♭5	6	7	°7, Δ7#5 mel, -Δ7, maj7+7, Δ7
D♭:	7	4	♭6	♭7	
D:	♭7	3	5	6	7, 7sus4
E♭:	6	♭3	♭5	♭6	°7, 7, -Δ7 mel
E:	♭6	2	4	5	Δ7#5 mel, 7 mel, 7sus4, -Δ7 mel
F:	5	♭2	3	♭5	7
G♭:	♭5	1	♭3	4	°7, -Δ7, -7b5 , 7 mel
G:	4	7	2	3	Δ7#5 mel, Δ7 mel
A♭:	3	♭7	♭2	♭3	7, 7sus4
A:	♭3	6	1	2	°7, -7, -Δ7, 7, 7sus4
B♭:	2	♭6	7	♭2	
B:	♭2	5	♭7	1	-7 mel, 7, 7sus4

See page 52 for other 0,1,3,7 information

C, D♭, E♭, G

prime form: 0, 1, 3, 7
degrees: 1, ♭2, ♭3, 5

Scale application to typical
chord types all keys:

C:	1	♭2	♭3	5	-7 mel, 7, 7sus4
D♭:	7	1	2	♭5	°7, Δ7♯5 mel, -Δ7, Δ7♯5, Δ7
D:	♭7	7	♭2	4	
E♭:	6	♭7	1	3	7, 7sus4
E:	♭6	6	7	♭3	°7, -Δ7 mel
F:	5	♭6	♭7	2	7, 7sus4
G♭:	♭5	5	6	♭2	7
G:	4	♭5	♭6	1	°7, Δ7♯5 mel, -7♭5 , 7 mel, -Δ7 mel
A♭:	3	4	5	7	Δ7♯5 mel, Δ7 mel
A:	♭3	3	♭5	♭7	7
B♭:	2	♭3	4	6	°7, -7, -Δ7, 7 mel, 7sus4
B:	♭2	2	3	♭6	7, 7sus4

Symmetric Difference as:
Pitches
D, E, F, G♭, A♭, A, B♭, B
Degrees
2, 3, 4, ♭5, ♭6, 6, ♭7, 7
Prime Form
0, 1, 2, 3, 5, 6, 7, 9

Inversion of:
0137 pitch class set: C, D♭, E♭’, G’

C, F, A, B

prime form: 0, 1, 3, 7
degrees: 1, 4, 6, 7

Scale application to typical
chord types all keys:

C:	1	4	6	7	°7, Δ7#5 mel, -Δ7, Δ7 mel
D♭:	7	3	♭6	♭7	
D:	♭7	♭3	5	6	-7, 7, 7sus4
E♭:	6	2	♭5	♭6	°7, Δ7#5 mel, 7, maj7+7, -Δ7 mel
E:	♭6	♭2	4	5	-7 mel, 7 mel, 7sus4
F:	5	1	3	♭5	Δ7#5 mel, 7, Δ7
G♭:	♭5	7	♭3	4	°7, -Δ7
G:	4	♭7	2	3	7 mel, 7sus4
A♭:	3	6	♭2	♭3	7, 7sus4
A:	♭3	♭6	1	2	°7, -7b5 , 7, 7sus4, -Δ7 mel
B♭:	2	5	7	♭2	
B:	♭2	♭5	♭7	1	7, -7b5 mel

See page 53 for other 0,1,4,5 information

C, D♭, E, F

prime form: 0, 1, 4, 5
degrees: 1, ♭2, 3, 4

Scale application to typical chord types all keys:

C:	1	♭2	3	4	7 mel, 7sus4
D♭:	7	1	♭3	3	+7
D:	♭7	7	2	♭3	
E♭:	6	♭7	♭2	2	7, 7sus4
E:	♭6	6	1	♭2	-7 mel, 7, 7sus4
F:	5	♭6	7	1	+7, Δ7♯5 mel, -Δ7 mel
G♭:	♭5	5	♭7	7	
G:	4	♭5	6	♭7	7 mel
A♭:	3	4	♭6	6	Δ7♯5 mel, 7 mel, 7sus4
A:	♭3	3	5	♭6	+7, 7, 7sus4
B♭:	2	♭3	♭5	5	-Δ7, 7
B:	♭2	2	4	♭5	7 mel, -7♭5 mel

Symmetric Difference as:
Pitches
D, E♭, G♭, G, A♭, A, B♭, B
Degrees
2, ♭3, ♭5, 5, ♭6, 6, ♭7, 7
Prime Form
0, 1, 2, 3, 4, 5, 8, 9

See page 54 for other 0,1,4,6 information

C, D♭, E, G♭

prime form: 0, 1, 4, 6
degrees: 1, ♭2, 3, ♭5

Scale application to typical chord types all keys:

C:	1	♭2	3	♭5	7
D♭:	7	1	♭3	4	°7, -Δ7
D:	♭7	7	2	3	
E♭:	6	♭7	♭2	♭3	-7 mel, 7, 7sus4
E:	♭6	6	1	2	°7, Δ7♯5 mel, 7, Δ7♯5, 7sus4, -Δ7 mel
F:	5	♭6	7	♭2	
G♭:	♭5	5	♭7	1	7
G:	4	♭5	6	7	°7, Δ7♯5 mel, -Δ7
A♭:	3	4	♭6	♭7	7 mel, 7sus4
A:	♭3	3	5	6	7, 7sus4
B♭:	2	♭3	♭5	♭6	°7, -7♭5, 7, -Δ7 mel
B:	♭2	2	4	5	7 mel, 7sus4

Symmetric Difference as:
Pitches
D, E♭, F, G, A♭, A, B♭, B
Degrees
2, ♭3, 4, 5, ♭6, 6, ♭7, 7
Prime Form
0, 1, 2, 3, 4, 6, 8, 9

Inversion of:
0146 pitch class set: C, D♭, E, G'

C, G♭, A♭, B,

prime form: 0, 1, 4, 6
degrees: 1, ♭5, ♭6, 7,

Scale application to typical chord types all keys:

C:	1	♭5	♭6	7	°7, Δ7#5 mel, maj7+7, -Δ7 mel
D♭:	7	4	5	♭7	
D:	♭7	3	♭5	6	7
E♭:	6	♭3	4	♭6	°7, -7 mel, 7 mel, 7sus4, -Δ7 mel
E:	♭6	2	3	5	Δ7#5 mel, 7, 7sus4
F:	5	♭2	♭3	♭5	7
G♭:	♭5	1	2	4	°7, Δ7#5 mel, -Δ7, -7b5 , 7 mel
G:	4	7	♭2	3	
A♭:	3	♭7	1	♭3	7, 7sus4
A:	♭3	6	7	2	°7, -Δ7
B♭:	2	♭6	♭7	♭2	7, -7b5 mel, 7sus4
B:	♭2	5	6	1	-7 mel, 7, 7sus4

See page 55 for other 0,1,4,7 information

C, D♭, E, G

prime form: 0, 1, 4, 7
degrees: 1, ♭2, 3, 5

0, 1, 4, 7
Minor Major 7♭5 Chord
2nd Inversion

Scale application to typical chord types all keys:

C:	1	♭2	3	5	7, 7sus4
D♭:	7	1	♭3	♭5	°7, -Δ7
D:	♭7	7	2	4	
E♭:	6	♭7	♭2	3	7, 7sus4
E:	♭6	6	1	♭3	°7, -7 mel, 7, 7sus4, -Δ7 mel
F:	5	♭6	7	2	Δ7♯5 mel, -Δ7 mel
G♭:	♭5	5	♭7	♭2	7
G:	4	♭5	6	1	°7, Δ7♯5 mel, -Δ7, 7 mel
A♭:	3	4	♭6	7	Δ7♯5 mel
A:	♭3	3	5	♭7	7, 7sus4
B♭:	2	♭3	♭5	6	°7, -Δ7, 7
B:	♭2	2	4	♭6	7 mel, -7♭5 mel, 7sus4

Symmetric Difference as:
Pitches
D, E♭, F, G♭, A♭, A, B♭, B
Degrees
2, ♭3, 4, ♭5, ♭6, 6, ♭7, 7
Prime Form
0, 1, 2, 3, 5, 6, 8, 9

Inversion of:
0147 pitch class set: C, D♭, E, G

C, F, A♭, B

prime form: 0, 1, 4, 7
degrees: 1, 4, ♭2, 7

Scale application to typical chord types all keys:

C:	1	4	♭6	7	°7, Δ7#5 mel, -Δ7 mel
D♭:	7	3	5	♭7	
D:	♭7	♭3	♭5	6	7
E♭:	6	2	4	♭6	°7, Δ7#5 mel, 7 mel, 7sus4, -Δ7 mel
E:	♭6	♭2	3	5	7, 7sus4
F:	5	1	♭3	♭5	-Δ7, 7
G♭:	♭5	7	2	4	°7, Δ7#5 mel, -Δ7
G:	4	♭7	♭2	3	7 mel, 7sus4
A♭:	3	6	1	♭3	7, 7sus4
A:	♭3	♭6	7	2	°7, -Δ7 mel
B♭:	2	5	♭7	♭2	7, 7sus4
B:	♭2	♭5	6	1	7

See page 56 for other 0,1,4,8 information

C, D♭, E, A♭

prime form: 0, 1, 4, 8
degrees: 1, ♭2, 3, ♭6

0, 1, 4, 8
Minor Major 7th Chord
3rd Inversion

Scale application to typical chord types all keys:

C:	1	♭2	3	♭6	7, 7sus4
D♭:	7	1	♭3	5	+7, -Δ7
D:	♭7	7	2	♭5	
E♭:	6	♭7	♭2	4	-7 mel, 7 mel, 7sus4
E:	♭6	6	1	3	Δ7♯5 mel, 7, Δ7♯5, 7sus4
F:	5	♭6	7	♭3	+7, -Δ7 mel
G♭:	♭5	5	♭7	2	7
G:	4	♭5	6	♭2	7 mel
A♭:	3	4	♭6	1	Δ7♯5 mel, 7 mel, 7sus4
A:	♭3	3	5	7	+7
B♭:	2	♭3	♭5	♭7	-7♭5, 7
B:	♭2	2	4	6	7 mel, 7sus4

Symmetric Difference as:
Pitches
D, E♭, F, G♭, G, A, B♭, B
Degrees
2, ♭3, 4, ♭5, 5, 6, ♭7, 7
Prime Form
0, 1, 2, 4, 5, 6, 8, 9

Inversion of:
0148 pitch class set: C, D♭, E, A♭

C, E, A♭, B

prime form: 0, 1, 4, 8
degrees: 1, 3, ♭6, 7

Scale application to typical chord types all keys:

C:	1	3	♭6	7	Δ7#5 mel, maj7+7, +7
D♭:	7	♭3	5	♭7	
D:	♭7	2	♭5	6	7
E♭:	6	♭2	4	♭6	-7 mel, 7 mel, 7sus4
E:	♭6	1	3	5	Δ7#5 mel, 7, 7sus4, +7
F:	5	7	♭3	♭5	-Δ7
G♭:	♭5	♭7	2	4	-7b5 , 7 mel
G:	4	6	♭2	3	7 mel, 7sus4
A♭:	3	♭6	1	♭3	7, 7sus4, +7
A:	♭3	5	7	2	-Δ7
B♭:	2	♭5	♭7	♭2	7, -7b5 mel
B:	♭2	4	6	1	-7 mel, 7 mel, 7sus4

See page 57 for other 0,1,4,8 information

C, D♭, F, G♭

prime form: 0, 1, 5, 6

degrees: 1, ♭2, 4, ♭5

Scale application to typical chord types all keys:

C:	1	♭2	4	♭5	7 mel, -7♭5 mel
D♭:	7	1	3	4	Δ7♯5 mel, Δ7 mel
D:	♭7	7	♭3	3	
E♭:	6	♭7	2	♭3	-7, 7, 7sus4
E:	♭6	6	♭2	2	7, 7sus4
F:	5	♭6	1	♭2	-7 mel, 7, 7sus4
G♭:	♭5	5	7	1	Δ7♯5 mel, -Δ7, Δ7
G:	4	♭5	♭7	7	
A♭:	3	4	6	♭7	7 mel, 7sus4
A:	♭3	3	♭6	6	7, 7sus4
B♭:	2	♭3	5	♭6	7, 7sus4, -Δ7 mel
B:	♭2	2	♭5	5	7

Symmetric Difference as:
Pitches
D, E♭, E, G, A♭, A, B♭, B
Degrees
2, ♭3, 3, 5, ♭6, 6, ♭7, 7
Prime Form
0, 1, 2, 3, 4, 7, 8, 9

See page 58 for other 0,1,5,7 information

C, D♭, F, G

prime form: 0, 1, 5, 7
degrees: 1, ♭2, 4, 5

0, 1, 5, 7
Major 7#11 Chord
3rd Inversion

Scale application to typical chord types all keys:

C:	1	♭2	4	5	-7 mel, 7 mel, 7sus4
D♭:	7	1	3	♭5	Δ7♯5 mel, Δ7, Δ7♯5
D:	♭7	7	♭3	4	
E♭:	6	♭7	2	3	7, 7sus4
E:	♭6	6	♭2	♭3	-7 mel, 7, 7sus4
F:	5	♭6	1	2	Δ7♯5 mel, 7, 7sus4, -Δ7 mel
G♭:	♭5	5	7	♭2	
G:	4	♭5	♭7	1	-7♭5, 7 mel
A♭:	3	4	6	7	Δ7♯5 mel, Δ7 mel
A:	♭3	3	♭6	♭7	7, 7sus4
B♭:	2	♭3	5	6	-7, -Δ7, 7, 7sus4
B:	♭2	2	♭5	♭6	7, -7♭5 mel

Symmetric Difference as:
Pitches
D, E♭, E, G♭, A♭, A, B♭, B
Degrees
2, ♭3, 3, ♭5, ♭6, 6, ♭7, 7
Prime Form
0, 1, 2, 3, 5, 7, 8, 9

Inversion of:
0157 pitch class set: C, D♭, F, G

C, F, G, B

prime form: 0, 1, 5, 7
degrees: 1, 4, 5, 7

Scale application to typical chord types all keys:

C:	1	4	5	7	Δ7#5 mel, -Δ7, Δ7 mel
D♭:	7	3	♭5	♭7	
D:	♭7	♭3	4	6	-7, 7 mel, 7sus4
E♭:	6	2	3	♭6	Δ7#5 mel, 7, maj7+7, 7sus4
E:	♭6	♭2	♭3	5	-7 mel, 7, 7sus4
F:	5	1	2	♭5	Δ7#5 mel, -Δ7, 7, Δ7
G♭:	♭5	7	♭2	4	
G:	4	♭7	1	3	7 mel, 7sus4
A♭:	3	6	7	♭3	
A:	♭3	♭6	♭7	2	-7b5 , 7, 7sus4
B♭:	2	5	6	♭2	7, 7sus4
B:	♭2	♭5	♭6	1	7, -7b5 mel

See page 59 for other 0,1,5,8 information

C, D♭, F, A♭

prime form: 0, 1, 5, 8
degrees: 1, ♭2, 4, ♭6

0, 1, 5, 8
Major 7th Chord
3rd Inversion

Scale application to typical chord types all keys:

C:	1	♭2	4	♭6	-7 mel, 7 mel, -7♭5 mel, 7sus4
D♭:	7	1	3	5	+7, Δ7♯5 mel, Δ7
D:	♭7	7	♭3	♭5	
E♭:	6	♭7	2	4	-7, 7 mel, 7sus4
E:	♭6	6	♭2	3	7, 7sus4
F:	5	♭6	1	♭3	+7, -7 mel, 7, 7sus4, -Δ7 mel
G♭:	♭5	5	7	2	Δ7♯5 mel, -Δ7, Δ7
G:	4	♭5	♭7	♭2	7 mel, -7♭5 mel
A♭:	3	4	6	1	Δ7♯5 mel, 7 mel, Δ7 mel, 7sus4
A:	♭3	3	♭6	7	+7
B♭:	2	♭3	5	♭7	-7, 7, 7sus4
B:	♭2	2	♭5	6	7

Symmetric Difference as:
Pitches
D, E♭, E, G♭, G, A, B♭, B
Degrees
2, ♭3, 3, ♭5, 5, 6, ♭7, 7
Prime Form
0, 1, 2, 4, 5, 7, 8, 9

See page 60 for other 0,1,6,7 information

C, D♭, G♭, G

prime form: 0, 1, 6, 7

degrees: 1, ♭2, ♭5, 5

Scale application to typical chord types all keys:

C:	1	♭2	♭5	5	7
D♭:	7	1	4	♭5	°7, Δ7♯5 mel, -Δ7
D:	♭7	7	3	4	
E♭:	6	♭7	♭3	3	7, 7sus4
E:	♭6	6	2	♭3	°7, 7, 7sus4, -Δ7 mel
F:	5	♭6	♭2	2	7, 7sus4
G♭:	♭5	5	1	♭2	7
G:	4	♭5	7	1	°7, Δ7♯5 mel, -Δ7
A♭:	3	4	♭7	7	
A:	♭3	3	6	♭7	7, 7sus4
B♭:	2	♭3	♭6	6	°7, 7, 7sus4, -Δ7 mel
B:	♭2	2	5	♭6	7, 7sus4

Symmetric Difference as:

Pitches

D, E♭, E, F, A♭, A, B♭, B

Degrees

2, ♭3, 3, 4, ♭6, 6, ♭7, 7

Prime Form

0, 1, 2, 3, 6, 7, 8, 9

See page 61 for other 0,2,3,5 information

C, D, E♭, F

prime form: 0, 2, 3, 5

degrees: 1, 2, ♭3, 4

Scale application to typical chord types all keys:

C:	1	2	♭3	4	°7, -7, -Δ7, -7♭5, 7 mel, 7sus4
D♭:	7	♭2	2	3	
D:	♭7	1	♭2	♭3	-7 mel, 7, -7♭5 mel, 7sus4
E♭:	6	7	1	2	°7, Δ7♯5 mel, -Δ7, Δ7, Δ7♯5
E:	♭6	♭7	7	♭2	
F:	5	6	♭7	1	-7, 7, 7sus4
G♭:	♭5	♭6	6	7	°7, Δ7♯5 mel, Δ7♯5, -Δ7 mel
G:	4	5	♭6	♭7	-7 mel, 7 mel, 7sus4
A♭:	3	♭5	5	6	Δ7♯5 mel, 7, Δ7
A:	♭3	4	♭5	♭6	°7, -7♭5, 7 mel, -Δ7 mel
B♭:	2	3	4	5	Δ7♯5 mel, 7 mel, Δ7 mel, 7sus4
B:	♭2	♭3	3	♭5	7

Symmetric Difference as:

Pitches

D♭, E, G♭, G, A♭, A, B♭, B

Degrees

♭2, 3, ♭5, 5, ♭6, 6, ♭7, 7

Prime Form

0, 2, 3, 4, 5, 6, 7, 9

See page 62 for other 0,2,3,6 information

C, D, E♭, G♭

prime form: 0, 2, 3, 6
degrees: 1, 2, ♭3, ♭5

Scale application to typical chord types all keys:

C:	1	2	♭3	♭5	°7, -Δ7, -7♭5, 7
D♭:	7	♭2	2	4	
D:	♭7	1	♭2	3	7, 7sus4
E♭:	6	7	1	♭3	°7, -Δ7
E:	♭6	♭7	7	2	
F:	5	6	♭7	♭2	-7 mel, 7, 7sus4
G♭:	♭5	♭6	6	1	°7, Δ7♯5 mel, 7, Δ7♯5, -Δ7 mel
G:	4	5	♭6	7	Δ7♯5 mel, -Δ7 mel
A♭:	3	♭5	5	♭7	7
A:	♭3	4	♭5	6	°7, -Δ7, 7 mel
B♭:	2	3	4	♭6	Δ7♯5 mel, 7 mel, 7sus4
B:	♭2	♭3	3	5	7, 7sus4

Symmetric Difference as:
Pitches
D♭, E, F, G, A♭, A, B♭, B
Degrees
♭2, 3, 4, 5, ♭6, 6, ♭7, 7
Prime Form
0, 1, 3, 4, 5, 6, 7, 9

Inversion of:
0236 pitch class set: C, D, E♭, G♭

C, G♭, A, B♭

prime form: 0, 2, 3, 6
degrees: 1, ♭5, 6, ♭7

Scale application to typical chord types all keys:

C:	1	♭5	6	♭7	7
D♭:	7	4	♭6	6	°7, Δ7#5 mel, -Δ7 mel
D:	♭7	3	5	♭6	7, 7sus4
E♭:	6	♭3	♭5	5	-Δ7, 7
E:	♭6	2	4	♭5	°7, Δ7#5 mel, -7b5 , 7 mel, -Δ7 mel
F:	5	♭2	3	4	7 mel, 7sus4
G♭:	♭5	1	♭3	3	7
G:	4	7	2	♭3	°7, -Δ7
A♭:	3	♭7	♭2	2	7, 7sus4
A:	♭3	6	1	♭2	-7 mel, 7, 7sus4
B♭:	2	♭6	7	1	°7, Δ7#5 mel, maj7+7, -Δ7 mel
B:	♭2	5	♭7	7	

See page 63 for other 0,2,3,7 information

C, D, E♭, G

prime form: 0, 2, 3, 7
degrees: 1, 2, ♭3, 5

Scale application to typical chord types all keys:

C:	1	2	♭3	5	-7, -Δ7, 7, 7sus4
D♭:	7	♭2	2	♭5	
D:	♭7	1	♭2	4	-7 mel, 7 mel, -7♭5 mel, 7sus4
E♭:	6	7	1	3	Δ7♯5 mel, Δ7, Δ7♯5
E:	♭6	♭7	7	♭3	
F:	5	6	♭7	2	-7, 7, 7sus4
G♭:	♭5	♭6	6	♭2	7
G:	4	5	♭6	1	Δ7♯5 mel, -7 mel, 7 mel, 7sus4, -Δ7 mel
A♭:	3	♭5	5	7	Δ7♯5 mel, Δ7
A:	♭3	4	♭5	♭7	-7♭5, 7 mel
B♭:	2	3	4	6	Δ7♯5 mel, 7 mel, Δ7 mel, 7sus4
B:	♭2	♭3	3	♭6	7, 7sus4

Symmetric Difference as:
Pitches
D♭, E, F, G♭, A♭, A, B♭, B
Degrees
♭2, 3, 4, ♭5, ♭6, 6, ♭7, 7
Prime Form
0, 1, 2, 4, 5, 6, 7, 9

Inversion of:
0237 pitch class set: C, D, E♭, G

C, F, A, B♭,

prime form: 0, 2, 3, 7
degrees: 1, 4, 6, ♭7

Scale application to typical chord types all keys:

C:	1	4	6	♭7	-7, 7 mel, 7sus4
D♭:	7	3	♭6	6	Δ7#5 mel, maj7+7
D:	♭7	♭3	5	♭6	-7 mel, 7, 7sus4
E♭:	6	2	♭5	5	Δ7#5 mel, -Δ7, 7, Δ7
E:	♭6	♭2	4	♭5	7 mel, -7b5 mel
F:	5	1	3	4	Δ7#5 mel, 7 mel, Δ7 mel, 7sus4
G♭:	♭5	7	♭3	3	
G:	4	♭7	2	♭3	-7, -7b5 , 7 mel, 7sus4
A♭:	3	6	♭2	2	7, 7sus4
A:	♭3	♭6	1	♭2	-7 mel, 7, -7b5 mel, 7sus4
B♭:	2	5	7	1	Δ7#5 mel, -Δ7, Δ7
B:	♭2	♭5	♭7	7	

See page 64 for other 0,2,4,6 information

C, D, E, G♭

prime form: 0, 2, 4, 6
degrees: 1, 2, 3, ♭5

Scale application to typical
chord types all keys:

C:	1	2	3	♭5	Δ7♯5 mel, 7, Δ7♯5, Δ7
D♭:	7	♭2	♭3	4	
D:	♭7	1	2	3	7, 7sus4
E♭:	6	7	♭2	♭3	
E:	♭6	♭7	1	2	-7♭5, 7, 7sus4
F:	5	6	7	♭2	
G♭:	♭5	♭6	♭7	1	-7♭5, 7
G:	4	5	6	7	Δ7♯5 mel, -Δ7, Δ7 mel
A♭:	3	♭5	♭6	♭7	7
A:	♭3	4	5	6	-7, -Δ7, 7 mel, 7sus4
B♭:	2	3	♭5	♭6	Δ7♯5 mel, 7, Δ7♯5
B:	♭2	♭3	4	5	-7 mel, 7 mel, 7sus4

Symmetric Difference as:
Pitches
D♭, E♭, F, G, A♭, A, B♭, B
Degrees
♭2, ♭3, 4, 5, ♭6, 6, ♭7, 7
Prime Form
0, 1, 2, 3, 4, 6, 8, 10

See page 65 for other 0,2,4,7 information

C, D, E, G

prime form: 0, 2, 4, 7
degrees: 1, 2, 3, 5

0, 2, 4, 7
Major Add 9th Chord
Root Position or
Minor 7♭6
2nd Inversion

Scale application to typical chord types all keys:

C:	1	2	3	5	Δ7♯5 mel, 7, Δ7, 7sus4
D♭:	7	♭2	♭3	♭5	
D:	♭7	1	2	4	-7, -7♭5, 7 mel, 7sus4
E♭:	6	7	♭2	3	
E:	♭6	♭7	1	♭3	-7 mel, -7♭5, 7, 7sus4
F:	5	6	7	2	Δ7♯5 mel, -Δ7, Δ7
G♭:	♭5	♭6	♭7	♭2	7, -7♭5 mel
G:	4	5	6	1	-7, Δ7♯5 mel, -Δ7, 7 mel, Δ7 mel, 7sus4
A♭:	3	♭5	♭6	7	Δ7♯5 mel, Δ7♯5
A:	♭3	4	5	♭7	-7, 7 mel, 7sus4
B♭:	2	3	♭5	6	Δ7♯5 mel, 7, Δ7, Δ7♯5
B:	♭2	♭3	4	♭6	-7 mel, 7 mel, -7♭5 mel, 7sus4

Symmetric Difference as:
Pitches
D♭, E♭, F, G♭, A♭, A, B♭, B
Degrees
♭2, ♭3, 4, ♭5, ♭6, 6, ♭7, 7
Prime Form
0, 1, 2, 3, 5, 7, 9, 10

See page 66 for other 0,2,4,8 information

C, D, E, A♭

prime form: 0, 2, 4, 8
degrees: 1, 2, 3, ♭6

0, 2, 4, 8
Dominant 7#5 Chord
2nd Inversion

Scale application to typical
chord types all keys:

C:	1	2	3	♭6	Δ7♯5 mel, 7, Δ7♯5, 7sus4
D♭:	7	♭2	♭3	5	
D:	♭7	1	2	♭5	-7♭5, 7
E♭:	6	7	♭2	4	
E:	♭6	♭7	1	3	7, 7sus4
F:	5	6	7	♭3	-Δ7
G♭:	♭5	♭6	♭7	2	-7♭5, 7
G:	4	5	6	♭2	-7 mel, 7 mel, 7sus4
A♭:	3	♭5	♭6	1	Δ7♯5 mel, 7, Δ7♯5
A:	♭3	4	5	7	-Δ7
B♭:	2	3	♭5	♭7	7
B:	♭2	♭3	4	6	-7 mel, 7 mel, 7sus4

Symmetric Difference as:
Pitches
D♭, E♭, F, G♭, G, A, B♭, B
Degrees
♭2, ♭3, 4, ♭5, 5, 6, ♭7, 7
Prime Form
0, 1, 2, 4, 6, 8, 9, 10

See page 67 for other 0,2,5,7 information

C, D, F, G

prime form: 0, 2, 5, 7
degrees: 1, 2, 4, 5

0, 2, 5, 7
Dominant 7sus4 Chord
2nd Inversion

Scale application to typical chord types all keys:

C:	1	2	4	5	-7, Δ7♯5 mel, -Δ7, 7 mel, Δ7 mel, 7sus4
D♭:	7	♭2	3	♭5	
D:	♭7	1	♭3	4	-7, -7♭5, 7 mel, 7sus4
E♭:	6	7	2	3	Δ7♯5 mel, Δ7, Δ7♯5
E:	♭6	♭7	♭2	♭3	-7 mel, 7, -7♭5 mel, 7sus4
F:	5	6	1	2	-7, Δ7♯5 mel, -Δ7, 7, Δ7, 7sus4
G♭:	♭5	♭6	7	♭2	
G:	4	5	♭7	1	-7, 7 mel, 7sus4
A♭:	3	♭5	6	7	Δ7♯5 mel, Δ7, Δ7♯5
A:	♭3	4	♭6	♭7	-7 mel, -7♭5, 7 mel, 7sus4
B♭:	2	3	5	6	Δ7♯5 mel, 7, Δ7, 7sus4
B:	♭2	♭3	♭5	♭6	7, -7♭5 mel

Symmetric Difference as:
Pitches
D♭, E♭, E, G♭, A♭, A, B♭, B
Degrees
♭2, ♭3, 3, ♭5, ♭6, 6, ♭7, 7
Prime Form
0, 1, 2, 3, 5, 7, 8, 10

See page 68 for other 0,2,5,8 information

C, D, F, A♭

prime form: 0, 2, 5, 8
degrees: 1, 2, 4, ♭6

0, 2, 5, 8
Minor 6th Chord
2nd Inversion or
Minor 7♭5
3rd Inversion

Scale application to typical chord types all keys:

C:	1	2	4	♭6	°7, Δ7♯5 mel, -7♭5, 7 mel, 7sus4, -Δ7 mel
D♭:	7	♭2	3	5	
D:	♭7	1	♭3	♭5	-7♭5, 7
E♭:	6	7	2	4	°7, Δ7♯5 mel, -Δ7, Δ7 mel
E:	♭6	♭7	♭2	3	7, 7sus4
F:	5	6	1	♭3	-7, -Δ7, 7, 7sus4
G♭:	♭5	♭6	7	2	°7, Δ7♯5 mel, Δ7♯5, -Δ7 mel
G:	4	5	♭7	♭2	-7 mel, 7 mel, 7sus4
A♭:	3	♭5	6	1	Δ7♯5 mel, 7, Δ7♯5, Δ7
A:	♭3	4	♭6	7	°7, -Δ7 mel
B♭:	2	3	5	♭7	7, 7sus4
B:	♭2	♭3	♭5	6	7

Symmetric Difference as:
Pitches
D♭, E♭, E, G♭, G, A, B♭, B
Degrees
♭2, ♭3, 3, ♭5, 5, 6, ♭7, 7
Prime Form
0, 1, 2, 4, 6, 7, 9, 10

Inversion of:
0258 pitch class set: C, D, F, A♭

C, E, G, B♭

prime form: 0, 2, 5, 8
degrees: 1, 3, 5, ♭7

Scale application to typical chord types all keys:

C:	1	3	5	♭7	7, 7sus4
D♭:	7	♭3	♭5	6	°7, -Δ7
D:	♭7	2	4	♭6	-7b5 , 7 mel, 7sus4
E♭:	6	♭2	3	5	7, 7sus4
E:	♭6	1	♭3	♭5	°7, -7b5 , 7, -Δ7 mel
F:	5	7	2	4	Δ7#5 mel, -Δ7, Δ7 mel
G♭:	♭5	♭7	♭2	3	7
G:	4	6	1	♭3	°7, -7, -Δ7, 7 mel, 7sus4
A♭:	3	♭6	7	2	Δ7#5 mel, maj7+7
A:	♭3	5	♭7	♭2	-7 mel, 7, 7sus4
B♭:	2	♭5	6	1	°7, Δ7#5 mel, -Δ7, 7, maj7+7, Δ7
B:	♭2	4	♭6	7	

See page 69 for other 0,2,5,8 information

C, D, G♭, A♭

prime form: 0, 2, 6, 8
degrees: 1, 2, ♭5, ♭6

0, 2, 6, 8
Dominant 7♭5 Chord
3rd Inversion

Scale application to typical chord types all keys:

C:	1	2	♭5	♭6	°7, Δ7♯5 mel, -7♭5, 7, Δ7♯5, -Δ7 mel
D♭:	7	♭2	4	5	
D:	♭7	1	3	♭5	7
E♭:	6	7	♭3	4	°7, -Δ7
E:	♭6	♭7	2	3	7, 7sus4
F:	5	6	♭2	♭3	-7 mel, 7, 7sus4
G♭:	♭5	♭6	1	2	°7, Δ7♯5 mel, -7♭5, 7, Δ7♯5, -Δ7 mel
G:	4	5	7	♭2	
A♭:	3	♭5	♭7	1	7
A:	♭3	4	6	7	°7, -Δ7
B♭:	2	3	♭6	♭7	7, 7sus4
B:	♭2	♭3	5	6	-7 mel, 7, 7sus4

Symmetric Difference as:
Pitches
D♭, E♭, E, F, G, A, B♭, B
Degrees
♭2, ♭3, 3, 4, 5, 6, ♭7, 7
Prime Form
0, 1, 2, 4, 6, 7, 8, 10

See page 70 for other 0,3,4,7 information

C, E♭, E, G

prime form: 0, 3, 4, 7
degrees: 1, ♭3, 3, 5

Scale application to typical chord types all keys:

C:	1	♭3	3	5	+7, 7, 7sus4
D♭:	7	2	♭3	♭5	°7, -Δ7
D:	♭7	♭2	2	4	7 mel, -7♭5 mel, 7sus4
E♭:	6	1	♭2	3	7, 7sus4
E:	♭6	7	1	♭3	+7, °7, -Δ7 mel
F:	5	♭7	7	2	
G♭:	♭5	6	♭7	♭2	7
G:	4	♭6	6	1	°7, Δ7♯5 mel, -7 mel, 7 mel, 7sus4, -Δ7 mel
A♭:	3	5	♭6	7	+7, Δ7♯5 mel
A:	♭3	♭5	5	♭7	7
B♭:	2	4	♭5	6	°7, Δ7♯5 mel, -Δ7, 7 mel
B:	♭2	3	4	♭6	7 mel, 7sus4

Symmetric Difference as:
Pitches
D♭, D, F, G♭, A♭, A, B♭, B
Degrees
♭2, 2, 4, ♭5, ♭6, 6, ♭7, 7
Prime Form
0, 1, 3, 4, 5, 6, 8, 9

See page 71 for other 0,3,5,8 information

C, E♭, F, A♭

prime form: 0, 3, 5, 8
degrees: 1, ♭3, 4, ♭6

0, 3, 5, 8
Minor 7th Chord
2nd Inversion

Scale application to typical chord types all keys:

C:	1	♭3	4	♭6	°7, -7 mel, -7♭5, 7 mel, 7sus4, -Δ7 mel
D♭:	7	2	3	5	Δ7♯5 mel, Δ7
D:	♭7	♭2	♭3	♭5	7, -7♭5 mel
E♭:	6	1	2	4	°7, -7, Δ7♯5 mel, -Δ7, 7 mel, Δ7 mel, 7sus4
E:	♭6	7	♭2	3	
F:	5	♭7	1	♭3	-7, 7, 7sus4
G♭:	♭5	6	7	2	°7, Δ7♯5 mel, -Δ7, Δ7, Δ7♯5
G:	4	♭6	♭7	♭2	-7 mel, 7 mel, -7♭5 mel, 7sus4
A♭:	3	5	6	1	Δ7♯5 mel, 7, Δ7, 7sus4
A:	♭3	♭5	♭6	7	°7, -Δ7 mel
B♭:	2	4	5	♭7	-7, 7 mel, 7sus4
B:	♭2	3	♭5	6	7

Symmetric Difference as:
Pitches
D♭, D, E, G♭, G, A, B♭, B
Degrees
♭2, 2, 3, ♭5, 5, 6, ♭7, 7
Prime Form
0, 1, 2, 4, 5, 7, 9, 10

See page 72 for other 0,3,6,9 information

C, E♭, G♭, A

prime form: 0, 3, 6, 9

degrees: 1, ♭3, ♭5, 6

0, 3, 6, 9
Diminished Chord
Root Position

Scale application to typical chord types all keys:

C:	1	♭3	♭5	6	°7, -Δ7, 7
D♭:	7	2	4	♭6	°7, Δ7♯5 mel, -Δ7 mel
D:	♭7	♭2	3	5	7, 7sus4
E♭:	6	1	♭3	♭5	°7, -Δ7, 7
E:	♭6	7	2	4	°7, Δ7♯5 mel, -Δ7 mel
F:	5	♭7	♭2	3	7, 7sus4
G♭:	♭5	6	1	♭3	°7, -Δ7, 7
G:	4	♭6	7	2	°7, Δ7♯5 mel, -Δ7 mel
A♭:	3	5	♭7	♭2	7, 7sus4
A:	♭3	♭5	6	1	°7, -Δ7, 7
B♭:	2	4	♭6	7	°7, Δ7♯5 mel, -Δ7 mel
B:	♭2	3	5	♭7	7, 7sus4

Symmetric Difference as:
Pitches
D♭, D, E, F, G, A♭, B♭, B
Degrees
♭2, 2, 3, 4, 5, ♭6, ♭7, 7
Prime Form
0, 1, 3, 4, 6, 7, 9, 10

5 Note Scales

C, D♭, D, E♭, E

prime form: 0, 1, 2, 3, 4

degrees: 1, ♭2, 2, ♭3, 3

See page 73 for other 0,1,2,3,4 information

Scale application to typical chord types all keys:

C:	1	♭2	2	♭3	3	7, 7sus4
D♭:	7	1	♭2	2	♭3	
D:	♭7	7	1	♭2	2	
E♭:	6	♭7	7	1	♭2	
E:	♭6	6	♭7	7	1	
F:	5	♭6	6	♭7	7	
G♭:	♭5	5	♭6	6	♭7	7
G:	4	♭5	5	♭6	6	Δ7♯5 mel, 7 mel, -Δ7 mel
A♭:	3	4	♭5	5	♭6	Δ7♯5 mel, 7 mel
A:	♭3	3	4	♭5	5	7 mel
B♭:	2	♭3	3	4	♭5	7 mel
B:	♭2	2	♭3	3	4	7 mel, 7sus4

Symmetric Difference as:

Pitches

F, G♭, G, A♭, A, B♭, B

Degrees

4, ♭5, 5, ♭6, 6, ♭7, 7

Prime Form

0, 1, 2, 3, 4, 5, 6

See page 74 for other
0,1,2,3,5 information

C, D♭, D, E♭, F

prime form: 0, 1, 2, 3, 5

degrees: 1, ♭2, 2, ♭3, 4

Scale application to typical chord types all keys:

C:	1	♭2	2	♭3	4	7 mel, -7♭5 mel, 7sus4
D♭:	7	1	♭2	2	3	
D:	♭7	7	1	♭2	♭3	
E♭:	6	♭7	7	1	2	
E:	♭6	6	♭7	7	♭2	
F:	5	♭6	6	♭7	1	-7 mel, 7, 7sus4
G♭:	♭5	5	♭6	6	7	Δ7♯5 mel, -Δ7 mel
G:	4	♭5	5	♭6	♭7	7 mel
A♭:	3	4	♭5	5	6	Δ7♯5 mel, 7 mel
A:	♭3	3	4	♭5	♭6	7 mel
B♭:	2	♭3	3	4	5	7 mel, 7sus4
B:	♭2	2	♭3	3	♭5	7

Symmetric Difference as:

Pitches

E, G♭, G, A♭, A, B♭, B

Degrees

3, ♭5, 5, ♭6, 6, ♭7, 7

Prime Form

0, 1, 2, 3, 4, 5, 7

See page 75 for other
0,1,2,3,6 information

C, D♭, E♭, E, G♭

prime form: 0, 1, 2, 3, 6
degrees: 1, ♭2, ♭3, 3, ♭5

Scale application to typical
chord types all keys:

C:	1	♭2	♭3	3	♭5	7
D♭:	7	1	2	♭3	4	°7, -Δ7
D:	♭7	7	♭2	2	3	
E♭:	6	♭7	1	♭2	♭3	-7 mel, 7, 7sus4
E:	♭6	6	7	1	2	°7, Δ7♯5 mel, Δ7♯5, -Δ7 mel
F:	5	♭6	♭7	7	♭2	
G♭:	♭5	5	6	♭7	1	7
G:	4	♭5	♭6	6	7	°7, Δ7♯5 mel, -Δ7 mel
A♭:	3	4	5	♭6	♭7	7 mel, 7sus4
A:	♭3	3	♭5	5	6	7
B♭:	2	♭3	4	♭5	♭6	°7, -7♭5, 7 mel, -Δ7 mel
B:	♭2	2	3	4	5	7 mel, 7sus4

Symmetric Difference as:
Pitches
E, F, G, A♭, A, B♭, B
Degrees
3, 4, 5, ♭6, 6, ♭7, 7
Prime Form
0, 1, 2, 3, 4, 6, 7

Inversion of:
0369 pitch class set: C, D♭, E♭, E, G♭

C, G♭, A, B♭, B

prime form: 0, 1, 2, 3, 6
degrees: 1, ♭5, 6, ♭7, 7

Scale application to typical
chord types all keys:

C:	1	♭5	6	♭7	7	
D♭:	7	4	♭6	6	♭7	
D:	♭7	3	5	♭6	6	7, 7sus4
E♭:	6	♭3	♭5	5	♭6	7, -Δ7 mel
E:	♭6	2	4	♭5	5	Δ7#5 mel, 7 mel, -Δ7 mel
F:	5	♭2	3	4	♭5	7 mel
G♭:	♭5	1	♭3	3	4	7 mel
G:	4	7	2	♭3	3	
A♭:	3	♭7	♭2	2	♭3	7, 7sus4
A:	♭3	6	1	♭2	2	7, 7sus4
B♭:	2	♭6	7	1	♭2	
B:	♭2	5	♭7	7	1	

See page 76 for other
0,1,2,3,7 information

C, D♭, D, E♭, G

prime form: 0, 1, 2, 3, 7
degrees: 1, ♭2, 2, ♭3, 5

Scale application to typical chord types all keys:

C:	1	♭2	2	♭3	5	7, 7sus4
D♭:	7	1	♭2	2	♭5	
D:	♭7	7	1	♭2	4	
E♭:	6	♭7	7	1	3	
E:	♭6	6	♭7	7	♭3	
F:	5	♭6	6	♭7	2	7, 7sus4
G♭:	♭5	5	♭6	6	♭2	7
G:	4	♭5	5	♭6	1	Δ7♯5 mel, 7 mel, -Δ7 mel
A♭:	3	4	♭5	5	7	Δ7♯5 mel
A:	♭3	3	4	♭5	♭7	7 mel
B♭:	2	♭3	3	4	6	7 mel, 7sus4
B:	♭2	2	♭3	3	♭6	7, 7sus4

Symmetric Difference as:
Pitches
E, F, G♭, A♭, A, B♭, B
Degrees
3, 4, ♭5, ♭6, 6, ♭7, 7
Prime Form
0, 1, 2, 3, 5, 6, 7

Inversion of:
01237 pitch class set: C, D♭, D, E♭, G

C, F, A, B♭, B

prime form: 0, 1, 2, 3, 7
degrees: 1, 4, 6, ♭7, 7

Scale application to typical chord types all keys:

C:	1	4	6	♭7	7	
D♭:	7	3	♭6	6	♭7	
D:	♭7	♭3	5	♭6	6	-7 mel, 7, 7sus4
E♭:	6	2	♭5	5	♭6	Δ7#5 mel, 7, -Δ7 mel
E:	♭6	♭2	4	♭5	5	7 mel
F:	5	1	3	4	♭5	Δ7#5 mel, 7 mel
G♭:	♭5	7	♭3	3	4	
G:	4	♭7	2	♭3	3	7 mel, 7sus4
A♭:	3	6	♭2	2	♭3	7, 7sus4
A:	♭3	♭6	1	♭2	2	7, -7b5 mel, 7sus4
B♭:	2	5	7	1	♭2	
B:	♭2	♭5	♭7	7	1	

See page 77 for other
0,1,2,4,5 information

C, D♭, D, E, F

prime form: 0, 1, 2, 4, 5
degrees: 1, ♭2, 2, 3, 4

Scale application to typical chord types all keys:

C:	1	♭2	2	3	4	7 mel, 7sus4
D♭:	7	1	♭2	♭3	3	
D:	♭7	7	1	2	♭3	
E♭:	6	♭7	7	♭2	2	
E:	♭6	6	♭7	1	♭2	-7 mel, 7, 7sus4
F:	5	♭6	6	7	1	Δ7♯5 mel, -Δ7 mel
G♭:	♭5	5	♭6	♭7	7	
G:	4	♭5	5	6	♭7	7 mel
A♭:	3	4	♭5	♭6	6	Δ7♯5 mel, 7 mel
A:	♭3	3	4	5	♭6	7 mel, 7sus4
B♭:	2	♭3	3	♭5	5	7
B:	♭2	2	♭3	4	♭5	7 mel, -7♭5 mel

Symmetric Difference as:
Pitches
E♭, G♭, G, A♭, A, B♭, B
Degrees
♭3, ♭5, 5, ♭6, 6, ♭7, 7
Prime Form
0, 1, 2, 3, 4, 5, 8

Inversion of:
01245 pitch class set: C, D♭, D, E, F

C, G, A♭, B♭, B

prime form: 0, 1, 2, 4, 5
degrees: 1, 5, ♭6, ♭7, 7

Scale application to typical chord types all keys:

C:	1	5	♭6	♭7	7	
D♭:	7	♭5	5	6	♭7	
D:	♭7	4	♭5	♭6	6	7 mel
E♭:	6	3	4	5	♭6	Δ7#5 mel, 7 mel, 7sus4
E:	♭6	♭3	3	♭5	5	7
F:	5	2	♭3	4	♭5	-Δ7, 7 mel
G♭:	♭5	♭2	2	3	4	7 mel
G:	4	1	♭2	♭3	3	7 mel, 7sus4
A♭:	3	7	1	2	♭3	
A:	♭3	♭7	7	♭2	2	
B♭:	2	6	♭7	1	♭2	7, 7sus4
B:	♭2	♭6	6	7	1	

See page 78 for other
0,1,2,4,6 information

C, D♭, D, E, G♭

prime form: 0, 1, 2, 4, 6
degrees: 1, ♭2, 2, 3, ♭5

Scale application to typical
chord types all keys:

C:	1	♭2	2	3	♭5	7
D♭:	7	1	♭2	♭3	4	
D:	♭7	7	1	2	3	
E♭:	6	♭7	7	♭2	♭3	
E:	♭6	6	♭7	1	2	7, 7sus4
F:	5	♭6	6	7	♭2	
G♭:	♭5	5	♭6	♭7	1	7
G:	4	♭5	5	6	7	Δ7♯5 mel, -Δ7
A♭:	3	4	♭5	♭6	♭7	7 mel
A:	♭3	3	4	5	6	7 mel, 7sus4
B♭:	2	♭3	3	♭5	♭6	7
B:	♭2	2	♭3	4	5	7 mel, 7sus4

Symmetric Difference as:
Pitches
E♭, F, G, A♭, A, B♭, B
Degrees
♭3, 4, 5, ♭6, 6, ♭7, 7
Prime Form
0, 1, 2, 3, 4, 6, 8

Inversion of:
01246 pitch class set: C, D♭, D, E, G♭

C, G♭, A♭, B♭, B

prime form: 0, 1, 2, 4, 6
degrees: 1, ♭5, ♭6, ♭7, 7

Scale application to typical
chord types all keys:

C:	1	♭5	♭6	♭7	7	
D♭:	7	4	5	6	♭7	
D:	♭7	3	♭5	♭6	6	7
E♭:	6	♭3	4	5	♭6	-7 mel, 7 mel, 7sus4, -Δ7 mel
E:	♭6	2	3	♭5	5	Δ7#5 mel, 7
F:	5	♭2	♭3	4	♭5	7 mel
G♭:	♭5	1	2	3	4	Δ7#5 mel, 7 mel
G:	4	7	♭2	♭3	3	
A♭:	3	♭7	1	2	♭3	7, 7sus4
A:	♭3	6	7	♭2	2	
B♭:	2	♭6	♭7	1	♭2	7, -7b5 mel, 7sus4
B:	♭2	5	6	7	1	

See page 79 for other 0,1,2,4,7 information

C, D♭, D, E, G

prime form: 0, 1, 2, 4, 7

degrees: 1, ♭2, 2, 3, 5

Scale application to typical chord types all keys:

C:	1	♭2	2	3	5	7, 7sus4
D♭:	7	1	♭2	♭3	♭5	
D:	♭7	7	1	2	4	
E♭:	6	♭7	7	♭2	3	
E:	♭6	6	♭7	1	♭3	-7 mel, 7, 7sus4
F:	5	♭6	6	7	2	Δ7♯5 mel, -Δ7 mel
G♭:	♭5	5	♭6	♭7	♭2	7
G:	4	♭5	5	6	1	Δ7♯5 mel, -Δ7, 7 mel
A♭:	3	4	♭5	♭6	7	Δ7♯5 mel
A:	♭3	3	4	5	♭7	7 mel, 7sus4
B♭:	2	♭3	3	♭5	6	7
B:	♭2	2	♭3	4	♭6	7 mel, -7♭5 mel, 7sus4

Symmetric Difference as:

Pitches

E♭, F, G♭, A♭, A, B♭, B

Degrees

♭3, 4, ♭5, ♭6, 6, ♭7, 7

Prime Form

0, 1, 2, 3, 5, 6, 8

Inversion of:
01247 pitch class set: C, D♭, D, E, G

C, F, A♭, B♭, B

prime form: 0, 1, 2, 4, 7

degrees: 1, 4, ♭5, ♭7, 7

Scale application to typical chord types all keys:

C:	1	4	♭6	♭7	7	
D♭:	7	3	5	6	♭7	
D:	♭7	♭3	♭5	♭6	6	7
E♭:	6	2	4	5	♭6	Δ7#5 mel, 7 mel, 7sus4, -Δ7 mel
E:	♭6	♭2	3	♭5	5	7
F:	5	1	♭3	4	♭5	-Δ7, 7 mel
G♭:	♭5	7	2	3	4	Δ7#5 mel
G:	4	♭7	♭2	♭3	3	7 mel, 7sus4
A♭:	3	6	1	2	♭3	7, 7sus4
A:	♭3	♭6	7	♭2	2	
B♭:	2	5	♭7	1	♭2	7, 7sus4
B:	♭2	♭5	6	7	1	

See page 80 for other 0,1,2,4,8 information

C, D♭, D, E, A♭

prime form: 0, 1, 2, 4, 8
degrees: 1, ♭2, 2, 3, ♭6

Scale application to typical chord types all keys:

C:	1	♭2	2	3	♭6	7, 7sus4
D♭:	7	1	♭2	♭3	5	
D:	♭7	7	1	2	♭5	
E♭:	6	♭7	7	♭2	4	
E:	♭6	6	♭7	1	3	7, 7sus4
F:	5	♭6	6	7	♭3	-Δ7 mel
G♭:	♭5	5	♭6	♭7	2	7
G:	4	♭5	5	6	♭2	7 mel
A♭:	3	4	♭5	♭6	1	Δ7♯5 mel, 7 mel
A:	♭3	3	4	5	7	
B♭:	2	♭3	3	♭5	♭7	7
B:	♭2	2	♭3	4	6	7 mel, 7sus4

Symmetric Difference as:
Pitches
E♭, F, G♭, G, A, B♭, B
Degrees
♭3, 4, ♭5, 5, 6, ♭7, 7
Prime Form
0, 1, 2, 4, 5, 6, 8

Inversion of:
01248 pitch class set: C, D♭, D, E, A♭

C, E, A♭, B♭, B

prime form: 0, 1, 2, 4, 8
degrees: 1, 3, ♭6, ♭7, 7

Scale application to typical chord types all keys:

C:	1	3	♭6	♭7	7	
D♭:	7	♭3	5	6	♭7	
D:	♭7	2	♭5	♭6	6	7
E♭:	6	♭2	4	5	♭6	-7 mel, 7 mel, 7sus4
E:	♭6	1	3	♭5	5	Δ7#5 mel, 7
F:	5	7	♭3	4	♭5	-Δ7
G♭:	♭5	♭7	2	3	4	7 mel
G:	4	6	♭2	♭3	3	7 mel, 7sus4
A♭:	3	♭6	1	2	♭3	7, 7sus4
A:	♭3	5	7	♭2	2	
B♭:	2	♭5	♭7	1	♭2	7, -7b5 mel
B:	♭2	4	6	7	1	

See page 81 for other
0,1,2,5,6 information

C, D♭, D, F, G♭

prime form: 0, 1, 2, 5, 6
degrees: 1, ♭2, 2, 4, ♭5

Scale application to typical
chord types all keys:

C:	1	♭2	2	4	♭5	7 mel, -7♭5 mel
D♭:	7	1	♭2	3	4	
D:	♭7	7	1	♭3	3	
E♭:	6	♭7	7	2	♭3	
E:	♭6	6	♭7	♭2	2	7, 7sus4
F:	5	♭6	6	1	♭2	-7 mel, 7, 7sus4
G♭:	♭5	5	♭6	7	1	Δ7♯5 mel, -Δ7 mel
G:	4	♭5	5	♭7	7	
A♭:	3	4	♭5	6	♭7	7 mel
A:	♭3	3	4	♭6	6	7 mel, 7sus4
B♭:	2	♭3	3	5	♭6	7, 7sus4
B:	♭2	2	♭3	♭5	5	7

Symmetric Difference as:
Pitches
E♭, E, G, A♭, A, B♭, B
Degrees
♭3, 3, 5, ♭6, 6, ♭7, 7
Prime Form
0, 1, 2, 3, 4, 7, 8

Inversion of:
01256 pitch class set: C, D♭, D, F, G♭

C, G♭, G, B♭, B

prime form: 0, 1, 2, 5, 6
degrees: 1, ♭5,5, ♭7, 7

Scale application to typical
chord types all keys:

C:	1	♭5	5	♭7	7	
D♭:	7	4	♭5	6	♭7	
D:	♭7	3	4	♭6	6	7 mel, 7sus4
E♭:	6	♭3	3	5	♭6	7, 7sus4
E:	♭6	2	♭3	♭5	5	7, -Δ7 mel
F:	5	♭2	2	4	♭5	7 mel
G♭:	♭5	1	♭2	3	4	7 mel
G:	4	7	1	♭3	3	
A♭:	3	♭7	7	2	♭3	
A:	♭3	6	♭7	♭2	2	7, 7sus4
B♭:	2	♭6	6	1	♭2	7, 7sus4
B:	♭2	5	♭6	7	1	

See page 82 for other
0,1,2,5,7 information

C, D♭, D, F, G

prime form: 0, 1, 2, 5, 7
degrees: 1, ♭2, 2, 4, 5

Scale application to typical chord types all keys:

C:	1	♭2	2	4	5	7 mel, 7sus4
D♭:	7	1	♭2	3	♭5	
D:	♭7	7	1	♭3	4	
E♭:	6	♭7	7	2	3	
E:	♭6	6	♭7	♭2	♭3	-7 mel, 7, 7sus4
F:	5	♭6	6	1	2	Δ7♯5 mel, 7, 7sus4, -Δ7 mel
G♭:	♭5	5	♭6	7	♭2	
G:	4	♭5	5	♭7	1	7 mel
A♭:	3	4	♭5	6	7	Δ7♯5 mel
A:	♭3	3	4	♭6	♭7	7 mel, 7sus4
B♭:	2	♭3	3	5	6	7, 7sus4
B:	♭2	2	♭3	♭5	♭6	7, -7♭5 mel

Symmetric Difference as:
Pitches
E♭, E, G♭, A♭, A, B♭, B
Degrees
♭3, 3, ♭5, ♭6, 6, ♭7, 7
Prime Form
0, 1, 2, 3, 5, 7, 8

Inversion of:
01256 pitch class set: C, D♭, D, F, G

C, F, G, B♭, B

prime form: 0, 1, 2, 5, 7
degrees: 1, 4, 5, ♭7, 7

Scale application to typical chord types all keys:

C:	1	4	5	♭7	7	
D♭:	7	3	♭5	6	♭7	
D:	♭7	♭3	4	♭6	6	-7 mel, 7 mel, 7sus4
E♭:	6	2	3	5	♭6	Δ7#5 mel, 7, 7sus4
E:	♭6	♭2	♭3	♭5	5	7
F:	5	1	2	4	♭5	Δ7#5 mel, -Δ7, 7 mel
G♭:	♭5	7	♭2	3	4	
G:	4	♭7	1	♭3	3	7 mel, 7sus4
A♭:	3	6	7	2	♭3	
A:	♭3	♭6	♭7	♭2	2	7, -7b5 mel, 7sus4
B♭:	2	5	6	1	♭2	7, 7sus4
B:	♭2	♭5	♭6	7	1	

See page 83 for other
0,1,2,5,8 information

C, D♭, D, F, A♭

prime form: 0, 1, 2, 5, 8
degrees: 1, ♭2, 2, 4, ♭6

Scale application to typical chord types all keys:

C:	1	♭2	2	4	♭6	7 mel, -7♭5 mel, 7sus4
D♭:	7	1	♭2	3	5	
D:	♭7	7	1	♭3	♭5	
E♭:	6	♭7	7	2	4	
E:	♭6	6	♭7	♭2	3	7, 7sus4
F:	5	♭6	6	1	♭3	-7 mel, 7, 7sus4, -Δ7 mel
G♭:	♭5	5	♭6	7	2	Δ7♯5 mel, -Δ7 mel
G:	4	♭5	5	♭7	♭2	7 mel
A♭:	3	4	♭5	6	1	Δ7♯5 mel, 7 mel
A:	♭3	3	4	♭6	7	
B♭:	2	♭3	3	5	♭7	7, 7sus4
B:	♭2	2	♭3	♭5	6	7

Symmetric Difference as:
Pitches
E♭, E, G♭, G, A, B♭, B
Degrees
♭3, 3, ♭5, 5, 6, ♭7, 7
Prime Form
0, 1, 2, 4, 5, 7, 8

Inversion of:
01256 pitch class set: C, D♭, D, F, A♭

C, E, G, B♭, B

prime form: 0, 1, 2, 5, 8
degrees: 1, 3, 5, ♭7, 7

Scale application to typical chord types all keys:

C:	1	3	5	♭7	7	
D♭:	7	♭3	♭5	6	♭7	
D:	♭7	2	4	♭6	6	7 mel, 7sus4
E♭:	6	♭2	3	5	♭6	7, 7sus4
E:	♭6	1	♭3	♭5	5	7, -Δ7 mel
F:	5	7	2	4	♭5	Δ7#5 mel, -Δ7
G♭:	♭5	♭7	♭2	3	4	7 mel
G:	4	6	1	♭3	3	7 mel, 7sus4
A♭:	3	♭6	7	2	♭3	
A:	♭3	5	♭7	♭2	2	7, 7sus4
B♭:	2	♭5	6	1	♭2	7
B:	♭2	4	♭6	7	1	

See page 84 for other
0,1,2,6,7 information

C, D♭, D, G♭, G

prime form: 0, 1, 2, 6, 7
degrees: 1, ♭2, 2, ♭5, 5

Scale application to typical chord types all keys:

C:	1	♭2	2	♭5	5	7
D♭:	7	1	♭2	4	♭5	
D:	♭7	7	1	3	4	
E♭:	6	♭7	7	♭3	3	
E:	♭6	6	♭7	2	♭3	7, 7sus4
F:	5	♭6	6	♭2	2	7, 7sus4
G♭:	♭5	5	♭6	1	♭2	7
G:	4	♭5	5	7	1	Δ7♯5 mel, -Δ7
A♭:	3	4	♭5	♭7	7	
A:	♭3	3	4	6	♭7	7 mel, 7sus4
B♭:	2	♭3	3	♭6	6	7, 7sus4
B:	♭2	2	♭3	5	♭6	7, 7sus4

Symmetric Difference as:
Pitches
E♭, E, F, A♭, A, B♭, B
Degrees
♭3, 3, 4, ♭6, 6, ♭7, 7
Prime Form
0, 1, 2, 3, 6, 7, 8

Inversion of:
01267 pitch class set: C, D♭, D, G♭, G

C, F, G♭, B♭, B

prime form: 0, 1, 2, 6, 7
degrees: 1, 4, ♭5, ♭7, 7

Scale application to typical chord types all keys:

C:	1	4	♭5	♭7	7	
D♭:	7	3	4	6	♭7	
D:	♭7	♭3	3	♭6	6	7, 7sus4
E♭:	6	2	♭3	5	♭6	7, 7sus4, -Δ7 mel
E:	♭6	♭2	2	♭5	5	7
F:	5	1	♭2	4	♭5	7 mel
G♭:	♭5	7	1	3	4	Δ7#5 mel
G:	4	♭7	7	♭3	3	
A♭:	3	6	♭7	2	♭3	7, 7sus4
A:	♭3	♭6	6	♭2	2	7, 7sus4
B♭:	2	5	♭6	1	♭2	7, 7sus4
B:	♭2	♭5	5	7	1	

See page 85 for other
0,1,2,6,8 information

C, D♭, D, G♭, A♭

prime form: 0, 1, 2, 6, 8
degrees: 1, ♭2, 2, ♭5, ♭6

Scale application to typical chord types all keys:

C:	1	♭2	2	♭5	♭6	7, -7♭5 mel
D♭:	7	1	♭2	4	5	
D:	♭7	7	1	3	♭5	
E♭:	6	♭7	7	♭3	4	
E:	♭6	6	♭7	2	3	7, 7sus4
F:	5	♭6	6	♭2	♭3	-7 mel, 7, 7sus4
G♭:	♭5	5	♭6	1	2	Δ7♯5 mel, 7, -Δ7 mel
G:	4	♭5	5	7	♭2	
A♭:	3	4	♭5	♭7	1	7 mel
A:	♭3	3	4	6	7	
B♭:	2	♭3	3	♭6	♭7	7, 7sus4
B:	♭2	2	♭3	5	6	7, 7sus4

Symmetric Difference as:
Pitches
E♭, E, F, G, A, B♭, B
Degrees
♭3, 3, 4, 5, 6, ♭7, 7
Prime Form
0, 1, 2, 4, 6, 7, 8

See page 86 for other 0,1,3,4,6 information

C, D♭, E♭, E, G♭

prime form: 0, 1, 3, 4, 6
degrees: 1, ♭2, ♭3, 3, ♭5

Scale application to typical chord types all keys:

C:	1	♭2	♭3	3	♭5	7
D♭:	7	1	2	♭3	4	°7, -Δ7
D:	♭7	7	♭2	2	3	
E♭:	6	♭7	1	♭2	♭3	-7 mel, 7, 7sus4
E:	♭6	6	7	1	2	°7, Δ7♯5 mel, Δ7♯5, -Δ7 mel
F:	5	♭6	♭7	7	♭2	
G♭:	♭5	5	6	♭7	1	7
G:	4	♭5	♭6	6	7	°7, Δ7♯5 mel, -Δ7 mel
A♭:	3	4	5	♭6	♭7	7 mel, 7sus4
A:	♭3	3	♭5	5	6	7
B♭:	2	♭3	4	♭5	♭6	°7, -7♭5, 7 mel, -Δ7 mel
B:	♭2	2	3	4	5	7 mel, 7sus4

Symmetric Difference as:
Pitches
D, F, G, A♭, A, B♭, B
Degrees
2, 4, 5, ♭6, 6, ♭7, 7
Prime Form
0, 2, 3, 4, 5, 6, 9

Inversion of:
01346 pitch class set: C, D♭, E♭, E, G♭

C, G♭, A♭, A, B

prime form: 0, 1, 3, 4, 6
degrees: 1, ♭5, ♭6, 6, 7

Scale application to typical chord types all keys:

C:	1	♭5	♭6	6	7	°7, Δ7#5 mel, maj7+7, -Δ7 mel
D♭:	7	4	5	♭6	♭7	
D:	♭7	3	♭5	5	6	7
E♭:	6	♭3	4	♭5	♭6	°7, 7 mel, -Δ7 mel
E:	♭6	2	3	4	5	Δ7#5 mel, 7 mel, 7sus4
F:	5	♭2	♭3	3	♭5	7
G♭:	♭5	1	2	♭3	4	°7, -Δ7, -7b5 , 7 mel
G:	4	7	♭2	2	3	
A♭:	3	♭7	1	♭2	♭3	7, 7sus4
A:	♭3	6	7	1	2	°7, -Δ7
B♭:	2	♭6	♭7	7	♭2	
B:	♭2	5	6	♭7	1	-7 mel, 7, 7sus4

See page 87 for other
0,1,3,4,7 information

C, D♭, E♭, E, G

prime form: 0, 1, 3, 4, 7
degrees: 1, ♭2, ♭3, 3, 5

Scale application to typical chord types all keys:

C:	1	♭2	♭3	3	5	7, 7sus4
D♭:	7	1	2	♭3	♭5	°7, -Δ7
D:	♭7	7	♭2	2	4	
E♭:	6	♭7	1	♭2	3	7, 7sus4
E:	♭6	6	7	1	♭3	°7, -Δ7 mel
F:	5	♭6	♭7	7	2	
G♭:	♭5	5	6	♭7	♭2	7
G:	4	♭5	♭6	6	1	°7, Δ7♯5 mel, 7 mel, -Δ7 mel
A♭:	3	4	5	♭6	7	Δ7♯5 mel
A:	♭3	3	♭5	5	♭7	7
B♭:	2	♭3	4	♭5	6	°7, -Δ7, 7 mel
B:	♭2	2	3	4	♭6	7 mel, 7sus4

Symmetric Difference as:
Pitches
D, F, G♭, A♭, A, B♭, B
Degrees
2, 4, ♭5, ♭6, 6, ♭7, 7
Prime Form
0, 1, 3, 4, 5, 6, 9

Inversion of:
01347 pitch class set: C, D♭, E♭, G, A♭

C, F, A♭, A, B

prime form: 0, 1, 3, 4, 7
degrees: 1, 4, ♭6, 6, 7

Scale application to typical chord types all keys:

C:	1	4	♭6	6	7	°7, Δ7#5 mel, -Δ7 mel
D♭:	7	3	5	♭6	♭7	
D:	♭7	♭3	♭5	5	6	7
E♭:	6	2	4	♭5	♭6	°7, Δ7#5 mel, 7 mel, -Δ7 mel
E:	♭6	♭2	3	4	5	7 mel, 7sus4
F:	5	1	♭3	3	♭5	7
G♭:	♭5	7	2	♭3	4	°7, -Δ7
G:	4	♭7	♭2	2	3	7 mel, 7sus4
A♭:	3	6	1	♭2	♭3	7, 7sus4
A:	♭3	♭6	7	1	2	°7, -Δ7 mel
B♭:	2	5	♭7	7	♭2	
B:	♭2	♭5	6	♭7	1	7

See page 88 for other
0,1,3,4,8 information

C, D♭, E♭, E, A♭

prime form: 0, 1, 3, 4, 8
degrees: 1, ♭2, ♭3, 3, ♭6

Scale application to typical chord types all keys:

C:	1	♭2	♭3	3	♭6	7, 7sus4
D♭:	7	1	2	♭3	5	-Δ7
D:	♭7	7	♭2	2	♭5	
E♭:	6	♭7	1	♭2	4	-7 mel, 7 mel, 7sus4
E:	♭6	6	7	1	3	Δ7♯5 mel, Δ7♯5
F:	5	♭6	♭7	7	♭3	
G♭:	♭5	5	6	♭7	2	7
G:	4	♭5	♭6	6	♭2	7 mel
A♭:	3	4	5	♭6	1	Δ7♯5 mel, 7 mel, 7sus4
A:	♭3	3	♭5	5	7	
B♭:	2	♭3	4	♭5	♭7	-7♭5, 7 mel
B:	♭2	2	3	4	6	7 mel, 7sus4

Symmetric Difference as:
Pitches
D, F, G♭, G, A, B♭, B
Degrees
2, 4, ♭5, 5, 6, ♭7, 7
Prime Form
0, 1, 2, 4, 5, 6, 9

See page 89 for other
0,1,3,5,6 information

C, D♭, E♭, F, G♭

prime form: 0, 1, 3, 5, 6
degrees: 1, ♭2, ♭3, 4, ♭5

Scale application to typical chord types all keys:

C:	1	♭2	♭3	4	♭5	7 mel, -7♭5 mel
D♭:	7	1	2	3	4	Δ7♯5 mel, Δ7 mel
D:	♭7	7	♭2	♭3	3	
E♭:	6	♭7	1	2	♭3	-7, 7, 7sus4
E:	♭6	6	7	♭2	2	
F:	5	♭6	♭7	1	♭2	-7 mel, 7, 7sus4
G♭:	♭5	5	6	7	1	Δ7♯5 mel, -Δ7, Δ7
G:	4	♭5	♭6	♭7	7	
A♭:	3	4	5	6	♭7	7 mel, 7sus4
A:	♭3	3	♭5	♭6	6	7
B♭:	2	♭3	4	5	♭6	7 mel, 7sus4, -Δ7 mel
B:	♭2	2	3	♭5	5	7

Symmetric Difference as:
Pitches
D, E, G, A♭, A, B♭, B
Degrees
2, 3, 5, ♭6, 6, ♭7, 7
Prime Form
0, 1, 2, 3, 4, 7, 9

See page 90 for other
0,1,3,5,7 information

C, D♭, E♭, F, G

prime form: 0, 1, 3, 5, 7
degrees: 1, ♭2, ♭3, 4, 5

Scale application to typical chord types all keys:

C:	1	♭2	♭3	4	5	-7 mel, 7 mel, 7sus4
D♭:	7	1	2	3	♭5	Δ7♯5 mel, Δ7♯5, Δ7
D:	♭7	7	♭2	♭3	4	
E♭:	6	♭7	1	2	3	7, 7sus4
E:	♭6	6	7	♭2	♭3	
F:	5	♭6	♭7	1	2	7, 7sus4
G♭:	♭5	5	6	7	♭2	
G:	4	♭5	♭6	♭7	1	-7♭5, 7 mel
A♭:	3	4	5	6	7	Δ7♯5 mel, Δ7 mel
A:	♭3	3	♭5	♭6	♭7	7
B♭:	2	♭3	4	5	6	-7, -Δ7, 7 mel, 7sus4
B:	♭2	2	3	♭5	♭6	

Symmetric Difference as:
Pitches
D, E, G♭, A♭, A, B♭, B
Degrees
2, 3, ♭5, ♭6, 6, ♭7, 7
Prime Form
0, 1, 2, 3, 5, 7, 9

Inversion of:
01357 pitch class set: C, D♭, E♭, F, G

C, F, G, A, B

prime form: 0, 1, 3, 5, 7
degrees: 1, 4, 6, 6, 7

Scale application to typical chord types all keys:

C:	1	4	5	6	7	Δ7#5 mel, -Δ7, Δ7 mel
D♭:	7	3	♭5	♭6	♭7	
D:	♭7	♭3	4	5	6	-7, 7 mel, 7sus4
E♭:	6	2	3	♭5	♭6	Δ7#5 mel, 7, maj7+7
E:	♭6	♭2	♭3	4	5	-7 mel, 7 mel, 7sus4
F:	5	1	2	3	♭5	Δ7#5 mel, 7, Δ7
G♭:	♭5	7	♭2	♭3	4	
G:	4	♭7	1	2	3	7 mel, 7sus4
A♭:	3	6	7	♭2	♭3	
A:	♭3	♭6	♭7	1	2	-7b5 , 7, 7sus4
B♭:	2	5	6	7	♭2	
B:	♭2	♭5	♭6	♭7	1	7, -7b5 mel

See page 91 for other
0,1,3,5,8 information

C, D♭, E♭, F, A♭

prime form: 0, 1, 3, 5, 8
degrees: 1, ♭2, ♭3, 4, ♭6

Scale application to typical
chord types all keys:

C:	1	♭2	♭3	4	♭6	-7 mel, 7 mel, -7♭5 mel, 7sus4
D♭:	7	1	2	3	5	Δ7♯5 mel, Δ7
D:	♭7	7	♭2	♭3	♭5	
E♭:	6	♭7	1	2	4	-7, 7 mel, 7sus4
E:	♭6	6	7	♭2	3	
F:	5	♭6	♭7	1	♭3	-7 mel, 7, 7sus4
G♭:	♭5	5	6	7	2	Δ7♯5 mel, -Δ7, Δ7
G:	4	♭5	♭6	♭7	♭2	7 mel, -7♭5 mel
A♭:	3	4	5	6	1	Δ7♯5 mel, 7 mel, Δ7 mel, 7sus4
A:	♭3	3	♭5	♭6	7	
B♭:	2	♭3	4	5	♭7	-7, 7 mel, 7sus4
B:	♭2	2	3	♭5	6	7

Symmetric Difference as:
Pitches
D, E, G♭, G, A, B♭, B
Degrees
2, 3, ♭5, 5, 6, ♭7, 7
Prime Form
0, 1, 2, 4, 5, 7, 9

Inversion of:
01358 pitch class set: C, D♭, E♭, F, A♭

C, E, G, A, B

prime form: 0, 1, 3, 5, 8
degrees: 1, 3, 5, 6, 7

Scale application to typical
chord types all keys:

C:	1	3	5	6	7	Δ7#5 mel, Δ7
D♭:	7	♭3	♭5	♭6	♭7	
D:	♭7	2	4	5	6	-7, 7 mel, 7sus4
E♭:	6	♭2	3	♭5	♭6	7
E:	♭6	1	♭3	4	5	-7 mel, 7 mel, 7sus4, -Δ7 mel
F:	5	7	2	3	♭5	Δ7#5 mel, Δ7
G♭:	♭5	♭7	♭2	♭3	4	7 mel, -7b5 mel
G:	4	6	1	2	3	Δ7#5 mel, 7 mel, Δ7 mel, 7sus4
A♭:	3	♭6	7	♭2	♭3	
A:	♭3	5	♭7	1	2	-7, 7, 7sus4
B♭:	2	♭5	6	7	♭2	
B:	♭2	4	♭6	♭7	1	-7 mel, 7 mel, -7b5 mel, 7sus4

See page 92 for other
0,1,3,6,7 information

C, D♭, E♭, G♭, G

prime form: 0, 1, 3, 6, 7
degrees: 1, ♭2, ♭3, ♭5, 5

Scale application to typical chord types all keys:

C:	1	♭2	♭3	♭5	5	7
D♭:	7	1	2	4	♭5	°7, Δ7♯5 mel, -Δ7
D:	♭7	7	♭2	3	4	
E♭:	6	♭7	1	♭3	3	7, 7sus4
E:	♭6	6	7	2	♭3	°7, -Δ7 mel
F:	5	♭6	♭7	♭2	2	7, 7sus4
G♭:	♭5	5	6	1	♭2	7
G:	4	♭5	♭6	7	1	°7, Δ7♯5 mel, -Δ7 mel
A♭:	3	4	5	♭7	7	
A:	♭3	3	♭5	6	♭7	7
B♭:	2	♭3	4	♭6	6	°7, 7 mel, 7sus4, -Δ7 mel
B:	♭2	2	3	5	♭6	7, 7sus4

Symmetric Difference as:
Pitches
D, E, F, A♭, A, B♭, B
Degrees
2, 3, 4, ♭6, 6, ♭7, 7
Prime Form
0, 1, 2, 3, 6, 8, 9

Inversion of:
01367 pitch class set: C, D♭, E♭, G♭, G

C, F, G♭, A, B

prime form: 0, 1, 3, 6, 7
degrees: 1, 4, ♭5, 6, 7

Scale application to typical chord types all keys:

C:	1	4	♭5	6	7	°7, Δ7#5 mel, -Δ7
D♭:	7	3	4	♭6	♭7	
D:	♭7	♭3	3	5	6	7, 7sus4
E♭:	6	2	♭3	♭5	♭6	°7, 7, -Δ7 mel
E:	♭6	♭2	2	4	5	7 mel, 7sus4
F:	5	1	♭2	3	♭5	7
G♭:	♭5	7	1	♭3	4	°7, -Δ7
G:	4	♭7	7	2	3	
A♭:	3	6	♭7	♭2	♭3	7, 7sus4
A:	♭3	♭6	6	1	2	°7, 7, 7sus4, -Δ7 mel
B♭:	2	5	♭6	7	♭2	
B:	♭2	♭5	5	♭7	1	7

See page 93 for other
0,1,3,6,8 information

C, D♭, E♭, G♭, A♭

prime form: 0, 1, 3, 6, 8
degrees: 1, ♭2, ♭3, ♭5, ♭6

Scale application to typical chord types all keys:

C:	1	♭2	♭3	♭5	♭6	7, -7♭5 mel
D♭:	7	1	2	4	5	Δ7♯5 mel, -Δ7, Δ7 mel
D:	♭7	7	♭2	3	♭5	
E♭:	6	♭7	1	♭3	4	-7, 7 mel, 7sus4
E:	♭6	6	7	2	3	Δ7♯5 mel, Δ7♯5
F:	5	♭6	♭7	♭2	♭3	-7 mel, 7, 7sus4
G♭:	♭5	5	6	1	2	Δ7♯5 mel, -Δ7, 7, Δ7
G:	4	♭5	♭6	7	♭2	
A♭:	3	4	5	♭7	1	7 mel, 7sus4
A:	♭3	3	♭5	6	7	
B♭:	2	♭3	4	♭6	♭7	-7♭5, 7 mel, 7sus4
B:	♭2	2	3	5	6	7, 7sus4

Symmetric Difference as:
Pitches
D, E, F, G, A, B♭, B
Degrees
2, 3, 4, 5, 6, ♭7, 7
Prime Form
0, 1, 2, 4, 6, 7, 9

Inversion of:
01368 pitch class set: C, D♭, E♭, G♭, A♭

C, E, G♭, A, B

prime form: 0, 1, 3, 6, 8
degrees: 1, 3, ♭5, 6, 7

Scale application to typical chord types all keys:

C:	1	3	♭5	6	7	Δ7#5 mel, maj7+7, Δ7
D♭:	7	♭3	4	♭6	♭7	
D:	♭7	2	3	5	6	7, 7sus4
E♭:	6	♭2	♭3	♭5	♭6	7
E:	♭6	1	2	4	5	Δ7#5 mel, 7 mel, 7sus4, -Δ7 mel
F:	5	7	♭2	3	♭5	
G♭:	♭5	♭7	1	♭3	4	-7b5 , 7 mel
G:	4	6	7	2	3	Δ7#5 mel, Δ7 mel
A♭:	3	♭6	♭7	♭2	♭3	7, 7sus4
A:	♭3	5	6	1	2	-7, -Δ7, 7, 7sus4
B♭:	2	♭5	♭6	7	♭2	
B:	♭2	4	5	♭7	1	-7 mel, 7 mel, 7sus4

See page 94 for other
0,1,3,7,8 information

C, D♭, E♭, G, A♭

prime form: 0, 1, 3, 7, 8
degrees: 1, ♭2, ♭3, 5, ♭6

Scale application to typical chord types all keys:

C:	1	♭2	♭3	5	♭6	-7 mel, 7, 7sus4
D♭:	7	1	2	♭5	5	Δ7♯5 mel, -Δ7, Δ7
D:	♭7	7	♭2	4	♭5	
E♭:	6	♭7	1	3	4	7 mel, 7sus4
E:	♭6	6	7	♭3	3	
F:	5	♭6	♭7	2	♭3	7, 7sus4
G♭:	♭5	5	6	♭2	2	7
G:	4	♭5	♭6	1	♭2	7 mel, -7♭5 mel
A♭:	3	4	5	7	1	Δ7♯5 mel, Δ7 mel
A:	♭3	3	♭5	♭7	7	
B♭:	2	♭3	4	6	♭7	-7, 7 mel, 7sus4
B:	♭2	2	3	♭6	6	7, 7sus4

Symmetric Difference as:
Pitches
D, E, F, G♭, A, B♭, B
Degrees
2, 3, 4, ♭5, 6, ♭7, 7
Prime Form
0, 1, 2, 4, 7, 8, 9

Inversion of:
01378 pitch class set: C, D♭, E♭, G, A♭

C, E, F, A, B

prime form: 0, 1, 3, 7, 8
degrees: 1, ♭2, ♭3, 5, ♭6

Scale application to typical chord types all keys:

C:	1	3	4	6	7	Δ7#5 mel, Δ7 mel
D♭:	7	♭3	3	♭6	♭7	
D:	♭7	2	♭3	5	6	-7, 7, 7sus4
E♭:	6	♭2	2	♭5	♭6	7
E:	♭6	1	♭2	4	5	-7 mel, 7 mel, 7sus4
F:	5	7	1	3	♭5	Δ7#5 mel, Δ7
G♭:	♭5	♭7	7	♭3	4	
G:	4	6	♭7	2	3	7 mel, 7sus4
A♭:	3	♭6	6	♭2	♭3	7, 7sus4
A:	♭3	5	♭6	1	2	7, 7sus4, -Δ7 mel
B♭:	2	♭5	5	7	♭2	
B:	♭2	4	♭5	♭7	1	7 mel, -7b5 mel

See page 95 for other
0,1,3,6,9 information

C, D♭, E♭, G♭, A

prime form: 0, 1, 3, 6, 9
degrees: 1, ♭2, ♭3, ♭5, 6

Scale application to typical chord types all keys:

C:	1	♭2	♭3	♭5	6	7
D♭:	7	1	2	4	♭6	°7, Δ7♯5 mel, -Δ7 mel
D:	♭7	7	♭2	3	5	
E♭:	6	♭7	1	♭3	♭5	7
E:	♭6	6	7	2	4	°7, Δ7♯5 mel, -Δ7 mel
F:	5	♭6	♭7	♭2	3	7, 7sus4
G♭:	♭5	5	6	1	♭3	-Δ7, 7
G:	4	♭5	♭6	7	2	°7, Δ7♯5 mel, -Δ7 mel
A♭:	3	4	5	♭7	♭2	7 mel, 7sus4
A:	♭3	3	♭5	6	1	7
B♭:	2	♭3	4	♭6	7	°7, -Δ7 mel
B:	♭2	2	3	5	♭7	7, 7sus4

Symmetric Difference as:
Pitches
D, E, F, G, A♭, B♭, B
Degrees
2, 3, 4, 5, ♭6, ♭7, 7
Prime Form
0, 1, 3, 4, 6, 7, 9

Inversion of:
01369 pitch class set: C, D♭, E♭, G♭, A

C, E♭, G♭, A, B

prime form: 0, 1, 3, 6, 9
degrees: 1, ♭3, ♭5, 6, 7

Scale application to typical chord types all keys:

C:	1	♭3	♭5	6	7	°7, -Δ7
D♭:	7	2	4	♭6	♭7	
D:	♭7	♭2	3	5	6	7, 7sus4
E♭:	6	1	♭3	♭5	♭6	°7, 7, -Δ7 mel
E:	♭6	7	2	4	5	Δ7#5 mel, -Δ7 mel
F:	5	♭7	♭2	3	♭5	7
G♭:	♭5	6	1	♭3	4	°7, -Δ7, 7 mel
G:	4	♭6	7	2	3	Δ7#5 mel
A♭:	3	5	♭7	♭2	♭3	7, 7sus4
A:	♭3	♭5	6	1	2	°7, -Δ7, 7
B♭:	2	4	♭6	7	♭2	
B:	♭2	3	5	♭7	1	7, 7sus4

See page 96 for other 0,1,4,5,7 information

C, D♭, E, F, G

prime form: 0, 1, 4, 5, 7
degrees: 1, ♭2, 3, 4, 5

Scale application to typical chord types all keys:

C:	1	♭2	3	4	5	7 mel, 7sus4
D♭:	7	1	♭3	3	♭5	
D:	♭7	7	2	♭3	4	
E♭:	6	♭7	♭2	2	3	7, 7sus4
E:	♭6	6	1	♭2	♭3	-7 mel, 7, 7sus4
F:	5	♭6	7	1	2	Δ7♯5 mel, -Δ7 mel
G♭:	♭5	5	♭7	7	♭2	
G:	4	♭5	6	♭7	1	7 mel
A♭:	3	4	♭6	6	7	Δ7♯5 mel
A:	♭3	3	5	♭6	♭7	7, 7sus4
B♭:	2	♭3	♭5	5	6	-Δ7, 7
B:	♭2	2	4	♭5	♭6	7 mel, -7♭5 mel

Symmetric Difference as:
Pitches
D, E♭, G♭, A♭, A, B♭, B
Degrees
2, ♭3, ♭5, ♭6, 6, ♭7, 7
Prime Form
0, 1, 4, 5, 6, 7, 9

Inversion of:
01457 pitch class set: C, D♭, E, F, G

C, F, G, A♭, B

prime form: 0, 1, 4, 5, 7
degrees: 1, 4, 5, ♭6, 7

Scale application to typical chord types all keys:

C:	1	4	5	♭6	7	Δ7#5 mel, -Δ7 mel
D♭:	7	3	♭5	5	♭7	
D:	♭7	♭3	4	♭5	6	7 mel
E♭:	6	2	3	4	♭6	Δ7#5 mel, 7 mel, 7sus4
E:	♭6	♭2	♭3	3	5	7, 7sus4
F:	5	1	2	♭3	♭5	-Δ7, 7
G♭:	♭5	7	♭2	2	4	
G:	4	♭7	1	♭2	3	7 mel, 7sus4
A♭:	3	6	7	1	♭3	
A:	♭3	♭6	♭7	7	2	
B♭:	2	5	6	♭7	♭2	7, 7sus4
B:	♭2	♭5	♭6	6	1	7

See page 97 for other
0,1,4,5,8 information

C, D♭, E, F, A♭

prime form: 0, 1, 4, 5, 8
degrees: 1, ♭2, 3, 4, ♭6

Scale application to typical chord types all keys:

C:	1	♭2	3	4	♭6	7 mel, 7sus4
D♭:	7	1	♭3	3	5	+7
D:	♭7	7	2	♭3	♭5	
E♭:	6	♭7	♭2	2	4	7 mel, 7sus4
E:	♭6	6	1	♭2	3	7, 7sus4
F:	5	♭6	7	1	♭3	+7, -Δ7 mel
G♭:	♭5	5	♭7	7	2	
G:	4	♭5	6	♭7	♭2	7 mel
A♭:	3	4	♭6	6	1	Δ7♯5 mel, 7 mel, 7sus4
A:	♭3	3	5	♭6	7	+7
B♭:	2	♭3	♭5	5	♭7	7
B:	♭2	2	4	♭5	6	7 mel

Symmetric Difference as:
Pitches
D, E♭, G♭, G, A, B♭, B
Degrees
2, ♭3, ♭5, 5, 6, ♭7, 7
Prime Form
0, 1, 3, 4, 5, 8, 9

Inversion of:
01458 pitch class set: C, D♭, E, F, A♭

C, E, G, A♭, B

prime form: 0, 1, 4, 5, 8
degrees: 1, 3, 5, ♭6, 7

Scale application to typical chord types all keys:

C:	1	3	5	♭6	7	Δ7#5 mel, +7
D♭:	7	♭3	♭5	5	♭7	
D:	♭7	2	4	♭5	6	7 mel
E♭:	6	♭2	3	4	♭6	7 mel, 7sus4
E:	♭6	1	♭3	3	5	7, 7sus4, +7
F:	5	7	2	♭3	♭5	-Δ7
G♭:	♭5	♭7	♭2	2	4	7 mel, -7b5 mel
G:	4	6	1	♭2	3	7 mel, 7sus4
A♭:	3	♭6	7	1	♭3	+7
A:	♭3	5	♭7	7	2	
B♭:	2	♭5	6	♭7	♭2	7

See page 98 for other 0,1,4,6,8 information

C, D♭, E, G♭, A♭

prime form: 0, 1, 4, 6, 8
degrees: 1, ♭2, 3, ♭5, ♭6

Scale application to typical chord types all keys:

C:	1	♭2	3	♭5	♭6	7
D♭:	7	1	♭3	4	5	-Δ7
D:	♭7	7	2	3	♭5	
E♭:	6	♭7	♭2	♭3	4	-7 mel, 7 mel, 7sus4
E:	♭6	6	1	2	3	Δ7♯5 mel, 7, Δ7♯5, 7sus4
F:	5	♭6	7	♭2	♭3	
G♭:	♭5	5	♭7	1	2	7
G:	4	♭5	6	7	♭2	
A♭:	3	4	♭6	♭7	1	7 mel, 7sus4
A:	♭3	3	5	6	7	
B♭:	2	♭3	♭5	♭6	♭7	-7♭5, 7
B:	♭2	2	4	5	6	7 mel, 7sus4

Symmetric Difference as:
Pitches
D, E♭, F, G, A, B♭, B
Degrees
2, ♭3, 4, 5, 6, ♭7, 7
Prime Form
0, 1, 2, 4, 6, 8, 9

Inversion of:
01468 pitch class set: C, D♭, E, G♭, A♭

C, E, G♭, A♭, B

prime form: 0, 1, 4, 6, 8
degrees: 1, 3, ♭5, ♭6, 7

Scale application to typical chord types all keys:

C:	1	3	♭5	♭6	7	Δ7#5 mel, maj7+7
D♭:	7	♭3	4	5	♭7	
D:	♭7	2	3	♭5	6	7
E♭:	6	♭2	♭3	4	♭6	-7 mel, 7 mel, 7sus4
E:	♭6	1	2	3	5	Δ7#5 mel, 7, 7sus4
F:	5	7	♭2	♭3	♭5	
G♭:	♭5	♭7	1	2	4	-7b5 , 7 mel
G:	4	6	7	♭2	3	
A♭:	3	♭6	♭7	1	♭3	7, 7sus4
A:	♭3	5	6	7	2	-Δ7
B♭:	2	♭5	♭6	♭7	♭2	7, -7b5 mel
B:	♭2	4	5	6	1	-7 mel, 7 mel, 7sus4

See page 99 for other
0,1,4,6,9 information

C, D♭, E, G♭, A

prime form: 0, 1, 4, 6, 9
degrees: 1, ♭2, 3, ♭5, 6

Scale application to typical chord types all keys:

C:	1	♭2	3	♭5	6	7
D♭:	7	1	♭3	4	♭6	°7, -Δ7 mel
D:	♭7	7	2	3	5	
E♭:	6	♭7	♭2	♭3	♭5	7
E:	♭6	6	1	2	4	°7, Δ7♯5 mel, 7 mel, 7sus4, -Δ7 mel
F:	5	♭6	7	♭2	3	
G♭:	♭5	5	♭7	1	♭3	7
G:	4	♭5	6	7	2	°7, Δ7♯5 mel, -Δ7
A♭:	3	4	♭6	♭7	♭2	7 mel, 7sus4
A:	♭3	3	5	6	1	7, 7sus4
B♭:	2	♭3	♭5	♭6	7	°7, -Δ7 mel
B:	♭2	2	4	5	♭7	7 mel, 7sus4

Symmetric Difference as:
Pitches
D, E♭, F, G, A♭, B♭, B
Degrees
2, ♭3, 4, 5, ♭6, ♭7, 7
Prime Form
0, 1, 3, 4, 6, 8, 9

C, E♭, G♭, A♭, B

Inversion of:
01469 pitch class set: C, D♭, E, G♭, A

prime form: 0, 1, 4, 6, 9
degrees: 1, ♭3, ♭5, ♭6, 7

Scale application to typical chord types all keys:

C:	1	♭3	♭5	♭6	7	°7, -Δ7 mel
D♭:	7	2	4	5	♭7	
D:	♭7	♭2	3	♭5	6	7
E♭:	6	1	♭3	4	♭6	°7, -7 mel, 7 mel, 7sus4, -Δ7 mel
E:	♭6	7	2	3	5	Δ7#5 mel
F:	5	♭7	♭2	♭3	♭5	7
G♭:	♭5	6	1	2	4	°7, Δ7#5 mel, -Δ7, 7 mel
G:	4	♭6	7	♭2	3	
A♭:	3	5	♭7	1	♭3	7, 7sus4
A:	♭3	♭5	6	7	2	°7, -Δ7
B♭:	2	4	♭6	♭7	♭2	7 mel, -7b5 mel, 7sus4
B:	♭2	3	5	6	1	7, 7sus4

See page 100 for other
0,1,4,7,8 information

C, D♭, E, G, A♭

prime form: 0, 1, 4, 7, 8
degrees: 1, ♭2, 3, 5, ♭6

Scale application to typical chord types all keys:

C:	1	♭2	3	5	♭6	7, 7sus4
D♭:	7	1	♭3	♭5	5	-Δ7
D:	♭7	7	2	4	♭5	
E♭:	6	♭7	♭2	3	4	7 mel, 7sus4
E:	♭6	6	1	♭3	3	7, 7sus4
F:	5	♭6	7	2	♭3	-Δ7 mel
G♭:	♭5	5	♭7	♭2	2	7
G:	4	♭5	6	1	♭2	7 mel
A♭:	3	4	♭6	7	1	Δ7♯5 mel
A:	♭3	3	5	♭7	7	
B♭:	2	♭3	♭5	6	♭7	7
B:	♭2	2	4	♭6	6	7 mel, 7sus4

Symmetric Difference as:
Pitches
D, E♭, F, G♭, A, B♭, B
Degrees
2, ♭3, 4, ♭5, 6, ♭7, 7
Prime Form
0, 1, 2, 5, 6, 8, 9

See page 101 for other
0,2,3,4,6 information

C, D, E♭, E, G♭

prime form: 0, 2, 3, 4, 6
degrees: 1, 2, ♭3, 3, ♭5

Scale application to typical chord types all keys:

C:	1	2	♭3	3	♭5	7
D♭:	7	♭2	2	♭3	4	
D:	♭7	1	♭2	2	3	7, 7sus4
E♭:	6	7	1	♭2	♭3	
E:	♭6	♭7	7	1	2	
F:	5	6	♭7	7	♭2	
G♭:	♭5	♭6	6	♭7	1	7
G:	4	5	♭6	6	7	Δ7♯5 mel, -Δ7 mel
A♭:	3	♭5	5	♭6	♭7	7
A:	♭3	4	♭5	5	6	-Δ7, 7 mel
B♭:	2	3	4	♭5	♭6	Δ7♯5 mel, 7 mel
B:	♭2	♭3	3	4	5	7 mel, 7sus4

Symmetric Difference as:
Pitches
D♭, F, G, A♭, A, B♭, B
Degrees
♭2, 4, 5, ♭6, 6, ♭7, 7
Prime Form
0, 2, 3, 4, 5, 6, 8

See page 102 for other
0,2,3,4,7 information

C, D, E♭, E, G

prime form: 0, 2, 3, 4, 7
degrees: 1, 2, ♭3, 3, 5

Scale application to typical chord types all keys:

C:	1	2	♭3	3	5	7, 7sus4
D♭:	7	♭2	2	♭3	♭5	
D:	♭7	1	♭2	2	4	7 mel, -7♭5 mel, 7sus4
E♭:	6	7	1	♭2	3	
E:	♭6	♭7	7	1	♭3	
F:	5	6	♭7	7	2	
G♭:	♭5	♭6	6	♭7	♭2	7
G:	4	5	♭6	6	1	Δ7♯5 mel, -7 mel, 7 mel, 7sus4, -Δ7 mel
A♭:	3	♭5	5	♭6	7	Δ7♯5 mel
A:	♭3	4	♭5	5	♭7	7 mel
B♭:	2	3	4	♭5	6	Δ7♯5 mel, 7 mel
B:	♭2	♭3	3	4	♭6	7 mel, 7sus4

Symmetric Difference as:
Pitches
D♭, F, G♭, A♭, A, B♭, B
Degrees
♭2, 4, ♭5, ♭6, 6, ♭7, 7
Prime Form
0, 1, 3, 4, 5, 6, 8

Inversion of:
02347 pitch class set: C, D, E♭, E, G

C, F, A♭, A, B♭

prime form: 0, 2, 3, 4, 7
degrees: 1, 4, ♭6, 6, ♭7

Scale application to typical chord types all keys:

C:	1	4	♭6	6	♭7	-7 mel, 7 mel, 7sus4
D♭:	7	3	5	♭6	6	Δ7#5 mel
D:	♭7	♭3	♭5	5	♭6	7
E♭:	6	2	4	♭5	5	Δ7#5 mel, -Δ7, 7 mel
E:	♭6	♭2	3	4	♭5	7 mel
F:	5	1	♭3	3	4	7 mel, 7sus4
G♭:	♭5	7	2	♭3	3	
G:	4	♭7	♭2	2	♭3	7 mel, -7b5 mel, 7sus4
A♭:	3	6	1	♭2	2	7, 7sus4
A:	♭3	♭6	7	1	♭2	
B♭:	2	5	♭7	7	1	
B:	♭2	♭5	6	♭7	7	

See page 103 for other
0,2,3,5,7 information

C, D, E♭, F, G

prime form: 0, 2, 3, 5, 7
degrees: 1, 2, ♭3, 4, 5

Scale application to typical chord types all keys:

C:	1	2	♭3	4	5	-7, -Δ7, 7 mel, 7sus4
D♭:	7	♭2	2	3	♭5	
D:	♭7	1	♭2	♭3	4	-7 mel, 7 mel, -7♭5 mel, 7sus4
E♭:	6	7	1	2	3	Δ7♯5 mel, Δ7, Δ7♯5
E:	♭6	♭7	7	♭2	♭3	
F:	5	6	♭7	1	2	-7, 7, 7sus4
G♭:	♭5	♭6	6	7	♭2	
G:	4	5	♭6	♭7	1	-7 mel, 7 mel, 7sus4
A♭:	3	♭5	5	6	7	Δ7♯5 mel, Δ7
A:	♭3	4	♭5	♭6	♭7	-7♭5, 7 mel
B♭:	2	3	4	5	6	Δ7♯5 mel, 7 mel, Δ7 mel, 7sus4
B:	♭2	♭3	3	♭5	♭6	7

Symmetric Difference as:
Pitches
D♭, E, G♭, A♭, A, B♭, B
Degrees
♭2, 3, ♭5, ♭6, 6, ♭7, 7
Prime Form
0, 2, 3, 4, 5, 7, 9

Inversion of:
02357 pitch class set: C, D, E♭, F, G

C, F, G, A, B♭

prime form: 0, 2, 3, 5, 7
degrees: 1, 4, 5, 6, ♭7

Scale application to typical chord types all keys:

C:	1	4	5	6	♭7	-7, 7 mel, 7sus4
D♭:	7	3	♭5	♭6	6	Δ7#5 mel, maj7+7
D:	♭7	♭3	4	5	♭6	-7 mel, 7 mel, 7sus4
E♭:	6	2	3	♭5	5	Δ7#5 mel, 7, Δ7
E:	♭6	♭2	♭3	4	♭5	7 mel, -7b5 mel
F:	5	1	2	3	4	Δ7#5 mel, 7 mel, Δ7 mel, 7sus4
G♭:	♭5	7	♭2	♭3	3	
G:	4	♭7	1	2	♭3	-7, -7b5 , 7 mel, 7sus4
A♭:	3	6	7	♭2	2	
A:	♭3	♭6	♭7	1	♭2	-7 mel, 7, -7b5 mel, 7sus4
B♭:	2	5	6	7	1	Δ7#5 mel, -Δ7, Δ7
B:	♭2	♭5	♭6	♭7	7	

See page 104 for other 0,2,3,5,8 information

C, D, E♭, F, A♭

prime form: 0, 2, 3, 5, 8
degrees: 1, 2, ♭3, 4, ♭6

Scale application to typical chord types all keys:

C:	1	2	♭3	4	♭6	°7, -7♭5, 7 mel, 7sus4, -Δ7 mel
D♭:	7	♭2	2	3	5	
D:	♭7	1	♭2	♭3	♭5	7, -7♭5 mel
E♭:	6	7	1	2	4	°7, Δ7♯5 mel, -Δ7, Δ7 mel
E:	♭6	♭7	7	♭2	3	
F:	5	6	♭7	1	♭3	-7, 7, 7sus4
G♭:	♭5	♭6	6	7	2	°7, Δ7♯5 mel, Δ7♯5, -Δ7 mel
G:	4	5	♭6	♭7	♭2	-7 mel, 7 mel, 7sus4
A♭:	3	♭5	5	6	1	Δ7♯5 mel, 7, Δ7
A:	♭3	4	♭5	♭6	7	°7, -Δ7 mel
B♭:	2	3	4	5	♭7	7 mel, 7sus4
B:	♭2	♭3	3	♭5	6	7

Symmetric Difference as:
Pitches
D♭, E, G♭, G, A, B♭, B
Degrees
♭2, 3, ♭5, 5, 6, ♭7, 7
Prime Form
0, 2, 3, 4, 6, 7, 9

Inversion of:
02358 pitch class set: C, D, E♭, F, A♭

C, E, G, A, B♭

prime form: 0, 2, 3, 5, 8
degrees: 1, 3, ♭5, 6, ♭7

Scale application to typical chord types all keys:

C:	1	3	5	6	♭7	7, 7sus4
D♭:	7	♭3	♭5	♭6	6	°7, -Δ7 mel
D:	♭7	2	4	5	♭6	7 mel, 7sus4
E♭:	6	♭2	3	♭5	5	7
E:	♭6	1	♭3	4	♭5	°7, -7b5 , 7 mel, -Δ7 mel
F:	5	7	2	3	4	Δ7#5 mel, Δ7 mel
G♭:	♭5	♭7	♭2	♭3	3	7
G:	4	6	1	2	♭3	°7, -7, -Δ7, 7 mel, 7sus4
A♭:	3	♭6	7	♭2	2	
A:	♭3	5	♭7	1	♭2	-7 mel, 7, 7sus4
B♭:	2	♭5	6	7	1	°7, Δ7#5 mel, -Δ7, maj7+7, Δ7
B:	♭2	4	♭6	♭7	7	

See page 105 for other
0,2,3,6,8 information

C, D, E♭, G♭, A♭

prime form: 0, 2, 3, 6, 8
degrees: 1, 2, ♭3, ♭5, ♭6

Scale application to typical chord types all keys:

C:	1	2	♭3	♭5	♭6	°7, -7♭5, 7, -Δ7 mel
D♭:	7	♭2	2	4	5	
D:	♭7	1	♭2	3	♭5	7
E♭:	6	7	1	♭3	4	°7, -Δ7
E:	♭6	♭7	7	2	3	
F:	5	6	♭7	♭2	♭3	-7 mel, 7, 7sus4
G♭:	♭5	♭6	6	1	2	°7, Δ7♯5 mel, 7, Δ7♯5, -Δ7 mel
G:	4	5	♭6	7	♭2	
A♭:	3	♭5	5	♭7	1	7
A:	♭3	4	♭5	6	7	°7, -Δ7
B♭:	2	3	4	♭6	♭7	7 mel, 7sus4
B:	♭2	♭3	3	5	6	7, 7sus4

Symmetric Difference as:
Pitches
D♭, E, F, G, A, B♭, B
Degrees
♭2, 3, 4, 5, 6, ♭7, 7
Prime Form
0, 1, 3, 5, 6, 7, 9

Inversion of:
02368 pitch class set: C, D, E♭, G♭, A♭

C, E, G♭, A, B♭

prime form: 0, 2, 3, 6, 8
degrees: 1, 3, ♭5, 6, ♭7

Scale application to typical chord types all keys:

C:	1	3	♭5	6	♭7	7
D♭:	7	♭3	4	♭6	6	°7, -Δ7 mel
D:	♭7	2	3	5	♭6	7, 7sus4
E♭:	6	♭2	♭3	♭5	5	7
E:	♭6	1	2	4	♭5	°7, Δ7#5 mel, -7b5 , 7 mel, -Δ7 mel
F:	5	7	♭2	3	4	
G♭:	♭5	♭7	1	♭3	3	7
G:	4	6	7	2	♭3	°7, -Δ7
A♭:	3	♭6	♭7	♭2	2	7, 7sus4
A:	♭3	5	6	1	♭2	-7 mel, 7, 7sus4
B♭:	2	♭5	♭6	7	1	°7, Δ7#5 mel, maj7+7, -Δ7 mel
B:	♭2	4	5	♭7	7	

See page 106 for other
0,2,4,5,8 information

C, D, E, F, A♭

prime form: 0, 2, 4, 5, 8
degrees: 1, 2, 3, 4, ♭6

Scale application to typical chord types all keys:

C:	1	2	3	4	♭6	Δ7♯5 mel, 7 mel, 7sus4
D♭:	7	♭2	♭3	3	5	
D:	♭7	1	2	♭3	♭5	-7♭5, 7
E♭:	6	7	♭2	2	4	
E:	♭6	♭7	1	♭2	3	7, 7sus4
F:	5	6	7	1	♭3	-Δ7
G♭:	♭5	♭6	♭7	7	2	
G:	4	5	6	♭7	♭2	-7 mel, 7 mel, 7sus4
A♭:	3	♭5	♭6	6	1	Δ7♯5 mel, 7, Δ7♯5
A:	♭3	4	5	♭6	7	-Δ7 mel
B♭:	2	3	♭5	5	♭7	7
B:	♭2	♭3	4	♭5	6	7 mel

Symmetric Difference as:
Pitches
D♭, E♭, G♭, G, A, B♭, B
Degrees
♭2, ♭3, ♭5, 5, 6, ♭7, 7
Prime Form
0, 1, 3, 4, 5, 7, 9

Inversion of:
02458 pitch class set: C, D, E, F, A♭

C, E, G, A♭, B♭

prime form: 0, 2, 4, 5, 8
degrees: 1, 3, 5, ♭6, ♭7

Scale application to typical chord types all keys:

C:	1	3	5	♭6	♭7	7, 7sus4
D♭:	7	♭3	♭5	5	6	-Δ7
D:	♭7	2	4	♭5	♭6	-7b5 , 7 mel
E♭:	6	♭2	3	4	5	7 mel, 7sus4
E:	♭6	1	♭3	3	♭5	7
F:	5	7	2	♭3	4	-Δ7
G♭:	♭5	♭7	♭2	2	3	7
G:	4	6	1	♭2	♭3	-7 mel, 7 mel, 7sus4
A♭:	3	♭6	7	1	2	Δ7#5 mel, maj7+7
A:	♭3	5	♭7	7	♭2	
B♭:	2	♭5	6	♭7	1	7
B:	♭2	4	♭6	6	7	

See page 107 for other
0,2,4,6,8 information

C, D, E, G♭, A♭

prime form: 0, 2, 4, 6, 8
degrees: 1, 2, 3, ♭5, ♭6

Scale application to typical chord types all keys:

C:	1	2	3	♭5	♭6	Δ7♯5 mel, 7, Δ7♯5
D♭:	7	♭2	♭3	4	5	
D:	♭7	1	2	3	♭5	7
E♭:	6	7	♭2	♭3	4	
E:	♭6	♭7	1	2	3	7, 7sus4
F:	5	6	7	♭2	♭3	
G♭:	♭5	♭6	♭7	1	2	-7♭5, 7
G:	4	5	6	7	♭2	
A♭:	3	♭5	♭6	♭7	1	7
A:	♭3	4	5	6	7	-Δ7
B♭:	2	3	♭5	♭6	♭7	7
B:	♭2	♭3	4	5	6	-7 mel, 7 mel, 7sus4

Symmetric Difference as:
Pitches
D♭, E♭, F, G, A, B♭, B
Degrees
♭2, ♭3, 4, 5, 6, ♭7, 7
Prime Form
0, 1, 2, 4, 6, 8, 10

See page 108 for other
0,2,4,6,8 information

C, D, E, G♭, A

prime form: 0, 2, 4, 6, 9
degrees: 1, 2, 3, ♭5, 6

Scale application to typical chord types all keys:

C:	1	2	3	♭5	6	Δ7♯5 mel, 7, Δ7♯5, Δ7
D♭:	7	♭2	♭3	4	♭6	
D:	♭7	1	2	3	5	7, 7sus4
E♭:	6	7	♭2	♭3	♭5	
E:	♭6	♭7	1	2	4	-7♭5, 7 mel, 7sus4
F:	5	6	7	♭2	3	
G♭:	♭5	♭6	♭7	1	♭3	-7♭5, 7
G:	4	5	6	7	2	Δ7♯5 mel, -Δ7, Δ7 mel
A♭:	3	♭5	♭6	♭7	♭2	7
A:	♭3	4	5	6	1	-7, -Δ7, 7 mel, 7sus4
B♭:	2	3	♭5	♭6	7	Δ7♯5 mel, Δ7♯5
B:	♭2	♭3	4	5	♭7	-7 mel, 7 mel, 7sus4

Symmetric Difference as:
Pitches
D♭, E♭, F, G, A♭, B♭, B
Degrees
♭2, ♭3, 4, 5, ♭6, ♭7, 7
Prime Form
0, 1, 3, 5, 7, 9, 10

See page 109 for other 0,2,4,7,9 information

C, D, E, G, A

prime form: 0, 2, 4, 7, 9
degrees: 1, 2, 3, 5, 6

0, 2, 4, 7, 9
C Major or
A Minor Pentatonic Scale.

Scale application to typical chord types all keys:

C:	1	2	3	5	6	Δ7♯5 mel, 7, Δ7, 7sus4
D♭:	7	♭2	♭3	♭5	♭6	
D:	♭7	1	2	4	5	-7, 7 mel, 7sus4
E♭:	6	7	♭2	3	♭5	
E:	♭6	♭7	1	♭3	4	-7 mel, -7♭5, 7 mel, 7sus4
F:	5	6	7	2	3	Δ7♯5 mel, Δ7
G♭:	♭5	♭6	♭7	♭2	♭3	7, -7♭5 mel
G:	4	5	6	1	2	-7, Δ7♯5 mel, -Δ7, 7 mel, Δ7 mel, 7sus4
A♭:	3	♭5	♭6	7	♭2	
A:	♭3	4	5	♭7	1	-7, 7 mel, 7sus4
B♭:	2	3	♭5	6	7	Δ7♯5 mel, Δ7, Δ7♯5
B:	♭2	♭3	4	♭6	♭7	-7 mel, 7 mel, -7♭5 mel, 7sus4

Symmetric Difference as:
Pitches
D♭, E♭, F, G♭, A♭, B♭, B
Degrees
♭2, ♭3, 4, ♭5, ♭6, ♭7, 7
Prime Form
0, 1, 3, 5, 7, 8, 10

See page 110 for other 0,3,4,5,8 information

C, E♭, E, F, A♭

prime form: 0, 3, 4, 5, 8

degrees: 1, ♭3, 3, 4, ♭6

Scale application to typical chord types all keys:

C:	1	♭3	3	4	♭6	7 mel, 7sus4
D♭:	7	2	♭3	3	5	
D:	♭7	♭2	2	♭3	♭5	7, -7♭5 mel
E♭:	6	1	♭2	2	4	7 mel, 7sus4
E:	♭6	7	1	♭2	3	
F:	5	♭7	7	1	♭3	
G♭:	♭5	6	♭7	7	2	
G:	4	♭6	6	♭7	♭2	-7 mel, 7 mel, 7sus4
A♭:	3	5	♭6	6	1	Δ7♯5 mel, 7, 7sus4
A:	♭3	♭5	5	♭6	7	-Δ7 mel
B♭:	2	4	♭5	5	♭7	7 mel
B:	♭2	3	4	♭5	6	7 mel

Symmetric Difference as:

Pitches

D♭, D, G♭, G, A, B♭, B

Degrees

♭2, 2, ♭5, 5, 6, ♭7, 7

Prime Form

0, 1, 3, 4, 5, 7, 8

6 Note Scales

C, D♭, D, E♭, E, F

prime form: 0, 1, 2, 3, 4, 5

See page 111 for other 0,1,2,3,4,5 information

Scale application to typical chord types all keys:

C:	1	♭2	2	♭3	3	4	7 mel, 7sus4
D♭:	7	1	♭2	2	♭3	3	
D:	♭7	7	1	♭2	2	♭3	
E♭:	6	♭7	7	1	♭2	2	
E:	♭6	6	♭7	7	1	♭2	
F:	5	♭6	6	♭7	7	1	
G♭:	♭5	5	♭6	6	♭7	7	
G:	4	♭5	5	♭6	6	♭7	7 mel
A♭:	3	4	♭5	5	♭6	6	Δ7♯5 mel, 7 mel
A:	♭3	3	4	♭5	5	♭6	7 mel
B♭:	2	♭3	3	4	♭5	5	7 mel
B:	♭2	2	♭3	3	4	♭5	7 mel

Symmetric Difference as:
Pitches
G♭, G, A♭, A, B♭, B
Degrees
♭5, 5, ♭6, 6, ♭7, 7
Prime Form
0, 1, 2, 3, 4, 5

See page 112 for other
0,1,2,3,4,6 information

C, D♭, D, E♭, E, G♭

prime form: 0, 1, 2, 3, 4, 6
degrees: 1, ♭2, 2, ♭3, 3, ♭5

Scale application to typical chord types all keys:

C:	1	♭2	2	♭3	3	♭5	7
D♭:	7	1	♭2	2	♭3	4	
D:	♭7	7	1	♭2	2	3	
E♭:	6	♭7	7	1	♭2	♭3	
E:	♭6	6	♭7	7	1	2	
F:	5	♭6	6	♭7	7	♭2	
G♭:	♭5	5	♭6	6	♭7	1	7
G:	4	♭5	5	♭6	6	7	Δ7♯5 mel, -Δ7 mel
A♭:	3	4	♭5	5	♭6	♭7	7 mel
A:	♭3	3	4	♭5	5	6	7 mel
B♭:	2	♭3	3	4	♭5	♭6	7 mel
B:	♭2	2	♭3	3	4	5	7 mel, 7sus4

Symmetric Difference as:
Pitches
F, G, A♭, A, B♭, B
Degrees
4, 5, ♭6, 6, ♭7, 7
Prime Form
0, 1, 2, 3, 4, 6

Inversion of:
0,1,2,3,4,6 pitch class set:
C, D♭, D, E♭, E, G♭

C, E♭, A♭, A, B♭, B

prime form: 0, 1, 2, 3, 4, 6
degrees: 1, ♭3, ♭6, 6, ♭7, 7

Scale application to typical chord types all keys:

C:	1	♭5	♭6	6	♭7	7	
D♭:	7	4	5	♭6	6	♭7	
D:	♭7	3	♭5	5	♭6	6	7
E♭:	6	♭3	4	♭5	5	♭6	7 mel, -Δ7 mel
E:	♭6	2	3	4	♭5	5	Δ7#5 mel, 7 mel
F:	5	♭2	♭3	3	4	♭5	7 mel
G♭:	♭5	1	2	♭3	3	4	7 mel
G:	4	7	♭2	2	♭3	3	
A♭:	3	♭7	1	♭2	2	♭3	7, 7sus4
A:	♭3	6	7	1	♭2	2	
B♭:	2	♭6	♭7	7	1	♭2	
B:	♭2	5	6	♭7	7	1	

See page 113 for other
0,1,2,3,4,7 information

C, D♭, D, E♭, F, G

prime form: 0, 1, 2, 3, 4, 7
degrees: 1, ♭2, 2, ♭3, 3, 5

Scale application to typical chord types all keys:

C:	1	♭2	2	♭3	3	5	7, 7sus4
D♭:	7	1	♭2	2	♭3	♭5	
D:	♭7	7	1	♭2	2	4	
E♭:	6	♭7	7	1	♭2	3	
E:	♭6	6	♭7	7	1	♭3	
F:	5	♭6	6	♭7	7	2	
G♭:	♭5	5	♭6	6	♭7	♭2	7
G:	4	♭5	5	♭6	6	1	Δ7#5 mel, 7 mel, -Δ7 mel
A♭:	3	4	♭5	5	♭6	7	Δ7#5 mel
A:	♭3	3	4	♭5	5	♭7	7 mel
B♭:	2	♭3	3	4	♭5	6	7 mel
B:	♭2	2	♭3	3	4	♭6	7 mel, 7sus4

Symmetric Difference as:
Pitches
D♭, D, A♭, A, B♭, B
Degrees
♭2, 2, ♭6, 6, ♭7, 7
Prime Form
0, 1, 2, 3, 5, 6

Inversion of:
0,1,2,3,4,7 pitch class set:
C, D♭, D, E♭, E, G

C, F, A♭, A, B♭, B

prime form: 0, 1, 2, 3, 4, 7
degrees: 1, 4, ♭6, 6, ♭7, 7

Scale application to typical chord types all keys:

C:	1	4	♭6	6	♭7	7	
D♭:	7	3	5	♭6	6	♭7	
D:	♭7	♭3	♭5	5	♭6	6	7
E♭:	6	2	4	♭5	5	♭6	Δ7#5 mel, 7 mel, -Δ7 mel
E:	♭6	♭2	3	4	♭5	5	7 mel
F:	5	1	♭3	3	4	♭5	7 mel
G♭:	♭5	7	2	♭3	3	4	
G:	4	♭7	♭2	2	♭3	3	7 mel, 7sus4
A♭:	3	6	1	♭2	2	♭3	7, 7sus4
A:	♭3	♭6	7	1	♭2	2	
B♭:	2	5	♭7	7	1	♭2	
B:	♭2	♭5	6	♭7	7	1	

See page 114 for other
0,1,2,3,4,8 information

C, D♭, D, E♭, E, A♭

prime form: 0, 1, 2, 3, 4, 8
degrees: 1, ♭2, 2, ♭3, 3, ♭6

Scale application to typical chord types all keys:

C:	1	♭2	2	♭3	3	♭6	7, 7sus4
D♭:	7	1	♭2	2	♭3	5	
D:	♭7	7	1	♭2	2	♭5	
E♭:	6	♭7	7	1	♭2	4	
E:	♭6	6	♭7	7	1	3	
F:	5	♭6	6	♭7	7	♭3	
G♭:	♭5	5	♭6	6	♭7	2	7
G:	4	♭5	5	♭6	6	♭2	7 mel
A♭:	3	4	♭5	5	♭6	1	Δ7♯5 mel, 7 mel
A:	♭3	3	4	♭5	5	7	
B♭:	2	♭3	3	4	♭5	♭7	7 mel
B:	♭2	2	♭3	3	4	6	7 mel, 7sus4

Symmetric Difference as:
Pitches
F, G♭, G, A, B♭, B
Degrees
4, ♭5, 5, 6, ♭7, 7
Prime Form
0, 1, 2, 4, 5, 6

See page 115 for other 0,1,2,3,5,6 information

C, D♭, D, E♭, F, G♭

prime form: 0, 1, 2, 3, 5, 6
degrees: 1, ♭2, 2, ♭3, 4, ♭5

Scale application to typical chord types all keys:

C:	1	♭2	2	♭3	4	♭5	7 mel, -7♭5 mel
D♭:	7	1	♭2	2	3	4	
D:	♭7	7	1	♭2	♭3	3	
E♭:	6	♭7	7	1	2	♭3	
E:	♭6	6	♭7	7	♭2	2	
F:	5	♭6	6	♭7	1	♭2	-7 mel, 7, 7sus4
G♭:	♭5	5	♭6	6	7	1	Δ7♯5 mel, -Δ7 mel
G:	4	♭5	5	♭6	♭7	7	
A♭:	3	4	♭5	5	6	♭7	7 mel
A:	♭3	3	4	♭5	♭6	6	7 mel
B♭:	2	♭3	3	4	5	♭6	7 mel, 7sus4
B:	♭2	2	♭3	3	♭5	5	7

Symmetric Difference as:
Pitches
F, G♭, G, A, B♭, B
Degrees
4, ♭5, 5, 6, ♭7, 7
Prime Form
0, 1, 2, 4, 5, 6

Inversion of:
0,1,2,3,5,6 pitch class set:
C, D♭, D, E♭, F, G♭

C, G♭, G, A, B♭, B

prime form: 0, 1, 2, 3, 5, 6
degrees: 1, ♭5, 5, 6, ♭7, 7

Scale application to typical chord types all keys:

C:	1	♭5	5	6	♭7	7	
D♭:	7	4	♭5	♭6	6	♭7	
D:	♭7	3	4	5	♭6	6	7 mel, 7sus4
E♭:	6	♭3	3	♭5	5	♭6	7
E:	♭6	2	♭3	4	♭5	5	7 mel, -Δ7 mel
F:	5	♭2	2	3	4	♭5	7 mel
G♭:	♭5	1	♭2	♭3	3	4	7 mel
G:	4	7	1	2	♭3	3	
A♭:	3	♭7	7	♭2	2	♭3	
A:	♭3	6	♭7	1	♭2	2	7, 7sus4
B♭:	2	♭6	6	7	1	♭2	
B:	♭2	5	♭6	♭7	7	1	

See page 116 for other
0,1,2,3,5,7 information

C, D♭, D, E♭, F, G

prime form: 0, 1, 2, 3, 5, 7
degrees: 1, ♭2, 2, ♭3, 4, 5

Scale application to typical chord types all keys:

C:	1	♭2	2	♭3	4	5	7 mel, 7sus4
D♭:	7	1	♭2	2	3	♭5	
D:	♭7	7	1	♭2	♭3	4	
E♭:	6	♭7	7	1	2	3	
E:	♭6	6	♭7	7	♭2	♭3	
F:	5	♭6	6	♭7	1	2	7, 7sus4
G♭:	♭5	5	♭6	6	7	♭2	
G:	4	♭5	5	♭6	♭7	1	7 mel
A♭:	3	4	♭5	5	6	7	Δ7♯5 mel
A:	♭3	3	4	♭5	♭6	♭7	7 mel
B♭:	2	♭3	3	4	5	6	7 mel, 7sus4
B:	♭2	2	♭3	3	♭5	♭6	7

Symmetric Difference as:
Pitches
E, G♭, A♭, A, B♭, B
Degrees
3, ♭5, ♭6, 6, ♭7, 7
Prime Form
0, 1, 2, 3, 5, 7

Inversion of:
0,1,2,3,5,7 pitch class set:
C, D♭, D, E♭, F, G

C, F, G, A, B♭, B

prime form: 0, 1, 2, 3, 5, 7
degrees: 1, 4, 5, 6, ♭7, 7

Scale application to typical chord types all keys:

C:	1	4	5	6	♭7	7	
D♭:	7	3	♭5	♭6	6	♭7	
D:	♭7	♭3	4	5	♭6	6	-7 mel, 7 mel, 7sus4
E♭:	6	2	3	♭5	5	♭6	Δ7#5 mel, 7
E:	♭6	♭2	♭3	4	♭5	5	7 mel
F:	5	1	2	3	4	♭5	Δ7#5 mel, 7 mel
G♭:	♭5	7	♭2	♭3	3	4	
G:	4	♭7	1	2	♭3	3	7 mel, 7sus4
A♭:	3	6	7	♭2	2	♭3	
A:	♭3	♭6	♭7	1	♭2	2	7, -7b5 mel, 7sus4
B♭:	2	5	6	7	1	♭2	
B:	♭2	♭5	♭6	♭7	7	1	

See page 117 for other 0,1,2,3,5,6 information

C, D♭, D, E♭, F, A♭

prime form: 0, 1, 2, 3, 5, 8
degrees: 1, ♭2, 2, ♭3, 4, ♭6

Scale application to typical chord types all keys:

C:	1	♭2	2	♭3	4	♭6	7 mel, -7♭5 mel, 7sus4
D♭:	7	1	♭2	2	3	5	
D:	♭7	7	1	♭2	♭3	♭5	
E♭:	6	♭7	7	1	2	4	
E:	♭6	6	♭7	7	♭2	3	
F:	5	♭6	6	♭7	1	♭3	-7 mel, 7, 7sus4
G♭:	♭5	5	♭6	6	7	2	Δ7#5 mel, -Δ7 mel
G:	4	♭5	5	♭6	♭7	♭2	7 mel
A♭:	3	4	♭5	5	6	1	Δ7#5 mel, 7 mel
A:	♭3	3	4	♭5	♭6	7	
B♭:	2	♭3	3	4	5	♭7	7 mel, 7sus4
B:	♭2	2	♭3	3	♭5	6	7

Symmetric Difference as:
Pitches
E, G♭, G, A, B♭, B
Degrees
3, ♭5, 5, 6, ♭7, 7
Prime Form
0, 1, 2, 4, 5, 7

Inversion of:
0,1,2,3,5,6 pitch class set:
C, D♭, D, E♭, F, A♭

C, E, G, A, B♭, B

prime form: 0, 1, 2, 3, 5, 8
degrees: 1, 3, 5, 6, ♭7, 7

Scale application to typical chord types all keys:

C:	1	3	5	6	♭7	7	
D♭:	7	♭3	♭5	♭6	6	♭7	
D:	♭7	2	4	5	♭6	6	7 mel, 7sus4
E♭:	6	♭2	3	♭5	5	♭6	7
E:	♭6	1	♭3	4	♭5	5	7 mel, -Δ7 mel
F:	5	7	2	3	4	♭5	Δ7#5 mel
G♭:	♭5	♭7	♭2	♭3	3	4	7 mel
G:	4	6	1	2	♭3	3	7 mel, 7sus4
A♭:	3	♭6	7	♭2	2	♭3	
A:	♭3	5	♭7	1	♭2	2	7, 7sus4
B♭:	2	♭5	6	7	1	♭2	
B:	♭2	4	♭6	♭7	7	1	

See page 118 for other
0,1,2,3,6,7 information

C, D♭, D, E♭, G♭, G

prime form: 0, 1, 2, 3, 6, 7
degrees: 1, ♭2, 2, ♭3, ♭5, 5

Scale application to typical chord types all keys:

C:	1	♭2	2	♭3	♭5	5	7
D♭:	7	1	♭2	2	4	♭5	
D:	♭7	7	1	♭2	3	4	
E♭:	6	♭7	7	1	♭3	3	
E:	♭6	6	♭7	7	2	♭3	
F:	5	♭6	6	♭7	♭2	2	7, 7sus4
G♭:	♭5	5	♭6	6	1	♭2	7
G:	4	♭5	5	♭6	7	1	Δ7♯5 mel, -Δ7 mel
A♭:	3	4	♭5	5	♭7	7	
A:	♭3	3	4	♭5	6	♭7	7 mel
B♭:	2	♭3	3	4	♭6	6	7 mel, 7sus4
B:	♭2	2	♭3	3	5	♭6	7, 7sus4

Symmetric Difference as:
Pitches
E, F, A♭, A, B♭, B
Degrees
3, 4, ♭6, 6, ♭7, 7
Prime Form
0, 1, 2, 3, 6, 7

Inversion of:
0,1,2,3,6,7 pitch class set:
C, D♭, D, E♭, G♭, G

C, F, G♭, A, B♭, B

prime form: 0, 1, 2, 3, 6, 7
degrees: 1, 4, ♭5, 6, ♭7, 7

Scale application to typical chord types all keys:

C:	1	4	♭5	6	♭7	7	
D♭:	7	3	4	♭6	6	♭7	
D:	♭7	♭3	3	5	♭6	6	7, 7sus4
E♭:	6	2	♭3	♭5	5	♭6	7, -Δ7 mel
E:	♭6	♭2	2	4	♭5	5	7 mel
F:	5	1	♭2	3	4	♭5	7 mel
G♭:	♭5	7	1	♭3	3	4	
G:	4	♭7	7	2	♭3	3	
A♭:	3	6	♭7	♭2	2	♭3	7, 7sus4
A:	♭3	♭6	6	1	♭2	2	7, 7sus4
B♭:	2	5	♭6	7	1	♭2	
B:	♭2	♭5	5	♭7	7	1	

See page 119 for other
0,1,2,3,6,8 information

C, D♭, D, E♭, G♭, A♭

prime form: 0, 1, 2, 3, 6, 8
degrees: 1, ♭2, 2, ♭3, ♭5, ♭6

Scale application to typical chord types all keys:

C:	1	♭2	2	♭3	♭5	♭6	7, -7♭5 mel
D♭:	7	1	♭2	2	4	5	
D:	♭7	7	1	♭2	3	♭5	
E♭:	6	♭7	7	1	♭3	4	
E:	♭6	6	♭7	7	2	3	
F:	5	♭6	6	♭7	♭2	♭3	-7 mel, 7, 7sus4
G♭:	♭5	5	♭6	6	1	2	Δ7♯5 mel, 7, -Δ7 mel
G:	4	♭5	5	♭6	7	♭2	
A♭:	3	4	♭5	5	♭7	1	7 mel
A:	♭3	3	4	♭5	6	7	
B♭:	2	♭3	3	4	♭6	♭7	7 mel, 7sus4
B:	♭2	2	♭3	3	5	6	7, 7sus4

Symmetric Difference as:
Pitches
E, F, G, A, B♭, B
Degrees
3, 4, 5, 6, ♭7, 7
Prime Form
0, 1, 2, 4, 6, 7

Inversion of:
0,1,2,3,6,8 pitch class set:
C, D♭, D, E♭, G♭, A♭

C, E, G♭, A, B♭, B

prime form: 0, 1, 2, 3, 6, 8
degrees: 1, 3, ♭5, 6, ♭7, 7

Scale application to typical chord types all keys:

C:	1	3	♭5	6	♭7	7	
D♭:	7	♭3	4	♭6	6	♭7	
D:	♭7	2	3	5	♭6	6	7, 7sus4
E♭:	6	♭2	♭3	♭5	5	♭6	7
E:	♭6	1	2	4	♭5	5	Δ7#5 mel, 7 mel, -Δ7 mel
F:	5	7	♭2	3	4	♭5	
G♭:	♭5	♭7	1	♭3	3	4	7 mel
G:	4	6	7	2	♭3	3	
A♭:	3	♭6	♭7	♭2	2	♭3	7, 7sus4
A:	♭3	5	6	1	♭2	2	7, 7sus4
B♭:	2	♭5	♭6	7	1	♭2	
B:	♭2	4	5	♭7	7	1	

See page 120 for other 0,1,2,3,6,9 information

C, D♭, D, E♭, G♭, A

prime form: 0, 1, 2, 3, 6, 9

degrees: 1, ♭2, 2, ♭3, ♭5, 6

Scale application to typical chord types all keys:

C:	1	♭2	2	♭3	♭5	6	7
D♭:	7	1	♭2	2	4	♭6	
D:	♭7	7	1	♭2	3	5	
E♭:	6	♭7	7	1	♭3	♭5	
E:	♭6	6	♭7	7	2	4	
F:	5	♭6	6	♭7	♭2	3	7, 7sus4
G♭:	♭5	5	♭6	6	1	♭3	7, -Δ7 mel
G:	4	♭5	5	♭6	7	2	Δ7♯5 mel, -Δ7 mel
A♭:	3	4	♭5	5	♭7	♭2	7 mel
A:	♭3	3	4	♭5	6	1	7 mel
B♭:	2	♭3	3	4	♭6	7	
B:	♭2	2	♭3	3	5	♭7	7, 7sus4

Symmetric Difference as:
Pitches
E, F, G, A♭, B♭, B
Degrees
3, 4, 5, ♭6, ♭7, 7
Prime Form
0, 1, 3, 4, 6, 7

See page 121 for other
0,1,2,3,7,8 information

C, D♭, D, E♭, G, A♭

prime form: 0, 1, 2, 3, 7, 8

degrees: 1, ♭2, 2, ♭3, 5, ♭6

Scale application to typical chord types all keys:

C:	1	♭2	2	♭3	5	♭6	7, 7sus4
D♭:	7	1	♭2	2	♭5	5	
D:	♭7	7	1	♭2	4	♭5	
E♭:	6	♭7	7	1	3	4	
E:	♭6	6	♭7	7	♭3	3	
F:	5	♭6	6	♭7	2	♭3	7, 7sus4
G♭:	♭5	5	♭6	6	♭2	2	7
G:	4	♭5	5	♭6	1	♭2	7 mel
A♭:	3	4	♭5	5	7	1	Δ7♯5 mel
A:	♭3	3	4	♭5	♭7	7	
B♭:	2	♭3	3	4	6	♭7	7 mel, 7sus4
B:	♭2	2	♭3	3	♭6	6	7, 7sus4

Symmetric Difference as:

Pitches

E, F, G♭, A, B♭, B

Degrees

3, 4, ♭5, 6, ♭7, 7

Prime Form

0, 1, 2, 5, 6, 7

See page 122 for other 0,1,2,4,5,6 information

C, D♭, D, E, F, G♭

prime form: 0, 1, 2, 4, 5, 6

degrees: 1, ♭2, 2, 3, 4, ♭5

Scale application to typical chord types all keys:

C:	1	♭2	2	3	4	♭5	7 mel
D♭:	7	1	♭2	♭3	3	4	
D:	♭7	7	1	2	♭3	3	
E♭:	6	♭7	7	♭2	2	♭3	
E:	♭6	6	♭7	1	♭2	2	7, 7sus4
F:	5	♭6	6	7	1	♭2	
G♭:	♭5	5	♭6	♭7	7	1	
G:	4	♭5	5	6	♭7	7	
A♭:	3	4	♭5	♭6	6	♭7	7 mel
A:	♭3	3	4	5	♭6	6	7 mel, 7sus4
B♭:	2	♭3	3	♭5	5	♭6	7
B:	♭2	2	♭3	4	♭5	5	7 mel

Symmetric Difference as:

Pitches

E♭, G, A♭, A, B♭, B

Degrees

♭3, 5, ♭6, 6, ♭7, 7

Prime Form

0, 1, 2, 3, 4, 8

See page 123 for other 0,1,2,4,5,7 information

C, D♭, D, E, F, G

prime form: 0, 1, 2, 4, 5, 7

degrees: 1, ♭2, 2, 3, 4, 5

Scale application to typical chord types all keys:

C:	1	♭2	2	3	4	5	7 mel, 7sus4
D♭:	7	1	♭2	♭3	3	♭5	
D:	♭7	7	1	2	♭3	4	
E♭:	6	♭7	7	♭2	2	3	
E:	♭6	6	♭7	1	♭2	♭3	-7 mel, 7, 7sus4
F:	5	♭6	6	7	1	2	Δ7♯5 mel, -Δ7 mel
G♭:	♭5	5	♭6	♭7	7	♭2	
G:	4	♭5	5	6	♭7	1	7 mel
A♭:	3	4	♭5	♭6	6	7	Δ7♯5 mel
A:	♭3	3	4	5	♭6	♭7	7 mel, 7sus4
B♭:	2	♭3	3	♭5	5	6	7
B:	♭2	2	♭3	4	♭5	♭6	7 mel, -7♭5 mel

Symmetric Difference as:

Pitches

E♭, G♭, A♭, A, B♭, B

Degrees

♭3, ♭5, ♭6, 6, ♭7, 7

Prime Form

0, 1, 2, 3, 5, 8

Inversion of:
0,1,2,4,5,7 pitch class set:
C, D♭, D, E, F, G

C, F, G, A♭, B♭, B

prime form: 0, 1, 2, 4, 5, 7

degrees: 1, 4, 5, ♭6, ♭7, 7

Scale application to typical chord types all keys:

C:	1	4	5	♭6	♭7	7	
D♭:	7	3	♭5	5	6	♭7	
D:	♭7	♭3	4	♭5	♭6	6	7 mel
E♭:	6	2	3	4	5	♭6	Δ7#5 mel, 7 mel, 7sus4
E:	♭6	♭2	♭3	3	♭5	5	7
F:	5	1	2	♭3	4	♭5	-Δ7, 7 mel
G♭:	♭5	7	♭2	2	3	4	
G:	4	♭7	1	♭2	♭3	3	7 mel, 7sus4
A♭:	3	6	7	1	2	♭3	
A:	♭3	♭6	♭7	7	♭2	2	
B♭:	2	5	6	♭7	1	♭2	7, 7sus4
B:	♭2	♭5	♭6	6	7	1	

See page 124 for other
0,1,2,4,5,8 information

C, D♭, D, E, F, A♭

prime form: 0, 1, 2, 4, 5, 8
degrees: 1, ♭2, 2, 3, 4, ♭6

Scale application to typical chord types all keys:

C:	1	♭2	2	3	4	♭6	7 mel, 7sus4
D♭:	7	1	♭2	♭3	3	5	
D:	♭7	7	1	2	♭3	♭5	
E♭:	6	♭7	7	♭2	2	4	
E:	♭6	6	♭7	1	♭2	3	7, 7sus4
F:	5	♭6	6	7	1	♭3	-Δ7 mel
G♭:	♭5	5	♭6	♭7	7	2	
G:	4	♭5	5	6	♭7	♭2	7 mel
A♭:	3	4	♭5	♭6	6	1	Δ7♯5 mel, 7 mel
A:	♭3	3	4	5	♭6	7	
B♭:	2	♭3	3	♭5	5	♭7	7
B:	♭2	2	♭3	4	♭5	6	7 mel

Symmetric Difference as:
Pitches
E♭, G♭, G, A, B♭, B
Degrees
♭3, ♭5, 5, 6, ♭7, 7
Prime Form
0, 1, 2, 4, 5, 8

Inversion of:
0,1,2,4,5,8 pitch class set:
C, D♭, D, E, F, A♭

C, E, G, A♭, B♭, B

prime form: 0, 1, 2, 4, 5, 8
degrees: 1, 3, 5, ♭6, ♭7, 7

Scale application to typical chord types all keys:

C:	1	3	5	♭6	♭7	7	
D♭:	7	♭3	♭5	5	6	♭7	
D:	♭7	2	4	♭5	♭6	6	7 mel
E♭:	6	♭2	3	4	5	♭6	7 mel, 7sus4
E:	♭6	1	♭3	3	♭5	5	7
F:	5	7	2	♭3	4	♭5	-Δ7
G♭:	♭5	♭7	♭2	2	3	4	7 mel
G:	4	6	1	♭2	♭3	3	7 mel, 7sus4
A♭:	3	♭6	7	1	2	♭3	
A:	♭3	5	♭7	7	♭2	2	
B♭:	2	♭5	6	♭7	1	♭2	7
B:	♭2	4	♭6	6	7	1	

See page 125 for other
0,1,2,4,6,7 information

C, D♭, D, E, G♭, G

prime form: 0, 1, 2, 4, 6, 7
degrees: 1, ♭2, 2, 3, ♭5, 5

Scale application to typical
chord types all keys:

C:	1	♭2	2	3	♭5	5	7
D♭:	7	1	♭2	♭3	4	♭5	
D:	♭7	7	1	2	3	4	
E♭:	6	♭7	7	♭2	♭3	3	
E:	♭6	6	♭7	1	2	♭3	7, 7sus4
F:	5	♭6	6	7	♭2	2	
G♭:	♭5	5	♭6	♭7	1	♭2	7
G:	4	♭5	5	6	7	1	Δ7♯5 mel, -Δ7
A♭:	3	4	♭5	♭6	♭7	7	
A:	♭3	3	4	5	6	♭7	7 mel, 7sus4
B♭:	2	♭3	3	♭5	♭6	6	7
B:	♭2	2	♭3	4	5	♭6	7 mel, 7sus4

Symmetric Difference as:
Pitches
E♭, F, A♭, A, B♭, B
Degrees
♭3, 4, ♭6, 6, ♭7, 7
Prime Form
0, 1, 2, 3, 6, 8

Inversion of:
0,1,2,4,6,7 pitch class set:
C, D♭, D, E, G♭, G

C, F, G♭, A♭, B♭, B

prime form 0, 1, 2, 4, 6, 7
degrees: 1, 4, ♭5, ♭6, ♭7, 7

Scale application to typical
chord types all keys:

C:	1	4	♭5	♭6	♭7	7	
D♭:	7	3	4	5	6	♭7	
D:	♭7	♭3	3	♭5	♭6	6	7
E♭:	6	2	♭3	4	5	♭6	7 mel, 7sus4, -Δ7 mel
E:	♭6	♭2	2	3	♭5	5	7
F:	5	1	♭2	♭3	4	♭5	7 mel
G♭:	♭5	7	1	2	3	4	Δ7#5 mel
G:	4	♭7	7	♭2	♭3	3	
A♭:	3	6	♭7	1	2	♭3	7, 7sus4
A:	♭3	♭6	6	7	♭2	2	
B♭:	2	5	♭6	♭7	1	♭2	7, 7sus4
B:	♭2	♭5	5	6	7	1	

See page 126 for other
0,1,2,4,6,8 information

C, D♭, D, E, G♭, A♭

prime form: 0, 1, 2, 4, 6, 8
degrees: 1, ♭2, 2, 3, ♭5, ♭6

Scale application to typical chord types all keys:

C:	1	♭2	2	3	♭5	♭6	7
D♭:	7	1	♭2	♭3	4	5	
D:	♭7	7	1	2	3	♭5	
E♭:	6	♭7	7	♭2	♭3	4	
E:	♭6	6	♭7	1	2	3	7, 7sus4
F:	5	♭6	6	7	♭2	♭3	
G♭:	♭5	5	♭6	♭7	1	2	7
G:	4	♭5	5	6	7	♭2	
A♭:	3	4	♭5	♭6	♭7	1	7 mel
A:	♭3	3	4	5	6	7	
B♭:	2	♭3	3	♭5	♭6	♭7	7
B:	♭2	2	♭3	4	5	6	7 mel, 7sus4

Symmetric Difference as:
Pitches
E♭, F, G, A, B♭, B
Degrees
♭3, 4, 5, 6, ♭7, 7
Prime Form
0, 1, 2, 4, 6, 8

Inversion of:
0,1,2,4,6,8 pitch class set:
C, D♭, D, E, G♭, A♭

C, E, G♭, A♭, B♭, B

prime form: 0, 1, 2, 4, 6, 8
degrees: 1, 3, ♭5, ♭6, ♭7, 7

Scale application to typical chord types all keys:

C:	1	3	♭5	♭6	♭7	7	
D♭:	7	♭3	4	5	6	♭7	
D:	♭7	2	3	♭5	♭6	6	7
E♭:	6	♭2	♭3	4	5	♭6	-7 mel, 7 mel, 7sus4
E:	♭6	1	2	3	♭5	5	Δ7#5 mel, 7
F:	5	7	♭2	♭3	4	♭5	
G♭:	♭5	♭7	1	2	3	4	7 mel
G:	4	6	7	♭2	♭3	3	
A♭:	3	♭6	♭7	1	2	♭3	7, 7sus4
A:	♭3	5	6	7	♭2	2	
B♭:	2	♭5	♭6	♭7	1	♭2	7, -7b5 mel
B:	♭2	4	5	6	7	1	

See page 127 for other 0,1,2,4,6,9 information

C, D♭, D, E, G♭, A

prime form: 0, 1, 2, 4, 6, 9
degrees: 1, ♭2, 2, 3, ♭5, 6

Scale application to typical chord types all keys:

C:	1	♭2	2	3	♭5	6	7
D♭:	7	1	♭2	♭3	4	♭6	
D:	♭7	7	1	2	3	5	
E♭:	6	♭7	7	♭2	♭3	♭5	
E:	♭6	6	♭7	1	2	4	7 mel, 7sus4
F:	5	♭6	6	7	♭2	3	
G♭:	♭5	5	♭6	♭7	1	♭3	7
G:	4	♭5	5	6	7	2	Δ7♯5 mel, -Δ7
A♭:	3	4	♭5	♭6	♭7	♭2	7 mel
A:	♭3	3	4	5	6	1	7 mel, 7sus4
B♭:	2	♭3	3	♭5	♭6	7	
B:	♭2	2	♭3	4	5	♭7	7 mel, 7sus4

Symmetric Difference as:
Pitches
E♭, F, G, A♭, B♭, B
Degrees
♭3, 4, 5, ♭6, ♭7, 7
Prime Form
0, 1, 3, 4, 6, 8

Inversion of:
0,1,2,4,6,9 pitch class set:
C, D♭, D, E, G♭, A

C, E♭, G♭, A♭, B♭, B

prime form: 0, 1, 2, 4, 6, 9
degrees: 1, ♭3, ♭5, ♭6, ♭7, 7

Scale application to typical chord types all keys:

C:	1	♭3	♭5	♭6	♭7	7	
D♭:	7	2	4	5	6	♭7	
D:	♭7	♭2	3	♭5	♭6	6	7
E♭:	6	1	♭3	4	5	♭6	-7 mel, 7 mel, 7sus4, -Δ7 mel
E:	♭6	7	2	3	♭5	5	Δ7#5 mel
F:	5	♭7	♭2	♭3	4	♭5	7 mel
G♭:	♭5	6	1	2	3	4	Δ7#5 mel, 7 mel
G:	4	♭6	7	♭2	♭3	3	
A♭:	3	5	♭7	1	2	♭3	7, 7sus4
A:	♭3	♭5	6	7	♭2	2	
B♭:	2	4	♭6	♭7	1	♭2	7 mel, -7b5 mel, 7sus4
B:	♭2	3	5	6	7	1	

See page 128 for other 0,1,2,4,7,8 information

C, D♭, D, E, G, A♭

prime form: 0, 1, 2, 4, 7, 8

degrees: 1, ♭2, 2, 3, 5, ♭6

Scale application to typical chord types all keys:

C:	1	♭2	2	3	5	♭6	7, 7sus4
D♭:	7	1	♭2	♭3	♭5	5	
D:	♭7	7	1	2	4	♭5	
E♭:	6	♭7	7	♭2	3	4	
E:	♭6	6	♭7	1	♭3	3	7, 7sus4
F:	5	♭6	6	7	2	♭3	-Δ7 mel
G♭:	♭5	5	♭6	♭7	♭2	2	7
G:	4	♭5	5	6	1	♭2	7 mel
A♭:	3	4	♭5	♭6	7	1	Δ7♯5 mel
A:	♭3	3	4	5	♭7	7	
B♭:	2	♭3	3	♭5	6	♭7	7
B:	♭2	2	♭3	4	♭6	6	7 mel, 7sus4

Symmetric Difference as:
Pitches
E♭, F, G♭, A, B♭, B
Degrees
♭3, 4, ♭5, 6, ♭7, 7
Prime Form
0, 1, 2, 5, 6, 8

Inversion of:
0,1,2,4,7,8 pitch class set:
C, D♭, D, E, G♭, A♭

C, E, F, A♭, B♭, B

prime form: 0, 1, 2, 4, 7, 8

degrees: 1, 3, 4, ♭6, ♭7, 7

Scale application to typical chord types all keys:

C:	1	3	4	♭6	♭7	7	
D♭:	7	♭3	3	5	6	♭7	
D:	♭7	2	♭3	♭5	♭6	6	7
E♭:	6	♭2	2	4	5	♭6	7 mel, 7sus4
E:	♭6	1	♭2	3	♭5	5	7
F:	5	7	1	♭3	4	♭5	-Δ7
G♭:	♭5	♭7	7	2	3	4	
G:	4	6	♭7	♭2	♭3	3	7 mel, 7sus4
A♭:	3	♭6	6	1	2	♭3	7, 7sus4
A:	♭3	5	♭6	7	♭2	2	
B♭:	2	♭5	5	♭7	1	♭2	7
B:	♭2	4	♭5	6	7	1	

See page 129 for other 0,1,2,4,7,9 information

C, D♭, D, E, G, A

prime form: 0, 1, 2, 4, 7, 9

degrees: 1, ♭2, 2, 3, 5, 6

Scale application to typical chord types all keys:

C:	1	♭2	2	3	5	6	7, 7sus4
D♭:	7	1	♭2	♭3	♭5	♭6	
D:	♭7	7	1	2	4	5	
E♭:	6	♭7	7	♭2	3	♭5	
E:	♭6	6	♭7	1	♭3	4	-7 mel, 7 mel, 7sus4
F:	5	♭6	6	7	2	3	Δ7♯5 mel
G♭:	♭5	5	♭6	♭7	♭2	♭3	7
G:	4	♭5	5	6	1	2	Δ7♯5 mel, -Δ7, 7 mel
A♭:	3	4	♭5	♭6	7	♭2	
A:	♭3	3	4	5	♭7	1	7 mel, 7sus4
B♭:	2	♭3	3	♭5	6	7	
B:	♭2	2	♭3	4	♭6	♭7	7 mel, -7♭5 mel, 7sus4

Symmetric Difference as:
Pitches
E♭, F, G♭, A♭, B♭, B
Degrees
♭3, 4, ♭5, ♭6, ♭7, 7
Prime Form
0, 1, 3, 5, 6, 8

Inversion of:
0,1,2,4,7,9 pitch class set:
C, D♭, D, E, G, A

C, E♭, F, A♭, B♭, B

prime form: 0, 1, 2, 4, 7, 9

degrees: 1, ♭3, 4, ♭6, ♭7, 7

Scale application to typical chord types all keys:

C:	1	♭3	4	♭6	♭7	7	
D♭:	7	2	3	5	6	♭7	
D:	♭7	♭2	♭3	♭5	♭6	6	7
E♭:	6	1	2	4	5	♭6	Δ7#5 mel, 7 mel, 7sus4, -Δ7 mel
E:	♭6	7	♭2	3	♭5	5	
F:	5	♭7	1	♭3	4	♭5	7 mel
G♭:	♭5	6	7	2	3	4	Δ7#5 mel
G:	4	♭6	♭7	♭2	♭3	3	7 mel, 7sus4
A♭:	3	5	6	1	2	♭3	7, 7sus4
A:	♭3	♭5	♭6	7	♭2	2	
B♭:	2	4	5	♭7	1	♭2	7 mel, 7sus4
B:	♭2	3	♭5	6	7	1	

See page 130 for other 0,1,2,5,6,7 information

C, D♭, D, F, G♭, G

prime form: 0, 1, 2, 5, 6, 7
degrees: 1, ♭2, 2, 4, ♭5, 5

Scale application to typical chord types all keys:

C:	1	♭2	2	4	♭5	5	7 mel
D♭:	7	1	♭2	3	4	♭5	
D:	♭7	7	1	♭3	3	4	
E♭:	6	♭7	7	2	♭3	3	
E:	♭6	6	♭7	♭2	2	♭3	7, 7sus4
F:	5	♭6	6	1	♭2	2	7, 7sus4
G♭:	♭5	5	♭6	7	1	♭2	
G:	4	♭5	5	♭7	7	1	
A♭:	3	4	♭5	6	♭7	7	
A:	♭3	3	4	♭6	6	♭7	7 mel, 7sus4
B♭:	2	♭3	3	5	♭6	6	7, 7sus4
B:	♭2	2	♭3	♭5	5	♭6	7

Symmetric Difference as:
Pitches
E♭, E, A♭, A, B♭, B
Degrees
♭3, 3, ♭6, 6, ♭7, 7
Prime Form
0, 1, 2, 3, 7, 8

See page 131 for other 0,1,2,5,6,8 information

C, D♭, D, F, G♭, A♭

prime form: 0, 1, 2, 5, 6, 8
degrees: 1, ♭2, 2, 4, ♭5, ♭6

Scale application to typical chord types all keys:

C:	1	♭2	2	4	♭5	♭6	7 mel, -7♭5 mel
D♭:	7	1	♭2	3	4	5	
D:	♭7	7	1	♭3	3	♭5	
E♭:	6	♭7	7	2	♭3	4	
E:	♭6	6	♭7	♭2	2	3	7, 7sus4
F:	5	♭6	6	1	♭2	♭3	-7 mel, 7, 7sus4
G♭:	♭5	5	♭6	7	1	2	Δ7♯5 mel, -Δ7 mel
G:	4	♭5	5	♭7	7	♭2	
A♭:	3	4	♭5	6	♭7	1	7 mel
A:	♭3	3	4	♭6	6	7	
B♭:	2	♭3	3	5	♭6	♭7	7, 7sus4
B:	♭2	2	♭3	♭5	5	6	7

Symmetric Difference as:
Pitches
E♭, E, G, A, B♭, B
Degrees
♭3, 3, 5, 6, ♭7, 7
Prime Form
0, 1, 2, 4, 7, 8

Inversion of:
0,1,2,5,6,8 pitch class set:
C, D♭, D, E, G♭, A♭

C, E, G♭, G, B♭, B

prime form: 0, 1, 2, 5, 6, 8
degrees: 1, 3, ♭5, 5, ♭7, 7

Scale application to typical chord types all keys:

C:	1	3	♭5	5	♭7	7	
D♭:	7	♭3	4	♭5	6	♭7	
D:	♭7	2	3	4	♭6	6	7 mel, 7sus4
E♭:	6	♭2	♭3	3	5	♭6	7, 7sus4
E:	♭6	1	2	♭3	♭5	5	7, -Δ7 mel
F:	5	7	♭2	2	4	♭5	
G♭:	♭5	♭7	1	♭2	3	4	7 mel
G:	4	6	7	1	♭3	3	
A♭:	3	♭6	♭7	7	2	♭3	
A:	♭3	5	6	♭7	♭2	2	7, 7sus4
B♭:	2	♭5	♭6	6	1	♭2	7
B:	♭2	4	5	♭6	7	1	

See page 132 for other
0,1,2,5,6,9 information

C, D♭, D, F, G♭, A

prime form: 0, 1, 2, 5, 6, 9

degrees: 1, ♭2, 2, 4, ♭5, 6

Scale application to typical chord types all keys:

C:	1	♭2	2	4	♭5	6	7 mel
D♭:	7	1	♭2	3	4	♭6	
D:	♭7	7	1	♭3	3	5	
E♭:	6	♭7	7	2	♭3	♭5	
E:	♭6	6	♭7	♭2	2	4	7 mel, 7sus4
F:	5	♭6	6	1	♭2	3	7, 7sus4
G♭:	♭5	5	♭6	7	1	♭3	-Δ7 mel
G:	4	♭5	5	♭7	7	2	
A♭:	3	4	♭5	6	♭7	♭2	7 mel
A:	♭3	3	4	♭6	6	1	7 mel, 7sus4
B♭:	2	♭3	3	5	♭6	7	
B:	♭2	2	♭3	♭5	5	♭7	7

Symmetric Difference as:
Pitches
E♭, E, G, A♭, B♭, B
Degrees
♭3, 3, 5, ♭6, ♭7, 7
Prime Form
0, 1, 3, 4, 7, 8

Inversion of:
0,1,2,5,6,9 pitch class set:
C, D♭, D, E, G♭, A

C, E♭, G♭, G, B♭, B

prime form: 0, 1, 2, 5, 6, 9

degrees: 1, ♭3, ♭5, 5, ♭7, 7

Scale application to typical chord types all keys:

C:	1	♭3	♭5	5	♭7	7	
D♭:	7	2	4	♭5	6	♭7	
D:	♭7	♭2	3	4	♭6	6	7 mel, 7sus4
E♭:	6	1	♭3	3	5	♭6	7, 7sus4
E:	♭6	7	2	♭3	♭5	5	-Δ7 mel
F:	5	♭7	♭2	2	4	♭5	7 mel
G♭:	♭5	6	1	♭2	3	4	7 mel
G:	4	♭6	7	1	♭3	3	
A♭:	3	5	♭7	7	2	♭3	
A:	♭3	♭5	6	♭7	♭2	2	7
B♭:	2	4	♭6	6	1	♭2	7 mel, 7sus4
B:	♭2	3	5	♭6	7	1	

See page 133 for other
0,1,2,5,7,8 information

C, D♭, D, F, G, A♭

prime form: 0, 1, 2, 5, 7, 8
degrees: 1, ♭2, 2, 4, 5, ♭6

Scale application to typical chord types all keys:

C:	1	♭2	2	4	5	♭6	7 mel, 7sus4
D♭:	7	1	♭2	3	♭5	5	
D:	♭7	7	1	♭3	4	♭5	
E♭:	6	♭7	7	2	3	4	
E:	♭6	6	♭7	♭2	♭3	3	7, 7sus4
F:	5	♭6	6	1	2	♭3	7, 7sus4, -Δ7 mel
G♭:	♭5	5	♭6	7	♭2	2	
G:	4	♭5	5	♭7	1	♭2	7 mel
A♭:	3	4	♭5	6	7	1	Δ7♯5 mel
A:	♭3	3	4	♭6	♭7	7	
B♭:	2	♭3	3	5	6	♭7	7, 7sus4
B:	♭2	2	♭3	♭5	♭6	6	7

Symmetric Difference as:
Pitches
E♭, E, G♭, A, B♭, B
Degrees
♭3, 3, ♭5, 6, ♭7, 7
Prime Form
0, 1, 2, 5, 7, 8

Inversion of:
0,1,2,5,7,8 pitch class set:
C, D♭, D, E, G, A♭

C, E, F, G, B♭, B

prime form: 0, 1, 2, 5, 7, 8
degrees: 1, 3, 4, 5, ♭7, 7

Scale application to typical chord types all keys:

C:	1	3	4	5	♭7	7	
D♭:	7	♭3	3	♭5	6	♭7	
D:	♭7	2	♭3	4	♭6	6	7 mel, 7sus4
E♭:	6	♭2	2	3	5	♭6	7, 7sus4
E:	♭6	1	♭2	♭3	♭5	5	7
F:	5	7	1	2	4	♭5	Δ7#5 mel, -Δ7
G♭:	♭5	♭7	7	♭2	3	4	
G:	4	6	♭7	1	♭3	3	7 mel, 7sus4
A♭:	3	♭6	6	7	2	♭3	
A:	♭3	5	♭6	♭7	♭2	2	7, 7sus4
B♭:	2	♭5	5	6	1	♭2	7
B:	♭2	4	♭5	♭6	7	1	

See page 134 for other 0,1,2,5,7,9 information

C, D♭, D, F, G, A

prime form: 0, 1, 2, 5, 7, 9

degrees: 1, ♭2, 2, 4, 5, 6

Scale application to typical chord types all keys:

C:	1	♭2	2	4	5	6	7 mel, 7sus4
D♭:	7	1	♭2	3	♭5	♭6	
D:	♭7	7	1	♭3	4	5	
E♭:	6	♭7	7	2	3	♭5	
E:	♭6	6	♭7	♭2	♭3	4	-7 mel, 7 mel, 7sus4
F:	5	♭6	6	1	2	3	Δ7♯5 mel, 7, 7sus4
G♭:	♭5	5	♭6	7	♭2	♭3	
G:	4	♭5	5	♭7	1	2	7 mel
A♭:	3	4	♭5	6	7	♭2	
A:	♭3	3	4	♭6	♭7	1	7 mel, 7sus4
B♭:	2	♭3	3	5	6	7	
B:	♭2	2	♭3	♭5	♭6	♭7	7, -7♭5 mel

Symmetric Difference as:

Pitches

E♭, E, G♭, A♭, B♭, B

Degrees

♭3, 3, ♭5, ♭6, ♭7, 7

Prime Form

0, 1, 3, 5, 7, 8

See page 135 for other
0,1,2,6,7,8 information

C, D♭, D, G♭, G, A♭

prime form: 0, 1, 2, 6, 7, 8
degrees: 1, ♭2, 2, ♭5, 5, ♭6

Scale application to typical chord types all keys:

C:	1	♭2	2	♭5	5	♭6	7
D♭:	7	1	♭2	4	♭5	5	
D:	♭7	7	1	3	4	♭5	
E♭:	6	♭7	7	♭3	3	4	
E:	♭6	6	♭7	2	♭3	3	7, 7sus4
F:	5	♭6	6	♭2	2	♭3	7, 7sus4
G♭:	♭5	5	♭6	1	♭2	2	7
G:	4	♭5	5	7	1	♭2	
A♭:	3	4	♭5	♭7	7	1	
A:	♭3	3	4	6	♭7	7	
B♭:	2	♭3	3	♭6	6	♭7	7, 7sus4
B:	♭2	2	♭3	5	♭6	6	7, 7sus4

Symmetric Difference as:
Pitches
E♭, E, F, A, B♭, B
Degrees
♭3, 3, 4, 6, ♭7, 7
Prime Form
0, 1, 2, 6, 7, 8

See page 136 for other
0,1,3,4,5,7 information

C, D♭, E♭, E, F, G

prime form: 0, 1, 3, 4, 5, 7
degrees: 1, ♭2, ♭3, 3, 4, 5

Scale application to typical chord types all keys:

C:	1	♭2	♭3	3	4	5	7 mel, 7sus4
D♭:	7	1	2	♭3	3	♭5	
D:	♭7	7	♭2	2	♭3	4	
E♭:	6	♭7	1	♭2	2	3	7, 7sus4
E:	♭6	6	7	1	♭2	♭3	
F:	5	♭6	♭7	7	1	2	
G♭:	♭5	5	6	♭7	7	♭2	
G:	4	♭5	♭6	6	♭7	1	7 mel
A♭:	3	4	5	♭6	6	7	Δ7♯5 mel
A:	♭3	3	♭5	5	♭6	♭7	7
B♭:	2	♭3	4	♭5	5	6	-Δ7, 7 mel
B:	♭2	2	3	4	♭5	♭6	7 mel

Symmetric Difference as:
Pitches
D, G♭, A♭, A, B♭, B
Degrees
2, ♭5, ♭6, 6, ♭7, 7
Prime Form
0, 2, 3, 4, 5, 8

Inversion of:
0,1,3,4,5,7 pitch class set:
C, D♭, E♭, E, F, G

C, F, G, A♭, A, B

prime form: 0, 1, 3, 4, 5, 7
degrees: 1, 4, 5, ♭6, 6, 7

Scale application to typical chord types all keys:

C:	1	4	5	♭6	6	7	Δ7#5 mel, -Δ7 mel
D♭:	7	3	♭5	5	♭6	♭7	
D:	♭7	♭3	4	♭5	5	6	7 mel
E♭:	6	2	3	4	♭5	♭6	Δ7#5 mel, 7 mel
E:	♭6	♭2	♭3	3	4	5	7 mel, 7sus4
F:	5	1	2	♭3	3	♭5	7
G♭:	♭5	7	♭2	2	♭3	4	
G:	4	♭7	1	♭2	2	3	7 mel, 7sus4
A♭:	3	6	7	1	♭2	♭3	
A:	♭3	♭6	♭7	7	1	2	
B♭:	2	5	6	♭7	7	♭2	
B:	♭2	♭5	♭6	6	♭7	1	7

See page 137 for other
0,1,3,4,5,8 information

C, D♭, E♭, E, F, A♭

prime form: 0, 1, 3, 4, 5, 8
degrees: 1, ♭2, ♭3, 3, 4, ♭6

Scale application to typical chord types all keys:

C:	1	♭2	♭3	3	4	♭6	7 mel, 7sus4
D♭:	7	1	2	♭3	3	5	
D:	♭7	7	♭2	2	♭3	♭5	
E♭:	6	♭7	1	♭2	2	4	7 mel, 7sus4
E:	♭6	6	7	1	♭2	3	
F:	5	♭6	♭7	7	1	♭3	
G♭:	♭5	5	6	♭7	7	2	
G:	4	♭5	♭6	6	♭7	♭2	7 mel
A♭:	3	4	5	♭6	6	1	Δ7♯5 mel, 7 mel, 7sus4
A:	♭3	3	♭5	5	♭6	7	
B♭:	2	♭3	4	♭5	5	♭7	7 mel
B:	♭2	2	3	4	♭5	6	7 mel

Symmetric Difference as:
Pitches
D, G♭, G, A, B♭, B
Degrees
2, ♭5, 5, 6, ♭7, 7
Prime Form
0, 1, 3, 4, 5, 8

Inversion of:
0,1,3,4,5,8 pitch class set:
C, D♭, E♭, E, F, A♭

C, E, G, A♭, A, B

prime form: 0, 1, 3, 4, 5, 8
degrees: 1, 3, 5, ♭6, 6, 7

Scale application to typical chord types all keys:

C:	1	3	5	♭6	6	7	Δ7#5 mel
D♭:	7	♭3	♭5	5	♭6	♭7	
D:	♭7	2	4	♭5	5	6	7 mel
E♭:	6	♭2	3	4	♭5	♭6	7 mel
E:	♭6	1	♭3	3	4	5	7 mel, 7sus4
F:	5	7	2	♭3	3	♭5	
G♭:	♭5	♭7	♭2	2	♭3	4	7 mel, -7b5 mel
G:	4	6	1	♭2	2	3	7 mel, 7sus4
A♭:	3	♭6	7	1	♭2	♭3	
A:	♭3	5	♭7	7	1	2	
B♭:	2	♭5	6	♭7	7	♭2	
B:	♭2	4	♭6	6	♭7	1	-7 mel, 7 mel, 7sus4

See page 138 for other
0,1,3,4,6,7 information

C, D♭, E♭, E, G♭, G

prime form: 0, 1, 3, 4, 6, 7

degrees: 1, ♭2, ♭3, 3, ♭5, 5

Scale application to typical chord types all keys:

C:	1	♭2	♭3	3	♭5	5	7
D♭:	7	1	2	♭3	4	♭5	°7, -Δ7
D:	♭7	7	♭2	2	3	4	
E♭:	6	♭7	1	♭2	♭3	3	7, 7sus4
E:	♭6	6	7	1	2	♭3	°7, -Δ7 mel
F:	5	♭6	♭7	7	♭2	2	
G♭:	♭5	5	6	♭7	1	♭2	7
G:	4	♭5	♭6	6	7	1	°7, Δ7♯5 mel, -Δ7 mel
A♭:	3	4	5	♭6	♭7	7	
A:	♭3	3	♭5	5	6	♭7	7
B♭:	2	♭3	4	♭5	♭6	6	°7, 7 mel, -Δ7 mel
B:	♭2	2	3	4	5	♭6	7 mel, 7sus4

Symmetric Difference as:

Pitches

D, F, A♭, A, B♭, B

Degrees

2, 4, ♭6, 6, ♭7, 7

Prime Form

0, 1, 2, 3, 6, 9

See page 139 for other 0,1,3,4,6,8 information

C, D♭, E♭, E, G♭, A♭

prime form: 0, 1, 3, 4, 6, 8
degrees: 1, ♭2, ♭3, 3, ♭5, ♭6

Scale application to typical chord types all keys:

C:	1	♭2	♭3	3	♭5	♭6	7
D♭:	7	1	2	♭3	4	5	-Δ7
D:	♭7	7	♭2	2	3	♭5	
E♭:	6	♭7	1	♭2	♭3	4	-7 mel, 7 mel, 7sus4
E:	♭6	6	7	1	2	3	Δ7♯5 mel, Δ7♯5
F:	5	♭6	♭7	7	♭2	♭3	
G♭:	♭5	5	6	♭7	1	2	7
G:	4	♭5	♭6	6	7	♭2	
A♭:	3	4	5	♭6	♭7	1	7 mel, 7sus4
A:	♭3	3	♭5	5	6	7	
B♭:	2	♭3	4	♭5	♭6	♭7	-7♭5, 7 mel
B:	♭2	2	3	4	5	6	7 mel, 7sus4

Symmetric Difference as:
Pitches
D, F, G, A, B♭, B
Degrees
2, 4, 5, 6, ♭7, 7
Prime Form
0, 2, 4, 5, 6, 9

Inversion of:
0,1,3,4,6,8 pitch class set:
C, D♭, E♭, E, G♭, A♭

C, E, G♭, A♭, A, B

prime form: 0, 1, 3, 4, 6, 8
degrees: 1, 3, ♭5, ♭6, 6, 7

Scale application to typical chord types all keys:

C:	1	3	♭5	♭6	6	7	Δ7#5 mel, maj7+7
D♭:	7	♭3	4	5	♭6	♭7	
D:	♭7	2	3	♭5	5	6	7
E♭:	6	♭2	♭3	4	♭5	♭6	7 mel
E:	♭6	1	2	3	4	5	Δ7#5 mel, 7 mel, 7sus4
F:	5	7	♭2	♭3	3	♭5	
G♭:	♭5	♭7	1	2	♭3	4	-7b5 , 7 mel
G:	4	6	7	♭2	2	3	
A♭:	3	♭6	♭7	1	♭2	♭3	7, 7sus4
A:	♭3	5	6	7	1	2	-Δ7
B♭:	2	♭5	♭6	♭7	7	♭2	
B:	♭2	4	5	6	♭7	1	-7 mel, 7 mel, 7sus4

See page 140 for other
0,1,3,4,6,9 information

C, D♭, E♭, E, G♭, A

prime form: 0, 1, 3, 4, 6, 9

degrees: 1, ♭2, ♭3, 3, ♭5, 6

Scale application to typical chord types all keys:

C:	1	♭2	♭3	3	♭5	6	7
D♭:	7	1	2	♭3	4	♭6	°7, -Δ7 mel
D:	♭7	7	♭2	2	3	5	
E♭:	6	♭7	1	♭2	♭3	♭5	7
E:	♭6	6	7	1	2	4	°7, Δ7♯5 mel, -Δ7 mel
F:	5	♭6	♭7	7	♭2	3	
G♭:	♭5	5	6	♭7	1	♭3	7
G:	4	♭5	♭6	6	7	2	°7, Δ7♯5 mel, -Δ7 mel
A♭:	3	4	5	♭6	♭7	♭2	7 mel, 7sus4
A:	♭3	3	♭5	5	6	1	7
B♭:	2	♭3	4	♭5	♭6	7	°7, -Δ7 mel
B:	♭2	2	3	4	5	♭7	7 mel, 7sus4

Symmetric Difference as:
Pitches
D, F, G, A♭, B♭, B
Degrees
2, 4, 5, ♭6, ♭7, 7
Prime Form
0, 2, 3, 5, 6, 9

Inversion of:
0,1,3,4,6,9 pitch class set:
C, D♭, E♭, E, G♭, A

C, E♭, G♭, A♭, A, B

prime form: 0, 1, 3, 4, 6, 9

degrees: 1, ♭3, ♭5, ♭6, 6, 7

Scale application to typical chord types all keys:

C:	1	♭3	♭5	♭6	6	7	°7, -Δ7 mel
D♭:	7	2	4	5	♭6	♭7	
D:	♭7	♭2	3	♭5	5	6	7
E♭:	6	1	♭3	4	♭5	♭6	°7, 7 mel, -Δ7 mel
E:	♭6	7	2	3	4	5	Δ7#5 mel
F:	5	♭7	♭2	♭3	3	♭5	7
G♭:	♭5	6	1	2	♭3	4	°7, -Δ7, 7 mel
G:	4	♭6	7	♭2	2	3	
A♭:	3	5	♭7	1	♭2	♭3	7, 7sus4
A:	♭3	♭5	6	7	1	2	°7, -Δ7
B♭:	2	4	♭6	♭7	7	♭2	
B:	♭2	3	5	6	♭7	1	7, 7sus4

See page 141 for other
0,1,3,4,7,8 information

C, D♭, E♭, E, G, A♭

prime form: 0, 1, 3, 4, 7, 8
degrees: 1, ♭2, ♭3, 3, 5, ♭6

Scale application to typical chord types all keys:

C:	1	♭2	♭3	3	5	♭6	7, 7sus4
D♭:	7	1	2	♭3	♭5	5	-Δ7
D:	♭7	7	♭2	2	4	♭5	
E♭:	6	♭7	1	♭2	3	4	7 mel, 7sus4
E:	♭6	6	7	1	♭3	3	
F:	5	♭6	♭7	7	2	♭3	
G♭:	♭5	5	6	♭7	♭2	2	7
G:	4	♭5	♭6	6	1	♭2	7 mel
A♭:	3	4	5	♭6	7	1	Δ7♯5 mel
A:	♭3	3	♭5	5	♭7	7	
B♭:	2	♭3	4	♭5	6	♭7	7 mel
B:	♭2	2	3	4	♭6	6	7 mel, 7sus4

Symmetric Difference as:
Pitches
D, F, G♭, A, B♭, B
Degrees
2, 4, ♭5, 6, ♭7, 7
Prime Form
0, 1, 2, 5, 6, 9

Inversion of:
0,1,3,4,7,8 pitch class set:
C, D♭, E♭, E, G♭, A♭

C, E, F, A♭, A, B

prime form: 0, 1, 3, 4, 7, 8
degrees: 1, 3, 4, ♭6, 6, 7

Scale application to typical chord types all keys:

C:	1	3	4	♭6	6	7	Δ7#5 mel
D♭:	7	♭3	3	5	♭6	♭7	
D:	♭7	2	♭3	♭5	5	6	7
E♭:	6	♭2	2	4	♭5	♭6	7 mel
E:	♭6	1	♭2	3	4	5	7 mel, 7sus4
F:	5	7	1	♭3	3	♭5	
G♭:	♭5	♭7	7	2	♭3	4	
G:	4	6	♭7	♭2	2	3	7 mel, 7sus4
A♭:	3	♭6	6	1	♭2	♭3	7, 7sus4
A:	♭3	5	♭6	7	1	2	-Δ7 mel
B♭:	2	♭5	5	♭7	7	♭2	
B:	♭2	4	♭5	6	♭7	1	7 mel

See page 142 for other
0,1,3,4,7,9 information

C, D♭, E♭, E, G, A

prime form: 0, 1, 3, 4, 7, 9
degrees: 1, ♭2, ♭3, 3, 5, 6

Scale application to typical chord types all keys:

C:	1	♭2	♭3	3	5	6	7, 7sus4
D♭:	7	1	2	♭3	♭5	♭6	°7, -Δ7 mel
D:	♭7	7	♭2	2	4	5	
E♭:	6	♭7	1	♭2	3	♭5	7
E:	♭6	6	7	1	♭3	4	°7, -Δ7 mel
F:	5	♭6	♭7	7	2	3	
G♭:	♭5	5	6	♭7	♭2	♭3	7
G:	4	♭5	♭6	6	1	2	°7, Δ7♯5 mel, 7 mel, -Δ7 mel
A♭:	3	4	5	♭6	7	♭2	
A:	♭3	3	♭5	5	♭7	1	7
B♭:	2	♭3	4	♭5	6	7	°7, -Δ7
B:	♭2	2	3	4	♭6	♭7	7 mel, 7sus4

Symmetric Difference as:
Pitches
D, F, G♭, A♭, B♭, B
Degrees
2, 4, ♭5, ♭6, ♭7, 7
Prime Form
0, 1, 3, 5, 6, 9

See page 143 for other 0,1,3,5,6,8 information

C, D♭, E♭, F, G♭, A♭

prime form: 0, 1, 3, 5, 6, 8
degrees: 1, ♭2, ♭3, 4, ♭5, ♭6

Scale application to typical chord types all keys:

C:	1	♭2	♭3	4	♭5	♭6	7 mel, -7♭5 mel
D♭:	7	1	2	3	4	5	Δ7♯5 mel, Δ7 mel
D:	♭7	7	♭2	♭3	3	♭5	
E♭:	6	♭7	1	2	♭3	4	-7, 7 mel, 7sus4
E:	♭6	6	7	♭2	2	3	
F:	5	♭6	♭7	1	♭2	♭3	-7 mel, 7, 7sus4
G♭:	♭5	5	6	7	1	2	Δ7♯5 mel, -Δ7, Δ7
G:	4	♭5	♭6	♭7	7	♭2	
A♭:	3	4	5	6	♭7	1	7 mel, 7sus4
A:	♭3	3	♭5	♭6	6	7	
B♭:	2	♭3	4	5	♭6	♭7	7 mel, 7sus4
B:	♭2	2	3	♭5	5	6	7

Symmetric Difference as:
Pitches
D, E, G, A, B♭, B
Degrees
2, 3, 5, 6, ♭7, 7
Prime Form
0, 2, 3, 4, 7, 9

Inversion of:
0,1,3,5,6,8 pitch class set:
C, D♭, E♭, F, G♭, A♭

C, E, G♭, G, A, B

prime form: 0, 1, 3, 5, 6, 8
degrees: 1, 3, ♭5, 5, 6, 7

Scale application to typical chord types all keys:

C:	1	3	♭5	5	6	7	Δ7#5 mel, Δ7
D♭:	7	♭3	4	♭5	♭6	♭7	
D:	♭7	2	3	4	5	6	7 mel, 7sus4
E♭:	6	♭2	♭3	3	♭5	♭6	7
E:	♭6	1	2	♭3	4	5	7 mel, 7sus4, -Δ7 mel
F:	5	7	♭2	2	3	♭5	
G♭:	♭5	♭7	1	♭2	♭3	4	7 mel, -7b5 mel
G:	4	6	7	1	2	3	Δ7#5 mel, Δ7 mel
A♭:	3	♭6	♭7	7	♭2	♭3	
A:	♭3	5	6	♭7	1	2	-7, 7, 7sus4
B♭:	2	♭5	♭6	6	7	♭2	
B:	♭2	4	5	♭6	♭7	1	-7 mel, 7 mel, 7sus4

See page 144 for other
0,1,3,5,6,9 information

C, D♭, E♭, F, G♭, A

prime form: 0, 1, 3, 5, 6, 9

degrees: 1, ♭2, ♭3, 4, ♭5, 6

Scale application to typical chord types all keys:

C:	1	♭2	♭3	4	♭5	6	7 mel
D♭:	7	1	2	3	4	♭6	Δ7♯5 mel
D:	♭7	7	♭2	♭3	3	5	
E♭:	6	♭7	1	2	♭3	♭5	7
E:	♭6	6	7	♭2	2	4	
F:	5	♭6	♭7	1	♭2	3	7, 7sus4
G♭:	♭5	5	6	7	1	♭3	-Δ7
G:	4	♭5	♭6	♭7	7	2	
A♭:	3	4	5	6	♭7	♭2	7 mel, 7sus4
A:	♭3	3	♭5	♭6	6	1	7
B♭:	2	♭3	4	5	♭6	7	-Δ7 mel
B:	♭2	2	3	♭5	5	♭7	7

Symmetric Difference as:
Pitches
D, E, G, A♭, B♭, B
Degrees
2, 3, 5, ♭6, ♭7, 7
Prime Form
0, 1, 3, 4, 7, 9

See page 145 for other
0,1,3,5,7,8 information

C, D♭, E♭, F, G, A♭

prime form: 0, 1, 3, 5, 7, 8
degrees: 1, ♭2, ♭3, 4, 5, ♭6

Scale application to typical chord types all keys:

C:	1	♭2	♭3	4	5	♭6	-7 mel, 7 mel, 7sus4
D♭:	7	1	2	3	♭5	5	Δ7♯5 mel, Δ7
D:	♭7	7	♭2	♭3	4	♭5	
E♭:	6	♭7	1	2	3	4	7 mel, 7sus4
E:	♭6	6	7	♭2	♭3	3	
F:	5	♭6	♭7	1	2	♭3	7, 7sus4
G♭:	♭5	5	6	7	♭2	2	
G:	4	♭5	♭6	♭7	1	♭2	7 mel, -7♭5 mel
A♭:	3	4	5	6	7	1	Δ7♯5 mel, Δ7 mel
A:	♭3	3	♭5	♭6	♭7	7	
B♭:	2	♭3	4	5	6	♭7	-7, 7 mel, 7sus4
B:	♭2	2	3	♭5	♭6	6	7

Symmetric Difference as:
Pitches
D, E, G♭, A, B♭, B
Degrees
2, 3, ♭5, 6, ♭7, 7
Prime Form
0, 1, 2, 5, 7, 9

See page 146 for other 0,1,3,5,7,9 information

C, D♭, E♭, F, G, A

prime form: 0, 1, 3, 5, 7, 9
degrees: 1, ♭2, ♭3, 4, 5, 6

Scale application to typical chord types all keys:

C:	1	♭2	♭3	4	5	6	-7 mel, 7 mel, 7sus4
D♭:	7	1	2	3	♭5	♭6	Δ7♯5 mel, Δ7♯5
D:	♭7	7	♭2	♭3	4	5	
E♭:	6	♭7	1	2	3	♭5	7
E:	♭6	6	7	♭2	♭3	4	
F:	5	♭6	♭7	1	2	3	7, 7sus4
G♭:	♭5	5	6	7	♭2	♭3	
G:	4	♭5	♭6	♭7	1	2	-7♭5, 7 mel
A♭:	3	4	5	6	7	♭2	
A:	♭3	3	♭5	♭6	♭7	1	7
B♭:	2	♭3	4	5	6	7	-Δ7
B:	♭2	2	3	♭5	♭6	♭7	7

Symmetric Difference as:
Pitches
D, E, G♭, A♭, B♭, B
Degrees
2, 3, ♭5, ♭6, ♭7, 7
Prime Form
0, 1, 3, 5, 7, 9

Inversion of:
0,1,3,5,7,9 pitch class set:
C, D♭, E♭, F, G, A

C, E♭, F, G, A, B

prime form: 0, 1, 3, 5, 7, 9
degrees: 1, ♭3, 4, 5, 6, 7

Scale application to typical chord types all keys:

C:	1	♭3	4	5	6	7	-Δ7
D♭:	7	2	3	♭5	♭6	♭7	
D:	♭7	♭2	♭3	4	5	6	-7 mel, 7 mel, 7sus4
E♭:	6	1	2	3	♭5	♭6	Δ7#5 mel, 7, maj7+7
E:	♭6	7	♭2	♭3	4	5	
F:	5	♭7	1	2	3	♭5	7
G♭:	♭5	6	7	♭2	♭3	4	
G:	4	♭6	♭7	1	2	3	7 mel, 7sus4
A♭:	3	5	6	7	♭2	♭3	
A:	♭3	♭5	♭6	♭7	1	2	-7b5 , 7
B♭:	2	4	5	6	7	♭2	
B:	♭2	3	♭5	♭6	♭7	1	7

See page 147 for other
0,1,3,5,8,9 information

C, D♭, E♭, F, A♭, A

prime form: 0, 1, 3, 5, 8, 9
degrees: 1, ♭2, ♭3, 4, ♭6, 6

Scale application to typical chord types all keys:

C:	1	♭2	♭3	4	♭6	6	-7 mel, 7 mel, 7sus4
D♭:	7	1	2	3	5	♭6	Δ7♯5 mel
D:	♭7	7	♭2	♭3	♭5	5	
E♭:	6	♭7	1	2	4	♭5	7 mel
E:	♭6	6	7	♭2	3	4	
F:	5	♭6	♭7	1	♭3	3	7, 7sus4
G♭:	♭5	5	6	7	2	♭3	-Δ7
G:	4	♭5	♭6	♭7	♭2	2	7 mel, -7♭5 mel
A♭:	3	4	5	6	1	♭2	7 mel, 7sus4
A:	♭3	3	♭5	♭6	7	1	
B♭:	2	♭3	4	5	♭7	7	
B:	♭2	2	3	♭5	6	♭7	7

Symmetric Difference as:
Pitches
D, E, G♭, G, B♭, B
Degrees
2, 3, ♭5, 5, ♭7, 7
Prime Form
0, 1, 3, 5, 8, 9

Inversion of:
0,1,3,5,8,9 pitch class set:
C, D♭, E♭, F, A♭, A

C, E♭, E, G, A, B

prime form: 0, 1, 3, 5, 8, 9
degrees: 1, ♭3, 3, 5, 6, 7

Scale application to typical chord types all keys:

C:	1	♭3	3	5	6	7	
D♭:	7	2	♭3	♭5	♭6	♭7	
D:	♭7	♭2	2	4	5	6	7 mel, 7sus4
E♭:	6	1	♭2	3	♭5	♭6	7
E:	♭6	7	1	♭3	4	5	-Δ7 mel
F:	5	♭7	7	2	3	♭5	
G♭:	♭5	6	♭7	♭2	♭3	4	7 mel
G:	4	♭6	6	1	2	3	Δ7#5 mel, 7 mel, 7sus4
A♭:	3	5	♭6	7	♭2	♭3	
A:	♭3	♭5	5	♭7	1	2	7
B♭:	2	4	♭5	6	7	♭2	
B:	♭2	3	4	♭6	♭7	1	7 mel, 7sus4

See page 148 for other
0,1,3,6,7,9 information

C, D♭, E♭, G♭, G, A

prime form: 0, 1, 3, 6, 7, 9
degrees: 1, ♭2, ♭3, ♭5, 5, 6

Scale application to typical chord types all keys:

C:	1	♭2	♭3	♭5	5	6	7
D♭:	7	1	2	4	♭5	♭6	°7, Δ7♯5 mel, -Δ7 mel
D:	♭7	7	♭2	3	4	5	
E♭:	6	♭7	1	♭3	3	♭5	7
E:	♭6	6	7	2	♭3	4	°7, -Δ7 mel
F:	5	♭6	♭7	♭2	2	3	7, 7sus4
G♭:	♭5	5	6	1	♭2	♭3	7
G:	4	♭5	♭6	7	1	2	°7, Δ7♯5 mel, -Δ7 mel
A♭:	3	4	5	♭7	7	♭2	
A:	♭3	3	♭5	6	♭7	1	7
B♭:	2	♭3	4	♭6	6	7	°7, -Δ7 mel
B:	♭2	2	3	5	♭6	♭7	7, 7sus4

Symmetric Difference as:
Pitches
D, E, F, A♭, B♭, B
Degrees
2, 3, 4, ♭6, ♭7, 7
Prime Form
0, 1, 3, 6, 7, 9

Inversion of:
0,1,3,6,7,9 pitch class set:
C, D♭, E♭, G♭, G, A

C, E♭, 4, G♭, A, B

prime form: 0, 1, 3, 6, 7, 9
degrees: 1, ♭3, 4, ♭5, 6, 7

Scale application to typical chord types all keys:

C:	1	♭3	4	♭5	6	7	°7, -Δ7
D♭:	7	2	3	4	♭6	♭7	
D:	♭7	♭2	♭3	3	5	6	7, 7sus4
E♭:	6	1	2	♭3	♭5	♭6	°7, 7, -Δ7 mel
E:	♭6	7	♭2	2	4	5	
F:	5	♭7	1	♭2	3	♭5	7
G♭:	♭5	6	7	1	♭3	4	°7, -Δ7
G:	4	♭6	♭7	7	2	3	
A♭:	3	5	6	♭7	♭2	♭3	7, 7sus4
A:	♭3	♭5	♭6	6	1	2	°7, 7, -Δ7 mel
B♭:	2	4	5	♭6	7	♭2	
B:	♭2	3	♭5	5	♭7	1	7

See page 149 for other
0,1,3,6,8,9 information

C, D♭, E♭, G♭, A♭, A

prime form: 0, 1, 3, 6, 8, 9
degrees: 1, ♭2, ♭3, ♭5, ♭6, 6

Scale application to typical chord types all keys:

C:	1	♭2	♭3	♭5	♭6	6	7
D♭:	7	1	2	4	5	♭6	Δ7♯5 mel, -Δ7 mel
D:	♭7	7	♭2	3	♭5	5	
E♭:	6	♭7	1	♭3	4	♭5	7 mel
E:	♭6	6	7	2	3	4	Δ7♯5 mel
F:	5	♭6	♭7	♭2	♭3	3	7, 7sus4
G♭:	♭5	5	6	1	2	♭3	-Δ7, 7
G:	4	♭5	♭6	7	♭2	2	
A♭:	3	4	5	♭7	1	♭2	7 mel, 7sus4
A:	♭3	3	♭5	6	7	1	
B♭:	2	♭3	4	♭6	♭7	7	
B:	♭2	2	3	5	6	♭7	7, 7sus4

Symmetric Difference as:
Pitches
D, E, F, G, B♭, B
Degrees
2, 3, 4, 5, ♭7, 7
Prime Form
0, 1, 4, 6, 7, 9

Inversion of:
0,1,3,6,8,9 pitch class set:
C, D♭, E♭, G♭, A♭, A

C, E♭, E, G♭, A, B

prime form: 0, 1, 3, 6, 8, 9
degrees: 1, ♭3, 3, ♭5, 6, 7

Scale application to typical chord types all keys:

C:	1	♭3	3	♭5	6	7	
D♭:	7	2	♭3	4	♭6	♭7	
D:	♭7	♭2	2	3	5	6	7, 7sus4
E♭:	6	1	♭2	♭3	♭5	♭6	7
E:	♭6	7	1	2	4	5	Δ7#5 mel, -Δ7 mel
F:	5	♭7	7	♭2	3	♭5	
G♭:	♭5	6	♭7	1	♭3	4	7 mel
G:	4	♭6	6	7	2	3	Δ7#5 mel
A♭:	3	5	♭6	♭7	♭2	♭3	7, 7sus4
A:	♭3	♭5	5	6	1	2	-Δ7, 7
B♭:	2	4	♭5	♭6	7	♭2	

See page 150 for other
0,1,4,5,6,8 information

C, D♭, E, F, G♭, A♭

prime form: 0, 1, 4, 5, 6, 8
degrees: 1, ♭2, 3, 4, ♭5, ♭6

Scale application to typical chord types all keys:

C:	1	♭2	3	4	♭5	♭6	7 mel
D♭:	7	1	♭3	3	4	5	
D:	♭7	7	2	♭3	3	♭5	
E♭:	6	♭7	♭2	2	♭3	4	7 mel, 7sus4
E:	♭6	6	1	♭2	2	3	7, 7sus4
F:	5	♭6	7	1	♭2	♭3	
G♭:	♭5	5	♭7	7	1	2	
G:	4	♭5	6	♭7	7	♭2	
A♭:	3	4	♭6	6	♭7	1	7 mel, 7sus4
A:	♭3	3	5	♭6	6	7	
B♭:	2	♭3	♭5	5	♭6	♭7	7
B:	♭2	2	4	♭5	5	6	7 mel

Symmetric Difference as:
Pitches
D, E♭, G, A, B♭, B
Degrees
2, ♭3, 5, 6, ♭7, 7
Prime Form
0, 2, 3, 4, 7, 8

Inversion of:
0,1,4,5,6,8 pitch class set:
C, D♭, E, F, G♭, A♭

C, E, G♭, G, A♭, B

prime form: 0, 1, 4, 5, 6, 8
degrees: 1, 3, ♭5, 5, ♭6, 7

Scale application to typical chord types all keys:

C:	1	3	♭5	5	♭6	7	Δ7#5 mel
D♭:	7	♭3	4	♭5	5	♭7	
D:	♭7	2	3	4	♭5	6	7 mel
E♭:	6	♭2	♭3	3	4	♭6	7 mel, 7sus4
E:	♭6	1	2	♭3	3	5	7, 7sus4
F:	5	7	♭2	2	♭3	♭5	
G♭:	♭5	♭7	1	♭2	2	4	7 mel, -7b5 mel
G:	4	6	7	1	♭2	3	
A♭:	3	♭6	♭7	7	1	♭3	
A:	♭3	5	6	♭7	7	2	
B♭:	2	♭5	♭6	6	♭7	♭2	7
B:	♭2	4	5	♭6	6	1	-7 mel, 7 mel, 7sus4

See page 151 for other 0,1,4,5,8,9 information

C, D♭, E, F, A♭, A

prime form: 0, 1, 4, 5, 8, 9
degrees: 1, ♭2, 3, 4, ♭6, 6

Scale application to typical chord types all keys:

C:	1	♭2	3	4	♭6	6	7 mel, 7sus4
D♭:	7	1	♭3	3	5	♭6	+7
D:	♭7	7	2	♭3	♭5	5	
E♭:	6	♭7	♭2	2	4	♭5	7 mel
E:	♭6	6	1	♭2	3	4	7 mel, 7sus4
F:	5	♭6	7	1	♭3	3	+7
G♭:	♭5	5	♭7	7	2	♭3	
G:	4	♭5	6	♭7	♭2	2	7 mel
A♭:	3	4	♭6	6	1	♭2	7 mel, 7sus4
A:	♭3	3	5	♭6	7	1	+7
B♭:	2	♭3	♭5	5	♭7	7	
B:	♭2	2	4	♭5	6	♭7	7 mel

Symmetric Difference as:
Pitches
D, E♭, G♭, G, B♭, B
Degrees
2, ♭3, ♭5, 5, ♭7, 7
Prime Form
0, 1, 4, 5, 8, 9

See page 152 for other 0,1,4,6,7,9 information

C, D♭, E, G♭, G, A

prime form: 0, 1, 4, 6, 7, 9

degrees: 1, ♭2, 3, ♭5, 5, 6

Scale application to typical chord types all keys:

C:	1	♭2	3	♭5	5	6	7
D♭:	7	1	♭3	4	♭5	♭6	°7, -Δ7 mel
D:	♭7	7	2	3	4	5	
E♭:	6	♭7	♭2	♭3	3	♭5	7
E:	♭6	6	1	2	♭3	4	°7, 7 mel, 7sus4, -Δ7 mel
F:	5	♭6	7	♭2	2	3	
G♭:	♭5	5	♭7	1	♭2	♭3	7
G:	4	♭5	6	7	1	2	°7, Δ7♯5 mel, -Δ7
A♭:	3	4	♭6	♭7	7	♭2	
A:	♭3	3	5	6	♭7	1	7, 7sus4
B♭:	2	♭3	♭5	♭6	6	7	°7, -Δ7 mel
B:	♭2	2	4	5	♭6	♭7	7 mel, 7sus4

Symmetric Difference as:
Pitches
D, E♭, F, A♭, B♭, B
Degrees
2, ♭3, 4, ♭6, ♭7, 7
Prime Form
0, 2, 3, 6, 7, 9

See page 153 for other
0,2,3,4,5,7 information

C, D, E♭, E, F, G

prime form: 0, 2, 3, 4, 5, 7
degrees: 1, 2, ♭3, 3, 4, 5

Scale application to typical chord types all keys:

C:	1	2	♭3	3	4	5	7 mel, 7sus4
D♭:	7	♭2	2	♭3	3	♭5	
D:	♭7	1	♭2	2	♭3	4	7 mel, -7♭5 mel, 7sus4
E♭:	6	7	1	♭2	2	3	
E:	♭6	♭7	7	1	♭2	♭3	
F:	5	6	♭7	7	1	2	
G♭:	♭5	♭6	6	♭7	7	♭2	
G:	4	5	♭6	6	♭7	1	-7 mel, 7 mel, 7sus4
A♭:	3	♭5	5	♭6	6	7	Δ7♯5 mel
A:	♭3	4	♭5	5	♭6	♭7	7 mel
B♭:	2	3	4	♭5	5	6	Δ7♯5 mel, 7 mel
B:	♭2	♭3	3	4	♭5	♭6	7 me

Symmetric Difference as:
Pitches
D♭, G♭, A♭, A, B♭, B
Degrees
♭2, ♭5, ♭6, 6, ♭7, 7
Prime Form
0, 2, 3, 4, 5, 7

See page 154 for other 0,2,3,4,5,8 information

C, D, E♭, E, F, A♭

prime form: 0, 2, 3, 4, 5, 8

degrees: 1, 2, ♭3, 3, 4, ♭6

Scale application to typical chord types all keys:

C:	1	2	♭3	3	4	♭6	7 mel, 7sus4
D♭:	7	♭2	2	♭3	3	5	
D:	♭7	1	♭2	2	♭3	♭5	7, -7♭5 mel
E♭:	6	7	1	♭2	2	4	
E:	♭6	♭7	7	1	♭2	3	
F:	5	6	♭7	7	1	♭3	
G♭:	♭5	♭6	6	♭7	7	2	
G:	4	5	♭6	6	♭7	♭2	-7 mel, 7 mel, 7sus4
A♭:	3	♭5	5	♭6	6	1	Δ7♯5 mel, 7
A:	♭3	4	♭5	5	♭6	7	-Δ7 mel
B♭:	2	3	4	♭5	5	♭7	7 mel
B:	♭2	♭3	3	4	♭5	6	7 me

Symmetric Difference as:
Pitches
D♭, G♭, G, A, B♭, B
Degrees
♭2, ♭5, 5, 6, ♭7, 7
Prime Form
0, 1, 3, 4, 5, 7

Inversion of:
0,2,3,4,5,8 pitch class set:
C, D, E♭, E, F, A♭

C, E, G, A♭, A, B♭

prime form: 0, 2, 3, 4, 5, 8

degrees: 1, 2, 5, ♭6, 4, ♭7

Scale application to typical chord types all keys:

C:	1	3	5	♭6	6	♭7	7, 7sus4
D♭:	7	♭3	♭5	5	♭6	6	-Δ7 mel
D:	♭7	2	4	♭5	5	♭6	7 mel
E♭:	6	♭2	3	4	♭5	5	7 mel
E:	♭6	1	♭3	3	4	♭5	7 mel
F:	5	7	2	♭3	3	4	
G♭:	♭5	♭7	♭2	2	♭3	3	7
G:	4	6	1	♭2	2	♭3	7 mel, 7sus4
A♭:	3	♭6	7	1	♭2	2	
A:	♭3	5	♭7	7	1	♭2	
B♭:	2	♭5	6	♭7	7	1	
B:	♭2	4	♭6	6	♭7	7	

See page 155 for other
0,2,3,4,6,8 information

C, D, E♭, E, G♭, A♭

prime form: 0, 2, 3, 4, 6, 8
degrees: 1, 2, ♭3, 3, ♭5, ♭6

Scale application to typical chord types all keys:

C:	1	2	♭3	3	♭5	♭6	7
D♭:	7	♭2	2	♭3	4	5	
D:	♭7	1	♭2	2	3	♭5	7
E♭:	6	7	1	♭2	♭3	4	
E:	♭6	♭7	7	1	2	3	
F:	5	6	♭7	7	♭2	♭3	
G♭:	♭5	♭6	6	♭7	1	2	7
G:	4	5	♭6	6	7	♭2	
A♭:	3	♭5	5	♭6	♭7	1	7
A:	♭3	4	♭5	5	6	7	-Δ7
B♭:	2	3	4	♭5	♭6	♭7	7 mel
B:	♭2	♭3	3	4	5	6	7 mel, 7sus4

Symmetric Difference as:
Pitches
D♭, F, G, A, B♭, B
Degrees
♭2, 4, 5, 6, ♭7, 7
Prime Form
0, 2, 3, 4, 6, 8

Inversion of:
0,2,3,4,6,8 pitch class set:
C, D, E♭, E, G♭, A♭

C, E, G♭, A♭, A, B♭

prime form: 0, 2, 3, 4, 6, 8
degrees: 1, 3, ♭5, ♭6, 6, ♭7

Scale application to typical chord types all keys:

C:	1	3	♭5	♭6	6	♭7	7
D♭:	7	♭3	4	5	♭6	6	-Δ7 mel
D:	♭7	2	3	♭5	5	♭6	7
E♭:	6	♭2	♭3	4	♭5	5	7 mel
E:	♭6	1	2	3	4	♭5	Δ7#5 mel, 7 mel
F:	5	7	♭2	♭3	3	4	
G♭:	♭5	♭7	1	2	♭3	3	7
G:	4	6	7	♭2	2	♭3	
A♭:	3	♭6	♭7	1	♭2	2	7, 7sus4
A:	♭3	5	6	7	1	♭2	
B♭:	2	♭5	♭6	♭7	7	1	
B:	♭2	4	5	6	♭7	7	

See page 156 for other 0,2,3,4,6,9 information

C, D, E♭, E, G♭, A

prime form: 0, 2, 3, 4, 6, 9

degrees: 1, 2, ♭3, 3, ♭5, 6

Scale application to typical chord types all keys:

C:	1	2	♭3	3	♭5	6	7
D♭:	7	♭2	2	♭3	4	♭6	
D:	♭7	1	♭2	2	3	5	7, 7sus4
E♭:	6	7	1	♭2	♭3	♭5	
E:	♭6	♭7	7	1	2	4	
F:	5	6	♭7	7	♭2	3	
G♭:	♭5	♭6	6	♭7	1	♭3	7
G:	4	5	♭6	6	7	2	Δ7♯5 mel, -Δ7 mel
A♭:	3	♭5	5	♭6	♭7	♭2	7
A:	♭3	4	♭5	5	6	1	-Δ7, 7 mel
B♭:	2	3	4	♭5	♭6	7	Δ7♯5 mel
B:	♭2	♭3	3	4	5	♭7	7 mel, 7sus4

Symmetric Difference as:
Pitches
D♭, F, G, A♭, B♭, B
Degrees
♭2, 4, 5, ♭6, ♭7, 7
Prime Form
0, 2, 3, 5, 6, 8

See page 157 for other
0,2,3,5,6,8 information

C, D, E♭, F, G♭, A♭

prime form: 0, 2, 3, 5, 6, 8
degrees: 1, 2, ♭3, 4, ♭5, ♭6

Scale application to typical chord types all keys:

C:	1	2	♭3	4	♭5	♭6	°7, -7♭5, 7 mel, -Δ7 mel
D♭:	7	♭2	2	3	4	5	
D:	♭7	1	♭2	♭3	3	♭5	7
E♭:	6	7	1	2	♭3	4	°7, -Δ7
E:	♭6	♭7	7	♭2	2	3	
F:	5	6	♭7	1	♭2	♭3	-7 mel, 7, 7sus4
G♭:	♭5	♭6	6	7	1	2	°7, Δ7♯5 mel, Δ7♯5, -Δ7 mel
G:	4	5	♭6	♭7	7	♭2	
A♭:	3	♭5	5	6	♭7	1	7
A:	♭3	4	♭5	♭6	6	7	°7, -Δ7 mel
B♭:	2	3	4	5	♭6	♭7	7 mel, 7sus4
B:	♭2	♭3	3	♭5	5	6	7

Symmetric Difference as:
Pitches
D♭, E, G, A, B♭, B
Degrees
♭2, 3, 5, 6, ♭7, 7
Prime Form
0, 2, 3, 4, 6, 9

See page 158 for other
0,2,3,5,7,9 information

C, D, E♭, F, G, A

prime form: 0, 2, 3, 5, 7, 9

degrees: 1, 2, ♭3, 4, 5, 6

Scale application to typical chord types all keys:

C:	1	2	♭3	4	5	6	-7, -Δ7, 7 mel, 7sus4
D♭:	7	♭2	2	3	♭5	♭6	
D:	♭7	1	♭2	♭3	4	5	-7 mel, 7 mel, 7sus4
E♭:	6	7	1	2	3	♭5	Δ7♯5 mel, Δ7♯5, Δ7
E:	♭6	♭7	7	♭2	♭3	4	
F:	5	6	♭7	1	2	3	7, 7sus4
G♭:	♭5	♭6	6	7	♭2	♭3	
G:	4	5	♭6	♭7	1	2	7 mel, 7sus4
A♭:	3	♭5	5	6	7	♭2	
A:	♭3	4	♭5	♭6	♭7	1	-7♭5, 7 mel
B♭:	2	3	4	5	6	7	Δ7♯5 mel, Δ7 mel
B:	♭2	♭3	3	♭5	♭6	♭7	7

Symmetric Difference as:
Pitches
D♭, E, G♭, A♭, B♭, B
Degrees
♭2, 3, ♭5, ♭6, ♭7, 7
Prime Form
0, 2, 3, 5, 7, 9

Inversion of:
0,2,3,5,7,9 pitch class set:
C, D, E♭, F, G, A

C, E♭, F, G, A, B♭

prime form: 0, 2, 3, 5, 7, 9

degrees: 1, ♭3, 4, 5, 6, ♭7

Scale application to typical chord types all keys:

C:	1	♭3	4	5	6	♭7	-7, 7 mel, 7sus4
D♭:	7	2	3	♭5	♭6	6	Δ7#5 mel, maj7+7
D:	♭7	♭2	♭3	4	5	♭6	-7 mel, 7 mel, 7sus4
E♭:	6	1	2	3	♭5	5	Δ7#5 mel, 7, Δ7
E:	♭6	7	♭2	♭3	4	♭5	
F:	5	♭7	1	2	3	4	7 mel, 7sus4
G♭:	♭5	6	7	♭2	♭3	3	
G:	4	♭6	♭7	1	2	♭3	-7b5 , 7 mel, 7sus4
A♭:	3	5	6	7	♭2	2	
A:	♭3	♭5	♭6	♭7	1	♭2	7, -7b5 mel
B♭:	2	4	5	6	7	1	Δ7#5 mel, -Δ7, Δ7 mel
B:	♭2	3	♭5	♭6	♭7	7	

See page 159 for other
0,2,4,5,7,9 information

C, D, E, F, G, A

prime form: 0, 2, 4, 5, 7, 9
degrees: 1, 2, 3, 4, 5, 6

Scale application to typical chord types all keys:

C:	1	2	3	4	5	6	Δ7♯5 mel, 7 mel, Δ7 mel, 7sus4
D♭:	7	♭2	♭3	3	♭5	♭6	
D:	♭7	1	2	♭3	4	5	-7, 7 mel, 7sus4
E♭:	6	7	♭2	2	3	♭5	
E:	♭6	♭7	1	♭2	♭3	4	-7 mel, 7 mel, -7♭5 mel, 7sus4
F:	5	6	7	1	2	3	Δ7♯5 mel, Δ7
G♭:	♭5	♭6	♭7	7	♭2	♭3	
G:	4	5	6	♭7	1	2	-7, 7 mel, 7sus4
A♭:	3	♭5	♭6	6	7	♭2	
A:	♭3	4	5	♭6	♭7	1	-7 mel, 7 mel, 7sus4
B♭:	2	3	♭5	5	6	7	Δ7♯5 mel, Δ7
B:	♭2	♭3	4	♭5	♭6	♭7	7 mel, -7♭5 me

Symmetric Difference as:
Pitches
D♭, E, G♭, A♭, B♭, B
Degrees
♭2, 3, ♭5, ♭6, ♭7, 7
Prime Form
0, 2, 3, 5, 7, 9

See page 160 for other 0,2,4,6,8,10 information

C, D, E, G♭, A♭, B♭

prime form: 0, 2, 4, 6, 8, 10
degrees: 1, 2, 3, ♭5, ♭6, ♭7

Scale application to typical chord types all keys:

C:	1	2	3	♭5	♭6	♭7	7
D♭:	7	♭2	♭3	4	5	6	
D:	♭7	1	2	3	♭5	♭6	7
E♭:	6	7	♭2	♭3	4	5	
E:	♭6	♭7	1	2	3	♭5	7
F:	5	6	7	♭2	♭3	4	
G♭:	♭5	♭6	♭7	1	2	3	7
G:	4	5	6	7	♭2	♭3	
A♭:	3	♭5	♭6	♭7	1	2	7
A:	♭3	4	5	6	7	♭2	
B♭:	2	3	♭5	♭6	♭7	1	7
B:	♭2	♭3	4	5	6	7	

Symmetric Difference as:
Pitches
D♭, E♭, F, G, A, B
Degrees
♭2, ♭3, 4, 5, 6, 7
Prime Form
0, 2, 4, 6, 8, 10

7 Note Scales

See page 161 for other
0,1,2,3,4,5,6 information

C, D♭, D, E♭, E, F, G♭

prime form: 0, 1, 2, 3, 4, 5, 6
degrees: 1, ♭2, 2, ♭3, 3, 4, ♭5

Scale application to typical chord types all keys:

C:	1	♭2	2	♭3	3	4	♭5	7 mel
D♭:	7	1	♭2	2	♭3	3	4	
D:	♭7	7	1	♭2	2	♭3	3	
E♭:	6	♭7	7	1	♭2	2	♭3	
E:	♭6	6	♭7	7	1	♭2	2	
F:	5	♭6	6	♭7	7	1	♭2	
G♭:	♭5	5	♭6	6	♭7	7	1	
G:	4	♭5	5	♭6	6	♭7	7	
A♭:	3	4	♭5	5	♭6	6	♭7	7 mel
A:	♭3	3	4	♭5	5	♭6	6	7 mel
B♭:	2	♭3	3	4	♭5	5	♭6	7 mel
B:	♭2	2	♭3	3	4	♭5	5	7 mel

Symmetric Difference as:
Pitches
G, A♭, A, B♭, B
Degrees
5, ♭6, 6, ♭7, 7
Prime Form
0, 1, 2, 3, 4

Inversion of:
0,1,2,3,4,5,6 pitch class set:
C, D♭, D, E♭, E, F, G♭

C, G♭, G, A♭, A, B♭, B

prime form: 0, 1, 2, 3, 4, 5, 6
degrees: 1, ♭5, 5, ♭6, 6, ♭7, 7

Scale application to typical chord types all keys:

C:	1	♭5	5	♭6	6	♭7	7	
D♭:	7	4	♭5	5	♭6	6	♭7	
D:	♭7	3	4	♭5	5	♭6	6	7 mel
E♭:	6	♭3	3	4	♭5	5	♭6	7 mel
E:	♭6	2	♭3	3	4	♭5	5	7 mel
F:	5	♭2	2	♭3	3	4	♭5	7 mel
G♭:	♭5	1	♭2	2	♭3	3	4	7 mel
G:	4	7	1	♭2	2	♭3	3	
A♭:	3	♭7	7	1	♭2	2	♭3	
A:	♭3	6	♭7	7	1	♭2	2	
B♭:	2	♭6	6	♭7	7	1	♭2	
B:	♭2	5	♭6	6	♭7	7	1	

See page 162 for other 0,1,2,3,4,5,7 information

C, D♭, D, E♭, E, F, G

prime form: 0, 1, 2, 3, 4, 5, 7

degrees: 1, ♭2, 2, ♭3, 3, 4, 5

Scale application to typical chord types all keys:

C:	1	♭2	2	♭3	3	4	5	7 mel, 7sus4
D♭:	7	1	♭2	2	♭3	3	♭5	
D:	♭7	7	1	♭2	2	♭3	4	
E♭:	6	♭7	7	1	♭2	2	3	
E:	♭6	6	♭7	7	1	♭2	♭3	
F:	5	♭6	6	♭7	7	1	2	
G♭:	♭5	5	♭6	6	♭7	7	♭2	
G:	4	♭5	5	♭6	6	♭7	1	7 mel
A♭:	3	4	♭5	5	♭6	6	7	Δ7♯5 mel
A:	♭3	3	4	♭5	5	♭6	♭7	7 mel
B♭:	2	♭3	3	4	♭5	5	6	7 mel
B:	♭2	2	♭3	3	4	♭5	♭6	7 mel

Symmetric Difference as:
Pitches
G♭, A♭, A, B♭, B
Degrees
♭5, ♭6, 6, ♭7, 7
Prime Form
0, 1, 2, 3, 5

Inversion of:
0,1,2,3,4,5,7 pitch class set:
C, D♭, D, E♭, E, F, G

C, F, G, A♭, A, B♭, B

prime form: 0, 1, 2, 3, 4, 5, 7

degrees: 1, 4, 5, ♭6, 6, ♭7, 7

Scale application to typical chord types all keys:

C:	1	4	5	♭6	6	♭7	7	
D♭:	7	3	♭5	5	♭6	6	♭7	
D:	♭7	♭3	4	♭5	5	♭6	6	7 mel
E♭:	6	2	3	4	♭5	5	♭6	Δ7#5 mel, 7 mel
E:	♭6	♭2	♭3	3	4	♭5	5	7 mel
F:	5	1	2	♭3	3	4	♭5	7 mel
G♭:	♭5	7	♭2	2	♭3	3	4	
G:	4	♭7	1	♭2	2	♭3	3	7 mel, 7sus4
A♭:	3	6	7	1	♭2	2	♭3	
A:	♭3	♭6	♭7	7	1	♭2	2	
B♭:	2	5	6	♭7	7	1	♭2	
B:	♭2	♭5	♭6	6	♭7	7	1	

See page 163 for other
0,1,2,3,4,5,8 information

C, D♭, D, E♭, E, F, A♭

prime form: 0, 1, 2, 3, 4, 5, 8
degrees: 1, ♭2, 2, ♭3, 3, 4, ♭6

Scale application to typical
chord types all keys:

C:	1	♭2	2	♭3	3	4	♭6	7 mel, 7sus4
D♭:	7	1	♭2	2	♭3	3	5	
D:	♭7	7	1	♭2	2	♭3	♭5	
E♭:	6	♭7	7	1	♭2	2	4	
E:	♭6	6	♭7	7	1	♭2	3	
F:	5	♭6	6	♭7	7	1	♭3	
G♭:	♭5	5	♭6	6	♭7	7	2	
G:	4	♭5	5	♭6	6	♭7	♭2	7 mel
A♭:	3	4	♭5	5	♭6	6	1	Δ7♯5 mel, 7 mel
A:	♭3	3	4	♭5	5	♭6	7	
B♭:	2	♭3	3	4	♭5	5	♭7	7 mel
B:	♭2	2	♭3	3	4	♭5	6	7 mel

Symmetric Difference as:
Pitches
G♭, G, A, B♭, B
Degrees
♭5, 5, 6, ♭7, 7
Prime Form
0, 1, 2, 4, 5

Inversion of:
0,1,2,3,4,5,8 pitch class set:
C, D♭, D, E♭, E, F, A♭

C, E, G, A♭, A, B♭, B

prime form: 0, 1, 2, 3, 4, 5, 8
degrees: 1, 3, 5, ♭6, 6, ♭7, 7

Scale application to typical
chord types all keys:

C:	1	3	5	♭6	6	♭7	7	
D♭:	7	♭3	♭5	5	♭6	6	♭7	
D:	♭7	2	4	♭5	5	♭6	6	7 mel
E♭:	6	♭2	3	4	♭5	5	♭6	7 mel
E:	♭6	1	♭3	3	4	♭5	5	7 mel
F:	5	7	2	♭3	3	4	♭5	
G♭:	♭5	♭7	♭2	2	♭3	3	4	7 mel
G:	4	6	1	♭2	2	♭3	3	7 mel, 7sus4
A♭:	3	♭6	7	1	♭2	2	♭3	
A:	♭3	5	♭7	7	1	♭2	2	
B♭:	2	♭5	6	♭7	7	1	♭2	
B:	♭2	4	♭6	6	♭7	7	1	

See page 164 for other
0,1,2,3,4,6,7 information

C, D♭, D, E♭, E, G♭, G

prime form: 0, 1, 2, 3, 4, 6, 7
degrees: 1, ♭2, 2, ♭3, 3, ♭5, 5

Scale application to typical chord types all keys:

C:	1	♭2	2	♭3	3	♭5	5	7
D♭:	7	1	♭2	2	♭3	4	♭5	
D:	♭7	7	1	♭2	2	3	4	
E♭:	6	♭7	7	1	♭2	♭3	3	
E:	♭6	6	♭7	7	1	2	♭3	
F:	5	♭6	6	♭7	7	♭2	2	
G♭:	♭5	5	♭6	6	♭7	1	♭2	7
G:	4	♭5	5	♭6	6	7	1	Δ7♯5 mel, -Δ7 mel
A♭:	3	4	♭5	5	♭6	♭7	7	
A:	♭3	3	4	♭5	5	6	♭7	7 mel
B♭:	2	♭3	3	4	♭5	♭6	6	7 mel
B:	♭2	2	♭3	3	4	5	♭6	7 mel, 7sus4

Symmetric Difference as:
Pitches
F, A♭, A, B♭, B
Degrees
4, ♭6, 6, ♭7, 7
Prime Form
0, 1, 2, 3, 6

Inversion of:
0,1,2,3,4,6,7 pitch class set:
C, D♭, D, E♭, E, G♭, G

C, F, G♭, A♭, A, B♭, B

prime form: 0, 1, 2, 3, 4, 6, 7
degrees: 1, 4, ♭5, ♭6, 6, ♭7, 7

Scale application to typical chord types all keys:

C:	1	4	♭5	♭6	6	♭7	7	
D♭:	7	3	4	5	♭6	6	♭7	
D:	♭7	♭3	3	♭5	5	♭6	6	7
E♭:	6	2	♭3	4	♭5	5	♭6	7 mel, -Δ7 mel
E:	♭6	♭2	2	3	4	♭5	5	7 mel
F:	5	1	♭2	♭3	3	4	♭5	7 mel
G♭:	♭5	7	1	2	♭3	3	4	
G:	4	♭7	7	♭2	2	♭3	3	
A♭:	3	6	♭7	1	♭2	2	♭3	7, 7sus4
A:	♭3	♭6	6	7	1	♭2	2	
B♭:	2	5	♭6	♭7	7	1	♭2	
B:	♭2	♭5	5	6	♭7	7	1	

See page 165 for other 0,1,2,3,4,6,8 information

C, D♭, D, E♭, E, G♭, A♭

prime form: 0, 1, 2, 3, 4, 6, 8
degrees: 1, ♭2, 2, ♭3, 3, ♭5, ♭6

Scale application to typical chord types all keys:

C:	1	♭2	2	♭3	3	♭5	♭6	7
D♭:	7	1	♭2	2	♭3	4	5	
D:	♭7	7	1	♭2	2	3	♭5	
E♭:	6	♭7	7	1	♭2	♭3	4	
E:	♭6	6	♭7	7	1	2	3	
F:	5	♭6	6	♭7	7	♭2	♭3	
G♭:	♭5	5	♭6	6	♭7	1	2	7
G:	4	♭5	5	♭6	6	7	♭2	
A♭:	3	4	♭5	5	♭6	♭7	1	7 mel
A:	♭3	3	4	♭5	5	6	7	
B♭:	2	♭3	3	4	♭5	♭6	♭7	7 mel
B:	♭2	2	♭3	3	4	5	6	7 mel, 7sus4

Symmetric Difference as:
Pitches
F, G, A, B♭, B
Degrees
4, 5, 6, ♭7, 7
Prime Form
0, 1, 2, 4, 6

Inversion of:
0,1,2,3,4,6,8 pitch class set:
C, D♭, D, E♭, E, G♭, A♭

C, E, G♭, A♭, A, B♭, B

prime form: 0, 1, 2, 3, 4, 6, 8
degrees: 1, 3, ♭5, ♭6, 6, ♭7, 7

Scale application to typical chord types all keys:

C:	1	3	♭5	♭6	6	♭7	7	
D♭:	7	♭3	4	5	♭6	6	♭7	
D:	♭7	2	3	♭5	5	♭6	6	7
E♭:	6	♭2	♭3	4	♭5	5	♭6	7 mel
E:	♭6	1	2	3	4	♭5	5	Δ7#5 mel, 7 mel
F:	5	7	♭2	♭3	3	4	♭5	
G♭:	♭5	♭7	1	2	♭3	3	4	7 mel
G:	4	6	7	♭2	2	♭3	3	
A♭:	3	♭6	♭7	1	♭2	2	♭3	7, 7sus4
A:	♭3	5	6	7	1	♭2	2	
B♭:	2	♭5	♭6	♭7	7	1	♭2	
B:	♭2	4	5	6	♭7	7	1	

See page 166 for other 0,1,2,3,4,6,9 information

C, D♭, D, E♭, E, G♭, A

prime form: 0, 1, 2, 3, 4, 6, 9

degrees: 1, ♭2, 2, ♭3, 3, ♭5, 6

Scale application to typical chord types all keys:

C:	1	♭2	2	♭3	3	♭5	6	7
D♭:	7	1	♭2	2	♭3	4	♭6	
D:	♭7	7	1	♭2	2	3	5	
E♭:	6	♭7	7	1	♭2	♭3	♭5	
E:	♭6	6	♭7	7	1	2	4	
F:	5	♭6	6	♭7	7	♭2	3	
G♭:	♭5	5	♭6	6	♭7	1	♭3	7
G:	4	♭5	5	♭6	6	7	2	Δ7♯5 mel, -Δ7 mel
A♭:	3	4	♭5	5	♭6	♭7	♭2	7 mel
A:	♭3	3	4	♭5	5	6	1	7 mel
B♭:	2	♭3	3	4	♭5	♭6	7	
B:	♭2	2	♭3	3	4	5	♭7	7 mel, 7sus4

Symmetric Difference as:
Pitches
F, G, A♭, B♭, B
Degrees
4, 5, ♭6, ♭7, 7
Prime Form
0, 1, 3, 4, 6

Inversion of:
0,1,2,3,4,6,9 pitch class set:
C, D♭, D, E♭, E, G♭, A

C, E♭, G♭, A♭, A, B♭, B

prime form: 0, 1, 2, 3, 4, 6, 9

degrees: 1, ♭3, ♭5, ♭6, 6, ♭7, 7

Scale application to typical chord types all keys:

C:	1	♭3	♭5	♭6	6	♭7	7	
D♭:	7	2	4	5	♭6	6	♭7	
D:	♭7	♭2	3	♭5	5	♭6	6	7
E♭:	6	1	♭3	4	♭5	5	♭6	7 mel, -Δ7 mel
E:	♭6	7	2	3	4	♭5	5	Δ7#5 mel
F:	5	♭7	♭2	♭3	3	4	♭5	7 mel
G♭:	♭5	6	1	2	♭3	3	4	7 mel
G:	4	♭6	7	♭2	2	♭3	3	
A♭:	3	5	♭7	1	♭2	2	♭3	7, 7sus4
A:	♭3	♭5	6	7	1	♭2	2	
B♭:	2	4	♭6	♭7	7	1	♭2	
B:	♭2	3	5	6	♭7	7	1	

See page 167 for other
0,1,2,3,4,7,8 information

C, D♭, D, E♭, E, G, A♭

prime form: 0, 1, 2, 3, 4, 7, 8
degrees: 1, ♭2, 2, ♭3, 3, 5, ♭6

Scale application to typical chord types all keys:

C:	1	♭2	2	♭3	3	5	♭6	7, 7sus4
D♭:	7	1	♭2	2	♭3	♭5	5	
D:	♭7	7	1	♭2	2	4	♭5	
E♭:	6	♭7	7	1	♭2	3	4	
E:	♭6	6	♭7	7	1	♭3	3	
F:	5	♭6	6	♭7	7	2	♭3	
G♭:	♭5	5	♭6	6	♭7	♭2	2	7
G:	4	♭5	5	♭6	6	1	♭2	7 mel
A♭:	3	4	♭5	5	♭6	7	1	Δ7♯5 mel
A:	♭3	3	4	♭5	5	♭7	7	
B♭:	2	♭3	3	4	♭5	6	♭7	7 mel
B:	♭2	2	♭3	3	4	♭6	6	7 mel, 7sus4

Symmetric Difference as:
Pitches
F, G♭, A, B♭, B
Degrees
4, ♭5, 6, ♭7, 7
Prime Form
0, 1, 2, 5, 6

Inversion of:
0,1,2,3,4,7,8 pitch class set:
C, D♭, D, E♭, E, G, A♭

C, E, F, A♭, A, B♭, B

prime form: 0, 1, 2, 3, 4, 7, 8
degrees: 1, 3, 4, ♭6, 6, ♭7, 7

Scale application to typical chord types all keys:

C:	1	3	4	♭6	6	♭7	7	
D♭:	7	♭3	3	5	♭6	6	♭7	
D:	♭7	2	♭3	♭5	5	♭6	6	7
E♭:	6	♭2	2	4	♭5	5	♭6	7 mel
E:	♭6	1	♭2	3	4	♭5	5	7 mel
F:	5	7	1	♭3	3	4	♭5	
G♭:	♭5	♭7	7	2	♭3	3	4	
G:	4	6	♭7	♭2	2	♭3	3	7 mel, 7sus4
A♭:	3	♭6	6	1	♭2	2	♭3	7, 7sus4
A:	♭3	5	♭6	7	1	♭2	2	
B♭:	2	♭5	5	♭7	7	1	♭2	
B:	♭2	4	♭5	6	♭7	7	1	

See page 168 for other
0,1,2,3,4,7,9 information

C, D♭, D, E♭, E, G, A

prime form: 0, 1, 2, 3, 4, 7, 9
degrees: 1, ♭2, 2, ♭3, 3, 5, 6

Scale application to typical chord types all keys:

C:	1	♭2	2	♭3	3	5	6	7, 7sus4
D♭:	7	1	♭2	2	♭3	♭5	♭6	
D:	♭7	7	1	♭2	2	4	5	
E♭:	6	♭7	7	1	♭2	3	♭5	
E:	♭6	6	♭7	7	1	♭3	4	
F:	5	♭6	6	♭7	7	2	3	
G♭:	♭5	5	♭6	6	♭7	♭2	♭3	7
G:	4	♭5	5	♭6	6	1	2	Δ7♯5 mel, 7 mel, -Δ7 mel
A♭:	3	4	♭5	5	♭6	7	♭2	
A:	♭3	3	4	♭5	5	♭7	1	7 mel
B♭:	2	♭3	3	4	♭5	6	7	
B:	♭2	2	♭3	3	4	♭6	♭7	7 mel, 7sus4

Symmetric Difference as:
Pitches
F, G♭, A♭, B♭, B
Degrees
4, ♭5, ♭6, ♭7, 7
Prime Form
0, 1, 3, 5, 6

See page 169 for other
0,1,2,3,5,6,7 information

C, D♭, D, E♭, F, G♭, G

prime form: 0, 1, 2, 3, 5, 6, 7
degrees: 1, ♭2, 2, ♭3, 4, ♭5, 5

Scale application to typical chord types all keys:

C:	1	♭2	2	♭3	4	♭5	5	7 mel
D♭:	7	1	♭2	2	3	4	♭5	
D:	♭7	7	1	♭2	♭3	3	4	
E♭:	6	♭7	7	1	2	♭3	3	
E:	♭6	6	♭7	7	♭2	2	♭3	
F:	5	♭6	6	♭7	1	♭2	2	7, 7sus4
G♭:	♭5	5	♭6	6	7	1	♭2	
G:	4	♭5	5	♭6	♭7	7	1	
A♭:	3	4	♭5	5	6	♭7	7	
A:	♭3	3	4	♭5	♭6	6	♭7	7 mel
B♭:	2	♭3	3	4	5	♭6	6	7 mel, 7sus4
B:	♭2	2	♭3	3	♭5	5	♭6	7

Symmetric Difference as:
Pitches
E, A♭, A, B♭, B
Degrees
3, ♭6, 6, ♭7, 7
Prime Form
0, 1, 2, 3, 7

Inversion of:
0,1,2,3,5,6,7 pitch class set:
C, D♭, D, E♭, F, G♭, G

C, F, G♭, G, A, B♭, B

prime form: 0, 1, 2, 3, 5, 6, 7
degrees: 1, 4, ♭5, 5, 6, ♭7, 7

Scale application to typical chord types all keys:

C:	1	4	♭5	5	6	♭7	7	
D♭:	7	3	4	♭5	♭6	6	♭7	
D:	♭7	♭3	3	4	5	♭6	6	7 mel, 7sus4
E♭:	6	2	♭3	3	♭5	5	♭6	7
E:	♭6	♭2	2	♭3	4	♭5	5	7 mel
F:	5	1	♭2	2	3	4	♭5	7 mel
G♭:	♭5	7	1	♭2	♭3	3	4	
G:	4	♭7	7	1	2	♭3	3	
A♭:	3	6	♭7	7	♭2	2	♭3	
A:	♭3	♭6	6	♭7	1	♭2	2	7, 7sus4
B♭:	2	5	♭6	6	7	1	♭2	
B:	♭2	♭5	5	♭6	♭7	7	1	

See page 170 for other
0,1,2,3,5,6,8 information

C, D♭, D, E♭, F, G♭, A♭

prime form: 0, 1, 2, 3, 5, 6, 8
degrees: 1, ♭2, 2, ♭3, 4, ♭5, ♭6

Scale application to typical chord types all keys:

C:	1	♭2	2	♭3	4	♭5	♭6	7 mel, -7♭5 mel
D♭:	7	1	♭2	2	3	4	5	
D:	♭7	7	1	♭2	♭3	3	♭5	
E♭:	6	♭7	7	1	2	♭3	4	
E:	♭6	6	♭7	7	♭2	2	3	
F:	5	♭6	6	♭7	1	♭2	♭3	-7 mel, 7, 7sus4
G♭:	♭5	5	♭6	6	7	1	2	Δ7♯5 mel, -Δ7 mel
G:	4	♭5	5	♭6	♭7	7	♭2	
A♭:	3	4	♭5	5	6	♭7	1	7 mel
A:	♭3	3	4	♭5	♭6	6	7	
B♭:	2	♭3	3	4	5	♭6	♭7	7 mel, 7sus4
B:	♭2	2	♭3	3	♭5	5	6	7

Symmetric Difference as:
Pitches
E, G, A, B♭, B
Degrees
3, 5, 6, ♭7, 7
Prime Form
0, 1, 2, 4, 7

Inversion of:
0,1,2,3,5,6,8 pitch class set:
C, D♭, D, E♭, F, G♭, A♭

C, E, G♭, G, A, B♭, B

prime form: 0, 1, 2, 3, 5, 6, 8
degrees: 1, 3, ♭5, 5, 6, ♭7, 7

Scale application to typical chord types all keys:

C:	1	3	♭5	5	6	♭7	7	
D♭:	7	♭3	4	♭5	♭6	6	♭7	
D:	♭7	2	3	4	5	♭6	6	7 mel, 7sus4
E♭:	6	♭2	♭3	3	♭5	5	♭6	7
E:	♭6	1	2	♭3	4	♭5	5	7 mel, -Δ7 mel
F:	5	7	♭2	2	3	4	♭5	
G♭:	♭5	♭7	1	♭2	♭3	3	4	7 mel
G:	4	6	7	1	2	♭3	3	
A♭:	3	♭6	♭7	7	♭2	2	♭3	
A:	♭3	5	6	♭7	1	♭2	2	7, 7sus4
B♭:	2	♭5	♭6	6	7	1	♭2	
B:	♭2	4	5	♭6	♭7	7	1	

See page 171 for other 0,1,2,3,5,6,9 information

C, D♭, D, E♭, F, G♭, A

prime form: 0, 1, 2, 3, 5, 6, 9
degrees: 1, ♭2, 2, ♭3, 4, ♭5, 6

Scale application to typical chord types all keys:

C:	1	♭2	2	♭3	4	♭5	6	7 mel
D♭:	7	1	♭2	2	3	4	♭6	
D:	♭7	7	1	♭2	♭3	3	5	
E♭:	6	♭7	7	1	2	♭3	♭5	
E:	♭6	6	♭7	7	♭2	2	4	
F:	5	♭6	6	♭7	1	♭2	3	7, 7sus4
G♭:	♭5	5	♭6	6	7	1	♭3	-Δ7 mel
G:	4	♭5	5	♭6	♭7	7	2	
A♭:	3	4	♭5	5	6	♭7	♭2	7 mel
A:	♭3	3	4	♭5	♭6	6	1	7 mel
B♭:	2	♭3	3	4	5	♭6	7	
B:	♭2	2	♭3	3	♭5	5	♭7	7

Symmetric Difference as:
Pitches
E, G, A♭, B♭, B
Degrees
3, 5, ♭6, ♭7, 7
Prime Form
0, 1, 3, 4, 7

Inversion of:
0,1,2,3,5,6,9 pitch class set:
C, D♭, D, E♭, F, G♭, A

C, E♭, G♭, G, A, B♭, B

prime form: 0, 1, 2, 3, 5, 6, 9
degrees: 1, ♭3, ♭5, 5, 6, ♭7, 7

Scale application to typical chord types all keys:

C:	1	♭3	♭5	5	6	♭7	7	
D♭:	7	2	4	♭5	♭6	6	♭7	
D:	♭7	♭2	3	4	5	♭6	6	7 mel, 7sus4
E♭:	6	1	♭3	3	♭5	5	♭6	7
E:	♭6	7	2	♭3	4	♭5	5	-Δ7 mel
F:	5	♭7	♭2	2	3	4	♭5	7 mel
G♭:	♭5	6	1	♭2	♭3	3	4	7 mel
G:	4	♭6	7	1	2	♭3	3	
A♭:	3	5	♭7	7	♭2	2	♭3	
A:	♭3	♭5	6	♭7	1	♭2	2	7
B♭:	2	4	♭6	6	7	1	♭2	
B:	♭2	3	5	♭6	♭7	7	1	

See page 172 for other
0,1,2,3,5,7,8 information

C, D♭, D, E♭, F, G, A♭

prime form: 0, 1, 2, 3, 5, 7, 8
degrees: 1, ♭2, 2, ♭3, 4, 5, ♭6

Scale application to typical chord types all keys:

C:	1	♭2	2	♭3	4	5	♭6	7 mel, 7sus4
D♭:	7	1	♭2	2	3	♭5	5	
D:	♭7	7	1	♭2	♭3	4	♭5	
E♭:	6	♭7	7	1	2	3	4	
E:	♭6	6	♭7	7	♭2	♭3	3	
F:	5	♭6	6	♭7	1	2	♭3	7, 7sus4
G♭:	♭5	5	♭6	6	7	♭2	2	
G:	4	♭5	5	♭6	♭7	1	♭2	7 mel
A♭:	3	4	♭5	5	6	7	1	Δ7♯5 mel
A:	♭3	3	4	♭5	♭6	♭7	7	
B♭:	2	♭3	3	4	5	6	♭7	7 mel, 7sus4
B:	♭2	2	♭3	3	♭5	♭6	6	7

Symmetric Difference as:
Pitches
E, G♭, A, B♭, B
Degrees
3, ♭5, 6, ♭7, 7
Prime Form
0, 1, 2, 5, 7

Inversion of:
0,1,2,3,5,7,8 pitch class set:
C, D♭, D, E♭, F, G, A♭

C, E, F, G, A, B♭, B

prime form: 0, 1, 2, 3, 5, 7, 8
degrees: 1, 3, 4, 5, 6, ♭7, 7

Scale application to typical chord types all keys:

C:	1	3	4	5	6	♭7	7	
D♭:	7	♭3	3	♭5	♭6	6	♭7	
D:	♭7	2	♭3	4	5	♭6	6	7 mel, 7sus4
E♭:	6	♭2	2	3	♭5	5	♭6	7
E:	♭6	1	♭2	♭3	4	♭5	5	7 mel
F:	5	7	1	2	3	4	♭5	Δ7#5 mel
G♭:	♭5	♭7	7	♭2	♭3	3	4	
G:	4	6	♭7	1	2	♭3	3	7 mel, 7sus4
A♭:	3	♭6	6	7	♭2	2	♭3	
A:	♭3	5	♭6	♭7	1	♭2	2	7, 7sus4
B♭:	2	♭5	5	6	7	1	♭2	
B:	♭2	4	♭5	♭6	♭7	7	1	

See page 173 for other 0,1,2,3,5,7,9 information

C, D♭, D, E♭, F, G, A

prime form: 0, 1, 2, 3, 5, 7, 9
degrees: 1, ♭2, 2, ♭3, 4, 5, 6

Scale application to typical chord types all keys:

C:	1	♭2	2	♭3	4	5	6	7 mel, 7sus4
D♭:	7	1	♭2	2	3	♭5	♭6	
D:	♭7	7	1	♭2	♭3	4	5	
E♭:	6	♭7	7	1	2	3	♭5	
E:	♭6	6	♭7	7	♭2	♭3	4	
F:	5	♭6	6	♭7	1	2	3	7, 7sus4
G♭:	♭5	5	♭6	6	7	♭2	♭3	
G:	4	♭5	5	♭6	♭7	1	2	7 mel
A♭:	3	4	♭5	5	6	7	♭2	
A:	♭3	3	4	♭5	♭6	♭7	1	7 mel
B♭:	2	♭3	3	4	5	6	7	
B:	♭2	2	♭3	3	♭5	♭6	♭7	7

Symmetric Difference as:
Pitches
E, G♭, A♭, B♭, B
Degrees
3, ♭5, ♭6, ♭7, 7
Prime Form
0, 1, 3, 5, 7

Inversion of:
0,1,2,3,5,7,9 pitch class set:
C, D♭, D, E♭, F, G, A

C, E♭, F, G, A, B♭, B

prime form: 0, 1, 2, 3, 5, 7, 9
degrees: 1, ♭3, 4, 5, 6, ♭7, 7

Scale application to typical chord types all keys:

C:	1	♭3	4	5	6	♭7	7	
D♭:	7	2	3	♭5	♭6	6	♭7	
D:	♭7	♭2	♭3	4	5	♭6	6	-7 mel, 7 mel, 7sus4
E♭:	6	1	2	3	♭5	5	♭6	Δ7#5 mel, 7
E:	♭6	7	♭2	♭3	4	♭5	5	
F:	5	♭7	1	2	3	4	♭5	7 mel
G♭:	♭5	6	7	♭2	♭3	3	4	
G:	4	♭6	♭7	1	2	♭3	3	7 mel, 7sus4
A♭:	3	5	6	7	♭2	2	♭3	
A:	♭3	♭5	♭6	♭7	1	♭2	2	7, -7b5 mel
B♭:	2	4	5	6	7	1	♭2	
B:	♭2	3	♭5	♭6	♭7	7	1	

See page 174 for other
0,1,2,3,6,7,8 information

C, D♭, D, E♭, G♭, G, A♭

prime form: 0, 1, 2, 3, 6, 7, 8
degrees: 1, ♭2, 2, ♭3, ♭5, 5, ♭6

Scale application to typical chord types all keys:

C:	1	♭2	2	♭3	♭5	5	♭6	7
D♭:	7	1	♭2	2	4	♭5	5	
D:	♭7	7	1	♭2	3	4	♭5	
E♭:	6	♭7	7	1	♭3	3	4	
E:	♭6	6	♭7	7	2	♭3	3	
F:	5	♭6	6	♭7	♭2	2	♭3	7, 7sus4
G♭:	♭5	5	♭6	6	1	♭2	2	7
G:	4	♭5	5	♭6	7	1	♭2	
A♭:	3	4	♭5	5	♭7	7	1	
A:	♭3	3	4	♭5	6	♭7	7	
B♭:	2	♭3	3	4	♭6	6	♭7	7 mel, 7sus4
B:	♭2	2	♭3	3	5	♭6	6	7, 7sus4

Symmetric Difference as:
Pitches
E, F, A, B♭, B
Degrees
3, 4, 6, ♭7, 7
Prime Form
0, 1, 2, 6, 7

Inversion of:
0,1,2,3,6,7,8 pitch class set:
C, D♭, D, E♭, G♭, G, A♭

C, E, F, G♭, A, B♭, B

prime form: 0, 1, 2, 3, 6, 7, 8
degrees: 1, 3, 4, ♭5, 6, ♭7, 7

Scale application to typical chord types all keys:

C:	1	3	4	♭5	6	♭7	7	
D♭:	7	♭3	3	4	♭6	6	♭7	
D:	♭7	2	♭3	3	5	♭6	6	7, 7sus4
E♭:	6	♭2	2	♭3	♭5	5	♭6	7
E:	♭6	1	♭2	2	4	♭5	5	7 mel
F:	5	7	1	♭2	3	4	♭5	
G♭:	♭5	♭7	7	1	♭3	3	4	
G:	4	6	♭7	7	2	♭3	3	
A♭:	3	♭6	6	♭7	♭2	2	♭3	7, 7sus4
A:	♭3	5	♭6	6	1	♭2	2	7, 7sus4
B♭:	2	♭5	5	♭6	7	1	♭2	
B:	♭2	4	♭5	5	♭7	7	1	

See page 175 for other
0,1,2,3,6,7,9 information

C, D♭, D, E♭, G♭, G, A

prime form: 0, 1, 2, 3, 6, 7, 9
degrees: 1, ♭2, 2, ♭3, ♭5, 5, 6

Scale application to typical chord types all keys:

C:	1	♭2	2	♭3	♭5	5	6	7
D♭:	7	1	♭2	2	4	♭5	♭6	
D:	♭7	7	1	♭2	3	4	5	
E♭:	6	♭7	7	1	♭3	3	♭5	
E:	♭6	6	♭7	7	2	♭3	4	
F:	5	♭6	6	♭7	♭2	2	3	7, 7sus4
G♭:	♭5	5	♭6	6	1	♭2	♭3	7
G:	4	♭5	5	♭6	7	1	2	Δ7♯5 mel, -Δ7 mel
A♭:	3	4	♭5	5	♭7	7	♭2	
A:	♭3	3	4	♭5	6	♭7	1	7 mel
B♭:	2	♭3	3	4	♭6	6	7	
B:	♭2	2	♭3	3	5	♭6	♭7	7, 7sus4

Symmetric Difference as:
Pitches
E, F, A♭, B♭, B
Degrees
3, 4, ♭6, ♭7, 7
Prime Form
0, 1, 3, 6, 7

Inversion of:
0,1,2,3,6,7,9 pitch class set:
C, D♭, D, E♭, G♭, G, A

C, E♭, F, G♭, A, B♭, B

prime form: 0, 1, 2, 3, 6, 7, 9
degrees: 1, ♭3, 4, ♭5, 6, ♭7, 7

Scale application to typical chord types all keys:

C:	1	♭3	4	♭5	6	♭7	7	
D♭:	7	2	3	4	♭6	6	♭7	
D:	♭7	♭2	♭3	3	5	♭6	6	7, 7sus4
E♭:	6	1	2	♭3	♭5	5	♭6	7, -Δ7 mel
E:	♭6	7	♭2	2	4	♭5	5	
F:	5	♭7	1	♭2	3	4	♭5	7 mel
G♭:	♭5	6	7	1	♭3	3	4	
G:	4	♭6	♭7	7	2	♭3	3	
A♭:	3	5	6	♭7	♭2	2	♭3	7, 7sus4
A:	♭3	♭5	♭6	6	1	♭2	2	7
B♭:	2	4	5	♭6	7	1	♭2	
B:	♭2	3	♭5	5	♭7	7	1	

Symmetric Difference as:
Pitches
E, F, A♭, B♭, B
Degrees
3, 4, ♭6, ♭7, 7
Prime Form
0, 1, 3, 6, 7

See page 176 for other 0,1,2,4,5,6,8 information

C, D♭, D, E, F, G♭, A♭

prime form: 0, 1, 2, 4, 5, 6, 8

degrees: 1, ♭2, 2, 3, 4, ♭5, ♭6

Scale application to typical chord types all keys:

C:	1	♭2	2	3	4	♭5	♭6	7 mel
D♭:	7	1	♭2	♭3	3	4	5	
D:	♭7	7	1	2	♭3	3	♭5	
E♭:	6	♭7	7	♭2	2	♭3	4	
E:	♭6	6	♭7	1	♭2	2	3	7, 7sus4
F:	5	♭6	6	7	1	♭2	♭3	
G♭:	♭5	5	♭6	♭7	7	1	2	
G:	4	♭5	5	6	♭7	7	♭2	
A♭:	3	4	♭5	♭6	6	♭7	1	7 mel
A:	♭3	3	4	5	♭6	6	7	
B♭:	2	♭3	3	♭5	5	♭6	♭7	7
B:	♭2	2	♭3	4	♭5	5	6	7 mel

Symmetric Difference as:
Pitches
E♭, G, A, B♭, B
Degrees
♭3, 5, 6, ♭7, 7
Prime Form
0, 2, 3, 4, 8

Inversion of:
0,1,2,4,5,6,8 pitch class set:
C, D♭, D, E, F, G♭, A♭

C, E, G♭, G, A♭, B♭, B

prime form: 0, 1, 2, 4, 5, 6, 8

degrees: 1, 3, ♭5, 5, ♭6, ♭7, 7

Scale application to typical chord types all keys:

C:	1	3	♭5	5	♭6	♭7	7	
D♭:	7	♭3	4	♭5	5	6	♭7	
D:	♭7	2	3	4	♭5	♭6	6	7 mel
E♭:	6	♭2	♭3	3	4	5	♭6	7 mel, 7sus4
E:	♭6	1	2	♭3	3	♭5	5	7
F:	5	7	♭2	2	♭3	4	♭5	
G♭:	♭5	♭7	1	♭2	2	3	4	7 mel
G:	4	6	7	1	♭2	♭3	3	
A♭:	3	♭6	♭7	7	1	2	♭3	
A:	♭3	5	6	♭7	7	♭2	2	
B♭:	2	♭5	♭6	6	♭7	1	♭2	7
B:	♭2	4	5	♭6	6	7	1	

See page 177 for other
0,1,2,4,5,6,9 information

C, D♭, D, E, F, G♭, A

prime form: 0, 1, 2, 4, 5, 6, 9
degrees: 1, ♭2, 2, 3, 4, ♭5, 6

Scale application to typical chord types all keys:

C:	1	♭2	2	3	4	♭5	6	7 mel
D♭:	7	1	♭2	♭3	3	4	♭6	
D:	♭7	7	1	2	♭3	3	5	
E♭:	6	♭7	7	♭2	2	♭3	♭5	
E:	♭6	6	♭7	1	♭2	2	4	7 mel, 7sus4
F:	5	♭6	6	7	1	♭2	3	
G♭:	♭5	5	♭6	♭7	7	1	♭3	
G:	4	♭5	5	6	♭7	7	2	
A♭:	3	4	♭5	♭6	6	♭7	♭2	7 mel
A:	♭3	3	4	5	♭6	6	1	7 mel, 7sus4
B♭:	2	♭3	3	♭5	5	♭6	7	
B:	♭2	2	♭3	4	♭5	5	♭7	7 mel

Symmetric Difference as:
Pitches
E♭, G, A♭, B♭, B
Degrees
♭3, 5, ♭6, ♭7, 7
Prime Form
0, 1, 3, 4, 8

See page 178 for other
0,1,2,4,5,7,8 information

C, D♭, D, E, F, G, A♭

prime form: 0, 1, 2, 4, 5, 7, 8
degrees: 1, ♭2, 2, 3, 4, 5, ♭6

Scale application to typical chord types all keys:

C:	1	♭2	2	3	4	5	♭6	7 mel, 7sus4
D♭:	7	1	♭2	♭3	3	♭5	5	
D:	♭7	7	1	2	♭3	4	♭5	
E♭:	6	♭7	7	♭2	2	3	4	
E:	♭6	6	♭7	1	♭2	♭3	3	7, 7sus4
F:	5	♭6	6	7	1	2	♭3	-Δ7 mel
G♭:	♭5	5	♭6	♭7	7	♭2	2	
G:	4	♭5	5	6	♭7	1	♭2	7 mel
A♭:	3	4	♭5	♭6	6	7	1	Δ7♯5 mel
A:	♭3	3	4	5	♭6	♭7	7	
B♭:	2	♭3	3	♭5	5	6	♭7	7
B:	♭2	2	♭3	4	♭5	♭6	6	7 mel

Symmetric Difference as:
Pitches
E♭, G♭, A, B♭, B
Degrees
♭3, ♭5, 6, ♭7, 7
Prime Form
0, 1, 2, 5, 8

Inversion of:
0,1,2,4,5,7,8 pitch class set:
C, D♭, D, E, F, G, A♭

C, E, F, G, A♭, B♭, B

prime form: 0, 1, 2, 4, 5, 7, 8
degrees: 1, 3, 4, 5 ♭6, ♭7, 7

Scale application to typical chord types all keys:

C:	1	3	4	5	♭6	♭7	7	
D♭:	7	♭3	3	♭5	5	6	♭7	
D:	♭7	2	♭3	4	♭5	♭6	6	7 mel
E♭:	6	♭2	2	3	4	5	♭6	7 mel, 7sus4
E:	♭6	1	♭2	♭3	3	♭5	5	7
F:	5	7	1	2	♭3	4	♭5	-Δ7
G♭:	♭5	♭7	7	♭2	2	3	4	
G:	4	6	♭7	1	♭2	♭3	3	7 mel, 7sus4
A♭:	3	♭6	6	7	1	2	♭3	
A:	♭3	5	♭6	♭7	7	♭2	2	
B♭:	2	♭5	5	6	♭7	1	♭2	7
B:	♭2	4	♭5	♭6	6	7	1	

See page 179 for other
0,1,2,4,5,7,9 information

C, D♭, D, E, F, G, A

prime form: 0, 1, 2, 4, 5, 7, 9
degrees: 1, ♭2, 2, 3, 4, 5, 6

Scale application to typical chord types all keys:

C:	1	♭2	2	3	4	5	6	7 mel, 7sus4
D♭:	7	1	♭2	♭3	3	♭5	♭6	
D:	♭7	7	1	2	♭3	4	5	
E♭:	6	♭7	7	♭2	2	3	♭5	
E:	♭6	6	♭7	1	♭2	♭3	4	-7 mel, 7 mel, 7sus4
F:	5	♭6	6	7	1	2	3	Δ7♯5 mel
G♭:	♭5	5	♭6	♭7	7	♭2	♭3	
G:	4	♭5	5	6	♭7	1	2	7 mel
A♭:	3	4	♭5	♭6	6	7	♭2	
A:	♭3	3	4	5	♭6	♭7	1	7 mel, 7sus4
B♭:	2	♭3	3	♭5	5	6	7	
B:	♭2	2	♭3	4	♭5	♭6	♭7	7 mel, -7♭5 mel

Symmetric Difference as:
Pitches
E♭, G♭, A♭, B♭, B
Degrees
♭3, ♭5, ♭6, ♭7, 7
Prime Form
0, 1, 3, 5, 8

C, E♭, F, G, A♭, B♭, B

Inversion of:
0,1,2,4,5,7,9 pitch class set:
C, D♭, D, E, F, G, A

prime form: 0, 1, 2, 4, 5, 7, 9
degrees: 1, ♭3, 4, 5, ♭6, ♭7, 7

Scale application to typical chord types all keys:

C:	1	♭3	4	5	♭6	♭7	7	
D♭:	7	2	3	♭5	5	6	♭7	
D:	♭7	♭2	♭3	4	♭5	♭6	6	7 mel
E♭:	6	1	2	3	4	5	♭6	Δ7#5 mel, 7 mel, 7sus4
E:	♭6	7	♭2	♭3	3	♭5	5	
F:	5	♭7	1	2	♭3	4	♭5	7 mel
G♭:	♭5	6	7	♭2	2	3	4	
G:	4	♭6	♭7	1	♭2	♭3	3	7 mel, 7sus4
A♭:	3	5	6	7	1	2	♭3	
A:	♭3	♭5	♭6	♭7	7	♭2	2	
B♭:	2	4	5	6	♭7	1	♭2	7 mel, 7sus4
B:	♭2	3	♭5	♭6	6	7	1	

See page 180 for other
0,1,2,4,5,8,9 information

C, D♭, D, E, F, A♭, A

prime form: 0, 1, 2, 4, 5, 8, 9
degrees: 1, ♭2, 2, 3, 4, ♭6, 6

Scale application to typical chord types all keys:

C:	1	♭2	2	3	4	♭6	6	7 mel, 7sus4
D♭:	7	1	♭2	♭3	3	5	♭6	
D:	♭7	7	1	2	♭3	♭5	5	
E♭:	6	♭7	7	♭2	2	4	♭5	
E:	♭6	6	♭7	1	♭2	3	4	7 mel, 7sus4
F:	5	♭6	6	7	1	♭3	3	
G♭:	♭5	5	♭6	♭7	7	2	♭3	
G:	4	♭5	5	6	♭7	♭2	2	7 mel
A♭:	3	4	♭5	♭6	6	1	♭2	7 mel
A:	♭3	3	4	5	♭6	7	1	
B♭:	2	♭3	3	♭5	5	♭7	7	
B:	♭2	2	♭3	4	♭5	6	♭7	7 mel

Symmetric Difference as:
Pitches
E♭, G♭, G, B♭, B
Degrees
♭3, ♭5, 5, ♭7, 7
Prime Form
0, 1, 4, 5, 8

Inversion of:
0,1,2,4,5,8,9 pitch class set:
C, D♭, D, E, F, A♭, A

C, E♭, E, G, A♭, B♭, B

prime form: 0, 1, 2, 4, 5, 8, 9
degrees: 1, ♭3, 3, 5, ♭6, ♭7, 7

Scale application to typical chord types all keys:

C:	1	♭3	3	5	♭6	♭7	7	
D♭:	7	2	♭3	♭5	5	6	♭7	
D:	♭7	♭2	2	4	♭5	♭6	6	7 mel
E♭:	6	1	♭2	3	4	5	♭6	7 mel, 7sus4
E:	♭6	7	1	♭3	3	♭5	5	
F:	5	♭7	7	2	♭3	4	♭5	
G♭:	♭5	6	♭7	♭2	2	3	4	7 mel
G:	4	♭6	6	1	♭2	♭3	3	7 mel, 7sus4
A♭:	3	5	♭6	7	1	2	♭3	
A:	♭3	♭5	5	♭7	7	♭2	2	
B♭:	2	4	♭5	6	♭7	1	♭2	7 mel
B:	♭2	3	4	♭6	6	7	1	

See page 181 for other 0,1,2,4,6,7,8 information

C, D♭, D, E, G♭, G, A♭

prime form: 0, 1, 2, 4, 6, 7, 8
degrees: 1, ♭2, 2, 3, ♭5, 5, ♭6

Scale application to typical chord types all keys:

C:	1	♭2	2	3	♭5	5	♭6	7
D♭:	7	1	♭2	♭3	4	♭5	5	
D:	♭7	7	1	2	3	4	♭5	
E♭:	6	♭7	7	♭2	♭3	3	4	
E:	♭6	6	♭7	1	2	♭3	3	7, 7sus4
F:	5	♭6	6	7	♭2	2	♭3	
G♭:	♭5	5	♭6	♭7	1	♭2	2	7
G:	4	♭5	5	6	7	1	♭2	
A♭:	3	4	♭5	♭6	♭7	7	1	
A:	♭3	3	4	5	6	♭7	7	
B♭:	2	♭3	3	♭5	♭6	6	♭7	7
B:	♭2	2	♭3	4	5	♭6	6	7 mel, 7sus4

Symmetric Difference as:
Pitches
E♭, F, A, B♭, B
Degrees
♭3, 4, 6, ♭7, 7
Prime Form
0, 1, 2, 6, 8

See page 182 for other
0,1,2,4,6,7,9 information

C, D♭, D, E, G♭, G, A

prime form: 0, 1, 2, 4, 6, 7, 9
degrees: 1, ♭2, 2, 3, ♭5, 5, 6

Scale application to typical chord types all keys:

C:	1	♭2	2	3	♭5	5	6	7
D♭:	7	1	♭2	♭3	4	♭5	♭6	
D:	♭7	7	1	2	3	4	5	
E♭:	6	♭7	7	♭2	♭3	3	♭5	
E:	♭6	6	♭7	1	2	♭3	4	7 mel, 7sus4
F:	5	♭6	6	7	♭2	2	3	
G♭:	♭5	5	♭6	♭7	1	♭2	♭3	7
G:	4	♭5	5	6	7	1	2	Δ7♯5 mel, -Δ7
A♭:	3	4	♭5	♭6	♭7	7	♭2	
A:	♭3	3	4	5	6	♭7	1	7 mel, 7sus4
B♭:	2	♭3	3	♭5	♭6	6	7	
B:	♭2	2	♭3	4	5	♭6	♭7	7 mel, 7sus4

Symmetric Difference as:
Pitches
E♭, F, A♭, B♭, B
Degrees
♭3, 4, ♭6, ♭7, 7
Prime Form
0, 1, 3, 6, 8

Inversion of:
0,1,2,4,6,7,9 pitch class set:
C, D♭, D, E, G♭, G, A

C, E♭, F, G♭, A♭, B♭, B

prime form: 0, 1, 2, 4, 6, 7, 9
degrees: 1, ♭3, 4, ♭5, ♭6, ♭7, 7

Scale application to typical chord types all keys:

C:	1	♭3	4	♭5	♭6	♭7	7	
D♭:	7	2	3	4	5	6	♭7	
D:	♭7	♭2	♭3	3	♭5	♭6	6	7
E♭:	6	1	2	♭3	4	5	♭6	7 mel, 7sus4, -Δ7 mel
E:	♭6	7	♭2	2	3	♭5	5	
F:	5	♭7	1	♭2	♭3	4	♭5	7 mel
G♭:	♭5	6	7	1	2	3	4	Δ7#5 mel
G:	4	♭6	♭7	7	♭2	♭3	3	
A♭:	3	5	6	♭7	1	2	♭3	7, 7sus4
A:	♭3	♭5	♭6	6	7	♭2	2	
B♭:	2	4	5	♭6	♭7	1	♭2	7 mel, 7sus4
B:	♭2	3	♭5	5	6	7	1	

See page 183 for other
0,1,2,4,6,8,9 information

C, D♭, D, E, G♭, A♭, A

prime form: 0, 1, 2, 4, 6, 8, 9
degrees: 1, ♭2, 2, 3, ♭5, ♭6, 6

Scale application to typical chord types all keys:

C:	1	♭2	2	3	♭5	♭6	6	7
D♭:	7	1	♭2	♭3	4	5	♭6	
D:	♭7	7	1	2	3	♭5	5	
E♭:	6	♭7	7	♭2	♭3	4	♭5	
E:	♭6	6	♭7	1	2	3	4	7 mel, 7sus4
F:	5	♭6	6	7	♭2	♭3	3	
G♭:	♭5	5	♭6	♭7	1	2	♭3	7
G:	4	♭5	5	6	7	♭2	2	
A♭:	3	4	♭5	♭6	♭7	1	♭2	7 mel
A:	♭3	3	4	5	6	7	1	
B♭:	2	♭3	3	♭5	♭6	♭7	7	
B:	♭2	2	♭3	4	5	6	♭7	7 mel, 7sus4

Symmetric Difference as:
Pitches
E♭, F, G, B♭, B
Degrees
♭3, 4, 5, ♭7, 7
Prime Form
0, 1, 4, 6, 8

Inversion of:
0,1,2,4,6,8,9 pitch class set:
C, D♭, D, E, G♭, A♭, A

C, E♭, E, G♭, A♭, B♭, B

prime form: 0, 1, 2, 4, 6, 8, 9
degrees: 1, ♭3, 3, ♭5, ♭6, ♭7, 7

Scale application to typical chord types all keys:

C:	1	♭3	3	♭5	♭6	♭7	7	
D♭:	7	2	♭3	4	5	6	♭7	
D:	♭7	♭2	2	3	♭5	♭6	6	7
E♭:	6	1	♭2	♭3	4	5	♭6	-7 mel, 7 mel, 7sus4
E:	♭6	7	1	2	3	♭5	5	Δ7#5 mel
F:	5	♭7	7	♭2	♭3	4	♭5	
G♭:	♭5	6	♭7	1	2	3	4	7 mel
G:	4	♭6	6	7	♭2	♭3	3	
A♭:	3	5	♭6	♭7	1	2	♭3	7, 7sus4
A:	♭3	♭5	5	6	7	♭2	2	
B♭:	2	4	♭5	♭6	♭7	1	♭2	7 mel, -7b5 mel
B:	♭2	3	4	5	6	7	1	

See page 184 for other
0,1,2,4,6,8,10 information

C, D♭, D, E, G♭, A♭, B♭

prime form: 0, 1, 2, 4, 6, 8, 10
degrees: 1, ♭2, 2, 3, ♭5, ♭6, ♭7

Scale application to typical chord types all keys:

C:	1	♭2	2	3	♭5	♭6	♭7	7
D♭:	7	1	♭2	♭3	4	5	6	
D:	♭7	7	1	2	3	♭5	♭6	
E♭:	6	♭7	7	♭2	♭3	4	5	
E:	♭6	6	♭7	1	2	3	♭5	7
F:	5	♭6	6	7	♭2	♭3	4	
G♭:	♭5	5	♭6	♭7	1	2	3	7
G:	4	♭5	5	6	7	♭2	♭3	
A♭:	3	4	♭5	♭6	♭7	1	2	7 mel
A:	♭3	3	4	5	6	7	♭2	
B♭:	2	♭3	3	♭5	♭6	♭7	1	7
B:	♭2	2	♭3	4	5	6	7	

Symmetric Difference as:
Pitches
E♭, F, G, A, B
Degrees
♭3, 4, 5, 6, 7
Prime Form
0, 2, 4, 6, 8

See page 185 for other 0,1,2,4,7,8,9 information

C, D♭, D, E, G, A♭, A

prime form: 0, 1, 2, 4, 7, 8, 9

degrees: 1, ♭2, 2, 3, 5, ♭6, 6

Scale application to typical chord types all keys:

C:	1	♭2	2	3	5	♭6	6	7, 7sus4
D♭:	7	1	♭2	♭3	♭5	5	♭6	
D:	♭7	7	1	2	4	♭5	5	
E♭:	6	♭7	7	♭2	3	4	♭5	
E:	♭6	6	♭7	1	♭3	3	4	7 mel, 7sus4
F:	5	♭6	6	7	2	♭3	3	
G♭:	♭5	5	♭6	♭7	♭2	2	♭3	7
G:	4	♭5	5	6	1	♭2	2	7 mel
A♭:	3	4	♭5	♭6	7	1	♭2	
A:	♭3	3	4	5	♭7	7	1	
B♭:	2	♭3	3	♭5	6	♭7	7	
B:	♭2	2	♭3	4	♭6	6	♭7	7 mel, 7sus4

Symmetric Difference as:

Pitches

E♭, F, G♭, B♭, B

Degrees

♭3, 4, ♭5, ♭7, 7

Prime Form

0, 1, 3, 7, 8

Inversion of:
0,1,2,4,7,8,9 pitch class set:
C, D♭, D, E, G, A♭, A

C, E♭, E, F, A♭, B♭, B

prime form: 0, 1, 2, 4, 7, 8, 9

degrees: 1, ♭3, 4, 5, ♭6, ♭7, 7

Scale application to typical chord types all keys:

C:	1	♭3	3	4	♭6	♭7	7	
D♭:	7	2	♭3	3	5	6	♭7	
D:	♭7	♭2	2	♭3	♭5	♭6	6	7
E♭:	6	1	♭2	2	4	5	♭6	7 mel, 7sus4
E:	♭6	7	1	♭2	3	♭5	5	
F:	5	♭7	7	1	♭3	4	♭5	
G♭:	♭5	6	♭7	7	2	3	4	
G:	4	♭6	6	♭7	♭2	♭3	3	7 mel, 7sus4
A♭:	3	5	♭6	6	1	2	♭3	7, 7sus4
A:	♭3	♭5	5	♭6	7	♭2	2	
B♭:	2	4	♭5	5	♭7	1	♭2	7 mel
B:	♭2	3	4	♭5	6	7	1	

See page 186 for other
0,1,2,5,6,8,9 information

C, D♭, D, F, G♭, A♭, A

prime form: 0, 1, 2, 5, 6, 8, 9
degrees: 1, ♭2, 2, 4, ♭5, ♭6, 6

Scale application to typical chord types all keys:

C:	1	♭2	2	4	♭5	♭6	6	7 mel
D♭:	7	1	♭2	3	4	5	♭6	
D:	♭7	7	1	♭3	3	♭5	5	
E♭:	6	♭7	7	2	♭3	4	♭5	
E:	♭6	6	♭7	♭2	2	3	4	7 mel, 7sus4
F:	5	♭6	6	1	♭2	♭3	3	7, 7sus4
G♭:	♭5	5	♭6	7	1	2	♭3	-Δ7 mel
G:	4	♭5	5	♭7	7	♭2	2	
A♭:	3	4	♭5	6	♭7	1	♭2	7 mel
A:	♭3	3	4	♭6	6	7	1	
B♭:	2	♭3	3	5	♭6	♭7	7	
B:	♭2	2	♭3	♭5	5	6	♭7	7

Symmetric Difference as:
Pitches
E♭, E, G, B♭, B
Degrees
♭3, 3, 5, ♭7, 7
Prime Form
0, 1, 4, 7, 8

See page 187 for other
0,1,3,4,5,6,8 information

C, D♭, E♭, E, F, G♭, A♭

prime form: 0, 1, 3, 4, 5, 6, 8
degrees: 1, ♭2, ♭3, 3, 4, ♭5, ♭6

Scale application to typical chord types all keys:

C:	1	♭2	♭3	3	4	♭5	♭6	7 mel
D♭:	7	1	2	♭3	3	4	5	
D:	♭7	7	♭2	2	♭3	3	♭5	
E♭:	6	♭7	1	♭2	2	♭3	4	7 mel, 7sus4
E:	♭6	6	7	1	♭2	2	3	
F:	5	♭6	♭7	7	1	♭2	♭3	
G♭:	♭5	5	6	♭7	7	1	2	
G:	4	♭5	♭6	6	♭7	7	♭2	
A♭:	3	4	5	♭6	6	♭7	1	7 mel, 7sus4
A:	♭3	3	♭5	5	♭6	6	7	
B♭:	2	♭3	4	♭5	5	♭6	♭7	7 mel
B:	♭2	2	3	4	♭5	5	6	7 mel

Symmetric Difference as:
Pitches
D, G, A, B♭, B
Degrees
2, 5, 6, ♭7, 7
Prime Form
0, 2, 3, 4, 7

Inversion of:
0,1,3,4,5,6,8 pitch class set:
C, D♭, E♭, E, F, G♭, A♭

C, E, G♭, G, A♭, A, B

prime form: 0, 1, 3, 4, 5, 6, 8
degrees: 1, 3, ♭5, 5, ♭6, 6, 7

Scale application to typical chord types all keys:

C:	1	3	♭5	5	♭6	6	7	Δ7#5 mel
D♭:	7	♭3	4	♭5	5	♭6	♭7	
D:	♭7	2	3	4	♭5	5	6	7 mel
E♭:	6	♭2	♭3	3	4	♭5	♭6	7 mel
E:	♭6	1	2	♭3	3	4	5	7 mel, 7sus4
F:	5	7	♭2	2	♭3	3	♭5	
G♭:	♭5	♭7	1	♭2	2	♭3	4	7 mel, -7b5 mel
G:	4	6	7	1	♭2	2	3	
A♭:	3	♭6	♭7	7	1	♭2	♭3	
A:	♭3	5	6	♭7	7	1	2	
B♭:	2	♭5	♭6	6	♭7	7	♭2	
B:	♭2	4	5	♭6	6	♭7	1	-7 mel, 7 mel, 7sus4

See page 188 for other
0,1,3,4,5,7,8 information

C, D♭, E♭, E, F, G, A♭

prime form: 0, 1, 3, 4, 5, 7, 8
degrees: 1, ♭2, ♭3, 3, 4, 5, ♭6

Scale application to typical chord types all keys:

C:	1	♭2	♭3	3	4	5	♭6	7 mel, 7sus4
D♭:	7	1	2	♭3	3	♭5	5	
D:	♭7	7	♭2	2	♭3	4	♭5	
E♭:	6	♭7	1	♭2	2	3	4	7 mel, 7sus4
E:	♭6	6	7	1	♭2	♭3	3	
F:	5	♭6	♭7	7	1	2	♭3	
G♭:	♭5	5	6	♭7	7	♭2	2	
G:	4	♭5	♭6	6	♭7	1	♭2	7 mel
A♭:	3	4	5	♭6	6	7	1	Δ7♯5 mel
A:	♭3	3	♭5	5	♭6	♭7	7	
B♭:	2	♭3	4	♭5	5	6	♭7	7 mel
B:	♭2	2	3	4	♭5	♭6	6	7 mel

Symmetric Difference as:
Pitches
D, G♭, A, B♭, B
Degrees
2, ♭5, 6, ♭7, 7
Prime Form
0, 3, 4, 5, 8

See page 189 for other
0,1,3,4,5,7,9 information

C, D♭, E♭, E, F, G, A

prime form: 0, 1, 3, 4, 5, 7, 9
degrees: 1, ♭2, ♭3, 3, 4, 5, 6

Scale application to typical chord types all keys:

C:	1	♭2	♭3	3	4	5	6	7 mel, 7sus4
D♭:	7	1	2	♭3	3	♭5	♭6	
D:	♭7	7	♭2	2	♭3	4	5	
E♭:	6	♭7	1	♭2	2	3	♭5	7
E:	♭6	6	7	1	♭2	♭3	4	
F:	5	♭6	♭7	7	1	2	3	
G♭:	♭5	5	6	♭7	7	♭2	♭3	
G:	4	♭5	♭6	6	♭7	1	2	7 mel
A♭:	3	4	5	♭6	6	7	♭2	
A:	♭3	3	♭5	5	♭6	♭7	1	7
B♭:	2	♭3	4	♭5	5	6	7	-Δ7
B:	♭2	2	3	4	♭5	♭6	♭7	7 mel

Symmetric Difference as:
Pitches
D, G♭, A♭, B♭, B
Degrees
2, ♭5, ♭6, ♭7, 7
Prime Form
0, 2, 4, 5, 8

Inversion of:
0,1,3,4,5,7,9 pitch class set:
C, D♭, E♭, E, F, G, A

C, E♭, F, G, A♭, A, B

prime form: 0, 1, 3, 4, 5, 7, 9
degrees: 1, ♭3, 4, 5, ♭6, 6, 7

Scale application to typical chord types all keys:

C:	1	♭3	4	5	♭6	6	7	-Δ7 mel
D♭:	7	2	3	♭5	5	♭6	♭7	
D:	♭7	♭2	♭3	4	♭5	5	6	7 mel
E♭:	6	1	2	3	4	♭5	♭6	Δ7#5 mel, 7 mel
E:	♭6	7	♭2	♭3	3	4	5	
F:	5	♭7	1	2	♭3	3	♭5	7
G♭:	♭5	6	7	♭2	2	♭3	4	
G:	4	♭6	♭7	1	♭2	2	3	7 mel, 7sus4
A♭:	3	5	6	7	1	♭2	♭3	
A:	♭3	♭5	♭6	♭7	7	1	2	
B♭:	2	4	5	6	♭7	7	♭2	
B:	♭2	3	♭5	♭6	6	♭7	1	7

See page 190 for other
0,1,3,4,6,7,9 information

C, D♭, E♭, E, G♭, G, A

prime form: 0, 1, 3, 4, 6, 7, 9
degrees: 1, ♭2, ♭3, 3, ♭5, 5, 6

Scale application to typical chord types all keys:

C:	1	♭2	♭3	3	♭5	5	6	7
D♭:	7	1	2	♭3	4	♭5	♭6	°7, -Δ7 mel
D:	♭7	7	♭2	2	3	4	5	
E♭:	6	♭7	1	♭2	♭3	3	♭5	7
E:	♭6	6	7	1	2	♭3	4	°7, -Δ7 mel
F:	5	♭6	♭7	7	♭2	2	3	
G♭:	♭5	5	6	♭7	1	♭2	♭3	7
G:	4	♭5	♭6	6	7	1	2	°7, Δ7♯5 mel, -Δ7 mel
A♭:	3	4	5	♭6	♭7	7	♭2	
A:	♭3	3	♭5	5	6	♭7	1	7
B♭:	2	♭3	4	♭5	♭6	6	7	°7, -Δ7 mel
B:	♭2	2	3	4	5	♭6	♭7	7 mel, 7sus4

Symmetric Difference as:
Pitches
D, F, A♭, B♭, B
Degrees
2, 4, ♭6, ♭7, 7
Prime Form
0, 2, 3, 6, 9

Inversion of:
0,1,3,4,6,7,9 pitch class set:
C, D♭, E♭, E, G♭, G, A

C, E♭, F, G♭, A♭, A, B

prime form: 0, 1, 3, 4, 6, 7, 9
degrees: 1, ♭3, 4, ♭5, ♭6, 6, 7

Scale application to typical chord types all keys:

C:	1	♭3	4	♭5	♭6	6	7	°7, -Δ7 mel
D♭:	7	2	3	4	5	♭6	♭7	
D:	♭7	♭2	♭3	3	♭5	5	6	7
E♭:	6	1	2	♭3	4	♭5	♭6	°7, 7 mel, -Δ7 mel
E:	♭6	7	♭2	2	3	4	5	
F:	5	♭7	1	♭2	♭3	3	♭5	7
G♭:	♭5	6	7	1	2	♭3	4	°7, -Δ7
G:	4	♭6	♭7	7	♭2	2	3	
A♭:	3	5	6	♭7	1	♭2	♭3	7, 7sus4
A:	♭3	♭5	♭6	6	7	1	2	°7, -Δ7 mel
B♭:	2	4	5	♭6	♭7	7	♭2	
B:	♭2	3	♭5	5	6	♭7	1	7

See page 191 for other
0,1,3,4,6,8,9 information

C, D♭, E♭, E, G♭, A♭, A

prime form: 0, 1, 3, 4, 6, 8, 9
degrees: 1, ♭2, ♭3, 3, ♭5, ♭6, 6

Scale application to typical chord types all keys:

C:	1	♭2	♭3	3	♭5	♭6	6	7
D♭:	7	1	2	♭3	4	5	♭6	-Δ7 mel
D:	♭7	7	♭2	2	3	♭5	5	
E♭:	6	♭7	1	♭2	♭3	4	♭5	7 mel
E:	♭6	6	7	1	2	3	4	Δ7♯5 mel
F:	5	♭6	♭7	7	♭2	♭3	3	
G♭:	♭5	5	6	♭7	1	2	♭3	7
G:	4	♭5	♭6	6	7	♭2	2	
A♭:	3	4	5	♭6	♭7	1	♭2	7 mel, 7sus4
A:	♭3	3	♭5	5	6	7	1	
B♭:	2	♭3	4	♭5	♭6	♭7	7	
B:	♭2	2	3	4	5	6	♭7	7 mel, 7sus4

Symmetric Difference as:
Pitches
D, F, G, B♭, B
Degrees
2, 4, 5, ♭7, 7
Prime Form
0, 1, 4, 6, 9

Inversion of:
0,1,3,4,6,8,9 pitch class set:
C, D♭, E♭, E, G♭, A♭, A

C, E♭, E, G♭, A♭, A, B

prime form: 0, 1, 3, 4, 6, 8, 9
degrees: 1, ♭3, ♭3, ♭5, ♭6, 6, 7

Scale application to typical chord types all keys:

C:	1	♭3	3	♭5	♭6	6	7	
D♭:	7	2	♭3	4	5	♭6	♭7	
D:	♭7	♭2	2	3	♭5	5	6	7
E♭:	6	1	♭2	♭3	4	♭5	♭6	7 mel
E:	♭6	7	1	2	3	4	5	Δ7#5 mel
F:	5	♭7	7	♭2	♭3	3	♭5	
G♭:	♭5	6	♭7	1	2	♭3	4	7 mel
G:	4	♭6	6	7	♭2	2	3	
A♭:	3	5	♭6	♭7	1	♭2	♭3	7, 7sus4
A:	♭3	♭5	5	6	7	1	2	-Δ7
B♭:	2	4	♭5	♭6	♭7	7	♭2	
B:	♭2	3	4	5	6	♭7	1	7 mel, 7sus4

See page 192 for other
0,1,3,4,6,8,10 information

C, D♭, E♭, E, G♭, A♭, B♭

prime form: 0, 1, 3, 4, 6, 8, 10
degrees: 1, ♭2, ♭3, 3, ♭5, 6, ♭7

Melodic Minor
Ascending Scale

Scale application to typical
chord types all keys:

C:	1	♭2	♭3	3	♭5	6	♭7	7
D♭:	7	1	2	♭3	4	♭6	6	°7, -Δ7 mel
D:	♭7	7	♭2	2	3	5	♭6	
E♭:	6	♭7	1	♭2	♭3	♭5	5	7
E:	♭6	6	7	1	2	4	♭5	°7, Δ7♯5 mel, -Δ7 mel
F:	5	♭6	♭7	7	♭2	3	4	
G♭:	♭5	5	6	♭7	1	♭3	3	7
G:	4	♭5	♭6	6	7	2	♭3	°7, -Δ7 mel
A♭:	3	4	5	♭6	♭7	♭2	2	7 mel, 7sus4
A:	♭3	3	♭5	5	6	1	♭2	7
B♭:	2	♭3	4	♭5	♭6	7	1	°7, -Δ7 mel
B:	♭2	2	3	4	5	♭7	7	

Symmetric Difference as:
Pitches
D, F, G, A, B
Degrees
2, 4, 5, 6, 7
Prime Form
0, 2, 4, 6, 9

See page 193 for other
0,1,3,5,6,7,9 information

C, D♭, E♭, F, G♭, G, A

prime form: 0, 1, 3, 5, 6, 7, 9
degrees: 1, ♭2, ♭3, 4, ♭5, 5, 6

Scale application to typical chord types all keys:

C:	1	♭2	♭3	4	♭5	5	6	7 mel
D♭:	7	1	2	3	4	♭5	♭6	Δ7♯5 mel
D:	♭7	7	♭2	♭3	3	4	5	
E♭:	6	♭7	1	2	♭3	3	♭5	7
E:	♭6	6	7	♭2	2	♭3	4	
F:	5	♭6	♭7	1	♭2	2	3	7, 7sus4
G♭:	♭5	5	6	7	1	♭2	♭3	
G:	4	♭5	♭6	♭7	7	1	2	
A♭:	3	4	5	6	♭7	7	♭2	
A:	♭3	3	♭5	♭6	6	♭7	1	7
B♭:	2	♭3	4	5	♭6	6	7	-Δ7 mel
B:	♭2	2	3	♭5	5	♭6	♭7	7

Symmetric Difference as:
Pitches
D, E, A♭, B♭, B
Degrees
2, 3, ♭6, ♭7, 7
Prime Form
0, 2, 3, 6, 8

Inversion of:
0,1,3,4,6,7,9 pitch class set:
C, D♭, E♭, F, G♭, G, A

C, E♭, F, G♭, G, A, B

prime form: 0, 1, 3, 5, 6, 7, 9
degrees: 1, ♭3, 4, ♭5, 5, 6, 7

Scale application to typical chord types all keys:

C:	1	♭3	4	♭5	5	6	7	-Δ7
D♭:	7	2	3	4	♭5	♭6	♭7	
D:	♭7	♭2	♭3	3	4	5	6	7 mel, 7sus4
E♭:	6	1	2	♭3	3	♭5	♭6	7
E:	♭6	7	♭2	2	♭3	4	5	
F:	5	♭7	1	♭2	2	3	♭5	7
G♭:	♭5	6	7	1	♭2	♭3	4	
G:	4	♭6	♭7	7	1	2	3	
A♭:	3	5	6	♭7	7	♭2	♭3	
A:	♭3	♭5	♭6	6	♭7	1	2	7
B♭:	2	4	5	♭6	6	7	♭2	
B:	♭2	3	♭5	5	♭6	♭7	1	7

See page 194 for other 0,1,3,5,6,8,10 information

C, D♭, E♭, F, G♭, A♭, B♭

prime form: 0, 1, 3, 5, 6, 8, 10

degrees: 1, ♭2, ♭3, 4, ♭5, ♭6, ♭7

Major Scale

Scale application to typical chord types all keys:

C:	1	♭2	♭3	4	♭5	♭6	♭7	7 mel, -7♭5 mel
D♭:	7	1	2	3	4	5	6	Δ7♯5 mel, Δ7 mel
D:	♭7	7	♭2	♭3	3	♭5	♭6	
E♭:	6	♭7	1	2	♭3	4	5	-7, 7 mel, 7sus4
E:	♭6	6	7	♭2	2	3	♭5	
F:	5	♭6	♭7	1	♭2	♭3	4	-7 mel, 7 mel, 7sus4
G♭:	♭5	5	6	7	1	2	3	Δ7♯5 mel, Δ7
G:	4	♭5	♭6	♭7	7	♭2	♭3	
A♭:	3	4	5	6	♭7	1	2	7 mel, 7sus4
A:	♭3	3	♭5	♭6	6	7	♭2	
B♭:	2	♭3	4	5	♭6	♭7	1	7 mel, 7sus4
B:	♭2	2	3	♭5	5	6	7	

Symmetric Difference as:
Pitches
D, E, G, A, B
Degrees
2, 3, 5, 6, 7
Prime Form
0, 2, 4, 7, 9

See page 195 for other
0,1,4,5,6,7,9 information

C, D♭, E, F, G♭, G, A

prime form: 0, 1, 4, 5, 6, 7, 9

degrees: 1, ♭2, 3, 4, ♭5, 5, 6

Scale application to typical chord types all keys:

C:	1	♭2	3	4	♭5	5	6	7 mel
D♭:	7	1	♭3	3	4	♭5	♭6	
D:	♭7	7	2	♭3	3	4	5	
E♭:	6	♭7	♭2	2	♭3	3	♭5	7
E:	♭6	6	1	♭2	2	♭3	4	7 mel, 7sus4
F:	5	♭6	7	1	♭2	2	3	
G♭:	♭5	5	♭7	7	1	♭2	♭3	
G:	4	♭5	6	♭7	7	1	2	
A♭:	3	4	♭6	6	♭7	7	♭2	
A:	♭3	3	5	♭6	6	♭7	1	7, 7sus4
B♭:	2	♭3	♭5	5	♭6	6	7	-Δ7 mel
B:	♭2	2	4	♭5	5	♭6	♭7	7 mel

Symmetric Difference as:
Pitches
D, E♭, A♭, B♭, B
Degrees
2, ♭3, ♭6, ♭7, 7
Prime Form
0, 1, 4, 5, 7

Inversion of:
0,1,4,5,6,7,9 pitch class set:
C, D♭, E, F, G♭, G, A

C, E♭, F, G♭, G, A♭, B

prime form: 0, 1, 4, 5, 6, 7, 9

degrees: 1, ♭3, 5, ♭5, 5, ♭6, 7

Scale application to typical chord types all keys:

C:	1	♭3	4	♭5	5	♭6	7	-Δ7 mel
D♭:	7	2	3	4	♭5	5	♭7	
D:	♭7	♭2	♭3	3	4	♭5	6	7 mel
E♭:	6	1	2	♭3	3	4	♭6	7 mel, 7sus4
E:	♭6	7	♭2	2	♭3	3	5	
F:	5	♭7	1	♭2	2	♭3	♭5	7
G♭:	♭5	6	7	1	♭2	2	4	
G:	4	♭6	♭7	7	1	♭2	3	
A♭:	3	5	6	♭7	7	1	♭3	
A:	♭3	♭5	♭6	6	♭7	7	2	
B♭:	2	4	5	♭6	6	♭7	♭2	7 mel, 7sus4
B:	♭2	3	♭5	5	♭6	6	1	7

See page 196 for other
0,2,3,4,5,6,8 information

C, D, E♭, E, F, G♭, A♭

prime form: 0, 2, 3, 4, 5, 6, 8
degrees: 1, 2, ♭3, 3, 4, ♭5, ♭6

Scale application to typical chord types all keys:

C:	1	2	♭3	3	4	♭5	♭6	7 mel
D♭:	7	♭2	2	♭3	3	4	5	
D:	♭7	1	♭2	2	♭3	3	♭5	7
E♭:	6	7	1	♭2	2	♭3	4	
E:	♭6	♭7	7	1	♭2	2	3	
F:	5	6	♭7	7	1	♭2	♭3	
G♭:	♭5	♭6	6	♭7	7	1	2	
G:	4	5	♭6	6	♭7	7	♭2	
A♭:	3	♭5	5	♭6	6	♭7	1	7
A:	♭3	4	♭5	5	♭6	6	7	-Δ7 mel
B♭:	2	3	4	♭5	5	♭6	♭7	7 mel
B:	♭2	♭3	3	4	♭5	5	6	7 mel

Symmetric Difference as:
Pitches
D♭, G, A, B♭, B
Degrees
♭2, 5, 6, ♭7, 7
Prime Form
0, 2, 3, 4, 6

See page 197 for other
0,2,3,4,5,7,9 information

C, D, E♭, E, F, G, A

prime form: 0, 2, 3, 4, 5, 7, 9
degrees: 1, 2, ♭3, 3, 4, 5, 6

Scale application to typical chord types all keys:

C:	1	2	♭3	3	4	5	6	7 mel, 7sus4
D♭:	7	♭2	2	♭3	3	♭5	♭6	
D:	♭7	1	♭2	2	♭3	4	5	7 mel, 7sus4
E♭:	6	7	1	♭2	2	3	♭5	
E:	♭6	♭7	7	1	♭2	♭3	4	
F:	5	6	♭7	7	1	2	3	
G♭:	♭5	♭6	6	♭7	7	♭2	♭3	
G:	4	5	♭6	6	♭7	1	2	7 mel, 7sus4
A♭:	3	♭5	5	♭6	6	7	♭2	
A:	♭3	4	♭5	5	♭6	♭7	1	7 mel
B♭:	2	3	4	♭5	5	6	7	Δ7♯5 mel
B:	♭2	♭3	3	4	♭5	♭6	♭7	7 mel

Symmetric Difference as:
Pitches
D♭, G♭, A♭, B♭, B
Degrees
♭2, ♭5, ♭6, ♭7, 7
Prime Form
0, 2, 3, 5, 7

Inversion of:
0,2,3,4,5,7,9 pitch class set:
C, D, E♭, E, F, G, A

C, E♭, F, G, A♭, A, B♭

prime form: 0, 2, 3, 4, 5, 7, 9
degrees: 1, ♭3, 4, 5, ♭6, 6, ♭7

Scale application to typical chord types all keys:

C:	1	♭3	4	5	♭6	6	♭7	-7 mel, 7 mel, 7sus4
D♭:	7	2	3	♭5	5	♭6	6	Δ7#5 mel
D:	♭7	♭2	♭3	4	♭5	5	♭6	7 mel
E♭:	6	1	2	3	4	♭5	5	Δ7#5 mel, 7 mel
E:	♭6	7	♭2	♭3	3	4	♭5	
F:	5	♭7	1	2	♭3	3	4	7 mel, 7sus4
G♭:	♭5	6	7	♭2	2	♭3	3	
G:	4	♭6	♭7	1	♭2	2	♭3	7 mel, -7b5 mel, 7sus4
A♭:	3	5	6	7	1	♭2	2	
A:	♭3	♭5	♭6	♭7	7	1	♭2	
B♭:	2	4	5	6	♭7	7	1	
B:	♭2	3	♭5	♭6	6	♭7	7	

See page 198 for other
0,2,3,4,6,7,9 information

C, D, E♭, E, G♭, G, A

prime form: 0, 2, 3, 4, 6, 7, 9
degrees: 1, 2, ♭3, 3, ♭5, 5, 6

Scale application to typical chord types all keys:

C:	1	2	♭3	3	♭5	5	6	7
D♭:	7	♭2	2	♭3	4	♭5	♭6	
D:	♭7	1	♭2	2	3	4	5	7 mel, 7sus4
E♭:	6	7	1	♭2	♭3	3	♭5	
E:	♭6	♭7	7	1	2	♭3	4	
F:	5	6	♭7	7	♭2	2	3	
G♭:	♭5	♭6	6	♭7	1	♭2	♭3	7
G:	4	5	♭6	6	7	1	2	Δ7♯5 mel, -Δ7 mel
A♭:	3	♭5	5	♭6	♭7	7	♭2	
A:	♭3	4	♭5	5	6	♭7	1	7 mel
B♭:	2	3	4	♭5	♭6	6	7	Δ7♯5 mel
B:	♭2	♭3	3	4	5	♭6	♭7	7 mel, 7sus4

Symmetric Difference as:
Pitches
D♭, F, A♭, B♭, B
Degrees
♭2, 4, ♭6, ♭7, 7
Prime Form
0, 2, 3, 5, 8

Inversion of:
0,2,3,4,6,7,9 pitch class set:
C, D, E♭, E, G♭, G, A

C, E♭, F, G♭, A♭, A, B♭

prime form: 0, 2, 3, 4, 6, 7, 9
degrees: 1, ♭3, 4, ♭5, ♭6, 6, ♭7

Scale application to typical chord types all keys:

C:	1	♭3	4	♭5	♭6	6	♭7	7 mel
D♭:	7	2	3	4	5	♭6	6	Δ7#5 mel
D:	♭7	♭2	♭3	3	♭5	5	♭6	7
E♭:	6	1	2	♭3	4	♭5	5	-Δ7, 7 mel
E:	♭6	7	♭2	2	3	4	♭5	
F:	5	♭7	1	♭2	♭3	3	4	7 mel, 7sus4
G♭:	♭5	6	7	1	2	♭3	3	
G:	4	♭6	♭7	7	♭2	2	♭3	
A♭:	3	5	6	♭7	1	♭2	2	7, 7sus4
A:	♭3	♭5	♭6	6	7	1	♭2	
B♭:	2	4	5	♭6	♭7	7	1	
B:	♭2	3	♭5	5	6	♭7	7	

8 Note Scales

See page 199 for other 0,1,2,3,4,5,6,7 information

C, D♭, D, E♭, E, F, G♭, G

prime form: 0, 1, 2, 3, 4, 5, 6, 7
degrees: 1, ♭2, 2, ♭3, 3, 4, ♭5, 5

Scale application to typical chord types all keys:

C:	1	♭2	2	♭3	3	4	♭5	5	7 mel
D♭:	7	1	♭2	2	♭3	3	4	♭5	
D:	♭7	7	1	♭2	2	♭3	3	4	
E♭:	6	♭7	7	1	♭2	2	♭3	3	
E:	♭6	6	♭7	7	1	♭2	2	♭3	
F:	5	♭6	6	♭7	7	1	♭2	2	
G♭:	♭5	5	♭6	6	♭7	7	1	♭2	
G:	4	♭5	5	♭6	6	♭7	7	1	
A♭:	3	4	♭5	5	♭6	6	♭7	7	
A:	♭3	3	4	♭5	5	♭6	6	♭7	7 mel
B♭:	2	♭3	3	4	♭5	5	♭6	6	7 mel
B:	♭2	2	♭3	3	4	♭5	5	♭6	7 mel

Symmetric Difference as:
Pitches
A♭, A, B♭, B
Degrees
♭6, 6, ♭7, 7
Prime Form
0, 1, 2, 3

See page 200 for other
0,1,2,3,4,5,6,8 information

C, D♭, D, E♭, E, F, G♭, A♭

prime form: 0, 1, 2, 3, 4, 5, 6, 8
degrees: 1, ♭2, 2, ♭3, 3, 4, ♭5, ♭6

Scale application to typical chord types all keys:

C:	1	♭2	2	♭3	3	4	♭5	♭6	7 mel
D♭:	7	1	♭2	2	♭3	3	4	5	
D:	♭7	7	1	♭2	2	♭3	3	♭5	
E♭:	6	♭7	7	1	♭2	2	♭3	4	
E:	♭6	6	♭7	7	1	♭2	2	3	
F:	5	♭6	6	♭7	7	1	♭2	♭3	
G♭:	♭5	5	♭6	6	♭7	7	1	2	
G:	4	♭5	5	♭6	6	♭7	7	♭2	
A♭:	3	4	♭5	5	♭6	6	♭7	1	7 mel
A:	♭3	3	4	♭5	5	♭6	6	7	
B♭:	2	♭3	3	4	♭5	5	♭6	♭7	7 mel
B:	♭2	2	♭3	3	4	♭5	5	6	7 mel

Symmetric Difference as:
Pitches
G, A, B♭, B
Degrees
5, 6, ♭7, 7
Prime Form
0, 1, 2, 4

Inversion of:
0,1,2,3,4,5,6,8 pitch class set:
C, D♭, D, E♭, E, F, G♭, A♭

C, E, G♭, G, A♭, A, B♭, B

prime form: 0, 1, 2, 3, 4, 5, 6, 8
degrees: 1, 3, ♭5, ♭5, ♭6, 6, ♭7, 7

Scale application to typical chord types all keys:

C:	1	3	♭5	5	♭6	6	♭7	7	
D♭:	7	♭3	4	♭5	5	♭6	6	♭7	
D:	♭7	2	3	4	♭5	5	♭6	6	7 mel
E♭:	6	♭2	♭3	3	4	♭5	5	♭6	7 mel
E:	♭6	1	2	♭3	3	4	♭5	5	7 mel
F:	5	7	♭2	2	♭3	3	4	♭5	
G♭:	♭5	♭7	1	♭2	2	♭3	3	4	7 mel
G:	4	6	7	1	♭2	2	♭3	3	
A♭:	3	♭6	♭7	7	1	♭2	2	♭3	
A:	♭3	5	6	♭7	7	1	♭2	2	
B♭:	2	♭5	♭6	6	♭7	7	1	♭2	
B:	♭2	4	5	♭6	6	♭7	7	1	

See page 201 for other
0,1,2,3,4,5,6,9 information

C, D♭, D, E♭, E, F, G♭, A

prime form: 0, 1, 2, 3, 4, 5, 6, 9

degrees: 1, ♭2, 2, ♭3, 3, 4, ♭5, 6

Scale application to typical chord types all keys:

C:	1	♭2	2	♭3	3	4	♭5	6	7 mel
D♭:	7	1	♭2	2	♭3	3	4	♭6	
D:	♭7	7	1	♭2	2	♭3	3	5	
E♭:	6	♭7	7	1	♭2	2	♭3	♭5	
E:	♭6	6	♭7	7	1	♭2	2	4	
F:	5	♭6	6	♭7	7	1	♭2	3	
G♭:	♭5	5	♭6	6	♭7	7	1	♭3	
G:	4	♭5	5	♭6	6	♭7	7	2	
A♭:	3	4	♭5	5	♭6	6	♭7	♭2	7 mel
A:	♭3	3	4	♭5	5	♭6	6	1	7 mel
B♭:	2	♭3	3	4	♭5	5	♭6	7	
B:	♭2	2	♭3	3	4	♭5	5	♭7	7 mel

Symmetric Difference as:

Pitches

G, A♭, B♭, B

Degrees

5, ♭6, ♭7, 7

Prime Form

0, 1, 3, 4

See page 202 for other
0,1,2,3,4,5,7,8 information

C, D♭, D, E♭, E, F, G, A♭

prime form: 0, 1, 2, 3, 4, 5, 7, 8
degrees: 1, ♭2, 2, ♭3, 3, 4, 5, ♭6

Scale application to typical chord types all keys:

C:	1	♭2	2	♭3	3	4	5	♭6	7 mel, 7sus4
D♭:	7	1	♭2	2	♭3	3	♭5	5	
D:	♭7	7	1	♭2	2	♭3	4	♭5	
E♭:	6	♭7	7	1	♭2	2	3	4	
E:	♭6	6	♭7	7	1	♭2	♭3	3	
F:	5	♭6	6	♭7	7	1	2	♭3	
G♭:	♭5	5	♭6	6	♭7	7	♭2	2	
G:	4	♭5	5	♭6	6	♭7	1	♭2	7 mel
A♭:	3	4	♭5	5	♭6	6	7	1	Δ7♯5 mel
A:	♭3	3	4	♭5	5	♭6	♭7	7	
B♭:	2	♭3	3	4	♭5	5	6	♭7	7 mel
B:	♭2	2	♭3	3	4	♭5	♭6	6	7 mel

Symmetric Difference as:
Pitches
G♭, A, B♭, B
Degrees
♭5, 6, ♭7, 7
Prime Form
0, 1, 2, 5

Inversion of:
0,1,2,3,4,5,7,8 pitch class set:
C, D♭, D, E♭, E, F, G, A♭

C, E, F, G, A♭, A, B♭, B

prime form: 0, 1, 2, 3, 4, 5, 7, 8
degrees: 1, 3, 4, 5, ♭6, 6, ♭7, 7

Scale application to typical chord types all keys:

C:	1	3	4	5	♭6	6	♭7	7	
D♭:	7	♭3	3	♭5	5	♭6	6	♭7	
D:	♭7	2	♭3	4	♭5	5	♭6	6	7 mel
E♭:	6	♭2	2	3	4	♭5	5	♭6	7 mel
E:	♭6	1	♭2	♭3	3	4	♭5	5	7 mel
F:	5	7	1	2	♭3	3	4	♭5	
G♭:	♭5	♭7	7	♭2	2	♭3	3	4	
G:	4	6	♭7	1	♭2	2	♭3	3	7 mel, 7sus4
A♭:	3	♭6	6	7	1	♭2	2	♭3	
A:	♭3	5	♭6	♭7	7	1	♭2	2	
B♭:	2	♭5	5	6	♭7	7	1	♭2	
B:	♭2	4	♭5	♭6	6	♭7	7	1	

See page 203 for other
0,1,2,3,4,5,7,9 information

C, D♭, D, E♭, E, F, G, A

prime form: 0, 1, 2, 3, 4, 5, 7, 9
degrees: 1, ♭2, 2, ♭3, 3, 4, 5, 6

Scale application to typical chord types all keys:

C:	1	♭2	2	♭3	3	4	5	6	7 mel, 7sus4
D♭:	7	1	♭2	2	♭3	3	♭5	♭6	
D:	♭7	7	1	♭2	2	♭3	4	5	
E♭:	6	♭7	7	1	♭2	2	3	♭5	
E:	♭6	6	♭7	7	1	♭2	♭3	4	
F:	5	♭6	6	♭7	7	1	2	3	
G♭:	♭5	5	♭6	6	♭7	7	♭2	♭3	
G:	4	♭5	5	♭6	6	♭7	1	2	7 mel
A♭:	3	4	♭5	5	♭6	6	7	♭2	
A:	♭3	3	4	♭5	5	♭6	♭7	1	7 mel
B♭:	2	♭3	3	4	♭5	5	6	7	
B:	♭2	2	♭3	3	4	♭5	♭6	♭7	7 mel

Symmetric Difference as:
Pitches
G♭, A♭, B♭, B
Degrees
♭5, ♭6, ♭7, 7
Prime Form
0, 1, 3, 5

Inversion of:
0,1,2,3,4,5,7,9 pitch class set:
C, D♭, D, E♭, E, F, G, A

C, E♭, F, G, A♭, A, B♭, B

prime form: 0, 1, 2, 3, 4, 5, 7, 9
degrees: 1, ♭3, 4, 5, ♭6, 6, ♭7, 7

Scale application to typical chord types all keys:

C:	1	♭3	4	5	♭6	6	♭7	7	
D♭:	7	2	3	♭5	5	♭6	6	♭7	
D:	♭7	♭2	♭3	4	♭5	5	♭6	6	7 mel
E♭:	6	1	2	3	4	♭5	5	♭6	Δ7#5 mel, 7 mel
E:	♭6	7	♭2	♭3	3	4	♭5	5	
F:	5	♭7	1	2	♭3	3	4	♭5	7 mel
G♭:	♭5	6	7	♭2	2	♭3	3	4	
G:	4	♭6	♭7	1	♭2	2	♭3	3	7 mel, 7sus4
A♭:	3	5	6	7	1	♭2	2	♭3	
A:	♭3	♭5	♭6	♭7	7	1	♭2	2	
B♭:	2	4	5	6	♭7	7	1	♭2	
B:	♭2	3	♭5	♭6	6	♭7	7	1	

See page 204 for other
0,1,2,3,4,5,8,9 information

C, D♭, D, E♭, E, F, A♭, A

prime form: 0, 1, 2, 3, 4, 5, 8, 9
degrees: 1, ♭2, 2, ♭3, 3, 4, ♭6, 6

Scale application to typical
chord types all keys:

C:	1	♭2	2	♭3	3	4	♭6	6	7 mel, 7sus4
D♭:	7	1	♭2	2	♭3	3	5	♭6	
D:	♭7	7	1	♭2	2	♭3	♭5	5	
E♭:	6	♭7	7	1	♭2	2	4	♭5	
E:	♭6	6	♭7	7	1	♭2	3	4	
F:	5	♭6	6	♭7	7	1	♭3	3	
G♭:	♭5	5	♭6	6	♭7	7	2	♭3	
G:	4	♭5	5	♭6	6	♭7	♭2	2	7 mel
A♭:	3	4	♭5	5	♭6	6	1	♭2	7 mel
A:	♭3	3	4	♭5	5	♭6	7	1	
B♭:	2	♭3	3	4	♭5	5	♭7	7	
B:	♭2	2	♭3	3	4	♭5	6	♭7	7 mel

Symmetric Difference as:
Pitches
G♭, G, B♭, B
Degrees
♭5, 5, ♭7, 7
Prime Form
0, 1, 4, 5

See page 205 for other
0,1,2,3,4,6,7,8 information

C, D♭, D, E♭, E, G♭, G, A♭

prime form: 0, 1, 2, 3, 4, 6, 7, 8
degrees: 1, ♭2, 2, ♭3, 3, ♭5, 5, ♭6

Scale application to typical
chord types all keys:

C:	1	♭2	2	♭3	3	♭5	5	♭6	7
D♭:	7	1	♭2	2	♭3	4	♭5	5	
D:	♭7	7	1	♭2	2	3	4	♭5	
E♭:	6	♭7	7	1	♭2	♭3	3	4	
E:	♭6	6	♭7	7	1	2	♭3	3	
F:	5	♭6	6	♭7	7	♭2	2	♭3	
G♭:	♭5	5	♭6	6	♭7	1	♭2	2	7
G:	4	♭5	5	♭6	6	7	1	♭2	
A♭:	3	4	♭5	5	♭6	♭7	7	1	
A:	♭3	3	4	♭5	5	6	♭7	7	
B♭:	2	♭3	3	4	♭5	♭6	6	♭7	7 mel
B:	♭2	2	♭3	3	4	5	♭6	6	7 mel, 7sus4

Symmetric Difference as:
Pitches
F, A, B♭, B
Degrees
4, 6, ♭7, 7
Prime Form
0, 1, 2, 6

Inversion of:
0,1,2,3,4,6,7,8 pitch class set:
C, D♭, D, E♭, E, G♭, G, A♭

C, E, F, G♭, A♭, A, B♭, B

prime form: 0, 1, 2, 3, 4, 6, 7, 8
degrees: 1, 3, 4, ♭5, ♭6, 6, ♭7, 7

Scale application to typical
chord types all keys:

C:	1	3	4	♭5	♭6	6	♭7	7	
D♭:	7	♭3	3	4	5	♭6	6	♭7	
D:	♭7	2	♭3	3	♭5	5	♭6	6	7
E♭:	6	♭2	2	♭3	4	♭5	5	♭6	7 mel
E:	♭6	1	♭2	2	3	4	♭5	5	7 mel
F:	5	7	1	♭2	♭3	3	4	♭5	
G♭:	♭5	♭7	7	1	2	♭3	3	4	
G:	4	6	♭7	7	♭2	2	♭3	3	
A♭:	3	♭6	6	♭7	1	♭2	2	♭3	7, 7sus4
A:	♭3	5	♭6	6	7	1	♭2	2	
B♭:	2	♭5	5	♭6	♭7	7	1	♭2	
B:	♭2	4	♭5	5	6	♭7	7	1	

See page 206 for other
0,1,2,3,4,6,7,9 information

C, D♭, D, E♭, E, G♭, G, A

prime form: 0, 1, 2, 3, 4, 6, 7, 9
degrees: 1, ♭2, 2, ♭3, 3, ♭5, 5, 6

Scale application to typical chord types all keys:

C:	1	♭2	2	♭3	3	♭5	5	6	7
D♭:	7	1	♭2	2	♭3	4	♭5	♭6	
D:	♭7	7	1	♭2	2	3	4	5	
E♭:	6	♭7	7	1	♭2	♭3	3	♭5	
E:	♭6	6	♭7	7	1	2	♭3	4	
F:	5	♭6	6	♭7	7	♭2	2	3	
G♭:	♭5	5	♭6	6	♭7	1	♭2	♭3	7
G:	4	♭5	5	♭6	6	7	1	2	Δ7♯5 mel, -Δ7 mel
A♭:	3	4	♭5	5	♭6	♭7	7	♭2	
A:	♭3	3	4	♭5	5	6	♭7	1	7 mel
B♭:	2	♭3	3	4	♭5	♭6	6	7	
B:	♭2	2	♭3	3	4	5	♭6	♭7	7 mel, 7sus4

Symmetric Difference as:
Pitches
F, A♭, B♭, B
Degrees
4, ♭6, ♭7, 7
Prime Form
0, 1, 3, 6

Inversion of:
0,1,2,3,4,6,7,9 pitch class set:
C, D♭, D, E♭, E, G♭, G, A

C, E♭, F, G♭, A♭, A, B♭, B

prime form: 0, 1, 2, 3, 4, 6, 7, 9
degrees: 1, ♭3, 4, ♭5, ♭6, 6, ♭7, 7

Scale application to typical chord types all keys:

C:	1	♭3	4	♭5	♭6	6	♭7	7	
D♭:	7	2	3	4	5	♭6	6	♭7	
D:	♭7	♭2	♭3	3	♭5	5	♭6	6	7
E♭:	6	1	2	♭3	4	♭5	5	♭6	7 mel, -Δ7 mel
E:	♭6	7	♭2	2	3	4	♭5	5	
F:	5	♭7	1	♭2	♭3	3	4	♭5	7 mel
G♭:	♭5	6	7	1	2	♭3	3	4	
G:	4	♭6	♭7	7	♭2	2	♭3	3	
A♭:	3	5	6	♭7	1	♭2	2	♭3	7, 7sus4
A:	♭3	♭5	♭6	6	7	1	♭2	2	
B♭:	2	4	5	♭6	♭7	7	1	♭2	
B:	♭2	3	♭5	5	6	♭7	7	1	

See page 207 for other
0,1,2,3,4,6,8,9 information

C, D♭, D, E♭, E, G♭, A♭, A

prime form: 0, 1, 2, 3, 4, 6, 8, 9
degrees: 1, ♭2, 2, ♭3, 3, ♭5, ♭6, 6

Scale application to typical chord types all keys:

C:	1	♭2	2	♭3	3	♭5	♭6	6	7
D♭:	7	1	♭2	2	♭3	4	5	♭6	
D:	♭7	7	1	♭2	2	3	♭5	5	
E♭:	6	♭7	7	1	♭2	♭3	4	♭5	
E:	♭6	6	♭7	7	1	2	3	4	
F:	5	♭6	6	♭7	7	♭2	♭3	3	
G♭:	♭5	5	♭6	6	♭7	1	2	♭3	7
G:	4	♭5	5	♭6	6	7	♭2	2	
A♭:	3	4	♭5	5	♭6	♭7	1	♭2	7 mel
A:	♭3	3	4	♭5	5	6	7	1	
B♭:	2	♭3	3	4	♭5	♭6	♭7	7	
B:	♭2	2	♭3	3	4	5	6	♭7	7 mel, 7sus4

Symmetric Difference as:
Pitches
F, G, B♭, B
Degrees
4, 5, ♭7, 7
Prime Form
0, 1, 4, 6

Inversion of:
0,1,2,3,4,6,8,9 pitch class set:
C, D♭, D, E♭, E, G♭, A♭, A

C, E♭, E, G♭, A♭, A, B♭, B

prime form: 0, 1, 2, 3, 4, 6, 8, 9
degrees: 1, ♭2, 3, ♭5, ♭6, 6, ♭7, 7

Scale application to typical chord types all keys:

C:	1	♭3	3	♭5	♭6	6	♭7	7	
D♭:	7	2	♭3	4	5	♭6	6	♭7	
D:	♭7	♭2	2	3	♭5	5	♭6	6	7
E♭:	6	1	♭2	♭3	4	♭5	5	♭6	7 mel
E:	♭6	7	1	2	3	4	♭5	5	Δ7#5 mel
F:	5	♭7	7	♭2	♭3	3	4	♭5	
G♭:	♭5	6	♭7	1	2	♭3	3	4	7 mel
G:	4	♭6	6	7	♭2	2	♭3	3	
A♭:	3	5	♭6	♭7	1	♭2	2	♭3	7, 7sus4
A:	♭3	♭5	5	6	7	1	♭2	2	
B♭:	2	4	♭5	♭6	♭7	7	1	♭2	
B:	♭2	3	4	5	6	♭7	7	1	

See page 208 for other
0,1,2,3,4,6,8,10 information

C, D♭, D, E♭, E, G♭, A♭, B♭

prime form: 0, 1, 2, 3, 4, 6, 8, 10
degrees: 1, ♭2, 2, ♭3, 3, ♭5, ♭6, ♭7

Scale application to typical
chord types all keys:

C:	1	♭2	2	♭3	3	♭5	♭6	♭7	7
D♭:	7	1	♭2	2	♭3	4	5	6	
D:	♭7	7	1	♭2	2	3	♭5	♭6	
E♭:	6	♭7	7	1	♭2	♭3	4	5	
E:	♭6	6	♭7	7	1	2	3	♭5	
F:	5	♭6	6	♭7	7	♭2	♭3	4	
G♭:	♭5	5	♭6	6	♭7	1	2	3	7
G:	4	♭5	5	♭6	6	7	♭2	♭3	
A♭:	3	4	♭5	5	♭6	♭7	1	2	7 mel
A:	♭3	3	4	♭5	5	6	7	♭2	
B♭:	2	♭3	3	4	♭5	♭6	♭7	1	7 mel
B:	♭2	2	♭3	3	4	5	6	7	

Symmetric Difference as:
Pitches
F, G, A, B
Degrees
4, 5, 6, 7
Prime Form
0, 2, 4, 6

See page 209 for other
0,1,2,3,4,7,8,9 information

C, D♭, D, E♭, E, G, A♭, A

prime form: 0, 1, 2, 3, 4, 7, 8, 9

degrees: 1, ♭2, 2, ♭3, 3, 5, ♭6, 6

Scale application to typical chord types all keys:

C:	1	♭2	2	♭3	3	5	♭6	6	7, 7sus4
D♭:	7	1	♭2	2	♭3	♭5	5	♭6	
D:	♭7	7	1	♭2	2	4	♭5	5	
E♭:	6	♭7	7	1	♭2	3	4	♭5	
E:	♭6	6	♭7	7	1	♭3	3	4	
F:	5	♭6	6	♭7	7	2	♭3	3	
G♭:	♭5	5	♭6	6	♭7	♭2	2	♭3	7
G:	4	♭5	5	♭6	6	1	♭2	2	7 mel
A♭:	3	4	♭5	5	♭6	7	1	♭2	
A:	♭3	3	4	♭5	5	♭7	7	1	
B♭:	2	♭3	3	4	♭5	6	♭7	7	
B:	♭2	2	♭3	3	4	♭6	6	♭7	7 mel, 7sus4

Symmetric Difference as:
Pitches
F, G♭, B♭, B
Degrees
4, ♭5, ♭7, 7
Prime Form
0, 1, 5, 6

See page 210 for other
0,1,2,3,5,6,7,8 information

C, D♭, D, E♭, F, G♭, G, A♭

prime form: 0, 1, 2, 3, 5, 6, 7, 8

degrees: 1, ♭2, 2, ♭3, 4, ♭5, 5, ♭6

Scale application to typical chord types all keys:

C:	1	♭2	2	♭3	4	♭5	5	♭6	7 mel
D♭:	7	1	♭2	2	3	4	♭5	5	
D:	♭7	7	1	♭2	♭3	3	4	♭5	
E♭:	6	♭7	7	1	2	♭3	3	4	
E:	♭6	6	♭7	7	♭2	2	♭3	3	
F:	5	♭6	6	♭7	1	♭2	2	♭3	7, 7sus4
G♭:	♭5	5	♭6	6	7	1	♭2	2	
G:	4	♭5	5	♭6	♭7	7	1	♭2	
A♭:	3	4	♭5	5	6	♭7	7	1	
A:	♭3	3	4	♭5	♭6	6	♭7	7	
B♭:	2	♭3	3	4	5	♭6	6	♭7	7 mel, 7sus4
B:	♭2	2	♭3	3	♭5	5	♭6	6	7

Symmetric Difference as:
Pitches
E, A, B♭, B
Degrees
3, 6, ♭7, 7
Prime Form
0, 1, 2, 7

See page 211 for other
0,1,2,3,5,6,7,9 information

C, D♭, D, E♭, F, G♭, G, A

prime form: 0, 1, 2, 3, 5, 6, 7, 9
degrees: 1, ♭2, 2, ♭3, 4, ♭5, 5, 6

Scale application to typical chord types all keys:

C:	1	♭2	2	♭3	4	♭5	5	6	7 mel
D♭:	7	1	♭2	2	3	4	♭5	♭6	
D:	♭7	7	1	♭2	♭3	3	4	5	
E♭:	6	♭7	7	1	2	♭3	3	♭5	
E:	♭6	6	♭7	7	♭2	2	♭3	4	
F:	5	♭6	6	♭7	1	♭2	2	3	7, 7sus4
G♭:	♭5	5	♭6	6	7	1	♭2	♭3	
G:	4	♭5	5	♭6	♭7	7	1	2	
A♭:	3	4	♭5	5	6	♭7	7	♭2	
A:	♭3	3	4	♭5	♭6	6	♭7	1	7 mel
B♭:	2	♭3	3	4	5	♭6	6	7	
B:	♭2	2	♭3	3	♭5	5	♭6	♭7	7

Symmetric Difference as:
Pitches
E, A♭, B♭, B
Degrees
3, ♭6, ♭7, 7
Prime Form
0, 1, 3, 7

Inversion of:
0,1,2,3,5,6,7,9 pitch class set:
C, D♭, D, E♭, F, G♭, G, A

C, E♭, F, G♭, G, A, B♭, B

prime form: 0, 1, 2, 3, 5, 6, 7, 9
degrees: 1, ♭3, 4, ♭5, 5, 6, ♭7, 7

Scale application to typical chord types all keys:

C:	1	♭3	4	♭5	5	6	♭7	7	
D♭:	7	2	3	4	♭5	♭6	6	♭7	
D:	♭7	♭2	♭3	3	4	5	♭6	6	7 mel, 7sus4
E♭:	6	1	2	♭3	3	♭5	5	♭6	7
E:	♭6	7	♭2	2	♭3	4	♭5	5	
F:	5	♭7	1	♭2	2	3	4	♭5	7 mel
G♭:	♭5	6	7	1	♭2	♭3	3	4	
G:	4	♭6	♭7	7	1	2	♭3	3	
A♭:	3	5	6	♭7	7	♭2	2	♭3	
A:	♭3	♭5	♭6	6	♭7	1	♭2	2	7
B♭:	2	4	5	♭6	6	7	1	♭2	
B:	♭2	3	♭5	5	♭6	♭7	7	1	

See page 212 for other
0,1,2,3,5,6,8,9 information

C, D♭, D, E♭, F, G♭, A♭, A

prime form: 0, 1, 2, 3, 5, 6, 8, 9
degrees: 1, ♭2, 2, ♭3, 4, ♭5, ♭6, 6

Scale application to typical chord types all keys:

C:	1	♭2	2	♭3	4	♭5	♭6	6	7 mel
D♭:	7	1	♭2	2	3	4	5	♭6	
D:	♭7	7	1	♭2	♭3	3	♭5	5	
E♭:	6	♭7	7	1	2	♭3	4	♭5	
E:	♭6	6	♭7	7	♭2	2	3	4	
F:	5	♭6	6	♭7	1	♭2	♭3	3	7, 7sus4
G♭:	♭5	5	♭6	6	7	1	2	♭3	-Δ7 mel
G:	4	♭5	5	♭6	♭7	7	♭2	2	
A♭:	3	4	♭5	5	6	♭7	1	♭2	7 mel
A:	♭3	3	4	♭5	♭6	6	7	1	
B♭:	2	♭3	3	4	5	♭6	♭7	7	
B:	♭2	2	♭3	3	♭5	5	6	♭7	7

Symmetric Difference as:
Pitches
E, G, B♭, B
Degrees
3, 5, ♭7, 7
Prime Form
0, 1, 4, 7

Inversion of:
0,1,2,3,5,6,8,9 pitch class set:
C, D♭, D, E♭, F, G♭, A♭, A

C, E♭, E, G♭, G, A, B♭, B

prime form: 0, 1, 2, 3, 5, 6, 8, 9
degrees: 1, ♭3, 3, ♭5, 5, 6, ♭7, 7

Scale application to typical chord types all keys:

C:	1	♭3	3	♭5	5	6	♭7	7	
D♭:	7	2	♭3	4	♭5	♭6	6	♭7	
D:	♭7	♭2	2	3	4	5	♭6	6	7 mel, 7sus4
E♭:	6	1	♭2	♭3	3	♭5	5	♭6	7
E:	♭6	7	1	2	♭3	4	♭5	5	-Δ7 mel
F:	5	♭7	7	♭2	2	3	4	♭5	
G♭:	♭5	6	♭7	1	♭2	♭3	3	4	7 mel
G:	4	♭6	6	7	1	2	♭3	3	
A♭:	3	5	♭6	♭7	7	♭2	2	♭3	
A:	♭3	♭5	5	6	♭7	1	♭2	2	7
B♭:	2	4	♭5	♭6	6	7	1	♭2	
B:	♭2	3	4	5	♭6	♭7	7	1	

See page 213 for other 0,1,2,3,5,6,8,10 information

C, D♭, D, E♭, F, G♭, A♭, B♭

prime form: 0, 1, 2, 3, 5, 6, 8, 10
degrees: 1, ♭2, 2, ♭3, 4, ♭5, ♭6, ♭7

Scale application to typical chord types all keys:

C:	1	♭2	2	♭3	4	♭5	♭6	♭7	7 mel, -7♭5 mel
D♭:	7	1	♭2	2	3	4	5	6	
D:	♭7	7	1	♭2	♭3	3	♭5	♭6	
E♭:	6	♭7	7	1	2	♭3	4	5	
E:	♭6	6	♭7	7	♭2	2	3	♭5	
F:	5	♭6	6	♭7	1	♭2	♭3	4	-7 mel, 7 mel, 7sus4
G♭:	♭5	5	♭6	6	7	1	2	3	Δ7♯5 mel
G:	4	♭5	5	♭6	♭7	7	♭2	♭3	
A♭:	3	4	♭5	5	6	♭7	1	2	7 mel
A:	♭3	3	4	♭5	♭6	6	7	♭2	
B♭:	2	♭3	3	4	5	♭6	♭7	1	7 mel, 7sus4
B:	♭2	2	♭3	3	♭5	5	6	7	

Symmetric Difference as:
Pitches
E, G, A, B
Degrees
3, 5, 6, 7
Prime Form
0, 2, 4, 7

Inversion of:
0,1,2,3,5,6,8,10 pitch class set:
C, D♭, D, E♭, F, G♭, A♭, B♭

C, D, E, G♭, G, A, B♭, B

prime form: 0, 1, 2, 3, 5, 6, 8, 10
degrees: 1, 2, 3, ♭5, 5, 6, ♭7, 7

Scale application to typical chord types all keys:

C:	1	2	3	♭5	5	6	♭7	7	
D♭:	7	♭2	♭3	4	♭5	♭6	6	♭7	
D:	♭7	1	2	3	4	5	♭6	6	7 mel, 7sus4
E♭:	6	7	♭2	♭3	3	♭5	5	♭6	
E:	♭6	♭7	1	2	♭3	4	♭5	5	7 mel
F:	5	6	7	♭2	2	3	4	♭5	
G♭:	♭5	♭6	♭7	1	♭2	♭3	3	4	7 mel
G:	4	5	6	7	1	2	♭3	3	
A♭:	3	♭5	♭6	♭7	7	♭2	2	♭3	
A:	♭3	4	5	6	♭7	1	♭2	2	7 mel, 7sus4
B♭:	2	3	♭5	♭6	6	7	1	♭2	
B:	♭2	♭3	4	5	♭6	♭7	7	1	

See page 214 for other
0,1,2,3,5,7,8,9 information

C, D♭, D, E♭, F, G, A♭, A

prime form: 0, 1, 2, 3, 5, 7, 8, 9
degrees: 1, ♭2, 2, ♭3, 4, 5, ♭6, 6

Scale application to typical chord types all keys:

C:	1	♭2	2	♭3	4	5	♭6	6	7 mel, 7sus4
D♭:	7	1	♭2	2	3	♭5	5	♭6	
D:	♭7	7	1	♭2	♭3	4	♭5	5	
E♭:	6	♭7	7	1	2	3	4	♭5	
E:	♭6	6	♭7	7	♭2	♭3	3	4	
F:	5	♭6	6	♭7	1	2	♭3	3	7, 7sus4
G♭:	♭5	5	♭6	6	7	♭2	2	♭3	
G:	4	♭5	5	♭6	♭7	1	♭2	2	7 mel
A♭:	3	4	♭5	5	6	7	1	♭2	
A:	♭3	3	4	♭5	♭6	♭7	7	1	
B♭:	2	♭3	3	4	5	6	♭7	7	
B:	♭2	2	♭3	3	♭5	♭6	6	♭7	7

Symmetric Difference as:
Pitches
E, G♭, B♭, B
Degrees
3, ♭5, ♭7, 7
Prime Form
0, 1, 5, 7

Inversion of:
0,1,2,3,5,7,8,9 pitch class set:
C, D♭, D, E♭, F, G, A♭, A

C, E♭, E, F, G, A, B♭, B

prime form: 0, 1, 2, 3, 5, 7, 8, 9
degrees: 1, ♭3, 3, 4, 5, 6, ♭7, 7

Scale application to typical chord types all keys:

C:	1	♭3	3	4	5	6	♭7	7	
D♭:	7	2	♭3	3	♭5	♭6	6	♭7	
D:	♭7	♭2	2	♭3	4	5	♭6	6	7 mel, 7sus4
E♭:	6	1	♭2	2	3	♭5	5	♭6	7
E:	♭6	7	1	♭2	♭3	4	♭5	5	
F:	5	♭7	7	1	2	3	4	♭5	
G♭:	♭5	6	♭7	7	♭2	♭3	3	4	
G:	4	♭6	6	♭7	1	2	♭3	3	7 mel, 7sus4
A♭:	3	5	♭6	6	7	♭2	2	♭3	
A:	♭3	♭5	5	♭6	♭7	1	♭2	2	7
B♭:	2	4	♭5	5	6	7	1	♭2	
B:	♭2	3	4	♭5	♭6	♭7	7	1	

See page 215 for other
0,1,2,3,5,7,8,10 information

C, D♭, D, E♭, F, G, A♭, B♭

prime form: 0, 1, 2, 3, 5, 7, 8, 10
degrees: 1, ♭2, 2, ♭3, 4, 5, ♭6, ♭7

Scale application to typical chord types all keys:

C:	1	♭2	2	♭3	4	5	♭6	♭7	7 mel, 7sus4
D♭:	7	1	♭2	2	3	♭5	5	6	
D:	♭7	7	1	♭2	♭3	4	♭5	♭6	
E♭:	6	♭7	7	1	2	3	4	5	
E:	♭6	6	♭7	7	♭2	♭3	3	♭5	
F:	5	♭6	6	♭7	1	2	♭3	4	7 mel, 7sus4
G♭:	♭5	5	♭6	6	7	♭2	2	3	
G:	4	♭5	5	♭6	♭7	1	♭2	♭3	7 mel
A♭:	3	4	♭5	5	6	7	1	2	Δ7♯5 mel
A:	♭3	3	4	♭5	♭6	♭7	7	♭2	
B♭:	2	♭3	3	4	5	6	♭7	1	7 mel, 7sus4
B:	♭2	2	♭3	3	♭5	♭6	6	7	

Symmetric Difference as:
Pitches
E, G♭, A, B
Degrees
3, ♭5, 6, 7
Prime Form
0, 2, 5, 7

See page 216 for other
0,1,2,3,6,7,8,9 information

C, D♭, D, E♭, G♭, G, A♭, A

prime form: 0, 1, 2, 3, 6, 7, 8, 9

degrees: 1, ♭2, 2, ♭3, ♭5, 5, ♭6, 6

Scale application to typical chord types all keys:

C:	1	♭2	2	♭3	♭5	5	♭6	6	7
D♭:	7	1	♭2	2	4	♭5	5	♭6	
D:	♭7	7	1	♭2	3	4	♭5	5	
E♭:	6	♭7	7	1	♭3	3	4	♭5	
E:	♭6	6	♭7	7	2	♭3	3	4	
F:	5	♭6	6	♭7	♭2	2	♭3	3	7, 7sus4
G♭:	♭5	5	♭6	6	1	♭2	2	♭3	7
G:	4	♭5	5	♭6	7	1	♭2	2	
A♭:	3	4	♭5	5	♭7	7	1	♭2	
A:	♭3	3	4	♭5	6	♭7	7	1	
B♭:	2	♭3	3	4	♭6	6	♭7	7	
B:	♭2	2	♭3	3	5	♭6	6	♭7	7, 7sus4

Symmetric Difference as:

Pitches

E, F, B♭, B

Degrees

3, 4, ♭7, 7

Prime Form

0, 1, 6, 7

See page 217 for other
0,1,2,4,5,6,7,9 information

C, D♭, D, E, F, G♭, G, A

prime form: 0, 1, 2, 4, 5, 6, 7, 9
degrees: 1, ♭2, 2, 3, 4, ♭5, 5, 6

Scale application to typical chord types all keys:

C:	1	♭2	2	3	4	♭5	5	6	7 mel
D♭:	7	1	♭2	♭3	3	4	♭5	♭6	
D:	♭7	7	1	2	♭3	3	4	5	
E♭:	6	♭7	7	♭2	2	♭3	3	♭5	
E:	♭6	6	♭7	1	♭2	2	♭3	4	7 mel, 7sus4
F:	5	♭6	6	7	1	♭2	2	3	
G♭:	♭5	5	♭6	♭7	7	1	♭2	♭3	
G:	4	♭5	5	6	♭7	7	1	2	
A♭:	3	4	♭5	♭6	6	♭7	7	♭2	
A:	♭3	3	4	5	♭6	6	♭7	1	7 mel, 7sus4
B♭:	2	♭3	3	♭5	5	♭6	6	7	
B:	♭2	2	♭3	4	♭5	5	♭6	♭7	7 mel

Symmetric Difference as:
Pitches
E♭, A♭, B♭, B
Degrees
♭3, ♭6, ♭7, 7
Prime Form
0, 2, 3, 7

Inversion of:
0,1,2,4,5,6,7,9 pitch class set:
C, D♭, D, E, F, G♭, G, A

C, E♭, F, G♭, G, A♭, B♭, B

prime form: 0, 1, 2, 4, 5, 6, 7, 9
degrees: 1, ♭3, 4, ♭5, 5, ♭6, ♭7, 7

Scale application to typical chord types all keys:

C:	1	♭3	4	♭5	5	♭6	♭7	7	
D♭:	7	2	3	4	♭5	5	6	♭7	
D:	♭7	♭2	♭3	3	4	♭5	♭6	6	7 mel
E♭:	6	1	2	♭3	3	4	5	♭6	7 mel, 7sus4
E:	♭6	7	♭2	2	♭3	3	♭5	5	
F:	5	♭7	1	♭2	2	♭3	4	♭5	7 mel
G♭:	♭5	6	7	1	♭2	2	3	4	
G:	4	♭6	♭7	7	1	♭2	♭3	3	
A♭:	3	5	6	♭7	7	1	2	♭3	
A:	♭3	♭5	♭6	6	♭7	7	♭2	2	
B♭:	2	4	5	♭6	6	♭7	1	♭2	7 mel, 7sus4
B:	♭2	3	♭5	5	♭6	6	7	1	

See page 218 for other
0,1,2,4,5,6,8,9 information

C, D♭, D, E, F, G♭, A♭, A

prime form: 0, 1, 2, 4, 5, 6, 8, 9
degrees: 1, ♭2, 2, 3, 4, ♭5, ♭6, 6

Scale application to typical
chord types all keys:

C:	1	♭2	2	3	4	♭5	♭6	6	7 mel
D♭:	7	1	♭2	♭3	3	4	5	♭6	
D:	♭7	7	1	2	♭3	3	♭5	5	
E♭:	6	♭7	7	♭2	2	♭3	4	♭5	
E:	♭6	6	♭7	1	♭2	2	3	4	7 mel, 7sus4
F:	5	♭6	6	7	1	♭2	♭3	3	
G♭:	♭5	5	♭6	♭7	7	1	2	♭3	
G:	4	♭5	5	6	♭7	7	♭2	2	
A♭:	3	4	♭5	♭6	6	♭7	1	♭2	7 mel
A:	♭3	3	4	5	♭6	6	7	1	
B♭:	2	♭3	3	♭5	5	♭6	♭7	7	
B:	♭2	2	♭3	4	♭5	5	6	♭7	7 mel

Symmetric Difference as:
Pitches
E♭, G, B♭, B
Degrees
♭3, 5, ♭7, 7
Prime Form
0, 3, 4, 8

Inversion of:
0,1,2,4,5,6,8,9 pitch class set:
C, D♭, D, E, F, G♭, A♭, A

C, E♭, E, G♭, G, A♭, B♭, B

prime form: 0, 1, 2, 4, 5, 6, 8, 9
degrees: 1, ♭3, 3, ♭5, 5, ♭6, 6, 7

Scale application to typical
chord types all keys:

C:	1	♭3	3	♭5	5	♭6	♭7	7	
D♭:	7	2	♭3	4	♭5	5	6	♭7	
D:	♭7	♭2	2	3	4	♭5	♭6	6	7 mel
E♭:	6	1	♭2	♭3	3	4	5	♭6	7 mel, 7sus4
E:	♭6	7	1	2	♭3	3	♭5	5	
F:	5	♭7	7	♭2	2	♭3	4	♭5	
G♭:	♭5	6	♭7	1	♭2	2	3	4	7 mel
G:	4	♭6	6	7	1	♭2	♭3	3	
A♭:	3	5	♭6	♭7	7	1	2	♭3	
A:	♭3	♭5	5	6	♭7	7	♭2	2	
B♭:	2	4	♭5	♭6	6	♭7	1	♭2	7 mel
B:	♭2	3	4	5	♭6	6	7	1	

See page 219 for other
0,1,2,4,5,6,8,10 information

C, D♭, D, E, F, G♭, A♭, B♭

prime form: 0, 1, 2, 4, 5, 6, 8, 10

degrees: 1, ♭2, 2, 3, 4, ♭5, ♭6, ♭7

Scale application to typical chord types all keys:

C:	1	♭2	2	3	4	♭5	♭6	♭7	7 mel
D♭:	7	1	♭2	♭3	3	4	5	6	
D:	♭7	7	1	2	♭3	3	♭5	♭6	
E♭:	6	♭7	7	♭2	2	♭3	4	5	
E:	♭6	6	♭7	1	♭2	2	3	♭5	7
F:	5	♭6	6	7	1	♭2	♭3	4	
G♭:	♭5	5	♭6	♭7	7	1	2	3	
G:	4	♭5	5	6	♭7	7	♭2	♭3	
A♭:	3	4	♭5	♭6	6	♭7	1	2	7 mel
A:	♭3	3	4	5	♭6	6	7	♭2	
B♭:	2	♭3	3	♭5	5	♭6	♭7	1	7
B:	♭2	2	♭3	4	♭5	5	6	7	

Symmetric Difference as:

Pitches

E♭, G, A, B

Degrees

♭3, 5, 6, 7

Prime Form

0, 2, 4, 8

See page 220 for other
0,1,2,4,5,7,8,9 information

C, D♭, D, E, F, G, A♭, A

prime form: 0, 1, 2, 4, 5, 7, 8, 9

degrees: 1, ♭2, 2, 3, 4, 5, ♭6, 6

Scale application to typical chord types all keys:

C:	1	♭2	2	3	4	5	♭6	6	7 mel, 7sus4
D♭:	7	1	♭2	♭3	3	♭5	5	♭6	
D:	♭7	7	1	2	♭3	4	♭5	5	
E♭:	6	♭7	7	♭2	2	3	4	♭5	
E:	♭6	6	♭7	1	♭2	♭3	3	4	7 mel, 7sus4
F:	5	♭6	6	7	1	2	♭3	3	
G♭:	♭5	5	♭6	♭7	7	♭2	2	♭3	
G:	4	♭5	5	6	♭7	1	♭2	2	7 mel
A♭:	3	4	♭5	♭6	6	7	1	♭2	
A:	♭3	3	4	5	♭6	♭7	7	1	
B♭:	2	♭3	3	♭5	5	6	♭7	7	
B:	♭2	2	♭3	4	♭5	♭6	6	♭7	7 mel

Symmetric Difference as:
Pitches
E♭, G♭, B♭, B
Degrees
♭3, ♭5, ♭7, 7
Prime Form
0, 1, 5, 8

See page 221 for other
0,1,2,4,5,7,8,10 information

C, D♭, D, E, F, G, A♭, B♭

prime form: 0, 1, 2, 4, 5, 7, 8, 10
degrees: 1, ♭2, 2, 3, 4, 5, ♭6, ♭7

Scale application to typical chord types all keys:

C:	1	♭2	2	3	4	5	♭6	♭7	7 mel, 7sus4
D♭:	7	1	♭2	♭3	3	♭5	5	6	
D:	♭7	7	1	2	♭3	4	♭5	♭6	
E♭:	6	♭7	7	♭2	2	3	4	5	
E:	♭6	6	♭7	1	♭2	♭3	3	♭5	7
F:	5	♭6	6	7	1	2	♭3	4	-Δ7 mel
G♭:	♭5	5	♭6	♭7	7	♭2	2	3	
G:	4	♭5	5	6	♭7	1	♭2	♭3	7 mel
A♭:	3	4	♭5	♭6	6	7	1	2	Δ7♯5 mel
A:	♭3	3	4	5	♭6	♭7	7	♭2	
B♭:	2	♭3	3	♭5	5	6	♭7	1	7
B:	♭2	2	♭3	4	♭5	♭6	6	7	

Symmetric Difference as:
Pitches
E♭, G♭, A, B
Degrees
♭3, ♭5, 6, 7
Prime Form
0, 2, 5, 8

Inversion of:
0,1,2,4,5,7,8,10 pitch class set:
C, D♭, D, E, F, G♭, A♭, B♭

C, D, E, F, G, A♭, B♭, B

prime form: 0, 1, 2, 4, 5, 7, 8, 10
degrees: 1, 2, 3, 4, 5, ♭6, ♭7, 7

Scale application to typical chord types all keys:

C:	1	2	3	4	5	♭6	♭7	7	
D♭:	7	♭2	♭3	3	♭5	5	6	♭7	
D:	♭7	1	2	♭3	4	♭5	♭6	6	7 mel
E♭:	6	7	♭2	2	3	4	5	♭6	
E:	♭6	♭7	1	♭2	♭3	3	♭5	5	7
F:	5	6	7	1	2	♭3	4	♭5	-Δ7
G♭:	♭5	♭6	♭7	7	♭2	2	3	4	
G:	4	5	6	♭7	1	♭2	♭3	3	7 mel, 7sus4
A♭:	3	♭5	♭6	6	7	1	2	♭3	
A:	♭3	4	5	♭6	♭7	7	♭2	2	
B♭:	2	3	♭5	5	6	♭7	1	♭2	7
B:	♭2	♭3	4	♭5	♭6	6	7	1	

See page 222 for other
0,1,2,4,5,7,9,10 information

C, D♭, D, E, F, G, A, B♭

prime form: 0, 1, 2, 4, 5, 7, 9, 10

degrees: 1, ♭2, 2, 3, 4, 5, 6, ♭7

Scale application to typical chord types all keys:

C:	1	♭2	2	3	4	5	6	♭7	7 mel, 7sus4
D♭:	7	1	♭2	♭3	3	♭5	♭6	6	
D:	♭7	7	1	2	♭3	4	5	♭6	
E♭:	6	♭7	7	♭2	2	3	♭5	5	
E:	♭6	6	♭7	1	♭2	♭3	4	♭5	7 mel
F:	5	♭6	6	7	1	2	3	4	Δ7♯5 mel
G♭:	♭5	5	♭6	♭7	7	♭2	♭3	3	
G:	4	♭5	5	6	♭7	1	2	♭3	7 mel
A♭:	3	4	♭5	♭6	6	7	♭2	2	
A:	♭3	3	4	5	♭6	♭7	1	♭2	7 mel, 7sus4
B♭:	2	♭3	3	♭5	5	6	7	1	
B:	♭2	2	♭3	4	♭5	♭6	♭7	7	

Symmetric Difference as:
Pitches
E♭, G♭, A♭, B
Degrees
♭3, ♭5, ♭6, 7
Prime Form
0, 3, 5, 8

See page 223 for other
0,1,2,4,6,7,8,10 information

C, D♭, D, E, G♭, G, A♭, B♭

prime form: 0, 1, 2, 4, 6, 7, 8, 10
degrees: 1, ♭2, 2, 3, ♭5, 5, ♭6, ♭7

Scale application to typical chord types all keys:

C:	1	♭2	2	3	♭5	5	♭6	♭7	7
D♭:	7	1	♭2	♭3	4	♭5	5	6	
D:	♭7	7	1	2	3	4	♭5	♭6	
E♭:	6	♭7	7	♭2	♭3	3	4	5	
E:	♭6	6	♭7	1	2	♭3	3	♭5	7
F:	5	♭6	6	7	♭2	2	♭3	4	
G♭:	♭5	5	♭6	♭7	1	♭2	2	3	7
G:	4	♭5	5	6	7	1	♭2	♭3	
A♭:	3	4	♭5	♭6	♭7	7	1	2	
A:	♭3	3	4	5	6	♭7	7	♭2	
B♭:	2	♭3	3	♭5	♭6	6	♭7	1	7
B:	♭2	2	♭3	4	5	♭6	6	7	

Symmetric Difference as:
Pitches
E♭, F, A, B
Degrees
♭3, 4, 6, 7
Prime Form
0, 2, 6, 8

See page 224 for other
0,1,3,4,5,6,7,9 information

C, D♭, E♭, E, F, G♭, G, A

prime form: 0, 1, 3, 4, 5, 6, 7, 9
degrees: 1, ♭2, ♭3, 3, 4, ♭5, 5, 6

Scale application to typical chord types all keys:

C:	1	♭2	♭3	3	4	♭5	5	6	7 mel
D♭:	7	1	2	♭3	3	4	♭5	♭6	
D:	♭7	7	♭2	2	♭3	3	4	5	
E♭:	6	♭7	1	♭2	2	♭3	3	♭5	7
E:	♭6	6	7	1	♭2	2	♭3	4	
F:	5	♭6	♭7	7	1	♭2	2	3	
G♭:	♭5	5	6	♭7	7	1	♭2	♭3	
G:	4	♭5	♭6	6	♭7	7	1	2	
A♭:	3	4	5	♭6	6	♭7	7	♭2	
A:	♭3	3	♭5	5	♭6	6	♭7	1	7
B♭:	2	♭3	4	♭5	5	♭6	6	7	-Δ7 mel
B:	♭2	2	3	4	♭5	5	♭6	♭7	7 mel

Symmetric Difference as:
Pitches
D, A♭, B♭, B
Degrees
2, ♭6, ♭7, 7
Prime Form
0, 2, 3, 6

Inversion of:
0,1,3,4,5,6,7,9 pitch class set:
C, D♭, E♭, E, F, G♭, G, A

C, E♭, F, G♭, G, A♭, A, B

prime form: 0, 1, 3, 4, 5, 6, 7, 9
degrees: 1, ♭3, 4, ♭5, 5, ♭6, 6, 7

Scale application to typical chord types all keys:

C:	1	♭3	4	♭5	5	♭6	6	7	-Δ7 mel
D♭:	7	2	3	4	♭5	5	♭6	♭7	
D:	♭7	♭2	♭3	3	4	♭5	5	6	7 mel
E♭:	6	1	2	♭3	3	4	♭5	♭6	7 mel
E:	♭6	7	♭2	2	♭3	3	4	5	
F:	5	♭7	1	♭2	2	♭3	3	♭5	7
G♭:	♭5	6	7	1	♭2	2	♭3	4	
G:	4	♭6	♭7	7	1	♭2	2	3	
A♭:	3	5	6	♭7	7	1	♭2	♭3	
A:	♭3	♭5	♭6	6	♭7	7	1	2	
B♭:	2	4	5	♭6	6	♭7	7	♭2	
B:	♭2	3	♭5	5	♭6	6	♭7	1	7

See page 225 for other
0,1,3,4,5,6,8,9 information

C, D♭, E♭, E, F, G♭, A♭, A

prime form: 0, 1, 3, 4, 5, 6, 8, 9

degrees: 1, ♭2, ♭3, 3, 4, ♭5, ♭6, 6

Scale application to typical chord types all keys:

C:	1	♭2	♭3	3	4	♭5	♭6	6	7 mel
D♭:	7	1	2	♭3	3	4	5	♭6	
D:	♭7	7	♭2	2	♭3	3	♭5	5	
E♭:	6	♭7	1	♭2	2	♭3	4	♭5	7 mel
E:	♭6	6	7	1	♭2	2	3	4	
F:	5	♭6	♭7	7	1	♭2	♭3	3	
G♭:	♭5	5	6	♭7	7	1	2	♭3	
G:	4	♭5	♭6	6	♭7	7	♭2	2	
A♭:	3	4	5	♭6	6	♭7	1	♭2	7 mel, 7sus4
A:	♭3	3	♭5	5	♭6	6	7	1	
B♭:	2	♭3	4	♭5	5	♭6	♭7	7	
B:	♭2	2	3	4	♭5	5	6	♭7	7 mel

Symmetric Difference as:

Pitches

D, G, B♭, B

Degrees

2, 5, ♭7, 7

Prime Form

0, 3, 4, 7

See page 226 for other 0,1,3,4,6,7,9,10 information

C, D♭, E♭, E, G♭, G, A, B♭

prime form: 0, 1, 3, 4, 6, 7, 9, 10

degrees: 1, ♭2, ♭3, 3, ♭5, 5, 6, ♭7

Diminshed Scale

Scale application to typical chord types all keys:

C:	1	♭2	♭3	3	♭5	5	6	♭7	7
D♭:	7	1	2	♭3	4	♭5	♭6	6	°7, -Δ7 mel
D:	♭7	7	♭2	2	3	4	5	♭6	
E♭:	6	♭7	1	♭2	♭3	3	♭5	5	7
E:	♭6	6	7	1	2	♭3	4	♭5	°7, -Δ7 mel
F:	5	♭6	♭7	7	♭2	2	3	4	
G♭:	♭5	5	6	♭7	1	♭2	♭3	3	7
G:	4	♭5	♭6	6	7	1	2	♭3	°7, -Δ7 mel
A♭:	3	4	5	♭6	♭7	7	♭2	2	
A:	♭3	3	♭5	5	6	♭7	1	♭2	7
B♭:	2	♭3	4	♭5	♭6	6	7	1	°7, -Δ7 mel
B:	♭2	2	3	4	5	♭6	♭7	7	

Symmetric Difference as:
Pitches
D, F, A♭, B
Degrees
2, 4, ♭6, 7
Prime Form
0, 3, 6, 9

See page 227 for other
0,2,3,4,5,6,7,9 information

C, D, E♭, E, F, G♭, G, A

prime form: 0, 2, 3, 4, 5, 6, 7, 9

degrees: 1, 2, ♭3, 3, 4, ♭5, 5, 6

Scale application to typical chord types all keys:

C:	1	2	♭3	3	4	♭5	5	6	7 mel
D♭:	7	♭2	2	♭3	3	4	♭5	♭6	
D:	♭7	1	♭2	2	♭3	3	4	5	7 mel, 7sus4
E♭:	6	7	1	♭2	2	♭3	3	♭5	
E:	♭6	♭7	7	1	♭2	2	♭3	4	
F:	5	6	♭7	7	1	♭2	2	3	
G♭:	♭5	♭6	6	♭7	7	1	♭2	♭3	
G:	4	5	♭6	6	♭7	7	1	2	
A♭:	3	♭5	5	♭6	6	♭7	7	♭2	
A:	♭3	4	♭5	5	♭6	6	♭7	1	7 mel
B♭:	2	3	4	♭5	5	♭6	6	7	Δ7♯5 mel
B:	♭2	♭3	3	4	♭5	5	♭6	♭7	7 mel

Symmetric Difference as:

Pitches

D♭, A♭, B♭, B

Degrees

♭2, ♭6, ♭7, 7

Prime Form

0, 2, 3, 5

9 Note Scales

See page 228 for other
0,1,2,3,4,5,6,7,8 information

C, D♭, D, E♭, E, F, G♭, G, A♭

prime form: 0, 1, 2, 3, 4, 5, 6, 7, 8
degrees: 1, ♭2, 2, ♭3, 3, 4, ♭5, 5, ♭6

Scale application to typical chord types all keys:

C:	1	♭2	2	♭3	3	4	♭5	5	♭6	7 mel
D♭:	7	1	♭2	2	♭3	3	4	♭5	5	
D:	♭7	7	1	♭2	2	♭3	3	4	♭5	
E♭:	6	♭7	7	1	♭2	2	♭3	3	4	
E:	♭6	6	♭7	7	1	♭2	2	♭3	3	
F:	5	♭6	6	♭7	7	1	♭2	2	♭3	
G♭:	♭5	5	♭6	6	♭7	7	1	♭2	2	
G:	4	♭5	5	♭6	6	♭7	7	1	♭2	
A♭:	3	4	♭5	5	♭6	6	♭7	7	1	
A:	♭3	3	4	♭5	5	♭6	6	♭7	7	
B♭:	2	♭3	3	4	♭5	5	♭6	6	♭7	7 mel
B:	♭2	2	♭3	3	4	♭5	5	♭6	6	7 mel

Symmetric Difference as:
Pitches
A, B♭, B
Degrees
6, ♭7, 7
Prime Form
0, 1, 2

See page 229 for other 0,1,2,3,4,5,6,7,9 information

C, D♭, D, E♭, E, F, G♭, G, A

prime form: 0, 1, 2, 3, 4, 5, 6, 7, 9

degrees: 1, ♭2, 2, ♭3, 3, 4, ♭5, 5, 6

Scale application to typical chord types all keys:

C:	1	♭2	2	♭3	3	4	♭5	5	6	7 mel
D♭:	7	1	♭2	2	♭3	3	4	♭5	♭6	
D:	♭7	7	1	♭2	2	♭3	3	4	5	
E♭:	6	♭7	7	1	♭2	2	♭3	3	♭5	
E:	♭6	6	♭7	7	1	♭2	2	♭3	4	
F:	5	♭6	6	♭7	7	1	♭2	2	3	
G♭:	♭5	5	♭6	6	♭7	7	1	♭2	♭3	
G:	4	♭5	5	♭6	6	♭7	7	1	2	
A♭:	3	4	♭5	5	♭6	6	♭7	7	♭2	
A:	♭3	3	4	♭5	5	♭6	6	♭7	1	7 mel
B♭:	2	♭3	3	4	♭5	5	♭6	6	7	
B:	♭2	2	♭3	3	4	♭5	5	♭6	♭7	7 mel

Symmetric Difference as:
Pitches
A♭, B♭, B
Degrees
♭6, ♭7, 7
Prime Form
0, 1, 3

See page 230 for other
0,1,2,3,4,5,6,8,9 information

C, D♭, D, E♭, E, F, G♭, A♭, A

prime form: 0, 1, 2, 3, 4, 5, 6, 8, 9
degrees: 1, ♭2, 2, ♭3, 3, 4, ♭5, ♭6, 6

Scale application to typical
chord types all keys:

C:	1	♭2	2	♭3	3	4	♭5	♭6	6	7 mel
D♭:	7	1	♭2	2	♭3	3	4	5	♭6	
D:	♭7	7	1	♭2	2	♭3	3	♭5	5	
E♭:	6	♭7	7	1	♭2	2	♭3	4	♭5	
E:	♭6	6	♭7	7	1	♭2	2	3	4	
F:	5	♭6	6	♭7	7	1	♭2	♭3	3	
G♭:	♭5	5	♭6	6	♭7	7	1	2	♭3	
G:	4	♭5	5	♭6	6	♭7	7	♭2	2	
A♭:	3	4	♭5	5	♭6	6	♭7	1	♭2	7 mel
A:	♭3	3	4	♭5	5	♭6	6	7	1	
B♭:	2	♭3	3	4	♭5	5	♭6	♭7	7	
B:	♭2	2	♭3	3	4	♭5	5	6	♭7	7 mel

Symmetric
Difference as:
Pitches
G, B♭, B
Degrees
5, ♭7, 7
Prime Form
0, 1, 4

Inversion of:
0,1,2,3,4,5,6,8,9 pitch class set:
C,D♭,D, E♭, E, F,G♭,A♭,A

C, E♭, E, G♭, G, A♭, A, B♭, B

prime form: 0, 1, 2, 3, 4, 5, 6, 8, 9
degrees: 1, ♭3, 3, ♭5, 5, ♭6, 6, ♭7, 7

Scale application to typical
chord types all keys:

C:	1	♭3	3	♭5	5	♭6	6	♭7	7	
D♭:	7	2	♭3	4	♭5	5	♭6	6	♭7	
D:	♭7	♭2	2	3	4	♭5	5	♭6	6	7 mel
E♭:	6	1	♭2	♭3	3	4	♭5	5	♭6	7 mel
E:	♭6	7	1	2	♭3	3	4	♭5	5	
F:	5	♭7	7	♭2	2	♭3	3	4	♭5	
G♭:	♭5	6	♭7	1	♭2	2	♭3	3	4	7 mel
G:	4	♭6	6	7	1	♭2	2	♭3	3	
A♭:	3	5	♭6	♭7	7	1	♭2	2	♭3	
A:	♭3	♭5	5	6	♭7	7	1	♭2	2	
B♭:	2	4	♭5	♭6	6	♭7	7	1	♭2	
B:	♭2	3	4	5	♭6	6	♭7	7	1	

See page 231 for other 0,1,2,3,4,5,6,8,10 information

C, D♭, D, E♭, E, F, G♭, A♭, B♭

prime form: 0, 1, 2, 3, 4, 5, 6, 8, 10

degrees: 1, ♭2, 2, ♭3, 3, 4, ♭5, ♭6, ♭7

Scale application to typical chord types all keys:

C:	1	♭2	2	♭3	3	4	♭5	♭6	♭7	7 mel
D♭:	7	1	♭2	2	♭3	3	4	5	6	
D:	♭7	7	1	♭2	2	♭3	3	♭5	♭6	
E♭:	6	♭7	7	1	♭2	2	♭3	4	5	
E:	♭6	6	♭7	7	1	♭2	2	3	♭5	
F:	5	♭6	6	♭7	7	1	♭2	♭3	4	
G♭:	♭5	5	♭6	6	♭7	7	1	2	3	
G:	4	♭5	5	♭6	6	♭7	7	♭2	♭3	
A♭:	3	4	♭5	5	♭6	6	♭7	1	2	7 mel
A:	♭3	3	4	♭5	5	♭6	6	7	♭2	
B♭:	2	♭3	3	4	♭5	5	♭6	♭7	1	7 mel
B:	♭2	2	♭3	3	4	♭5	5	6	7	

Symmetric Difference as:
Pitches
G, A, B
Degrees
5, 6, 7
Prime Form
0, 2, 4

See page 232 for other 0,1,2,3,4,5,7,8,9 information

C, D♭, D, E♭, E, F, G, A♭, A

prime form: 0, 1, 2, 3, 4, 5, 7, 8, 9

degrees: 1, ♭2, 2, ♭3, 3, 4, 5, ♭6, 6

Scale application to typical chord types all keys:

C:	1	♭2	2	♭3	3	4	5	♭6	6	7 mel, 7sus4
D♭:	7	1	♭2	2	♭3	3	♭5	5	♭6	
D:	♭7	7	1	♭2	2	♭3	4	♭5	5	
E♭:	6	♭7	7	1	♭2	2	3	4	♭5	
E:	♭6	6	♭7	7	1	♭2	♭3	3	4	
F:	5	♭6	6	♭7	7	1	2	♭3	3	
G♭:	♭5	5	♭6	6	♭7	7	♭2	2	♭3	
G:	4	♭5	5	♭6	6	♭7	1	♭2	2	7 mel
A♭:	3	4	♭5	5	♭6	6	7	1	♭2	
A:	♭3	3	4	♭5	5	♭6	♭7	7	1	
B♭:	2	♭3	3	4	♭5	5	6	♭7	7	
B:	♭2	2	♭3	3	4	♭5	♭6	6	♭7	7 mel

Symmetric Difference as:
Pitches
G♭, B♭, B
Degrees
♭5, ♭7, 7
Prime Form
0, 1, 5

Inversion of:
0,1,2,3,4,5,7,8,9 pitch class set:
C,D♭,D, E♭, E, F,G,A♭,A

C, E♭, E, F, G, A♭, A, B♭, B

prime form: 0, 1, 2, 3, 4, 5, 7, 8, 9

degrees: 1, ♭3, 3, 4, 5, ♭6, 6, ♭7, 7

Scale application to typical chord types all keys:

C:	1	♭3	3	4	5	♭6	6	♭7	7	
D♭:	7	2	♭3	3	♭5	5	♭6	6	♭7	
D:	♭7	♭2	2	♭3	4	♭5	5	♭6	6	7 mel
E♭:	6	1	♭2	2	3	4	♭5	5	♭6	7 mel
E:	♭6	7	1	♭2	♭3	3	4	♭5	5	
F:	5	♭7	7	1	2	♭3	3	4	♭5	
G♭:	♭5	6	♭7	7	♭2	2	♭3	3	4	
G:	4	♭6	6	♭7	1	♭2	2	♭3	3	7 mel, 7sus4
A♭:	3	5	♭6	6	7	1	♭2	2	♭3	
A:	♭3	♭5	5	♭6	♭7	7	1	♭2	2	
B♭:	2	4	♭5	5	6	♭7	7	1	♭2	
B:	♭2	3	4	♭5	♭6	6	♭7	7	1	

See page 233 for other
0,1,2,3,4,5,7,8,10 information

C, D♭, D, E♭, E, F, G, A♭, B♭

prime form: 0, 1, 2, 3, 4, 5, 7, 8, 10
degrees: 1, ♭2, 2, ♭3, 3, 4, 5, ♭6, ♭7

Scale application to typical chord types all keys:

C:	1	♭2	2	♭3	3	4	5	♭6	♭7	7 mel, 7sus4
D♭:	7	1	♭2	2	♭3	3	♭5	5	6	
D:	♭7	7	1	♭2	2	♭3	4	♭5	♭6	
E♭:	6	♭7	7	1	♭2	2	3	4	5	
E:	♭6	6	♭7	7	1	♭2	♭3	3	♭5	
F:	5	♭6	6	♭7	7	1	2	♭3	4	
G♭:	♭5	5	♭6	6	♭7	7	♭2	2	3	
G:	4	♭5	5	♭6	6	♭7	1	♭2	♭3	7 mel
A♭:	3	4	♭5	5	♭6	6	7	1	2	Δ7♯5 mel
A:	♭3	3	4	♭5	5	♭6	♭7	7	♭2	
B♭:	2	♭3	3	4	♭5	5	6	♭7	1	7 mel
B:	♭2	2	♭3	3	4	♭5	♭6	6	7	

Symmetric Difference as:
Pitches
G♭, A, B
Degrees
♭5, 6, 7
Prime Form
0, 2, 5

Inversion of:
0,1,2,3,4,5,7,8,10 pitch class set:
C,D♭,D, E♭, E, F,G,A♭,B♭

C, D, E, F, G, A♭, A, B♭, B

prime form: 0, 1, 2, 3, 4, 5, 7, 8, 10
degrees: 1, 2, 3, 4, 5, ♭6, 6, ♭7, 7

Scale application to typical chord types all keys:

C:	1	2	3	4	5	♭6	6	♭7	7	
D♭:	7	♭2	♭3	3	♭5	5	♭6	6	♭7	
D:	♭7	1	2	♭3	4	♭5	5	♭6	6	7 mel
E♭:	6	7	♭2	2	3	4	♭5	5	♭6	
E:	♭6	♭7	1	♭2	♭3	3	4	♭5	5	7 mel
F:	5	6	7	1	2	♭3	3	4	♭5	
G♭:	♭5	♭6	♭7	7	♭2	2	♭3	3	4	
G:	4	5	6	♭7	1	♭2	2	♭3	3	7 mel, 7sus4
A♭:	3	♭5	♭6	6	7	1	♭2	2	♭3	
A:	♭3	4	5	♭6	♭7	7	1	♭2	2	
B♭:	2	3	♭5	5	6	♭7	7	1	♭2	
B:	♭2	♭3	4	♭5	♭6	6	♭7	7	1	

See page 234 for other
0,1,2,3,4,6,7,8,9 information

C, D♭, D, E♭, E, G♭, G, A♭, A

prime form: 0, 1, 2, 3, 4, 6, 7, 8, 9
degrees: 1, ♭2, 2, ♭3, 3, ♭5, 5, ♭6, 6

Scale application to typical
chord types all keys:

C:	1	♭2	2	♭3	3	♭5	5	♭6	6	7
D♭:	7	1	♭2	2	♭3	4	♭5	5	♭6	
D:	♭7	7	1	♭2	2	3	4	♭5	5	
E♭:	6	♭7	7	1	♭2	♭3	3	4	♭5	
E:	♭6	6	♭7	7	1	2	♭3	3	4	
F:	5	♭6	6	♭7	7	♭2	2	♭3	3	
G♭:	♭5	5	♭6	6	♭7	1	♭2	2	♭3	7
G:	4	♭5	5	♭6	6	7	1	♭2	2	
A♭:	3	4	♭5	5	♭6	♭7	7	1	♭2	
A:	♭3	3	4	♭5	5	6	♭7	7	1	
B♭:	2	♭3	3	4	♭5	♭6	6	♭7	7	
B:	♭2	2	♭3	3	4	5	♭6	6	♭7	7 mel, 7sus4

Symmetric
Difference as:
Pitches
F, B♭, B
Degrees
4, ♭7, 7
Prime Form
0, 1, 6

Inversion of:
0,1,2,3,4,6,7,8,9 pitch class set:
C,D♭,D,E♭,E,G♭,G,A♭,A

C, E♭, E, F, G♭, A♭, A, B♭, B

prime form: 0, 1, 2, 3, 4, 6, 7, 8, 9
degrees: 1, ♭3, 3, 4, ♭5, ♭6, 6, ♭7, 7

Scale application to typical
chord types all keys:

C:	1	♭3	3	4	♭5	♭6	6	♭7	7	
D♭:	7	2	♭3	3	4	5	♭6	6	♭7	
D:	♭7	♭2	2	♭3	3	♭5	5	♭6	6	7
E♭:	6	1	♭2	2	♭3	4	♭5	5	♭6	7 mel
E:	♭6	7	1	♭2	2	3	4	♭5	5	
F:	5	♭7	7	1	♭2	♭3	3	4	♭5	
G♭:	♭5	6	♭7	7	1	2	♭3	3	4	
G:	4	♭6	6	♭7	7	♭2	2	♭3	3	
A♭:	3	5	♭6	6	♭7	1	♭2	2	♭3	7, 7sus4
A:	♭3	♭5	5	♭6	6	7	1	♭2	2	
B♭:	2	4	♭5	5	♭6	♭7	7	1	♭2	
B:	♭2	3	4	♭5	5	6	♭7	7	1	

See page 235 for other
0,1,2,3,4,6,7,8,10 information

C, D♭, D, E♭, E, G♭, G, A♭, B♭

prime form: 0, 1, 2, 3, 4, 6, 7, 8, 10
degrees: 1, ♭2, 2, ♭3, 3, ♭5, 5, ♭6, ♭7

Scale application to typical
chord types all keys:

C:	1	♭2	2	♭3	3	♭5	5	♭6	♭7	7
D♭:	7	1	♭2	2	♭3	4	♭5	5	6	
D:	♭7	7	1	♭2	2	3	4	♭5	♭6	
E♭:	6	♭7	7	1	♭2	♭3	3	4	5	
E:	♭6	6	♭7	7	1	2	♭3	3	♭5	
F:	5	♭6	6	♭7	7	♭2	2	♭3	4	
G♭:	♭5	5	♭6	6	♭7	1	♭2	2	3	7
G:	4	♭5	5	♭6	6	7	1	♭2	♭3	
A♭:	3	4	♭5	5	♭6	♭7	7	1	2	
A:	♭3	3	4	♭5	5	6	♭7	7	♭2	
B♭:	2	♭3	3	4	♭5	♭6	6	♭7	1	7 mel
B:	♭2	2	♭3	3	4	5	♭6	6	7	

Symmetric
Difference as:
Pitches
F, A, B
Degrees
4, 6, 7
Prime Form
0, 2, 6

Inversion of:
0,1,2,3,4,6,7,8,10 pitch class set:
C,D♭,D, E♭, E, G♭,G,A♭,B♭

C, D, E, F, G♭, A♭, A, B♭, B

prime form: 0, 1, 2, 3, 4, 6, 7, 8, 10
degrees: 1, 2, 3, 4, ♭5, ♭6, 6, ♭7, 7

Scale application to typical
chord types all keys:

C:	1	2	3	4	♭5	♭6	6	♭7	7	
D♭:	7	♭2	♭3	3	4	5	♭6	6	♭7	
D:	♭7	1	2	♭3	3	♭5	5	♭6	6	7
E♭:	6	7	♭2	2	♭3	4	♭5	5	♭6	
E:	♭6	♭7	1	♭2	2	3	4	♭5	5	7 mel
F:	5	6	7	1	♭2	♭3	3	4	♭5	
G♭:	♭5	♭6	♭7	7	1	2	♭3	3	4	
G:	4	5	6	♭7	7	♭2	2	♭3	3	
A♭:	3	♭5	♭6	6	♭7	1	♭2	2	♭3	7
A:	♭3	4	5	♭6	6	7	1	♭2	2	
B♭:	2	3	♭5	5	♭6	♭7	7	1	♭2	
B:	♭2	♭3	4	♭5	5	6	♭7	7	1	

See page 236 for other
0,1,2,3,4,6,7,9,10 information

C, D♭, D, E♭, E, G♭, G, A, B♭

prime form: 0, 1, 2, 3, 4, 6, 7, 9, 10
degrees: 1, ♭2, 2, ♭3, 3, ♭5, 5, 6, ♭7

Scale application to typical
chord types all keys:

C:	1	♭2	2	♭3	3	♭5	5	6	♭7	7
D♭:	7	1	♭2	2	♭3	4	♭5	♭6	6	
D:	♭7	7	1	♭2	2	3	4	5	♭6	
E♭:	6	♭7	7	1	♭2	♭3	3	♭5	5	
E:	♭6	6	♭7	7	1	2	♭3	4	♭5	
F:	5	♭6	6	♭7	7	♭2	2	3	4	
G♭:	♭5	5	♭6	6	♭7	1	♭2	♭3	3	7
G:	4	♭5	5	♭6	6	7	1	2	♭3	-Δ7 mel
A♭:	3	4	♭5	5	♭6	♭7	7	♭2	2	
A:	♭3	3	4	♭5	5	6	♭7	1	♭2	7 mel
B♭:	2	♭3	3	4	♭5	♭6	6	7	1	
B:	♭2	2	♭3	3	4	5	♭6	♭7	7	

Symmetric
Difference as:
Pitches
F, A♭, B
Degrees
4, ♭6, 7
Prime Form
0, 3, 6

See page 237 for other
0,1,2,3,5,6,7,8,10 information

C, D♭, D, E♭, F, G♭, G, A♭, B♭

prime form: 0, 1, 2, 3, 5, 6, 7, 8, 10
degrees: 1, ♭2, 2, ♭3, 4, ♭5, 5, ♭6, ♭7

Scale application to typical
chord types all keys:

C:	1	♭2	2	♭3	4	♭5	5	♭6	♭7	7 mel
D♭:	7	1	♭2	2	3	4	♭5	5	6	
D:	♭7	7	1	♭2	♭3	3	4	♭5	♭6	
E♭:	6	♭7	7	1	2	♭3	3	4	5	
E:	♭6	6	♭7	7	♭2	2	♭3	3	♭5	
F:	5	♭6	6	♭7	1	♭2	2	♭3	4	7 mel, 7sus4
G♭:	♭5	5	♭6	6	7	1	♭2	2	3	
G:	4	♭5	5	♭6	♭7	7	1	♭2	♭3	
A♭:	3	4	♭5	5	6	♭7	7	1	2	
A:	♭3	3	4	♭5	♭6	6	♭7	7	♭2	
B♭:	2	♭3	3	4	5	♭6	6	♭7	1	7 mel, 7sus4
B:	♭2	2	♭3	3	♭5	5	♭6	6	7	

Symmetric
Difference as:
Pitches
E, A, B
Degrees
3, 6, 7
Prime Form
0, 2, 7

See page 238 for other
0,1,2,3,5,6,7,9,10 information

C, D♭, D, E♭, F, G♭, G, A, B♭

prime form: 0, 1, 2, 3, 5, 6, 7, 9, 10

degrees: 1, ♭2, 2, ♭3, 4, ♭5, 5, 6, ♭7

Scale application to typical chord types all keys:

C:	1	♭2	2	♭3	4	♭5	5	6	♭7	7 mel
D♭:	7	1	♭2	2	3	4	♭5	♭6	6	
D:	♭7	7	1	♭2	♭3	3	4	5	♭6	
E♭:	6	♭7	7	1	2	♭3	3	♭5	5	
E:	♭6	6	♭7	7	♭2	2	♭3	4	♭5	
F:	5	♭6	6	♭7	1	♭2	2	3	4	7 mel, 7sus4
G♭:	♭5	5	♭6	6	7	1	♭2	♭3	3	
G:	4	♭5	5	♭6	♭7	7	1	2	♭3	
A♭:	3	4	♭5	5	6	♭7	7	♭2	2	
A:	♭3	3	4	♭5	♭6	6	♭7	1	♭2	7 mel
B♭:	2	♭3	3	4	5	♭6	6	7	1	
B:	♭2	2	♭3	3	♭5	5	♭6	♭7	7	

Symmetric
Difference as:
Pitches
E, A♭, B
Degrees
3, ♭6, 7
Prime Form
0, 3, 7

See page 239 for other
0,1,2,4,5,6,8,9,10 information

C, D♭, D, E♭, F, G♭, A♭, A, B♭

prime form: 0, 1, 2, 4, 5, 6, 8, 9, 10

degrees: 1, ♭2, 2, ♭3, 4, ♭5, ♭6, 6, ♭7

Scale application to typical chord types all keys:

C:	1	♭2	2	♭3	4	♭5	♭6	6	♭7	7 mel
D♭:	7	1	♭2	2	3	4	5	♭6	6	
D:	♭7	7	1	♭2	♭3	3	♭5	5	♭6	
E♭:	6	♭7	7	1	2	♭3	4	♭5	5	
E:	♭6	6	♭7	7	♭2	2	3	4	♭5	
F:	5	♭6	6	♭7	1	♭2	♭3	3	4	7 mel, 7sus4
G♭:	♭5	5	♭6	6	7	1	2	♭3	3	
G:	4	♭5	5	♭6	♭7	7	♭2	2	♭3	
A♭:	3	4	♭5	5	6	♭7	1	♭2	2	7 mel
A:	♭3	3	4	♭5	♭6	6	7	1	♭2	
B♭:	2	♭3	3	4	5	♭6	♭7	7	1	
B:	♭2	2	♭3	3	♭5	5	6	♭7	7	

Symmetric
Difference as:
Pitches
E♭, G, B
Degrees
♭3, 5, 7
Prime Form
0, 4, 8

10 Note Scales

C, D♭, D, E♭, E, F, G♭, G, A♭, A

prime form: 0, 1, 2, 3, 4, 5, 6, 7, 8, 9

degrees: 1, ♭2, 2, ♭3, 3, 4, ♭5, 5, ♭6, 6

See page 240 for other 0,1,2,3,4,5,6,7,8,9 information

Scale application to typical chord types all keys:

C:	1	♭2	2	♭3	3	4	♭5	5	♭6	6	7 mel
D♭:	7	1	♭2	2	♭3	3	4	♭5	5	♭6	
D:	♭7	7	1	♭2	2	♭3	3	4	♭5	5	
E♭:	6	♭7	7	1	♭2	2	♭3	3	4	♭5	
E:	♭6	6	♭7	7	1	♭2	2	♭3	3	4	
F:	5	♭6	6	♭7	7	1	♭2	2	♭3	3	
G♭:	♭5	5	♭6	6	♭7	7	1	♭2	2	♭3	
G:	4	♭5	5	♭6	6	♭7	7	1	♭2	2	
A♭:	3	4	♭5	5	♭6	6	♭7	7	1	♭2	
A:	♭3	3	4	♭5	5	♭6	6	♭7	7	1	
B♭:	2	♭3	3	4	♭5	5	♭6	6	♭7	7	
B:	♭2	2	♭3	3	4	♭5	5	♭6	6	♭7	7 mel

Symmetric Difference as:
Pitches
B♭, B
Degrees
♭7, 7
Prime Form
0, 1

See page 241 for other 0,1,2,3,4,5,6,7,8,10 information

C, D♭, D, E♭, E, F, G♭, G, A♭, B♭

prime form: 0, 1, 2, 3, 4, 5, 6, 7, 8, 10

degrees: 1, ♭2, 2, ♭3, 3, 4, ♭5, 5, ♭6, ♭7

Scale application to typical chord types all keys:

C:	1	♭2	2	♭3	3	4	♭5	5	♭6	♭7	7 mel
D♭:	7	1	♭2	2	♭3	3	4	♭5	5	6	
D:	♭7	7	1	♭2	2	♭3	3	4	♭5	♭6	
E♭:	6	♭7	7	1	♭2	2	♭3	3	4	5	
E:	♭6	6	♭7	7	1	♭2	2	♭3	3	♭5	
F:	5	♭6	6	♭7	7	1	♭2	2	♭3	4	
G♭:	♭5	5	♭6	6	♭7	7	1	♭2	2	3	
G:	4	♭5	5	♭6	6	♭7	7	1	♭2	♭3	
A♭:	3	4	♭5	5	♭6	6	♭7	7	1	2	
A:	♭3	3	4	♭5	5	♭6	6	♭7	7	♭2	
B♭:	2	♭3	3	4	♭5	5	♭6	6	♭7	1	7 mel
B:	♭2	2	♭3	3	4	♭5	5	♭6	6	7	

Symmetric Difference as:
Pitches
A, B
Degrees
6, 7
Prime Form
0, 2

See page 242 for other
0,1,2,3,4,5,6,7,9,10 information

C, D♭, D, E♭, E, F, G♭, G, A, B♭

prime form: 0, 1, 2, 3, 4, 5, 6, 7, 9, 10
degrees: 1, ♭2, 2, ♭3, 3, 4, ♭5, 5, 6, ♭7

Scale application to typical
chord types all keys:

C:	1	♭2	2	♭3	3	4	♭5	5	6	♭7	7 mel
D♭:	7	1	♭2	2	♭3	3	4	♭5	♭6	6	
D:	♭7	7	1	♭2	2	♭3	3	4	5	♭6	
E♭:	6	♭7	7	1	♭2	2	♭3	3	♭5	5	
E:	♭6	6	♭7	7	1	♭2	2	♭3	4	♭5	
F:	5	♭6	6	♭7	7	1	♭2	2	3	4	
G♭:	♭5	5	♭6	6	♭7	7	1	♭2	♭3	3	
G:	4	♭5	5	♭6	6	♭7	7	1	2	♭3	
A♭:	3	4	♭5	5	♭6	6	♭7	7	♭2	2	
A:	♭3	3	4	♭5	5	♭6	6	♭7	1	♭2	7 mel
B♭:	2	♭3	3	4	♭5	5	♭6	6	7	1	
B:	♭2	2	♭3	3	4	♭5	5	♭6	♭7	7	

Symmetric
Difference as:
Pitches
A♭, B
Degrees
♭6, 7
Prime Form
0, 3

See page 243 for other
0,1,2,3,4,5,6,8,9,10 information

C, D♭, D, E♭, E, F, G♭, A♭, A, B♭

prime form: 0, 1, 2, 3, 4, 5, 6, 8, 9, 10

degrees: 1, ♭2, 2, ♭3, 3, 4, ♭5, ♭6, 6, ♭7

Scale application to typical chord types all keys:

C:	1	♭2	2	♭3	3	4	♭5	♭6	6	♭7	7 mel
D♭:	7	1	♭2	2	♭3	3	4	5	♭6	6	
D:	♭7	7	1	♭2	2	♭3	3	♭5	5	♭6	
E♭:	6	♭7	7	1	♭2	2	♭3	4	♭5	5	
E:	♭6	6	♭7	7	1	♭2	2	3	4	♭5	
F:	5	♭6	6	♭7	7	1	♭2	♭3	3	4	
G♭:	♭5	5	♭6	6	♭7	7	1	2	♭3	3	
G:	4	♭5	5	♭6	6	♭7	7	♭2	2	♭3	
A♭:	3	4	♭5	5	♭6	6	♭7	1	♭2	2	7 mel
A:	♭3	3	4	♭5	5	♭6	6	7	1	♭2	
B♭:	2	♭3	3	4	♭5	5	♭6	♭7	7	1	
B:	♭2	2	♭3	3	4	♭5	5	6	♭7	7	

Symmetric Difference as:
Pitches
G, B
Degrees
5, 7
Prime Form
0, 4

See page 244 for other 0,1,2,3,4,5,7,8,9,10 information

C, D♭, D, E♭, E, F, G, A♭, A, B♭

prime form: 0, 1, 2, 3, 4, 5, 7, 8, 9, 10

degrees: 1, ♭2, 2, ♭3, 3, 4, 5, ♭6, 6, ♭7

Scale application to typical chord types all keys:

C:	1	♭2	2	♭3	3	4	5	♭6	6	♭7	7 mel, 7sus4
D♭:	7	1	♭2	2	♭3	3	♭5	5	♭6	6	
D:	♭7	7	1	♭2	2	♭3	4	♭5	5	♭6	
E♭:	6	♭7	7	1	♭2	2	3	4	♭5	5	
E:	♭6	6	♭7	7	1	♭2	♭3	3	4	♭5	
F:	5	♭6	6	♭7	7	1	2	♭3	3	4	
G♭:	♭5	5	♭6	6	♭7	7	♭2	2	♭3	3	
G:	4	♭5	5	♭6	6	♭7	1	♭2	2	♭3	7 mel
A♭:	3	4	♭5	5	♭6	6	7	1	♭2	2	
A:	♭3	3	4	♭5	5	♭6	♭7	7	1	♭2	
B♭:	2	♭3	3	4	♭5	5	6	♭7	7	1	
B:	♭2	2	♭3	3	4	♭5	♭6	6	♭7	7	

Symmetric Difference as:
Pitches
G♭, B
Degrees
♭5, 7
Prime Form
0, 5

See page 245 for other
0,1,2,3,4,6,7,8,9,10 information

C, D♭, D, E♭, E, G♭, G, A♭, A, B♭

prime form: 0, 1, 2, 3, 4, 6, 7, 8, 9, 10

degrees: 1, ♭2, 2, ♭3, 3, ♭5, 5, ♭6, 6, ♭7

Scale application to typical
chord types all keys:

C:	1	♭2	2	♭3	3	♭5	5	♭6	6	♭7	7
D♭:	7	1	♭2	2	♭3	4	♭5	5	♭6	6	
D:	♭7	7	1	♭2	2	3	4	♭5	5	♭6	
E♭:	6	♭7	7	1	♭2	♭3	3	4	♭5	5	
E:	♭6	6	♭7	7	1	2	♭3	3	4	♭5	
F:	5	♭6	6	♭7	7	♭2	2	♭3	3	4	
G♭:	♭5	5	♭6	6	♭7	1	♭2	2	♭3	3	7
G:	4	♭5	5	♭6	6	7	1	♭2	2	♭3	
A♭:	3	4	♭5	5	♭6	♭7	7	1	♭2	2	
A:	♭3	3	4	♭5	5	6	♭7	7	1	♭2	
B♭:	2	♭3	3	4	♭5	♭6	6	♭7	7	1	
B:	♭2	2	♭3	3	4	5	♭6	6	♭7	7	

Symmetric
Difference as:
Pitches
F, B
Degrees
4, 7
Prime Form
0, 6

11 Note Scales

See page 246 for other
0,1,2,3,4,5,6,7,8,9,10 information

C, D♭, D, E♭, E, F, G♭, G, A♭, A, B♭

prime form: 0, 1, 2, 3, 4, 5, 6, 7, 8, 9, 10

degrees: 1, ♭2, 2, ♭3, 3, 4, ♭5, 5, ♭6, 6, ♭7

Scale application to typical chord types all keys:

C:	1	♭2	2	♭3	3	4	♭5	5	♭6	6	♭7	7 mel
D♭:	7	1	♭2	2	♭3	3	4	♭5	5	♭6	6	
D:	♭7	7	1	♭2	2	♭3	3	4	♭5	5	♭6	
E♭:	6	♭7	7	1	♭2	2	♭3	3	4	♭5	5	
E:	♭6	6	♭7	7	1	♭2	2	♭3	3	4	♭5	
F:	5	♭6	6	♭7	7	1	♭2	2	♭3	3	4	
G♭:	♭5	5	♭6	6	♭7	7	1	♭2	2	♭3	3	
G:	4	♭5	5	♭6	6	♭7	7	1	♭2	2	♭3	
A♭:	3	4	♭5	5	♭6	6	♭7	7	1	♭2	2	
A:	♭3	3	4	♭5	5	♭6	6	♭7	7	1	♭2	
B♭:	2	♭3	3	4	♭5	5	♭6	6	♭7	7	1	
B:	♭2	2	♭3	3	4	♭5	5	♭6	6	♭7	7	

Symmetric
Difference as:
Pitches
B
Degrees
7

TriChords Pairs

The following pages contain other trichord pairs which could be derived from pitch class sets by using inversion and retrograde inversion.

See page 112 for other
0,1,2,3,4,6 information

C, D♭, D, E♭, E, G♭

prime form: 0, 1, 2, 3, 4, 6
degrees: 1, ♭2, 2, ♭3, 3, ♭5

TriChords Pairs Derived from Normal Form

C	D	D♭	E	E♭	G♭	0 1 2	0 1 3
C	D♭	E♭	D	E	G♭	0 1 3	0 2 4
C	D	E♭	D♭	E	G♭	0 1 3	0 2 5
C	D♭	E	D	E♭	G♭	0 1 4	0 1 4
C	E	E♭	D	D♭	G♭	0 1 4	0 1 5
C	D♭	G♭	D	E	E♭	0 1 6	0 1 2
C	D	E	D♭	E♭	G♭	0 2 4	0 2 5
C	E	G♭	D	D♭	E♭	0 2 6	0 1 2
C	D	G♭	D♭	E	E♭	0 2 6	0 1 3
C	E♭	G♭	D	D♭	E	0 3 6	0 1 3

TriChords Pairs Derived from Inversion

B	B♭	C	A	A♭	G♭	0 1 2	0 1 3
A	B	C	A♭	B♭	G♭	0 1 3	0 2 4
A	B♭	C	A♭	B	G♭	0 1 3	0 2 5
A♭	B	C	A	B♭	G♭	0 1 4	0 1 4
A	A♭	C	B	B♭	G♭	0 1 4	0 1 5
B	C	G♭	A	A♭	B♭	0 1 6	0 1 2
A♭	B♭	C	A	B	G♭	0 2 4	0 2 5
A♭	C	G♭	A	B	B♭	0 2 6	0 1 2
B♭	C	G♭	A	A♭	B	0 2 6	0 1 3
A	C	G♭	A♭	B	B♭	0 3 6	0 1 3

TriChords Pairs Derived from Retrograde Inversion

C	D	E♭	E	F	G♭	0 1 3	0 1 2
C	E	E♭	D	F	G♭	0 1 4	0 1 4
C	E	F	D	E♭	G♭	0 1 5	0 1 4
C	F	G♭	D	E	E♭	0 1 6	0 1 2
C	D	E	E♭	F	G♭	0 2 4	0 1 3
C	D	F	E	E♭	G♭	0 2 5	0 1 3
C	E♭	F	D	E	G♭	0 2 5	0 2 4
C	D	G♭	E	E♭	F	0 2 6	0 1 2
C	E	G♭	D	E♭	F	0 2 6	0 1 3
C	E♭	G♭	D	E	F	0 3 6	0 1 3

See page 113 for other
0,1,2,3,4,7 information

C, D♭, D, E♭, F, G

prime form: 0, 1, 2, 3, 4, 7
degrees: 1, ♭2, 2, ♭3, 3, 5

TriChords Pairs Derived from Normal Form

C	D	D♭	E	E♭	G	0 1 2 0 1 4
C	D♭	E♭	D	E	G	0 1 3 0 2 5
C	D	E♭	D♭	E	G	0 1 3 0 3 6
C	D♭	E	D	E♭	G	0 1 4 0 1 5
C	E	E♭	D	D♭	G	0 1 4 0 1 6
C	D♭	G	D	E	E♭	0 1 6 0 1 2
C	D	E	D♭	E♭	G	0 2 4 0 2 6
C	D	G	D♭	E	E♭	0 2 7 0 1 3
C	E	G	D	D♭	E♭	0 3 7 0 1 2
C	E♭	G	D	D♭	E	0 3 7 0 1 3

TriChords Pairs Derived from Inversion

B	B♭	C	A	A♭	F	0 1 2 0 1 4
A	B	C	A♭	B♭	F	0 1 3 0 2 5
A	B♭	C	A♭	B	F	0 1 3 0 3 6
A♭	B	C	A	B♭	F	0 1 4 0 1 5
A	A♭	C	B	B♭	F	0 1 4 0 1 6
B	C	F	A	A♭	B♭	0 1 6 0 1 2
A♭	B♭	C	A	B	F	0 2 4 0 2 6
B♭	C	F	A	A♭	B	0 2 7 0 1 3
A♭	C	F	A	B	B♭	0 3 7 0 1 2
A	C	F	A♭	B	B♭	0 3 7 0 1 3

TriChords Pairs Derived from Retrograde Inversion

C	E	E♭	F	G	G♭	0 1 4 0 1 2
C	E	F	E♭	G	G♭	0 1 5 0 1 4
C	G	G♭	E	E♭	F	0 1 6 0 1 2
C	F	G♭	E	E♭	G	0 1 6 0 1 4
C	E♭	F	E	G	G♭	0 2 5 0 1 3
C	E	G♭	E♭	F	G	0 2 6 0 2 4
C	F	G	E	E♭	G♭	0 2 7 0 1 3
C	E♭	G♭	E	F	G	0 3 6 0 1 3
C	E♭	G	E	F	G♭	0 3 7 0 1 2
C	E	G	E♭	F	G♭	0 3 7 0 1 3

See page 115 for other
0,1,2,3,5,6 information

C, D♭, D, E♭, F, G♭

prime form: 0, 1, 2, 3, 5, 6
degrees: 1, ♭2, 2, ♭3, 4, ♭5

TriChords Pairs Derived from Normal Form

C	D	D♭	E♭	F	G♭	0 1 2	0 1 3
C	D♭	E♭	D	F	G♭	0 1 3	0 1 4
C	D	E♭	D♭	F	G♭	0 1 3	0 1 5
C	D♭	F	D	E♭	G♭	0 1 5	0 1 4
C	F	G♭	D	D♭	E♭	0 1 6	0 1 2
C	D♭	G♭	D	E♭	F	0 1 6	0 1 3
C	E♭	F	D	D♭	G♭	0 2 5	0 1 5
C	D	F	D♭	E♭	G♭	0 2 5	0 2 5
C	D	G♭	D♭	E♭	F	0 2 6	0 2 4
C	E♭	G♭	D	D♭	F	0 3 6	0 1 4

TriChords Pairs Derived from Inversion

B	B♭	C	A	G	G♭	0 1 2	0 1 3
A	B	C	B♭	G	G♭	0 1 3	0 1 4
A	B♭	C	B	G	G♭	0 1 3	0 1 5
B	C	G	A	B♭	G♭	0 1 5	0 1 4
C	G	G♭	A	B	B♭	0 1 6	0 1 2
B	C	G♭	A	B♭	G	0 1 6	0 1 3
A	C	G	B	B♭	G♭	0 2 5	0 1 5
B♭	C	G	A	B	G♭	0 2 5	0 2 5
B♭	C	G♭	A	B	G	0 2 6	0 2 4
A	C	G♭	B	B♭	G	0 3 6	0 1 4

TriChords Pairs Derived from Retrograde Inversion

C	D♭	E♭	E	F	G♭	0 1 3	0 1 2
C	D♭	E	E♭	F	G♭	0 1 4	0 1 3
C	E	E♭	D♭	F	G♭	0 1 4	0 1 5
C	D♭	F	E	E♭	G♭	0 1 5	0 1 3
C	E	F	D♭	E♭	G♭	0 1 5	0 2 5
C	D♭	G♭	E	E♭	F	0 1 6	0 1 2
C	F	G♭	D♭	E	E♭	0 1 6	0 1 3
C	E♭	F	D♭	E	G♭	0 2 5	0 2 5
C	E	G♭	D♭	E♭	F	0 2 6	0 2 4
C	E♭	G♭	D♭	E	F	0 3 6	0 1 4

See page 116 for other
0,1,2,3,5,7 information

C, D♭, D, E♭, F, G

prime form: 0, 1, 2, 3, 5, 7
degrees: 1, ♭2, 2, ♭3, 4, 5

TriChords Pairs Derived from Normal Form

C	D	D♭	E♭	F	G	0 1 2 0 2 4
C	D♭	E♭	D	F	G	0 1 3 0 2 5
C	D	E♭	D♭	F	G	0 1 3 0 2 6
C	D♭	F	D	E♭	G	0 1 5 0 1 5
C	D♭	G	D	E♭	F	0 1 6 0 1 3
C	E♭	F	D	D♭	G	0 2 5 0 1 6
C	D	F	D♭	E♭	G	0 2 5 0 2 6
C	F	G	D	D♭	E♭	0 2 7 0 1 2
C	D	G	D♭	E♭	F	0 2 7 0 2 4
C	E♭	G	D	D♭	F	0 3 7 0 1 4

TriChords Pairs Derived from Inversion

B	B♭	C	A	F	G	0 1 2 0 2 4
A	B	C	B♭	F	G	0 1 3 0 2 5
A	B♭	C	B	F	G	0 1 3 0 2 6
B	C	G	A	B♭	F	0 1 5 0 1 5
B	C	F	A	B♭	G	0 1 6 0 1 3
A	C	G	B	B♭	F	0 2 5 0 1 6
B♭	C	G	A	B	F	0 2 5 0 2 6
C	F	G	A	B	B♭	0 2 7 0 1 2
B♭	C	F	A	B	G	0 2 7 0 2 4
A	C	F	B	B♭	G	0 3 7 0 1 4

TriChords Pairs Derived from Retrograde Inversion

C	E	F	D	G	G♭	0 1 5 0 1 5
C	G	G♭	D	E	F	0 1 6 0 1 3
C	F	G♭	D	E	G	0 1 6 0 2 5
C	D	E	F	G	G♭	0 2 4 0 1 2
C	D	F	E	G	G♭	0 2 5 0 1 3
C	D	G♭	E	F	G	0 2 6 0 1 3
C	E	G♭	D	F	G	0 2 6 0 2 5
C	D	G	E	F	G♭	0 2 7 0 1 2
C	F	G	D	E	G♭	0 2 7 0 2 4
C	E	G	D	F	G♭	0 3 7 0 1 4

See page 117 for other
0,1,2,3,5,6 information

C, D♭, D, E♭, F, A♭

prime form: 0, 1, 2, 3, 5, 8
degrees: 1, ♭2, 2, ♭3, 4, ♭6

TriChords Pairs Derived from Normal Form

C	D	D♭	A♭	E♭	F	0 1 2	0 2 5
C	D♭	E♭	A♭	D	F	0 1 3	0 3 6
C	D	E♭	A♭	D♭	F	0 1 3	0 3 7
A♭	C	D♭	D	E♭	F	0 1 5	0 1 3
C	D♭	F	A♭	D	E♭	0 1 5	0 1 6
C	E♭	F	A♭	D	D♭	0 2 5	0 1 6
C	D	F	A♭	D♭	E♭	0 2 5	0 2 7
A♭	C	D	D♭	E♭	F	0 2 6	0 2 4
A♭	C	F	D	D♭	E♭	0 3 7	0 1 2
A♭	C	E♭	D	D♭	F	0 3 7	0 1 4

TriChords Pairs Derived from Inversion

B	B♭	C	A	E	G	0 1 2	0 2 5
A	B	C	B♭	E	G	0 1 3	0 3 6
A	B♭	C	B	E	G	0 1 3	0 3 7
B	C	E	A	B♭	G	0 1 5	0 1 3
B	C	G	A	B♭	E	0 1 5	0 1 6
A	C	G	B	B♭	E	0 2 5	0 1 6
B♭	C	G	A	B	E	0 2 5	0 2 7
B♭	C	E	A	B	G	0 2 6	0 2 4
C	E	G	A	B	B♭	0 3 7	0 1 2
A	C	E	B	B♭	G	0 3 7	0 1 4

TriChords Pairs Derived from Retrograde Inversion

A♭	C	G	E♭	F	G♭	0 1 5	0 1 3
C	F	G♭	A♭	E♭	G	0 1 6	0 1 5
C	G	G♭	A♭	E♭	F	0 1 6	0 2 5
C	E♭	F	A♭	G	G♭	0 2 5	0 1 2
A♭	C	G♭	E♭	F	G	0 2 6	0 2 4
C	F	G	A♭	E♭	G♭	0 2 7	0 2 5
C	E♭	G♭	A♭	F	G	0 3 6	0 1 3
A♭	C	E♭	F	G	G♭	0 3 7	0 1 2
C	E♭	G	A♭	F	G♭	0 3 7	0 1 3
A♭	C	F	E♭	G	G♭	0 3 7	0 1 4

See page 118 for other 0,1,2,3,6,7 information

C, D♭, D, E♭, G♭, G

prime form: 0, 1, 2, 3, 6, 7
degrees: 1, ♭2, 2, ♭3, ♭5, 5

TriChords Pairs Derived from Normal Form

C	D	D♭	E♭	G	G♭	0 1 2 0 1 4
C	D♭	E♭	D	G	G♭	0 1 3 0 1 5
C	D	E♭	D♭	G	G♭	0 1 3 0 1 6
C	G	G♭	D	D♭	E♭	0 1 6 0 1 2
C	D♭	G	D	E♭	G♭	0 1 6 0 1 4
C	D♭	G♭	D	E♭	G	0 1 6 0 1 5
C	D	G♭	D♭	E♭	G	0 2 6 0 2 6
C	D	G	D♭	E♭	G♭	0 2 7 0 2 5
C	E♭	G♭	D	D♭	G	0 3 6 0 1 6
C	E♭	G	D	D♭	G♭	0 3 7 0 1 5

TriChords Pairs Derived from Inversion

B	B♭	C	A	F	G♭	0 1 2 0 1 4
A	B	C	B♭	F	G♭	0 1 3 0 1 5
A	B♭	C	B	F	G♭	0 1 3 0 1 6
C	F	G♭	A	B	B♭	0 1 6 0 1 2
B	C	F	A	B♭	G♭	0 1 6 0 1 4
B	C	G♭	A	B♭	F	0 1 6 0 1 5
B♭	C	G♭	A	B	F	0 2 6 0 2 6
B♭	C	F	A	B	G♭	0 2 7 0 2 5
A	C	G♭	B	B♭	F	0 3 6 0 1 6
A	C	F	B	B♭	G♭	0 3 7 0 1 5

TriChords Pairs Derived from Retrograde Inversion

C	D♭	E	F	G	G♭	0 1 4 0 1 2
C	D♭	F	E	G	G♭	0 1 5 0 1 3
C	E	F	D♭	G	G♭	0 1 5 0 1 6
C	D♭	G	E	F	G♭	0 1 6 0 1 2
C	D♭	G♭	E	F	G	0 1 6 0 1 3
C	G	G♭	D♭	E	F	0 1 6 0 1 4
C	F	G♭	D♭	E	G	0 1 6 0 3 6
C	E	G♭	D♭	F	G	0 2 6 0 2 6
C	F	G	D♭	E	G♭	0 2 7 0 2 5
C	E	G	D♭	F	G♭	0 3 7 0 1 5

See page 119 for other 0,1,2,3,6,8 information

C, D♭, D, E♭, G♭, A♭

prime form: 0, 1, 2, 3, 6, 8
degrees: 1, ♭2, 2, ♭3, ♭5, ♭6

TriChords Pairs Derived from Normal Form

C	D	D♭	A♭	E♭	G♭	0 1 2 0 2 5
C	D♭	E♭	A♭	D	G♭	0 1 3 0 2 6
C	D	E♭	A♭	D♭	G♭	0 1 3 0 2 7
A♭	C	D♭	D	E♭	G♭	0 1 5 0 1 4
C	D♭	G♭	A♭	D	E♭	0 1 6 0 1 6
A♭	C	G♭	D	D♭	E♭	0 2 6 0 1 2
A♭	C	D	D♭	E♭	G♭	0 2 6 0 2 5
C	D	G♭	A♭	D♭	E♭	0 2 6 0 2 7
C	E♭	G♭	A♭	D	D♭	0 3 6 0 1 6
A♭	C	E♭	D	D♭	G♭	0 3 7 0 1 5

TriChords Pairs Derived from Inversion

B	B♭	C	A	E	G♭	0 1 2 0 2 5
A	B	C	B♭	E	G♭	0 1 3 0 2 6
A	B♭	C	B	E	G♭	0 1 3 0 2 7
B	C	E	A	B♭	G♭	0 1 5 0 1 4
B	C	G♭	A	B♭	E	0 1 6 0 1 6
C	E	G♭	A	B	B♭	0 2 6 0 1 2
B♭	C	E	A	B	G♭	0 2 6 0 2 5
B♭	C	G♭	A	B	E	0 2 6 0 2 7
A	C	G♭	B	B♭	E	0 3 6 0 1 6
A	C	E	B	B♭	G♭	0 3 7 0 1 5

TriChords Pairs Derived from Retrograde Inversion

A♭	C	G	D	F	G♭	0 1 5 0 1 4
C	F	G♭	A♭	D	G	0 1 6 0 1 6
C	G	G♭	A♭	D	F	0 1 6 0 3 6
C	D	F	A♭	G	G♭	0 2 5 0 1 2
A♭	C	D	F	G	G♭	0 2 6 0 1 2
C	D	G♭	A♭	F	G	0 2 6 0 1 3
A♭	C	G♭	D	F	G	0 2 6 0 2 5
C	D	G	A♭	F	G♭	0 2 7 0 1 3
C	F	G	A♭	D	G♭	0 2 7 0 2 6
A♭	C	F	D	G	G♭	0 3 7 0 1 5

See page 123 for other
0,1,2,4,5,7 information

C, D♭, D, E, F, G

prime form: 0, 1, 2, 4, 5, 7
degrees: 1, ♭2, 2, 3, 4, 5

TriChords Pairs Derived from Normal Form

C	D	D♭	E	F	G	0 1 2 0 1 3
C	D♭	E	D	F	G	0 1 4 0 2 5
C	E	F	D	D♭	G	0 1 5 0 1 6
C	D♭	F	D	E	G	0 1 5 0 2 5
C	D♭	G	D	E	F	0 1 6 0 1 3
C	D	E	D♭	F	G	0 2 4 0 2 6
C	D	F	D♭	E	G	0 2 5 0 3 6
C	F	G	D	D♭	E	0 2 7 0 1 3
C	D	G	D♭	E	F	0 2 7 0 1 4
C	E	G	D	D♭	F	0 3 7 0 1 4

TriChords Pairs Derived from Inversion

B	B♭	C	A♭	F	G	0 1 2 0 1 3
A♭	B	C	B♭	F	G	0 1 4 0 2 5
A♭	C	G	B	B♭	F	0 1 5 0 1 6
B	C	G	A♭	B♭	F	0 1 5 0 2 5
B	C	F	A♭	B♭	G	0 1 6 0 1 3
A♭	B♭	C	B	F	G	0 2 4 0 2 6
B♭	C	G	A♭	B	F	0 2 5 0 3 6
C	F	G	A♭	B	B♭	0 2 7 0 1 3
B♭	C	F	A♭	B	G	0 2 7 0 1 4
A♭	C	F	B	B♭	G	0 3 7 0 1 4

TriChords Pairs Derived from Retrograde Inversion

C	D	E♭	F	G	G♭	0 1 3 0 1 2
C	G	G♭	D	E♭	F	0 1 6 0 1 3
C	F	G♭	D	E♭	G	0 1 6 0 1 5
C	D	F	E♭	G	G♭	0 2 5 0 1 4
C	E♭	F	D	G	G♭	0 2 5 0 1 5
C	D	G♭	E♭	F	G	0 2 6 0 2 4
C	D	G	E♭	F	G♭	0 2 7 0 1 3
C	F	G	D	E♭	G♭	0 2 7 0 1 4
C	E♭	G♭	D	F	G	0 3 6 0 2 5
C	E♭	G	D	F	G♭	0 3 7 0 1 4

See page 124 for other
0,1,2,4,5,8 information

C, D♭, D, E, F, A♭

prime form: 0, 1, 2, 4, 5, 8
degrees: 1, ♭2, 2, 3, 4, ♭6

TriChords Pairs Derived from Normal Form

C	D	D♭	A♭	E	F	012 014
C	D♭	E	A♭	D	F	014 036
A♭	C	D♭	D	E	F	015 013
C	E	F	A♭	D	D♭	015 016
C	D♭	F	A♭	D	E	015 026
C	D	E	A♭	D♭	F	024 037
C	D	F	A♭	D♭	E	025 037
A♭	C	D	D♭	E	F	026 014
A♭	C	F	D	D♭	E	037 013
A♭	C	E	D	D♭	F	048 014

TriChords Pairs Derived from Inversion

B	B♭	C	A♭	E	G	012 014
A♭	B	C	B♭	E	G	014 036
B	C	E	A♭	B♭	G	015 013
A♭	C	G	B	B♭	E	015 016
B	C	G	A♭	B♭	E	015 026
A♭	B♭	C	B	E	G	024 037
B♭	C	G	A♭	B	E	025 037
B♭	C	E	A♭	B	G	026 014
C	E	G	A♭	B	B♭	037 013
A♭	C	E	B	B♭	G	048 014

TriChords Pairs Derived from Retrograde Inversion

C	E	E♭	A♭	G	G♭	014 012
A♭	C	G	E	E♭	G♭	015 013
C	G	G♭	A♭	E	E♭	016 015
A♭	C	G♭	E	E♭	G	026 014
C	E	G♭	A♭	E♭	G	026 015
C	E♭	G♭	A♭	E	G	036 014
A♭	C	E♭	E	G	G♭	037 013
C	E♭	G	A♭	E	G♭	037 024
C	E	G	A♭	E♭	G♭	037 025
A♭	C	E	E♭	G	G♭	048 014

See page 125 for other 0,1,2,4,6,7 information

C, D♭, D, E, G♭, G

prime form: 0, 1, 2, 4, 6, 7
degrees: 1, ♭2, 2, 3, ♭5, 5

TriChords Pairs Derived from Normal Form

C	D	D♭	E	G	G♭	0 1 2 0 1 3
C	D♭	E	D	G	G♭	0 1 4 0 1 5
C	G	G♭	D	D♭	E	0 1 6 0 1 3
C	D♭	G	D	E	G♭	0 1 6 0 2 4
C	D♭	G♭	D	E	G	0 1 6 0 2 5
C	D	E	D♭	G	G♭	0 2 4 0 1 6
C	E	G♭	D	D♭	G	0 2 6 0 1 6
C	D	G♭	D♭	E	G	0 2 6 0 3 6
C	D	G	D♭	E	G♭	0 2 7 0 2 5
C	E	G	D	D♭	G♭	0 3 7 0 1 5

TriChords Pairs Derived from Inversion

B	B♭	C	A♭	F	G♭	0 1 2 0 1 3
A♭	B	C	B♭	F	G♭	0 1 4 0 1 5
C	F	G♭	A♭	B	B♭	0 1 6 0 1 3
B	C	F	A♭	B♭	G♭	0 1 6 0 2 4
B	C	G♭	A♭	B♭	F	0 1 6 0 2 5
A♭	B♭	C	B	F	G♭	0 2 4 0 1 6
A♭	C	G♭	B	B♭	F	0 2 6 0 1 6
B♭	C	G♭	A♭	B	F	0 2 6 0 3 6
B♭	C	F	A♭	B	G♭	0 2 7 0 2 5
A♭	C	F	B	B♭	G♭	0 3 7 0 1 5

TriChords Pairs Derived from Retrograde Inversion

C	D♭	E♭	F	G	G♭	0 1 3 0 1 2
C	D♭	F	E♭	G	G♭	0 1 5 0 1 4
C	D♭	G	E♭	F	G♭	0 1 6 0 1 3
C	D♭	G♭	E♭	F	G	0 1 6 0 2 4
C	G	G♭	D♭	E♭	F	0 1 6 0 2 4
C	F	G♭	D♭	E♭	G	0 1 6 0 2 6
C	E♭	F	D♭	G	G♭	0 2 5 0 1 6
C	F	G	D♭	E♭	G♭	0 2 7 0 2 5
C	E♭	G♭	D♭	F	G	0 3 6 0 2 6
C	E♭	G	D♭	F	G♭	0 3 7 0 1 5

See page 126 for other
0,1,2,4,6,8 information

C, D♭, D, E, G♭, A♭

prime form: 0, 1, 2, 4, 6, 8
degrees: 1, ♭2, 2, 3, ♭5, ♭6

TriChords Pairs Derived from Normal Form

C	D	D♭	A♭	E	G♭	012 024
C	D♭	E	A♭	D	G♭	014 026
A♭	C	D♭	D	E	G♭	015 024
C	D♭	G♭	A♭	D	E	016 026
C	D	E	A♭	D♭	G♭	024 027
A♭	C	G♭	D	D♭	E	026 013
C	E	G♭	A♭	D	D♭	026 016
A♭	C	D	D♭	E	G♭	026 025
C	D	G♭	A♭	D♭	E	026 037
A♭	C	E	D	D♭	G♭	048 015

TriChords Pairs Derived from Inversion

B	B♭	C	A♭	E	G♭	012 024
A♭	B	C	B♭	E	G♭	014 026
B	C	E	A♭	B♭	G♭	015 024
B	C	G♭	A♭	B♭	E	016 026
A♭	B♭	C	B	E	G♭	024 027
C	E	G♭	A♭	B	B♭	026 013
A♭	C	G♭	B	B♭	E	026 016
B♭	C	E	A♭	B	G♭	026 025
B♭	C	G♭	A♭	B	E	026 037
A♭	C	E	B	B♭	G♭	048 015

TriChords Pairs Derived from Retrograde Inversion

A♭	C	G	D	E	G♭	015 024
C	G	G♭	A♭	D	E	016 026
C	D	E	A♭	G	G♭	024 012
A♭	C	D	E	G	G♭	026 013
C	D	G♭	A♭	E	G	026 014
C	E	G♭	A♭	D	G	026 016
A♭	C	G♭	D	E	G	026 025
C	D	G	A♭	E	G♭	027 024
C	E	G	A♭	D	G♭	037 026
A♭	C	E	D	G	G♭	048 015

See page 127 for other
0,1,2,4,6,9 information

C, D♭, D, E, G♭, A

prime form: 0, 1, 2, 4, 6, 9
degrees: 1, ♭2, 2, 3, ♭5, 6

TriChords Pairs Derived from Normal Form

C	D	D♭	A	E	G♭	0 1 2	0 2 5
A	C	D♭	D	E	G♭	0 1 4	0 2 4
C	D♭	E	A	D	G♭	0 1 4	0 3 7
C	D♭	G♭	A	D	E	0 1 6	0 2 7
C	D	E	A	D♭	G♭	0 2 4	0 3 7
A	C	D	D♭	E	G♭	0 2 5	0 2 5
C	E	G♭	A	D	D♭	0 2 6	0 1 5
C	D	G♭	A	D♭	E	0 2 6	0 3 7
A	C	G♭	D	D♭	E	0 3 6	0 1 3
A	C	E	D	D♭	G♭	0 3 7	0 1 5

TriChords Pairs Derived from Inversion

B	B♭	C	A♭	E♭	G♭	0 1 2	0 2 5
B	C	E♭	A♭	B♭	G♭	0 1 4	0 2 4
A♭	B	C	B♭	E♭	G♭	0 1 4	0 3 7
B	C	G♭	A♭	B♭	E♭	0 1 6	0 2 7
A♭	B♭	C	B	E♭	G♭	0 2 4	0 3 7
B♭	C	E♭	A♭	B	G♭	0 2 5	0 2 5
A♭	C	G♭	B	B♭	E♭	0 2 6	0 1 5
B♭	C	G♭	A♭	B	E♭	0 2 6	0 3 7
C	E♭	G♭	A♭	B	B♭	0 3 6	0 1 3
A♭	C	E♭	B	B♭	G♭	0 3 7	0 1 5

TriChords Pairs Derived from Retrograde Inversion

A	A♭	C	E♭	F	G	0 1 4	0 2 4
A♭	C	G	A	E♭	F	0 1 5	0 2 6
C	E♭	F	A	A♭	G	0 2 5	0 1 2
A	C	G	A♭	E♭	F	0 2 5	0 2 5
C	F	G	A	A♭	E♭	0 2 7	0 1 6
A	C	E♭	A♭	F	G	0 3 6	0 1 3
C	E♭	G	A	A♭	F	0 3 7	0 1 4
A	C	F	A♭	E♭	G	0 3 7	0 1 5
A♭	C	E♭	A	F	G	0 3 7	0 2 4
A♭	C	F	A	E♭	G	0 3 7	0 2 6

See page 128 for other
0,1,2,4,7,8 information

C, D♭, D, E, G, A♭

prime form: 0, 1, 2, 4, 7, 8
degrees: 1, ♭2, 2, 3, 5, ♭6

TriChords Pairs Derived from Normal Form

C	D	D♭	A♭	E	G	012 014
C	D♭	E	A♭	D	G	014 016
A♭	C	G	D	D♭	E	015 013
A♭	C	D♭	D	E	G	015 025
C	D♭	G	A♭	D	E	016 026
C	D	E	A♭	D♭	G	024 016
A♭	C	D	D♭	E	G	026 036
C	D	G	A♭	D♭	E	027 037
C	E	G	A♭	D	D♭	037 016
A♭	C	E	D	D♭	G	048 016

TriChords Pairs Derived from Inversion

B	B♭	C	A♭	E	F	012 014
A♭	B	C	B♭	E	F	014 016
C	E	F	A♭	B	B♭	015 013
B	C	E	A♭	B♭	F	015 025
B	C	F	A♭	B♭	E	016 026
A♭	B♭	C	B	E	F	024 016
B♭	C	E	A♭	B	F	026 036
B♭	C	F	A♭	B	E	027 037
A♭	C	F	B	B♭	E	037 016
A♭	C	E	B	B♭	F	048 016

TriChords Pairs Derived from Retrograde Inversion

C	D♭	E	A♭	G	G♭	014 012
A♭	C	D♭	E	G	G♭	015 013
A♭	C	G	D♭	E	G♭	015 025
C	D♭	G♭	A♭	E	G	016 014
C	D♭	G	A♭	E	G♭	016 024
C	G	G♭	A♭	D♭	E	016 037
C	E	G♭	A♭	D♭	G	026 016
A♭	C	G♭	D♭	E	G	026 036
C	E	G	A♭	D♭	G♭	037 027
A♭	C	E	D♭	G	G♭	048 016

See page 129 for other
0,1,2,4,7,9 information

C, D♭, D, E, G, A

prime form: 0, 1, 2, 4, 7, 9
degrees: 1, ♭2, 2, 3, 5, 6

TriChords Pairs Derived from Normal Form

C	D	D♭	A	E	G	012 025
A	C	D♭	D	E	G	014 025
C	D♭	E	A	D	G	014 027
C	D♭	G	A	D	E	016 027
C	D	E	A	D♭	G	024 026
A	C	G	D	D♭	E	025 013
A	C	D	D♭	E	G	025 036
C	D	G	A	D♭	E	027 037
C	E	G	A	D	D♭	037 015
A	C	E	D	D♭	G	037 016

TriChords Pairs Derived from Inversion

B	B♭	C	A♭	E♭	F	012 025
B	C	E♭	A♭	B♭	F	014 025
A♭	B	C	B♭	E♭	F	014 027
B	C	F	A♭	B♭	E♭	016 027
A♭	B♭	C	B	E♭	F	024 026
C	E♭	F	A♭	B	B♭	025 013
B♭	C	E♭	A♭	B	F	025 036
B♭	C	F	A♭	B	E♭	027 037
A♭	C	F	B	B♭	E♭	037 015
A♭	C	E♭	B	B♭	F	037 016

TriChords Pairs Derived from Retrograde Inversion

A	A♭	C	D	F	G	014 025
A♭	C	G	A	D	F	015 037
C	D	F	A	A♭	G	025 012
A	C	D	A♭	F	G	025 013
A	C	G	A♭	D	F	025 036
A♭	C	D	A	F	G	026 024
C	D	G	A	A♭	F	027 014
C	F	G	A	A♭	D	027 016
A	C	F	A♭	D	G	037 016
A♭	C	F	A	D	G	037 027

See page 131 for other
0,1,2,5,6,8 information

C, D♭, D, F, G♭, A♭

prime form: 0, 1, 2, 5, 6, 8
degrees: 1, ♭2, 2, 4, ♭5, ♭6

TriChords Pairs Derived from Normal Form

C	D	D♭	A♭	F	G♭	012	013
A♭	C	D♭	D	F	G♭	015	014
C	D♭	F	A♭	D	G♭	015	026
C	F	G♭	A♭	D	D♭	016	016
C	D♭	G♭	A♭	D	F	016	036
C	D	F	A♭	D♭	G♭	025	027
A♭	C	G♭	D	D♭	F	026	014
A♭	C	D	D♭	F	G♭	026	015
C	D	G♭	A♭	D♭	F	026	037
A♭	C	F	D	D♭	G♭	037	015

TriChords Pairs Derived from Inversion

B	B♭	C	E	G	G♭	012	013
B	C	E	B♭	G	G♭	015	014
B	C	G	B♭	E	G♭	015	026
C	G	G♭	B	B♭	E	016	016
B	C	G♭	B♭	E	G	016	036
B♭	C	G	B	E	G♭	025	027
C	E	G♭	B	B♭	G	026	014
B♭	C	E	B	G	G♭	026	015
B♭	C	G♭	B	E	G	026	037
C	E	G	B	B♭	G♭	037	015

TriChords Pairs Derived from Retrograde Inversion

C	D	E♭	A♭	G	G♭	013	012
A♭	C	G	D	E♭	G♭	015	014
C	G	G♭	A♭	D	E♭	016	016
A♭	C	D	E♭	G	G♭	026	014
C	D	G♭	A♭	E♭	G	026	015
A♭	C	G♭	D	E♭	G	026	015
C	D	G	A♭	E♭	G♭	027	025
C	E♭	G♭	A♭	D	G	036	016
A♭	C	E♭	D	G	G♭	037	015
C	E♭	G	A♭	D	G♭	037	026

See page 132 for other
0,1,2,5,6,9 information

C, D♭, D, F, G♭, A

prime form: 0, 1, 2, 5, 6, 9

degrees: 1, ♭2, 2, 4, ♭5, 6

TriChords Pairs Derived from Normal Form

C	D	D♭	A	F	G♭	0 1 2	0 1 4
A	C	D♭	D	F	G♭	0 1 4	0 1 4
C	D♭	F	A	D	G♭	0 1 5	0 3 7
C	F	G♭	A	D	D♭	0 1 6	0 1 5
C	D♭	G♭	A	D	F	0 1 6	0 3 7
A	C	D	D♭	F	G♭	0 2 5	0 1 5
C	D	F	A	D♭	G♭	0 2 5	0 3 7
C	D	G♭	A	D♭	F	0 2 6	0 4 8
A	C	G♭	D	D♭	F	0 3 6	0 1 4
A	C	F	D	D♭	G♭	0 3 7	0 1 5

TriChords Pairs Derived from Inversion

B	B♭	C	E♭	G	G♭	0 1 2	0 1 4
B	C	E♭	B♭	G	G♭	0 1 4	0 1 4
B	C	G	B♭	E♭	G♭	0 1 5	0 3 7
C	G	G♭	B	B♭	E♭	0 1 6	0 1 5
B	C	G♭	B♭	E♭	G	0 1 6	0 3 7
B♭	C	E♭	B	G	G♭	0 2 5	0 1 5
B♭	C	G	B	E♭	G♭	0 2 5	0 3 7
B♭	C	G♭	B	E♭	G	0 2 6	0 4 8
C	E♭	G♭	B	B♭	G	0 3 6	0 1 4
C	E♭	G	B	B♭	G♭	0 3 7	0 1 5

TriChords Pairs Derived from Retrograde Inversion

C	E	E♭	A	A♭	G	0 1 4	0 1 2
A	A♭	C	E	E♭	G	0 1 4	0 1 4
A♭	C	G	A	E	E♭	0 1 5	0 1 6
A	C	G	A♭	E	E♭	0 2 5	0 1 5
A	C	E♭	A♭	E	G	0 3 6	0 1 4
C	E♭	G	A	A♭	E	0 3 7	0 1 5
A	C	E	A♭	E♭	G	0 3 7	0 1 5
C	E	G	A	A♭	E♭	0 3 7	0 1 6
A♭	C	E♭	A	E	G	0 3 7	0 2 5
A♭	C	E	A	E♭	G	0 4 8	0 2 6

See page 133 for other
0,1,2,5,7,8 information

C, D♭, D, F, G, A♭

prime form: 0, 1, 2, 5, 7, 8
degrees: 1, ♭2, 2, 4, 5, ♭6

TriChords Pairs Derived from Normal Form

C	D	D♭	A♭	F	G	0 1 2 0 1 3
A♭	C	G	D	D♭	F	0 1 5 0 1 4
C	D♭	F	A♭	D	G	0 1 5 0 1 6
A♭	C	D♭	D	F	G	0 1 5 0 2 5
C	D♭	G	A♭	D	F	0 1 6 0 3 6
C	D	F	A♭	D♭	G	0 2 5 0 1 6
A♭	C	D	D♭	F	G	0 2 6 0 2 6
C	F	G	A♭	D	D♭	0 2 7 0 1 6
C	D	G	A♭	D♭	F	0 2 7 0 3 7
A♭	C	F	D	D♭	G	0 3 7 0 1 6

TriChords Pairs Derived from Inversion

B	B♭	C	E	F	G	0 1 2 0 1 3
C	E	F	B	B♭	G	0 1 5 0 1 4
B	C	G	B♭	E	F	0 1 5 0 1 6
B	C	E	B♭	F	G	0 1 5 0 2 5
B	C	F	B♭	E	G	0 1 6 0 3 6
B♭	C	G	B	E	F	0 2 5 0 1 6
B♭	C	E	B	F	G	0 2 6 0 2 6
C	F	G	B	B♭	E	0 2 7 0 1 6
B♭	C	F	B	E	G	0 2 7 0 3 7
C	E	G	B	B♭	F	0 3 7 0 1 6

TriChords Pairs Derived from Retrograde Inversion

C	D♭	E♭	A♭	G	G♭	0 1 3 0 1 2
A♭	C	D♭	E♭	G	G♭	0 1 5 0 1 4
A♭	C	G	D♭	E♭	G♭	0 1 5 0 2 5
C	D♭	G♭	A♭	E♭	G	0 1 6 0 1 5
C	D♭	G	A♭	E♭	G♭	0 1 6 0 2 5
C	G	G♭	A♭	D♭	E♭	0 1 6 0 2 7
A♭	C	G♭	D♭	E♭	G	0 2 6 0 2 6
C	E♭	G♭	A♭	D♭	G	0 3 6 0 1 6
A♭	C	E♭	D♭	G	G♭	0 3 7 0 1 6
C	E♭	G	A♭	D♭	G♭	0 3 7 0 2 7

See page 136 for other 0,1,3,4,5,7 information

C, D♭, E♭, E, F, G

prime form: 0, 1, 3, 4, 5, 7
degrees: 1, ♭2, ♭3, 3, 4, 5

TriChords Pairs Derived from Normal Form

C	D♭	E♭	E	F	G	0 1 3	0 1 3
C	D♭	E	E♭	F	G	0 1 4	0 2 4
C	E	E♭	D♭	F	G	0 1 4	0 2 6
C	D♭	F	E	E♭	G	0 1 5	0 1 4
C	E	F	D♭	E♭	G	0 1 5	0 2 6
C	D♭	G	E	E♭	F	0 1 6	0 1 2
C	E♭	F	D♭	E	G	0 2 5	0 3 6
C	F	G	D♭	E	E♭	0 2 7	0 1 3
C	E♭	G	D♭	E	F	0 3 7	0 1 4
C	E	G	D♭	E♭	F	0 3 7	0 2 4

TriChords Pairs Derived from Inversion

A	B	C	A♭	F	G	0 1 3	0 1 3
A♭	B	C	A	F	G	0 1 4	0 2 4
A	A♭	C	B	F	G	0 1 4	0 2 6
B	C	G	A	A♭	F	0 1 5	0 1 4
A♭	C	G	A	B	F	0 1 5	0 2 6
B	C	F	A	A♭	G	0 1 6	0 1 2
A	C	G	A♭	B	F	0 2 5	0 3 6
C	F	G	A	A♭	B	0 2 7	0 1 3
A	C	F	A♭	B	G	0 3 7	0 1 4
A♭	C	F	A	B	G	0 3 7	0 2 4

TriChords Pairs Derived from Retrograde Inversion

C	D	E♭	E	G	G♭	0 1 3	0 1 3
C	E	E♭	D	G	G♭	0 1 4	0 1 5
C	G	G♭	D	E	E♭	0 1 6	0 1 2
C	D	E	E♭	G	G♭	0 2 4	0 1 4
C	D	G♭	E	E♭	G	0 2 6	0 1 4
C	E	G♭	D	E♭	G	0 2 6	0 1 5
C	D	G	E	E♭	G♭	0 2 7	0 1 3
C	E♭	G♭	D	E	G	0 3 6	0 2 5
C	E	G	D	E♭	G♭	0 3 7	0 1 4
C	E♭	G	D	E	G♭	0 3 7	0 2 4

See page 137 for other
0,1,3,4,5,8 information

C, D♭, E♭, E, F, A♭

prime form: 0, 1, 3, 4, 5, 8
degrees: 1, ♭2, ♭3, 3, 4, ♭6

TriChords Pairs Derived from Normal Form

C	D♭	E♭	A♭	E	F	013	014
C	D♭	E	A♭	E♭	F	014	025
C	E	E♭	A♭	D♭	F	014	037
A♭	C	D♭	E	E♭	F	015	012
C	D♭	F	A♭	E	E♭	015	015
C	E	F	A♭	D♭	E♭	015	027
C	E♭	F	A♭	D♭	E	025	037
A♭	C	F	D♭	E	E♭	037	013
A♭	C	E♭	D♭	E	F	037	014
A♭	C	E	D♭	E♭	F	048	024

TriChords Pairs Derived from Inversion

A	B	C	A♭	E	G	013	014
A♭	B	C	A	E	G	014	025
A	A♭	C	B	E	G	014	037
B	C	E	A	A♭	G	015	012
B	C	G	A	A♭	E	015	015
A♭	C	G	A	B	E	015	027
A	C	G	A♭	B	E	025	037
C	E	G	A	A♭	B	037	013
A	C	E	A♭	B	G	037	014
A♭	C	E	A	B	G	048	024

TriChords Pairs Derived from Retrograde Inversion

C	E	E♭	A♭	F	G	014	013
A♭	C	G	E	E♭	F	015	012
C	E	F	A♭	E♭	G	015	015
C	E♭	F	A♭	E	G	025	014
C	F	G	A♭	E	E♭	027	015
A♭	C	E♭	E	F	G	037	013
C	E♭	G	A♭	E	F	037	014
A♭	C	F	E	E♭	G	037	014
C	E	G	A♭	E♭	F	037	025
A♭	C	E	E♭	F	G	048	024

See page 139 for other 0,1,3,4,6,8 information

C, D♭, E♭, E, G♭, A♭

prime form: 0, 1, 3, 4, 6, 8
degrees: 1, ♭2, ♭3, 3, ♭5, ♭6

TriChords Pairs Derived from Normal Form

C	D♭	E♭	A♭	E	G♭	0 1 3	0 2 4
C	D♭	E	A♭	E♭	G♭	0 1 4	0 2 5
C	E	E♭	A♭	D♭	G♭	0 1 4	0 2 7
A♭	C	D♭	E	E♭	G♭	0 1 5	0 1 3
C	D♭	G♭	A♭	E	E♭	0 1 6	0 1 5
A♭	C	G♭	D♭	E	E♭	0 2 6	0 1 3
C	E	G♭	A♭	D♭	E♭	0 2 6	0 2 7
C	E♭	G♭	A♭	D♭	E	0 3 6	0 3 7
A♭	C	E♭	D♭	E	G♭	0 3 7	0 2 5
A♭	C	E	D♭	E♭	G♭	0 4 8	0 2 5

TriChords Pairs Derived from Inversion

A	B	C	A♭	E	G♭	0 1 3	0 2 4
A♭	B	C	A	E	G♭	0 1 4	0 2 5
A	A♭	C	B	E	G♭	0 1 4	0 2 7
B	C	E	A	A♭	G♭	0 1 5	0 1 3
B	C	G♭	A	A♭	E	0 1 6	0 1 5
C	E	G♭	A	A♭	B	0 2 6	0 1 3
A♭	C	G♭	A	B	E	0 2 6	0 2 7
A	C	G♭	A♭	B	E	0 3 6	0 3 7
A	C	E	A♭	B	G♭	0 3 7	0 2 5
A♭	C	E	A	B	G♭	0 4 8	0 2 5

TriChords Pairs Derived from Retrograde Inversion

A♭	C	G	D	E	F	0 1 5	0 1 3
C	E	F	A♭	D	G	0 1 5	0 1 6
C	D	E	A♭	F	G	0 2 4	0 1 3
C	D	F	A♭	E	G	0 2 5	0 1 4
A♭	C	D	E	F	G	0 2 6	0 1 3
C	D	G	A♭	E	F	0 2 7	0 1 4
C	F	G	A♭	D	E	0 2 7	0 2 6
A♭	C	F	D	E	G	0 3 7	0 2 5
C	E	G	A♭	D	F	0 3 7	0 3 6
A♭	C	E	D	F	G	0 4 8	0 2 5

See page 140 for other 0,1,3,4,6,9 information

C, D♭, E♭, E, G♭, A

prime form: 0, 1, 3, 4, 6, 9
degrees: 1, ♭2, ♭3, 3, ♭5, 6

TriChords Pairs Derived from Normal Form

C	D♭	E♭	A	E	G♭	0 1 3	0 2 5
A	C	D♭	E	E♭	G♭	0 1 4	0 1 3
C	D♭	E	A	E♭	G♭	0 1 4	0 3 6
C	E	E♭	A	D♭	G♭	0 1 4	0 3 7
C	D♭	G♭	A	E	E♭	0 1 6	0 1 6
C	E	G♭	A	D♭	E♭	0 2 6	0 2 6
A	C	G♭	D♭	E	E♭	0 3 6	0 1 3
A	C	E♭	D♭	E	G♭	0 3 6	0 2 5
C	E♭	G♭	A	D♭	E	0 3 6	0 3 7
A	C	E	D♭	E♭	G♭	0 3 7	0 2 5

TriChords Pairs Derived from Inversion

A	B	C	A♭	E♭	G♭	0 1 3	0 2 5
B	C	E♭	A	A♭	G♭	0 1 4	0 1 3
A♭	B	C	A	E♭	G♭	0 1 4	0 3 6
A	A♭	C	B	E♭	G♭	0 1 4	0 3 7
B	C	G♭	A	A♭	E♭	0 1 6	0 1 6
A♭	C	G♭	A	B	E♭	0 2 6	0 2 6
C	E♭	G♭	A	A♭	B	0 3 6	0 1 3
A	C	E♭	A♭	B	G♭	0 3 6	0 2 5
A	C	G♭	A♭	B	E♭	0 3 6	0 3 7
A♭	C	E♭	A	B	G♭	0 3 7	0 2 5

TriChords Pairs Derived from Retrograde Inversion

A	A♭	C	E♭	F	G♭	0 1 4	0 1 3
C	F	G♭	A	A♭	E♭	0 1 6	0 1 6
C	E♭	F	A	A♭	G♭	0 2 5	0 1 3
A♭	C	G♭	A	E♭	F	0 2 6	0 2 6
A	C	E♭	A♭	F	G♭	0 3 6	0 1 3
C	E♭	G♭	A	A♭	F	0 3 6	0 1 4
A	C	G♭	A♭	E♭	F	0 3 6	0 2 5
A♭	C	E♭	A	F	G♭	0 3 7	0 1 4
A	C	F	A♭	E♭	G♭	0 3 7	0 2 5
A♭	C	F	A	E♭	G♭	0 3 7	0 3 6

See page 141 for other
0,1,3,4,7,8 information

C, D♭, E♭, E, G, A♭

prime form: 0, 1, 3, 4, 7, 8
degrees: 1, ♭2, ♭3, 3, 5, ♭6

TriChords Pairs Derived from Normal Form

C D♭ E♭ A♭ E G 013 014

C D♭ E A♭ E♭ G 014 015

C E E♭ A♭ D♭ G 014 016

A♭ C G D♭ E E♭ 015 013

A♭ C D♭ E E♭ G 015 014

C D♭ G A♭ E E♭ 016 015

C E G A♭ D♭ E♭ 037 027

A♭ C E♭ D♭ E G 037 036

C E♭ G A♭ D♭ E 037 037

A♭ C E D♭ E♭ G 048 026

TriChords Pairs Derived from Inversion

A B C A♭ E F 013 014

A♭ B C A E F 014 015

A A♭ C B E F 014 016

C E F A A♭ B 015 013

B C E A A♭ F 015 014

B C F A A♭ E 016 015

A♭ C F A B E 037 027

A C E A♭ B F 037 036

A C F A♭ B E 037 037

A♭ C E A B F 048 026

TriChords Pairs Derived from Retrograde Inversion

C D♭ E A♭ F G 014 013

A♭ C D♭ E F G 015 013

C D♭ F A♭ E G 015 014

A♭ C G D♭ E F 015 014

C E F A♭ D♭ G 015 016

C D♭ G A♭ E F 016 014

C F G A♭ D♭ E 027 037

A♭ C F D♭ E G 037 036

C E G A♭ D♭ F 037 037

A♭ C E D♭ F G 048 026

See page 143 for other 0,1,3,5,6,8 information

C, D♭, E♭, F, G♭, A♭

prime form: 0, 1, 3, 5, 6, 8
degrees: 1, ♭2, ♭3, 4, ♭5, ♭6

TriChords Pairs Derived from Normal Form

C	D♭	E♭	A♭	F	G♭	0 1 3	0 1 3
A♭	C	D♭	E♭	F	G♭	0 1 5	0 1 3
C	D♭	F	A♭	E♭	G♭	0 1 5	0 2 5
C	D♭	G♭	A♭	E♭	F	0 1 6	0 2 5
C	F	G♭	A♭	D♭	E♭	0 1 6	0 2 7
C	E♭	F	A♭	D♭	G♭	0 2 5	0 2 7
A♭	C	G♭	D♭	E♭	F	0 2 6	0 2 4
C	E♭	G♭	A♭	D♭	F	0 3 6	0 3 7
A♭	C	E♭	D♭	F	G♭	0 3 7	0 1 5
A♭	C	F	D♭	E♭	G♭	0 3 7	0 2 5

TriChords Pairs Derived from Inversion

A	B	C	E	G	G♭	0 1 3	0 1 3
B	C	E	A	G	G♭	0 1 5	0 1 3
B	C	G	A	E	G♭	0 1 5	0 2 5
B	C	G♭	A	E	G	0 1 6	0 2 5
C	G	G♭	A	B	E	0 1 6	0 2 7
A	C	G	B	E	G♭	0 2 5	0 2 7
C	E	G♭	A	B	G	0 2 6	0 2 4
A	C	G♭	B	E	G	0 3 6	0 3 7
A	C	E	B	G	G♭	0 3 7	0 1 5
C	E	G	A	B	G♭	0 3 7	0 2 5

TriChords Pairs Derived from Retrograde Inversion

C	D	E♭	A♭	F	G	0 1 3	0 1 3
A♭	C	G	D	E♭	F	0 1 5	0 1 3
C	D	F	A♭	E♭	G	0 2 5	0 1 5
C	E♭	F	A♭	D	G	0 2 5	0 1 6
A♭	C	D	E♭	F	G	0 2 6	0 2 4
C	F	G	A♭	D	E♭	0 2 7	0 1 6
C	D	G	A♭	E♭	F	0 2 7	0 2 5
A♭	C	F	D	E♭	G	0 3 7	0 1 5
A♭	C	E♭	D	F	G	0 3 7	0 2 5
C	E♭	G	A♭	D	F	0 3 7	0 3 6

See page 146 for other
0,1,3,5,7,9 information

C, D♭, E♭, F, G, A

prime form: 0, 1, 3, 5, 7, 9
degrees: 1, ♭2, ♭3, 4, 5, 6

TriChords Pairs Derived from Normal Form

C	D♭	E♭	A	F	G	0 1 3	0 2 4
A	C	D♭	E♭	F	G	0 1 4	0 2 4
C	D♭	F	A	E♭	G	0 1 5	0 2 6
C	D♭	G	A	E♭	F	0 1 6	0 2 6
A	C	G	D♭	E♭	F	0 2 5	0 2 4
C	E♭	F	A	D♭	G	0 2 5	0 2 6
C	F	G	A	D♭	E♭	0 2 7	0 2 6
A	C	E♭	D♭	F	G	0 3 6	0 2 6
A	C	F	D♭	E♭	G	0 3 7	0 2 6
C	E♭	G	A	D♭	F	0 3 7	0 4 8

TriChords Pairs Derived from Inversion

A	B	C	E♭	F	G	0 1 3	0 2 4
B	C	E♭	A	F	G	0 1 4	0 2 4
B	C	G	A	E♭	F	0 1 5	0 2 6
B	C	F	A	E♭	G	0 1 6	0 2 6
C	E♭	F	A	B	G	0 2 5	0 2 4
A	C	G	B	E♭	F	0 2 5	0 2 6
C	F	G	A	B	E♭	0 2 7	0 2 6
A	C	E♭	B	F	G	0 3 6	0 2 6
C	E♭	G	A	B	F	0 3 7	0 2 6
A	C	F	B	E♭	G	0 3 7	0 4 8

TriChords Pairs Derived from Retrograde Inversion

A	A♭	C	D	E	G♭	0 1 4	0 2 4
C	D	E	A	A♭	G♭	0 2 4	0 1 3
A	C	D	A♭	E	G♭	0 2 5	0 2 4
C	D	G♭	A	A♭	E	0 2 6	0 1 5
C	E	G♭	A	A♭	D	0 2 6	0 1 6
A♭	C	D	A	E	G♭	0 2 6	0 2 5
A♭	C	G♭	A	D	E	0 2 6	0 2 7
A	C	G♭	A♭	D	E	0 3 6	0 2 6
A	C	E	A♭	D	G♭	0 3 7	0 2 6
A♭	C	E	A	D	G♭	0 4 8	0 3 7

See page 147 for other
0,1,3,5,8,9 information

C, D♭, E♭, F, A♭, A

prime form: 0, 1, 3, 5, 8, 9
degrees: 1, ♭2, ♭3, 4, ♭6, 6

TriChords Pairs Derived from Normal Form

C	D♭	E♭	A	A♭	F	013 014
A	A♭	C	D♭	E♭	F	014 024
A	C	D♭	A♭	E♭	F	014 025
C	D♭	F	A	A♭	E♭	015 016
A♭	C	D♭	A	E♭	F	015 026
C	E♭	F	A	A♭	D♭	025 015
A	C	E♭	A♭	D♭	F	036 037
A♭	C	F	A	D♭	E♭	037 026
A	C	F	A♭	D♭	E♭	037 027
A♭	C	E♭	A	D♭	F	037 048

TriChords Pairs Derived from Inversion

A	B	C	E	E♭	G	013 014
C	E	E♭	A	B	G	014 024
B	C	E♭	A	E	G	014 025
B	C	G	A	E	E♭	015 016
B	C	E	A	E♭	G	015 026
A	C	G	B	E	E♭	025 015
A	C	E♭	B	E	G	036 037
C	E	G	A	B	E♭	037 026
C	E♭	G	A	B	E	037 027
A	C	E	B	E♭	G	037 048

TriChords Pairs Derived from Retrograde Inversion

C	D♭	E	A	A♭	G♭	014 013
A	C	D♭	A♭	E	G♭	014 024
A	A♭	C	D♭	E	G♭	014 025
A♭	C	D♭	A	E	G♭	015 025
C	D♭	G♭	A	A♭	E	016 015
C	E	G♭	A	A♭	D♭	026 015
A♭	C	G♭	A	D♭	E	026 037
A	C	G♭	A♭	D♭	E	036 037
A	C	E	A♭	D♭	G♭	037 027
A♭	C	E	A	D♭	G♭	048 037

See page 148 for other 0,1,3,6,7,9 information

C, D♭, E♭, G♭, G, A

prime form: 0, 1, 3, 6, 7, 9
degrees: 1, ♭2, ♭3, ♭5, 5, 6

TriChords Pairs Derived from Normal Form

C D♭ E♭ A G G♭ 013 013

A C D♭ E♭ G G♭ 014 014

C D♭ G♭ A E♭ G 016 026
C G G♭ A D♭ E♭ 016 026

C D♭ G A E♭ G♭ 016 036

A C G D♭ E♭ G♭ 025 025

A C E♭ D♭ G G♭ 036 016

C E♭ G♭ A D♭ G 036 026
A C G♭ D♭ E♭ G 036 026

C E♭ G A D♭ G♭ 037 037

TriChords Pairs Derived from Inversion

A B C E♭ F G♭ 013 013

B C E♭ A F G♭ 014 014

C F G♭ A B E♭ 016 026
B C G♭ A E♭ F 016 026

B C F A E♭ G♭ 016 036

C E♭ F A B G♭ 025 025

A C E♭ B F G♭ 036 016

C E♭ G♭ A B F 036 026
A C G♭ B E♭ F 036 026

A C F B E♭ G♭ 037 037

TriChords Pairs Derived from Retrograde Inversion

C D E♭ A A♭ G♭ 013 013

A A♭ C D E♭ G♭ 014 014

A C D A♭ E♭ G♭ 025 025

C D G♭ A A♭ E♭ 026 016
A♭ C G♭ A D E♭ 026 016

A♭ C D A E♭ G♭ 026 036

C E♭ G♭ A A♭ D 036 016
A C G♭ A♭ D E♭ 036 016

A C E♭ A♭ D G♭ 036 026

A♭ C E♭ A D G♭ 037 037

See page 149 for other
0,1,3,6,8,9 information

C, D♭, E♭, G♭, A♭, A

prime form: 0, 1, 3, 6, 8, 9
degrees: 1, ♭2, ♭3, ♭5, ♭6, 6

TriChords Pairs Derived from Normal Form

C	D♭	E♭	A	A♭	G♭	0 1 3 0 1 3
A	C	D♭	A♭	E♭	G♭	0 1 4 0 2 5
A	A♭	C	D♭	E♭	G♭	0 1 4 0 2 5
A♭	C	D♭	A	E♭	G♭	0 1 5 0 3 6
C	D♭	G♭	A	A♭	E♭	0 1 6 0 1 6
A♭	C	G♭	A	D♭	E♭	0 2 6 0 2 6
C	E♭	G♭	A	A♭	D♭	0 3 6 0 1 5
A	C	E♭	A♭	D♭	G♭	0 3 6 0 2 7
A	C	G♭	A♭	D♭	E♭	0 3 6 0 2 7
A♭	C	E♭	A	D♭	G♭	0 3 7 0 3 7

TriChords Pairs Derived from Inversion

A	B	C	E	E♭	G♭	0 1 3 0 1 3
C	E	E♭	A	B	G♭	0 1 4 0 2 5
B	C	E♭	A	E	G♭	0 1 4 0 2 5
B	C	E	A	E♭	G♭	0 1 5 0 3 6
B	C	G♭	A	E	E♭	0 1 6 0 1 6
C	E	G♭	A	B	E♭	0 2 6 0 2 6
A	C	G♭	B	E	E♭	0 3 6 0 1 5
C	E♭	G♭	A	B	E	0 3 6 0 2 7
A	C	E♭	B	E	G♭	0 3 6 0 2 7
A	C	E	B	E♭	G♭	0 3 7 0 3 7

TriChords Pairs Derived from Retrograde Inversion

C	D♭	E♭	A	A♭	G♭	0 1 3 0 1 3
A	C	D♭	A♭	E♭	G♭	0 1 4 0 2 5
A	A♭	C	D♭	E♭	G♭	0 1 4 0 2 5
A♭	C	D♭	A	E♭	G♭	0 1 5 0 3 6
C	D♭	G♭	A	A♭	E♭	0 1 6 0 1 6
A♭	C	G♭	A	D♭	E♭	0 2 6 0 2 6
C	E♭	G♭	A	A♭	D♭	0 3 6 0 1 5
A	C	E♭	A♭	D♭	G♭	0 3 6 0 2 7
A	C	G♭	A♭	D♭	E♭	0 3 6 0 2 7
A♭	C	E♭	A	D♭	G♭	0 3 7 0 3 7

See page 150 for other
0,1,4,5,6,8 information

C, D♭, E, F, G♭, A♭

prime form: 0, 1, 4, 5, 6, 8
degrees: 1, ♭2, 3, 4, ♭5, ♭6

TriChords Pairs Derived from Normal Form

C	D♭	E	A♭	F	G♭	014	013
A♭	C	D♭	E	F	G♭	015	012
C	D♭	F	A♭	E	G♭	015	024
C	E	F	A♭	D♭	G♭	015	027
C	D♭	G♭	A♭	E	F	016	014
C	F	G♭	A♭	D♭	E	016	037
A♭	C	G♭	D♭	E	F	026	014
C	E	G♭	A♭	D♭	F	026	037
A♭	C	F	D♭	E	G♭	037	025
A♭	C	E	D♭	F	G♭	048	015

TriChords Pairs Derived from Inversion

A♭	B	C	E	G	G♭	014	013
B	C	E	A♭	G	G♭	015	012
B	C	G	A♭	E	G♭	015	024
A♭	C	G	B	E	G♭	015	027
B	C	G♭	A♭	E	G	016	014
C	G	G♭	A♭	B	E	016	037
C	E	G♭	A♭	B	G	026	014
A♭	C	G♭	B	E	G	026	037
C	E	G	A♭	B	G♭	037	025
A♭	C	E	B	G	G♭	048	015

TriChords Pairs Derived from Retrograde Inversion

C	D	E♭	A♭	E	G	013	014
C	E	E♭	A♭	D	G	014	016
A♭	C	G	D	E	E♭	015	012
C	D	E	A♭	E♭	G	024	015
A♭	C	D	E	E♭	G	026	014
C	D	G	A♭	E	E♭	027	015
C	E	G	A♭	D	E♭	037	016
A♭	C	E♭	D	E	G	037	025
C	E♭	G	A♭	D	E	037	026
A♭	C	E	D	E♭	G	048	015

See page 154 for other 0,2,3,4,5,8 information

C, D, E♭, E, F, A♭

prime form: 0, 2, 3, 4, 5, 8

degrees: 1, 2, ♭3, 3, 4, ♭6

TriChords Pairs Derived from Normal Form

C	D	E♭	A♭	E	F	0 1 3	0 1 4
C	E	E♭	A♭	D	F	0 1 4	0 3 6
C	E	F	A♭	D	E♭	0 1 5	0 1 6
C	D	E	A♭	E♭	F	0 2 4	0 2 5
C	D	F	A♭	E	E♭	0 2 5	0 1 5
C	E♭	F	A♭	D	E	0 2 5	0 2 6
A♭	C	D	E	E♭	F	0 2 6	0 1 2
A♭	C	F	D	E	E♭	0 3 7	0 1 2
A♭	C	E♭	D	E	F	0 3 7	0 1 3
A♭	C	E	D	E♭	F	0 4 8	0 1 3

TriChords Pairs Derived from Inversion

A	B♭	C	A♭	E	G	0 1 3	0 1 4
A	A♭	C	B♭	E	G	0 1 4	0 3 6
A♭	C	G	A	B♭	E	0 1 5	0 1 6
A♭	B♭	C	A	E	G	0 2 4	0 2 5
B♭	C	G	A	A♭	E	0 2 5	0 1 5
A	C	G	A♭	B♭	E	0 2 5	0 2 6
B♭	C	E	A	A♭	G	0 2 6	0 1 2
C	E	G	A	A♭	B♭	0 3 7	0 1 2
A	C	E	A♭	B♭	G	0 3 7	0 1 3
A♭	C	E	A	B♭	G	0 4 8	0 1 3

TriChords Pairs Derived from Retrograde Inversion

C	E	E♭	A♭	F	G♭	0 1 4	0 1 3
C	E	F	A♭	E♭	G♭	0 1 5	0 2 5
C	F	G♭	A♭	E	E♭	0 1 6	0 1 5
C	E♭	F	A♭	E	G♭	0 2 5	0 2 4
A♭	C	G♭	E	E♭	F	0 2 6	0 1 2
C	E	G♭	A♭	E♭	F	0 2 6	0 2 5
C	E♭	G♭	A♭	E	F	0 3 6	0 1 4
A♭	C	E♭	E	F	G♭	0 3 7	0 1 2
A♭	C	F	E	E♭	G♭	0 3 7	0 1 3
A♭	C	E	E♭	F	G♭	0 4 8	0 1 3

See page 155 for other
0,2,3,4,6,8 information

C, D, E♭, E, G♭, A♭

prime form: 0, 2, 3, 4, 6, 8
degrees: 1, 2, ♭3, 3, ♭5, ♭6

TriChords Pairs Derived from Normal Form

C	D	E♭	A♭	E	G♭	0 1 3	0 2 4
C	E	E♭	A♭	D	G♭	0 1 4	0 2 6
C	D	E	A♭	E♭	G♭	0 2 4	0 2 5
A♭	C	G♭	D	E	E♭	0 2 6	0 1 2
A♭	C	D	E	E♭	G♭	0 2 6	0 1 3
C	D	G♭	A♭	E	E♭	0 2 6	0 1 5
C	E	G♭	A♭	D	E♭	0 2 6	0 1 6
C	E♭	G♭	A♭	D	E	0 3 6	0 2 6
A♭	C	E♭	D	E	G♭	0 3 7	0 2 4
A♭	C	E	D	E♭	G♭	0 4 8	0 1 4

TriChords Pairs Derived from Inversion

A	B♭	C	A♭	E	G♭	0 1 3	0 2 4
A	A♭	C	B♭	E	G♭	0 1 4	0 2 6
A♭	B♭	C	A	E	G♭	0 2 4	0 2 5
C	E	G♭	A	A♭	B♭	0 2 6	0 1 2
B♭	C	E	A	A♭	G♭	0 2 6	0 1 3
B♭	C	G♭	A	A♭	E	0 2 6	0 1 5
A♭	C	G♭	A	B♭	E	0 2 6	0 1 6
A	C	G♭	A♭	B♭	E	0 3 6	0 2 6
A	C	E	A♭	B♭	G♭	0 3 7	0 2 4
A♭	C	E	A	B♭	G♭	0 4 8	0 1 4

TriChords Pairs Derived from Retrograde Inversion

C	E	F	A♭	D	G♭	0 1 5	0 2 6
C	F	G♭	A♭	D	E	0 1 6	0 2 6
C	D	E	A♭	F	G♭	0 2 4	0 1 3
C	D	F	A♭	E	G♭	0 2 5	0 2 4
A♭	C	D	E	F	G♭	0 2 6	0 1 2
A♭	C	G♭	D	E	F	0 2 6	0 1 3
C	D	G♭	A♭	E	F	0 2 6	0 1 4
C	E	G♭	A♭	D	F	0 2 6	0 3 6
A♭	C	F	D	E	G♭	0 3 7	0 2 4
A♭	C	E	D	F	G♭	0 4 8	0 1 4

See page 158 for other
0,2,3,5,7,9 information

C, D, E♭, F, G, A

prime form: 0, 2, 3, 5, 7, 9
degrees: 1, 2, ♭3, 4, 5, 6

TriChords Pairs Derived from Normal Form

C	D	E♭	A	F	G	0 1 3 0 2 4
A	C	G	D	E♭	F	0 2 5 0 1 3
A	C	D	E♭	F	G	0 2 5 0 2 4
C	D	F	A	E♭	G	0 2 5 0 2 6
C	E♭	F	A	D	G	0 2 5 0 2 7
C	F	G	A	D	E♭	0 2 7 0 1 6
C	D	G	A	E♭	F	0 2 7 0 2 6
A	C	E♭	D	F	G	0 3 6 0 2 5
A	C	F	D	E♭	G	0 3 7 0 1 5
C	E♭	G	A	D	F	0 3 7 0 3 7

TriChords Pairs Derived from Inversion

A	B♭	C	E♭	F	G	0 1 3 0 2 4
C	E♭	F	A	B♭	G	0 2 5 0 1 3
B♭	C	E♭	A	F	G	0 2 5 0 2 4
B♭	C	G	A	E♭	F	0 2 5 0 2 6
A	C	G	B♭	E♭	F	0 2 5 0 2 7
C	F	G	A	B♭	E♭	0 2 7 0 1 6
B♭	C	F	A	E♭	G	0 2 7 0 2 6
A	C	E♭	B♭	F	G	0 3 6 0 2 5
C	E♭	G	A	B♭	F	0 3 7 0 1 5
A	C	F	B♭	E♭	G	0 3 7 0 3 7

TriChords Pairs Derived from Retrograde Inversion

C	G	G♭	A	D	E	0 1 6 0 2 7
C	D	E	A	G	G♭	0 2 4 0 1 3
A	C	D	E	G	G♭	0 2 5 0 1 3
A	C	G	D	E	G♭	0 2 5 0 2 4
C	D	G♭	A	E	G	0 2 6 0 2 5
C	E	G♭	A	D	G	0 2 6 0 2 7
C	D	G	A	E	G♭	0 2 7 0 2 5
A	C	G♭	D	E	G	0 3 6 0 2 5
A	C	E	D	G	G♭	0 3 7 0 1 5
C	E	G	A	D	G♭	0 3 7 0 3 7

See page 161 for other 0,1,2,3,4,5,6 information

C, D♭, D, E♭, E, F, G♭

prime form: 0, 1, 2, 3, 4, 5, 6

degrees: 1, ♭2, 2, ♭3, 3, 4, ♭5

TriChords Pairs Derived from Normal Form

C D D♭	E E♭ F	012 012
C D D♭	E F G♭	012 012
D D♭ E♭	E F G♭	012 012
C D D♭	E E♭ G♭	012 013
C D D♭	E♭ F G♭	012 013
D D♭ E♭	C E F	012 015
D D♭ E♭	C F G♭	012 016
D D♭ E♭	C E G♭	012 026
C D♭ E♭	E F G♭	013 012
C D E♭	E F G♭	013 012
C D♭ E♭	D E F	013 013
D D♭ E	E♭ F G♭	013 013
C D♭ E♭	D F G♭	013 014
C D E♭	D♭ E F	013 014
C D E♭	D♭ F G♭	013 015
D D♭ E	C F G♭	013 016
C D♭ E♭	D E G♭	013 024
C D E♭	D♭ E G♭	013 025
D D♭ E	C E♭ F	013 025
D D♭ E	C E♭ G♭	013 036
C D♭ E	D E♭ F	014 013
C D♭ E	E♭ F G♭	014 013
C D♭ E	D E♭ G♭	014 014
C D♭ E	D F G♭	014 014
C E E♭	D D♭ F	014 014
C E E♭	D F G♭	014 014
D D♭ F	C E E♭	014 014
C E E♭	D D♭ G♭	014 015
C E E♭	D♭ F G♭	014 015
D D♭ F	C E♭ G♭	014 036
C D♭ F	D E E♭	015 012
C E F	D D♭ E♭	015 012
C D♭ F	E E♭ G♭	015 013
C D♭ F	D E♭ G♭	015 014
C E F	D E♭ G♭	015 014
C E F	D D♭ G♭	015 015
C D♭ F	D E G♭	015 024
C E F	D♭ E♭ G♭	015 025
C D♭ G♭	D E E♭	016 012
C D♭ G♭	E E♭ F	016 012
C F G♭	D D♭ E♭	016 012
C F G♭	D E E♭	016 012
C D♭ G♭	D E♭ F	016 013
C D♭ G♭	D E F	016 013
C F G♭	D D♭ E	016 013
C F G♭	D♭ E E♭	016 013
C D E	E♭ F G♭	024 013
C D E	D♭ F G♭	024 015
C D E	D♭ E♭ F	024 024
C D E	D♭ E♭ G♭	024 025
C D F	D♭ E E♭	025 013
C D F	E E♭ G♭	025 013
C E♭ F	D D♭ E	025 013
C E♭ F	D D♭ G♭	025 015
C E♭ F	D E G♭	025 024
C D F	D♭ E♭ G♭	025 025
C D F	D♭ E G♭	025 025
C E♭ F	D♭ E G♭	025 025
C D G♭	E E♭ F	026 012
C E G♭	D D♭ E♭	026 012
C D G♭	D♭ E E♭	026 013
C E G♭	D E♭ F	026 013
C D G♭	D♭ E F	026 014
C E G♭	D D♭ F	026 014
C D G♭	D♭ E♭ F	026 024
C E G♭	D♭ E♭ F	026 024
C E♭ G♭	D D♭ E	036 013
C E♭ G♭	D E F	036 013
C E♭ G♭	D D♭ F	036 014
C E♭ G♭	D♭ E F	036 014

TriChords Pairs Derived from Inversion

B B♭ C	A♭ G G♭	012 012
B B♭ C	A A♭ G	012 012
A♭ G G♭	B B♭ C	012 012
A♭ G G♭	A B B♭	012 012
B B♭ C	A G G♭	012 013
B B♭ C	A A♭ G♭	012 013
A♭ G G♭	A B♭ C	012 013
A♭ G G♭	A B C	012 013
A B♭ C	A♭ G G♭	013 012
A B C	A♭ G G♭	013 012
A G G♭	B B♭ C	013 012
A B C	A♭ B♭ G	013 013
A G G♭	A♭ B B♭	013 013
A B♭ C	A♭ B G	013 014
A B C	B♭ G G♭	013 014
A G G♭	A♭ B C	013 014
A B♭ C	B G G♭	013 015
A B C	A♭ B♭ G♭	013 024
A G G♭	A♭ B♭ C	013 024
A B♭ C	A♭ B G♭	013 025
A♭ B C	A G G♭	014 013
A♭ B C	A B♭ G	014 013
A A♭ C	B♭ G G♭	014 014
A A♭ C	B B♭ G	014 014
A♭ B C	B♭ G G♭	014 014
A♭ B C	A B♭ G♭	014 014
B♭ G G♭	A A♭ C	014 014
B♭ G G♭	A♭ B C	014 014
A A♭ C	B G G♭	014 015
A A♭ C	B B♭ G♭	014 015
A♭ C G	A B B♭	015 012
B C G	A A♭ B♭	015 012
B C G	A A♭ G♭	015 013
A♭ C G	A B♭ G♭	015 014
B C G	A B♭ G♭	015 014
A♭ C G	B B♭ G♭	015 015
B C G	A♭ B♭ G♭	015 024
A♭ C G	A B G♭	015 025
C G G♭	A A♭ B♭	016 012
C G G♭	A B B♭	016 012
B C G♭	A A♭ G	016 012
B C G♭	A A♭ B♭	016 012
C G G♭	A A♭ B	016 013
C G G♭	A♭ B B♭	016 013
B C G♭	A♭ B♭ G	016 013
B C G♭	A B♭ G	016 013

See page 161 for other 0,1,2,3,4,5,6 information

C, D♭, D, E♭, E, F, G♭ Continued

prime form: 0, 1, 2, 3, 4, 5, 6

degrees: 1, ♭2, 2, ♭3, 3, 4, ♭5

A♭ B♭ C   A G G♭   024 013

A♭ B♭ C   B G G♭   024 015

A♭ B♭ C   A B G   024 024

A♭ B♭ C   A B G♭   024 025

A C G   A♭ B B♭   025 013
B♭ C G   A A♭ G♭   025 013
B♭ C G   A A♭ B   025 013

A C G   B B♭ G♭   025 015

A C G   A♭ B♭ G♭   025 024

A C G   A♭ B G♭   025 025
B♭ C G   A♭ B G♭   025 025
B♭ C G   A B G♭   025 025

A♭ C G♭   A B B♭   026 012
B♭ C G♭   A A♭ G   026 012

A♭ C G♭   A B♭ G   026 013
B♭ C G♭   A A♭ B   026 013

A♭ C G♭   B B♭ G   026 014
B♭ C G♭   A♭ B G   026 014

A♭ C G♭   A B G   026 024
B♭ C G♭   A B G   026 024

A C G♭   A♭ B♭ G   036 013
A C G♭   A♭ B B♭   036 013

A C G♭   A♭ B G   036 014
A C G♭   B B♭ G   036 014

TriChords Pairs Derived from Retrograde Inversion

C D D♭   E E♭ F   012 012
C D D♭   E F G♭   012 012
D D♭ E♭   E F G♭   012 012

C D D♭   E E♭ G♭   012 013
C D D♭   E♭ F G♭   012 013

D D♭ E♭   C E F   012 015

D D♭ E♭   C F G♭   012 016

D D♭ E♭   C E G♭   012 026

C D♭ E♭   E F G♭   013 012
C D E♭   E F G♭   013 012

C D♭ E♭   D E F   013 013
D D♭ E   E♭ F G♭   013 013

C D♭ E♭   D F G♭   013 014
C D E♭   D♭ E F   013 014

C D E♭   D♭ F G♭   013 015

D D♭ E   C F G♭   013 016

C D♭ E♭   D E G♭   013 024

C D E♭   D♭ E G♭   013 025
D D♭ E   C E♭ F   013 025

D D♭ E   C E♭ G♭   013 036

C D♭ E   D E♭ F   014 013
C D♭ E   E♭ F G♭   014 013

C D♭ E   D E♭ G♭   014 014
C D♭ E   D F G♭   014 014
C E E♭   D D♭ F   014 014
C E E♭   D F G♭   014 014
D D♭ F   C E E♭   014 014

C E E♭   D D♭ G♭   014 015
C E E♭   D♭ F G♭   014 015

D D♭ F   C E♭ G♭   014 036

C D♭ F   D E E♭   015 012
C E F   D D♭ E♭   015 012

C D♭ F   E E♭ G♭   015 013

C D♭ F   D E♭ G♭   015 014
C E F   D E♭ G♭   015 014

C E F   D D♭ G♭   015 015

C D♭ F   D E G♭   015 024

C E F   D♭ E♭ G♭   015 025

C D♭ G♭   D E E♭   016 012
C D♭ G♭   E E♭ F   016 012
C F G♭   D D♭ E♭   016 012
C F G♭   D E E♭   016 012

C D♭ G♭   D E♭ F   016 013
C D♭ G♭   D E F   016 013
C F G♭   D D♭ E   016 013
C F G♭   D♭ E E♭   016 013

C D E   E♭ F G♭   024 013

C D E   D♭ F G♭   024 015

C D E   D♭ E♭ F   024 024

C D E   D♭ E♭ G♭   024 025

C D F   D♭ E E♭   025 013
C D F   E E♭ G♭   025 013
C E♭ F   D D♭ E   025 013

C E♭ F   D D♭ G♭   025 015

C E♭ F   D E G♭   025 024

C D F   D♭ E♭ G♭   025 025
C D F   D♭ E G♭   025 025
C E♭ F   D♭ E G♭   025 025

C D G♭   E E♭ F   026 012
C E G♭   D D♭ E♭   026 012

C D G♭   D♭ E E♭   026 013
C E G♭   D E♭ F   026 013

C D G♭   D♭ E F   026 014
C E G♭   D D♭ F   026 014

C D G♭   D♭ E♭ F   026 024
C E G♭   D♭ E♭ F   026 024

C E♭ G♭   D D♭ E   036 013
C E♭ G♭   D E F   036 013

C E♭ G♭   D D♭ F   036 014
C E♭ G♭   D♭ E F   036 014

See page 162 for other
0,1,2,3,4,5,7 information

C, D♭, D, E♭, E, F, G

prime form: 0, 1, 2, 3, 4, 5, 7
degrees: 1, ♭2, 2, ♭3, 3, 4, 5

TriChords Pairs Derived from Normal Form

C D D♭ E E♭ F 012 012

C D D♭ E F G 012 013
D D♭ E♭ E F G 012 013

C D D♭ E E♭ G 012 014

D D♭ E♭ C E F 012 015

C D D♭ E♭ F G 012 024

D D♭ E♭ C F G 012 027

D D♭ E♭ C E G 012 037

C D♭ E♭ D E F 013 013
C D♭ E♭ E F G 013 013
C D E♭ E F G 013 013

C D E♭ D♭ E F 013 014

D D♭ E E♭ F G 013 024

C D♭ E♭ D E G 013 025
C D♭ E♭ D F G 013 025
D D♭ E C E♭ F 013 025

C D E♭ D♭ F G 013 026

D D♭ E C F G 013 027

C D E♭ D♭ E G 013 036

D D♭ E C E♭ G 013 037

C D♭ E D E♭ F 014 013

C E E♭ D D♭ F 014 014
D D♭ F C E E♭ 014 014

C D♭ E D E♭ G 014 015

C E E♭ D D♭ G 014 016

C D♭ E E♭ F G 014 024

C D♭ E D F G 014 025
C E E♭ D F G 014 025

C E E♭ D♭ F G 014 026

D D♭ F C E♭ G 014 037

C D♭ F D E E♭ 015 012
C E F D D♭ E♭ 015 012

C D♭ F E E♭ G 015 014

C D♭ F D E♭ G 015 015

C E F D E♭ G 015 015

C E F D D♭ G 015 016

C D♭ F D E G 015 025

C E F D♭ E♭ G 015 026

C D♭ G D E E♭ 016 012
C D♭ G E E♭ F 016 012

C D♭ G D E♭ F 016 013
C D♭ G D E F 016 013

C D E D♭ E♭ F 024 024
C D E E♭ F G 024 024

C D E D♭ E♭ G 024 026
C D E D♭ F G 024 026

C D F D♭ E E♭ 025 013
C E♭ F D D♭ E 025 013

C D F E E♭ G 025 014

C E♭ F D D♭ G 025 016

C E♭ F D E G 025 025

C D F D♭ E♭ G 025 026

C D F D♭ E G 025 036
C E♭ F D♭ E G 025 036

C D G E E♭ F 027 012
C F G D D♭ E♭ 027 012
C F G D E E♭ 027 012

C D G D♭ E E♭ 027 013
C F G D D♭ E 027 013
C F G D♭ E E♭ 027 013

C D G D♭ E F 027 014

C D G D♭ E♭ F 027 024

C E G D D♭ E♭ 037 012

C E♭ G D D♭ E 037 013
C E♭ G D E F 037 013
C E G D E♭ F 037 013

C E♭ G D D♭ F 037 014
C E♭ G D♭ E F 037 014
C E G D D♭ F 037 014

C E G D♭ E♭ F 037 024

TriChords Pairs Derived from Inversion

B B♭ C A A♭ G 012 012

B B♭ C A♭ F G 012 013

B B♭ C A A♭ F 012 014

B B♭ C A F G 012 024

A♭ F G B B♭ C 013 012
A♭ F G A B B♭ 013 012

A B♭ C A♭ F G 013 013
A B C A♭ F G 013 013
A B C A♭ B♭ G 013 013
A♭ F G A B♭ C 013 013
A♭ F G A B C 013 013

A B♭ C A♭ B G 013 014

A B C B♭ F G 013 025
A B C A♭ B♭ F 013 025

A B♭ C B F G 013 026

A B♭ C A♭ B F 013 036

A♭ B C A B♭ G 014 013

A A♭ C B B♭ G 014 014

A♭ B C A B♭ F 014 015

A A♭ C B B♭ F 014 016

A♭ B C A F G 014 024

A A♭ C B♭ F G 014 025
A♭ B C B♭ F G 014 025

A A♭ C B F G 014 026

A♭ C G A B B♭ 015 012
B C G A A♭ B♭ 015 012

B C G A A♭ F 015 014

A♭ C G A B♭ F 015 015
B C G A B♭ F 015 015

A♭ C G B B♭ F 015 016

B C G A♭ B♭ F 015 025

A♭ C G A B F 015 026

B C F A A♭ G 016 012
B C F A A♭ B♭ 016 012

B C F A♭ B♭ G 016 013
B C F A B♭ G 016 013

A F G B B♭ C 024 012

See page 162 for other
0,1,2,3,4,5,7 information

C, D♭, D, E♭, E, F, G Continued

prime form: 0, 1, 2, 3, 4, 5, 7
degrees: 1, ♭2, 2, ♭3, 3, 4, 5

A F G A♭ B B♭ 024 013

A F G A♭ B C 024 014

A♭ B♭ C A F G 024 024
A♭ B♭ C A B G 024 024
A F G A♭ B♭ C 024 024

A♭ B♭ C B F G 024 026
A♭ B♭ C A B F 024 026

A C G A♭ B B♭ 025 013
B♭ C G A A♭ B 025 013

B♭ C G A A♭ F 025 014
B♭ F G A A♭ C 025 014
B♭ F G A♭ B C 025 014

A C G B B♭ F 025 016

A C G A♭ B♭ F 025 025

B♭ C G A B F 025 026

A C G A♭ B F 025 036
B♭ C G A♭ B F 025 036

C F G A A♭ B♭ 027 012
C F G A B B♭ 027 012
B♭ C F A A♭ G 027 012

C F G A A♭ B 027 013
C F G A♭ B B♭ 027 013
B♭ C F A A♭ B 027 013

B♭ C F A♭ B G 027 014

B♭ C F A B G 027 024

A♭ C F A B B♭ 037 012

A♭ C F A B♭ G 037 013
A C F A♭ B♭ G 037 013
A C F A♭ B B♭ 037 013

A♭ C F B B♭ G 037 014
A C F A♭ B G 037 014
A C F B B♭ G 037 014

A♭ C F A B G 037 024

TriChords Pairs Derived from Retrograde Inversion

D E E♭ F G G♭ 012 012

D E E♭ C F G♭ 012 016
D E E♭ C G G♭ 012 016

D E E♭ C F G 012 027

C D E♭ E F G♭ 013 012
C D E♭ F G G♭ 013 012

C D E♭ E F G 013 013
C D E♭ E G G♭ 013 013
D E♭ F E G G♭ 013 013

D E♭ F C G G♭ 013 016

D E♭ F C E G♭ 013 026

D E♭ F C E G 013 037

C E E♭ F G G♭ 014 012

C E E♭ D F G♭ 014 014

C E E♭ D G G♭ 014 015
D E♭ G♭ C E F 014 015

C E E♭ D F G 014 025

D E♭ G♭ C E G 014 037

C E F D E♭ G♭ 015 014
C E F E♭ G G♭ 015 014

C E F D E♭ G 015 015
C E F D G G♭ 015 015

C F G♭ D E E♭ 016 012
C G G♭ D E E♭ 016 012
C G G♭ E E♭ F 016 012

C G G♭ D E♭ F 016 013
C G G♭ D E F 016 013

C F G♭ E E♭ G 016 014

C F G♭ D E♭ G 016 015

C F G♭ D E G 016 025

C D E F G G♭ 024 012

C D E E♭ F G♭ 024 013

C D E E♭ G G♭ 024 014

C D E E♭ F G 024 024

C D F E E♭ G♭ 025 013
C D F E G G♭ 025 013
C E♭ F E G G♭ 025 013

C D F E E♭ G 025 014
C D F E♭ G G♭ 025 014

C E♭ F D G G♭ 025 015

C E♭ F D E G♭ 025 024

C E♭ F D E G 025 025

C D G♭ E E♭ F 026 012

C D G♭ E F G 026 013
C E G♭ D E♭ F 026 013

C D G♭ E E♭ G 026 014

C E G♭ D E♭ G 026 015

C D G♭ E♭ F G 026 024
C E G♭ E♭ F G 026 024

C E G♭ D F G 026 025

C D G E E♭ F 027 012
C D G E F G♭ 027 012
C F G D E E♭ 027 012

C D G E E♭ G♭ 027 013
C D G E♭ F G♭ 027 013
C F G E E♭ G♭ 027 013

C F G D E♭ G♭ 027 014

C F G D E G♭ 027 024

C E♭ G♭ D E F 036 013
C E♭ G♭ E F G 036 013

C E♭ G♭ D E G 036 025
C E♭ G♭ D F G 036 025

C E♭ G E F G♭ 037 012

C E♭ G D E F 037 013
C E G D E♭ F 037 013
C E G E♭ F G♭ 037 013

C E♭ G D F G♭ 037 014
C E G D E♭ G♭ 037 014
C E G D F G♭ 037 014

C E♭ G D E G♭ 037 024

See page 163 for other
0,1,2,3,4,5,8 information

C, D♭, D, E♭, E, F, A♭

prime form: 0, 1, 2, 3, 4, 5, 8
degrees: 1, ♭2, 2, ♭3, 3, 4, ♭6

TriChords Pairs Derived from Normal Form

Trichord 1	Trichord 2	Set classes
C D D♭	E E♭ F	012 012
C D D♭	A♭ E F	012 014
D D♭ E♭	A♭ E F	012 014
C D D♭	A♭ E E♭	012 015
D D♭ E♭	C E F	012 015
C D D♭	A♭ E♭ F	012 025
D D♭ E♭	A♭ C F	012 037
D D♭ E♭	A♭ C E	012 048
C D♭ E♭	D E F	013 013
C D♭ E♭	A♭ E F	013 014
C D E♭	D♭ E F	013 014
C D E♭	A♭ E F	013 014
D D♭ E	C E♭ F	013 025
D D♭ E	A♭ E♭ F	013 025
C D♭ E♭	A♭ D E	013 026
C D♭ E♭	A♭ D F	013 036
C D E♭	A♭ D♭ E	013 037
C D E♭	A♭ D♭ F	013 037
D D♭ E	A♭ C E♭	013 037
D D♭ E	A♭ C F	013 037
C D♭ E	D E♭ F	014 013
C E E♭	D D♭ F	014 014
D D♭ F	C E E♭	014 014
C D♭ E	A♭ D E♭	014 016
C E E♭	A♭ D D♭	014 016
C D♭ E	A♭ E♭ F	014 025
C D♭ E	A♭ D F	014 036
C E E♭	A♭ D F	014 036
C E E♭	A♭ D♭ F	014 037
D D♭ F	A♭ C E♭	014 037
C D♭ F	D E E♭	015 012
A♭ C D♭	D E E♭	015 012
A♭ C D♭	E E♭ F	015 012
C E F	D D♭ E♭	015 012
A♭ C D♭	D E♭ F	015 013
A♭ C D♭	D E F	015 013
C D♭ F	A♭ E E♭	015 015
C D♭ F	A♭ D E♭	015 016
C E F	A♭ D D♭	015 016
C E F	A♭ D E♭	015 016
C D♭ F	A♭ D E	015 026
C E F	A♭ D♭ E♭	015 027
C D E	D♭ E♭ F	024 024
C D E	A♭ E♭ F	024 025
C D E	A♭ D♭ E♭	024 027
C D E	A♭ D♭ F	024 037
C D F	D♭ E E♭	025 013
C E♭ F	D D♭ E	025 013
C D F	A♭ E E♭	025 015
C E♭ F	A♭ D D♭	025 016
C E♭ F	A♭ D E	025 026
C D F	A♭ D♭ E♭	025 027
C D F	A♭ D♭ E	025 037
C E♭ F	A♭ D♭ E	025 037
A♭ C D	E E♭ F	026 012
A♭ C D	D♭ E E♭	026 013
A♭ C D	D♭ E F	026 014
A♭ C D	D♭ E♭ F	026 024
A♭ C F	D D♭ E♭	037 012
A♭ C F	D E E♭	037 012
A♭ C E♭	D D♭ E	037 013
A♭ C E♭	D E F	037 013
A♭ C F	D D♭ E	037 013
A♭ C F	D♭ E E♭	037 013
A♭ C E♭	D D♭ F	037 014
A♭ C E♭	D♭ E F	037 014
A♭ C E	D D♭ E♭	048 012
A♭ C E	D E♭ F	048 013
A♭ C E	D D♭ F	048 014
A♭ C E	D♭ E♭ F	048 024

TriChords Pairs Derived from Inversion

Trichord 1	Trichord 2	Set classes
B B♭ C	A A♭ G	012 012
B B♭ C	A♭ E G	012 014
B B♭ C	A A♭ E	012 015
B B♭ C	A E G	012 025
A B C	A♭ B♭ G	013 013
A B♭ C	A♭ E G	013 014
A B♭ C	A♭ B G	013 014
A B C	A♭ E G	013 014
A B C	A♭ B♭ E	013 026
A B C	B♭ E G	013 036
A B♭ C	B E G	013 037
A B♭ C	A♭ B E	013 037
A♭ E G	B B♭ C	014 012
A♭ E G	A B B♭	014 012
A♭ B C	A B♭ G	014 013
A♭ E G	A B♭ C	014 013
A♭ E G	A B C	014 013
A A♭ C	B B♭ G	014 014
A A♭ C	B B♭ E	014 016
A♭ B C	A B♭ E	014 016
A♭ B C	A E G	014 025
A A♭ C	B♭ E G	014 036
A♭ B C	B♭ E G	014 036
A A♭ C	B E G	014 037
B C E	A A♭ G	015 012
B C E	A A♭ B♭	015 012
A♭ C G	A B B♭	015 012
B C G	A A♭ B♭	015 012
B C E	A♭ B♭ G	015 013
B C E	A B♭ G	015 013
B C G	A A♭ E	015 015
A♭ C G	A B♭ E	015 016
A♭ C G	B B♭ E	015 016
B C G	A B♭ E	015 016
B C G	A♭ B♭ E	015 026
A♭ C G	A B E	015 027
A♭ B♭ C	A B G	024 024
A♭ B♭ C	A E G	024 025
A♭ B♭ C	A B E	024 027
A♭ B♭ C	B E G	024 037

See page 163 for other 0,1,2,3,4,5,8 information

C, D♭, D, E♭, E, F, A♭ Continued

prime form: 0, 1, 2, 3, 4, 5, 8

degrees: 1, ♭2, 2, ♭3, 3, 4, ♭6

A E G	B B♭ C	025 012
A C G	A♭ B B♭	025 013
B♭ C G	A A♭ B	025 013
A E G	A♭ B B♭	025 013
A E G	A♭ B C	025 014
B♭ C G	A A♭ E	025 015
A C G	B B♭ E	025 016
A E G	A♭ B♭ C	025 024
A C G	A♭ B♭ E	025 026
B♭ C G	A B E	025 027
A C G	A♭ B E	025 037
B♭ C G	A♭ B E	025 037
B♭ C E	A A♭ G	026 012
B♭ C E	A A♭ B	026 013
B♭ C E	A♭ B G	026 014
B♭ C E	A B G	026 024
B♭ E G	A A♭ C	036 014
B♭ E G	A♭ B C	036 014
C E G	A A♭ B♭	037 012
C E G	A B B♭	037 012
C E G	A A♭ B	037 013
C E G	A♭ B B♭	037 013
A C E	A♭ B♭ G	037 013
A C E	A♭ B B♭	037 013
A C E	A♭ B G	037 014
A C E	B B♭ G	037 014
A♭ C E	A B B♭	048 012
A♭ C E	A B♭ G	048 013
A♭ C E	B B♭ G	048 014
A♭ C E	A B G	048 024

TriChords Pairs Derived from Retrograde Inversion

E E♭ F	A♭ G G♭	012 012
E E♭ F	A♭ C G	012 015
E E♭ F	C G G♭	012 016
E E♭ F	A♭ C G♭	012 026
E E♭ G♭	A♭ F G	013 013
E E♭ G♭	A♭ C G	013 015
E E♭ G♭	C F G	013 027
E E♭ G♭	A♭ C F	013 037
C E E♭	F G G♭	014 012
C E E♭	A♭ G G♭	014 012
C E E♭	A♭ F G♭	014 013
C E E♭	A♭ F G	014 013
E E♭ G	C F G♭	014 016
E E♭ G	A♭ C F	014 037
C E F	A♭ G G♭	015 012
A♭ C G	E E♭ F	015 012
A♭ C G	E F G♭	015 012
A♭ C G	E E♭ G♭	015 013
A♭ C G	E♭ F G♭	015 013
C E F	E♭ G G♭	015 014
C E F	A♭ E♭ G	015 015
C E F	A♭ E♭ G♭	015 025
C G G♭	E E♭ F	016 012
C F G♭	E E♭ G	016 014
C F G♭	A♭ E G	016 014
C G G♭	A♭ E F	016 014
C F G♭	A♭ E E♭	016 015
C F G♭	A♭ E♭ G	016 015
C G G♭	A♭ E E♭	016 015
C G G♭	A♭ E♭ F	016 025
C E♭ F	A♭ G G♭	025 012
C E♭ F	E G G♭	025 013
C E♭ F	A♭ E G	025 014
C E♭ F	A♭ E G♭	025 024
A♭ C G♭	E E♭ F	026 012
C E G♭	A♭ F G	026 013
A♭ C G♭	E F G	026 013
A♭ C G♭	E E♭ G	026 014
C E G♭	A♭ E♭ G	026 015
C E G♭	E♭ F G	026 024
A♭ C G♭	E♭ F G	026 024
C E G♭	A♭ E♭ F	026 025
C F G	E E♭ G♭	027 013
C F G	A♭ E E♭	027 015
C F G	A♭ E G♭	027 024
C F G	A♭ E♭ G♭	027 025
C E♭ G♭	E F G	036 013
C E♭ G♭	A♭ F G	036 013
C E♭ G♭	A♭ E F	036 014
C E♭ G♭	A♭ E G	036 014
C E♭ G	E F G♭	037 012
A♭ C E♭	E F G♭	037 012
A♭ C E♭	F G G♭	037 012
C E♭ G	A♭ F G♭	037 013
A♭ C E♭	E F G	037 013
A♭ C E♭	E G G♭	037 013
C E G	E♭ F G♭	037 013
C E G	A♭ F G♭	037 013
A♭ C F	E E♭ G♭	037 013
A♭ C F	E G G♭	037 013
C E♭ G	A♭ E F	037 014
A♭ C F	E E♭ G	037 014
A♭ C F	E♭ G G♭	037 014
C E♭ G	A♭ E G♭	037 024
C E G	A♭ E♭ F	037 025
C E G	A♭ E♭ G♭	037 025
A♭ C E	F G G♭	048 012
A♭ C E	E♭ F G♭	048 013
A♭ C E	E♭ G G♭	048 014
A♭ C E	E♭ F G	048 024

See page 164 for other
0,1,2,3,4,6,7 information

C, D♭, D, E♭, E, G♭, G

prime form: 0, 1, 2, 3, 4, 6, 7

degrees: 1, ♭2, 2, ♭3, 3, ♭5, 5

TriChords Pairs Derived from Normal Form

Trichord	Trichord	Prime forms
C D D♭	E E♭ G♭	012 013
C D D♭	E G G♭	012 013
D D♭ E♭	E G G♭	012 013
C D D♭	E E♭ G	012 014
C D D♭	E♭ G G♭	012 014
D D♭ E♭	C G G♭	012 016
D D♭ E♭	C E G♭	012 026
D D♭ E♭	C E G	012 037
C D♭ E♭	E G G♭	013 013
C D E♭	E G G♭	013 013
D D♭ E	E♭ G G♭	013 014
C D♭ E♭	D G G♭	013 015
C D E♭	D♭ G G♭	013 016
D D♭ E	C G G♭	013 016
C D♭ E♭	D E G♭	013 024
C D♭ E♭	D E G	013 025
C D E♭	D♭ E G♭	013 025
C D E♭	D♭ E G	013 036
D D♭ E	C E♭ G♭	013 036
D D♭ E	C E♭ G	013 037
C D♭ E	D E♭ G♭	014 014
C D♭ E	E♭ G G♭	014 014
C D♭ E	D E♭ G	014 015
C D♭ E	D G G♭	014 015
C E E♭	D D♭ G♭	014 015
C E E♭	D G G♭	014 015
C E E♭	D D♭ G	014 016
C E E♭	D♭ G G♭	014 016
D D♭ G♭	C E E♭	015 014
D D♭ G♭	C E♭ G	015 037
C D♭ G♭	D E E♭	016 012
C D♭ G	D E E♭	016 012
C G G♭	D D♭ E♭	016 012
C G G♭	D E E♭	016 012
C D♭ G	E E♭ G♭	016 013
C G G♭	D D♭ E	016 013
C G G♭	D♭ E E♭	016 013
C D♭ G♭	E E♭ G	016 014
C D♭ G	D E♭ G♭	016 014
C D♭ G♭	D E♭ G	016 015
C D♭ G	D E G♭	016 024
C D♭ G♭	D E G	016 025
C D E	E♭ G G♭	024 014
C D E	D♭ G G♭	024 016
C D E	D♭ E♭ G♭	024 025
C D E	D♭ E♭ G	024 026
C E G♭	D D♭ E♭	026 012
C D G♭	D♭ E E♭	026 013
C D G♭	E E♭ G	026 014
C E G♭	D E♭ G	026 015
C E G♭	D D♭ G	026 016
C D G♭	D♭ E♭ G	026 026
C E G♭	D♭ E♭ G	026 026
C D G♭	D♭ E G	026 036
C D G	D♭ E E♭	027 013
C D G	E E♭ G♭	027 013
C D G	D♭ E♭ G♭	027 025
C D G	D♭ E G♭	027 025
C E♭ G♭	D D♭ E	036 013
C E♭ G♭	D D♭ G	036 016
C E♭ G♭	D E G	036 025
C E♭ G♭	D♭ E G	036 036
C E G	D D♭ E♭	037 012
C E♭ G	D D♭ E	037 013
C E G	D E♭ G♭	037 014
C E♭ G	D D♭ G♭	037 015
C E G	D D♭ G♭	037 015
C E♭ G	D E G♭	037 024
C E♭ G	D♭ E G♭	037 025
C E G	D♭ E♭ G♭	037 025

TriChords Pairs Derived from Inversion

Trichord	Trichord	Prime forms
B B♭ C	A♭ F G♭	012 013
B B♭ C	A A♭ G♭	012 013
B B♭ C	A F G♭	012 014
B B♭ C	A A♭ F	012 014
A♭ F G♭	B B♭ C	013 012
A♭ F G♭	A B B♭	013 012
A B♭ C	A♭ F G♭	013 013
A B C	A♭ F G♭	013 013
A♭ F G♭	A B♭ C	013 013
A♭ F G♭	A B C	013 013
A B C	B♭ F G♭	013 015
A B♭ C	B F G♭	013 016
A B C	A♭ B♭ G♭	013 024
A B♭ C	A♭ B G♭	013 025
A B C	A♭ B♭ F	013 025
A B♭ C	A♭ B F	013 036
A F G♭	B B♭ C	014 012
A F G♭	A♭ B B♭	014 013
A♭ B C	A F G♭	014 014
A♭ B C	A B♭ G♭	014 014
A F G♭	A♭ B C	014 014
A A♭ C	B♭ F G♭	014 015
A A♭ C	B B♭ G♭	014 015
A♭ B C	B♭ F G♭	014 015
A♭ B C	A B♭ F	014 015
A A♭ C	B F G♭	014 016
A A♭ C	B B♭ F	014 016
A F G♭	A♭ B♭ C	014 024
B♭ F G♭	A A♭ C	015 014
B♭ F G♭	A♭ B C	015 014
C F G♭	A A♭ B♭	016 012
C F G♭	A B B♭	016 012
B C F	A A♭ B♭	016 012
B C G♭	A A♭ B♭	016 012
C F G♭	A A♭ B	016 013
C F G♭	A♭ B B♭	016 013
B C F	A A♭ G♭	016 013
B C F	A B♭ G♭	016 014
B C G♭	A A♭ F	016 014
B C G♭	A B♭ F	016 015
B C F	A♭ B♭ G♭	016 024
B C G♭	A♭ B♭ F	016 025

See page 164 for other 0,1,2,3,4,6,7 information

C, D♭, D, E♭, E, G♭, G Continued

prime form: 0, 1, 2, 3, 4, 6, 7

degrees: 1, ♭2, 2, ♭3, 3, ♭5, 5

A♭ B♭ C	A F G♭	024 014
A♭ B♭ C	B F G♭	024 016
A♭ B♭ C	A B G♭	024 025
A♭ B♭ C	A B F	024 026
A♭ C G♭	A B B♭	026 012
B♭ C G♭	A A♭ B	026 013
B♭ C G♭	A A♭ F	026 014
A♭ C G♭	A B♭ F	026 015
A♭ C G♭	B B♭ F	026 016
A♭ C G♭	A B F	026 026
B♭ C G♭	A B F	026 026
B♭ C G♭	A♭ B F	026 036
B♭ C F	A A♭ G♭	027 013
B♭ C F	A A♭ B	027 013
B♭ C F	A♭ B G♭	027 025
B♭ C F	A B G♭	027 025
A C G♭	A♭ B B♭	036 013
A C G♭	B B♭ F	036 016
A C G♭	A♭ B♭ F	036 025
A C G♭	A♭ B F	036 036
A♭ C F	A B B♭	037 012
A C F	A♭ B B♭	037 013
A♭ C F	A B♭ G♭	037 014
A♭ C F	B B♭ G♭	037 015
A C F	B B♭ G♭	037 015
A C F	A♭ B♭ G♭	037 024
A♭ C F	A B G♭	037 025
A C F	A♭ B G♭	037 025

TriChords Pairs Derived from Retrograde Inversion

C D♭ E♭	E F G♭	013 012
C D♭ E♭	F G G♭	013 012
D♭ E E♭	F G G♭	013 012
C D♭ E♭	E F G	013 013
C D♭ E♭	E G G♭	013 013
D♭ E E♭	C F G♭	013 016
D♭ E E♭	C G G♭	013 016
D♭ E E♭	C F G	013 027
C D♭ E	F G G♭	014 012
C E E♭	F G G♭	014 012
C D♭ E	E♭ F G♭	014 013
C D♭ E	E♭ G G♭	014 014
C E E♭	D♭ F G♭	014 015
C E E♭	D♭ G G♭	014 016
C D♭ E	E♭ F G	014 024
C E E♭	D♭ F G	014 026
C D♭ F	E E♭ G♭	015 013
C D♭ F	E G G♭	015 013
C D♭ F	E E♭ G	015 014
C D♭ F	E♭ G G♭	015 014
C E F	E♭ G G♭	015 014
C E F	D♭ G G♭	015 016
C E F	D♭ E♭ G♭	015 025
C E F	D♭ E♭ G	015 026
C D♭ G♭	E E♭ F	016 012
C D♭ G	E E♭ F	016 012
C D♭ G	E F G♭	016 012
C G G♭	E E♭ F	016 012
C D♭ G♭	E F G	016 013
C D♭ G	E E♭ G♭	016 013
C D♭ G	E♭ F G♭	016 013
C F G♭	D♭ E E♭	016 013
C G G♭	D♭ E E♭	016 013
C D♭ G♭	E E♭ G	016 014
C F G♭	E E♭ G	016 014
C G G♭	D♭ E F	016 014
C D♭ G♭	E♭ F G	016 024
C G G♭	D♭ E♭ F	016 024
C F G♭	D♭ E♭ G	016 026
C F G♭	D♭ E G	016 036
D♭ E♭ F	E G G♭	024 013
D♭ E♭ F	C G G♭	024 016
D♭ E♭ F	C E G♭	024 026

D♭ E♭ F	C E G	024 037
C E♭ F	E G G♭	025 013
D♭ E♭ G♭	C E F	025 015
C E♭ F	D♭ G G♭	025 016
C E♭ F	D♭ E G♭	025 025
C E♭ F	D♭ E G	025 036
D♭ E♭ G♭	C E G	025 037
C E G♭	D♭ E♭ F	026 024
C E G♭	E♭ F G	026 024
C E G♭	D♭ E♭ G	026 026
C E G♭	D♭ F G	026 026
C F G	D♭ E E♭	027 013
C F G	E E♭ G♭	027 013
C F G	D♭ E♭ G♭	027 025
C F G	D♭ E G♭	027 025
C E♭ G♭	E F G	036 013
C E♭ G♭	D♭ E F	036 014
C E♭ G♭	D♭ F G	036 026
C E♭ G♭	D♭ E G	036 036
C E♭ G	E F G♭	037 012
C E G	E♭ F G♭	037 013
C E♭ G	D♭ E F	037 014
C E♭ G	D♭ F G♭	037 015
C E G	D♭ F G♭	037 015
C E G	D♭ E♭ F	037 024
C E♭ G	D♭ E G♭	037 025
C E G	D♭ E♭ G♭	037 025

See page 165 for other 0,1,2,3,4,6,8 information

C, D♭, D, E♭, E, G♭, A♭

prime form: 0, 1, 2, 3, 4, 6, 8
degrees: 1, ♭2, 2, ♭3, 3, ♭5, ♭6

TriChords Pairs Derived from Normal Form

C D D♭ — E E♭ G♭ — 012 013

C D D♭ — A♭ E E♭ — 012 015

C D D♭ — A♭ E G♭ — 012 024
D D♭ E♭ — A♭ E G♭ — 012 024

C D D♭ — A♭ E♭ G♭ — 012 025

D D♭ E♭ — C E G♭ — 012 026
D D♭ E♭ — A♭ C G♭ — 012 026

D D♭ E♭ — A♭ C E — 012 048

C D♭ E♭ — D E G♭ — 013 024
C D♭ E♭ — A♭ E G♭ — 013 024
C D E♭ — A♭ E G♭ — 013 024

C D E♭ — D♭ E G♭ — 013 025
D D♭ E — A♭ E♭ G♭ — 013 025

C D♭ E♭ — A♭ D E — 013 026
C D♭ E♭ — A♭ D G♭ — 013 026
D D♭ E — A♭ C G♭ — 013 026

C D E♭ — A♭ D♭ G♭ — 013 027

D D♭ E — C E♭ G♭ — 013 036

C D E♭ — A♭ D♭ E — 013 037
D D♭ E — A♭ C E♭ — 013 037

C D♭ E — D E♭ G♭ — 014 014

C E E♭ — D D♭ G♭ — 014 015

C D♭ E — A♭ D E♭ — 014 016
C E E♭ — A♭ D D♭ — 014 016

C D♭ E — A♭ E♭ G♭ — 014 025

C D♭ E — A♭ D G♭ — 014 026
C E E♭ — A♭ D G♭ — 014 026

C E E♭ — A♭ D♭ G♭ — 014 027

A♭ C D♭ — D E E♭ — 015 012

A♭ C D♭ — E E♭ G♭ — 015 013

A♭ C D♭ — D E♭ G♭ — 015 014
D D♭ G♭ — C E E♭ — 015 014

A♭ C D♭ — D E G♭ — 015 024

D D♭ G♭ — A♭ C E♭ — 015 037

C D♭ G♭ — D E E♭ — 016 012

C D♭ G♭ — A♭ E E♭ — 016 015

C D♭ G♭ — A♭ D E♭ — 016 016

C D♭ G♭ — A♭ D E — 016 026

C D E — D♭ E♭ G♭ — 024 025
C D E — A♭ E♭ G♭ — 024 025

C D E — A♭ D♭ E♭ — 024 027
C D E — A♭ D♭ G♭ — 024 027

C E G♭ — D D♭ E♭ — 026 012
A♭ C G♭ — D D♭ E♭ — 026 012
A♭ C G♭ — D E E♭ — 026 012

C D G♭ — D♭ E E♭ — 026 013
A♭ C D — D♭ E E♭ — 026 013
A♭ C D — E E♭ G♭ — 026 013
A♭ C G♭ — D D♭ E — 026 013
A♭ C G♭ — D♭ E E♭ — 026 013

C D G♭ — A♭ E E♭ — 026 015

C E G♭ — A♭ D D♭ — 026 016
C E G♭ — A♭ D E♭ — 026 016

A♭ C D — D♭ E♭ G♭ — 026 025
A♭ C D — D♭ E G♭ — 026 025

C D G♭ — A♭ D♭ E♭ — 026 027
C E G♭ — A♭ D♭ E♭ — 026 027

C D G♭ — A♭ D♭ E — 026 037

C E♭ G♭ — D D♭ E — 036 013

C E♭ G♭ — A♭ D D♭ — 036 016

C E♭ G♭ — A♭ D E — 036 026

C E♭ G♭ — A♭ D♭ E — 036 037

A♭ C E♭ — D D♭ E — 037 013

A♭ C E♭ — D D♭ G♭ — 037 015

A♭ C E♭ — D E G♭ — 037 024

A♭ C E♭ — D♭ E G♭ — 037 025

A♭ C E — D D♭ E♭ — 048 012

A♭ C E — D E♭ G♭ — 048 014

A♭ C E — D D♭ G♭ — 048 015

A♭ C E — D♭ E♭ G♭ — 048 025

TriChords Pairs Derived from Inversion

B B♭ C — A A♭ G♭ — 012 013

B B♭ C — A A♭ E — 012 015

B B♭ C — A♭ E G♭ — 012 024

B B♭ C — A E G♭ — 012 025

A B♭ C — A♭ E G♭ — 013 024
A B C — A♭ E G♭ — 013 024
A B C — A♭ B♭ G♭ — 013 024

A B♭ C — A♭ B G♭ — 013 025

A B C — B♭ E G♭ — 013 026
A B C — A♭ B♭ E — 013 026

A B♭ C — B E G♭ — 013 027

A B♭ C — A♭ B E — 013 037

A♭ B C — A B♭ G♭ — 014 014

A A♭ C — B B♭ G♭ — 014 015

A A♭ C — B B♭ E — 014 016
A♭ B C — A B♭ E — 014 016

A♭ B C — A E G♭ — 014 025

A A♭ C — B♭ E G♭ — 014 026
A♭ B C — B♭ E G♭ — 014 026

A A♭ C — B E G♭ — 014 027

B C E — A A♭ B♭ — 015 012

B C E — A A♭ G♭ — 015 013

B C E — A B♭ G♭ — 015 014

B C E — A♭ B♭ G♭ — 015 024

B C G♭ — A A♭ B♭ — 016 012

B C G♭ — A A♭ E — 016 015

B C G♭ — A B♭ E — 016 016

B C G♭ — A♭ B♭ E — 016 026

A♭ E G♭ — B B♭ C — 024 012
A♭ E G♭ — A B B♭ — 024 012

A♭ E G♭ — A B♭ C — 024 013
A♭ E G♭ — A B C — 024 013

A♭ B♭ C — A E G♭ — 024 025
A♭ B♭ C — A B G♭ — 024 025

A♭ B♭ C — B E G♭ — 024 027

See page 165 for other 0,1,2,3,4,6,8 information

C, D♭, D, E♭, E, G♭, A♭ Continued

prime form: 0, 1, 2, 3, 4, 6, 8

degrees: 1, ♭2, 2, ♭3, 3, ♭5, ♭6

Trichord	Trichord	Forms
A♭ B♭ C	A B E	024 027
A E G♭	B B♭ C	025 012
A E G♭	A♭ B B♭	025 013
A E G♭	A♭ B C	025 014
A E G♭	A♭ B♭ C	025 024
C E G♭	A A♭ B♭	026 012
C E G♭	A B B♭	026 012
A♭ C G♭	A B B♭	026 012
C E G♭	A A♭ B	026 013
C E G♭	A♭ B B♭	026 013
B♭ C E	A A♭ G♭	026 013
B♭ C E	A A♭ B	026 013
B♭ C G♭	A A♭ B	026 013
B♭ E G♭	A A♭ C	026 014
B♭ E G♭	A♭ B C	026 014
B♭ C G♭	A A♭ E	026 015
A♭ C G♭	A B♭ E	026 016
A♭ C G♭	B B♭ E	026 016
B♭ C E	A♭ B G♭	026 025
B♭ C E	A B G♭	026 025
A♭ C G♭	A B E	026 027
B♭ C G♭	A B E	026 027
B♭ C G♭	A♭ B E	026 037
A C G♭	A♭ B B♭	036 013
A C G♭	B B♭ E	036 016
A C G♭	A♭ B♭ E	036 026
A C G♭	A♭ B E	036 037
A C E	A♭ B B♭	037 013
A C E	B B♭ G♭	037 015
A C E	A♭ B♭ G♭	037 024
A C E	A♭ B G♭	037 025
A♭ C E	A B B♭	048 012
A♭ C E	A B♭ G♭	048 014
A♭ C E	B B♭ G♭	048 015
A♭ C E	A B G♭	048 025

TriChords Pairs Derived from Retrograde Inversion

Trichord	Trichord	Forms
D E F	A♭ G G♭	013 012
D E F	A♭ C G	013 015
D E F	C G G♭	013 016
D E F	A♭ C G♭	013 026
C E F	A♭ G G♭	015 012
A♭ C G	E F G♭	015 012
A♭ C G	D E F	015 013
A♭ C G	D F G♭	015 014
C E F	D G G♭	015 015
C E F	A♭ D G	015 016
A♭ C G	D E G♭	015 024
C E F	A♭ D G♭	015 026
C G G♭	D E F	016 013
C F G♭	A♭ E G	016 014
C G G♭	A♭ E F	016 014
C F G♭	A♭ D G	016 016
C F G♭	D E G	016 025
C F G♭	A♭ D E	016 026
C G G♭	A♭ D E	016 026
C G G♭	A♭ D F	016 036
C D E	F G G♭	024 012
C D E	A♭ G G♭	024 012
C D E	A♭ F G♭	024 013
C D E	A♭ F G	024 013
D E G♭	A♭ F G	024 013
D E G♭	A♭ C G	024 015
D E G♭	C F G	024 027
D E G♭	A♭ C F	024 037
C D F	A♭ G G♭	025 012
C D F	E G G♭	025 013
C D F	A♭ E G	025 014
D E G	C F G♭	025 016

Trichord	Trichord	Forms
C D F	A♭ E G♭	025 024
D E G	A♭ C F	025 037
A♭ C D	E F G♭	026 012
A♭ C D	F G G♭	026 012
C D G♭	E F G	026 013
C D G♭	A♭ F G	026 013
A♭ C D	E F G	026 013
A♭ C D	E G G♭	026 013
C E G♭	A♭ F G	026 013
A♭ C G♭	D E F	026 013
A♭ C G♭	E F G	026 013
C D G♭	A♭ E F	026 014
C D G♭	A♭ E G	026 014
C E G♭	A♭ D G	026 016
C E G♭	D F G	026 025
A♭ C G♭	D E G	026 025
A♭ C G♭	D F G	026 025
C E G♭	A♭ D F	026 036
C D G	E F G♭	027 012
C D G	A♭ F G♭	027 013
C D G	A♭ E F	027 014
C D G	A♭ E G♭	027 024
C F G	D E G♭	027 024
C F G	A♭ E G♭	027 024
C F G	A♭ D E	027 026
C F G	A♭ D G♭	027 026
C E G	A♭ F G♭	037 013
A♭ C F	E G G♭	037 013
C E G	D F G♭	037 014
A♭ C F	D G G♭	037 015
A♭ C F	D E G♭	037 024
A♭ C F	D E G	037 025
C E G	A♭ D G♭	037 026
C E G	A♭ D F	037 036
A♭ C E	F G G♭	048 012
A♭ C E	D F G♭	048 014
A♭ C E	D G G♭	048 015
A♭ C E	D F G	048 025

See page 166 for other 0,1,2,3,4,6,9 information

C, D♭, D, E♭, E, G♭, A

prime form: 0, 1, 2, 3, 4, 6, 9

degrees: 1, ♭2, 2, ♭3, 3, ♭5, 6

TriChords Pairs Derived from Normal Form

Trichord 1	Trichord 2	Prime forms
C D D♭	E E♭ G♭	012 013
C D D♭	A E E♭	012 016
C D D♭	A E G♭	012 025
D D♭ E♭	A E G♭	012 025
D D♭ E♭	C E G♭	012 026
C D D♭	A E♭ G♭	012 036
D D♭ E♭	A C G♭	012 036
D D♭ E♭	A C E	012 037
C D♭ E♭	D E G♭	013 024
C D♭ E♭	A E G♭	013 025
C D E♭	D♭ E G♭	013 025
C D E♭	A E G♭	013 025
C D♭ E♭	A D E	013 027
D D♭ E	C E♭ G♭	013 036
D D♭ E	A C E♭	013 036
D D♭ E	A C G♭	013 036
D D♭ E	A E♭ G♭	013 036
C D♭ E♭	A D G♭	013 037
C D E♭	A D♭ E	013 037
C D E♭	A D♭ G♭	013 037
A C D♭	D E E♭	014 012
A C D♭	E E♭ G♭	014 013
C D♭ E	D E♭ G♭	014 014
A C D♭	D E♭ G♭	014 014
C E E♭	D D♭ G♭	014 015
C E E♭	A D D♭	014 015
C D♭ E	A D E♭	014 016
A C D♭	D E G♭	014 024
C D♭ E	A E♭ G♭	014 036
C D♭ E	A D G♭	014 037
C E E♭	A D♭ G♭	014 037
C E E♭	A D G♭	014 037
D D♭ G♭	C E E♭	015 014
D D♭ G♭	A C E♭	015 036
C D♭ G♭	D E E♭	016 012
C D♭ G♭	A D E♭	016 016
C D♭ G♭	A E E♭	016 016
C D♭ G♭	A D E	016 027
C D E	D♭ E♭ G♭	024 025
C D E	A D♭ E♭	024 026
C D E	A E♭ G♭	024 036
C D E	A D♭ G♭	024 037
A C D	D♭ E E♭	025 013
A C D	E E♭ G♭	025 013
A C D	D♭ E♭ G♭	025 025
A C D	D♭ E G♭	025 025
C E G♭	D D♭ E♭	026 012
C D G♭	D♭ E E♭	026 013
C E G♭	A D D♭	026 015
C D G♭	A E E♭	026 016
C E G♭	A D E♭	026 016
C D G♭	A D♭ E♭	026 026
C E G♭	A D♭ E♭	026 026
C D G♭	A D♭ E	026 037
A C G♭	D D♭ E♭	036 012
A C G♭	D E E♭	036 012
C E♭ G♭	D D♭ E	036 013
A C E♭	D D♭ E	036 013
A C G♭	D D♭ E	036 013
A C G♭	D♭ E E♭	036 013
C E♭ G♭	A D D♭	036 015
A C E♭	D D♭ G♭	036 015
A C E♭	D E G♭	036 024
A C E♭	D♭ E G♭	036 025
C E♭ G♭	A D E	036 027
C E♭ G♭	A D♭ E	036 037
A C E	D D♭ E♭	037 012
A C E	D E♭ G♭	037 014
A C E	D D♭ G♭	037 015
A C E	D♭ E♭ G♭	037 025

TriChords Pairs Derived from Inversion

Trichord 1	Trichord 2	Prime forms
B B♭ C	A A♭ G♭	012 013
B B♭ C	A A♭ E♭	012 016
B B♭ C	A♭ E♭ G♭	012 025
B B♭ C	A E♭ G♭	012 036
A B C	A♭ B♭ G♭	013 024
A B♭ C	A♭ E♭ G♭	013 025
A B♭ C	A♭ B G♭	013 025
A B C	A♭ E♭ G♭	013 025
A B C	A♭ B♭ E♭	013 027
A B♭ C	B E♭ G♭	013 037
A B♭ C	A♭ B E♭	013 037
A B C	B♭ E♭ G♭	013 037
B C E♭	A A♭ B♭	014 012
B C E♭	A A♭ G♭	014 013
B C E♭	A B♭ G♭	014 014
A♭ B C	A B♭ G♭	014 014
A A♭ C	B B♭ E♭	014 015
A A♭ C	B B♭ G♭	014 015
A♭ B C	A B♭ E♭	014 016
B C E♭	A♭ B♭ G♭	014 024
A♭ B C	A E♭ G♭	014 036
A A♭ C	B♭ E♭ G♭	014 037
A A♭ C	B E♭ G♭	014 037
A♭ B C	B♭ E♭ G♭	014 037
B C G♭	A A♭ B♭	016 012
B C G♭	A A♭ E♭	016 016
B C G♭	A B♭ E♭	016 016
B C G♭	A♭ B♭ E♭	016 027
A♭ B♭ C	A B G♭	024 025
A♭ B♭ C	A B E♭	024 026
A♭ B♭ C	A E♭ G♭	024 036
A♭ B♭ C	B E♭ G♭	024 037
A♭ E♭ G♭	B B♭ C	025 012
A♭ E♭ G♭	A B B♭	025 012
B♭ C E♭	A A♭ G♭	025 013
B♭ C E♭	A A♭ B	025 013
A♭ E♭ G♭	A B♭ C	025 013

See page 166 for other
0,1,2,3,4,6,9 information

C, D♭, D, E♭, E, G♭, A Continued

prime form: 0, 1, 2, 3, 4, 6, 9

degrees: 1, ♭2, 2, ♭3, 3, ♭5, 6

A♭ E♭ G♭ A B C 025 013

B♭ C E♭ A♭ B G♭ 025 025
B♭ C E♭ A B G♭ 025 025

A♭ C G♭ A B B♭ 026 012

B♭ C G♭ A A♭ B 026 013

A♭ C G♭ B B♭ E♭ 026 015

A♭ C G♭ A B♭ E♭ 026 016
B♭ C G♭ A A♭ E♭ 026 016

A♭ C G♭ A B E♭ 026 026
B♭ C G♭ A B E♭ 026 026

B♭ C G♭ A♭ B E♭ 026 037

C E♭ G♭ A A♭ B♭ 036 012
C E♭ G♭ A B B♭ 036 012
A E♭ G♭ B B♭ C 036 012

C E♭ G♭ A A♭ B 036 013
C E♭ G♭ A♭ B B♭ 036 013
A C E♭ A♭ B B♭ 036 013
A C G♭ A♭ B B♭ 036 013
A E♭ G♭ A♭ B B♭ 036 013

A E♭ G♭ A♭ B C 036 014

A C E♭ B B♭ G♭ 036 015
A C G♭ B B♭ E♭ 036 015

A C E♭ A♭ B♭ G♭ 036 024
A E♭ G♭ A♭ B♭ C 036 024

A C E♭ A♭ B G♭ 036 025

A C G♭ A♭ B♭ E♭ 036 027

A C G♭ A♭ B E♭ 036 037

A♭ C E♭ A B B♭ 037 012

A♭ C E♭ A B♭ G♭ 037 014
B♭ E♭ G♭ A A♭ C 037 014
B♭ E♭ G♭ A♭ B C 037 014

A♭ C E♭ B B♭ G♭ 037 015

A♭ C E♭ A B G♭ 037 025

TriChords Pairs Derived from Retrograde Inversion

E♭ F G♭ A A♭ G 013 012

E♭ F G♭ A A♭ C 013 014

E♭ F G♭ A♭ C G 013 015

E♭ F G♭ A C G 013 025

A A♭ C F G G♭ 014 012

A A♭ C E♭ F G♭ 014 013

A A♭ C E♭ G G♭ 014 014

A A♭ C E♭ F G 014 024

A♭ C G E♭ F G♭ 015 013

A♭ C G A F G♭ 015 014

A♭ C G A E♭ F 015 026

A♭ C G A E♭ G♭ 015 036

C F G♭ A A♭ G 016 012

C G G♭ A A♭ F 016 014

C F G♭ A♭ E♭ G 016 015

C F G♭ A A♭ E♭ 016 016
C G G♭ A A♭ E♭ 016 016

C G G♭ A♭ E♭ F 016 025

C F G♭ A E♭ G 016 026
C G G♭ A E♭ F 016 026

E♭ F G A A♭ G♭ 024 013

E♭ F G A A♭ C 024 014

E♭ F G A♭ C G♭ 024 026

E♭ F G A C G♭ 024 036

C E♭ F A♭ G G♭ 025 012
C E♭ F A A♭ G 025 012

C E♭ F A G G♭ 025 013
C E♭ F A A♭ G♭ 025 013
A C G E♭ F G♭ 025 013
A C G A♭ F G♭ 025 013

A♭ E♭ F C G G♭ 025 016

A C G A♭ E♭ F 025 025
A C G A♭ E♭ G♭ 025 025

A♭ E♭ F A C G♭ 025 036

A♭ C G♭ E♭ F G 026 024
A♭ C G♭ A F G 026 024

A♭ C G♭ A E♭ F 026 026
A♭ C G♭ A E♭ G 026 026

C F G A A♭ G♭ 027 013

C F G A A♭ E♭ 027 016

C F G A♭ E♭ G♭ 027 025

C F G A E♭ G♭ 027 036

C E♭ G♭ A A♭ G 036 012
A C E♭ F G G♭ 036 012
A C E♭ A♭ G G♭ 036 012

C E♭ G♭ A♭ F G 036 013
A C E♭ A♭ F G♭ 036 013
A C E♭ A♭ F G 036 013
A C G♭ A♭ F G 036 013

C E♭ G♭ A A♭ F 036 014

A C G♭ A♭ E♭ G 036 015

C E♭ G♭ A F G 036 024
A C G♭ E♭ F G 036 024

A C G♭ A♭ E♭ F 036 025

A♭ C E♭ F G G♭ 037 012
A C F A♭ G G♭ 037 012

C E♭ G A♭ F G♭ 037 013
C E♭ G A A♭ G♭ 037 013
A♭ C E♭ A G G♭ 037 013
A♭ C F A G G♭ 037 013

C E♭ G A F G♭ 037 014
C E♭ G A A♭ F 037 014
A♭ C E♭ A F G♭ 037 014
A♭ C F E♭ G G♭ 037 014
A C F E♭ G G♭ 037 014

A C F A♭ E♭ G 037 015

A♭ C E♭ A F G 037 024

A C F A♭ E♭ G♭ 037 025

A♭ C F A E♭ G 037 026

A♭ C F A E♭ G♭ 037 036

See page 167 for other
0,1,2,3,4,7,8 information

C, D♭, D, E♭, E, G, A♭

prime form: 0, 1, 2, 3, 4, 7, 8
degrees: 1, ♭2, 2, ♭3, 3, 5, ♭6

TriChords Pairs Derived from Normal Form

C D D♭ E E♭ G 012 014
C D D♭ A♭ E G 012 014
D D♭ E♭ A♭ E G 012 014

C D D♭ A♭ E E♭ 012 015
C D D♭ A♭ E♭ G 012 015
D D♭ E♭ A♭ C G 012 015

D D♭ E♭ C E G 012 037

D D♭ E♭ A♭ C E 012 048

C D♭ E♭ A♭ E G 013 014
C D E♭ A♭ E G 013 014

D D♭ E A♭ C G 013 015
D D♭ E A♭ E♭ G 013 015

C D♭ E♭ A♭ D G 013 016
C D E♭ A♭ D♭ G 013 016

C D♭ E♭ D E G 013 025

C D♭ E♭ A♭ D E 013 026

C D E♭ D♭ E G 013 036

C D E♭ A♭ D♭ E 013 037
D D♭ E C E♭ G 013 037
D D♭ E A♭ C E♭ 013 037

C D♭ E D E♭ G 014 015
C D♭ E A♭ E♭ G 014 015

C D♭ E A♭ D E♭ 014 016
C D♭ E A♭ D G 014 016
C E E♭ D D♭ G 014 016
C E E♭ A♭ D D♭ 014 016
C E E♭ A♭ D♭ G 014 016
C E E♭ A♭ D G 014 016

A♭ C D♭ D E E♭ 015 012
A♭ C G D D♭ E♭ 015 012
A♭ C G D E E♭ 015 012

A♭ C G D D♭ E 015 013
A♭ C G D♭ E E♭ 015 013

A♭ C D♭ E E♭ G 015 014

A♭ C D♭ D E♭ G 015 015

A♭ C D♭ D E G 015 025

C D♭ G D E E♭ 016 012

D D♭ G C E E♭ 016 014

C D♭ G A♭ E E♭ 016 015

C D♭ G A♭ D E♭ 016 016

C D♭ G A♭ D E 016 026

D D♭ G A♭ C E♭ 016 037

C D E A♭ E♭ G 024 015

C D E A♭ D♭ G 024 016

C D E D♭ E♭ G 024 026

C D E A♭ D♭ E♭ 024 027

A♭ C D D♭ E E♭ 026 013

A♭ C D E E♭ G 026 014

A♭ C D D♭ E♭ G 026 026

A♭ C D D♭ E G 026 036

C D G D♭ E E♭ 027 013

C D G A♭ E E♭ 027 015

C D G A♭ D♭ E♭ 027 027

C D G A♭ D♭ E 027 037

C E G D D♭ E♭ 037 012

C E♭ G D D♭ E 037 013
A♭ C E♭ D D♭ E 037 013

C E♭ G A♭ D D♭ 037 016
A♭ C E♭ D D♭ G 037 016
C E G A♭ D D♭ 037 016
C E G A♭ D E♭ 037 016

A♭ C E♭ D E G 037 025

C E♭ G A♭ D E 037 026

C E G A♭ D♭ E♭ 037 027

A♭ C E♭ D♭ E G 037 036

C E♭ G A♭ D♭ E 037 037

A♭ C E D D♭ E♭ 048 012

A♭ C E D E♭ G 048 015

A♭ C E D D♭ G 048 016

A♭ C E D♭ E♭ G 048 026

TriChords Pairs Derived from Inversion

B B♭ C A♭ E F 012 014

B B♭ C A A♭ F 012 014

B B♭ C A E F 012 015
B B♭ C A A♭ E 012 015

A B♭ C A♭ E F 013 014
A B C A♭ E F 013 014

A B♭ C B E F 013 016
A B C B♭ E F 013 016

A B C A♭ B♭ F 013 025

A B C A♭ B♭ E 013 026

A B♭ C A♭ B F 013 036

A B♭ C A♭ B E 013 037

A♭ E F B B♭ C 014 012
A♭ E F A B B♭ 014 012

A♭ E F A B♭ C 014 013
A♭ E F A B C 014 013

A♭ B C A E F 014 015
A♭ B C A B♭ F 014 015

A A♭ C B♭ E F 014 016
A A♭ C B E F 014 016
A A♭ C B B♭ E 014 016
A A♭ C B B♭ F 014 016
A♭ B C B♭ E F 014 016
A♭ B C A B♭ E 014 016

C E F A A♭ B♭ 015 012
C E F A B B♭ 015 012
B C E A A♭ B♭ 015 012
A E F B B♭ C 015 012

C E F A A♭ B 015 013
C E F A♭ B B♭ 015 013
A E F A♭ B B♭ 015 013

B C E A A♭ F 015 014
A E F A♭ B C 015 014

B C E A B♭ F 015 015

A E F A♭ B♭ C 015 024

B C E A♭ B♭ F 015 025

B C F A A♭ B♭ 016 012

B♭ E F A A♭ C 016 014
B♭ E F A♭ B C 016 014

B C F A A♭ E 016 015

B C F A B♭ E 016 016

See page 167 for other 0,1,2,3,4,7,8 information

C, D♭, D, E♭, E, G, A♭ Continued

prime form: 0, 1, 2, 3, 4, 7, 8

degrees: 1, ♭2, 2, ♭3, 3, 5, ♭6

B C F	A♭ B♭ E	016 026
A♭ B♭ C	A E F	024 015
A♭ B♭ C	B E F	024 016
A♭ B♭ C	A B F	024 026
A♭ B♭ C	A B E	024 027
B♭ C E	A A♭ B	026 013
B♭ C E	A A♭ F	026 014
B♭ C E	A B F	026 026
B♭ C E	A♭ B F	026 036
B♭ C F	A A♭ B	027 013
B♭ C F	A A♭ E	027 015
B♭ C F	A B E	027 027
B♭ C F	A♭ B E	027 037
A♭ C F	A B B♭	037 012
A C E	A♭ B B♭	037 013
A C F	A♭ B B♭	037 013
A C E	B B♭ F	037 016
A♭ C F	A B♭ E	037 016
A♭ C F	B B♭ E	037 016
A C F	B B♭ E	037 016
A C E	A♭ B♭ F	037 025
A C F	A♭ B♭ E	037 026
A♭ C F	A B E	037 027
A C E	A♭ B F	037 036
A C F	A♭ B E	037 037
A♭ C E	A B B♭	048 012
A♭ C E	A B♭ F	048 015
A♭ C E	B B♭ F	048 016
A♭ C E	A B F	048 026

TriChords Pairs Derived from Retrograde Inversion

C D♭ E	F G G♭	014 012
C D♭ E	A♭ G G♭	014 012
D♭ E F	A♭ G G♭	014 012
C D♭ E	A♭ F G♭	014 013
C D♭ E	A♭ F G	014 013
D♭ E F	A♭ C G	014 015
D♭ E F	C G G♭	014 016
D♭ E F	A♭ C G♭	014 026
C D♭ F	A♭ G G♭	015 012
A♭ C D♭	E F G♭	015 012
A♭ C D♭	F G G♭	015 012
C E F	A♭ G G♭	015 012
A♭ C G	E F G♭	015 012
C D♭ F	E G G♭	015 013
A♭ C D♭	E F G	015 013
A♭ C D♭	E G G♭	015 013
C D♭ F	A♭ E G	015 014
A♭ C G	D♭ E F	015 014
A♭ C G	D♭ F G♭	015 015
C E F	D♭ G G♭	015 016
C E F	A♭ D♭ G	015 016
C D♭ F	A♭ E G♭	015 024
A♭ C G	D♭ E G♭	015 025
C E F	A♭ D♭ G♭	015 027
C D♭ G	E F G♭	016 012
C D♭ G♭	E F G	016 013
C D♭ G♭	A♭ F G	016 013
C D♭ G	A♭ F G♭	016 013
C D♭ G♭	A♭ E F	016 014
C D♭ G♭	A♭ E G	016 014
C D♭ G	A♭ E F	016 014
C F G♭	A♭ E G	016 014
C G G♭	D♭ E F	016 014
C G G♭	A♭ E F	016 014
C F G♭	A♭ D♭ G	016 016
C D♭ G	A♭ E G♭	016 024
C F G♭	D♭ E G	016 036
C F G♭	A♭ D♭ E	016 037
C G G♭	A♭ D♭ E	016 037
C G G♭	A♭ D♭ F	016 037
D♭ E G♭	A♭ F G	025 013
D♭ E G♭	A♭ C G	025 015
D♭ E G♭	C F G	025 027

D♭ E G♭	A♭ C F	025 037
C E G♭	A♭ F G	026 013
A♭ C G♭	E F G	026 013
A♭ C G♭	D♭ E F	026 014
C E G♭	A♭ D♭ G	026 016
C E G♭	D♭ F G	026 026
A♭ C G♭	D♭ F G	026 026
A♭ C G♭	D♭ E G	026 036
C E G♭	A♭ D♭ F	026 037
C F G	A♭ E G♭	027 024
C F G	D♭ E G♭	027 025
C F G	A♭ D♭ G♭	027 027
C F G	A♭ D♭ E	027 037
D♭ E G	C F G♭	036 016
D♭ E G	A♭ C F	036 037
C E G	A♭ F G♭	037 013
A♭ C F	E G G♭	037 013
C E G	D♭ F G♭	037 015
A♭ C F	D♭ G G♭	037 016
A♭ C F	D♭ E G♭	037 025
C E G	A♭ D♭ G♭	037 027
A♭ C F	D♭ E G	037 036
C E G	A♭ D♭ F	037 037
A♭ C E	F G G♭	048 012
A♭ C E	D♭ F G♭	048 015
A♭ C E	D♭ G G♭	048 016
A♭ C E	D♭ F G	048 026

C, D♭, D, E♭, F, G♭, G

prime form: 0, 1, 2, 3, 5, 6, 7

degrees: 1, ♭2, 2, ♭3, 4, ♭5, 5

See page 169 for other 0,1,2,3,5,6,7 information

TriChords Pairs Derived from Normal Form

C D D♭   F G G♭   012 012
D D♭ E♭   F G G♭   012 012

C D D♭   E♭ F G♭   012 013

C D D♭   E♭ G G♭   012 014

D D♭ E♭   C F G♭   012 016
D D♭ E♭   C G G♭   012 016

C D D♭   E♭ F G   012 024

D D♭ E♭   C F G   012 027

C D♭ E♭   F G G♭   013 012
C D E♭   F G G♭   013 012

C D♭ E♭   D F G♭   013 014

C D♭ E♭   D G G♭   013 015
C D E♭   D♭ F G♭   013 015

C D E♭   D♭ G G♭   013 016

C D♭ E♭   D F G   013 025

C D E♭   D♭ F G   013 026

D D♭ F   E♭ G G♭   014 014

D D♭ F   C G G♭   014 016

D D♭ F   C E♭ G♭   014 036

D D♭ F   C E♭ G   014 037

C D♭ F   D E♭ G♭   015 014
C D♭ F   E♭ G G♭   015 014

C D♭ F   D E♭ G   015 015
C D♭ F   D G G♭   015 015

D D♭ G♭   C E♭ F   015 025

D D♭ G♭   C E♭ G   015 037

C F G♭   D D♭ E♭   016 012
C G G♭   D D♭ E♭   016 012

C D♭ G♭   D E♭ F   016 013
C D♭ G   D E♭ F   016 013
C D♭ G   E♭ F G♭   016 013
C G G♭   D E♭ F   016 013

C D♭ G   D E♭ G♭   016 014
C D♭ G   D F G♭   016 014
C G G♭   D D♭ F   016 014

C D♭ G♭   D E♭ G   016 015

C F G♭   D E♭ G   016 015

C F G♭   D D♭ G   016 016

C D♭ G♭   E♭ F G   016 024
C G G♭   D♭ E♭ F   016 024

C D♭ G♭   D F G   016 025

C F G♭   D♭ E♭ G   016 026

C D F   E♭ G G♭   025 014

C E♭ F   D D♭ G♭   025 015
C E♭ F   D G G♭   025 015

C D F   D♭ G G♭   025 016
C E♭ F   D D♭ G   025 016
C E♭ F   D♭ G G♭   025 016

C D F   D♭ E♭ G♭   025 025

C D F   D♭ E♭ G   025 026

C D G♭   D♭ E♭ F   026 024
C D G♭   E♭ F G   026 024

C D G♭   D♭ E♭ G   026 026
C D G♭   D♭ F G   026 026

C F G   D D♭ E♭   027 012

C D G   E♭ F G♭   027 013

C F G   D E♭ G♭   027 014

C D G   D♭ F G♭   027 015
C F G   D D♭ G♭   027 015

C D G   D♭ E♭ F   027 024

C D G   D♭ E♭ G♭   027 025
C F G   D♭ E♭ G♭   027 025

C E♭ G♭   D D♭ F   036 014

C E♭ G♭   D D♭ G   036 016

C E♭ G♭   D F G   036 025

C E♭ G♭   D♭ F G   036 026

C E♭ G   D D♭ F   037 014
C E♭ G   D F G♭   037 014

C E♭ G   D D♭ G♭   037 015
C E♭ G   D♭ F G♭   037 015

TriChords Pairs Derived from Inversion

B B♭ C   F G G♭   012 012

F G G♭   B B♭ C   012 012
F G G♭   A B B♭   012 012

B B♭ C   A G G♭   012 013
F G G♭   A B♭ C   012 013
F G G♭   A B C   012 013

B B♭ C   A F G♭   012 014

B B♭ C   A F G   012 024

A B♭ C   F G G♭   013 012
A B C   F G G♭   013 012

A B C   B♭ G G♭   013 014

A B♭ C   B G G♭   013 015
A B C   B♭ F G♭   013 015

A B♭ C   B F G♭   013 016

A B C   B♭ F G   013 025

A B♭ C   B F G   013 026

A F G♭   B B♭ C   014 012

A F G♭   B B♭ G   014 014

A F G♭   B C G   014 015

A F G♭   B♭ C G   014 025

B C G   A F G♭   015 014
B C G   A B♭ G♭   015 014

B C G   B♭ F G♭   015 015
B C G   A B♭ F   015 015
B♭ F G♭   B C G   015 015

B♭ F G♭   A C G   015 025

C F G♭   A B B♭   016 012
C G G♭   A B B♭   016 012

C F G♭   A B♭ G   016 013
B C F   A G G♭   016 013
B C F   A B♭ G   016 013
B C G♭   A B♭ G   016 013

C F G♭   B B♭ G   016 014
B C F   B♭ G G♭   016 014
B C F   A B♭ G♭   016 014

C G G♭   A B♭ F   016 015
B C G♭   A B♭ F   016 015

C G G♭   B B♭ F   016 016

C F G♭   A B G   016 024
B C G♭   A F G   016 024

See page 169 for other 0,1,2,3,5,6,7 information

C, D♭, D, E♭, F, G♭, G Continued

prime form: 0, 1, 2, 3, 5, 6, 7
degrees: 1, ♭2, 2, ♭3, 4, ♭5, 5

B C G♭ B♭ F G 016 025

C G G♭ A B F 016 026

B♭ C G A F G♭ 025 014

A C G B♭ F G♭ 025 015
A C G B B♭ G♭ 025 015

A C G B F G♭ 025 016
A C G B B♭ F 025 016
B♭ C G B F G♭ 025 016

B♭ C G A B G♭ 025 025

B♭ C G A B F 025 026

B♭ C G♭ A F G 026 024
B♭ C G♭ A B G 026 024

B♭ C G♭ B F G 026 026
B♭ C G♭ A B F 026 026

C F G A B B♭ 027 012

B♭ C F A G G♭ 027 013

C F G A B♭ G♭ 027 014

C F G B B♭ G♭ 027 015
B♭ C F B G G♭ 027 015

B♭ C F A B G 027 024

C F G A B G♭ 027 025
B♭ C F A B G♭ 027 025

A C G♭ B B♭ G 036 014

A C G♭ B B♭ F 036 016

A C G♭ B♭ F G 036 025

A C G♭ B F G 036 026

A C F B♭ G G♭ 037 014
A C F B B♭ G 037 014

A C F B G G♭ 037 015
A C F B B♭ G♭ 037 015

TriChords Pairs Derived from Retrograde Inversion

C D D♭ E F G♭ 012 012
C D D♭ F G G♭ 012 012

C D D♭ E F G 012 013
C D D♭ E G G♭ 012 013

D D♭ E F G G♭ 013 012

D D♭ E C F G♭ 013 016
D D♭ E C G G♭ 013 016

D D♭ E C F G 013 027

C D♭ E F G G♭ 014 012

D D♭ F E G G♭ 014 013

C D♭ E D F G♭ 014 014

C D♭ E D G G♭ 014 015

D D♭ F C G G♭ 014 016

C D♭ E D F G 014 025

D D♭ F C E G♭ 014 026

D D♭ F C E G 014 037

C D♭ F E G G♭ 015 013

C D♭ F D G G♭ 015 015
C E F D D♭ G♭ 015 015
C E F D G G♭ 015 015
D D♭ G♭ C E F 015 015

C E F D D♭ G 015 016
C E F D♭ G G♭ 015 016

C D♭ F D E G♭ 015 024

C D♭ F D E G 015 025

D D♭ G♭ C E G 015 037

C D♭ G E F G♭ 016 012

C D♭ G♭ D E F 016 013
C D♭ G♭ E F G 016 013
C D♭ G D E F 016 013
C F G♭ D D♭ E 016 013
C G G♭ D D♭ E 016 013
C G G♭ D E F 016 013

C D♭ G D F G♭ 016 014
C G G♭ D D♭ F 016 014
C G G♭ D♭ E F 016 014

C F G♭ D D♭ G 016 016

C D♭ G D E G♭ 016 024

C D♭ G♭ D E G 016 025
C D♭ G♭ D F G 016 025
C F G♭ D E G 016 025

C F G♭ D♭ E G 016 036

C D E F G G♭ 024 012

C D E D♭ F G♭ 024 015

C D E D♭ G G♭ 024 016

C D E D♭ F G 024 026

C D F E G G♭ 025 013

C D F D♭ G G♭ 025 016

C D F D♭ E G♭ 025 025

C D F D♭ E G 025 036

C D G♭ E F G 026 013

C D G♭ D♭ E F 026 014
C E G♭ D D♭ F 026 014

C E G♭ D D♭ G 026 016

C E G♭ D F G 026 025

C D G♭ D♭ F G 026 026
C E G♭ D♭ F G 026 026

C D G♭ D♭ E G 026 036

C D G E F G♭ 027 012

C F G D D♭ E 027 013

C D G D♭ E F 027 014

C D G D♭ F G♭ 027 015
C F G D D♭ G♭ 027 015

C F G D E G♭ 027 024

C D G D♭ E G♭ 027 025
C F G D♭ E G♭ 027 025

C E G D D♭ F 037 014
C E G D F G♭ 037 014

C E G D D♭ G♭ 037 015
C E G D♭ F G♭ 037 015

See page 170 for other
0,1,2,3,5,6,8 information

C, D♭, D, E♭, F, G♭, A♭

prime form: 0, 1, 2, 3, 5, 6, 8

degrees: 1, ♭2, 2, ♭3, 4, ♭5, ♭6

TriChords Pairs Derived from Normal Form

C D D♭ E♭ F G♭ 012 013
C D D♭ A♭ F G♭ 012 013
D D♭ E♭ A♭ F G♭ 012 013

D D♭ E♭ C F G♭ 012 016

C D D♭ A♭ E♭ F 012 025
C D D♭ A♭ E♭ G♭ 012 025

D D♭ E♭ A♭ C G♭ 012 026

D D♭ E♭ A♭ C F 012 037

C D♭ E♭ A♭ F G♭ 013 013
C D E♭ A♭ F G♭ 013 013

C D♭ E♭ D F G♭ 013 014

C D E♭ D♭ F G♭ 013 015

C D♭ E♭ A♭ D G♭ 013 026

C D E♭ A♭ D♭ G♭ 013 027

C D♭ E♭ A♭ D F 013 036

C D E♭ A♭ D♭ F 013 037

D D♭ F A♭ E♭ G♭ 014 025

D D♭ F A♭ C G♭ 014 026

D D♭ F C E♭ G♭ 014 036

D D♭ F A♭ C E♭ 014 037

A♭ C D♭ D E♭ F 015 013
A♭ C D♭ E♭ F G♭ 015 013

C D♭ F D E♭ G♭ 015 014
A♭ C D♭ D E♭ G♭ 015 014
A♭ C D♭ D F G♭ 015 014

C D♭ F A♭ D E♭ 015 016

C D♭ F A♭ E♭ G♭ 015 025
D D♭ G♭ C E♭ F 015 025

C D♭ F A♭ D G♭ 015 026

D D♭ G♭ A♭ C E♭ 015 037

C F G♭ D D♭ E♭ 016 012

C D♭ G♭ D E♭ F 016 013

C D♭ G♭ A♭ D E♭ 016 016
C F G♭ A♭ D D♭ 016 016

C F G♭ A♭ D E♭ 016 016

C D♭ G♭ A♭ E♭ F 016 025

C F G♭ A♭ D♭ E♭ 016 027

C D♭ G♭ A♭ D F 016 036

C E♭ F D D♭ G♭ 025 015

C E♭ F A♭ D D♭ 025 016

C D F D♭ E♭ G♭ 025 025
C D F A♭ E♭ G♭ 025 025

C E♭ F A♭ D G♭ 025 026

C D F A♭ D♭ E♭ 025 027
C D F A♭ D♭ G♭ 025 027
C E♭ F A♭ D♭ G♭ 025 027

A♭ C G♭ D D♭ E♭ 026 012

A♭ C D E♭ F G♭ 026 013
A♭ C G♭ D E♭ F 026 013

A♭ C G♭ D D♭ F 026 014

A♭ C D D♭ F G♭ 026 015

C D G♭ D♭ E♭ F 026 024
A♭ C D D♭ E♭ F 026 024
A♭ C G♭ D♭ E♭ F 026 024

C D G♭ A♭ E♭ F 026 025
A♭ C D D♭ E♭ G♭ 026 025

C D G♭ A♭ D♭ E♭ 026 027

C D G♭ A♭ D♭ F 026 037

C E♭ G♭ D D♭ F 036 014

C E♭ G♭ A♭ D D♭ 036 016

C E♭ G♭ A♭ D F 036 036

C E♭ G♭ A♭ D♭ F 036 037

A♭ C F D D♭ E♭ 037 012

A♭ C E♭ D D♭ F 037 014
A♭ C E♭ D F G♭ 037 014
A♭ C F D E♭ G♭ 037 014

A♭ C E♭ D D♭ G♭ 037 015
A♭ C E♭ D♭ F G♭ 037 015
A♭ C F D D♭ G♭ 037 015

A♭ C F D♭ E♭ G♭ 037 025

TriChords Pairs Derived from Inversion

B B♭ C E G G♭ 012 013
B B♭ C A G G♭ 012 013

B B♭ C A E G♭ 012 025
B B♭ C A E G 012 025

E G G♭ B B♭ C 013 012
E G G♭ A B B♭ 013 012

A B♭ C E G G♭ 013 013
A B C E G G♭ 013 013
E G G♭ A B♭ C 013 013
E G G♭ A B C 013 013

A B C B♭ G G♭ 013 014

A B♭ C B G G♭ 013 015

A B C B♭ E G♭ 013 026

A B♭ C B E G♭ 013 027

A B C B♭ E G 013 036

A B♭ C B E G 013 037

B C E A G G♭ 015 013
B C E A B♭ G 015 013

B C E B♭ G G♭ 015 014
B C E A B♭ G♭ 015 014
B C G A B♭ G♭ 015 014

B C G A B♭ E 015 016

B C G A E G♭ 015 025

B C G B♭ E G♭ 015 026

C G G♭ A B B♭ 016 012

B C G♭ A B♭ G 016 013

C G G♭ A B♭ E 016 016
C G G♭ B B♭ E 016 016
B C G♭ A B♭ E 016 016

B C G♭ A E G 016 025

C G G♭ A B E 016 027

B C G♭ B♭ E G 016 036

A E G♭ B B♭ C 025 012

A E G♭ B B♭ G 025 014

A C G B B♭ G♭ 025 015
A E G♭ B C G 025 015

See page 170 for other
0,1,2,3,5,6,8 information

C, D♭, D, E♭, F, G♭, A♭ Continued

prime form: 0, 1, 2, 3, 5, 6, 8
degrees: 1, ♭2, 2, ♭3, 4, ♭5, ♭6

A C G   B B♭ E   025 016

B♭ C G   A E G♭   025 025
B♭ C G   A B G♭   025 025
A E G♭   B♭ C G   025 025

A C G   B♭ E G♭   025 026

A C G   B E G♭   025 027
B♭ C G   B E G♭   025 027
B♭ C G   A B E   025 027

C E G♭   A B B♭   026 012

C E G♭   A B♭ G   026 013
B♭ C E   A G G♭   026 013

C E G♭   B B♭ G   026 014

B♭ C E   B G G♭   026 015
B♭ E G♭   B C G   026 015

C E G♭   A B G   026 024
B♭ C E   A B G   026 024
B♭ C G♭   A B G   026 024

B♭ C E   A B G♭   026 025
B♭ C G♭   A E G   026 025
B♭ E G♭   A C G   026 025

B♭ C G♭   A B E   026 027

B♭ C G♭   B E G   026 037

A C G♭   B B♭ G   036 014

A C G♭   B B♭ E   036 016

A C G♭   B♭ E G   036 036

A C G♭   B E G   036 037

C E G   A B B♭   037 012

C E G   A B♭ G♭   037 014
A C E   B♭ G G♭   037 014
A C E   B B♭ G   037 014

C E G   B B♭ G♭   037 015
A C E   B G G♭   037 015
A C E   B B♭ G♭   037 015

C E G   A B G♭   037 025

TriChords Pairs Derived from Retrograde Inversion

C D E♭   F G G♭   013 012
C D E♭   A♭ G G♭   013 012
D E♭ F   A♭ G G♭   013 012

C D E♭   A♭ F G♭   013 013
C D E♭   A♭ F G   013 013

D E♭ F   A♭ C G   013 015

D E♭ F   C G G♭   013 016

D E♭ F   A♭ C G♭   013 026

D E♭ G♭   A♭ F G   014 013

D E♭ G♭   A♭ C G   014 015

D E♭ G♭   C F G   014 027

D E♭ G♭   A♭ C F   014 037

A♭ C G   D E♭ F   015 013
A♭ C G   E♭ F G♭   015 013

A♭ C G   D E♭ G♭   015 014
A♭ C G   D F G♭   015 014

D E♭ G   C F G♭   015 016

D E♭ G   A♭ C F   015 037

C G G♭   D E♭ F   016 013

C F G♭   D E♭ G   016 015
C F G♭   A♭ E♭ G   016 015

C F G♭   A♭ D E♭   016 016
C F G♭   A♭ D G   016 016
C G G♭   A♭ D E♭   016 016

C G G♭   A♭ E♭ F   016 025

C G G♭   A♭ D F   016 036

C D F   A♭ G G♭   025 012
C E♭ F   A♭ G G♭   025 012

C D F   E♭ G G♭   025 014

C D F   A♭ E♭ G   025 015
C E♭ F   D G G♭   025 015

C E♭ F   A♭ D G   025 016

C D F   A♭ E♭ G♭   025 025

C E♭ F   A♭ D G♭   025 026

A♭ C D   F G G♭   026 012

C D G♭   A♭ F G   026 013
A♭ C D   E♭ F G♭   026 013
A♭ C G♭   D E♭ F   026 013

A♭ C D   E♭ G G♭   026 014

C D G♭   A♭ E♭ G   026 015
A♭ C G♭   D E♭ G   026 015

C D G♭   E♭ F G   026 024
A♭ C D   E♭ F G   026 024
A♭ C G♭   E♭ F G   026 024

C D G♭   A♭ E♭ F   026 025
A♭ C G♭   D F G   026 025

C D G   E♭ F G♭   027 013
C D G   A♭ F G♭   027 013

C F G   D E♭ G♭   027 014

C F G   A♭ D E♭   027 016

C D G   A♭ E♭ F   027 025
C D G   A♭ E♭ G♭   027 025
C F G   A♭ E♭ G♭   027 025

C F G   A♭ D G♭   027 026

C E♭ G♭   A♭ F G   036 013

C E♭ G♭   A♭ D G   036 016

C E♭ G♭   D F G   036 025

C E♭ G♭   A♭ D F   036 036

A♭ C E♭   F G G♭   037 012

C E♭ G   A♭ F G♭   037 013

C E♭ G   D F G♭   037 014
A♭ C E♭   D F G♭   037 014
A♭ C F   D E♭ G♭   037 014
A♭ C F   E♭ G G♭   037 014

A♭ C E♭   D G G♭   037 015
A♭ C F   D E♭ G   037 015
A♭ C F   D G G♭   037 015

A♭ C E♭   D F G   037 025

C E♭ G   A♭ D G♭   037 026

C E♭ G   A♭ D F   037 036

See page 171 for other 0,1,2,3,5,6,9 information

C, D♭, D, E♭, F, G♭, A

prime form: 0, 1, 2, 3, 5, 6, 9
degrees: 1, ♭2, 2, ♭3, 4, ♭5, 6

TriChords Pairs Derived from Normal Form

C D D♭ E♭ F G♭ 012 013

C D D♭ A F G♭ 012 014
D D♭ E♭ A F G♭ 012 014

D D♭ E♭ C F G♭ 012 016

C D D♭ A E♭ F 012 026

C D D♭ A E♭ G♭ 012 036
D D♭ E♭ A C G♭ 012 036

D D♭ E♭ A C F 012 037

C D♭ E♭ D F G♭ 013 014
C D♭ E♭ A F G♭ 013 014
C D E♭ A F G♭ 013 014

C D E♭ D♭ F G♭ 013 015

C D♭ E♭ A D F 013 037
C D♭ E♭ A D G♭ 013 037
C D E♭ A D♭ G♭ 013 037

C D E♭ A D♭ F 013 048

A C D♭ D E♭ F 014 013
A C D♭ E♭ F G♭ 014 013

A C D♭ D E♭ G♭ 014 014
A C D♭ D F G♭ 014 014

D D♭ F C E♭ G♭ 014 036
D D♭ F A C E♭ 014 036
D D♭ F A C G♭ 014 036
D D♭ F A E♭ G♭ 014 036

C D♭ F D E♭ G♭ 015 014

C D♭ F A D E♭ 015 016

D D♭ G♭ C E♭ F 015 025

C D♭ F A E♭ G♭ 015 036
D D♭ G♭ A C E♭ 015 036

C D♭ F A D G♭ 015 037

C F G♭ D D♭ E♭ 016 012

C D♭ G♭ D E♭ F 016 013

C F G♭ A D D♭ 016 015

C D♭ G♭ A D E♭ 016 016
C F G♭ A D E♭ 016 016

C D♭ G♭ A E♭ F 016 026

C F G♭ A D♭ E♭ 016 026

C D♭ G♭ A D F 016 037

A C D E♭ F G♭ 025 013

A C D D♭ F G♭ 025 015
C E♭ F D D♭ G♭ 025 015
C E♭ F A D D♭ 025 015

A C D D♭ E♭ F 025 024

C D F D♭ E♭ G♭ 025 025
A C D D♭ E♭ G♭ 025 025

C D F A D♭ E♭ 025 026

C D F A E♭ G♭ 025 036

C D F A D♭ G♭ 025 037
C E♭ F A D♭ G♭ 025 037
C E♭ F A D G♭ 025 037

C D G♭ D♭ E♭ F 026 024

C D G♭ A D♭ E♭ 026 026
C D G♭ A E♭ F 026 026

C D G♭ A D♭ F 026 048

A C G♭ D D♭ E♭ 036 012

A C G♭ D E♭ F 036 013

C E♭ G♭ D D♭ F 036 014
A C E♭ D D♭ F 036 014
A C E♭ D F G♭ 036 014
A C G♭ D D♭ F 036 014

C E♭ G♭ A D D♭ 036 015
A C E♭ D D♭ G♭ 036 015
A C E♭ D♭ F G♭ 036 015

A C G♭ D♭ E♭ F 036 024

C E♭ G♭ A D F 036 037

C E♭ G♭ A D♭ F 036 048

A C F D D♭ E♭ 037 012

A C F D E♭ G♭ 037 014

A C F D D♭ G♭ 037 015

A C F D♭ E♭ G♭ 037 025

TriChords Pairs Derived from Inversion

B B♭ C A G G♭ 012 013

B B♭ C E♭ G G♭ 012 014

B B♭ C A E♭ G 012 026

B B♭ C A E♭ G♭ 012 036

A B♭ C E♭ G G♭ 013 014
A B C E♭ G G♭ 013 014
A B C B♭ G G♭ 013 014

A B♭ C B G G♭ 013 015

A B♭ C B E♭ G♭ 013 037
A B C B♭ E♭ G♭ 013 037
A B C B♭ E♭ G 013 037

A B♭ C B E♭ G 013 048

E♭ G G♭ B B♭ C 014 012
E♭ G G♭ A B B♭ 014 012

B C E♭ A G G♭ 014 013
B C E♭ A B♭ G 014 013
E♭ G G♭ A B♭ C 014 013
E♭ G G♭ A B C 014 013

B C E♭ B♭ G G♭ 014 014
B C E♭ A B♭ G♭ 014 014

B C G A B♭ G♭ 015 014

B C G A B♭ E♭ 015 016

B C G A E♭ G♭ 015 036

B C G B♭ E♭ G♭ 015 037

C G G♭ A B B♭ 016 012

B C G♭ A B♭ G 016 013

C G G♭ B B♭ E♭ 016 015

C G G♭ A B♭ E♭ 016 016
B C G♭ A B♭ E♭ 016 016

C G G♭ A B E♭ 016 026
B C G♭ A E♭ G 016 026

B C G♭ B♭ E♭ G 016 037

B♭ C E♭ A G G♭ 025 013

B♭ C E♭ B G G♭ 025 015
A C G B B♭ E♭ 025 015
A C G B B♭ G♭ 025 015

B♭ C E♭ A B G 025 024

B♭ C E♭ A B G♭ 025 025

See page 171 for other
0,1,2,3,5,6,9 information

C, D♭, D, E♭, F, G♭, A Continued

prime form: 0, 1, 2, 3, 5, 6, 9

degrees: 1, ♭2, 2, ♭3, 4, ♭5, 6

B♭ C G	A B G♭	025 025
B♭ C G	A B E♭	025 026
B♭ C G	A E♭ G♭	025 036
A C G	B♭ E♭ G♭	025 037
A C G	B E♭ G♭	025 037
B♭ C G	B E♭ G♭	025 037
B♭ C G♭	A B G	026 024
B♭ C G♭	A E♭ G	026 026
B♭ C G♭	A B E♭	026 026
B♭ C G♭	B E♭ G	026 048
C E♭ G♭	A B B♭	036 012
A E♭ G♭	B B♭ C	036 012
C E♭ G♭	A B♭ G	036 013
C E♭ G♭	B B♭ G	036 014
A C E♭	B♭ G G♭	036 014
A C E♭	B B♭ G	036 014
A C G♭	B B♭ G	036 014
A E♭ G♭	B B♭ G	036 014
A C E♭	B G G♭	036 015
A C E♭	B B♭ G♭	036 015
A C G♭	B B♭ E♭	036 015
A E♭ G♭	B C G	036 015
C E♭ G♭	A B G	036 024
A E♭ G♭	B♭ C G	036 025
A C G♭	B♭ E♭ G	036 037
A C G♭	B E♭ G	036 048
C E♭ G	A B B♭	037 012
C E♭ G	A B♭ G♭	037 014
C E♭ G	B B♭ G♭	037 015
B♭ E♭ G♭	B C G	037 015
C E♭ G	A B G♭	037 025
B♭ E♭ G♭	A C G	037 025

TriChords Pairs Derived from Retrograde Inversion

E E♭ G♭	A A♭ G	013 012
E E♭ G♭	A A♭ C	013 014
E E♭ G♭	A♭ C G	013 015
E E♭ G♭	A C G	013 025
C E E♭	A♭ G G♭	014 012
C E E♭	A A♭ G	014 012
C E E♭	A G G♭	014 013
C E E♭	A A♭ G♭	014 013
A A♭ C	E E♭ G♭	014 013
A A♭ C	E G G♭	014 013
E E♭ G	A A♭ G♭	014 013
A A♭ C	E E♭ G	014 014
A A♭ C	E♭ G G♭	014 014
E E♭ G	A A♭ C	014 014
E E♭ G	A♭ C G♭	014 026
E E♭ G	A C G♭	014 036
A♭ C G	E E♭ G♭	015 013
A♭ C G	A E E♭	015 016
A♭ E E♭	C G G♭	015 016
A♭ C G	A E G♭	015 025
A♭ C G	A E♭ G♭	015 036
A♭ E E♭	A C G♭	015 036
C G G♭	A♭ E E♭	016 015
C G G♭	A A♭ E	016 015
C G G♭	A E E♭	016 016
C G G♭	A A♭ E♭	016 016
A C G	E E♭ G♭	025 013
A C G	A♭ E E♭	025 015
A C G	A♭ E G♭	025 024
A C G	A♭ E♭ G♭	025 025
C E G♭	A A♭ G	026 012
A♭ C G♭	E E♭ G	026 014
C E G♭	A♭ E♭ G	026 015
C E G♭	A A♭ E♭	026 016
A♭ C G♭	A E E♭	026 016
A♭ C G♭	A E G	026 025
C E G♭	A E♭ G	026 026
A♭ C G♭	A E♭ G	026 026
C E♭ G♭	A A♭ G	036 012
A C E♭	A♭ G G♭	036 012

A C E♭	E G G♭	036 013
C E♭ G♭	A♭ E G.	036 014
A C E♭	A♭ E G	036 014
A C G♭	E E♭ G	036 014
A C G♭	A♭ E G	036 014
C E♭ G♭	A A♭ E	036 015
A C G♭	A♭ E E♭	036 015
A C G♭	A♭ E♭ G	036 015
A C E♭	A♭ E G♭	036 024
C E♭ G♭	A E G	036 025
A C E	A♭ G G♭	037 012
C E♭ G	A A♭ G♭	037 013
A♭ C E♭	E G G♭	037 013
A♭ C E♭	A G G♭	037 013
C E G	A A♭ G♭	037 013
A C E	E♭ G G♭	037 014
C E♭ G	A A♭ E	037 015
A C E	A♭ E♭ G	037 015
C E G	A A♭ E♭	037 016
C E♭ G	A♭ E G♭	037 024
C E♭ G	A E G♭	037 025
A♭ C E♭	A E G♭	037 025
A♭ C E♭	A E G	037 025
C E G	A♭ E♭ G♭	037 025
A C E	A♭ E♭ G♭	037 025
C E G	A E♭ G♭	037 036
A♭ C E	A G G♭	048 013
A♭ C E	E♭ G G♭	048 014
A♭ C E	A E♭ G	048 026
A♭ C E	A E♭ G♭	048 036

See page 172 for other
0,1,2,3,5,7,8 information

C, D♭, D, E♭, F, G, A♭

prime form: 0, 1, 2, 3, 5, 7, 8
degrees: 1, ♭2, 2, ♭3, 4, 5, ♭6

TriChords Pairs Derived from Normal Form

C D D♭	A♭ F G	012 013
D D♭ E♭	A♭ F G	012 013
C D D♭	A♭ E♭ G	012 015
D D♭ E♭	A♭ C G	012 015
C D D♭	E♭ F G	012 024
C D D♭	A♭ E♭ F	012 025
D D♭ E♭	C F G	012 027
D D♭ E♭	A♭ C F	012 037
C D♭ E♭	A♭ F G	013 013
C D E♭	A♭ F G	013 013
C D♭ E♭	A♭ D G	013 016
C D E♭	A♭ D♭ G	013 016
C D♭ E♭	D F G	013 025
C D E♭	D♭ F G	013 026
C D♭ E♭	A♭ D F	013 036
C D E♭	A♭ D♭ F	013 037
D D♭ F	A♭ C G	014 015
D D♭ F	A♭ E♭ G	014 015
D D♭ F	C E♭ G	014 037
D D♭ F	A♭ C E♭	014 037
A♭ C G	D D♭ E♭	015 012
A♭ C D♭	D E♭ F	015 013
A♭ C G	D E♭ F	015 013
A♭ C G	D D♭ F	015 014
C D♭ F	D E♭ G	015 015
C D♭ F	A♭ E♭ G	015 015
A♭ C D♭	D E♭ G	015 015
C D♭ F	A♭ D E♭	015 016
C D♭ F	A♭ D G	015 016
A♭ C D♭	E♭ F G	015 024
A♭ C G	D♭ E♭ F	015 024
A♭ C D♭	D F G	015 025
C D♭ G	D E♭ F	016 013
C D♭ G	A♭ D E♭	016 016
C D♭ G	A♭ E♭ F	016 025
D D♭ G	C E♭ F	016 025
C D♭ G	A♭ D F	016 036
D D♭ G	A♭ C E♭	016 037
C D F	A♭ E♭ G	025 015
C D F	A♭ D♭ G	025 016
C E♭ F	D D♭ G	025 016
C E♭ F	A♭ D D♭	025 016
C E♭ F	A♭ D♭ G	025 016
C E♭ F	A♭ D G	025 016
C D F	D♭ E♭ G	025 026
C D F	A♭ D♭ E♭	025 027
A♭ C D	D♭ E♭ F	026 024
A♭ C D	E♭ F G	026 024
A♭ C D	D♭ E♭ G	026 026
A♭ C D	D♭ F G	026 026
C F G	D D♭ E♭	027 012
C F G	A♭ D D♭	027 016
C F G	A♭ D E♭	027 016
C D G	D♭ E♭ F	027 024
C D G	A♭ E♭ F	027 025
C D G	A♭ D♭ E♭	027 027
C F G	A♭ D♭ E♭	027 027
C D G	A♭ D♭ F	027 037
A♭ C F	D D♭ E♭	037 012
C E♭ G	D D♭ F	037 014
A♭ C E♭	D D♭ F	037 014
A♭ C F	D E♭ G	037 015
C E♭ G	A♭ D D♭	037 016
A♭ C E♭	D D♭ G	037 016
A♭ C F	D D♭ G	037 016
A♭ C E♭	D F G	037 025
A♭ C E♭	D♭ F G	037 026
A♭ C F	D♭ E♭ G	037 026
C E♭ G	A♭ D F	037 036
C E♭ G	A♭ D♭ F	037 037

TriChords Pairs Derived from Inversion

B B♭ C	E F G	012 013
B B♭ C	A E F	012 015
B B♭ C	A F G	012 024
B B♭ C	A E G	012 025
E F G	B B♭ C	013 012
E F G	A B B♭	013 012
A B♭ C	E F G	013 013
A B C	E F G	013 013
E F G	A B♭ C	013 013
E F G	A B C	013 013
A B♭ C	B E F	013 016
A B C	B♭ E F	013 016
A B C	B♭ F G	013 025
A B♭ C	B F G	013 026
A B C	B♭ E G	013 036
A B♭ C	B E G	013 037
C E F	A B B♭	015 012
A E F	B B♭ C	015 012
C E F	A B♭ G	015 013
B C E	A B♭ G	015 013
C E F	B B♭ G	015 014
A E F	B B♭ G	015 014
B C E	A B♭ F	015 015
B C G	A E F	015 015
B C G	A B♭ F	015 015
A E F	B C G	015 015
B C G	B♭ E F	015 016
B C G	A B♭ E	015 016
C E F	A B G	015 024
B C E	A F G	015 024
B C E	B♭ F G	015 025
A E F	B♭ C G	015 025
B C F	A B♭ G	016 013
B♭ E F	B C G	016 015
B C F	A B♭ E	016 016
B C F	A E G	016 025
B♭ E F	A C G	016 025
B C F	B♭ E G	016 036
B♭ C G	A E F	025 015
A C G	B♭ E F	025 016
A C G	B E F	025 016

See page 172 for other 0,1,2,3,5,7,8 information

C, D♭, D, E♭, F, G, A♭ Continued

prime form: 0, 1, 2, 3, 5, 7, 8
degrees: 1, ♭2, 2, ♭3, 4, 5, ♭6

A C G B B♭ E 025 016
A C G B B♭ F 025 016
B♭ C G B E F 025 016

B♭ C G A B F 025 026

B♭ C G A B E 025 027

B♭ C E A F G 026 024
B♭ C E A B G 026 024

B♭ C E B F G 026 026
B♭ C E A B F 026 026

C F G A B B♭ 027 012

C F G A B♭ E 027 016
C F G B B♭ E 027 016

B♭ C F A B G 027 024

B♭ C F A E G 027 025

C F G A B E 027 027
B♭ C F A B E 027 027

B♭ C F B E G 027 037

C E G A B B♭ 037 012

A C E B B♭ G 037 014
A C F B B♭ G 037 014

C E G A B♭ F 037 015

C E G B B♭ F 037 016
A C E B B♭ F 037 016
A C F B B♭ E 037 016

A C E B♭ F G 037 025

C E G A B F 037 026
A C E B F G 037 026

A C F B♭ E G 037 036

A C F B E G 037 037

TriChords Pairs Derived from Retrograde Inversion

C D♭ E♭ F G G♭ 013 012
C D♭ E♭ A♭ G G♭ 013 012

C D♭ E♭ A♭ F G♭ 013 013
C D♭ E♭ A♭ F G 013 013

C D♭ F A♭ G G♭ 015 012
A♭ C D♭ F G G♭ 015 012

A♭ C D♭ E♭ F G♭ 015 013

A♭ C G E♭ F G♭ 015 013

C D♭ F E♭ G G♭ 015 014
A♭ C D♭ E♭ G G♭ 015 014

C D♭ F A♭ E♭ G 015 015
A♭ C G D♭ F G♭ 015 015

A♭ C D♭ E♭ F G 015 024
A♭ C G D♭ E♭ F 015 024

C D♭ F A♭ E♭ G♭ 015 025
A♭ C G D♭ E♭ G♭ 015 025

C D♭ G♭ A♭ F G 016 013
C D♭ G E♭ F G♭ 016 013
C D♭ G A♭ F G♭ 016 013

C D♭ G♭ A♭ E♭ G 016 015
C F G♭ A♭ E♭ G 016 015

C F G♭ A♭ D♭ G 016 016

C D♭ G♭ E♭ F G 016 024
C G G♭ D♭ E♭ F 016 024

C D♭ G♭ A♭ E♭ F 016 025
C D♭ G A♭ E♭ F 016 025
C D♭ G A♭ E♭ G♭ 016 025
C G G♭ A♭ E♭ F 016 025

C F G♭ D♭ E♭ G 016 026

C F G♭ A♭ D♭ E♭ 016 027
C G G♭ A♭ D♭ E♭ 016 027

C G G♭ A♭ D♭ F 016 037

D♭ E♭ F A♭ G G♭ 024 012

D♭ E♭ F A♭ C G 024 015

D♭ E♭ F C G G♭ 024 016

D♭ E♭ F A♭ C G♭ 024 026

C E♭ F A♭ G G♭ 025 012

D♭ E♭ G♭ A♭ F G 025 013

D♭ E♭ G♭ A♭ C G 025 015

C E♭ F D♭ G G♭ 025 016
C E♭ F A♭ D♭ G 025 016

C E♭ F A♭ D♭ G♭ 025 027
D♭ E♭ G♭ C F G 025 027

D♭ E♭ G♭ A♭ C F 025 037

D♭ E♭ G C F G♭ 026 016

A♭ C G♭ D♭ E♭ F 026 024
A♭ C G♭ E♭ F G 026 024

A♭ C G♭ D♭ E♭ G 026 026
A♭ C G♭ D♭ F G 026 026

D♭ E♭ G A♭ C F 026 037

C F G D♭ E♭ G♭ 027 025
C F G A♭ E♭ G♭ 027 025

C F G A♭ D♭ E♭ 027 027
C F G A♭ D♭ G♭ 027 027

C E♭ G♭ A♭ F G 036 013

C E♭ G♭ A♭ D♭ G 036 016

C E♭ G♭ D♭ F G 036 026

C E♭ G♭ A♭ D♭ F 036 037

A♭ C E♭ F G G♭ 037 012

C E♭ G A♭ F G♭ 037 013

A♭ C F E♭ G G♭ 037 014

C E♭ G D♭ F G♭ 037 015
A♭ C E♭ D♭ F G♭ 037 015

A♭ C E♭ D♭ G G♭ 037 016
A♭ C F D♭ G G♭ 037 016

A♭ C F D♭ E♭ G♭ 037 025

A♭ C E♭ D♭ F G 037 026
A♭ C F D♭ E♭ G 037 026

C E♭ G A♭ D♭ G♭ 037 027

C E♭ G A♭ D♭ F 037 037

See page 173 for other 0,1,2,3,5,7,9 information

C, D♭, D, E♭, F, G, A

prime form: 0, 1, 2, 3, 5, 7, 9

degrees: 1, ♭2, 2, ♭3, 4, 5, 6

TriChords Pairs Derived from Normal Form

Trichord 1	Trichord 2	Prime forms
C D D♭	E♭ F G	012 024
C D D♭	A F G	012 024
D D♭ E♭	A F G	012 024
D D♭ E♭	A C G	012 025
C D D♭	A E♭ F	012 026
C D D♭	A E♭ G	012 026
D D♭ E♭	C F G	012 027
D D♭ E♭	A C F	012 037
C D♭ E♭	A F G	013 024
C D E♭	A F G	013 024
C D♭ E♭	D F G	013 025
C D E♭	D♭ F G	013 026
C D E♭	A D♭ G	013 026
C D♭ E♭	A D G	013 027
C D♭ E♭	A D F	013 037
C D E♭	A D♭ F	013 048
A C D♭	D E♭ F	014 013
A C D♭	D E♭ G	014 015
A C D♭	E♭ F G	014 024
A C D♭	D F G	014 025
D D♭ F	A C G	014 025
D D♭ F	A E♭ G	014 026
D D♭ F	A C E♭	014 036
D D♭ F	C E♭ G	014 037
C D♭ F	D E♭ G	015 015
C D♭ F	A D E♭	015 016
C D♭ F	A E♭ G	015 026
C D♭ F	A D G	015 027
C D♭ G	D E♭ F	016 013
C D♭ G	A D E♭	016 016
D D♭ G	C E♭ F	016 025
C D♭ G	A E♭ F	016 026
D D♭ G	A C E♭	016 036
C D♭ G	A D F	016 037
A C G	D D♭ E♭	025 012
A C G	D E♭ F	025 013
A C G	D D♭ F	025 014
C E♭ F	A D D♭	025 015
C E♭ F	D D♭ G	025 016
A C D	D♭ E♭ F	025 024
A C D	E♭ F G	025 024
A C G	D♭ E♭ F	025 024
C D F	D♭ E♭ G	025 026
C D F	A D♭ E♭	025 026
C D F	A D♭ G	025 026
C D F	A E♭ G	025 026
A C D	D♭ E♭ G	025 026
A C D	D♭ F G	025 026
C E♭ F	A D♭ G	025 026
C E♭ F	A D G	025 027
C F G	D D♭ E♭	027 012
C F G	A D D♭	027 015
C F G	A D E♭	027 016
C D G	D♭ E♭ F	027 024
C D G	A D♭ E♭	027 026
C D G	A E♭ F	027 026
C F G	A D♭ E♭	027 026
C D G	A D♭ F	027 048
A C E♭	D D♭ F	036 014
A C E♭	D D♭ G	036 016
A C E♭	D F G	036 025
A C E♭	D♭ F G	036 026
A C F	D D♭ E♭	037 012
C E♭ G	D D♭ F	037 014
C E♭ G	A D D♭	037 015
A C F	D E♭ G	037 015
A C F	D D♭ G	037 016
A C F	D♭ E♭ G	037 026
C E♭ G	A D F	037 037
C E♭ G	A D♭ F	037 048

TriChords Pairs Derived from Inversion

Trichord 1	Trichord 2	Prime forms
B B♭ C	E♭ F G	012 024
B B♭ C	A F G	012 024
B B♭ C	A E♭ F	012 026
B B♭ C	A E♭ G	012 026
A B♭ C	E♭ F G	013 024
A B C	E♭ F G	013 024
A B C	B♭ F G	013 025
A B♭ C	B E♭ F	013 026
A B♭ C	B F G	013 026
A B C	B♭ E♭ F	013 027
A B C	B♭ E♭ G	013 037
A B♭ C	B E♭ G	013 048
B C E♭	A B♭ G	014 013
B C E♭	A B♭ F	014 015
B C E♭	A F G	014 024
B C E♭	B♭ F G	014 025
B C G	A B♭ F	015 015
B C G	A B♭ E♭	015 016
B C G	A E♭ F	015 026
B C G	B♭ E♭ F	015 027
B C F	A B♭ G	016 013
B C F	A B♭ E♭	016 016
B C F	A E♭ G	016 026
B C F	B♭ E♭ G	016 037
E♭ F G	B B♭ C	024 012
E♭ F G	A B B♭	024 012
E♭ F G	A B♭ C	024 013
E♭ F G	A B C	024 013
C E♭ F	A B B♭	025 012
C E♭ F	A B♭ G	025 013
C E♭ F	B B♭ G	025 014

See page 173 for other
0,1,2,3,5,7,9 information

C, D♭, D, E♭, F, G, A Continued

prime form: 0, 1, 2, 3, 5, 7, 9
degrees: 1, ♭2, 2, ♭3, 4, 5, 6

A C G   B B♭ E♭   025 015

A C G   B B♭ F   025 016

C E♭ F   A B G   025 024
B♭ C E♭   A F G   025 024
B♭ C E♭   A B G   025 024

B♭ C E♭   B F G   025 026
B♭ C E♭   A B F   025 026
A C G   B E♭ F   025 026
B♭ C G   A E♭ F   025 026
B♭ C G   B E♭ F   025 026
B♭ C G   A B E♭   025 026
B♭ C G   A B F   025 026

A C G   B♭ E♭ F   025 027

A E♭ F   B B♭ C   026 012

A E♭ F   B B♭ G   026 014

A E♭ F   B C G   026 015

A E♭ F   B♭ C G   026 025

C F G   A B B♭   027 012

C F G   B B♭ E♭   027 015
B♭ E♭ F   B C G   027 015

C F G   A B♭ E♭   027 016

B♭ C F   A B G   027 024

B♭ E♭ F   A C G   027 025

C F G   A B E♭   027 026
B♭ C F   A E♭ G   027 026
B♭ C F   A B E♭   027 026

B♭ C F   B E♭ G   027 048

A C E♭   B B♭ G   036 014

A C E♭   B B♭ F   036 016

A C E♭   B♭ F G   036 025

A C E♭   B F G   036 026

C E♭ G   A B B♭   037 012

A C F   B B♭ G   037 014

C E♭ G   A B♭ F   037 015
A C F   B B♭ E♭   037 015

C E♭ G   B B♭ F   037 016

C E♭ G   A B F   037 026

A C F   B♭ E♭ G   037 037

A C F   B E♭ G   037 048

TriChords Pairs Derived from Retrograde Inversion

A A♭ C   E G G♭   014 013

A A♭ C   D G G♭   014 015

A A♭ C   D E G♭   014 024

A A♭ C   D E G   014 025

A♭ C G   D E G♭   015 024

A♭ C G   A E G♭   015 025

A♭ C G   A D E   015 027

A♭ C G   A D G♭   015 037

C G G♭   A A♭ E   016 015

C G G♭   A A♭ D   016 016

C G G♭   A♭ D E   016 026

C G G♭   A D E   016 027

C D E   A♭ G G♭   024 012
C D E   A A♭ G   024 012
D E G♭   A A♭ G   024 012

C D E   A G G♭   024 013
C D E   A A♭ G♭   024 013

D E G♭   A A♭ C   024 014

D E G♭   A♭ C G   024 015

D E G♭   A C G   024 025

A C D   A♭ G G♭   025 012

A C D   E G G♭   025 013
D E G   A A♭ G♭   025 013

A C D   A♭ E G   025 014
D E G   A A♭ C   025 014

A C D   A♭ E G♭   025 024
A C G   D E G♭   025 024
A C G   A♭ E G♭   025 024

A C G   A♭ D E   025 026
A C G   A♭ D G♭   025 026
D E G   A♭ C G♭   025 026

D E G   A C G♭   025 036

C D G♭   A A♭ G   026 012
C E G♭   A A♭ G   026 012

A♭ C D   E G G♭   026 013
A♭ C D   A G G♭   026 013

C D G♭   A♭ E G   026 014

C D G♭   A A♭ E   026 015

C E G♭   A♭ D G   026 016
C E G♭   A A♭ D   026 016
A♭ D E   C G G♭   026 016

C D G♭   A E G   026 025
A♭ C D   A E G♭   026 025
A♭ C D   A E G   026 025
A♭ C G♭   D E G   026 025
A♭ C G♭   A E G   026 025

C E G♭   A D G   026 027
A♭ C G♭   A D E   026 027
A♭ C G♭   A D G   026 027

A♭ D E   A C G♭   026 036

C D G   A A♭ G♭   027 013

C D G   A A♭ E   027 015

C D G   A♭ E G♭   027 024

C D G   A E G♭   027 025

A C G♭   A♭ E G   036 014

A C G♭   A♭ D G   036 016

A C G♭   D E G   036 025

A C G♭   A♭ D E   036 026

A C E   A♭ G G♭   037 012

C E G   A A♭ G♭   037 013

A C E   D G G♭   037 015

C E G   A A♭ D   037 016
A C E   A♭ D G   037 016

C E G   A♭ D G♭   037 026
A C E   A♭ D G♭   037 026

C E G   A D G♭   037 037

A♭ C E   A G G♭   048 013

A♭ C E   D G G♭   048 015

A♭ C E   A D G   048 027

A♭ C E   A D G♭   048 037

See page 174 for other 0,1,2,3,6,7,8 information

C, D♭, D, E♭, G♭, G, A♭

prime form: 0, 1, 2, 3, 6, 7, 8

degrees: 1, ♭2, 2, ♭3, ♭5, 5, ♭6

TriChords Pairs Derived from Normal Form

C D D♭ A♭ G G♭ 012 012
D D♭ E♭ A♭ G G♭ 012 012

C D D♭ E♭ G G♭ 012 014

C D D♭ A♭ E♭ G 012 015
D D♭ E♭ A♭ C G 012 015

D D♭ E♭ C G G♭ 012 016

C D D♭ A♭ E♭ G♭ 012 025

D D♭ E♭ A♭ C G♭ 012 026

C D♭ E♭ A♭ G G♭ 013 012
C D E♭ A♭ G G♭ 013 012

C D♭ E♭ D G G♭ 013 015

C D♭ E♭ A♭ D G 013 016
C D E♭ D♭ G G♭ 013 016
C D E♭ A♭ D♭ G 013 016

C D♭ E♭ A♭ D G♭ 013 026

C D E♭ A♭ D♭ G♭ 013 027

A♭ C G D D♭ E♭ 015 012

A♭ C D♭ D E♭ G♭ 015 014
A♭ C D♭ E♭ G G♭ 015 014
A♭ C G D E♭ G♭ 015 014

A♭ C D♭ D E♭ G 015 015
A♭ C D♭ D G G♭ 015 015
A♭ C G D D♭ G♭ 015 015
D D♭ G♭ A♭ C G 015 015
D D♭ G♭ A♭ E♭ G 015 015

A♭ C G D♭ E♭ G♭ 015 025

D D♭ G♭ C E♭ G 015 037
D D♭ G♭ A♭ C E♭ 015 037

C G G♭ D D♭ E♭ 016 012

C D♭ G D E♭ G♭ 016 014

C D♭ G♭ D E♭ G 016 015
C D♭ G♭ A♭ E♭ G 016 015

C D♭ G♭ A♭ D E♭ 016 016
C D♭ G♭ A♭ D G 016 016
C D♭ G A♭ D E♭ 016 016
C G G♭ A♭ D D♭ 016 016
C G G♭ A♭ D E♭ 016 016

C D♭ G A♭ E♭ G♭ 016 025

C D♭ G A♭ D G♭ 016 026

C G G♭ A♭ D♭ E♭ 016 027

D D♭ G C E♭ G♭ 016 036

D D♭ G A♭ C E♭ 016 037

A♭ C G♭ D D♭ E♭ 026 012

A♭ C D E♭ G G♭ 026 014

C D G♭ A♭ E♭ G 026 015
A♭ C G♭ D E♭ G 026 015

C D G♭ A♭ D♭ G 026 016
A♭ C D D♭ G G♭ 026 016
A♭ C G♭ D D♭ G 026 016

A♭ C D D♭ E♭ G♭ 026 025

C D G♭ D♭ E♭ G 026 026
A♭ C D D♭ E♭ G 026 026
A♭ C G♭ D♭ E♭ G 026 026

C D G♭ A♭ D♭ E♭ 026 027

C D G D♭ E♭ G♭ 027 025
C D G A♭ E♭ G♭ 027 025

C D G A♭ D♭ E♭ 027 027
C D G A♭ D♭ G♭ 027 027

C E♭ G♭ D D♭ G 036 016
C E♭ G♭ A♭ D D♭ 036 016
C E♭ G♭ A♭ D♭ G 036 016
C E♭ G♭ A♭ D G 036 016

C E♭ G D D♭ G♭ 037 015
A♭ C E♭ D D♭ G♭ 037 015
A♭ C E♭ D G G♭ 037 015

C E♭ G A♭ D D♭ 037 016
A♭ C E♭ D D♭ G 037 016
A♭ C E♭ D♭ G G♭ 037 016

C E♭ G A♭ D G♭ 037 026

C E♭ G A♭ D♭ G♭ 037 027

TriChords Pairs Derived from Inversion

B B♭ C E F G♭ 012 012
E F G♭ B B♭ C 012 012
E F G♭ A B B♭ 012 012

E F G♭ A B♭ C 012 013
E F G♭ A B C 012 013

B B♭ C A F G♭ 012 014

B B♭ C A E F 012 015

B B♭ C A E G♭ 012 025

A B♭ C E F G♭ 013 012
A B C E F G♭ 013 012

A B C B♭ F G♭ 013 015

A B♭ C B E F 013 016
A B♭ C B F G♭ 013 016
A B C B♭ E F 013 016

A B C B♭ E G♭ 013 026

A B♭ C B E G♭ 013 027

C E F A B B♭ 015 012
A E F B B♭ C 015 012

C E F A B♭ G♭ 015 014
B C E A F G♭ 015 014
B C E A B♭ G♭ 015 014

C E F B B♭ G♭ 015 015
B C E B♭ F G♭ 015 015
B C E A B♭ F 015 015
A E F B B♭ G♭ 015 015

A E F B C G♭ 015 016

C E F A B G♭ 015 025

A E F B♭ C G♭ 015 026

C F G♭ A B B♭ 016 012

B C F A B♭ G♭ 016 014

B C G♭ A E F 016 015
B C G♭ A B♭ F 016 015

C F G♭ A B♭ E 016 016
C F G♭ B B♭ E 016 016
B C F A B♭ E 016 016
B C G♭ B♭ E F 016 016
B C G♭ A B♭ E 016 016
B♭ E F B C G♭ 016 016

B C F A E G♭ 016 025

B C F B♭ E G♭ 016 026

C F G♭ A B E 016 027

B♭ E F A C G♭ 016 036

C E G♭ A B B♭ 026 012

B♭ C E A F G♭ 026 014

C E G♭ A B♭ F 026 015
B♭ C G♭ A E F 026 015

See page 174 for other
0,1,2,3,6,7,8 information

C, D♭, D, E♭, G♭, G, A♭ Continued

prime form: 0, 1, 2, 3, 6, 7, 8
degrees: 1, ♭2, 2, ♭3, ♭5, 5, ♭6

C E G♭ B B♭ F 026 016
B♭ C E B F G♭ 026 016
B♭ C G♭ B E F 026 016

B♭ C E A B G♭ 026 025

C E G♭ A B F 026 026
B♭ C E A B F 026 026
B♭ C G♭ A B F 026 026

B♭ C G♭ A B E 026 027

B♭ C F A E G♭ 027 025
B♭ C F A B G♭ 027 025

B♭ C F B E G♭ 027 027
B♭ C F A B E 027 027

A C G♭ B♭ E F 036 016
A C G♭ B E F 036 016
A C G♭ B B♭ E 036 016
A C G♭ B B♭ F 036 016

A C E B♭ F G♭ 037 015
A C E B B♭ G♭ 037 015
A C F B B♭ G♭ 037 015

A C E B F G♭ 037 016
A C E B B♭ F 037 016
A C F B B♭ E 037 016

A C F B♭ E G♭ 037 026

A C F B E G♭ 037 027

TriChords Pairs Derived from Retrograde Inversion

C D D♭ F G G♭ 012 012
C D D♭ A♭ G G♭ 012 012

C D D♭ A♭ F G♭ 012 013
C D D♭ A♭ F G 012 013

D D♭ F A♭ G G♭ 014 012

D D♭ F A♭ C G 014 015

D D♭ F C G G♭ 014 016

D D♭ F A♭ C G♭ 014 026

C D♭ F A♭ G G♭ 015 012
A♭ C D♭ F G G♭ 015 012

D D♭ G♭ A♭ F G 015 013

A♭ C D♭ D F G♭ 015 014
A♭ C G D D♭ F 015 014
A♭ C G D F G♭ 015 014

C D♭ F D G G♭ 015 015
A♭ C D♭ D G G♭ 015 015
A♭ C G D D♭ G♭ 015 015
A♭ C G D♭ F G♭ 015 015
D D♭ G♭ A♭ C G 015 015

C D♭ F A♭ D G 015 016

A♭ C D♭ D F G 015 025

C D♭ F A♭ D G♭ 015 026

D D♭ G♭ C F G 015 027

D D♭ G♭ A♭ C F 015 037

C D♭ G♭ A♭ F G 016 013
C D♭ G A♭ F G♭ 016 013

C D♭ G D F G♭ 016 014
C G G♭ D D♭ F 016 014

C D♭ G♭ A♭ D G 016 016
C F G♭ D D♭ G 016 016
C F G♭ A♭ D D♭ 016 016
C F G♭ A♭ D♭ G 016 016
C F G♭ A♭ D G 016 016
C G G♭ A♭ D D♭ 016 016
D D♭ G C F G♭ 016 016

C D♭ G♭ D F G 016 025

C D♭ G A♭ D G♭ 016 026

C D♭ G♭ A♭ D F 016 036
C D♭ G A♭ D F 016 036
C G G♭ A♭ D F 016 036

C G G♭ A♭ D♭ F 016 037
D D♭ G A♭ C F 016 037

C D F A♭ G G♭ 025 012

C D F D♭ G G♭ 025 016
C D F A♭ D♭ G 025 016

C D F A♭ D♭ G♭ 025 027

A♭ C D F G G♭ 026 012

C D G♭ A♭ F G 026 013

A♭ C G♭ D D♭ F 026 014

A♭ C D D♭ F G♭ 026 015

C D G♭ A♭ D♭ G 026 016
A♭ C D D♭ G G♭ 026 016
A♭ C G♭ D D♭ G 026 016

A♭ C G♭ D F G 026 025

C D G♭ D♭ F G 026 026
A♭ C D D♭ F G 026 026
A♭ C G♭ D♭ F G 026 026

C D G♭ A♭ D♭ F 026 037

C D G A♭ F G♭ 027 013

C D G D♭ F G♭ 027 015
C F G D D♭ G♭ 027 015

C F G A♭ D D♭ 027 016

C F G A♭ D G♭ 027 026

C D G A♭ D♭ G♭ 027 027
C F G A♭ D♭ G♭ 027 027

C D G A♭ D♭ F 027 037

A♭ C F D D♭ G♭ 037 015
A♭ C F D G G♭ 037 015

A♭ C F D D♭ G 037 016
A♭ C F D♭ G G♭ 037 016

See page 175 for other
0,1,2,3,6,7,9 information

C, D♭, D, E♭, G♭, G, A

prime form: 0, 1, 2, 3, 6, 7, 9

degrees: 1, ♭2, 2, ♭3, ♭5, 5, 6

TriChords Pairs Derived from Normal Form

C D D♭ A G G♭ 012 013
D D♭ E♭ A G G♭ 012 013

C D D♭ E♭ G G♭ 012 014

D D♭ E♭ C G G♭ 012 016

D D♭ E♭ A C G 012 025

C D D♭ A E♭ G 012 026

C D D♭ A E♭ G♭ 012 036
D D♭ E♭ A C G♭ 012 036

C D♭ E♭ A G G♭ 013 013
C D E♭ A G G♭ 013 013

C D♭ E♭ D G G♭ 013 015

C D E♭ D♭ G G♭ 013 016

C D E♭ A D♭ G 013 026

C D♭ E♭ A D G 013 027

C D♭ E♭ A D G♭ 013 037
C D E♭ A D♭ G♭ 013 037

A C D♭ D E♭ G♭ 014 014
A C D♭ E♭ G G♭ 014 014

A C D♭ D E♭ G 014 015
A C D♭ D G G♭ 014 015

D D♭ G♭ A C G 015 025

D D♭ G♭ A E♭ G 015 026

D D♭ G♭ A C E♭ 015 036

D D♭ G♭ C E♭ G 015 037

C G G♭ D D♭ E♭ 016 012

C D♭ G D E♭ G♭ 016 014

C D♭ G♭ D E♭ G 016 015
C G G♭ A D D♭ 016 015

C D♭ G♭ A D E♭ 016 016
C D♭ G A D E♭ 016 016
C G G♭ A D E♭ 016 016

C D♭ G♭ A E♭ G 016 026
C G G♭ A D♭ E♭ 016 026

C D♭ G♭ A D G 016 027

C D♭ G A E♭ G♭ 016 036
D D♭ G C E♭ G♭ 016 036
D D♭ G A C E♭ 016 036

C D♭ G A D G♭ 016 037

A C G D D♭ E♭ 025 012

A C D E♭ G G♭ 025 014
A C G D E♭ G♭ 025 014

A C G D D♭ G♭ 025 015

A C D D♭ G G♭ 025 016

A C D D♭ E♭ G♭ 025 025
A C G D♭ E♭ G♭ 025 025

A C D D♭ E♭ G 025 026

C D G♭ D♭ E♭ G 026 026
C D G♭ A D♭ E♭ 026 026
C D G♭ A D♭ G 026 026
C D G♭ A E♭ G 026 026

C D G D♭ E♭ G♭ 027 025

C D G A D♭ E♭ 027 026

C D G A E♭ G♭ 027 036

C D G A D♭ G♭ 027 037

A C G♭ D D♭ E♭ 036 012

C E♭ G♭ A D D♭ 036 015
A C E♭ D D♭ G♭ 036 015
A C E♭ D G G♭ 036 015
A C G♭ D E♭ G 036 015

C E♭ G♭ D D♭ G 036 016
A C E♭ D D♭ G 036 016
A C E♭ D♭ G G♭ 036 016
A C G♭ D D♭ G 036 016

C E♭ G♭ A D♭ G 036 026
A C G♭ D♭ E♭ G 036 026

C E♭ G♭ A D G 036 027

C E♭ G D D♭ G♭ 037 015
C E♭ G A D D♭ 037 015

C E♭ G A D♭ G♭ 037 037
C E♭ G A D G♭ 037 037

TriChords Pairs Derived from Inversion

B B♭ C E♭ F G♭ 012 013

B B♭ C A F G♭ 012 014

B B♭ C A E♭ F 012 026

B B♭ C A E♭ G♭ 012 036

E♭ F G♭ B B♭ C 013 012
E♭ F G♭ A B B♭ 013 012

A B♭ C E♭ F G♭ 013 013
A B C E♭ F G♭ 013 013
E♭ F G♭ A B♭ C 013 013
E♭ F G♭ A B C 013 013

A B C B♭ F G♭ 013 015

A B♭ C B F G♭ 013 016

A B♭ C B E♭ F 013 026

A B C B♭ E♭ F 013 027

A B♭ C B E♭ G♭ 013 037
A B C B♭ E♭ G♭ 013 037

B C E♭ A F G♭ 014 014
B C E♭ A B♭ G♭ 014 014

B C E♭ B♭ F G♭ 014 015
B C E♭ A B♭ F 014 015

C F G♭ A B B♭ 016 012

B C F A B♭ G♭ 016 014

C F G♭ B B♭ E♭ 016 015
B C G♭ A B♭ F 016 015

C F G♭ A B♭ E♭ 016 016
B C F A B♭ E♭ 016 016
B C G♭ A B♭ E♭ 016 016

C F G♭ A B E♭ 016 026
B C G♭ A E♭ F 016 026

B C G♭ B♭ E♭ F 016 027

B C F A E♭ G♭ 016 036

B C F B♭ E♭ G♭ 016 037

C E♭ F A B B♭ 025 012

C E♭ F A B♭ G♭ 025 014
B♭ C E♭ A F G♭ 025 014

C E♭ F B B♭ G♭ 025 015

B♭ C E♭ B F G♭ 025 016

C E♭ F A B G♭ 025 025
B♭ C E♭ A B G♭ 025 025

See page 175 for other
0,1,2,3,6,7,9 information

C, D♭, D, E♭, G♭, G, A Continued

prime form: 0, 1, 2, 3, 6, 7, 9
degrees: 1, ♭2, 2, ♭3, ♭5, 5, 6

B♭ C E♭   A B F   025 026

A E♭ F   B B♭ C   026 012

A E♭ F   B B♭ G♭   026 015

A E♭ F   B C G♭   026 016

B♭ C G♭   A E♭ F   026 026
B♭ C G♭   B E♭ F   026 026
B♭ C G♭   A B E♭   026 026
B♭ C G♭   A B F   026 026
A E♭ F   B♭ C G♭   026 026

B♭ E♭ F   B C G♭   027 016

B♭ C F   A B G♭   027 025

B♭ C F   A B E♭   027 026

B♭ C F   A E♭ G♭   027 036
B♭ E♭ F   A C G♭   027 036

B♭ C F   B E♭ G♭   027 037

C E♭ G♭   A B B♭   036 012

C E♭ G♭   A B♭ F   036 015
A C E♭   B♭ F G♭   036 015
A C E♭   B B♭ G♭   036 015
A C G♭   B B♭ E♭   036 015

C E♭ G♭   B B♭ F   036 016
A C E♭   B F G♭   036 016
A C E♭   B B♭ F   036 016
A C G♭   B B♭ F   036 016

C E♭ G♭   A B F   036 026
A C G♭   B E♭ F   036 026

A C G♭   B♭ E♭ F   036 027

A C F   B B♭ E♭   037 015
A C F   B B♭ G♭   037 015

A C F   B♭ E♭ G♭   037 037
A C F   B E♭ G♭   037 037

TriChords Pairs Derived from Retrograde Inversion

C D E♭   A♭ G G♭   013 012
C D E♭   A A♭ G   013 012

C D E♭   A G G♭   013 013
C D E♭   A A♭ G♭   013 013

D E♭ G♭   A A♭ G   014 012

A A♭ C   D E♭ G♭   014 014
A A♭ C   E♭ G G♭   014 014

D E♭ G♭   A A♭ C   014 014

A A♭ C   D E♭ G   014 015
A A♭ C   D G G♭   014 015
D E♭ G♭   A♭ C G   014 015

D E♭ G♭   A C G   014 025

D E♭ G   A A♭ G♭   015 013

A♭ C G   D E♭ G♭   015 014
D E♭ G   A A♭ C   015 014

A♭ C G   A D E♭   015 016

D E♭ G   A♭ C G♭   015 026

A♭ C G   A E♭ G♭   015 036
D E♭ G   A C G♭   015 036

A♭ C G   A D G♭   015 037

C G G♭   A♭ D E♭   016 016
C G G♭   A D E♭   016 016
C G G♭   A A♭ D   016 016
C G G♭   A A♭ E♭   016 016
A♭ D E♭   C G G♭   016 016

A♭ D E♭   A C G♭   016 036

A C D   A♭ G G♭   025 012

A C D   E♭ G G♭   025 014
A C G   D E♭ G♭   025 014

A C D   A♭ E♭ G   025 015

A C G   A♭ D E♭   025 016

A C D   A♭ E♭ G♭   025 025
A C G   A♭ E♭ G♭   025 025

A C G   A♭ D G♭   025 026

C D G♭   A A♭ G   026 012

A♭ C D   A G G♭   026 013

A♭ C D   E♭ G G♭   026 014

C D G♭   A♭ E♭ G   026 015
A♭ C G♭   D E♭ G   026 015

C D G♭   A A♭ E♭   026 016
A♭ C G♭   A D E♭   026 016

C D G♭   A E♭ G   026 026
A♭ C D   A E♭ G   026 026
A♭ C G♭   A E♭ G   026 026

A♭ C G♭   A D G   026 027

A♭ C D   A E♭ G♭   026 036

C D G   A A♭ G♭   027 013

C D G   A A♭ E♭   027 016

C D G   A♭ E♭ G♭   027 025

C D G   A E♭ G♭   027 036

C E♭ G♭   A A♭ G   036 012
A C E♭   A♭ G G♭   036 012

A C E♭   D G G♭   036 015
A C G♭   D E♭ G   036 015
A C G♭   A♭ E♭ G   036 015

C E♭ G♭   A♭ D G   036 016
C E♭ G♭   A A♭ D   036 016
A C E♭   A♭ D G   036 016
A C G♭   A♭ D E♭   036 016
A C G♭   A♭ D G   036 016

A C E♭   A♭ D G♭   036 026

C E♭ G♭   A D G   036 027

C E♭ G   A A♭ G♭   037 013
A♭ C E♭   A G G♭   037 013

A♭ C E♭   D G G♭   037 015

C E♭ G   A A♭ D   037 016

C E♭ G   A♭ D G♭   037 026

A♭ C E♭   A D G   037 027

C E♭ G   A D G♭   037 037
A♭ C E♭   A D G♭   037 037

See page 176 for other
0,1,2,4,5,6,8 information

C, D♭, D, E, F, G♭, A♭

prime form: 0, 1, 2, 4, 5, 6, 8

degrees: 1, ♭2, 2, 3, 4, ♭5, ♭6

TriChords Pairs Derived from Normal Form

C D D♭	E F G♭	012 012
C D D♭	A♭ F G♭	012 013
C D D♭	A♭ E F	012 014
C D D♭	A♭ E G♭	012 024
D D♭ E	A♭ F G♭	013 013
D D♭ E	C F G♭	013 016
D D♭ E	A♭ C G♭	013 026
D D♭ E	A♭ C F	013 037
C D♭ E	A♭ F G♭	014 013
C D♭ E	D F G♭	014 014
D D♭ F	A♭ E G♭	014 024
C D♭ E	A♭ D G♭	014 026
D D♭ F	C E G♭	014 026
D D♭ F	A♭ C G♭	014 026
C D♭ E	A♭ D F	014 036
D D♭ F	A♭ C E	014 048
A♭ C D♭	E F G♭	015 012
A♭ C D♭	D E F	015 013
A♭ C D♭	D F G♭	015 014
C E F	D D♭ G♭	015 015
D D♭ G♭	C E F	015 015
C E F	A♭ D D♭	015 016
C D♭ F	D E G♭	015 024
C D♭ F	A♭ E G♭	015 024
A♭ C D♭	D E G♭	015 024
C D♭ F	A♭ D E	015 026
C D♭ F	A♭ D G♭	015 026
C E F	A♭ D G♭	015 026
C E F	A♭ D♭ G♭	015 027
D D♭ G♭	A♭ C E	015 048
C D♭ G♭	D E F	016 013
C F G♭	D D♭ E	016 013
C D♭ G♭	A♭ E F	016 014
C F G♭	A♭ D D♭	016 016

C D♭ G♭	A♭ D E	016 026
C F G♭	A♭ D E	016 026
C D♭ G♭	A♭ D F	016 036
C F G♭	A♭ D♭ E	016 037
C D E	A♭ F G♭	024 013
C D E	D♭ F G♭	024 015
C D E	A♭ D♭ G♭	024 027
C D E	A♭ D♭ F	024 037
C D F	A♭ E G♭	025 024
C D F	D♭ E G♭	025 025
C D F	A♭ D♭ G♭	025 027
C D F	A♭ D♭ E	025 037
A♭ C D	E F G♭	026 012
A♭ C G♭	D D♭ E	026 013
A♭ C G♭	D E F	026 013
C D G♭	D♭ E F	026 014
C D G♭	A♭ E F	026 014
A♭ C D	D♭ E F	026 014
C E G♭	D D♭ F	026 014
A♭ C G♭	D D♭ F	026 014
A♭ C G♭	D♭ E F	026 014
A♭ C D	D♭ F G♭	026 015
C E G♭	A♭ D D♭	026 016
A♭ C D	D♭ E G♭	026 025
C E G♭	A♭ D F	026 036
C D G♭	A♭ D♭ E	026 037
C D G♭	A♭ D♭ F	026 037
C E G♭	A♭ D♭ F	026 037
A♭ C F	D D♭ E	037 013
A♭ C F	D D♭ G♭	037 015
A♭ C F	D E G♭	037 024
A♭ C F	D♭ E G♭	037 025
A♭ C E	D D♭ F	048 014
A♭ C E	D F G♭	048 014
A♭ C E	D D♭ G♭	048 015
A♭ C E	D♭ F G♭	048 015

TriChords Pairs Derived from Inversion

B B♭ C	A♭ G G♭	012 012
B B♭ C	E G G♭	012 013
B B♭ C	A♭ E G	012 014
B B♭ C	A♭ E G♭	012 024
E G G♭	B B♭ C	013 012
E G G♭	A♭ B B♭	013 013
E G G♭	A♭ B C	013 014
E G G♭	A♭ B♭ C	013 024
A♭ B C	E G G♭	014 013
A♭ B C	B♭ G G♭	014 014
A♭ B C	B♭ E G♭	014 026
A♭ B C	B♭ E G	014 036
B C E	A♭ G G♭	015 012
B C E	A♭ B♭ G	015 013
B C E	B♭ G G♭	015 014
A♭ C G	B B♭ G♭	015 015
A♭ C G	B B♭ E	015 016
B C E	A♭ B♭ G♭	015 024
B C G	A♭ E G♭	015 024
B C G	A♭ B♭ G♭	015 024
A♭ C G	B♭ E G♭	015 026
B C G	B♭ E G♭	015 026
B C G	A♭ B♭ E	015 026
A♭ C G	B E G♭	015 027
C G G♭	A♭ B B♭	016 013
B C G♭	A♭ B♭ G	016 013
B C G♭	A♭ E G	016 014
C G G♭	B B♭ E	016 016
C G G♭	A♭ B♭ E	016 026
B C G♭	A♭ B♭ E	016 026
B C G♭	B♭ E G	016 036
C G G♭	A♭ B E	016 037
A♭ E G♭	B B♭ C	024 012

See page 176 for other 0,1,2,4,5,6,8 information

C, D♭, D, E, F, G♭, A♭ Continued

prime form: 0, 1, 2, 4, 5, 6, 8

degrees: 1, ♭2, 2, 3, 4, ♭5, ♭6

A♭ B♭ C	E G G♭	0 2 4	0 1 3
A♭ E G♭	B B♭ G	0 2 4	0 1 4
A♭ B♭ C	B G G♭	0 2 4	0 1 5
A♭ E G♭	B C G	0 2 4	0 1 5
A♭ E G♭	B♭ C G	0 2 4	0 2 5
A♭ B♭ C	B E G♭	0 2 4	0 2 7
A♭ B♭ C	B E G	0 2 4	0 3 7
B♭ C G	A♭ E G♭	0 2 5	0 2 4
B♭ C G	A♭ B G♭	0 2 5	0 2 5
B♭ C G	B E G♭	0 2 5	0 2 7
B♭ C G	A♭ B E	0 2 5	0 3 7
B♭ C E	A♭ G G♭	0 2 6	0 1 2
C E G♭	A♭ B♭ G	0 2 6	0 1 3
C E G♭	A♭ B B♭	0 2 6	0 1 3
C E G♭	A♭ B G	0 2 6	0 1 4
C E G♭	B B♭ G	0 2 6	0 1 4
B♭ C E	A♭ B G	0 2 6	0 1 4
A♭ C G♭	B B♭ G	0 2 6	0 1 4
B♭ C G♭	A♭ E G	0 2 6	0 1 4
B♭ C G♭	A♭ B G	0 2 6	0 1 4
B♭ C E	B G G♭	0 2 6	0 1 5
B♭ E G♭	A♭ C G	0 2 6	0 1 5
B♭ E G♭	B C G	0 2 6	0 1 5
A♭ C G♭	B B♭ E	0 2 6	0 1 6
B♭ C E	A♭ B G♭	0 2 6	0 2 5
A♭ C G♭	B♭ E G	0 2 6	0 3 6
A♭ C G♭	B E G	0 2 6	0 3 7
B♭ C G♭	B E G	0 2 6	0 3 7
B♭ C G♭	A♭ B E	0 2 6	0 3 7
C E G	A♭ B B♭	0 3 7	0 1 3
C E G	B B♭ G♭	0 3 7	0 1 5
C E G	A♭ B♭ G♭	0 3 7	0 2 4
C E G	A♭ B G♭	0 3 7	0 2 5
A♭ C E	B♭ G G♭	0 4 8	0 1 4
A♭ C E	B B♭ G	0 4 8	0 1 4
A♭ C E	B G G♭	0 4 8	0 1 5
A♭ C E	B B♭ G♭	0 4 8	0 1 5

TriChords Pairs Derived from Retrograde Inversion

D E E♭	A♭ G G♭	0 1 2	0 1 2
D E E♭	A♭ C G	0 1 2	0 1 5
D E E♭	C G G♭	0 1 2	0 1 6
D E E♭	A♭ C G♭	0 1 2	0 2 6
C D E♭	A♭ G G♭	0 1 3	0 1 2
C D E♭	E G G♭	0 1 3	0 1 3
C D E♭	A♭ E G	0 1 3	0 1 4
C D E♭	A♭ E G♭	0 1 3	0 2 4
C E E♭	A♭ G G♭	0 1 4	0 1 2
D E♭ G♭	A♭ E G	0 1 4	0 1 4
C E E♭	D G G♭	0 1 4	0 1 5
D E♭ G♭	A♭ C G	0 1 4	0 1 5
C E E♭	A♭ D G	0 1 4	0 1 6
C E E♭	A♭ D G♭	0 1 4	0 2 6
D E♭ G♭	C E G	0 1 4	0 3 7
D E♭ G♭	A♭ C E	0 1 4	0 4 8
A♭ C G	D E E♭	0 1 5	0 1 2
A♭ C G	E E♭ G♭	0 1 5	0 1 3
A♭ C G	D E♭ G♭	0 1 5	0 1 4
A♭ C G	D E G♭	0 1 5	0 2 4
D E♭ G	C E G♭	0 1 5	0 2 6
D E♭ G	A♭ C E	0 1 5	0 4 8
C G G♭	D E E♭	0 1 6	0 1 2
C G G♭	A♭ E E♭	0 1 6	0 1 5
C G G♭	A♭ D E♭	0 1 6	0 1 6
C G G♭	A♭ D E	0 1 6	0 2 6
C D E	A♭ G G♭	0 2 4	0 1 2
C D E	E♭ G G♭	0 2 4	0 1 4
C D E	A♭ E♭ G	0 2 4	0 1 5
C D E	A♭ E♭ G♭	0 2 4	0 2 5

A♭ C G♭	D E E♭	0 2 6	0 1 2
A♭ C D	E E♭ G♭	0 2 6	0 1 3
A♭ C D	E G G♭	0 2 6	0 1 3
C D G♭	E E♭ G	0 2 6	0 1 4
C D G♭	A♭ E G	0 2 6	0 1 4
A♭ C D	E E♭ G	0 2 6	0 1 4
A♭ C D	E♭ G G♭	0 2 6	0 1 4
A♭ C G♭	E E♭ G	0 2 6	0 1 4
C D G♭	A♭ E E♭	0 2 6	0 1 5
C D G♭	A♭ E♭ G	0 2 6	0 1 5
C E G♭	D E♭ G	0 2 6	0 1 5
C E G♭	A♭ E♭ G	0 2 6	0 1 5
A♭ C G♭	D E♭ G	0 2 6	0 1 5
C E G♭	A♭ D E♭	0 2 6	0 1 6
C E G♭	A♭ D G	0 2 6	0 1 6
A♭ C G♭	D E G	0 2 6	0 2 5
C D G	E E♭ G♭	0 2 7	0 1 3
C D G	A♭ E E♭	0 2 7	0 1 5
C D G	A♭ E G♭	0 2 7	0 2 4
C D G	A♭ E♭ G♭	0 2 7	0 2 5
C E♭ G♭	A♭ E G	0 3 6	0 1 4
C E♭ G♭	A♭ D G	0 3 6	0 1 6
C E♭ G♭	D E G	0 3 6	0 2 5
C E♭ G♭	A♭ D E	0 3 6	0 2 6
A♭ C E♭	E G G♭	0 3 7	0 1 3
C E G	D E♭ G♭	0 3 7	0 1 4
A♭ C E♭	D G G♭	0 3 7	0 1 5
C E G	A♭ D E♭	0 3 7	0 1 6
C E♭ G	D E G♭	0 3 7	0 2 4
C E♭ G	A♭ E G♭	0 3 7	0 2 4
A♭ C E♭	D E G♭	0 3 7	0 2 4
A♭ C E♭	D E G	0 3 7	0 2 5
C E G	A♭ E♭ G♭	0 3 7	0 2 5
C E♭ G	A♭ D E	0 3 7	0 2 6
C E♭ G	A♭ D G♭	0 3 7	0 2 6
C E G	A♭ D G♭	0 3 7	0 2 6
A♭ C E	D E♭ G♭	0 4 8	0 1 4
A♭ C E	E♭ G G♭	0 4 8	0 1 4
A♭ C E	D E♭ G	0 4 8	0 1 5
A♭ C E	D G G♭	0 4 8	0 1 5

See page 178 for other
0,1,2,4,5,7,8 information

C, D♭, D, E, F, G, A♭

prime form: 0, 1, 2, 4, 5, 7, 8

degrees: 1, ♭2, 2, 3, 4, 5, ♭6

TriChords Pairs Derived from Normal Form

C D D♭	E F G	012 013
C D D♭	A♭ F G	012 013
C D D♭	A♭ E F	012 014
C D D♭	A♭ E G	012 014
D D♭ E	A♭ F G	013 013
D D♭ E	A♭ C G	013 015
D D♭ E	C F G	013 027
D D♭ E	A♭ C F	013 037
C D♭ E	A♭ F G	014 013
D D♭ F	A♭ E G	014 014
D D♭ F	A♭ C G	014 015
C D♭ E	A♭ D G	014 016
C D♭ E	D F G	014 025
C D♭ E	A♭ D F	014 036
D D♭ F	C E G	014 037
D D♭ F	A♭ C E	014 048
A♭ C D♭	D E F	015 013
A♭ C D♭	E F G	015 013
A♭ C G	D D♭ E	015 013
A♭ C G	D E F	015 013
C D♭ F	A♭ E G	015 014
A♭ C G	D D♭ F	015 014
A♭ C G	D♭ E F	015 014
C D♭ F	A♭ D G	015 016
C E F	D D♭ G	015 016
C E F	A♭ D D♭	015 016
C E F	A♭ D♭ G	015 016
C E F	A♭ D G	015 016
C D♭ F	D E G	015 025
A♭ C D♭	D E G	015 025
A♭ C D♭	D F G	015 025
C D♭ F	A♭ D E	015 026
C D♭ G	D E F	016 013
C D♭ G	A♭ E F	016 014
D D♭ G	C E F	016 015
C D♭ G	A♭ D E	016 026
C D♭ G	A♭ D F	016 036
D D♭ G	A♭ C E	016 048
C D E	A♭ F G	024 013
C D E	A♭ D♭ G	024 016
C D E	D♭ F G	024 026
C D E	A♭ D♭ F	024 037
C D F	A♭ E G	025 014
C D F	A♭ D♭ G	025 016
C D F	D♭ E G	025 036
C D F	A♭ D♭ E	025 037
A♭ C D	E F G	026 013
A♭ C D	D♭ E F	026 014
A♭ C D	D♭ F G	026 026
A♭ C D	D♭ E G	026 036
C F G	D D♭ E	027 013
C D G	D♭ E F	027 014
C D G	A♭ E F	027 014
C F G	A♭ D D♭	027 016
C F G	A♭ D E	027 026
C D G	A♭ D♭ E	027 037
C D G	A♭ D♭ F	027 037
C F G	A♭ D♭ E	027 037
A♭ C F	D D♭ E	037 013
C E G	D D♭ F	037 014
C E G	A♭ D D♭	037 016
A♭ C F	D D♭ G	037 016
A♭ C F	D E G	037 025
C E G	A♭ D F	037 036
A♭ C F	D♭ E G	037 036
C E G	A♭ D♭ F	037 037
A♭ C E	D D♭ F	048 014
A♭ C E	D D♭ G	048 016
A♭ C E	D F G	048 025
A♭ C E	D♭ F G	048 026

TriChords Pairs Derived from Inversion

B B♭ C	E F G	012 013
B B♭ C	A♭ F G	012 013
B B♭ C	A♭ E F	012 014
B B♭ C	A♭ E G	012 014
E F G	B B♭ C	013 012
E F G	A♭ B B♭	013 013
E F G	A♭ B C	013 014
E F G	A♭ B♭ C	013 024
A♭ E F	B B♭ C	014 012
A♭ B C	E F G	014 013
A♭ E F	B B♭ G	014 014
A♭ E F	B C G	014 015
A♭ B C	B♭ E F	014 016
A♭ B C	B♭ F G	014 025
A♭ E F	B♭ C G	014 025
A♭ B C	B♭ E G	014 036
C E F	A♭ B♭ G	015 013
C E F	A♭ B B♭	015 013
B C E	A♭ F G	015 013
B C E	A♭ B♭ G	015 013
C E F	A♭ B G	015 014
C E F	B B♭ G	015 014
B C G	A♭ E F	015 014
A♭ C G	B♭ E F	015 016
A♭ C G	B E F	015 016
A♭ C G	B B♭ E	015 016
A♭ C G	B B♭ F	015 016
B C G	B♭ E F	015 016
B C E	B♭ F G	015 025
B C E	A♭ B♭ F	015 025
B C G	A♭ B♭ F	015 025
B C G	A♭ B♭ E	015 026
B C F	A♭ B♭ G	016 013
B C F	A♭ E G	016 014
B♭ E F	A♭ C G	016 015
B♭ E F	B C G	016 015

See page 178 for other 0,1,2,4,5,7,8 information

C, D♭, D, E, F, G, A♭ Continued

prime form: 0, 1, 2, 4, 5, 7, 8

degrees: 1, ♭2, 2, 3, 4, 5, ♭6

B C F	A♭ B♭ E	016 026
B C F	B♭ E G	016 036
A♭ B♭ C	E F G	024 013
A♭ B♭ C	B E F	024 016
A♭ B♭ C	B F G	024 026
A♭ B♭ C	B E G	024 037
B♭ C G	A♭ E F	025 014
B♭ C G	B E F	025 016
B♭ C G	A♭ B F	025 036
B♭ C G	A♭ B E	025 037
B♭ C E	A♭ F G	026 013
B♭ C E	A♭ B G	026 014
B♭ C E	B F G	026 026
B♭ C E	A♭ B F	026 036
C F G	A♭ B B♭	027 013
B♭ C F	A♭ E G	027 014
B♭ C F	A♭ B G	027 014
C F G	B B♭ E	027 016
C F G	A♭ B♭ E	027 026
C F G	A♭ B E	027 037
B♭ C F	B E G	027 037
B♭ C F	A♭ B E	027 037
C E G	A♭ B B♭	037 013
A♭ C F	B B♭ G	037 014
C E G	B B♭ F	037 016
A♭ C F	B B♭ E	037 016
C E G	A♭ B♭ F	037 025
C E G	A♭ B F	037 036
A♭ C F	B♭ E G	037 036
A♭ C F	B E G	037 037
A♭ C E	B B♭ G	048 014
A♭ C E	B B♭ F	048 016
A♭ C E	B♭ F G	048 025
A♭ C E	B F G	048 026

TriChords Pairs Derived from Retrograde Inversion

C D♭ E♭	A♭ G G♭	013 012
D♭ E E♭	A♭ G G♭	013 012
C D♭ E♭	E G G♭	013 013
C D♭ E♭	A♭ E G	013 014
D♭ E E♭	A♭ C G	013 015
D♭ E E♭	C G G♭	013 016
C D♭ E♭	A♭ E G♭	013 024
D♭ E E♭	A♭ C G♭	013 026
C D♭ E	A♭ G G♭	014 012
C E E♭	A♭ G G♭	014 012
C D♭ E	E♭ G G♭	014 014
C D♭ E	A♭ E♭ G	014 015
C E E♭	D♭ G G♭	014 016
C E E♭	A♭ D♭ G	014 016
C D♭ E	A♭ E♭ G♭	014 025
C E E♭	A♭ D♭ G♭	014 027
A♭ C D♭	E E♭ G♭	015 013
A♭ C D♭	E G G♭	015 013
A♭ C G	D♭ E E♭	015 013
A♭ C G	E E♭ G♭	015 013
A♭ C D♭	E E♭ G	015 014
A♭ C D♭	E♭ G G♭	015 014
A♭ C G	D♭ E♭ G♭	015 025
A♭ C G	D♭ E G♭	015 025
C D♭ G	E E♭ G♭	016 013
C G G♭	D♭ E E♭	016 013
C D♭ G♭	E E♭ G	016 014
C D♭ G♭	A♭ E G	016 014
C D♭ G♭	A♭ E E♭	016 015
C D♭ G♭	A♭ E♭ G	016 015
C D♭ G	A♭ E E♭	016 015
C G G♭	A♭ E E♭	016 015
C D♭ G	A♭ E G♭	016 024
C D♭ G	A♭ E♭ G♭	016 025
C G G♭	A♭ D♭ E♭	016 027
C G G♭	A♭ D♭ E	016 037
D♭ E♭ G♭	A♭ E G	025 014
D♭ E♭ G♭	A♭ C G	025 015
D♭ E♭ G♭	C E G	025 037
D♭ E♭ G♭	A♭ C E	025 048
A♭ C G♭	D♭ E E♭	026 013
A♭ C G♭	E E♭ G	026 014
C E G♭	A♭ E♭ G	026 015
C E G♭	A♭ D♭ G	026 016
C E G♭	D♭ E♭ G	026 026
A♭ C G♭	D♭ E♭ G	026 026
D♭ E♭ G	C E G♭	026 026
C E G♭	A♭ D♭ E♭	026 027
A♭ C G♭	D♭ E G	026 036
D♭ E♭ G	A♭ C E	026 048
C E♭ G♭	A♭ E G	036 014
C E♭ G♭	A♭ D♭ G	036 016
C E♭ G♭	D♭ E G	036 036
C E♭ G♭	A♭ D♭ E	036 037
A♭ C E♭	E G G♭	037 013
A♭ C E♭	D♭ G G♭	037 016
C E♭ G	A♭ E G♭	037 024
C E♭ G	D♭ E G♭	037 025
A♭ C E♭	D♭ E G♭	037 025
C E G	D♭ E♭ G♭	037 025
C E G	A♭ E♭ G♭	037 025
C E♭ G	A♭ D♭ G♭	037 027
C E G	A♭ D♭ E♭	037 027
C E G	A♭ D♭ G♭	037 027
A♭ C E♭	D♭ E G	037 036
C E♭ G	A♭ D♭ E	037 037
A♭ C E	E♭ G G♭	048 014
A♭ C E	D♭ G G♭	048 016
A♭ C E	D♭ E♭ G♭	048 025
A♭ C E	D♭ E♭ G	048 026

See page 179 for other 0,1,2,4,5,7,9 information

C, D♭, D, E, F, G, A

prime form: 0, 1, 2, 4, 5, 7, 9

degrees: 1, ♭2, 2, 3, 4, 5, 6

TriChords Pairs Derived from Normal Form

C D D♭	E F G	012 013
C D D♭	A E F	012 015
C D D♭	A F G	012 024
C D D♭	A E G	012 025
D D♭ E	A F G	013 024
D D♭ E	A C G	013 025
D D♭ E	C F G	013 027
D D♭ E	A C F	013 037
A C D♭	D E F	014 013
A C D♭	E F G	014 013
C D♭ E	A F G	014 024
C D♭ E	D F G	014 025
A C D♭	D E G	014 025
A C D♭	D F G	014 025
D D♭ F	A C G	014 025
D D♭ F	A E G	014 025
C D♭ E	A D G	014 027
C D♭ E	A D F	014 037
D D♭ F	C E G	014 037
D D♭ F	A C E	014 037
C E F	A D D♭	015 015
C E F	D D♭ G	015 016
C D♭ F	D E G	015 025
C D♭ F	A E G	015 025
C E F	A D♭ G	015 026
C D♭ F	A D E	015 027
C D♭ F	A D G	015 027
C E F	A D G	015 027
C D♭ G	D E F	016 013
C D♭ G	A E F	016 015
D D♭ G	C E F	016 015
C D♭ G	A D E	016 027
C D♭ G	A D F	016 037
D D♭ G	A C E	016 037
C D E	A F G	024 024

C D E	D♭ F G	024 026
C D E	A D♭ G	024 026
C D E	A D♭ F	024 048
A C D	E F G	025 013
A C G	D D♭ E	025 013
A C G	D E F	025 013
A C D	D♭ E F	025 014
A C G	D D♭ F	025 014
A C G	D♭ E F	025 014
C D F	A E G	025 025
C D F	A D♭ G	025 026
A C D	D♭ F G	025 026
C D F	D♭ E G	025 036
A C D	D♭ E G	025 036
C D F	A D♭ E	025 037
C F G	D D♭ E	027 013
C D G	D♭ E F	027 014
C D G	A E F	027 015
C F G	A D D♭	027 015
C F G	A D E	027 027
C D G	A D♭ E	027 037
C F G	A D♭ E	027 037
C D G	A D♭ F	027 048
A C F	D D♭ E	037 013
C E G	D D♭ F	037 014
A C E	D D♭ F	037 014
C E G	A D D♭	037 015
A C E	D D♭ G	037 016
A C F	D D♭ G	037 016
A C E	D F G	037 025
A C F	D E G	037 025
A C E	D♭ F G	037 026
A C F	D♭ E G	037 036
C E G	A D F	037 037
C E G	A D♭ F	037 048

TriChords Pairs Derived from Inversion

B B♭ C	A♭ F G	012 013
B B♭ C	A♭ E♭ G	012 015
B B♭ C	E♭ F G	012 024
B B♭ C	A♭ E♭ F	012 025
B C E♭	A♭ F G	014 013
B C E♭	A♭ B♭ G	014 013
A♭ B C	E♭ F G	014 024
B C E♭	B♭ F G	014 025
B C E♭	A♭ B♭ F	014 025
A♭ B C	B♭ F G	014 025
A♭ B C	B♭ E♭ F	014 027
A♭ B C	B♭ E♭ G	014 037
A♭ C G	B B♭ E♭	015 015
A♭ C G	B B♭ F	015 016
B C G	A♭ E♭ F	015 025
B C G	A♭ B♭ F	015 025
A♭ C G	B E♭ F	015 026
A♭ C G	B♭ E♭ F	015 027
B C G	B♭ E♭ F	015 027
B C G	A♭ B♭ E♭	015 027
B C F	A♭ B♭ G	016 013
B C F	A♭ E♭ G	016 015
B C F	A♭ B♭ E♭	016 027
B C F	B♭ E♭ G	016 037
E♭ F G	B B♭ C	024 012
E♭ F G	A♭ B B♭	024 013
E♭ F G	A♭ B C	024 014
A♭ B♭ C	E♭ F G	024 024
E♭ F G	A♭ B♭ C	024 024
A♭ B♭ C	B E♭ F	024 026
A♭ B♭ C	B F G	024 026
A♭ B♭ C	B E♭ G	024 048
A♭ E♭ F	B B♭ C	025 012
C E♭ F	A♭ B♭ G	025 013
C E♭ F	A♭ B B♭	025 013
B♭ C E♭	A♭ F G	025 013
C E♭ F	A♭ B G	025 014

See page 179 for other 0,1,2,4,5,7,9 information

C, D♭, D, E, F, G, A Continued

prime form: 0, 1, 2, 4, 5, 7, 9

degrees: 1, ♭2, 2, 3, 4, 5, 6

C E♭ F   B B♭ G   025 014
B♭ C E♭   A♭ B G   025 014
A♭ E♭ F   B B♭ G   025 014

A♭ E♭ F   B C G   025 015

B♭ C G   A♭ E♭ F   025 025
A♭ E♭ F   B♭ C G   025 025

B♭ C E♭   B F G   025 026
B♭ C G   B E♭ F   025 026

B♭ C E♭   A♭ B F   025 036
B♭ C G   A♭ B F   025 036

B♭ C G   A♭ B E♭   025 037

C F G   A♭ B B♭   027 013

B♭ C F   A♭ B G   027 014

C F G   B B♭ E♭   027 015
B♭ C F   A♭ E♭ G   027 015
B♭ E♭ F   A♭ C G   027 015
B♭ E♭ F   B C G   027 015

C F G   A♭ B♭ E♭   027 027

C F G   A♭ B E♭   027 037
B♭ C F   A♭ B E♭   027 037

B♭ C F   B E♭ G   027 048

C E♭ G   A♭ B B♭   037 013

A♭ C E♭   B B♭ G   037 014
A♭ C F   B B♭ G   037 014

A♭ C F   B B♭ E♭   037 015

C E♭ G   B B♭ F   037 016
A♭ C E♭   B B♭ F   037 016

C E♭ G   A♭ B♭ F   037 025
A♭ C E♭   B♭ F G   037 025

A♭ C E♭   B F G   037 026

C E♭ G   A♭ B F   037 036

A♭ C F   B♭ E♭ G   037 037

A♭ C F   B E♭ G   037 048

TriChords Pairs Derived from Retrograde Inversion

D E F   A A♭ G   013 012

D E F   A A♭ C   013 014

D E F   A♭ C G   013 015

D E F   A C G   013 025

A A♭ C   D E F   014 013
A A♭ C   E F G   014 013

A A♭ C   D E G   014 025
A A♭ C   D F G   014 025

C E F   A A♭ G   015 012

A♭ C G   D E F   015 013

A♭ C G   A E F   015 015

C E F   A♭ D G   015 016
C E F   A A♭ D   015 016

C E F   A D G   015 027
A♭ C G   A D E   015 027

A♭ C G   A D F   015 037

C D E   A A♭ G   024 012

C D E   A♭ F G   024 013

C D E   A A♭ F   024 014

C D E   A F G   024 024

C D F   A A♭ G   025 012

A C D   E F G   025 013
A C D   A♭ F G   025 013
A C G   D E F   025 013

C D F   A♭ E G   025 014
A C D   A♭ E F   025 014
A C D   A♭ E G   025 014
A C G   A♭ E F   025 014
D E G   A A♭ C   025 014
D E G   A A♭ F   025 014

C D F   A A♭ E   025 015

C D F   A E G   025 025

A C G   A♭ D E   025 026

A C G   A♭ D F   025 036

D E G   A♭ C F   025 037
D E G   A C F   025 037

A♭ C D   E F G   026 013

A♭ C D   A E F   026 015

A♭ C D   A F G   026 024

A♭ C D   A E G   026 025

A♭ D E   C F G   026 027

A♭ D E   A C F   026 037

C D G   A♭ E F   027 014
C D G   A A♭ F   027 014

C D G   A E F   027 015
C D G   A A♭ E   027 015
C F G   A A♭ E   027 015

C F G   A A♭ D   027 016

C F G   A♭ D E   027 026

C F G   A D E   027 027

A C E   A♭ F G   037 013

C E G   A A♭ F   037 014
A C F   A♭ E G   037 014

C E G   A A♭ D   037 016
A C E   A♭ D G   037 016
A C F   A♭ D G   037 016

A C E   D F G   037 025
A♭ C F   D E G   037 025
A♭ C F   A E G   037 025
A C F   D E G   037 025

A C F   A♭ D E   037 026

A♭ C F   A D E   037 027
A♭ C F   A D G   037 027

C E G   A♭ D F   037 036
A C E   A♭ D F   037 036

C E G   A D F   037 037

A♭ C E   A F G   048 024

A♭ C E   D F G   048 025

A♭ C E   A D G   048 027

A♭ C E   A D F   048 037

See page 180 for other
0,1,2,4,5,8,9 information

C, D♭, D, E, F, A♭, A

prime form: 0, 1, 2, 4, 5, 8, 9

degrees: 1, ♭2, 2, 3, 4, ♭6, 6

TriChords Pairs Derived from Normal Form

Trichord 1	Trichord 2	Prime forms
C D D♭	A♭ E F	012 014
C D D♭	A A♭ F	012 014
C D D♭	A E F	012 015
C D D♭	A A♭ E	012 015
D D♭ E	A A♭ C	013 014
D D♭ E	A A♭ F	013 014
D D♭ E	A♭ C F	013 037
D D♭ E	A C F	013 037
A C D♭	D E F	014 013
A A♭ C	D D♭ E	014 013
A A♭ C	D E F	014 013
C D♭ E	A A♭ F	014 014
A C D♭	A♭ E F	014 014
A A♭ C	D D♭ F	014 014
A A♭ C	D♭ E F	014 014
D D♭ F	A A♭ C	014 014
D D♭ F	A A♭ E	014 015
C D♭ E	A A♭ D	014 016
A C D♭	A♭ D E	014 026
C D♭ E	A♭ D F	014 036
A C D♭	A♭ D F	014 036
C D♭ E	A D F	014 037
D D♭ F	A C E	014 037
D D♭ F	A♭ C E	014 048
A♭ C D♭	D E F	015 013
C D♭ F	A A♭ E	015 015
A♭ C D♭	A E F	015 015
C E F	A D D♭	015 015
C E F	A A♭ D♭	015 015
C D♭ F	A A♭ D	015 016
C E F	A♭ D D♭	015 016
C E F	A A♭ D	015 016
C D♭ F	A♭ D E	015 026
C D♭ F	A D E	015 027
A♭ C D♭	A D E	015 027
A♭ C D♭	A D F	015 037
A♭ D D♭	C E F	016 015
A♭ D D♭	A C E	016 037
C D E	A A♭ F	024 014
C D E	A A♭ D♭	024 015
C D E	A♭ D♭ F	024 037
C D E	A D♭ F	024 048
A C D	D♭ E F	025 014
A C D	A♭ E F	025 014
C D F	A A♭ D♭	025 015
C D F	A A♭ E	025 015
C D F	A♭ D♭ E	025 037
C D F	A D♭ E	025 037
A C D	A♭ D♭ E	025 037
A C D	A♭ D♭ F	025 037
A♭ C D	D♭ E F	026 014
A♭ C D	A E F	026 015
A♭ C D	A D♭ E	026 037
A♭ C D	A D♭ F	026 048
A♭ C F	D D♭ E	037 013
A C F	D D♭ E	037 013
A C E	D D♭ F	037 014
A♭ C F	A D D♭	037 015
A C E	A♭ D D♭	037 016
A C F	A♭ D D♭	037 016
A C F	A♭ D E	037 026
A♭ C F	A D E	037 027
A C E	A♭ D F	037 036
A C E	A♭ D♭ F	037 037
A♭ C F	A D♭ E	037 037
A C F	A♭ D♭ E	037 037
A♭ C E	D D♭ F	048 014
A♭ C E	A D D♭	048 015
A♭ C E	A D F	048 037
A♭ C E	A D♭ F	048 048

TriChords Pairs Derived from Inversion

Trichord 1	Trichord 2	Prime forms
B B♭ C	E E♭ G	012 014
B B♭ C	A♭ E G	012 014
B B♭ C	A♭ E E♭	012 015
B B♭ C	A♭ E♭ G	012 015
E E♭ G	B B♭ C	014 012
C E E♭	A♭ B♭ G	014 013
C E E♭	A♭ B B♭	014 013
B C E♭	A♭ B♭ G	014 013
E E♭ G	A♭ B B♭	014 013
C E E♭	A♭ B G	014 014
C E E♭	B B♭ G	014 014
B C E♭	A♭ E G	014 014
A♭ B C	E E♭ G	014 014
E E♭ G	A♭ B C	014 014
A♭ B C	B♭ E E♭	014 016
E E♭ G	A♭ B♭ C	014 024
B C E♭	A♭ B♭ E	014 026
B C E♭	B♭ E G	014 036
A♭ B C	B♭ E G	014 036
A♭ B C	B♭ E♭ G	014 037
A♭ E E♭	B B♭ C	015 012
B C E	A♭ B♭ G	015 013
A♭ E E♭	B B♭ G	015 014
B C E	A♭ E♭ G	015 015
A♭ C G	B E E♭	015 015
A♭ C G	B B♭ E♭	015 015
B C G	A♭ E E♭	015 015
A♭ E E♭	B C G	015 015
A♭ C G	B♭ E E♭	015 016
A♭ C G	B B♭ E	015 016
B C G	B♭ E E♭	015 016
A♭ E E♭	B♭ C G	015 025
B C G	A♭ B♭ E	015 026
B C E	A♭ B♭ E♭	015 027
B C G	A♭ B♭ E♭	015 027
B C E	B♭ E♭ G	015 037
B♭ E E♭	A♭ C G	016 015
B♭ E E♭	B C G	016 015
A♭ B♭ C	E E♭ G	024 014
A♭ B♭ C	B E E♭	024 015
A♭ B♭ C	B E G	024 037
A♭ B♭ C	B E♭ G	024 048

See page 180 for other 0,1,2,4,5,8,9 information

C, D♭, D, E, F, A♭, A Continued

prime form: 0, 1, 2, 4, 5, 8, 9

degrees: 1, ♭2, 2, 3, 4, ♭6, 6

B♭ C E♭	A♭ E G	025 014
B♭ C E♭	A♭ B G	025 014
B♭ C G	A♭ E E♭	025 015
B♭ C G	B E E♭	025 015
B♭ C E♭	B E G	025 037
B♭ C E♭	A♭ B E	025 037
B♭ C G	A♭ B E♭	025 037
B♭ C G	A♭ B E	025 037
B♭ C E	A♭ B G	026 014
B♭ C E	A♭ E♭ G	026 015
B♭ C E	A♭ B E♭	026 037
B♭ C E	B E♭ G	026 048
C E♭ G	A♭ B B♭	037 013
C E G	A♭ B B♭	037 013
A♭ C E♭	B B♭ G	037 014
C E G	B B♭ E♭	037 015
C E♭ G	B B♭ E	037 016
A♭ C E♭	B B♭ E	037 016
C E♭ G	A♭ B♭ E	037 026
C E G	A♭ B♭ E♭	037 027
A♭ C E♭	B♭ E G	037 036
C E♭ G	A♭ B E	037 037
A♭ C E♭	B E G	037 037
C E G	A♭ B E♭	037 037
A♭ C E	B B♭ G	048 014
A♭ C E	B B♭ E♭	048 015
A♭ C E	B♭ E♭ G	048 037
A♭ C E	B E♭ G	048 048

TriChords Pairs Derived from Retrograde Inversion

C D♭ E	A A♭ G	014 012
D♭ E F	A A♭ G	014 012
C D♭ E	A♭ F G	014 013
A C D♭	E F G	014 013
A C D♭	A♭ F G	014 013
A A♭ C	E F G	014 013
C D♭ E	A A♭ F	014 014
A C D♭	A♭ E F	014 014
A C D♭	A♭ E G	014 014
A A♭ C	D♭ E F	014 014
D♭ E F	A A♭ C	014 014
D♭ E F	A♭ C G	014 015
C D♭ E	A F G	014 024
D♭ E F	A C G	014 025
A A♭ C	D♭ F G	014 026
A A♭ C	D♭ E G	014 036
C D♭ F	A A♭ G	015 012
C E F	A A♭ G	015 012
A♭ C D♭	E F G	015 013
C D♭ F	A♭ E G	015 014
A♭ C G	D♭ E F	015 014
C D♭ F	A A♭ E	015 015
A♭ C D♭	A E F	015 015
C E F	A A♭ D♭	015 015
A♭ C G	A E F	015 015
C E F	A♭ D♭ G	015 016
A♭ C D♭	A F G	015 024
C D♭ F	A E G	015 025
A♭ C D♭	A E G	015 025
C E F	A D♭ G	015 026
A♭ C G	A D♭ E	015 037
A♭ C G	A D♭ F	015 048
C D♭ G	A♭ E F	016 014
C D♭ G	A A♭ F	016 014
C D♭ G	A E F	016 015
C D♭ G	A A♭ E	016 015
A C G	D♭ E F	025 014
A C G	A♭ E F	025 014
A C G	A♭ D♭ E	025 037
A C G	A♭ D♭ F	025 037
C F G	A A♭ D♭	027 015
C F G	A A♭ E	027 015
C F G	A♭ D♭ E	027 037
C F G	A D♭ E	027 037
D♭ E G	A A♭ C	036 014
D♭ E G	A A♭ F	036 014
D♭ E G	A♭ C F	036 037
D♭ E G	A C F	036 037
A C E	A♭ F G	037 013
C E G	A A♭ F	037 014
A C F	A♭ E G	037 014
C E G	A A♭ D♭	037 015
A C E	A♭ D♭ G	037 016
A C F	A♭ D♭ G	037 016
A♭ C F	A E G	037 025
A C E	D♭ F G	037 026
A♭ C F	A D♭ G	037 026
A♭ D♭ E	C F G	037 027
A♭ C F	D♭ E G	037 036
A C F	D♭ E G	037 036
C E G	A♭ D♭ F	037 037
A C E	A♭ D♭ F	037 037
A♭ C F	A D♭ E	037 037
A C F	A♭ D♭ E	037 037
A♭ D♭ E	A C F	037 037
C E G	A D♭ F	037 048
A♭ C E	A F G	048 024
A♭ C E	D♭ F G	048 026
A♭ C E	A D♭ G	048 026
A♭ C E	A D♭ F	048 048

See page 182 for other 0,1,2,4,6,7,9 information

C, D♭, D, E, G♭, G, A

prime form: 0, 1, 2, 4, 6, 7, 9

degrees: 1, ♭2, 2, 3, ♭5, 5, 6

TriChords Pairs Derived from Normal Form

C D D♭ E G G♭ 012 013
C D D♭ A G G♭ 012 013

C D D♭ A E G♭ 012 025
C D D♭ A E G 012 025

D D♭ E A G G♭ 013 013

D D♭ E C G G♭ 013 016

D D♭ E A C G 013 025

D D♭ E A C G♭ 013 036

C D♭ E A G G♭ 014 013
A C D♭ E G G♭ 014 013

C D♭ E D G G♭ 014 015
A C D♭ D G G♭ 014 015

A C D♭ D E G♭ 014 024

A C D♭ D E G 014 025

C D♭ E A D G 014 027

C D♭ E A D G♭ 014 037

D D♭ G♭ A C G 015 025
D D♭ G♭ A E G 015 025

D D♭ G♭ C E G 015 037
D D♭ G♭ A C E 015 037

C G G♭ D D♭ E 016 013

C G G♭ A D D♭ 016 015

C D♭ G D E G♭ 016 024

C D♭ G♭ D E G 016 025
C D♭ G♭ A E G 016 025
C D♭ G A E G♭ 016 025

D D♭ G C E G♭ 016 026

C D♭ G♭ A D E 016 027
C D♭ G♭ A D G 016 027
C D♭ G A D E 016 027
C G G♭ A D E 016 027

C D♭ G A D G♭ 016 037
C G G♭ A D♭ E 016 037
D D♭ G A C E 016 037

C D E A G G♭ 024 013

C D E D♭ G G♭ 024 016

C D E A D♭ G 024 026

C D E A D♭ G♭ 024 037

A C D E G G♭ 025 013
A C G D D♭ E 025 013

A C G D D♭ G♭ 025 015

A C D D♭ G G♭ 025 016

A C G D E G♭ 025 024

A C D D♭ E G♭ 025 025
A C G D♭ E G♭ 025 025

A C D D♭ E G 025 036

C E G♭ A D D♭ 026 015

C E G♭ D D♭ G 026 016

C D G♭ A E G 026 025

C D G♭ A D♭ G 026 026
C E G♭ A D♭ G 026 026

C E G♭ A D G 026 027

C D G♭ D♭ E G 026 036

C D G♭ A D♭ E 026 037

C D G D♭ E G♭ 027 025
C D G A E G♭ 027 025

C D G A D♭ E 027 037
C D G A D♭ G♭ 027 037

A C G♭ D D♭ E 036 013

A C G♭ D D♭ G 036 016

A C G♭ D E G 036 025

A C G♭ D♭ E G 036 036

C E G D D♭ G♭ 037 015
C E G A D D♭ 037 015
A C E D D♭ G♭ 037 015
A C E D G G♭ 037 015

A C E D D♭ G 037 016
A C E D♭ G G♭ 037 016

C E G A D♭ G♭ 037 037
C E G A D G♭ 037 037

TriChords Pairs Derived from Inversion

B B♭ C E♭ F G♭ 012 013

B B♭ C A♭ F G♭ 012 013

B B♭ C A♭ E♭ F 012 025
B B♭ C A♭ E♭ G♭ 012 025

E♭ F G♭ B B♭ C 013 012

E♭ F G♭ A♭ B B♭ 013 013

E♭ F G♭ A♭ B C 013 014

E♭ F G♭ A♭ B♭ C 013 024

B C E♭ A♭ F G♭ 014 013
A♭ B C E♭ F G♭ 014 013

B C E♭ B♭ F G♭ 014 015
A♭ B C B♭ F G♭ 014 015

B C E♭ A♭ B♭ G♭ 014 024

B C E♭ A♭ B♭ F 014 025

A♭ B C B♭ E♭ F 014 027

A♭ B C B♭ E♭ G♭ 014 037

C F G♭ A♭ B B♭ 016 013

C F G♭ B B♭ E♭ 016 015

B C F A♭ B♭ G♭ 016 024

B C F A♭ E♭ G♭ 016 025
B C G♭ A♭ E♭ F 016 025
B C G♭ A♭ B♭ F 016 025

C F G♭ A♭ B♭ E♭ 016 027
B C F A♭ B♭ E♭ 016 027
B C G♭ B♭ E♭ F 016 027
B C G♭ A♭ B♭ E♭ 016 027

C F G♭ A♭ B E♭ 016 037
B C F B♭ E♭ G♭ 016 037

A♭ B♭ C E♭ F G♭ 024 013

A♭ B♭ C B F G♭ 024 016

A♭ B♭ C B E♭ F 024 026

A♭ B♭ C B E♭ G♭ 024 037

A♭ E♭ F B B♭ C 025 012

C E♭ F A♭ B B♭ 025 013
B♭ C E♭ A♭ F G♭ 025 013

C E♭ F B B♭ G♭ 025 015
A♭ E♭ F B B♭ G♭ 025 015

See page 182 for other 0,1,2,4,6,7,9 information

C, D♭, D, E, G♭, G, A Continued

prime form: 0, 1, 2, 4, 6, 7, 9

degrees: 1, ♭2, 2, 3, ♭5, 5, 6

B♭ C E♭ B F G♭ 025 016
A♭ E♭ F B C G♭ 025 016

C E♭ F A♭ B♭ G♭ 025 024

C E♭ F A♭ B G♭ 025 025
B♭ C E♭ A♭ B G♭ 025 025

A♭ E♭ F B♭ C G♭ 025 026

B♭ C E♭ A♭ B F 025 036

A♭ C G♭ B B♭ E♭ 026 015

A♭ C G♭ B B♭ F 026 016

B♭ C G♭ A♭ E♭ F 026 025

A♭ C G♭ B E♭ F 026 026
B♭ C G♭ B E♭ F 026 026

A♭ C G♭ B♭ E♭ F 026 027

B♭ C G♭ A♭ B F 026 036

B♭ C G♭ A♭ B E♭ 026 037

B♭ E♭ F B C G♭ 027 016

B♭ C F A♭ E♭ G♭ 027 025
B♭ C F A♭ B G♭ 027 025

B♭ E♭ F A♭ C G♭ 027 026

B♭ C F B E♭ G♭ 027 037
B♭ C F A♭ B E♭ 027 037

C E♭ G♭ A♭ B B♭ 036 013

C E♭ G♭ B B♭ F 036 016

C E♭ G♭ A♭ B♭ F 036 025

C E♭ G♭ A♭ B F 036 036

A♭ C E♭ B♭ F G♭ 037 015
A♭ C E♭ B B♭ G♭ 037 015
A♭ C F B B♭ E♭ 037 015
A♭ C F B B♭ G♭ 037 015

A♭ C E♭ B F G♭ 037 016
A♭ C E♭ B B♭ F 037 016

A♭ C F B♭ E♭ G♭ 037 037
A♭ C F B E♭ G♭ 037 037

TriChords Pairs Derived from Retrograde Inversion

C D E♭ A A♭ G 013 012
D E♭ F A A♭ G 013 012

C D E♭ A♭ F G 013 013

C D E♭ A A♭ F 013 014
D E♭ F A A♭ C 013 014

D E♭ F A♭ C G 013 015

C D E♭ A F G 013 024

D E♭ F A C G 013 025

A A♭ C D E♭ F 014 013

A A♭ C D E♭ G 014 015

A A♭ C E♭ F G 014 024

A A♭ C D F G 014 025

A♭ C G D E♭ F 015 013

D E♭ G A A♭ C 015 014
D E♭ G A A♭ F 015 014

A♭ C G A D E♭ 015 016

A♭ C G A E♭ F 015 026

A♭ C G A D F 015 037
D E♭ G A♭ C F 015 037
D E♭ G A C F 015 037

A♭ D E♭ C F G 016 027

A♭ D E♭ A C F 016 037

C D F A A♭ G 025 012
C E♭ F A A♭ G 025 012

A C D A♭ F G 025 013
A C G D E♭ F 025 013

C D F A♭ E♭ G 025 015
A C D A♭ E♭ G 025 015

C D F A A♭ E♭ 025 016
C E♭ F A♭ D G 025 016
C E♭ F A A♭ D 025 016
A C G A♭ D E♭ 025 016

A C D E♭ F G 025 024

A C D A♭ E♭ F 025 025
A C G A♭ E♭ F 025 025

C D F A E♭ G 025 026

C E♭ F A D G 025 027

A C G A♭ D F 025 036

A♭ C D E♭ F G 026 024
A♭ C D A F G 026 024

A♭ C D A E♭ F 026 026
A♭ C D A E♭ G 026 026

C D G A A♭ F 027 014

C D G A A♭ E♭ 027 016
C F G A♭ D E♭ 027 016
C F G A D E♭ 027 016
C F G A A♭ D 027 016
C F G A A♭ E♭ 027 016

C D G A♭ E♭ F 027 025

C D G A E♭ F 027 026

A C E♭ A♭ F G 036 013

A C E♭ A♭ D G 036 016

A C E♭ D F G 036 025

A C E♭ A♭ D F 036 036

C E♭ G A A♭ F 037 014

A♭ C F D E♭ G 037 015
A C F D E♭ G 037 015
A C F A♭ E♭ G 037 015

C E♭ G A A♭ D 037 016
A♭ C F A D E♭ 037 016
A C F A♭ D E♭ 037 016
A C F A♭ D G 037 016

A♭ C E♭ A F G 037 024

A♭ C E♭ D F G 037 025

A♭ C F A E♭ G 037 026

A♭ C E♭ A D G 037 027
A♭ C F A D G 037 027

C E♭ G A♭ D F 037 036

C E♭ G A D F 037 037
A♭ C E♭ A D F 037 037

See page 183 for other
0,1,2,4,6,8,9 information

C, D♭, D, E, G♭, A♭, A

prime form: 0, 1, 2, 4, 6, 8, 9

degrees: 1, ♭2, 2, 3, ♭5, ♭6, 6

TriChords Pairs Derived from Normal Form

C D D♭	A A♭ G♭	012 013
C D D♭	A A♭ E	012 015
C D D♭	A♭ E G♭	012 024
C D D♭	A E G♭	012 025
D D♭ E	A A♭ G♭	013 013
D D♭ E	A A♭ C	013 014
D D♭ E	A♭ C G♭	013 026
D D♭ E	A C G♭	013 036
C D♭ E	A A♭ G♭	014 013
A A♭ C	D D♭ E	014 013
A A♭ C	D D♭ G♭	014 015
C D♭ E	A A♭ D	014 016
A C D♭	D E G♭	014 024
A C D♭	A♭ E G♭	014 024
A A♭ C	D E G♭	014 024
A A♭ C	D♭ E G♭	014 025
C D♭ E	A♭ D G♭	014 026
A C D♭	A♭ D E	014 026
A C D♭	A♭ D G♭	014 026
C D♭ E	A D G♭	014 037
D D♭ G♭	A A♭ C	015 014
D D♭ G♭	A A♭ E	015 015
A♭ C D♭	D E G♭	015 024
A♭ C D♭	A E G♭	015 025
A♭ C D♭	A D E	015 027
A♭ C D♭	A D G♭	015 037
D D♭ G♭	A C E	015 037
D D♭ G♭	A♭ C E	015 048
C D♭ G♭	A A♭ E	016 015
C D♭ G♭	A A♭ D	016 016
C D♭ G♭	A♭ D E	016 026
A♭ D D♭	C E G♭	016 026
C D♭ G♭	A D E	016 027

A♭ D D♭	A C E	016 037
C D E	A A♭ G♭	024 013
C D E	A A♭ D♭	024 015
C D E	A♭ D♭ G♭	024 027
C D E	A D♭ G♭	024 037
A C D	A♭ E G♭	025 024
A C D	D♭ E G♭	025 025
A C D	A♭ D♭ G♭	025 027
A C D	A♭ D♭ E	025 037
A♭ C G♭	D D♭ E	026 013
C D G♭	A A♭ D♭	026 015
C D G♭	A A♭ E	026 015
C E G♭	A D D♭	026 015
C E G♭	A A♭ D♭	026 015
A♭ C G♭	A D D♭	026 015
C E G♭	A♭ D D♭	026 016
C E G♭	A A♭ D	026 016
A♭ C D	D♭ E G♭	026 025
A♭ C D	A E G♭	026 025
A♭ C G♭	A D E	026 027
C D G♭	A♭ D♭ E	026 037
C D G♭	A D♭ E	026 037
A♭ C D	A D♭ E	026 037
A♭ C D	A D♭ G♭	026 037
A♭ C G♭	A D♭ E	026 037
A C G♭	D D♭ E	036 013
A C G♭	A♭ D D♭	036 016
A C G♭	A♭ D E	036 026
A C G♭	A♭ D♭ E	036 037
A C E	D D♭ G♭	037 015
A C E	A♭ D D♭	037 016
A C E	A♭ D G♭	037 026
A C E	A♭ D♭ G♭	037 027
A♭ C E	D D♭ G♭	048 015
A♭ C E	A D D♭	048 015
A♭ C E	A D♭ G♭	048 037
A♭ C E	A D G♭	048 037

TriChords Pairs Derived from Inversion

B B♭ C	E E♭ G♭	012 013
B B♭ C	A♭ E E♭	012 015
B B♭ C	A♭ E G♭	012 024
B B♭ C	A♭ E♭ G♭	012 025
E E♭ G♭	B B♭ C	013 012
E E♭ G♭	A♭ B B♭	013 013
E E♭ G♭	A♭ B C	013 014
E E♭ G♭	A♭ B♭ C	013 024
C E E♭	A♭ B B♭	014 013
A♭ B C	E E♭ G♭	014 013
C E E♭	B B♭ G♭	014 015
A♭ B C	B♭ E E♭	014 016
C E E♭	A♭ B♭ G♭	014 024
B C E♭	A♭ E G♭	014 024
B C E♭	A♭ B♭ G♭	014 024
C E E♭	A♭ B G♭	014 025
B C E♭	B♭ E G♭	014 026
B C E♭	A♭ B♭ E	014 026
A♭ B C	B♭ E G♭	014 026
A♭ B C	B♭ E♭ G♭	014 037
A♭ E E♭	B B♭ C	015 012
A♭ E E♭	B B♭ G♭	015 015
A♭ E E♭	B C G♭	015 016
B C E	A♭ B♭ G♭	015 024
B C E	A♭ E♭ G♭	015 025
A♭ E E♭	B♭ C G♭	015 026
B C E	A♭ B♭ E♭	015 027
B C E	B♭ E♭ G♭	015 037
B C G♭	A♭ E E♭	016 015
B C G♭	B♭ E E♭	016 016
B♭ E E♭	B C G♭	016 016
B C G♭	A♭ B♭ E	016 026
B♭ E E♭	A♭ C G♭	016 026

See page 183 for other
0,1,2,4,6,8,9 information

C, D♭, D, E, G♭, A♭, A Continued

prime form: 0, 1, 2, 4, 6, 8, 9

degrees: 1, ♭2, 2, 3, ♭5, ♭6, 6

B C G♭ A♭ B♭ E♭ 016 027

A♭ B♭ C E E♭ G♭ 024 013

A♭ B♭ C B E E♭ 024 015

A♭ B♭ C B E G♭ 024 027

A♭ B♭ C B E♭ G♭ 024 037

B♭ C E♭ A♭ E G♭ 025 024

B♭ C E♭ A♭ B G♭ 025 025

B♭ C E♭ B E G♭ 025 027

B♭ C E♭ A♭ B E 025 037

C E G♭ A♭ B B♭ 026 013

C E G♭ B B♭ E♭ 026 015
A♭ C G♭ B E E♭ 026 015
A♭ C G♭ B B♭ E♭ 026 015
B♭ C G♭ A♭ E E♭ 026 015
B♭ C G♭ B E E♭ 026 015

A♭ C G♭ B♭ E E♭ 026 016
A♭ C G♭ B B♭ E 026 016

B♭ C E A♭ E♭ G♭ 026 025
B♭ C E A♭ B G♭ 026 025

C E G♭ A♭ B♭ E♭ 026 027

C E G♭ A♭ B E♭ 026 037
B♭ C E B E♭ G♭ 026 037
B♭ C E A♭ B E♭ 026 037
B♭ C G♭ A♭ B E♭ 026 037
B♭ C G♭ A♭ B E 026 037

C E♭ G♭ A♭ B B♭ 036 013

C E♭ G♭ B B♭ E 036 016

C E♭ G♭ A♭ B♭ E 036 026

C E♭ G♭ A♭ B E 036 037

A♭ C E♭ B B♭ G♭ 037 015

A♭ C E♭ B B♭ E 037 016

A♭ C E♭ B♭ E G♭ 037 026

A♭ C E♭ B E G♭ 037 027

A♭ C E B B♭ E♭ 048 015
A♭ C E B B♭ G♭ 048 015

A♭ C E B♭ E♭ G♭ 048 037
A♭ C E B E♭ G♭ 048 037

TriChords Pairs Derived from Retrograde Inversion

C D♭ E♭ A A♭ G 013 012

C D♭ E♭ A♭ F G 013 013

C D♭ E♭ A A♭ F 013 014

C D♭ E♭ A F G 013 024

A C D♭ A♭ F G 014 013

A C D♭ A♭ E♭ G 014 015

A C D♭ E♭ F G 014 024
A A♭ C D♭ E♭ F 014 024
A A♭ C E♭ F G 014 024

A C D♭ A♭ E♭ F 014 025

A A♭ C D♭ E♭ G 014 026
A A♭ C D♭ F G 014 026

C D♭ F A A♭ G 015 012

C D♭ F A♭ E♭ G 015 015

C D♭ F A A♭ E♭ 015 016

A♭ C D♭ E♭ F G 015 024
A♭ C D♭ A F G 015 024
A♭ C G D♭ E♭ F 015 024

C D♭ F A E♭ G 015 026
A♭ C D♭ A E♭ F 015 026
A♭ C D♭ A E♭ G 015 026
A♭ C G A D♭ E♭ 015 026
A♭ C G A E♭ F 015 026

A♭ C G A D♭ F 015 048

C D♭ G A A♭ F 016 014

C D♭ G A A♭ E♭ 016 016

C D♭ G A♭ E♭ F 016 025

C D♭ G A E♭ F 016 026

D♭ E♭ F A A♭ G 024 012

D♭ E♭ F A A♭ C 024 014

D♭ E♭ F A♭ C G 024 015

D♭ E♭ F A C G 024 025

C E♭ F A A♭ G 025 012

C E♭ F A A♭ D♭ 025 015

C E♭ F A♭ D♭ G 025 016

A C G D♭ E♭ F 025 024

A C G A♭ E♭ F 025 025

C E♭ F A D♭ G 025 026

A C G A♭ D♭ E♭ 025 027

A C G A♭ D♭ F 025 037

D♭ E♭ G A A♭ C 026 014
D♭ E♭ G A A♭ F 026 014

D♭ E♭ G A♭ C F 026 037
D♭ E♭ G A C F 026 037

C F G A A♭ D♭ 027 015

C F G A A♭ E♭ 027 016

C F G A D♭ E♭ 027 026

C F G A♭ D♭ E♭ 027 027
A♭ D♭ E♭ C F G 027 027

A♭ D♭ E♭ A C F 027 037

A C E♭ A♭ F G 036 013

A C E♭ A♭ D♭ G 036 016

A C E♭ D♭ F G 036 026

A C E♭ A♭ D♭ F 036 037

C E♭ G A A♭ F 037 014

C E♭ G A A♭ D♭ 037 015
A C F A♭ E♭ G 037 015

A C F A♭ D♭ G 037 016

A♭ C E♭ A F G 037 024

A♭ C E♭ D♭ F G 037 026
A♭ C E♭ A D♭ G 037 026
A♭ C F D♭ E♭ G 037 026
A♭ C F A D♭ E♭ 037 026
A♭ C F A D♭ G 037 026
A♭ C F A E♭ G 037 026
A C F D♭ E♭ G 037 026

A C F A♭ D♭ E♭ 037 027

C E♭ G A♭ D♭ F 037 037

C E♭ G A D♭ F 037 048
A♭ C E♭ A D♭ F 037 048

See page 185 for other
0,1,2,4,7,8,9 information

C, D♭, D, E, G, A♭, A

prime form: 0, 1, 2, 4, 7, 8, 9

degrees: 1, ♭2, 2, 3, 5, ♭6, 6

TriChords Pairs Derived from Normal Form

C D D♭ A A♭ G 012 012

C D D♭ A♭ E G 012 014

C D D♭ A A♭ E 012 015

C D D♭ A E G 012 025

D D♭ E A A♭ G 013 012

D D♭ E A A♭ C 013 014

D D♭ E A♭ C G 013 015

D D♭ E A C G 013 025

C D♭ E A A♭ G 014 012

A A♭ C D D♭ E 014 013

A C D♭ A♭ E G 014 014

C D♭ E A♭ D G 014 016
C D♭ E A A♭ D 014 016
A C D♭ A♭ D G 014 016
A A♭ C D D♭ G 014 016

A C D♭ D E G 014 025
A A♭ C D E G 014 025

A C D♭ A♭ D E 014 026

C D♭ E A D G 014 027

A A♭ C D♭ E G 014 036

A♭ C G D D♭ E 015 013

A♭ C G A D D♭ 015 015

A♭ C D♭ D E G 015 025
A♭ C D♭ A E G 015 025

A♭ C D♭ A D E 015 027
A♭ C D♭ A D G 015 027
A♭ C G A D E 015 027

A♭ C G A D♭ E 015 037

D D♭ G A A♭ C 016 014

C D♭ G A A♭ E 016 015
D D♭ G A A♭ E 016 015

C D♭ G A A♭ D 016 016

C D♭ G A♭ D E 016 026

C D♭ G A D E 016 027

D D♭ G A C E 016 037
A♭ D D♭ C E G 016 037
A♭ D D♭ A C E 016 037

D D♭ G A♭ C E 016 048

C D E A A♭ G 024 012

C D E A A♭ D♭ 024 015

C D E A♭ D♭ G 024 016

C D E A D♭ G 024 026

A C G D D♭ E 025 013

A C D A♭ E G 025 014

A C D A♭ D♭ G 025 016
A C G A♭ D D♭ 025 016

A C G A♭ D E 025 026

A C D D♭ E G 025 036

A C D A♭ D♭ E 025 037
A C G A♭ D♭ E 025 037

A♭ C D A E G 026 025

A♭ C D A D♭ G 026 026

A♭ C D D♭ E G 026 036

A♭ C D A D♭ E 026 037

C D G A A♭ D♭ 027 015
C D G A A♭ E 027 015

C D G A♭ D♭ E 027 037
C D G A D♭ E 027 037

C E G A D D♭ 037 015
C E G A A♭ D♭ 037 015

C E G A♭ D D♭ 037 016
C E G A A♭ D 037 016
A C E D D♭ G 037 016
A C E A♭ D D♭ 037 016
A C E A♭ D♭ G 037 016
A C E A♭ D G 037 016

A♭ C E A D D♭ 048 015

A♭ C E D D♭ G 048 016

A♭ C E A D♭ G 048 026

A♭ C E A D G 048 027

TriChords Pairs Derived from Inversion

B B♭ C E E♭ F 012 012
E E♭ F B B♭ C 012 012

E E♭ F A♭ B B♭ 012 013

B B♭ C A♭ E F 012 014
E E♭ F A♭ B C 012 014

B B♭ C A♭ E E♭ 012 015

E E♭ F A♭ B♭ C 012 024

B B♭ C A♭ E♭ F 012 025

A♭ B C E E♭ F 014 012

C E E♭ A♭ B B♭ 014 013

B C E♭ A♭ E F 014 014

C E E♭ B B♭ F 014 016
B C E♭ B♭ E F 014 016
A♭ B C B♭ E E♭ 014 016
A♭ B C B♭ E F 014 016

C E E♭ A♭ B♭ F 014 025
B C E♭ A♭ B♭ F 014 025

B C E♭ A♭ B♭ E 014 026

A♭ B C B♭ E♭ F 014 027

C E E♭ A♭ B F 014 036

A♭ E E♭ B B♭ C 015 012

C E F A♭ B B♭ 015 013

C E F B B♭ E♭ 015 015

A♭ E E♭ B C F 015 016
A♭ E E♭ B B♭ F 015 016

B C E A♭ E♭ F 015 025
B C E A♭ B♭ F 015 025

C E F A♭ B♭ E♭ 015 027
B C E B♭ E♭ F 015 027
B C E A♭ B♭ E♭ 015 027
A♭ E E♭ B♭ C F 015 027

C E F A♭ B E♭ 015 037

B C F A♭ E E♭ 016 015

B C F B♭ E E♭ 016 016
B♭ E E♭ B C F 016 016

B C F A♭ B♭ E 016 026

B C F A♭ B♭ E♭ 016 027

See page 185 for other 0,1,2,4,7,8,9 information

C, D♭, D, E, G, A♭, A Continued

prime form: 0, 1, 2, 4, 7, 8, 9

degrees: 1, ♭2, 2, 3, 5, ♭6, 6

B♭ E E♭	A♭ C F	016 037
A♭ B♭ C	E E♭ F	024 012
A♭ B♭ C	B E E♭	024 015
A♭ B♭ C	B E F	024 016
A♭ B♭ C	B E♭ F	024 026
C E♭ F	A♭ B B♭	025 013
B♭ C E♭	A♭ E F	025 014
C E♭ F	B B♭ E	025 016
B♭ C E♭	B E F	025 016
C E♭ F	A♭ B♭ E	025 026
B♭ C E♭	A♭ B F	025 036
C E♭ F	A♭ B E	025 037
B♭ C E♭	A♭ B E	025 037
B♭ C E	A♭ E♭ F	026 025
B♭ C E	B E♭ F	026 026
B♭ C E	A♭ B F	026 036
B♭ C E	A♭ B E♭	026 037
B♭ C F	A♭ E E♭	027 015
B♭ C F	B E E♭	027 015
B♭ C F	A♭ B E♭	027 037
B♭ C F	A♭ B E	027 037
A♭ C F	B E E♭	037 015
A♭ C F	B B♭ E♭	037 015
A♭ C E♭	B♭ E F	037 016
A♭ C E♭	B E F	037 016
A♭ C E♭	B B♭ E	037 016
A♭ C E♭	B B♭ F	037 016
A♭ C F	B♭ E E♭	037 016
A♭ C F	B B♭ E	037 016
A♭ C E	B B♭ E♭	048 015
A♭ C E	B B♭ F	048 016
A♭ C E	B E♭ F	048 026
A♭ C E	B♭ E♭ F	048 027

TriChords Pairs Derived from Retrograde Inversion

C D D♭	A A♭ G	012 012
C D D♭	A♭ F G	012 013
C D D♭	A A♭ F	012 014
C D D♭	A F G	012 024
D D♭ F	A A♭ G	014 012
A C D♭	A♭ F G	014 013
A A♭ C	D D♭ F	014 014
D D♭ F	A A♭ C	014 014
D D♭ F	A♭ C G	014 015
A C D♭	A♭ D G	014 016
A A♭ C	D D♭ G	014 016
A C D♭	D F G	014 025
A A♭ C	D F G	014 025
D D♭ F	A C G	014 025
A A♭ C	D♭ F G	014 026
A C D♭	A♭ D F	014 036
C D♭ F	A A♭ G	015 012
A♭ C G	D D♭ F	015 014
A♭ C G	A D D♭	015 015
C D♭ F	A♭ D G	015 016
C D♭ F	A A♭ D	015 016
A♭ C D♭	A F G	015 024
A♭ C D♭	D F G	015 025
C D♭ F	A D G	015 027
A♭ C D♭	A D G	015 027
A♭ C D♭	A D F	015 037
A♭ C G	A D F	015 037
A♭ C G	A D♭ F	015 048
C D♭ G	A A♭ F	016 014
D D♭ G	A A♭ C	016 014
D D♭ G	A A♭ F	016 014
C D♭ G	A A♭ D	016 016
A♭ D D♭	C F G	016 027
C D♭ G	A♭ D F	016 036
C D♭ G	A D F	016 037
D D♭ G	A♭ C F	016 037
D D♭ G	A C F	016 037
A♭ D D♭	A C F	016 037

C D F	A A♭ G	025 012
A C D	A♭ F G	025 013
A C G	D D♭ F	025 014
C D F	A A♭ D♭	025 015
C D F	A♭ D♭ G	025 016
A C D	A♭ D♭ G	025 016
A C G	A♭ D D♭	025 016
C D F	A D♭ G	025 026
A C D	D♭ F G	025 026
A C G	A♭ D F	025 036
A C D	A♭ D♭ F	025 037
A C G	A♭ D♭ F	025 037
A♭ C D	A F G	026 024
A♭ C D	D♭ F G	026 026
A♭ C D	A D♭ G	026 026
A♭ C D	A D♭ F	026 048
C D G	A A♭ F	027 014
C D G	A A♭ D♭	027 015
C F G	A D D♭	027 015
C F G	A A♭ D♭	027 015
C F G	A♭ D D♭	027 016
C F G	A A♭ D	027 016
C D G	A♭ D♭ F	027 037
C D G	A D♭ F	027 048
A♭ C F	A D D♭	037 015
A♭ C F	D D♭ G	037 016
A C F	D D♭ G	037 016
A C F	A♭ D D♭	037 016
A C F	A♭ D♭ G	037 016
A C F	A♭ D G	037 016
A♭ C F	A D♭ G	037 026
A♭ C F	A D G	037 027

See page 187 for other
0,1,3,4,5,6,8 information

C, D♭, E♭, E, F, G♭, A♭

prime form: 0, 1, 3, 4, 5, 6, 8

degrees: 1, ♭2, ♭3, 3, 4, ♭5, ♭6

TriChords Pairs Derived from Normal Form

C D♭ E♭ E F G♭ 013 012

C D♭ E♭ A♭ F G♭ 013 013
D♭ E E♭ A♭ F G♭ 013 013

C D♭ E♭ A♭ E F 013 014

D♭ E E♭ C F G♭ 013 016

C D♭ E♭ A♭ E G♭ 013 024

D♭ E E♭ A♭ C G♭ 013 026

D♭ E E♭ A♭ C F 013 037

C D♭ E E♭ F G♭ 014 013
C D♭ E A♭ F G♭ 014 013
C E E♭ A♭ F G♭ 014 013

C E E♭ D♭ F G♭ 014 015

C D♭ E A♭ E♭ F 014 025
C D♭ E A♭ E♭ G♭ 014 025

C E E♭ A♭ D♭ G♭ 014 027

C E E♭ A♭ D♭ F 014 037

A♭ C D♭ E E♭ F 015 012
A♭ C D♭ E F G♭ 015 012

C D♭ F E E♭ G♭ 015 013
A♭ C D♭ E E♭ G♭ 015 013
A♭ C D♭ E♭ F G♭ 015 013

C D♭ F A♭ E E♭ 015 015

C D♭ F A♭ E G♭ 015 024

C D♭ F A♭ E♭ G♭ 015 025
C E F D♭ E♭ G♭ 015 025
C E F A♭ E♭ G♭ 015 025

C E F A♭ D♭ E♭ 015 027
C E F A♭ D♭ G♭ 015 027

C D♭ G♭ E E♭ F 016 012

C F G♭ D♭ E E♭ 016 013

C D♭ G♭ A♭ E F 016 014

C D♭ G♭ A♭ E E♭ 016 015
C F G♭ A♭ E E♭ 016 015

C D♭ G♭ A♭ E♭ F 016 025

C F G♭ A♭ D♭ E♭ 016 027

C F G♭ A♭ D♭ E 016 037

D♭ E♭ F A♭ E G♭ 024 024

D♭ E♭ F C E G♭ 024 026
D♭ E♭ F A♭ C G♭ 024 026

D♭ E♭ F A♭ C E 024 048

D♭ E♭ G♭ C E F 025 015

C E♭ F A♭ E G♭ 025 024

C E♭ F D♭ E G♭ 025 025

C E♭ F A♭ D♭ G♭ 025 027

C E♭ F A♭ D♭ E 025 037

D♭ E♭ G♭ A♭ C E 025 048

A♭ C G♭ E E♭ F 026 012

A♭ C G♭ D♭ E E♭ 026 013

A♭ C G♭ D♭ E F 026 014

C E G♭ D♭ E♭ F 026 024
A♭ C G♭ D♭ E♭ F 026 024

C E G♭ A♭ E♭ F 026 025

C E G♭ A♭ D♭ E♭ 026 027

C E G♭ A♭ D♭ F 026 037

C E♭ G♭ D♭ E F 036 014
C E♭ G♭ A♭ E F 036 014

C E♭ G♭ A♭ D♭ E 036 037
C E♭ G♭ A♭ D♭ F 036 037

A♭ C E♭ E F G♭ 037 012

A♭ C F D♭ E E♭ 037 013
A♭ C F E E♭ G♭ 037 013

A♭ C E♭ D♭ E F 037 014

A♭ C E♭ D♭ F G♭ 037 015

A♭ C E♭ D♭ E G♭ 037 025
A♭ C F D♭ E♭ G♭ 037 025
A♭ C F D♭ E G♭ 037 025

A♭ C E E♭ F G♭ 048 013

A♭ C E D♭ F G♭ 048 015

A♭ C E D♭ E♭ F 048 024

A♭ C E D♭ E♭ G♭ 048 025

TriChords Pairs Derived from Inversion

A B C A♭ G G♭ 013 012

A B C E G G♭ 013 013
E G G♭ A B C 013 013
E G G♭ A A♭ B 013 013

A B C A♭ E G 013 014
E G G♭ A A♭ C 013 014
E G G♭ A♭ B C 013 014

A B C A♭ E G♭ 013 024

A A♭ C E G G♭ 014 013
A♭ B C E G G♭ 014 013
A♭ B C A G G♭ 014 013

A A♭ C B G G♭ 014 015

A♭ B C A E G♭ 014 025
A♭ B C A E G 014 025

A A♭ C B E G♭ 014 027

A A♭ C B E G 014 037

B C E A♭ G G♭ 015 012
B C E A A♭ G 015 012

B C E A G G♭ 015 013
B C E A A♭ G♭ 015 013
B C G A A♭ G♭ 015 013

B C G A A♭ E 015 015

B C G A♭ E G♭ 015 024

A♭ C G A E G♭ 015 025
A♭ C G A B G♭ 015 025
B C G A E G♭ 015 025

A♭ C G B E G♭ 015 027
A♭ C G A B E 015 027

B C G♭ A A♭ G 016 012

C G G♭ A A♭ B 016 013

B C G♭ A♭ E G 016 014

C G G♭ A A♭ E 016 015
B C G♭ A A♭ E 016 015

B C G♭ A E G 016 025

C G G♭ A B E 016 027

C G G♭ A♭ B E 016 037

See page 187 for other 0,1,3,4,5,6,8 information

C, D♭, E♭, E, F, G♭, A♭ Continued

prime form: 0, 1, 3, 4, 5, 6, 8

degrees: 1, ♭2, ♭3, 3, 4, ♭5, ♭6

A♭ E G♭	A B C	024 013
A♭ E G♭	B C G	024 015
A♭ E G♭	A B G	024 024
A♭ E G♭	A C G	024 025
A E G♭	A♭ C G	025 015
A E G♭	B C G	025 015
A C G	A♭ E G♭	025 024
A C G	A♭ B G♭	025 025
A C G	B E G♭	025 027
A C G	A♭ B E	025 037
C E G♭	A A♭ G	026 012
C E G♭	A A♭ B	026 013
C E G♭	A♭ B G	026 014
C E G♭	A B G	026 024
A♭ C G♭	A B G	026 024
A♭ C G♭	A E G	026 025
A♭ C G♭	A B E	026 027
A♭ C G♭	B E G	026 037
A C G♭	A♭ E G	036 014
A C G♭	A♭ B G	036 014
A C G♭	B E G	036 037
A C G♭	A♭ B E	036 037
A C E	A♭ G G♭	037 012
C E G	A A♭ G♭	037 013
C E G	A A♭ B	037 013
A C E	A♭ B G	037 014
A C E	B G G♭	037 015
C E G	A♭ B G♭	037 025
C E G	A B G♭	037 025
A C E	A♭ B G♭	037 025
A♭ C E	A G G♭	048 013
A♭ C E	B G G♭	048 015
A♭ C E	A B G	048 024
A♭ C E	A B G♭	048 025

TriChords Pairs Derived from Retrograde Inversion

D E E♭	A♭ F G	012 013
D E E♭	A♭ C G	012 015
D E E♭	C F G	012 027
D E E♭	A♭ C F	012 037
C D E♭	E F G	013 013
C D E♭	A♭ F G	013 013
C D E♭	A♭ E F	013 014
C D E♭	A♭ E G	013 014
D E♭ F	A♭ E G	013 014
D E♭ F	A♭ C G	013 015
D E♭ F	C E G	013 037
D E♭ F	A♭ C E	013 048
C E E♭	A♭ F G	014 013
C E E♭	A♭ D G	014 016
C E E♭	D F G	014 025
C E E♭	A♭ D F	014 036
A♭ C G	D E E♭	015 012
A♭ C G	E E♭ F	015 012
A♭ C G	D E♭ F	015 013
A♭ C G	D E F	015 013
C E F	D E♭ G	015 015
C E F	A♭ E♭ G	015 015
D E♭ G	C E F	015 015
C E F	A♭ D E♭	015 016
C E F	A♭ D G	015 016
D E♭ G	A♭ C E	015 048
C D E	A♭ F G	024 013
C D E	A♭ E♭ G	024 015
C D E	E♭ F G	024 024
C D E	A♭ E♭ F	024 025
C D F	E E♭ G	025 014
C D F	A♭ E G	025 014
C E♭ F	A♭ E G	025 014
C D F	A♭ E E♭	025 015
C D F	A♭ E♭ G	025 015

C E♭ F	A♭ D G	025 016
C E♭ F	D E G	025 025
C E♭ F	A♭ D E	025 026
A♭ C D	E E♭ F	026 012
A♭ C D	E F G	026 013
A♭ C D	E E♭ G	026 014
A♭ C D	E♭ F G	026 024
C D G	E E♭ F	027 012
C F G	D E E♭	027 012
C D G	A♭ E F	027 014
C D G	A♭ E E♭	027 015
C F G	A♭ E E♭	027 015
C F G	A♭ D E♭	027 016
C D G	A♭ E♭ F	027 025
C F G	A♭ D E	027 026
A♭ C F	D E E♭	037 012
C E♭ G	D E F	037 013
A♭ C E♭	D E F	037 013
A♭ C E♭	E F G	037 013
C E G	D E♭ F	037 013
C E♭ G	A♭ E F	037 014
A♭ C F	E E♭ G	037 014
A♭ C F	D E♭ G	037 015
C E G	A♭ D E♭	037 016
A♭ C E♭	D E G	037 025
A♭ C E♭	D F G	037 025
C E G	A♭ E♭ F	037 025
A♭ C F	D E G	037 025
C E♭ G	A♭ D E	037 026
C E♭ G	A♭ D F	037 036
C E G	A♭ D F	037 036
A♭ C E	D E♭ F	048 013
A♭ C E	D E♭ G	048 015
A♭ C E	E♭ F G	048 024
A♭ C E	D F G	048 025

See page 189 for other 0,1,3,4,5,7,9 information

C, D♭, E♭, E, F, G, A

prime form: 0, 1, 3, 4, 5, 7, 9

degrees: 1, ♭2, ♭3, 3, 4, 5, 6

TriChords Pairs Derived from Normal Form

C D♭ E♭	E F G	013 013
C D♭ E♭	A E F	013 015
C D♭ E♭	A F G	013 024
D♭ E E♭	A F G	013 024
C D♭ E♭	A E G	013 025
D♭ E E♭	A C G	013 025
D♭ E E♭	C F G	013 027
D♭ E E♭	A C F	013 037
A C D♭	E E♭ F	014 012
A C D♭	E F G	014 013
A C D♭	E E♭ G	014 014
C D♭ E	E♭ F G	014 024
C D♭ E	A F G	014 024
A C D♭	E♭ F G	014 024
C E E♭	A F G	014 024
C D♭ E	A E♭ F	014 026
C D♭ E	A E♭ G	014 026
C E E♭	D♭ F G	014 026
C E E♭	A D♭ G	014 026
C E E♭	A D♭ F	014 048
C D♭ F	E E♭ G	015 014
C D♭ F	A E E♭	015 016
C D♭ F	A E G	015 025
C D♭ F	A E♭ G	015 026
C E F	D♭ E♭ G	015 026
C E F	A D♭ E♭	015 026
C E F	A D♭ G	015 026
C E F	A E♭ G	015 026
C D♭ G	E E♭ F	016 012
C D♭ G	A E F	016 015
C D♭ G	A E E♭	016 016
C D♭ G	A E♭ F	016 026
D♭ E♭ F	A C G	024 025
D♭ E♭ F	A E G	024 025
D♭ E♭ F	C E G	024 037
D♭ E♭ F	A C E	024 037
A C G	E E♭ F	025 012
A C G	D♭ E E♭	025 013
A C G	D♭ E F	025 014
A C G	D♭ E♭ F	025 024
C E♭ F	A E G	025 025
C E♭ F	A D♭ G	025 026
C E♭ F	D♭ E G	025 036
C E♭ F	A D♭ E	025 037
D♭ E♭ G	C E F	026 015
D♭ E♭ G	A C E	026 037
C F G	D♭ E E♭	027 013
C F G	A E E♭	027 016
C F G	A D♭ E♭	027 026
C F G	A D♭ E	027 037
A C E♭	E F G	036 013
A C E♭	D♭ E F	036 014
A C E♭	D♭ F G	036 026
A C E♭	D♭ E G	036 036
A C F	D♭ E E♭	037 013
C E♭ G	D♭ E F	037 014
A C F	E E♭ G	037 014
C E♭ G	A E F	037 015
C E G	D♭ E♭ F	037 024
A C E	D♭ E♭ F	037 024
A C E	E♭ F G	037 024
C E G	A D♭ E♭	037 026
C E G	A E♭ F	037 026
A C E	D♭ E♭ G	037 026
A C E	D♭ F G	037 026
A C F	D♭ E♭ G	037 026
A C F	D♭ E G	037 036
C E♭ G	A D♭ E	037 037
C E♭ G	A D♭ F	037 048
C E G	A D♭ F	037 048

TriChords Pairs Derived from Inversion

A B C	A♭ F G	013 013
A B C	A♭ E♭ G	013 015
A B C	E♭ F G	013 024
A B C	A♭ E♭ F	013 025
B C E♭	A A♭ G	014 012
B C E♭	A♭ F G	014 013
B C E♭	A A♭ F	014 014
B C E♭	A F G	014 024
A A♭ C	E♭ F G	014 024
A♭ B C	E♭ F G	014 024
A♭ B C	A F G	014 024
A A♭ C	B E♭ F	014 026
A A♭ C	B F G	014 026
A♭ B C	A E♭ F	014 026
A♭ B C	A E♭ G	014 026
A A♭ C	B E♭ G	014 048
B C G	A A♭ F	015 014
B C G	A A♭ E♭	015 016
B C G	A♭ E♭ F	015 025
A♭ C G	A E♭ F	015 026
A♭ C G	B E♭ F	015 026
A♭ C G	A B E♭	015 026
A♭ C G	A B F	015 026
B C G	A E♭ F	015 026
B C F	A A♭ G	016 012
B C F	A♭ E♭ G	016 015
B C F	A A♭ E♭	016 016
B C F	A E♭ G	016 026
E♭ F G	A B C	024 013
E♭ F G	A A♭ B	024 013
E♭ F G	A A♭ C	024 014
E♭ F G	A♭ B C	024 014
C E♭ F	A A♭ G	025 012
C E♭ F	A A♭ B	025 013
A♭ E♭ F	A B C	025 013
C E♭ F	A♭ B G	025 014
A♭ E♭ F	B C G	025 015
C E♭ F	A B G	025 024
A♭ E♭ F	A B G	025 024

See page 189 for other 0,1,3,4,5,7,9 information

C, D♭, E♭, E, F, G, A Continued

prime form: 0, 1, 3, 4, 5, 7, 9

degrees: 1, ♭2, ♭3, 3, 4, 5, 6

A C G   A♭ E♭ F   025 025
A♭ E♭ F   A C G   025 025

A C G   B E♭ F   025 026

A C G   A♭ B F   025 036

A C G   A♭ B E♭   025 037

A E♭ F   A♭ C G   026 015
A E♭ F   B C G   026 015

C F G   A A♭ B   027 013

C F G   A A♭ E♭   027 016

C F G   A B E♭   027 026

C F G   A♭ B E♭   027 037

A C E♭   A♭ F G   036 013

A C E♭   A♭ B G   036 014

A C E♭   B F G   036 026

A C E♭   A♭ B F   036 036

C E♭ G   A A♭ B   037 013

C E♭ G   A A♭ F   037 014
A C F   A♭ B G   037 014

A C F   A♭ E♭ G   037 015

A♭ C E♭   A F G   037 024
A♭ C E♭   A B G   037 024
A♭ C F   A B G   037 024

C E♭ G   A B F   037 026
A♭ C E♭   B F G   037 026
A♭ C E♭   A B F   037 026
A♭ C F   A E♭ G   037 026
A♭ C F   A B E♭   037 026

C E♭ G   A♭ B F   037 036

A C F   A♭ B E♭   037 037

A♭ C F   B E♭ G   037 048
A C F   B E♭ G   037 048

TriChords Pairs Derived from Retrograde Inversion

D E F   A A♭ G♭   013 013

D E F   A A♭ C   013 014

D E F   A♭ C G♭   013 026

D E F   A C G♭   013 036

A A♭ C   E F G♭   014 012

A A♭ C   D E F   014 013

A A♭ C   D F G♭   014 014

A A♭ C   D E G♭   014 024

C E F   A A♭ G♭   015 013

C E F   A A♭ D   015 016

C E F   A♭ D G♭   015 026

C E F   A D G♭   015 037

C F G♭   A A♭ E   016 015

C F G♭   A A♭ D   016 016

C F G♭   A♭ D E   016 026

C F G♭   A D E   016 027

C D E   A♭ F G♭   024 013
C D E   A A♭ G♭   024 013

C D E   A F G♭   024 014
C D E   A A♭ F   024 014
D E G♭   A A♭ C   024 014
D E G♭   A A♭ F   024 014

D E G♭   A♭ C F   024 037
D E G♭   A C F   024 037

A C D   E F G♭   025 012

C D F   A A♭ G♭   025 013
A C D   A♭ F G♭   025 013

A C D   A♭ E F   025 014

C D F   A A♭ E   025 015

C D F   A♭ E G♭   025 024
A C D   A♭ E G♭   025 024

C D F   A E G♭   025 025

A♭ C D   E F G♭   026 012

A♭ C G♭   D E F   026 013

C D G♭   A♭ E F   026 014
C D G♭   A A♭ F   026 014
A♭ C D   A F G♭   026 014
C E G♭   A A♭ F   026 014

C D G♭   A E F   026 015

C D G♭   A A♭ E   026 015
A♭ C D   A E F   026 015
A♭ C G♭   A E F   026 015

C E G♭   A A♭ D   026 016
A♭ D E   C F G♭   026 016

A♭ C D   A E G♭   026 025

A♭ C G♭   A D E   026 027

C E G♭   A♭ D F   026 036

C E G♭   A D F   026 037
A♭ C G♭   A D F   026 037
A♭ D E   A C F   026 037

A C G♭   D E F   036 013

A C G♭   A♭ E F   036 014

A C G♭   A♭ D E   036 026

A C G♭   A♭ D F   036 036

A C E   A♭ F G♭   037 013

A C E   D F G♭   037 014

A♭ C F   D E G♭   037 024
A C F   D E G♭   037 024
A C F   A♭ E G♭   037 024

A♭ C F   A E G♭   037 025

A C E   A♭ D G♭   037 026
A C F   A♭ D E   037 026
A C F   A♭ D G♭   037 026

A♭ C F   A D E   037 027

A C E   A♭ D F   037 036

A♭ C F   A D G♭   037 037

A♭ C E   D F G♭   048 014
A♭ C E   A F G♭   048 014

A♭ C E   A D F   048 037
A♭ C E   A D G♭   048 037

See page 190 for other
0,1,3,4,6,7,9 information

C, D♭, E♭, E, G♭, G, A

prime form: 0, 1, 3, 4, 6, 7, 9

degrees: 1, ♭2, ♭3, 3, ♭5, 5, 6

TriChords Pairs Derived from Normal Form

Trichord	Trichord	Sets
C D♭ E♭	E G G♭	013 013
C D♭ E♭	A G G♭	013 013
D♭ E E♭	A G G♭	013 013
D♭ E E♭	C G G♭	013 016
C D♭ E♭	A E G♭	013 025
C D♭ E♭	A E G	013 025
D♭ E E♭	A C G	013 025
D♭ E E♭	A C G♭	013 036
C D♭ E	A G G♭	014 013
A C D♭	E E♭ G♭	014 013
A C D♭	E G G♭	014 013
C E E♭	A G G♭	014 013
C D♭ E	E♭ G G♭	014 014
A C D♭	E E♭ G	014 014
A C D♭	E♭ G G♭	014 014
C E E♭	D♭ G G♭	014 016
C D♭ E	A E♭ G	014 026
C E E♭	A D♭ G	014 026
C D♭ E	A E♭ G♭	014 036
C E E♭	A D♭ G♭	014 037
C D♭ G	E E♭ G♭	016 013
C G G♭	D♭ E E♭	016 013
C D♭ G♭	E E♭ G	016 014
C D♭ G♭	A E E♭	016 016
C D♭ G	A E E♭	016 016
C G G♭	A E E♭	016 016
C D♭ G♭	A E G	016 025
C D♭ G	A E G♭	016 025
C D♭ G♭	A E♭ G	016 026
C G G♭	A D♭ E♭	016 026
C D♭ G	A E♭ G♭	016 036
C G G♭	A D♭ E	016 037
A C G	D♭ E E♭	025 013
A C G	E E♭ G♭	025 013
A C G	D♭ E♭ G♭	025 025
A C G	D♭ E G♭	025 025
D♭ E♭ G♭	A C G	025 025
D♭ E♭ G♭	A E G	025 025
D♭ E♭ G♭	C E G	025 037
D♭ E♭ G♭	A C E	025 037
C E G♭	D♭ E♭ G	026 026
C E G♭	A D♭ E♭	026 026
C E G♭	A D♭ G	026 026
C E G♭	A E♭ G	026 026
D♭ E♭ G	C E G♭	026 026
D♭ E♭ G	A C E	026 037
A C E♭	E G G♭	036 013
A C G♭	D♭ E E♭	036 013
A C G♭	E E♭ G	036 014
A C E♭	D♭ G G♭	036 016
C E♭ G♭	A E G	036 025
A C E♭	D♭ E G♭	036 025
C E♭ G♭	A D♭ G	036 026
A C G♭	D♭ E♭ G	036 026
C E♭ G♭	D♭ E G	036 036
A C E♭	D♭ E G	036 036
A C G♭	D♭ E G	036 036
C E♭ G♭	A D♭ E	036 037
A C E	E♭ G G♭	037 014
A C E	D♭ G G♭	037 016
C E♭ G	D♭ E G♭	037 025
C E♭ G	A E G♭	037 025
C E G	D♭ E♭ G♭	037 025
A C E	D♭ E♭ G♭	037 025
C E G	A D♭ E♭	037 026
A C E	D♭ E♭ G	037 026
C E G	A E♭ G♭	037 036
C E♭ G	A D♭ E	037 037
C E♭ G	A D♭ G♭	037 037
C E G	A D♭ G♭	037 037

TriChords Pairs Derived from Inversion

Trichord	Trichord	Sets
A B C	E♭ F G♭	013 013
A B C	A♭ F G♭	013 013
E♭ F G♭	A B C	013 013
E♭ F G♭	A A♭ B	013 013
E♭ F G♭	A A♭ C	013 014
E♭ F G♭	A♭ B C	013 014
A B C	A♭ E♭ F	013 025
A B C	A♭ E♭ G♭	013 025
B C E♭	A♭ F G♭	014 013
B C E♭	A A♭ G♭	014 013
A A♭ C	E♭ F G♭	014 013
A♭ B C	E♭ F G♭	014 013
B C E♭	A F G♭	014 014
B C E♭	A A♭ F	014 014
A♭ B C	A F G♭	014 014
A A♭ C	B F G♭	014 016
A A♭ C	B E♭ F	014 026
A♭ B C	A E♭ F	014 026
A♭ B C	A E♭ G♭	014 036
A A♭ C	B E♭ G♭	014 037
C F G♭	A A♭ B	016 013
B C F	A A♭ G♭	016 013
B C G♭	A A♭ F	016 014
C F G♭	A A♭ E♭	016 016
B C F	A A♭ E♭	016 016
B C G♭	A A♭ E♭	016 016
B C F	A♭ E♭ G♭	016 025
B C G♭	A♭ E♭ F	016 025
C F G♭	A B E♭	016 026
B C G♭	A E♭ F	016 026
B C F	A E♭ G♭	016 036
C F G♭	A♭ B E♭	016 037
C E♭ F	A A♭ G♭	025 013
C E♭ F	A A♭ B	025 013
A♭ E♭ F	A B C	025 013
A♭ E♭ F	B C G♭	025 016
C E♭ F	A♭ B G♭	025 025
C E♭ F	A B G♭	025 025
A♭ E♭ F	A B G♭	025 025
A♭ E♭ F	A C G♭	025 036
A E♭ F	B C G♭	026 016
A♭ C G♭	A E♭ F	026 026
A♭ C G♭	B E♭ F	026 026
A♭ C G♭	A B E♭	026 026
A♭ C G♭	A B F	026 026
A E♭ F	A♭ C G♭	026 026
C E♭ G♭	A A♭ B	036 013
A C E♭	A♭ F G♭	036 013
C E♭ G♭	A A♭ F	036 014

See page 190 for other 0,1,3,4,6,7,9 information

C, D♭, E♭, E, G♭, G, A Continued

prime form: 0, 1, 3, 4, 6, 7, 9
degrees: 1, ♭2, ♭3, 3, ♭5, 5, 6

A C E♭ B F G♭ 036 016

A C E♭ A♭ B G♭ 036 025
A C G♭ A♭ E♭ F 036 025

C E♭ G♭ A B F 036 026
A C G♭ B E♭ F 036 026

C E♭ G♭ A♭ B F 036 036
A C E♭ A♭ B F 036 036
A C G♭ A♭ B F 036 036

A C G♭ A♭ B E♭ 036 037

A♭ C E♭ A F G♭ 037 014

A♭ C E♭ B F G♭ 037 016

A♭ C E♭ A B G♭ 037 025
A♭ C F A B G♭ 037 025
A C F A♭ E♭ G♭ 037 025
A C F A♭ B G♭ 037 025

A♭ C E♭ A B F 037 026
A♭ C F A B E♭ 037 026

A♭ C F A E♭ G♭ 037 036

A♭ C F B E♭ G♭ 037 037
A C F B E♭ G♭ 037 037
A C F A♭ B E♭ 037 037

TriChords Pairs Derived from Retrograde Inversion

C D E♭ A♭ F G♭ 013 013
C D E♭ A A♭ G♭ 013 013
D E♭ F A A♭ G♭ 013 013

C D E♭ A F G♭ 013 014
C D E♭ A A♭ F 013 014
D E♭ F A A♭ C 013 014

D E♭ F A♭ C G♭ 013 026

D E♭ F A C G♭ 013 036

A A♭ C D E♭ F 014 013
A A♭ C E♭ F G♭ 014 013

A A♭ C D E♭ G♭ 014 014
A A♭ C D F G♭ 014 014
D E♭ G♭ A A♭ C 014 014
D E♭ G♭ A A♭ F 014 014

D E♭ G♭ A♭ C F 014 037
D E♭ G♭ A C F 014 037

C F G♭ A♭ D E♭ 016 016
C F G♭ A D E♭ 016 016
C F G♭ A A♭ D 016 016
C F G♭ A A♭ E♭ 016 016
A♭ D E♭ C F G♭ 016 016

A♭ D E♭ A C F 016 037

C D F A A♭ G♭ 025 013
A C D E♭ F G♭ 025 013
A C D A♭ F G♭ 025 013
C E♭ F A A♭ G♭ 025 013

C D F A A♭ E♭ 025 016
C E♭ F A A♭ D 025 016

C D F A♭ E♭ G♭ 025 025
A C D A♭ E♭ F 025 025
A C D A♭ E♭ G♭ 025 025

C E♭ F A♭ D G♭ 025 026

C D F A E♭ G♭ 025 036

C E♭ F A D G♭ 025 037

A♭ C D E♭ F G♭ 026 013
A♭ C G♭ D E♭ F 026 013

C D G♭ A A♭ F 026 014
A♭ C D A F G♭ 026 014

C D G♭ A A♭ E♭ 026 016
A♭ C G♭ A D E♭ 026 016

C D G♭ A♭ E♭ F 026 025

C D G♭ A E♭ F 026 026
A♭ C D A E♭ F 026 026
A♭ C G♭ A E♭ F 026 026

A♭ C D A E♭ G♭ 026 036

A♭ C G♭ A D F 026 037

A C E♭ A♭ F G♭ 036 013
A C G♭ D E♭ F 036 013

C E♭ G♭ A A♭ F 036 014
A C E♭ D F G♭ 036 014

C E♭ G♭ A A♭ D 036 016
A C G♭ A♭ D E♭ 036 016

A C G♭ A♭ E♭ F 036 025

A C E♭ A♭ D G♭ 036 026

C E♭ G♭ A♭ D F 036 036
A C E♭ A♭ D F 036 036
A C G♭ A♭ D F 036 036

C E♭ G♭ A D F 036 037

A♭ C E♭ D F G♭ 037 014
A♭ C E♭ A F G♭ 037 014
A♭ C F D E♭ G♭ 037 014
A C F D E♭ G♭ 037 014

A♭ C F A D E♭ 037 016
A C F A♭ D E♭ 037 016

A C F A♭ E♭ G♭ 037 025

A C F A♭ D G♭ 037 026

A♭ C F A E♭ G♭ 037 036

A♭ C E♭ A D F 037 037
A♭ C E♭ A D G♭ 037 037
A♭ C F A D G♭ 037 037

See page 191 for other
0,1,3,4,6,8,9 information

C, D♭, E♭, E, G♭, A♭, A

prime form: 0, 1, 3, 4, 6, 8, 9
degrees: 1, ♭2, ♭3, 3, ♭5, ♭6, 6

TriChords Pairs Derived from Normal Form

C D♭ E♭ A A♭ G♭ 013 013
D♭ E E♭ A A♭ G♭ 013 013

D♭ E E♭ A A♭ C 013 014

C D♭ E♭ A A♭ E 013 015

C D♭ E♭ A♭ E G♭ 013 024

C D♭ E♭ A E G♭ 013 025

D♭ E E♭ A♭ C G♭ 013 026

D♭ E E♭ A C G♭ 013 036

C D♭ E A A♭ G♭ 014 013
A C D♭ E E♭ G♭ 014 013
C E E♭ A A♭ G♭ 014 013
A A♭ C D♭ E E♭ 014 013
A A♭ C E E♭ G♭ 014 013

A C D♭ A♭ E E♭ 014 015
C E E♭ A A♭ D♭ 014 015

C D♭ E A A♭ E♭ 014 016

A C D♭ A♭ E G♭ 014 024

C D♭ E A♭ E♭ G♭ 014 025
A C D♭ A♭ E♭ G♭ 014 025
A A♭ C D♭ E♭ G♭ 014 025
A A♭ C D♭ E G♭ 014 025

C E E♭ A♭ D♭ G♭ 014 027

C D♭ E A E♭ G♭ 014 036

C E E♭ A D♭ G♭ 014 037

A♭ C D♭ E E♭ G♭ 015 013

A♭ C D♭ A E E♭ 015 016

A♭ C D♭ A E G♭ 015 025

A♭ C D♭ A E♭ G♭ 015 036

C D♭ G♭ A♭ E E♭ 016 015
C D♭ G♭ A A♭ E 016 015

C D♭ G♭ A E E♭ 016 016
C D♭ G♭ A A♭ E♭ 016 016

D♭ E♭ G♭ A A♭ C 025 014

D♭ E♭ G♭ A A♭ E 025 015

D♭ E♭ G♭ A C E 025 037

D♭ E♭ G♭ A♭ C E 025 048

A♭ C G♭ D♭ E E♭ 026 013

C E G♭ A A♭ D♭ 026 015

C E G♭ A A♭ E♭ 026 016
A♭ C G♭ A E E♭ 026 016

C E G♭ A D♭ E♭ 026 026
A♭ C G♭ A D♭ E♭ 026 026

C E G♭ A♭ D♭ E♭ 026 027

A♭ C G♭ A D♭ E 026 037

A♭ D♭ E♭ C E G♭ 027 026

A♭ D♭ E♭ A C E 027 037

A C G♭ D♭ E E♭ 036 013

C E♭ G♭ A A♭ D♭ 036 015
C E♭ G♭ A A♭ E 036 015
A C G♭ A♭ E E♭ 036 015

A C E♭ A♭ E G♭ 036 024

A C E♭ D♭ E G♭ 036 025

A C E♭ A♭ D♭ G♭ 036 027
A C G♭ A♭ D♭ E♭ 036 027

C E♭ G♭ A♭ D♭ E 036 037
C E♭ G♭ A D♭ E 036 037
A C E♭ A♭ D♭ E 036 037
A C G♭ A♭ D♭ E 036 037

A♭ C E♭ D♭ E G♭ 037 025
A♭ C E♭ A E G♭ 037 025
A C E D♭ E♭ G♭ 037 025
A C E A♭ E♭ G♭ 037 025

A C E A♭ D♭ E♭ 037 027
A C E A♭ D♭ G♭ 037 027

A♭ C E♭ A D♭ E 037 037
A♭ C E♭ A D♭ G♭ 037 037

A♭ C E D♭ E♭ G♭ 048 025

A♭ C E A D♭ E♭ 048 026

A♭ C E A E♭ G♭ 048 036

A♭ C E A D♭ G♭ 048 037

TriChords Pairs Derived from Inversion

A B C E E♭ G♭ 013 013
E E♭ G♭ A B C 013 013

E E♭ G♭ A A♭ B 013 013

E E♭ G♭ A A♭ C 013 014
E E♭ G♭ A♭ B C 013 014

A B C A♭ E E♭ 013 015

A B C A♭ E G♭ 013 024

A B C A♭ E♭ G♭ 013 025

C E E♭ A A♭ G♭ 014 013
C E E♭ A A♭ B 014 013
B C E♭ A A♭ G♭ 014 013
A A♭ C E E♭ G♭ 014 013
A♭ B C E E♭ G♭ 014 013

B C E♭ A A♭ E 014 015
A A♭ C B E E♭ 014 015

A♭ B C A E E♭ 014 016

B C E♭ A♭ E G♭ 014 024

C E E♭ A♭ B G♭ 014 025
C E E♭ A B G♭ 014 025
B C E♭ A E G♭ 014 025
A♭ B C A E G♭ 014 025

A A♭ C B E G♭ 014 027

A♭ B C A E♭ G♭ 014 036

A A♭ C B E♭ G♭ 014 037

B C E A A♭ G♭ 015 013
A♭ E E♭ A B C 015 013

B C E A A♭ E♭ 015 016
A♭ E E♭ B C G♭ 015 016

B C E A♭ E♭ G♭ 015 025
A♭ E E♭ A B G♭ 015 025

B C E A E♭ G♭ 015 036
A♭ E E♭ A C G♭ 015 036

B C G♭ A♭ E E♭ 016 015
B C G♭ A A♭ E 016 015

B C G♭ A E E♭ 016 016
B C G♭ A A♭ E♭ 016 016
A E E♭ B C G♭ 016 016

A E E♭ A♭ C G♭ 016 026

C E G♭ A A♭ B 026 013

A♭ C G♭ B E E♭ 026 015

C E G♭ A A♭ E♭ 026 016

See page 191 for other
0,1,3,4,6,8,9 information

C, D♭, E♭, E, G♭, A♭, A Continued

prime form: 0, 1, 3, 4, 6, 8, 9
degrees: 1, ♭2, ♭3, 3, ♭5, ♭6, 6

A♭ C G♭ A E E♭ 026 016

C E G♭ A B E♭ 026 026
A♭ C G♭ A B E♭ 026 026

A♭ C G♭ A B E 026 027

C E G♭ A♭ B E♭ 026 037

C E♭ G♭ A A♭ B 036 013

C E♭ G♭ A A♭ E 036 015
A C G♭ A♭ E E♭ 036 015
A C G♭ B E E♭ 036 015

A C E♭ A♭ E G♭ 036 024

A C E♭ A♭ B G♭ 036 025

C E♭ G♭ A B E 036 027
A C E♭ B E G♭ 036 027

C E♭ G♭ A♭ B E 036 037
A C E♭ A♭ B E 036 037
A C G♭ A♭ B E♭ 036 037
A C G♭ A♭ B E 036 037

A♭ C E♭ A E G♭ 037 025
A♭ C E♭ A B G♭ 037 025
A C E A♭ E♭ G♭ 037 025
A C E A♭ B G♭ 037 025

A♭ C E♭ B E G♭ 037 027
A♭ C E♭ A B E 037 027

A C E B E♭ G♭ 037 037
A C E A♭ B E♭ 037 037

A♭ C E A B G♭ 048 025

A♭ C E A B E♭ 048 026

A♭ C E A E♭ G♭ 048 036

A♭ C E B E♭ G♭ 048 037

TriChords Pairs Derived from Retrograde Inversion

C D♭ E♭ A♭ F G♭ 013 013
C D♭ E♭ A A♭ G♭ 013 013

C D♭ E♭ A F G♭ 013 014
C D♭ E♭ A A♭ F 013 014

A C D♭ E♭ F G♭ 014 013
A C D♭ A♭ F G♭ 014 013
A A♭ C E♭ F G♭ 014 013

A A♭ C D♭ F G♭ 014 015

A A♭ C D♭ E♭ F 014 024

A C D♭ A♭ E♭ F 014 025
A C D♭ A♭ E♭ G♭ 014 025
A A♭ C D♭ E♭ G♭ 014 025

C D♭ F A A♭ G♭ 015 013
A♭ C D♭ E♭ F G♭ 015 013

A♭ C D♭ A F G♭ 015 014

C D♭ F A A♭ E♭ 015 016

C D♭ F A♭ E♭ G♭ 015 025

A♭ C D♭ A E♭ F 015 026

C D♭ F A E♭ G♭ 015 036
A♭ C D♭ A E♭ G♭ 015 036

C D♭ G♭ A A♭ F 016 014

C F G♭ A A♭ D♭ 016 015

C D♭ G♭ A A♭ E♭ 016 016
C F G♭ A A♭ E♭ 016 016

C D♭ G♭ A♭ E♭ F 016 025

C D♭ G♭ A E♭ F 016 026
C F G♭ A D♭ E♭ 016 026

C F G♭ A♭ D♭ E♭ 016 027

D♭ E♭ F A A♭ G♭ 024 013

D♭ E♭ F A A♭ C 024 014

D♭ E♭ F A♭ C G♭ 024 026

D♭ E♭ F A C G♭ 024 036

C E♭ F A A♭ G♭ 025 013

D♭ E♭ G♭ A A♭ C 025 014
D♭ E♭ G♭ A A♭ F 025 014

C E♭ F A A♭ D♭ 025 015

C E♭ F A♭ D♭ G♭ 025 027

C E♭ F A D♭ G♭ 025 037
D♭ E♭ G♭ A♭ C F 025 037
D♭ E♭ G♭ A C F 025 037

A♭ C G♭ D♭ E♭ F 026 024

A♭ C G♭ A D♭ E♭ 026 026
A♭ C G♭ A E♭ F 026 026

A♭ C G♭ A D♭ F 026 048

A♭ D♭ E♭ C F G♭ 027 016

A♭ D♭ E♭ A C F 027 037

A C E♭ A♭ F G♭ 036 013

C E♭ G♭ A A♭ F 036 014

C E♭ G♭ A A♭ D♭ 036 015
A C E♭ D♭ F G♭ 036 015

A C G♭ D♭ E♭ F 036 024

A C G♭ A♭ E♭ F 036 025

A C E♭ A♭ D♭ G♭ 036 027
A C G♭ A♭ D♭ E♭ 036 027

C E♭ G♭ A♭ D♭ F 036 037
A C E♭ A♭ D♭ F 036 037
A C G♭ A♭ D♭ F 036 037

C E♭ G♭ A D♭ F 036 048

A♭ C E♭ A F G♭ 037 014

A♭ C E♭ D♭ F G♭ 037 015

A♭ C F D♭ E♭ G♭ 037 025
A C F D♭ E♭ G♭ 037 025
A C F A♭ E♭ G♭ 037 025

A♭ C F A D♭ E♭ 037 026

A C F A♭ D♭ E♭ 037 027
A C F A♭ D♭ G♭ 037 027

A♭ C F A E♭ G♭ 037 036

A♭ C E♭ A D♭ G♭ 037 037
A♭ C F A D♭ G♭ 037 037

A♭ C E♭ A D♭ F 037 048

See page 193 for other
0,1,3,5,6,7,9 information

C, D♭, E♭, F, G♭, G, A

prime form: 0, 1, 3, 5, 6, 7, 9

degrees: 1, ♭2, ♭3, 4, ♭5, 5, 6

TriChords Pairs Derived from Normal Form

C D♭ E♭   F G G♭   013 012

C D♭ E♭   A G G♭   013 013

C D♭ E♭   A F G♭   013 014

C D♭ E♭   A F G   013 024

A C D♭   F G G♭   014 012

A C D♭   E♭ F G♭   014 013

A C D♭   E♭ G G♭   014 014

A C D♭   E♭ F G   014 024

C D♭ F   A G G♭   015 013

C D♭ F   E♭ G G♭   015 014

C D♭ F   A E♭ G   015 026

C D♭ F   A E♭ G♭   015 036

C D♭ G   E♭ F G♭   016 013

C D♭ G   A F G♭   016 014

C D♭ G♭   E♭ F G   016 024
C D♭ G♭   A F G   016 024
C G G♭   D♭ E♭ F   016 024

C D♭ G♭   A E♭ F   016 026
C D♭ G♭   A E♭ G   016 026
C D♭ G   A E♭ F   016 026
C F G♭   D♭ E♭ G   016 026
C F G♭   A D♭ E♭   016 026
C F G♭   A D♭ G   016 026
C F G♭   A E♭ G   016 026
C G G♭   A D♭ E♭   016 026
C G G♭   A E♭ F   016 026

C D♭ G   A E♭ G♭   016 036

C G G♭   A D♭ F   016 048

D♭ E♭ F   A G G♭   024 013

D♭ E♭ F   C G G♭   024 016

D♭ E♭ F   A C G   024 025

D♭ E♭ F   A C G♭   024 036

C E♭ F   A G G♭   025 013
A C G   E♭ F G♭   025 013

A C G   D♭ F G♭   025 015

C E♭ F   D♭ G G♭   025 016

A C G   D♭ E♭ F   025 024
D♭ E♭ G♭   A F G   025 024

A C G   D♭ E♭ G♭   025 025
D♭ E♭ G♭   A C G   025 025

C E♭ F   A D♭ G   025 026

D♭ E♭ G♭   C F G   025 027

C E♭ F   A D♭ G♭   025 037
D♭ E♭ G♭   A C F   025 037

D♭ E♭ G   C F G♭   026 016

D♭ E♭ G   A C F   026 037

C F G   D♭ E♭ G♭   027 025

C F G   A D♭ E♭   027 026

C F G   A E♭ G♭   027 036

C F G   A D♭ G♭   027 037

A C E♭   F G G♭   036 012

A C E♭   D♭ F G♭   036 015

A C E♭   D♭ G G♭   036 016

C E♭ G♭   A F G   036 024
A C G♭   D♭ E♭ F   036 024
A C G♭   E♭ F G   036 024

C E♭ G♭   D♭ F G   036 026
C E♭ G♭   A D♭ G   036 026
A C E♭   D♭ F G   036 026
A C G♭   D♭ E♭ G   036 026
A C G♭   D♭ F G   036 026

C E♭ G♭   A D♭ F   036 048

C E♭ G   A F G♭   037 014
A C F   E♭ G G♭   037 014

C E♭ G   D♭ F G♭   037 015

A C F   D♭ G G♭   037 016

A C F   D♭ E♭ G♭   037 025

A C F   D♭ E♭ G   037 026

C E♭ G   A D♭ G♭   037 037

C E♭ G   A D♭ F   037 048

TriChords Pairs Derived from Inversion

A B C   F G G♭   013 012

A B C   E♭ F G♭   013 013
E♭ F G♭   A B C   013 013

A B C   E♭ G G♭   013 014

E♭ F G♭   B C G   013 015

A B C   E♭ F G   013 024
E♭ F G♭   A B G   013 024

E♭ F G♭   A C G   013 025

B C E♭   F G G♭   014 012

B C E♭   A G G♭   014 013

B C E♭   A F G♭   014 014

B C E♭   A F G   014 024

B C G   E♭ F G♭   015 013

B C G   A F G♭   015 014

B C G   A E♭ F   015 026

B C G   A E♭ G♭   015 036

B C F   A G G♭   016 013

B C F   E♭ G G♭   016 014

C F G♭   A B G   016 024
B C G♭   E♭ F G   016 024
B C G♭   A F G   016 024

C F G♭   A E♭ G   016 026
C F G♭   A B E♭   016 026
B C F   A E♭ G   016 026
C G G♭   A E♭ F   016 026
C G G♭   B E♭ F   016 026
C G G♭   A B E♭   016 026
C G G♭   A B F   016 026
B C G♭   A E♭ F   016 026
B C G♭   A E♭ G   016 026

B C F   A E♭ G♭   016 036

C F G♭   B E♭ G   016 048

E♭ F G   A B C   024 013

E♭ F G   B C G♭   024 016

E♭ F G   A B G♭   024 025

E♭ F G   A C G♭   024 036

C E♭ F   A G G♭   025 013
A C G   E♭ F G♭   025 013

See page 193 for other 0,1,3,5,6,7,9 information

C, D♭, E♭, F, G♭, G, A Continued

prime form: 0, 1, 3, 5, 6, 7, 9

degrees: 1, ♭2, ♭3, 4, ♭5, 5, 6

C E♭ F B G G♭ 025 015

A C G B F G♭ 025 016

C E♭ F A B G 025 024

C E♭ F A B G♭ 025 025

A C G B E♭ F 025 026

A C G B E♭ G♭ 025 037

A E♭ F C G G♭ 026 016
A E♭ F B C G♭ 026 016

C F G A B G♭ 027 025

C F G A B E♭ 027 026

C F G A E♭ G♭ 027 036

C F G B E♭ G♭ 027 037

A C E♭ F G G♭ 036 012

A C E♭ B G G♭ 036 015

A C E♭ B F G♭ 036 016

C E♭ G♭ A F G 036 024
C E♭ G♭ A B G 036 024
A C G♭ E♭ F G 036 024

C E♭ G♭ B F G 036 026
C E♭ G♭ A B F 036 026
A C E♭ B F G 036 026
A C G♭ B E♭ F 036 026
A C G♭ B F G 036 026

A C G♭ B E♭ G 036 048

C E♭ G A F G♭ 037 014
A C F E♭ G G♭ 037 014

A C F B G G♭ 037 015

C E♭ G B F G♭ 037 016

C E♭ G A B G♭ 037 025

C E♭ G A B F 037 026

A C F B E♭ G♭ 037 037

A C F B E♭ G 037 048

TriChords Pairs Derived from Retrograde Inversion

D E E♭ A A♭ G♭ 012 013

D E E♭ A A♭ C 012 014

D E E♭ A♭ C G♭ 012 026

D E E♭ A C G♭ 012 036

C D E♭ A A♭ G♭ 013 013

C D E♭ A A♭ E 013 015

C D E♭ A♭ E G♭ 013 024

C D E♭ A E G♭ 013 025

A A♭ C D E E♭ 014 012

C E E♭ A A♭ G♭ 014 013
A A♭ C E E♭ G♭ 014 013

A A♭ C D E♭ G♭ 014 014
D E♭ G♭ A A♭ C 014 014

D E♭ G♭ A A♭ E 014 015

C E E♭ A A♭ D 014 016

A A♭ C D E G♭ 014 024

C E E♭ A♭ D G♭ 014 026

C E E♭ A D G♭ 014 037
D E♭ G♭ A C E 014 037

D E♭ G♭ A♭ C E 014 048

A♭ D E♭ C E G♭ 016 026

A♭ D E♭ A C E 016 037

C D E A A♭ G♭ 024 013

C D E A A♭ E♭ 024 016

C D E A♭ E♭ G♭ 024 025

C D E A E♭ G♭ 024 036

A C D E E♭ G♭ 025 013

A C D A♭ E E♭ 025 015

A C D A♭ E G♭ 025 024

A C D A♭ E♭ G♭ 025 025

A♭ C G♭ D E E♭ 026 012

A♭ C D E E♭ G♭ 026 013

C D G♭ A♭ E E♭ 026 015
C D G♭ A A♭ E 026 015

C D G♭ A E E♭ 026 016
C D G♭ A A♭ E♭ 026 016
A♭ C D A E E♭ 026 016
C E G♭ A♭ D E♭ 026 016
C E G♭ A D E♭ 026 016
C E G♭ A A♭ D 026 016
C E G♭ A A♭ E♭ 026 016
A♭ C G♭ A D E♭ 026 016
A♭ C G♭ A E E♭ 026 016

A♭ C D A E G♭ 026 025

A♭ C G♭ A D E 026 027

A♭ C D A E♭ G♭ 026 036

A C G♭ D E E♭ 036 012

C E♭ G♭ A A♭ E 036 015
A C G♭ A♭ E E♭ 036 015

C E♭ G♭ A A♭ D 036 016
A C G♭ A♭ D E♭ 036 016

A C E♭ D E G♭ 036 024
A C E♭ A♭ E G♭ 036 024

C E♭ G♭ A♭ D E 036 026
A C E♭ A♭ D E 036 026
A C E♭ A♭ D G♭ 036 026
A C G♭ A♭ D E 036 026

C E♭ G♭ A D E 036 027

A C E D E♭ G♭ 037 014

A C E A♭ D E♭ 037 016

A♭ C E♭ D E G♭ 037 024

A♭ C E♭ A E G♭ 037 025
A C E A♭ E♭ G♭ 037 025

A C E A♭ D G♭ 037 026

A♭ C E♭ A D E 037 027

A♭ C E♭ A D G♭ 037 037

A♭ C E D E♭ G♭ 048 014

A♭ C E A D E♭ 048 016

A♭ C E A E♭ G♭ 048 036

A♭ C E A D G♭ 048 037

See page 195 for other 0,1,4,5,6,7,9 information

C, D♭, E, F, G♭, G, A

prime form: 0, 1, 4, 5, 6, 7, 9

degrees: 1, ♭2, 3, 4, ♭5, 5, 6

TriChords Pairs Derived from Normal Form

Trichord 1	Trichord 2	Prime forms
C D♭ E	F G G♭	014 012
A C D♭	E F G♭	014 012
A C D♭	F G G♭	014 012
C D♭ E	A G G♭	014 013
A C D♭	E F G	014 013
A C D♭	E G G♭	014 013
D♭ E F	A G G♭	014 013
C D♭ E	A F G♭	014 014
D♭ E F	C G G♭	014 016
C D♭ E	A F G	014 024
D♭ E F	A C G	014 025
D♭ E F	A C G♭	014 036
C D♭ F	E G G♭	015 013
C D♭ F	A G G♭	015 013
C E F	A G G♭	015 013
C E F	D♭ G G♭	015 016
C D♭ F	A E G♭	015 025
C D♭ F	A E G	015 025
C E F	A D♭ G	015 026
C E F	A D♭ G♭	015 037
C D♭ G	E F G♭	016 012
C D♭ G♭	E F G	016 013
C D♭ G	A F G♭	016 014
C G G♭	D♭ E F	016 014
C D♭ G♭	A E F	016 015
C D♭ G	A E F	016 015
C G G♭	A E F	016 015
C D♭ G♭	A F G	016 024
C D♭ G♭	A E G	016 025
C D♭ G	A E G♭	016 025
C F G♭	A E G	016 025
C F G♭	A D♭ G	016 026
C F G♭	D♭ E G	016 036
C F G♭	A D♭ E	016 037
C G G♭	A D♭ E	016 037
C G G♭	A D♭ F	016 048
A C G	E F G♭	025 012

Trichord 1	Trichord 2	Prime forms
A C G	D♭ E F	025 014
A C G	D♭ F G♭	025 015
D♭ E G♭	A F G	025 024
A C G	D♭ E G♭	025 025
D♭ E G♭	A C G	025 025
D♭ E G♭	C F G	025 027
D♭ E G♭	A C F	025 037
C E G♭	A F G	026 024
C E G♭	D♭ F G	026 026
C E G♭	A D♭ G	026 026
C E G♭	A D♭ F	026 048
C F G	D♭ E G♭	027 025
C F G	A E G♭	027 025
C F G	A D♭ E	027 037
C F G	A D♭ G♭	027 037
A C G♭	E F G	036 013
A C G♭	D♭ E F	036 014
D♭ E G	C F G♭	036 016
A C G♭	D♭ F G	036 026
A C G♭	D♭ E G	036 036
D♭ E G	A C F	036 037
A C E	F G G♭	037 012
A C F	E G G♭	037 013
C E G	A F G♭	037 014
C E G	D♭ F G♭	037 015
A C E	D♭ F G♭	037 015
A C E	D♭ G G♭	037 016
A C F	D♭ G G♭	037 016
A C F	D♭ E G♭	037 025
A C E	D♭ F G	037 026
A C F	D♭ E G	037 036
C E G	A D♭ G♭	037 037
C E G	A D♭ F	037 048

TriChords Pairs Derived from Inversion

Trichord 1	Trichord 2	Prime forms
E♭ F G♭	A♭ B C	013 014
E♭ F G♭	A♭ B G	013 014
E♭ F G♭	A♭ C G	013 015
E♭ F G♭	B C G	013 015
B C E♭	F G G♭	014 012
B C E♭	A♭ G G♭	014 012
A♭ B C	F G G♭	014 012
B C E♭	A♭ F G♭	014 013
B C E♭	A♭ F G	014 013
A♭ B C	E♭ F G♭	014 013
A♭ B C	E♭ G G♭	014 014
A♭ B C	E♭ F G	014 024
A♭ C G	E♭ F G♭	015 013
B C G	E♭ F G♭	015 013
B C G	A♭ F G♭	015 013
A♭ C G	B F G♭	015 016
B C G	A♭ E♭ F	015 025
B C G	A♭ E♭ G♭	015 025
A♭ C G	B E♭ F	015 026
A♭ C G	B E♭ G♭	015 037
B C F	A♭ G G♭	016 012
B C G♭	A♭ F G	016 013
C F G♭	A♭ B G	016 014
B C F	E♭ G G♭	016 014
C F G♭	A♭ E♭ G	016 015
B C F	A♭ E♭ G	016 015
B C G♭	A♭ E♭ G	016 015
B C G♭	E♭ F G	016 024
B C F	A♭ E♭ G♭	016 025
C G G♭	A♭ E♭ F	016 025
B C G♭	A♭ E♭ F	016 025
C G G♭	B E♭ F	016 026
C G G♭	A♭ B F	016 036
C F G♭	A♭ B E♭	016 037
C G G♭	A♭ B E♭	016 037
C F G♭	B E♭ G	016 048
E♭ F G	A♭ B C	024 014
E♭ F G	B C G♭	024 016

See page 195 for other 0,1,4,5,6,7,9 information

C, D♭, E, F, G♭, G, A Continued

prime form: 0, 1, 4, 5, 6, 7, 9

degrees: 1, ♭2, 3, 4, ♭5, 5, 6

E♭ F G	A♭ B G♭	024 025
E♭ F G	A♭ C G♭	024 026
C E♭ F	A♭ G G♭	025 012
C E♭ F	A♭ B G	025 014
C E♭ F	B G G♭	025 015
A♭ E♭ F	C G G♭	025 016
A♭ E♭ F	B C G♭	025 016
C E♭ F	A♭ B G♭	025 025
A♭ C G♭	E♭ F G	026 024
A♭ C G♭	B E♭ F	026 026
A♭ C G♭	B F G	026 026
A♭ C G♭	B E♭ G	026 048
C F G	A♭ E♭ G♭	027 025
C F G	A♭ B G♭	027 025
C F G	B E♭ G♭	027 037
C F G	A♭ B E♭	027 037
C E♭ G♭	A♭ F G	036 013
C E♭ G♭	A♭ B G	036 014
C E♭ G♭	B F G	036 026
C E♭ G♭	A♭ B F	036 036
A♭ C E♭	F G G♭	037 012
C E♭ G	A♭ F G♭	037 013
A♭ C F	E♭ G G♭	037 014
A♭ C E♭	B G G♭	037 015
A♭ C F	B G G♭	037 015
C E♭ G	B F G♭	037 016
A♭ C E♭	B F G♭	037 016
C E♭ G	A♭ B G♭	037 025
A♭ C E♭	B F G	037 026
C E♭ G	A♭ B F	037 036
A♭ C F	B E♭ G♭	037 037
A♭ C F	B E♭ G	037 048

TriChords Pairs Derived from Retrograde Inversion

D E E♭	A A♭ C	012 014
D E E♭	A A♭ F	012 014
D E E♭	A♭ C F	012 037
D E E♭	A C F	012 037
C D E♭	A♭ E F	013 014
C D E♭	A A♭ F	013 014
D E♭ F	A A♭ C	013 014
C D E♭	A E F	013 015
C D E♭	A A♭ E	013 015
D E♭ F	A A♭ E	013 015
D E♭ F	A C E	013 037
D E♭ F	A♭ C E	013 048
A A♭ C	D E E♭	014 012
A A♭ C	E E♭ F	014 012
A A♭ C	D E♭ F	014 013
A A♭ C	D E F	014 013
C E E♭	A A♭ F	014 014
C E E♭	A A♭ D	014 016
C E E♭	A♭ D F	014 036
C E E♭	A D F	014 037
C E F	A♭ D E♭	015 016
C E F	A D E♭	015 016
C E F	A A♭ D	015 016
C E F	A A♭ E♭	015 016
A♭ D E♭	C E F	016 015
A♭ D E♭	A C E	016 037
C D E	A A♭ F	024 014
C D E	A A♭ E♭	024 016
C D E	A♭ E♭ F	024 025
C D E	A E♭ F	024 026
A C D	E E♭ F	025 012
A C D	A♭ E F	025 014
C D F	A♭ E E♭	025 015
C D F	A A♭ E	025 015
A C D	A♭ E E♭	025 015
C E♭ F	A A♭ E	025 015
C D F	A E E♭	025 016
C D F	A A♭ E♭	025 016
C E♭ F	A A♭ D	025 016

A C D	A♭ E♭ F	025 025
C E♭ F	A♭ D E	025 026
C E♭ F	A D E	025 027
A♭ C D	E E♭ F	026 012
A♭ C D	A E F	026 015
A♭ C D	A E E♭	026 016
A♭ C D	A E♭ F	026 026
A C E♭	D E F	036 013
A C E♭	A♭ E F	036 014
A C E♭	A♭ D E	036 026
A C E♭	A♭ D F	036 036
A♭ C F	D E E♭	037 012
A C F	D E E♭	037 012
A♭ C E♭	D E F	037 013
A C E	D E♭ F	037 013
A♭ C E♭	A E F	037 015
A C F	A♭ E E♭	037 015
A C E	A♭ D E♭	037 016
A♭ C F	A D E♭	037 016
A♭ C F	A E E♭	037 016
A C F	A♭ D E♭	037 016
A C E	A♭ E♭ F	037 025
A C F	A♭ D E	037 026
A♭ C E♭	A D E	037 027
A♭ C F	A D E	037 027
A C E	A♭ D F	037 036
A♭ C E♭	A D F	037 037
A♭ C E	D E♭ F	048 013
A♭ C E	A D E♭	048 016
A♭ C E	A E♭ F	048 026
A♭ C E	A D F	048 037

a Trichords

See page 197 for other
0,2,3,4,5,7,9 information

C, D, E♭, E, F, G, A

prime form: 0, 2, 3, 4, 5, 7, 9

degrees: 1, 2, ♭3, 3, 4, 5, 6

TriChords Pairs Derived from Normal Form

D E E♭	A F G	012 024
D E E♭	A C G	012 025
D E E♭	C F G	012 027
D E E♭	A C F	012 037
C D E♭	E F G	013 013
C D E♭	A E F	013 015
C D E♭	A F G	013 024
C D E♭	A E G	013 025
D E♭ F	A C G	013 025
D E♭ F	A E G	013 025
D E♭ F	C E G	013 037
D E♭ F	A C E	013 037
C E E♭	A F G	014 024
C E E♭	D F G	014 025
C E E♭	A D G	014 027
C E E♭	A D F	014 037
C E F	D E♭ G	015 015
D E♭ G	C E F	015 015
C E F	A D E♭	015 016
C E F	A E♭ G	015 026
C E F	A D G	015 027
D E♭ G	A C E	015 037
C D E	E♭ F G	024 024
C D E	A F G	024 024
C D E	A E♭ F	024 026
C D E	A E♭ G	024 026
A C D	E E♭ F	025 012
A C G	D E E♭	025 012
A C G	E E♭ F	025 012
A C D	E F G	025 013
A C G	D E♭ F	025 013
A C G	D E F	025 013
C D F	E E♭ G	025 014
A C D	E E♭ G	025 014
C D F	A E E♭	025 016
A C D	E♭ F G	025 024
C D F	A E G	025 025
C E♭ F	D E G	025 025
C E♭ F	A E G	025 025
C D F	A E♭ G	025 026
C E♭ F	A D E	025 027
C E♭ F	A D G	025 027
C D G	E E♭ F	027 012
C F G	D E E♭	027 012
C D G	A E F	027 015
C D G	A E E♭	027 016
C F G	A D E♭	027 016
C F G	A E E♭	027 016
C D G	A E♭ F	027 026
C F G	A D E	027 027
A C E♭	D E F	036 013
A C E♭	E F G	036 013
A C E♭	D E G	036 025
A C E♭	D F G	036 025
A C F	D E E♭	037 012
C E♭ G	D E F	037 013
C E G	D E♭ F	037 013
A C E	D E♭ F	037 013
A C F	E E♭ G	037 014
C E♭ G	A E F	037 015
A C E	D E♭ G	037 015
A C F	D E♭ G	037 015
C E G	A D E♭	037 016
A C E	E♭ F G	037 024
A C E	D F G	037 025
A C F	D E G	037 025
C E G	A E♭ F	037 026
C E♭ G	A D E	037 027
C E♭ G	A D F	037 037
C E G	A D F	037 037

TriChords Pairs Derived from Inversion

A B♭ C	A♭ F G	013 013
A B♭ C	A♭ E♭ G	013 015
A B♭ C	E♭ F G	013 024
A B♭ C	A♭ E♭ F	013 025
A A♭ C	E♭ F G	014 024
A A♭ C	B♭ F G	014 025
A A♭ C	B♭ E♭ F	014 027
A A♭ C	B♭ E♭ G	014 037
A♭ C G	A B♭ F	015 015
A♭ C G	A B♭ E♭	015 016
A♭ C G	A E♭ F	015 026
A♭ C G	B♭ E♭ F	015 027
E♭ F G	A A♭ B♭	024 012
E♭ F G	A B♭ C	024 013
E♭ F G	A A♭ C	024 014
A♭ B♭ C	E♭ F G	024 024
A♭ B♭ C	A F G	024 024
E♭ F G	A♭ B♭ C	024 024
A♭ B♭ C	A E♭ F	024 026
A♭ B♭ C	A E♭ G	024 026
C E♭ F	A A♭ G	025 012
C E♭ F	A A♭ B♭	025 012
B♭ C E♭	A A♭ G	025 012
C E♭ F	A♭ B♭ G	025 013
C E♭ F	A B♭ G	025 013
B♭ C E♭	A♭ F G	025 013
A♭ E♭ F	A B♭ C	025 013
A♭ E♭ F	A B♭ G	025 013
B♭ C E♭	A A♭ F	025 014
B♭ C G	A A♭ F	025 014
B♭ C G	A A♭ E♭	025 016
B♭ C E♭	A F G	025 024
A C G	A♭ E♭ F	025 025
A C G	A♭ B♭ F	025 025
B♭ C G	A♭ E♭ F	025 025
A♭ E♭ F	A C G	025 025
A♭ E♭ F	B♭ C G	025 025
B♭ C G	A E♭ F	025 026

See page 197 for other
0,2,3,4,5,7,9 information

C, D, E♭, E, F, G, A Continued

prime form: 0, 2, 3, 4, 5, 7, 9
degrees: 1, 2, ♭3, 3, 4, 5, 6

A C G   B♭ E♭ F   025 027
A C G   A♭ B♭ E♭   025 027

A E♭ F   A♭ C G   026 015

A E♭ F   B♭ C G   026 025

C F G   A A♭ B♭   027 012
B♭ C F   A A♭ G   027 012

B♭ C F   A♭ E♭ G   027 015

C F G   A A♭ E♭   027 016
C F G   A B♭ E♭   027 016
B♭ C F   A A♭ E♭   027 016

B♭ C F   A E♭ G   027 026

C F G   A♭ B♭ E♭   027 027

A C E♭   A♭ F G   036 013
A C E♭   A♭ B♭ G   036 013

A C E♭   B♭ F G   036 025
A C E♭   A♭ B♭ F   036 025

C E♭ G   A A♭ B♭   037 012

A♭ C E♭   A B♭ G   037 013
A♭ C F   A B♭ G   037 013
A C F   A♭ B♭ G   037 013

C E♭ G   A A♭ F   037 014

C E♭ G   A B♭ F   037 015
A♭ C E♭   A B♭ F   037 015
A C F   A♭ E♭ G   037 015

A♭ C F   A B♭ E♭   037 016

A♭ C E♭   A F G   037 024

C E♭ G   A♭ B♭ F   037 025
A♭ C E♭   B♭ F G   037 025

A♭ C F   A E♭ G   037 026

A C F   A♭ B♭ E♭   037 027

A♭ C F   B♭ E♭ G   037 037
A C F   B♭ E♭ G   037 037

TriChords Pairs Derived from Retrograde Inversion

D E F   A G G♭   013 013

D E F   C G G♭   013 016

D E F   A C G   013 025

D E F   A C G♭   013 036

C E F   A G G♭   015 013

C E F   D G G♭   015 015

C E F   A D G   015 027

C E F   A D G♭   015 037

C G G♭   D E F   016 013

C G G♭   A E F   016 015

C F G♭   D E G   016 025
C F G♭   A E G   016 025

C F G♭   A D E   016 027
C F G♭   A D G   016 027
C G G♭   A D E   016 027

C G G♭   A D F   016 037

C D E   F G G♭   024 012

C D E   A G G♭   024 013

C D E   A F G♭   024 014

C D E   A F G   024 024
D E G♭   A F G   024 024

D E G♭   A C G   024 025

D E G♭   C F G   024 027

D E G♭   A C F   024 037

A C D   E F G♭   025 012
A C D   F G G♭   025 012
A C G   E F G♭   025 012

C D F   E G G♭   025 013
C D F   A G G♭   025 013
A C D   E F G   025 013
A C D   E G G♭   025 013
A C G   D E F   025 013

A C G   D F G♭   025 014

D E G   C F G♭   025 016

A C G   D E G♭   025 024

C D F   A E G♭   025 025
C D F   A E G   025 025

D E G   A C F   025 037

C D G♭   E F G   026 013

C D G♭   A E F   026 015

C D G♭   A F G   026 024
C E G♭   A F G   026 024

C D G♭   A E G   026 025
C E G♭   D F G   026 025

C E G♭   A D G   026 027

C E G♭   A D F   026 037

C D G   E F G♭   027 012

C D G   A F G♭   027 014

C D G   A E F   027 015

C F G   D E G♭   027 024

C D G   A E G♭   027 025
C F G   A E G♭   027 025

C F G   A D E   027 027

C F G   A D G♭   027 037

A C G♭   D E F   036 013
A C G♭   E F G   036 013

A C G♭   D E G   036 025
A C G♭   D F G   036 025

A C E   F G G♭   037 012

A C F   E G G♭   037 013

C E G   D F G♭   037 014
C E G   A F G♭   037 014
A C E   D F G♭   037 014

A C E   D G G♭   037 015
A C F   D G G♭   037 015

A C F   D E G♭   037 024

A C E   D F G   037 025
A C F   D E G   037 025

C E G   A D F   037 037
C E G   A D G♭   037 037

See page 198 for other
0,2,3,4,6,7,9 information

C, D, E♭, E, G♭, G, A

prime form: 0, 2, 3, 4, 6, 7, 9
degrees: 1, 2, ♭3, 3, ♭5, 5, 6

TriChords Pairs Derived from Normal Form

D E E♭	A G G♭	012 013
D E E♭	C G G♭	012 016
D E E♭	A C G	012 025
D E E♭	A C G♭	012 036
C D E♭	E G G♭	013 013
C D E♭	A G G♭	013 013
C D E♭	A E G♭	013 025
C D E♭	A E G	013 025
C E E♭	A G G♭	014 013
C E E♭	D G G♭	014 015
D E♭ G♭	A C G	014 025
D E♭ G♭	A E G	014 025
C E E♭	A D G	014 027
C E E♭	A D G♭	014 037
D E♭ G♭	C E G	014 037
D E♭ G♭	A C E	014 037
D E♭ G	C E G♭	015 026
D E♭ G	A C E	015 037
C G G♭	D E E♭	016 012
C G G♭	A D E♭	016 016
C G G♭	A E E♭	016 016
C G G♭	A D E	016 027
C D E	A G G♭	024 013
C D E	E♭ G G♭	024 014
C D E	A E♭ G	024 026
C D E	A E♭ G♭	024 036
A C G	D E E♭	025 012
A C D	E E♭ G♭	025 013
A C D	E G G♭	025 013
A C G	E E♭ G♭	025 013
A C D	E E♭ G	025 014
A C D	E♭ G G♭	025 014
A C G	D E♭ G♭	025 014
A C G	D E G♭	025 024
C D G♭	E E♭ G	026 014

C E G♭	D E♭ G	026 015
C D G♭	A E E♭	026 016
C E G♭	A D E♭	026 016
C D G♭	A E G	026 025
C D G♭	A E♭ G	026 026
C E G♭	A E♭ G	026 026
C E G♭	A D G	026 027
C D G	E E♭ G♭	027 013
C D G	A E E♭	027 016
C D G	A E G♭	027 025
C D G	A E♭ G♭	027 036
A C G♭	D E E♭	036 012
A C E♭	E G G♭	036 013
A C G♭	E E♭ G	036 014
A C E♭	D G G♭	036 015
A C G♭	D E♭ G	036 015
A C E♭	D E G♭	036 024
C E♭ G♭	D E G	036 025
C E♭ G♭	A E G	036 025
A C E♭	D E G	036 025
A C G♭	D E G	036 025
C E♭ G♭	A D E	036 027
C E♭ G♭	A D G	036 027
C E G	D E♭ G♭	037 014
A C E	D E♭ G♭	037 014
A C E	E♭ G G♭	037 014
A C E	D E♭ G	037 015
A C E	D G G♭	037 015
C E G	A D E♭	037 016
C E♭ G	D E G♭	037 024
C E♭ G	A E G♭	037 025
C E♭ G	A D E	037 027
C E G	A E♭ G♭	037 036
C E♭ G	A D G♭	037 037
C E G	A D G♭	037 037

TriChords Pairs Derived from Inversion

E♭ F G♭	A A♭ B♭	013 012
A B♭ C	E♭ F G♭	013 013
A B♭ C	A♭ F G♭	013 013
E♭ F G♭	A B♭ C	013 013
E♭ F G♭	A A♭ C	013 014
E♭ F G♭	A♭ B♭ C	013 024
A B♭ C	A♭ E♭ F	013 025
A B♭ C	A♭ E♭ G♭	013 025
A A♭ C	E♭ F G♭	014 013
A A♭ C	B♭ F G♭	014 015
A A♭ C	B♭ E♭ F	014 027
A A♭ C	B♭ E♭ G♭	014 037
C F G♭	A A♭ B♭	016 012
C F G♭	A A♭ E♭	016 016
C F G♭	A B♭ E♭	016 016
C F G♭	A♭ B♭ E♭	016 027
A♭ B♭ C	E♭ F G♭	024 013
A♭ B♭ C	A F G♭	024 014
A♭ B♭ C	A E♭ F	024 026
A♭ B♭ C	A E♭ G♭	024 036
C E♭ F	A A♭ B♭	025 012
C E♭ F	A A♭ G♭	025 013
B♭ C E♭	A♭ F G♭	025 013
B♭ C E♭	A A♭ G♭	025 013
A♭ E♭ F	A B♭ C	025 013
C E♭ F	A B♭ G♭	025 014
B♭ C E♭	A F G♭	025 014
B♭ C E♭	A A♭ F	025 014
A♭ E♭ F	A B♭ G♭	025 014
C E♭ F	A♭ B♭ G♭	025 024
A♭ E♭ F	B♭ C G♭	025 026
A♭ E♭ F	A C G♭	025 036
B♭ C G♭	A A♭ F	026 014
A♭ C G♭	A B♭ F	026 015
A♭ C G♭	A B♭ E♭	026 016
B♭ C G♭	A A♭ E♭	026 016

See page 198 for other
0,2,3,4,6,7,9 information

C, D, E♭, E, G♭, G, A Continued

prime form: 0, 2, 3, 4, 6, 7, 9
degrees: 1, 2, ♭3, 3, ♭5, 5, 6

B♭ C G♭ A♭ E♭ F 026 025

A♭ C G♭ A E♭ F 026 026
B♭ C G♭ A E♭ F 026 026
A E♭ F A♭ C G♭ 026 026
A E♭ F B♭ C G♭ 026 026

A♭ C G♭ B♭ E♭ F 026 027

B♭ C F A A♭ G♭ 027 013

B♭ C F A A♭ E♭ 027 016

B♭ C F A♭ E♭ G♭ 027 025

B♭ C F A E♭ G♭ 027 036

C E♭ G♭ A A♭ B♭ 036 012

A C E♭ A♭ F G♭ 036 013

C E♭ G♭ A A♭ F 036 014

C E♭ G♭ A B♭ F 036 015
A C E♭ B♭ F G♭ 036 015

A C E♭ A♭ B♭ G♭ 036 024

C E♭ G♭ A♭ B♭ F 036 025
A C E♭ A♭ B♭ F 036 025
A C G♭ A♭ E♭ F 036 025
A C G♭ A♭ B♭ F 036 025

A C G♭ B♭ E♭ F 036 027
A C G♭ A♭ B♭ E♭ 036 027

A♭ C E♭ A F G♭ 037 014
A♭ C E♭ A B♭ G♭ 037 014
A♭ C F A B♭ G♭ 037 014

A♭ C E♭ B♭ F G♭ 037 015
A♭ C E♭ A B♭ F 037 015

A♭ C F A B♭ E♭ 037 016

A C F A♭ B♭ G♭ 037 024

A C F A♭ E♭ G♭ 037 025

A C F A♭ B♭ E♭ 037 027

A♭ C F A E♭ G♭ 037 036

A♭ C F B♭ E♭ G♭ 037 037
A C F B♭ E♭ G♭ 037 037

TriChords Pairs Derived from Retrograde Inversion

C D E♭ F G G♭ 013 012

C D E♭ A G G♭ 013 013
D E♭ F A G G♭ 013 013

C D E♭ A F G♭ 013 014

D E♭ F C G G♭ 013 016

C D E♭ A F G 013 024

D E♭ F A C G 013 025

D E♭ F A C G♭ 013 036

D E♭ G♭ A F G 014 024

D E♭ G♭ A C G 014 025

D E♭ G♭ C F G 014 027

D E♭ G♭ A C F 014 037

D E♭ G C F G♭ 015 016

D E♭ G A C F 015 037

C G G♭ D E♭ F 016 013

C F G♭ D E♭ G 016 015

C F G♭ A D E♭ 016 016
C G G♭ A D E♭ 016 016

C F G♭ A E♭ G 016 026
C G G♭ A E♭ F 016 026

C F G♭ A D G 016 027

C G G♭ A D F 016 037

A C D F G G♭ 025 012

C D F A G G♭ 025 013
A C D E♭ F G♭ 025 013
C E♭ F A G G♭ 025 013
A C G D E♭ F 025 013
A C G E♭ F G♭ 025 013

C D F E♭ G G♭ 025 014
A C D E♭ G G♭ 025 014
A C G D E♭ G♭ 025 014
A C G D F G♭ 025 014

C E♭ F D G G♭ 025 015

A C D E♭ F G 025 024

C D F A E♭ G 025 026

C E♭ F A D G 025 027

C D F A E♭ G♭ 025 036

C E♭ F A D G♭ 025 037

C D G♭ E♭ F G 026 024
C D G♭ A F G 026 024

C D G♭ A E♭ F 026 026
C D G♭ A E♭ G 026 026

C D G E♭ F G♭ 027 013

C D G A F G♭ 027 014
C F G D E♭ G♭ 027 014

C F G A D E♭ 027 016

C D G A E♭ F 027 026

C D G A E♭ G♭ 027 036
C F G A E♭ G♭ 027 036

C F G A D G♭ 027 037

A C E♭ F G G♭ 036 012

A C G♭ D E♭ F 036 013

A C E♭ D F G♭ 036 014

A C E♭ D G G♭ 036 015
A C G♭ D E♭ G 036 015

C E♭ G♭ A F G 036 024
A C G♭ E♭ F G 036 024

C E♭ G♭ D F G 036 025
A C E♭ D F G 036 025
A C G♭ D F G 036 025

C E♭ G♭ A D G 036 027

C E♭ G♭ A D F 036 037

C E♭ G D F G♭ 037 014
C E♭ G A F G♭ 037 014
A C F D E♭ G♭ 037 014
A C F E♭ G G♭ 037 014

A C F D E♭ G 037 015
A C F D G G♭ 037 015

C E♭ G A D F 037 037
C E♭ G A D G♭ 037 037

Set List

The set list found on the following pages can be used to find the prime form of any note combination. eEach column consists of two lists. The first list gives you a list of all 3 to 11 note scales the second column gives you the prime form of each of these note combinations. To find the prime form of any note combination first list the notes in alphbetical order and count the interval distance between the first note and every other note. Use the listing of intervals to look up this scale in the left hand column, you will then find the cooresponding prime form listed directly across in the right hand column.

Here is an example. If we had a 3 notes E, C and A and wanted it's prime form we would write down the notes in alpebetically order: C, E, A and then find the intervals between each note:

C is the starting note therefore we call it "0".
C to E equal 4 half steps
C to A equals 9 half steps

Therefore the intervals are 049. If we look up 049 on the next page we find that it's prime form 037 is listed directly across from 049.

This is a great resource for anyone who wants to easily find the prime form of any note combination so that they can use the information presented in this book.

3 Note Scales

012	012
013	013
014	014
015	015
016	016
017	016
018	015
019	014
01T	013
01E	012
023	013
024	024
025	025
026	026
027	027
028	026
029	025
02T	024
02E	013
034	014
035	025
036	036
037	037
038	037
039	036
03T	025
03E	014
045	015
046	026
047	037
048	048
049	037
04T	026
04E	015
056	016
057	027
058	037
059	037
05T	027
05E	016
067	016
068	026
069	036
06T	026
06E	016
078	015
079	025
07T	025
07E	015
089	014
08T	024
08E	014
09T	013
09E	013
0TE	012
123	012
124	013
125	014
126	015
127	016
128	016
129	015
12T	014
12E	013
134	013
135	024
136	025
137	026
138	027
139	026
13T	025
13E	024
145	014
146	025
147	036
148	037
149	037
14T	036
14E	025
156	015
157	026
158	037
159	048
15T	037
15E	026
167	016
168	027
169	037
16T	037
16E	027
178	016
179	026
17T	036
17E	026
189	015
18T	025
18E	025
19T	014
19E	024
1TE	013
234	012
235	013
236	014
237	015
238	016
239	016
23T	015
23E	014
245	013
246	024
247	025
248	026
249	027
24T	026
24E	025
256	014
257	025
258	036
259	037
25T	037
25E	036
267	015
268	026
269	037
26T	048
26E	037
278	016
279	027
27T	037
27E	037
289	016
28T	026
28E	036
29T	015
29E	025
2TE	014
345	012
346	013
347	014
348	015
349	016
34T	016
34E	015
356	013
357	024
358	025
359	026
35T	027
35E	026
367	014
368	025
369	036
36T	037
36E	037
378	015
379	026
37T	037
37E	048
389	016
38T	027
38E	037
39T	016
39E	026
3TE	015
456	012
457	013
458	014
459	015
45T	016
45E	016
467	013
468	024
469	025
46T	026
46E	027
478	014
479	025
47T	036
47E	037
489	015
48T	026
48E	037
49T	016
49E	027
4TE	016
567	012
568	013
569	014
56T	015
56E	016
578	013
579	024
57T	025
57E	026
589	014
58T	025
58E	036
59T	015
59E	026
5TE	016
678	012
679	013
67T	014
67E	015
689	013
68T	024
68E	025
69T	014
69E	025
6TE	015
789	012
78T	013
78E	014
79T	013
79E	024
7TE	014
89T	012
89E	013
8TE	013
9TE	012

4 Note Scales

0123	0123
0124	0124
0125	0125
0126	0126
0127	0127
0128	0126
0129	0125
012T	0124
012E	0123
0134	0134
0135	0135
0136	0136
0137	0137
0138	0237
0139	0236
013T	0235
013E	0124
0145	0145
0146	0146
0147	0147
0148	0148
0149	0347
014T	0236
014E	0125
0156	0156
0157	0157
0158	0158
0159	0148
015T	0237
015E	0126
0167	0167
0168	0157
0169	0147
016T	0137
016E	0127
0178	0156
0179	0146
017T	0136
017E	0126
0189	0145
018T	0135
018E	0125
019T	0134
019E	0124
01TE	0123
0234	0124
0235	0235
0236	0236
0237	0237
0238	0137
0239	0136
023T	0135
023E	0134
0245	0135
0246	0246
0247	0247
0248	0248
0249	0247
024T	0246
024E	0135
0256	0146
0257	0257
0258	0258
0259	0358
025T	0247
025E	0136
0267	0157
0268	0268
0269	0258
026T	0248
026E	0137
0278	0157
0279	0257
027T	0247
027E	0237
0289	0146
028T	0246
028E	0236
029T	0135
029E	0235
02TE	0124
0345	0125
0346	0236
0347	0347
0348	0148
0349	0147
034T	0146
034E	0145
0356	0136
0357	0247
0358	0358
0359	0258
035T	0257
035E	0146
0367	0147
0368	0258
0369	0369
036T	0258
036E	0147
0378	0158
0379	0258
037T	0358
037E	0148
0389	0147
038T	0247
038E	0347
039T	0136
039E	0236
03TE	0125
0456	0126
0457	0237
0458	0148
0459	0158
045T	0157
045E	0156
0467	0137
0468	0248
0469	0258
046T	0268
046E	0157
0478	0148
0479	0358
047T	0258
047E	0158
0489	0148
048T	0248
048E	0148
049T	0137
049E	0237
04TE	0126
0567	0127
0568	0137
0569	0147
056T	0157
056E	0167
0578	0237
0579	0247
057T	0257
057E	0157
0589	0347
058T	0247
058E	0147
059T	0237
059E	0137
05TE	0127
0678	0126
0679	0136
067T	0146
067E	0156
0689	0236
068T	0246
068E	0146
069T	0236
069E	0136
06TE	0126
0789	0125
078T	0135
078E	0145
079T	0235
079E	0135
07TE	0125
089T	0124
089E	0134
08TE	0124
09TE	0123
1234	0123
1235	0124
1236	0125
1237	0126
1238	0127
1239	0126
123T	0125
123E	0124
1245	0134
1246	0135
1247	0136
1248	0137
1249	0237
124T	0236
124E	0235
1256	0145
1257	0146
1258	0147
1259	0148
125T	0347
125E	0236
1267	0156
1268	0157
1269	0158
126T	0148
126E	0237
1278	0167
1279	0157
127T	0147
127E	0137
1289	0156
128T	0146
128E	0136
129T	0145
129E	0135
12TE	0134
1345	0124
1346	0235
1347	0236
1348	0237
1349	0137
134T	0136
134E	0135
1356	0135
1357	0246
1358	0247
1359	0248
135T	0247
135E	0246
1367	0146
1368	0257
1369	0258
136T	0358
136E	0247
1378	0157
1379	0268
137T	0258
137E	0248
1389	0157
138T	0257
138E	0247
139T	0146
139E	0246
13TE	0135
1456	0125
1457	0236
1458	0347
1459	0148
145T	0147
145E	0146
1467	0136
1468	0247
1469	0358
146T	0258
146E	0257
1478	0147
1479	0258
147T	0369
147E	0258
1489	0158
148T	0258
148E	0358
149T	0147
149E	0247
14TE	0136
1567	0126
1568	0237

1569	0148
156T	0158
156E	0157
1578	0137
1579	0248
157T	0258
157E	0268
1589	0148
158T	0358
158E	0258
159T	0148
159E	0248
15TE	0137
1678	0127
1679	0137
167T	0147
167E	0157
1689	0237
168T	0247
168E	0257
169T	0347
169E	0247
16TE	0237
1789	0126
178T	0136
178E	0146
179T	0236
179E	0246
17TE	0236
189T	0125
189E	0135
18TE	0235
19TE	0124
2345	0123
2346	0124
2347	0125
2348	0126
2349	0127
234T	0126
234E	0125
2356	0134
2357	0135
2358	0136
2359	0137
235T	0237
235E	0236
2367	0145
2368	0146
2369	0147
236T	0148
236E	0347
2378	0156
2379	0157
237T	0158
237E	0148
2389	0167
238T	0157
238E	0147
239T	0156
239E	0146
23TE	0145
2456	0124
2457	0235
2458	0236
2459	0237
245T	0137
245E	0136
2467	0135
2468	0246
2469	0247
246T	0248
246E	0247
2478	0146
2479	0257
247T	0258
247E	0358
2489	0157
248T	0268
248E	0258
249T	0157
249E	0257
24TE	0146
2567	0125
2568	0236
2569	0347
256T	0148
256E	0147
2578	0136
2579	0247
257T	0358
257E	0258
2589	0147
258T	0258
258E	0369
259T	0158
259E	0258
25TE	0147
2678	0126
2679	0237
267T	0148
267E	0158
2689	0137
268T	0248
268E	0258
269T	0148
269E	0358
26TE	0148
2789	0127
278T	0137
278E	0147
279T	0237
279E	0247
27TE	0347
289T	0126
289E	0136
28TE	0236
29TE	0125
3456	0123
3457	0124
3458	0125
3459	0126
345T	0127
345E	0126
3467	0134
3468	0135
3469	0136
346T	0137
346E	0237
3478	0145
3479	0146
347T	0147
347E	0148
3489	0156
348T	0157
348E	0158
349T	0167
349E	0157
34TE	0156
3567	0124
3568	0235
3569	0236
356T	0237
356E	0137
3578	0135
3579	0246
357T	0247
357E	0248
3589	0146
358T	0257
358E	0258
359T	0157
359E	0268
35TE	0157
3678	0125
3679	0236
367T	0347
367E	0148
3689	0136
368T	0247
368E	0358
369T	0147
369E	0258
36TE	0158
3789	0126
378T	0237
378E	0148
379T	0137
379E	0248
37TE	0148
389T	0127
389E	0137
38TE	0237
39TE	0126
4567	0123
4568	0124
4569	0125
456T	0126
456E	0127
4578	0134
4579	0135
457T	0136
457E	0137
4589	0145
458T	0146
458E	0147
459T	0156
459E	0157
45TE	0167
4678	0124
4679	0235
467T	0236
467E	0237
4689	0135
468T	0246
468E	0247
469T	0146
469E	0257
46TE	0157
4789	0125
478T	0236
478E	0347
479T	0136
479E	0247
47TE	0147
489T	0126
489E	0237
48TE	0137
49TE	0127
5678	0123
5679	0124
567T	0125
567E	0126
5689	0134
568T	0135
568E	0136
569T	0145
569E	0146
56TE	0156
5789	0124
578T	0235
578E	0236
579T	0135
579E	0246
57TE	0146
589T	0125
589E	0236
58TE	0136
59TE	0126
6789	0123
678T	0124
678E	0125
679T	0134
679E	0135
67TE	0145
689T	0124
689E	0235
68TE	0135
69TE	0125
789T	0123
789E	0124
78TE	0134
79TE	0124
89TE	0123

5 Note Scales

01234	01234	013TE	01235	0234E	01245	0268T	02468
01235	01235	01456	01256	02356	01346	0268E	02368
01236	01236	01457	01457	02357	02357	0269T	02458
01237	01237	01458	01458	02358	02358	0269E	02358
01238	01237	01459	01458	02359	02358	026TE	01248
01239	01236	0145T	01457	0235T	02357	02789	01257
0123T	01235	0145E	01256	0235E	01346	0278T	01357
0123E	01234	01467	01367	02367	01457	0278E	01457
01245	01245	01468	01468	02368	02368	0279T	02357
01246	01246	01469	01469	02369	01369	0279E	02357
01247	01247	0146T	02368	0236T	02458	027TE	02347
01248	01248	0146E	01257	0236E	01347	0289T	01246
01249	02347	01478	01478	02378	01568	0289E	01346
0124T	02346	01479	01469	02379	01368	028TE	02346
0124E	01235	0147T	01369	0237T	01358	029TE	01235
01256	01256	0147E	01258	0237E	01348	03456	01236
01257	01257	01489	01458	02389	01367	03457	02347
01258	01258	0148T	02458	0238T	01357	03458	03458
01259	03458	0148E	03458	0238E	01347	03459	01258
0125T	02347	0149T	01347	0239T	01356	0345T	01257
0125E	01236	0149E	02347	0239E	01346	0345E	01256
01267	01267	014TE	01236	023TE	01245	03467	01347
01268	01268	01567	01267	02456	01246	03468	02458
01269	01258	01568	01568	02457	02357	03469	01369
0126T	01248	01569	01478	02458	02458	0346T	02368
0126E	01237	0156T	01568	02459	01358	0346E	01457
01278	01267	0156E	01267	0245T	01357	03478	01458
01279	01257	01578	01568	0245E	01356	03479	01469
0127T	01247	01579	01468	02467	01357	0347T	01469
0127E	01237	0157T	01368	02468	02468	0347E	01458
01289	01256	0157E	01268	02469	02469	03489	01478
0128T	01246	01589	01458	0246T	02468	0348T	01468
0128E	01236	0158T	01358	0246E	01357	0348E	01458
0129T	01245	0158E	01258	02478	01468	0349T	01367
0129E	01235	0159T	01348	02479	02479	0349E	01457
012TE	01234	0159E	01248	0247T	02469	034TE	01256
01345	01245	015TE	01237	0247E	01358	03567	01247
01346	01346	01678	01267	02489	01468	03568	02358
01347	01347	01679	01367	0248T	02468	03569	01369
01348	01348	0167T	01367	0248E	02458	0356T	01368
01349	01347	0167E	01267	0249T	01357	0356E	01367
0134T	01346	01689	01457	0249E	02357	03578	01358
0134E	01245	0168T	01357	024TE	01246	03579	02469
01356	01356	0168E	01257	02567	01257	0357T	02479
01357	01357	0169T	01347	02568	02368	0357E	01468
01358	01358	0169E	01247	02569	01469	03589	01469
01359	02458	016TE	01237	0256T	01468	0358T	02479
0135T	02357	01789	01256	0256E	01367	0358E	01469
0135E	01246	0178T	01356	02578	01368	0359T	01368
01367	01367	0178E	01256	02579	02479	0359E	02368
01368	01368	0179T	01346	0257T	02479	035TE	01257
01369	01369	0179E	01246	0257E	01368	03678	01258
0136T	02358	017TE	01236	02589	01469	03679	01369
0136E	01247	0189T	01245	0258T	02469	0367T	01469
01378	01568	0189E	01245	0258E	01369	0367E	01478
01379	02368	018TE	01235	0259T	01358	03689	01369
0137T	02358	019TE	01234	0259E	02358	0368T	02469
0137E	01248	02345	01235	025TE	01247	0368E	01469
01389	01457	02346	02346	02678	01268	0369T	01369
0138T	02357	02347	02347	02679	01368	0369E	01369
0138E	02347	02348	01248	0267T	01468	036TE	01258
0139T	01346	02349	01247	0267E	01568	03789	01258
0139E	02346	0234T	01246	02689	02368	0378T	01358

0378E 01458
0379T 02358
0379E 02458
037TE 03458
0389T 01247
0389E 01347
038TE 02347
039TE 01236
04567 01237
04568 01248
04569 01258
0456T 01268
0456E 01267
04578 01348
04579 01358
0457T 01368
0457E 01568
04589 01458
0458T 01468
0458E 01478
0459T 01568
0459E 01568
045TE 01267
04678 01248
04679 02358
0467T 02368
0467E 01568
04689 02458
0468T 02468
0468E 01468
0469T 02368
0469E 01368
046TE 01268
04789 03458
0478T 02458
0478E 01458
0479T 02358
0479E 01358
047TE 01258
0489T 01248
0489E 01348
048TE 01248
049TE 01237
05678 01237
05679 01247
0567T 01257
0567E 01267
05689 01347
0568T 01357
0568E 01367
0569T 01457
0569E 01367
056TE 01267
05789 02347
0578T 02357
0578E 01457
0579T 02357
0579E 01357
057TE 01257
0589T 02347
0589E 01347
058TE 01247
059TE 01237
06789 01236
0678T 01246
0678E 01256
0679T 01346
0679E 01356
067TE 01256
0689T 02346
0689E 01346
068TE 01246
069TE 01236
0789T 01235
0789E 01245
078TE 01245
079TE 01235
089TE 01234
12345 01234
12346 01235
12347 01236
12348 01237
12349 01237
1234T 01236
1234E 01235
12356 01245
12357 01246
12358 01247
12359 01248
1235T 02347
1235E 02346
12367 01256
12368 01257
12369 01258
1236T 03458
1236E 02347
12378 01267
12379 01268
1237T 01258
1237E 01248
12389 01267
1238T 01257
1238E 01247
1239T 01256
1239E 01246
123TE 01245
12456 01245
12457 01346
12458 01347
12459 01348
1245T 01347
1245E 01346
12467 01356
12468 01357
12469 01358
1246T 02458
1246E 02357
12478 01367
12479 01368
1247T 01369
1247E 02358
12489 01568
1248T 02368
1248E 02358
1249T 01457
1249E 02357
124TE 01346
12567 01256
12568 01457
12569 01458
1256T 01458
1256E 01457
12578 01367
12579 01468
1257T 01469
1257E 02368
12589 01478
1258T 01469
1258E 01369
1259T 01458
1259E 02458
125TE 01347
12678 01267
12679 01568
1267T 01478
1267E 01568
12689 01568
1268T 01468
1268E 01368
1269T 01458
1269E 01358
126TE 01348
12789 01267
1278T 01367
1278E 01367
1279T 01457
1279E 01357
127TE 01347
1289T 01256
1289E 01356
128TE 01346
129TE 01245
13456 01235
13457 02346
13458 02347
13459 01248
1345T 01247
1345E 01246
13467 01346
13468 02357
13469 02358
1346T 02358
1346E 02357
13478 01457
13479 02368
1347T 01369
1347E 02458
13489 01568
1348T 01368
1348E 01358
1349T 01367
1349E 01357
134TE 01356
13567 01246
13568 02357
13569 02458
1356T 01358
1356E 01357
13578 01357
13579 02468
1357T 02469
1357E 02468
13589 01468
1358T 02479
1358E 02469
1359T 01468
1359E 02468
135TE 01357
13678 01257
13679 02368
1367T 01469
1367E 01468
13689 01368
1368T 02479
1368E 02479
1369T 01469
1369E 02469
136TE 01358
13789 01268
1378T 01368
1378E 01468
1379T 02368
1379E 02468
137TE 02458
1389T 01257
1389E 01357
138TE 02357
139TE 01246
14567 01236
14568 02347
14569 03458
1456T 01258
1456E 01257
14578 01347
14579 02458
1457T 01369
1457E 02368
14589 01458
1458T 01469
1458E 01469
1459T 01478
1459E 01468
145TE 01367
14678 01247
14679 02358
1467T 01369
1467E 01368
14689 01358
1468T 02469
1468E 02479
1469T 01469
1469E 02479
146TE 01368
14789 01258
1478T 01369
1478E 01469
1479T 01369
1479E 02469
147TE 01369
1489T 01258
1489E 01358
148TE 02358

149TE	01247
15678	01237
15679	01248
1567T	01258
1567E	01268
15689	01348
1568T	01358
1568E	01368
1569T	01458
1569E	01468
156TE	01568
15789	01248
1578T	02358
1578E	02368
1579T	02458
1579E	02468
157TE	02368
1589T	03458
1589E	02458
158TE	02358
159TE	01248
16789	01237
1678T	01247
1678E	01257
1679T	01347
1679E	01357
167TE	01457
1689T	02347
1689E	02357
168TE	02357
169TE	02347
1789T	01236
1789E	01246
178TE	01346
179TE	02346
189TE	01235
23456	01234
23457	01235
23458	01236
23459	01237
2345T	01237
2345E	01236
23467	01245
23468	01246
23469	01247
2346T	01248
2346E	02347
23478	01256
23479	01257
2347T	01258
2347E	03458
23489	01267
2348T	01268
2348E	01258
2349T	01267
2349E	01257
234TE	01256
23567	01245
23568	01346
23569	01347
2356T	01348
2356E	01347
23578	01356
23579	01357
2357T	01358
2357E	02458
23589	01367
2358T	01368
2358E	01369
2359T	01568
2359E	02368
235TE	01457
23678	01256
23679	01457
2367T	01458
2367E	01458
23689	01367
2368T	01468
2368E	01469
2369T	01478
2369E	01469
236TE	01458
23789	01267
2378T	01568
2378E	01478
2379T	01568
2379E	01468
237TE	01458
2389T	01267
2389E	01367
238TE	01457
239TE	01256
24567	01235
24568	02346
24569	02347
2456T	01248
2456E	01247
24578	01346
24579	02357
2457T	02358
2457E	02358
24589	01457
2458T	02368
2458E	01369
2459T	01568
2459E	01368
245TE	01367
24678	01246
24679	02357
2467T	02458
2467E	01358
24689	01357
2468T	02468
2468E	02469
2469T	01468
2469E	02479
246TE	01468
24789	01257
2478T	02368
2478E	01469
2479T	01368
2479E	02479
247TE	01469
2489T	01268
2489E	01368
248TE	02368
249TE	01257
25678	01236
25679	02347
2567T	03458
2567E	01258
25689	01347
2568T	02458
2568E	01369
2569T	01458
2569E	01469
256TE	01478
25789	01247
2578T	02358
2578E	01369
2579T	01358
2579E	02469
257TE	01469
2589T	01258
2589E	01369
258TE	01369
259TE	01258
26789	01237
2678T	01248
2678E	01258
2679T	01348
2679E	01358
267TE	01458
2689T	01248
2689E	02358
268TE	02458
269TE	03458
2789T	01237
2789E	01247
278TE	01347
279TE	02347
289TE	01236
34567	01234
34568	01235
34569	01236
3456T	01237
3456E	01237
34578	01245
34579	01246
3457T	01247
3457E	01248
34589	01256
3458T	01257
3458E	01258
3459T	01267
3459E	01268
345TE	01267
34678	01245
34679	01346
3467T	01347
3467E	01348
34689	01356
3468T	01357
3468E	01358
3469T	01367
3469E	01368
346TE	01568
34789	01256
3478T	01457
3478E	01458
3479T	01367
3479E	01468
347TE	01478
3489T	01267
3489E	01568
348TE	01568
349TE	01267
35678	01235
35679	02346
3567T	02347
3567E	01248
35689	01346
3568T	02357
3568E	02358
3569T	01457
3569E	02368
356TE	01568
35789	01246
3578T	02357
3578E	02458
3579T	01357
3579E	02468
357TE	01468
3589T	01257
3589E	02368
358TE	01368
359TE	01268
36789	01236
3678T	02347
3678E	03458
3679T	01347
3679E	02458
367TE	01458
3689T	01247
3689E	02358
368TE	01358
369TE	01258
3789T	01237
3789E	01248
378TE	01348
379TE	01248
389TE	01237
45678	01234
45679	01235
4567T	01236
4567E	01237
45689	01245
4568T	01246
4568E	01247
4569T	01256
4569E	01257
456TE	01267
45789	01245
4578T	01346
4578E	01347
4579T	01356
4579E	01357
457TE	01367
4589T	01256
4589E	01457
458TE	01367
459TE	01267

46789	01235
4678T	02346
4678E	02347
4679T	01346
4679E	02357
467TE	01457
4689T	01246
4689E	02357
468TE	01357

469TE	01257
4789T	01236
4789E	02347
478TE	01347
479TE	01247
489TE	01237
56789	01234
5678T	01235
5678E	01236

5679T	01245
5679E	01246
567TE	01256
5689T	01245
5689E	01346
568TE	01356
569TE	01256
5789T	01235
5789E	02346

578TE	01346
579TE	01246
589TE	01236
6789T	01234
6789E	01235
678TE	01245
679TE	01245
689TE	01235
789TE	01234

6 Note Scales

012345	012345
012346	012346
012347	012347
012348	012348
012349	012347
01234T	012346
01234E	012345
012356	012356
012357	012357
012358	012358
012359	023458
01235T	023457
01235E	012346
012367	012367
012368	012368
012369	012369
01236T	023458
01236E	012347
012378	012378
012379	012368
01237T	012358
01237E	012348
012389	012367
01238T	012357
01238E	012347
01239T	012356
01239E	012346
0123TE	012345
012456	012456
012457	012457
012458	012458
012459	013458
01245T	013457
01245E	012356
012467	012467
012468	012468
012469	012469
01246T	023468
01246E	012357
012478	012478
012479	012479
01247T	023469
01247E	012358
012489	014568
01248T	023468
01248E	023458
01249T	013457
01249E	023457
0124TE	012346
012567	012567

012568	012568
012569	012569
01256T	014568
01256E	012367
012578	012578
012579	012579
01257T	012479
01257E	012368
012589	012569
01258T	012469
01258E	012369
01259T	013458
01259E	023458
0125TE	012347
012678	012678
012679	012578
01267T	012478
01267E	012378
012689	012568
01268T	012468
01268E	012368
01269T	012458
01269E	012358
0126TE	012348
012789	012567
01278T	012467
01278E	012367
01279T	012457
01279E	012357
0127TE	012347
01289T	012456
01289E	012356
0128TE	012346
0129TE	012345
013456	012356
013457	013457
013458	013458
013459	012458
01345T	012457
01345E	012456
013467	013467
013468	013468
013469	013469
01346T	023568
01346E	012457
013478	013478
013479	013479
01347T	013469
01347E	012458
013489	013478

01348T	013468
01348E	013458
01349T	013467
01349E	013457
0134TE	012356
013567	012467
013568	013568
013569	013569
01356T	013568
01356E	012467
013578	013578
013579	013579
01357T	023579
01357E	012468
013589	014579
01358T	024579
01358E	012469
01359T	013468
01359E	023468
0135TE	012357
013678	012578
013679	013679
01367T	014679
01367E	012478
013689	023679
01368T	023579
01368E	012479
01369T	013469
01369E	023469
0136TE	012358
013789	012568
01378T	013568
01378E	014568
01379T	023568
01379E	023468
0137TE	023458
01389T	012457
01389E	013457
0138TE	023457
0139TE	012346
014567	012367
014568	014568
014569	012569
01456T	012568
01456E	012567
014578	013478
014579	014579
01457T	023679
01457E	012568
014589	014589

01458T	014579
01458E	012569
01459T	013478
01459E	014568
0145TE	012367
014678	012478
014679	014679
01467T	013679
01467E	012578
014689	014579
01468T	013579
01468E	012579
01469T	013479
01469E	012479
0146TE	012368
014789	012569
01478T	013569
01478E	012569
01479T	013469
01479E	012469
0147TE	012369
01489T	012458
01489E	013458
0148TE	023458
0149TE	012347
015678	012378
015679	012478
01567T	012578
01567E	012678
015689	013478
01568T	013578
01568E	012578
01569T	013478
01569E	012478
0156TE	012378
015789	014568
01578T	013568
01578E	012568
01579T	013468
01579E	012468
0157TE	012368
01589T	013458
01589E	012458
0158TE	012358
0159TE	012348
016789	012367
01678T	012467
01678E	012567
01679T	013467
01679E	012467

0167TE 012367
01689T 013457
01689E 012457
0168TE 012357
0169TE 012347
01789T 012356
01789E 012456
0178TE 012356
0179TE 012346
0189TE 012345
023456 012346
023457 023457
023458 023458
023459 012358
02345T 012357
02345E 012356
023467 013457
023468 023468
023469 023469
02346T 023468
02346E 013457
023478 014568
023479 012479
02347T 012469
02347E 013458
023489 012478
02348T 012468
02348E 012458
02349T 012467
02349E 012457
0234TE 012456
023567 012457
023568 023568
023569 013469
02356T 013468
02356E 013467
023578 013568
023579 023579
02357T 024579
02357E 013468
023589 014679
02358T 023579
02358E 013469
02359T 013568
02359E 023568
0235TE 012457
023678 012568
023679 023679
02367T 014579
02367E 013478
023689 013679
02368T 013579
02368E 013479
02369T 013569
02369E 013469
0236TE 012458
023789 012578
02378T 013578
02378E 013478
02379T 013568
02379E 013468
0237TE 013458
02389T 012467
02389E 013467
0238TE 013457
0239TE 012356
024567 012357
024568 023468
024569 012469
02456T 012468
02456E 012467
024578 013468
024579 024579
02457T 023579
02457E 013568
024589 014579
02458T 013579
02458E 013569
02459T 013578
02459E 013568
0245TE 012467
024678 012468
024679 023579
02467T 013579
02467E 013578
024689 013579
02468T 02468T
02468E 013579
02469T 013579
02469E 023579
0246TE 012468
024789 012579
02478T 013579
02478E 014579
02479T 023579
02479E 024579
0247TE 012469
02489T 012468
02489E 013468
0248TE 023468
0249TE 012357
025678 012368
025679 012479
02567T 012579
02567E 012578
025689 013479
02568T 013579
02568E 013679
02569T 014579
02569E 014679
0256TE 012478
025789 012479
02578T 023579
02578E 023679
02579T 024579
02579E 023579
0257TE 012479
02589T 012469
02589E 013469
0258TE 023469
0259TE 012358
026789 012368
02678T 012468
02678E 012568
02679T 013468
02679E 013568
0267TE 014568
02689T 023468
02689E 023568
0268TE 023468
0269TE 023458
02789T 012357
02789E 012457
0278TE 013457
0279TE 023457
0289TE 012346
034567 012347
034568 023458
034569 012369
03456T 012368
03456E 012367
034578 013458
034579 012469
03457T 012479
03457E 014568
034589 012569
03458T 012579
03458E 012569
03459T 012578
03459E 012568
0345TE 012567
034678 012458
034679 013469
03467T 013479
03467E 013478
034689 013569
03468T 013579
03468E 014579
03469T 013679
03469E 023679
0346TE 012568
034789 012569
03478T 014579
03478E 014589
03479T 014679
03479E 014579
0347TE 012569
03489T 012478
03489E 013478
0348TE 014568
0349TE 012367
035678 012358
035679 023469
03567T 012479
03567E 012478
035689 013469
03568T 023579
03568E 014679
03569T 023679
03569E 013679
0356TE 012578
035789 012469
03578T 024579
03578E 014579
03579T 023579
03579E 013579
0357TE 012579
03589T 012479
03589E 013479
0358TE 012479
0359TE 012368
036789 012369
03678T 012469
03678E 012569
03679T 013469
03679E 013569
0367TE 012569
03689T 023469
03689E 013469
0368TE 012469
0369TE 012369
03789T 012358
03789E 012458
0378TE 013458
0379TE 023458
0389TE 012347
045678 012348
045679 012358
04567T 012368
04567E 012378
045689 012458
04568T 012468
04568E 012478
04569T 012568
04569E 012578
0456TE 012678
045789 013458
04578T 013468
04578E 013478
04579T 013568
04579E 013578
0457TE 012578
04589T 014568
04589E 013478
0458TE 012478
0459TE 012378
046789 023458
04678T 023468
04678E 014568
04679T 023568
04679E 013568
0467TE 012568
04689T 023468
04689E 013468
0468TE 012468
0469TE 012368
04789T 023458
04789E 013458
0478TE 012458
0479TE 012358
0489TE 012348
056789 012347
05678T 012357
05678E 012367
05679T 012457
05679E 012467
0567TE 012567
05689T 013457
05689E 013467
0568TE 012467
0569TE 012367
05789T 023457

05789E	013457
0578TE	012457
0579TE	012357
0589TE	012347
06789T	012346
06789E	012356
0678TE	012456
0679TE	012356
0689TE	012346
0789TE	012345
123456	012345
123457	012346
123458	012347
123459	012348
12345T	012347
12345E	012346
123467	012356
123468	012357
123469	012358
12346T	023458
12346E	023457
123478	012367
123479	012368
12347T	012369
12347E	023458
123489	012378
12348T	012368
12348E	012358
12349T	012367
12349E	012357
1234TE	012356
123567	012456
123568	012457
123569	012458
12356T	013458
12356E	013457
123578	012467
123579	012468
12357T	012469
12357E	023468
123589	012478
12358T	012479
12358E	023469
12359T	014568
12359E	023468
1235TE	013457
123678	012567
123679	012568
12367T	012569
12367E	014568
123689	012578
12368T	012579
12368E	012479
12369T	012569
12369E	012469
1236TE	013458
123789	012678
12378T	012578
12378E	012478
12379T	012568
12379E	012468
1237TE	012458
12389T	012567
12389E	012467
1238TE	012457
1239TE	012456
124567	012356
124568	013457
124569	013458
12456T	012458
12456E	012457
124578	013467
124579	013468
12457T	013469
12457E	023568
124589	013478
12458T	013479
12458E	013469
12459T	013478
12459E	013468
1245TE	013467
124678	012467
124679	013568
12467T	013569
12467E	013568
124689	013578
12468T	013579
12468E	023579
12469T	014579
12469E	024579
1246TE	013468
124789	012578
12478T	013679
12478E	014679
12479T	023679
12479E	023579
1247TE	013469
12489T	012568
12489E	013568
1248TE	023568
1249TE	012457
125678	012367
125679	014568
12567T	012569
12567E	012568
125689	013478
12568T	014579
12568E	023679
12569T	014589
12569E	014579
1256TE	013478
125789	012478
12578T	014679
12578E	013679
12579T	014579
12579E	013579
1257TE	013479
12589T	012569
12589E	013569
1258TE	013469
1259TE	012458
126789	012378
12678T	012478
12678E	012578
12679T	013478
12679E	013578
1267TE	013478
12689T	014568
12689E	013568
1268TE	013468
1269TE	013458
12789T	012367
12789E	012467
1278TE	013467
1279TE	013457
1289TE	012356
134567	012346
134568	023457
134569	023458
13456T	012358
13456E	012357
134578	013457
134579	023468
13457T	023469
13457E	023468
134589	014568
13458T	012479
13458E	012469
13459T	012478
13459E	012468
1345TE	012467
134678	012457
134679	023568
13467T	013469
13467E	013468
134689	013568
13468T	023579
13468E	024579
13469T	014679
13469E	023579
1346TE	013568
134789	012568
13478T	023679
13478E	014579
13479T	013679
13479E	013579
1347TE	013569
13489T	012578
13489E	013578
1348TE	013568
1349TE	012467
135678	012357
135679	023468
13567T	012469
13567E	012468
135689	013468
13568T	024579
13568E	023579
13569T	014579
13569E	013579
1356TE	013578
135789	012468
13578T	023579
13578E	013579
13579T	013579
13579E	02468T
1357TE	013579
13589T	012579
13589E	013579
1358TE	023579
1359TE	012468
136789	012368
13678T	012479
13678E	012579
13679T	013479
13679E	013579
1367TE	014579
13689T	012479
13689E	023579
1368TE	024579
1369TE	012469
13789T	012368
13789E	012468
1378TE	013468
1379TE	023468
1389TE	012357
145678	012347
145679	023458
14567T	012369
14567E	012368
145689	013458
14568T	012469
14568E	012479
14569T	012569
14569E	012579
1456TE	012578
145789	012458
14578T	013469
14578E	013479
14579T	013569
14579E	013579
1457TE	013679
14589T	012569
14589E	014579
1458TE	014679
1459TE	012478
146789	012358
14678T	023469
14678E	012479
14679T	013469
14679E	023579
1467TE	023679
14689T	012469
14689E	024579
1468TE	023579
1469TE	012479
14789T	012369
14789E	012469
1478TE	013469
1479TE	023469
1489TE	012358
156789	012348
15678T	012358
15678E	012368
15679T	012458
15679E	012468
1567TE	012568
15689T	013458
15689E	013468
1568TE	013568
1569TE	014568
15789T	023458

15789E	023468	2358TE	023679	25789E	023469	3679TE	012458
1578TE	023568	2359TE	012568	2578TE	013469	3689TE	012358
1579TE	023468	236789	012367	2579TE	012469	3789TE	012348
1589TE	023458	23678T	014568	2589TE	012369	456789	012345
16789T	012347	23678E	012569	26789T	012348	45678T	012346
16789E	012357	23679T	013478	26789E	012358	45678E	012347
1678TE	012457	23679E	014579	2678TE	012458	45679T	012356
1679TE	013457	2367TE	014589	2679TE	013458	45679E	012357
1689TE	023457	23689T	012478	2689TE	023458	4567TE	012367
1789TE	012346	23689E	014679	2789TE	012347	45689T	012456
234567	012345	2368TE	014579	345678	012345	45689E	012457
234568	012346	2369TE	012569	345679	012346	4568TE	012467
234569	012347	23789T	012378	34567T	012347	4569TE	012567
23456T	012348	23789E	012478	34567E	012348	45789T	012356
23456E	012347	2378TE	013478	345689	012356	45789E	013457
234578	012356	2379TE	014568	34568T	012357	4578TE	013467
234579	012357	2389TE	012367	34568E	012358	4579TE	012467
23457T	012358	245678	012346	34569T	012367	4589TE	012367
23457E	023458	245679	023457	34569E	012368	46789T	012346
234589	012367	24567T	023458	3456TE	012378	46789E	023457
23458T	012368	24567E	012358	345789	012456	4678TE	013457
23458E	012369	245689	013457	34578T	012457	4679TE	012457
23459T	012378	24568T	023468	34578E	012458	4689TE	012357
23459E	012368	24568E	023469	34579T	012467	4789TE	012347
2345TE	012367	24569T	014568	34579E	012468	56789T	012345
234678	012456	24569E	012479	3457TE	012478	56789E	012346
234679	012457	2456TE	012478	34589T	012567	5678TE	012356
23467T	012458	245789	012457	34589E	012568	5679TE	012456
23467E	013458	24578T	023568	3458TE	012578	5689TE	012356
234689	012467	24578E	013469	3459TE	012678	5789TE	012346
23468T	012468	24579T	013568	346789	012356	6789TE	012345
23468E	012469	24579E	023579	34678T	013457		
23469T	012478	2457TE	014679	34678E	013458		
23469E	012479	24589T	012568	34679T	013467		
2346TE	014568	24589E	023679	34679E	013468		
234789	012567	2458TE	013679	3467TE	013478		
23478T	012568	2459TE	012578	34689T	012467		
23478E	012569	246789	012357	34689E	013568		
23479T	012578	24678T	023468	3468TE	013578		
23479E	012579	24678E	012469	3469TE	012578		
2347TE	012569	24679T	013468	34789T	012367		
23489T	012678	24679E	024579	34789E	014568		
23489E	012578	2467TE	014579	3478TE	013478		
2348TE	012568	24689T	012468	3479TE	012478		
2349TE	012567	24689E	023579	3489TE	012378		
235678	012356	2468TE	013579	356789	012346		
235679	013457	2469TE	012579	35678T	023457		
23567T	013458	24789T	012368	35678E	023458		
23567E	012458	24789E	012479	35679T	013457		
235689	013467	2478TE	013479	35679E	023468		
23568T	013468	2479TE	012479	3567TE	014568		
23568E	013469	2489TE	012368	35689T	012457		
23569T	013478	256789	012347	35689E	023568		
23569E	013479	25678T	023458	3568TE	013568		
2356TE	013478	25678E	012369	3569TE	012568		
235789	012467	25679T	013458	35789T	012357		
23578T	013568	25679E	012469	35789E	023468		
23578E	013569	2567TE	012569	3578TE	013468		
23579T	013578	25689T	012458	3579TE	012468		
23579E	013579	25689E	013469	3589TE	012368		
2357TE	014579	2568TE	013569	36789T	012347		
23589T	012578	2569TE	012569	36789E	023458		
23589E	013679	25789T	012358	3678TE	013458		

7 Note Scales

0123456	0123456	012457T	0234679	0134567	0123467	01368TE	0234579
0123457	0123457	012457E	0123568	0134568	0134568	01369TE	0123469
0123458	0123458	0124589	0124589	0134569	0123569	013789T	0123568
0123459	0123458	012458T	0134579	013456T	0123568	013789E	0124568
012345T	0123457	012458E	0123569	013456E	0123567	01378TE	0134568
012345E	0123456	012459T	0134578	0134578	0134578	01379TE	0234568
0123467	0123467	012459E	0134568	0134579	0134579	01389TE	0123457
0123468	0123468	01245TE	0123467	013457T	0234679	0145678	0123478
0123469	0123469	0124678	0124678	013457E	0124568	0145679	0145679
012346T	0234568	0124679	0124679	0134589	0124589	014567T	0123679
012346E	0123457	012467T	0135679	013458T	0124579	014567E	0123678
0123478	0123478	012467E	0123578	013458E	0124569	0145689	0124589
0123479	0123479	0124689	0124689	013459T	0124578	014568T	0124689
012347T	0123469	012468T	012468T	013459E	0124568	014568E	0125679
012347E	0123458	012468E	0123579	01345TE	0123567	014569T	0125689
0123489	0123478	012469T	0134579	0134678	0124578	014569E	0125679
012348T	0123468	012469E	0234579	0134679	0134679	01456TE	0123678
012348E	0123458	01246TE	0123468	013467T	0134679	0145789	0124589
012349T	0123467	0124789	0125679	013467E	0124578	014578T	0134689
012349E	0123457	012478T	0135679	0134689	0134689	014578E	0125689
01234TE	0123456	012478E	0145679	013468T	0134681	014579T	0134689
0123567	0123567	012479T	0234679	013468E	0124579	014579E	0124689
0123568	0123568	012479E	0234579	013469T	0134679	01457TE	0123679
0123569	0123569	01247TE	0123469	013469E	0234679	014589T	0124589
012356T	0134568	012489T	0124568	01346TE	0123568	014589E	0124589
012356E	0123467	012489E	0134568	0134789	0125689	01458TE	0145679
0123578	0123578	01248TE	0234568	013478T	0134689	01459TE	0123478
0123579	0123579	01249TE	0123457	013478E	0124589	0146789	0145679
012357T	0234579	0125678	0123678	013479T	0134679	014678T	0135679
012357E	0123468	0125679	0125679	013479E	0134579	014678E	0125679
0123589	0145679	012567T	0125679	01347TE	0123569	014679T	0134679
012358T	0234579	012567E	0123678	013489T	0124578	014679E	0124679
012358E	0123469	0125689	0125689	013489E	0134578	01467TE	0123679
012359T	0134568	012568T	0124689	01348TE	0134568	014689T	0134579
012359E	0234568	012568E	0123679	01349TE	0123467	014689E	0124579
01235TE	0123457	012569T	0124589	0135678	0123578	01468TE	0123579
0123678	0123678	012569E	0145679	0135679	0135679	01469TE	0123479
0123679	0123679	01256TE	0123478	013567T	0124679	014789T	0123569
012367T	0145679	0125789	0125679	013567E	0124678	014789E	0124569
012367E	0123478	012578T	0124679	0135689	0134689	01478TE	0123569
0123689	0123679	012578E	0123679	013568T	013568T	01479TE	0123469
012368T	0123579	012579T	0124579	013568E	0124679	01489TE	0123458
012368E	0123479	012579E	0123579	013569T	0134689	0156789	0123478
012369T	0123569	01257TE	0123479	013569E	0135679	015678T	0123578
012369E	0123469	012589T	0124569	01356TE	0123578	015678E	0123678
01236TE	0123458	012589E	0123569	0135789	0124689	015679T	0124578
0123789	0123678	01258TE	0123469	013578T	013568T	015679E	0124678
012378T	0123578	01259TE	0123458	013578E	0124689	01567TE	0123678
012378E	0123478	0126789	0123678	013579T	013468T	015689T	0134578
012379T	0123568	012678T	0124678	013579E	012468T	015689E	0124578
012379E	0123468	012678E	0123678	01357TE	0123579	01568TE	0123578
01237TE	0123458	012679T	0124578	013589T	0124579	01569TE	0123478
012389T	0123567	012679E	0123578	013589E	0134579	015789T	0134568
012389E	0123467	01267TE	0123478	01358TE	0234579	015789E	0124568
01238TE	0123457	012689T	0124568	01359TE	0123468	01578TE	0123568
01239TE	0123456	012689E	0123568	0136789	0123679	01579TE	0123468
0124567	0123567	01268TE	0123468	013678T	0124679	01589TE	0123458
0124568	0124568	01269TE	0123458	013678E	0125679	016789T	0123467
0124569	0124569	012789T	0123567	013679T	0134679	016789E	0123567
012456T	0124568	012789E	0123567	013679E	0135679	01678TE	0123567
012456E	0123567	01278TE	0123467	01367TE	0145679	01679TE	0123467
0124578	0124578	01279TE	0123457	013689T	0234679	01689TE	0123457
0124579	0124579	01289TE	0123456	013689E	0234679	01789TE	0123456

0234567 0123457
0234568 0234568
0234569 0123469
023456T 0123468
023456E 0123467
0234578 0134568
0234579 0234579
023457T 0234579
023457E 0134568
0234589 0145679
023458T 0123579
023458E 0123569
023459T 0123578
023459E 0123568
02345TE 0123567
0234678 0124568
0234679 0234679
023467T 0134579
023467E 0134578
0234689 0135679
023468T 012468T
023468E 0134579
023469T 0135679
023469E 0234679
02346TE 0124568
0234789 0125679
023478T 0124689
023478E 0124589
023479T 0124679
023479E 0124579
02347TE 0124569
023489T 0124678
023489E 0124578
02348TE 0124568
02349TE 0123567
0235678 0123568
0235679 0234679
023567T 0124579
023567E 0124578
0235689 0134679
023568T 013468T
023568E 0134679
023569T 0134689
023569E 0134679
02356TE 0124578
0235789 0124679
023578T 013568T
023578E 0134689
023579T 013568T
023579E 013468T
02357TE 0124579
023589T 0124679
023589E 0134679
02358TE 0234679
02359TE 0123568
0236789 0123679
023678T 0124689
023678E 0125689
023679T 0134689
023679E 0134689
02367TE 0124589
023689T 0135679
023689E 0134679
02368TE 0134579
02369TE 0123569
023789T 0123578
023789E 0124578
02378TE 0134578
02379TE 0134568
02389TE 0123467
0245678 0123468
0245679 0234579
024567T 0123579
024567E 0123578
0245689 0134579
024568T 012468T
024568E 0135679
024569T 0124689
024569E 0124679
02456TE 0124678
0245789 0124579
024578T 013468T
024578E 0134689
024579T 013568T
024579E 013568T
02457TE 0124679
024589T 0124689
024589E 0134689
02458TE 0135679
02459TE 0123578
0246789 0123579
024678T 012468T
024678E 0124689
024679T 013468T
024679E 013568T
02467TE 0124689
024689T 012468T
024689E 013468T
02468TE 012468T
02469TE 0123579
024789T 0123579
024789E 0124579
02478TE 0134579
02479TE 0234579
02489TE 0123468
0256789 0123479
025678T 0123579
025678E 0123679
025679T 0124579
025679E 0124679
02567TE 0125679
025689T 0134579
025689E 0134679
02568TE 0135679
02569TE 0145679
025789T 0234579
025789E 0234679
02578TE 0234679
02579TE 0234579
02589TE 0123469
026789T 0123468
026789E 0123568
02678TE 0124568
02679TE 0134568
02689TE 0234568
02789TE 0123457
0345678 0123458
0345679 0123469
034567T 0123479
034567E 0123478
0345689 0123569
034568T 0123579
034568E 0145679
034569T 0123679
034569E 0123679
03456TE 0123678
0345789 0124569
034578T 0124579
034578E 0124589
034579T 0124679
034579E 0124689
03457TE 0125679
034589T 0125679
034589E 0125689
03458TE 0125679
03459TE 0123678
0346789 0123569
034678T 0134579
034678E 0124589
034679T 0134679
034679E 0134689
03467TE 0125689
034689T 0135679
034689E 0134689
03468TE 0124689
03469TE 0123679
034789T 0145679
034789E 0124589
03478TE 0124589
03479TE 0145679
03489TE 0123478
0356789 0123469
035678T 0234579
035678E 0145679
035679T 0234679
035679E 0135679
03567TE 0125679
035689T 0234679
035689E 0134679
03568TE 0124679
03569TE 0123679
035789T 0234579
035789E 0134579
03578TE 0124579
03579TE 0123579
03589TE 0123479
036789T 0123469
036789E 0123569
03678TE 0124569
03679TE 0123569
03689TE 0123469
03789TE 0123458
0456789 0123458
045678T 0123468
045678E 0123478
045679T 0123568
045679E 0123578
04567TE 0123678
045689T 0124568
045689E 0124578
04568TE 0124678
04569TE 0123678
045789T 0134568
045789E 0134578
04578TE 0124578
04579TE 0123578
04589TE 0123478
046789T 0234568
046789E 0134568
04678TE 0124568
04679TE 0123568
04689TE 0123468
04789TE 0123458
056789T 0123457
056789E 0123467
05678TE 0123567
05679TE 0123567
05689TE 0123467
05789TE 0123457
06789TE 0123456
1234567 0123456
1234568 0123457
1234569 0123458
123456T 0123458
123456E 0123457
1234578 0123467
1234579 0123468
123457T 0123469
123457E 0234568
1234589 0123478
123458T 0123479
123458E 0123469
123459T 0123478
123459E 0123468
12345TE 0123467
1234678 0123567
1234679 0123568
123467T 0123569
123467E 0134568
1234689 0123578
123468T 0123579
123468E 0234579
123469T 0145679
123469E 0234579
12346TE 0134568
1234789 0123678
123478T 0123679
123478E 0145679
123479T 0123679
123479E 0123579
12347TE 0123569
123489T 0123678
123489E 0123578
12348TE 0123568
12349TE 0123567
1235678 0123567
1235679 0124568
123567T 0124569
123567E 0124568
1235689 0124578
123568T 0124579
123568E 0234679

123569T	0124589
123569E	0134579
12356TE	0134578
1235789	0124678
123578T	0124679
123578E	0135679
123579T	0124689
123579E	012468T
12357TE	0134579
123589T	0125679
123589E	0135679
12358TE	0234679
12359TE	0124568
1236789	0123678
123678T	0125679
123678E	0125679
123679T	0125689
123679E	0124689
12367TE	0124589
123689T	0125679
123689E	0124679
12368TE	0124579
12369TE	0124569
123789T	0123678
123789E	0124678
12378TE	0124578
12379TE	0124568
12389TE	0123567
1245678	0123467
1245679	0134568
124567T	0123569
124567E	0123568
1245689	0134578
124568T	0134579
124568E	0234679
124569T	0124589
124569E	0124579
12456TE	0124578
1245789	0124578
124578T	0134679
124578E	0134679
124579T	0134689
124579E	013468T
12457TE	0134679
124589T	0125689
124589E	0134689
12458TE	0134679
12459TE	0124578
1246789	0123578
124678T	0135679
124678E	0124679
124679T	0134689
124679E	013568T
12467TE	0134689
124689T	0124689
124689E	013568T
12468TE	013468T
12469TE	0124579
124789T	0123679
124789E	0124679
12478TE	0134679
12479TE	0234679
12489TE	0123568
1256789	0123478
125678T	0145679
125678E	0123679
125679T	0124589
125679E	0124689
12567TE	0125689
125689T	0124589
125689E	0134689
12568TE	0134689
12569TE	0124589
125789T	0145679
125789E	0135679
12578TE	0134679
12579TE	0134579
12589TE	0123569
126789T	0123478
126789E	0123578
12678TE	0124578
12679TE	0134578
12689TE	0134568
12789TE	0123467
1345678	0123457
1345679	0234568
134567T	0123469
134567E	0123468
1345689	0134568
134568T	0234579
134568E	0234579
134569T	0145679
134569E	0123579
13456TE	0123578
1345789	0124568
134578T	0234679
134578E	0134579
134579T	0135679
134579E	0124689
13457TE	0135679
134589T	0125679
134589E	0124689
13458TE	0124679
13459TE	0124678
1346789	0123568
134678T	0234679
134678E	0124579
134679T	0134679
134679E	013468T
13467TE	0134689
134689T	0124679
134689E	013568T
13468TE	013568T
13469TE	0124679
134789T	0123679
134789E	0124689
13478TE	0134689
13479TE	0135679
13489TE	0123578
1356789	0123468
135678T	0234579
135678E	0123579
135679T	0134579
135679E	012468T
13567TE	0124689
135689T	0124579
135689E	013468T
13568TE	013568T
13569TE	0124689
135789T	0123579
135789E	012468T
13578TE	013468T
13579TE	012468T
13589TE	0123579
136789T	0123479
136789E	0123579
13678TE	0124579
13679TE	0134579
13689TE	0234579
13789TE	0123468
1456789	0123458
145678T	0123469
145678E	0123479
145679T	0123569
145679E	0123579
14567TE	0123679
145689T	0124569
145689E	0124579
14568TE	0124679
14569TE	0125679
145789T	0123569
145789E	0134579
14578TE	0134679
14579TE	0135679
14589TE	0145679
146789T	0123469
146789E	0234579
14678TE	0234679
14679TE	0234679
14689TE	0234579
14789TE	0123469
156789T	0123458
156789E	0123468
15678TE	0123568
15679TE	0124568
15689TE	0134568
15789TE	0234568
16789TE	0123457
2345678	0123456
2345679	0123457
234567T	0123458
234567E	0123458
2345689	0123467
234568T	0123468
234568E	0123469
234569T	0123478
234569E	0123479
23456TE	0123478
2345789	0123567
234578T	0123568
234578E	0123569
234579T	0123578
234579E	0123579
23457TE	0145679
234589T	0123678
234589E	0123679
23458TE	0123679
23459TE	0123678
2346789	0123567
234678T	0124568
234678E	0124569
234679T	0124578
234679E	0124579
23467TE	0124589
234689T	0124678
234689E	0124679
23468TE	0124689
23469TE	0125679
234789T	0123678
234789E	0125679
23478TE	0125689
23479TE	0125679
23489TE	0123678
2356789	0123467
235678T	0134568
235678E	0123569
235679T	0134578
235679E	0134579
23567TE	0124589
235689T	0124578
235689E	0134679
23568TE	0134689
23569TE	0125689
235789T	0123578
235789E	0135679
23578TE	0134689
23579TE	0124689
23589TE	0123679
236789T	0123478
236789E	0145679
23678TE	0124589
23679TE	0124589
23689TE	0145679
23789TE	0123478
2456789	0123457
245678T	0234568
245678E	0123469
245679T	0134568
245679E	0234579
24567TE	0145679
245689T	0124568
245689E	0234679
24568TE	0135679
24569TE	0125679
245789T	0123568
245789E	0234679
24578TE	0134679
24579TE	0124679
24589TE	0123679
246789T	0123468
246789E	0234579
24678TE	0134579
24679TE	0124579
24689TE	0123579
24789TE	0123479
256789T	0123458
256789E	0123469
25678TE	0123569
25679TE	0124569
25689TE	0123569
25789TE	0123469
26789TE	0123458

3456789	0123456	34569TE	0123678	34679TE	0124578	36789TE	0123458
345678T	0123457	345789T	0123567	34689TE	0123578	456789T	0123456
345678E	0123458	345789E	0124568	34789TE	0123478	456789E	0123457
345679T	0123467	34578TE	0124578	356789T	0123457	45678TE	0123467
345679E	0123468	34579TE	0124678	356789E	0234568	45679TE	0123567
34567TE	0123478	34589TE	0123678	35678TE	0134568	45689TE	0123567
345689T	0123567	346789T	0123467	35679TE	0124568	45789TE	0123467
345689E	0123568	346789E	0134568	35689TE	0123568	46789TE	0123457
34568TE	0123578	34678TE	0134578	35789TE	0123468	56789TE	0123456

8 Note Scales

01234567	01234567	012357TE	01234579	0124789T	01235679	0134679E	0124578T
01234568	01234568	0123589T	01245679	0124789E	01245679	013467TE	01235689
01234569	01234569	0123589E	01345679	012478TE	01345679	0134689T	0124578T
0123456T	01234568	012358TE	02345679	012479TE	02345679	0134689E	0134578T
0123456E	01234567	012359TE	01234568	012489TE	01234568	013468TE	0123568T
01234578	01234578	01236789	01236789	01256789	01234789	013469TE	01234679
01234579	01234579	0123678T	01235789	0125678T	01235789	0134789T	01235689
0123457T	02345679	0123678E	01234789	0125678E	01236789	0134789E	01245689
0123457E	01234568	0123679T	01235689	0125679T	01245789	013478TE	01345689
01234589	01234589	0123679E	01234689	0125679E	01235789	013479TE	01345679
0123458T	01234579	012367TE	01234589	012567TE	01234789	013489TE	01234578
0123458E	01234569	0123689T	01235679	0125689T	01245689	01356789	01234689
0123459T	01234578	0123689E	01234679	0125689E	01235689	0135678T	0123578T
0123459E	01234568	012368TE	01234579	012568TE	01234689	0135678E	01235789
012345TE	01234567	012369TE	01234569	012569TE	01234589	0135679T	0124578T
01234678	01234678	0123789T	01235678	0125789T	01245679	0135679E	0124678T
01234679	01234679	0123789E	01234678	0125789E	01235679	013567TE	01235789
0123467T	01345679	012378TE	01234578	012578TE	01234679	0135689T	0134578T
0123467E	01234578	012379TE	01234568	012579TE	01234579	0135689E	0124578T
01234689	01234689	012389TE	01234567	012589TE	01234569	013568TE	0123578T
0123468T	0123468T	01245678	01234678	0126789T	01234678	013569TE	01234689
0123468E	01234579	01245679	01245679	0126789E	01235678	0135789T	0123568T
0123469T	01345679	0124567T	01235679	012678TE	01234678	0135789E	0124568T
0123469E	02345679	0124567E	01235678	012679TE	01234578	013578TE	0123568T
012346TE	01234568	01245689	01245689	012689TE	01234568	013579TE	0123468T
01234789	01234789	0124568T	0124568T	012789TE	01234567	013589TE	01234579
0123478T	01234689	0124568E	01235679	01345678	01234578	0136789T	01234679
0123478E	01234589	0124569T	01245689	01345679	01345679	0136789E	01235679
0123479T	01234679	0124569E	01245679	0134567T	01234679	013678TE	01245679
0123479E	01234579	012456TE	01234678	0134567E	01234678	013679TE	01345679
012347TE	01234569	01245789	01245789	01345689	01345689	013689TE	02345679
0123489T	01234678	0124578T	0124578T	0134568T	0123568T	013789TE	01234568
0123489E	01234578	0124578E	01235689	0134568E	01245679	01456789	01234589
012348TE	01234568	0124579T	0134578T	0134569T	01235689	0145678T	01234689
012349TE	01234567	0124579E	0123568T	0134569E	01235679	0145678E	01234789
01235678	01235678	012457TE	01234679	013456TE	01235678	0145679T	01235689
01235679	01235679	0124589T	01245689	01345789	01245689	0145679E	01235789
0123567T	01245679	0124589E	01345689	0134578T	0134578T	014567TE	01236789
0123567E	01234678	012458TE	01345679	0134578E	01245689	0145689T	01245689
01235689	01235689	012459TE	01234578	0134579T	0124578T	0145689E	01245789
0123568T	0123568T	01246789	01235789	0134579E	0124568T	014568TE	01235789
0123568E	01234679	0124678T	0124678T	013457TE	01235679	014569TE	01234789
0123569T	01345689	0124678E	01235789	0134589T	01245789	0145789T	01345689
0123569E	01345679	0124679T	0124578T	0134589E	01245689	0145789E	01245689
012356TE	01234578	0124679E	0123578T	013458TE	01245679	014578TE	01235689
01235789	01235789	012467TE	01234689	013459TE	01234678	014579TE	01234689
0123578T	0123578T	0124689T	0124568T	01346789	01235689	014589TE	01234589
0123578E	01234689	0124689E	0123568T	0134678T	0124578T	0146789T	01345679
0123579T	0123568T	012468TE	0123468T	0134678E	01245789	0146789E	01245679
0123579E	0123468T	012469TE	01234579	0134679T	0134679T	014678TE	01235679

014679TE 01234679
014689TE 01234579
014789TE 01234569
0156789T 01234578
0156789E 01234678
015678TE 01235678
015679TE 01234678
015689TE 01234578
015789TE 01234568
016789TE 01234567
02345678 01234568
02345679 02345679
0234567T 01234579
0234567E 01234578
02345689 01345679
0234568T 0123468T
0234568E 01345679
0234569T 01234689
0234569E 01234679
023456TE 01234678
02345789 01245679
0234578T 0123568T
0234578E 01345689
0234579T 0123578T
0234579E 0123568T
023457TE 01245679
0234589T 01235789
0234589E 01235689
023458TE 01235679
023459TE 01235678
02346789 01235679
0234678T 0124568T
0234678E 01245689
0234679T 0124578T
0234679E 0134578T
023467TE 01245689
0234689T 0124678T
0234689E 0124578T
023468TE 0124568T
023469TE 01235679
0234789T 01235789
0234789E 01245789
023478TE 01245689
023479TE 01245679
023489TE 01234678
02356789 01234679
0235678T 0123568T
0235678E 01235689
0235679T 0134578T
0235679E 0124578T
023567TE 01245789
0235689T 0124578T
0235689E 0134679T
023568TE 0124578T
023569TE 01235689
0235789T 0123578T
0235789E 0124578T
023578TE 0134578T
023579TE 0123568T
023589TE 01234679
0236789T 01234689
0236789E 01235689
023678TE 01245689
023679TE 01345689
023689TE 01345679
023789TE 01234578
02456789 01234579
0245678T 0123468T
0245678E 01234689
0245679T 0123568T
0245679E 0123578T
024567TE 01235789
0245689T 0124568T
0245689E 0124578T
024568TE 0124678T
024569TE 01235789
0245789T 0123568T
0245789E 0134578T
024578TE 0124578T
024579TE 0123578T
024589TE 01234689
0246789T 0123468T
0246789E 0123568T
024678TE 0124568T
024679TE 0123568T
024689TE 0123468T
024789TE 01234579
0256789T 01234579
0256789E 01234679
025678TE 01235679
025679TE 01245679
025689TE 01345679
025789TE 02345679
026789TE 01234568
03456789 01234569
0345678T 01234579
0345678E 01234589
0345679T 01234679
0345679E 01234689
034567TE 01234789
0345689T 01235679
0345689E 01235689
034568TE 01235789
034569TE 01236789
0345789T 01245679
0345789E 01245689
034578TE 01245789
034579TE 01235789
034589TE 01234789
0346789T 01345679
0346789E 01345689
034678TE 01245689
034679TE 01235689
034689TE 01234689
034789TE 01234589
0356789T 02345679
0356789E 01345679
035678TE 01245679
035679TE 01235679
035689TE 01234679
035789TE 01234579
036789TE 01234569
0456789T 01234568
0456789E 01234578
045678TE 01234678
045679TE 01235678
045689TE 01234678
045789TE 01234578
046789TE 01234568
056789TE 01234567
12345678 01234567
12345679 01234568
1234567T 01234569
1234567E 01234568
12345689 01234578
1234568T 01234579
1234568E 02345679
1234569T 01234589
1234569E 01234579
123456TE 01234578
12345789 01234678
1234578T 01234679
1234578E 01345679
1234579T 01234689
1234579E 0123468T
123457TE 01345679
1234589T 01234789
1234589E 01234689
123458TE 01234679
123459TE 01234678
12346789 01235678
1234678T 01235679
1234678E 01245679
1234679T 01235689
1234679E 0123568T
123467TE 01345689
1234689T 01235789
1234689E 0123578T
123468TE 0123568T
123469TE 01245679
1234789T 01236789
1234789E 01235789
123478TE 01235689
123479TE 01235679
123489TE 01235678
12356789 01234678
1235678T 01245679
1235678E 01235679
1235679T 01245689
1235679E 0124568T
123567TE 01245689
1235689T 01245789
1235689E 0124578T
123568TE 0134578T
123569TE 01245689
1235789T 01235789
1235789E 0124678T
123578TE 0124578T
123579TE 0124568T
123589TE 01235679
1236789T 01234789
1236789E 01235789
123678TE 01245789
123679TE 01245689
123689TE 01245679
123789TE 01234678
12456789 01234578
1245678T 01345679
1245678E 01234679
1245679T 01345689
1245679E 0123568T
124567TE 01235689
1245689T 01245689
1245689E 0134578T
124568TE 0124578T
124569TE 01245789
1245789T 01235689
1245789E 0124578T
124578TE 0134679T
124579TE 0124578T
124589TE 01235689
1246789T 01234689
1246789E 0123578T
124678TE 0124578T
124679TE 0134578T
124689TE 0123568T
124789TE 01234679
1256789T 01234589
1256789E 01234689
125678TE 01235689
125679TE 01245689
125689TE 01345689
125789TE 01345679
126789TE 01234578
13456789 01234568
1345678T 02345679
1345678E 01234579
1345679T 01345679
1345679E 0123468T
134567TE 01234689
1345689T 01245679
1345689E 0123568T
134568TE 0123578T
134569TE 01235789
1345789T 01235679
1345789E 0124568T
134578TE 0124578T
134579TE 0124678T
134589TE 01235789
1346789T 01234679
1346789E 0123568T
134678TE 0134578T
134679TE 0124578T
134689TE 0123578T
134789TE 01234689
1356789T 01234579
1356789E 0123468T
135678TE 0123568T
135679TE 0124568T
135689TE 0123568T
135789TE 0123468T
136789TE 01234579
1456789T 01234569
1456789E 01234579
145678TE 01234679
145679TE 01235679
145689TE 01245679
145789TE 01345679
146789TE 02345679
156789TE 01234568
23456789 01234567
2345678T 01234568

2345678E 01234569
2345679T 01234578
2345679E 01234579
234567TE 01234589
2345689T 01234678
2345689E 01234679
234568TE 01234689
234569TE 01234789
2345789T 01235678
2345789E 01235679
234578TE 01235689
234579TE 01235789
234589TE 01236789
2346789T 01234678
2346789E 01245679
234678TE 01245689
234679TE 01245789
234689TE 01235789
234789TE 01234789
2356789T 01234578
2356789E 01345679
235678TE 01345689
235679TE 01245689
235689TE 01235689
235789TE 01234689
236789TE 01234589
2456789T 01234568
2456789E 02345679
245678TE 01345679
245679TE 01245679
245689TE 01235679
245789TE 01234679
246789TE 01234579
256789TE 01234569
3456789T 01234567
3456789E 01234568
345678TE 01234578
345679TE 01234678
345689TE 01235678
345789TE 01234678
346789TE 01234578
356789TE 01234568
456789TE 01234567

9 Note Scales

012345678 012345678
012345679 012345679
01234567T 012345679
01234567E 012345678
012345689 012345689
01234568T 01234568T
01234568E 012345679
01234569T 012345689
01234569E 012345679
0123456TE 012345678
012345789 012345789
01234578T 01234578T
01234578E 012345689
01234579T 01234578T
01234579E 01234568T
0123457TE 012345679
01234589T 012345789
01234589E 012345689
0123458TE 012345679
0123459TE 012345678
012346789 012346789
01234678T 01234678T
01234678E 012345789
01234679T 01234679T
01234679E 01234578T
0123467TE 012345689
01234689T 01234678T
01234689E 01234578T
0123468TE 01234568T
0123469TE 012345679
01234789T 012346789
01234789E 012345789
0123478TE 012345689
0123479TE 012345679
0123489TE 012345678
012356789 012346789
01235678T 01235678T
01235678E 012346789
01235679T 01235679T
01235679E 01234678T
0123567TE 012345789
01235689T 01235679T
01235689E 01234679T
0123568TE 01234578T
0123569TE 012345689
01235789T 01235678T
01235789E 01234678T
0123578TE 01234578T
0123579TE 01234568T
0123589TE 012345679
01236789T 012346789
01236789E 012346789
0123678TE 012345789
0123679TE 012345689
0123689TE 012345679
0123789TE 012345678
012456789 012345789
01245678T 01234678T
01245678E 012346789
01245679T 01235679T
01245679E 01235678T
0124567TE 012346789
01245689T 01245689T
01245689E 01235679T
0124568TE 01234678T
0124569TE 012345789
01245789T 01235679T
01245789E 01235679T
0124578TE 01234679T
0124579TE 01234578T
0124589TE 012345689
01246789T 01234678T
01246789E 01235678T
0124678TE 01234678T
0124679TE 01234578T
0124689TE 01234568T
0124789TE 012345679
01256789T 012345789
01256789E 012346789
0125678TE 012346789
0125679TE 012345789
0125689TE 012345689
0125789TE 012345679
0126789TE 012345678
013456789 012345689
01345678T 01234578T
01345678E 012345789
01345679T 01234679T
01345679E 01234678T
0134567TE 012346789
01345689T 01235679T
01345689E 01235679T
0134568TE 01235678T
0134569TE 012346789
01345789T 01235679T
01345789E 01245689T
0134578TE 01235679T
0134579TE 01234678T
0134589TE 012345789
01346789T 01234679T
01346789E 01235679T
0134678TE 01235679T
0134679TE 01234679T
0134689TE 01234578T
0134789TE 012345689
01356789T 01234578T
01356789E 01234678T
0135678TE 01235678T
0135679TE 01234678T
0135689TE 01234578T
0135789TE 01234568T
0136789TE 012345679
01456789T 012345689
01456789E 012345789
0145678TE 012346789
0145679TE 012346789
0145689TE 012345789
0145789TE 012345689
0146789TE 012345679
0156789TE 012345678
023456789 012345679
02345678T 01234568T
02345678E 012345689
02345679T 01234578T
02345679E 01234578T
0234567TE 012345789
02345689T 01234678T
02345689E 01234679T
0234568TE 01234678T
0234569TE 012346789
02345789T 01235678T
02345789E 01235679T
0234578TE 01235679T
0234579TE 01235678T
0234589TE 012346789
02346789T 01234678T
02346789E 01235679T
0234678TE 01245689T
0234679TE 01235679T
0234689TE 01234678T
0234789TE 012345789
02356789T 01234578T
02356789E 01234679T
0235678TE 01235679T
0235679TE 01235679T
0235689TE 01234679T
0235789TE 01234578T
0236789TE 012345689
02456789T 01234568T
02456789E 01234578T
0245678TE 01234678T
0245679TE 01235678T
0245689TE 01234678T
0245789TE 01234578T
0246789TE 01234568T
0256789TE 012345679
03456789T 012345679
03456789E 012345689
0345678TE 012345789
0345679TE 012346789
0345689TE 012346789
0345789TE 012345789
0346789TE 012345689
0356789TE 012345679
0456789TE 012345678
123456789 012345678
12345678T 012345679
12345678E 012345679
12345679T 012345689
12345679E 01234568T
1234567TE 012345689
12345689T 012345789
12345689E 01234578T
1234568TE 01234578T
1234569TE 012345789
12345789T 012346789
12345789E 01234678T
1234578TE 01234679T
1234579TE 01234678T
1234589TE 012346789
12346789T 012346789
12346789E 01235678T
1234678TE 01235679T
1234679TE 01235679T
1234689TE 01235678T
1234789TE 012346789
12356789T 012345789
12356789E 01234678T
1235678TE 01235679T
1235679TE 01245689T
1235689TE 01235679T
1235789TE 01234678T

1236789TE	012345789	1246789TE	01234578T	1345789TE	01234678T	2345679TE	012345789
12456789T	012345689	1256789TE	012345689	1346789TE	01234578T	2345689TE	012346789
12456789E	01234578T	13456789T	012345679	1356789TE	01234568T	2345789TE	012346789
1245678TE	01234679T	13456789E	01234568T	1456789TE	012345679	2346789TE	012345789
1245679TE	01235679T	1345678TE	01234578T	23456789T	012345678	2356789TE	012345689
1245689TE	01235679T	1345679TE	01234678T	23456789E	012345679	2456789TE	012345679
1245789TE	01234679T	1345689TE	01235678T	2345678TE	012345689	3456789TE	012345678

www.ingramcontent.com/pod-product-compliance
Lightning Source LLC
Chambersburg PA
CBHW081141290426
44108CB00018B/2398

* 9 7 8 1 5 9 4 8 9 7 2 2 1 *